麒麟区年鉴

YEARBOOK OF QILIN DISTRICT

2012

中共曲靖市麒麟区委
曲靖市麒麟区人民政府　主　办

曲靖市麒麟区人民政府地方志办公室　编

德宏民族出版社

《麒麟区年鉴》(2012)

编辑委员会

顾　　问　傅学宾　张　杰　陈继峰
主任委员　唐开荣
副主任委员　林家德　周永江　桂竟程　冯绍贤
委　　员　徐凤平　丁连高　顾宝祥　段建平　代云增
　　　　　张　焕　李志敏　颜叶艳　代文宝

《麒麟区年鉴》编辑部

总　　编　冯绍贤
副 总 编　李　筠
分类编辑（按部类顺序排列）
冯绍贤（特载、文件选编）
李　筠（大事记、概况、农林水利、交通邮政通信、建设环保、旅游、财政金融、贸易、经济管理）
邓永平（政治、军事、法治、工业、荣誉人物）
邓琼芬（教科文卫、社会、乡镇街道、统计资料）
保密审查　曲靖市麒麟区保密局
封面摄影　张永才
英文目录　李　筠
编　　务　李德兴

《麒麟区年鉴》（2012）撰稿人员

特约撰稿　傅学宾　唐开荣

撰　　稿（按部类顺序排列）

李　筠	吴俊婷	李顺兵	韩丽仙	刘新齐	曹俊峰
张旺东	巴永飞	魏四中	撒　瑞	邓永昌	袁冬生
陈惠珍	常秀英	叶开宝	刘武强	顾红星	李　睿
李晓阳	严　杨	王克婷	李晓云	殷鉴荣	张　勇
毕文荣	李秀丽	阿　华	王党兰	韩路江	张　毅
颜晓木	刘　静	刘兴丽	王志清	白传学	吕　剑
王瑞丽	李春丽	黄玲花	刘永康	徐文模	康云华
冯春兰	谭　楠	刘小果	胡　伟	杨亚敏	钱玉堂
李　德	王旭帮	段红枫	张玉绒	陈　明	张智荣
苏大男	李　洁	亢恒学	齐　蓉	朱丽萍	奠石云
张　群	王菊英	李家德	张　梁	钱　涛	周建所
邓光阳	严青松	孙　林	薛国生	李玉梅	毛　翔
潘俊宝	刘致详	蔡木冬	赵石荣	方　烨	杨之光
毕　然	杨坤清	敖东吉	奠石云	唐学亮	杨　倩
雷东烨	雷　庄	范文婷	杨本枝	王丽蓉	朱艳萍
钱　丽	展云尉	李国强	董　玲	李新平	丁家喜
李明辉	魏　昆	石　红	孙乔花	谢金平	杨玉峰
彭　晖	凤美艳	翟群英	颜　跃	赵华利	王旻燕
李继宏	颜绍勇	王朝书	吕永灿	毛元圣	邱　波
刘善林	宋　燕	陈坤芬	李树友	李德泽	毛晓慧
叶兴权	陈　喜	钟荣贵	董德芳	王鸿岗	严文高
徐文祥	孙　荣	李培生	杨熙斌	刘有花	冯　伟
张竹仙	王　波	孟华俊	唐德润	曹金昆	尹红兵

编辑说明

一、《麒麟区年鉴》(2012) 是曲靖市麒麟区的第十四部综合性地方年鉴，由中共麒麟区委、麒麟区人民政府主办，麒麟区人民政府地方志办公室编辑，德宏民族出版社出版，国内外公开发行。

二、本年鉴坚持以马列主义、毛泽东思想、邓小平理论、“三个代表”重要思想和科学发展观为指导，以经济建设为中心，全方位反映全区各行各业、各部门及街道、乡镇的基本情况，记载改革开放、经济建设中的新情况、新事物、新信息、新经验和新问题，具有较强的综合性、系统性、权威性和实用性。

三、本年鉴记载的时限为 2011 年 1 ~ 12 月。由特载、大事记、概况、政治、军事、法治、工业、农林水利、交通邮政通信、建设环保、旅游、财政金融、贸易、经济管理、教科文卫、社会、乡镇街道、荣誉人物、文件选编、统计资料等 20 个部类组成，全书共 116 万字，其中彩图 56 幅，黑白插图 133 幅。

四、本年鉴所采用的稿件均由各撰稿单位提供，并经撰稿单位、编辑部、编委会三级审稿，区国家保密局审核，资料翔实可靠。主要数据以区统计局《2010 年麒麟区国民经济统计资料》为准。

五、本年鉴的计量单位采用国际法定单位。

六、本年鉴卷首设有中英文目录，卷末附主题索引，便于检索、查阅。

七、本年鉴篇幅较大，涉及面广，由于编者知识水平有限，错漏、不当之处在所难免，敬请读者批评指正。

市、区领导陪同省委副书记、省政府党组书记李纪恒到麒麟区调研水稻高产创建工作　（胡峻峰 摄）

省委常委、组织部部长辛桂梓在市、区领导的陪同下到麒麟区调研基层组织建设　（三宝镇 供稿）

农业部部长韩长赋在副省长孔垂柱和市、区领导的陪同下到麒麟区万亩现代蔬菜基地调研现代农业建设情况 （王华芳 摄）

区长唐开荣向副省长刘平、省国土资源厅厅长和自兴汇报麒麟区“城镇上山”试点工作 （颜跃 摄）

市委书记赵立雄（右）到双友钢铁有限公司调研　（齐蓉 摄）

美国安费诺首席执行官艾德姆挪威德到开发区考察　（曲靖经济技术开发区 供稿）

区领导深入寥廓街道石灰窑小学调研学校危改、饮水安全和学生寄宿等工作　　（赵小见 摄）

区领导到昆交会麒麟区展馆指导　　（区商务局 供稿）

2011年6月13日，中国共产党曲靖市麒麟区第四次代表大会召开　　（区记者站 供稿）

2011年1月17日，曲靖市麒麟区第三届人民代表大会第四次会议开幕　（区记者站 供稿）

2011 年 1 月 7 日，中国人民政治协商会议曲靖市麒麟区第三届委员会第四次会议召开

（段丽萍 摄）

2011 年 2 月 28 日，中国共产党曲靖市麒麟区第三届纪律检查委员会第六次全体会议召开

（王党兰 摄）

云南省 2011 年安全生产月“纵深行”活动在麒麟区举行　　（区记者站 供稿）

麒麟区创建全国文明城市迎检工作动员大会　　（区记者站 供稿）

招商引资项目签约仪式　　　　（曲靖经济技术开发区 供稿）

2011年昆交会招商引资项目省级签约　　　　（区商务局 供稿）

区委书记傅学宾（左二）看望慰问“6·08乌蒙使命”野外驻训的区人武部官兵　　（赵小见 摄）

区长唐开荣（左三）到三宝镇查看秧苗长势情况　　（胡峻峰 摄）

建设中的曲靖双友钢铁有限公司 （齐蓉 摄）

建设中的招商引资项目——万承瓷业 （区商务局 供稿）

年产 3 000 吨多晶硅产业化项目投产仪式　　（曲靖经济技术开发区 供稿）

人民工社　　（曲靖经济技术开发区 供稿）

灭火救援　　（蒋培彦 摄）

抢险救援　　（蒋培彦 摄）

消防官兵为旱区老百姓送水　　（蒋培彦 摄）

2011年麒麟区新兵欢送大会　（区记者站 供稿）

区领导视察春节年货市场供应情况　　　　（区商务局 供稿）

麒麟区人民政府便民工程蔬菜销售网点开业仪式　　　（市场服务中心 供稿）

正版书义卖活动　（区记者站 供稿）

世界水日中国水周宣传水保　（张宇 摄）

各大超市恢复食盐正常供应
（谢金平 摄）

“12358”价格举报电话开通十周年宣传活动
（谢金平 摄）

西城三岔新社区建设（2.8万平方米的多元化商铺）　　（潘俊宝 摄）

东山独木矿村共建新村庄（滨水宜居的连排别墅）　　（潘俊宝 摄）

御龙酒店

碧水蓝天浴海酒店

首届泛亚·滇池国际美食节麒麟区参赛菜品

首届泛亚·滇池国际美食节火种采集

麒麟水乡通航

央视频道到麒麟区拍摄美食　　（区旅游局 供稿）

《闪婚总动员》拍摄现场　　（区记者站 供稿）

麒 麟 区

开拓进取的领导班子：局党组书记、局长世勇（右三），副局长吴吉芳（左三），副局长张鹏寿（左二），副局长武亮（右二），纪检组长王爱江（左一），党委委员张七一（右一）

2011年，麒麟区工商局结合实际，提出了实施规范管理、打造现代工商，“以更加高远的目光，更加开阔的视野，努力使区局各项工作迈到全省市、县、区局的先进水平，部份工作步入全省前列”的工作目标，不断以开展创先争优活动为契

市工商局局长毛文光（左一）到麒麟区检查食品安全工作

局党组书记、局长世勇（中）带领相关科室人员参加曲靖市电视台“珠源清风”广播对话节目

为4A级诚信市场颁奖

开展百户企业回访活动

重温入党誓词

工 商 局

机，以推动发展为己任，以科学监管为手段，以能力建设为重点，全局干部职工一心一意谋发展，同心同德攻难关，群策群力促跨越，不断监管强局、服务兴局、规范立局、素质固局，务实创新地使各项工作全面推进，实现了“十二五”的良好开局。

国家工商总局直销监管局张国华局长（左三）在各级领导的陪同下检查麒麟区打传工作

与扶贫挂钩联系户心贴心，面对面交谈

食品市场监管

消费者送锦旗

无照经营查处第一次联席会议

庆祝建党90周年唱红歌比赛

队伍教育整训活动

纪念中国共产党成立90周年植树活动 （区记者站 供稿）

2011年9月13日，麒麟区第二届运动会开幕 （区记者站 供稿）

目　　录

宣传思想工作

精神文明建设

文化产业建设

延安精神研究

统战工作

政策研究

史志工作

干部教育

麒麟区人民代表大会常务委员会

麒麟区人民政府

区政府办公室工作

麒麟区老科技工作者协会

麒麟区文学艺术界联合会

麒麟区残疾人联合会

麒麟区归国华侨联合会

麒麟区工商联合会

军　　事

麒麟区人民武装部

消　　防

人民防空

法　　治

政法工作

社会治安综合治理

政府法制工作

农林水利

三农工作

渔　业

经济作物管理

中低产田地改造

农　机

畜牧业

林　业

水　利

烤烟生产

农业利用外资及生物资源开发创新

扶贫开发

新农村建设

移民开发

交通　邮政　通信

交通管理

运政管理

信息产业管理

邮　政

电　信

移动通信

中国移动云南公司曲靖分公司

铁通曲靖分公司

建设　环保

城乡建设

开发区建设

曲靖经济技术开发区

云南（曲靖）国际农业食品科技园

城南片区

温泉旅游小镇

环境保护

旅　游

旅游管理

安全生产监督管理

食品药品监督管理

教科文卫

教 育

科技技术

防震减灾

气象科研

文化体育

广播电视

老年人体育

卫 生

乡（镇）街道

南宁街道

社区简况

寥廓街道

社区（行政村）简况

建宁街道

社区简况

白石江街道

社区简况

西城街道

社区（行政村）简况

三宝镇

社区（行政村）简况

越州镇

社区（行政村）简况

东山镇

行政村简况

珠街乡

行政村简况

沿江乡

社区（行政村）简况

茨营乡

行政村简况

荣誉　人物

文件选编

统计资料

索　　引

Main Contents

Features

Events

Overview

Politics

Military

Rule of Law

Industry

Agriculture, Forestry and Water Irrigation

Traffic, Post and Communication

Construction and Environmental Protection

Tourism

Finance, Tax and Banking

Trade

Economical Mangement

Education, Science, Culture and Health

Society

Village, Town and Street

Honors and Figures

Documents Selection

Statistic Data

Index

特　　载

全力提速进位　奋勇争先排头
为推动麒麟科学发展新跨越而努力奋斗

——在区委四届二次全体（扩大）会议上的报告

中共曲靖市委常委、麒麟区委书记　傅学宾

（2012 年 1 月 5 日）

各位委员、同志们：

这次全会的主要任务是：深入贯彻落实党的十七届六中全会、中央经济工作会和省、市党代会、省委九届二次全会精神，总结去年工作，部署今年任务，动员全区广大党员干部和各族群众，进一步解放思想、坚定信心，全力提速进位，奋勇争先排头，为加快建设“六区、四城、两中心”，推动麒麟科学发展新跨越而努力奋斗！

下面，我代表区委常委会作工作报告，请审议。

一、锐意拼搏奋进，“十二五”实现良好开局

刚刚过去的 2011 年，我们在市委、市政府的坚强领导下，团结带领全区广大干部群众，认真贯彻落实中央和省、市一系列重大战略部署，紧紧围绕“六区、四城、两中心”的奋斗目标，一心一意谋发展，同心同德攻难关，群策群力促跨越，实现了“十二五”的良好开局。

过去的一年，我们始终坚持明方向、抢机遇、谋跨越，发展思路进一步清晰。以科学发展观为统领，立志争先进位，抢抓发展机遇，汇集各方智慧，科学制定了“十二五”发展规划，确立了“六区、四城、两中心”的奋斗目标。在此基础上，进一步提出了加速“新型工业化、现代城市化、城乡一体化、经济市场化、设施标准化、社会和谐化、环境生态化和民主法制化”的“八化”举措，明确了“科学发展、协调发展、创新发展、绿色发展、和谐发展、共享发展”的六大原则，弘扬了“勇于争先、敢于拼搏、善于攻坚、专于落实”的四种作风，完善了科技、教育、文体、卫生、安全、基层党建等体系建设规划。一年来的实践充分证明，这些决策部署符合中央和省、市要求，符合麒麟发展实际，符合人民群众意愿，已成为凝聚人心、推动发展的强大动力。

过去的一年，我们始终坚持转方式、调结构、提效益，综合实力进一步增强。牢牢把握转变经济发展方式主线，坚持在发展中促转变、在转变中谋发展，全区经济结构和产业结构进一步优化，城乡和区域结构逐步协调，发展速度、质量和效益同步提升，“十二五”开局迈出了坚实步伐。2011 年，预计完成区域内生产总值

360亿元，同比增12%；固定资产投资241亿元，同比增25%；地方财政总收入22.3亿元，同比增76%，其中地方财政一般预算收入12.8亿元，同比增39.3%；社会消费品零售总额84.7亿元，同比增18%；城镇居民人均可支配收入18 383元，同比增10%；农民人均纯收入6 126元，同比增10%。区域经济呈现出增长较快、效益较好的发展态势，为推动麒麟新一轮跨越发展打下了坚实基础。

过去的一年，我们始终坚持重开发、精管理、兴城区，城乡面貌进一步改观。“中心改造、四面拓展、组团起步、集镇升级”战略全面实施，中心城区建成区面积扩大到60平方千米，城镇化率达67.2%。土地利用、村镇建设、林地保护等规划进一步修改完善，小城镇开发卓有成效，山地城镇建设试点工作率先启动。重点项目快速推进，“麒麟水乡”顺利通航，万宇国际商贸城开工建设，荷花塘片区旧城改造取得突破性进展，珠江源大道南延线、326国道（小坡段）改扩建等项目进展较快，西门街旧城改造、子午路立交桥周边景观改造等项目扎实推进。交通设施改造力度加大，市政设施进一步完善，主城区交通拥堵难题极大缓解。“四城联创”深入推进，第二批省级文明城区创建顺利测评，群众安全感、满意度大幅提升，城区绿化、亮化、美化、净化水平不断提高，宜居成果持续巩固。数字城管全面推进，综合执法成效明显。城市经营步伐加快，现代服务业发展迅速，市场网点建设取得突破，城市经济繁荣发展。

过去的一年，我们始终坚持上项目、建园区、增投资，工业发展进一步提速。全力推进“五大工程”，工业经济持续快速增长。2011年，全区预计实现工业总产值522亿元，同比增16%，其中，规模以上工业完成增加值173.7亿元，同比增11%。越州、麻黄工业园区基础设施不断完善，发展环境进一步优化，全年引进千万元以上项目6个，预计实现工业总产值120亿元。煤炭产业在整顿提升中有序发展，双友钢铁、麒麟煤化、众一股份等大批龙头企业提速增效。新技术研发、引进和利用力度不断加大，获省级著名商标24枚，省级认定高新技术企业5家。节能减排约束性目标全面完成，43家粘土砖厂关闭取缔工作顺利推进。曲靖经济技术开发区体制机制不断完善，一区多园、辐射带动、共赢发展的格局进一步巩固，预计2011年生产总值突破100亿元大关，迈进了提速跨越、提质增效的新时期。

过去的一年，我们始终坚持打基础、强统筹、促协调，“三农”工作进一步发展。持续加大“三农”投入，基础设施不断完善，发展后劲进一步增强。农田水利建设步伐加快，“小型农田水利重点县”建设圆满完成，“农村饮水安全工程示范县”建设通过省级验收，被列为“全国农业水价综合改革示范区”。城乡路网建设掀起热潮，全年新建和改扩建公路247千米。现代农业迈出新步伐，粮经结构比调整为36.5∶63.5。劳务输出力度加大，新增转移农村劳动力2.82万人。扶贫开发扎实有力，水库移民后期扶持有效推进。2011年预计实现农村经济总收入66.9亿元，同比增10.3%。“两新”工程建设成效明显，矿村共建和城乡一体化试点建设深入推进，区级偏远村委会新农村建设全面启动。社会主义新农村省级重点村建设通过验收，民居地震安全工程和村委会办公用房新建改扩建工程按期完成。东面山生态环境综合治理加快实施，生态恢复试点启动建设，生态文明进一步优化，被命名为“全国生态示范区”。

过去的一年，我们始终坚持顺民意、暖民心、谋民利，民生事业进一步改善。“国家可持续发展先进示范区”创建扎实推进，科技创新、推广、普及能力明显增强，被授予“全国县（市）科技进步考核先进区”。就业再就业成效明显，“零就业”家庭保持动态为“零”，城镇登记失业率保持在3.5%以内。社会保险扩面征缴，城乡低保应保尽保，保障水平不断提高。全国新型农村和城镇居民社会养老保险试点启动实施，参保率85%。各级各类教育健康发展，“6+8”改扩建工程深入推进，校舍安全工程卓有成效，实验中学顺利搬迁，区三幼晋升为省一级一等，云南麒麟职教中心建设快速推进。文体事业繁荣发展，竞技体育再获佳绩，区第三届职工运动会成功举办，庆祝建党90周年系列活动丰富多彩。公共卫生服务体系不断完善，基本药物制度深入实施，医疗保障覆盖面不断扩大。保障性住房建设稳步推进，新建廉租房、公租房5万余平方米。“九星”和谐社区建设全面推进，“全国农村社区建设实验全覆盖示范单位”通过考评。人口和计划生育工作富有成效，被表彰为“全省计划生育优质服务先进区”。老年人、残疾人、慈善事业等工作有声有色，被命名为“全国养老服务示范活动示范单位”，授予“十一五”期间“全国残疾人工作先进单位”。

过去的一年，我们始终坚持破难题、顺机制、添活力，改革开放进一步深化。新一轮政府机构改革全面完成，乡镇机构改革进展顺利。基层医药卫生体制改革成效明显，教育体制改革不断深化。财政管理体制改革稳步推进，公共财政职能进一步强化。集体林权制度配套改革深入推进，林权管理服务更加规范。资本运作不断创新，土地开发投资公司成立运行。对外开放不断拓展，实施招商引资项目22个，引进市外国内资金21.3亿元，同比增25%；开放型经济快速发展，实际利用外资453万美元。外贸进出口总额完成3 166万美元，同比增10.3%。要素市场加快形成，非公有制经济发展势头强劲，完成增加值111亿元，占GDP的比重提高到31%。

过去的一年，我们始终坚持汇民智、聚合力、保稳定，和谐麒麟进一步构建。区委认真落实民主集中制，总揽全局、协调各方。人大及其常委会依法履行职能，人大代表的作用充分发挥。政府依法行政，“法治政府、责任政府、诚信政府、效能政府和阳光政府”建设全面加强。政协依章履职，服务大局、关注民生卓有成效。科学民主决策制度进一步健全，基层民主建设不断加强。政法工作成效显著，依法治区深入推进。“平安麒麟”创建扎实开展，社会管理创新工作不断强化。“6.12铬渣非法倾倒致污”事件快速有效处置，安全生产持续巩固，信访维稳成效明显。统战、科协、文联和关心下一代工作不断进步，工青妇、老干部、保密机要、民族宗教、史志档案等工作省市领先排头。国防动员和后备力量建设进一步强化，军政军民关系更加密切。

过去的一年，我们始终坚持强基础、抓示范、求创新，党的建设进一步加强。宣传思想工作扎实有效，舆论引导正确有力，群众性精神文明创建活动广泛开展。学习型党组织建设深入推进，理论武装工作不断强化，区委理论学习中心组获省级表彰。创先争优活动深入开展，党的思想、组织、作风、制度和反腐倡廉建设进一步加强，被省委授予“云南省基层党组织建设先进区”荣誉称号。区第四次党代会顺利召开，选举产生了新一届区委和区纪委。乡（镇）党委换届圆满完成，领导班子建设进一步加强。干部人事制度改革不断深化，干部教育培训力度加大，人才队伍建设取得新进展。区域化党建工作不断加强，城乡统筹的基层党建新格局加快形成。“星级达标”活动广泛开展，村级组织活动场所“建、管、用”水平进一步增强，成为省、市多个现场会参观点。村（社区）“两委”与公司统分运行模式全面推行，集体经济不断壮大。村（社区）干部离任补助、社会保险等激励保障机制逐步建立，基层干部活力进一步激发。“三务”公开规范运行，“三资”管理启动实施。廉政风险防范工作深入开展，“123”惩防体系建设进一步完善，反腐倡廉教育、监督、改革、纠风、惩治等工作扎实有效。党员干部队伍争先排头的氛围日益浓厚，风清气正的干事创业环境持续巩固。

各位委员、同志们，刚刚过去的这一年，我们抢抓机遇、拼搏奋进，倾注的是汗水、奠定的是基础，付出的是艰辛、收获的是希望。一年来卓有成效的工作，得到了中央和省、市的充分肯定，全区共获市级以上表彰190项，其中省级65项、国家级28项。成绩的取得，是市委、市政府坚强领导、关心重视的结果，是历届区委、区政府励精图治、真抓实干的结果，是社会各界大力支持、倾情帮助的结果，是全区各级党组织和74万各族人民团结奋斗、顽强拼搏的结果。在此，我代表区委，表示衷心的感谢并致以崇高的敬意！

二、科学审视现状，高标准定位目标任务

2012年是实施“十二五”规划的关键之年，也是党的十八大召开之年。我们必须以强烈的政治意识、责任意识和忧患意识，审时度势、科学定位，冲刺更高目标。

（一）面对困难挑战，我们必须找准问题、警醒奋进

在充分肯定成绩的同时，我们也要清醒地认识到，前进的道路上还面临着不少困难和挑战。从世界经济看，总体形势严峻复杂，发达经济体活力不足、市场信心下降，世界经济复苏的不稳定性、不确定性上升。从国内形势看，经济增长下行压力和物价上涨压力并存，部分企业生产经营困难，节能减排形势严峻，经济金融等领域存有潜在风险。从现实基础看，发展质量不高，城乡和区域发展仍不平衡，转变发展方式的任务更加紧迫；重点项目不多，产业支撑力较弱，扩大投资压力巨大，农民增收、企业增效、财政增长面临严峻考验；一些重大改革进入攻坚阶段，社会利益关系更加复杂，保持社会和谐稳定面临较大压力。从区域竞争看，尽管麒麟区发展速度较快、经济总量较大、多项指标省市领先，但纵观全国、全省的发展态势，我们既有数量上的差距，也有速度上的差距，更有质量上的差距。从干部思想看，绝大多数干部想干事、能干事、会干事，但仍有少数党员干部思想解放不够、思维方式不活、思路创新不多，一定程度上影响和阻碍了全区的发展。这些问题必须高度重视，认真研究解决。

（二）顺应形势要求，我们必须抢抓机遇、争先进位

事不避难，知难不难。展望新的一年，机遇大于挑战。从国内环境看，国家“稳中求进”的工作总基调和继续扩大内需、推进新一轮西部大开发、实施桥头堡战略的重大决策，助推麒麟进入了经济发展的黄金期、对外开放的提速期和社会事业的繁荣期，我们面临着前所未有的发展大环境。从省市部署看，“泛珠三角”区域合作机制的全面启动，“昆曲工业经济走廊”的战略布局，“西部大开发南贵昆经济圈”和“滇中城市经济圈”的规划实施，以及建设山地城镇、森林云南、民生水利等重大部署，为麒麟充分发挥资源和区位优势，加快发展新型工业、商贸物流、加工制造、金融保险等开辟了广阔空间。从麒麟发展看，经过多年发展，麒麟多项工作省市领先，基础条件逐步夯实，发展优势全面凸现，干事创业氛围浓厚，广大干部群众求进、求富、求强的期盼更加强烈。对此，我们一定要顺势而谋、乘势而起，抢抓机遇、大干快上。

（三）承载新的使命，我们必须振奋精神、勇于担当

担当，是岗位之责、从政之要。面对大有作为的新一年，我们必须树立高远、开放、包容的“高原情怀”，发扬坚定、担当、务实的“大山精神”，鼓足精气神，拿出实干劲，奋力勇当先。一是在思想上要领先。只有思想领先，发展才能率先；只有观念靠前，发展才能超前。新的一年，我们必须坚持解放思想不停步，用新的思维破解难题，用新的理念谋划发展，以思想的大解放闯出发展的新天地。二是在发展上要率先。发展是硬道理，科学发展是真理。新的一年，我们必须坚持科学发展不动摇，稳中求进、好中求快、变中求新，加速跨越崛起。三是在开放上要抢先。开放的程度决定开发的力度，开放的深度影响发展的速度。新的一年，我们必须坚持扩大开放不松劲，调动一切积极因素，着力培育大产业、发展大物流、营造大环境，不断拓展新空间。四是在创新上要争先。创新永无止境，创新引领未来。新的一年，我们必须坚持锐意创新不停滞，敢谋创新之策，敢行创新之举，使一切有利于改革发展的活力竞相迸发，一切有利于创新创造的源泉充分涌流。五是在民生上要优先。民生连着民心，民心凝聚民力。新的一年，我们必须坚持富民优先不懈怠，以富民的成果检验发展的效果，以富民的程度检验发展的速度，切实让全区人民共享改革发展成果。

2012年全区工作的指导思想是：高举中国特色社会主义伟大旗帜，以邓小平理论和“三个代表”重要思想为指导，深入贯彻落实科学发展观，以科学发展为主题，以加快转变经济发展方式为主线，坚定不移地朝着“六区、四城、两中心”奋斗目标，推进工业提速，激发城市活力，统筹城乡发展，高度关注民生，全面扩大开放，锐意改革创新，加强党的建设，为不断推动麒麟科学发展新跨越而努力奋斗。

2012年全区经济社会发展的主要预期目标是：区域内生产总值增12%以上，力争达14%；固定资产投资增20%以上，力争达22%；工业总产值增15%以上，力争达17%；地方财政一般预算收入增17%以上，力争达20%；社会消费品零售总额增18%以上，力争达20%；城镇居民人均可支配收入增13%以上，力争达15%；农民人均纯收入增15%以上，力争达17%；外贸进出口总额增15%以上；人口自然增长率控制在6‰以内；城镇登记失业率控制在4.6%以内；万元GDP综合能耗下降3.2%以上。

三、把握发展重点，快节奏提速跨越步伐

加速麒麟科学发展新跨越，关键在于抓重点、抢时间、快落实。必须迅速掀起真抓实干、大干快上的热潮。

（一）重抓工业升级，以更加强劲的力度提升发展层次

没有工业的转型升级，就没有麒麟的跨越领先。必须始终突出“工业强区”战略不动摇，加速推进新型工业化，以工业经济的大转型、大升级，推动区域经济的大跨越。

做好转型升级。围绕“六大支柱”产业，外引内培、多策并举，加速生产要素向优势产业集聚、优质资源向优秀企业整合，促进规模企业“二次创业”。加快先进技术的引进、推广和运用力度，组织实施一批技术改造项目。鼓励中小企业与优势企业资产重组、扩大规模、壮大实力。积极支持重点企业建立研发机构，确保新增省级高新企业1家以上，申报省级企业技术中心1家以上、市级2家以上。

做大工业项目。牢固树立“大项目支撑大工业、大工业带动大发展”的理念，全力储备、引进和开工建设一批投资超亿元的大项目。加速推进在建工业项目，加快建设10个投资千万元以上的项目，切实增强发展后劲。

做强工业园区。健全完善管理和服务体制，配齐配强工作班子。进一步强化园区基础设施建设，积极引导工业建设项目用地上坡进山。规划建设麒麟轻工业园区，加快“迁企入园”步伐，推动产业集群发展。

做优服务环境。推行重点项目全程代办制，进一步简化办事程序，减少审批事项，提高服务效率。严格执行投资项目首问负责制、限时办结制、服务承诺制和行政问责制，努力营造“服务无红灯、部门无关卡、一切为客商”的投资环境。

（二）打造魅力城市，以更加现代的理念做大发展平台

城市化是推动麒麟跨越发展的优势所在。必须深挖潜力、彰显优势、展现魅力，不断提高中心城区的综合竞争力。

优化空间布局。进一步修编土地利用总体规划，完善小集镇和村庄规划，提升城乡规划水平。加快城市“东扩、西进、南拓、北延、中提升”进程，完成326国道（小坡段）建设任务，加速温泉旅游小镇、珠江源大道南延线等项目建设步伐，加强东、西、南、北四片区基础设施和配套建设，推进中等城市向大城市迈进。

建设山地城镇。按照“守住红线、统筹城乡、城镇上山、农民进城”的要求，完善城镇发展思路，转变建设用地方式，严格保护耕地尤其是坝区优质耕地，引导城镇、村庄、工业向适建山地发展，建设山地城镇。进一步完善山地城镇建设7大片区规划，加快打造小坡太和山、敏大金麟湾等一批新亮点，争当全省建设山地宜居城的“排头兵”。

加快旧城改造。盘活城市资产和存量土地，广泛吸引各种资本参与城市建设。加快推进荷花塘片区旧城改造和子午路立交桥周边景观改造，稳步推进西门街和市体育馆片区旧城改造，积极配合做好农校片区的开发建设。

提升管理水平。深入推行“数字城管”模式，加快构建“网络互联、信息互通、资源互享”的数字化城市管理系统平台。坚持开展城市秩序和市容环境综合整治，做到全面覆盖、长效管理、畅通有序。巩固提升“四城联创”成果，不断提高城市的环境质量、文明程度和宜居指数。

繁荣城市经济。培育壮大商贸流通、金融保险、房地产、旅游观光、文化娱乐、交通运输、邮电通信、家庭服务等产业，推动城市经济在更高层次上快速发展。以小坡物流中心、滇东北商品交易中心、云南远卓大型商贸中心和滇东粮油物流中心等项目为龙头，加快打造“一圈、五中心”的商贸物流业，逐步构建“带动曲靖、辐射全省、引领滇东北乃至黔西南地区”的现代物流商贸中心格局。

（三）突出城乡统筹，以更加扎实的举措缩小发展差距

统筹发展是缩小城乡差距的“金钥匙”。必须高度重视“三农”工作，以城带乡、城乡互动、协调发展。

发展现代农业。稳定粮食生产，提升烤烟、畜牧、蔬菜、花卉、林果等传统产业，培育生物医药、生物资源开发等新兴产业。按照“专业化分工、规模化生产、标准化管理、品牌化营销”的要求，集中建设一批农产品精深加工重点项目，培育一批农产品加工龙头企业，打造一批农产品知名品牌。鼓励发展农民专业合作组织，发展壮大农民经纪人队伍，健全完善农业社会化服务体系，为农户提供低成本、便利化的生产经营服务。

打造特色村镇。以“城增村减”和“三集中、两分两换”为突破口，建设一批新村庄、新社区，打造一批城乡一体化建设点，提升一批偏远山区社会主义新农村。扶持中心集镇扩容增量，完善集镇配套基础设施，规范“乡村流通”工程，提高城镇综合承载能力。加大财政投入向农村倾斜力度，加快城市公共服务资源向农村延伸，推进城乡居民公共服务均等化。积极推进城乡户籍制度改革，合理有序转移农村人口。

培育新型农民。充分发挥远程教育培训作用，大力提高农民综合素质，着力培养知识型、守法型、诚信型、创业型的新型农民。切实抓好失地少地农民、农村富余劳动力的职业教育和技能培训，加大农村劳动力转移输出力度，千方百计增加农民的工资性和经营性收入。

（四）强化基础设施，以更加长远的眼光增强发展后劲

基础强则后劲足。必须以坚实的基础，支撑长远的发展。

大力度争项目。建立项目储备库，集中全区所有项目上网推介、到市挂号、到省立项、到京争取、到外招商。创新项目推进机制，精心储备一批基础设施、产业发展、社会事业、民生改善、资源综合利用等重大项目，力争有更多的项目进入国家和省、市规划。

多渠道筹融资。合理引导社会投资，敞开吸引区外投资，积极争取上级支持，多渠道筹措项目建设资金。整合提升各类投融资平台，鼓励和引导社会资本以独资、合作、联营、项目融资等形式，参与基础设施建设。

标准化搞建设。加强以水利为重点的农业基础设施建设，积极应对夏秋冬连旱带来的严峻考验。加快推进滇东幸福渠、全国小型农田水利重点县和国家级农业综合开发等项目建设，组织实施好基本烟（农）田和农村学校师生饮水安全工程建设。大力推进农村公路硬化和路网结构改造，加快三江大道、瑞和路东段、珠江源大道南延线、主城区通往珠街、三宝等城市快速干道建设。加快政府电子政务和社区信息化建设步伐，实现城乡信息资源共享。

全方位抓监管。加强建设工程项目管理，确保工程质量和施工安全。健全完善项目、资金跟踪落实责任机制，严防各种腐败现象发生。

（五）深化改革开放，以更加创新的思维破解发展难题

改革开放是跨越发展的必然选择。必须以改革的办法破解难题、迎接挑战，以创新的思维扩大开放、增强活力。

不断深化各项改革。强化政府公共服务职能，推动政府管理创新、职能转变，逐步实现责权一致。深化投融资体制改革，增强自我发展能力。推进科技、教育、文体、卫生、食品、药品等领域的分类改革，促进社会事业全面进步。深化农村信用社改革，积极培育面向小型、微型企业和“三农”的金融机构。

坚定不移扩大开放。加快推进新一轮对外开放，进一步扩展对内对外开放的广度和深度。坚持“引进来”与“走出去”并举，提高对外合作水平，大力发展开放型经济，形成多层次、全方位、宽领域的对外开放新格局。

全力以赴招商引资。围绕优势产业和龙头企业，大力引进投资规模大、财税贡献大、拉动就业大的项目，确保项目引进数量、投资总量、建设质量有新突破。主动承接东部产业梯度转移，积极引进资金、技术、人才，切实提高外资利用水平。

大力发展非公经济。加大政策扶持力度，加快落实促进非公有制经济跨越发展的政策措施，制定出台符合麒麟实际的工作意见，打造一批本土企业的“航空母舰”。鼓励支持全民自主创业，吸引本地籍在外能人回乡投资创业，进一步提高非公经济比重。

（六）坚持民生为重，以更加有力的保障实现发展惠民

民生问题无小事，百姓利益大于天。必须切实改善民生，让人民群众共享改革发展成果。

促进社会事业发展。深入推进“国家可持续发展先进示范区”创建和“云南省知识产权强县试点区”建设，提高全民科学素质。合理配置教育资源，推动均衡发展，促进教育公平，提升教育质量，加快麒麟职教中心建设步伐。加快全科医生培养，健全完善城乡卫生服务体系，提高城乡卫生医疗水平。高度重视体育、计生、旅游、妇儿和老龄等工作，全面提高社会事业发展水平。

健全社会保障体系。认真落实就业再就业政策，保持“零就业”家庭动态为“零”。强化社保基金征缴，扩大社会保险覆盖面，实现城乡社会养老保险全覆盖。健全完善城乡最低生活保障制度，逐步提高保障水平。认真执行最低工资标准，建立完善失地少地农民养老保险和农民工工资支付保障制度。强化劳动保障监察，维护劳动者合法权益。做好扶贫济困工作，关爱空巢老人、留守儿童。加快廉租房、经济适用房建设，努力解决困难居民“住房难”问题。

维护社会和谐稳定。深化“平安麒麟”创建活动，依法严厉打击各种违法犯罪，坚决扫除各类社会丑恶现象。强化社会管理综合治理，依法规范信访秩序，妥善解决群众合法合理诉求。严格落实安全生产责任制，推进“安全生产年”活动，加大对煤矿、非煤矿山、道路交通、食品药品安全和危险化学品等的监管查处力度，坚决遏制各类重特大安全事故的发生。坚决打击商业欺诈、制假售假行为，让广大群众放心消费、安全消费。高度重视防灾减灾，加大骨干矿井技改力度，完善突发事件预防预警和应急处置体系，提高公共安全保障能力。

（七）保护生态环境，以更加自觉的行动巩固发展根基

环境是最优质的资源，生态是最宝贵的财富。必须在保护中开发，在开发中保护，扎实推进“资源节约型、环境友好型”社会建设。

强化节能减排。突出企业社会主体责任，发挥政府主导作用，降低能源消耗、减少污染排放，完成年度节能减排约束性目标。抓好节能降耗工作，淘汰落后产能，坚决遏制高耗能、高排放行业增长。强化执法监督，健全公、检、法与环保部门联动执法的新机制。

加强生态整治。着力抓好重点区域、重点流域的污染防治，严控污染源，保护水源地，扩大生态面，不断提升“全国生态示范区”创建成果。加强城市周边及采矿地带的生态恢复建设，推进农村垃圾集中处理。继续深化集体林权制度配套改革，大力实施中低产林改造、天然林保护二期工程和石漠化治理工作，不断提高森林覆盖率。

推动绿色增长。大力发展低碳技术、清洁生产和循环经济，培育绿色经济增长点。以节能、节水、节材、节地为重点，推进绿色制造，提倡绿色消费。深入开展绿色创建活动，建设一批各具特色的生态乡镇和生态村（社区）。

（八）加强文化建设，以更加丰富的内涵打造发展引擎

文化是民族的血脉，是人民的精神家园。必须坚持打基础、创品牌、增效益，推动文化大发展、大繁荣。

重视文化建设。强化意识形态工作，把握正确舆论导向。广泛开展社会主义核心价值体系教育实践活动，筑牢团结奋斗的思想基础。深入推进公民道德和社会诚信建设，进一步拓展群众性精神文明创建活动内涵。丰富群众文化生活，不断提升先进文化的服务力、影响力、竞争力和创新力。

深化体制改革。强化清产核资，推进经营性文化事业单位转企改制，实行国有资产授权经营，建立现代企业管理制度。创新公共文化服务设施运行机制，支持社会组织、机构、个人捐赠和兴办公益性文化事业。

繁荣文化事业。加强公益性文化基础设施建设，推进村（居）民小组文化活动室、小广场建设，启动乡镇（街道）文化站、村（社区）文化活动室区级设施配套建设。加大重点文物、革命遗址和非物质文化遗产的保护开发力度，积极挖掘历史文化，大力弘扬民族文化，全力发展大众文化，不断提升农村文化、广场文化、企业文化、社区文化和校园文化水平。壮大文化志愿者服务队伍，吸引专兼结合优秀文化人才服务基层。加强文化市场监管，营造文明、健康、向上的文化环境。

发展文化产业。加快推进黄家庄旅游小镇建设，启动“爨都御园”前期工作，积极做好“土风计划”申报。全面实施“五个一”文化精品战略，出版发行《麒麟区出土文物精粹》。推动文化产业与旅游、体育、信息、物流、建筑等产业融合发展，延伸文化产业链，提高附加值。

（九）提升民主政治，以更加广阔的前景凝聚发展合力

公平正义是民主政治的内在要求。必须坚持公平正义，全力提升政治文明。

保障人民民主权利。坚持党的领导、人民当家作主和依法治区有机统一，推进民主政治制度化、规范化、程序化。支持人大及其常委会依法履行职责，支持政府依法行政，支持政协依章履行职能。扩大基层民主，规范村（居）民自治，保障人民群众依法行使民主权利。

加大依法治区力度。加快建设法治政府，提高依法行政水平。深化第五轮行政审批制度改革，规范行政审批。完善“提高司法质量、促进公正司法”考核，维护社会公平正义。推进“六五”普法教育，提高干部群众法律意识。

增进社会团结和睦。加强爱国统一战线和民族宗教侨务工作，促进社会各阶层、各民族关系和谐。支持工会、共青团、妇联等群团组织依照章程开展工作。发挥科协、文联、残联、侨联、工商联作用。坚持党管武装，加大双拥共建工作力度，促进国防与经济协调发展。

四、坚持固本强基，严要求加强党的建设

事业成败，关键在党。必须始终以改革创新精神全面加强党的建设，为推动麒麟科学发展新跨越提供坚强保证。

（一）大力加强思想政治建设

坚持把思想政治建设放在突出位置，打造精神“高地”，以思想的领先引领发展的率先。一是强化理论武装。坚持用科学理论武装头脑、指导实践，深入开展学习型党组织、学习型领导班子和学习型党员干部队伍创建活动。积极创新学习载体，组织优秀干部到知名高校培训，选派年轻干部到艰苦岗位、复杂环境中历练能力，使各级干部的思想观念、思维理念和行为方式，适应发展要求，紧跟时代步伐。二是强化思想解放。开展大讨论、大调研，进一步提升信念、理念和观念，理清思想、思维和思路，坚决克服“小进即满、小富即安”的保守思想，破除“固步自封、坐井观天”的封闭意识，切实以思想的大解放推动麒麟的大发展、大跨越。三是强化创新实干。加强各级领导班子执政意识教育，引导广大党员干部讲政治、顾大局、守纪律，把心思集中在“想干事”上，把能力体现在“干成事”上，大手笔谋事、大气魄干事，先干不争论、先试不议论、干好下定论。

（二）大力加强干部队伍建设

干部的能力与状态，是事业发展的决定因素。必须着力建设执行力强、创新力强、感召力强的领导班子，培养造就一支推动发展有激情、有招数、有能力、有贡献的高素质干部队伍。一是选优配强。进一步深化干部人事制度改革，加大竞争性选拔干部力度，健全差额选拔干部办法，扩大干部信息公开，完善领导班子和领导干部考核评价指标体系，不断提高选人用人公信度。扎实抓好区乡人大、政府和区政协换届工作，进一步优化各级领导班子的知识、专业和能力结构。合理使用各年龄段干部，大胆起用“政治坚定、党性原则强、清正廉洁、勇于改革创新、善于做群众工作”的干部，真正把那些“政治上靠得住、作风上过得硬、人民群众信得过、工作上有本事”的优秀干部选拔到各级领导岗位上来。加强后备干部队伍建设，统筹抓好妇女干部、少数民族干部、党外干部的培养选拔工作。继续选拔优秀的村（居）委会书记（主任）担任乡（镇）党政副职，增强班子整体合力。二是培养锻炼。加大干部轮岗和跨乡镇（街道）、跨部门、跨行业交流力度，组织机关干部到项目，当好项目建设“协调员”；到农村，当好新农村建设“指导员”；到企业，当好企业发展“服务员”；到乡镇挂职，当好前线“战斗员”；到发达地区招商，当好招商引资“联络员”；到信访工作组，当好矛盾纠纷“调解员”。通过培养锻炼，真正让广大干部在实践中增长才干、在发展一线上增强本领。三是激发激励。认真落实解决干部职务待遇的相关政策，进一步畅通干部出口渠道，充分调动干部积极性。完善村（社

区）干部“一定三有”激励机制，落实村（社区）干部养老保险、医疗保险、工伤保险和离任补助等，健全科学的村（社区）干部绩效考核办法，激发村（社区）干部干事创业的热情。进一步加强和做好老干部工作，从政治上、思想上、生活上、精神上关心老干部，发挥好老干部的积极作用。大张旗鼓地宣传干事创业的先进典型，在政治上给荣誉、给地位，经济上给报酬、给实惠。对捏造事实、诬告陷害的行为，坚决严肃查处、严厉打击，着力营造良好的干事创业氛围。

（三）大力加强基层组织建设

基础不牢，地动山摇。必须紧紧抓住全省实施“跨越发展先锋行动”的契机，深化拓展“云岭先锋”工程，扎实开展“创先争优”活动，把基层党组织建设成为推动发展、服务群众、凝聚人心、促进和谐的坚强战斗堡垒。一是架好“连心桥”。深入开展群众观点、群众路线、群众利益、群众工作“四群”教育，实行干部直接联系群众制度，组织实施党员干部深入基层、深入群众、深入实际“三深入”活动。健全完善领导、部门、企业和党员干部挂钩联系帮扶制度，建立民情责任区，选派驻村工作队，推行民事代办、回乡访亲、下访恳谈等方式，进一步密切党群干群关系。深入开展“党建文艺下乡”活动，让基层党建工作更加富有活力。二是建好“主阵地”。进一步巩固和扩大村级组织活动场所建设成果，将基层组织活动场所建设向村民小组延伸，按20%的比例从党员10人以上、无活动场所的村民小组中，选择确定一批建设点。开展新一轮村（社区）干部培训，着力打造高素质的基层干部队伍。实施“温暖工程”，完善党内关怀帮扶机制，对离退休老党员、流动党员、贫困党员主动跟进服务，不断增强党的凝聚力和感召力。三是打好“特色牌”。建立健全党（工）委书记党建述职、党员责任区制度，实施党（工）委书记抓基层党建工作创新项目，推进党建工作项目化管理。分行业、分层次创建一批基层党建工作示范点，推出一批先进典型，制作一批特色党建宣传片，推动区域化党建向深度广度拓展。依托居民小区、楼栋、院落等建立党组织，大力推行“党支部＋协会（合作社）”的组建模式。探索完善社区“大党委制”，切实增强社区党组织的统筹、协调功能，推动社区全面发展。

（四）大力加强干部作风建设

真抓促落实，实干出成效。必须深入开展“作风转变年”活动，以更大的力度、更实的举措，切实加强干部队伍的作风建设。一是大兴求真务实之风。大力推行“一线工作法”，下决心治理文山会海，坚决克服“在层层开会上兜圈子、在层层表态上做文章、在层层造势上挖心思”的不良风气，切实营造说实话、办实事、重实绩、求实效的浓厚氛围。二是大兴艰苦奋斗之风。牢记“两个务必”，坚持勤俭节约，坚决反对铺张浪费和奢侈享乐，努力办好一批顺民意、解民忧、惠民生的实事，切实把有限的资金用在发展经济、改善民生上。三是大兴团结干事之风。坚持以宽阔的胸襟、谦让的气度和闻过则喜的修养，倍加顾全大局，倍加珍视团结，倍加维护稳定，进一步巩固和维护好万众一心干事业、同心同德促跨越的良好氛围。四是大兴狠抓落实之风。实施严格的目标倒逼、交办跟进、现场会办、观摩激励、督促检查和效能问责六大机制，打造“早行动、快节奏、高效率”的过硬执行力，确保各项工作全面落实。

（五）大力加强反腐倡廉建设

反腐倡廉是民心所向、事业所需，决不能有丝毫懈怠。必须坚持“标本兼治、综合治理、惩防并举、注重预防”的方针，不断把反腐倡廉建设推向深入。一是从严教育。坚持开展党纪法规、岗位风险和廉政警示教育，筑牢拒腐防变的思想防线。开展廉政文化示范点创建活动，营造浓厚的崇廉敬廉氛围。二是从严监督。进一步深化“123”惩防体系建设，推进落实“三重一大”民主决策制度，不断完善风险岗位廉能管理和农村“三资”管理制度，建立健全工程建设领域“五位一体”监管机制，切实加强权力运行监控。不断探索“三务”公开的形式和内容，开展依托电子政务平台、加强政务公开和政务服务试点工作，启动阳光村务制度试点工作，扩大党员和人民群众的参与权、监督权。针对腐败案件多发易发的领域、部位和环节，制定防范措施，杜绝重大腐败问题的发生。三是从严惩治。始终保持反腐高压态势，加大案件查处力度，严厉惩处腐败分子，努力营造“政治清明、政风清新、政通人和”的良好社会环境。

各位委员、同志们，目标已经明确，蓝图已经绘就，任何困难都动摇不了我们跨越发展的坚定信心，任何挑战都改变不了我们跨越发展的宏伟目标，任何挫折都阻挡不了我们跨越发展的坚实步伐。让我们更加紧密地团结起来，在市委、市政府的坚强领导下，以更加振奋的精神、更加解放的思想、更加扎实的作风，沉下身子、鼓足干劲、真抓实干，全力提速进位，奋勇争先排头，为加快建设“六区、四城、两中心”，推动麒麟科学发展新跨越而努力奋斗！

政　府　工　作　报　告

——在曲靖市麒麟区第三届人民代表大会第五次会议上

曲靖市麒麟区人民政府区长　唐开荣

（2012年3月7日）

各位代表：

现在，我代表区人民政府，向大会报告工作，请审议，并请列席会议的同志提出意见。

一、团结拼搏、共谋发展，开局之年成效显著

2011年是“十二五”的开局之年，是“六区、四城、两中心”建设的起步之年，也是全区经济社会发展取得显著成绩的一年。一年来，在市委、市政府和区委的坚强领导下，在区人大、区政协的监督支持下，区人民政府团结带领全区各族干部群众，开拓创新、攻坚克难、真抓实干，圆满完成了区三届人大四次会议确定的各项目标任务，实现了“十二五”良好开局。

（一）凝心聚力破难题、促发展，综合实力实现新提升

积极应对银根紧缩、地根严控、利率上调等宏观调控政策，努力克服干旱缺水等自然灾害和环评限批、安全生产形势严峻等不利因素影响，着力转方式、调结构，抓项目、保投资，强基础、增后劲，惠民生、促和谐，主要经济指标稳步提升，综合实力显著增强。2011年，区域内生产总值完成370.1亿元，同比增13.2%，完成年计划的106.8%；全社会固定资产投资完成241.1亿元，同比增25.1%，完成年计划的100%；社会消费品零售总额完成86亿元，同比增20%，完成年计划的101.4%；地方公共财政预算收入完成12.84亿元，同比增39.3%，完成年计划的124.4%；城镇居民人均可支配收入19 398元，同比增16.1%，完成年计划的108.5%；农民人均纯收入6747元，同比增21.2%，完成年计划的112.2%。

（二）坚定不移调结构、促转型，产业升级迈出新步伐

工业经济平稳增长。优化产业结构、做大园区平台、推进自主创新，工业经济提速增效。区域内工业总产值完成527.1亿元，同比增16.5%；规模以上工业实现增加值173.8亿元，同比增15.1%。产值超10亿元的企业5户、50亿元的企业1户、100亿元的企业2户，获省级认定高新技术企业5户。越州、麻黄工业园区实现工业总产值135.9亿元，完成固定资产投资10.1亿元，引进千万元以上项目6个。双友钢铁、众一化工、麒麟煤化等区属重点工业企业扩能技改力度不断加大，经济效益不断提高。煤炭产业稳步发展，生产原煤527.6万吨、焦炭341.9万吨，实现产值90.6亿元。

农业生产持续发展。统筹抓好抗旱救灾与农业生产，大旱之年实现了农业增效、农民增收。农村经济总收入实现67亿元，同比增10.4%；农业总产值完成29.9亿元，同比增14.7%。粮食生产稳中有增，播种47万亩，总产1.85亿千克。烤烟生产再创历史新高，收购烟叶38万担，实现产值3.52亿元。新增经济作物1万亩，粮经结构比调整为36.5：63.5。新建畜禽规模养殖小区33个，超计划13个，实现畜牧业产值16.5亿元，同比增26%。新增转移农村劳动力9 380人、培训2.82万人，实现劳务经济收入34.7亿元。新增农业龙头企业8户、农民专业合作组织10个。新建各类水利工程550件，占计划的105%，有效灌溉率达66%，供水保证率达90%。“全国农村饮水安全工程示范县”建设通过省级验收，国家级小型农田水利重点县项目、西河治理和6件小（二）型水库除险加固工程圆满完成，农业生产条件不断改善。

服务消费拉动明显。充分发挥城市资源优势，繁荣壮大商贸流通业，加快发展休闲旅游业，积极培育新兴服务业。第三产业快速发展，实现增加值123.5亿元，同比增9.6%，占GDP的比重达33.4%。红星美凯龙、家乐福开业运营，万宇国际商贸城开工建设，麒麟综合物流配送中心、滇东粮油物流中心等项目稳步推进。新建城乡专业市场6个、农贸市场4个、便民蔬菜销售网

点26个、配送中心1个，建成“乡村流通工程”农家店247个，创建“5A”级诚信市场1个。质量兴区和标准化战略启动实施，全区共有24户企业荣获云南省著名商标、43户企业荣获曲靖市知名商标。认真落实“家电下乡”、“汽车摩托车下乡”、“家电以旧换新”政策，发放补贴资金2 362万元。“麒麟水乡”一期通航，金麟湾生态休闲运动中心、黄家庄旅游小镇建设进展顺利，餐饮住宿、文化娱乐、康体休闲、乡村旅游等产业快速发展。累计接待国内外游客181.8万人次，实现旅游收入10.3亿元，同比分别增16%、15%。

（三）多措并举强建管、促统筹，城乡面貌呈现新变化

城乡规划不断完善。按照省、市加强耕地保护促进城镇化科学发展要求，完善了土地利用总体规划和林地保护利用规划、城镇近期建设规划，编制完成了低丘缓坡土地综合开发利用专项规划、金麟湾和小坡太和山低丘缓坡土地综合开发利用实施方案，被列为全市“保护坝区农田、建设山地城镇”试点区。编制完成了乡村旅游总体规划、三宝至温泉片区山地城镇试点规划、越州组团和越州工业园区总体规划及控制性详细规划。

城市建管继续加强。全面实施“中心改造、四面拓展、组团起步、集镇升级”战略，中心城区建成区面积扩大到61平方千米，城镇化率达68%。326国道小坡段改扩建、珠江源大道南延线建设快速推进，荷花塘片区旧城改造完成拆迁并启动实施，制定了子午路立交桥周边景观改造拆迁方案，西门街片区旧城改造概念性规划方案通过评审。“四城联创”深入推进。着力解决中心城区道路交通拥堵难题，深入开展城市道路交通市容市貌综合整治，实施禁止九类车辆入城专项行动，筹资3 000余万元，建设改造中心城区交通隔离栏、标线标识标牌和信号灯。筹资2000余万元，对环卫、绿化、公园、广场、排水管网等市政设施进行维护改造，城市功能不断完善、城市品位明显提升。城市管理可视化监控能力不断增强，“数字城管”水平不断提高。第二批省级文明城区顺利通过测评。

城乡统筹成效明显。加大城乡统筹力度，推进城乡一体化发展。4个新村庄新社区建设、31个城乡一体化建设试点、10个区级偏远村新农村建设和4个矿村共建点进展顺利。45个“整村推进”扶贫开发重点村、125个村级公益事业“一事一议”财政奖补项目圆满完成。水库移民后期扶持扎实推进，东山镇独木村被列为“全省水库移民新农村建设示范点”。茨红公路二期改扩建、沾潦公路越州段大修、石林瓷业进厂道路新建、潇湘文明桥重建、东山镇转长河桥新建等工程竣工通行。行政村通畅工程成效明显，硬化村庄道路217千米。8个“村改居”社区成功创建“九星”和谐社区，17个无房、危房村（居）委会办公用房新建改扩建工程全面完成，被命名为“全国农村社区建设实验全覆盖示范单位”。

（四）坚持不懈抓改革、促开放，科学发展增添新活力

各项改革不断深化。区、乡政府机构改革顺利完成，事业单位人事制度改革、工资分配制度改革稳步推进，医药卫生体制改革成效明显，文化、教育体制改革不断深化。集体林权制度配套改革深入推进，成立了林权管理服务中心。农村小型水利工程管理体制改革全面完成，全国农业综合水价改革示范区启动建设。组建了土地开发投资有限责任公司，启动实施山地城镇土地一级开发。进一步深化预算管理、国库管理和非税收入等财政管理体制改革，公务卡结算制度进一步完善，公共财政职能进一步强化。

对外开放不断拓展。围绕重点区域、重点客商、重点项目，创新工作方式，落实优惠政策，完善投资审批“绿色通道”和“一站式”服务机制，实施招商引资项目22个，引进市外国内资金21.3亿元，同比增25%。开放型经济快速发展，实际利用外资453万美元。外贸进出口总额完成3 187万美元，同比增12.3%。

非公经济不断壮大。加大舆论宣传、落实扶持政策、搭建创业平台、优化服务环境，充分调动民间资本投资创业积极性，非公经济规模进一步扩大、结构进一步优化、质量效益和产业化水平进一步提高。新增非公企业508户、个体工商户6 100户，非公经济实现增加值114.8亿元，同比增16.9%，占GDP的比重达31%。

（五）千方百计惠民生、促稳定，和谐创建取得新成效

民生保障更加完善。坚持政策促、创业带、服务推，城镇就业再就业总量稳步增长。开发就业岗位9 465个，城镇新增就业5 978人，“零就业家庭”继续保持动态为零，城镇登记失业率3.5%。社会保障更加完善，基本养老、基本医疗保险制度全面覆盖，社会保险参保人数达56.5万人。全面启动国家级新型农村养老保险和城镇居民养老保险试点工作，为50 187名60周岁以上老年人发放基础养老金1 673万元，发放率达99.5%；为246名55岁以上重度残疾人发放养老补贴8.3万元，发放率达100%。组织20.5万名适龄人员参加城乡居民社会养老保险，参保率达87.3%。保障性住房建设顺利推进，新建廉租房2.68万平方米536套、公租房2.5万平方米500套。改造农村危房400户。保障市场供应，强化市场监管，市场价格保持稳定。

社会事业协调发展。“国家可持续发展先进示范区”创建扎实推进，新型社区科普益民“三化”教育试点成效显著，被表彰为“全国科技进步先进区”、“全国科普示范区”、“全国全民科学素质工作先进集体”，被列为“云南省知识产权强县试点区”。教育事业均衡发展，“两基”迎国检顺利通过验收。校舍安全工程卓有成效，排除中小学危房2.07万平方米，新建校舍2.95万平方米。实验中学整体搬迁顺利完成，云南麒麟职教中心项目快速推进。“两馆一所”、体育运动中心建成投入使用，文体活动广泛开展，成功举办区第三届运动会。群众性精神文明创建深入开展，城乡文明程度进一步提升。医疗卫生工作成效显著，5个中央预算内专项投资卫生项目进展顺利，新型农村合作医疗参合率达99.5%。基本药物制度深入实施，经验在全省推广。人口和计划生育工作全面推进，被命名为“全省计划生育优质服务先进区”。老龄、残疾人、统计工作取得新进步，被表彰为“全国养老服务示范活动示范单位”、“全国残疾人工作先进单位”、“全省第六次全国人口普查先进集体”。国防动员、后备力量建设和双拥共建不断加强，外事、民宗、侨务、地震、气象、人防、档案、保密、红十字、地方志和关心下一代、妇女儿童、慈善等事业取得新成绩。

生态建设成效明显。深入开展城乡环境综合治理，重金属污染防治成效明显，快速科学妥善处置铬渣非法倾倒致污事件，节能减排任务全面完成，淘汰落后产能35万吨，万元GDP能耗下降3.5%。环境保护和生态建设力度不断加大，关停搬迁东面山采石采砂场18家，生态恢复试点正式启动；关闭取缔粘土砖生产企业43家，禁止生产使用实心粘土砖工作有序推进；人工造林1.5万亩，改造中低产林5万亩，新建“一池三改”沼气池2 000口。被表彰为“全国生态示范区”。

社会大局和谐稳定。严格落实安全生产责任制，强化重点行业、重点领域安全生产隐患排查和专项整治，深入开展食品药品和校车安全、“清剿火患”专项整治，安全生产形势总体稳定。加强和创新社会管理，加大矛盾纠纷和热难点问题排查调处力度，信访总量、非正常访和重要信访案件同比明显下降，办结率明显提高。依法治区深入推进，“六五”普法启动实施，法律援助范围不断扩大。深入开展“清网”、“打击两抢一盗和突出性违法犯罪”、“打四黑除四害”系列专项行动，深化社会治安防控体系建设，社会治安综合治理经验在全省推广，“平安麒麟”创建扎实有效。

（六）积极主动转作风、促效能，自身建设得到新加强

巩固提高法治政府、责任政府、阳光政府、效能政府建设成果，深入开展“创先争优”和“向杨善洲学习”活动，加强机关作风和效能建设，干部职工为民服务意识、服务能力和服务水平有新提升。自觉主动接受区人大的法律监督、工作监督和区政协的民主监督，办理人大代表议案4件、建议103件、政协委员提案113件，面商率和满意率均达100%。认真听取工商联、人民团体、民主党派和无党派人士的意见，积极支持工会、共青团、妇联等群团组织开展工作。启动实施“全国依托电子政务平台、加强政务公开和政务服务”试点工作，不断完善区、乡、村三级政务服务体系。工作机制不断创新，建立健全了固定资产投资及重大投资项目联席会议、倒逼管理、一线约谈、重点稽察等制度。严格落实“三重一大”规定，加大“三务”公开力度，启动实施“三资”管理，基层民主政治建设扎实推进。认真落实党风廉政建设责任制，强化行政监察和审计监督，加强土地使用权和矿业权出让、产权交易、工程招投标等重点领域监管，政府廉政建设深入推进。

各位代表，奋斗历程充满艰辛，发展成绩鼓舞人心。成绩的取得，得益于市委、市政府和区委的坚强领导，离不开区人大、区政协的监督支持，凝聚着全区人民的辛勤努力。在此，我代表区人民政府，向奋战在全区各条战线的各族干部群众，向给予我们充分信任和大力支持的人大代表、政协委员、工商联、人民团体、民主党派和无党派人士，向驻区人民解放军、武警部队官兵、公安政法干警和民兵预备役人员，向所有关心支持麒麟发展的各界人士、各界朋友，表示衷心的感谢，并致以崇高的敬意！

在总结成绩的同时，我们也清醒地认识到，全区经济社会发展中还存在一些困难和问题，主要表现在：传统资源型产业比重大，现代服务业发展不足，经济结构调整和转型升级任务繁重；农业基础设施还很薄弱，产业化经营程度不高，缩小城乡差距、实现一体化发展任务艰巨；城市基础设施滞后，功能不完善，建设管理的体制机制还不顺不活；异常气候增多，特别是因持续干旱，工农业生产和人畜饮水保障难；土地、资金、环境、人才等要素制约突出，重大项目推进难；财政增收有限，刚性支出逐年大幅增长，偿债压力大，收支平衡难；劳动就业、社会保障、教育卫生等民生和公共服务还不能很好的满足人民群众需求，依法依规、合理解决各种利益诉求，促进社会和谐稳定的压力增大；以提高行政效能为核心的政府自身建设有待进一步加强。这些问题，区人民政府将高度重视，逐步加以解决。

二、抢抓机遇、奋力赶超，推动科学发展新跨越

2012年，是实施“十二五”规划、推进“六区、四城、两中心”建设的重要之年，也是本届政府的收官之年。虽然在发展中还面临这样那样的困难和挑战，但加快发展的潜力巨大、机遇不少。只要我们认真落实中央、省、市“稳中求进、好中求快、变中求新、快字当先、好字当头、能快则快、又好又快”的总要求，进一步解放思想、超前谋划，抢抓国家实施新一轮西部大开发、云南建设面向西南开放的桥头堡、保护坝区农田建设山地城镇的重大机遇，锐意进取、真抓实干，万众一心、攻坚克难，就一定能抢占先机、赢得主动、提速进位，实现麒麟科学发展新跨越。

2012年经济社会发展的总体要求是：高举中国特色社会主义伟大旗帜，以邓小平理论和“三个代表”重要思想为指导，深入贯彻落实科学发展观，以科学发展为主题，以加快转变经济发展方式为主线，坚定不移朝着“六区、四城、两中心”奋斗目标，强化农业基础，推进工业提速，激发城市活力，统筹城乡发展，高度关注民生，全面扩大开放，锐意改革创新，不断推动麒麟科学发展新跨越。

2012年经济社会发展的主要预期目标是：区域内生产总值增13%以上；全社会固定资产投资增22%以上；地方公共财政预算收入增17%以上；社会消费品零售总额增18%以上；外贸进出口总额增15%以上；

城镇居民人均可支配收入增13%以上；农民人均纯收入增15%以上；城镇登记失业率控制在4.6%以内；人口自然增长率控制在6‰以内；万元GDP能耗降低3.5%；居民消费价格总水平控制在104%以内。

为实现以上目标，我们将着力抓好十个方面的工作：

（一）做强园区、扩大总量，强力提升工业质效

突出工业支撑作用。依托园区、扶优助强、龙头带动，进一步推进工业集中、集约、集群发展。完成区域内工业总产值610亿元、增15%以上。其中，区属工业总产值200亿元、增18%以上。

加快园区建设。围绕“三年倍增、五年翻两番”目标，编制工业园区产业发展规划、各类专项规划和麒麟区轻工业园区发展规划，超前做好园区用地收储和征用安置。坚持“一次规划、分期建设，适度超前、梯度推进”原则，加快水、电、路、气、通信等基础设施和标准厂房建设，提高产业转移承载力、招商引资吸引力。落实节能、技改、中小企业发展扶持等优惠政策，稳步推进工业企业迁企入园。引进千万元以上项目6个以上，完成固定资产投资24亿元、工业总产值168亿元。

壮大产业规模。强化品牌争创、市场开拓和要素保障，抓好煤、电、油、运和重要原材料供需调度，确保麒麟煤化120万吨焦炭及配套20万吨氨醇、双友钢铁镍合金深加工、众一化工年产120万吨低变质煤深加工等重大项目尽早投产，做大做强双友钢铁、麒麟煤化、众一化工、石林瓷业、雄业水泥等重点骨干企业。围绕大企业搞好上下游产品的配套生产，延伸产业链，实现集群发展。进一步落实融资担保、贷款贴息等扶持政策，引进发展一批小微型企业和关联性项目。加快煤矿复产验收，推进煤炭资源整合关闭，不断推行机械化采煤，增强安全保障能力，恢复煤矿产能，提升煤炭产业质量和效益。

促进转型升级。引导企业加快技术改造、产品升级和品牌提升，引进新技术、新工艺，推动企业自我调整、转型升级，提高产品竞争力。加快技术研发，积极培育新材料、新能源等新兴产业，推进传统工业科技、管理和产品创新，新增企业技术中心省级认定1个、市级2个，新增省级高新技术企业1户以上。加强银企对接，拓宽融资渠道，加快麒麟煤化、众一化工等企业上市进程。鼓励企业深化与央企、省企及上市公司的合作，实现强强联手、合作共赢。

（二）以城带乡、建管并重，统筹推进城乡发展

坚持区域协调发展。实施中心城区带动战略，加快推进城乡统筹，着力构建城乡一体化发展新格局。中心城区建成区面积扩大到62.2平方千米，城镇化率提高到70%。

高标准加快城市建设。按照“政府主导、市场运作、多元建设、拆留并举、分步实施”的原则，积极稳妥推进旧城改造，盘活城市资产和存量土地，不断完善城市功能、提升城市品位、繁荣城市经济。加快推进荷花塘片区旧城改造、子午路立交桥周边景观改造，稳步推进西门街片区、市体育馆片区旧城改造等重大项目，积极配合农校片区、炮团片区开发建设，加快教育、卫生、文体等公共配套设施建设。加强政策引导、资金补助，统一规划、统一设计、统一外观，启动实施中心城区私房外观改造试点。进一步完善7大片区山地城镇建设规划，加快推进金麟湾片区、小坡太和山片区开发建设，逐步引导城市建设向山地延伸。建立健全多元化投资、市场化融资机制，加大城南片区建设开发力度，完善东片区设施功能，加快珠江源大道南延线、瑞和路东段等城市路网建设，拓展完善基础设施，扩大城市规模。

高水平加强城市管理。扎实推进国家园林城市创建，新增绿地2.2万平方米，绿化覆盖率提高到38.2%。加强环卫、绿化、公园、广场等市政设施建设管护，规范中心城区道路清扫保洁及垃圾处置运行机制，加大小街小巷综合整治力度，加强渣土处置运输管理，提高净化、绿化、亮化、美化水平。完成环卫综合基地建设，新建粪便处理厂1座、保洁服务站2座，维修城区道路4.5万平方米、路灯5 000盏，清淤防洪管沟6万米。巩固提升城市道路交通市容市貌综合整治成果，健全长效机制，及时疏导城区时段性交通拥堵。深入推进“网格化管理、信息化监控、综合化执法”，应用科技手段提升城市管理水平。

高质量推进城乡统筹。完成东山、潇湘2个集镇规划修编。抓好首批“两新”建设点，确保顺利通过市级验收。巩固提升城乡一体化建设试点、矿村共建和区级偏远村新农村建设成果，抓好1个小城镇建设试点、4个第二批“两新”建设和10个区级新农村建设点，启动实施13个新农村省级重点村、45个扶贫开发重点村建设，修缮和拆除重建农村抗震安居房360户。以“城增村减”、“三集中、两分两换”为突破口，推进农村土地“两权”登记发证，加大迁村并点力度，打造一批布局优化、设施齐全、环境优美的生态宜居新农村。加快推进城乡户籍制度改革，逐步建立农业转移人口住房、就业、创业、土地管理新机制，落实完善医疗、养老保险政策，稳定计划生育政策，完善基本公共服务体系，促进城乡居民公共服务均等化。

（三）产业富民、基础强农，加快发展现代农业

强化农业基础地位。以稳定粮食生产为重点、提升产业化水平为核心、改善基础设施条件为保障，促进农业增效、农民增收、农村发展。实现农业总产值33亿元、增10%以上；农业增加值18亿元、增7%以上。

优化农业产业结构。稳定粮食播种面积45万亩，实现总产1.8亿千克。以现代特色农业“十优十强”创建为突破口，加快优质烟叶、蔬菜、花卉、林果、蚕桑、畜禽等规模化、标准化生产基地建设，大力发展特色农业、设施农业、节水农业和外向型农业。新增经济作物种植面积1.5万亩，创建现代农业示范区2个以

上，粮经结构比调整到35.5∶64.5。种植烤烟13.5万亩，收购烟叶37万担；新建畜禽专业养殖小区30个、养殖专业合作社2个；改造中低产鱼池500亩。强化动物疫病防制和畜产品质量安全监管，促进畜牧业健康发展。

完善农业服务体系。加快农业科技创新，抓好粮食作物高产创建、大春间套作、玉米地膜覆盖、病虫害综合防控等科技措施的落实，提高农业综合配套科技应用水平，增强农产品供给保障能力。新培育年产值或销售收入上千万元的农业龙头企业1个，新增农民专业合作组织10个以上。搭建土地流转服务平台，支持土地流转业主发展规模经营。加大农机推广力度，提高农业机械化水平。抓好失地少地农民、农村富余劳动力职业教育和技能培训，新增转移输出农村劳动力6 000人，培训2万人以上。加快农村信用乡镇和农业保险服务体系建设，促进农村金融服务业发展，为农业农村发展提供金融和保险支持。

夯实农业农村基础。加快水利改革发展，大力发展民生水利，建设农田水利工程405件，改造中低产田地3.55万亩。加快独木水库滇东幸福渠、发脉水库续建、大黑箐水库新建、潇湘江流域治理水土保持、小（二）型水库除险加固等重点水利工程建设，进一步提高农业综合生产能力。完成越州镇竹园岳东营危桥拆除重建、潦浒中桥和金江大桥新建，继续实施农村公路和村庄道路硬化工程。抓好村级公益事业“一事一议”财政奖补、水库移民后期扶持等项目，提高农村净化、绿化、亮化、美化水平。认真落实各项惠农政策，确保各项补贴及时、足额发放。

全力抓好抗旱救灾。按照“先生活、后生产，先节水、后调水，先地表、后地下”的原则，抓好现有水源的统一管理和科学调度，统筹安排好各行业用水。制定完善供水应急预案，加强供水管网维护管理，提高绿化用水和工业用水重复利用率，扩大再生水使用范围。深入开展节约用水宣传，广泛动员群众采取拦、蓄、引、提、拉等措施，充分利用好河道、沟渠、地下水资源，最大限度增加可用水量，确保人畜饮水安全。切实做好水改旱准备和种子备荒储备工作，全力抗旱保生产。

（四）齐抓共管、攻坚破难，确保投资平稳增长

坚持项目带动战略。全力以赴争项目、主动出击引项目、集中精力建项目，以大项目带动大投入、促进大发展。实施亿元以上重大项目115个，完成固定资产投资230亿元（按现行统计口径，不含总投资500万元以下项目）。

强力推进重点项目。进一步健全完善领导挂钩、现场办公、并联并行审批、责任包保、重奖重惩机制，明确时限和进度要求，加快137个续建项目和141个新开工项目建设，确保麒麟煤化三期、朗目山风电场一期、万承商贸高档日用瓷等项目顺利竣工，石林金曲年产280万平方米建筑瓷、双友钢铁120万吨矿渣资源综合利用、珠江源种子交易物流中心等续建项目快速推进，南片区防洪调节库、泛亚奇石展销市场、第二看守所拘留所等重大项目早开工、早建设。

全力突破要素制约。充分发挥投资开发公司、融资担保公司、城市投资公司、土地开发投资公司等投融资平台作用，积极主动做好经营土地、盘活资产、向外引资、银行融资、向上争资文章，多渠道撬动金融资本、多形式引导社会资金、多途径盘活存量资产，着力解决重点项目建设资金瓶颈。按照“争取总量、盘活存量、用好增量”的原则，清理盘活批而未供、供而未用、用而未尽土地，合理开发利用低丘缓坡土地，促进节约集约利用，保障重点项目用地需求。

着力抓好项目前期。围绕国家产业政策和投资导向，精心谋划储备一批基础设施、产业发展、资源综合利用、社会事业、民生改善等重大项目，全年储备项目135个。加大项目推介和招商选资力度，力争有更多的大项目、好项目进入国家、省、市项目盘子。强化机构、人员、经费等保障，抓好立项、环评、水保、安评、供地等项目前期工作，完善开工要件，确保朗目山风电场二期、众一化工年产5万吨针状焦等重点项目尽快完成前期工作。

（五）挖掘潜力、提升层次，切实增强消费拉动

坚持服务消费拉动。繁荣壮大传统服务业，加快发展现代服务业，实现第三产业增加值140亿元、增11%以上。

着力发展生产服务业。围绕“滇中城市群”的产业聚集中心、“桥头堡”的区域性物流中心建设，落实促进服务业发展的政策措施，引导和推动土地、技术、资金等资源向现代服务业聚集。强力推进万宇国际商贸城、麒麟综合物流配送中心、滇东粮油物流中心等重点项目建设，积极引入国内外知名物流企业，提升现代物流业专业化水平。加大农贸集贸市场和农产品批发市场建设改造力度，抓好“乡村流通工程”建设，促进供销系统“二次创业”，加快农村专业合作社创建，巩固提升农村规范化网点建设成果，日用百货配送率达70%以上、农用物资配送率达96%以上。

提升发展生活服务业。进一步规范房地产市场秩序，加快发展商业地产、旅游地产。鼓励社会资本进入科技、文化、教育、卫生、体育等领域，加快发展广播影视、文化娱乐、科技教育等服务业。积极支持社区发展老年护理、医疗保健、家庭服务和健康教育机构，完善社区服务功能。加快推进金麟湾生态休闲运动中心、黄家庄旅游小镇、“麒麟水乡”二期开发等项目建设，着力提升沿江大龙、白石江街道黄家庄等省级特色旅游村建设水平，打响美食旅游、休闲旅游、乡村旅游、文化旅游品牌。接待国内外游客196万人次，实现旅游收入11亿元以上。

加快发展现代服务业。加强引导支持，放宽准入条件，拓宽融资渠道，落实优惠政策，整合民间资本，大力发展金融保险、信息中介、电子商务、连锁经营等新兴服务业。鼓励引导新兴服务业通过创新经营模式、拓展业务渠道、优化服务质量，壮大经济实力。注重招才引智，引进一批现代物流、会展策划等高端专业人才和经营管理人才，为加快发展现代服务业提供人才保障。

（六）强化征管、优化支出，增强财政保障能力

狠抓增收节支。坚持“发展财政、惠民财政、开放财政”的定位，加强征管，优化支出，提高财政保障能力。

强化财税收入征管。深入推进税收科学化、精细化、信息化管理，加强重点税种、重点行业、重点企业税源分析监控，健全完善征管机制。及时清理和停止执行到期税收优惠政策，规范税收减、免、退程序，严肃查处偷、逃、骗等违法行为，确保税收依法、足额、及时入库。

优化财政支出结构。着力调整优化财政支出结构，集中财力向民生保障、社会事业、农村和基层倾斜。严格执行预算，从严控制支出，强化使用监管，最大限度发挥财政资金的使用效益。牢固树立过“紧日子”的思想，压缩行政开支，倡导勤俭办事，力戒奢侈浪费，确保公务用车购置、会议经费、公务接待、出国出境经费“四个零增长”。

加强非税收入管理。严格执行“收支两条线”和“罚缴分离”、“票款分离”规定，建立非税收入动态管理机制，加快征管信息系统建设，规范收缴行为。健全完善征管措施，加强和规范行政事业性收费、政府性基金、国有资产有偿使用收入、罚没收入、政府财政资金利息收入等非税收入管理，堵塞“跑、冒、滴、漏”，提高非税收入对财政增长的贡献率。

（七）深化改革、扩大开放，不断优化发展环境

坚持改革创新。全面推进体制机制改革创新，提升开放开发合作水平，在更大范围、更高层面聚集发展资源，以改革促开放、促发展、促创新。

深化重点领域改革。继续抓好第五轮行政审批制度改革，深化事业单位收入分配制度改革。进一步推进集体林权制度配套改革和林业分类经营改革，规范森林、林木和林地使用权流转管理。抓好全国农业水价综合改革示范区建设，深化农村小型水利工程管理体制和水利投融资改革，严格落实水资源管理“三条红线”控制指标。深入推进医药卫生体制改革，积极探索公立医院改革，加快发展民营医疗机构。推进区文化馆与麒麟歌舞团改革，增强公益文化事业单位活力。深入推进预算管理制度、财政国库管理制度和行政事业单位国有资产监管改革，确保财政资金安全高效使用。

强力推进招商选资。围绕三农、民生、社会保障等重点领域和新材料、新能源等国家、省、市重点扶持发展的产业，搞好包装推介，落实优惠政策，深入开展产业招商、园区招商、节会招商、以商招商、中介招商，精心谋划一批竞争力强、成长性好、关联度高、带动力强的大项目、好项目。健全完善领导干部联系重点企业、重大招商项目和项目落地回访制度，畅通招商引资“绿色通道”，大力营造亲商、护商、安商氛围，提高招商引资成功率、履约率、落地率。实施招商引资项目20个，引进市外国内资金25亿元、增15%以上。

调优扶强非公经济。落实优惠政策，放宽经营领域和出资限制，进一步改善非公企业发展环境。设立非公企业担保公司和股权投资公司，建立资本金扩充和风险准备金拨补机制，支持行业、协会创办担保、再担保公司，加快推动商业性、互助性担保机构的设立和发展，畅通非公企业直接融资渠道。鼓励扶持非公企业加快技术进步和技术改造，开展多种形式的经济技术合作，促进非公经济加快发展。新登记非公企业520户、个体工商户6 300户，非公经济增加值占GDP的比重提高到33%。

（八）保护生态、治理环境，打牢持续发展基础

坚持生态立区。加强城乡环境综合治理，加大生态保护力度，推进资源节约型、环境友好型“两型”社会建设。

强化节能减排。严格执行环境影响评价和“三同时”、“一票否决”等制度，强化重点行业、重点企业耗能监管和公共机构节能管理，加快发展低耗能、低排放产业和低碳经济、循环经济，最大限度降低能耗、减少污染、增加产出。淘汰落后产能70万吨以上。

加大环保力度。落实环境安全风险评估、举报查处、污染巡查制度，加强重金属污染防治监测监管。稳步推进南盘江、潇湘江、白石江等重点河流环境综合治理和矿山生态环境修复治理等工程。广泛开展农村环境综合整治，加快城镇污水、垃圾处理设施建设。高度重视农业面源污染治理，抓好固体废弃物污染防治，提高突发环境事件防范预警和应急处置能力。

推进生态建设。继续抓好造林绿化、天然林保护二期和石漠化治理等国家重点生态工程建设，完成人工造林1万亩，改造中低产林3万亩，抓好国家级和省级公益林管护和生态效益补偿工作。全面完成城东面山砂石场关闭取缔工作，稳步实施生态治理。加大水源地保护和水土保持力度，治理水土流失面积30平方千米。加强农村能源建设，新建沼气池500口，节能改灶2 000台，安装太阳能热水器1 008套。巩固提升“全国生态示范区”创建成果，力争创建1个国家级生态乡镇。

（九）夯实基础、增强活力，推动文化繁荣发展

坚持文化事业和文化产业协调发展。完善公共文化服务体系，推进文化产业改革发展，提升文化软实力，促进文化大发展大繁荣。

完善文化设施。深入实施广播电视户户通、文化信息资源共享、乡镇综合文化站、农村电影放映、农家书屋等文化惠民工程，构建以“两馆一所”为龙头，乡镇（街道）综合文化站为支撑，村（社区）文化活动室、小广场和农家书屋为基础的文化设施体系。新建文化小广场50个。

繁荣文化艺术。全面实施“五个一”文化精品战略，搞好新剧目展演，推出一批体现地方特色的优秀文艺作品。经常性开展文化下乡活动，举办好“欢乐珠江

源”广场文化活动和社区文化活动等公益性文艺演出，提升农村、社区、企业和校园等文化水平。强化文化市场监管，加大文化市场综合执法力度。

保护文化遗产。加大珠街八塔台、三宝罗汉山古墓群等重点文物和五联红军过楼等革命遗址保护开发力度，做好省级重点文物保护单位申报，出版发行《麒麟区出土文物精粹》。加强非物质文化遗产普查、保护、申报，进一步挖掘民间民族艺术、民间文学、传统手工技艺。

发展文化产业。积极做好“土风计划”申报，深入挖掘和开发利用爨文化资源。推进爨都御园文化项目，打造反映曲靖历史文化和人文精神的爨文化产业。扶持发展影视、演艺、民族民间工艺等文化产业，拉长产业链，推动文化产业规模化、专业化发展。积极办好节会文化活动。

（十）完善保障、改善民生，积极构建和谐麒麟

坚持以人为本、民生优先。把民生问题放在更加突出的位置，加大社会建设、社会管理和公共服务力度，实现民生改善与经济发展同步共进，幸福指数与发展指数同步提升。

不断完善社会保障，千方百计保民生。落实创业扶持、税费减免、技能培训等就业再就业政策，加快建立统一规范的人力资源市场，做好“4050”人员、大中专毕业生、下岗失业人员、退役军人等群体就业再就业工作，保持“零就业家庭”动态为零。新增就业岗位6 000个，实现就业再就业6 000人。落实最低工资保障制度，强化劳动保障监察，依法维护劳动者合法权益。深入推进新型农村养老保险和城镇居民养老保险试点，巩固提高城镇居民基本医疗保险工作成果，扩大社会保险覆盖面。进一步建立健全以城乡低保为基础，大病医疗救助、重残人员救助、慈善救助为补充的“四位一体”社会救助体系，妥善安排好困难弱势群体的生产生活。免费为800例贫困白内障患者实施复明手术、为100名肢体残疾儿童实施矫治手术。稳步推进社区老年日间照料中心项目，力争启动居家养老服务信息化中心平台建设。加大保障性住房建设力度，新建保障性住房21万平方米4 200套，发放租赁补贴300户。保障市场供给，强化价格监管，维护物价稳定。

加快发展社会事业，真情实意暖民心。深入推进“国家可持续发展先进示范区”创建和“云南省知识产权强县试点区”、社区科普益民“三化”教育试点建设，积极引导科技创新，提高全民科学文化素质。积极推进中心城区中小学新建改扩建“6＋8”工程，启动2所城区中小学改扩建，继续推进中小学校舍标准化建设，加快推进云南麒麟职教中心建设。认真实施学前教育3年计划，不断提高初中、高中、职业教育水平，促进全区教育均衡发展。落实农村义务教育段学生营养改善计划，改善7万名农村中小学生营养状况。免费为农村中小学生提供健康体检。抓好“农村学校师生饮水安全工程”建设。完善城乡公共体育设施，广泛开展全民健身活动，积极备战省第七届城运会。健全完善城乡公共卫生、医疗救治、疾病防控、卫生监督体系，加快推进区医院改扩建、卫生监督用房项目建设，深入实施国家基本药物制度，促进基本公共卫生服务和基本医疗服务均等化。加强人口和计划生育管理，稳定低生育水平，强化流动人口计划生育管理服务，争创“全国计划生育优质服务先进区”。启动殡仪馆和救助站迁建。完成7个“村改居”社区“九星”和谐社区创建、18个无房危房村（居）委会办公用房新建改扩建，完成社区信息平台和40个无房村民小组活动场所建设。大力实施质量兴区和标准化发展战略，抓好首届“区长质量奖”评选，积极创建“质量走廊”。严厉打击制售假冒伪劣商品行为，维护消费者合法权益。深入开展社会主义荣辱观宣传教育，加强公民道德和社会诚信建设。深化群众性精神文明创建，提高城乡文明程度和公民文明素养。加强国防动员和后备力量建设，加大双拥共建力度，促进国防与经济社会协调发展。认真贯彻民族宗教政策，加快少数民族地区经济社会发展。统筹发展统计、外事、侨务、人防、地震、气象、档案、保密、地方志、妇女儿童、关心下一代和慈善等各项事业。

切实维护社会稳定，全力以赴保民安。认真落实安全监管“一岗双责”制度，严格督促企业落实主体责任，健全安全生产监管长效机制，深入推进“3568”安保双基工程和在线监控系统建设，突出抓好煤矿、非煤矿山、道路交通、消防、危险化学品、烟花爆竹、建筑施工、食品药品、特种设备等重点领域、重点行业的安全监管和专项整治，预防和减少一般事故，坚决遏制重特大事故。切实抓好森林防火、防汛抗旱、地质灾害防治。进一步完善应急救援预案，健全防灾减灾体系，着力提高自然灾害、事故灾难、公共卫生、社会安全等突发事件的应急处置能力。完善领导干部下访接访、责任包保和排查调处制度，建立决策风险评估机制，健全完善矛盾纠纷调解体系，畅通社情民意反映渠道。深入推进社会矛盾化解、社会管理创新、公正廉洁执法“三项重点工作”，加强公安信息化、执法规范化、和谐警民关系“三项建设”，做好流动人口、特殊人群和互联网的管理引导。健全完善立体化、全方位社会治安防控体系，始终保持对违法犯罪活动的高压态势和强大震慑，深入推进新一轮“平安麒麟”创建和禁毒防艾工作。

三、转变作风、提高效能，建设人民满意的服务型政府

新形势、新任务、新挑战对政府工作提出了新要求。我们将按照法治政府、责任政府、阳光政府、效能政府的要求，进一步转变职能、改进作风、提高效能，努力建设务实为民、公正廉洁、优质高效的人民满意政府。

规范行为、依法行政，建设民主法制政府。认真执行区人大各项决议决定，自觉接受区人大及其常委会的法律监督、工作监督和区政协的民主监督，坚持定期向区人大报告工作，向区政协通报情况、征询意见，认真办理人大代表议案、建议和政协委员提案。积极支持工会、共青团、妇联等人民团体开展工作。深入实施“六五”普法，推进依法治区进程。严格执行“三重一大”规定，加大“三务”公开力度，提高“三资”管理水平，扩大基层民主，规范村（居）民自治。完善重大决策咨询、听证和责任追究制度，规范重大决策程序，做到科学决策、民主决策。进一步完善行政执法责任制，强化行政执法监督，做到规范执法、公正执法、文明执法。

牢记宗旨、心系群众，建设亲民为民政府。坚持问政于民、问需于民、问计于民，畅通群众利益诉求表达渠道，做到重大决策顺民而定、工程设施依民而建、安危冷暖为民所系、发展成果由民共享。在财力安排上，更加注重民生保障的投入，真正体现向困难弱势群体、社会事业、农村和基层一线倾斜；在城乡建设中，更加注重人居环境的改善，真正体现方便群众生活、服务群众生产；在社会管理中，更加注重人文关怀的传递，真正体现寓管理于服务、寄真情于管理。

提升效能、强化执行，建设务实高效政府。改进工作方式，精减会议和文件，严格控制各类检查评比和庆典活动，腾出更多的时间和精力到基层一线搞调研、抓落实、办实事，形成干部在一线服务、问题在一线解决、成效在一线体现的干事创业氛围。继续推行行政问责、首问责任、服务承诺、限时办结等制度，加强行政绩效管理，强化明查暗访、专项督查、重点督办等督查手段，着力解决不作为、慢作为、乱作为、有令不行、有禁不止等突出问题，加大对执行不力和行政违法行为责任追究力度，确保政令畅通、令行禁止。完善重点项目推进一线约谈、投资项目公示和建设项目行政审批事项“一门进、一费清、一章结”服务制度，对所有审批事项，实行一个部门牵头、一个窗口办理、一套数据审批、一次现场勘查、一次集中会审，实现工作无缝对接。完成“全国依托电子政务平台、加强政务公开和政务服务”试点工作，建立和完善统一的电子政务平台，严格规范政府信息公开、行政职权审批和便民服务事项，加快推进网上审批和电子监察系统建设，形成行为规范、运转协调、公开透明的行政管理体制。

克己奉公、严格监管，建设清正廉洁政府。深入推进教育、制度、监督并重的惩治和预防腐败体系建设，教育和促使广大公务人员时时以严律己、事事以廉为先、处处以身作则。以解决人民群众反映强烈的突出问题为重点，完善政风行风监督平台，畅通群众投诉渠道，深入开展纠风专项治理，坚决纠正损害群众利益的不正之风。充分发挥行政监督、民主监督、舆论监督和社会监督的作用，强化重点岗位、关键环节行政行为事前预防、事中检查、事后跟踪相结合的监督检查机制，增强行政行为的透明度。加强执法监察、廉政监察、效能监察，强化审计监督，深入开展工程建设领域突出问题专项治理，规范土地出让、产权交易、医药购销、政府采购、资源开发等领域的权力运行，严肃查处各类违法违纪案件。

各位代表，百舸争流，破浪者领航；千帆竞发，奋勇者当先。新的一年，充满新的机遇、面临新的挑战、孕育新的希望。让我们在市委、市政府和区委的坚强领导下，在区人大、区政协的监督支持下，燃放激情、永不懈怠，团结依靠全区各族干部群众，凝心聚力、团结拼搏，攻坚克难、负重奋进，为加快“六区、四城、两中心”建设，推动麒麟科学发展新跨越而努力奋斗！

大事记

2011年麒麟区大事记

1月

7日 由市委常委、市纪委书记孔荣华、市政协副主席马宝功带队的市委、市政府年度考核组对麒麟区2010年度的各项工作进行综合考核。汇报会由区长唐开荣主持，区委书记傅学宾全面汇报了麒麟区2010年度各项工作。

9日 中国人民政治协商会议曲靖市麒麟区第三届委员会第四次会议举行第二次全体会议。会议由区政协副主席杨俊青主持。区长唐开荣作《政府工作报告》。区领导傅学宾、罗中山、林家德、周光芬、杨忠武等出席会议。

12日 麒麟区召开乡镇党委换届工作会。会议由区长唐开荣主持并提要求，区委书记傅学宾作重要讲话。区领导罗中山、曾建明、张杰、丁常云、林家德、刘兴华、祝继和、周永江等出席会议。

17日 麒麟区第三届人民代表大会第四次会议隆重开幕。会议由大会执行主席曾建明主持，区长唐开荣作《政府工作报告》。区领导傅学宾、罗中山、张杰、侯文利、丁常云、林家德、刘兴华、祝继和、周永江等出席会议。

17日 麒麟区在政务厅举行云南远卓投资有限公司大型商业项目和曲靖泛亚石展销市场项目两个重大项目的签约仪式。区委书记傅学宾在签约仪式上致辞，区长唐开荣与两个公司的负责人签订了招商引资协议书。区领导曾建明、周光芬、赵军学等参加签约仪式。

19日 市政协副主席马宝功前往沿江、南宁、建宁走访慰问复原军人、老党员、独生子女困难户、贫困残疾户、城市低保困难户。区领导唐开荣、丁常云等陪同。

20日 麒麟区在沿江举行“麒麟水乡”开工仪式。副区长杨忠武主持开工仪式，区长唐开荣致辞。区委常委、组织部部长周永江等出席开工仪式。

22日 麒麟区2011年春节年货街正式开街。区领导唐开荣、张杰、周光芬等参加开街仪式。

28日 麒麟区举行2011年“迎新春 促和谐”大型美术作品展开展仪式。区领导傅学宾、唐开荣、罗中山、曾建明、张杰、侯文利等出席开展仪式。

2月

9日 区长唐开荣深入麒麟区境内部分林区检查护林防火工作，并提出具体要求。

11日 云南省科协党组书记、副主席唐兵到麒麟区对社区科普和“村改居”试点工作进行专题调研。区领导侯文利、杨忠武等陪同。

25日 省减轻农民负担检查考核组到麒麟区就减轻农民负担工作进行检查。区委常委、副区长林家德汇报全区减负工作情况。

26日 省委、省政府检查考评组到麒麟区检查考评曲靖市2010年政府工作。区长唐开荣汇报了2010年全区经济社会发展情况。区领导罗中山、陈继峰、丁常云、林家德、杨忠武、杨国全等陪同。

28日 中共曲靖市麒麟区纪律检查委员会召开三届六次全会。会议由区委常委、区纪委书记陈继峰主持并作工作报告，区委书记傅学宾作重要讲话，区委副书记罗中山宣读表彰决定并进行表彰。区领导唐开荣、曾建明、张杰、侯文利、丁常云、祝继和、周永江等出席会议。

28日 麒麟区实验中学更名为麒麟区第六中学，举行搬迁更名揭牌仪式。市教育局局长毛辉及区领导合子祥、杨忠武、杨俊青等参加揭牌仪式。

3月

9日 市领导赵立雄、范华平、周宗、陈军、朱德光、张向明、宁德刚等率领市直相关部门负责人到麒麟区，召开重点项目推进麒麟现场办公会。

9日 市人大调研组到麒麟区视察《中国人民共和国警察法》贯彻执行情况，副区长汤跃宏作情况汇报。

10日 由市卫生、发改等部门组成的市医改督导组检查麒麟区医药卫生体制改革实施情况，副区长杨忠武等陪同。

11日 麒麟区召开金麟湾生态休闲运动中心项目推进会，区领导罗中山、杨忠武等参加会议。

17日 市委常委、市委宣传部部长何华率市督查组到麒麟区对麒麟区“两基”工作和校安工程进行检查。区领导罗中山、杨忠武等陪同检查。

17日 省政府安全生产检查督查组到麒麟区检查安全生产工作。副区长杨国全等陪同。

18日 省委市县乡党委换届选举督查组到麒麟区督查乡镇党委换届选举工作。区领导罗中山、周永江等陪同。

20日 国家医改中期评估督导组到麒麟区检查医改工作情况。市区领导饶卫、杨忠武等陪同。

20日 省国土资源厅副厅长陈刚率省国土资源厅调研组到麒麟区调研耕地保护及保障能力工作。副区长杨国全等陪同。

29日 省调研组到麒麟区就村级会计代理服务工作情况进行调研。副区长杨国全等陪同。

29日 国家、省、市供销社领导组成的调研组到麒麟区调研供销社建设发展情况。副区长周光芬陪同。

30日 省纪委检查组到麒麟区检查指导廉政文化及反腐倡廉惩防体系建设工作。市、区纪委领导陈娅焕、陈继峰等陪同。

4月

13～14日 市人大常委会调研组到麒麟区就煤炭安全生产工作进行专题调研。市、区领导刘海芳、余荣忠、张向明、傅学宾、唐开荣、曾建明、杨国全等陪同。

18～19日 由省水利、发改、卫生等相关部门专家组成的验收组，对麒麟区农村饮用水安全工程进行验收。区委常委、副区长林家德陪同。

20日 麒麟区召开安全生产隐患排查治理暨2011年二季度安全生产工作例会。副区长杨国全参加会议，并提出要求。

25日 市政协副主席夏传煊率市政协调研组到麒麟区调研学前教育及义务教育均衡发展情况。区领导张杰、杨忠武、杨俊青等陪同。

26日 麒麟区在东山镇召开煤矿安全生产隐患排查暨打非治违督查工作情况汇报会。区领导陈继峰、杨国全等参加会议。

26日 由省政协副主席白成亮带领的省政协调研组到麒麟区调研城市民族工作。市、区领导赵立雄、岳跃生、宁德刚、王宝德、傅学宾、唐开荣、张杰、丁常云、合子祥、杨忠武等陪同调研。

27日 市政府安全生产督查组到麒麟区检查安全生产工作。副区长杨国全等陪同。

5月

4日 市委常委、副市长陈军到麒麟区调研工业经济发展工作。副区长杨国全陪同。

5日 市农开办主任王清林到麒麟区检查2010年农业综合开发项目改造建设情况。区委常委、副区长林家德陪同。

5～6日 市人大副主任李桂珍率领市人大调查组到麒麟区专题调研职业教育发展情况。副区长杨忠武陪同。

9日 省烟草公司副总经理童荣琨到麒麟区检查指导当前烤烟生产工作。区领导傅学宾、唐开荣、林家德等陪同。

10日 市领导周宗、黄有能、李玉雪、余荣忠、李桂珍、马克利率市检查组到麒麟区检查《云南省曲靖市城市管理条例》贯彻实施情况。区领导曾建明、缪仑等陪同。

12日 市安监局督查组到麒麟区检查指导全区隐患排查治理、“3568”安保双基工程、六月安全月筹备工作。区领导杨国全、杨世双等陪同。

12日 云南省移民开发局局长韩梅、副局长张异等到麒麟区调研移民开发工作。区领导傅学宾、唐开荣、林家德等陪同。

13日 国家统计局调研组到麒麟区调研畜禽监测统计调查工作。区委常委、常务副区长林家德陪同。

16日 麒麟区召开固定资产投资暨重点项目推进工作会。区长唐开荣作重要讲话。区领导陈继峰、王石海、严明华等参加会议。

18日 市人大调研组到麒麟区就2010年财政决算及2011年1～4月预算执行情况进行检查指导。副区长杨国全陪同并汇报工作。

19日 市领导赵建华、唐德荣、高吉贵率省、市政协委员到麒麟区调研指导矿村共建工作。区领导傅学宾、唐开荣、张杰等参加会议。

20日 国务院发展研究中心调研组到麒麟区就现代烟草农业建设、水利建设、中低产田改造、农民合作组织发展情况进行调研。区委常委、常务副区长林家德陪同。

21日 国家农业部部长韩长赋率农业部相关司（厅）部门负责人到麒麟区考察现代农业发展情况。省、市、区领导孔垂柱、赵立雄、岳跃生、朱德光、宁德刚、傅学宾、唐开荣、林家德等陪同。

24～25日 国家财政部检查组到麒麟区检查指导乡（镇）街道财政资金监管工作。副区长杨国全等陪同。

27日 市政协主席赵建华、副主席王宝德率市政协调研组到麒麟区调研滇中经济区建设工作。会上，区委书记傅学宾、区长唐开荣分别就麒麟区经济社会发展情况和麒麟区、沾益县、马龙县同城规划、共域发展情况进行了汇报。

6月

1日 全省村级组织活动场所和农村党员干部现代远程教育网络管理使用现场交流推进会在曲靖召开。区领导傅学宾、唐开荣、周永江等参加会议。

2日　省委常委、省委组织部部长辛桂梓到麒麟区检查指导村级活动场所建设、基层党组织建设、创先争优活动、新农村建设等工作。市、区领导赵立雄、李云忠、傅学宾、唐开荣、周永江等陪同。

3日　副市长饶卫主持召开中心城区中小学新建改扩建“6+8”工程推进会。区领导唐开荣、杨忠武等参加会议。

7日　市委书记赵立雄、市政协主席赵建华到麒麟区检查指导昆交会企业参展情况。副区长周光芬陪同。

9日　中共曲靖市麒麟区委三届十一次全体会议召开。区领导傅学宾、唐开荣、罗中山、曾建明、张杰、陈继峰、侯文利、丁常云、林家德、周永江、李涛、杨国文、杨忠武、杨国全、缪仑等参加会议。

10日　市委副书记范华平、副市长饶卫到麒麟区专题调研基层党建工作。区领导傅学宾、唐开荣、罗中山、周永江等陪同。

18日　省劳动模范事迹报告会在麒麟区召开。省总工会领导彭增梅及市、区领导饶卫、丁美仙等参加报告会。

22日　市委书记赵立雄到麒麟区第七中学看望慰问“全国绿色学校先进教师”、“麒麟区优秀青年干部”、“百名新秀”、“先进教育工作者”。市、区领导朱德光、曾建明、侯文利、陈继峰、周永江等陪同。

24日　市委常委、常务副市长周宗及昆明铁路局相关负责人到麒麟区研究六沾铁路暨有线土地移交工作。副区长缪仑陪同。

7月

4日　麒麟区召开城市道路交通市容市貌综合整治动员大会。区长唐开荣主持会议，区委书记傅学宾作重要讲话。区领导丁常云、杨国文、缪仑、赵卫东、赵军学等参加会议。

5日　麒麟区8 807名考生参加中考。市、区领导饶卫、夏传煊、傅学宾、唐开荣、合子祥、杨忠武、杨俊青等对麒麟区各考点进行巡视。

8日　麒麟区举行沾潦公路（越州段）大修工程开工仪式。区领导傅学宾、唐开荣、杨国全等出席仪式。

10日　麒麟区第一届“园丁杯”教职工运动会开幕。区领导曾建明、侯文利、合子祥、杨忠武、杨俊青等出席开幕式。

14日　区委书记傅学宾、区长唐开荣、区政协主席张杰以及在家的区委、人大、政府、政协领导以及各乡（镇）街道和区直各部门部分实职副科以上领导到市反腐倡廉警示教育基地接受警示教育。7月12~15日，全区组织近700名实职副科以上领导干部接受警示教育。

18日　国家工商总局直销监管局局长张国华一行到麒麟区检查指导打击传销工作。市、区领导周玲、周光芬等陪同并就有关情况作汇报。

18日　麒麟区召开区委中心组桥头堡建设专题学习暨区经济工作会议。会议分析了上半年全区经济运行情况，区委书记傅学宾、区长唐开荣出席会议并作重要讲话。区领导曾建明、张杰、丁常云、陈继峰、侯文利、杨国全、周永江、李涛、李金林及在家的四班子领导等参加会议。

19日　国家财政部农业司副司长张岩松一行到麒麟区调研中央财政小型农田水利重点项目及中央财政支持现代农业蔬菜产业项目建设情况。市、区领导周宗、宁德刚、傅学宾、杨国全等陪同。

20日　曲靖市社区巾帼志愿者服务行动正式启动。市、区领导何华、李桂珍、夏传煊、丁常云、李金林、合子祥、周光芬、杨俊青等及麒麟区17支志愿者队伍200余名志愿者参加启动仪式。

20日　麒麟区召开庆祝建党90周年马克思主义经典理论读书活动征文研讨会。区领导侯文利、丁美仙、合子祥、周光芬、杨俊青等参加会议。

24日　麒麟区举行第十四届火把节暨民族团结日系列庆祝活动。市、区领导早明光、施红甲、保明富、傅学宾、唐开荣、张杰、丁常云、合子祥、杨忠武、赵卫东、胡勤水、李为民、严明华等分赴各分会场与广大彝族同胞共庆节日。

27日　省水利厅检查组深入麒麟区茨营乡现代农业蔬菜基地和珠街乡红花海子渠节水工程，调研节水灌溉工程建设、节水灌溉技术推广、农田水利建设、饮用水安全及农业水价综合改革等情况。区委常委、常务副区长林家德等陪同并汇报工作。

29日　麒麟区举行“6·08乌蒙使命”活动庆功会议暨庆祝人武部成立60周年大会，并对参加野外驻训比武竞赛中取得优异成绩的团体和个人进行表彰。市、区领导赵培明、卢兴波、傅学宾、唐开荣、罗中山、曾建明、张杰、林家德、丁常云、周永江、李涛、李金林、刘景朝等参加庆祝活动。

29日　麒麟区举行庆祝建军84周年座谈会。区领导傅学宾、唐开荣、曾建明、张杰、林家德、李涛、周光芬等参加座谈会，与驻区部队共度“八一”建军节。

29日　麒麟区召开固定资产投资及重大项目推进联席会议。副区长缪仑主持会议，并对工作提出具体要求。

8月

10日　副市长饶卫主持召开曲靖中心城区教育设施总体布局专项规划论证会。副区长杨忠武等参加会议，并就曲靖中心城区教育设施总体布局初步规划等有关情况进行了汇报。

10日　省公安厅副厅长董家禄到麒麟区检查指导人口管理、社会管理创新和社会治安防控体系建设等工作开展情况。市、区领导早明光、傅学宾、丁常云、赵卫东等陪同。

16日 省政府考核组到麒麟区检查考核耕地保护责任制落实情况。副区长缪仑等陪同并就有关工作情况作汇报。

17～18日 中国共产党曲靖市第四次代表大会在曲靖会堂隆重举行。区领导傅学宾、唐开荣、罗中山、陈继峰、周永江、李金林、赵卫东等作为市党代表参加会议。

17日 麒麟区召开全区农业抗旱救灾工作会。会议要求迅速调动一切可以调动的力量，采取一切能够采取的措施，全面打响打好抗旱救灾攻坚战。区委常委、常务副区长林家德对全区抗旱救灾有关工作提出具体要求。

19日 全省召开抗旱救灾工作电视电话会议。区委常委、常务副区长林家德等参加视频会议。

19日 国务院召开全国加强和改进流浪未成年人救助保护工作电视电话会议。区委常委、常务副区长林家德等参加视频会议。

19日 麒麟区召开新型农村养老保险和城镇居民养老保险试点工作准备会。区委常委、副区长杨国全参加会议并提出具体要求。

25日 “麒麟水乡”特色旅游建设项目正式通航。市、区领导傅学宾、唐开荣、曾建明、张杰、侯文利、合子祥、杨忠武、赵军学等参加通航仪式。

28日 省委副书记、省政府党组书记李纪恒到麒麟区调研水稻高产创建工作。市、区领导范华平、傅学宾、唐开荣、林家德等陪同并就有关情况进行汇报。

31日 麒麟区召开经济社会发展暨组织工作情况老干部通报会。区委常委、常务副区长林家德通报了全区上半年经济社会发展情况，区委常委、组织部部长周永江通报了上半年全区组织工作进展情况。

31日 曲靖市召开环境污染综合整治专项工作视频会议。市、区领导傅学宾、唐开荣、罗中山、曾建明、张杰、陈继峰、杨国全、周永江及其他在家的四班子领导等参加了视频会议。

9月

4日 省督查组到麒麟区就“兴水强滇”战略决定贯彻落实情况进行督查。区委常委、常务副区长林家德陪同并汇报工作。

5日 麒麟区2010年实施中央财政支持现代农业蔬菜暨省财政扶持桑蚕产业项目顺利通过市级验收。市督查组实地查看了项目建设情况，区委常委、常务副区长林家德陪同并汇报工作。

6日 国家农业部全国农机中心节水处处长高祥照率工作组深入麒麟区茨营乡视察抗旱救灾和粮食生产情况。

7日 麒麟区召开新型农村和城镇居民社会养老保险试点工作动员大会暨养老金发放仪式。区长唐开荣主持会议，市委常委、区委书记傅学宾作重要讲话。市人社局领导董云昌及区领导罗中山、曾建明、杨俊青等参加会议。

8日 麒麟区召开庆祝第二十七个教师节暨表彰大会。区长唐开荣主持会议，市委常委、区委书记傅学宾作重要讲话。区领导罗中山、曾建明、张杰、李金林、合子祥、杨忠武、缪仑、杨俊青等与广大教师和教育工作者共庆节日。

8日 麒麟区召开非公经济代表人士中秋座谈会。区委副书记罗中山主持会议，副区长周光芬传达了全省加强和改进工商联工作会议精神，区长唐开荣通报了1～8月全区经济社会发展情况和非公经济发展情况，市委常委、区委书记傅学宾对非公经济工作提出希望和要求。市、区领导赵鸿年、曾建明、张杰等出席座谈会。

9日 全省召开抗旱救灾工作电视电话会议。区领导唐开荣、林家德等参加会议。

13日 麒麟区第三届体育运动会开幕。市、区领导傅学宾、李桂珍、饶卫、夏传煊、唐开荣、罗中山、曾建明、张杰以及在家的区委、人大、政府、政协领导，各参赛代表队、裁判员、运动员等参加开幕式。

15日 全国供销合作总社书记、理事会主任杨传堂率调研组到麒麟区就供销合作社改革发展情况进行检查和调研。省、市、区领导孔垂柱、傅学宾、周玲、周光芬等陪同。

15日 麒麟区召开曲靖市危险废弃物集中处置项目建设专题会议。区领导唐开荣、杨国全及有关部门领导实地查看了项目选址情况，并对项目建设工作进行专题研究。

15日 麒麟区召开创建第二批云南省文明城区迎检工作动员会。区长唐开荣主持会议，市委常委、区委书记傅学宾作重要讲话。区领导罗中山、张杰、丁常云、侯文利、周永江、李金林以及在家的区委、人大、政府、政协领导，各乡（镇）街道和区直部门领导等参加会议。

18日 麒麟区举行全区防空警报试鸣演练活动。副区长赵卫东参加演练仪式，并对人防工作提出要求。

19日 麒麟区召开大唐云南能源公司朗目山风电场项目建设现场推进会。会议对项目建设工程中存在的困难和问题进行了研究，并就项目推进工作提出具体要求。副区长缪仑参加会议。

19日 麒麟区召开国庆安全生产大检查大督查动员暨2011年三季度安全生产工作例会。区领导杨国全、杨世双参加会议。9月15～29日，区级领导分别率6个督查组深入各乡（镇）街道和各行业、各部门深入开展国庆安全生产大检查大督查。

20～21日 市纪委督查组到麒麟区督查干部下基层抗大旱保民生抓安全促和谐和环境污染整治工作情况。区委常委、常务副区长林家德陪同并汇报有关工作。

22日 麒麟中心城区开展“绿色交通·城市未来”为主题的中国城市无车日活动。全区880余辆公务用车，除必备特种车辆外，其余均做到了一律封存禁行。各级领导和广大干部职工带头步行或骑自行车、乘公交车上下班，用实际行动推进城市交通领域节能减排。

23日 省食安委会食品安全工作专项督查组到麒麟区就食品安全工作进行专项督查。副区长杨忠武等陪同，并就有关情况作汇报。

29日 麒麟区在珠江源广场举办建国62周年“回眸珠江源广场”摄影展。区领导合子祥、缪仑、杨俊青等参加影展。

29日 沾潦公路越州段大修工程正式竣工通车。区领导唐开荣、杨国全、赵军学等参加竣工典礼。

29日 麒麟区在珠江源广场举办首届“倡导全民读书，关爱贫困学生，共享读书快乐”活动。区领导侯文利、合子祥、杨忠武、杨俊青等参加启动仪式。

30日 麒麟区组织部分离退休老同志参加“敬老节”座谈会。区委常委、组织部部长周永江主持会议，区委常委、常务副区长林家德向老同志们通报了全区上半年经济社会发展情况。区领导罗中山、杨忠武等参加座谈会。

30日 麒麟区召开城乡居民社会养老保险组织参保会议。区委常委、副区长杨国全参加会议，并对城乡居民社会养老保险组织参保工作提出要求。

10月

8日 副市长饶卫到麒麟区就中心城区中小学新建改扩建“6+8”工程暨秋季学期开学情况进行调研。区领导罗中山、杨忠武等陪同并就有关情况作汇报。

10日 麒麟区召开固定资产投资及保障性住房建设工作推进会。会议传达了全市固定资产投资及保障性住房建设工作会议精神，通报了2011年前三季度全区固定资产投资和保障性住房建设情况，并对确保完成全年目标任务有关工作提出要求。区领导唐开荣、缪仑、严明华等参加会议。

11日 省工商局检查考核组到麒麟区测评5A级诚信市场创建工作。副区长周光芬等陪同并汇报有关工作。

12日 省委宣传部副部长李涛率工作组到麒麟区就“走基层、转作风、改文风”以及对外宣传工作进行调研。区委常委、宣传部部长侯文利等陪同并汇报工作。

13日 麒麟区成立首个志愿者协会。团市委书记施兴满及区领导罗中山、侯文利、丁美仙、杨忠武、赵军学等参加成立大会。

14日 国家工商总局广告司副司长王树军、国家食品药品监管稽查局副局长邢勇率国家药品安全专项整治工作检查评估组到麒麟区检查药品安全专项整治工作。市、区领导周玲、杨忠武等陪同并汇报工作。

16日 中宣部干部局副局长齐鹤茹率调研组到麒麟区就《关于加强县级和城乡基层宣传文化队伍建设若干意见》贯彻落实情况进行检查。市、区领导何华、罗中山、侯文利等陪同。

19日 由省人口和计划生育委员会举办的云南省首届2011年“生育关怀——彩云之南在行动”赴曲靖举行公益宣传活动。此次活动以“生育关怀·传承梦想”为主题，为计划生育困难家庭、生殖健康障碍家庭等提供帮扶和援助。省人口和计划生育委员会副主任金桂兰，市、区领导傅学宾、权美琼、赵松、杨忠武等出席活动仪式。

19日 省委组织部到麒麟区调研“一定三有”政策落实情况和“四议两公开”工作贯彻落实情况。区委常委、组织部部长周永江等陪同并汇报工作。

20日 麒麟区建宁街道城乡一体化建设重点项目——古城社区后北居民新区商住分离项目正式开工奠基。区领导唐开荣、罗中山、张杰、杨国文、赵军学等出席奠基仪式。

21日 省第一批廉政文化示范点创建工作组到麒麟区检查指导廉政文化创建工作。市、区领导李建华、罗中山、陈继峰等陪同并汇报有关工作。

25日 麒麟区建宁街道社区卫生服务中心正式挂牌成立，标志着全区建成完善的社区卫生服务网络体系。市、区领导傅学宾、饶卫、唐开荣等参加揭牌仪式。

26日 市民宗局领导保明富及区领导杨忠武到三宝镇长坡彝族小组调研基础设施建设及村委会办公用房建设，并对有关工作提出具体要求。

27日 麒麟区召开统战干部党外干部少数民族干部培训会。市委统战部副部长孙敬，曲靖市委党校副校长、副教授滕黎南分别授课，副区长周光芬通报了2011年1~9月麒麟区经济运行情况。区领导罗中山、合子祥等参加会议。

31日 副区长周光芬带领有关部门检查指导全区便民蔬菜销售网点建设工作，并对有效改善城镇居民“买菜贵、买菜难”等方面工作提出具体要求。

31日 市委常委、常务副市长许玉才率市直有关部门到麒麟区调研“保护坝区农田，建设山地城镇”工作。区领导唐开荣、缪仑等陪同并汇报工作。

11月

1日 副市长张向明率市土地、住建等部门领导到麒麟区调研“保护坝区农田，建设山地城镇”工作。区领导唐开荣、缪仑等陪同并就有关情况作汇报。

1日 市政府督查组到麒麟区中心城区督查中小学新建改扩建“6+8”工程推进情况。副区长杨忠武等陪同并汇报工作。

2日 全省召开加大城乡统筹力度促进农村转移人口转变为城镇居民工作电视电话会议。区领导罗中山、林家德等参加视频会议。

2日 省、市、区三级人大代表组成视察团深入麒麟区越州镇工业园区检查指导园区项目建设进展情况。区委常委、副区长杨国全就越州工业园区发展现状、资源合理配置、配套设施建设、节能减排、循环经济等有关工作进行了详细汇报；各级人大代表对工业园区长远发展、产业升级、技术创新等方面提出了合理意见和建议。

2日 省、市、区人大代表到麒麟区珠街乡视察城乡一体化建设情况。视察团实地查看了小河湾小康示范村、涌泉便民服务站等建设情况，并对城乡一体化建设、基层社会管理创新、基层便民服务站推进情况提出合理意见和建议。区领导丁美仙、杨忠武等陪同并汇报工作。

3日 经中共曲靖市麒麟区委同意，麒麟区建宁街道麻黄社区、小坡社区、古城社区三个党总支正式改设党委，并举行揭牌仪式。

4日 麒麟区召开集体“三资”管理和“三务”公开工作会议。会议对进一步加强农村集体“三资”运行管理体制、机制建设，抓好村、社区“三务”公开，加强监督·检查等工作作出具体安排和部署。区领导罗中山、林家德、陈继峰、李金林、王石海、严明华等参加会议。

6日 麒麟区在妇女儿童中心举行地震灾害应急救援演练，纪念云南省首个防震减灾宣传日。市、区领导李桂珍、饶卫、夏传煊、唐开荣、林家德等参加演练活动。

8日 省环保厅副厅长肖唐付带领中科院地球化学研究所有关专家对麒麟区12个铬渣污染倾倒点开展环境风险评估工作。专家组采取卫星定位、采样化验、综合分析、客观科学评价等方式和方法，对麒麟区积极开展铬渣倾倒点污染处置工作，有效控制铬污染程度和范围等方面工作给予充分肯定，并对后续处置工作提出具体要求。

9日 麒麟区召开“城镇上山”金麟湾片区20平方千米概念性规划汇报会，积极推进“城镇上山”战略工程。会议对该片区概念性规划、生态保护、水源保护、基础设施建设、功能定位等问题进行了深入探讨和研究，区长唐开荣对有关工作提出具体要求。区领导罗中山、张杰、林家德、丁美仙、赵军学等参加会议。

10日 市委常委、副市长陈军到麒麟区检查越钢集团无害化处理铬渣进展情况。10月26日～11月9日，共处理铬渣3357吨，相关工作有序推进。

11日 麒麟区召开煤炭安全生产紧急会议。会议通报了“11·10”师宗私庄煤矿煤与瓦斯突出事故有关情况，并对全面开展煤矿隐患排查治理工作作出安排部署。区委常委、副区长杨国全主持会议，区长唐开荣就煤炭安全生产工作作重要讲话。经区委、区政府研究决定，自2011年11月11日起，全区所有煤与瓦斯突出矿井，按煤与瓦斯突出管理矿井全面实行停产整改。

11日 麒麟区便民工程蔬菜直销网点正式开业。区领导唐开荣、周光芬等出席开业仪式。该项目累计建设便民蔬菜销售网点26个，蔬菜配送中心11个，有效缓解了市民买菜难、买菜贵的问题。

12日 麒麟区土地开发投资有限责任公司正式挂牌成立。市住建局局长曾建明及区领导罗中山、张杰、林家德、丁常云、侯文利、丁美仙、周光芬、杨忠武、缪仑、杨俊青等出席授印揭牌庆典仪式。

14日 国内著名企业碧桂园控股有限公司考察团到麒麟区就城市建设和开发投资事宜进行实地考察。市、区领导周玲、周光芬等陪同。

15日 市、区领导傅学宾、唐开荣、张杰、杨国全、赵卫东等到师宗县看望慰问麒麟区参与师宗矿难救援工作的公安干警和矿山救援队伍。

15日 麒麟区召开农业水价综合改革示范县建设现场推进会。区委常委、常务副区长林家德参加会议，并对工作提出具体要求。

16日 麒连公路跨桥引桥修复工程和珠街大桥桥面修复工程正式完工，顺利通车。

16日 市委常委、副市长陈军到麒麟区检查指导陆良化工实业有限公司非法倾倒铬渣污染事件处置工作。区委常委、副区长杨国全等陪同并汇报工作。

17日 麒麟区小坡物流中心暨曲靖万宇国际商贸城正式开工建设。省、市领导白成亮、张建国、岳跃生、赵建华、许玉才、傅学宾、余荣忠、王宝德、赵鸿年及麒麟区在家的四班子领导参加奠基仪式。

17日 麒麟区召开落实市固体危险废弃物集中处置项目工作协调推进会。区委常委、副区长杨国全参加会议，并对工作提出具体要求。

21日 麒麟区纪委成立8个巡视督查组，对全区安全生产工作独立开展巡视督查，严格落实“双立案、双责任追究制度”。

21日 麒麟区东山镇大黑箐水库举行开工仪式。市、区领导傅学宾、唐开荣、张杰、林家德、赵军学、王石海等参加开工仪式。

22日 麒麟区珠街乡墩子村顺利通过省、市考评组验收，成功创建为“省级文明卫生村”。

24日 首部在麒麟区拍摄的电影——电影频道2011年度贺岁喜剧电影《闪婚总动员》正式开拍。该片由国内知名导演吴兵执导，部分内外景在曲靖和煦公园、龙潭公园、珠江源广场等多地完成取景。区领导唐开荣、侯文利、合子祥、杨忠武、杨俊青出席开机仪式。

24日 市委常委、副市长陈军到越钢集团检查铬渣处理与铬渣堆棚建设情况。截至11月24日，已无害化处理铬渣11731吨。

25日 麒麟区正式通过国家民政部评估组对麒麟区创建“全国农村社区建设实验全覆盖示范区”工作评估验收。省民政厅副巡视员邱常林和市、区领导饶卫、赵松、唐开荣、周光芬等陪同并汇报工作。

28日 麒麟区召开珠江源大道南延线现场推进会。副区长缪仑主持会议，区长唐开荣作重要讲话，并对珠江源大道南延线项目建设、保障性住房建设、重点项目建设、寥廓山森林防火、城市管理、建筑安全等多个方面工作提出具体要求。

12 月

1 日 作为面向全市播出的地方新闻节目——《麒麟报道》正式改版。改版后的节目主要由时政新闻、主题新闻、帮忙服务类新闻、咨询汇编、联办节目等板块构成，时长由 15 分钟延长至 18 分钟，同时推出全新栏目《大开眼界》，时长 45 分钟。

6 日 麒麟区举行林权管理服务中心及森林防火指挥中心综合楼落成庆典暨林权管理服务中心揭牌仪式。区领导唐开荣、林家德、张杰、赵卫东、赵军学等出席仪式。

7 日 全省召开"开展群众观点群众路线群众利益群众工作教育实行干部直接联系群众制度"动员大会。市、区领导傅学宾、唐开荣、罗中山、张杰等参加视频会议。

8 日 麒麟区正式成立慈善总会。市、区领导傅学宾、唐开荣、罗中山、张杰、合子祥、杨俊青等参加成立大会。大会选举产生了第一届麒麟区慈善总会第一届理事会理事，并举行现场捐赠仪式。

13 日 省环保厅副厅长杨志强到麒麟区检查铬渣倾倒点及处理点各项工作进展情况。区委常委、副区长杨国全等陪同并汇报工作。

13 日 贺岁喜剧电影《闪婚总动员》顺利杀青，完成全部拍摄转入后期制作阶段，预计 2012 年初上映。

14 日 麒麟区社区矫正"司法 e 通"信息管理平台正式启动。该系统以 3G 手机为载体，有区域监管、信息交换、警示告知、档案管理、考核管理和权限管理 6 大功能，对社区矫正对象进行动态管理。副区长赵卫东参加启动仪式。

14 日 麒麟区在茨营乡举行科学储粮仓发放仪式。科学储粮仓可将储粮损耗由 8% 降低到 2% 左右，单仓年减损增收 60 千克，户均增收 180 元。2011 年全区在 3 个乡（镇）31 个村委会试推科学储粮仓 2 010 个。

15 日 为确保元旦、春节期间全区安全生产形势保持稳定，麒麟区针对 6 大重点领域，按照"企业全面自检自查，乡（镇）街道和区直有关部门专项检查，政府综合督查"的方式，成立由政府副区长任组长的 6 个督查组，全方位开展安全生产大检查、大督查。

21 日 曲靖市召开"开展四群教育"实行干部联系群众制度动员电视电话会议。市、区领导傅学宾、唐开荣、张杰及在家的四班子领导参加会议。

23 日 市、区领导傅学宾、唐开荣、缪仑到麒麟广电分局调研。2011 年，麒麟广电分局实行节目改革改版，增加了关注民生栏目，开设了综合娱乐节目，形成立体式宣传格局。

26 日 市、区领导傅学宾、唐开荣、周光芬以及区慈善总会有关人员到云南省第一人民医院看望茨营乡小河村委会白血病患者周处，为他送去党和政府以及社会各界的关心和问候。

27 日 市委常委、副市长陈军到麒麟区越州镇铬渣倾倒点检查铬渣治理情况及越钢集团铬渣堆棚处理情况。区委常委、副区长杨国全等陪同并汇报工作。

28 日 麒麟区 12 个铬渣非法倾倒点全部完成治理修复工作，麒麟区组成初步验收小组，对修复治理情况进行初步验收。

28 日 全市"保护坝区农田，建设山地城镇"现场推进会暨麒麟区试点启动仪式在麒麟区金麟湾片区举行。副省长刘平及市、区领导赵立雄、岳跃生、范华平、许玉才、傅学宾、张向明、唐开荣等出席试点启动仪式。副省长刘平对试点建设工作提出具体要求。

29 日 麒麟区人民检察院派驻越州检察室正式成立并举行揭牌仪式。派驻越州检察室是检察工作重心下移和加强社会管理创新的一项重要措施。市、区领导傅学宾、张边卫、唐开荣、丁常云、丁美仙、杨国文、赵卫东等参加揭牌仪式。

30 日 麒麟区"6·12"铬渣非法倾倒点治理修复工作顺利通过市级验收。

（李　筠）

概　况

【行政区划】　麒麟区位于云南省东部，滇东高原中部，南盘江上游，地处东经103°10′～104°13′、北纬25°08′～25°36′之间，东邻富源、罗平县，南接陆良县，西与马龙县相连，北与沾益县接壤，总面积1 552.83平方千米，距省会昆明135千米，320、326国道和昆曲、曲陆、曲胜3条高速公路、贵昆铁路交织于此，是曲靖市政治、经济、文化中心。曲靖市委、市政府驻城区寥廓街道办事处，麒麟区委、区政府驻城区南宁街道办事处。2011年末，全区共辖南宁、寥廓、建宁、白石江、西城5个街道办事处和三宝、越州、东山3个镇及珠街、沿江、茨营3个乡，共有60个村民委员会，59个社区居委会。中心城区建成区面积61平方千米，城镇化率67.2%。城区海拔1 820米，年平均气温15℃，年降雨量561.2毫米。

【人口民族】　年末总人口（户籍人口）705 062人，其中男性359 616人，女性345 446人，男女人口比为104：100。全年共出生5 327人，死亡2 786人，人口出生率11‰，死亡率4‰，自然增长率7‰。人口密度483人/平方千米。

全区共有44种少数民族，其中世居少数民族彝、回两种，其他外来少数民族42种，少数民族户籍总人口31 537人，占全区户籍总人口705 062人的4.5%，其中彝族17 344人，主要分布在茨营、东山、三宝、珠街、白石江等乡（镇）街道；回族5 872人，主要分布在西城街道桂家屯、石板河两个回族村和麒麟城区，其他少数民族有白、壮、苗、傣、纳西等42种8 321人，主要分布在城区5个街道及驻区厂矿单位。全区行政设置3个民族村委会、14个民族村民小组，有86个自然村散居着少数民族，具有较典型的民族散杂居地区特点。此外，麒麟区还有在册登记的外来少数民族流动人口3 531人。

【经　济】　2011年，辖区内实现地区生产总值（GDP）370.1亿元，增长13.2%。其中第一产业增加值16.5亿元，增长7.3%；第二产业增加值230.1亿元，增长15.7%；第三产业增加值123.5亿元，增长9.6%。三次产业结构为4.4：62.2：33.4。人均地区生产总值49 639元，增长15.8%。

【农　业】　2011年，完成农林牧渔业总产值29.9亿元，增长14.7%。其中农业产值12亿元，增长3.3%；林业产值0.1亿元，下降35%；牧业产值16.5亿元，增长26%；渔业产值1.3亿元，增长11.6%；农林牧渔服务业产值280万元，增长7.4%。

2011年全区农村经济总收入67亿元，增10.4%；农业总产值完成29.9亿元，增14.7%；粮食播种47万亩，总产1.85亿千克，比上年增产363万千克，增2%；烤烟移栽面积13万亩，烤烟收购1 902万千克，比上年增长0.8%，实现产值3.52亿元；蔬菜逐步走向产业化，全年实现总产量1.75亿千克，比上年增长2.6%；蚕茧产量88万千克，比上年增长37.5%；水果产量3 286万千克，比上年增长20.1%；油菜籽99万千克，比上年增长221%。新增经济作物1万亩，粮经结构比为36.5：63.5。完成人工造林1.5万亩，义务植树960亩，213万株，中低产林改造5万亩，新建"一池三改"沼气池2 000口。开展政策性森林火灾保险试点业务，全区共实施政策性森林火灾保险面积87.7万亩，其中公益林面积70.8万亩，商品林面积16.9万亩。森林覆盖率42.6%。主要林产品产量：棕片2.97万千克，核桃76.96万千克，板栗21.33万千克，花椒141.92万千克。畜牧业和渔业生产保持平稳发展，新建畜禽规模养殖小区33个，超计划13个，实现畜牧业产值16.5亿元，增26%。肉类总产12.63万吨，增长12.5%，其中猪肉11.11万吨，增长11.6%；牛羊肉0.52万吨，增长38.1%；禽类0.99万吨，增长12.4%。牛奶0.31万吨，增长10.7%。蛋类1.34万吨，增长27.7%。年末生猪存栏52.2万头，增长5.7%；羊存栏6.84万只，增长20.4%。渔产品产量11 487.5吨，增长14.5%；淡水养殖面积17 093亩。新增转移农村劳动力9 380人次，培训2.82万人，实现劳务经济收入34.7亿元。新增农业龙头企业8户、农民专业合作组织10个。新建各类水利工程550件，占计划的105%，有效灌溉率66%，供水保证率90%。"全国农村饮水安全工程示范县"建设通过省级验收，国家级小型农田水利重点县项目、西河治理和6件小（二）型水库除险加固工程圆满完成，农业生产条件不断改善。

【工　业】　2011年全区工业企业生产总体保持了良好的运行态势。

辖区内工业总产值完成527.1亿元，增长16.5%。其中规模以上工业总产值完成470.6亿元，增长15.4%，实现增加值173.8亿元，增长15.1%；规模以下工业总产值完成56.5亿元，增长19.5%。辖区内规模以上轻工业总产值121.3亿元，增长12.7%；重工业总产值349.3亿元，增长16.4%。国有企业总产值275.2亿元，增长11.1%；集体企业总产值1亿元，增长96.6%；股份制企业总产值176.8亿元，增长20.8%；外商及港澳台投资企业总产值3亿元，下降20.6%；其他企业总产值14.6亿元，增长53.4%。区属工业总产值181.8亿元，增长25.8%；区属规模以上工业总产值125.3亿元，增长26.4%。产值超10亿元的企业5户、50亿元的企业1户、100亿元的企业2户。获省级认定高新技术企业5户。越州、麻黄工业园区引进千万元以上项目6个，实现工业总产值135.9亿元，完成固定资产投资10.1亿元。双友钢铁、众一化工、麒麟煤化等区属重点工业企业扩能技改力度不断加大，经济效益不断提高。煤炭产业稳步发展，生产原煤527.6万吨、焦炭341.9万吨，实现产值90.6亿元。

主要工业产品产量：原煤527.6万吨，比上年减4.3%，其中区属405万吨，比上年减6.3%；焦炭341.9万吨，比上年增2.6%，其中区属285.7万吨，比上年增2.9%；水泥106.6万吨，比上年增158.4%；发电46 580.7万千瓦小时，比上年减30%；化肥13 282吨，比上年减20.8%；汽车39 173辆，比上年减25.9%；卷烟381.7亿支，比上年增2.1%；铅90 247吨，比上年减12.4%；锌13.97万吨，比上年减27.9%；生铁114.9万吨，比上年增131.4%。

规模以上工业企业中，七大支柱行业工业增加值完成情况：卷烟制造业累计完成增加值84.9亿元，增12.9%；电力、热力的生产和供应业累计完成增加值28亿元，增16.8%；煤炭开采及洗选业累计完成增加值21亿元，增10.9%；黑色金属冶炼及压延业累计完成增加值7.7亿元，下降17.3%；有色金属冶炼及压延加工业累计完成增加值13.7亿元，下降6.9%；炼焦业累计完成增加值6.8亿元，下降4.6%；汽车制造业累计完成增加值2.7亿元，下降21.8%。

2011年全区有工作量的建筑企业87个，占97个建筑安装施工企业的89.7%，完成建筑业总产值59.3亿元，增长18%；实现增加值31亿元，增19.3%，占全区地区生产总值比重的8.4%。资质内建筑企业实现利润总额3.1亿元，增8.4%；实现税金总额1.78亿元，增11.9%。房屋建筑施工面积423.4万平方米，与上年同期持平；房屋竣工面积213.5万平方米，下降14.7%。

【商贸流通】　2011年，全区消费品市场持续旺盛，城乡发展态势良好。全年社会消费品零售总额86亿元，同比增长20%。其中农村消费品零售额10.7亿元，同比增长19.5%，城镇消费品零售额75.3亿元，同比增长20%。按行业分，批发零售业零售额75.9亿元，增长20%；住宿餐饮业零售额10.1亿元，增长19.3%。非公有经济仍保持主体地位。新增非公企业508户、个体工商户6 100户。非公经济实现社会消费品零售额59.9亿元，比上年增长19.8%，市场份额达69.6%。区属商业、粮食、物资、供销、市场服务中心社会商品零售总额完成108 804万元，同比增长22.9%；业务收入完成117 262万元，同比增长19.5%；缴纳税金1 975万元，同比增长0.7%；利润总额完成1 037万元，同比增长44%。商品购进总额完成120 095万元，同比增长15.4%。生猪（牛、羊）定点屠宰完成28.38万头，其中生猪定点屠宰19万头，屠宰量增7.4%，牛羊定点屠宰9.38万头，屠宰量增8.3%，检疫率99%。

【对外开放】　全区完成外贸进出口总额3 187万美元，增长12.3%。其中进口总额18万美元，下降25%；出口总额3 169万美元，增长12%。共启动实施招商引资项目22个，实际引进市外国内资金21.3亿元（其中省外资金16.5亿元），增长25%，完成曲靖市委、市政府下达给麒麟区委、区政府实际引进市外国内资金20亿元目标任务的106.7%。实际利用外资742.55万美元（外商直接投资数），增长223.55%，完成市委、市政府下达给麒麟区委、区政府实际利用外资300万美元目标任务的151%；引进国内500强企业4户，储备区级招商项目20个，超额完成市委、市政府下达的招商项目储备任务。

【城市建设】　以改善人居环境为目标，坚持把建设优美环境、营造优良秩序、提供优质服务作为城市建设管理的核心，强力推进文明城市建设工作。2011年全面实施“中心改造、四面拓展、组团起步、集镇升级”战略，中心建成区面积增加5平方千米，达到61平方千米，城镇化率67.2%。市政公用设施建设完成投资33.7亿元。326国道小坡段改扩建、珠江源大道南延线建设快速推进，荷花塘片区旧城改造完成拆迁并启动实施，制定了子午路立交桥周边景观改造拆迁方案，西门街片区旧城改造概念性规划方案通过评审。“四城联创”深入推进。着力解决中心城区道路交通拥堵难题，深入开展城市道路交通市容市貌综合整治，实施禁止九类车辆入城专项行动。筹资3 000余万元，建设改造中心城区交通隔离栏、标线标识标牌和信号灯。筹资2 000余万元，对环卫、绿化、公园、广场、排水管网等市政设施进行维护改造，城市功能不断完善，城市品位明显提升。城市管理可视化监控能力不断增强，“数字城管”水平不断提高。第二批省级文明城区顺利通过测评。中心城区建成区绿化覆盖面积2 415公顷，绿化覆盖率39.59%，城市人均公共绿地面积9.31平方米。城市供水综合生产能力17.5万吨/日，供水管道355.5千米，用水普及率100%；生活垃圾无害化处理率100%；污水处理率87%；市政设施完好率95%以上；城区主干道亮灯率95%以上。新建保洁服务站5座（3座含公厕）、独立公厕2座。液化石油气用气人数33万人，供气总量8 560吨，城市用燃气普及率81%；城市公共汽车555辆，出租汽车1 589辆。城南片区完成基础设施建设投资23 449万元。温泉旅游小镇完成固定资产投资5 000万元。

城乡统筹成效明显。4个新村庄新社区建设、31个城乡一体化建设试点、10个区级偏远村新农村建设和4个矿村共建点进展顺利。45个“整村推进”扶贫开发重点村、125个村级公益事业“一事一议”财政奖补项目圆满完成。水库移民后期扶持扎实推进，东山镇独木村被列为“全省水库移民新农村建设示范点”。茨红公路二期改扩建、沾潦公路越州段大修、石林瓷业进厂道路新建、潇湘文明桥重建、东山镇转长河桥新建等工程竣工通行。行政村通畅工程成效明显，硬化村庄道路217千米。8个“村改居”社区成功创建“九星”和谐社区，17个无房、危房村（居）委会办公用房新建改扩建工程全面完成，被命名为“全国农村社区建设实验全覆盖示范单位”。

【环境保护】 深入开展城乡环境综合治理，重金属污染防治成效明显，快速科学妥善处置铬渣非法倾倒致污事件，节能减排任务全面完成，淘汰落后产能35万吨，万元GDP能耗下降3.5%。环境保护和生态建设力度不断加大，关停搬迁东面山采石采砂场18家，生态恢复试点正式启动；关闭取缔粘土砖生产企业43家，禁止生产使用实心粘土砖工作有序推进。被表彰为“全国生态示范区”。

【旅　游】 “麒麟水乡”一期通航，金麟湾生态休闲运动中心、黄家庄旅游小镇建设进展顺利，餐饮住宿、文化娱乐、康体休闲、乡村旅游等产业快速发展。全年接待海外游客1 101人次，旅游外汇收入20.4万美元；接待国内旅游者181.8万人次，国内旅游收入10.3亿元。全区旅游重点项目完成投资3.09亿元。

【非公有制经济】 截至2011年，麒麟区共登记个体工商户37 381户，从业人员74 221人，资金数额102 328万元，与上年同期相比分别增长13.31%，15.72%，28.32%。共有企业6 523户（含开发区），其中内资企业1 649户，私营企业4 827户，比上年同期分别增长3.89%，10.84%。

私营企业投资者投资规模进一步扩大，全年个体私营户数增幅突出的前四个行业分别是批发和零售业、制造业、住宿和餐饮业、农林牧渔业。新增个体工商户主要集中于零售业、居民服务业、餐饮业等传统行业。其中又以副食、粮油、农副产品、五金百货、服装、美容美发业居多。全区私营企业在规模上有新突破，规模比较大的企业发展明显，尤其是各工业园区坚持把招商引资质量放在首位，突出产业招商和招商选资，引进企业质量有明显提高，各工业园区经济呈现快速发展态势。大型企业、集团作为曲靖市私营企业发展的龙头，产生了良好的辐射作用，培植和吸引了大量个体工商户和中小私营企业。2011年度非公经济实现增加值86亿元，增长23%，占GDP的比重达33%。评定2010年度“守合同、重信用”企业203户。

【财政税务】 2011年财政总收入38.3亿元，比上年增长53%。其中地方一般预算收入12.8亿元，增长39%。地方财政收入22.3亿元，比上年增长76%。地方财政支出完成31.4亿元，比上年增长52%。麒麟区地方税务局累计入库各项税费收入19.09亿元（含地方教育费附加和文化事业建设费），比上年同期增长47.58%。

【金　融】 全年全区金融市场运行平稳。年末金融机构各项存款余额551.2亿元，比上年增长14.3%，其中居民储蓄存款余额227.9亿元，比上年增长17.4%；各项贷款余额334.1亿元，比上年增长17.8%。

【固定资产投资】 2011年全区全社会固定资产投资总额完成241.1亿元，增长25.1%。其中第一产业投资10.35亿元，与上年同期持平；第二产业投资76.56亿元，增长24.2%；第三产业投资154.19亿元，增长28.6%。城镇投资153.1亿元，增长24.4%；农村投资32.1亿元，增长57.1%；房地产投资55.9亿元，增长13.4%。区属完成投资103.5亿元，增长26.5%。全区累计施工项目536个，增长28.3%。本年新开工项目405个，增长24.5%，其中区属新开工项目317个，比上年增长25.2%。商品房销售面积249.6万平方米，增长19.7%，商品房销售额82.4亿元，增长53.8%。

【交通邮电】 截至2011年底，全区拥有公路215条，总里程1 155千米，公路密度98千米/百平方千米。已硬化农村公路560余千米，占总里程的48.4%，基本实现了每个村委会通水泥路或柏油路的目标。2011年共续建和启动交通建设项目21个，全长247千米。全区农村公路管养资金首次突破1 000万元，管养里程866千米。11个乡（镇）街道全部成立公路管理站，落实了组织机构，配备了人员，建立健全了管养制度，农村公路的管理和养护体制日趋完善和规范，初步实现了“建一条、成一条、养一条、保一条”的目标。全年完成营运性客运量741万人，营运性旅客周转量5.78亿人千米；完成货运量2 649万吨，货物周转量23.33亿吨千米。

2011年麒麟区邮政局实现业务收入2 242.08万元，完成年计划2 240万元的100.09%，同比增长498万元，增幅27.15%。完成报刊流转额182万元，实现业务收入49.75万元，同比增长7.26%（只包含农村网点，城区网点所收报刊归并到报投公司）。电信业务收入1.1亿元，首次突破亿元。全年累计发展宽带1.5万户，发展移动业务3万户，发展固定电话1.2万户。完成了市、区两级电子政务专项工程近400个点位的光缆建设任务，成功实现电子公文交换项目的并轨运行，于10月27日成功组织实施麒麟区电子政务公文交换系统的验收。

【扶贫攻坚】 2011年，实际5 700人贫困人口的温饱得到巩固，返贫率控制在5%。累计实施小额信贷10个乡（镇）街道，获贷户2 457户，累计发放贷款1 828.98万元，收回贷款1792.4万元，还款率98%。获省级财政贫困村互助资金100万元，在沿江乡庄家圩、大龙2个村委会10个村小组284户贫困户中实施，共有99户贫困户参加了互助社。全区各级各部门通过开展“攀穷亲，结对子，一帮一，不脱贫，不脱钩”活动，已帮助贫困村引进项目75个，投入或协调帮扶资金550万元。

【教科文卫体】 2011年辖区共有各类学校310所，其中高等教育院校3所，在校学生2.3万人；中等教育院校11所，在校学生6.9万人；普通中学31所，在校学生5.9万人；小学109所，在校学生7.6万人；幼儿园154所，在园儿童2.8万人；特殊学校2所，在校学生513人。“两基”迎国检顺利通过验收。校舍安全工程卓有成效，排除中小学危房2.07万平方米，新建校舍2.95万平方米。实验中学整体搬迁顺利完成，云南麒麟职教中心项目快速推进。

“国家可持续发展先进示范区”创建工作扎实推进，新型社区科普益民“三化”教育试点成效显著，被表彰为“全国科技进步先进区”、“全国科普示范区”、“全国全民科学素质工作先进集体”，被列为“云南省知识产权强县试点区”。

文化演艺事业健康发展。麒麟区文化馆、图书馆、文物管理所（简称“两管一所”）于2011年3月中旬顺利通过验收并投入使用。金麟湾生态休闲运动中心开工建设，累计完成投资4.85亿元。建成文化信息资源共享工程区级支中心1个，农民素质网络培训学校乡（镇）街道站点11个，村（社区）级站点107个。全年共送戏下乡30余场，送电影下乡1 100余场；开展各类基层文化体育专干和文艺骨干培训8次800余人。组织开展“欢乐广场、舞动麒麟”大型民族民间舞蹈推广活动，培训各乡镇文艺骨干及城区广场舞蹈文艺骨干3 000人。自创舞蹈节目《确比》在云南省第七届少数民族歌舞乐展演上荣获银奖；彝族风情小舞剧《帅姑爷 辣媳妇》在曲靖市新剧（节）目展演上荣获剧目一等奖，小品《至真情怀》荣获创作二等奖。积极推进罗汉山古墓群申报国家级文物保护单位、横大路古墓群和五联红军标语申报省级文物保护单位工作。进一步做好4位被省级命名民间艺人的保护和传承，

投资6 100万元，占地100亩，观众席位3 000座的金麟湾体育中心建设工程进展顺利。以增强人民群众身体素质、提高健康水平为目标，举办了“东方明珠杯”广场三人篮球赛，“东盛杯”业余网球公开赛、城区中小学生主客场篮球赛等群众性体育赛事。全区竞技体育成绩斐然。精心组织了云南省第四届传统武术锦标赛，荣获8块金牌、9块银牌。在云南省健身气功交流比赛中，区代表队获得团体二等奖、三等奖各1个，个人第五名1个。在云南省第七届城市运动会预赛上，区举重队、网球队共夺得金牌4枚、银牌5枚、铜牌4枚。男、女举重队分别获得团体第三名；网球队获女子团体第七名，男子团体第十名。

医疗卫生事业不断发展。年末共有卫生机构172个，床位5 918张；综合医院16个，专科医院5个，中医院1个，疗养院1个，社区卫生服务中心（站）5个，卫生院6个，诊所、卫生所、医务室130个，急救中心1个，疾病预防控制中心（防疫站）2个，妇幼保健院2个。有卫生技术人员3 820人，其中医院卫生技术人员3 165人，乡镇卫生院卫生技术人员172人。5个中央预算内专项投资卫生项目进展顺利。新型农村合作医疗参合率99.5%。基本药物制度深入实施。

【社会治安综合治理】 坚持“严打”方针，保持对刑事犯罪的高压态势。打掉一批撬砸汽车玻璃盗窃车内物品、利用电子设备干扰汽车遥控锁实施盗窃、盗抢大货车柴油、盗抢机动车、入室盗窃、街面“两抢”犯罪团伙47个，破获“两抢一盗”案件1 824件。查破毒品刑事案件43件，收缴毒品7 079.5克（其中海洛因2 533克、冰毒4 546.5克），抓获犯罪嫌疑人43人。加大打黑除恶的力度和严厉打击杀人、绑架、爆炸等严重暴力犯罪，注重防范和打击敌对势力各种渗透破坏和非法组党结社活动，注重防范和打击民族分裂和暴力恐怖活动以及传销犯罪活动，着力防范和打击利用人民内部矛盾，利用宗教，利用非政府组织制造事端的活动，坚持打早打小，露头就打，遏制了严重刑事犯罪的高发势头。依法严厉打击各种严重刑事犯罪，全年全区立刑事案件11 686件，破2 441件，破案率20.9%。发现受理治安案件8 604件，查处8 136件，查处率94.9%，查处各类违法人员3 851人。区检察院受理审查批捕案件450件811人，批捕371件647人，受理审查起诉案件489件842人，提起公诉371件580人。区法院受理刑事案件525件，审结463件，审结率88.19%。对市委、市政府命名的11个“平安乡（镇）街道”，区委、区政府命名的35个“平安社区”、62个“平安村”，37个“平安单位”、43所“平安校园”、7个“平安小区”实行星级动态管理。2011年，全区11个乡（镇）街道被市委、市政府命名为平安乡（镇）街道，创建达标率100%；119个村（社）有97个创建达标被命名，达标率81.5%；5条边界线，4条被命名为平安边界，达标率80%。南宁街道、寥廓街道、茨营乡被表彰为全市“先进平安乡（镇）街道”，云南机器三厂、云南模具二厂、区人民政府办公室、区人民法院、区烟草公司被命

名为市级“平安单位”，曲靖师范学院、区一中、实验中学、沿江一中、城关小学、麒麟小学通过考评被推荐为市级“平安校园”。

全区建成11套6个卡口视频抓拍、12个主要路口闯红灯抓拍监控、10套重点部位监控、城管系统30个视频监控，城区30个固定岗亭、重点部位78个流动防控点，临街商铺、单位内部3 595个技防探头，形成覆盖城区主要路段、地段、治安复杂部位和单位、工厂、小区内部的视频监控网络。

在2011年度开展的公众问卷调查中，公众对麒麟区社会治安评价的满意度达到93.3%，同比上升2.1%，认为安全的达到89.8%，同比上升1.2%。

【精神文明建设】 扎实推进公民思想道德建设，深化拓展群众性精神文明创建活动，组织开展道德模范评选表彰等活动，推动公民的思想道德建设。加强未成年人思想道德建设，组织开展“青少年唱红歌、诵经典”活动。群众性精神文明创建成果丰硕，全国文明城市工作顺利推进，第二批省级文明城区工作顺利通过测评。年内完成25个行政村（社区）信息资源共享工程、50个村（居）民小组文化活动室、小广场建设，区财政补助信息共享工程25万元、小广场建设100万元、农村文化户建设12万元，拉动投资1 300余万元投入文化基础设施建设。“欢乐珠江源”广场演出51场，上演节目600余个，观众人数60万余人。全区演职人员20人以上、演出收入10万元以上的农村文化大户（文化联合体）发展了20户，累计发展大户104户。至2011年底，全区共有全国文明单位1个，省级文明单位（村、社区）26个，市级文明单位71个，区级文明单位170个。

【人民生活】 2011年城镇居民人均可支配收入19 398元，同比增长16.1%；农民人均纯收入6 747元，同比增长21.2%。城镇居民家庭平均每百户拥有彩色电视机117台、洗衣机106台、电冰箱88台、摩托车17辆、家用电脑73台、家用汽车28辆、移动电话235部；农民家庭每百户拥有电视机111台、洗衣机79台、电冰箱49台、摩托车64辆、家用汽车6辆。城镇居民人均消费性支出14 746.4元，与上年同期相比增长18.1%；农民人均生活消费现金支出6 268元，与上年同期相比增长18%。城镇居民人均食品消费支出4 995.7元，与上年同期相比增长26.7%，恩格尔系数（食品支出占消费支出的比重）为33.9%，与上年同期相比上升2.4个百分点。城镇居民人均衣着消费2 064.3元，同比增长63.7%；农民人均衣着消费368元，与上年同期相比增长21.5%。城镇居民居住类支出1 778.8元，同比增长6.8%，人均居住面积33.8平方米；农民居住消费1 980元，与上年同期相比增长66.4%，人均居住面积45.02平方米。城乡通信、城区数字电视覆盖率均达100%，农村有线电视覆盖率达99.7%。城镇就业再就业总量稳步增长，开发就业岗位9 465个，城镇新增就业5 978人，“零就业家庭”继续保持动态为零，城镇登记失业率3.5%。社会保障更加完善，基本养老、基本医疗保险制度全面覆盖，社会保险参保人数56.5万人。全面启动国家级新型农村养老保险和城镇居民养老保险试点工作，为50 187名60周岁以上老年人发放基础养老金1 673万元，发放率99.5%；为246名55周岁以上重度残疾人发放养老补贴8.3万元，发放率100%。组织20.5万名适龄人员参加城乡居民社会养老保险，参保率87.3%。新建廉租住房26 800平方米、536套，公共租赁住房25 000平方米、500套。改造农村危房400户。保障市场供应，强化市场监管，市场价格保持稳定。

（李　筠）

领导名录

（2011年1～12月）

中共曲靖市麒麟区委

书　记　傅学宾

副书记　唐开荣

罗中山

孙杨维（挂职，2011年3月任）

常　委　林家德

丁常云

陈继峰

侯文利（女）

杨国全（2011年6月任）

周永江

李　涛（2011年5月任）

李金林（2011年6月任）

区委办公室

主　任：李金林（2011年9月任）

副主任：李文祥（2011年2月免）

方　玲（女，2011年9月免）

颜叶艳

李长波（2011年12月免）

赵小见（2011年2月任）

王必飞（2011年12月任）

区委督查室

主　任：陈关生

副主任：赵瑞芬（女）

机要局

局　长：李文祥

副局长：吴丽华（女）

保密局

局　长：张　焕（女）

副局长：张　涛（女）

政研室

主　任：黄国强

副主任：陈惠珍（女，2011 年 1 月免）

组织部

部　　长：周永江

常务副部长：吕元平（2011 年 2 月免）

许泰聪（2011 年 2 月任）

副　部　长：何琼芬（女，兼）

张　琼（女，兼）

桂竟程（2011 年 9 月免）

孔令德（2011 年 12 月免）

李长波（2011 年 12 月任）

王　琪（女，2011 年 9 月任）

正科级组织员：桂竟程（2011 年 9 月免）

副科级组织员：王　琪（女，2011 年 9 月免）

部务委员：吴俊婷（女，2011 年 9 月任）

李宏彦（2011 年 9 月任）

区委老干局

局　长：张　琼（女）

副局长：沈洪波（女）

区直机关党委

书　　记：颜增奎

副 书 记：郭丽芳（女）

纪委书记：郭丽芳（女）

宣传部

部　　长：侯文利（女）

副　部　长：李　能

彭志新

孙金德

文明办主任：李　能

文明办副主任：李　曙（女）

记者站站长：彭志新

文化产业办公室主任：孙金德

文化产业办公室副主任：黄召存（女，2011 年 2 月任）

副科级宣传员：陈树英（女，2011 年 9 月任）

统战部

部　　长：丁常云（2011 年 8 月免）

罗中山（2011 年 8 月任）

常务副部长：宋红利

副　部　长：袁冬生

徐桂芬（女，兼）

政法委

书　记：丁常云

副书记：李志敏

谢哨兵

彭　泽

梁晓佳

政治部主任：李　杰（2011 年 2 月任）

政治部副主任：毕福琼

维稳办主任：雷　文

综治办

主　任：李　德

副主任：李　杰（2011 年 2 月免）

党　校

校　　长：罗中山

常务副校长：刘亚乔

副　校　长：张永平

党史研究室、地方志办公室

主　任：冯绍贤

关工委

办公室主任：王宏刚

中共曲靖市麒麟区纪委、监察局

纪　委

书　记：陈继峰

副书记：段亚明

徐万科

丁东平

监察局

局　长：段亚明

副局长：蒋爱群（女）

陈云峰（2011 年 9 月免）

纪委监察局合署办公室

主　任：代文宝

纪委监察局合署纪检监察室

主　任：李俊燕

纪委监察局合署案件审理室

主　任：张　毅

纪委监察局合署信访室

主　任：阿　华（2011 年 9 月免）

韩路江（2011 年 9 月任）

纪委监察局合署宣传教育室

主　任：王党兰（女）

纪委监察局合署执法监察室

主　任：禹开才

纪委监察局合署党风廉政室

主　任：杨顺勤（女，2011 年 9 月免）

阿　华（2011 年 9 月任）

纪委监察局合署纠风室

主　任：刘　静（女）

纪委监察局合署干部室

主　任：刘兴丽（女）

中共曲靖市麒麟区纪委、监察局派驻（出）机构

派出第一纪工委

书　记：杨自正（2011年9月免）
陈云峰（2011年9月任）

副书记：张所全

第一监察分局

局　长：张所全

派出第二纪工委

书　记：陈春平

副书记：张凤琼（女）

第二监察分局

局　长：张凤琼（女）

派出第三纪工委

书　记：王理平

副书记：韩路江（2011年9月免）
任红芬（女，2011年9月任）

第三监察分局

局　长：韩路江（2011年9月免）
任红芬（女，2011年9月任）

派出第四纪工委

书　记：董　萍（女）

副书记：张云东

第四监察分局

局　长：张云东

派出第五纪工委

书　记：张丽萍（女）

副书记：杜乔顺

第五监察分局

局　长：杜乔顺

派出第六纪工委

书　记：黄娅玲（女）

副书记：解连飞（2011年1月免）

第六监察分局

局　长：解连飞（2011年1月免）
熊锐斌（2011年9月任）

派出第七纪工委

书　记：朱卫东

副书记：何　亮

第七监察分局

局　长：何　亮

派出第八纪工委

书　记：孙丽萍（女）

第八监察分局

局　长：王志清

曲靖市麒麟区人民代表大会常务委员会

主　任　曾建明（2011年11月免）

副主任　丁美仙（女）
合子祥
杨国文

保留正县级待遇　李祥栩

享受正县处级非领导职务待遇　马爱民（女，2011年12月免）

助理调研员　李为民

保留副县处级待遇　王石海

办公室

主　任：徐凤平

副主任：冯治学（2012年1月任）

财经工作委员会

主　任：黎　苹（女）

科教文卫工作委员会

主　任：沙荣发

城建环保工作委员会

主　任：姚云建

选举联络工作委员会

主　任：赵聪仙（女）

副主任：张文君（女，2011年9月任）

法制工作委员会

主　任：刘朝开

副主任：肖良云

农业工作委员会

主　任：陈毓智

副主任：杨　琼（女）

民族宗教台侨工作委员会

主　任：李咏梅（女）

曲靖市麒麟区人民检察院

检 察 长　太祥红

副检察长　张兴波
刘聪华
赵文韬（女，2012年1月任）

党组书记　太祥红

党组副书记　张兴波

反贪局

局　长：吴正红

副局长：唐　雷

段　婷（女，2011年12月任）

张远波（2011年12月任）

政治处

主　任：韩林海

纪检组

组　长：薛　琨

检察委员会

专职委员：李　琼（女，2012年1月任）

专职委员：丁　文（2012年1月任）

办公室

主　任：李　琼（女，2011年12月免）

侦察监督科

科　长：王　斌

公诉科

科　长：陆　平

监所检察科

科　长：丁　文（2011年12月免）

段曙芳（女，2011年12月任）

民事行政检察科

科　长：龚　云（2011年9月免）

控告申诉检察科

科　长：段曙芳（女，2011年12月免）

职务犯罪预防科

科　长：杜卡契（2011年5月免）

监察科

科　长：耿志华

人民监督工作办公室

科　长：于丽华

未成年人刑事检察科

科　长：殷　婷（2011年12月免）

法警大队

大队长：张永平（2011年12月任）

曲靖市麒麟区人民法院

院　　长　骆建才

副 院 长　任光华

段玉波

吴粉娥（女）

党组书记　骆建才

党组副书记　代葆森

政治处

主　任：刘友萍（女）

副主任：陈　明

纪检组

组　长：代葆森

办公室

主　任：彭　燕（女）

监察室

主　任：钱瑞鑫

财务装备科

科　长：周　昆

刑审庭

庭　长：晏祥和

民审一庭

庭　长：杨亚玲（女）

民审二庭

庭　长：许宝苍

民审三庭

庭　长：何继惠（女，2012年1月免）

龚占金（2012年1月任）

少年刑事审判庭

庭　长：向　辉（女）

立案庭

庭　长：黄　忠

行政庭

庭　长：孙玉昆

审判监督庭

庭　长：高怀平（2012年1月免）

执行局

局　长：李云聪（2011年9月免）

张天良（2011年9月任）

副局长：刘武强

史青明

龚占金（2011年12月免）

何继惠（女，2011年12月任）

法警大队

大队长：史青明

教导员：王丽斌（女）

越州中心法庭

庭　长：张天良（2011年9月免）

李云聪（2011年9月任）

副庭长：叶　莲

曲靖市麒麟区人民政府

区　　长　唐开荣

常务副区长　林家德（2011年4月任）

副 区 长　汤跃宏（2011年5月免）

周光芬（女）
杨忠武
赵卫东（2011年5月任）
杨国全
缪　仑（2011年4月任）

调　研　员　叶爱国
杨世双
胡勤水

助理调研员　卢开书

政府办公室

主　任：李　昆（2011年9月免）
桂竟程（2011年9月任）
副主任：吴明坤
张　宏
杨春菊
隽加宏
宋勇泉

区政府督查室

主　任：赵　勇（2011年2月任）
副主任：颜玉魁（2011年2月任）

区政府应急办

主　任：张　宏（2011年2月任）

区中低产田改造领导小组办公室

主　任：叶仲立（2011年2月任）

信访局

局　长：殷鉴荣
副局长：杨金荣
王丁聪
刘梅花（女）

法制办

主　任：刘　云
副主任：李云波（女）

信息化工作办公室（2011年因机构改革不再保留）

主　任：沈燕玲（女，2011年2月因机构改革该职务自然消失）
副主任：杨　海（2011年2月因机构改革该职务自然消失）

政务服务中心

常务副主任：张　莉（女）
副　主　任：吴　琳（女）

扶贫办（2011年因机构改革不再单独设置）

主　任：朱志宏（2011年2月因机构改革该职务自然消失）
副主任：毛　翔（2011年2月因机构改革该职务自然消失）

地震局

局　长：李天贵
副局长：朱　倩（女）

人防办

主　任：杨亚敏（女）
副主任：毛立宗

档案局

局　长：张莉华（女）

接待处

处　长：吴明坤

旅游服务中心、旅游局

主任、局长：李　敏（女）

老龄委办公室

主　任：李二保
副主任：王江清
李福生（2011年12月免）

发展和改革局

局　长：赵华邦（2011年3月免）
顾宝祥（2011年3月任）
党委书记：张家福（2011年2月任）
党委副书记：顾宝祥（2011年2月任）
纪委书记：宁　芳（女，2011年9月任）
副局长：张家福（2011年2月任）
崔吉武（2011年2月任）
方　伟（2011年2月任）
杨春菊（女，2011年2月免）
王陈洋（女，2011年2月任）
荀吉才（2011年2月任）
张　燕（女，2011年2月任）
夏　俊（2011年2月任）

工程咨询服务中心

主　任：张　燕（女，兼）

区政府投资项目效益评审中心

主　任：张　燕（女，兼）

投资开发有限责任公司

总经理：赵华邦（2011年2月免）
顾宝祥（2011年2月任）
副总经理：方　伟（2011年2月免）
钱家欣

农业利用外资办

主　任：崔吉武（2011年2月免）

区招商引资中心、招商引资局、外事办、对外经济协作办公室（2011年因机构改革不再保留）

主任、局长：赵　勇（2011年2月因机构改革该职务自然消失）

经济局（2011年因机构改革不再保留）

党委书记：郑家祥（2011年2月因机构改革该职务自然消失）
局　　长：郑家祥（2011年2月因机构改革该职

务自然消失）

副 局 长：毛　刚（2011 年 2 月因机构改革该职务自然消失）

樊克强（2011 年 1 月免）

夏　俊（2011 年 2 月因机构改革该职务自然消失）

宋再友（2011 年 2 月因机构改革该职务自然消失）

工业和信息化局

党 委 书 记：郑家祥（2011 年 2 月任，2011 年 9 月免）

王国华（2011 年 9 月任）

党委副书记：沈燕玲（女，2011 年 2 月任）

纪 委 书 记：杨顺勤（女，2011 年 9 月任）

局　　　长：郑家祥（2011 年 3 月任，2011 年 9 月免）

王国华（2011 年 9 月任）

副　局　长：沈燕玲（女，2011 年 2 月任）

魏学禹（2011 年 2 月任）

杨　成（2011 年 2 月任）

毛　刚（2011 年 2 月任）

杨　海（2011 年 2 月任）

罗湘平（女，2011 年 2 月任）

王志恒（2011 年 2 月任）

黄伟雄（2011 年 2 月任）

宋再友（2011 年 2 月任）

中小企业局

局　长：毛　刚

商务局

党委书记：房福军（2011 年 2 月任）

党委副书记：晏志良（2011 年 2 月任）

纪委书记：晏志良（2011 年 2 月任）

局　长：房福军（2011 年 3 月任）

副局长：李惠萍（女，2011 年 2 月任）

张东荣（2011 年 2 月任）

陈国美（2011 年 12 月任）

市场管理服务中心

主　任：张东荣

安全生产监督管理局

局　长：董德学

副局长：董育林

石洪耘

民宗局（2011 年因机构改革不再保留）

局　长：唐德良（2011 年 2 月因机构改革该职务自然消失）

副局长：马存英（女，2011 年 2 月因机构改革该职务自然消失）

民族宗教侨务事务局

局　长：唐德良（2011 年 3 月任）

副局长：许岷江（2011 年 2 月任）

马存英（女，2011 年 2 月任）

科技局、知识产权局

局　长：谭　黎（女）

副局长：杨汝华

桂希辉（女）

教育局

党 委 书 记：代云良

党委副书记：张再富

纪 委 书 记：张再富

局　　　长：代云良

副　局　长：刘亚乔

程　伟

李　萍（女）

张再富

人口和计划生育局

局　长：杨建宇

副局长：陈　琦（2011 年 2 月任）

（2011 年 12 月免）

张宝学（2011 年 12 月任）

张　俊（2011 年 2 月任）

建设局（2011 年因机构改革更名为住房和城乡建设局）

党 委 书 记：缪　仑（2011 年 2 月因机构改革该职务自然消失）

党委副书记：杨　倩（女，2011 年 2 月因机构改革该职务自然消失）

纪 委 书 记：杨　倩（女，2011 年 2 月因机构改革该职务自然消失）

局　　　长：缪　仑（2011 年 2 月因机构改革该职务自然消失）

副　局　长：吴炳元（2011 年 2 月因机构改革该职务自然消失）

杨　波（2011 年 2 月因机构改革该职务自然消失）

陈国鸿（2011 年 2 月因机构改革该职务自然消失）

朱树方（2011 年 2 月因机构改革该职务自然消失）

住房和城乡建设局

党委书记：缪　仑（2011 年 2 月任）

（2011 年 9 月免）

李　昆（2011 年 9 月任）

党委副书记：杨　倩（女，2011 年 2 月任）

纪 委 书 记：杨　倩（女，2011 年 2 月任）

局　　　长：缪　仑（2011 年 3 月任，2011 年 9

月免）
李　昆（2011年9月任）
副　局　长：吴炳元（2011年2月任）
陈国鸿（2011年2月任）
朱树方（2011年2月任）
傅光健（2011年2月任）
赵　兵（兼，2011年12月任）

曲靖城南片区开发建设办公室

副主任：董明东
郭建良
毕树才

温泉旅游度假区开发建设办公室

主　任：吴炳元

市政公用事业管理局

局　长：林　祥

麒麟区城市建设投资开发有限公司

总 经 理：陈国鸿
副总经理：傅光健（2011年2月免）
项　天

麒麟区土地开发投资有限责任公司

总经理：赵　兵（2011年12月任）

麒麟区城市管理行政执法局（2011年因机构改革更名为城市综合行政执法局）

局　　长：缪　仑（2011年2月因机构改革该职务自然消失）
常务副局长：杨　波（2011年2月因机构改革该职务自然消失）
副　局　长：张建国（兼，2011年2月因机构改革该职务自然消失）
陈建军（2011年2月因机构改革该职务自然消失）

城市综合行政执法局

局　长：杨　波（2011年3月任）
副局长：张建国（兼，2011年2月任）
陈建军（2011年2月任）

人事局（2011年因机构改革不再保留）

局　长：何琼芬（女，2011年2月因机构改革该职务自然消失）
副局长：伏有志（2011年2月因机构改革该职务自然消失）
王　燕（女，2011年2月因机构改革该职务自然消失）

劳动和社会保障局（2011年因机构改革不再保留）

党组书记：李旭东（2011年2月因机构改革该职务自然消失）
局　　长：余志柏（2011年2月因机构改革该职务自然消失）
副　局　长：李培勇（2011年2月因机构改革该职务自然消失）
王国兴（2011年2月因机构改革该职务自然消失）

人力资源和社会保障局

党 委 书 记：李旭东（2011年2月任）
党委副书记：何琼芬（女，2011年2月任）
纪 委 书 记：关振兴（2011年9月任）
局　　长：何琼芬（女，2011年3月任）
副　局　长：伏有志（2011年2月任）
李培勇（2011年2月任）
王国兴（2011年2月任）
王　艳（女，2011年2月任）

公务员局、外国专家局

局　长：何琼芬（女，2011年2月任）

区委机构编制办公室、区机构编制委员会办公室

主　　任：何琼芬（女，2011年2月任）
常务副主任：陈和芬（女，2011年9月任）

统计局

局　长：代云增
副局长：罗湘平（女，2011年2月免）
樊　林
张文辉（2011年2月任）

财政局

党组书记：段建平
党组副书记：蔡生权
局　长：段建平
副局长：李　宏
蔡生权
温荣让

融资担保有限责任公司

总 经 理：段建平
副总经理：张吉祥

民政局

党委书记：刘祥华
党委副书记：李德金
纪委书记：李金有
局　　长：李德金
副 局 长：唐海波
杨　东

交通局（2011年因机构改革更名为交通运输局）

党组书记：冯明祥（2011年2月因机构改革该职务自然消失）
局　　长：冯明祥（2011年2月因机构改革该职务自然消失）
副 局 长：齐国树（2011年2月因机构改革该职务自然消失）

张云虎（2011年2月因机构改革该职务自然消失）

总工程师：王　明（2011年2月因机构改革该职务自然消失）

交通运输局

党组书记：冯明祥（2011年2月任）

局　　长：冯明祥（2011年3月任）

副 局 长：齐国树（2011年2月任）

张云虎（2011年2月任）

总工程师：王　明（2011年2月任）

区公路建设投资开发公司

总经理：齐国树

区地方公路管理段

段　长：周　俊

卫生局

党委书记：曹水春

党委副书记：唐云德

纪委书记：唐云德

局　　长：曹水春

副 局 长：何道俊

王　燕（女）

郑华玲（女）

红十字会

常务副会长：王　琼（女）

文化局（2011年因机构改革不再保留）

局　长：王　飞（2011年2月因机构改革该职务自然消失）

副局长：李　丽（女，2011年2月因机构改革该职务自然消失）

陆群付（2011年2月因机构改革该职务自然消失）

文化体育局

党委书记：缪东胜（2011年2月任）

党委副书记：王　飞（2011年2月任）

局　　长：王　飞（2011年3月任）

副 局 长：李　丽（女，2011年2月任）

陆群付（2011年2月任）

张春云（2011年2月任）

殷石海（兼，2011年12月任）

侨　办（2011年因机构改革不再保留）

主　任：许岷江（2011年因机构改革该职务自然消失）

司法局

局　长：丁红明

副局长：杨建柱

钟　玲（女）

唐　晖

“610”办公室

主　任：张永才

副主任：杨曲琳（兼）

环境保护局

局　长：何齐成

副局长：何志坚

赵永春

卢少非

审计局

局　长：高建所

副局长：杨春菊（女，2011年2月任）

荀吉才（2011年2月免）

吕春全

潘　燕

煤炭工业局

党委书记：张云安（2011年9月免）

李松波（2011年9月任）

党委副书记：王富祥（2011年9月免）

刘文华（2011年9月任）

纪委书记：王富祥（2011年9月免）

龚　云（2011年9月任）

局　　长：张云安（2011年9月免）

刘文华（2011年9月任）

副 局 长：朱桢祥

张　勇

敖　志

刘兴武（2011年9月任）

新村煤管所所长：刘文华（2011年9月免）

雷家坤（2011年9月任）

高家村煤管所所长：黄国华（2011年9月免）

高云富（2011年9月任）

独木煤管所所长：刘兴武（2011年9月免）

吕　毅（2011年9月任）

煤矿安全生产监督管理局

局　长：张云安（2011年9月免）

刘文华（2011年9月任）

畜牧兽医技术服务中心（畜牧局）（2011年因机构改革不再单独设置）

主任、局长：孙亚富（2011年2月因机构改革该职务自然消失）

副主任、副局长：

宋发宝（2011年2月因机构改革该职务自然消失）

刘萍秀（女，2011年2月因机构改革该职务自然消失）

蒋家贵（2011年2月因机构改革该职务自然消失）

农业局

党委书记：关保权（2011年2月免）

吕宝坤（2011 年 2 月任）
党委副书记：叶仲立（2011 年 2 月免）
崔吉有（2011 年 2 月免）
刘荣华（2011 年 2 月任）
任　洪（女，2011 年 2 月免）
纪委书记：任　洪（女）
局　　长：崔吉有（2011 年 3 月免）
吕宝坤（2011 年 3 月任）
副 局 长：孙亚富（兼畜牧兽医局局长，2011 年 2 月任）
朱志宏（兼扶贫办主任，2011 年 2 月任）
刘常友（2011 年 2 月任）
朱洪森（2011 年 2 月任）
毛　翔（2011 年 2 月任）
宋发宝（2011 年 2 月任）
刘萍秀（女，2011 年 2 月任）
阳正峰（2011 年 2 月任）

经作中心
主　任：叶仲立（2011 年 2 月免）
刘常友（2011 年 2 月任）
副主任：樊滴海

林业局
党委书记：吕宝坤（2011 年 2 月免）
吕元平（2011 年 2 月任）
党委副书记：赵洪波（女）
纪委书记：赵洪波（女）
局　　长：吕宝坤（2011 年 3 月免）
吕元平（2011 年 3 月任）
副 局 长：夏缪华
蒋家贵（2011 年 2 月任）
徐俊先（2011 年 9 月任）

曲靖市森林公安局麒麟分局
政　委：吕宝坤（2011 年 2 月免）
吕元平（2011 年 2 月任）
局　长：李剑波

森林防火指挥部
专职副指挥长：徐俊先（2011 年 9 月任）

水务局
党委书记：周绍芳
党委副书记：陈国庆
纪委书记：陈国庆
局　　长：周绍芳
副 局 长：李留和（2011 年 9 月任）
吕其斌
李学飞

移民开发局
局　长：刘敢荣
副局长：刘志强

物资总公司
总经理：孙学礼

体育运动服务中心、体育局（2011 年因机构改革不再保留）
主任、局长：缪东胜（2011 年 2 月因机构改革该职务自然消失）

粮油总公司
总经理：张家福

粮食局（2011 年因机构改革不再单独设置）
党委书记：张家福（2011 年 2 月因机构改革该职务自然消失）
党委副书记：翟连安（2011 年 1 月免）
纪委书记：翟连安（2011 年 1 月免）
局　　长：张家福（2011 年 2 月因机构改革该职务自然消失）

农机局（2011 年 2 月因机构改革不再保留）
党总支书记：刘荣华（2011 年 2 月因机构改革该职务自然消失）
局　　长：刘常友（2011 年 2 月因机构改革该职务自然消失）
副　局　长：阳正峰（2011 年 2 月因机构改革该职务自然消失）

区食品药品监督管理局
局　　长：高　康
副 局 长：张　斌
纪检组长：陈亚武

供销社
党委书记：陈　鹏
党委副书记：陈正学
纪委书记：陈正学
主　　任：陈　鹏
副 主 任：陈　琦（女，2011 年 2 月免）
丁家喜

房地产开发总公司
总经理：郭　湘（女）

曲靖妇女儿童中心
主　任：蒋红林
副主任：殷石海

曲靖西城工业园区麻黄片区管委会
主　任：魏学禹
副主任：黄伟雄
盛　岗（2011 年 2 月免）

越州工业基地管理委员会
主　任：杨　成
副主任：王志恒

麒麟区工业园区管委会

专职副主任：杨　成（2011年9月任）

兼职副主任：赵华邦（2011年9月任）

麒麟区工业园区管委会办公室

主　任：杨　成（兼，2011年12月任）

副主任：颜叶艳（2011年12月任）

　　　　孔令德（2011年12月任）

麒麟区工业园区管委会招商引资局

局　长：李云波（女，2011年12月任）

麒麟区工业园区管委会规划建设局

局　长：朱树方（2011年12月任）

麒麟区工业园区管委会投资服务局

副局长：盛　岗（2011年12月任）

　　　　何志坚（2011年12月任）

麒麟公安分局

党委书记　汤跃宏（2011年5月免）

　　　　　　赵卫东（2011年5月任）

党委副书记　杨曲琳

政　　委　杨曲琳

副 政 委　郭旭疆

纪委书记　罗　斌

局　　长　汤跃宏（2011年5月免）

　　　　　　赵卫东（2011年5月任）

副 局 长　高荣笋

　　　　　　胡乔智

　　　　　　聂吉友

　　　　　　耿忠义

　　　　　　杨枝梁（2011年5月免）

　　　　　　毕　磊

　　　　　　张建国

　　　　　　刘云康（2011年9月免）

　　　　　　龙　力（2011年9月任）

　　　　　　武　俏（2011年9月任）

　　　　　　刘学瑞（挂职）

曲靖市麒麟区政协

主　席　张　杰（女）

副主席　杨俊青

　　　　　赵军学

　　　　　郭　湘（女，兼）

保留正县级待遇　顾晓富

助理调研员　严明华

办公室

主　任：丁连高

副主任：毕文荣

提案委员会

主　任：张祝花（女）

副主任：王　钧（2011年12月任）

联络学习委员会

主　任：杨国桥

副主任：徐三焕（女）

经济建设委员会

主　任：史春贤（2011年2月免）

　　　　关保权（2011年3月任）

教科文卫体委员会

主　任：崔　萍（女）

民族宗教台侨委员会

主　任：黄跃东

文史资料委员会

主　任：段丽萍（女）

社会和法制委员会

主　任：王石明

群众团体

总工会

主　　席：丁美仙（女）

常务副主席：彭　琳（女）

副 主 席：白传学（2011年9月任）

团区委

书　记：田子仟（女）

副书记：吕　超（2011年2月任）

妇　联

主　席：杨万萍（女）

副主席：张红梅（女）

　　　　袁春艳（女）

工商联（商会）

党组书记：徐桂芬（女）

会　　长：崔庆一

副 会 长：徐桂芬（女）

　　　　　谭　楠（女）

秘 书 长：谭　楠（女）

侨　联

副主席、秘书长：冯春兰（女）

科　协

主　席：胡国明

副主席：孙志强

文　联

主　席：徐文模

副主席：尹　坚（女）
秘书长：陶茂莉（女）

残　联

理事长：陈小方

乡（镇）街道

东山镇

党委书记：许韶发
党委副书记：田周剑
徐俊先（2011年9月免）
曹　维（2011年3月任）
政法副书记：曹　维
人大主席：刘贵荣
镇　　长：田周剑
副 镇 长：杨建良
沈中伟
王永明（兼）
纪委书记：晏志良（2011年2月免）
蔡　辉（2011年2月任）
武装部长：张朝甫
司法所长：胡振华（2011年2月任）

越州镇

党委书记：许泰聪（2011年2月免）
赵华邦（2011年2月任）
党委副书记：王国华（2011年9月免）
刘　清
孔令德（2011年12月任）
人大主席：雷金德
镇　　长：王国华（2011年9月免）
代理镇长：刘　清（2011年9月任）
副 镇 长：张　俊（2011年2月免）
徐　荣
宋景红
崔庆宏
袁俊平（兼）
纪委书记：胥冬华
武装部长：岳卫桃

茨营乡

党委书记：朱开云（2011年9月免）
翟连科（2011年9月任）
党委副书记：翟连科（2011年9月免）
杨自正（2011年9月任）
李　坤
人大主席：林乔书
乡　　长：翟连科（2011年9月免）
代理乡长：杨自正（2011年12月任）
副 乡 长：顾建聪
蔡　辉（2011年2月免）
杨　诚
张　鉴（兼，2011年12月任）
纪委书记：熊立斌
司法所长：马　龙（2011年2月任）

三宝镇

党委书记：顾宝祥（2011年2月免）
李文龙（2011年2月任）
党委副书记：韩光飞
李晓德
政法副书记：王志刚
人大主席：李木春（2011年3月任）
镇　　长：韩光飞
副 镇 长：李木春（2011年3月免）
仲滇维（兼，2011年9月免）
田　耘（2011年3月免）
蔡定贵（2011年3月免）
李云江（2011年10月任）
雷怀鸣（2011年10月任）
纪委书记：田　耘（2011年2月任）
武装部长：周凤群（2011年2月任）
司法所长：王永邦

沿江乡

党委书记：张　臻
党委副书记：付玉荣
杨木春
人大主席：柳兴怀
乡　　长：付玉荣
副 乡 长：丁三桥
杨荣平（2011年2月免）
张金松
张立斌（兼）
纪委书记：田黎红（2011年2月免）
杨荣平（2011年2月任）
武装部长：黄亚峰
司法所长：龚厚长

珠街乡

党委书记：饶　丹（女）
党委副书记：章志强
张宝学（2011年12月免）
人大主席：张朝胜
乡　　长：章志强
副 乡 长：周开明
张申红
施小强

陈自飞（2011年9月免）
纪 委 书 记：薛文建
武 装 部 长：何吉春
司 法 所 长：李云江（2011年9月免）

南宁街道办事处

党 工 委 书 记：董保才
党工委副书记：刘德常
政 法 副 书 记：武　俏（兼）
人大工委主任：陈学俊（2011年3月任）
办 事 处 主 任：余志柏（2011年2月任）
办事处副主任：丁阅文
范红梅（女）
陈学俊（2011年2月免）
赵　刚（2011年2月任）
盛　岗（2011年2月任）
顾春梅（2011年12月任）
殷艳孝（2011年2月任）
纪 工 委 书 记：王　凤（女）
武 装 部 长：范来生
综 治 办 主 任：刘宝存（女）
司 法 所 长：赵　刚（2011年2月免）

建宁街道办事处

党 工 委 书 记：魏建平
党工委副书记：李松波（2011年9月免）
王富祥（2011年9月任）
张祖安
汤华波
高曙光（挂职，2011年2月任）
人大工委主任：刘光辉
办 事 处 主 任：李松波（2011年9月免）
王富祥（2011年9月任）
办事处副主任：张建华
吴洪彬
杨云全
赵鸿鹄
卢绍波（兼，2011年9月任）
纪 工 委 书 记：汤华波
武 装 部 长：周建生（2011年2月任）
综 治 办 主 任：薛云芬（女）
司 法 所 长：陈天祥

白石江街道办事处

党 工 委 书 记：李　坤
党工委副书记：王正宇
姜　灿（女）
唐庚礼
人大工委主任：李　良
办 事 处 主 任：王正宇
办事处副主任：李洪斌
尹绍勇
顾春梅（女，2011年12月免）
张华昌
王忠平（兼）
纪 工 委 书 记：唐庚礼
武 装 部 长：谢红卫
综 治 办 主 任：李云杰
司 法 所 长：邹玉昆

寥廓街道办事处

党 工 委 书 记：李金林（2011年9月免）
朱开云（2011年9月任）
党工委副书记：崔吉有（2011年2月任）
李文龙（2011年2月免）
王云韬（兼）
梅黎明
方　玲（2011年9月任）
冯东平（2011年9月免）
袁新华（2011年2月免）
政 法 副 书 记：陆　波（兼）
人大工委主任：张友凤（女）
办 事 处 主 任：李文龙（2011年2月免）
崔吉有（2011年2月任）
办事处副主任：叶　薇（女）
孙　勇
李建生
董仲华（兼，2011年9月任）
纪 工 委 书 记：宋德群
武 装 部 长：林　波
综 治 办 主 任：韩绍林
司 法 所 长：朱宏宇

曲靖潇湘生态环境保护与开发管理委员会

党 委 书 记：王云韬
党委副书记：李留和（2011年9月免）
冯东平（2011年9月任）
主　　任：李留和（2011年9月免）
冯东平（2011年9月任）
副 主 任：庄明辉

西城街道办事处

党 工 委 书 记：李淑凤（女）
党工委副书记：彭嘉鑫
柳廷飞
姚洪波
人大工委主任：刘建荣
办 事 处 主 任：彭嘉鑫
办事处副主任：顾定武
赵　坤

王玲芬（女）
保德胜
蔡定贵（2011年2月任）
韩立树（兼）
纪工委书记：姚洪波
武装部长：赵宝全
综治办主任：李迎辉
司法所长：路树昆

直管单位

区国土资源局

局　长：崔庆伟
副局长：李绍芬（女）
刘志强（免）
陈云燕
陶　建（2011年11月任）

农村集体建设用地流转交易服务中心

主　任：高　雄

区广电局

局　长：杨堂云（2011年4月免）
管玉斌（2011年4月任）
副局长：王　炜

区地方税务局

局　长：姜　云
副局长：肖建喜
李晓琳（女）
纪检组长：陆进元
党组副书记：杨家良

区国家税务局

局　长：陈定兴（2011年5月免）
郑定祥（2011年5月任）
副局长：杨镜涵
严盛才（2011年4月任）
吴聪辉
余绍超

区烟草公司

党委书记：秦庆逵（2011年12月免）
钟　锐（2011年12月任）
党委副书记：唐宗华
纪委书记：唐宗华
经　理：秦庆逵（2011年12月免）
钟　锐（2011年12月任）
副经理：王忠跃

烟草专卖局

局　长：史建国（2011年12月免）
副局长：吴　辉（2011年12月任）

农村信用合作联社

理事长：王石所
主　任：李自惠
副主任：王玉平
张建荣

区工商局

局　长：世　勇
副局长：张鹏寿
武　亮
吴吉芳
纪检组长：王爱江

区质量技术监督局

局　长：赵　云（2011年1月免）
傅　勇（2011年1月任）
副局长：朱春灵（女）
纪检组长：王建国

区气象局

局　长：李庆红（2011年3月任）
副局长：李　辉

人寿保险支公司

经　理：孔　杰
副经理：保　斌（2011年7月免）
郭桃梅（女）

财产保险支公司

经　理：冯靖华（2011年1月免）
肖加院（2011年1月任）
副经理：代国保
王　丽（女）
佘丛华
何选培（2011年1月任）

（吴俊婷）

政　治

中共曲靖市麒麟区委员会

【概　述】　2011年，中共麒麟区委团结带领全区广大干部群众，深入贯彻落实科学发展观，认真落实中央和省、市一系列重大战略部署，紧紧围绕"六区、四城、两中心"的奋斗目标，一心一意谋发展，同心同德攻难关，群策群力促跨越，全区经济社会发展实现了"十二五"的良好开局。

2011年，完成区域内生产总值370亿元，同比增13%；固定资产投资241亿元，同比增25%；地方财政总收入38.3亿元，同比增52.68%，其中地方财政一般预算收入12.84亿元，同比增39.3%；社会消费品零售总额86.2亿元，同比增20.1%；城镇居民人均可支配收入19 398元，同比增16%；农民人均纯收入6 747元，同比增21.1%。区域经济呈现出增长较快、效益较好的发展态势，为推动麒麟新一轮跨越发展打下了坚实基础。全区各项工作得到中央、省、市的充分肯定，共获市级以上表彰190项，其中省级65项、国家级28项。

"中心改造、四面拓展、组团起步、集镇升级"战略全面实施，中心城区建成区面积扩大到61平方千米，城镇化率达68%，比2010年提高2个百分点。重点项目快速推进，"麒麟水乡"顺利通航，万宇国际商贸城开工建设，荷花塘片区旧城改造取得突破性进展，珠江源大道南延线、326国道（小坡段）改扩建等项目进展较快。交通设施改造力度加大，市政设施进一步完善，主城区交通拥堵难题极大缓解。"四城联创"深入推进，第二批省级文明城区创建顺利测评，群众安全感、满意度大幅提升，城区绿化、亮化、美化、净化水平不断提高，宜居成果持续巩固。土地利用、村镇建设、林地保护等规划进一步修改完善，小城镇开发卓有成效，山地城镇建设试点工作率先启动。

全力推进"五大工程"，工业经济持续快速增长。2011年，全区实现工业总产值527.1亿元，同比增16.5%，其中规模以上工业实现增加值173.8亿元，同比增15.1%。越州、麻黄工业园区基础设施不断完善，发展环境进一步优化，全年引进千万元以上项目6个，实现工业总产值135.9亿元。煤炭产业在整顿提升中有序发展，双友钢铁、麒麟煤化、众一股份等大批龙头企业提速增效。新技术研发、引进和利用力度不断加大，获省级著名商标24枚，省级认定高新技术企业5家。节能减排约束性目标全面完成，43家粘土砖厂关闭取缔工作顺利推进。

持续加大"三农"投入，基础设施不断完善，发展后劲进一步增强。农田水利建设步伐加快，"小型农田水利重点县"建设圆满完成，"农村饮水安全工程示范县"建设通过省级验收，被列为"全国农业水价综合改革示范区"。城乡路网建设掀起热潮，全年新建和改扩建公路247千米。现代农业迈出新步伐，粮经结构比调整为36.5∶63.5。劳务输出力度加大，新增转移农村劳动力2.82万人。扶贫开发扎实有力，水库移民后期扶持有效推进。全年实现农村经济总收入67亿元，同比增10.4%，粮食总产量1.85亿千克，同比增2%。"两新"工程建设成效明显，矿村共建和城乡一体化试点建设深入推进，区级偏远村委会新农村建设全面启动。社会主义新农村省级重点村建设通过验收，民居地震安全工程和村委会办公用房新建改扩建工程按期完成。东面山生态环境综合治理加快实施，生态恢复试点启动建设，生态文明进一步优化，被命名为"全国生态示范区"。

"国家可持续发展先进示范区"创建扎实推进，科技创新、推广、普及能力明显增强，被授予"全国县（市）科技进步考核先进区"。就业再就业成效明显，"零就业"家庭保持动态为"零"，城镇登记失业率保持在3.5%以内。社会保险扩面征缴，城乡低保应保尽保。全国新型农村和城镇居民社会养老保险试点启动实施，参保率85%。各级各类教育健康发展，"6＋8"改扩建工程深入推进，校舍安全工程卓有成效。"九星"和谐社区建设全面推进，"全国农村社区建设实验全覆盖示范单位"通过考评。人口和计划生育工作富有成效，被表彰为"全省计划生育优质服务先进区"。老年人、残疾人、慈善事业等工作有声有色，被命名为"全国养老服务示范活动示范单位"，授予"十一五"期间"全国残疾人工作先进单位"。

新一轮政府机构改革全面完成，乡镇机构改革进展顺利。基层

省委组织部长刘维佳到麒麟区调研　　（赵小见　摄）

医药卫生体制改革成效明显，教育体制改革不断深化。财政管理体制改革稳步推进，公共财政职能进一步强化。集体林权制度配套改革深入推进，林权管理服务更加规范。资本运作不断创新，土地开发投资公司成立运行。对外开放不断拓展，实施招商引资项目22个，引进市外国内资金21.3亿元，同比增25%；开放型经济快速发展，实际利用外资453万美元。外贸进出口总额完成3166万美元，同比增12%。要素市场加快形成，非公有制经济发展势头强劲，完成增加值111亿元，占GDP的比重提高到31%。

宣传思想工作扎实有效，舆论引导正确有力，群众性精神文明创建活动广泛开展。学习型党组织建设深入推进，理论武装工作不断强化，区委理论学习中心组获省级表彰。创先争优活动深入开展，党的思想、组织、作风、制度和反腐倡廉建设进一步加强，被省委授予“云南省基层党组织建设先进区”荣誉称号。干部人事制度改革不断深化，干部教育培训力度加大，人才队伍建设取得新进展。区域化党建工作不断加强，城乡统筹的基层党建新格局加快形成。“星级达标”活动广泛开展，村级组织活动场所“建、管、用”水平进一步增强，成为省、市多个现场会参观点。村（社区）“两委”与公司统分运行模式全面推行，集体经济不断壮大。村（社区）干部离任补助、社会保险等激励保障机制逐步建立，基层干部活力进一步激发。“三务”公开规范运行，“三资”管理启动实施。廉政风险防范工作深入开展，“123”惩防体系建设进一步完善，反腐倡廉教育、监督、改革、纠风、惩治等工作扎实有效。党员干部队伍争先排头的氛围日益浓厚，风清气正的干事创业环境持续巩固。

【召开区第四次党代会】 2011年6月13～16日，中国共产党曲靖市麒麟区第四次代表大会召开。区第四次党代会党代表出席了会议。列席大会的有：不是代表的三届区委委员、候补委员，区纪委委员；不是代表的新一届区委委员、候补委员，区纪委委员候选人预备人选；不是代表的各乡（镇）街道、区直各单位党员主要领导；不是代表的区人大、区政协各委室党员主任，各派出纪工委书记；担任过实职副处级以上的离退休党员老领导；开发区管委会副处级以上党员领导及内设部门党员主要领导。特邀现任副处级以上领导职务的非党领导，担任过实职副处级以上的离退休非党老领导，各乡（镇）街道、区直各单位非党主要领导和曲靖经济技术开发区管委会内设部门非党主要领导参会。

大会听取、讨论并一致同意傅学宾代表中国共产党曲靖市麒麟区第三届委员会所作的题为《立足新起点　拼搏“十二五”　为推动麒麟新一轮跨越发展而努力奋斗》的工作报告。审议通过了关于第三届区委工作报告、区纪委工作报告的决议。大会充分肯定了三届区委的工作。

大会通过了《中国共产党曲靖市麒麟区第四届委员会选举办法》，选举产生了中国共产党曲靖市麒麟区第四届委员会，选举产生区委委员37名、候补委员6名。同时还选举产生了出席中国共产党曲靖市第四次代表大会的26名代表。

【召开区委四届一次全体会议】 2011年6月16日，召开中国共产党曲靖市麒麟区第四届委员会第一次全体会议，选举产生了中国共产党曲靖市麒麟区第四届委员会常委、书记、副书记。傅学宾当选为区委书记，唐开荣、罗中山当选为区委副书记。当选为常委的还有林家德、丁常云、陈继峰、侯文利、杨国全、周永江、李涛、李金林。会议通过了区纪委四届一次全会选举区纪委常委、书记、副书记的结果。

【圆满完成乡（镇）党委换届】 根据《中共云南省委关于认真做好州（市）、县（市、区）乡（镇）党委和部分州（市）人大、政府、政协领导班子换届工作的通知》和《中共曲靖市委关于认真做好县（市、区）乡（镇）党委换届工作的通知》文件精神，麒麟区6个乡镇党委于2011年3月19日全部完成换届选举任务，并选举产生了144名出席中国共产党曲靖市麒麟区第四次代表大会代表，整个选举工作做到了领导有力、保障到位、措施扎实、组织严密和程序不少、标准不降，选好配强了新一届乡镇党委、纪委班子，为实现“十二五”时期目标任务、全面建设小康社会提供了思想、政治和组织保证。全区6个乡镇实际配备的54名党委班子成员中，最大年龄51岁，最小年龄24岁，平均年龄38.6岁；具有大专学历的党委班子成员人数54人，占100%，比上一届换届结束时提高4.2%；妇女干部5人，占9.3%，比上一届换届结束时提高1%；少数民族干部1人，占1.9%。

【纪念建党90周年】 通过召开庆祝大会和举办文艺晚会，开展慰问活动、“红歌嘹亮”主题活动、“建党90周年经典理论读书和系列展览”主题活动、“永远跟党走”主题活动和党团志愿服务等系列活动，纪念建党90周年在《麒麟报道》开设“先锋风采耀麒麟”专栏，对从全区各行各业中选取的10名共产党员先进典型人物进行广泛宣传。投入经费80余万元，其中党费39万元，慰问困难党员1 300名，建国前参加革命的老党员、老干部134名，建国前入党的老党员8名。在“七一”表彰大会上，表彰了70个先进基层党组织、100名优秀共产党员、28名优秀党务工作者和14名优秀基层党组织书记。

【继续开展创先争优活动】 围绕建设“六区、四城、两中心”奋斗目标，以创建基层组织建设先进县（市）区为主线，全面加强基层组织建设，全力服务人民群众，采取“七联七促”措施继续深入开展创先争优活动。一是领导联点，促示范彰显特色。按照“示范带动、典型引路”的工作思路，深入推进“百点示范”工程，21位区级党员领导分别联系26个党（工）委，结对创建省、市、区三级基层党建工作示范点。二是组织联网，促工作全面覆盖。在全面推行社区党建联席会议的基础上，探索推行“大党委制”，在实现村民小组党支部全覆盖的基础上，积极探索把党组织建在优势产业链上，推行“支部+产业协会（专业合作社）”的组建模式，同时采取单独建、挂靠建、村企联建、企企联建等方式灵活组建党组织，提高组建率。三是党员联管，促作用充分发挥。以科学有效的管理促党员先锋模范作用发挥，整合各地各部门管理服务资源，共同抓好党员管理，确保党员管理不断线、作用发挥好。四是阵地联建，促整合提升服务。整合组织、宣传、民政、武装等部门的资源，加快推进村（社区）办公活动场所建设，改善村级组织办公和服务条件。五是党群联动，促推动工作见成效。建立“组织同步覆盖、阵地同步落实、活动同步开展、工作同步考核的“四同步”工作机制，建立由组织部门牵头，工会、共青团、妇联等群团组织和相关部门参与的党建联席会议制度和工作例会制度。六是干部联选，促班子推进优化。在区、乡两级党委换届工作中注重扩大民主，匡正风气，用好干部，选优班子。坚持德才兼备的用人导向，注重在基层一线、信访一线，处理急、难、险、重工作和复杂问题中锻炼、培养干部。七是互助联创，促协调推动发展。按照“以城带乡，以工带农，以强带弱”的工作思路，开展各种形式的党组织和党员结对联创活动，统筹协调推进各领域基层党建和经济社会工作。

【开展“四群”教育实行干部直接联系群众制度活动】 2011年12月23日，区委召开“四群”教育干部直接联系群众动员大会，12月30日，下发了《中共曲靖市麒麟区委关于开展“四群”教育实行干部直接联系群众制度的实施意见》、《关于成立中共曲靖市麒麟区委开展“四群”教育实行干部直接联系群众制度领导小组的通知》和《印发〈中共曲靖市麒麟区委关于开展“四群”教育实行干部直接联系群众制度的实施意见〉的配套文件的通知》等3个开展“四群”教育活动的文件，全区各级党组织高度重视，积极响应，做到“五及时、五到位”：及时学习传达、把握精神到位，及时动员部署、统一认识到位，及时组建机构、组织领导到位，及时制定方案、措施保障到位和及时宣传引导，氛围营造到位，营造了组织重视、干部参与、群众支持的“四群”教育活动浓厚氛围。

【表彰决定】 2011年1月10日，区委对2010年度办理政协委员提案成绩突出的区委办公室等10个先进单位和周绍芳等16名先进个人进行表彰。

1月19日，区委表彰2010年度人大工作先进集体和先进个人，对东山镇人大主席团等2个“先进人大主席团”、寥廓街道人大工委等2个“先进人大工委”、茨营乡人大代表小组等2个“先进人大代表小组”、区交通运输局等3个“办理议案建议先进集体”、顾宝祥等23名“优秀人大代表”、陈毓智等9名“人大工作先进个人”、施丛芳等5名“优秀议案建议领衔代表”、杨东等3名“办理议案建议先进个人”进行表彰。

2月15日，区委、区政府授予区公安分局等5个单位“新农村建设工作队及指导员工作先进派出单位”荣誉称号；授予寥廓街道等3个乡（镇）街道“新农村建设工作队及指导员工作先进乡（镇）街道”荣誉称号；授予唐甫先“新农村建设工作队及指导员工作优秀工作队长”荣誉称号；授予邹尔曼等10名“新农村建设工作队及指导员工作优秀指导员”荣誉称号。

2月28日，区委、区政府对在2010年度落实党风廉政建设责任制中工作积极主动、认真负责的东山镇等12个“落实党风廉政建设责任制先进单位”和区政府办公室等9个“党风廉政建设牵头先进单位”进行表彰。

3月22日，区委、区政府授予东山镇等10个单位“麒麟区民族团结进步模范集体”荣誉称号，授予桂竟程等24名“麒麟区民族团结进步模范个人”荣誉称号。

4月2日，区委、区政府授予茨营乡等16个单位“信访工作先进集体”荣誉称号，授予李为民等28名“信访工作先进个人”荣誉称号。

4月21日，区委、区政府授予丁良春等10名“十佳青年”荣誉称号，授予王小雁等8名“十佳青年提名奖”荣誉称号。

5月11日，区委、区政府授予刘涛等10名“优秀乡村医生”荣誉称号、授予雷吉凤等20名“优秀护士”荣誉称号、授予丁世美等10名“优秀医务工作者”荣誉称号、授予许凤仙等10名“30年护

区领导检查寥廓街道潇湘文明大桥建设情况　　（赵小见　摄）

龄荣誉护士”荣誉称号。

5月16日，区委、区政府命名表彰曲靖市旅游局等35个单位为“区级文明单位”，越州镇横大路村委会等4个村委会为“区级文明村”，越州镇越州社区等2个社区为“区级文明社区”，东山镇卡基村委会等9个村委会（社区）为“区级科普文明村（社区）”。

6月28日，区委对东山镇党委等70个先进基层党组织、许韶发等14名优秀基层党组织书记、徐凤平等100名优秀共产党员、周绍芳等28名优秀党务工作者进行表彰。

7月18日，区委、区政府命名南宁街道等5个街道为2011~2015年区级科普示范街道、东山镇等6个乡镇为2011~2015年区级科普示范乡镇、南宁街道南宁社区等19个社区为2011~2015年区级科普示范社区、寥廓街道潇湘村委会等17个村委会为2011~2015年区级科普示范村、区职校等9所学校为2011~2015年区级科普示范学校、珠街乡葡萄种植协会等10个农技协为2011~2015年区级“十强”农技协。

8月2日，区委、区政府对文英等16名有突出贡献的优秀人才进行表彰。

9月8日，区委、区政府授予张文艺等50人“名班主任”荣誉称号、潘兴富等20人“先进教育工作者”荣誉称号、崔庆典等80人“优秀教师”荣誉称号；授予寥廓街道中心学校等5个单位“‘两基’工作先进单位”荣誉称号、张金松等10人“‘两基’工作先进个人”荣誉称号；授予东山镇石头寨村委会等5个单位“中小学校舍安全工程建设先进集体”荣誉称号，朱倩等10人“中小学校舍安全工程建设先进个人”荣誉称号。

9月8日，区委、区政府授予云南雄业集团有限公司等2个单位“捐资办学先进集体”荣誉称号，雷根国等28名“捐资办学先进个人”荣誉称号。

9月27日，区委、区政府授予区关心下一代工作委员会等20个单位“关心下一代工作先进集体”荣誉称号；授予罗家华等58名“关心下一代工作先进个人”荣誉称号；授予杨铎等10名“关心下一代工作突出贡献先进个人”荣誉称号；授予何齐成等12名“支持关心下一代工作先进个人”荣誉称号。

【重要会议及活动】　2011年1月17日参加全国、全省和全市信访工作电视电话会议。

1月19日，举办麒麟区2011年春节联欢晚会。

2月15日，参加全省第四批新农村建设工作队及指导员工作总结表彰视频会议暨全区第四批新农村建设工作队及指导员工作总结表彰会。

2月17~18日，举办全区电子公文交换系统业务培训班，对各单位涉及电子公文交换的操作人员分两期进行业务培训。

2月21日，召开区委三届十次全体会议。

2月24日，召开全区宣传思想文化工作会议。

2月28日，召开区纪委三届六次全会。

3月11日，举行区委理论学习中心组2011年第一季度集中学习。

3月21日，参加全省孟连县创新群众工作构建和谐稳定报告电视电话会议。

3月22日，召开麒麟区民族工作会议暨第三次民族团结进步表彰大会。

3月24日，参加全省杨善洲同志先进事迹报告电视电话会议。

4月1日，召开麒麟区新型社区科普益民“三化”教育试点工作动员会。

4月2日，召开麒麟区2011年信访工作会议。

4月7日，参加全省群众工作

“生育关怀——彩云之南在行动”曲靖行公益宣传活动启动仪式　（赵小见　摄）

电视电话会议。

4月11日，参加全省第三轮禁毒和防治艾滋病人民战争电视电话会议。

4月12日，召开麒麟区2011年财税工作会议。

4月22日，参加全省深化乡镇机构改革工作电视电话会议。

4月28日，参加全市安全生产工作电视电话会议。

4月29日，参加全省2011年“小金库”治理工作电视电话会议。

5月18日，参加全省2010年度惩治和预防腐败体系建设暨党风廉政建设责任制考核情况通报电视电话会议。

5月19日，召开2011年麒麟区干部教育培训工作联席会议。

5月24日，参加全省教育工作电视电话会议。

5月30日，参加云南省加快建设面向西南开放重要桥头堡电视电话会议。

5月30日，参加曲靖市电子政务公文交换系统正式运行电视电话会议。

6月9日，召开中共曲靖市麒麟区委三届十一次全体会议。

6月13～16日，召开中国共产党曲靖市麒麟区第四次代表大会。

6月17日，召开全区创建全国文明城市迎检工作动员大会。

6月17日，举行麒麟区庆祝中国共产党成立90周年“红歌嘹亮”主题活动暨第五届职工文艺汇演。

6月28日，召开麒麟区庆祝建党90周年纪念大会暨先进表彰大会。

潇湘平坡至石灰窑通村公路硬化工程开工仪式　（赵小见　摄）

6月29日，参加2011年度市区党政军义务植树活动。

6月30日，参加曲靖市庆祝中国共产党成立90周年暨“七一”表彰电视电话会议。

7月12～15日，分七批统一组织全区实职副科级以上领导干部到曲靖市反腐倡廉警示教育基地接受警示教育。

7月18日，召开麒麟区“全国科普示范区”授牌暨科普示范单位命名大会。

7月18日，召开区委中心组桥头堡建设专题学习暨区委区政府经济工作会议。

7月20日，召开麒麟区庆祝建党90周年马克思主义经典理论读书征文活动研讨会。

7月29日，召开中共麒麟区委议军会议和“6·08乌蒙使命”活动庆功大会。

红星美凯龙暨家乐福开业庆典　（赵小见　摄）

7月29日，召开麒麟区2011年“八一”建军节座谈会。

8月2日，召开麒麟区人才工作会议。

8月4日，召开麒麟区社会治安综合治理工作会议。

8月4日，召开麒麟区和谐社区建设工作推进会议。

8月18日，参加中组部、中央创先争优活动领导小组召开的窗口单位和服务行业为民服务创先争优电视电话会议。

8月23日，召开传达贯彻市第四次党代会精神暨抗旱救灾工作会议。

8月25日，举行“麒麟水乡”通航仪式。

8月31日，召开2011年麒麟区经济社会发展暨组织工作情况老干部通报会。

8月31日，参加全市环境污染综合整治专项工作电视电话会议。

9月1日，召开麒麟区慈善总会筹备动员会议。

9月1日，举行麒麟区2011年选聘高校毕业生到村任职岗前培训。

9月1日，召开迎接全国文明城市检查验收动员会。

9月7日，召开全区新型农村养老保险和城镇居民养老保险试点工作动员大会暨举行城乡居民基础养老金发放仪式。

9月8日，召开麒麟区庆祝第二十七个教师节暨表彰大会。

9月15日，召开迎接云南省文明城区测评工作动员会。

9月13～20日，举行麒麟区第三届体育运动会。

9月17日，举行以“水情·水利·水资源”为主题的麒麟区2011年全国科普日系列活动启动仪式。

9月21日，召开麒麟区“打四黑除四害”专项行动动员会。

9月27日，召开纪念区关工委成立二十周年暨“双先”表彰和关心下一代工作会议。

10月13日，召开曲靖市麒麟区志愿者协会成立大会。

10月14日，参加全省依法治省工作电视电话会议。

10月25日，召开全区水利工作会议。

11月2日，参加全省加大城乡统筹力度促进农业转移人口转变为城镇居民工作电视电话会议。

11月4日，召开全区村集体“三资”管理和“三务”公开工作会议。

11月6日，开展地震灾害应急救援演练活动。

11月12日，举行曲靖市麒麟区土地开发投资有限责任公司揭牌庆典仪式。

11月17日，举行麒麟区小坡物流中心暨曲靖万宇国际商贸城奠基仪式。

11月18日，召开区委常委扩大会议暨安全生产工作会议。

11月21日，举行领导干部法律法规统一普法考试。

11月21日，举行大黑箐水库工程建设开工仪式。

11月30日，举行传达贯彻省第九次党代会精神暨区委中心组2011年度第三次集中学习。

12月1日，召开2011年度区级部门（单位）社会评价测评大会。

12月5日，召开麒麟区安全生产工作专题会议。

12月6日，举行麒麟区林权管理服务中心和区森林公安分局技侦楼及区森林防火指挥中心综合楼落成庆典暨区林权管理服务中心揭牌仪式。

12月7日，参加云南省开展群众观点群众路线群众利益群众工作教育、实行干部直接联系群众制度动员电视电话会议。

12月8日，召开麒麟区慈善总会成立大会暨第一次会员代表会议。

12月8日，召开全国依托电子政务平台加强政务公开和政务服务试点麒麟区工作动员会。

12月13日，举行麒麟区2011年度新兵欢送大会。

12月15日，省委宣讲团到麒麟区举行“省委宣讲团省第九次党代会精神报告会”。

12月21日，召开麒麟区先进集体和优秀领导干部推荐会议。

12月23日，召开麒麟区开展“四群”教育实行干部直接联系群众制度动员大会。

12月26日，召开麒麟区老龄事业发展促进会成立大会。

12月28日，举行麒麟区保护坝区农田建设山地城镇试点工作启动仪式。

12月29日，召开共青团麒麟区五届二次全委（扩大）会议。

【重要决定】

发文时间	发文单位	发文内容
1月11日	区　委	关于印发傅学宾同志在区委三届九次全会上的报告的通知
1月11日	区　委	关于制定国民经济和社会发展第十二个五年规划的建议
1月11日	区　委	关于认真做好乡（镇）党委换届工作的通知
1月13日	区　委	关于批转《曲靖市麒麟区人大常委会2011年工作意见》的通知
1月13日	区　委	关于批转《政协曲靖市麒麟区委员会2011年工作意见》的通知
2月13日	区委、区政府	《关于创建2011～2015年度“全国科普示范区”工作总结》和《创建2011～2015年度“全国科普示范区”工作自查报告》的报告
2月22日	区　委	关于区政府机构改革后区级有关部门党组织设置的通知
3月2日	区　委	关于选举出席中国共产党曲靖市麒麟区第四次代表大会代表的通知
3月11日	区　委	关于开展中国共产党成立90周年纪念活动的通知
3月11日	区　委	关于加强和改进新形势下党史工作的意见
3月29日	区委、区政府	关于云南衬衫厂职工群体上访围堵麒麟西路的情况报告
4月12日	区委、区政府	关于麒麟区2011年党风廉政建设责任制的实施意见
4月13日	区　委	关于推荐先进基层党组织、优秀共产党员、优秀党务工作者的情况报告

续　表

发文时间	发文单位	发文内容
4月15日	区　委	关于认真贯彻落实胡锦涛总书记重要指示精神深入开展向杨善洲同志学习活动的通知
4月26日	区委、区政府	关于充实区安全生产专项检查领导小组和成立区春耕生产专项检查领导小组的通知
4月29日	区委、区政府	关于印发《麒麟区贯彻落实科学发展观2011年度乡（镇）街道和区直部门综合考核奖惩办法的通知》
4月29日	区委、区政府	关于2011年全面推进麒麟区城乡统筹发展工作的意见
5月27日	区　委	关于确定麒麟区出席中国共产党曲靖市第四次代表大会代表候选人初步人选的情况报告
6月7日	区委、区政府	关于麒麟区“村改居”社区创建“九星”和谐社区的实施意见
6月7日	区　委	关于全市先进基层党组织、优秀共产党员、优秀党务工作者推荐情况的报告
6月9日	区　委	关于确定麒麟区出席中国共产党曲靖市第四次代表大会代表候选人预备人选的情况报告
6月14日	区委、区政府	关于陆良和平化工有限公司异地偷排危险工业固体废物造成麒麟区部分乡镇环境污染的紧急报告
7月6日	区委	关于印发傅学宾同志在中国共产党曲靖市麒麟区第四次代表大会上的报告的通知
7月7日	区委	区委常委班子“学习杨善洲精神做人民满意的好党员好干部”专题学习生活会总结
7月8日	区委	关于麒麟区出席中国共产党云南省第九次代表大会代表候选人推荐人选的情况报告
7月8日	区委	关于选举产生麒麟区出席中国共产党曲靖市第四次代表大会代表的情况报告
7月18日	区委、区政府	关于对区科协进行嘉奖的决定
7月19日	区委、区政府	关于成立麒麟区推进桥头堡建设工作领导小组的通知
8月2日	区委、区政府	关于印发《曲靖市麒麟区中长期人才发展规划（2010～2020年）》的通知
9月15日	区委	关于提高司法质量促进公正司法的意见
9月15日	区委	关于坚持以人为本执政为民进一步加强新形势下群众工作的意见
10月18日	区委	关于对曲靖市第四次党代会确定的主要工作目标任务进行责任分解交办的通知
11月3日	区委、区政府	关于加强村集体资金资产资源管理工作的意见
11月3日	区委、区政府	关于进一步加强农村“三务”公开工作的意见
11月21日	区委、区政府	关于切实抓好安全生产工作的通知
11月23日	区委、区政府	关于加快水利改革发展的决定
11月30日	区委	关于落实“三重一大”事项集体决策制度的实施意见
11月30日	区委	关于印发《麒麟区委反腐败协调小组工作规则》的通知
12月16日	区委、区政府	关于成立麒麟区工业园区管委会的通知
12月16日	区委、区政府	关于麒麟区2011年落实党风廉政建设责任制情况的自检自查报告
12月16日	区委、区政府	关于对曲靖百大集团有限公司有关问题依法依规处理情况的报告
12月16日	区委、区政府	关于《曲靖市麒麟区东山镇机构改革实施方案》的批复
12月16日	区委、区政府	关于《曲靖市麒麟区越州镇机构改革实施方案》的批复
12月16日	区委、区政府	关于《曲靖市麒麟区三宝镇机构改革实施方案》的批复
12月16日	区委、区政府	关于《曲靖市麒麟区茨营乡机构改革实施方案》的批复

发文时间	发文单位	发文内容
12月16日	区委、区政府	关于《曲靖市麒麟区沿江乡机构改革实施方案》的批复
12月16日	区委、区政府	关于《曲靖市麒麟区珠街乡机构改革实施方案》的批复
12月30日	区委	关于麒麟区推荐全省出席党的十八大代表候选人初步人选的报告
12月30日	区委	关于开展“四群”教育实行干部直接联系群众制度的实施意见
12月31日	区委、区政府	关转发《市纪委关于党员干部节假日期间严格执行廉洁自律规定切实做好群众工作的通知》的通知
12月31日	区委	关于在全区公民中实施法制教育第六个五年规划的决定
12月31日	区委、区政府	转发《区委宣传部、区司法局关于在全区公民中开展法制宣传教育第六个五年规划（2011～2015年）》的通知
12月31日	区委、区政府	关于做好市对区2010年度综合考核相关工作的通知
12月31日	区委	关于呈报“十一五”及2010年工作总结的报告

【重要通知】

发文时间	发文单位	发文内容
1月6日	区委办	关于转发《麒麟区2011年关心下一代工作意见》的通知
1月7日	区委办、区政府办	关于开展好2011年春节走访慰问活动的通知
1月11日	区委办	关于印发傅学宾同志在区委三届九次全会结束时的讲话的通知
1月13日	区委办、区政府办	关于印发《麒麟区推进社会管理创新试点工作实施方案》的通知
1月18日	区委办	关于成立麒麟区乡（镇）党委换届工作指导组的通知
1月21日	区委办	关于2010年度党委系统信息工作考核情况的通知
1月25日	区委办	关于在创先争优活动中推动领导干部下基层切实做好新形势下群众工作的通知
1月25日	区委办、区政府办	关于印发《麒麟区年鉴（2011年版）编撰方案》的通知
1月25日	区委办、区政府办	关于2011年春节节假日安排的通知
2月18日	区委办、区政府办	关于切实做好当前森林防火工作的通知
2月18日	区委办、区政府办	关于评选2007～2010年度民族团结模范集体和民族团结模范个人的通知
2月20日	区委办	关于召开中共曲靖市麒麟区委三届十次全体会议的通知
2月25日	区委办	关于召开区纪委三届六次全会的通知
3月8日	区委办	关于转发《2011年全区宣传思想文化工作要点》的通知
3月8日	区委办、区政府办	关于印发《曲靖市麒麟区森林防火工作问责规定》的通知
3月8日	区委办、区政府办	印发《麒麟区关于开展“法治麒麟”创建活动的实施方案》的通知
3月8日	区委办、区政府办	关于印发《麒麟区2011年信访工作意见》的通知
3月8日	区委办、区政府办	关于印发《麒麟区新型社区科普益民行动“三化”教育试点方案》的通知
3月11日	区委办、区政府办	关于开展2011年固定资产投资及重点项目建设专项督促检查的通知
3月18日	区委办	关于启用中国共产党曲靖市麒麟区住房和城乡建设局委员会等6个党组织印鉴和中国共产党曲靖市麒麟区委员会机构编制办公室印鉴的通知
3月22日	区委办、区政府办	关于印发《麒麟区2011年区级重点工作（工程）“五定”方案》的通知
3月22日	区委办、区政府办	关于进一步做好区级领导挂钩帮扶企业工作的通知
3月29日	区委办、区政府办	关于调整区直各部门与区政协各专委会对口联系的通知

续　表

发文时间	发文单位	发文内容
3月29日	区委办、区政府办	关于《文化曲靖》系列丛书《文化曲靖·麒麟》编撰工作有关事项的通知
4月1日	区委办、区政府办	关于乡镇（街道）和村（社区）挂钩联系安排的通知
4月1日	区委办、区政府办	关于《2011年村（居）民委员会办公用房新建和改扩建挂钩联系安排》的通知
4月2日	区委办、区政府办	关于对2009～2010年度“市长热线”办理、网上信访工作先进集体和先进个人进行表彰的通知
4月8日	区委办、区政府办	关于春耕生产期间有关纪律要求的通知
4月12日	区委办、区政府办	关于区直单位贯彻落实2011年反腐倡廉工作任务的分工意见
4月12日	区委办、区政府办	关于深入基层抓好当前春耕生产的通知
4月15日	区委办	关于转发《麒麟区2011年政法工作要点》的通知
4月15日	区委办	关于印发《麒麟区庆祝中国共产党成立90周年系列活动方案》的通知
4月15日	区委办、区政府办	关于成立2011年提高优质烟叶有效供给能力领导小组的通知
4月15日	区委办、区政府办	关于加快推进麒麟区固定资产投资暨重点建设项目工作的通知
4月16日	区委办、区政府办	关于印发《首届麒麟区道德模范评选表彰活动实施方案》的通知
4月19日	区委办、区政府办	关于转发《麒麟区2011年保密工作意见》的通知
4月22日	区委办	关于印发《2011年全区党委（党组）中心组理论学习安排意见》的通知
4月29日	区委办	关于推荐全区先进基层党组织、优秀共产党员和优秀党务工作者的通知
5月6日	区委办、区政府办	关于成立麒麟区农民工培训统筹协调领导小组的通知
5月10日	区委办、区政府办	关于2011年烤烟生产挂钩联系安排的通知
5月13日	区委办	关于成立中国共产党曲靖市麒麟区第四次代表大会筹备工作领导小组的通知
5月17日	区委办、区政府办	关于印发《麒麟区贯彻落实科学发展观2011年度乡镇（街道）和区直部门综合考核实施细则》的通知
5月20日	区委办、区政府办	关于开展全区“小金库”专项治理复查工作的通知
5月20日	区委办、区政府办	关于成立麒麟区优秀中国特色社会主义事业建设者评选工作领导小组的通知
5月20日	区委办、区政府办	关于推荐评选麒麟区首届“优秀中国特色社会主义事业建设者”的通知
5月23日	区委办	关于印发《〈曲靖市麒麟区2010～2020年干部教育培训改革任务分工方案〉的实施意见》的通知
5月23日	区委办	关于印发《曲靖市麒麟区2010～2020年干部教育培训改革任务分工方案》的通知
5月23日	区委办、区政府办	关于印发《麒麟区实施城市道路交通畅通工程宣传工作方案》的通知
6月3日	区委办、区政府办	关于在全区各类企业推进工资集体协商的实施意见
6月3日	区委办、区政府办	关于深入推进全区创建“劳动关系和谐企业”活动的实施意见
6月7日	区委办	关于召开中共曲靖市麒麟区委三届十一次全体会议的通知
6月10日	区委办	关于召开中国共产党曲靖市麒麟区第四次代表大会的通知
6月13日	区委办、区政府办	关于对2011年市委市政府重点项目麒麟区推进现场办公会工作任务进行分解交办的通知
6月17日	区委办、区政府办	关于印发《麒麟区2011年迎接全国文明城市考评工作实施方案》的通知
6月17日	区委办	关于开展以“学习杨善洲精神做人民满意的好党员好干部”为主题的学习生活会的通知

续 表

发文时间	发文单位	发文内容
6月20日	区委办	关于开展纪念中国共产党成立90周年走访慰问困难党员活动的通知
6月22日	区委办、区政府办	关于成立麒麟区党政机关公务用车问题专项治理工作领导小组的通知
6月22日	区委办、区政府办	关于印发《麒麟区党政机关公务用车问题专项治理工作实施方案》的通知
6月23日	区委办、区政府办	关于印发《曲靖中心城区禁止九类车辆入城专项整治实施方案》的通知
6月24日	区委办、区政府办	关于进一步细化迎接全国文明城市考评工作迎检责任分工和督查督办工作的通知
6月29日	区委办、区政府办	关于调整麒麟区煤炭行业军事化管理工作领导小组成员的通知
7月1日	区委办、区政府办	转发《市委办、市政府办关于印发〈曲靖市机关公开选调公务员试行办法〉的通知》的通知
7月4日	区委办、区政府办	关于印发《麒麟区开展清理和规范庆典、研讨会、论坛活动工作的实施意见》的通知
7月5日	区委办、区政府办	关于开展创建社会主义新农村建设档案工作示范区的通知
7月6日	区委办	关于印发傅学宾同志在区第四次党代会闭幕式上的讲话的通知
7月13日	区委办、区政府办	关于严肃外出纪律做好当前工作的通知
7月18日	区委办、区政府办	关于印发《麒麟区2011年固定资产投资及重大项目建设目标倒逼考核办法》的通知
7月20日	区委办、区政府办	关于印发《麒麟区志愿者协会和乡（镇）街道分会成立实施方案》的通知
7月26日	区委办、区政府办	关于“八一”建军节期间深入开展双拥活动的通知
8月3日	区委办、区政府办	关于调整充实麒麟区村务公开和民主管理工作领导小组的通知
8月3日	区委办、区政府办	关于进一步加强全区电子公文交换系统安全和保密管理工作的通知
8月5日	区委办、区政府办	关于调整小坡物流中心项目建设协调领导小组的通知
8月5日	区委办、区政府办	关于成立麒麟区非政府组织管理领导小组的通知
8月5日	区委办、区政府办	关于成立麒麟区国家安全工作领导小组的通知
8月5日	区委办、区政府办	关于印发《曲靖市麒麟区第三届体育运动会总则》的通知
8月9日	区委办、区政府办	关于印发《麒麟区创建第二批云南省文明城区工作实施方案》的通知
8月9日	区委办、区政府办	关于收集报送创建第二批云南省文明城区相关文档材料的通知
8月12日	区委办、区政府办	关于加强2011年烟叶收购秩序维护工作的通知
8月13日	区委办、区政府办	关于认真做好云南省陆良化工实业有限公司非法倾倒铬渣致污染事件后续工作的通知
8月19日	区委办、区政府办	关于转发《曲靖市贯彻落实科学发展观2011年度县（市）区综合考核实施细则》和任务分解的通知
8月26日	区委办、区政府办	转发《市委办、市政府办关于印发〈补充上报未成年人思想道德建设工作文档材料任务分解表〉的通知》的通知
8月26日	区委办、区政府办	关于成立麒麟区城乡建设用地增减挂钩试点工作领导小组的通知
8月31日	区委办	关于成立区委党务公开工作领导小组及办公室的通知
9月8日	区委办、区政府办	关于开展干部下基层抗大旱保民生抓安全促发展活动的紧急通知
9月8日	区委办、区政府办	转发《市委办、市政府办关于万名干部下基层“抗大旱保民生抓安全促发展”挂钩帮扶有关事项的通知》的通知
9月9日	区委办	关于深入贯彻市第四次党代会精神的通知

续　表

发文时间	发文单位	发文内容
9月13日	区委办、区政府办	关于进一步做好抗旱救灾信息报送工作的通知
9月15日	区委办、区政府办	关于开展环境综合整治大排查大整治专项行动的通知
9月15日	区委办	关于印发《曲靖市麒麟区提高司法质量促进公正司法考核办法（试行）》的通知
9月19日	区委办	麒麟区贯彻落实市第四次党代会精神情况报告
9月19日	区委办、区政府办	转发《市委办、市政府办关于印发〈曲靖市2011年中国城市无车日活动组织方案〉的通知》的通知
9月20日	区委办、区政府办	关于印发《曲靖中心城区2011年中国城市无车日活动工作方案》的通知
9月21日	区委办、区政府办	关于印发《麒麟区“打四黑除四害”专项行动工作方案》的通知
9月27日	区委办、区政府办	关于印发《麒麟区城乡发展一体化建设试点考核验收办法》的通知
9月27日	区委办	关于成立乡（镇）街道群众工作站、村（社区）群众工作室和设立村（居）民小组群众工作联络员的通知
10月8日	区委办、区政府办	关于成立曲靖“爨都御园”文化产业项目建设推进领导小组的通知
10月8日	区委办、区政府办	关于区煤炭局近期不需参加全区一般性会议的通知
10月14日	区委办、区政府办	转发《市委办、市政府办关于印发曲靖市麒麟区深化乡镇机构改革方案的通知》的通知
10月17日	区委办	关于认真做好2012年度党报党刊征订发行工作的通知
10月19日	区委办、区政府办	关于印发《曲靖市麒麟区区级部门（单位）2011年度社会评价办法》的通知
10月21日	区委办、区政府办	关于加快推进麒麟区固定资产投资工作的通知
10月26日	区委办、区政府办	关于认真做好2011年度社会主义新农村省级重点建设村工作的通知
10月28日	区委办、区政府办	关于印发《曲靖市麒麟区2011年地震灾害应急救援演练方案》的通知
10月31日	区委办	关于创建基层党建工作示范点的通知
10月31日	区委办	关于创建党员干部人才教育培训现场教学点的通知
10月31日	区委办、区政府办	关于对曲靖市陆良西桥工业片区污染综合整治现场会工作任务进行分解交办的通知
11月1日	区委办、区政府办	关于成立麒麟区滇东幸福渠工程建设管理机构的通知
11月3日	区委办、区政府办	关于成立麒麟区村集体资金资产资源管理领导小组和管理服务机构的通知
11月12日	区委办、区政府办	关于印发《麒麟区安全生产巡视督查工作制度》的通知
11月15日	区委办、区政府办	关于开展麒麟区城乡发展一体化建设试点考核验收的通知
11月15日	区委办	转发《市委办关于印发市委书记赵立雄在全市安全生产工作紧急会议上的讲话的通知》的通知
11月18日	区委办、区政府办	关于印发《麒麟区进一步加强煤矿、非煤矿山、危险化学品、烟花爆竹等行业安全监管实施方案》的通知
11月20日	区委办、区政府办	关于成立加强耕地保护促进城镇化科学发展工作领导小组的通知
11月21日	区委办、区政府办	麒麟区贯彻落实全市安全生产工作紧急会议和市委常委专题会议精神的报告
11月21日	区委办、区政府办	关于对2011年各项工作进行检查考核的通知
11月21日	区委办、区政府办	关于评选2011年度先进集体和先进个人的通知
11月30日	区委办	关于认真学习贯彻党的十七届六中全会精神的通知
12月7日	区委办、区政府办	关于在安全生产工作中严肃有关工作纪律的通知

发文时间	发文单位	发文内容
12月13日	区委办	关于印发《麒麟区贯彻〈云南省贯彻2010～2020年党外代表人士教育培训改革和发展纲要的实施意见〉的实施意见》的通知
12月13日	区委办	关于印发《2011年〈中共曲靖市麒麟区委执政纪要〉编纂方案》的通知
12月13日	区委办、区政府办	印发《麒麟区关于深化政务公开加强政务服务的实施意见》的通知
12月13日	区委办、区政府办	关于认真做好迎接市综合考核自检自查工作的通知
12月13日	区委办、区政府办	转发《市委办、市政府办关于印发市委书记赵立雄和市委副书记、市长岳跃生在全市安全生产工作会议上的讲话》的通知
12月13日	区委办、区政府办	关于成立麒麟区政务公开工作领导小组及麒麟区依托电子政务平台加强政务公开和政务服务试点工作领导小组的通知
12月13日	区委办、区政府办	关于成立西门街（西关街）片区旧城改造工作协调领导小组的通知
12月16日	区委办、区政府办	印发《关于对全区政府机关开展机构编制执行情况评估工作的实施意见》的通知
12月16日	区委办、区政府办	关于认真做好深化乡镇机构改革有关事项的通知
12月27日	区委办、区政府办	关于印发《麒麟区全民科学素质行动“十二五”实施方案》的通知
12月29日	区委办、区政府办	关于做好2012年元旦春节期间有关工作的通知
12月30日	区委办、区政府办	关于印发《麒麟区2012年春节文体系列活动实施方案》的通知
12月30日	区委办	关于成立中共麒麟区委四届二次全体（扩大）会议筹备领导小组的通知
12月30日	区委办	关于召开中共曲靖市麒麟区委四届二次全体（扩大）会议的通知
12月31日	区委办	关于开展“四群”教育认真做好干部直接联系群众工作有关事项的通知
12月31日	区委办、区政府办	关于做好2012年元旦春节期间值班工作的通知
12月31日	区委办	关于成立中共曲靖市麒麟区委开展“四群”教育实行干部直接联系群众制度领导小组的通知
12月31日	区委办	关于印发贯彻落实《中共曲靖市麒麟区委关于开展“四群”教育实行干部直接联系群众制度的实施意见》配套文件的通知
12月31日	区委办	关于调整充实中共曲靖市麒麟区委普法依法治区领导小组的通知

区委办公室工作

【概　述】 2011年，区委办公室在区委的坚强领导下，以深入开展“创先争优”活动为契机，坚持围绕中心、服务大局，坚决贯彻落实区委各项决策和部署，从服务质量、办事效率、工作绩效、廉政建设等方面入手，创一流服务、争一流业绩、塑一流形象，充分发挥了参谋助手、综合协调、督促检查和后勤保障的职能作用，确保区委各项工作的规范、有序、优质、高效运转。

【综合工作】 围绕区委的决策部署，着力提高“三办”水平，圆满完成各项工作任务。一是规范办文。把好发文关，严格控制发文数量，把好公文制作关，在政策、文字、印制效果等方面下功夫，不断提高公文制作质量。全年共起草制作区委、区委办各类文件360余份，办理领导批示件220余份，收转发各种材料3万余份；6月份后通过电子公文交换系统交换文件160余件，较好履行了以文辅政职能。二是标准办会。坚持从会前准备、会中服务、会后工作三个环节入手，高标准、严要求，切实做好各项会务具体工作，努力把会议办出水平，办出特色，办出实效，成功组织区委三届十次全会、区委三届十一次全会、区第四次党代会、市委市政府重点项目推进现场办公会、区委常委会、区委领导现场办公会等大小会议70场。三是注重协调。围绕区委各个阶段的重点、中心工作，认真抓好决策前、决策中、决策后的协调落实工作，保证了各项工作的有效衔接和落实；认真开展重大活动的协调服务工作，做到事前有准备、事中有服务、事后有落实，确保区委重大活动的顺利进行；加强对外协调工作，做到注重方法、协调到位、事情办妥、形象展示，有效提升了麒麟的对外形象；条块结合，加强日常协调联系，加强向区委和市委办公室的请示汇报，经常性与区人大办、政府办、政协办、纪委办协调沟通，加

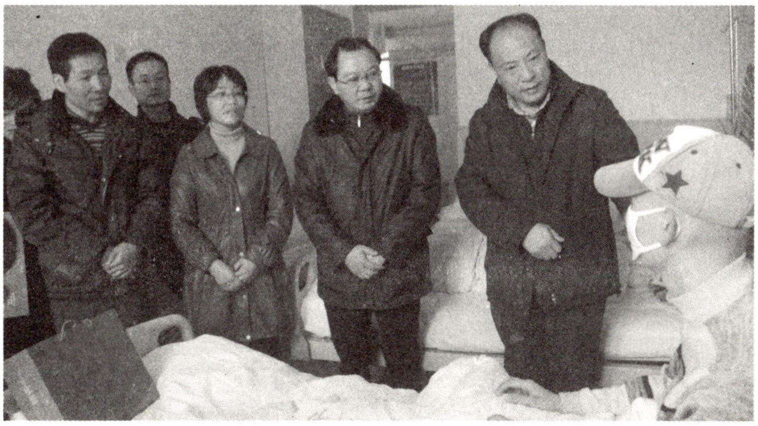

区领导到云南省第一人民医院看望白血病患者　（赵小见　摄）

强与各乡（镇）街道、区直部门的联系，确保上级指示得到迅速贯彻落实，确保区内各项工作的圆满完成。

【文秘工作】　按照“认真、高效、协调、服务”的工作思路，充分发挥好秘书服务作用，圆满完成领导交办的各项工作任务。一是充分调研。立足吃透上情、掌握内情、熟悉外情，坚持广收博采，全方位地掌握各类写作素材。二是认真起草。始终坚持高质量、高标准，认真起草好领导讲话稿。在文稿起草中，坚持换位思考，站在领导的角度去分析问题、解决问题、处理问题。起草区委重要报告时，多次听取乡（镇）街道、区直部门负责人对报告初稿的意见建议，将讨论稿下发各乡（镇）街道、区直部门讨论修改，并提请四班子领导审核修改，提出意见。通过数易其稿，大到结构、内容，小到遣词造句，都逐一推敲琢磨，精益求精，才形成定稿。三是周到服务。围绕区委领导、区委办公室和全区各级各部门的工作搞好服务，对部门和乡（镇）街道报送的请示、报告、材料等及时送达领导签阅、审批，及时将领导批阅的材料反馈到各部门。

【信息工作】　围绕区委中心工作，突出全区改革、发展的主旋律，按照“及时、准确、全面、真实”的原则，抓住重点、关注热点、突出亮点、剖析难点，较好地履行了信息搜集、情况反馈、政策导向、协调服务等主要职能。一是认真组织上报。努力把握党委、政府的方针、政策和重大决策，围绕区内一段时期的工作重点，群众关心的难点、热点问题，从上级政策与区情的结合点上找准突破口，力求“新、实、精、深”。全年共编发《麒麟信息》32期，《信息专报》6期，上报省委办公厅、市委办公室信息1 000余条，成绩名列省市前列。二是强化信息建设。加强网络系统建设，对全区11个乡（镇）街道和60多个重要单位（部门）信息报送查询软件系统进行维护，各单位通过信息报送查询网络报送信息近4 000余条，信息工作在数量上、来源上都得到了保证。进一步规范信息工作队伍管理，各乡（镇）街道、区直各单位确定1名信息分管领导，确定1名有责任感、有较强综合分析能力、具有一定政策理论水平和文字写作能力的专（兼）职信息员，负责信息的采集、编辑工作。三是健全报送制度。完善了信息工作考核办法，年初制定党委系统信息考核评比办法，进一步明确工作目标和工作职责。

【督查工作】　按照“注重实效、促进发展”的工作准则，不断创新督查方式，加大督查力度，落实有关督促检查的工作安排，有效推动和促进了区委、区政府重大决策和重要、重点工作的贯彻落实。一是编撰“五定”方案。根据区委三届九次全会、区人大、区政协三届四次全体会议精神，全面听取各级各部门对麒麟区2011年经济社会发展起重要支撑和带动作用的重点工作（工程）的相关意见、建议，通过收集、整理并深入调研后，编撰《麒麟区2011年区级重点工作（工程）“五定”方案》和《麒麟区2011年区级重点工作（工程）督查工作意见》，具体明确了全年工作目标和任务，为全年督查工作的顺利开展奠定了基础。二是深入开展重点督查。全力开展好各项督促检查活动，对2011年春耕备耕、护林防火、经济建设、中心城区道路交通综合整治、上半年区级重点工作（工程）进展情况以及社会、文化、生态文明、党的建设等工作进行专项督查，有力推动了区级重点工作（工程）建设步伐。三是高效办理相关提案。按照上级领导的批示精神，区委督查室尽职尽责，统筹安排，主动牵头协调有关职能部门深

曲靖“保护坝区农田、建设山地城镇”现场推进会暨试点启动仪式
（赵小见　摄）

区领导到东山镇检查指导抗旱救灾工作　（赵小见　摄）

入基层，深入一线，对市委督查室交办的13件市委领导批示件及市委三届十次全会、市第四次党代会、重点项目推进现场办公会和环境污染综合整治现场办公会分解交办任务进行认真办理，及时上报办理情况，办理成效明显。同时对麒麟区2011年人大建议和政协提案进行认真承办、督办，共办理人大代表建议3件，政协委员提案6件。

【行政后勤工作】　财务管理、后勤保障等工作有序开展，为区委机关的正常运转及领导开展工作提供了良好的后勤保障。一是管理好钱财物。完善落实财务管理各项规章制度，认真做好组织部、宣传部、机要局、保密局等18个党群口部门的经费预算、决算、拨付等工作，做到手续完备、内容真实、数字准确、账目完整，按程序、制度把好资金出口关，实现了财务管理严密无漏洞。严格按照政府采购规定做好办公用品的采购、发放和固定资产的管理工作。严格按照《公务车辆管理规定》做好办公室公务车辆的管理、维护和使用工作，确保区委领导及办公室用车的安全。二是服务好领导、同事和基层。认真做好办公室领导及办公室内部的接待服务工作，认真做好18家党群口职工的工资、住房公积金、医疗保险的核算、报批、收缴、发放工作，解决职工的后顾之忧。做好办公室离退休老同志的服务工作，在每个传统节日对老同志进行走访慰问，并适时组织老同志参观全区重点建设，在政治上和生活上关心老同志，帮助家庭困难的老同志解决生活中实际困难。认真做好区委一号院、南宁住宅小区公共部分卫生、水、电、路、绿化等管理、修缮及维护工作，排除了隐患，改善了居住环境。三是配合好相关单位。作为社区的成员单位，积极配合南宁社区做好园林城创建、消防安全、“无毒社区”创建、安全生产、文明城创建等各项工作。

（李顺兵）

保密工作

【概　述】　2011年，麒麟区的保密工作围绕区委、区政府的中心工作，坚持“发展、创新、服务”的工作思路，着力加强涉密人员的教育管理，完善保密规章制度，强化保密技术手段，加强保密干部队伍建设，不断提高保密工作科学化、保密管理法制化、保密技术现代化和保密队伍专业化水平，较好完成各项工作任务。2011年分别受到国家保密局《保密工作》编辑部和省委保密委员会办公室、省国家保密局的表彰；12月被市委、市政府表彰为曲靖市保密工作暨“五五”保密法制宣传教育“先进集体”。

【保密工作基础建设】　麒麟区十分重视抓好中央、省、市文件的传达学习，利用党委会（总支、支部会）、各种业务工作会、中心学习组、培训班等多种形式，组织干部职工学习上级的有关文件精神，以提高各级干部，特别是领导干部对新形势下保密工作重要性、必要性和紧迫性的认识，明确保密工作的目标任务。各级领导干部民主生活会坚持把遵守执行保密纪律的情况列为对照检查的内容之一，督促各级领导干部带头遵守执行保密纪律。

区委、区政府分管领导定期不定期听取保密工作情况汇报，及时帮助研究解决工作中存在的问题和困难。各保密委员会委员切实担负起参谋助手作用，共同为做好全区保密工作献计献策。

全区96个区直单位部门、11个乡（镇）街道全部成立保密领导小组。区委保密委员会及时调整了因工作变动的区委保密委员会委员名单，机构健全完善，有委员19人，按照要求正常开展活动。

区委把保密工作列入全区贯彻落实科学发展观综合目标责任制考核内容，层层抓好保密工作目标责任制的落实和保密工作制度的健全完善。

协助市保密局做好涉密文件销毁清收工作。全区未出现失（泄）密事件。

【新修订《保密法》实施一周年宣传教育活动】　采取多种形式开展新修订《保密法》实施一周年宣传活动。将9月定为全区纪念新《保密法》颁布一周年“宣传月”，采取悬挂布标、张贴标语、举办保密法知识讲座、参加“第三届全国保密法制论坛”征文活动等多种形式广泛开展宣传教育活动。活动期间，全区召开中心组学习32次663人参加，召开职工会学习88次2 734人参加，召开座谈会专题报告会13次393人参加，利用广播电视宣传51次共96条，举办保密法讲座11期728人参加，印发保密宣传简报3期印发保密宣传资料7 457份，利用报刊杂志宣传9条，利用网站开展宣传13篇1 822条，印发保密提醒信1次78封，悬挂保密宣传标语217条，张贴保密宣传图片54张，举办保密法制宣传专栏39期，撰写保密法制论文19篇。

【“六五”保密法制宣传工作】 2011年是“六五”保密法制宣传教育实施第一年，麒麟区以此为契机，及时传达学习上级保密工作部门的有关文件精神，以正反两方面的典型案例为借鉴，加强保密警示教育。

在五机关和重点要害部门、部位干部职工中开展《云南省2010年泄密案情通报》活动。开展11场次，450人次参加的保密警示教育活动。

利用上半年文件交换站集中交换文件的机会，定期或不定期地对机要文件收发人员进行保密教育培训。开展了1次以通报《2010年云南省泄密案情通报》为内容的警示教育，113人参加，受教育面100%。

印发《曲靖市麒麟区“六五”保密法制宣传教育规划》，征订《保密工作》223份，编制《麒麟保密工作参考》2期，《麒麟保密》3期，共计发放1 300余份，内容涉及领导讲话、区直保密专线、保密业务知识及案例等内容，为全区各级领导干部、广大专兼职涉密人员干部提供了保密知识学习和借鉴的平台。

【提高领导干部和涉密人员的保密素质】 在全区重点涉密单位和文件交换站开展保密警示教育活动；对42个要害部门，33个要害部位进行经常性的保密教育，做好要害部门、部位涉密人员的登记备案工作；与组织、人事部门协调配合，把保密教育纳入公务员招考、录用、初任培训内容；对重点涉密人员实行持“合格证”上岗，对离岗人员实行脱密期管理和监督检查；组织参加保密法规知识测试。

按照曲靖市保密局《关于组织开展云南省保密法规知识测试的通知》要求，麒麟区委保密委员会办公室、区国家保密局积极组织全区各级党政机关和企事业单位股所级以上领导干部，国家机关工作人员和涉密人员，计算机信息系统及网络使用、管理人员，专兼职保密干部进行保密法规知识考试。全区2 367人参考，其中厅级领导1人，处级领导38人，科级领导590人，其他人员1 738人，参考率100%。考试分数在90分以上的有2 367人，占总人数的100%。积极组织人员参加省保密局举办的“全国窃密泄密案例警示教育展”活动。

【保密监督检查】 2011年，区保密局坚持把保密执法监督检查作为深入贯彻新修订《保密法》及其配套法规的一项重要措施来抓。年初制定区保密局保密行政执法责任制，把保密行政执法纳入规范化执法的工作轨道，进行经常性督促检查；对各级各类统一考试试卷进行全过程保密督促检查，圆满完成高考、中考试卷的保密管理工作；中考前夕，对全区13个中考考点的试卷保密室进行专项检查；协助区统计局完成全国统计从业资格上岗考试全过程的保密管理和监督检查工作；配合区工信局做好全区电子政务公文交换系统的保密宣传和保密监督检查；转发曲保办发《关于印发曲靖市电子政务公文交换保密审查制度的通知》至全区各单位，规范全区电子政务公文保密审查和管理工作。

5月份由区委办、政府办、保密局、机要局、工信局抽调人员组成联合检查组对全区17个重点涉密单位和23个重点部门的涉密文件信息资料管理情况、网络保密管理情况、密码电报管理情况进行检查。由麒麟国土分局牵头，区国家保密局联合组成督导检查组，对麒麟区行政区域内的21家测绘资质持证单位（含2家涉密测绘成果使用单位）的涉密测绘成果保密管理情况进行检查。

【保密管理】 2011年，积极推进保密规章制度建设、技术管理和督促检查工作。深入区直各单位部门对文件定密、保密情况，密件密品管理情况进行认真抽查，尤其是对定密工作薄弱，定密业务不熟悉的单位给予经常性的帮助指导。定期开展全区涉密计算机登记备案抽查工作，建立和完善涉密计算机的保密管理制度，落实保密工作责任。加大经费和技术投入，利用现有保密技术加强对全区计算机网络的保密技术检查，指导部分单位联网计算机采取了物理隔离、软件加密、网络防火墙、口令设置等保密防范技术，有效地堵塞了漏洞。

（韩丽仙）

组织工作

【概　述】 2011年，区委组织部以改革创新精神认真贯彻全省和全市组织工作会议精神，以抓好区、乡（镇）党委换届工作为重点，以深入开展创先争优活动为载体，统筹推进干部人事制度改革、干部教育培训、人才队伍建设和基层组织建设等工作，不断提高组织工作科学化水平，为“十二五”开好局、起好步提供了坚强的组织保证和政治保证。在2011年云南省庆祝中国共产党成立90周年大会上，麒麟区被省委授予“云南省基层党组织建设先进县（市、区）”称号。

年底，麒麟区有南宁街道党工委、寥廓街道党工委、白石江街道党工委、建宁街道党工委、西城街道党工委、东山镇党委、越州镇党委、三宝镇党委、茨营乡党委、沿江乡党委、珠街乡党委等11个乡（镇）街道党（工）委；有区直机关党委、区民政局党委、区住房和城乡建设局党委、区农业局党委、区林业局党委、区水务局党委、区烟草公司党委、区工业和信息化局党委、区煤炭工业局党委、区商务局党委、区发展和改革局党委、区供销社党委、区教育局党委、区卫生局党委、区公安分局党委、区人力资源和社会保障局党委和区文化体育局党委等17个区直党委；有区人大党组、区人民政府党组、区政协党组、区人民法院党组、区人民检察院党组、区财政局党组、区交通局党组、区工商联党组、区地税局党组、区国税局党组、区质量技术监督管理局党组、区食品药品监督管理局党组、区工商局党组等13个党组；有曲靖潇湘生态环境保护开发管理委员会党委（隶属寥廓街道党工委）、麒麟区工商局机关党委（隶属区直机关党委）、麒麟区职业技术学校党委、麒麟区第一中学党委、麒麟高级中学党委（隶属区教育局党委）、金牛社区党委（隶属南宁街道党工委）、麻黄社区党委、小坡社区党委、古城社区党委（隶属建宁街道党工委）、丰登社区党委、代河社区党委、保渡社区党委（隶属白石江街道党工委）、中所村党委（隶属珠街乡党委）、曲靖市石林瓷业有限责任公司党委（隶属区工信局党委）等14个基层党委。全区有党总支175个，其中乡（镇）街道党（工）委下属党总支141个，区直党委下属党总支34个。全区共有党支部1 338个，其中乡（镇）街道党（工）委下属党支部967个，区直党委下属党支部371个。2011年全区有党员22 731名，占全区总人口的3.06%。其中女党员5 659名（占党员总数的24.9%），少数民族党员846名（占党员总数的3.72%），机关单位党员2 028名，享有专业技术职称的党员2 305名，非公有制经济和新社会阶层党员1 330名，学生党员66名。全年发展新党员536名，出党8名。党员年龄结构：35岁以下的党员5 494名，占党员总数的24.2%；36～45岁的党员5 652名，占党员总数的24.9%；46～54岁的党员4 429名，占党员总数的19.5%；55～59岁的党员1 875名，占党员总数的8.2%；60岁及以上的党员5 281名，占党员总数的23.2%。党员学历：大专以上学历的党员7 381名（研究生65名，大学本科学历3 837名，大学专科学历3 479名），占党员总数的32.5%；中专、高中、中技学历4 006名，占党员总数的17.6%；初中及以下学历11 344名，占党员总数的49.9%。

【区、乡（镇）党委换届工作】 2011年，按照中央和省、市、区委的统一安排部署，通过严把摸底调查关、组织领导关、培训宣传关、换届纪律关和政策规定关，有序推进换届选举工作。3月19日完成乡（镇）党委换届选举，6月16日完成区委换届选举。

一、严把摸底调查关。一是搞好班子民主测评和评议，做到情况早掌握。2010年底，区委抽调专人组成11个考核组，采取调查走访、民主测评、考核谈话等方式，对区直单位和11个乡（镇）街道的领导班子运行情况和428名科级领导干部的德才表现，进行全面了解，做到了情况清、底子明。二是做好干部交心谈心，做到思想早统一。区委主要领导和区委组织部对被测评干部进行一次面对面的交心谈心，及时反馈测评结果，引导广大党员干部特别是涉及换届的乡镇领导干部服从大局，正确看待个人的进退留转，为换届工作扫清思想障碍。三是把好正确的选人用人导向，做到班子早配备。按照“德才兼备、以德为先”的选人用人标准，注重从基层一线、重点项目建设、解决热难点问题中培养和选拔干部，真正把政治上靠得住、作风上过得硬、工作上有本事、党员群众信得过的优秀干部选进党委领导班子。

二、严把组织领导关。一是及时动员部署。全市换届工作启动后，区委及时召开常委会，专题研究部署区、乡党委换届工作。1月12日召开乡镇党委换届工作会议，动员部署换届工作，把广大党员干部的思想和行动统一到齐心协力抓好换届工作上来；在市委对县（市）区委换届做安排部署后，及时召开专题会议进行安排部署，5月6日召开区委、人大、政府、政协领导班子成员参加的区“四班子”联席会，就区委换届工作的纪律、程序和要求进行强调，进一步统一思想、提高认识。二是健全组织领导。区委成立由区委书记任组长的换届工作领导小组和办公室，加强对区、乡党委换届工作的领导。在乡（镇）党委换届中，成立6个指导组和督查组，挂钩联系到各乡（镇），从方案制定、程序规定、纪律要求等方面，认真指导、严格督查；在区委换届中，换届办设立秘书组、组织组、宣传组三个工作组，具体负责区委换届工作的筹备事宜。三是严格责任考核。在乡（镇）党委换届中实行领导捆绑责任制，明确挂钩常委负总责，各乡（镇）党委书记为第一责任人，具体负责本乡（镇）换届工作。

三、严把培训宣传关。一是组织业务培训。由区委组织部负责，分别于1月12日和3月2日对全体组工干部、纪检干部、各乡（镇）党委书记、副书记、组织委员（干事）进行换届业务培训，印发《曲靖市麒麟区乡（镇）党委换届工作方案》、《乡（镇）党委换届工作程序》、《换届工作流程图》等相关文件资料1 400余册，切实提高业务水平。二是开展宣传发动。通过电视、广播、宣传标语等方式，宣传换届工作的目的意义和有关政策、规定、纪律，总结换届工作和严肃换届纪律的好经验好做法，通报工作进展情况，增强党员干部的权利意识、责任意识和参与意识。换届期间，印发宣传单2.2万余份，印制宣传标语1 000余条，电视、广播、报刊宣传200余条。三是认真开展警示教育。区委组织党员干部学习中央、省、市纪委和组织部门关于严肃换届工作纪律的精神，开展警示教育，组织全区副科以上党员干部、全体组工、纪检干部进行换届知识测试，筑牢思想防线。

四、严把换届纪律关。一是督促检查“严”。区、乡两级督查组，通过明察与暗访相结合、巡回与抽查相结合的方式，对各级党组织和党员干部执行中央“5个严禁、17个不准、5个一律”纪律要求的情况进行重点督查。通过广泛的宣传学习，换届纪律深入人心，发出的《严肃换届纪律问卷调查》答对率达100%，广大干部群众对换届工作满意度达100分。二是公开承诺“实”。组织区、乡两级有关工作人员和领导干部进行换届纪律承诺，签订承诺书，通过发放换届风气测评表等方式，把换届工作和践诺情况置于党员群众的监督之下。换届中，区、乡两级换届领导机构成员按照《党章》和有关规定开展工作，克服时间短、任务重等困难，为换届工作圆满完成提供坚强的组织保障。三是举报查处“真”。着力构建监督电话、信访接待和网络“三位一体”的换届工作举报平台，坚持有报必查、查实必究，确保群众反映问题结案率100%，使换届环境始终保持风清气正的良好局面。

五、严把政策规定关。一是严格执行代表资格、结构比例、产生程序的规定，在代表资格审查中严格遵守“五不准”：党性观念不强，对非法宗教活动态度暧昧的党员不准当代表，近三年内受过党纪处分的党员不准当代表，有民族分裂言行的党员不准当代表，不能正常履职的党员不准当代表，预备党员不准当代表，确保了代表的政治素质和结构比例，使新当选代表有较高的文化程度和较强的参政议政能力。区、乡党委换届期间，代表参会率均达98%以上。二是严格按照领导职数配备规定，选举产生6个乡（镇）的党委班子和纪委班子，全区6个乡（镇）党委全部按9名委员进行配备，全区6个乡（镇）纪委除珠街乡按3名委员配备外，其余全部按5名委员进行配备。三是严格按规定职数，选举产生新一届区委班子和区纪委班子，选举产生37名区委委员。新一届区委班子以40～45岁干部为主体，区委委员平均年龄44岁。在37名区委委员中，少数民族干部3名，妇女干部5名。

【领导班子和干部队伍建设】 做好干部调整配备工作。按照优化结构、增强活力的原则，根据干部缺配情况和工作需要，结合乡（镇）党委换届和政府机构改革，对部分乡（镇）街道和部门领导干部进行调整、配备。全年共调整干部4批218人，其中新提拔干部66人，晋升非领导职务7人，政府机构改革中因机构撤并调整干部92人，改任非领导职务5人。加大干部交流力度。在乡镇党委换届工作中，有2名乡镇党委书记交流到区直单位重要岗位。严格执行领导干部职务任期制、聘任制、试用期制度和领导职数配备规定。2011年，对2批42名试用期满干部进行试用期满考核，41人试用期满考核合格正式任职，1人被取消任职资格。

【干部教育工作】 以新一届乡（镇）党委班子成员、村（社区）干部、大学生村官等为重点，统筹抓好各类主体班次干部教育培训工作。2011年全区共举办各类培训班30期，培训干部37 000余人次。

严格执行调训计划申报制度，共选送20名处级干部、88名科级干部和村（社区）干部参加省委党校及省级国家机关、市委组织部举办的有关培训班的学习；有计划地推进干部在线学习，全区29名副处级以上领导干部和457名科级领导干部参加了云南省干部在线学习。

召开全区2011年干部教育培训工作联席会议，研究制定麒麟区《贯彻落实<2010～2020年干部教育培训改革纲要>的实施意见》、《2010～2020干部教育培训改革任务分工方案》和《全区2011年干部教育培训计划》，明确全区干部教育培训改革的目标任务和具体措施。建立干部在线学习督促检查与通报制度，定期反馈干部个人在线学习进展情况，并将干部在线学习情况作为干部年度考核和选拔使用的重要依据。

组织好云南省2011年晋升副县处级领导职务资格基本知识考试工作。通过宣传动员，全区共有24名符合条件的领导干部报名参考，有20人参加考试，均顺利通过。

做好各类主体培训班次的现场观摩接待工作。全年共接待云南农村干部学院、市委组织部、市委党校、市农村实用人才培训学校等组织的省内外领导干部培训班9批1 200余人次。

【干部监督工作】 巩固“科学规范和有效监督县（市）区委书记用人行为”试点工作成果，完善“三办法一规则一制度”；巩固深入整治用人上不正之风和提高选人用人公信度示范区创建工作，建立规章制度，健全工作机制，匡正选人用人风气，提高干部选拔任用工作的公信度；落实干部任用公示制，对拟提拔任用的4批60名科级领导干部进行任前公示，委托区审计局对23名区直部门和乡（镇）街道的主要领导干部进行任期和离任经济责任审计；认真办理区管干部和特定岗位国家工作人员出国（境）事项审批手续；对56名因提拔、调整、调动等需要交接的科级领导干部进行两任交接；对9名科级干部和专业技术人员的住房补贴进行审批；接待群众来信来访53件，其中来信来电9件，来访44人次，办理答复53件。同时认真做好“12380”举报电话的受理查核工作。

【人才队伍建设】 完成《麒麟区中长期人才发展规划（2010～2020年）》编制工作。通过多次召开撰稿人会议、专家会议、领导小组会议，在书面征求区级领导意见的基础上，报经区委常委会通过后，下发文件正式执行。同时形成任务分工方案，对规划内容进行分解落实。

8月2日，区委、区政府召开全区第二次人才工作会议，对全区3名2010年获得享受市政府特殊津贴的优秀专业技术人才和16名麒麟区有突出贡献的优秀人才进行表彰。

积极构建农村实用人才培养模式。大力实施“绿色证书”、农村劳动力转移培训、农业现代远程教育培训三大工程，多途径培养农村实用人才。由区委组织部、区农业局、区科技局牵头，从农业、科技、畜牧、林业、水务等涉农部门和乡镇农业站所、村组干部中选派100多名技术水平高、工作能力强、服务意识好的专业技术人员、农村致富能手、种养大户作为科技特派员，分片挂点，下村入户传授农业科技实用技术，构建区、乡、村三级联动、农科教相结合的农村实用人才培养模式。

探索实施人才工作联系点制度。选择农业、教育、卫生、科技等部分区直单位作为人才工作联系点，围绕当前人才工作热点、难点问题，选树一批典型，通过发挥联系点示范带动作用，进一步指导各单位抓好人才工作。确定各单位人才工作联络员，及时收集人才工作信息。

认真做好公务员及大学生“村官”管理服务工作。圆满完成全区党群口，法、检系统及副科级以上领导干部共计200余人连续五年考核为称职以上公务员晋升级别工资的审批工作。配合区人力资源和社会保障局做好公务员及事业单位招考资格复审及面试等相关工作。完成处级领导、乡（镇）街道党政班子及组织部门人员共178人的信息采集、录入工作。按照“一村一名大学生村官”的要求，按照1：2的比例，对97名符合条件的考生进行了资格复审和组织考察，并最终选聘46名大学生“村官”到村上岗。

【创先争优活动】 全区各级党组织和广大党员紧扣“组织创先进、党员争优秀、麒麟快发展、群众得实惠”主题，以“五好五带头”为目标，以“四亮四争当，五强五先行”为载体，采取“四分工作法”、“七联七促”等措施，通过公开承诺、领导点评、评星授旗、四亮四创四评等方式，深入推进各领域、各行业的创先争优活动，整个活动呈现出领导重视、目标具体、亮点突出、氛围浓厚、成效明显的特点，一大批先进基层党组织和先进个人涌现出来。全年共编发区创先争优简报141期，各种媒体刊载有关报道80余篇，其中中央组织部《党建研究》采用1篇，中央创先争优简报采用1篇，《中国组织人事报》采用1篇，《云南调研》采用1篇，《云南日报》采用2篇，省创先争优简报采用4篇，《党的生活》刊载10篇。

【基层党建工作】 建立健全区级领导联乡、区直部门联村、机关党员联户的“三联互动”工作机制，结合区直单位挂钩联系村（社区）新农村建设工作，开展“双结对”活动，组织全区109个区直单位党组织与119个村（社区）党组织结对子，6 342名部门党员与8 332名农村党员结对子。2011年，从区直机关、企事业单位选派优秀年轻干部和具有中级以上职称的教师、农技人员、医生共76人，到乡（镇）街道机关、站所、村委会担任新农村建设工作指导员。积极推行社区“大党委”制，批准成立了7个村（社区）党委，全区村（社区）党委数增至8个。建立健全社区党建联席会制度，初步形成了条块结合、优势互补、资源共享、共驻共建的社区党建工作新格局。

【发展壮大村级集体经济】 继续抓好村（社区）“两委”与公司统分运行试点工作，引入现代企业管理理念，围绕“一村一品、一村一特”的发展思路，充分发掘本地优势，采取资产经营、资源开发、实体带动、服务创收等模式大力发展村级集体经济，着力解决村级组织“无钱办事、缺钱干事”的难题。2011年底，全区年集体经济收入2万元以上的村100%，全面消除了“空壳”村。

【党员发展、教育和管理工作】 认真落实发展党员公示制、票决制、责任追究制，重点做好在村组干部、致富能手、经商人员、外出务工返乡人员、未就业大学生中发展党员工作。深入实施“532”工程，全区党员致富能手达1 513名，“双带”型党员达3 287名，从党员致富能手中培养村组后备干部800余名，实现了50人以上自然村至少有1名党员的目标。建立“五卡二会”制度，即：党员学习培训卡、党员奉献记录卡、党员活动登记卡、党员结对帮扶卡、党员形象反馈卡和党员党性分析会、党员民主评议会，完善无职党员设岗定责、党员服务承诺等制度，开展党员志愿者服务、党员责任区、党员先锋岗、党员示范户等活动，规范了党员日常教育管理。坚持和完善“三联系”制度，193名正科以上党员领导共结对帮扶622名特困农户、特困学生和贫困职工。

【健全完善党内关爱帮扶机制】 加强对区级贫困党员救助基金的管理，加快建立和完善乡级贫困党员救助基金。2011年，全区统筹安排资金41万余元，由区财政和区管党费各承担50%，对70岁以上的农村老党员按每月补贴20元、80岁以上的每月补贴50元的标准发放生活补贴。制定《关于村（社区）干部参加社会保险的实施方案》和《关于村（社区）干部离任补偿的实施方案》，将全区所有按规定职数核定的村（社区）书记、副书记、副主任全部纳入城镇职工养老保险、城镇职工医疗保险和工伤保险范畴，对2000年8月村改以来正常离任的村（社区）干部按任职年限给予梯度离任补偿，以实实在在的举措落实“一定三有”要求。

【基层阵地建设】 2011年，全区累计投入资金2 000余万元，新建12个、改扩建5个村级组织活动场所。按照“建阵地、强基础，抓党建、促发展”的思路，在实现村级组织活动场所全覆盖的基础上，活动场所建设逐步向村民小组延伸。同时，通过搭建新农村故事会、“两校”进村、党员干部现代远程教育站点、农家书屋四个平台，构建区、乡、村三级便民服务网络，坚持和完善“三会一课”、“三务”公开制度，全面推行“四议两公开”工作法，村级组织活动场所的建、管、用水平不断提高。全区各基层党组织以文化大户、村内文艺活跃人员、致富能手、优秀党员、先进人物和大学生“村官”为骨干，共组建故事员队伍119支，开展“新农村故事会”1 980余场，参与群众达25万人（次），区委组织部评选出“季故事王”4个，“最佳故事”12个；各乡（镇）街道党（工）委共评选出“月故事王”132个，“优秀故事”264个。在村级组织活动场所星级达标活动中，被市委组织部评定为五星级村级活动场所1个，四星级村级活动场所3个，三星级村级活动场所42个。

【党员干部现代远程教育】 建立月头有计划、月中有督促、月底有通报的工作制度，全区131个党员干部现代远程教育终端接收站点击率、巩固率100%。2011年完成寥廓街道龙潭社区爱心银行《存储爱心、支取希望》和白石江街道代河六组夏晓阳优秀共产党员先进事迹《为了一个承诺》等两部云岭先锋典型示范教育专题片的制作；完成生猪生产实用技术、水稻高产栽培技术、农村户用沼气建设与使用、珍爱生命拒绝毒品和农村人饮小水窖工程建设实用技术等5个课件的制作。同时报送7个教育教学课件，参加曲靖市首届党员干部现代远程教育教学课件观摩评比，获一等奖1名、二等奖1名、三等奖2名。

【纪念建党90周年系列活动】　在建党90周年之际，在《麒麟报道》开设"先锋风采耀麒麟"专栏，对从全区各行各业中选取的8个先进基层党组织、10名优秀共产党员的先进事迹进行广泛宣传。"七一"前夕，全区共投入经费80余万元，其中党费39万元，慰问困难党员1 300名，建国前参加革命的老党员、老干部134名，建国前入党的老党员8名。在"七一"表彰大会上，表彰了70个先进基层党组织、100名优秀共产党员、28名优秀党务工作者和14名优秀基层党组织书记。

（刘新齐）

老干部工作

【概　述】　2011年，麒麟区老干部工作着眼于"让党委放心，让老干部满意"作为工作的出发点和落脚点，以组织开展创先争优、向杨善洲同志学习和纪念建党90周年活动为载体，贯彻落实中央、省、市老干部的现有政策，使老干部的各项方针政策不折不扣地落实到位，让老干部切实感受到政治上的尊重，思想上的关心、精神上的关怀、生活上的照顾。

年底，全区有健在离休干部130人，其中抗日时期参加革命工作4人，解放战争时期参加革命工作126人；享受厅级待遇1人，正处级2人，副处级61人，一般干部66人；80岁及以上94人，占健在总数的72%，73～79岁36人，占健在总数的28%；在省外居住1人，省内区外居住11人（昆明城区7人），区内居住118人；有男离休干部108人，女离休干部22人；有中共党员91人。年内去世离休干部13人，累计去世154人。代管健在易地安置离休干部31人，其中享受处级22人，一般干部9人；80～95岁28人，78～79岁3人。2011年去世易地代管离休干部5人，累计去世44人。转入1人，异地代管离休干部来自省内8个州市。

全区有健在退休干部2 600人，其中实职正处级退休干部5人，享受正处级退休干部6人，实职副处级退休干部17人，享受副处级退休干部30人，其他退休干部2 542人。

全区离退休干部中有党员1 063人，单独建立离退休党支部45个。

【慰问老干部】　元旦，继续订阅新年挂历370份，代表区委、政府向老干部送上新春的第一声问候，祝福老干部健康长寿，幸福美满。

春节，1月9～27日，区委常委、区人大、区政协主要领导及政府副区长分别走访看望实职副处级老领导和老干部遗属40人；1月24日，市委老干部局副局长田红霞、办公室主任赵阳一行3人代表市委看望麒麟区老干部、老党员、老干部遗属8人，发放慰问金8 500元；1月5～10日，区委组织部、老干局和区属各部门代表区委区政府看望老干部及遗属300余人，表达区委、区政府对老干部的关怀之心；1月26日，区直机关党委、老干部局看望外地安置麒麟区代管85岁以上离休干部老党员5人，送去党组织的关怀祝福。

元旦春节期间，全区共走访慰问建国前参加革命离休干部、副处级退休干部和老干部遗属340人，发放慰问金15万元。

"三八"节，老干部局班子深入区内区外，走访看望建国前参加革命的女离休干部和实职副处级女退休干部28人。

"七一"建党节，6月23～30日，由区委、人大、政府、政协四班子20位党员领导分别带队，走访慰问建国前参加革命的老干部共135名，每到一家，区级领导亲自为老干部佩戴建党90周年纪念章，发纪念册，并按政策标准送上增发的一个月生活补助费。"七一"慰问活动，全区共慰问建国前参加革命老干部、老党员215人，配送纪念章215枚，纪念册215本，价值为36 335元，从财政支付本区143名离休干部生活补助费274 612元。

老年节，区老干部局班子代表区委、政府走访看望异地安置代管离休干部30人。送去区委、政府对异地代管干部的关心关爱之情。

【开展建党节纪念活动】　一是组织新、老干部参加"与党同呼吸、共命运、心连心"征文活动，机关一名干部征文荣获中组部老干局二等奖，市老干部局三等奖，二名老

老干部读书班文艺演出　　　　（曹俊峰　摄）

老干部新春茶话会　　　　（曹俊峰　摄）

干部荣获市老干局二等奖。二是区老体协组织城乡老同志开展文体活动，以体育竞赛、文艺汇演形式歌颂党和伟大的祖国。三是老书画诗词协会在龙潭公园举办书画展，用手中画笔歌颂伟大的祖国。四是老摄影协会在珠江源广场举办摄影展，以图片形式展现历史，展望未来。五是区老科技协会、区关工委组织"五老"深入基层，无私奉献，发挥专长，在不同领域积极发挥余热。六是离退休党支部、延安精神研究会组织离退休干部重温党的历史，牢记党的宗旨，做好表率。

【"老年节"座谈会】　9月30日，组织召开实职老领导"老年节"座谈会，会议由区委常委、组织部部长周永江主持，区委副书记罗中山代表区委、政府作讲话，区委常委、常务副区长林家德向老领导通报工作情况，区政府副区长杨忠武参加会议。参会领导认真听取了老领导就全区发展方面的意见建议，并代表区委、政府向老领导们送上节日的祝福。

【落实老干部学习制度】　继续为老干部订阅《云南老年报》、《老同志之友》、《党的生活》等报刊杂志，为全区副处级离休干部和老干部信息、宣传员人手一册订阅《老干部参考》，为老干部学习提供方便。

继续坚持每月老干部阅文工作，从服务态度、时间和地点上确保老干部及时了解到中央和省、市、区的大政方针和经济社会发展情况。全年共提供中央、省、市、区各类文件、信息、阅读资料800余份。

【老干部情况通报】　8月31日，组织全区经济运行和组织工作情况通报会，全区身体健康的离休干部、实职老领导、老干部信息宣传员和各单位老干部代表500余人参加会议。会议由区政府副区长杨忠武主持，区委常委、常务副区长林家德通报全区经济运行情况，区委常委、组织部部长周永江通报组织工作情况，切实从政治上尊重和关心老干部。

【组织老干部参观考察】　6月22日，在区人大副主任丁美仙、区政府副区长杨忠武、区政协副主席杨俊青的带领下，组织全区实职副处级老领导、离退休支部书记、老干部信息宣传员60余人到东山镇参观新农村建设。

10月19日下午，区委组织部、老干部局组织离退休干部代表140余人到三宝雷家庄参观新社区建设。

11月26日，区委组织部、老干部局组织实职老领导、老干部信息、宣传员36人到珠街小河湾参观社会化管理创新工作。

【老干部思想政治建设】　10月18～20日，区委组织部、老干部局举办老干部读书班，区委常委、组织部部长周永江亲临读书班作学前动员讲话，特邀理论专家、心血管专家、心理教育专家亲临读书班作辅导，文艺演出队为老干部表演精彩文艺节目，引导老干部学习胡总书记"七一"讲话、科学养生、学会快乐、学会助人、学会感恩，引导老干部以杨善洲同志为榜样，在加强学习，教育后代，发挥作用，保持本色上创先争优，自觉参加党组织活动，在思想上、行动上与中央保持高度一致，在加快麒麟发展、促进和谐中作积极贡献。

积极配合支持各涉老协会的工作，进一步在全社会弘扬他们"老有所为"的精神，宣传好新时期老干部的新风貌。

【落实老干部生活待遇】　5月10～21日，组织老干部健康体检，在区卫生局、区医院的支持、安排下，184名老干部到区医院进行健康体检。在体检中，区委书记傅学宾，区委副书记、区长唐开荣，区委常委、组织部长周永江亲临体检处看望问候老干部。

组织兑现麒麟区离休干部146

麒麟区经济社会发展暨组织工作情况老干通报会　　（曹俊峰　摄）

名，代管离休干部30名的休养、保健费，企业12名离休干部遗属生活补助费。全区离退休金按时足额发放，各项津贴按政策兑现，离休干部医疗费按政策坚持实报实销，老干部生活待遇不折不扣落在实处。

按照区组联发文件要求，落实提高离休干部生活补贴和扩大发放范围工作，为143名老干部发放生活补贴。做好12名年满80周岁离休干部护理费的审批兑现工作。

坚持老干部住院、去世走访看望制度。1～11月组织走访看望住院老干部40人、去世老干部家属18人，看望住区外老干部16人。

【易地代管老干部工作】 麒麟区易地安置代管老干部，来自省内8个州（市），这些老干部离职休养后安置在麒麟区，远离单位，组织、学习、生活等方面都需要特别地关心和爱护。年内，对本区到省内区外安置的老干部上门看望2次。

加强离退休党支部建设。3月30日，召开总支换届选举大会，结合易地安置老干部的居住、身体、性格等特点，重新调整了2个离退休支部的人员结构和班子成员，为离退休党支部更好地开展活动提供了有力的保证。

组织学习，及时传达上级的各项方针、政策，为30位老干部每人订阅一份《老干部参考》。

深入代管老干部家中，广泛征求和听取意见，及时掌握老干部的思想情况，从生活上关心服务好各位老干部，使他们愉快生活在麒麟区。

支持老干部开展各项健康文体活动，在建党90周年之际，为每一位易地安置老干部发放建党90周年纪念章和纪念册。

【充分发挥老干部余热】 发挥区老年活动中心、老年大学（老干部党校）的阵地作用和老体协、老科协、老书协、关工委和延安精神研究会等各涉老协会的平台作用。区老年大学设有体育、摄影、舞蹈、乐器、书画、诗词、花卉、保健、科技等专业，实行分类培训、分类指导，采用常年开班和短期培训为主。区老科协下设卫生、教育、农业、工业、经济五个专业分会，积极带领老科技工作者发挥专业特长，到农村开展科普宣传、节约能源保护环境、农业生产技术咨询等，进行专题调研，充分发挥他们传、帮、带的作用。区关工委经常到社区、城乡结合部地区看望留守儿童，为他们赠送学习用品，疏导他们的思想情绪，关注他们的成长。区老体协组织城乡老同志开展丰富的文体活动，做到天天有活动，月月有比赛，丰富老年人的晚年生活。区老书协为城乡老同志搭建平台，组织老同志写诗，用手中画笔歌颂新变化。负责涉老组织的老领导均兼任老年大学副校长，为开展各种活动提供组织保障。对各涉老协会，区财政安排经费给予活动保证，支持老年人参加各种健康的文体活动。

老年大学社区分校的活动开展丰富多彩。南宁街道瑞东社区成立区老年大学分校以来，聘请老师为社区内老年人授课150课时，组织讲座10场（次），组织老年人参加广场活动和文体活动8次。让科普、文体活动走向社区、农村，形成城乡一体化，让老干部就近参加各种活动、就近发挥作用，丰富充实了老年人晚年生活，陶冶了老年人的情操，加强了老干部思想文化活动阵地建设。

征求老干部意见建议　　（曹俊峰　摄）

老年人活动场地建设成效显著。全区共有门球场93块（农村26块），门球队77支，地掷球场49块（农村13块），网球场10块，网球队10支，文体活动广场412块、文体健身队403支。

继续抓好老干部“四就近”社区服务试点推广工作。在全区有条件的社区推广老干部就近学习、就近活动、就近得到关心照顾、就近发挥作用服务工作，与各州（市）、县社区老干部“四就近”工作交流经验，得到了省、市老干部局领导和县（市）老干部局的充分肯定。

（曹俊峰）

机关党建工作

【概　述】 2011年，区直机关党委辖基层党委1个（区工商局机关党委）、党总支18个、直属党支部32个，党员1 585名。区直机关党建工作围绕“六区四城两中心”奋斗目标，把握“服务中心、建设队伍”两大任务，坚持创新、实践、总结、提升，以“五个基本”（基本队伍、基本阵地、基本制度、基本载体、基本保障）建设为重点，以建设学习型党组织和开展创先争优活动为载体，以争创“五好党组织”和基层党建工作示范点为抓手，以发挥党组织和党员作用为核心，强力推进固本强基工程，努力提高区直机关党建工作科学化水平，为实现“十二五”良好开局做出积极贡献。通过参与社会评价，党委在实现素质提升、行政提速、服务提质、工作增效等方面取得了优异成绩，在全区76个参评部门

区委、区政府合唱队参加曲靖市“红歌嘹亮”大型广场合唱比赛

（张旺东　摄）

（单位）中满意率99.1%，位居第3名，被曲靖市直机关工委表彰为“先进基层党组织”，被区委表彰为“先进区直部门党委”、“贯彻落实党风廉政建设责任制先进单位”。

【思想政治建设】 深化学习型党组织建设。围绕机关党员干部思想政治教育的需要，对所属党组织提出学习型党组织建设指导意见。各基层党组织结合实际，明确目标任务，干部职工制定具体学习计划，增强学习的主动性。坚持党委、总支（支部）、党员“三级互动”的学习教育方式，一级带一级，学习任务纳入党建工作责任制和党员目标责任制，强化目标引导，营造了人人在学习、人人爱学习的良好氛围。

加强专题教育培训。以学习贯彻党的十七届五中、六中全会精神和深入开展向杨善洲同志学习活动为契机，党委积极抓好基层党员干部的教育培训。3月22日，党委举办“学习贯彻党的十七届五中全会精神宣讲报告会”，500名机关党员干部参会。6月21日，党委承办“曲靖市身边的人说身边的事先进事迹报告会麒麟分会”，区直单位600余名干部职工参会。6月下旬，在“学习杨善洲精神做人民满意的好党员好干部活动”中，51个基层党组织分别召开专题学习生活会。

入党积极分子培训。5月下旬，党委举办第17期入党积极分子培训班，对区直各部门75名入党积极分子就党史、党员权利与义务和党的理论路线方针政策等基本知识进行集中培训。

【基层组织建设】 理顺党组织隶属关系。上半年，按照《区委关于区政府机构改革后区级有关部门党组织设置的通知》精神，党委共有11个基层党组织划出，2个内部合并（区民族宗教事务局党支部并入区委统战部党支部，区旅游局党支部并入区政府办党总支），1个划入（区城市综合行政执法局党总支划归区直机关党委管理）。机构改革中，党委坚持做好党组织关系的接转和党费收缴，确保机构平稳过渡。

优化基层党组织设置。进一步加大对所属基层党组织在组织设置、作用发挥等方面的调研，不断理顺管理关系，扩大党的工作覆盖面。2011年，批准区工商局机关党委撤销机关党支部，成立4个党支部；批准撤销区政协机关党支部、区财政局党支部，分别成立区政协党总支、区财政局党总支。

抓好基层党组织领导班子换届选举。2011年，党委直属各党总支、支部委员会任期届满。根据党章和《中国共产党党和国家机关基层组织工作条例》对基层党组织任期届满进行换届选举的有关规定，党委认真研究制定换届选举实施方案和选举工作程序参考样本。认真贯彻执行民主集中制，充分发扬民主，加强督促指导，严格选举程序。至4月底，所属51个基层党组织换届选举工作圆满结束，共计218名党务干部选入新一届总支、支部委员会。选举工作结束后，针对部分党总支（支）部班子成员工作变动，党委又及时选优配齐班子成员，5～12月共对8名党务干部进行调整，使班子健全率达100%。

抓好市、区党代表的提名推荐和选举。2011年5月，按照《关于选举出席中国共产党曲靖市麒麟区第四次代表大会代表的通知》要求，党委严格程序，按章操作，选举出席区第四次党代表大会代表34名。同时，按照《关于提名麒麟区出席中共曲靖市第四次代表大会代表候选人初步人选的通知》要求，认真研究安排，精心组织提名推荐工作。所属51个基层党组织共提名候选人初步人选187人，按提名得票数从高到低顺序，提名推荐24名

区直机关党委举办学习贯彻党的十七届五中全会精神宣讲报告会

（张旺东　摄）

候选人初步人选。

加强党员规范化管理。认真落实“五卡二会”制度，加强对党员的分类分层次管理；认真抓好“三会一课”制度和民主评议党员工作，落实党员目标责任书，实行民主评议党员票决制度。认真做好党内统计、干部统计、人才统计及党员信息化管理、党费收缴、党刊征订等工作。党委全年收缴党费25万元，组织征订2012年《党的生活》353册，超额完成任务。做好老党员慰问和贫困党员救助工作，对10名85周岁以上老党员发放慰问金2 400元，对15个党总支、支部的35名贫困党员发放救助金7 000元。在纪念中国共产党成立90周年之际，党委将拟作为区委“七一”走访慰问生活困难党员的对象进行公开公示，对30名贫困党员发放慰问金9 000元。按照发展党员“坚持标准、保证质量、改善结构、慎重发展”的方针，坚持“三公示两票决”制度，严把党员入口关，全年发展党员29名，批准25名预备党员按期转正。

【直属机关创先争优活动】 以“建设学习型机关、服务型队伍、效能型部门”为主题，党委积极组织开展“五比五创”（即：比学习，创一流素质；比团结，创一流队伍；比服务，创一流作风；比效能，创一流业绩；比奉献，创一流形象）主题实践活动，始终坚持正确的政治方向，多措并举推进创先争优活动，取得了明显成效。

年初组织安排一次基层党组织和党员公开承诺事项兑现情况的检查，对基层党组织和党员公开承诺兑现情况进行核实，同时组织开展党组织和党员新一轮“双向承诺”。实行“每月一讲评、每季一点评、年终一考评”，建立专门台账和实行整改销号台账制，确保点评不走过场。按照每半年一次的要求，在年初和年中，分别组织一次群众评议创先争优活动。每季度评比一次，各基层党组织根据授旗评星确定的目标和内容，制定具体考核办法，实行差异化定标、星级化考评、量化打分，以分数的（高低）档次授旗评星。抓好党员领导干部创先争优联系点制度，突出“一点一品牌、一处一特色”，着力培育区工商局、区人民法院、区城市综合行政执法局等3个机关党建工作示范点，真正实现叫得响、数得上、立得住、推得开，确保首批示范点可学、可观、可信、可比。

【机关作风建设】 强化机关效能建设。围绕“树窗口形象，展机关风采、优服务环境”主题，党委大力推行“窗口党建”，带动提升全区软环境实力，不断优化服务和发展环境，增强机关效能。区直各单位通过入驻政务服务中心，认真落实阳光、效能政府“四项制度”和首问责任制、限时办结制、服务承诺制，深入开展“党员团员志愿服务先锋行动”、“党员责任区、党员先锋岗、党员示范窗、党员示范街”活动。法院、检察院、科技、司法、环保、交通、计生、地税、国税、工商等21个窗口单位和服务行业扎实推进“四亮四创四评”等活动，实现便民服务全覆盖，拉近服务群众零距离，促进了机关干部作风的转变。

开展六星级文明机关科（室）创建。以“文明、活力、和谐”为主题，党委广泛开展“六星级文明机关科（室）”创建活动。2011年共有260个科室参与创建，参创率达100%。坚持按季评定和年终考核，实行动态化管理，科（室）全年六星级达标率与年底考核奖惩挂钩，有力推进了机关精神文明建设

【党风廉政建设】 一是落实党风廉政建设责任制。年初，党委同直属51个党总支（支部）书记签订责任书，党总支分别与下属支部签订，将党风廉政建设目标责任细化，明确责任主体，量化考核标准，切实抓好督促检查、责任考核、责任追究三个环节，做到反腐倡廉与各项业务工作同安排、同检查、同考核、同落实。年底将责任制纳入区直部门综合考核内容，对落实责任制领导不力，导致严重不正之风得不到治理的部门和单位，严格进行责任追究。二是抓好反腐倡廉教育。组织开展“《廉政准则》暨党风廉政”知识测试，积极参加反腐倡廉警示教育活动和廉政讲座，组织订购廉政知识读本、廉政光碟，组织党员干部开展学习教育活动，筑牢拒腐防变的思想道德防线。三是加强廉政风险预警防控。组织开展“六个一”活动，严把“三关”，对机关“人、财、物”管理等各项重要权力运行的关键点，开展风险点排查工作，努力消除违法违纪源头。四是加强党内监督检查。抓好副科级以上领导干部述职述廉活动，10月份共派出100人次到会指导，600余名参评人员对51个党总支（支）部领导班子和170余名科级领导干部（含非党）进行了民主测评。认真抓好党员领导干部民主生活会，11月份共派出100人次到会督促指导，严把征求意见关、谈心交流关、发言材料关、民主原则关和质量测评关，有效增强了监督工作的实效性。五是加大查办案件力度。加强与各派出纪工委的协调、沟通，坚持依法依纪办案，处分违纪党员1名，严肃党的纪律，维护党的形象。

【庆“七一”活动】 2011年“七一”期间，党委积极组织开展“六个一”主题实践活动，即组织召开一次专题组织生活会、重温一次入党誓词、开展一次党员奉献日活动、走访慰问一批老党员和困难党员、组织各基层党组织书记为党员上一次党课、牵头组织一个合唱队参加比赛，共同营造庆祝建党90周年的浓厚氛围。6月，为隆重庆祝中国共产党成立90周年，根据《市委宣传部关于组织开展庆祝中国共产党成立90周年大型群众性红色经典歌曲合唱比赛的通知》要求，经区委同意，区委宣传部统筹协调，由区直机关党委牵头组织的135人的区委、区政府合唱队参加曲靖市“红歌嘹亮”大型广场合唱比赛，获得二等奖，受到市委、市政府的表彰。按照区委关于推荐全区先进基层党组织、优秀共产党员和优秀党务工作者的通知要求，经

党委认真组织评选，充分发扬民主，直属10个先进基层党组织、8名优秀共产党员和4名优秀党务工作者受到区委的表彰。各基层党组织对本单位评选出的优秀共产党员也在建党节期间进行了表彰。

（张旺东）

宣传思想工作

【概 述】 2011年，全区宣传思想文化工作的总体思路是：深入学习贯彻党的十七大、十七届五中全会精神和省委八届十次全会、市委三届十次全会、区委三届九次全会精神，以邓小平理论和“三个代表”重要思想为指导，深入贯彻落实科学发展观，按照高举旗帜，围绕大局、服务人民、改革创新的总要求，坚持“三贴近”和“七化”工作思路，进一步解放思想、与时俱进、把握规律、务实创新，不断提高宣传思想文化工作的科学化水平，着力在服务党和政府中心工作上作出新贡献，在建设学习型党组织上取得新成效，在提升城市形象、打造文化软实力上迈出新步伐，在提高宣传效益和舆论引导能力上取得新突破，在精神文明创建上取得新进展，积极营造纪念建党90周年的浓厚氛围，为全区“十二五”规划开好局、起好步，为和谐麒麟建设提供强有力的思想保证、舆论支持、精神动力和文化条件。

【理论武装工作】 全区理论武装工作以处级领导干部为重点，以科级领导干部为基础，以区委理论学习中心组为龙头，以学习型党组织建设活动为契机，大力推进理论武装和宣传普及。

理论中心组学习深入扎实。以区委理论中心组学习为龙头，深入学习中国特色社会主义理论体系，努力践行社会主义核心价值体系，按照不同时期的学习重点，拟定《党员干部年度理论学习计划》，按时开展理论中心组学习。区委理论学习中心组组织学习4次，参学人员800多人次，交流发言20多人次；各级党委中心组也按照要求完成不少于4次集中学习。

2011年上半年宣传工作会议　　（区记者站　供稿）

各种宣讲学习热潮不断。区委宣讲团在全区各乡（镇）街道和区直党委巡回开展十七届五中全会精神宣讲，全区近万名干部群众听取了宣讲报告；组织200多机关干部收看杨善洲事迹报告会，购买发放杨善洲事迹光碟、书籍上千份，全区广大干部群众受教育；组织收看《云南省领导干部时代前沿知识讲座》4期，参学人员800多人次；组织收听收看曲靖市领导干部新视野讲座3期，参学人员2 700多人次。

试点工作持续开展。全区积极组织开展马克思主义理论大众化普及化工作，每个乡（镇）街道确定1个村委会（社区）开展试点工作，寥廓街道胜峰社区作为省级试点，先行先试，自编发行《宣传手册》，得到市委宣传部高度评价。

学习型党组织建设工作稳步推进。全区学习型党组织建设工作亮点频现，区委宣传部和沿江乡新发村委会被确定为市级学习型党组织建设试点单位，区学建办共编发简报80多期，其中被省学建办采用3期，被市学建办采用10多期，征集学习型党组织活动心得体会400多篇，评选出44篇优秀文章编印成册，有力推动了活动纵深开展；区级领导在《云南宣传》、《社会主义论坛》、《曲靖党建》等理论刊物上发表多篇文章。

【舆论引导工作】 围绕重点工作宣传。围绕“六区、四城、两中心”目标，大力宣传全区改革开放、经济发展、重点工程建设，农村经济结构调整和产业化建设、国有企业改革、非公经济发展，春耕备耕、护林防火、农田水利建设、新农村建设、城市发展、“四城联创”，以及民主法制建设、党的建设和反腐倡廉建设，认真组织策划、协调邀请中央、省、市各级媒体全方位宣传麒麟。

重视和加强网络宣传。积极推动主流媒体向互联网延伸，加快用现代信息技术提升传统宣传手段，做大做强麒麟电子门户网站和中共麒麟区委宣传部网站，开通“麒麟快讯”，进一步完善“微博麒麟”，各级各部门积极物色好通讯员和网络评论员，加强网络宣传队伍建设，层层制定宣传报道奖励办法，形成网上主流舆论强势；进一步明确相关部门对互联网的监管责任，确保信息安全。

建立完善区级新闻宣传网络。以区委宣传部、区广电分局为主体，麒麟报道、麒麟新闻、麒麟电子政务网、麒麟宣传网、麒麟手机报等为载体，以全区广大通讯员和网络评论员为骨干，全力打造一支坚强有力的新闻宣传队伍。各级各部门围绕党的十七届五中全会、创先争优活动、学习型党组织建设活动、抗旱救灾、“866”工程、“四城联创”等重大事件和活动开展宣传，落实中宣部提出的“走基层、转作风、改文风”的要求。

突出舆论引导、舆论监管。加

强对新闻舆论工作的组织、指导、协调和监督，尤其高度关注网络媒体宣传，支持正确健康的舆论，坚决抵制和克服消极有害的舆论；进一步健全完善新闻发布制度、新闻发言人制度和突发公共事件新闻应急处置机制，努力提高舆情分析能力、舆论引导能力、媒体应对能力及职能部门协调互动能力。全年先后接待中央、省、市各界媒体150余批（次），接待采访500余人次，积极协调、妥善处理了公务员二期劳资纠纷、“6·12”铬渣后期媒体炒作事件等30余件突发事件，将小报小刊、非主流媒体等低俗记者的不良报道炒作空间压到最小，为全区经济社会发展提供良好的舆论氛围和宽松的社会环境。

【对外宣传工作】　深入开展学习贯彻党的十七届五中全会、市委三届十次全会、区委三届九次全会和全国、省、市、区“两会”精神宣传，大力宣传科学发展观，宣传全区各级各部门围绕区委、政府中心工作，加大经济建设的具体行动，宣传在加强和改善党的领导、推进改革加快发展方面采取的新措施，取得的新成绩，创造的新经验，涌现出的先进典型。

精心组织好省、市、区重大活动宣传和重大节庆活动宣传，重点围绕纪念建党90周年、辛亥革命100周年、“十一五”辉煌回顾、“十二五”开局展望进行宣传，积极组织宣传“四进村、常下乡”活动、志愿者服务活动、安全月宣传活动、水利普查、艾滋病防治等活动的宣传。

突出抓好创先争优活动和推进学习型党组织建设的宣传报道；突出各部门在开展活动中涌现出来的先进典型，以及好的做法、经验和成效；围绕中央、省、市组织的各级各类典型事迹和先进人物评选，积极发现和树立区域内的先进，重点做好道德模范、劳动模范、美德少年、新闻人物、好人评选等典型的推荐，切实打造平民英雄，树立身边榜样。

坚持党管媒体的原则，按照“善用、善待、善管”媒体的要求，进一步加强对区级媒体和驻区媒体的引导工作，充分发挥其优势，不断扩大报道领域，提升宣传绩效；坚持邀请省、市以上主流媒体来麒麟区采风，进一步营造氛围，形成声势，推动工作。全年麒麟区在《曲靖日报》上刊登新闻稿件1 650多条，其中头版头条20多篇。麒麟区记者站自编《麒麟新闻》专版48期。省级媒体刊登各种新闻稿件400多篇，仅在《云南日报》就刊登了32篇；云南电视台播出麒麟新闻60余条、曲靖电视台播出麒麟新闻200多条；麒麟宣传网已经更新麒麟新闻400多篇；麒麟手机报已经播发80多期，发送信息400多条；人民网、新浪网等大型知名网站刊载、转播关于麒麟区新闻稿件3 000余条，在全市、全省范围内扩大了麒麟区的影响力和知名度。

【2011年宣传思想文化工作会议】　为传达贯彻全国、全省宣传部长会议和全市宣传思想文化工作会精神，2月24日，麒麟区召开2011年宣传思想文化工作会议，安排部署2011年宣传思想文化工作。区四班子分管联系领导，各乡（镇）街道和区直各部门分管宣传思想工作的领导、宣传委员等160多人参加会议。会议由区政府副区长杨忠武主持，区委副书记罗中山作重要讲话，区委常委、宣传部长侯文利对2011年的工作做具体部署。会上表彰了2010年宣传思想文化工作15个先进集体和19名先进个人。

【贯彻党的十七届五中全会宣讲活动】　为深入学习宣传贯彻党的十七届五中全会及全国“两会”精神，扎实推进学习型党组织建设，根据省、市、区委要求，区委宣传部组织区委宣讲团，赴全区各乡（镇）街道和区直党委开展集中巡回宣讲活动。3月21～25日，宣讲团分4个组，先后开展28场次集中宣讲，受众6 000余人。

【庆祝建党90周年理论经典读书活动】　为深入推进全区学习型党组织建设，7月20日，麒麟区召开庆祝建党90周年马克思主义经典理论读书活动征文研讨会。各乡（镇）街道党（工）委、区直各党委分管领导和宣传委员、获奖作者、区委宣传部全体人员共120余人参加会议。区委常委、宣传部长侯文利，区人大副主任丁美仙、合子祥，区政府副区长周光芬，区政协副主席杨俊青出席会议。麒麟区庆祝建党90周年马克思主义经典理论读书活动在全区广泛征集论文300多篇，通过评委会认真评选，44篇论文脱颖而出，会上表彰了征文活动优秀作品的作者，会后获奖论文编印成册印发全区，极大促动了广大干部群众参与理论研讨的积极性。

（巴永飞）

2011冬季新兵欢送仪式　　（区记者站　供稿）

精神文明建设

【概　述】　2011年，全区精神文明建设工作以争创全国文明城市和第二批云南省文明城区为主要任务，扎实推进公民思想道德建设，深化拓展群众性精神文明创建活动，着力营造庆祝中国共产党成立90周年的浓厚氛围，为实现“十二五”时期经济社会发展目标、夺取全面建设小康社会新胜利，推动全区经济社会发展再上新台阶，提供强大的思想保证、精神动力和舆论支持。社会主义核心价值体系的学习宣传得到加强，《公民道德建设实施纲要》的学习教育力度加大，积极组织开展道德模范评选表彰，推动公民的思想道德建设。加强未成年人思想道德建设，组织开展“青少年唱红歌、诵经典”活动。群众性精神文明创建成果丰硕，全国文明城市创建顺利推进，第二批省级文明城区创建工作顺利通过测评。年底，全区共有全国文明单位1个，省级文明单位（村、社区）26个，市级71个，区级170个。志愿服务工作进一步推进，成立麒麟区志愿者协会，扎实开展关爱空巢老人、残疾人、农民工等志愿服务活动。

【全国文明城市创建工作】 2011年是第三批全国文明城市的总评年，区委、区政府于6月17日召开创建全国文明城市迎检工作动员会，对文明城创建工作进行再动员、再部署、再推进。进一步号召动员全区各级各部门，争主动、抢时间、赶进度，全力做好迎检的各项工作。

为确保各项工作落到实处，高分通过测评，区委办、区政府办在印发《麒麟区2011年迎接全国文明城市考评工作实施方案》的基础上，又印发《关于进一步细化迎接全国文明城市考评工作迎检责任分工和督查督办工作的通知》，进一步细化责任分工，明确牵头领导，确保责任落实。区委、区政府四班子成员按照责任分工，深入创建工作第一线，进行督促检查指导，协调解决创建工作中存在的突出问题。各级各部门认真组织、集中开展大宣传活动，印发宣传资料、宣传册、致全体市民公开信20万份，发动每个单位集中动员、每个社区

防艾宣传 （区记者站 供稿）

入户宣传，切实提高群众对创建工作的知晓率。进一步巩固完善，切实增加公益性广告数量。在高速公路显著位置、城区入口处、重要场所、主要路段、临街建筑物等醒目位置，设置了大型公益广告、墙体标语和横幅标语、灯箱公益广告，宣传栏遍布街道社区、单位院落和大街小巷。在城区近50%的临街店铺、所有宾馆酒店、居民小区的显著位置张贴公益宣传画，城区公益性广告数量突破30%。进一步强化督查保障，区委、区政府成立分别由宣传部长侯文利、区人大保留正县级待遇领导李祥栩、区政府调研员胡勤水、区政协保留正县级待遇领导顾晓富、区政府调研员叶爱国为组长，其他相关区级领导和宣传部相关人员为成员的五个专项督查组从6月20日开始，严格按照测评体系要求，把静态指标和动态管理结合起来，把硬性任务和临时突击结合起来，分头对所负责的街道辖区，进行拉网式检查和督导，做到不放过一个死角，不遗漏任何细节，消除工作盲点。7月5～9日，省文明委组织的测评组到麒麟区正式开展测评，测评组对全国文明城市创建工作给予很高评价。

【第二批省级文明城区创建】 根据《云南省文明城市创建管理办法》，云南省文明城市评选工作每3年进行一次。每届期满后，获得荣誉称号的城市须重新参加申报、评选。到2010年底，麒麟区获得的“首批云南省文明城区”荣誉已到期，按照省文明委2011年的工作部署，区委、区政府于5月底向省文明委报送创建第二批云南省文明城区申报材料。

8月初全面启动创建工作，区委办、区政府办下发《关于印发〈麒麟区创建第二批云南省文明城区工作实施方案〉的通知》和《关于收集报送创建第二批云南省文明城区相关文档材料的通知》，成立领导小组和督查组，加强创建工作的组织领导，对创建工作进行详细的责任分解，各部门认真按照文件要求，精心组织、周密安排，分阶段、有步骤地有序推进创建工作。加大宣传力度，印制30万份宣传资料，3万余册《公民文明礼仪手册》和2 000余册全面反映创建工作的宣传画册下发广大市民，营造了浓厚的创建氛围。区创建办从区直有关单位抽调9名工作人员全面收集整理129盒文档资料。9月15日，区委、区政府召开迎检工作会议，进行再动员、再部署、再推进。市委常委、区委书记傅学宾在会上作工作部署，各级各部门按照会议安排，全力做好迎检工作。9月19～24日，顺利通过了省文明委组织的测评。

【全国文明单位创建工作】 按照省、市文明委的安排部署，麒麟区坚持以点带面，严格标准，把具有典型性、示范性的南宁街道瑞东社区推荐上报省文明办。从6月份开始，区、街道、社区把创建全国文明社区作为当前工作重点，切实加

强组织领导，及时研究解决创建工作中的困难和问题。区文明办分派人员进行业务指导。街道主要领导亲自研究、亲自督办，及时为瑞东社区解决创建工作经费。分管领导深入一线，抓具体、抓落实。瑞东社区认真对照创建文明单位的标准和要求，及时细化分解工作方案，做到有目标、有措施、有检查、有考核。工作做到不等、不靠，形成区、街道、社区三级齐抓共管、上下互动的创建格局。6月14日，由中央文明办委托省文明委组织的检查组在区委常委、宣传部长侯文利的陪同下，采取实地查看、听取汇报、查阅文档、问卷调查的方式，对南宁街道瑞东社区创建全国文明社区工作进行全面检查验收。12月20日，中央文明委召开表彰会议，瑞东社区被命名为全国文明单位。

【市、区级文明单位创建工作】 按照市文明办通知精神，区文明办下发《关于做好2010～2011年度市级文明单位、文明村、文明社区和文明小城镇推荐申报工作的通知》文件，对申报单位提出具体要求，共向市文明办上报40家单位。区文明办加强业务指导和监督，按照中央、省、市文明办的要求，指导各申报单位建立健全一套完整、规范的精神文明建设专题文档。9月20～25日，市文明委组织验收。年底，市委、市政府命名表彰39个单位。

3月底，区文明办对申报2010年度的文明单位（村、社区）采取“听、看、查、问”的方式进行测评，共有35个单位、4个村委会、2个社区达到创建标准。5月，区委、区政府下发命名表彰决定。10月，区文明办下发《关于做好2011年度区级文明单位、文明村、文明社区推荐申报工作的通知》，各乡（镇）街道按照要求共推荐申报了40个单位。

【“四进村、常下乡”活动】 1月16日，由区委宣传部、区文明办牵头组织，农业、文化、科技、司法、卫生等19个部门的200多名工作人员参加的麒麟区2011年科技、文化、卫生、法律“四进村、常下乡”活动在茨营乡正式启动，拉开全区“四进村、常下乡”活动的序幕。在启动仪式活动中，各部门结合工作职能，开展不同形式的现场咨询和宣传活动，共发放宣传资料80多种42 000余份（册），发放计生用品、兽药、种子等物品价值16 000元，免费为村民写春联700多幅。宣传内容涉及讲文明树新风、农业技术、农机安全、动植物养殖和种植、节约用水、中小学教育、科普、法律、婚姻等知识。免费咨询、免费看病、免费领种子受到了当地群众的欢迎。各部门捐款83 000元，捐物价值34 000元，捐赠科普等图书300册。文化局和麒麟歌舞团组织的演员给当地群众送去了一台精彩的文艺演出。演员们演唱和表演了《中华全家福》、《“辣操”媳妇》、《麒麟赞歌》等11个节目，来自各地和上街购物的村民近4 000人观看了演出。

【“青少年唱红歌、诵经典”活动】

为纪念中国共产党建党90周年，进一步加强学校思想道德建设和校园文化建设，积极营造“红歌满校园、经典进课堂”的良好氛围，切实构建社会主义核心价值体系，切实提高未成年人思想道德素质，5月20日，由区委、区政府主办，区文明办、区教育局、团区委承办的“青少年唱红歌、诵经典”活动在妇儿中心举行。来自城区的22所学校近1 600人以方队形式用最饱满的热情，最宏亮的歌声，唱响了《红星歌》、《我和我的祖国》、《同一首歌》等红色歌曲，深情朗诵了《我爱祖国》、《少年中国说》、《七律长征》等经典诗文，把对党的热爱，对经典的传承，对未来的展望，一起融进优美的旋律中，共同彰显麒麟精神、展示时代风采，喜迎党的90岁生日。此次比赛分幼儿组、小学组、中学组，每组设一、二、三等奖，由专业评委对参赛曲目评分，按照得分多少取前三名分别给予表彰奖励。

【“我们的节日”主题活动】 为了培养和树立未成年认知传统、尊重传统、继承传统、弘扬传统的思想观念，增强对中华优秀文化传统的认知感和自豪感，抓住春节、元宵、清明、端午、中秋等中华民族的传统节日，遵循简洁可行、就近就便、力所能及的原则，通过创编“节日小报”、参加中华经典诵读、开展公益活动、传唱优秀童谣等形式，扎实开展形式多样、内容丰富的主题实践活动，让未成年人度过了一个个欢乐、祥和的节日。

【未成年人教育】 全区紧紧抓住学校、家庭、社会这三个重要环节，充分发挥家庭的熏陶作用、学校的主导作用和社会的配合作用，形成了学校、家庭、社会“三位一体”的教育网络，使未成年人思想道德建设工作真正落到实处。一是学校德育工作有了新面貌。从礼仪教育入手，培养学生的健全人格，积极探索青少年思想道德教育的新途径，在全区中小学全面推开礼仪教育。大力加强校园文化建设，加强班主任和德育教师队伍建设，提升学校德育工作水平。二是家庭教育工作有了新气象。依托学校和社区建立一批“家长学校”，帮助家长提高科学教育子女的能力。三是社会教育工作有了新起色。着眼于发挥社区教育功能，营造健康向上的社区德育环境。多措并举加强社区教育队伍建设，形成了以聘请德育教师、各类专业辅导员、“五老”队伍和大学生志愿者为主体的社区德育工作队伍。充分利用社区的活动场所、活动阵地，未成年人教育广泛开展、逐步深入。

【道德模范推荐和学习宣传】 为大力弘扬社会公德、职业道德、家庭美德，用道德模范的言行激励广大干部群众积极投身道德实践，形成知荣辱、树正气、促和谐的良好社会风尚。根据省、市文明办工作安排，区文明办在全区组织开展推荐学习道德模范宣传教育活动。共推荐16名参与第二届曲靖市道德模范评选表彰活动，其中3名被表彰为“第二届曲靖市道德模范”，2名获提名奖，1名被推荐为“第三届云南省助人为乐道德模范”。

（魏四中）

文化产业建设

【概 述】 2011年，麒麟区本着"工作要主动，思路要开阔，头脑要冷静，操作要稳妥"的指导思想，根据分类指导、试点先行的原则，抓好改革工作。在实施中，按照"先易后难、区别对待、重点突破、有序推进、加强指导、强化监督"的工作方针，通过以转换机制、增加投入，增强活力、改善服务为重点，进一步深化内部三项制度改革，清产核资、资产评估、资源整合、职工安置、建立现代企业制度等步骤，推进经营性文化单位转企改制。年内，区文化局财政拨款的公益性文化事业单位内部改革已全面完成，全系统文化事业单位实行聘用制的单位和人员均达100%。区电影公司进入国有资产清产核资阶段，待各项工作结束转制为企业后，自转制注册之日起按有关优惠政策执行。因麒麟区尚未成立广电局，理顺电影管理体制工作暂缓，待麒麟区广电局成立后再划入广电局按照有关规定实行归口管理。农村文化户稳步发展。扶持和发展农村文化大户（文化联合体），年内全区发展演职人员20人以上、演出收入10万元以上的农村文化大户（文化联合体）20户，累计发展大户104户。

【文化基础设施建设】 按照《中共曲靖市麒麟区委曲靖市麒麟区人民政府关于进一步推进文化大发展大繁荣的实施意见》文件精神，协调区文体局，督促各乡（镇）街道做好年度文化基础设施建设工作。年内完成25个行政村（社区）信息资源共享工程、50个村（居）民小组文化活动室、小广场建设，区财政补助信息共享工程25万元、小广场建设100万元、农村文化户建设12万元，拉动投资1 300余万元投入文化基础设施建设，有力的推进公共文化服务设施建设向村（居）民小组延伸。

【《麒麟区出土文物精粹》丛书初具雏形】 该丛书较全面地反映了麒麟地域内已考古发掘的从春秋战国到两汉时期先民们使用过的器物，全书共展示1 000余件文物，填补了麒麟区这一方面考古资料留存的空白。至11月底，出版前期工作基本完成。

【《文化曲靖·麒麟》编印工作】 《文化曲靖·麒麟》编印工作有序推进。按照市委、市政府的统一要求，依据《中共曲靖市麒麟区委办公室关于<文化曲靖>系列丛书<文化曲靖·麒麟>编撰工作有关事项的通知》精神，及时成立编撰机构，确定编撰人员，认真组织《文化曲靖·麒麟卷》的编印出版工作。《文化曲靖·麒麟》全书包括"麒麟不是一个传说"、"麒麟天路的前世今生"、"爨乡福地"三个部分，力求突出麒麟传统文化和现代文明的亮点。《文化曲靖·麒麟》文字写作大纲经省、市、区专家多方论证，四易其稿，并据此编制图片提纲，赴相关地点采集图片。年内，《文化曲靖·麒麟》送审稿完成。

【举办庆祝建党90周年成就展】 按照《中共曲靖市麒麟区委办公室关于印发麒麟区庆祝中国共产党成立90周年系列活动方案的通知》要求，确定展出主题、具体内容及参展单位，认真审核各单位报送展板小样，精心布展，确保活动如期顺利举行。本次展览由区情篇、历史篇、领导关怀篇、成就篇四个篇章组成，共展出了79个单位的112块展板，以直观、精美的图片和简洁的文字展示了麒麟区自有党组织以来工农业生产及各行各业取得的巨大成就。

【举办庆祝建党90周年"红歌嘹亮"主题活动暨职工文艺汇演】 按照《麒麟区庆祝建党90周年系列活动方案》的总体要求，区文产办认真履行工作职责，主动协调区总工会、区文体局积极做好汇演相关工作。区属25个党委、8个党总支、1个党支部分别参加了大合唱、小合唱及自创节目比赛。34支代表队通过一个多月的认真排练，共演出103个节目。经过两天激烈的角逐，分别评选出大合唱、小合唱、舞蹈类、小品类、曲艺综合类、器乐类共16个奖项。这次比赛实现了思想性、艺术性和观赏性的有机结合，为全区进一步深入开展创先争优、建设学习型党组织等活动注入了强大的精神动力，为全区经济又好又快发展起到了较好的推动作用。

【数字电影《闪婚总动员》拍摄工作】 该剧既是国家广电总局电影频道立项的一部展现都市白领婚恋题材的数字电影，也是区委、政府首次与中央电视台电影频道和北京尊嘉文化传播有限公司联合摄制的一部数字电影。影片讲述的是生活在时尚都市的高薪白领女主人公杜萱，以工作为乐趣，忽略了感情生活，想与未婚夫在奶奶80大寿的同时成婚时却遭到婚变。随之而来的是全家总动员，瞒着奶奶进行一系

2011年广场演出启动仪式　　（区记者站　供稿）

列搞笑的相亲，在接触了形形色色的男士，经历了一场场风波之后，终于找到了属于自己的爱情，在一个月内完成了相亲、恋爱、结婚三部曲的故事。联合摄制协议签订后，区文产办积极配合北京尊嘉文化传播有限公司做好拍摄相关工作。通过该片在麒麟区拍摄，以独特的视角向外界展示麒麟的城市面貌、风土人情、自然风光，对于提高麒麟区的知名度和美誉度，提升广大市民的文化品位将产生积极而深远的影响。

【群众精神文化生活】 一是继续推进广场文化活动。以“欢乐珠江源”广场文化活动、文化下乡和重大节庆活动等为载体的群众文化活动丰富多彩。年内完成“欢乐珠江源”广场演出51场，上演节目600余个，观众人数达60万余人。越州镇在巩固“爨乡大舞台”广场文艺演出成果的基础上，当年完成演出12场，上演节目144个，观众人数达6万余人次；东山镇在认真总结农村文化户演出经验的基础上，整合资源，采用专业团队与当地演出团队同台演出的办法，启动东山镇“新农村群艺会”广场文艺演出，当年演出12场，上演节目150余个，观众人数达10万余人次，成为继越州镇之后启动农村广场演出的第二个乡镇。

【春节文化活动】 1月18日召开“麒麟区2011年春节文体系列活动”动员大会，活动以1台春节联欢晚会、5场广场文艺演出、麒麟歌舞团送戏下乡11场、100场广场三人篮球赛、100场民间文艺演出、100场数字电影放映、100场珠江源广场电子大屏电影放映、100场体育比赛活动等500余场内容丰富的文体活动为主题，体现出全区广大人民群众移风易俗、喜闻乐见、寓教于乐的新风貌。通过活动的开展，引导全区广大人民群众提高文化素养，增强身体素质，积极参与到社区文体建设、精神文明创建活动中来。春节系列文体活动丰富群众文体生活，烘托节日喜庆氛围，为进一步构建和谐社会，培育文明风尚发挥了重要作用。

【文化产业项目推介】 以昆交会为契机，积极准备，精心制作文化产业项目推介书600余份，推介投资额度400万元以上的文化产业重点项目6个，分别是：“麒麟区珠街八塔台古墓群科考旅游园”、“麒麟区三宝罗汉山‘南中大姓’陵园旅游园区”、“民族民间刺绣”、“将军镇（爨乡古镇）”、“爨都御园”、越州珠江源陶艺园区，引起了强烈反响，得到外来投资商的普遍好评，为宣传麒麟，推介麒麟发挥了较好的推动作用。其中“爨都御园”文化产业项目经过概念性规划论证，已进入进一步修改完善中。该项目已列入省、市、区重点文化产业项目，并列入麒麟区重点工程“将军镇（黄家庄旅游小镇）”项目建设，基础设施建设全面展开，累计完成投资1.371亿元，年内完成投资4 700万元。

（撒　瑞）

延安精神研究

【概　述】 2011年，麒麟区延安精神研究会结合实际，围绕党的中心工作，深入开展研究、宣传、弘扬延安精神，组织学习党的十七届六中全会精神、云南省第九次党代会精神，学习胡锦涛等中央领导有关新时期弘扬延安精神的重要讲话，以纪念中国共产党成立90周年为契机，大力宣传弘扬延安精神，深入开展延安精神进机关、进校园、进农村、进社区、进企业活动，采取多种宣传教育形式扩大延安精神宣传，积极参与省、市召开的庆祝会、经验交流会，贯彻学习省、市会议精神，认真办好本会会刊，加强宣传引导，加强延安精神研究会自身建设，提高会员素质，为推动麒麟区各项事业向前发展作出贡献。

年底，区延安精神研究会共有会员2 443人，共建立13个分会，255个会员小组，会员遍布机关、学校、乡（镇）街道、农村、社区。先后组织会员278人参加基层调研，共写出调研报告357份，供领导决策参考。年内，被区委、区政府授予“老有所为”先进集体称号。

【纪念建党90周年发扬光大延安精神】 在中国共产党成立90周年之际，区延安精神研究会各级组织开展了形式多样的庆祝活动，并发动会员撰写纪念文章，区延安精神研究会从中挑选出49篇整理成书，编印500本发至各级领导和基层供学习宣传，大力歌颂党的光辉革命历程。

在麒麟区庆祝建党90周年马克思主义经典理论读书征文活动中，区延安精神研究会会长刘其林，副会长邓永昌、张文新等3人带头撰写的论文分别获得二、三等奖。

【深入开展延安精神“五进”活动】 2011年，区延安精神研究会各级先后举办弘扬延安精神骨干培训班38期，参训骨干2 352人次；开展延安精神进校园宣讲活动410场次，参听人数61 433人次；开展延安精神进机关宣讲活动47场次，参听人数6 646人次；开展延安精神进农村宣讲活动199场次，参听人数27 252人次；开展延安精神进社区宣讲活动70场次，参听人数9 290人次；开展延安精神进厂矿企业宣讲活动31场次，参听人数1 752人次。

在延安精神“五进”活动中，坚持与时俱进把弘扬延安精神融入时代精神之中，做到六个结合：一是把延安精神的理想信念，坚定正确的政治方向与坚持新时期党的基本路线，坚持走建设中国特色社会主义道路，构建和谐社会相结合；二是把延安精神理论联系实际，实事求是的思想路线与中央提出深入调查研究，求真务实，反对弄虚作假要求相结合；三是把延安精神全心全意为人民服务的宗旨与中央关于立党为公、执政为民、以人为本，权为民所用、情为民所系、利为民所谋等指示相结合；四是把延安精神自力更生，艰苦奋斗的创业精神与社会主义新农村建设，落实“生产发展、生活宽裕、乡风文明、村容整洁、管理民主”的方针以及深化改革开放、调整经济结构、促进科学发展等指示相结合；五是把延安精神发挥党员先锋模范作用、永葆革命青春、廉洁奉公、勇于批评和自我批评的精神与加强党的廉政建设，开展党员先进性教育、社会主义荣辱观教育、创先争优等活动相结合；六是把延安时期抗大办学育人精神与用延安精神办学育人，加强师德、师风、校风建设，培育“四有”新人相结合。

【多种形式宣传延安精神】 2011年，在开展延安精神“五进”宣讲活动的同时，采取多种形式弘扬延安精神。结合庆祝“七一”、“十一”等重大活动，召开座谈会、报告会、文艺演唱会等歌颂延安精神，歌颂党的英明领导，歌颂社会主义制度的优越性，歌颂新中国成立以来的发展变化，人民生活的巨大改善，改革开放以来的大好形势等。组织党员干部群众和青年学生参观革命教育基地，进行革命优良传统教育，歌颂革命先烈为着革命的理想信念，为实现人民大众的翻身解放，过上幸福生活而建立的丰功伟绩，全年各单位、学校共举办革命教育基地学习教育115场次，受教育人数80 401人次。西城街道三元宫爱国主义教育基地累计接待中央、各省、市、区参观学习、瞻仰人员共计17万多人次。利用上党课、培训班、创先争优活动，贯穿延安精神内涵进行宣传弘扬319场次，参听人数85 147人次。利用报告会、座谈会、动员会等穿插延安精神的内涵进行宣传教育107场次，参听人数34 891人次。利用广播、文艺等宣传弘扬延安精神，唱响革命主旋律。先后利用广播宣传958次，黑板报、橱窗、展板宣传1 419次，全区193个基层业余文艺宣传队（组），开展红歌演唱846场次，

【对外宣传和经验交流】 2011年，云南省“用延安精神办学育人第七次经验交流会”文集书刊共刊登麒麟区延安精神研究会上报的8篇文章。6月，省、市先后召开庆祝建党90周年纪念会，区延安精神研究会共报送省、市各12篇文章，并有3人在省、市大会上作交流发言，市延安精神研究会在印发的专辑中，刊登麒麟区的5篇文章，在全市进行交流。省召开的纪念大会上，麒麟区有3篇文章在全省大会上书面交流，有1人作大会发言交流。11月中旬，省召开延安精神进农村第二次经验交流会，麒麟区延安精神研究会共上报5篇文章，有2人出席会议，有2篇文章在大会上作书面交流，副会长邓永昌代表麒麟区在大会上作大会交流发言。会后，区延安精神研究会及时印发全省会议概况，省人大副主任杨建甲、省延安精神研究会会长吴光范、省延安精神研究会常务副会长胡润等领导在会上的讲话精神，供学习贯彻。12月9日召开区延安精神研究会第三届理事会议，到会25人，由会长刘其林主持，会上集体学习贯彻云南省第九次党代会精神，进一步传达贯彻全省延安精神进农村第二次经验交流会议精神，通报了区延安精神研究会工作情况，研究部署下步工作的意见。

【加强宣传，办好会刊】 2011年，区政府把办好会刊，加强宣传引导作为区延安精神研究会工作的一个组成部分。全年区延安精神研究会印发的《通讯》39期（累计270期），刊登弘扬延安精神有关文章75篇；印发《专刊》1期（累计28期），刊登文章6篇；印发《庆祝中国共产党成立90周年论文集》书刊500本，刊登文章49篇；印发《弘扬延安精神放射时代光芒——省刊登麒麟论文选编》书刊500本，刊登文章34篇；印发《弘扬延安精神放射时代光芒——市刊登麒麟论文选编》书刊500本，刊登文章25篇。

（邓永昌）

统战工作

【概　述】 2011年，区委统战部按照市委统战部提出的工作要点，围绕区委、区政府“六城四区两中心”的奋斗目标，以构建大统战工作机制为基础，以协调五大关系为重点，以统一战线基层组织为突破，扎实工作，勇于探索，开拓创新，为推动麒麟经济又好又快发展，凝聚人心，汇集力量。全力服务科学发展，着力巩固政治基础，全力开创统战工作新局面。

【统战调研和理论创新工作】 按照市委统战部的要求和下发的调研课题，在全区统战系统内掀起调研高潮。5月15～20日，8月2～17日两次组织统战部干部深入到乡（镇）街道、区直各部门进行如何抓好基层统战工作的调研。通过调研，一方面让统战干部进一步熟悉统战对象，广交朋友，为做好统战工作奠定坚实的群众基础。另一方面，调动了统战干部工作的积极性，提高了统战干部统战业务水平，形成调研报告15篇。针对创新工作管理的要求，形成统战工作创新工作管理调研报告2篇，上报市委统战部。

6月30日下午，组织召开统战办主任会议，对上半年工作进行总结，安排布置下半年工作。把麒麟区统战工作经验交流理论材料汇编成册，下发到区直各部门。9月上旬，对统战干部撰写的调研报告进行评比，并把2篇典型报告分别上报市委统战部和省委统战部。

【企业走访活动】 年内，共走访20余户非公企业。通过走访活动，在宣传党委政府发展非公经济的方针政策的同时，了解企业生产经营的困难，加强非公经济人士的思想疏导和政治引导，指导非公企业加强党、团、工、青、妇组织建设，按照国家产业政策，推进企业调结构、转方式、促进企业科学发展。

【推进非公企业“创先争优”活动】 按照省、市、区委的部署要求，积极协调，与乡（镇）街道工作形成合力，积极推进非公经组织“创先争优”活动的开展。多次深入企业指导活动的开展。4月12日，市非公经济组织创先争优活动督查组到麒麟区检查指导工作，深入越州镇众一精细化工股份有限公司，实地查看企业生产运转情况和创先争

优活动开展情况，听取众一精细化工股份有限公司创先争优活动开展情况的汇报。督查组对麒麟区非公经济组织开展创先争优活动给予高度肯定，要求创先争优活动要与企业转型升级，科学发展结合起来；与云南省“感恩行动”相结合，承担社会责任，致富思源、富而思进；与企业文化建设更好地结合起来，开展好党群共建；与提升企业员工整体素质相结合，促进更多员工加强学习，争创先进。

【非公有制经济人士参政议政】 充分发挥工商联在非公有制经济人士参与政治和社会事务的主渠道作用，紧紧围绕党和政府的中心工作、非公有制经济发展和非公有制经济人士普遍关心的热点、难点问题开展调研。积极组织区人大代表、区政协委员中的非公经济人士参政议政，围绕非公经济发展建言献策，在区人大、区政协三届四次全会上，非公经济人士所提意见建议、提案在数量和质量上都明显提高。

【服务非公经济人士会员】 注重服务平台的搭建，积极为会员提供力所能及的服务。搭建政企沟通平台，及时做好上情下达和下情上报工作，使企业的诉求党委政府领导听得见，党委政府发展非公经济的决心和举措企业看得见，增强了非公企业发展的信心动力；搭建协调服务平台，及时向有关部门反映非公企业的意见建议，协调职能部门为非公经济发展服务，全力维护非公企业的合法权益；搭建政策服务平台，为使民营企业提高管理水平，创新发展创造条件，组织非公经济人士参加各种论坛和培训讲座活动；搭建合作交流平台，充分发挥商会民间性的优势，广泛开展与周边市县之间、企业之间的学习交流活动，组织开展非公经济人士联谊活动，组织企业参加昆交会、展览会和招商会，帮助企业寻找商机，协助企业考察投资项目，促进商会及企业会员的交往与合作。搭建融资平台，积极引荐各类银行、融资担保公司等金融机构，为麒麟区中小企业融资牵线搭桥，力争缓解部分中小企业融资难题。引导非公经济人士弘扬“光彩”精神，积极承担社会责任。

【党外代表人士队伍建设】 加强党外代表人士队伍建设，凝聚党外人才助推创业。切实抓好党外干部培训教育。注重培养选拔党外干部，党外代表人士队伍结构进一步优化，综合素质进一步提高。党外干部管理走向制度化、规范化。2011年10月27日组织党外干部培训，区委副书记、区委统战部部长罗中山作动员讲话，区政府副区长周光芬通报区情；市委统战部副部长孙敬和市委党校副校长滕黎楠分别作专题讲座。加强对新的社会阶层人士的引导，引导新阶层人士投身创业。区人大、政协和工商联、区委党校等部门进一步加强对新的社会阶层人士培训教育和引导，举办专题培训班1次，加强和完善对新社会阶层人士的教育，引导、服务等方面的机制。

【民族宗教工作】 认真贯彻执行党的民族政策，加快民族地方的经济发展、社会进步和群众生活的改善，促进各民族共同繁荣。进一步指导西城街道石板河回族村完成民族团结示范村创建项目建设；协调资金帮助红土墙村委会改善办公条件；向省、市民委争取项目资金90多万元用于改善民族地区基础设施建设。广泛开展马克思主义民族观、党的民族政策和民族团结的宣传教育，充分利用民族节日活动、培训讲座、广播、电视网络、标语口号等多种教育形式，在各民族中牢固树立了“两个不同”和“三个离不开”的思想，为做好民族工作奠定了坚实的思想基础。切实加强民族工作的组织领导，认真研究、妥善解决影响民族团结的矛盾和问题，推动各民族和睦相处、和衷共济、和谐发展。

坚持把爱国与爱教结合起来，引导宗教界增强国家意识和民族观念，巩固和发展党同宗教界的爱国统一战线。3月22日召开麒麟区民族工作会议及第三届民族进步表彰大会；4月份签订宗教活动场所目标管理责任书，并对宗教场所目标责任制实施情况进行检查；6月7日圆满承办2011年居士菩萨戒传戒法会，参会人员600余人；组织全区宗教界上层人士举行宗教政策法律法规培训会；8月底圆满完成区第二届佛协班子换届工作，组建了强有力的新班子，为佛教与社会主义事业相适应打下坚实的基础。

【做好港澳台侨工作】 密切同港澳台社会各界的联系。广泛团结港澳台同胞和海外侨胞，不断壮大爱国爱港、爱国爱澳力量。6月23日下午，在锦怡花园酒店协助市侨联组织侨界人士欢聚一堂，共庆中国共产党成立90周年。积极培育华侨华人新生代骨干，加大对主流社会华裔代表人士、专业知识界代表人士的工作力度，充分发挥他们的作用。进一步强化做好依法维护侨权、深化为侨服务和搭建以侨招商工作。深入开展反“台独”、反“藏独”斗争。热情服务台胞台属。从生活、医疗卫生等各方面给予关怀和慰问。1月，走访慰问了林成等8户困难台胞、侨，并为他们送去慰问金和生活用品。注重排查化解，重视台商投诉协调、台胞台属的来信来访接待工作。做好港澳台胞相关人员的服务工作。加强对台宣传教育。加强文化交流，做好台湾台塑集团在麒麟区东山援建明德小学的宣传报道。认真传达贯彻全省台商投诉协调工作会议精神。积极主动为台商到麒麟区投资兴业牵线搭桥。为台商王志明投资麒麟区饮食业做好前期服务工作。

【社会维稳工作】 7月31日，31名新疆维族人员在麒麟城区主要街道和路口违法占道经营，贩卖哈密瓜，影响了城市管理秩序。麒麟区政府于31日下午组织统战、区城市综合行政执法局、民宗侨、公安、宣传等相关部门对摊点的位置进行了规范，避免占道经营。区委统战部认真落实领导小组的要求，主动出击，勇于作为，积极发挥大统战的优势，应用各种工作资源，整合区域内统战力量，上下协调，左右沟通，积极开展第二条战线的工作。使牵动各级领导和广大市民的占道经营哈密瓜事件得到圆满解决。

【宣传信息调研工作】 2011年，上报省委统战部信息6篇，市委统战部信息45篇，调研报告两篇，区委办、政府办信息14篇。省委统战部采用一篇，市委统战部发信息15篇，区委政府发4篇，曲靖日报发一篇，麒麟报道报道统战工作6次。通过宣传报道，统战工作工作赢得各级各部门的高度重视。区委宣传部把“统战四大宣传活动”列入全区宣传计划，区委党校把统战工作理论纳入党校培训计划。11月25～26日对统战干部及统战对象进行培训。

【召开统一战线各界人士中秋茶话会】 9月14日下午，区委统战部在政府麒麟厅召开全区统一战线各界人士中秋茶话会，全区各民主党派代表、非公经济代表、民族宗教界代表、党外干部、台胞台属、归侨侨眷等各界代表人士100余人欢聚一堂、共叙友情、共谋发展，为构建和谐麒麟共献良策。市委常委、市委统战部部长朱兴友，区领导罗中山、周光芬、丁美仙出席茶话会。区委副书记、统战部长罗中山结合当前的发展形势与任务，对各界人士提出三点意见：要把五个关系拓展开来，体谅包容，和而不同，实现统一战线事业的蓬勃发展；要把追求目标协调起来，把个人发展与社会发展联系起来，团结一致、共同发展，实现人与社会的共同进步；要把独特优势显现出来，凝聚智慧、汇聚力量，实现统一战线的根本目的。统一战线要在围绕中心中定位、在服务大局中尽责，发挥社会各界参政监督优势，发挥联系交往优势，发挥协调化解优势，奋发有为、创新进取，各界人士要结合自身行业特点和工作实际，做各条战线上的标兵、楷模、“领头雁”，教育、引导全区广大统一战线成员，为推进麒麟区“三城”即安全城、文明城、园林城创建，实现区委提出的奋斗目标做出作出新的更大贡献。市委统战部副部长白丽芬、副区长周光芬分别讲话。

【举办全区党外干部、统战干部培训班】 9月12日，举办统战干部、党外干部培训班，培训人数200多人，市委统战部副部长孙俊对统战工作提出要求，区委副书记、统战部长罗中山出席开班典礼并作动员讲话，区人大副主任合子祥、副区长周光芬等领导参加了开班典礼。培训班邀请市委统战领导、市委党校教授授课，培训内容包括十七届五中全会精神、统战理论与实践、党外干部如何履职等。通过举办培训班，有效提高了党外干部的思想政治、业务素质和参政议政能力，从而更好地适应领导岗位和工作岗位的要求，为促进全区经济社会发展做出新的更大的贡献。

（袁冬生）

政策研究

【概　述】 2011年，区委政研室、区委农业农村工作领导小组办公室、区政府经济研究中心，对全区经济社会发展中的有关重大问题、人民群众普遍关心的热点难点问题进行调查研究，提出对策措施和意见建议，强化对农业农村工作的指导、督查和涉农部门的综合协调，参与党委、政府有关文稿的起草工作和重点工作的督查，履行好围绕中心、服务决策、当好参谋、综合协调、指导督查等综合部门的工作职责。

年内，为区委、区政府及相关领导决策提供依据；配合省、市委政研室做好有关专题调研和材料撰写工作；牵头完成区委农村工作会议的筹备及相关材料的准备工作；配合有关部门，做好相关材料的撰写工作；抓好新农村建设工作队及指导员工作，探索指导员管理、服务考核等工作；组织全区360户农村民居开展地震安全工程建设工作；开展10个社会主义新农村省级重点村建设等专项工作。

【专题调研】 2011年，根据区委、区政府的安排部署，区委政研室经过深入调研，先后撰写民居地震安全工程建设、社会主义新农村省级重点建设村、新农村建设工作队及指导员工作等会议的领导讲话稿和农村“两新建设”情况报告；承担抗旱综合情况周报，撰写旱情报告1～23期，调研形成推进城乡建设一体化情况报告等材料；参与制定麒麟区“十二五”规划，根据麒麟区实际，提出“转变方式、转变政府职能、突出重点、跨越发展”的相关意见和建议；开展麒麟区“桥头堡”建设规划的资料收集和探讨，在掌握领会国务院为支持云南“桥头堡”建设确定的16大战略目标，30条以上突破性政策的前提下，为制定麒麟区“桥头堡”建设规划提出“围绕战略目标，吃透突破性政策，找准突破点”的相关建议；参与有关部门对党的建设、民主法制建设、基层政权建设和社会稳定等方面的一些热点难点问题进行调研，并及时将情况报告区委、政府决策参考；按分管领导的要求，及时了解、综合全区“三农”中的种养殖业，一事一议、财政奖补，“三务”公开、大小春粮食生产以及经济作物种植调整、抗旱救灾等工作情况，及时提供领导参考；配合市委政研室对区域范围内流动人口、市委提出的“12345”工作思路、乡村农民生产生活用煤及土地增减挂钩等问题进行调研；与瑞丽市委政研室对麒麟区“三校”合一建设工作经验进行交流探索；根据区委的安排部署，承担党的十七届五中全会精神的部分宣讲任务，派出人员先后在区直机关和乡镇、村（居）委会作宣讲报告11次，听课人员2 000多人次。

【农村民居地震安全工程】 麒麟区农村民居地震安全工程建设启动后，采取有力措施，把整村推进、民居地震安全工程、云南省社会主义新农村省级重点村紧密结合起来，一起研究、一起部署、一起落实，取得了事半功倍的实效，全区社会主义新农村建设呈现出良好的发展态势。2011 年，麒麟区民居地震安全工程以越州镇马坊、竹园 2 个村委会为项目实施点，项目计划修缮加固 360 户，省级补助 72 万元。工程通过自检，合格率 100%。在实施 2011 年农村民居地震安全工程建设过程中主要是通过两个整合、搞好三个服务、做到四个结合、建立五项制度、落实六个到户、抓实七项措施、取得了八个方面的经验地做法，全面完成 2011 年任务。

【社会主义新农村省级重点村建设】 2011 年，根据省委、省政府和省委农村工作领导小组关于全省社会主义新农村建设的总体部署，结合麒麟区实际，通过社会主义新农村省级重点村建设这一龙头，推动扶贫攻坚、整镇推进、“两新”建设、城乡一体化建设，形成“一龙头，四推动”的社会主义新农村建设新格局。

2011 年，麒麟区社会主义新农村省级重点村建设分别安排在东山镇转长河村委村委会河西村、水井村委会水井村，越州镇上坡村委会平旗田村、西关村委会朱依山村，茨营乡团结村委会海三凹村、大麦村委会下大麦村，寥廓街道石灰窑村委会中营村，珠街乡中所村委会中所营村，沿江乡大龙村委会大龙村、新圩村委会刘家增村。新修水泥路 14 条，5 817 米；活动广场 4 个，7 908 平方米；篮球场 2 个，1 020平方米；排水沟 4 条，2 740 米；挡墙 15 堵，1 234.88 立方米；桥涵 8 座；垃圾收集点 1 个，12.8 平方米。

在深入调研和全面分析的基础上，申报并被批准 10 个以最贫困、最边远、生产生活条件最差、历史上得到公共财政支持最少的村（居）民小组为社会主义新农村省级重点建设村。

提出“一个率先”、突出“两个重点”、实施“三区战略”，努力实现农村经济发展新跨越。“一个率先”即用 3 ~ 5 年时间在全市率先全面实现小康目标。“两个重点”是以发展现代农业产业为重点，增加农民农业收入；以发展农产品加工、运输业、劳务产业、农村服务业等农村新兴产业为重点，增加农民的非农产业收入。“三区战略”即实施农业稳区、工业强区、三产活区战略，在农业稳产增效的基础上，以发展工业和第三产业来促进农村经济发展。

为培育并形成“重点示范村”带动新农村建设，形成整体推进的新格局，坚持以点带面、统一规划、整体推进的原则，把重点村打造成麒麟区社会主义新农村建设示范村；同时，围绕主导产业强村，工商企业富村，科技人才兴村，生态家园建村，支部组织带村的建设思路，打造了一批具有高原水乡特色的新农村。在重点村的影响带动下，全区 80% 的村（社区）开展了新农村建设，形成整体推进新农村建设的新格局。

按照“渠道不变、捆绑使用、各记其功”的原则筹措资金，以乡（镇）街道和区直各部门为单位，统筹安排各类项目和资金，共同推进省级重点建设村，做到渠道不乱、用途不变、形成配套扶持合力，使有限的项目和资金发挥最大效益，做到人、财、物、政策、科技配套扶持。

在社会主义新农村省级重点建设村项目建设这个龙头的带动下，全区社会主义新农村建设取得重要进步，广大农村生产生活条件明显改善、农民收入明显增加、文明程度明显提高、村容村貌明显改善，人民群众真正得到实惠，党委、政府在群众心目中的地位进一步提高，党群、干群关系明显改善，基层组织的战斗力、凝聚力进一步增强。

【选派第五批新农村建设工作队指导员】 2011 年，按照省委、市委关于选派第五批新农村建设工作队的统一部署和有关文件要求，区委组织部下发《关于做好 2011 年度新农村建设工作队及指导员选派工作的通知》，对新农村建设指导员选派工作进行具体安排。在第五批 76 名新农村建设指导员中，省级下派 9 名（其中总队长 1 名），占 11.6%；市级下派 11 名，占 14.29%；区级下派 34 名，占 44.12%；乡镇（街道）下派 22 名，占 29.99%。副厅级干部 1 名，占 1.3%；处级干部 3 名，占 3.9%；科级干部 18 名，占 23.4%；一般干部 55 名，占 71.4%。

区委、区政府高度重视，一是成立区委分管副书记任组长、区委组织部部长和区政府分管农业农村工作的副区长任副组长，区直相关部门负责人为成员的新农村建设工作队领导小组，负责协调解决新农村建设指导员工作中的重大问题，下设办公室，负责新农村建设指导员的日常管理与服务工作；二是将新农村建设工作队工作经费纳入财政预算，各乡（镇）街道也都安排了专门的工作经费，为新农村建设指导员工作的有序开展提供组织和经费保障。做到一个领导小组，一名分管领导，一个专门机构，一笔专项经费，一套管理制度“五个一”，保证工作有序开展。

区委“新农队办”下发《关于做好第五批新农村建设指导员工作的通知》，要求每位指导员都要围绕指导员的职责任务开展调研，准确掌握所驻村的经济社会发展现状、制约因素及比较优势，结合所驻村实际，对当地农村经济发展、新农村建设及基层组织建设等方面提出今后开展工作的目标任务、工作思路及工作措施，并形成3 000字左右的书面调研报告。通过调研，使指导员了解村情民意，为当好政策法规的宣传员、群众信访的调解员、富民强村的服务员、制度落实的监督员和组织建设的督导员的“六员”职责夯实了基础。

年内，区、乡“新农队办”采取多种有效措施，通过全区第五批 76 名指导员的努力，指导员履行群众信访调解员职责，参与信访接待 467 次，接待来访群众 1 283 人次，制止群体性上访 28 次，计 712 人次；排查热点难点问题 345 次 406 件；调处矛盾纠纷 277 件，成功率

99.8%；制止群体性械斗12件300人次，处置突发性事件17件282人次。履行政策法规宣传员职责，宣传党和国家在农村各项的路线、方针、政策和法律法规，开展广播宣传563次，印发宣传单16 460份，张贴标语1 187条，入户宣传14 48次，举办法律知识讲座27次，参加农民2 360人。履行富民强村服务员职责，帮助所驻村制定经济发展规划78个，培育支柱产业68个，促进劳动力转移24 535人，培育集体经济项目35个，培养特色产业39个，举办实用技术培训57期4 196人次，协调项目28个，总投资3 662万元。履行制度落实监督员职责，协助建立健全规章制度213个，监督规范民主活动211次，监督规范“三务”公开158次，参与“三务”公开质询听证会62次，参与招投标22次，处理农民负担案件16起。履行组织建设督导员职责，督促村级实施“云岭先锋”工程139次，督促开展“三级联创”活动179次，参加村“两委”会议513次，提出合理化建议336条，讲党课86次，协助选拔培养村级后备干部97人，协助建立健全党员管理制度111个。通过强化指导员“六员”作用的发挥，促进了全区新农村建设指导员工作的整体有效推进。呈现出“四个明显”：全区的新农村建设明显推进、农业产业化发展明显加快、农村文明程度明显提升、指导员个人素质明显提高。

【召开新农村建设指导员工作培训会】 3月29日，区委召开为期一天的第五批新农村建设工作队及指导员工作培训会。区委副书记、区委新农村建设工作队及指导员工作领导小组组长罗中山，区委常委、区人民政府副区长林家德，区委常委、组织部长周永江，区委“新农队办”领导，各乡（镇）街道党（工）委分管副书记，第五批全体指导员共90余人参加会议。会议由区委第五批新农村建设工作队总队长孙杨维主持。

会上，罗中山作题为《珍惜机会 踏实工作 努力完成新农村建设指导员的光荣使命》的重要讲话。周永江在充分肯定成绩的同时，特别强调：一要再接再厉，迎难而上；二要总结经验，吸取教训；三要做好保障，加大投入。林家德全面介绍全区农业农村工作的基本情况和面临的挑战与机遇。

【召开新农村建设工作队工作会议】 4月24日，区委召开为期一天的第五批新农村建设工作队工作会议。市委政策研究室副主任、市委“新农队办”副主任李本宪，区委副书记、区委新农村建设工作总队总队长孙杨维，区委组织部领导、各乡（镇）街道党（工）委分管副书记、工作队长（副队长）、区委“新农队办”全体工作人员共30余人参加会议。与会人员先后参观了珠街乡小河湾小康示范村、沿江乡庄家圩小康示范村、鸡街村委会第十村民小组、三宝镇兴龙村委会亮子村民小组等4个点的新农村建设。三宝镇党委书记李文龙介绍了三宝镇的社会经济发展情况。各乡（镇）街道党（工）委分管副书记就新农村建设工作队及指导员工作进行交流发言。孙杨维传达省委副书记李纪恒在全省总队长研讨班上的讲话精神，并作重要讲话。区委政研室主任、区委“新农队办”主任黄国强对上段指导员工作总结，对下步工作进行安排。

【召开新农村建设工作队及指导员工作例会工作会议】 8月30日下午，区委召开第五批新农村建设工作队及指导员工作例会。市委新农村建设工作队领导小组副组长、区委副书记、区委新农村建设工作总队总队长孙杨维，市委政策研究室副主任、市委“新农队办”副主任李本宪，区委组织部领导、各乡（镇）街道党（工）委分管副书记、工作队长（副队长）、区委“新农队办”全体工作人员共30余人参加会议。会议由区委政策研究室主任、区委“新农队办”主任黄国强主持。

会上，各乡（镇）街道党（工）委分管副书记就新农村建设工作队及指导员工作、抗旱救灾工作进行了交流发言，孙杨维作题为《强化管理 发挥作用推进新农村建设指导员工作再上新台阶》重要讲话。

（陈惠珍）

史志工作

【概　述】 2011年，麒麟区委党史研究室、麒麟区政府地方志办公室（以下简称“区史志办”）认真贯彻落实中央、省、市史志工作会议精神和《中共中央关于加强和改进新形势下党史工作的意见》、国务院《地方志工作条例》，积极开展“创先争优活动”，学习贯彻十七届五中、六中全会精神，认真贯彻执行区委、区政府的决议、决定，按照中央、省、市党史、地方志部门的部署和安排，认真落实各项工作目标管理责任制，全面完成各项工作和任务。

年鉴工作。完成2011年《云南年鉴》、《云南小康年鉴》、《曲靖年鉴》、《中共曲靖市委执政纪要》“麒麟区”部分的撰稿工作；编辑出版2011年《麒麟区年鉴》。

党史工作。《中共中央关于加强和改进新形势下党史工作的意见》印发后，按照省、市党史工作会议的要求，主动向区委汇报，经区委常委会讨论，下发了《中共曲靖市麒麟区委关于加强和改进新形势下党史工作的意见》，明确党史工作的指导思想和基本要求，提出党史工作的主要任务，强调要加强领导，健全和落实党委领导党史工作制度，增强党史工作合力，加强党史工作队伍建设，强化保障，确保党史工作顺利开展，提高麒麟区党史工作科学化水平。区委常委会每年至少研究一次党史工作；每五年召开一次全区党史工作会议，表彰一批党史工作先进集体和个人；各乡（镇）街道设立一名党史工作联络员；从2012年起，每年编撰出版《中共曲靖市麒麟区委执政纪要》。制订《麒麟区2011～2015年党史工作规划》、《2011年史志工作意见》。按照云南省委党史研究室《关于对革命遗址和纪念设施进行抢救保护、修复修缮、新开发建设情况进行统计的通知》要求，9月完成珠街西海红军宣传标语、三宝五联红军宣传标语的修缮修复情况简介、计划和建设内容、投入资金、资金来源等情况统计上报工作；9月5日，协助中央电视台军事频道摄制组到西城街道西山社区关下村红军战斗遗址拍摄电视片《苦难历程》有关镜头，并向剧组介绍有关红军长征过曲靖及关下村战斗的有关史实；10月按照省委党史研究室《关于开办“寻访红色遗址”专栏的通知》要求，月底完成《攻占潦浒镇　血战澡塘坡》、《红军长征过曲靖西山时的关下村战斗和三元宫会议》两篇报道文章、并上报省、市党史研究室和云南日报文化生活部。基本完成《中共麒麟区地方史》第二卷初稿修改和审稿工作；继续征集老同志回忆资料。

地方志工作。在国务院颁布《地方志工作条例》五周年之际，区史志办采取召开地方志工作座谈会、发放宣传资料等途径，认真宣传《地方志工作条例》，争取领导对地方志工作的支持，为地方志工作提供保障。完成云南省地方志办公室安排的《麒麟区地方志30年》撰稿任务。继续做好指导乡镇、部门修志工作，从篇目设置、收集资料、撰写业务等进行精心指导。年内对《麒麟区烟草志》初稿进行修改和初审。

【编辑出版2011年《麒麟区年鉴》】　2011年版《麒麟区年鉴》于2011年10月由德宏民族出版社出版，全书共100万字，由21个部类组成，彩图59幅，黑白图157幅。全面、系统、准确记录全区2010年政治、经济、社会、文化思想建设各个方面的成效信息，为存史、资政积累资料。

【完成《中共麒麟区地方史》第二卷初稿撰写修改工作】　在认真研究，反复修改编写提纲，制定编撰方案的基础上，全体编撰人员按照分工，认真查阅资料，翻阅档案，集中精力撰写所承担的章节，查缺补漏，2011年7月底完成初稿撰写，8月进行初审和修改，11月稿件再次进行补充修改，12月稿件进行座谈审稿。

【召开《中共麒麟区地方史》（第二卷）审稿会】　12月22日，麒麟区召开《中共麒麟区地方史》（第二卷）审稿会，会议由原史志办主任吴乔贵主持，参加会议的有市史志办主任杨光彦、副主任韦滇萍，区委组织部副部长许泰聪和熟悉史实的18位老领导、老同志。会议通报了《中共麒麟区地方史》第二卷的编写和补充修改情况；市委党史研究室主任杨光彦、副主任韦滇萍对党史第二卷提出修改意见和建议，与会老领导就史实的增加和补充、修改提供许多重要线索和宝贵意见、建议。

【开展党史资料征编】　按照省、市党史部门关于加强建国后党史资料体系建设，特别是老同志回忆资料征集工作的要求，继续征集整理老同志、知情人士的回忆资料。党史研究室印发征稿启事，加强与老同志的联系。到2011年底，在已编辑出版两辑老同志回忆材料的基础上，征集到稿件32篇。

【制作党史展板】　根据《中共曲靖市麒麟区委关于开展中国共产党成立90周年纪念活动的通知》要求，区史志办制作《星火燎原　峥嵘岁月》、《辛勤耕耘创佳绩　资政育人谱新篇》2块展板。介绍了1928年春中共云南省立第三师范学校支部建立到1950年3月26日麒麟区中共地方党组织的建立和发展过程和1984年县级曲靖市成立党史、地方志工作机构，开展地方史志工作到2010年，在历届党委、政府的领导下和各有关部门的支持下，全体史志工作者开拓创新、扎实工作，取得的显著成绩。

（常秀英）

干部教育

【概　述】　2011年，认真落实《中国共产党党校工作条例》，省、市委贯彻《条例》的实施意见及全国、省、市党校工作会议精神，紧紧围绕全区经济社会发展大局，深入推进培训工作专业化、教学工作本土化、办学方式多元化、管理服务规范化、党校事业大发展目标，攻艰克难，开拓创新，团结一心，真抓实干，较好地发挥干部培训的主渠道作用和为党委、政府决策服务参谋助手作用，为促进全区经济社会发展和党的建设做出了积极贡献。

【干部培训轮训】　为适应新形势下干部培训轮训主体的多元化、多样化趋势，区委党校结合自身的特点，深化教学改革，采取“请进来、走出去”的路子，弥补自身师资不足、学科门类不齐、专业不配套的特点，以省、市委党校为依托，以各普通高校、大专院校为载体，以区职校、区农广校等专业技术学校为平台，建立专家库，进行“菜单式”教学。把中国特色社会主义理论体系作为党校教育的主课，积极探索新的教学实践，把党的大政方针政策和最新理论成果与当时当地的实际相结合，与区委政府的工作大局相结合，体现时代特征，以适应乡（镇）街道社区及两委干部的不同需求。在教学中，始终突出马克思主义基本原理与中国具体实际相结合这一基本原则，始终贯穿科学发展这条主线，及时把最新理论成果充实到教学中，把提高广大党员干部的党性锻炼和修养作为主题，始终体现党校姓“党”的基本特色。

积极开展“两校”进村活动。“两校”主要是指党校和农业技术推广学校。区委党校所面对的是乡（镇）街道、社区及两委干部，他们最需要的是党的各项富民惠民政策，需要的是农业科技和各种技能，需要的是各种就业和创业的门路。区委党校结合自身特点，选点布局，直接把党课上到村委会和社区，及时将党的各项惠民政策传达到普通党员干部之中。同时与区职业技术学校、区职成教中心联合，在村社的青壮年党员干部中开展适用技术培训，提高他们懂政策，有技能，会致富的能力和本领。

多层次办学模式得到进一步拓展。随着经济社会的不断发展进步，不同行业、不同层次、不同社会群体的利益诉求，知识需求、技能要求也不尽相同。这就需要不断改进教学方式，改变组织形式，改革教学模式。要把单纯的课堂教学模式与参观考察，现场教学相结合。根据不同班次的特点和需求，充分发挥市、区现场教学点和区外联合办学点的作用，组织党员干部到教学基地进行现场教学。在教学内容的安排上，根据不同层次的需求，实行分类别培训、分层次教学。对党政机关干部，着重提高他们履行岗位职责应具备的政治和业务素质，提高他们依法执政、科学执政的能力和水平；对企事业单位管理干部，主要采取企业任职资格培训和工商管理知识培训相结合的办法，着重提高他们的企业经营与管理能力，驾驶市场经济的能力；对专业技术人员，主要培训他们的职业道德、专业技能及岗位技能，提高他们爱岗敬业的道德素养和适应本行业的业务素质。在教学方式上，主要采取请相关专家专题讲授，请致富能手现场传授，按不同培训对象因材施教。

区委党校与区委组织部联合，先后举办学习贯彻党的十七届五中全会精神村（社区）干部培训班，农村党员基本技能培训班和学习贯彻党的十七届五中全会精神村委会（社区）干部及副科以上领导干部培训班。培训班围绕社会主义新农村建设改革发展若干重大问题，党的建设基本问题、基本经验和基本任务以及新型农民的基本技能进行专题培训。全区党员干部共计3 350人次参加了培训。

【开展弘扬延安精神宣传教育活动】 区委党校会员组以弘扬延安精神宣传教育为主线，以“两校进村”为平台，以宣传党的各项方针政策为载体，扎实开展延安精神宣传教育活动。2011年，区委党校教员到区直部门，乡（镇）街道、村委会、学校、企业上党课，宣讲五中、六中全会精神共计36人次，受训人数2 800人次。安排3名有经验的教师到区直部门及各乡镇对十七届六中全会精神进行宣讲。8月，党校与区职业技术学校联合，对新进事业单位工作人员进行专题培训，在培训内容上除专业技能、专业素质外，还设置了职业道德、传统美德的教育，弘扬延安精神。

【创新办学理念　拓宽办学渠道】 随着全国党校系统专、本科函授学历教育的结束，为适应新的发展形势，区委党校在完成区委下达的全区党员干部培训任务的同时，充分发挥区委党校与区职校、区职成教中心三校合一，合署办公，联合办学的优势，开展全方位、多层次、宽领域的办学格局，先后与云南师范大学、四川师范大学、省、市委党校联合，为需要提升学历的党员干部推荐专业学科，办理注册登记，请相关教师进行考前辅导，先后35人被省委党校在职研究生班录取，有5人参与四川师范大学成人教育学院的学习。在党校挂钩联系点，与区职业技术学校联合，开办农民职业技能适用技术中专班，招收学员48人。

（叶开宝）

麒麟区人民代表大会常务委员会

【概　述】 2011年，区人大常委会在区委的坚强领导和市人大常委会的监督指导下，全面贯彻党的十七大和十七届五中、六中全会精神，高举中国特色社会主义伟大旗帜，以邓小平理论和“三个代表”重要思想为指导，深入贯彻落实科学发展观，围绕区三届人大四次会议确定的目标任务，认真落实区委人大工作会议精神，积极履行宪法和法律赋予的各项职权。

常委会领导按照区委重点工作“五定方案”要求，积极参与到有关工作中去。积极参与区解决信访问题联合工作组、小坡物流中心建设工作，直接面对群众，化解矛盾纠纷。2011年，常委会领导多次深入到挂钩联系点建宁街道麻黄社区，调研情况、指导工作、帮助解决实际困难。深入开展“四群”教育，认真做好干部直接联系群众工作，机关干部职工共联系108户普通群众，认真做好调查了解和走访慰问工作。

【区三届四次人代会】 麒麟区第三届人民代表大会第三次会议于年1月27～30日在区政府报告厅举行。来自全区各条战线的244名人大代表出席了会议，市人大常委会副主任毕志峰到会指导，区委、区政府、区政协、曲靖开发区领导及离退休老同志、区直各单位负责人共260人列席会议。

会议听取和审查了区人民政府区长唐开荣作曲靖市麒麟区人民政府工作报告；审查了区人民政府关于曲靖市麒麟区国民经济和社会发展2010年计划执行情况与2011年计划意见（草案）的报告；审查了区人民政府关于曲靖市麒麟区2010年地方财政预算执行情况和2011年地方财政预算（草案）的报告；听取和审查了区人大常委会主任曾建明作曲靖市麒麟区人大常委会工作报告；听取和审查了区人民法院院长骆建才作曲靖市麒麟区人民法院工作报告；听取和审查了区人民检察院检察长太祥红作曲靖市麒麟区人民检察院工作报告。

会议表彰了寥廓街道人大工委等6个人大工作先进集体，区交通局等3个办理议案建议先进集体，张毅等23名优秀人大代表，陈毓智等9人人大工作先进个人，熊长稳等5人优秀议案建议领衔代表，杨东等3人办理议案建议先进个人。

【区三届人大常委会十九次会议】 麒麟区三届人大常委会十九次会议于1月16日在区政府会议楼胜峰厅举行。会议由区人大常委会主任曾建明主持，区人大常委会组成人员出席会议。区人民政府副区长周光芬，区人民法院院长，区人民检察院检察长，区人大常委会保留（享受）正处级待遇领导、助理调

云南省十六市（区）人大工作研讨会第四十四次会议在麒麟区召开

（刘武强　摄）

研员、委（室）主任、副主任列席会议。

会议听取和审议区三届人大四次会议主席团成员及秘书长建议名单（草案）；区三届人大四次会议列席人员名单；听取区人大常委会副主任丁美仙所作的代表资格审查报告；听取和审议区三届人大四次会议议案审查委员会建议名单（草案）；区三届人大四次会议财政经济审查委员会建议名单（草案）；区三届人大四次会议代表资格审查委员会建议名单（草案）；听取区人民政府副区长周光芬提区人民政府关于越州等三组团总体规划的议案和区建设局局长缪仑作区人民政府关于越州等三组团总体规划的说明。

会议表决通过了区三届人大四次会议的有关名单及区人大常委会关于《区人民政府关于越州等三组团总体规划的议案》的决议。

【区三届人大常委会二十次会议】

麒麟区三届人大常委会二十次会议于3月1日在区政府会议楼胜峰厅举行。会议由区人大常委会主任曾建明主持，区人大常委会组成人员出席会议。区人民法院院长，区人民检察院检察长，区人大常委会保留（享受）正处级待遇领导、助理调研员、委（室）主任、副主任列席会议。

会议听取和审议了人事事项。

会议决定因工作变动，接受吕元平辞去麒麟区第三届人大常委会委员职务；免去吕宝坤曲靖市麒麟区林业局局长职务，赵华邦曲靖市麒麟区发展和改革局局长职务，崔吉友曲靖市麒麟区农业局局长职务；任命陈学俊为麒麟区人大常委会南宁街道人大工委主任，顾宝祥为曲靖市麒麟区发展和改革局局长，郑家祥为曲靖市麒麟区工业和信息化局局长，唐德良为曲靖市麒麟区民族宗教侨务事务局局长，何琼芬为曲靖市麒麟区人力资源和社会保障局局长，缪仑为曲靖市麒麟区住房和城乡建设局局长，冯明祥为曲靖市麒麟区交通运输局局长，吕宝坤为曲靖市麒麟区农业局局长，吕元平为曲靖市麒麟区林业局局长，房福军为曲靖市麒麟区商务局局长，王飞为曲靖市麒麟区文化体育局局长，杨波为曲靖市麒麟区城市综合行政执法局局长，张云安为曲靖市麒麟区煤炭工业局局长，高康为曲靖市麒麟区食品药品监督管理局局长。

【区三届人大常委会二十一次会议】

麒麟区三届人大常委会十四次会议于4月15日在区政府会议楼胜峰厅举行。会议由区人大常委会主任曾建明主持，区人大常委会组成人员出席会议。区人民政府区长唐开荣、区人民法院院长，区人民检察院检察长，区人大常委会保留（享受）正处级待遇领导、助理调研员、委（室）主任、副主任列席会议。

会议听取和审议了人事事项和区人民检察院干部队伍建设专项工作的报告及区人大常委会法工委的调查报告。

会议决定，任命缪仑为曲靖市麒麟区人民政府副区长。

【区三届人大常委会二十二次会议】

麒麟区三届人大常委会十五次会议于5月9日在区政府会议楼胜峰厅举行。会议由区人大常委会主任曾建明主持。区人大常委会组成人员出席会议。区人民政府区长唐开荣、副区长杨忠武，区人民法院院长，区人民检察院检察长，区人大常委会保留（享受）正处级待遇领导、助理调研员、委（室）主任、副主任，区发改局、区财政局、区民政局等单位领导以及参加区人大常委会组织检查和调研的人大代表列席会议。

会议听取和审议了区人民政府区长唐开荣所提的人事议案；听取区人民法院院长骆建才提人事议案；听取区委组织部常务副部长许

麒麟区第三届人大代表第四次议政会　　（刘武强　摄）

泰聪作人事事项说明。听取区人大常委会农工委主任陈毓智作全区农村金融工作的专题调研报告。听取区人大常委会民宗委主任李咏梅作全区少数民族地区经济社会发展的专题调研报告。听取区人民政府副区长杨忠武作全区中小学素质教育的专项工作报告和区人大常委会教科文卫委的调研报告。

会议决定，因工作变动，免去汤跃宏麒麟区人民政府副区长、市公安局麒麟分局局长职务；因任职年龄到限，免去潘晓兰麒麟区人民法院民三庭副庭长职务；因到龄退休，免去张劲麒麟区人民法院审判员职务；因提前退休，免去杜薇麒麟区人民法院审判员职务；任命赵卫东为麒麟区人民政府副区长、市公安局麒麟分局局长。

【区三届人大常委会二十三次会议】

麒麟区三届人大常委会十六次会议于8月5日在区政府会议楼胜峰厅举行。会议由区人大常委会主任曾建明主持。区人大常委会组成人员出席会议。区人民政府常务副区长林家德、区人民法院院长，区人民检察院检察长，区人大常委会保留（享受）正处级待遇领导、助理调研员、委（室）主任、副主任，区建设局、区农业局、区审计局等单位领导以及参加区人大常委会组织检查和调研的人大代表列席会议。

会议听取和审议了人事事项；听取区人民政府常务副区长林家德提麒麟区“十二五”时期消防工作发展规划的议案；听取区公安消防大队教导员史晓贵作麒麟区“十二五”时期消防工作发展规划说明；听取区人民法院院长骆建才作人事议案说明；听取区人民检察院检察长太祥红作人事议案说明；听取区人大常委会选联委主任赵聪仙作全区人大代表活动室建设、《代表履职手册》使用、代表活动三项工作的检查报告；听取区人大常委会教科文卫委主任沙荣发作全区农村文化书屋管理使用情况的视察报告；听取区农业局局长吕宝坤作区人民政府贯彻执行《中华人民共和国渔业法》的情况报告，区人大常委会农工委的检查报告（书面）；听取区财政局局长段建平作麒麟区2010年财政决算情况的报告，区人大常委会财经委的审查报告（书面）；听取区审计局局长高建所作区人民政府2010年区级财政预算执行及其他财政财务收支审计报告。

会议表决通过了《麒麟区“十二五”时期消防工作发展规划的决议》和《麒麟区2010年区级财政决算的决议》；会议决定，因工作变动，免去董兴富、关玉、郭聪辉、邱洪麒麟区人民法院审判委员会委员职务；因任职年龄到限，免去耿德庄麒麟区人民法院民二庭副庭长职务。因工作变动，免去张超仁、桂艳萍、王志刚麒麟区人民检察院检察员职务；任命唐雷、陆平、王斌、龚云、殷婷为麒麟区人民检察院检察委员会委员。

【区三届人大常委会二十四次会议】

麒麟区三届人大常委会十七次会议于9月23日在区政府会议楼胜峰厅举行。会议由区人大常委会副主任丁美仙主持。区人大常委会组成人员出席会议。区人民政府常务副区长林家德，区人民检察院检察长，区人大常委会保留（享受）正处级待遇领导、助理调研员、委（室）主任、副主任，区计生局、区建设局、区劳动和社会保障局等单位领导以及参加区人大常委会组织检查和调研的人大代表列席会议。

会议听取和审议了人事议案；听取区人大常委会党组成员、办公室主任徐凤平作人事议案说明；听取区人民政府常务副区长林家德作人事议案说明；听取区人民法院副院长任光华作人事议案说明；听取区委组织部常务副部长许泰聪作人事事项说明。听取区人大常委会城建环保委主任姚云建作城市交通管理工作视察的报告；听取区人民法院副院长任光华作区人民法院刑事审判专项工作报告，区人大常委会法工委的前期调研报告（书面）；听取区人大常委会城建环保委主任姚云建作温泉度假区项目推进情况的专题调研报告。

会议决定，免去缪仑麒麟区住房和城乡建设局局长职务，李昆麒麟区人民政府办公室主任职务，郑家祥麒麟区工业和信息化局局长职务，张云安麒麟区煤炭工业局局长职务，张天良麒麟区人民法院越州中心法庭庭长职务，张祖培麒麟区人民法院越州中心法庭副庭长、审判员职务；任命张文君为麒麟区人大常委会选举联络工作委员会副主任，桂竟程为麒麟区人民政府办公室主任，李昆为麒麟区住房和城乡建设局局长，王国华为麒麟区工业和信息化局局长，刘文华为麒麟区煤炭工业局局长，李云聪为麒麟区人民法院越州中心法庭庭长，孙玉昆、许宝仓为麒麟区人民法院审判委员会委员，陈明、殷艳玲、高玉娟、李锦为麒麟区人民法院审判员。

【区三届人大常委会二十五次会议】

区人大离退休支部开展纪念建党90周年活动　（刘武强　摄）

麒麟区三届人大常委会十八次会议于11月1日在区政府会议楼胜峰厅举行。会议由区人大常委会副主任丁美仙主持。区人大常委会组成人员出席会议。区人民法院院长，区人民检察院检察长，区人大常委会保留（享受）正处级待遇领导、助理调研员、委（室）主任、副主任，参加区人大常委会组织检查和调研的人大代表列席会议。

会议听取和审议人事事项。

会议决定，因工作变动，接受曾建明辞去麒麟区人大常委会主任职务。

【区三届人大常委会二十六次会议】 麒麟区三届人大常委会十八次会议于12月22日在区政府会议楼胜峰厅举行。会议由区人大常委会副主任丁美仙主持。区人大常委会组成人员出席会议。区人民政府副区长杨国全、区人民法院院长，区人民检察院检察长，区人大常委会保留（享受）正处级待遇领导、助理调研员、委（室）主任、副主任，参加区人大常委会组织检查和调研的人大代表列席会议。

会议听取区人民政府副区长杨国全提区人民政府关于《麒麟区乡村旅游总体规划（2011～2025）》的议案和《麒麟区2011年地方财政收支预算调整方案》的议案；听取区旅游局局长李敏作乡村旅游规划的说明；听取区财政局局长段建平作2011年地方财政预算调整方案的说明。听取区人民政府副区长杨国全作《麒麟区人民政府关于办理区人大常委会审议意见情况的报告》；听取区药监局局长高康作《麒麟区人民政府贯彻执行＜中华人民共和国药品管理法＞情况报告》；区人大常委会民宗委的执法检查报告（书面）。听取区人大常委会财经委主任黎苹作《关于麒麟区2011年区级财政收支预算调整方案的审查报告》（书面）；听取区人民检察院检察长太祥红作《区人民检察院关于办理区人大常委会干部队伍建设审议意见的情况报告》；听取区人大常委会法工委主任刘朝开作《关于全区社会治安综合治理工作进行视察的报告》；

会议表决通过《区人大常委会关于批准＜2011年区级财政收支预算调整方案＞的决议》；《区人大常委会关于批准＜麒麟区乡村旅游总体规划（2011～2025）＞的决议》。会议还对"一府两院"办理区人大常委会审议意见的情况报告进行无记名投票表决。

【区三届人大三次议政会】 8月5日召开区三届人大代表第四次议政会议。会议由区人大常委会主任曾建明主持。省、市、区125名代表参加会议，不是代表的区人民政府副区长，区人大常委会助理调研员、委室主任、副主任，区人民政府部门负责人，街道办事处主任41人列席会议。会议听取和审议区人民政府区长唐开荣所作的《2011年上半年政府工作报告》以及区人大常委会副主任丁美仙所作的《麒麟区人大常委会关于对区人民政府2011年上半年工作进行调查的情况报告》。代表积极议政，建言献策。会议形成《曲靖市麒麟区第三届人大代表第四次议政会会议纪要》。会议对区人民政府2011年上半年的工作给充分肯定，同时也对存在的问题和困难进行了分析，提出一些建设性的意见和建议。

【重大事项决定决议权】 2011年，区人大常委会根据区人民政府的提请，先后对《关于越州等三组团总体规划的议案》、《关于"十二五"消防工作发展规划的议案》、《关于麒麟区乡村旅游总体规划（2011～2025）的议案》进行了认真审议，通过并批准了三个规划，形成了相应的决议。这三个议案的批准实施，将推动全区小集镇建设、消防工作和旅游工作的快速发展，积极支持了政府的重点工作。

【监督工作】 2011年，区人大常委会共听取和审议"一府两院"专项工作报告6个，对5部法律法规的贯彻实施情况进行检查，对5个政府工作部门进行工作评议，对3项工作进行视察，对3个专题进行调研。组织听取和审议区人民政府2010年地方财政预决算执行情况和其他财政收支审计工作专项报告、2011年上半年国民经济和社会发展计划执行情况专项报告、2011年上半年财政收支预算执行情况专项报告。组织对区卫生局、区水务局、区教育局、区民政局等部门预算执行情况进行检查。组织部分市、区人大代表深入到东山镇、南宁街道、白石江街道视察，推进"平安麒麟"创建步伐，全面了解掌握全区社会治安综合治理工作开展情况。听取和审议全区中小学素质教育开展情况专项工作报告。组织部分区人大代表对《中华人民共和国药品管理法》进行执法检查。组织部分市、区人大代表对全区农村文化书屋管理使用情况进行视察，组织听取和审议区人民法院刑事审判和区人民检察院干部队伍建设情况专项工作报告。组织部分区人大代表对《中华人民共和国税收征管法》进行执法检查。组织部分区人

区人大常委会评议商务局工作动员会　（刘武强　摄）

大代表对《中华人民共和国渔业法》进行执法检查。组织对全区少数民族地区经济社会发展情况进行了专题调研。组织部分区人大代表对全区贯彻执行《云南省信息化促进条例》进行执法检查。组织对全区农村金融工作进行专题调研。组织区人大代表对城市交通管理工作进行视察。组织对温泉度假区项目推进情况进行专题调研。同时，协助配合省人大环资委调研《云南省曲靖独木水库保护条例》贯彻执行情况、省人大外事华侨委调研侨资企业权益保护情况；配合市人大常委会对麒麟区土地管理工作、区乡人大同步换届选举工作、农业产业化进程及现代农业发展情况、麒麟职业教育发展情况、全区煤炭安全生产工作、代表活动室建设情况进行视察，对《中华人民共和国人民警察法》贯彻执行情况进行执法检查；与市人大联合开展“云南环保世纪行”记者采访活动。组织听取专项工作报告、专题调查、代表视察、执法检查、工作评议等监督工作，区人大常委会组织组成人员、兼职委员、部分人大代表和区政府及其有关部门进行审议，并形成相应的书面审议意见，审议意见全部交由“一府两院”及相关部门办理，办理结果向区人大常委会作书面报告。在12月22日区人大常委会第二十六次会议上，按照有关规定，首次对2011年区人民政府办理的7个区人大常委会审议意见、区人民检察院办理的1个审议意见情况进行无记名投票表决，表决结果均为“满意”。

【人事任免】 区人大常委会在行使人事任免权过程中，正确理解和处理好党管干部原则和人大常委会依法任免的关系，既保证党管干部原则的实现，又充分发扬民主，保证人大常委会依法行使职权。在任免过程中，对区委推荐的拟任人选，由区委组织部门对其基本情况和考察情况进行说明，坚持任前法律考试和任前谈话制度，扩大常委会组成人员对拟任命人员的知情渠道。同时，坚持任前表态发言、任后颁发任命书、电视公告等制度，促使被任命人员把对党负责、对人民负责、对法律负责统一到依法履行职务的实践中，进一步增强了被任命人员的责任意识。2011年，在区人大常委会会议上共决定任免人员55人次，其中任命33人，圆满完成全区机构改革的人事任免任务。

【代表工作】 区人大常委会积极创造条件，搞好服务，支持人大代表依法履行职务。一是为丰富代表闭会期间活动内容，充分行使职权，广泛联系群众，经主任会议研究，决定从2011年开始，每年安排专项经费，对列入计划并验收合格的新建和改扩建的代表活动室进行补助。年底，对达到标准、验收合格的首批13个人大代表活动室进行了每个3万元的经费补助。积极指导使用《人大代表履职手册》，规范代表活动。二是组织代表参加议政会、列席人大常委会，组织代表参加视察、调查、执法检查、工作评议等活动，不断拓宽代表知情知政渠道，全年参加常委会活动的人大代表250多人次。三是积极组织30多名区、乡（镇）人大代表向选民述职，自觉接受选民的监督，受到选民的好评。四是继续办好“人大代表在线”电视专栏，全年共宣传了3个围绕中心、认真履职的人大主席团和5名立足本职、为民办事的人大代表，被市人大常委会评为代表工作创新一等奖。五是按照人大有关制度规定，组织区人大代表150多人次，分别对区环保局、区商务局、区安监局、区计生局、区审计局等5个区政府工作部门进行工作评议。六是认真执行代表工作办法、接待代表来访等制度，推动代表提出听取民声、反映民意的好意见、好建议，充分发挥代表在经济建设中的先锋模范作用，在民主推荐的基础上，报请区委对6个人大工作先进集体、3个办理人大代表议案建议先进集体、23名优秀人大代表、9名人大工作先进个人、5名优秀议案建议领衔代表、3名办理议案建议先进个人在区三届人大四次会议上进行表彰。

【宣传工作】 制定了宣传工作意见，召开宣传工作会议，对6个集体和3名个人进行表彰。全年国家和省、市级报刊共刊发宣传全区人大工作的稿件30多篇，提升了麒麟区人大工作形象和社会认知度，营造了良好的人大工作氛围。人大机关2人被聘为省人大宣传工作“通讯员”。成功承办了云南省十六市区人大工作研讨会第四十四次会议。组织机关干部到大理州云龙县、德宏州瑞丽市参观人大制度建设情况。参加全市人大制度和人大工作知识竞赛，荣获“三等奖”。

【信访工作】 重视人民群众来信来访，建立了工作目标责任制。加强与“一府两院”信访部门的协调与沟通，对来访人员热情接待，跟踪督办，做到件件有落实，事事有回音。2011年，共接待群众来访40批146人次，受理人民群众来信96件，其中收到省、市人大转办、交办信访件17件。同时，认真做好解释、说服、疏导工作，努力帮助上访群众解决实际问题。通过加强来信来访反映问题的督办和解释疏导工作，进一步密切人大及其常委会与人民群众的联系，充分发挥人大常委会在畅通民意表达渠道、倾听群众诉求、维护社会稳定中的作用。信访工作被市人大常委会评为“人大信访工作一等奖”。

（刘武强）

麒麟区人民政府

【概　述】 2011年，麒麟区人民政府团结带领全区各族干部群众，开拓创新、攻坚克难、真抓实干，圆满完成了各项目标任务，实现了“十二五”良好开局。2011年，区域内生产总值完成370.1亿元，同比增13.2%，完成年计划的106.8%；全社会固定资产投资完成241.1亿元，同比增25.1%，完成年计划的100%；社会消费品零售总额完成86亿元，同比增20%，完成年计划的101.4%；地方公共

中共曲靖市委书记赵立雄考察工业园区建设　　（胡峻峰　摄）

财政预算收入完成12.84亿元，同比增39.3%，完成年计划的124.4%；城镇居民人均可支配收入19 398元，同比增16.1%，完成年计划的108.5%；农民人均纯收入6 747元，同比增21.2%，完成年计划的112.2%。

工业经济平稳增长。优化产业结构、做大园区平台、推进自主创新，工业经济提速增效。区域内工业总产值完成527.1亿元，同比增16.5%；规模以上工业实现增加值173.8亿元，同比增15.1%。产值超10亿元的企业5户、50亿元的企业1户、100亿元的企业2户，获省级认定高新技术企业5户。越州、麻黄工业园区实现工业总产值135.9亿元，完成固定资产投资10.1亿元，引进千万元以上项目6个。双友钢铁、众一化工、麒麟煤化等区属重点工业企业扩能技改力度不断加大，经济效益不断提高。煤炭产业稳步发展，生产原煤527.6万吨、焦炭341.9万吨，实现产值90.6亿元。

农业生产持续发展。统筹抓好抗旱救灾与农业生产，大旱之年实现了农业增效、农民增收。农村经济总收入实现67亿元，同比增10.4%；农业总产值完成29.9亿元，同比增14.7%。粮食生产稳中有增，播种47万亩，总产1.85亿千克。烤烟生产再创历史新高，收购烟叶38万担，实现产值3.52亿元。新增经济作物1万亩，粮经结构比调整为36.5：63.5。新建畜禽规模养殖小区33个，超计划13个，实现畜牧业产值16.5亿元，同比增26%。新增转移农村劳动力9 380人、培训2.82万人，实现劳务经济收入34.7亿元。新增农业龙头企业8户、农民专业合作组织10个。新建各类水利工程550件，占计划的105%，有效灌溉率达66%，供水保证率达90%。“全国农村饮水安全工程示范县”建设通过省级验收，国家级小型农田水利重点县项目、西河治理和6件小（二）型水库除险加固工程圆满完成，农业生产条件不断改善。

服务消费拉动明显。充分发挥城市资源优势，繁荣壮大商贸流通业，加快发展休闲旅游业，积极培育新兴服务业。第三产业快速发展，实现增加值123.5亿元，同比增9.6%，占GDP的比重达33.4%。红星美凯龙、家乐福开业运营，万宇国际商贸城开工建设，麒麟综合物流配送中心、滇东粮油物流中心等项目稳步推进。新建城乡专业市场6个、农贸市场4个、便民蔬菜销售网点26个、配送中心1个，建成“乡村流通工程”农家店247个，创建“5A”级诚信市场1个。质量兴区和标准化战略启动实施，全区共有24户企业荣获云南省著名商标、43户企业荣获曲靖市知名商标。认真落实“家电下乡”、“汽车摩托车下乡”、“家电以旧换新”政策，发放补贴资金2 362万元。“麒麟水乡”一期通航，金麟湾生态休闲运动中心、黄家庄旅游小镇建设进展顺利，餐饮住宿、文化娱乐、康体休闲、乡村旅游等产业快速发展。累计接待国内外游客181.8万人次，实现旅游收入10.3亿元，同比分别增16%、15%。

城乡规划不断完善。按照省、市加强耕地保护促进城镇化科学发展要求，完善了土地利用总体规划和林地保护利用规划、城镇近期建设规划，编制完成了低丘缓坡土地综合开发利用专项规划、金麟湾和小坡太和山低丘缓坡土地综合开发利用实施方案，被列为全市“保护坝区农田、建设山地城镇”试点区。编制完成了乡村旅游总体规划、三宝至温泉片区山地城镇试点规划、越州组团和越州工业园区总体规划及控制性详细规划。

城市建管继续加强。全面实施“中心改造、四面拓展、组团起步、集镇升级”战略，中心城区建成区面积扩大到61平方千米，城镇化率达68%。326国道小坡段改扩建、

区长唐开荣在城南片区调研城市建设工作　　（胡峻峰　摄）

珠江源大道南延线建设快速推进；荷花塘片区旧城改造完成拆迁并启动实施，制定了子午路立交桥周边景观改造拆迁方案，西门街片区旧城改造概念性规划方案通过评审。“四城联创”深入推进。着力解决中心城区道路交通拥堵难题，深入开展城市道路交通市容市貌综合整治，实施禁止九类车辆入城专项行动，筹资3 000余万元，建设改造中心城区交通隔离栏、标线标识标牌和信号灯。筹资2 000余万元，对环卫、绿化、公园、广场、排水管网等市政设施进行维护改造，城市功能不断完善、城市品位明显提升。城市管理可视化监控能力不断增强，“数字城管”水平不断提高。第二批省级文明城区顺利通过测评。

城乡统筹成效明显。加大城乡统筹力度，推进城乡一体化发展。4个新村庄新社区建设、31个城乡一体化建设试点、10个区级偏远村新农村建设和4个矿村共建点进展顺利。45个“整村推进”扶贫开发重点村、125个村级公益事业“一事一议”财政奖补项目圆满完成。水库移民后期扶持扎实推进，东山镇独木村被列为“全省水库移民新农村建设示范点”。茨红公路二期改扩建、沾潦公路越州段大修、石林瓷业进厂道路新建、潇湘文明桥重建、东山镇转长河桥新建等工程竣工通行。行政村通畅工程成效明显，硬化村庄道路217千米。8个“村改居”社区成功创建“九星”和谐社区，17个无房、危房村（居）委会办公用房新建改扩建工程全面完成，被命名为“全国农村社区建设实验全覆盖示范单位”。

各项改革不断深化。区、乡政府机构改革顺利完成，事业单位人事制度改革、工资分配制度改革稳步推进，医药卫生体制改革成效明显，文化、教育体制改革不断深化。集体林权制度配套改革深入推进，成立了林权管理服务中心。农村小型水利工程管理体制改革全面完成，全国农业综合水价改革示范区启动建设。组建了土地开发投资有限责任公司，启动实施山地城镇土地一级开发。进一步深化预算管理、国库管理和非税收入等财政管理体制改革，公务卡结算制度进一步完善，公共财政职能进一步强化。

对外开放不断拓展。围绕重点区域、重点客商、重点项目，创新工作方式，落实优惠政策，完善投资审批“绿色通道”和“一站式”服务机制，实施招商引资项目22个，引进市外国内资金21.3亿元，同比增25%。开放型经济快速发展，实际利用外资453万美元。外贸进出口总额完成3 187万美元，同比增12.3%。

非公经济不断壮大。加大舆论宣传、落实扶持政策、搭建创业平台、优化服务环境，充分调动民间资本投资创业积极性，非公经济规模进一步扩大、结构进一步优化、质量效益和产业化水平进一步提高。新增非公企业508户、个体工商户6 100户，非公经济实现增加值114.8亿元，同比增16.9%，占GDP的比重达31%。

民生保障更加完善。坚持政策促、创业带、服务推，城镇就业再就业总量稳步增长。开发就业岗位9 465个，城镇新增就业5 978人，“零就业家庭”继续保持动态为零，城镇登记失业率3.5%。社会保障更加完善，基本养老、基本医疗保险制度全面覆盖，社会保险参保人数达56.5万人。全面启动国家级新型农村养老保险和城镇居民养老保险试点工作，为50 187名60周岁以上老年人发放基础养老金1 673万元，发放率99.5%；为246名55岁以上重度残疾人发放养老补贴8.3万元，发放率100%。组织20.5万名适龄人员参加城乡居民社会养老保险，参保率87.3%。保障性住房建设顺利推进，新建廉租房2.68万平方米536套、公租房2.5万平方米500套。改造农村危房400户。保障市场供应，强化市场监管，市场价格保持稳定。

社会事业协调发展。“国家可持续发展先进示范区”创建扎实推进，新型社区科普益民“三化”教育试点成效显著，被表彰为“全国科技进步先进区”、“全国科普示范区”、“全国全民科学素质工作先进集体”，被列为“云南省知识产权强县试点区”。教育事业均衡发展，“两基”迎国检顺利通过验收。校舍安全工程卓有成效，排除中小学危房2.07万平方米，新建校舍2.95万平方米。实验中学整体搬迁顺利完成，云南麒麟职教中心项目快速推进。“两馆一所”、体育运动中心建成投入使用，文体活动广泛开展，成功举办区第三届运动会。群众性精神文明创建深入开展，城乡文明程度进一步提升。医疗卫生工作成效显著，5个中央预算内专项投资卫生项目进展顺利，新型农村合作医疗参合率达99.5%。基本药物制度深入实施，经验在全省推广。人口和计划生育工作全面推进，被命名为“全省计划生育优质服务先进区”。老龄、残疾人、统计工作取得新进步，被表彰为“全国养老服务示范活动示范单位”、“全国残疾人工作先进单位”、“全省第六次全国人口普查先进集体”。国防动员、后备力量建设和双拥共建不断加强，外事、民宗、侨务、地震、气象、人防、档案、保密、红十字、地方志和关心下一代、妇女儿童、慈善等事业取得新成绩。

生态建设成效明显。深入开展城乡环境综合治理，重金属污染防治成效明显，快速科学妥善处置铬渣非法倾倒致污事件，节能减排任务全面完成，淘汰落后产能35万吨，万元GDP能耗下降3.5%。环境保护和生态建设力度不断加大，关停搬迁东面山采石采砂场18家，生态恢复试点正式启动；关闭取缔粘土砖生产企业43家，禁止生产使用实心粘土砖工作有序推进；人工造林1.5万亩，改造中低产林5万亩，新建“一池三改”沼气池2 000口。被表彰为“全国生态示范区”。

社会大局和谐稳定。严格落实安全生产责任制，强化重点行业、重点领域安全生产隐患排查和专项整治，深入开展食品药品和校车安全、“清剿火患”专项整治，安全生产形势总体稳定。加强和创新社会管理，加大矛盾纠纷和热难点问题排查调处力度，信访总量、非正常访和重要信访案件同比明显下降，办结率明显提高。依法治区深入推进，“六五”普法启动实施，法律援助范围不断扩大。深入开展“清网”、“打击两抢一盗和突出性违法犯罪”、“打四黑除四害”系列专项行动，深化社会治安防控体系建设，社会治安综合治理经验在全省推广，“平安麒麟”创建扎实有效。

自身建设得到新加强。巩固提高法治政府、责任政府、阳光政府、效能政府建设成果，深入开展“创先争优”和“向杨善洲学习”活动，加强机关作风和效能建设，干部职工为民服务意识、服务能力和服务水平有新提升。自觉主动接受区人大的法律监督、工作监督和区政协的民主监督，办理人大代表议案4件、建议103件、政协委员提案113件，面商率和满意率均达100%。认真听取工商联、人民团体、民主党派和无党派人士的意见，积极支持工会、共青团、妇联等群团组织开展工作。启动实施“全国依托电子政务平台、加强政务公开和政务服务”试点工作，不断完善区、乡、村三级政务服务体系。工作机制不断创新，建立健全了固定资产投资及重大投资项目联席会议、倒逼管理、一线约谈、重点稽察等制度。严格落实“三重一大”规定，加大“三务”公开力度，启动实施“三资”管理，基层民主政治建设扎实推进。认真落实党风廉政建设责任制，强化行政监察和审计监督，加强土地使用权和矿业权出让、产权交易、工程招投标等重点领域监管，政府廉政建设深入推进。

区长唐开荣走访“四群”教育联系户　　（胡峻峰　摄）

【区政府常务会议】 1月4日，区长唐开荣主持召开麒麟区第三届人民政府第三十二次常务会议。主要议题：《麒麟区2011年政府工作报告（送审稿）》、区建设局《关于完善曲靖中心城区生产商品混凝土企业相关手续的请示》和区煤炭局《关于上报关闭杨荞大地煤矿等三家煤矿的请示》3个议题。会议对当前迎检筹备、认真筹备好区“两会”、信访维稳、春节慰问、党风廉政等重点工作作了安排部署。

1月18日，区长唐开荣主持召开麒麟区第三届人民政府第三十三次常务会议。主要议题：《曲靖市麒麟区其他事业单位绩效工资实施办法》。会议对当前森林防火、安全生产、社会稳定、民生保障等重点工作作了安排部署。

2月25日，区长唐开荣主持召开麒麟区第三届人民政府第三十四次常务会议。主要议题：区林业局《关于拨付寥廓山南坡退耕还林新增地方补助经费的请示》、区纪委《关于区纪委三届六次全会表彰先进单位先进个人会务经费的请示》、区监察局《关于表彰2010年度行风建设先进单位的请示》、区商务局《关于蔬菜网点建设经费的请示》、区统计局《关于表彰麒麟区第二次全国经济普查工作先进集体和先进个人的请示》、区教育局《关于麒麟区实验中学更名为麒麟区第六中学的请示》、区民宗局《关于召开麒麟区民族工作会议暨第三次民族团结进步表彰大会的请示》、区文化局《关于拨付区文化馆、图书馆、文管所二期工程所需经费的请示》、区文化局《关于请求兑现2010年小品“猪联璧合”荣获全国“群星奖”奖励的请示》、区建设局《关于核拨城市环卫基础设施改造经费的请示》、区建设局《关于中心城区市政道路交通设施进行改造的请示》、区建设局《关于补助寥廓山森林防火基础设施建设经费的请示》、区煤炭局《关于表彰2010年度煤炭工作先进单位和先进个人的请示》、区安监局《关于表彰2010年度安全生产先进集体和先进工作者的请示》。会议对会议筹备、开展督查、抓好工作落实、护林防火、春耕生产等各方面工作作了安排部署。

5月17日，区长唐开荣主持召开麒麟区第三届人民政府第三十五次常务会议。主要议题：区政府办《关于帮助解决区政府会议楼建设经费的请示》、区农业局《关于开展现代农业示范区建设促进优势特色产业发展的意见》、区农业局《关于将农业科技推广服务经费纳入2011年预算的请示》、区防汛抗旱指挥部《关于珠街丰收闸提水工程经费的请示》、区人社局《关于建设麒麟区劳务市场工程项目所需经费的请示》、区质量技术监督局《关于实施质量兴区和标准化发展战略工作经费的请示》、区委组织部、区民政局关于落实《中共云南省委办公厅云南省人民政府办公厅关于解决和谐社区建设中几个突出问题的意见》和《中共曲靖市委办公室曲靖市人民政府办公室关于解决全市和谐社区建设中几个突出问题的实施意见》文件中涉及经费的请示、区委宣传部《关于划拨〈文化曲靖·麒麟〉编撰经费的请示》、区委办《关于麒麟区庆祝建党 90 周年系列活动所需经费的请示》、区科技局《关于太阳能路灯安装补助经费的请示》、区食品药品监督管理局《关于严厉打击食品非法添加行为加强食品添加剂监管专项整治行动工作经费的请示》、《曲靖市麒麟区国有土地使用权出让收支管理办法》、越州工业园区管委会《关于招商引资工作经费的请示》、区交通运输局《关于沾潦公路越州段沥青路面大修工程实施方案的请示》、区交通运输局《关于 2011 年通村公路硬化工程补助资金的请示》、《曲靖市麒麟区计划分配军队转业干部考核考试安置办法（试行）》、《曲靖市麒麟区农民工工资保证金管理实施办法》、东山镇人民政府关于解决爆破废弃烟囱消除重大安全隐患经费补助的请示、全区煤炭安全隐患排查治理及打非治违专项行动情况通报、麒麟国土分局《关于解决编制地质灾害防治规划经费的请示》、区创园办《关于核拨创建省级园林城市缺口经费的请示》、区城市综合执法局《关于城市管理指挥中心网格化系统工程建设方案的请示》、区城市投资开发有限责任公司《关于拨付“两江”治理征地拆迁和工程欠款的通知》、区住建局《关于核拨麒麟区各片区规划编制及经费的请示》、区投资开发有限责任公司《关于解决向四个街道办事处借款应归还本息的请示》、麒麟公安分局《关于落实人民警察法定工作日之外加班发放补贴的请示》、麒麟区支援贵昆铁路增建二线建设协调领导小组办公室《关于贵昆铁路六盘水至沾益增建二线工程麒麟段使用政府信用贷款还本付息资金和改线资金列入财政预算的请示》。讨论《麒麟区“村改居”社区创建“九星”和谐社区实施意见（讨论稿）》、《麒麟区实施质量兴区战略的意见（讨论稿）》、《麒麟区实施标准化发展战略的意见（讨论稿）》、《麒麟区区长质量奖管理办法（讨论稿）》。会议对切实抓好安全生产、切实加强党风廉政建设、高度重视防汛度汛、切实加强烤烟中耕管理、妥善处理党委换届与日常工作的关系等方面工作作了安排部署。

8 月 3 日，区长唐开荣主持召开麒麟区第三届人民政府第三十六次常务会议。主要议题：区水务局《关于区水利水电开发投资有限公司增资扩股的请示》、区林业局《关于解决退耕还林成果 2010 年区级配套经费的请示》、区委农村工作领导小组办公室《关于安排 2010 年麒麟区农村民居地震安全工程建设配套及工作经费的请示》、《曲靖市麒麟区人民政府关于废止修改部分规范性文件的决定（送审稿）》、区财政局《关于帮助解决金财工程平台及一体化系统建设设备购置费的请示》、区交通局《关于〈沾潦公路竹园岳东营中小危桥拆除重建工程实施方案〉的请示》、建宁街道《关于请求批准将原建宁街道社区综合服务中心拆迁补偿资金全额用于支付新建社区综合服务中心工程款的请示》、建宁街道《关于请求将小坡社区列为无房社区建设并享受资金补贴的请示》、区民政局《关于开展“全国农村社区建设实验全覆盖示范单位”创建活动经费的请示》、区卫生局《关于追加 2011 年新型农村合作医疗区级财政补助资金的请示》、区文体局《关于曲靖市麒麟区第三届体育运动会实施方案的请示》、麒麟公安分局《关于拨付张家保因故意伤害致彭艳平死亡一案国家赔偿金的请示》、麒麟公安分局《关于核拨中心城区道路交通关键点段改造交通设施工程进度资金的请示》、麒麟公安分局《关于核拨智能交通管理指挥中心网络传输和维护经费的请示》、麒麟公安分局关于《麒麟区“十二五”时期消防工作发展规划（2011 ~2015）》（送审稿）、区发改局《关于申请麒麟区桥头堡规划编制工作经费的请示》、区住建局《关于补助寥廓山森林防火基础设施建设经费的请示》、区住建局《关于核拨绿化景观设施管护经费的请示》、区城管执法局《关于购买清障车的请示》、麒麟国土分局《关于 2011 年度卫片执法检查所需经费的请示》、麒麟国土分局《关于麒麟区城乡建设用地增建挂钩试点工作前期经费的请示》、麒麟城东面山生态环境综合整治领导小组《关于城东面山可视范围生态环境综合整治搬迁关闭企业公告问题》。会议对切实抓好农业生产、切实抓好抗旱蓄水、切实抓好安全维稳、切实加快重大项目推进等重点工作作了安排部署。

8 月 22 日，区长唐开荣主持召开麒麟区第三届人民政府第三十七次常务会议。区委常委、常务副区长林家德对全区旱情作了通报。主要议题：区防汛抗旱指挥部《关于抗旱经费的请示》、区畜牧局《关于草原保护建设工作所需工作经费的请示》、区人社局《关于麒麟区新型农村养老保险和城镇居民养老保险试点实施方案的请示》、区人社局《关于开展新型农村养老保险

区长唐开荣到越州工业园区调研　　（胡峻峰　摄）

和城镇居民养老保险试点工作所需启动经费的请示》、区编办《关于麒麟区政府机构改革“三定”方案情况（机构未变动的）》、区编办《关于深化麒麟区乡镇机构改革方案（讨论稿）》。会议对切实抓好抗旱救灾工作、切实抓好烤烟收购工作、切实抓好安全维稳工作、切实抓好中秋节日期间党风廉政建设等方面工作作了安排部署。

8月26日，区长唐开荣主持召开麒麟区第三届人民政府第三十八次常务会议。主要议题：麒麟国土资源分局《关于麒麟区2010年二调新增耕地土地整治项目增加投资的请示》、区温泉度假区开发建设办公室《关于返还麒麟生态温泉组团旅游社区第一批次土地出让收益金的请示》、区城市建设投资开发有限公司《关于请求区人民政府协调解决区城投公司下欠工程款及拆迁安置补偿款的请示》会议对千方百计抓好抗旱救灾工作、抓好中小学开学各项工作、及早安排晚秋生产工作、切实抓好项目建设工作、持续抓好安全维稳工作等方面工作作了安排部署。

10月14日，区长唐开荣主持召开麒麟区第三届人民政府第三十九次常务会议。会议的主要议题有：区老龄办、区财政局《关于提高80周岁以上高龄老人保健（长寿）补助经费的请示》、区文体局《关于拨给麒麟区歌舞团供养合同制职工经费的请示》、区教育局《关于开展庆祝第二十七个教师节系列活动的请示》、区解决中心城区优质教育就学难问题建设推进领导小组办公室《关于麒麟区第六中学改扩建工程建设资金的请示》、区教育局《关于麒麟高中通用技术教室建设补助资金的请示》、曲靖妇女儿童中心《关于请求补助改造建设高压配电室经费的请示》、麒麟公安分局《关于追加监管场所工作经费的请示》、麒麟公安分局《关于帮助解决城际热点数据采集系统建设经费的请示》、麒麟公安分局《关于追加2011年城市报警与监控系统建设及维护经费的请示》、森林公安麒麟分局《关于聘用协勤人员的请示》、区城市综合行政执法局《关于拨付集中整治百日行动工作经费的请示》、麒麟国土资源分局《关于成立曲靖市麒麟土地开发投资有限责任公司的请示》、麒麟国土资源分局《关于推进土地一级开发工作实施意见的请示》、麒麟煤化工有限公司《关于年产120万吨焦炭配套20万吨氨醇项目建设用地征地退还垫付资金的请示》、区发改局《关于印发〈曲靖市麒麟区农户科学储粮专项建设实施方案〉的请示》、区发改局《关于麒麟区2011年度项目前期工作经费的请示》、区畜牧兽医局《关于提高村级防检员补助标准的请示》、区地震局《关于核拨2011年度防震减灾工作经费的请示》、区林业局《关于开展全区林地保护利用规划编制所需工作经费的请示》、区工商联《关于首届中国特色优秀社会主义事业建设者建议名单》、区民政局《关于2012年村（居）委会办公用房建设的请示》、区委组织部、区民政局《关于村（社区）干部社会保险实施方案》和《关于村（社区）干部离任补偿的实施方案》的请示、区供销社《关于地方政策性亏损挂账补助资金用于“万村千乡市场工程”建设省级资金补助不足部分的请示》、区融资担保有限责任公司《关于归还市开发投资公司贵昆铁路六沾二线建设借款资金的请示》。讨论《关于进一步加快发展乡村旅游服务产业的实施意见》（讨论稿）、《曲靖市麒麟区人民政府关于今冬明春农田水利建设意见（讨论稿）》、《中共曲靖市麒麟区委、曲靖市麒麟区人民政府关于加快水利改革发展的决定（讨论稿）》、《曲靖市麒麟区人民政府关于2012年粮食生产工作的意见（讨论稿）》、《曲靖市麒麟区人民政府关于2012年大宗淡水鱼类产业发展的意见（讨论稿）》、《中共麒麟区委　麒麟区人民政府关于加强村集体资金资产资源管理工作的意见（讨论稿）》、《曲靖市麒麟区人民政府关于2012年经济作物产业化建设的工作意见（讨论稿）》、《曲靖市麒麟区人民政府关于2012年畜牧兽医工作的意见（讨论稿）》、《曲靖市麒麟区2012年扶贫开发工作意见（讨论稿）》。会议对全力以赴冲刺全年各项目标任务、千方百计加快项目推进，抓好固定资产投资工作、森林防火和抗旱蓄水工作、切实抓好安全生产和信访维稳工作、高度重视党风廉政和收支管理等方面工作作了安排部署。

12月9日，区长唐开荣主持召开麒麟区第三届人民政府第四十次常务会议。主要议题：区财政局《关于麒麟区2011年地方财政预算调整方案的请示》、区财政局《关于计提2011年土地出让收入新增专项资金有关问题的请示》、区小坡物流中心项目建设指挥部《关于万宇国际商贸城项目用地不计提区级专项资金的请示》、区农业局《关

区长唐开荣检查指导春耕生产　　（胡峻峰　摄）

区长唐开荣检查指导政务服务中心建设　　（胡峻峰　摄）

于切实做好2012年农村劳务产业工作的意见》、区农业局《关于2012年大春生产水改旱补助经费的请示》、区滇东幸福渠工程建设处《关于工程建设组织管理经费的请示》、区小康办《关于推进麒麟区2012年社会主义新农村建设的实施意见（讨论稿）》、麒麟区深化乡镇机构改革工作、麒麟区政府机构改革情况、区交通运输局《关于2011年区乡公路集中维修管养实施方案的请示》、区交通运输局《关于越州潦浒中桥建设工程实施方案的请示》、区文体局《关于申报曲靖市第二批文物保护单位项目的请示》、区旅游局《关于麒麟区乡村旅游总体规划》。会议对当前重点工作作了安排部署：一是要全力冲刺全年目标任务。二是要切实抓好安全维稳工作。三是要高度重视信访维稳工作。四是要超前谋划明年各项工作。

12月14日，区长唐开荣主持召开麒麟区第三届人民政府第四十一次常务会议。会议听取工作组对《市纪委关于对曲靖百大集团有限公司有关问题依法依规处理的建议》中六个问题调查核实情况的汇报，并对六个问题的处理进行了专题研究：关于“对曲靖百货公司改制时有关错用政策剥离净资产，造成国有资产流失的问题”、关于“麒麟区商业总公司所属交通路商铺违规划给曲靖百大集团有限公司所有，造成国有资产流失的问题”、关于“麒麟西路14号房屋权属有争议，存在社会不稳定因素”的问题、关于“麒麟饭店被兼并后将相关职工劳动关系转移至曲靖百大集团的问题”、关于“曲靖百大房地产有限公司需予以纠正的问题”、关于“麒麟区商务局职工朱桂芬违规兼职领取薪酬的问题”。

【制定发布各项规定】　2011年1月19日，区政府办发出《关于印发曲靖市麒麟区其他事业单位绩效工资实施办法的通知》。

2月14日，区政府办发出《关于建立依法查处取缔无证无照经营工作联席会议制度的通知》。

2月24日，区政府办发出《关于提高80周岁至89周岁高龄老年人保健补助标准的通知》，将补助提高至每人每年240元，从2011年1月1日起执行。

2月25日，区政府办发出《关于印发曲靖市麒麟区综合应急救援队伍管理办法（试行）的通知》。

3月6日，区政府发出《关于印发麒麟区创建药品安全示范区实施方案的通知》，落实乡（镇）街道、行政村及监管部门药品安全职责，全面强化基本药物流通、使用监督管理；建立健全市场秩序联合检查机制，规范药品协管员和信息员的管理，积极探索行之有效的药品信息员监督网络体系建设工作，全面加强应急处理体系建设。

3月9日，区政府办发出《关于印发麒麟区流通环节食品配送监管实施方案的通知》，推行食品批发进销货凭证制度，备案登记制度，实行“三统一”即：统一标识、统一制度、统一承诺，保障食品质量安全、接受社会监督。

3月18日，区政府办转发《云南省客运企业及客运车辆安全隐患排查整治行动方案和公路安全隐患排查整治行动方案》，并明确了区领导小组、办公室，对整治工作情况上报作出了规定。

3月21日，区政府办发出《关于做好草原生态保护补助奖励机制有关工作的通知》。

3月23日，区政府发出《关于印发麒麟区蔬菜销售网点建设实施方案的通知》。

3月24日，区政府办发出《麒麟区城乡环境卫生整洁行动（2011～2012年）实施方案》。

3月25日，区政府办发出《关于印发麒麟区2011年交通工作意见的通知》。

3月31日，区政府办发出《关于印发麒麟区2011年食品药品安全工作意见的通知》。

3月24日，区政府办发出《麒麟区及行政机关开展工作目标倒逼管理实施意见和麒麟区行政机关推行“一线工作法”实施意见的通知》。

4月6日，区政府办发出《关于印发曲靖市麒麟区森林火灾应急处置预案的通知》。预案包括总则，森林火灾处置等级划分，指挥机构与职责，森林火灾的预警、监测、报告，森林火灾的扑救及灾后处理、保障措施、附则，自印发之日起实施。

4月7日，区政府办发出《关于印发麒麟区2011年狂犬病防制工作方案的通知》。

4月11日，区政府办发出《关于实行乡镇街道财税目标责任管理的通知》。

4月16日，区政府办发出《关于印发曲靖市麒麟区2011年珠江禁渔期制度实施方案的通知》，规定了禁渔期、禁渔范围和禁止作业方式。

4月18日，区政府发出《关于开展全区安全生产隐患排查治理专项行动的实施方案》。

5月12日，区政府发出《关于印发2011年整治违法排污企业保障群众健康环保专项行动实施方案的通知》。

5月13日，区政府办发出《关于建立固定资产投资暨重大投资项目联席会议制度的通知》，明确了联席会议组织形式、工作内容和职责，制订了工作规则。

5月25日，区政府办发出《关于调整2011年新型农村合作医疗补偿方案的通知》，自6月1日起执行。

5月26日，区政府办发出《关于印发麒麟区以社区为基础的艾滋病综合防治工作方案的通知》，规定了组织管理方式、行动措施。

6月3日，区政府发出《关于印发麒麟区计划分配军队转业干部考核考试安置办法（试行）的通知》。

6月3日，区政府办发出《关于印发曲靖市麒麟区第三轮防治艾滋病人民战争实施方案（2011～2015年）的通知》，方案包括总体目标、具体目标和工作指标、防治措施、保障措施、督导和奖惩制度。

6月3日，区政府办发出《关于印发2010年度土地矿产卫片执法检查实施方案的通知》。

6月3日，区政府办发出《关于印发曲靖市麒麟区2011年地质灾害防治方案的通知》。

6月8日，区政府办发出《麒麟区2011年度行政机关行政绩效管理制度实施方案》。

6月16日，区政府办发出《关于印发安全生产一般以上事故应急处置实施办法的通知》。

7月18日，区政府办发出《关于印发曲靖中心城区防洪抢险应急预案的通知》，预案包括总则，城市概况，指挥机构与职责，防洪抢险应急救援的预警、分级响应、责任区划分、指挥和调度、后期处置，保障措施，管理培训和演练，奖励与责任追究，附则。自印发之日起实施。

7月28日，区政府办发出《关于建立推广丘北经验暨县乡平安出行创建活动日常工作机制及规章制度的通知》。

8月8日，区政府办发出《关于印发麒麟区2011年农村危房改造实施方案的通知》。

8月23日，区政府办发出《关于印发继续深化安全生产年活动实施方案的通知》。

8月24日，区政府办发出《关于印发区人民政府机构设置的通知》，设置包括曲靖市麒麟区人民政府办公室、曲靖市麒麟区人民政府工作部门、曲靖市麒麟区人民政府部门管理机构、曲靖市麒麟区人民政府工作部门加挂牌子机构名称。

8月29日，区政府发出《关于印发麒麟区新型农村和城镇居民社会养老保险试点实施方案的通知》。

8月29日，区政府办发出《关于印发麒麟区烟草行政执法突发事件应急预案的通知》，预案包括总则、组织机构及职责、预警和预防机制、应急响应、保障措施、宣传、培训和演习、附则。预案经麒麟区政府批准后实施。

9月5日，区政府办发出《关于印发<曲靖市麒麟区农村社区建设标准>的通知》。

9月14日，区政府办发出《关于印发西城片区抗旱应急供水方案的通知》。

9月15日，区政府办发出《麒麟区中心城区环境噪声达标区扩建工作方案》；《麒麟区中心城区烟尘控制区扩建工作方案》。

9月16日，区政府发出《关于印发麒麟区重金属污染防治工作实施方案的通知》。

9月16日，区政府办发出《关于印发麒麟区安全生产风险评估制度（试行）的通知》，包括总则、风险评估的依据、范围和内容、风险评估的方法和步骤、评估结果的分级管理、风险评估的工作要求、附则。

9月20日，区政府发出《关于印发曲靖市麒麟区2011年草原生态保护补助奖励机制实施方案的通知》。

10月28日，区政府办发出《关于印发曲靖市麒麟区人民政府办公室主要职责内设机构和人员编制规定的通知》、《关于印发曲靖市麒麟区审计局主要职责内设机构和人员编制规定的通知》、《关于印发曲靖市麒麟区林业局主要职责内设机构和人员编制规定的通知》、《关于印发曲靖市麒麟区统计局主要职责内设机构和人员编制规定的通知》、《关于印发曲靖市麒麟区安全生产监督管理局主要职责内设机构和人员编制规定的通知》、《关于印发曲靖市麒麟区人民政府法制办公室主要职责内设机构和人员编制规定的通知》、《关于印发曲靖市麒麟区人民防空办公室主要职责内设机构和人员编制规定的通知》、《关于印发中共曲靖市麒麟区委曲靖市麒麟区人民政府信访局主要职责内设机构和人员编制规定的通知》、《关于印发曲靖市麒麟区供销合作社主要职责内设机构和人员编制规定的通知》、《关于印发曲靖市麒麟区教育局主要职责内设机构和人员编制规定的通知》等10家单位主要职责内设机构和人员编制规定的通知。

10月28日，区政府办发出《关于印发麒麟区安全生产风险评估制度（试行）的通知》，包括总则、风险评估的依据、范围和内容、风险评估的方法和步骤、评估结果的分级管理、风险评估的工作要求、附则。

11月3日，区政府发出《关于印发曲靖市麒麟区村集体资金资产资源管理办法的通知》。

11月3日，区政府发出《关于印发麒麟区乡镇街道建设工程管理办法（试行）的通知》。

11月3日，区政府办发出《关于印发麒麟区“十二五”煤矿瓦斯综合治理工作体系建设实施方案的通知》。

11月4日，区政府办发出《关于印发曲靖市麒麟区科学技术局主要职责内设机构和人员编制规定的通知》、《关于印发曲靖市麒麟区人口和计划生育局主要职责内设机构和人员编制的通知》、《关于印发曲靖市麒麟区老龄工作委员会办公室主要职责内设机构和人员编制的通知》、《关于印发曲靖市麒麟区档案局（馆）主要职责内设机构和人员编制规定的通知》等4家单位主要职责内设机构和人员编制规定的通知。

11月4日，区政府办发出《关于建立重点项目推进一线约谈制度的通知》。

11月10日，区政府办发出《关于印发曲靖市麒麟区2011年区乡公路集中维修管养实施方案的通知》。

11月12日，区政府办发出《关于印发麒麟区进一步加强煤矿、非煤矿山、危险化学品、烟花爆竹等行业安全监管实施方案的通知》。

12月1日，区政府办发出《关于印发曲靖市麒麟区水务局主要职责内设机构和人员编制规定的通知》、《关于印发曲靖市麒麟区煤炭工业局主要职责内设机构和人员编制规定的通知》、《关于印发曲靖市麒麟区交通运输局主要职责内设机构和人员编制的通知》、《关于印发曲靖市麒麟区司法局主要职责内设机构和人员编制规定的通知》等4家单位主要职责内设机构和人员编制规定的通知。

12月1日，区政府办发出《关于印发麒麟区土地矿产违法形势风险评估预警制度（试行）的通知》。

12月13日，区政府办发出《关于印发2012年狂犬病防制工作方案的通知》。

12月13日，区政府办发出《印发麒麟区关于开展依托电子政务平台加强政务公开和政务服务试点工作实施方案的通知》。

12月14日，区政府发出《关于限时取缔粘土砖厂转产新型墙体材料的通知》。

12月20日，区政府办发出《关于印发曲靖市麒麟区乡村旅游发展奖励办法的通知》。

12月26日，区政府发出《关于对麒麟区境内河道实行河长段长点长负责制管理的通知》。

12月26日，区政府办发出《关于印发麒麟区区直各部门安全生产工作巡视制度（试行）的通知》。

12月27日，区政府办发出《关于调整麒麟区2012年新型农村合作医疗实施方案的通知》，《关于印发增设粮油平价销售点适时投放粮油储备工作方案的通知》。

【表彰奖励】 2011年1月11日，区政府发出《关于对2010年度依法行政先进集体先进个人表彰决定》，对区水务局等27个依法行政先进集体、周绍芳等30名依法行政先进个人给予表彰。

1月20日，区政府办发出《关于表彰2010年“零火灾”创建活动先进单位的通知》，授予沿江乡、珠街乡为“零火灾”乡（镇）；授予白石江街道、西城街道为“零火灾”街道；授予沿江乡庄家圩社区、西城街道冯官桥社区为“零火灾”社区；授予珠街乡墩子村委会、三宝镇雅户村委会为“零火灾”村寨；授予曲靖同悦花园酒店、曲靖官房大酒店为“零火灾”单位。

2月21日，区政府办发出《关于表彰2010年度全区政府系统信息工作先进单位和先进个人的通知》，对2010年政务信息工作突出的寥廓街道等16家单位和李培生等20名先进个人进行表彰。

3月2日，区政府发出《关于表彰2010年度安全生产先进集体和先进工作者的通知》，对在2010年安全生产工作中做出显著成绩的东山镇人民政府等20个先进集体和董保才等30名先进工作者予以表彰。

3月2日，区政府发出《关于表彰2010年度煤炭工作先进单位和先进个人的通知》，对东山镇等31个“煤炭工作先进单位”、高云富等20名“煤炭工作先进个人”给予表彰。

3月4日，区政府发出《关于表彰第二次全国经济普查先进集体和先进个人的决定》，授予越州镇人民政府等9个单位为“麒麟区第二次全国经济普查先进集体”，授予刘家稳等56人为“麒麟区第二次全国经济普查先进个人”。

3月10日，区政府发出《关于表彰获得2009年度云南省著名商标曲靖市知名商标企业及单位的决定》，对获得2009年度云南省著名商标的云南省曲靖越钢集团有限公司等4户企业及单位和获得曲靖市知名商标的曲靖市石林瓷业有限责任公司等6户企业及单位进行表彰，对获得云南省著名商标和曲靖市知名商标的企业及单位分别给予3万元和1万元的奖励。

3月21日，区政府发出《关于表彰2010年度消防工作先进单位和先进个人的决定》，对沿江乡人民政府等48个消防工作先进单位和章志强等65名先进个人进行表彰。

12月9日，区政府发出《关于表彰2011年度移动信息富民工程工作先进单位和先进个人的通知》，

区长唐开荣参加安全生产月宣传活动　（胡峻峰　摄）

对在2011年度深化实施“136农村移动信息富民工程”工作中做出优异成绩的东山镇等7个乡镇（街道）、老吴等60个村（居）委会和李昆等32人予以表彰。

12月15日，区政府发出《关于表彰第六次全国人口普查先进集体和先进个人的决定》，授予区民政局等30个单位“先进集体”荣誉称号、李松波等18人“优秀组织者”荣誉称号和高朝良等138人“先进个人”荣誉称号。

【区政府批复事项】

发文时间	发文内容
1月19日	关于麒麟区东山镇煤矿临时用地的批复
1月19日	关于云南省海业企业管理有限公司曲靖分公司临时用地的批复
1月21日	关于南片区土地成本核算及收益返还的批复
1月25日	关于2010年第二批大中型水库库区基金项目的批复
1月27日	关于“12.17”物体打击事故调查处理意见的批复
1月27日	关于“12.24”物体打击事故调查处理意见的批复
2月12日	关于云南煤炭基本建设公司灵活就业人员移交麒麟区社会化管理工作人员经费的批复
2月21日	关于新建沪昆客运专线麒麟段窄沟岩特大桥、西山隧道、保家隧道、窄沟岩大桥等控制性工程使用省级公益林地的批复
2月24日	关于更换煤焦检查站过磅称重软件系统的批复
2月27日	关于麒麟区实验中学更名为麒麟区第六中学的批复
2月28日	关于申报全国药品安全示范县的批复
3月7日	关于麒麟区小（一）型水库集中饮用水水源地保护规划的批复、关于2011年种粮农民补贴实施办法的批复
3月11日	关于原曲靖监狱陆东煤矿二号井与拖古下海了煤矿资源整合后煤炭安全监管主体的批复、关于中铁二十局沪昆客运专线云南段2标等2家企业临时用地的批复
3月22日	关于2010年重点企业节能目标管理责任制兑现的批复
3月23日	关于2011年全区地方煤矿安全监管执法工作计划的批复、关于2011年煤炭行业实行重奖重惩激励机制的批复、关于石恩公路2010年划拨曲靖公路总段治超分成款项的批复、关于入股曲靖市中小企业开发投资公司的批复、关于拨付寥廓、白石江、建宁街道办事处社区过渡期管理经费的批复、关于三宝镇集镇小宗地出让金返还的批复、关于实施2011年安全监管执法工作计划的批复、关于空师片区安置房剩余房屋处理的批复
3月25日	关于拨付城东面山生态环境综合治理经费的批复
4月15日	关于发脉小㈠型水库新建工程使用国家级公益林地的批复、关于东山镇2011年第一批农村居民建设用地的批复、关于东山镇2011年第二批农村居民建设用地的批复、关于西城街道2011年第一批农村居民建设用地的批复、关于西城街道2011年第二批农村居民建设用地的批复、关于西城街道2011年第三批农村居民建设用地的批复、关于南宁街道2011年第三批农村居民建设用地的批复、关于中缅油气管道及炼化基地建设项目有关工作移交的批复
5月7日	关于成立麒麟区小（二）型水库除险加固工程建设管理局的批复

续　表

发文时间	发文内容
5月12日	关于《关于给予张朝华开除公职处分的请示》的批复、关于《关于开除刘春荣公职的请示》的批复
5月18日	关于宗地号02－18－50－2国有土地使用权的批复、关于挂牌出让麒麟区QJG2008－30号国有建设用地使用权的批复、关于挂牌出让麒麟区QLG2010－5号国有建设用地使用权的批复、关于挂牌出让麒麟区QJG2008－27号国有建设用地使用权的批复、关于挂牌出让麒麟区QJG2008－28号国有建设用地使用权的批复、关于挂牌出让麒麟区QJG2008－29号国有建设用地使用权的批复、关于挂牌出让麒麟区QJG2008－31号国有建设用地使用权的批复、关于挂牌出让麒麟区QJG2008－32号国有建设用地使用权的批复、关于挂牌出让麒麟区QJG2008－33号国有建设用地使用权的批复、关于挂牌出让麒麟区QMI－地块四国有建设用地使用权的批复、关于挂牌出让麒麟区QMI－地块五国有建设用地使用权的批复
5月23日	关于珠街乡2011年第二批农村居民建设用地的批复、关于曲靖华升煤业有限公司年产120万吨重界选煤项目临时用地的批复、关于划拨国有建设用地使用权用于区煤炭局新村煤管所基地建设项目的批复、关于大唐新能源麒麟区风力发电有限公司朗目山风力发电项目升压站临时用地的批复、关于西城街道2011年第四批农村居民建设用地的批复、关于招聘煤矿驻矿监督员的批复、关于麒麟煤化工有限公司与麒麟区东山镇煤矿进行整合重组的批复
5月25日	关于麒麟区司法局新建业务用房及办公用房的批复
6月2日	关于曲靖市麒麟区朗目山风电场工程项目使用公益林地的批复
6月3日	关于强制戒毒所改造为戒毒康复社区的批复、关于2011年通村公路硬化工程补助资金的批复
6月14日	关于曲靖万承商贸有限责任公司高档日用瓷和高档陶瓷地砖建设项目临时用地的批复
6月15日	关于珠街乡2011年第三批农村居民建设用地的批复、关于云南成品油管道与麒麟区翠峰山保护区并行的批复
6月20日	关于珠江源大道南延线北园路至麒鸡路段房屋拆迁工作的批复
6月28日	关于给予丁阅文同志行政记过处分的批复、关于给予韩光飞同志行政警告处分的批复、关于给予宋红利同志行政记过处分的批复、关于给予杨荣平同志行政记过处分的批复、关于给予张华昌同志行政记过处分的批复、关于给予张建华同志行政警告处分的批复
7月1日	关于云南省第七批重点文物保护单位申报项目的批复
7月4日	关于新建长沙至昆明铁路客运专线工程项目使用公益林地的批复、关于珠街乡2011年第四批农村居民建设用地的批复、关于曲靖市麒麟区职业技术学校2011年公租房建设项目临时用地的批复、关于麒麟区国有良种二场2011年廉租房建设项目临时用地的批复
7月19日	关于挂牌出让麒麟区QLG2010－19号国有建设用地使用权的批复
7月20日	关于麒麟区农业水价综合改革示范方案的批复
7月29日	关于沿江乡2011年第一批农村居民建设用地的批复、关于白石江街道2010年第三批农村居民建设用地的批复
8月4日	关于划拨国有建设用地使用权用于东山镇农科站技物配套服务中心综合业务用房项目的批复、关于划拨国有建设用地使用权用于东山镇农机管理站综合业务用房项目用地的批复、关于划拨国有建设用地使用权用于东山镇财政所综合业务用房项目的批复、关于划拨国有建设用地使用权用于东山镇村镇建设服务中心综合业务楼项目的批复、关于划拨国有建设用地使用权用于东山镇畜牧兽医站综合业务用房项目的批复、关于建宁街道2011年第一批农村居民建设用地的批复、关于沿江乡2011年第二批农村居民建设用地的批复、关于寥廓街道2011年第一批农村居民建设用地的批复

续　表

发文时间	发文内容
8月5日	关于自主择业军队转业干部管理服务工作经费的批复、关于核拨社会化管理服务工作人员工资的批复、关于曲靖市瑞成矿业有限公司“6·22”煤气中毒事故调查处理意见的批复、关于曲罗公路建设占用云南何氏花卉有限公司土地有关问题的批复、关于给予云南曲靖雄业水泥有限责任公司新建水泥生产线建设经费补助的批复、关于实施财政票据电子化管理改革所需设备购置经费的批复、关于麒麟区煤炭局信息监测监控中心硬件系统改造升级的批复、关于将金财工程平台及一体化系统建设网络租用费纳入年度预算的批复、关于给予2010年度整顿关闭4家煤矿资金补偿的批复、关于麒麟区矿山救护中队购买救护装备的批复、关于调整麒麟区QLG2009－28号地块国有建设用地使用权挂牌起始价和底价有关问题的批复
8月15日	关于成立东山镇大黑箐水库工程建设管理处的批复
8月17日	关于调整麒麟区QLG2009－28号地块国有建设用地使用权挂牌起始价和底价有关问题的批复
8月19日	关于麒麟区水域滩涂养殖规划的批复
8月22日	关于对沿江乡人民政府关于金江路小宗地出让收益金使用问题的请示的核实请示的批复
8月24日	关于成立曲靖市麒麟城市交通服务有限公司的批复、关于珠江源广场后园办公区域周边地块参照BOT运行模式建设的批复、关于中心城区市政道路照明节能改造方案的批复、关于粮食局组织机构代码证的批复
8月31日	关于增加曲靖市建辉供水有限责任公司注册资金的批复
9月6日	关于区疾病预防控制中心预算外资金返还的批复、关于划拨宗地号C－29－25国有建设用地使用权的批复
9月8日	关于“8·04”起重伤害事故调查处理意见的批复、关于年产10万立方米砂石项目使用公益林地的批复、关于珠街青龙金脑子永业采石场技改搬迁项目使用公益林地的批复、关于中缅天然气管道（国内段）工程（云南段）建设项目使用公益林地的批复、关于“8·04”起重伤害事故调查处理意见的批复
9月9日	关于SB－20地块国有建设用地使用权转让及用途变更的批复、关于收回HB53麒麟区2009001地块三中部分国有建设用地使用权的批复、关于粮食局组织机构代码证的批复、关于拍卖出让茨营乡小宗国有建设用地使用权的批复、关于东山镇高家村集镇高鑫小区建设土地出让金的批复
9月20日	关于越州镇2011年第一批农村居民建设用地的批复、关于建宁街道2011年第二批农村居民建设用地的批复、关于建宁街道2011年第三批农村居民建设用地的批复
9月22日	关于给予王永忠开除公职处分的批复、关于给予蒋俊波行政警告处分的批复、关于给予王学礼行政记过处分的批复
9月26日	关于返还区卫生监督局2011年度缴入国库罚没收入的批复
9月28日	关于对重大火灾隐患挂牌督办单位摘牌的批复

续 表

发文时间	发文内容
9月30日	关于张吉春拟建生猪规模化养殖场的批复、关于沾益县青石山采石场项目使用公益林地的批复、关于麒麟区沿江海寨林场水沟凹石场技改搬迁项目使用公益林地的批复、关于“8·21”起重伤害事故调查处理意见的批复、关于建宁街道2011年第四批农村居民建设用地的批复、关于珠街乡2011年第五批农村居民建设用地的批复、关于麒麟区以劳养武煤矿等六十家企业临时用地的批复、关于西城街道西山社区关下居民小组堆煤场临时用地的批复、关于东山镇2011年第一批矿村共建农房搬迁建设用地的批复
10月9日	关于“9·13”起重伤害事故调查处理意见的批复
10月14日	关于代缴财政拨款用人单位2011年度残疾人就业保障金的批复、关于增补村（社）残疾人联络员补贴的批复
10月17日	关于拍卖出让QLG2011－19号地块国有建设用地使用权的批复
10月24日	关于麒麟区城市建设投资开发有限公司聘任董事长的批复
10月28日	关于区融资担保公司增加注册资本金的批复、关于拍卖出让QLG2008－2号地块国有建设用地使用权的批复、关于拍卖出让QLG2011－10号地块国有建设用地使用权的批复、关于划拨QLG2011－33号地块国有建设用地使用权的批复
11月2日	关于南宁街道水寨社区第十一居民小组房屋拆旧建新工作的批复、关于区城市建设投资开发有限公司出资1000万元入股区土地开发投资有限责任公司的批复、关于区投资开发有限责任公司出资1000万元入股区土地开发投资有限责任公司的批复、关于挂牌出让麒麟区010－（001）－4地块国有建设用地使用权的批复、关于划拨QLG2011－29号地块国有建设用地使用权的批复
11月4日	关于子午路立交桥周边景观改造工程实施方案的批复、关于划拨QLG2011－5号地块国有建设用地使用权的批复
11月10日	关于成立麒麟区土地开发投资有限责任公司的批复、关于麒麟区第二看守所拘留所项目建设用地的批复
11月16日	关于2011年省级第一批大中型水库库区基金项目的批复
11月25日	关于曲靖市开发区麒麟源供水有限责任公司增资扩股的批复
11月27日	关于麒麟区土地开发投资有限责任公司聘任董事会和监事会成员的批复
11月30日	关于报送麒麟区2010年均衡性转移支付综合绩效考评评价报告的批复
12月1日	关于朗目山风电场35KV集电线路工程项目使用公益林地的批复、关于划拨QLG2011－34号地块国有建设用地使用权的批复、关于划拨QLG2011－36号地块国有建设用地使用权的批复、关于石林金曲陶瓷有限公司年产280万平方米高档建筑瓷生产线项目临时用地的批复、关于三宝镇2011年第一批农村居民建设用地的批复、关于珠街乡2011年第六批农村居民建设用地的批复
12月4日	关于拍卖出让QLG2011－6号地块国有建设用地使用权的批复、关于拍卖出让QLG2011－11号地块国有建设用地使用权的批复
12月5日	关于南宁街道水寨社区第八、九、十居民小组房屋拆旧建新工作的批复、关于建宁街道刘家冲页岩砖厂临时用地的批复
12月9日	关于对曲靖麒麟市场服务中心珠江商场等2家重大火灾隐患挂牌督办单位摘牌的批复
12月12日	关于划拨QLG2011－39号地块国有建设用地使用权的批复
12月14日	关于使用国开行抗旱救灾应急贷款的批复
12月15日	关于煤矿瓦斯监测监控终端软件系统改造升级费用的批复、关于增加全区煤矿驻矿监督员工资福利待遇的批复、关于麒麟煤化工有限公司与麒麟区东山华兴煤矿进行重组的批复、关于申报曲靖市第二批文物保护单位项目的批复

续　表

发文时间	发文内容
12 月 20 日	关于拍卖出让 QLG2010－23 号地块国有建设用地使用权的批复、关于麒麟区江林木业有限责任公司项目临时用地的批复、关于划拨 QLG2011－31 号地块国有建设用地使用权的批复、关于沿江乡 2011 年第三批农村居民建设用地的批复、关于白石江街道 2011 年第二批农村居民建设用地的批复
12 月 23 日	关于三宝镇 2011 年第二批农村居民建设用地的批复
12 月 25 日	关于白石江街道 2011 年第一批农村居民建设用地的批复
12 月 26 日	关于轮换区级储备大米的批复
12 月 28 日	关于建宁街道办事处在中信银行曲靖分行开设银行专用帐户的批复
12 月 29 日	关于珠江乡花椒深加工项目建设用地的批复、关于南海子工业园区抢险救灾应急供水工程临时用地的批复

【请示报告】 2011 年 1 月 17 日，向市人民政府呈报《关于寥廓街道南城门社区土地开发的请示》，请示同意待该地块采用招拍挂方式出让后，将收购补偿资金及土地纯收益全额返还寥廓街道南城门社区，用于该片区基础设施建设及相关债务的化解。

1 月 18 日，向市人民政府呈报《关于关闭杨养大地等三家煤矿的请示》，请示审核根据东山镇杨养大地煤矿、何家小箐煤矿、阿楚克煤矿等 3 家煤矿自愿按程序上报的关闭协议，麒麟区人民政府按照程序依法依规办理 3 家煤矿自愿关闭手续。

1 月 19 日，向市人民政府呈报《关于审核批复麒麟区中低产林改造规划的请示》，请示审核批复麒麟区中低产林改造规划。

1 月 19 日，向市人民政府呈报《关于核拨曲靖城东片区市政基础设施维护管理建设经费的请示》，请示将东片区及紫云路等市政基础设施每年新增的维护管养经费 1 455.37 万元列入市级财政预算，并从 2011 年起逐年核拨麒麟区；并帮助解决一次性设备购置费用 135 万元。

1 月 19 日，向市人民政府呈报《关于烟叶复烤厂和烟叶仓储基地建设项目选址的情况报告》，报告曲靖烟叶复烤厂和烟叶仓储基地建设项目的选址方案。

2 月 12 日，向市人民政府呈报《关于请求协调解决建宁街道麻黄社区第十二居民小组老村拆迁遗留问题的请示》，请示市人民政府同意该地块以商住用地挂牌出让，用于安置房建设。

2 月 21 日，向市人民政府呈报《关于协调解决重点企业物资铁路货运的请示》，请示市政府协调昆明铁路局尽快给予解决曲靖地方铁路有限责任公司到发货物品类的审批问题，并予以长期保留该专用线货运业务，使之发展壮大成为与中心城区相匹配的曲靖物流中心。

3 月 11 日，向市人民政府呈报《关于麒麟区卡基冬瓜林煤矿采矿权转让的请示》，请示市人民政府同意曲靖市麒麟区卡基冬瓜林煤矿采矿权转让。

3 月 11 日，向市人民政府呈报《关于麒麟区大坡煤矿大坡井采矿权转让的请示》，请示市人民政府同意麒麟区大坡煤矿大坡井采矿权转让。

3 月 14 日，向省水利厅呈报《关于农村饮水安全示范县建设验收的请示》，麒麟区农村饮水安全工程示范县建设具备验收条件，请示省水利厅给予验收。

3 月 23 日，向市人民政府呈报《关于麒麟区国有良种二场土地开发给予完善用地手续的请示》，请示市人民政府从地处乡镇的实际和完善手续解决遗留问题考虑，同意区国有良种二场按容积率 1.7 的标准办理土地出让手续。

3 月 23 日，向市人民政府呈报《关于麒麟区岔沟煤矿变更矿区范围的请示》，矿区申请划定的矿区范围符合曲靖市麒麟区矿产资源规划，特此请示市人民政府审查。

3 月 28 日，向市人民政府呈报《关于越州工业园区申报市级重点工业园区的请示》，请示市人民政府将麒麟区越州工业园区列为市级重点工业园区。

4 月 8 日，向中共曲靖市委呈报《关于麒麟区第四中学部分闲置土地协议转让的请示》，请示同意将该地块收储后，以协议转让方式出让该宗土地用于拆迁安置商住楼开发建设。

4 月 15 日，向市人民政府呈报《关于申报曲靖西城工业园区麻黄片区为市级重点工业园区的请示》，请示市人民政府将曲靖西城工业园区麻黄片区列为市级重点工业园区。

4 月 20 日，向市农业局报《关于上报麒麟区创建省优势特色水产十强县（区）申报书的请示》，请示市农业局给予审核、推荐上报。

4 月 20 日，向市农业局报《关于上报麒麟区生猪产业“十优十强”创建申报书的请示》，请示市农业局给予审核、推荐上报。

4 月 20 日，向市人民政府呈报《关于寥廓街道“6.25”水毁工程修复经费的请示》，请示市人民政府给予帮助解决经费。

4 月 27 日，向市农业局报《关

于上报曲靖市麒麟区蔬菜产业“十优十强”县创建申报书的请示》，请示市农业局给予审核、推荐上报。

4月27日，向市农业局报《关于上报创建蚕桑产业“十优十强”项目申报书的请示》，请示市农业局给予审核、推荐上报。

5月7日，向市人民政府呈报《关于批准麒麟区越州等三组团总体规划的请示》，请示市人民政府批准麒麟区越州等三组团总体规划。

5月9日，向市人民政府呈报《关于禁止9座以上车辆及过境客车在麒连公路通行的报告》，报告麒连公路珠街乡磨盘山至联合村委会段存在较大的安全隐患，给安全管理带来较大难度。恳请市人民政府协调富源县人民政府禁止过境客车在麒连公路上通行！

5月17日，向市人民政府呈报《关于麒麟职业技术学校创建曲靖幼儿师范高等专科学校的请示》，请示市政府同意在麒麟职教中心内创建“曲靖高等幼儿师范高等专科学校”，面向全省乃至全国招生。曲靖高等幼儿师范高等专科学校建成后，将不断改善办学条件，提升办学水平，为全省乃至全国培养大批合格的幼师专业人才做出积极的贡献。

5月18日，向市人民政府呈报《关于麒麟区拖古煤矿变更矿区范围的请示》，申请划定的矿区范围符合曲靖市麒麟区矿产资源规划，请示市人民政府审查，并逐级转呈报批。

5月23日，向市人民政府呈报《关于南宁东西路拓宽改造一期建设工程项目涉及新增道路用地和拆迁安置房用地的请示》，请示市人民政府帮助协调市土地储备中心将道路建设新增用地作为城市道路基础设施建设用地，采用划拨方式划拨到麒麟区城市投资开发有限公司；同时尽快办理安置房用地的相关手续。

5月23日，向市人民政府呈报《关于将麒麟区列为新型农村养老保险试点区的请示》，请示市人民政府协调并报请省人民政府将麒麟区列为2011年新型农村养老保险试点区，我们有能力、有决心和信心做好试点工作。

5月23日，向市人民政府呈报《关于舆情专报曲靖市石林瓷业有限公司严重污染周边环境办理的情况报告》，报告麒麟区对曲靖市石林瓷业有限公司严重污染周边环境办理的情况。麒麟区将加大对环境保护的查处力度，强化重点企业全过程的监督管理，对违法行为坚持发现一起从严查处一起，决不姑息迁就，切实维护环境安全。

5月25日，向市人民政府呈报《关于食品药品监督管理系统监管事权下划有关问题的请示》，请示市政府将市食品药品监督管理局管辖范围内所有药品和医疗器械的生产、流通、使用环节，以及餐饮环节、保健食品、化妆品的监管等事权全部移交麒麟区，形成统一、权威、高效的食品药品安全监管格局，确保广大人民群众饮食用药安全。批准麒麟区增设副科级食品药品稽查大队。市级财政每年拨款以保障监管工作的正常开展；补助100万元设施设备购置费。

5月25日，向市人民政府呈报《关于处置麒麟职业技术学校老校区的请示》，请示市人民政府批准将麒麟职校现有的东、西、北三个校区进行处置，处置后的土地用于房地产开发或商业用地等，全部收益资金用于麒麟职教中心建设。

6月3日，向市人民政府呈报《关于应急救灾车辆购置经费的请示》，请示市人民政府给予麒麟区50万元，作为应急救灾车辆购置经费补助。

6月3日，向市人民政府呈报《关于新建曲靖市鑫顺煤矿的请示》，鑫顺煤矿已取得相关支持性文件和材料，符合省、市“建一关一”要求，请示市人民政府审查批准。

6月3日，向市人民政府呈报《关于麒麟区职工住宅小区二期工程（麒麟嘉园）建设有关问题的请示》，请示市人民政府同意就该项目用地按遗留问题处理，按土地挂牌出让总收入1.91亿元的50%返还麒麟区，用于改善居民生活环境和周边基础设施建设。

6月9日，向市人民政府呈报《关于麒麟区城乡建设项目压覆麻黄冲煤矿区褐煤矿产资源的请示》，请示市人民政府一次性批准同意该片区所有项目压覆麻黄冲煤矿区内的矿产资源。

6月9日，向市人民政府呈报《关于麒麟区城乡建设项目压覆云南省曲靖盆地天然气矿产资源的请示》，请示市人民政府帮助协调中国石油化工股份有限公司西南油气分公司，同意一次性签定《同意压覆矿产资源协议书》，允许建设项目用地压覆曲靖盆地天然气矿产资源。

6月9日，向省国土资源厅储量处呈报《关于麒麟区城乡建设项目压覆矿产资源的请示》，请示省国土资源厅同意一次性批准该片区项目压覆麻黄冲煤矿区内的矿产资源和云南省曲靖盆地天然气勘查范围内的矿产资源。麒麟区人民政府将负责协调处理好建设项目用地与云南省曲靖盆地天然气勘查范围重叠和压覆麻黄冲煤矿区有关事项。

6月10日，向市人民政府呈报《关于2011年度森林防火工作的自检自查报告》，报告2011年度森林防火工作。

6月14日，向市人民政府呈报《关于麒麟区2011年城市规划区内第一批农村居民建房农用地转用及土地征收的请示》，该用地地类面积准确，权属清楚，资料齐全，程序合法，请示市人民政府审核，并逐级转呈报批。

6月15日，向市人民政府呈报《关于麒麟中心城区中小学新建改扩建“6+8”工程推进情况的报告》，报告麒麟中心城区中小学新建改扩建“6+8”工程推进情况。

6月17日，向市环保局报《关于请求帮助解决陆良和平化工有限公司异地偷排危险工业固体废物造成麒麟区部分乡镇环境污染后续问题处置的请示》，请示市环保局帮助协调解决以下问题：帮助协调和平化工厂以及落实相关专家对危险工业固体废物倾倒地点被污染的土壤、地表水体、地下水等进行进一步监测分析和调查核实，对造成重金属污染的水体、土壤、林木、农作物等制定治理和恢复方案，消除群众的恐慌和污染程度的加深及扩散。帮助协调并落实相关技术人员对已被污染的农户饮用水井进行监测，采取一切措施，确保群众饮水安全。协调有关部门解决叉冲水库水体污染问题。协调和平化工厂、有关单位、部门对因倾倒固体废弃物对周边群众造成的动物死亡、植物受损、水体污染及组织清理废渣等进行赔偿。协调和落实专家组对污染事件进行全面、综合评估，对污染的危害提出综合治理意见。

6月20日，向市人民政府呈报《关于申请调整土地规划和用途解决麒麟区气象防灾减灾项目建设资金缺口的请示》，请示调整土地规划。调整土地用途。将调整出的17.78亩商业用地由市土地储备中心收储并公开招拍挂，土地收益全部用于麒麟区气象监测与灾害预警防御系统项目建设。

6月20日，向市人民政府呈报《关于麒麟电脑市场建设有关问题的请示》，请示市人民政府帮助协调市土地储备中心将已收储的6.62亩土地挂牌成交价款直接缴入麒麟区财政进行核算，市级统筹成交价款的5%。

7月1日，向市人民政府呈报《关于麒麟区马场沙沟煤矿和孙家沟煤矿变更矿区范围的请示》，请示市人民政府同意曲靖市麒麟区马场沙沟煤矿、孙家沟煤矿变更矿区范围。

7月1日，向市人民政府呈报《关于核拨曲沾大道（珠江源古城段）市政基础设施维护管理建设经费的请示》，请示市人民政府将曲沾大道（珠江源古城段）市政基础设施维护管养经费664.11万元一次性给予补助麒麟区，同时将每年新增的维护管养经费399.44万元列入市级财政预算，并从2011年起逐年核拨麒麟区。

7月4日，向省农业厅呈报《关于解决麒麟区稻水象甲疫情防控经费的请示》，请示省农业厅给予解决稻水象甲防控经费100万元。

7月4日，向市人民政府呈报《关于子午路立交桥周边景观改造建设有关问题的请示》，请示市人民政府协调并明确以下事项：对该项目规划用于防护绿化和景观绿化的约197.3亩土地，国有土地采用行政划拨方式、集体土地采用只征不转的方式用于片区绿化、隔离带和景观绿化建设。对市土地储备中心（17.36亩）、曲靖交通运输集团（38亩）土地以成本价交麒麟区负责开发，对交巡警支队昆曲大队、曲靖公路管理总段等单位约76亩国有土地以行政划拨方式交麒麟区用于景观绿化、基础设施及配套设施建设。同意该项目涉及的四个地块以挂牌方式出让。挂牌所得收益，除上缴省相关税费外，其余全额返还麒麟区用于该片区的基础设施和配套设施建设；同时，将城市基础设施配套费全额返还麒麟区用于该片区基础设施建设。

7月19日，向市人民政府呈报《关于曲靖市2011年第一批城市建设农用地转用及土地征收的请示》，经审查，拟征土地地类面积准确，权属清楚，资料齐全，程序合法。现请示市人民政府审核，并逐级转呈报批。

7月19日，向市人民政府呈报《关于曲靖市2011年第二批城市建设农用地转用及土地征收的请示》，经审查，拟征土地地类面积准确，权属清楚，资料齐全，程序合法。现请示市人民政府审核，并逐级转呈报批。

7月19日，向市人民政府呈报《关于沪昆铁路长昆客运专线麒麟段项目建设用地的请示》，经区人民政府审查，拟征收土地地类面积准确，权属清楚，资料齐全，程序合法。现呈请市人民政府审查，并逐级转呈报批。

7月18日，向市人民政府呈报《关于荷花塘片区旧城改造项目推进有关问题的请示》，为确保项目顺利推进，拆迁户及时回迁，现就有关事项请示如下：恳请市人民政府在近期召开一次由市发改、国土、建设、规划、环保、消防、人防等有关部门参加的重点项目推进会，协调市直有关部门在2011年7月30日前办理各项审批手续（特别是修建性详规的批准问题），确保项目8月份全面开工建设。恳请市人民政府批准该项目以挂牌方式办理土地出让手续，用地性质为商住用地；上缴的土地收益除上缴省级以上部分（不计提各项资金）全部补助麒麟区用于项目片区周边基础建设和配套设施建设。同时，根据该片区平面规划设计和铺面回迁安置的需求，将规划可用地面积（原规划可用地面积为38.9亩）调整为40.14亩。恳请市人民政府同意由项目建设单位出资在文昌街市第一人民医院停车场出口处、寥廓南路麒麟公园后门处、书院路农贸市场处配建有上下扶梯（约2.5米至4米宽）的空中人行走廊和人行天桥。恳请市人民政府同意该项目不再配建经济适用房和廉租房，90平方米以下的户型面积按总面积的30%配建。同时，对各回迁户的回迁安置房房屋所有权证和土地使用权证的办理，不能等同于商品房的销售，在办理房屋所有权证和土地使用权证时，除维修基金外，全额免缴其他相关税费。恳请市人民政府给予一定的奖补资金和城市基础配套费等税费减免优惠政策，用于该片区的基础设施配套建设。

7月18日，向市人民政府呈报《关于批准麒麟区大中型水库移民后期扶持规划（2011年～2015年）的请示》，将《曲靖市麒麟区大中型水库移民后期扶持规划（2011年～2015年）》报请市人民政府审核，如无不妥，请批准实施。

7月27日，向省人口和计划生育委员会呈报《关于申请全省计划生育优质服务先进区验收的报告》，报告申请验收全省计划生育优质服务先进区。

7月29日，向市人民政府呈报《关于返还南宁东西路拆迁安置房建设城市基础设施配套费和土地出让金的请示》，请示市人民政府帮助协调市直有关部门全额返还城市房地产公司已交纳的土地出让金和城市基础设施配套费（除上缴省级以上部分外），返还费用先拨付到指挥部（麒麟区城市建设投资开发有限公司）后，再补助给城市房地产公司，用于南宁东西路拓宽改造工程拆迁安置房建设及基础设施建设。

7月29日，向市人民政府呈报《关于曲靖市麒麟区2011年第二批农村居民建房用地农用地转用的请示》，经审查，拟征土地地类面积准确，权属清楚，资料齐全，程序合法。请示市人民政府审核，并逐级转呈报批。

7月29日，向市人民政府呈报《关于曲靖市麒麟区2011年第三批农村居民建房用地农用地转用的请示》。经审查，拟征土地地类面积准确，权属清楚，资料齐全，程序合法。请示市人民政府审核，并逐级转呈报批。

7月29日，向市人民政府呈报《关于曲靖市麒麟区2011年第四批农村居民建房用地农用地转用的请示》。经审查，拟征土地地类面积准确，权属清楚，资料齐全，程序合法。请示市人民政府审核，并逐级转呈报批。

7月29日，向市人民政府呈报《关于曲靖市麒麟区2011年第五批农村居民建房用地农用地转用的请示》。经审查，拟征土地地类面积准确，权属清楚，资料齐全，程序合法。请示市人民政府审核，并逐级转呈报批。

7月29日，向市人民政府呈报《关于曲靖市麒麟区2011年第六批农村居民建房用地农用地转用的请示》。经审查，拟征土地地类面积准确，权属清楚，资料齐全，程序合法。请示市人民政府审核，并逐级转呈报批。

7月29日，向市人民政府呈报《关于曲靖市麒麟区2011年第七批农村居民建房用地农用地转用的请示》。经审查，拟征土地地类面积准确，权属清楚，资料齐全，程序合法。请示市人民政府审核，并逐级转呈报批。

8月3日，向市人民政府呈报《关于荷花塘片区旧城改造项目土地使用权出让有关事项的请示》，恳请市人民政府批准该项目以挂牌方式办理土地出让手续，用地性质为商住用地；上缴的土地收益除上缴省级以上部分（不计各项资金）全部补助麒麟区用于项目片区基础设施建设和配套设施建设。参与该地块挂牌的单位或个人应承担该片区拆迁补偿费用，且该片区的改造规划方案已通过市规委会审批。根据该片区平面规划设计和铺面回迁安置的需求，将规划可用地面积（原规划可用地面积为38.9亩）调整为40.14亩。

8月8日，向市人民政府呈报《关于曲靖市2011年第三批城市建设农用地转用及土地征收的请示》。经审查，拟征土地地类面积准确，权属清楚，资料齐全，程序合法。请示市人民政府审核，并逐级转呈报批。

8月10日，向省国土资源厅呈报《关于增加麒麟区城乡建设用地增减挂钩周转指标计划的请示》，请示省国土资源厅给予增加麒麟区城乡建设用地增减挂钩周转指标1万亩。

8月15日，向市人民政府呈报《关于督促云南省陆良化工实业有限公司支付非法倾倒铬渣致污事件造成直接经济损失费用的请示》，恳请市环保局督促云南省陆良化工实业有限公司尽快支付已产生的费用1 852 842.13元。恳请市环保局协调相关机构对因铬渣污染造成的损失进行评估。

8月19日，向曲靖市农业局呈报《关于上报麒麟区创建省水产养殖基地县区申报书的请示》，请市农业局给予审核、推荐上报。

8月19日，向市人民政府呈报《关于南宁东西路拓宽改造一期工程涉及新增道路用地和拆迁安置房用地有关问题的请示》，请示市人民政府帮助协调市国土资源局将道路新增用地12 421.11平方米（18.63亩）作为城市道路基础设施建设用地，采用划拨方式划拨到区城市建设投资开发有限公司；同时将空师片区安置房（嘉和苑）用地2 773平方米（4.16亩）和新百大片区安置房用地566平方米（0.85亩）以协议出让方式出让给区城市建设投资开发有限公司，土地收益除上交中央、省的相关税费外，全额返还区城市建设投资开发有限公司用于补助拆迁安置房建设及道路基础设施建设资金。

8月24日，向省新型农村和城镇居民社会养老保险试点工作领导小组办公室呈报《关于报请审定麒麟区新型农村和城镇居民社会养老保险试点实施方案的请示》，请示批准执行。

8月29日，向云南省知识产权局呈报《关于麒麟区申报云南省知识产权强县试点区的请示》，请示云南省知识产权局批准麒麟区进入云南省知识产权强县试点区。

8月30日，向曲靖市创建信用乡镇工作领导小组呈报《关于申请验收珠街信用乡创建工作的请示》，请示曲靖市创建信用乡镇工作领导小组给予验收珠街乡创建信用乡工作。

9月8日，向市人民政府呈报《关于申请取缔粘土砖补助经费的请示》，请示市人民政府：一是由市级有关部门牵头组织实施，麒麟区积极配合；二是从市级收取的新型墙体材料保证金或市财政安排补助资金800万元，由麒麟区组织实施。

9月9日，向市人民政府呈报《关于坤城小区周边基础设施建设有关问题请示》，请示请市委、市政府督促市直相关部门，尽快落实2011年3月9日“市委、市政府重点项目推进麒麟现场办公会”明确的“将城南片区招拍挂土地‘统一按照土地出让成交价款直接缴入区财政进行核算，市统筹成交价款的5%，土地收益全部用于片区基础设施建设’和‘城市基础设施配套费市和麒麟区、开发区按照四六分成执行，市里面收四成，两区得六成’的相关政策措施。政策措施落实后，城南片区将及时完善坤城片区周边所有基础设施建设。上述政策措施若不能尽快得到落实，则按照2010年8月13日市委组织部组织召开的“曲靖坤城项目协调会”精神，将进入坤城小区的通道纳入市政道路建设，由市土地储备中心出资800万元，市住建局返还城市基础设施配套费2 000万元，越钢和南疆等项目单位各出资500万元，将环城西路南延线（长345米，宽40米）与纬九路（长510米，宽42米）交由城南片区开发建设办公室作为建设主体负责建设，差额资金由市财政配套列支。

9月16日，向市人民政府呈报《关于审批曲靖市麒麟区大中型水库库区和移民安置区基础设施建设和经济发展规划（2011～2015年）的请示》，请予审批。

9月22日，向市人民政府呈报《关于曲靖市技工学校老校区固定资产未移交麒麟区的报告》，报告曲靖市技工学校老校区固定资产未移交麒麟区，恳请市人民政府协调曲靖市技工学校尽快将老校区移交麒麟区，以便安置有关学校入驻开学，有效缓解中心城区中小学学生就学难问题。

9月26日，向市人民政府呈报《关于越州工业园区申报省级重点工业园区的请示》，请示市人民政府同意并上报省人民政府。

9月30日，向市人民政府呈报《关于麒麟区设置电煤供应检查站的请示》，请示市人民政府同意麒麟区设置上述4个电煤供应检查站，并给予工作经费补助。

9月30日，向市人民政府呈报《关于建宁街道古城社区后北居民小组安置小区土地挂牌出让有关事项的请示》，请示人民政府同意将28亩土地的出让金，除上缴有关税费外全额返还麒麟区，专项用于该片区基础设施建设。

9月30日，向市人民政府呈报《关于中心城区公共场所健身器材维修补助经费的请示》，请示市人民政府补助公共场所健身器材维修经费30万元。

9月30日，向市人民政府呈报《关于请求返还建宁街道麻黄社区第十二居民小组安置小区土地出让金和免缴城市基础设施配套费的请示》，请示市人民政府同意待该宗地挂牌出让后，土地出让金全额返还麒麟区，用于安置小区及该片区基础设施建设，并免缴城市基础设施配套费。

10月9日，向市人民政府呈报《关于“6·12”铬渣非法倾倒点修复方案进行评审的请示》，请示市人民政府组织专家对该方案进行评审。

10月12日，向市人民政府呈报《关于批准实施《麒麟区铬渣非法倾倒点修复方案》的请示》，请示市人民政府批准实施。

10月13日，向市人民政府呈报《转报城南片区开发建设办公室关于曲靖城南片区出让土地起拍价相关问题的请示》，请市人民政府审批。

10月17日，向曲靖市创建信用乡镇领导小组呈报《关于麒麟区珠街乡创建信用乡的初验报告》，报告麒麟区珠街乡创建信用乡的初验情况。

10月24日，向市人民政府呈报《关于麒麟职业技术学校医学生物工程专业降分进入面试的请示》，因招聘人数与报名人数未达到1∶3的开考比例，但属急需紧缺专业，请示参加生物医学工程、医学生物工程、医学生物技术专业笔试人员两人降分进入面试。

10月28日，向市人民政府呈报《关于曲靖经济技术开发区标准厂房（二期）建设项目用地的请示》，请示市人民政府审核，并逐级转呈报批。

10月28日，向市人民政府呈报《关于麒麟区拖古煤矿变更矿区范围的请示》，请示市人民政府同意麒麟区拖古煤矿变更矿区范围（即：矿区范围由原来的0.461 2平方千米变更为0.580 1平方千米）。

11月1日，向市人民政府呈报《关于审查麒麟区敏大金麟湾片区和小坡太和山片区山地综合开发利用实施规划的请示》，请示市人民政府审查，并逐级转呈报批。

11月4日，向市人民政府呈报《关于麒麟区杨梅山下井煤矿等9家煤矿变更矿区范围的请示》，请示市人民政府审查，并逐级转呈报批。

11月4日，向市人民政府呈报《关于曲靖化学工业有限公司环境污染问题的情况报告》，报告曲靖化学工业有限公司环境污染问题的情况。

11月6日，向市人民政府呈报《关于寥廓街道红庙社区大坝新村安置小区统规统建补助资金的请示》，请示市人民政府给予大坝新村安置小区建设资金贴息或无息贷款1.1亿元，使用期限5年；并给予统一建筑风格和外观补助资金379万元（每户1万元，共计379户）。

11月8日，向市人民政府呈报《关于寥廓街道南城门社区第八居民小组安置小区土地挂牌有关事项的请示》，请示市人民政府同意将市土地储备中心已收储的28.9亩国有建设土地，以挂牌的方式出让，用于安置小区建设和集体经济发展；土地收益全额返还麒麟区，用于安置小区及该片区基础设施建设。

11月10日，向市人民政府呈报《关于批准麒麟区加强耕地保护促进城镇化科学发展土地利用总体规划（2006～2020年）实施方案的请示》，请示市人民政府审查批准实施。

11月15日，向市人民政府呈报《关于麒麟区祠堂坡和小龙潭煤矿采矿权转让的请示》，请示市人民政府审查批准，并逐级转呈报批。

11月17日，向市人民政府呈报《关于将麒麟高级中学QCG2008-4号地块土地成交价款全额返还麒麟区用于办学的请示》，请示市人民政府同意将 QCG2008－4 号地块土地成交价款除上缴市 5%以外的部分，全额返还麒麟区财政核算，土地收益用于偿还麒麟高中建校债务和完善学校内部设施建设，切实解决中心城区“大班额、入学难”问题，促进学校健康、协调、可持续发展。

11 月 29 日，向市人民政府呈报《关于子午路立交桥周边景观改造建设项目招商引资方案的请示》，请示市人民政府审查批准实施。

11 月 29 日，向市人民政府呈报《关于曲靖中心城区西门街（西关街）片区旧城改造招商引资方案的请示》，请示市人民政府审查批准实施。

12 月 1 日，向市人民政府呈报《关于寥廓山南坡片区退耕还林工程继续实行补助的请示》，请示市人民政府按照《国务院关于完善退耕还林政策的通知》文件精神，按原政策继续对寥廓山南坡片区退耕地还林进行 8 年补助。按照 2011 年度粮食价格每千克 2.4 元计算（粮食价格按当年市场价进行调整），除国家补助资金外，市区两级每年需补助资金 846.41 万元，其中市级按 80%承担 677.13 万元、区级按 20%承担 169.28 万元。

12 月 1 日，向市人民政府呈报《关于追加 2011 年寥廓山南坡片区退耕还林新增地方补助经费的请示》，请示市人民政府给予追加 2011 年寥廓山南坡片区退耕还林新增地方补助经费 225 万元。

12 月 1 日，向市人民政府呈报《关于请求返还建宁街道麻黄社区第十二居民小组安置小区土地出让金和免缴城市基础设施配套费的请示》，请示市人民政府按照 2010 年 11 月 1 日曲靖市国土资源局关于公布实施曲靖市中心城区土地定级与基准地价测算成果的基准地价确定挂牌底价；土地出让金全额返还麒麟区，用于安置小区及该片区基础设施建设，并免缴城市基础设施配套费。

12 月 5 日，向市人民政府呈报《关于曲靖西城工业园区麻黄片区项目建设土地出让金有关问题的请示》，请示市人民政府同意上述 7 宗已挂牌出让的土地（94.1 亩）和 4 宗即将挂牌出让的土地（278.36 亩）成交价款交由麒麟区进行土地成本核算，市级统筹成交价款的 5%，土地收益全部用于片区基础设施建设。

12 月 5 日，向市人民政府呈报《关于曲靖华昌汽车销售有限公司一汽大众汽修厂项目建设用地有关问题的请示》，请示市人民政府同意该宗土地成交价款交由麒麟区财政进行成本核算，市统筹成交价款的 5%，土地收益全部用于该片区基础设施建设。

12 月 5 日，向市人民政府呈报《关于云南（曲靖）国际农业食品科技基地优质水果种植示范项目用地土地征收的请示》，请示市人民政府审查，并逐级转呈报批。

12 月 5 日，向市人民政府呈报《关于云南（曲靖）国际农业食品科技基地传统农业展示项目建设用地土地征收的请示》，请示市人民政府审查，并逐级转呈报批。

12 月 5 日，向市人民政府呈报《关于麒麟高级中学 QCG2008－4 号地块成交价款有关问题的请示》，请示市人民政府同意该宗土地成交价款交由麒麟区财政进行核算，土地收益全部用于学校基础设施建设。

12 月 5 日，向市人民政府呈报《关于金麟湾生态休闲运动中心二期工程建设用地有关问题的请示》，请示市人民政府同意该项目用地（192.972 亩）按照南片区相关优惠政策，土地成交价款交由麒麟区财政进行成本核算，市统筹成交价款的 5%，土地收益全部用于该片区基础设施建设。

12 月 5 日，向市人民政府呈报《关于将金麟湾片区土地成交价款全额返还麒麟区用于基础设施配套建设的请示》，请示市人民政府全额返还金麟湾片区的土地收益金，用于该片区荒坡地开发及基础设施配套建设。麒麟区将继续在金麟湾片区加大投资力度，对整个片区作系统的规划，努力将该片区打造成精品项目。

12 月 5 日，向市人民政府呈报《关于麒麟区第四中学拆迁安置商住楼建设用地采用挂牌方式交易的请示》，请示市人民政府同意将区四中拆迁安置商住楼建设用地采用挂牌方式交易。

12 月 8 日，向云南省教育厅呈报《关于麒麟区第三幼儿园申报云南省一级一等示范幼儿园存在问题的整改报告》，报告麒麟区第三幼儿园申报云南省一级一等示范幼儿园存在问题的整改情况和下步工作打算。

12 月 19 日，向市人民政府呈报《关于麒麟区第八中学申报云南省一级三等普通高完中存在问题的整改报告》，报告麒麟区第八中学申报云南省一级三等普通高完中存在问题的整改情况和下步工作打算。

12 月 20 日，向市人民政府呈报《关于麒麟区拖古煤矿变更矿区范围的请示》，请示市人民政府同意麒麟区拖古煤矿变更矿区范围（即：矿区范围由原来的 0.4612 平方千米变更为 0.622 平方千米），并逐级转呈报批。

2011 年 12 月 23 日，向市人民政府呈报《关于寥廓山南坡森林防火经费补助的请示》，请示市人民政府给予寥廓山南坡森林防火经费补助 10 万元。

12 月 26 日，向市人民政府呈报《关于上报云南省天然林资源保护工程二期麒麟区实施方案的请示》，请示市人民政府给予审核。

12 月 26 日，向市人民政府呈报《关于云南煤化集团云维集团祠堂坡煤矿“9·24”事故的检查报告》，报告云南煤化集团云维集团祠堂坡煤矿“9·24”事故。

【区政府通知指示】

发文时间	发文内容
1 月 6 日	《关于 2011 年烤烟大田机械化深耕有关事项的通知》
1 月 11 日	《关于对 2010 年度依法行政先进集体先进个人表彰决定》
1 月 16 日	《关于 2011 年村（居）民委员会办公用房建设的意见》
1 月 20 日	《关于认真做好 2011 年春运工作的通知》
1 月 27 日	《关于印发区长唐开荣在区三届人大四次会议上的政府工作报告的通知》
2 月 15 日	《关于 2011 年安全生产工作的意见》
2 月 20 日	《关于 2011 年教育工作的意见》
2 月 23 日	《关于 2011 年煤炭安全生产工作的意见》
2 月 25 日	《贯彻落实国务院关于进一步加强企业安全生产工作通知的实施意见》
3 月 2 日	《关于表彰 2010 年度安全生产先进集体和先进工作者的通知》
3 月 2 日	《关于表彰 2010 年度煤炭工作先进单位和先进个人的通知》
3 月 4 日	《关于表彰第二次全国经济普查先进集体和先进个人的决定》
3 月 7 日	《关于 2011 年环境保护及污染减排工作的意见》
3 月 10 日	《关于表彰获得 2009 年度云南省著名商标曲靖市知名商标企业及单位的决定》
3 月 11 日	《关于 2011 年卫生工作的意见》
3 月 18 日	《关于印发 2011 年政府工作重点任务分解的通知》
3 月 21 日	《关于表彰 2010 年度消防工作先进单位和先进个人的决定》
3 月 23 日	《关于印发麒麟区蔬菜销售网点建设实施方案的通知》
3 月 25 日	《2011 年节能工作意见》
4 月 1 日	《关于对存在重大火灾隐患单位实行挂牌督办的通知》
4 月 12 日	《关于 2011 年民兵整组工作的意见》
4 月 19 日	《关于麒麟区煤矿安全生产隐患排查治理和打非治违专项行动的实施方案》
4 月 18 日	《关于开展全区安全生产隐患排查治理专项行动的实施方案》
5 月 1 日	《关于印发区人民政府领导成员工作分工的通知》
5 月 12 日	《关于印发 2011 年整治违法排污企业保障群众健康环保专项行动实施方案的通知》
5 月 19 日	《2011 年政府自身建设工作要点》
5 月 23 日	《关于认真做好 2010 年冬季和 2011 年春季退役士兵转业士官接收安置工作的通知》
5 月 23 日	《关于印发《麒麟区实施质量兴区战略的意见》《麒麟区实施标准化发展战略的意见》《麒麟区区长质量奖管理办法》的通知》
5 月 26 日	《关于云南省曲靖市麒麟职业教育集团一期工程建设项目压覆矿产资源的意见》
6 月 3 日	《关于印发麒麟区计划分配军队转业干部考核考试安置办法（试行）的通知》
6 月 13 日	《关于陆良和平化工有限公司异地偷排危险工业固体废物环境污染事故的应急处置方案》
6 月 14 日	《关于曲靖市滇东粮油物流中心建设项目用地压覆矿产资源的意见》
6 月 14 日	《关于曲靖万承商贸有限责任公司高档日用瓷和高档陶瓷地砖建设项目压覆矿产资源的意见》
6 月 20 日	《关于开展现代农业示范区建设促进优势特色产业发展的意见》
7 月 4 日	《曲靖市人民政府关于进一步加强防震减灾工作文件的通知》
7 月 6 日	《关于 2011 年冬季绿肥种植有关事项的通知》

续 表

发文时间	发文内容
7月7日	《转发上级关于云南省财政监督办法文件的通知》
7月8日	《关于下达2011年村级公益事业建设一事一议财政奖补项目资金的通知》
7月13日	《关于曲靖市石林金曲陶瓷有限责任公司280万平方米/年高档建筑瓷生产线技改项目压覆矿产资源的意见》
7月14日	《关于曲靖泛亚观赏石（奇石）展销市场一期建设项目压覆矿产资源的意见》
7月21日	《关于做好2011年城镇退役士兵就业安置工作的通知》
7月25日	《关于开展第5轮行政审批制度改革的通知》
8月3日	《关于提请审议麒麟区十二五时期消防工作发展规划的议案》
8月5日	《关于贯彻落实《全民健身条例》的实施意见》
8月12日	《关于转发严格规范城乡建设用地增减挂钩试点切实做好农村土地整治工作的通知》
8月24日	《关于认真贯彻实施云南省流动人口服务和管理暂行办法的意见》
8月24日	《关于2011年普通高等学校毕业生就业工作的意见》
8月29日	《关于印发麒麟区新型农村和城镇居民社会养老保险试点实施方案的通知》
8月29日	《关于限时取缔粘土砖企业工作的实施办法》
8月30日	《贯彻落实市人民政府关于加强地质灾害防治工作的实施意见》
9月9日	《关于认定第六批农业产业化区级龙头企业暨对不达标区级龙头企业摘牌的通知》
9月16日	《关于印发麒麟区重金属污染防治工作实施方案的通知》
9月20日	《关于印发曲靖市麒麟区2011年草原生态保护补助奖励机制实施方案的通知》
9月20日	《转发上级关于进一步加强工业园区综合服务体系建设意见的通知》
9月22日	《转发上级关于加强职业培训促进就业实施意见的通知》
9月30日	《关于环境安全综合整治的实施意见》
10月22日	《关于建设麒麟区全民健身活动中心的通知》
10月24日	《关于全力做好中心城区抗大旱保供水工作的通知》
10月28日	《关于2011年军队转业干部安置工作的意见》
10月30日	《关于对存在重大火灾隐患单位实行挂牌督办的通知》
11月3日	《关于印发曲靖市麒麟区村集体资金资产资源管理办法的通知》
11月3日	《关于印发麒麟区乡镇街道建设工程管理办法（试行）的通知》
11月3日	《关于限期拆除淘汰落后火电装置的通知》
11月4日	《转发市人民政府关于严格落实企业主体责任切实加强兼并重组煤矿安全生产的通知》
11月4日	《关于下达2011年度村级公益事业建设一事一议财政奖补第二批项目资金的通知》

续　表

发文时间	发文内容
11月4日	《关于2012年畜牧兽医工作的意见》
11月4日	《关于今冬明春农田水利建设的意见》
11月4日	《关于2012年经济作物产业化建设的工作意见》
11月7日	《转发上级关于金融支持服务桥头堡建设指导意见的通知》
11月7日	《转发上级关于取消政府还贷二级公路收费实施方案文件的通知》
11月8日	《转发上级关于贯彻实施《中华人民共和国行政强制法》文件的通知》
11月10日	《关于2012年粮食生产工作的意见》
11月22日	《关于做好2012年度森林防火工作的通知》
12月1日	《关于印发麒麟区“十二五”时期消防工作发展规划的通知》
12月1日	《贯彻落实省市关于进一步加强安全生产工作决定的实施意见》
12月1日	《关于转发市人民政府关于加快推进中心城区旧城改造工作意见的通知》
12月5日	《转发曲靖市人民政府关于进一步加快林区和煤矿棚户区改造工作的通知》
12月7日	《贯彻落实省市人民政府关于加强耕地保护促进城镇化科学发展意见的实施意见》
12月9日	《关于表彰2011年度移动信息富民工程工作先进单位和先进个人的通知》
12月13日	《关于表彰第六次全国人口普查先进集体和先进个人的决定》
12月14日	《关于限时取缔粘土砖厂转产新型墙体材料的通知》
12月15日	《关于表彰第六次全国人口普查先进集体和先进个人的决定》
12月15日	《关于提请审议《麒麟区乡村旅游总体规划2011～2025)》的议案》
12月15日	《关于提请审议《麒麟区2011年地方财政收支预算调整方案》的议案》
12月15日	《关于处置东山镇新村村委会阿楚克村小组整村搬迁项目平整场地中采出部分边角煤的通知》
12月26日	《关于对麒麟区境内河道实行河长段长点长负责制管理的通知》
12月26日	《关于成立区森林防火指挥部的通知》
12月26日	《转发上级关于加强非税收入管理工作文件的通知》

【区政府办公室通知】

发文时间	发文内容
1月18日	《关于切实做好低温暴雪凝冻天气电力供应保障工作的紧急通知》
1月19日	《关于印发曲靖市麒麟区其他事业单位绩效工资实施办法的通知》
1月20日	《关于切实做好当前春耕备耕工作的通知》
1月25日	《关于做好2011年农民负担监督管理工作的意见》
2月9日	《关于补助2010年新增农民专业合作社的通知》
2月11日	《关于麒麟区第一次全国水利普查领导小组成员单位职责分工和工作要求的通知》
2月14日	《关于建立依法查处取缔无证无照经营工作联席会议制度的通知》
2月18日	《关于做好中心城区地名规划及居民住宅区命名更名工作的通知》《关于建立乡村道路交通安全兼职协管员队伍的通知》《关于印发麒麟区开展农村地区机动车及驾驶员排查整治行动实施方案的通知》

续 表

发文时间	发文内容
2月21日	《关于做好农村饮水安全工程示范县建设验收有关事宜的紧急通知》《关于表彰2010年度全区政府系统信息工作先进单位和先进个人的通知》《关于麒麟区第一次全国水利普查工作普查指导员和普查员名单及相关工作要求的通知》
2月22日	《关于切实做好当前春耕生产工作的通知》
2月24日	《关于提高80周岁至89周岁高龄老年人保健补助标准的通知》
2月25日	《关于成立麒麟区地质灾害防治规划编制工作协调领导小组的通知》《关于印发曲靖市麒麟区综合应急救援队伍管理办法（试行）的通知》
3月2日	《关于2010年安全生产责任制考核情况的通知》
3月6日	《关于印发麒麟区创建药品安全示范区实施方案的通知》
3月7日	《关于2011年农机化工作的意见》
3月9日	《关于印发麒麟区流通环节食品配送监管实施方案的通知》
3月10日	《关于成立中央财政现代农业蔬菜项目领导小组的通知》
3月15日	《关于启用曲靖市麒麟区工业和信息化局等11枚印鉴的通知》《关于2011年全省重点督查20个重大建设项目和20项重要工作涉及麒麟区的项目和工作进行立项督查的通知》《转发国务院安委会办公室关于两起煤矿特别重大生产安全事故调查处理结果的通报的通知》《关于印发麒麟区2011年旅游工作意见的通知》
3月16日	《关于认定石恩公路债务有关问题的通知》
3月18日	《关于转发云南省客运企业及客运车辆安全隐患排查整治行动方案和公路安全隐患排查整治行动方案的通知》《关于印发麒麟区2011年科技工作意见的通知》
3月21日	《关于做好草原生态保护补助奖励机制有关工作的通知》《关于印发麒麟区2011年人口和计划生育工作意见的通知》《关于加快牛羊产业发展的意见》
3月22日	《关于印发麒麟区2011年商务工作意见的通知》《关于印发麒麟区2011年民政工作意见的通知》
3月24日	《关于认真开展第一次全国水利普查的通知》《关于成立麒麟区土地报批工作协调领导小组的通知》《关于印发麒麟区城乡环境卫生整洁行动（2011～2012年）实施方案的通知》
3月25日	《转发曲靖市人民政府办公室关于云南省加强企业事业单位内部治安保卫工作文件的通知》《关于印发麒麟区2011年交通工作意见的通知》
3月28日	《关于2011年煤炭非税收入征管及分配有关问题的通知》
3月31日	《转发上级关于促进库区和移民安置区经济社会发展文件的通知》《关于印发麒麟区2011年食品药品安全工作意见的通知》《关于印发麒麟区2011年文化体育工作意见的通知》
4月1日	《关于确定2011年消防安全重点单位的通知》
4月6日	《关于切实抓好2011年提高优质烟叶有效供给能力工作的通知》《关于印发麒麟区及行政机关开展工作目标倒逼管理实施意见和麒麟区行政机关推行“一线工作法”实施意见的通知》《关于下达2011年畜牧业工作目标任务的通知》《关于印发曲靖市麒麟区森林火灾应急处置预案的通知》《关于印发麒麟区2011年住房和城乡建设工作意见的通知》
4月7日	《关于印发麒麟区2011年狂犬病防制工作方案的通知》
4月8日	《关于开展全区煤矿安全大检查工作的紧急通知》
4月10日	《关于开展规范性文件清理工作的通知》《关于实施2011年部级水稻高产创建项目的意见》
4月11日	《关于做好2011年昆交会筹备工作的通知》《关于进一步加强全区工业统计工作意见的通知》《关于印发麒麟区2011年老龄工作意见的通知》《关于2011年财税工作实行目标责任制考核的通知》《关于实行乡镇街道财税目标责任管理的通知》

续　表

发文时间	发文内容
4月15日	《关于开展规范性文件清理工作的通知》
4月16日	《关于印发曲靖市麒麟区2011年珠江禁渔期制度实施方案的通知》
4月18日	《关于印发麒麟区2011年林业工作意见的通知》
4月19日	《关于印发曲靖市麒麟区2011年水稻高产创建实施方案的通知》《关于印发曲靖市麒麟区2011年工业经济和信息化工作意见的通知》《关于印发曲靖市麒麟区2011年国土资源管理工作意见的通知》
4月20日	《关于成立麒麟区小（二）型水库除险加固工程建设领导小组的通知》
4月22日	《关于印发麒麟区2011年残疾人工作意见的通知》
4月27日	《关于做好2011年人大代表建议和政协委员提案办理工作的通知》
5月2日	《关于成立麒麟区林地保护利用规划编制工作领导小组的通知》
5月3日	《关于印发<麒麟区煤炭行业安全生产综合培训方案>的通知》
5月4日	《关于印发麒麟区开展严厉打击食品非法添加行为加强食品添加剂监管专项整治行动方案的通知》
5月9日	《转发上级关于坚决遏制煤矿安全生产事故多发势头文件的通知》
5月13日	《关于建立固定资产投资暨重大投资项目联席会议制度的通知》
5月17日	《关于成立东山镇中心集镇和桥头山铁矿厂占用耕地调查领导小组的通知》
5月25日	《关于调整2011年新型农村合作医疗补偿方案的通知》
5月26日	《关于印发<曲靖市麒麟区矿产资源规划（2008～2015年）>的通知》《关于印发麒麟区以社区为基础的艾滋病综合防治工作方案的通知》《关于开展2011年行政绩效管理有关工作的通知》《关于建立农民工工资保证金工作联席会议制度的通知》
5月31日	《关于印发曲靖市麒麟区政府自身建设2011年工作任务分解的通知》《关于成立麒麟区万亩蔬菜标准化园区建设中低改项目领导小组的通知》
6月3日	《关于印发曲靖市麒麟区第三轮防治艾滋病人民战争实施方案（2011～2015年）的通知》《关于做好小（二）型水库除险加固工程建设有关工作的通知》《关于印发2010年度土地矿产卫片执法检查实施方案的通知》《关于印发曲靖市麒麟区2011年地质灾害防治方案的通知》
6月8日	《关于调整麒麟区两烟打假打私领导小组成员的通知》《关于统计上报广播电视覆盖基本情况的通知》
6月16日	《关于印发安全生产一般以上事故应急处置实施办法的通知》
6月20日	《关于印发<麒麟区2011年度行政机关行政绩效管理制度实施方案>的通知》《关于成立第5轮行政审批制度改革工作领导小组的通知》《转发曲靖市人民政府办公室关于进一步做好蔬菜生产供应和价格稳定工作文件的通知》
6月23日	《关于印发麒麟区高层民用建筑消防安全专项整治工作方案的通知》
6月24日	《关于成立“6·22”煤气中毒事故调查组的通知》
6月25日	《关于进一步做好固定资产投资统计工作的通知》
6月28日	《关于进一步加强剧毒高毒高残留农药专项整治工作的通知》
6月30日	《关于机构改革撤并单位人财物移交及加强财务管理的通知》
7月4日	《关于做好当前防雹工作的紧急通知》
7月5日	《关于进一步做好农户小额信用贷款和2011年信用乡镇建设工作的通知》《关于调整充实麒麟区固定资产投资暨重大项目推进协调领导小组的通知》
7月6日	《关于成立“6·23”高坠事故调查组的通知》《关于印发麒麟区鲜粮食品安全生产专项整治实施方案的通知》

续 表

发文时间	发文内容
7月7日	《关于进一步加强农业农村统计工作的通知》
7月11日	《关于成立麒麟区学前教育改革和发展领导小组的通知》《关于开展创建计划生育优质服务先进区活动的通知》
7月15日	《关于开展2011年上半年安全生产责任制督查的通知》
7月18日	《关于印发曲靖中心城区防洪抢险应急预案的通知》
7月20日	《转发市人民政府办公室关于调整城镇职工基本医疗保险最高支付限额及大病补充医疗保险有关标准的通知》
7月29日	《关于调整充实麒麟区粮食行政首长负责制领导小组的通知》《关于调整充实麒麟区治理公路“三乱”领导小组的通知》
8月1日	《关于进一步加强政务信息工作的通知》
8月2日	《关于进一步加强保障性安居工程统计工作的通知》
8月4日	《关于评选表彰“两基”工作先进单位和先进个人的通知》《关于评选表彰“校安”工作先进集体和先进个人的通知》
8月5日	《转发上级关于进一步加强烟花爆竹安全监督管理工作文件的通知》
8月8日	《关于成立“8·04”起重伤害事故调查组的通知》《关于印发麒麟区2011年农村危房改造实施方案的通知》
8月9日	《关于印发质量兴区和标准化发展战略目标任务分解的通知》《关于进一步加强公共安全技术防范管理的通知》
8月10日	《关于印发麒麟区2011年政务公开工作任务分解表的通知》
8月15日	《关于做好2012年新型农村合作医疗筹资工作的通知》《关于认真做好2011年度残疾人就业保障金征收工作的通知》
8月21日	《关于做好退役运动员一次性安置工作的通知》
8月22日	《关于开展向村级组织收费专项清理整顿活动的通知》《关于成立“8·21”物体打击事故调查组的通知》
8月23日	《关于印发继续深化安全生产年活动实施方案的通知》
8月24日	《关于调整充实残疾人工作委员会的通知》《关于印发区人民政府机构设置的通知》
8月25日	《关于加强规模以下工业统计调查工作的通知》
8月26日	《关于成立群众对“房后头脑子煤矿发生安全事故”举报情况调查组的通知》
8月29日	《关于成立开展治大隐患防大事故安全隐患排查治理专项行动领导小组的通知》
8月30日	《关于组织开展知识产权业务培训的通知》《关于印发麒麟区烟草行政执法突发事件应急预案的通知》《转发麒麟区发展和改革局关于曲靖市麒麟区2011年深化经济体制改革工作意见的通知》
9月1日	《关于开展治大隐患防大事故安全隐患排查治理专项行动的通知》《关于印发麒麟区农村地区低速载货汽车三轮摩托车农耕机违法载客专项整治行动方案的通知》
9月5日	《关于在全区开展酒类流通领域专项整治行动的通知》《关于印发<曲靖市麒麟区农村社区建设标准>的通知》
9月8日	《关于成立麒麟区新型农村和城镇居民社会养老保险试点工作领导小组的通知》《转发上级关于印发云南省档案事业发展“十二五”规划的通知》《关于加强全区固定资产投资和重点建设项目稽察检查的通知》
9月10日	《关于成立曲靖中心城区环境噪声达标区扩建工作领导小组的通知》《关于成立曲靖中心城区烟尘控制区扩建工作领导小组的通知》
9月14日	《关于开展国庆安全生产大检查大督查的通知》

续　表

发文时间	发文内容
9月15日	《关于印发<麒麟区中心城区环境噪声达标区扩建工作方案>的通知》《关于印发<麒麟区中心城区烟尘控制区扩建工作方案>的通知》《关于印发西城片区抗旱应急供水方案的通知》
9月16日	《关于印发麒麟区安全生产风险评估制度（试行）的通知》
9月19日	《关于印发麒麟区动物防疫整村推进实施方案的通知》
9月21日	《关于开展2011年全国“质量月”活动的通知》
9月22日	《转发上级关于印发云南省融资性担保公司管理实施细则文件的通知》
9月23日	《关于成立“9·13”物体打击事故调查组的通知》
9月25日	《关于进一步加强当前安全生产工作的紧急通知》
9月28日	《关于进一步加强危险化学品企业安全生产工作的实施意见》
9月29日	《关于印发麒麟区“清剿火患”行动工作方案的通知》
9月30日	《关于进一步做好“6·12”铬渣非法倾倒致污事件处置工作的通知》《关于建立涉税信息共享机制加强税收征管工作的通知》《关于进一步加强建设项目环境准入管理有关问题的通知》《关于印发麒麟区进一步加强企业安全生产工作实施意见重点工作分工方案的通知》《关于印发七彩云南麒麟区保护行动2011年度工作计划的通知》《关于开展煤矿转让税费稽查联合执法专项行动的通知》《关于调整充实麒麟区朗目山风电场建设项目协调服务领导小组的通知》
10月8日	《关于调整充实城市电网改造工程协调领导小组的通知》
10月9日	《关于成立麒麟区公办普通高中债务审计调查工作协调领导小组的通知》
10月10日	《转发市事业单位实施绩效工资工作领导小组办公室于其他事业单位绩效工资实施中有关问题的处理意见的通知》
10月14日	《关于加强区级财政支出预算管理确保预算收支平衡的紧急通知》
10月17日	《关于成立子午路立交桥周边景观改造建设工作协调领导小组的通知》
10月21日	《转发市人民政府办公室关于进一步加强和规范机关单位津贴补贴管理工作的通知》
10月28日	《关于印发曲靖市麒麟区人民政府办公室主要职责内设机构和人员编制规定的通知》《关于印发曲靖市麒麟区审计局主要职责内设机构和人员编制规定的通知》《关于印发曲靖市麒麟区林业局主要职责内设机构和人员编制规定的通知》《关于印发曲靖市麒麟区统计局主要职责内设机构和人员编制规定的通知》《关于印发曲靖市麒麟区安全生产监督管理局主要职责内设机构和人员编制规定的通知》《关于印发曲靖市麒麟区人民政府法制办公室主要职责内设机构和人员编制规定的通知》《关于印发曲靖市麒麟区人民防空办公室主要职责内设机构和人员编制规定的通知》《关于印发中共曲靖市麒麟区委曲靖市麒麟区人民政府信访局主要职责内设机构和人员编制规定的通知》《关于印发曲靖市麒麟区供销合作社主要职责内设机构和人员编制规定的通知》《关于印发麒麟区环境安全风险评估制度（试行）的通知》《关于印发麒麟区其他事业单位奖励性绩效工资分配指导意见》
10月31日	《关于调整充实农村电网改造工程协调领导小组的通知》《关于代扣2012年度森林防火经费的通知》
11月2日	《关于开展<行政强制法>学习培训考试的通知》
11月3日	《转发上级关于印发云南省职工生育保险办法文件的通知》《关于开展生产建设项目水土保持专项执法行动的通知》《关于印发麒麟区“十二五”煤矿瓦斯综合治理工作体系建设实施方案的通知》
11月4日	《关于印发曲靖市麒麟区教育局主要职责内设机构和人员编制规定的通知》《关于印发曲靖市麒麟区科学技术局主要职责内设机构和人员编制规定的通知》《关于印发曲靖市麒麟区人口和计划生育局主要职责内设机构和人员编制的通知》《关于印发曲靖市麒麟区老龄工作委员会办公室主要职责内设机构和人员编制的通知》《关于印发曲靖市麒麟区档案局（馆）主要职责内设机构和人员编制规定的通知》《转发上级关于学习贯彻<云南省防震减灾条例>文件的通知》《关于建立重点项目推进一线约谈制度的通知》《转发上级关于印发云南省农民工工资准备金管理办法等3个办法文件的通知》《关于2012年扶贫开发工作的意见》《关于2012年大宗淡水鱼类产业发展的意见》

续 表

发文时间	发文内容
11月7日	《关于限时清理取缔粘土砖企业的通知》
11月8日	《关于转发上级学习贯彻《云南省发展中医药条例》文件的通知》
11月10日	《关于印发曲靖市麒麟区2011年区乡公路集中维修管养实施方案的通知》
11月12日	《关于2011年以来发生安全生产事故有关单位实行挂牌督办的通知》《关于印发麒麟区进一步加强煤矿、非煤矿山、危险化学品、烟花爆竹等行业安全监管实施方案的通知》
11月18日	《关于调整区安全生产委员会组成人员的通知》
11月22日	《转发市人民政府办公室关于印发曲靖市贯彻落实云南省进一步加强企业安全生产工作实施意见重点工作分工方案的通知》《关于调整充实区森林防火指挥部成员的通知》
11月25日	《关于成立麒麟区社会养老服务体系建设试点工作领导小组的通知》
11月30日	《转发上级关于实施临时性来煤加工政策的通知》
12月1日	《关于成立麒麟区煤电油运保障工作领导小组的通知》《关于调整区政府信用贷款管理领导小组的通知》《转发上级关于切实做好村庄规划编制工作的紧急通知》《关于印发麒麟区土地矿产违法形势风险评估预警制度（试行）的通知》《关于印发曲靖市麒麟区水务局主要职责内设机构和人员编制规定的通知》《关于印发曲靖市麒麟区煤炭工业局主要职责内设机构和人员编制规定的通知》《关于印发曲靖市麒麟区交通运输局主要职责内设机构和人员编制的通知》《关于印发曲靖市麒麟区司法局主要职责内设机构和人员编制规定的通知》
12月5日	《关于成立寥廓山风景林区森林防火指挥部工作领导小组的通知》
12月6日	《关于进一步完善新型农村保险保障服务体系的通知》《关于落实市煤矿安全监管建议书的通知》
12月12日	《关于兑现2011年新增农民专业合作社补助资金的通知》
12月13日	《关于印发2012年狂犬病防制工作方案的通知》《印发麒麟区关于开展依托电子政务平台加强政务公开和政务服务试点工作实施方案的通知》《关于开展2012年元旦春节前安全生产大检查大督查的通知》
12月15日	《转发市人民政府办公室关于印发曲靖市取消政府还贷二级公路收费实施方案的通知》
12月19日	《关于深化农村移动信息富民工程建设的通知》《关于<曲靖市麒麟区地质灾害防治规划（2011年~2020年）>发布实施的通知》《转发上级关于做好96128（12345）民生最热线电视节目有关工作文件的通知》《转发上级关于做好自然保护区管理工作文件的通知》《转发上级关于加快推进中小企业公共服务平台建设文件的通知》
12月20日	《关于印发麒麟区取消二级公路收费实施方案的通知》《关于印发曲罗公路（麒麟段）债务还款计划的通知》《关于印发曲靖市麒麟区关于进一步加快乡村旅游发展实施意见的通知》《关于印发曲靖市麒麟区乡村旅游发展奖励办法的通知》
12月22日	《关于麒麟区小（二）型水库除险加固工程建设部分项目法人变更的通知》《关于2012年农村劳务产业工作的意见》
12月23日	《关于严厉打击非法违法勘查开采矿产资源的紧急通知》《关于调整麒麟区天然林保护工程及退耕还林领导小组成员的通知》
12月26日	《关于印发麒麟区区直各部门安全生产工作巡视制度（试行）的通知》
12月27日	《关于调整麒麟区2012年新型农村合作医疗实施方案的通知》《关于做好2012年重大动物疫病防控工作的通知》《关于印发增设粮油平价销售点适时投放粮油储备工作方案的通知》
12月29日	《关于成立东山镇独木村委会移民新村建设领导小组的通知》
12月30日	《关于加强生猪调出大县畜禽监测工作的通知》《关于开展2011年农村危房改造和地震安居工程修缮加固工作的通知》
12月31日	《关于成立麒麟区打击和处置非法集资工作领导小组的通知》

【工作安排】　2011年1月6日，区人民政府发出《关于2011年村（居）民委员会办公用房建设的意见》。实施村（居）民委员会办公用房新（改）建工作，全面改善村（居）民委员会办公条件，提高麒麟区村（居）民委员会整体建设水平，进一步密切党群、干群关系，增强党和政府的凝聚力、号召力、战斗力，充分发挥村（居）民委员会在稳定社会、促进经济发展中的重要作用。目标任务：在2011年12月31日前新建12个村（居）民委员会办公用房，更新改造5个村（居）民委员会办公用房。（一）新建12个村（居）民委员会办公用房。东山镇水井、撒玛依、恩洪村民委员会；越州镇竹园、马坊村民委员会；三宝镇何旗社区、长坡村民委员会；珠街乡联合、涌泉村民委员会；沿江乡新发、新圩村民委员会；寥廓街道潇湘村民委员会。（二）更新改造5个村（居）民委员会办公用房。三宝镇五联社区，茨营乡小河村民委员会，沿江乡四圩、鸡街、大龙村民委员会。

2月15日，区人民政府发出《关于2011年安全生产工作的意见》。全面贯彻党的十七届五中全会和2011年全国安全生产电视电话会议精神，以落实《国务院关于进一步加强企业安全生产工作的通知》为主线（以下简称为《通知》），坚持安全发展理念和“安全第一、预防为主、综合治理”的方针，继续深入开展“安全生产年”活动，以预防为主、加强监管、落实责任为重点，以安全指标控制为中心，以“三深化”和“三推进”为重要抓手，以完善安全监管长效机制为关键，全面深化安全生产“三项行动”和“三项建设”，促进各类生产安全事故继续下降，有效遏制重特大事故发生，实现安全生产形势持续稳定好转，为全区经济社会的更好更快发展创造良好的环境。目标任务：（一）全年亿元GDP生产安全事故死亡率控制在0.21以内。（二）工矿商贸企业十万人死亡率控制在2.56以内。（三）道路交通万车死亡率控制在2.09以内。（四）煤矿百万吨死亡率控制在1.111以内。（五）全年各类事故死亡人数控制在26人以内，力争各类安全生产事故总量、死亡人数、受伤人数、直接经济损失“零增长”。

2月15日，区人民政府发出《关于进一步加强企业安全生产工作通知的实施意见》。为进一步强化企业安全生产管理，全面提高全区安全生产水平，结合麒麟区实际，提出如下实施意见：一、统一思想、提高认识，充分认识《国务院关于进一步加强企业安全生产工作的通知》，以下简称《通知》）和《云南省人民政府贯彻落实国务院关于进一步加强企业安全生产工作通知的实施意见》的重大意义。二、落实责任、齐抓共管，全面落实各级政府的监管责任。强化属地管理，强化责任落实，严格安全准入条件，严格责任追究。三、完善制度、依法生产，全面落实企业安全生产主体责任。严格落实企业安全生产主体责任制度，建立健全和严格执行各项安全生产规章制度，严格落实安全生产岗位责任制度，严格执行领导干部轮流现场带班制度，严格执行企业安全生产风险分析、预警制度和紧急撤人避险制度，严格执行企业隐患排查治理制度，严格执行企业安全生产专项投入制度，严格执行企业安全生产标准化达标制度。，严格执行企业生产技术管理和设备安全管理制度，严格执行先进技术装备强制推行制度，严格执行从业人员安全培训制度，严格执行企业应急管理和重大危险源监控预警制度，严格执行作业场所职业健康管理制度，严格执行安全生产承诺制度。四、全面动员、广泛宣传，营造全社会共同关心支持安全生产的良好氛围。

2月23日，区人民政府发出《关于2011年教育工作的意见》。以国家、省、市教育改革和发展规划纲要为指导，以办好人民满意的教育为宗旨，以实施素质教育、维护教育公平为重点，遵循“均衡优质、促进公平、育人为本、改革创新、提高质量”的方针，进一步加大投入，深化改革，统筹兼顾，狠抓落实，推进教育均衡发展、丰富教育发展内涵，推动全区教育事业发展再上新台阶。目标任务：（一）教育发展水平。区域内幼儿入园（班）率达85%；小学适龄儿童入学率达99%以上、辍学率控制在0.05%以下；初中毛入学率达100%、辍学率控制在0.7%以下；高中阶段毛入学率达92%；区职业技术学校在校生达2.5万人以上；开展农村实用技术培训3万人以上。“两基”工作向高水平、高质量方向转变。（二）教育教学质量。全区各级各类学校的育人水平和教育教学质量进一步提升；中考成绩保持全市前茅；高考上线率、优生率居全市前列；职业教育充分服务于经济社会发展，毕业生就业率较高。（三）基础设施建设。组织实施校安工程三期项目建设；深入推进中心城区中小学新建改扩建“6+8”工程，拓展中心城区教育资源。（四）教师队伍建设。招聘新教师100名以上；开展师资培训6 000人次，开展面达85%以上；进一步完善岗位设置和绩效工资分配机制，激发教师队伍活力。

2月23日，区人民政府发出《关于2011年煤炭安全生产工作的意见》。突出安全与发展重点，继续按照“井下安全投入要到位、地面环境秩序要改善、基础管理规范要达标”的要求，落实行业监管和企业主体责任，深化、巩固、拓展安全生产“三项行动”和“三项建设”；完善安全办公会议、安全监管分片包干驻矿监督、采掘作业点、重大作业事项和安全技术措施审批制度，健全责任倒查追究、重大隐患挂牌跟踪督办、安全惩治和典型现场会、高突矿井先抽后采、矿领导跟班下井、矿长（法人）外出请假措施；严厉打击证照手续不全生产、整合关闭矿井擅自生产、超层越界开采、不按审批滥采乱挖、拒不执行安全监管、违反安全生产“三同时”规定等违法行为；

加大重奖重惩、隐患排查治理、资源整合关闭、瓦斯治理、新技术新装备推广、质量标准化矿井建设、和谐文明矿山建设、电煤供应、行业内部建设等工作力度，真正实现煤炭行业安全生产持续稳定好转的目标。目标任务（一）安全工作目标：原煤生产百万吨死亡率控制在上级下达指标以内，杜绝一次性3人以上重、特大事故发生，力争原煤生产百万吨死亡率为零；建设瓦斯治理“双百”示范矿井5对；建设一级安全质量标准化矿井3矿、二级矿井20对，其余矿井全部达三级标准；突出矿井建设避险救生舱2矿；监测监控系统、人员定位系统、紧急避险系统、压风自救系统、供水施救系统和通信联络系统完善率达100%。（二）生产经营目标：原煤产量420万吨，焦炭268万吨；实现工业现价产值58亿元，政府规费收入1亿元以上，完成固定资产投资5.7亿元，完成电煤供应401 500吨。（三）技术改造目标：推行小型机械化采煤技术1矿，掘进机械化1矿，新增皮带运输12矿，新增吊挂人车下井10矿，新增3对矿井进行瓦斯发电利用，7对矿井高压下井，11对矿井专用回风井竣工验收，5对改扩建矿井投产验收，所有矿井100%采用壁式采煤，矿井主要巷道非木支护改扩16 000余米。（四）资源整合目标：按时限、按标准完成上级下达的矿井资源整合关闭任务，并启动建设煤矿整合技改项目达50%。（五）经营秩序目标：取缔非法生产经营，根治超层越界开采，严把《煤炭经营许可证》发证、年检关。（六）精神文明目标：创建8个和谐文明矿山，再推行5个煤矿实行军事化管理，所有煤矿安全文化宣传牌板延伸到井下。（七）矿村共建目标：力争在高家村、新村、独木片区各建设一个矿村共享资源开发新农村。

3月7日，区人民政府发出《关于2011年环境保护及污染减排工作的意见》。坚持以科学发展为主题，以加快转变经济发展方式为主线，把加强环境保护与转方式调结构、惠民生促和谐有机结合起来，以解决影响可持续发展和损害群众健康的突出环境问题为重点，扎实推进污染减排，加大重点区域污染防治力度，严格环境执法监督，全面加强农村环境保护和生态保护，抓好环境安全监管，提高生态文明水平，为麒麟区“十二五”环境保护事业发展创造良好开局。目标任务：（一）继续巩固“省级园林城市”创建成果，进一步提升质量和档次，使环境保护各项指标全面达标；切实抓好南盘江、潇湘江、白石江等重点河流环境综合治理，确保水质得到明显改善。（二）确保行政区域内不出现重特大环境安全事故；确保主要污染物二氧化硫（SO_2）、化学需氧量（COD）、氨氮（NH_3-N）、氮氧化物（NOX）总量年度削减1.5%以上，完成上级下达的各项主要污染物削减控制指标；确保中心城区空气质量持续保持在Ⅱ级标准，噪声达标区占建成区面积的89.24%；确保市人民政府下达的各项环境保护及减排目标任务圆满完成，并名列全市前茅。（三）稳步推进天然林保护、退耕还林、水土保持、石漠化和小流域综合治理、矿山生态环境恢复治理等重点生态建设工程；深入推进生态乡镇和全国生态示范区建设，巩固“绿色细胞”创建成果，力争再创建1～2个国家级或省级生态乡（镇）、绿色社区、绿色学校。

3月15日，区人民政府发出《关于2011年卫生工作的意见》。按照构建社会主义和谐社会的要求，以维护人民群众健康权益为目标，以建立健全公共卫生服务体系为基础，以优化整合医疗卫生资源为重点，以体制改革和机制创新为关键，以新农合、公共卫生服务均等化、实施基本药物制度等五项工作为突破口，加强监管，规范服务，努力实现政府主导与发挥市场机制作用相结合，建设覆盖城乡居民的基本医疗卫生体系，不断提高全民健康水平，促进社会和谐。工作任务：（一）深入推进医药卫生体制改革。（二）加强疾病预防控制工作，力争法定传染病发病率控制在145/10万以下。（三）继续巩固实施好国家基本公共卫生服务项目，进一步促进全区基本公共卫生服务均等化。（四）加强妇幼保健体系的规范化建设，孕产妇死亡率控制在35/10万以下，婴儿死亡率控制在12.5‰以下，住院分娩率达到95%以上。（五）继续加强农村卫生服务体系建设，提高基本服务能力，实现农村群众人人享有基本医疗卫生服务。（六）稳步开展新型农村合作医疗工作。提高筹资标准，扩大受益面。建立健全新型农村合作医疗制度长效筹资机制，继续做好组织、引导、动员工作。进一步加强合作医疗基金监管，防范基金风险，确保基金安全。（七）巩固社区卫生服务工作成果。合理布局和建设好社区卫生服务机构，继续实施“基本药物制度”和人事分配制度改革。（八）建立完善突发公共卫生事件的监测预警、应急报告、信息发布、事件举报、应急处理、医疗救治等制度，提高处理突发事件的应急能力。进一步做好甲型H1N1流感、手足口病等传染病的医疗救治工作。（九）完成艾滋病防治工作任务。

3月28日，区人民政府发出《2011年节能工作意见》。以提高能源利用效率为核心，以转变发展方式、推进结构转型升级为根本，坚持源头控制与存量挖潜、依法管理与政策激励、突出重点与全面推进相结合，进一步强化全社会节能意识，推进一、二、三产及非生产领域内的节能工作，为全区经济社会全面协调可持续发展提供有力支撑和坚实保障。目标任务：（一）万元GDP能耗下降3.2%。（二）规模以上工业万元增加值能耗下降4.1%以上。（三）淘汰落后生产能力：炼铁30万吨、焦化5万吨、火电1.2万千瓦。（四）组织开展能源审计、清洁生产审核企业各2户。

4月12日，区人民政府、区人民武装部发出《关于2011年民兵整组工作的意见》。坚持“按需编组、平战结合”、“编为用、建为战”的原则，按照统筹规划、区分任务、归口建设、协调发展的方针，紧紧围绕使命任务，建强专业保障分队，全面整合队伍、优化布局结构、强化制度规范，逐步形成规模适当、布局合理、科技量高、遂行任务能力强的民兵组织建设新格局，努力建设一支结构优化、重点突出、可靠管用的民兵队伍，不断提高民兵队伍参战支前和维护社会稳定的能力。要求做好：普通民兵的组织整顿，基干民兵的组织整顿；落实兵役登记和地方专业技术人员预备役登记。

5月23日，区人民政府发出《关于印发＜麒麟区实施质量兴区战略的意见＞＜麒麟区实施标准化发展战略的意见＞＜麒麟区区长质量奖管理办法＞的通知》。实施质量兴区战略的目标任务：力争到“十二五”末，全区质量工作在经济增长过程中的贡献率逐步提升，社会质量意识显著增强，发展观念明显转变，发展模式不断创新，发展质量有效提高。全区宏观质量管理体系、质量基础保障体系和社会质量信用体系基本建立完善，广大人民群众多层次的质量需求基本满足。1. 产品质量稳步提高。到2012年，主要工业产品、农产品、食品、药品、饲料质量安全水平显著提高，制造业质量竞争力指数处于全市先进水平。工业产品：全区主要工业产品采用国际标准和国外先进标准达到全市平均水平，产品标准覆盖率持续稳定在95%以上，产品质量监督抽查合格率达90%以上，主要工业产品生产企业的质量信用档案80%以上实现动态管理。食品：食品生产获证企业质量监督抽查合格率达90%以上，食品经销信息市场反馈满意度达90%以上。出口商品：检验合格率居全市前列。通过有机产品、绿色产品和无公害产品认证数达到60个，积极争报中国驰名商标1个以上、云南省著名商标7个以上，积极争报地理标志保护产品、云南名牌产品7个以上。到“十二五”末，主要工业产品、农产品、食品、药品等产品质量合格率持续上升，制造业质量竞争力指数达到全省平均水平。工业产品：主要工业产品采用国际标准和国外先进标准位于市内前列，产品标准覆盖率持续稳定在98%以上，产品质量监督抽查合格率稳定在95%以上，主要工业产品生产企业质量信用档案100%实现动态管理。食品：食品生产获证企业质量监督抽查合格率达到92%以上。出口商品：检验合格率居全省前列。通过有机产品、绿色产品和无公害产品认证的产品数突破70个；中国驰名商标1个以上、云南省著名商标9个以上、地理标志保护产品1个以上、云南名牌产品10个以上。2. 工程质量全面提高。到2012年，全区工程建设质量管理体系健全有效，新技术、新工艺、新材料得到广泛应用，勘察、设计、施工质量明显提高。工程质量安全抗震设防得到有效保证，建筑节能减排全面达标，工程竣工验收合格率达100%；发展绿色建筑，推行绿色施工，改善住宅性能，优良工程、优质工程、精品工程比率逐年提高。到“十二五”末，新技术、新工艺、新材料应用取得显著成效，普遍采用绿色施工，竣工建筑、道路、水利工程质量和安全、卫生指标100%达标，新开工建设工程100%执行节能环保标准，施工企业综合诚信评价体系建设全面完成，优良工程、优质工程、精品工程比率达到全市领先水平。3. 服务质量显著提高到2012年，全区服务业领域进一步拓宽，服务功能有所增强，服务业结构进一步优化，服务业标准化示范和试点建设工作初见成效，服务业社会满意度普遍提升。到“十二五”末，全区服务业标准化示范和试点建设成效明显，面向生产、面向民生、面向农村的新兴服务业基本形成规模，能较好地满足经济发展和人民群众生活需要，服务业整体社会满意度显著提高。4. 环境质量明显提高。到2012年，全区污染减排达到国家考核要求，大部分地区生态环境质量良好。城区空气质量全年优良天数达95%以上，南盘江水环境功能达标率80%，城镇集中式饮用水源水质达标率90%。到“十二五”末，全区生态经济、低碳经济和环保产业比重明显增加，节能减排取得显著效果。城镇集中式饮用水源水质达标率100%。节能减排、能源再生、生态保护标准体系建设初见成效，经济社会与环境协调发展。实施标准化发展战略的工作目标：通过实施标准化发展战略，建立适应麒麟区经济社会发展需要的标准化工作机制和体制；提升重点和优势产业实质性参与地方、行业、国家标准化活动的能力；促进科技创新成果向技术标准转化：构建一套面向市场、重点突出、结构合理的技术标准体系；培育一批以技术标准获得领先的竞争型企业；培养一支高素质的标准化人才队伍。到2012年，农业标准化工作取得新突破；着力夯实工业标准化的工作基础，初步构建优势工业产业的技术标准体系，工业标准化工作达到曲靖中上水平；在宾馆、餐饮等领域努力推行标准化，服务业标准化工作取得突破。到2015年，农业标准化工作总体进入全市先进行列，工业标准化工作总体达到全市中上水平，服务业标准化工作取得重大进展，并力争使有色金属新材料、煤化工、汽车制造等优势产业的标准化工作进入全省先进行列，标准化在全区经济社会发展中的技术支撑作用明显增强。

6月20日，区人民政府发出《关于开展现代农业示范区建设促进优势特色产业发展的意见》。结合特色产业基地建设、生猪“三百”工程、“两新”建设等一系列农业农村重大工程的实施，按照“高产、优质、高效、集约、生态、安全”的总体要求，以建立健全现代物质装备体系、产业化经营体系、质量安全体系、科技支撑体系、现代物流体系、社会化服务体系为重点，以提高农业综合生产能力和增加农民收入为目标，建设区域布局合理、基础设施完善、农业装备先进、产业优势突出、生态环境优良、科技应用领先、服务体系健全、运行机制灵活的现代农业示范区，促进全区现代农业发展和农民增收。建设目标：紧紧围绕稻谷、玉米、马铃薯、麦类、小杂粮、水果、蚕桑、花卉、蔬菜、渔业、生猪、肉牛肉羊、奶牛等13类产业，在条件适宜、发展基础好的重点乡镇开展现代农业示范区建设，加快建设优势特色农产品标准化生产基地、农业科技集成应用示范区、优质高效农业样板区、创新农业发展机制试验区。2011年～2015年每年重点建设3－5个示范区，最终达到20个以上，使示范区成为重要的农产品生产基地、现代农业高新技术示范推广样板、农业质量标准化建设展示基地、农业产业化经营及农村科技实用人才培训基地。

8月5日，区人民政府发出《关于贯彻落实<全民健身条例>的实施意见》。《全民健身条例》于2009年10月1日正式施行，为认真贯彻落实《条例》，结合麒麟区实际，现提出如下实施意见：一、认真学习宣传，全面提高全民健身意识。二、突出麒麟特色，广泛开展全民健身活动。科学制定全民健身实施计划，深入开展全民健身活动，充分发挥群众体育组织作用，切实抓好学校体育工作。三、加大投入力度，努力改善全民健身设施。实施“七彩云南全民健身基础设施工程”，管理和使用好公共体育设施，认真落实全民健身经费。四、健全组织网络，加强组织领导和监督检查。加强组织领导，健全组织网络，加强监督检查。

8月24日，区人民政府发出《关于2011年普通高等学校毕业生就业工作的意见》。2011年全区高校毕业生就业工作意见：一、深刻认识做好当前高校毕业生就业工作的重要性。二、拓宽高校毕业生就业渠道。三、完善高校毕业生就业服务体系。四、强化各级各有关部门工作责任。

8月25日，区人民政府发出《关于认真贯彻实施云南省流动人口服务和管理暂行办法的意见》。为认真贯彻实施好《云南省流动人口服务和管理暂行办法》，切实加强和改进流动人口服务和管理工作，保障流动人口的合法权益，结合麒麟区实际，提出以下贯彻意见。一、高度统一思想，充分认识做好流动人口服务和管理工作的重要意义。二、规范机构设置，建立健全服务管理体制。建立健全流动人口服务和管理组织机构，强化各项保障。三、落实措施，进一步改进流动人口服务和管理工作。全面推行居住证制度，加强流动人口服务管理信息化建设。四、工作要求，强化责任，狠抓落实，健全流动人口治安管理责任制，严格考核奖惩制度，广泛宣传，营造氛围。五、正确处理与流动人口服务站的关系。

8月30日，区人民政府发出《关于加强地质灾害防治工作的实施意见》。为全面加强全区地质灾害防治工作，提出如下实施意见：充分认识地质灾害防治工作的重要性，进一步明确地质灾害防治责任，建立完善地质灾害防治规划体系，深入做好地质灾害群测群防工作，健全地质灾害监测预警预报体系，加大地质灾害防治投入，大力实施地质灾害治理项目，积极推进因地质灾害威胁的搬迁避让工程，加大矿山地质环境保护与治理恢复力度，加强地质灾害应急体系建设，全面开展地质灾害防治知识宣传普及工作。

9月30日，区人民政府发出《关于环境安全综合整治的实施意见》。坚持“属地管理”、“谁污染、谁治理”的原则，通过开展环境安全排查整治，严厉打击违法排污行为，不断加大污染防治和环境保护的工作力度，全面整治环境安全隐患，切实改善环境质量，努力构建环境安全动态管理与长效管理机制，为实现绿色发展、循环发展、和谐发展提供良好的环境保障。工作目标：进一步落实环境保护“一岗双责”制度，健全环境保护行政一把手负总责、分管领导具体抓、其他领导分头抓的齐抓共管的环境保护责任制度，全面落实各级各有关部门、生产经营单位的环境保护责任。通过深入排查整改，各级、各有关部门要建立并完善环境安全管理台账，完善环境安全工作机制、管理体制、责任体系。建立重污染行业、企业信息管理系统和污染企业信用制度，企业安全责任意识和诚信意识显著增强。进一步优化产业结构，强化环保准入管理和安全监管水平，使环境安全控制水平显著提高，环境污染防治能力全面增强，环境违法行为得到坚决遏制，突出环境污染问题得以有效解决，环境质量有明显改善，环境安全得到切实保障。

10月28日，区人民政府发出《关于2011年军队转业干部安置工作的意见》。要求统一思想，提高认识，高度重视军队转业干部安置工作，严格执行政策，确保军队转业干部安置任务顺利完成。

11月4日，区人民政府发出《关于2012年粮食生产工作的意见》。以粮食安全为基础，强化农业基础设施建设，以粮食高产创建为载体，大力推广优质高产良种和节本增效综合技术，努力提高粮食质量、单产和效益，积极发展现代农业和提高粮食综合生产能力，全力推进全区农业农村经济又好又快发展。目标任务：2012年，全区粮食播种总面积45万亩，总产量1.8亿千克，其中：小春粮食播种面积20万亩，总产0.46亿千克；大春粮食播种面积23.5万亩，总产1.3亿千克；晚秋粮食播种面积1.5万亩，总产0.04亿千克。

11月4日，区人民政府发出《关于2012年畜牧兽医工作的意见》。围绕畜牧业“3456”发展思路，坚持“七化”标准，完善动物防疫保障机制，强化畜牧兽医行业管理，推进现代化进程、发展方式转变和畜产品质量安全，进一步提高畜牧业综合生产能力，切实保障畜产品消费安全，更好地服务民生。目标任务：（一）畜牧业生产：畜牧业产值比2011年增10%、畜牧业收入增10%。（二）动物防疫：重大动物疫病强制免疫应免密度达100%，计划免疫应免密度达95%以上。（三）产业化建设：建畜禽专业养殖小区30个，其中：生猪养殖小区6个、肉牛养殖小区10个、肉羊养殖小区10个，其它养殖小区4个。（四）行政执法：屠宰检疫率达100%，产品市场监督率达100%，兽药饲料监察率达100%，生鲜乳监管率达100%。（五）草原生态保护建设：进一步规范完善草原家庭承包，划定草地禁牧面积、草畜平衡面积和牧草良种补贴面积，及时足额发放禁牧补助资金、草畜平衡奖励资金和牧草良种补贴。

11月4日，区人民政府发出《关于今冬明春农田水利建设的意见》。加大财政对农田水利建设的支持力度，充分发动群众自愿出资出劳，全面加快农田水利建设步伐，努力提升农村饮水安全、农田灌溉、防洪抗旱、水土保持等设施水平，保障城乡生产、生活用水，促进农业增效、农民增收，努力实现人与自然和谐共处、水与社会协调发展，为全区经济社会发展提供水利支撑。目标任务：计划投资1亿元，建设工程405件，投入劳工536万个，完成土石方438万立方米，新增有效灌溉面积0.6万亩，改善灌溉面积7.6万亩，改造中低产田1.3万亩，治理水土流失面积30平方千米，解决0.44万农村学校师生的饮水安全问题。

11月4日，区人民政府发出《关于2012年经济作物产业化建设的工作意见》。按照“高产、优质、高效、集约、生态、安全”的总要求，坚持“巩固发展、提质增效、突出特色”的原则，着力构建现代物质装备体系、产业化经营体系、质量安全体系、科技支撑体系、现代物流体系、社会化服务体系等六大体系，加快现代农业发展，全面提升蔬菜、蚕桑、水果、花卉生产科技水平、农民组织化水平和农业现代化经营水平。目标任务：2012年，新增经济作物种植面积15 000亩，种植总面积263 768亩，总产量31 190万千克，总产值63 580万元，粮经结构比调整到35.5：64.5。（一）蔬菜产业。新建商品蔬菜基地3 000亩，其中现代外销蔬菜生产基地2 000亩、水生蔬菜基地1 000亩，使全区商品蔬菜基地面积达50 000亩。实现蔬菜播种面积17.43万亩，总产量27 440万千克，总产值39 060万元。（二）蚕桑产业。稳定蚕桑面积26 369亩，产鲜茧130万千克，总产值4 000万元。（三）水果产业。新植特色时鲜水果600亩，水果总面积达53 263亩，总产量3 620万千克，总产值9 320万元。（四）园艺花卉及中药材产业。新建园艺花卉基地1 100亩，其中鲜切花基地100亩、绿化苗木1 000亩，花卉总面积7 336亩，总产值11 000万元（其中鲜切花1 754亩，产值2 240万元）。同时加大中药材新品种引试力度，带动发展种植中药材2 500亩。

12月1日，区人民政府发出《关于进一步加强安全生产工作决定的实施意见》。为加强全区安全生产工作，坚决遏制重特大事故发生，提出如下实施意见：强化认识，切实增强安全生产工作的责任感和紧迫感；严格责任落实，建立健全安全长效机制；全面彻底开展安全隐患大排查、大整治专项行动；严把准入关口，大力开展标准化企业创建；加大执法力度，严厉打击非法违法生产经营建设行为；严肃事故查处，加大责任追究。

12月7日，区人民政府发出《关于加强耕地保护促进城镇化科学发展意见的实施意见》。围绕省、市党委、政府确定的转变城乡建设用地方式的战略部署，立足麒麟区情，按照“两保护、两上山、两集中、两统筹”的思路，调整完善土地利用总体规划、城乡总体规划、林地保护利用规划和工业园区布局规划，严格保护耕地尤其是坝区优质耕地，大力推进城镇建设和工业项目“上山”，着力优化城镇空间布局，转变城乡建设用地方式；强化统筹城乡和统筹区域发展理念，增强城市的辐射带动作用，努力建设山水园林、生态宜居、各具特色的山地城镇和配套设施完善的山地工业园区，最终实现“坝区田园化，山脚山腰城镇化、工业化，山顶生态化”目标。主要目标：城镇化发展目标：到2015年，全区城镇化水平力争达到76%左右；到2020年，力争达到86%以上。耕地保护目标：到2015年，全区耕地保有量保持在60.24万亩以上，基本农田面积保持在47.7万亩以上；到2020年，全区耕地保有量保持在58.2万亩以上，基本农田面积保持在47.7万亩以上。

区政府办公室工作

【概　述】 2011年，区人民政府办公室围绕区委、区政府中心工作，按照参之有道、服务有方、保障有力的要求，认真履行参谋助手、服务协调、督促检查、后勤保障等职能职责，不断提高办公室“三办”（办文、办会、办事）、“三服务”（服务领导、服务基层、服务群众）水平，确保了区政府、区政府办公室各项工作高效、有序运转。

【综合协调】 发挥综合协调职能，发挥整体效应，注重统筹兼顾，注意做好各个环节的工作协调，对上讲实情，对下听情况，对内多沟通，对外促交流，调动了办公室各方面的积极因素。定期召开主任办公会议，研究决定办公室人事调动、物资采购、设备更换、机关大院管理等重大事项。在办公室例会中进行定期业务交流和工作交流，弥补工作中的不足；加强科室间的协作，组织各科室长对部分科室进行工作探讨，提高工作的针对性和实效性；加快办公室电子政务建设，不涉密的政府领导讲话、文件基本实现了文字材料资源共享。加强与上级、下级之间的纵横向沟通协调，搭建交流平台，组织参加省、市政府系统业务培训，组织各乡（镇）街道及区直部门办公室工作人员120余人参加省政府办公厅；曲靖市政府办公室举办的公文培训，促进了各乡（镇）街道和区直各部门办公室办文、办会工作的规范化。争取并创造条件，组织办公室干部职工外出学习考察，启迪思维、开阔视野、拓展眼界，2011年先后组织10余名办公室文秘人员到省政府办公厅培训，3名到清华大学学习培训，促进了对外交流合作。

【文秘工作】 加强调研，发挥好参谋助手作用，抓住影响全区改革、发展、稳定大局的热点、难点和焦点问题，积极主动开展调研。在调研中，强化超前性调研，为区政府领导决策提供依据；强化策略性调研，为区政府领导决策完善思路；强化问题性调研，为区政府领导决策提出建议。对全区社会经济发展的热点、重点及新农村（新社区）建设、城市建设、重点项目建设等问题进行了一系列专项调查，撰写各类会议材料和调研材料920余篇（其中领导讲话750余篇），编发《政情通报》28期，得到了区政府领导的肯定。按国家、省、市公文处理办法规定，以“压缩数量、提高质量”为原则，把好行文关、会签关、政策法规关、文字关和体例格式关，凡是发生文体、格式、程序和政策方面的差错实行责任追究，严格问责，提高了公文办理质量。同时，落实电子政务网上公文交换制度，规范发文程序，精减文件数量，共收发文件资料2 000余件、20万余份，较好地发挥了以文辅政作用。完成了2010年文件的整理、分类、立卷、归档工作，1997～2009年档案归档收发文全文进行数字化加工，档案借阅130人次。坚持质量和效率并重，进一步规范政府系统办文程序，实行办文办事限时制度和公文处理全程跟踪服务制度，急件急办，特件特办，密件专办，提高了工作的时效性，确保了上级、区委、区政府决策的及时贯彻落实。

【信息工作】 围绕领导决策需求，坚持数量、质量“两手抓”，实行文秘人员全员信息制度，用更多的精品信息为领导提供服务。2011年共编辑、印发《麒麟政务信息》41期、《专报信息》18期、《麒麟值班信息》39期；上报省、市信息500余条，其中省采用50余条、市采用90余条。政务信息工作在全省40个直报点中荣获“一等奖”，发挥了信息的参谋、服务作用。

【督查工作】 坚持工作报告制度和定期通报制度相结合、专项督查和联合督查相结合、面上通报与推广典型相结合、定期督查与跟踪督查相结合、领导交办与主动查办相结合等形式，对党代会、人代会、区政府工作会会议精神的贯彻落实情况、重点工作推进情况和区政府重要部署实施情况进行督查问效。全年共参与督查7次，制发督查报告7期。对省级确定的20个重大项目、省政府工作会议进行分解立项督查，开展了4次督查，保证了决策的有效落实。抓重点工程督办，按照年初区“三会”确定的目标任务，把区级重点工程和民心工程列为重点，认真组织开展抗旱救灾、春耕生产、森林防火、烤烟移栽、草原生态建设、环境综合整治、荷花塘片区改造、扩大内需项目建设、安全生产、政府自身建设、建议提案办理等工作督查，与区委督查室联合开展督查8次，撰写专项督查报告17份，及时提出督查建议、及时把情况反馈给领导，为领导决策提供服务，保障重点工程（工作）和民心工程的顺利进行。

【议提案办理】 以提高满意率、解决率、面商率为重点，全力做好人大代表建议案、政协委员提案办理工作。2011年共收到区政协委员提案113件，市政协委员提案31件，区人大建议104件（其中议案4件），市人大代表建议3件，全部办理完毕，代表和委员满意率100%。

【应急管理】 加强应急值守管理，实行办公室领导带班、文秘人员24小时值班制度，保证了上级、区委、区政府上情下达，下情上传，高效运转。加强应急预演工作，突出重点行业应急演练，进一步增强应急预案的实战性和操作性，组织了麒麟区2011年地震灾害应急救援演练。强化应急管理，突出工作重点，冬春季节以护林防火及火情处置为重点，夏秋季节以防洪度汛和中心城区排涝为重点，平时以突发事件和热难点问题的处置为重点开展应急管理工作。按照“横向到边、纵向到底”的原则，进一步修订完善全区总体预案，在全区已有1个总体应急预案、19个专项预案、61个区级部门预案的基础上，重点修订了《麒麟区森林火灾应急处置预案》，编制了《曲靖中心城区防洪抢险应急预案》、《麒麟区烟草行政执法突发事件应急预案》。积极参与到森林防火、防洪度汛、社会治安处突等突发事件的应急处置工作中，组织2011年“1·17”雪灾应急处置工作，参与“9·24”祠堂破煤矿应急救援处置和“2·17”寥廓山火情、“4·17”珠街中所火情应急处置等工作，努力发挥应急的综合协调作用。

【政务服务】 以“为民、利民、便民”为构建服务型政府的出发点、落脚点，将建立区、乡、村三级政务服务体系建设作为全面推进“法治政府、责任政府、阳光政府、效能政府”建设的有效平台，积极开展为民服务工作。2011年底，全区具有行政审批和服务职能的34个单位入驻区政务服务中心，受理的行政审批和服务事项181项，累计受理审批和服务事项10 470件，办结10 457件，办结件比2010年增加2 670件，群众满意率和办结率均达98%以上。

【后勤保障】 在办会工作中，本着“高效、热情、周到、节俭、细致”的原则，会前周密准备，会中细致服务，会后及时总结，规范会务筹备工作，提升会议服务质量，2011年共组织和参与筹备各类会议活动720余场次，促进了政府工作的有效推进。在公务接待上，坚持热情接待、从俭招待的原则，做好接待工作。全年共接待国家、省、市、县（市）区参观考察团队166批次6 280人次，与上年相比分别下降12%、15%。其中接待省部级领导6批次、地厅级领导61批次、县处级领导68批次。坚持量力而行，尽力而为，落实后勤管理的各项制度，提高服务保障水平。加强政府机关大院、政府五个住宿区的门卫值班、环境卫生和水电管理工作，查出各类安全隐患30多处，并及时进行整改，安全生产形势稳定，实现“零事故”，改善了办公、生活环境。

（顾红星　李睿　李晓阳　严杨）

区人社局举办“携手共进 共赢明天”文艺晚会　（毛晓慧　摄）

劳动人事工作

【概　述】　2011年3月麒麟区人力资源和社会保障局组建成立。麒麟区人力资源社会保障局坚持以科学发展观统领全局，牢固树立“民生为本、人才优先”的发展理念，围绕就业富民、社保惠民、人才利民、维权安民、服务便民五大重点，认真履行工作职能，解放思想敢于创新，服务大局当好参谋，目标任务圆满完成，机关效能明显提升，各项工作亮点纷呈。

在推进“民生工程”工作中，做到了“六个坚持、四个加强”。即：坚持以民生为本，坚持以人才为先，坚持以团结为贵，坚持以廉洁为荣，坚持以务实为重，坚持以高效为要。为各项工作顺利开展打下了坚实的基础。

社会保险待遇按时足额支付，“两个确保”继续得到巩固。企业社会化管理服务率达100%，2011年向8 336名离退休人员发放养老金6 300万元，累计为2 380人发放失业保险金121万元。

认真落实扶持创业的税费减免、创业帮扶、贴息贷款政策，规范小额担保贷款及“贷免扶补”管理，先后在11个乡（镇）街道举办“送政策、送项目、送岗位、送服务”活动，继续贯彻落实新一轮促进就业政策，通过政策促就业，认真落实困难帮扶、援企稳岗、培训补贴等政策。2011年，全区开发就业岗位9 465个，完成全年目标任务4 500人的138%，支出再就业资金587.16万元，创业培训306人，农村劳动力转移就业8 748人，完成指标任务6 000人的146%。办理招用工录用备案手续457件，审核办理农民工服务手册2 300本。城镇登记失业率为3.5%，控制在目标任务4.3%以内。认定“零就业”家庭1户并安排就业，实现“动态清零”充分就业目标。

区领导为城乡居民发放养老金并亲切交谈　（毛晓慧　摄）

通过扩面征缴、稽核促缴，2011年征收社会保险基金2.86亿元（含超龄参保），工伤、生育、医疗保险待遇及时支付，实现“以收定支，收支平衡，略有积累”的目标。2011年，社会保险参保人数突破50万，城乡居民养老保险全发放、制度全覆盖任务圆满完成，麒麟区统筹城乡社会保障工作迈上一个新台阶。

【公务员队伍建设】　做好公务员招录、培训、登记、考核、调动工作。实施公务员能力提升计划，加强公务员3类培训。2011年，全区共培训公务员2 099人，其中初任培训12人，专门业务培训（公务员面试考官）1人，在职人员“忠诚教育”培训2 086人。深入开展“五学五评比”和学习杨善洲同志活动，不断提高公务员整体队伍素质。认真做好从“三支一扶”人员、大学生村官、西部志愿者、特岗教师中招录公务员工作，加大从基层和生产一线选拔公务员力度。全区计划考录11名公务员，其中2个岗位专门针对上述人员设置。公务员招录笔试、体能测试、面试、体检、考核等程序做到规范有序，未发生一起徇私舞弊事件，没有收到一件投诉举报。积极做好全区机关事业单位工作人员11 655人的考核工作，评出优秀2 079人。严格审核程序，做好155人的流动调配工作。扎实做好大学生村官招聘工作，为46名选聘到区任职的村官签订聘用合同，为2008年、2009年、2010年的大学生村官及时足额发放工资和生活补贴。

【专业技术人才队伍建设】 组织实施专业技术人才知识更新工程，全区10 863名专业技术人员参加了培训，培训内容包括《目标与时间管理》、中小学教师继续教育培训、专业技术上岗培训。开展专业技术职称评定工作，为739名申报晋升职称人员进行资格审查，办理职称聘用手续4 800人次。全区专业技术人员达8 366人，其中取得正高6人、副高1 250人、中职4 270人、初职2 840人。积极推荐优秀专业技术人才参加“四项选拔”：推荐上报“享受省政府特殊津贴”1名、“曲靖市有突出贡献”3名、“云南省科技兴乡贡献奖”4名、“云南省拔尖农村乡土人才”1名。

【技能人才培训】 突出专业技能训练，采取校企合作、定单培养等方式，切实加大技能人才的培养力度，2011年，麒麟区技校招生1 159人，完成目标任务的140%。强力推进培训、鉴定一体化服务，鼓励支持各类职业学校、职业技能培训机构和用人单位开展职业技能培训和职业技能鉴定，推动技能人才队伍建设稳步发展，组织各类职业技能培训5 909人，取得职业资格证书4 709人，取得高级工证书1 679人。其中机关事业单位申报职业技术培训鉴定59人，退役士兵50人，社会化培训鉴定5 800人。

【事业单位岗位设置管理工作】 严格按照《麒麟区事业单位岗位设置管理实施意见》的要求核定各事业单位岗位类别和等级。继续完善事业单位岗位设置工作，审核通过330个事业单位，岗位设置9 256个。公开招聘程序，规范人员聘用，做到“凡进必考”。规范事业单位聘用合同内容，开展事业单位聘用合同签订率督查，推进事业单位聘用合同的签订工作。对2 000余事业单位聘用合同进行鉴证，事业单位聘用合同签定率达98%以上。

【事业单位绩效工资改革】 认真总结评估义务教育学校绩效工资、公共卫生与基层医疗卫生事业单位绩效工资工作，积极稳妥地推进其他事业单位实施绩效工资工作。代区政府拟订《麒麟区其他事业单位奖励性绩效工资分配指导性意见》，完成义务教育学校、公共卫生与基层医疗卫生事业单位6 388人的全年奖励性绩效工资审批及其他事业单位3 568人的基础性绩效工资审批工作。

【落实企业工资制度】 2011年，对59户企业实行工资总额备案，对企业工资增长进行有效监管。及时调整和发布最低工资标准、2011年企业工资指导线，促进企业经济效益和职工待遇水平的协调发展。会同相关部门做好企业工资集体协商工作，对410户企业工资集体合同中双方代表资格、工资协议的条款内容、签订程序进行审查，涉及职工12 400人。

【工资管理】 全年累计为14 779人次办理工资变动审批、重新确定工资、工资正常晋升、津贴补贴审批等工作。为122名机关事业单位人员办理退休审批，为110名离退休老干部调整生活补贴，为机关事业单位工作人员因公或因病死亡28人审批了丧葬费、一次性抚恤费，为符合条件的15人核发遗属生活困难补助。全年累计办理企业正常退休212人，提前退休149人，审核认定连续工龄121人，为26名下岗失业残疾退伍军人办理了社会保险参保手续。

【军转干部安置】 2011年，提请区政府颁发《曲靖市麒麟区计划分配军队专业干部考试安置办法（试行）》，推动麒麟区军转干部安置工作的制度化、规范化，妥善安置转业干部2名，随军家属1名。为100名自主择业军转干部做好基本医疗保险、大病统筹医疗保险有关缴费工作，在两节期间他们进行慰问，为他们就医、子女入学提供服务，组织自主择业军转干部为患病者捐款。做好部分困难企业军转干部维稳补差工作，解困政策落实到位。加大对不稳定因素、信访接待工作的排查和化解力度，全力维护企业军转干部稳定。

【新农保工作】 2011年7月1日，麒麟区被列为第三批新型农村社会养老保险试点区和第一批城镇居民社会养老保险试点区。至2011年12月底，全区办理参保205 537人，参保率85.03%，累计收取保费3 996.04万元，共为50 187名符合领取条件的60周岁以上人员发放基础养老金1 656万元，发放率达99%；为246名重度残疾人发放养老补贴81 180元，发放率为100%，全区综合参保率达87.34%。

【清理整顿劳动力市场秩序】 组织开展清理整顿人力资源市场秩序专项行动、劳动用工情况专项大检

麒麟区在珠江源广场开展新型农村和城镇居民社会养老保险政策宣传活动 （毛晓慧　摄）

查活动、用人单位遵守劳动合同法情况专项检查活动和农民工工资支付情况专项检查等专项执法检查，建立和完善农民工工资保证金制度，全力推行劳动保障监察“网格化”、“网络化”管理，实现人力资源管理的“无缝”覆盖。在专项检查中，共督促企业与劳动者补签劳动合同1 500多份，对22家企业提出整改要求。接待举报投诉278件，清欠农民工工资473万，清退押金4.33万元，涉及劳动者3 000多人。2011年全区劳动合同登记备案48 000人，涉及2 000户企业，签订率达90%以上。

【依法维护劳动者合法权益】　按照简化程序、多调少裁、便民利民的办案思路，进一步规范办案程序，实现仲裁办案的快立、快审、快调、快结。2011年妥善处理劳动争议案件260件，其中开庭处理40件，调解处理220件，劳动争议受案率100%，结案率95%。坚持程序合法原则，受理工伤认定申请316件，办结率100%。

【信访及信息宣传工作】　加强来信、来访接待办理制度化建设，规范信访热点排查、接待办理程序，累计受理书面来信17件，接待来访300余人次；所有信访件均由局主要负责人批阅后，在规定时限内办结。共收到区人大代表建议和政协委员提案16件，严格按照法定程序和办理要求予以答复，见面率、满意率均为100%。强化舆论导向的作用，通过在报纸、电视、电台、网络等多种形式，开展宣传《社会保险法》、《劳动合同法》、《就业促进法》、《劳动争议调解仲裁法》、《劳动合同法实施条例》人力资源社会保障法律法规和各项政策的宣传，在各类刊物发布信息83篇。积极营造全社会关注人力资源社会保障法律法规和各项政策的良好社会氛围，自觉遵守人力资源社会保障法律法规的观念和意识，取得较好的社会宣传效果。

（王克婷）

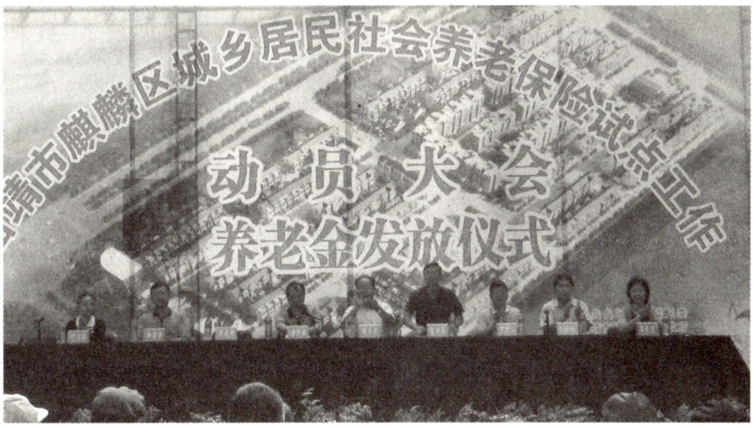

新农保和城镇居民社会养老保险试点工作动员大会暨养老金发放仪式　　（毛晓慧　摄）

机构编制工作

【概　述】　2011年，麒麟区编办以深化创先争优活动为契机，以深化改革和机制创新为重点，机关事业单位机构编制管理工作不断加强，各项业务工作顺利有序开展。

机构管理工作。区编委办公室始终坚持机构编制管理“三个一”审批制度，即“编办一家单位承办，编委主要领导一支笔审批，编委一家行文”，遵循“机构编制从严控制”的原则，严肃机构编制纪律，巩固机构改革成果，切实做好机构编制管理的日常工作。年内新成立机构6个：成立曲靖市麒麟区委对外宣传办公室，加挂人民政府新闻办公室牌子，为党委的部门管理机构，由宣传部管理，副科级；成立曲靖市麒麟区人民检察院法警队；成立曲靖市麒麟区集体建设用地流转交易服务中心，为区人民政府直属全额拨款事业单位，委托曲靖市国土资源局麒麟分局代管，机构规格股级；成立曲靖市麒麟区南宁街道社区卫生服务中心，股级；成立曲靖市麒麟区建宁街道社区卫生服务中心，股级；成立曲靖市麒麟区白石江街道社区卫生服务中心，股级。更名机构4个：曲靖市麒麟区实验中学更名为“曲靖市麒麟区第六中学”；曲靖市麒麟区第一福利院更名为“曲靖市麒麟区第一社会福利院”加挂“曲靖市麒麟区光荣院”牌子；曲靖市麒麟区寥廓街道社区卫生服务中心潇湘服务部更名为曲靖市麒麟区寥廓街道社区卫生服务中心；曲靖市麒麟区西城街道卫生院更名为曲靖市麒麟区西城街道社区卫生服务中心。

编制管理工作。调整编制16名：曲靖市麒麟区水务局下属有关单位调整编制14名；曲靖市麒麟区教育局有关事业单位调整编制2名。为保证退役士兵安置工作顺利进行，经区机构编制委员会研究，为退役士兵安置设置岗位9个。

【政府机构改革工作】　按照区委、区政府的统一部署，经过精心组织、周密部署，麒麟区机构改革工作稳步推进。按照坚持精简，紧密结合工作实际，注重转变政府职能和理顺职责关系，明确和强化责任，积极探索实行职能有机统一的大部门体制，突出麒麟区经济和社会发展的特点。科学界定、合理设置的原则，经区委常委会议和区政府常务会议讨论，形成《曲靖市麒麟区人民政府机构改革方案》。机构改革后，区政府设置工作部门25个，设置部门管理机构2个。

机构改革中，认真落实“三定方案”。一是梳理需作“三定”的机构情况，即区政府工作部门、部门管理机构、人员参照公务员法管理的副科级以上事业单位共30余家。二是方法上，采取各部门草拟

麒麟区乡镇机构改革工作会议　　　　（毛晓慧　摄）

职能调整、主要职责、行政审批事项，集体研究后，报区级分管领导审阅签字，区编办初审，再由区法制办初审，区委组织部就领导职数进行初审，然后报请市编办初审，由区编办将初审中存在的共性和个性问题进行分类梳理，提交区编委会、区政府常务会研究定稿，报两办批复执行。三是内容上，采取分工协作、各司其职、严格按照相关文件的规定进行初审，成熟后再上会研究。四是全面清理和规范议事协调机构和临时机构，不再单独设立办事机构，具体工作由相关部门承担；同时清理撤并限额以外的完全履行行政职能的事业单位，严格清理"体外循环"机构，已不存在完全承担行政职能的"体外循环"机构；内设机构设置上，要求部门内设机构综合设置，原则上在限额内设置，名称进一步规范，没有超规格设置的现象；在加挂牌子的问题上，严格执行《中共曲靖市委办公室曲靖市人民政府办公室关于印发〈曲靖市麒麟区人民政府机构改革方案〉的通知》批准的区政府部门加挂的牌子，没有再加挂其他牌子；关于理顺编办体制的问题，按照中央编办的要求理顺落实编办体制，将原与人事局合署办公的编办单独设置，列入党委工作部门，工作经费列入同级财政预算，运行效果良好。

【乡镇机构改革工作】　麒麟区委、区政府高度重视乡镇机构改革工作，根据省、市电视电话会议精神及省、市关于深化乡镇机构改革的实施意见要求，及时召开专题会议安排部署深化乡镇机构改革工作，结合农村税费改革、农村综合改革和新农村建设，不断推进乡镇机构改革。成立麒麟区深化乡镇机构改革领导小组，领导小组组长由区长担任，副组长由区委有关领导担任，成员为区直有关部门主要领导，下设办公室在区编办，具体负责《麒麟区深化乡镇机构改革方案》和《麒麟区深化乡镇机构改革实施意见》的拟订上报和审批，指导、督促各乡镇落实机构改革等工作。同时，成立麒麟区深化乡镇机构改革组织机构，下设具体工作组，其中组织人事组负责对原区直部门管理、现下划乡镇管理的人员分流审核、档案交接的监交等工作；财物清理组负责对下划乡镇管理单位固定资产、流动资产、债权、债务的审计、审核、监交等工作；乡镇机构改革实施方案初审组负责对各乡镇上报的实施方案进行初审。组织有关人员到昆明市官渡区学习考察乡镇机构改革工作，借鉴其经验做法；深入各乡镇调研工作，召开乡镇、区直有关部门主要领导征求意见会，进一步学习领会上级文件精神，统一思想，提高认识。市委、市政府于2011年9月21日批准印发《曲靖市麒麟区深化乡镇机构改革方案》。按照精简统一效能，统筹乡镇党政机构设置和职责配置，形成机构设置统一规范、职责配备科学、人员分工合理、工作运转高效的机关运行新方式的要求，乡镇党政机关设党政办公室、经济发展办公室、社会事务办公室、社会治安综合治理办公室4个综合办公室。统一乡（镇）下属事业单位的名称和印章、牌匾，并明确各自的职能职责。

严格执行机构编制"三个一"制度。凡涉及机构编制，严格按编委主任"一支笔"审批，编委办公室"一家"承办，机构编制委员会"一家"行文的工作制度，由各乡镇以文件形式向区编委申报，区编办核实后，提交编委会或区委、区政府研究审核后，报市编委审批。建立人员编制户籍、册、卡"三统一"动态管理制度。即单位有增人计划按干管权限审批后，持卡注册登记落户。必须在有编制的前提下，方可申报招录进人计划；人员编制变动，必须持组织（人事）部门的招考录用文件、调动通知、退休手续等相关依据和编制手册及时到机构编制部门办理"编制卡"和相关手续。组织（人事）、编制、主管部门"三统一"的跟踪管理服务工作，有效遏制增人无计划，无编制的现象。

【政务和公益域名注册工作】　根据《曲靖市机构编制委员会办公室关于转发<中共云南省机构编制办公室关于认真贯彻落实政务和公益域名注册管理工作要求的通知>的通知》精神，省市下达的20家任务，麒麟区编办认真开展做好中文域名注册工作，年内，完成29家的政府和公益域名注册工作，超额完成9家。

【事业单位法人登记、变更、年检工作】　根据曲靖市机构编制委员会办公室《关于转发省事业单位登记管理局〈关于2010年度事业单位法人检验工作的通知〉的通知》，按时完成全区122个事业单位的法人年检工作，完成事业单位设立登记11件和变更登记16件，完成全部单位的网上录入和各单位登记档案的立卷归档工作。

4月，完成全区192个事业单位的网上登记管理系统资料的预订、代收费、上缴市编办任务。8月15日，对全区相关主管部门的76人进行事业单位网上登记管理系统操作业务培训。并对24个事业单位进行具体上机业务指导。

【事业单位清理规范工作】 9月，根据《曲靖市机构编制委员会关于开展事业单位清理规范工作的通知》，结合麒麟区实际，制发《曲靖市麒麟区机构编制委员会办公室转发关于开展事业单位清理规范工作文件的通知》，对全区340个事业单位进行全面清理规范。年内完成52个单位的方案接收和审核任务。

（李晓云）

信访工作

【概　述】 2011年，麒麟区的信访稳定工作局势比较严峻，压力较大。面对新形势、新情况、新问题、新任务和新要求，全区上下紧紧围绕“保增长、保民生、保稳定”和“完善机制、源头预防、重点治理、整体推进和巩固提高”上下功夫，在强力推进和谐中全面科学发展，全区的信访稳定工作，再次全面实现“三下降、两提高、一稳定”的总目标。

“三下降”：麒麟区的“信访总量、非正常上访和发生的重要信访案件三项指标，在上年的基础上，平均下降了21.6%。“两提高”：提高了信访案件（含市长热线和矛盾纠纷）的办结（调处化解）率，同比平均提高了三个百分点以上，人民群众的满意度明显提高；提高了非正常上访和群体性事件的防范化解和稳控率，麒麟区最大限度地将非正常上访吸纳并化解在当地。“一稳定”：在党的十七届六中全会和省第九次党代会等国家、省、市重大活动期间，实现了“零上访和零群体性事件”；全区年内所有重大项目得以顺利推进，社会和谐发展，大局稳定，经济繁荣。

全年全区共接处各类来信来访5 322件（批件次），信访总量与上年同比下降7.8%。其中共发生越级和集体上访117批1 582人次，与上年同比批次下降27.8%，人次下降29.5%；共发生到市以上的集体越级上访和非正常访55批928人次，与上年同比批次下降19.1%，人次下降3.9%；共发生进京上访11批15人次，与上年同比下降51.6%；到省上访10批108人次，同比批次下降23.1%，人次下降31.6%；到市上访36批843人次，同比批次下降35.7%，人次下降6.5%；到区上访60批616人次，同比批次下降26.8%，人次下降46.6%。

全年区信访局共受理上级交办的各类立案件、领导批示件及区自立案件97件。其中办理中央交办案件22件，比上年11件办案总数上升100%；办理省交办案件28件，比上年9件办案总数上升2.1倍；办理市交办案件31件，比上年92件办案总数下降66.3%；办理区自立案件16件，比上年18件办案总数下降11.1%。与上年同期130件相比，发生信访案件总数下降25.3%。所有到期案件全部办结，按时办结率100%，区级领导阅批率100%。

全年全区共组织开展集中排查和重点交办社会热难点矛盾纠纷问题8次，明确责任分解交办案件197件，每件都有一名区级领导“包保”，部门（单位）主要领导是第一责任人，所涉及的单位或部门是责任单位。按照上级有关部门的具体要求，积极开展信访救助摸底、申报工作。全年共排查摸底信访老户、信访困难户的基本情况10人，向上级申报需信访救助的10人，申报救助资金25 000元。摸底排查并申报“2012年度曲靖市解决特殊疑难问题专项资金”21人，申报资金98.9万元。

全年，区信访局共受理市长热线249件，与上年377件同比，热线案件下降34%；按时办结249件，到期按时办结率100%，综合满意率98.8%，比上年同期提高2.5%。共接到上级信访部门交办信访问题842件（含信访信息化系统404件），与上年同比下降14%，到期办结率98.6%。共办理辖区人民群众网上信访问题98件，直接受理并调解重大矛盾纠纷19件。

【信访工作“八访八问与八重八抓”措施】 为深入贯彻落实中央关于用群众工作统揽信访工作的指示精神和要求，切实做好新形势下的信访稳定工作，麒麟区高度重视，大胆探索和尝试用群众工作统揽信访工作。2011年在全区推出“八访八问和八重八抓”。

“八访八问”：访基层群众问发展思路，访富裕群众问致富经验，访“三老人员”问建设良策，访积怨人群问百姓呼声，访特殊居民问社会关爱，访弱势群体问大众疾苦，访无业人员问群众生活，访流动人口问服务质量。

“八重八抓”：重点研究抓群众动向，重点教育抓群众素质提升，重点排查抓热点分析预警，重点分解抓群众工作责任，重点帮扶抓民间纠纷调处，重点调解抓基层和谐，重点落实抓群众工作纪律，重点防范抓社会大局稳定。

【特殊疑难信访问题专项资金的管理使用】 麒麟区自2007年开始，按照中央、省、市的有关规定，建立“解决特殊疑难信访问题的信访救助工作机制”，每年从区财政拨专款10万元，作为麒麟区信访事项救助专项资金，由区信访局统一审核拨付使用。另外，区财政还专门拨付30万元，建立涉法涉诉救助专项资金，并每年从区财政拨专款10万元，作为解决涉法涉诉信访问题救助经费，由区政法部门统一管理使用。为充分发挥救助资金作用，加强资金使用管理，区信访局专门制定下发《曲靖市麒麟区信访救助资金管理使用办法（试行）》，明确规定全区解决特殊疑难信访问题专项资金的使用范围、救助原则、审核审批程序及责任、审批时间、权限及监督管理。

（殷鉴荣）

档案工作

【概　述】　2011年，麒麟区档案局按照区委的统一部署和要求，着力从本职岗位上创先进、日常工作中争优秀、群众满意上见成效三个方面入手，深入开展创先争优活动，积极开展“五好”、“五带头”创建活动，确保创先争优活动真正落到实处，取得实效。业务工作方面，全区2010年度归档文件整理工作顺利完成；支部换届工作圆满完成；全国社会主义新农村建设档案工作示范区创建工作稳步推进；档案馆工作持续加强；档案信息化建设取得新成绩，至11月底，已建成覆盖全部馆藏档案、资料及现行公开文件的目录数据库共92.36万条，并通过麒麟档案信息网、区电子政务门户网、省政府信息公开网、96128政务信息查询网等网络媒体，将档案信息资源及时上传，实现了档案目录的网上查询；深入持久地开展农业农村档案工作，积极为市、区两级小康示范村和“整镇推进”866扶贫工程建设服务。2011年2月，被麒麟区政府表彰为“2010年度行风建设先进单位”；10月，被云南省档案局表彰为“云南档案发行先进单位一等奖”。

【全国社会主义新农村建设档案工作示范（县）区创建工作】　2011年，麒麟区被云南省档案局确定为全国社会主义新农村建设档案工作示范县（区）。区档案局按照《中共云南省委农办、云南省档案局、云南省民政厅、云南省农业厅关于印发〈加强社会主义新农村建设档案工作的意见〉的通知》要求，迅速做出反应，召开专题会议研究部署，对全区社区、村委会档案工作进行摸底，并将社会主义新农村建设档案工作纳入全区年度目标考核，进行目标管理。区委、区政府对创建活动高度重视，区委办下发《关于开展创建全国社会主义新农村建设档案工作示范区的通知》，明确领导小组，制定实施步骤，确定各相关部门及乡（镇）街道职责并提出具体要求。区档案局积极邀请市局领导及专家深入各乡（镇）街道举办社会主义新农村建设档案工作业务培训班，按照创建标准和要求加强业务指导，全区118个村（居）委现已全部按要求达到规范化管理，区档案局积极开展创建申报工作。

【档案信息化建设】　2011年，麒麟区档案馆加快信息化建设步伐，在信息化管理水平提升、档案数字化加工、创新服务机制等方面取得了显著成绩，用实实在在的工作业绩诠释了以人为本的服务理念。一是强化信息化管理工作。制定馆藏档案全文数字化实施方案，细化档案出入库、拆装、扫描处理、存储、挂接、备份等各环节工作任务、工作职责，加快馆藏档案全文数字化扫描工作进程。新购置增加服务器、复印机、计算机和数码相机，有效改善档案馆全文数字化工作条件，信息化设备运行正常，信息化建设框架基本形成。二是持续增强档案数字化建设工作。在原有基础上，新录入档案目录2余万条。至10月底，已建成覆盖全部馆藏档案、资料及现行公开文件的目录数据库共92.36万余条。其中档案91万条，图书资料6 100条，现行公开文件4 331条，完成馆藏量的100%；对馆藏珍贵重要及利用频繁的23个全宗、4 846卷档案优先开展数字化扫描，建成全文数据库90.14万页；数字化照片档案3 000余张。三是档案数字化业务纵深拓展。全年共完成区政府办所有年度文书档案全文数字化加工工作，其中目录34 764条，原文扫描20万页；完成区委办2个年度文书档案全文数字化加工工作，其中目录1 066条，原文扫描1.1万页，推进了档案信息化建设的发展。

【档案馆工作】　强化档案资源体系建设。为确保机构改革中撤并单位的档案资料及时、安全接收进馆，区档案局认真按照《曲靖市档案局关于认真做好全市机构改革中档案工作的通知》要求，在各单位进馆档案自检、清理和完善的基础上，严把进馆档案质量关，按照规范化程序进行档案接收工作，至10月底，共接收全区撤并单位各种门类档案185卷、10 009件。

坚持做好爱国主义教育基地建设工作，切实加强爱国主义教育展室理，不断充实和更新内容，做好参观接待工作。全年共接待参观人数510人次，在开展爱国主义教育、弘扬社会正气和培育民族精神等方面发挥了重要作用。

切实加强馆藏重点档案的抢救和保护工作，全年共抢救整理重点档案45卷，6 620件。

加强查阅利用场所建设。至11月，共提供利用档案1 490人次、7 350卷（件）次，复制并摘抄档案资料51 350页，出具档案证明740余份；提供利用图书资料260余人次、740册次；提供利用现行公开文件165人次、215件次。

【归档文件整理】　2011年，区档案局进一步加强业务指导和监督，切实规范档案业务管理，确保各乡（镇）街道办事处、区直各部门2010年度归档文件整理工作顺利完成。全区共整理文书档案31 424件，其中永久9 229件，30年8 597件，10年13 598件；会计档案2 843卷；照片档案1 116张；录音录像档案29盒，光盘66张；科技档案132卷；专门档案10 003卷；其他档案768卷。

【档案法制宣传教育】　组织档案业务培训。以全国社会主义新农村建设档案工作示范区创建活动为契机，先后组织全区各乡（镇）街道村（居）委会800余名档案人员进行档案业务培训。

档案行政执法检查常态化。结合业务指导工作和区直部门年度综合考核，对区属各乡（镇）街道、企事业单位档案管理工作进行检查，大部分单位做到了“四个到位”，即领导重视到位、人员配备到位、经费费投入到位、档案安全保管到位。

开展行政审批事项清理工作。根据区人民政府《关于开展第五轮行政审批制度改革的通知》要求，区档案局将2008年清理后保留的行政审批项目再次清理和精简，仅保留“出卖、转让、赠送集体所有、个人所有档案的审批”，改备案管理审批项目2项，此次清理精简后，改为登记备案行政审批项目为7项。

开展档案宣传报道。全年共向省、市档案学会报送学术论文7篇，《云南档案》登稿4篇、《曲靖档案》登稿14篇，《麒麟信息》、《麒麟政务信息》登稿4篇。

（张　勇）

中国人民政治协商会议曲靖市麒麟区委员会

【概　述】 2011年，区政协常委会继承和发扬人民政协光荣传统，弘扬爱国主义和社会主义精神，团结和带领全体政协委员，围绕区政协三届四次会议确定的目标任务，认真履行政治协商、民主监督、参政议政职能，努力发挥协调关系、汇聚力量、建言献策、服务大局的作用，为推动全区经济社会跨越发展作出了积极贡献。

【区政协三届四次会议】 中国人民政治协商会议曲靖市麒麟区第三届委员会第四次会议于2011年1月7～10日举行。区委、区人大、区政府领导应邀出席会议。各有关方面的领导、担任过实职副处级以上职务的离退休老领导和办理提案先进单位领导、办理提案先进个人作为特邀、列席人员参加会议。

会议听取并审议区政协第三届委员会常务委员会工作报告和提案工作报告；听取并协商讨论区政府工作报告和区法院、检察院工作报告；协商讨论计划、财政工作报告和麒麟区“十二五”规划纲要；听取了区人民政府关于区政协三届三次会议以来委员提案办理情况的通报；听取了区政协三届四次会议提案收集情况的通报；表彰2010年度政协工作和提案工作先进集体、先进个人。委员们以饱满的政治热情和认真负责的态度，切实履行职责，为实现麒麟区经济社会又好又快发展坦诚建言、献计献策，提出许多建设性的意见和建议。

会议审议通过政协主席张杰代表政协曲靖市麒麟区第三届委员会常务委员会向大会所作的常务委员会工作报告和政协副主席杨俊青代表政协麒麟区第三届委员会常务委员会向大会所作的提案工作报告。会议赞同区政府工作报告和法院、检察院、计划、财政工作报告。

【常委会议】 1月10日，区政协召开三届十六次常委会议。会议审议了常委工作报告决议（草案）、提案工作报告决议（草案）和区政协三届四次会议决议（草案），同意将三个决议草案提交区政协三届四次会议第四次全体会议通过。

3月21日，区政协召开三届十七次常委会议。区政协主席张杰，副主席杨俊青、郭湘以及区政协常委出席会议。保留正县级待遇领导顾晓富、助理调研员严明华以及区政协各工作组组长、各委室主任、副主任列席会议。会议对有关人事事项进行表决，区政协副主席郭湘向与会人员通报全国和省、市政协会议精神，区政协副主席杨俊青通报了区政协领导分工及委室对口联系调整情况、区政协2011年重点提案及回访复查提案以及区政协2011年重点工作分工情况。区发改局、区水务局主要领导应邀到会向委员们通报2011年全区重点项目建设情况和全区水利建设情况。

7月8日，区政协召开三届十八次常委会议暨专题培训会议，邀请市委党校副校长滕黎南教授围绕“加强和创新社会管理”主题进行专题辅导。区政协主席张杰，副主席杨俊青、赵军学，保留正县级待遇领导顾晓富，助理调研员严明华出席会议，区政协常委、城区各工作组委员以及机关各委室领导共150余人参加了培训。

9月19日，区政协召开三届十九次常委会议，对2011年重点提案进行约谈和民主评议。区委副书记罗中山，区政协主席张杰，区委常委、常务副区长林家德，区政协副主席杨俊青、赵军学、郭湘出席会议。会议由杨俊青主持。区教育局、国土资源分局、工信局、区发改局、城市综合行政执法局、交通运输局分别对各自承办的重点提案办理情况进行汇报。听取汇报后，6件重点提案的领衔委员发言，委员们在发言中对承办单位的办理情况给予肯定，并对下步办理工作提出意见建议。会议还对重点提案办理情况进行民主测评。

12月29日，区政协召开三届二十次常委会议。会议通过人事任免事项，听取区政协各工作组和专委会2011年工作情况汇报，并对2012年有关工作进行安排部署。

【履行职能】 以科学发展为主题，搞好政治协商。坚持把协商议题的重点放在全力支持“六区、四城、两中心”建设和关系人民群众切身利益的问题上，集中民智、反映民意，力求提出一些有价值、操作性强的意见和建议。在区政协三届四

麒麟区政府工作报告暨“十二五”规划专题协商会　（段丽萍　摄）

次全会召开期间，组织委员对区政府工作报告和其他专题报告进行协商讨论，通过小组讨论、大会发言、委员提案等形式，就调整经济结构、转变增长方式、营造发展环境等方面提出200多条意见和建议。召开4次常委会议就政协工作要点、重点提案办理、委员增补调整、政协全会筹备等重点工作进行专题协商，对2011年重点提案办理进行约谈督办。组织2次座谈会就区委工作报告、政府工作报告征求委员的意见。完善区政协各专委会与区直各有关部门的联系制度，主动加强与有关部门的对口联系，应邀参与相关部门的重要会议和活动，通过座谈、调研和视察等形式，对有关部门的年度工作计划、重大政策措施和相关工作进行协商讨论，提出意见和建议。多次召开不同形式的座谈会、征求意见会，广泛开展议政建言，充分发挥政协会议在协商议政中的重要作用。

区政协民主评议区工商局2011年工作动员会　（段丽萍　摄）

以促进发展为要务，加强民主监督。组织委员开展专题视察、监督检查等活动，运用提案、建议案等形式，督促相关部门认真落实区委、区政府出台的政策措施，确保真正落到实处。一是继续坚持重点提案主席督办，一般提案专委会督办，提案委跟踪督办制度，将《关于解决麒麟城区交通拥堵问题的提案》等5件事关民生、惠及群众、促进发展的提案列为重点提案，将《关于修复沾潦公路越州段的提案》列为回访复查提案认真督办，区政协三届四次会议立案交办的118件提案的面商率、办复率、委员满意率均达100%。特别是《关于修复沾潦公路越州段的提案》得到区委、区政府的高度重视，经过多方协调，投资1 300万元，对沾潦公路越州段进行大修，解决沿线群众的出行难问题。二是围绕经济社会发展中群众关心的热点问题，组织部分政协委员开展专项视察和民主评议活动，促进各项工作的进一步落实。对全区城乡一体化发展、“四城联创”情况进行视察，对2010年民主评议区畜牧局工作情况进行跟踪问效，对区工商局2011年工作情况进行民主评议。通过视察和评议，有力地促进各项工作的落实，推动相关部门的工作。三是充分发挥行风评议员、特邀监督员的作用，动员和组织他们认真学习相关专业知识，积极参加重要会议和有关活动，广泛收集和反映广大群众的意愿和要求，主动参与政风行风评议、案件办理质量监察、部门工作满意度测评，实事求是地提出意见和建议，为优化经济社会发展环境、促进工作作风改进发挥了积极作用。

区政协三届十七次常委会议　（段丽萍　摄）

以服务发展为重点，主动参政议政。选择对全区当前和今后发展具有全局性、前瞻性的课题，以及人民群众关注的热点难点问题，精心组织委员调查研究。年内，区政协常委会组织开展专题调研2次，各专委会、工作组结合实际组织调研56次，做到参政参到点子上、议政议到紧要处。针对全区幼儿教育入学难、发展不均衡的问题，将全区学前教育情况列为2011年重点调研课题，组织政协科教文卫体委和教育工作组委员实地调研，听取城区公立幼儿园和各民办幼儿园的情况介绍，摸清当前幼儿教育的发展现状、存在问题，形成专题调研报告报送区委、区政府，为幼儿教育工作提供决策参考。为推动全区工业转型升级和经济发展方式转变，将全区新型工业情况列为2011年重点调研课题，组织委员深入众一煤化、中建博能等企业进行实地调研，摸清了当前新型工业化中存在的工业结构不合理、企业创新能力不强、可持续发展能力弱、企业发展环境需要进一步改善等问题，向区委、区政府提出了5个方面的意见和建议，得到区委、区政府的高度重视。组织委员围绕促进科学发展，精心选题、深入研究，积极撰写议政发言材料10篇，开展专题议政活动。

【统战联谊】　强化学习统一思想。组织委员贯彻党的十七届六中全会和区第四次党代会精神，宣传区委、区政府的各项决策部署。2011年，邀请省、市委党校教授就“十二五”规划、桥头堡建设、社会管理创新等方面的内容对委员进行3次专题培训，积极引导委员把智慧和力量凝聚到实现“十二五”目标任务上来，把思想和行动统一到区委、区政府对工作的总体安排上来，形成推动“六区、四城、两中心”建设的强大合力。

沟通联系凝聚共识。注重加强与各族各界人士、无党派人士和“两新”阶层人士的联系，坚持中共党员领导联系非中共政协常委、专委会联系工作组等制度，认真开展走访座谈、交心谈心活动，关心委员的学习和工作，为委员活动创造宽松和谐的环境。邀请区政府领导就经济运行情况向委员作通报；邀请公安分局、区发改局、区水务局等单位领导向委员通报社会稳定、重点项目投资、农田水利建设等方面的情况，为委员知情明政创造了良好的条件，调动委员参政议政、建言献策的积极性和主动性，营造良好的合作共事氛围。

对外交流展示形象。加强与市政协和各县（市）区政协的联系和交流，承办曲靖市第十六次县（市）区政协主席联系会，参加3次跨省、跨地（州）市的政协横向联系会议，组织政协机关干部到丽江古城区、保山市龙陵县考察学习，热情接待四川省游仙区、昭通市水富县等政协考察团，宣传展示了麒麟的发展经验和良好的投资环境，为全区招商引资、项目引进，努力牵线搭桥、提供服务。

【关注民生】　畅通社情民意渠道。认真落实《反映社情民意工作办法》，畅通社情民意反映渠道，积极反映人民群众的呼声、愿望，把委员思改革、议发展中的好思路、新观点，特别是就科学发展提出的有价值、有见解的意见和建议，报送给区委、区政府决策参考。其中，农业工作组委员报送的《关于麒麟区稻水象甲防控的建议》，经区政协《社情民意专报》报送市政协和区委、区政府相关领导后，引起高度重视，农业部门加大投入，精心组织、严格防控，把疫情的损失降到了最小程度。在反映社情民意的同时，积极做好信访接待工作，全年，共接待来信来访11件32人次，在做好说服疏导工作的同时，及时将有关情况转送相关部门阅处，较好发挥政协组织在化解矛盾、维护稳定、构建和谐、促进发展方面的作用。

维护社会安定团结。通过“走村串户、联系群众”、政协委员联系群众“界别活动周”等形式，了解城乡居民特别是农民群众在想什么、迫切需要什么，主动协助区委、区政府掌握群众情绪，关注倾向性问题，尽可能把潜在的不安定因素和矛盾冲突化解在萌芽状态，自觉维护社会的安定团结。以工作组为依托，发挥政协委员的资源优势和人脉优势，积极开展委员联系群众、送教下乡、送戏下乡、科技下乡等活动，把党的政策、先进文化、致富信息和文明习俗送到农村基层、送进千家万户，更多地惠及城乡百姓。

关心帮助弱势群体。继承和发扬为民做好事、办实事的优良传统，号召和倡导政协委员、机关工作者帮民困、解民忧。2011年，区政协委员和机关工作者为新农村建设、学校建设、孤寡老人、困难学生、结对贫困户等捐款580多万元。涌现出一批致富不忘回报社会，热心公益事业，为民做好事、办实事的委员。其中东山工作组雷庚国委员为新农村建设和教育事业捐款75万元，曹小柱委员为新农村建设和教育事业捐款50万元；经贸工作组委员王石柱为珠街乡西海社区、越州镇竹园社区捐赠化肥20吨；财贸工作组委员张伟东为越州镇老吴小学捐赠100张学生寄宿用高低床。

（毕文荣）

中共麒麟区纪律检查委员会、监察局

【概　述】　2011年，麒麟区认真贯彻落实中央、省、市纪委全会和各级政府廉政工作会议精神，坚持标本兼治、综合治理、惩防并举、注重预防的方针，开拓创新、扎实工作，党风廉政建设和反腐败工作取得了显著成效，为全区经济社会又好又快发展提供了坚强有力的保障。一是抓监督检查，重点工作开展得到有效保障；二是抓责任落实，党风廉政建设责任制得到深入贯彻；三是抓宣传教育，党员干部思想道德防线得到强化巩固；四是抓案件查处，党的纪律得到有力维护；五是抓纠风治乱，损害群众利益的突出问题得到有效遏制；六是抓监督制约，领导干部廉洁自律意识得到明显增强；七是抓制度创新，惩防体系建设得到巩固完善；

区纪委四届一次全会　（王党兰　摄）

八是抓队伍建设，纪检监察机关履职能力得到显著提高。为全区经济社会发展提供了纪律保障。

【召开区纪委三届六次全会】 2月28日，中国共产党曲靖市麒麟区第三届纪律检查委员会第六次全体会议召开。出席会议的有区纪委委员19人，区委、区人大、区政府、区政协领导，各有关方面负责人参加会议。

区纪委常务委员会主持会议。会议总结2010年党风廉政建设和反腐败工作，安排部署2011年工作。全会审议通过了区委常委、纪委书记陈继峰代表区纪委常委会所作的《强化职能，统筹推进，努力开创麒麟反腐倡廉建设新局面》的工作报告。区委书记傅学宾出席会议并作重要讲话。

全会提出，2011年，全区各级党组织和广大党员干部要全面贯彻中央、省、市纪委全会精神，围绕区委、区政府提出的“六区、四城、两中心”的经济社会发展目标，按照以人为本、执政为民的要求，不断加强以保持党同人民群众的血肉联系为重点的作风建设，加强以“123”惩防体系和廉政风险预警防控工作为重点的反腐倡廉建设，着力解决反腐倡廉建设中群众反映强烈的突出问题，以党风廉政建设和反腐败工作的实际成效取信于民，促进“十二五”规划的顺利实施和全区经济社会又好又快发展。2011年要重点抓好七个方面的工作：一是围绕中央、省、市、区重大决策部署及全区中心工作，进一步开展监督检查；二是切实加强作风建设，进一步密切党同人民群众的血肉联系；三是加强反腐倡廉宣传教育，进一步筑牢拒腐防变的思想防线；四是严肃查处违纪违法案件，进一步保持惩治腐败的强劲势头；五是深入开展专项治理工作，进一步纠正损害群众利益的不正之风；六是加强监督制约力，进一步促进领导干部廉洁从政；七是突出两个重点，进一步推进惩治和预防腐败体系建设。

【召开区纪委四届一次全会】 中国共产党曲靖市麒麟区第四届纪律检查委员会第一次全体会议于6月13日在麒麟区举行，区纪委委员19人出席会议，纪委书记陈继峰主持会议。全会选举了区纪律检查委员会书记、副书记和区纪委常委，报区委批准。与会委员列席区委四届一次全体会议。

（李秀丽）

【落实党风廉政建设责任制】 区委、区政府高度重视反腐倡廉工作，把党风廉政建设工作列入重要议事日程。区委多次召开常委会，对全区党风廉政建设和反腐败工作作出部署；区政府召开政府廉政工作会议，对政府系统党风廉政建设和反腐败工作提出具体措施；区委成立党风廉政建设工作领导小组。各乡（镇）街道和区直部门（单位）也成立相应的领导机构负责职责内的党风廉政建设。按照建立健全与社会主义市场经济体制相适应的教育、制度、监督并重的惩治和预防腐败体系的要求，分解任务，明确责任。一是始终坚持党政一把手负总责，做到“一岗双责”，制定《2011年党风廉政建设责任制实施意见》，完成党风廉政建设目标管理责任书签定工作。二是抓好任务分解，拟定《关于区直单位贯彻落实2011年反腐倡廉工作任务的分工意见》。三是督促30个基层党（工）委、党组结合自身实际层层签定党风廉政建设责任书，对所属总支、支部进行目标责任制管理。将党风廉政建设61项工作任务具体分解到15个职能部门和乡（镇）街道负责落实，真正形成党委统一领导、党政齐抓共管、纪委组织协调、部门各负其职的工作格局。全年先后两次组织11个督查组到各单位部门督促检查党风廉政建设责任制落实情况。严格责任追究，考核结果作为评先评优的主要依据。对2个单位和部门实行党风廉政建设“一票否决”。

【强化领导干部廉洁自律】 加大对领导干部的监督力度，坚决执行廉洁自律有关规定，以认真执行《廉政准则》为重点，深入治理领导干部违反规定收送现金、有价证券、支付凭证和收受干股，以赌博和交易形式收受财物，利用婚丧嫁娶等事宜收钱敛财的问题；利用职务上的便利获取内幕信息进行股票交易的问题；在住房上以权谋私的问题；放任、纵容配偶、子女和身边工作人员利用其职权和职务影响经商办企业的问题；违规插手招标投标、土地出让、产权交易、政府采购等市场交易活动谋取私利的问题等，年内未发现违规违纪行为。严格落实厉行节约八项要求，2011年没有发生超编制购置公务用车，借考察、学习、培训等名义的公款旅游，没有举办各种庆典、节会、论坛等活动，没有借机发放礼品、礼金和贵重纪念品，也没有发现领导干部擅自接受邀请参加此类活动的情况。严格执行预算支出管理，降低行政运行成本，坚持节俭办事，杜绝铺张浪费，杜绝一切不必

“麒麟区123惩防体系建设现场推进会”在珠街乡召开　（王党兰　摄）

在区地税局召开麒麟区廉政风险预警防控工作会　（王党兰　摄）

要的开支，严格控制办公经费开支。没有发现新设津贴补贴项目、自行提高津贴补贴标准和扩大实施范围、自行扩大有关经费开支和提高开支标准发放津贴补贴和福利的情况。

2011年，495名科级干部报告了住房、投资和配偶子女从业情况。区委、纪委负责人同下级党政主要负责人谈话36人次，科级领导干部任前廉政谈话186人次，诫勉谈话17人次，科级领导干部述职述廉497人次。

【农村“123”惩防体系成效显著】

3月25日，区纪委在珠街乡召开全区农村“123”惩防体系现场工作会议，提出以建设和谐稳定的新农村（新社区）为中心，将农村党风廉政建设工作与农村经济社会发展紧密结合，实现管好人、用好权、办好事的“三好”目标要求。突出教育和监督两个重点，教育以乡（镇）街道、村（社）、村（居）民小组三级党员干部为重点，突出理想信念教育、形势政策教育、党纪政纪和法律法规教育、勤政廉政教育、正反典型专题教育，通过教育，使基层干部宗旨意识、法制意识、忧患意识进一步增强，拒腐防变能力进一步提高。把监督的重点放在对乡（镇）街道、村（社）、村（居）民小组领导班子贯彻民主集中制情况、重大事项决策、大额经费使用、工程项目管理、集体三资管理、三务公开等方面。乡（镇）街道主要按照民主集中制原则决策；村（居）民委员会按照“四议两公开”议事程序决策；村（居）民小组围绕“七步工作法”议事决策。加强对党在农村各项政策落实情况和对村（居）规民约执行情况的监督检查，促进基层党风廉政建设的各项制度得到健全落实。构建乡（镇）街道纪（工）委、村（社）党风廉政教育监督委员会、村（居）民小组教育监督组三级网络的惩治和预防腐败体系。各乡（镇）街道按照区委“123”惩防体系的要求，挂牌成立“三资”委托代理服务中心和工程建设委托代理服务中心，并制定相应的制度。119个村（社）全部挂牌成立教育监督委员会，942个村（居）民小组中698个有集体利益分配的村（居）民小组选举产生教育监督组。全年向村集体反馈信息755条，纠正不合理决策104条，追回不合理开支34.85万元，化解矛盾517起。党务、村务、财务公开占应公开的100%。为抓好农村惩防体系工作，区纪委牵头制定《关于加强村集体资金资产资源管理工作意见》、《关于印发曲靖市麒麟区村集体资金资产资源管理办法的通知》、《关于印发麒麟区乡镇街道建设工程管理办法（试行）的通知》、《关于进一步加强农村“三务”公开工作的意见》等4个文件，从制度上完善“123”惩防体系内容，对农村集体资金资产资源保值增值起到了积极作用，增强了农村议事、决策、执行的程序化和透明度，解决了“教育无人管”、“用权一句话”、“决策一言堂”、“监督不到位”、“诉求一条路”的问题。在全区机关、企业、农村、社区全面推行党务公开，全区所有机关、企业、农村、街道社区、学校、社会组织中的1 532个党组织全面推行党务公开，共建立固定党务公开栏676个。119个村委会、社区“两委”向党员和群众承诺事项2 300余项，农村（社区）8 600余名有承诺能力的党员向群众承诺办理事项9 000余件，年内兑现承诺8 000余件。

【机关“123”惩防体系初见成效】

根据区委开展廉政风险预警防控工作的要求，区纪委监察局制定《麒麟区廉政风险预警防控工作实施意见》，并于3月25日召开工作会议全面安排部署廉政风险预警防控工作。廉政风险预警防控工作以

省纪委常委黄雁翎到三宝大坡检查党建工作、珠街小河湾检查123惩防体系建设　（王党兰　摄）

上一堂廉政课、出一版廉政专栏、写一篇廉政心得体会、开展一系列开门评廉活动、制定完善一批廉政风险防控制度、开展一系列明查暗访活动为主要内容。7月初开展专项督察工作，在广泛调研的基础上，提出了区直单位和部门“123”惩防体系，以风险点预防为基础，制度建设为核心，提高政府效能为目的的工作方针，基本框架是以确保权力正确行使为中心，制约和监督权利行使，提高权力运行的民主和公开程度。构建政务公开服务和风险预警防控两个体系。即以电子政务公开服务为平台，加快麒麟区政务服务中心、乡（镇）街道便民服务中心和村（社）代办点“一站式”便民服务窗口建设，构建区、乡（镇）、村（社）“三级服务网络”，方便群众办事，减少办事环节，提高办事效。以电子监督为平台，抓好廉政风险点排查。按照岗位、科室、单位三个层面，从思想道德、岗位职责、业务流程、制度机制以及外部环境等方面入手，全面深入查找可能存在的风险点。围绕排查确定的各类风险点和风险等级，有针对性地提出并推进防控措施，着力形成以岗位风险为点、以监督程序为线、以制度建设为面的廉政风险管理机制。综合运用教育、制度、监督等手段，采取前期预防、中期监控和后期处置等措施，对可能发生的腐败行为实施有效控制。及时修正完善风险防控机制，建立健全监督检查、考评修正和责任追究机制等各种监控运行机制，不断充实完善风险防范的工作机制，基本形成内部管理有制度、岗位操作有标准、出现问题能修正、事后考核有依据的风险防控管理体系。把廉政风险预警防控工作纳入党风廉政建设责任制落实和惩防体系建设过程中，逐步建立健全廉政风险预警防控、监督检查、考核评估和责任追究的长效工作机制，实行常态管理，做到常抓不懈。对在行使权力过程中严重失职渎职的人和事依照行政问责、党政纪处分和刑事处理三个层次进行严格的责任追究，确保权力的正确行使。实现法治政府、阳光政府、廉洁政府三大目标。年内，全区各部门共查找风险点3 409条，其中思想道德风险680个，岗位责任风险1 250个，业务流程风险347个，制度机制风险560个，外部环境风险572个。确定一级风险点420个，二级风险点1 160个，三级风险点1 829个。建立防范措施856条，修正规范权力运行的制度102项，新建设制度23项，绘制工作流程图47项，进一步规范了权力运行程序。同时，区纪委牵头制定《中共曲靖市麒麟区委关于落实“三重一大”事项集体决策制度的实施意见》，通过制度进一步规范各级部门和干部的行政行为。全区上下统一思想，明确查找风险点的过程，是一个自我提醒、自我提高的自控过程。对权力的认识产生根本性转变，充分认识权力与职权的双重性，理顺工作职责与行政权力的关系，增强责任意识，淡化“权力”观念，实现权力行使的自我约束。腐败风险查找、预防、控制环环相扣，动态管理，突出辐射性、长效性、指导性，形成立体化、交互式网格体系。

（阿　华）

【宣教调研】　警示教育工作。围绕14个方面为曲靖市反腐倡廉警示教育基地布展收集上报成就展照片200余张，反面典型素材3件。7月12～15日，全区实职副科级以上领导干部680人分七批到基地接受教育，各单位严格按照相关文件要求，积极组织本单位职工陆续到基地接受警示教育。着力打造“清风沐麒麟”宣教品牌；立足于以区、乡两级党校为主要阵地的“课堂教学平台”，将反腐倡廉教育融入领导干部日常教育；在《曲靖日报》刊登宣传麒麟区反腐倡廉建设信息30条；在市电视台“珠源清风”栏目播出专题片2期，新闻8条；向市纪委“珠源清风廉政网站”上报网络评论文章12篇；以全区副科级以上领导干部的《麒麟手机快讯》为载体，及时发布麒麟区反腐倡廉信息，开展面向全党全社会的反腐倡廉宣传教育。开展廉政文化示范点创建活动，成功创建省级廉政文化示范点1个——麒麟区珠街乡小河湾社区；确定区级廉政文化示范点10个。举办“麒麟区青少年校外教育廉政书画竞赛”活动庆祝中国共产党成立90周年。6月组织曲靖妇女儿童中心300余名培训学员紧扣廉政内容举行书法、绘画竞赛，共征集到作品496件，经组委会评选，共有6件、15件、30件和200余件作品分别获得一、二、三等奖和优秀奖。并在曲靖妇女儿童中心展出作品320件，充分发挥了一个孩子带动和影响一个家庭的作用。积极做好纪检监察报刊和反腐倡廉书籍征订工作，组织学习贯彻新修定的《关于实行党风廉政建设责任制的规定》。组织全区各单位

省纪委宣教室主任杨军到麒麟区白石江街道丰登社区考察省级廉政文化建设试点

（白传学　摄）

征订《关于实行党风廉政建设责任制的规定》（以下简称《规定》）系列丛书和《反腐倡廉10个热点问题》792份。11月7～11日期间组织全区100多个单位1 196名领导干部参加《规定》知识测试活动，参与率、优秀率99%以上。发放《云南纪检监察》杂志2 000余份；订阅2012年《廉政中国》系列教育片8套；《党风廉政建设》194份、《中国监察》213份、《中国纪检监察报》106份、《省第八次党代会以来的纪检监察工作丛书》150份。积极深入基层调查研究，及时总结调研成果，为领导决策提供依据。重点围绕“麒麟区123惩防体系建设”、“麒麟区廉政风险预警防控”、“麒麟区廉政文化示范点创建”、“麒麟区三务公开情况”等工作深入乡（镇）街道、区直单位调查研究。组织上报“文明拆迁调研文章”5篇、“党政正职监督调研文章”1篇、“村组干部监督”调研文章1篇、行政监察调研文章1篇、抗旱资金监管调研文章1篇、“庆祝建党90周年”调研文章12篇。上报纪检监察学会调研文章7篇、上报各类调研信息80余篇。被市纪委《纪检监察调研》采用3篇调研文章、5篇调研信息，被市纪检监察学会采用调研文章1篇。

（王党兰）

【信访举报】 2011年，麒麟区纪检监察机关共接受群众来信、来访和电话举报64件；上级交办7件，署名举报24件（次）；涉及乡科级干部10件，一般干部18件，其他人员（农村和企业）36件。全区纪检监察机关初核线索44件，经初核了结15件，其中失实8件，适当处理7件；转立案14件。党纪立案11件，党政纪同时立案3件。涉及乡科级干部4人，一般干部2人，其他人员8人。贪污6件，受贿3件，违反财经纪律1件，职务侵占1件，失职渎职2件，妨害社会管理秩序1件。其中给予开除党籍处分4人，给予留党察看处分2人，给予党内严重警告处分2人，党内警告处分2人；给予行政开除1人，给予行政记过处分1人，给予行政警告处分1人，大要案14件。启动问责程序7次。

（韩路江）

【案件查办】 2011年，麒麟区纪检监察机关共立案查处违纪违法案件16件，比上年减少14件。其中区纪委监察局立案10件，比上年减少6件；乡（镇）街道纪（工）委、区直单位纪委、纪检组立案6件。党纪立案16件，党政纪同时立案5件。涉及乡科级干部2人，股所级干部2人，一般干部10人，其他人员2人。贪污6件，受贿5件，违反财经纪律1件，职务侵占1件，失职渎职2件，妨害社会管理秩序1件。已结案12件，结案率86%。其中给予开除党籍处分6人，给予留党察看处分2人，给予党内严重警告处分2人，党内警告处分2人，给予行政开除公职处分3人、行政记过处分1人、行政警告处分1人。大要案14件。

（张　毅）

【执法监察】 加强对工程建设领域专项治理工作的监督检查。做到“四个到位”、严把“五关”。“四个到位”即：领导到位、人员到位、责任到位、工作到位，形成一级抓一级，层层抓落实的专项治理工作格局；“严把五关”即把好制度建设关、把好宣传发动关、把好自查自纠关、把好督促检查关、把好案件查处关。2011年共查处工程建设领域违纪违法案件2件，抽查30个项目，发现问题41个，整改34个，正在整改7个。

继续加强中央扩大内需项目进展、资金使用情况专项督查和全区重点工程的监督检查。成立专项督查组，对全区涉及到的所有项目进行督查，进一步提高领导及相关人员的责任意识、廉政意识，为加快工程建设、保证资金安全有效使用奠定了良好的基础。2011年争取中央扩大内需项目65个，其中竣工项目62个，在建项目1个，未开工项目2个。项目总投资4.82亿元，其中中央预算内资金1.53亿元，省级配套资金3 330.87万元，市级配套资金737.75万元，区财政配套1 404.3万元，银行贷款1 950万元，自筹2.37亿元，其他配套资金1 379.23万元。资金全部到位，完成投资4.78亿元。

开展对干部下基层抗大旱保民生专项工作督查。按照区委、区政府的部署和要求，召开专题会议研究，制定下发《关于对麒麟区干部下基层抗大旱保民生抓安全促发展活动和环境污染综合整治专项工作进行监督检查的通知》，成立11个督查组分别对负责的11个乡（镇）街道进行全面督查。召开专题会议356次，筹措资金1 751.07万元，解决实际问题654个，矛盾纠纷排查151件；部门主要领导175人挂帅驻村，部门副职驻村共876天，424名工作人员驻村共1 953天。

开展加快转变经济发展方式监

省创建第一批廉政文化示范点考评验收组到珠街乡小河湾检查指导工作　（王党兰　摄）

督检查。结合麒麟区实际，制定了《麒麟区关于开展加快转变经济发展方式监督检查的实施方案》，成立监督检查工作小组。各乡（镇）街道和各有关部门也成立了加快转变经济发展方式监督检查领导小组和工作机构，抓好任务落实，确保加快转变经济发展方式工作扎实有序推进。

加强对一事一议财政奖补落实情况监督检查。2011年区人民政府下达的164个项目全部完成并通过区级验收。批准项目总投资11 440.55万元，实际完成12 812.27万元，完成批准计划的112%。

开展专项监督检查。配合政府有关部门开展对重点工程项目、工程招标、安全生产、人事编职情况、政府采购、土地挂牌拍卖、非税资金、中考体育、征兵工作、城镇退役士兵安置等工作进行监督检查。在检查中，对发现的违纪违法案件，提出监察建议或会同有关部门及时查处。

（颜晓木）

【纠风工作】 2011年，麒麟区纠风工作坚持标本兼治、纠建并举、突出重点、统筹推进，坚决纠正损害群众利益的不正之风。一是认真清理和规范庆典、研讨会、论坛活动。制定《关于印发<麒麟区开展清理和规范庆典、研讨会、论坛会工作的实施意见>的通知》，近200家单位和部门参加清理规范庆典、研讨会、论坛会活动，未发现违纪违规的人和事。二是坚决纠正违法违规征地拆迁问题。加强对《中华人民共和国土地管理法》、《中华人民共和国城市房地产管理法》和《国有土地上房屋征收与补偿条例》执行情况的监督检查，对土地违法违规行为，及时制止，依法查处，履行管理职能，未发现违规行为。三是坚决防范和纠正保障性住房建设、配置等环节的不正之风。2011年计划新建廉租住房26 800平方米536套，公共租赁房25 000平方米500套。廉租住房项目总投资3 752万元，租赁补贴发放金额156.03万元。入住对象主要是企业、集镇和乡镇中小学校的低收入住房困难家庭。实施廉租住房建设严格按照建设项目程序完备各项手续，做到程序到位、手续齐全、齐抓共管，确保按时、按质、按要求、安全、高效完成廉租住房建设任务，未发生质量和安全责任事故。没有出现建筑面积超标和套数减少情况。四是坚决纠正食品药品安全领域的不正之风。狠抓药品、医疗器械市场专项整治，严厉打击制售假劣药品、医疗器械等违法行为。加大市场整治力度，执法人员对辖区药械市场进行拉网式大检查。共查处违法违规药械案件67件，没收销毁假劣药械61个批次，罚没10.1万元，取缔无证经营医疗器械18户。五是深化纠正医药购销和医疗服务中的不正之风工作。全区参合农民400 348人，参合率99.51%，乡（镇）和行政村覆盖率均达100%。共为参合农民减免、补偿医药费用3 671万元，减免、补偿人次742 078人次。全区乡、村两级医疗机构基本药物零差率销售共让利患者140万元。2011年查处违规定点医疗机构2家，挽回新农合基金损失45 236.4元。六是深化治理教育乱收费工作。2011年中央和省市公用经费补助资金2 590.35万元，补助资金全部到位并已全额拨付到各学校。落实贫困家庭寄宿制学生生活补助资金，确保贫困学生就学。寄宿生生活补助资金1 630.7万元已全部到位并发放到学生手里。认真执行公办高中招收择校生“三限”规定，区符合招收择校生条件的学校严格遵守“限分数、限人数、限钱数”的三限政策，严格控制招生计划，严格执行收费标准，阳光招生政策得到较好执行，无乱收费行为。七是继续治理公路“三乱”工作。开展治理公路“三乱”明查暗访10余次，检查了全区辖区内公路站点14个（其中交通（公路）部门设置12个，公安部门设置1个，林业部门设置1个）。在明查暗访过程中，纠正不规范执法行为2次，未发现有公路“三乱”行为。八是查办纠风案件工作。查办纠风案件6件，均按时、按质查结，并及时上报了结果。通过查办案件，有力地促进了部门和行业的管理建设，警示和惩处了违纪者。九是做好“珠源清风——广播对话”节目上线工作。2011年安排10家单位上线，解决群众在热线中反映的问题76件，做到事事有回音，件件有结果，群众满意率100%。十是认真做好向村级组织收费专项清理整顿工作。重点对2009年1月1日以来（以发票或收据日期为准）各部门或单位向村级组织的收费情况进行清理，切实加强对村级组织负担的监管；减负政策得到进一步落实；监管机制更加健全。

（刘　静）

【纪委队伍建设】 6月13日召开麒麟区委员会第四次代表大会，会议选举产生了新一届纪委领导班子，新选举的纪委常委班子共9人，其中女性2人；大学学历6人，大专学历3人；平均年龄46.2岁。新选举的纪委委员19人，其中女性5人，少数名族2人，大学学历16人，大专学历3人，平均年龄45.6岁。3月完成乡镇纪委换届，选举产生专职纪委书记6名，纪委副书记6名，纪委委员3到5名。纪委书记均为大学学历，平均年龄37.6岁。28名纪委委员中有少数民族2名；高中学历的1人，中专学历的2人，大专学历的3人，大学学历的23人；平均年龄39岁。新产生的区纪委领导班子和乡镇纪委领导班子结构更加合理，素质明显提高，整体功能得到增强。

（刘兴丽）

【派出纪工委监察分局工作】 2011年，区纪委监察局派出纪工委监察分局加强监督检查，先后开展了上半年“三务公开”等专项工作督查、对《中国共产党领导干部廉洁从政若干准则》贯彻执行情况的专项检查、对麒麟区干部下基层抗大旱保民生抓安全促发展活动和环境污染综合整治专项工作的监督检查、对全区纪检监察工作开展情况监督检查。派出纪工委监察分局成立8个巡视督查组，对全区开展安全生产巡视督查工作。

积极参加培训和各项活动。参加了全区纪检监察工作会暨干部培训会、全区实职副科级以上领导干部到曲靖市反腐倡廉警示教育基地接受教育等活动，组织所联系的部门开展学习贯彻《关于实行党风廉政建设责任制的规定》知识测试活动。积极开展“四群”教育实行干部直接联系群众工作。认真做好派驻政务服务中心的监督服务。每周严格执行政务中心工作值班表，遵守政务中心各项工作规则，履行区纪委监察局派驻政务中心纪检监察工作职责和服务指南。围绕群众反映强烈的热点难点问题，深入实际，调查核实，严格信访举报登记程序，处理好各类信访件。加强信息调研，上报信息157篇，市纪委采用3篇，区纪委采用20篇。

（王志清）

人民团体

麒麟区总工会

【概　述】　2011年，全区各级工会组织认真贯彻区委、区政府的重大决策部署，结合全区工会工作实际，按照“组织起来、切实维权”的工作方针，突出“广普查、深组建、全覆盖”工作重点，夯实组织基础，健全职工维权的法律平台；突出职工教育职能，弘扬劳模精神，围绕文明城市创建，发挥工人阶级主力军作用；突出帮扶职能，依托品牌工程，为广大职工做好事办实事；突出依法科学收缴和管理经费，采取有效措施，加强工会资产和财务管理。至年底，全区有工会组织800个，会员65 961人。

【送温暖活动】　2011年元旦、春节期间，按照省、市总工会送温暖活动要面向先进模范人物、面向广大困难职工群众、面向困难农民工群体的“三个面向”的要求，区总工会广泛深入开展送温暖活动，共走访慰问困难劳模22人、困难职工399人、困难农民工96人，发放慰问金35.58万元。

麒麟区总工会创先争优、志愿服务人民群众活动　（白传学　摄）

【开展工会经费清欠专项工作】　4月7日，由区总工会牵头，与区地税局、区煤炭局联合召开专题会议，研究委托地税部门代收工会经费、建会筹备金中出现的欠缴、漏缴问题。会议决定成立联合工作组，以越州镇和煤炭行业为重点，开展清欠专项工作。通过清欠，上半年在曲靖市代收经费普遍下滑的情况下，麒麟区仍大幅增长。

【举办工会干部培训班】　4月20～22日，麒麟区工会干部培训班在曲靖市职工疗养院举行。省政协常委、社发委副主任卢正国作《转观念、调结构，工会如何发挥作用》专题讲座；省工青妇干校副校长刘驰作《做好新形势下的工会工作》专题讲座；曲靖市委党校副校长滕黎南作党的十七届五中全会精神专题讲座；区总工会维权部长李光海就如何开展工资集体协商进行业务培训。全区各行业的300余名工会干部参训。

【召开厂务公开民主管理工作任务分解会议】　5月12日，区总工会牵头，召开厂务公开民主管理工作领导小组会议，研究制定《2011年麒麟区厂务公开民主管理工作任务分解实施方案》，提出具体要求：一是已建会公有制企业的职代会、厂务公开制度建制率达80%以上；已建会非公有制企业的职代会、厂务公开制度建制率达70%以上。二是深化与同级政府联席会议制度和劳动关系三方协商机制，推动职工合法权益的进一步实现。三是推动“两个普遍”深入开展。企业职工入会率达68%以上，企业工会建会率达51%以上；已建会的女职工组织组建率达85%以上；已建会企业工资集体协商率达60%以上。四是加大“三合同”推进力度。已建会企业集体合同签订率达80%以上，劳动合同签订率达90%以上，女职工特殊权益保护专项集体合同签订率达90%以上。

【圆满完成“广普查”工作任务】　按照市总工会关于“广普查、深组建、全覆盖”工作的具体要求，必须在5月31日前，完成辖区内所有企业法人的普查。区总工会结合实际开展了地毯式、拉网式普查。至5月20日，全面完成“广普查”工作任务，共普查企业法人2 460个，其中公有制企业306个，非公有制企业2 154个。注销企业法人246个，其中公有制企业21个，非公有制企业225个。

【区总工会与政府联席会议召开】　5月25日，区总工会与政府联席会议召开。会议研究决定成立全区工资集体协商工作领导小组和“劳动关系和谐企业”创建活动领导小组。会后印发《中共曲靖市麒麟区委办公室曲靖市麒麟区人民政府办公室关于在全区各类企业推进工资集体协商的实施意见》、《中共曲靖市麒麟区委办公室曲靖市麒麟区人民政府办公室关于深入推进全区创建“劳动关系和谐企业”活动的实施意见》，形成“党委领导、政府

区人大副主任、总工会主席丁美仙看望慰问劳模　（白传学　摄）

主抓、工会力推、部门配合”的工作格局，极大地推动了这两项工作的开展。

【第八期职工医疗互助申报工作】　第八期职工医疗互助活动从2011年7月1日起，至2012年12月31日止，比上一期延长半年。申报、收费等前期工作截止于5月31日。云南省职工医疗互助活动麒麟区代办点共为405个单位的84 700人进行申报，收缴互助金1 022.482万元。其中区属范围内有123个单位24 439人参加，其余为驻区中央、省、市单位的人员。总人数较上一期增加626人。

【举办第五期职工文艺汇演】　为庆祝中国共产党成立90周年，6月17～18日，由区委、区人民政府主办，区委宣传部、区总工会、区文体局承办的麒麟区庆祝建党90周年“红歌嘹亮”暨第五届职工文艺汇演在区文体局多功能厅举行。来自全区34个单位的近5 000名职工演员带着68个节目参演，分别角逐合唱、舞蹈、小品、曲艺、器乐等6个类别的奖项。

【白石江街道代河工业园区联合工会成立】　白石江街道代河工业园区有小型企业27家，就业人员1 100余人。在分别组建工会小组，发展会员846人的基础上，8月25日，成立了白石江街道代河工业园区联合工会，在探索区域性建会方面走出了极具意义的一步。

【“金秋助学”活动】　8月26日，区总工会举行“金秋助学”活动资助仪式。区委副书记罗中山，区人大副主任、总工会主席丁美仙，区政府副区长杨忠武出席仪式并看望鼓励困难职工（农民工）子女，为他们发放助学金。这次活动共资助困难职工（农民工）子女149名，发放助学金14.9万元。

【曲靖市工矿机电商会联合工会成立】　9月19日，曲靖市工矿机电商会成立，同时成立的还有曲靖市工矿机电商会党支部和曲靖市工矿机电商会联合工会。这是“党建带工建、工建服务党建”指导思想的具体体现和创新行业性建会模式的新探索。

【“创建学习型组织争做知识型职工”演讲比赛】　按照区委关于推进建设学习型党组织建设的实施意见，结合深入学习市、区第四次党代会精神的要求，9月23日，区总工会举行“创建学习型组织争做知识型职工”演讲比赛，全区38个单位组织选手参加比赛，比赛评出一等奖2名，二等奖6名，三等奖82名。

【慰问困难职工】　国庆节、中秋节前夕，区总工会走访慰问困难职工200人，困难劳模20人，发放慰问金13.1万元。这次慰问活动受到区委、区政府的高度重视，区委书记傅学宾、区人民政府区长唐开荣、区委副书记罗中山等领导亲自上门看望困难职工和劳模，为他们送去慰问金。

【白石江、南宁两街道成立总工会】　随着工会组建率的提高、会员队伍的壮大，原先的工会联合会体制已不能很好地适应新时期工会工作的需要，经上级工会批准，按照《工会法》、《工会章程》的有关规定，白石江街道总工会、南宁街道总工会分别于11月29日、12月15日成立。

【“两个普遍”工作】　“依法推进企业普遍建立工会组织、普遍开展工资集体协商”工作是全年工作的重中之重。6月27日，召开“两个普遍”重点工作推进会，进行经验交流。区总工会积极争取上级支持，整合资源，形成合力。制定详细的工作方案，层层量化分解，建立考核奖惩制度，调动基层工作积极性，加强对工会干部的培训，提高工作水平，深入调研，加强监督检查，及时分析情况，解决问题。至10月15日，全区新建工会组织199个，发展会员13 082人。438户企业签订了工资专项集体合同，占全区10人以上企业数（不含中央、省、市、开发区主管企业）的85%以上，超过全国总工会提出的三年任务目标数，职工月均工资增长8%，最高达30%，最低达6%。

【胡家权劳模创新工作室挂牌】　11月2日，在省总工会和省民政厅向劳模送爱心暨劳模创新工作室授牌仪式上，麒麟区农业局农业技术推广中心的全国劳动模范胡家权榜上有名。这是云南省首次授予劳模创新工作室，胡家权是曲靖市唯一获此殊荣的全国劳动模范。

（白传学）

共青团麒麟区委

【概　述】　2011年，团区委围绕“两个全体青年”的要求，坚持“青年为本、求真务实、和谐发展、争创一流”的工作思路，以服务党政、服务青少年成长成才为主线，突出青少年思想教育、青年就业创业、团的基层组织建设三项重点工作，把握发展机遇、找准工作定位、夯实团的基础、突出亮点品牌，增强了团组织的执行力、凝聚力和号召力，团的各项工作呈现出蓬勃发展的良好态势。年内，召开共青团麒麟区第五次代表大会。来自全区各界212名团员青年代表，选举产生共青团麒麟区委第五次委员会委员，科学谋划了当前和今后三年全区共青团工作的指导思想、目标任务，推进了全区共青团工作。

【共青团组织建设】 基层团建工作。采取编制内外、专兼职相结合的方式配齐配强11个乡（镇）街道团的委员会，建立健全乡（镇）街道团（工）委工作运行机制，设计乡（镇）街道团（工）委工作内容，进一步充实共青团基层组织工作力量，拓宽团组织联系和服务青年的渠道。

企业和新社会组织团建工作。竭力争取党建带团建支持，创新工作方法，把“两新”团建工作与乡（镇）街道团组织格局创新工作有机结合，在选配乡（镇）街道团（工）委副书记的同时，掌握各自辖区内非公企业实际情况，在符合条件的非公企业建立团组织。加强同区内商会、规模以上“两新”组织对接联系，以“典型引路”的方式带动更多“两新”开展建团工作，2011年，共新建“两新”团组织110个，进一步深化“两个全体青年的要求”，扩大团组织对青年群体的有效联系。

【主题教育活动】 在广大青少年中深入开展国情、省情、市情、区情和形势政策教育，用党的光荣历史、中国特色社会主义的伟大成就、麒麟改革开放的生动实践教育和鼓舞青少年，引导广大青少年不断加深对马克思主义中国化的最新成果的理解和认同，积极投身到推动科学发展、促进社会和谐的实践中去。

以建党90周年、“3·15”学雷锋日、“五四”青年节、“六一”儿童节、“少先队建队日”等为契机，通过主题团课、“青年马克思主义者培养工程”、“永远跟党走　重走长征路”、“知荣辱，树新风”、团干专业知识培训、政治理论培训等丰富多彩的团队活动引导青少年坚定理想信念，树立正确的世界观、人生观和价值观，在实践中提升青少年素质。

【志愿者服务工作】 弘扬“奉献、友爱、互助、进步”的志愿精神，围绕创建全国文明城市和省级文明城区，先后开展麒麟区“讲文明　树新风　促和谐”青年志愿者服务活动和“参与志愿服务、共创文明城区”志愿者系列活动，组织动员1 200余名志愿者组成40余支志愿者小分队，分别与5个街道对接，在市区主要街道、广场、公交站台、十字路口，开展交通秩序疏导、文明乘坐公交及不文明行为爱心提示、扶弱帮老助残等志愿服务，充分发挥志愿者在文明创建中的突击队和生力军作用。围绕9·20全国第五个城市无车日，开展“绿色交通　城市未来”志愿者宣传活动，提高广大市民对活动的知晓率和参与率。围绕创先争优，组织开展“创先争优党员团员志愿服务行动”，服务队深入田间地头，帮助农户耕田插秧，；深入荒山野坡，学习杨善洲精神植树造林；走进社区，为社区居民提供便民服务；走进敬老院、困难户，慰问帮扶困难群众。2011年共开展各类志愿服务600余次，参与服务志愿者1万余人，服务时间20万余小时。为更好地组织和开展麒麟区志愿服务活动，10月13日团区委牵头成立麒麟区志愿者协会，成立14支志愿者队伍，11个乡（镇）街道分会。

【“希望工程”再创佳绩】 团区委加大对贫困、弱势青年的关爱力度，深化“希望工程爱心助学”行动。通过发放倡议书、发动重点企业募捐、干部职工带头捐款、各级团组织发动捐款等多种方式筹集“麒麟区爱心助学基金”654 741元。在曲靖市“情暖珠源”青春希望行动捐赠暨发放仪式上，发放助学金17.4万元，资助了72名应届贫困大学生，其中每人5 000元的标准资助特困生10名，每人2 000元的标准资助贫困大学生62名。

【青年文明号创建工作】 通过健全考核制度，强化社会监督，不断拓宽创建行业范围，将“青年文明号”争创活动推向新高。2011年，“麒麟区住建局龙潭公园管理处”等3个先进集体获评市级青年文明号，团区委命名“曲靖市公安局麒麟分局交警大队西苑小区岗亭”等10个青年集体为区级青年文明号。

【扶持青年就业创业】 持续推进“青春彩云南·扬帆工程”鼓励创业“贷免扶补”工作。严把环节，突出重点，做好项目筛选，全面完成向农村信用社申报推荐160个创业项目的目标任务，放贷1 127万元，带动就业500余人。

深化“青年就业创业见习基地”工作。评定省级见习基地1个，市级10个，提供见习岗位650个，做好见习岗位的跟踪管理和信息传递等工作，促进青年就业创业。

抓好农村青年信用示范户工

共青团曲靖市麒麟区第五次代表大会　　（张玲　摄）

纪念五四运动志愿者广场便民利民志愿服务活动　　（张玲　摄）

作。协调相关金融机构开通信用示范户融资绿色通道，在审批流程以及贷款额度、期限、利率等方面制定出台相关优惠措施。2011年共评定农村青年信用示范户1 000个。

【维护青少年合法权益】　积极创建“青少年维权岗”，深化“普法维权”系列活动，维护青少年的合法权益。把平时宣传同“3·5”学雷锋日、“6·26”国际禁毒日集中宣传相结合，广泛开展禁毒防艾宣传教育活动，积极投身禁毒防艾人民战争。深入开展“少年模拟法庭”、心理健康教育、“青年法官讲堂”等活动，预防青少年违法犯罪。与团市委共同建立“12355”服务平台，围绕法律维权、心理咨询、就业指导、爱心助学等服务内容，开展了一系列关爱青少年主题活动。开展“人大代表、政协委员与青少年面对面”活动，广泛听取青少年意见，通过各级人大、政协反映青少年的普遍性利益诉求，着力建立健全青少年利益协调机制、诉求表达机制、矛盾调处机制和权益保障机制。

（吕　剑）

麒麟区妇女联合会

【概　述】　2011年，全区各级妇联组织按照胡锦涛总书记建设“坚强阵地”和“温暖之家”的要求，抓住全国上下创新社会管理大局的契机，紧贴区委、区政府全年工作目标任务，夯实举措，有效推进，实现全区妇女事业的新发展。

【“妇女之家”创建】　麒麟区“妇女之家”建设，采取区—乡（镇）街道—村委会（社区）三级覆盖的方式，创新打造全方位、大服务、大维权的“妇女之家”，使其成为妇女工作宣传政策的阵地、传播知识的课堂、传递信息的纽带、联系和服务妇女的窗口、展示妇女风采的平台。2011年1月，全区妇联组织全面启动“妇女之家”创建。年内，在5个街道、6个乡镇的60个社区和59个村委会实现“妇女之家”全覆盖。通过新一轮“妇女之家”创建，有效整合基层妇联组织宣传教育、维权服务等功能，形成针对妇女的综合性一体化的服务阵地。

【加强妇女基层组织建设】　按照创建全省妇联基层组织建设示范区的工作要求，区妇联在前期调研摸底的基础上形成了关于进一步加强妇联和妇女工作的报告上报区委，经区委常委会专题审议通过后，出台了《中共麒麟区委关于进一步加强工会、共青团、妇联工作的意见》明确各级党委有一名领导分管工青妇工作，乡镇、区直部门党委及区委常委会每年至少听取1～2次工青妇工作专题汇报，将工青妇工作纳入党委目标责任制考核；政府明确一名领导联系工青妇工作，坚持区政府与工青妇联席会议制度。在研究制定国民经济和社会发展规划、计划以及涉及职工、青少年、妇女儿童权益的法规及相关政策时，应有同级工青妇领导参加，并广泛征求和充分尊重工青妇的意见。自2011年起，区妇联工作经费以33万妇女儿童为基数，按人均0.5元的标准纳入年度财政预算；为保证基层妇女干部作用的充分发挥，基层村（居）委会的妇委会主任的报酬，按每月人均200元以上纳入区级财政预算。这一系列政策的出台加快了基层妇联组织机构和队伍的配齐配全，有效调动和激发了妇女干部的工作积极性。

【妇女“贷免扶补”创业贷款工作】

2011年，区妇联把财政贴息“贷免扶补”创业贷款工作作为解决妇女创业就业发展瓶颈的有效途径。在受信贷额度紧缩，放贷限量的情况下，区妇联加大与信用联社的沟通和协调，积极争取多部门支持和配合，帮助有贷款需求的妇女做好政策解释和贷款可行性初步分析，条件符合者积极向信用社引荐，无论是否成功，都努力做好双方沟通解释工作，做到妇女满意，信用社方面合作愉快。通过政策宣传、组织培训、规范运作，努力将其打造成服务大局、惠及妇女的“民生工程”。年内，全区共有380名创业者获得3 040万元创业贷款，带动就业1 260人。

【深化妇女就业创业活动】　区妇联把推动妇女创业就业工作作为“巾帼建功”活动的主要内容，以巾帼创业服务中心为阵地，以配合政府开展就业培训、就业服务、就业援助为重点，着眼创新、务实、求效做了大量工作，涌现出一大批创业标兵，有经营规模上百万的台湾先驱家俱公司经理段吉娥、西城开发区翠山鸡生态农家乐桂琼仙等一些想干事、能干事的女能人，使创业创新成为妇女的一种主动追求，在广大妇女之间形成了比致富、学科技、快发展的良好风尚，影响带动了一大批农村妇女及失地少地妇女、城镇失业妇女转变观念，积极就业，自主创业。

【强化家庭教育阵地建设】　按照“八有”即：有牌子、有机构、有教师、有学员、有教材、有计划、有场地、有经费的标准，全面加强家长学校的规范化建设，全区省级示范家长学校总数达10所。11个乡（镇）街道都建立了家庭教育工作指导站，把学校教育、家庭教育、社会教育紧密结合起来，为未成年人营造健康的成长环境。

【“六一”节主题活动】 坚持开展“六一”慰问活动，区妇联及社会各届20位“爱心妈妈”志愿者到越州镇新希望幼儿园开展送关爱送健康活动。在新希望幼儿园里，“爱心妈妈”与留守儿童的监护人亲切交谈，妇幼保健院的“爱心妈妈”围绕儿童体格发育、智力发展等生理、心理健康方面的内容与30余名监护人进行交流解答，并为100余名儿童免费体检。同时，区妇联为幼儿园赠送了价值3 000元的书籍、文具、玩具，并对张国超、黄家雄等15位贫困儿童慰问。全区妇联组织在“六一”期间广泛开展庆祝活动和慰问活动，区直单位结合实际，在各自的党建挂帮点、新农村建设联系点等开展慰问农村“春蕾女童”、“留守儿童”，向贫困儿童、孤残儿童家庭送温暖等活动。

【信访工作】 全区妇联组织以服务为宗旨，以稳定为大局，不断健全和完善妇联维权制度建设和维权网络建设，及时处理各方面的问题与矛盾，把做好妇女信访工作作为妇联维权的重要内容来抓，在区、乡（镇）、村委会（社区）建立三级信访网络，坚持一级对一级负责的原则；在日常工作中，充分发挥基层妇女组织的调解作用，防患于未然，尽量将矛盾化解在基层；严格按照“分级负责，归口管理”的原则，认真处理群众反映的问题，尽量将问题解决在基层，使群众受益，防止将小问题发展成大矛盾。对有关政策、法律方面的咨询信访，做到及时回答，回复率100%。2011年，全区妇联系统共接待来信来访咨询510件次，接待人数560多人：其中婚姻家庭类350件，经济纠纷、老年赡养类25件，土地权益类22件，综合类113件。其中区妇联共接待来信来访咨询182人次，接待人数200多人次，为3名贫困妇女提供了法律援助。

【反家庭暴力投诉站工作】 为进一步保护公民人身合法权益，积极预防和制止家庭暴力，维护家庭和睦和社会稳定，麒麟区建立反家庭暴力投诉站后，妇联、公安、司法部门积极履行职责，相互配合，形成一种能参与就参与，能合作就合作的多渠道、多层面，开放协作的工作格局，使妇女维权从形式到内容真正融入到社会综合治理中，实现了维权工作从小调解向大调解转变，从单一调解向综合调解转变，从被动调解向主动调解转变。2011年，全区反家庭暴力投诉站共接投诉57起，都一一做了调解。

【妇女志愿者工作】 在全区成立39支巾帼志愿者服务队，吸收了1 568名热心社会公益、乐于奉献、富有爱心的妇女加入。活动中，组织志愿者在城区设立固定宣传点，组成流动宣传队上街入巷宣传，共发放《妇女权益保障法》、《预防和制止家庭暴力——自助与救助指南》以及《致力节能减排，创建绿色家园》等宣传资料12 000多份。环境卫生整治活动中，组织志愿者利用双休日开展了捡拾垃圾、文明示范活动。

妇儿工委

【概　述】 2011年，全区各级妇儿工委及成员单位坚持以科学发展观为指导，围绕“保增长、保民生、保稳定”工作大局和区委、区政府重大决策部署，认真贯彻男女平等基本国策和儿童优先原则，紧扣推进2011～2020年新一轮“两规划”实施这条主线，完善机制，提高效能，落实责任，破解难题，全区妇女儿童政治、经济、文化教育、卫生保健及法律保护等方面的权利进一步实现，妇女儿童整体素质得到较大提高，参与社会发展的层面不断提升，为新一轮“两规划”实施奠定基础。

【顺利通过“两规划”评估验收】 2011年，省、市妇儿工委评估组对麒麟区实施《妇女发展规划（2001～2010年）》、《儿童发展规划（2001～2010年）》的情况进行评估检查。通过听取汇报、座谈、查阅资料和实地察看，省、市检查组对麒麟区妇女儿童发展规划各项工作取得的成绩给予充分肯定。区委、区政府高度重视妇女儿童事业，不断完善实施两规划工作机制，强化政府管理妇女儿童事务的主题责任，使妇女儿童发展与国民经济和社会发展规划同步实施；加强宣传倡导，营造男女平等社会氛围；加大投入，使重点难点指标实现突破；加强协调，维护妇女儿童权益的法律体系逐步得到完善；区政府妇儿工委各成员单位认真履行工作职责，合力实施妇女儿童发展规划，做出了卓有成效的工作。至2010年底，《妇女规划》《儿童规划》量化目标基本完成，确定的主要目标基本实现，有力地推动了妇女儿童各项工作的开展。同时检查组要求麒麟区进一步加大培养选拔女干部的工作力度，进一步加强女性创业工作力度，全面落实、推行免费婚检政策，改善社会环境等，针对妇女儿童工作中的热点、难点问题，创新工作思路，采取有效措施，推动妇女儿童工作取得更大的成绩。

【妇女参政】 区委高度重视培养选拔女干部工作，把女干部的培养选拔纳入到干部培养选拔工作的总体规划之中，对女干部实行倾斜政策，为女干部健康成长搭建平台，女干部队伍不断壮大，层次不断提高。2011年，麒麟区党代表、人大代表、政协委员中女性比例分别达到20%、33.2%和40.1%；全区2.2万名党员中，女党员占23.9%。各级党政领导班子女干部比例稳中有升，区级党委班子、政府班子中女干部配备比例分别达到11.1%和16.7%，区属机关领导班子中女干部配备率58.3%。全区区直机关各委局班子成员中乡（科）级女领导干部数为131人，占乡（科）级干部数的20.2%，公务员队伍中女性比例达29.5%。全区村民委员会成员中女性比重为17%，居民委员会成员中女性比重为45%。全区企业职工代表大会中女性比重达到29%。女性参与社会事务管理的领域、范围不断拓展。

【妇女参与经济建设】 2011年底，麒麟区城镇登记失业人员为8 058人，其中女性3 725人。介绍实现就业4 673人，其中女性1 937人，占女性登记失业人员的52%，较2010年42%增长了十个百分点。全区下岗职工总数7 546人，其中女性4 527人。“4050”再就业援助工作实现再就业3 485人，其中女性2 675人。妇女参加基本养老保险12 350人，参加基本医疗保险14 340人，参加失业保险8 136人，基本实现了同男子享有同等参保的权利。

【儿童教育】 严格执行“一费制”和“两免一补”政策。按照“以流入地政府为主，以公办学校为主”的要求，确保流动人口子女入学。高度重视和切实解决好农村“留守子女”教育问题，加大寄宿制学校建设力度。进一步加强农村教育综合改革，发挥农村职业初中和综合初中的作用，进行教学、生产、实验、示范和推广。2011年，辖区内共有各级各类学校291所，在校学生27万人。实际小学学龄儿童净入学率100%，小学五年巩固率100%，小学生辍学率0.03%，小学生升学率100%，初中阶段毛入学率100%，初中三年巩固率99.5%，初中学生辍学率0.5%，中小学校长持证上岗率100%，完小以上学校接入远程教育网络的乡（镇）比例为100%。

【妇女儿童生存环境和发展环境明显改善】 2011年，全区住院分娩率99.23%，其中农村住院分娩率98.78%，高危孕产妇住院分娩率100%。孕产妇死亡率由2000年的35.8/10万下降到15.16/10万。生殖健康教育不断加强，育龄妇女计划生育普及率达95%以上，婴儿死亡率7.28‰，5岁以下儿童死亡率降至8.79‰。5岁以下儿童中，重度营养不良患病率为0，7岁以下儿童保健管理率达84.93%。脊髓灰质炎、麻疹、卡介苗、百白破、乙肝疫苗的接种率不断提高，均连续保持在99%以上。各类传染病发病率保持了持续平稳态势，常年发病水平基本稳定，暴发疫情明显减少，重大传染病得到有效控制。

麒麟区以开展学习实践科学发展观为契机，坚持“以人为本”，围绕“四型特色经济、构建四个经济圈”的发展战略，打造“园林、文明、安全、卫生”的“四城”联创，全力推进新农村建设，全面建设小康社会、经济保持又好又快的发展，民主法制建设进一步增强，各项社会事业不断进步。为《妇女规划》实施奠定良好基础，提供有力保障，创造良好环境。大力实施“一池三改”工程，全区沼气使用大幅度增加，农村卫生厕所普及率71%，农村改水收益率95%。

【妇女儿童维权工作】 区妇联积极探索妇联协调、各部门协作、经常性宣传与集中宣传、普遍性宣传与重点人群宣传相结合的妇女法制宣传模式。充分利用各类媒体，抓住“三八”维权周、“12·4”法制宣传日、“11·25”国际消除家庭暴力日等有利时机，依托村、社区宣传栏等有效载体，开展上下联动的集中宣传，扩大《妇女儿童权益保障法》的社会影响，扩大性别平等教育的普及面。年内，全区妇联系统共举办法律宣传活动150多场次，发放各种宣传资料20余万份。区妇联和区公安局联合成立的45个“110”反家暴投诉站，12个法律服务所积极为妇女儿童代理民事案件，预防和打击家庭暴力犯罪，有效地保护了妇女儿童的人身权利。

（王瑞丽）

妇女儿童中心

【概　述】 2011年，妇女儿童中心牢牢把握青少年校外教育的社会性、基础性、公益性地位，严格遵循“以人为本、妇儿优先、服务至上、和谐发展”的管理理念，始终坚持“以服务求生存、以管理求效益、以贡献求支持、以创新求发展”的工作思路，突出“保工资、保运转、保安全、保稳定”的工作重点，全面提高管理效益和服务质量，努力扩大青少年校外教育培训规模，为活跃全区中小学生第二课堂，丰富青少年校外生活发挥了积极作用。

【校外培训】 2011年，妇儿中心采取在曲靖城区主要路口悬挂招生公告、发动教职工到中小学发放招生简章等措施，至10月24日，中心长训班实际招生人数467人，与上年同比增长8%。

【校外活动】 “六一”儿童节期间，组织中心全体培训学员举办主题为“和谐阳光”的专场教学汇报演出和公益性亲子游园活动，参与人数1 200人。

7月9～11日，承办云南省第十届“希望之星”英语口语大赛曲

2011年青少年英语口语大赛　　（张雪　摄）

纪委书陈继峰到中心观看青少年廉政书画竞赛　　（张雪　摄）

靖分赛区选拔赛，来自全市中小学、幼儿园的318名选手参加比赛，中心再次被共青团云南省委和云南省教育厅授予“最佳组织奖”。

6月17日~8月31日，承办麒麟区青少年校外教育廉政书画竞赛展览活动，一共征集到作品496件，分别评选出一、二、三等奖和优秀奖共计351件。展览为期2个月，市委常委、市纪委书记孔荣华，市委常委、麒麟区委书记傅学宾，区委常委、区纪委书记陈继锋等领导亲临竞赛展览现场作指导。

【内部管理】　认真贯彻实施行政绩效管理、行政成本控制、行政行为监督和行政能力提升等效能政府四项制度，努力提高妇女儿童中心开展各项工作的执行力和公信力，切实保障中心重点工作的有效落实，工作过程的控制成本、厉行节约、节俭理财，工作能力和服务水平得到逐步提升。进一步加强中心咨询台、报名点的管理，完善对专业教师课堂教学的管理和监控，推行教务管理人员担任培训班班主任制度。向学员和家长发放教学信息反馈意见表，及时了解和掌握家长学员对培训教师教学及中心管理服务的意见和建议。认真实施预算外资金“收支两条线”管理规定，遵守财经纪律，提高资金使用效率；依法依规执行物资采购有关规定，大力开展了节能降耗活动，压缩中心管护、维护、维修费用；努力提高中心房屋、场地、设备的使用率，完成中心八楼、九楼的对外招商工作，建设了电子监控平台，实现中心安全保卫托管，降低了安全保卫成本，全年无重大安全事故发生。

【文明城市迎检】　围绕“国家级文明城市”和“省级文明城区”创建工作，中心将迎检工作纳入目标责任管理。逐项落实文明城市测评指标对青少年校外教育的要求，努力提升自我服务品质，完善中心校外教育管理规定。为提高文明城区创建的知晓率，通过专题会议、悬挂宣传标语、制作宣传专栏、发放宣传手册等方式做好宣传工作。同时狠抓中心卫生工作，认真清理广场卫生死角。由于工作的扎实得力，中心顺利通过检查验收，获得相关领导的一致好评。

（李春丽）

麒麟区科学技术协会

【概　述】　2011年，区科协全面落实《全民科学素质行动计划纲要》，围绕区委、区政府“六区、四城、两中心”奋斗目标，坚持“三服务一加强”工作定位，科学谋划“十二五”科协事业发展。实施科普益民兴区示范“776655”工程，推动科协、科普工作由虚变实，实现双赢，推动全民科学素质工作向宽领域发展，科协工作得到全面拓展。年内，区科协荣获“2011~2015年全国科普示范区”称号、荣获“全国科协系统先进集体”和“全国科协系统先进集体标兵”称号。麒麟区全民科学素质工作荣获中国科协、中央组织部、中央宣传部等国家九部委全国“《全民科学素质行动计划纲要》实施工作先进集体”表彰。

【“全国科普示范区”创建】　根据中国科协《关于开展2011~2015年度全国科普示范县（市、区）创建工作的通知》要求，认真总结麒麟区“2008~2009年全国科普示范区”命名三年中的工作，以“八抓八新”开展卓有成效的连创工作。2011年5月，麒麟区以113分的高分荣获“2011~2015年全国科普示范区”称号，示范期为5年。

【科学素质教育】　2011年，区科协认真履行全民科学素质领导小组办公室职责，以五类重点人群为抓手引领全民科学素质行动。实施“群英计划”，开展未成年人“三生”教育；实施“惠农计划”，开展农民“两有一会”教育；实施“就业计划”，开展城镇劳动人口

科普日活动　　（刘成　摄）

“一学两能”教育；实施“益民计划”，开展社区居民“三化”教育；实施“能力计划”，开展干部“两强一高”教育。全区4.97万名青少年、9.1万名农民、3.6万名城镇劳动人口、0.3万名领导干部和公务员参加各类科学素质教育活动。以小发明、四模竞赛、机器人制作等科技创新活动为载体，中国科协云南农村青少年科普试点项目在区职校和四所乡镇中小学实施圆满结题，探索出“大手拉小手科普向前走，小手拉大手科普齐步走”的工作方法。组织全区中小学生参加全市、全省、全国青少年科技创新大赛取得好成绩；承办全市第十三届少儿珠心算技术比赛，麒麟区获集体、个人一等奖。中小学生风筝制作放飞竞赛的开展，形成麒麟区独具特色的“科技之春——风筝节”。农函大办班64个，涉及27个专业，7984多名学员，非农专业开始成为农函大教育的重点，为失地农民转变生存方式提供了智力支持。

【麒麟区“全国科普示范区”授牌暨科普示范“六个创建”命名大会】 7月18日，麒麟区召开“全国科普示范区”授牌暨科普示范“六个创建”命名大会，省科协副主席赖永良、科普部部长肖云轩，市科协党组书记施艳华，区委书记傅学宾，区人大主任曾建明，区政协主席张杰，以及区委、区人大、区政府、区政协分管联系科协工作的领导出席大会，300余人参加大会。会上，省科协科普部部长肖云轩宣读中国科协《关于命名2011～2015年度全国科普示范县（市、区）的决定》和中国科协、国家人社部《关于表彰全国科协系统先进集体和先进工作者的决定》，省科协副主席赖永良分别代中国科协和国家人社部为麒麟区荣获“全国科普示范区”、区科协荣获“全国科协系统先进集体”和“全国科协系统先进集体标兵”进行授牌。区委、区政府和市科协分别对区科协进行嘉奖。

区委书记傅学宾作题为《珍惜荣誉、加倍努力，再创麒麟科普工作新篇章》的重要讲话。区委常委、区委宣传部侯部长对科协工作提出要求。区委、区政府对2011～2015年区级科普示范街道、科普示范乡镇、科普示范社区、科普示范村、科普示范学校、“十强”农技协共66个单位进行命名。

【区科协召开三届二次全会】 1月20日，麒麟区科协召开三届二次全委（扩大）会议，认真学习贯彻党的十七届五中全会和区委三届九次全会精神，回顾总结“十一五”成就，科学谋划“十二五”蓝图，着力部署2011年开局工作。曲靖市科协党组书记、副主席施艳华，区委常委、区委宣传部部长侯文利，区人大副主任丁美仙，区人民政府调研员胡勤水，区政协副主席杨俊青莅临指导。侯文利和施艳华分别作重要讲话，区科协主席胡国明代表三届委员会常务委员会作工作报告。会议由区科协副主席孙志强主持，100余人参加会议。会议通过了关于科协常委会工作报告的决议和关于曲靖市麒麟区科协工作规则的决议。会上，对创先争优活动涌现出来的12个“五星基层科协”、14个“五星科普协会”、11个“五星农技协”和20名“五星科技工作者”、15名“五星科协工作者”、14名“五星科普宣传员”进行了表彰。

麒麟区新型社区科普益民“三化”教育试点工作动员会（刘成　摄）

【社区“三化”教育】 以“城郊城市化、村庄社区化、农民市民化”为主要内容，在5个街道、2个乡镇的7个社区，开展新型社区科普益民“三化”教育试点工作，在全省引起广泛关注，被省科协列为重点工作。通过抓调研，制定方案；抓落实，细化任务；抓协调，争取支持；抓推进，试出成效。在区委、区政府的高度重视下，编印《麒麟区新型社区科普益民“三化”教育读本》1.2万册，试点社区居民户均1册。以骨干培训为重点，培养失地农民的“市民意识”，树立“城市发展我发展”的科学理念；以农函大教育模式，培养失地农民的劳动技能，激励“城市需求我服务”的创业精神；以文明礼仪个案演说为平台，培养失地农民科学的行为方式和文明的生活习惯，倡导“城市文明我添彩”的行为规范；以科普文化为氛围，营造寓教于乐、潜移默化的鲜活科普教育环境，增强社区居民“四城联创”的荣辱感。试点工作在7个社区取得了发展理念转新，思想观念转活，生存方式转向，社区功能转全，从业门路转宽，就业技能转专，生活习惯转尚，社区环境转和，干群关系转顺，社区科普转兴等十个方面的初步成效。

【“全国科普日”系列活动】 2011年，围绕“节约能源资源、保护生态环境、保障安全健康、促进创新创造”的主题，针对麒麟区旱情，突出“水情、水利、水资源”，以四举措做足“水文章”：利用科普宣传栏、牌专版，宣传水资源的节约与保护；在校园开展“珍爱生命之水”实验，通过学生体验，了解

麒麟区"全国科普示范区"授牌暨科普示范"六个创建"命名大会

（刘成　摄）

水资源构成及其与生态的关系，养成"科技节能节水，从我做起"的好习惯；制作"身边科普常识"、"节水校园行"小册子3万份发放；利用科普大篷车的流动式立体科普展板《气候变化与自然灾害》，以三维立体图像让大家感受气候变化与自然灾害的内在关系，推进资源节约型和环境友好型社会建设。

【学术交流】 2011年区级学会（协会）举办各类学术交流和科技讲座18场2 430人次，科技咨询12次，咨询公众5 260人。医学会顺利完成学会换届工作，组织卫生工作者开展学术论文交流和评选，汇编《论文集》。区属学会（协会）发表各类论文346篇，其中省级及省级以上刊物发表112篇，全国性刊物上发表54篇。区珠算协会承办了全市少儿珠心算竞赛。区教育学会、区青少年科技教育协会举办全区中小学风筝比赛和组织青少年参加省、市青少年科技创新大赛。区计生协会组织会员研讨新形势下计划生育工作的新形势和新特点，为保持麒麟区低生育水平建言献策。石林瓷业公司科协组织科技人员在提高自主创新能力、加快企业转型升级方面有新作为。利民獭兔公司科协在延长獭兔产业链上有新举措，科技服务在"种、养、加"发展中的支撑作用明显提升。举办第二届科技论坛暨农民专业合作组织发展论文评选，评出优秀论文26篇。

【科普益民兴区示范工程】 全面实施"科普益民兴区示范'776655'工程"（科普惠农兴村示范"七个一"，科普益民兴社示范"七个一"，科普惠农兴业示范"六个一"，科普创效兴企示范"六个一"，科普益民兴乡示范"五个一"，科技强家兴会示范"五个一"）取得新进展。通过三年的持续推进，在50%以上的乡（镇）街道和村（社区）收到实效。2011年通过实施中国科协云南农村青少年科普试点项目，总结出科普助学兴教示范"五个一"，即完善一个科普活动站，建设一块科普文化宣传栏，组建一支科普工作队，结对一个科普示范园，建立一套科普工作运行机制。以"站、栏（画廊）、园、校、屋（室）"为载体的城乡科普，成为麒麟区科普文化的一道亮丽风景。

【"小三农"服务"大三农"形成体系】 在认真抓好全国、全省"科普惠农兴村计划"项目实施的同时，着力健全完善"小三农"服务"大三农"新体系。积极尝试在失地农民中开办农函大非农专业取得重大突破，非农专业班达13个。"训、咨、范"为一体的市级"科技兴业示范班"取得明显成效。牵头成立"麒麟区烤烟生产科技服务协会"，400多名会员深入烟田地角和烟农家中全过程指导服务。115名农民获得农民初级专业技术职称，为他们创业、就业和外出务工提供技能"身份证"。

（黄玲花）

麒麟区老科技工作者协会

【概　述】 2011年，麒麟区老科技工作者协会认真组织开展学习党的十七届五中六中全会精神、学习杨善洲先进事迹、学习胡锦涛总书记"七一讲话"精神、学习专业技术知识等四个方面的学习教育活动。上报下发区老科协简讯29期。结合老科协特点，在服从大局，服务社会，服务"三农"和社会主义新农村建设中，积极主动寻找新开发项目，水稻试验推广、送温暖活动、支教、送医送药、科普宣传、调查研究建言献策、著书立说等方面收效明显。

【召开区老科协二届一次、二次理事会】 2月25日，区老科协召开二届一次理事会，理事及5家老科协专业分会牵头单位领导共21人出席会议。会议总结了2010年工作，安排部署了2011年要开展的十个方面的工作。分管老科协的区委常委、组织部长、老科协顾问周永江出席会议，并作重要讲话。

12月20日，召开二届二次理事会，13名理事出席会议。会上各专业分会汇报了2011年工作，会长杨正章传达了9月19日在陕西西安召开的"中国西部十二省市区老科协服务三农经验交流座谈会"、10月2日在云南昆明召开的"中国老科协服务三农经验交流会"、12月11日在普洱市召开的"云南省老科协改革创新经验交流会"等三个会议精神，传达学习了中国老科协会长程连昌、省老科协会长牛绍尧、常务副会长兼秘书长赵世坤的重要讲话，讨论通过了麒麟区老科协2012年工作要点及有关事项。

【"万名专家讲科普"活动】 2011年，省老科协下发"万名科技专家讲科普"活动实施方案，要求麒麟区老科协在种养业、资源能源、青少年教育、绿色环保、社区文明、医疗卫生等六个方面组织专题讲座。6月19日～10月10日麒麟区老科协“万名专家讲科普”活动共组织14名老专家，举办136场专题讲座，听众17 440人次，其中农民1 018人次、居民280人次、学生15 950人次、干部48人次、企业职工144人次。

【调研工作】 2011年各专业分会按照区老科协布置和要求，针对会员专长，组成调研组，深入农村，企业、街道、学校，针对农业产业化建设及发展、农民增收及农村劳动力转移、社会主义新农村建设规划及实施、农村九年义务教育及教育教学质量提高、幼儿园入学难、蚕桑产业现状及发展等问题进行调研。在调研的基础上，撰写出有情况、有分析、有经验、有建议、质量较高、可操作的调研报告13篇，送区委、政府和有关职能部门，为区委、政府和有关职能部门决策提供参考依据。

【开展水稻高产创建项目】 2011年继续与市老科协、区农业技术推广中心在麒麟区珠街乡西海、沿江乡鸡街等村委会开展4 000亩楚梗27号高产创建项目，云梗24号、楚梗27号集成技术连片种植20 400亩。9月26日，由曲靖市科技局组织，邀请市区相关单位专家组成验收组，对示范区进行测产验收，测产结果：百亩核心区亩产量867.6千克，千亩展示片区亩产量798千克，万亩示范区亩产量767.9千克，取得了核心示范区最高亩产911.3千克的可喜成果。

【“支教”活动】 2011年4月，区老科协教育分会组织8名中、小学离退休特级教师，邀请区五中、城关小学的领导和7名骨干教师到越州镇第一中学、越州镇示范小学开展支教活动。支教小分队认真听课并授课后与越州镇一中领导及部分骨干教师座谈，就越州教育改革与发展面临的困难与问题、机遇与挑战进行了畅谈。活动中，区老科协教育分会向越州镇中心学校、越州镇一中和越州镇示范小学赠送了图书和办公用品，向越州镇一中、示范小学的10位品学兼优的困难学生赠送了书包。

【“送医送药下乡”活动】 9月4日，卫生分会组成有外科、内科、中医、检验、护理老专家10人参加的送医送药服务小分队，在区老科协会长杨正章带领下，到东山镇开展义诊服务活动。为群众义诊100多人，量血压200余人，测血型86人，发放疾病预防和日常卫生知识宣传材料3 000多份，并免费为群众发放价值1 600多元的药品。

（刘永康）

麒麟区文学艺术界联合会

【概　述】 2011年，麒麟区文联以促进社会主义文化大发展、大繁荣为主题，围绕区委、区政府中心工作，在歌颂麒麟、宣传麒麟，创作文艺精品、加强对外联系和学术交流、抗旱保民生等一系列工作中取得显明成效。春节前夕，区文联组织书法家到越州参加区委、政府组织的“四进村，常下乡”活动，书法家们为老百姓写春联1 000余副，深受群众好评。

【《文学天地》】 按照精心组稿，科学编辑的原则，确保刊物改版后的质量，使其无论从组稿、编撰、出版和发行方面都走在全省县级刊物前列。完成《文学天地》双月刊全年6期出版发行任务，先后刊登了一批来自北京、广东、新疆、海南、湖北等地作家的作品和省内多个市、县知名作家的作品。

【文艺创作】 区作家协会会员、作家蒋吉成的中篇小说《我们的革命生涯》被省作家协会《百家》刊物选刊转载，其书画作品先后入选全国作家书画展，其撰写的纪实文学《云南美——云南绿色大省建设之路》列入中国作协重点扶持作品。区作家协会会员、作家段平创作的中篇小说《主力》获首届滇东文学奖，短篇小说《回家》获《小说月刊》第二届全国笔会二等奖，其长篇报告文学《烟草王国的红色经典》、《金凤子开红花》公开出版发行，其创作的《茶花彝女》、《侦察队》由中央电视台拍成数字电影。区戏剧音乐舞蹈家协会会员王云红、应佳表演的小品《“猪”联璧合》获全国“群星奖”；杨文龙创作的舞蹈《盛宴》获舞蹈类二等奖。文联所辖的书法、美术、摄影家等协会也精品频出，分获各种奖项。

【文化交流】 为拓展文学创作视野，促进文学创作繁荣，大力宣传麒麟，区文联先后组织骨干作家参加了贵州省贞丰县“三岔河之秋”和布依“三月三”节等跨省区的文学创作笔会，其间创作了一批诗歌散文及摄影作品，对外展现了文联作家的实力。2月19日，贞丰县文联率领20多名音乐舞蹈家协会会员回访麒麟区，举办了“新春联欢会”，双方文艺工作者表演了20多个精彩的文艺节目，交流了艺术，增进了友谊，扩大了影响。

【组织大型展览】 组织168件美术作品举办“迎新春、促和谐”大型美术作品展；为庆祝建党90周年华诞，组织书法、美术、摄影作品300余件进行展出；参与和配合市、区美术家协会成功举办“亚细亚”水彩画联盟第二十三届作品展，展出了来自新加坡、马来西亚、印尼、日本、泰国、台湾、香港及国内和本地198名画家的作品；在区文体局组织区书法家协会、美术家协会和摄影家协会进行了4期书法、美术、摄影展览，做到常年有展出，争创一流文化氛围的工作环境。

（徐文樸）

麒麟区残疾人联合会

【概　述】 2011年，麒麟区残联以促进残疾人事业与经济社会协调发展为目标，以加快发展为主题，以残疾人“两个体系”建设为主线，以解决残疾人最关心、最直接、最现实的利益问题为中心，以贯彻落实中央和省、市一系列保障性法规政策为重点，强化责任，开拓创新、继续着力缩小残疾人生活状况与社会平均水平的差距，促进社会和谐稳定，实现了残疾人工作“十二五”规划的良好开局。2011

年6月，国务院残疾人工作委员会表彰麒麟区为“全国残疾人工作先进单位”。

【残疾人康复工作】 残疾人基本医疗卫生服务水平持续提高。全区覆盖城乡居民的基本医疗卫生服务体系进一步健全，残疾人继续被纳入国家“三大”医疗保障制度，基本医疗保障水平进一步提高，并享受政府有关补贴政策。符合规定的残疾人医疗康复项目分别被纳入相关医疗保险报账范围，残疾人享有的医疗救助水平进一步提高。

社区康复成果进一步巩固扩大。调整社区康复协调员28人，培训社区康复协调员210人次，培训社区康复管理指导员3期81人次，完成康复需求入户调查登记并建立档卡13 600人，7 360名残疾人享受到不同程度的社区康复服务，圆满完成CBM项目年度计划任务，项目实施效果得到澳大利亚CBM项目官员及中残联、省残联CBM项目官员的充分肯定，社区康复的基础性作用进一步显现。

康复重点工程深入推进。落实精神病免费服药对象300人，培训服药对象监护人381人次，落实监护精神病人3 815人，实施临时康复救助贫困精神病患者19人。组织实施免费白内障明手术507例。完成低视力康复15例、智残儿童康复10例、聋儿听力康复15例、假肢装配15例、肢残康复训练30例、盲人定向行走训练30例、辅助器具适配400余件（台）。启动第二轮残疾人状况监测工作并圆满完成年度监测任务。

【残疾人教育就业工作】 2011年残疾人特殊教育稳步发展。积极创造条件，协调相关部门认真贯彻落实特教法规政策，落实残疾生及贫困残疾人家庭子女就学免补政策，巩固提高符合条件残疾儿童少年随班就读成果，积极动员符合条件的残疾儿童少年进入特殊教育学校就读。全区有随班就读残疾生291人，市特教学校在校残疾学生47人。鼓励支持民办特教，支持麒麟区爱心启智学校顺利搬迁，积极协助争取上级项目奖金支持，有在校生33人。

残疾人就业工作实现“三个突破”（以培训促就业、以创业促就业、以残保金征收促就业）。年内开展残疾人职业技能培训76人，盲人按摩培训7人，实用技术培训829人，新增残疾人就业55人，免、补培训费13.58万元，新增残疾人就业59人。完成持证残疾人劳动就业状况及基本需求入户调查登记并建立档卡13 054人；鼓励支持残疾人自主创业，落实农业种养业创业补贴35户，个体工商户47户，发放创业补贴11.7万元。区政府高度重视残疾人就业保障金征收工作，专题研讨、专门发文，分管领导亲自协调组织、亲自督办，财政、税务、残联等部门紧密配合，通力协作，认真贯彻上级各项政策规定，切实加大征管力度，保障金征收工作取得历史性突破。

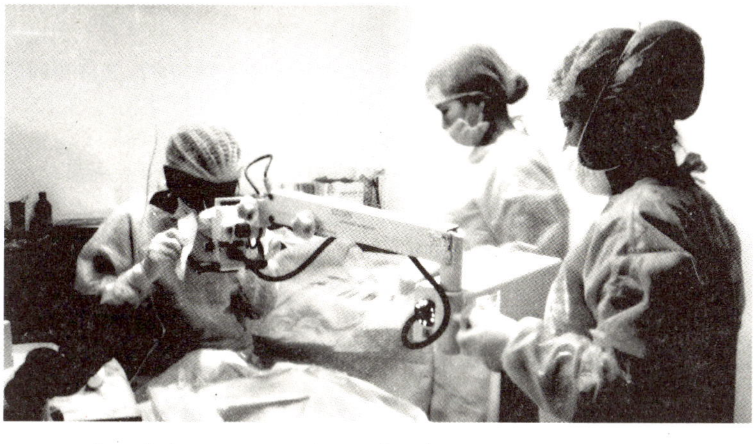

区残联聘请省内知名眼科专家在麒麟区福利门诊开展白内障复明手术　　（康云华　摄）

【残疾人基本生活保障】 2011年，麒麟区符合国家“三大医保”政策的残疾人及其家庭成员均被纳入相关保险，并享受国家和地方政府的优、免、补扶持政策。符合城乡低保政策条件的残疾人及其家庭成员实现应保尽保，符合临时性、阶段性生活救助条件的残疾人及其家庭成员实现应救尽救，符合各级各部门结对帮扶和社会各界帮扶条件的残疾人及其家庭成员基本实现应助尽助。鼓励残疾人参加新型农村养老保险和城镇居民社会养老保险，60岁以上残疾人、55周岁～60周岁的250名重度残疾人、16岁～54岁1 782名重度残疾人均按规定享受有关政府补贴。部分基层组织还积极筹措资金，为贫困残疾人及其家庭成员代缴养保金或提高养保金交纳标准。全区24 480人次（含残疾人及其家庭成员）分别得到不同程度的帮扶，其中享受城镇低保1 507人，农村低保5 404人，纳入农村五保供养440人，享受临时性、阶段性救济救助2 193人次，解决温饱4 236人，纳入特困救助1 679人，免费参加农村合作医疗7 410人，免费参加城镇居民医疗保险2011人。

【残疾人扶贫解困工作】 继续在新农村建设、小康示范村建设、文明村建设、整村推进扶贫、统筹城乡发展整镇（乡）推进等工作中重点考虑、统筹安排、同步实施残疾人扶贫，各项目规划实施区域内的贫困残疾人均得到不同程度的扶持、照顾。集中对东山镇、茨营乡的40户贫困残疾人户实施危房改造，每户补助资金1.1万元。深入实施阳光家园计划，落实贫困残疾人居家安养补助对象313人（户），每户补助500元，共补助16.65万元。在沿江乡敬老院启动贫困残疾人托养试点工作，沿江乡首批10名残疾人即将入院接受集中托养。救助新考录贫困大专残疾生7人，发放助学补助1.9万元。发放残疾人机动轮椅车燃油补贴306人次，共补助6.12万元。残疾人种养扶贫示范基地养殖规模进一步扩大，经济效益明显提高，辐射带动性不断增强。全年出栏肥猪600余头，实现销售收入200余万元，聘用残疾人3人，带动残疾人养殖户5户。

【第二十一次法定“全国助残日”活动】 2011年5月15日是第二十一次法定“全国助残日”活动。全区共召开专题（座谈）会议36个，悬挂宣传布标61条，发放宣传单3 000余份，组织广播宣传88次。宣传、广电等部门全程跟踪报道了助残日期间的各项重要活动。区残工委走访慰问企业贫困残疾职工、农村贫困残疾人、学校智残儿童少年74人（户），各乡（镇）街道走访慰问贫困残疾人131人（户），区、乡两级共发放慰问金38 000余元。此外，光大证券、银都酒店等部分企业也积极参与到助残日活动中，为部分贫困残疾人捐款捐物，奉献爱心。针对部分农村贫困残疾人春耕生产中缺劳力、缺资金、缺技术等生产困难，沿江、珠街、白石江、寥廓、西城等乡（镇）街道积极组织开展助耕活动，助工、出资、帮技，确保了残疾贫困户的春耕生产节令。为帮助贫困残疾人克服生产困难，确保在最佳节令完成烤烟移栽任务，越州、东山等乡镇积极协调，为贫困残疾人实行免费机耕，春耕生产期间，各乡（镇）街道以不同形式助耕3 000多亩。残工委各成员单位围绕残疾人应当享有的康复服务、劳动就业、社会保障、文化教育等基本权利，对照中央、省、市、区有关残疾人事业政策法规，结合部门扶残助残职责，开展自检自查，针对存在问题和差距，完善工作措施，改善服务环境，在为残疾群众提供优先、优惠、优质服务的同时，进一步促进了各项扶残助残保障性政策措施的落实，有效保障了广大残疾人的合法权益。

【残疾人组织建设】 2011年，区政府残工委组织机构进一步充实、完善，成员单位保留20个，新纳入8个。乡（镇）街道残联机构、人员、场地、制度、工作、经费等落实到位率进一步提高，保障性进一步增强。区属五个专门协会日趋活跃，较好地发挥了纽带和桥梁作用。村（社）、福利企业残疾人（职工）协会从各自实际出发，紧紧围绕广大残疾人生活、生产、发展的基本需求和现实困难，充分发挥联系、组织、协调等基础功能，积极为残疾人提供服务。残疾人工作者队伍建设进一步加强，思想、组织、作风、制度和反腐倡廉建设不断取得新的成效，服务能力进一步提高。

（康云华）

麒麟区归国华侨联合会

【概　述】 2011年，区侨联结合实际，认真学习党的十七届六中全会精神，深入贯彻科学发展观，坚持“以侨为本，为侨服务”的宗旨，认真履行群众工作、参政议政、维护侨益、海外联谊四项基本职能，充分发挥侨联组织的优势和作用，为维护社会和谐稳定做出积极贡献。2011年3月，按照区政府有关文件精神，原“一个机构、两块牌子，合署办公”的区侨联和区侨办进行分离，区侨联单位机构及隶属关系保持不变；区侨办与区民宗局合并，设置为区民族宗教侨务事务局。政府机构改革后，区侨联、区侨办及时理顺关系，各司其职，强化部门职责，确保了侨联组织工作的有序运行。

【基层侨联工作】 贯彻落实省、市侨务工作方针，加强干部职工政策及理论的学习，使大家学有所思、思有所行、行有其果，进一步明确当前和今后一个时期侨务工作的主要任务和发展思路，进一步巩固了侨务部门的组织建设和干部队伍建设。在创新侨务工作机制上，坚持以社区侨务为载体，扎实推进天池社区侨联小组的建设，加强与社区干部的联系和沟通，认真听取他们的工作汇报和建议，及时与有关部门协调，帮助解决辖区内归侨、侨眷的实际困难，认真做好安抚侨胞温暖人心的群众工作，不断建立和完善基层为侨服务网络体系，进一步推进和深化“社区为侨服务好，侨为社区做贡献”的工作模式，有效延伸工作手臂，增强侨联组织的海内外凝聚力和社会影响力。

【群众联谊工作】 在春节、国庆佳节来临之际，通过组织社区归侨、侨眷进行座谈，广泛宣传党的侨务方针政策，鼓励和引导他们转变观念，走自谋职业、自主创业和自我发展的道路；通过走访看望年大体弱的归侨、侨眷，把党和政府的关怀送到侨胞家中，切实帮助他们解决工作和生活中遇到的困难和问题，保障和维护好广大归侨、侨眷的合法权益，实现基层侨联小组有组织、有队伍、有经费、有阵地、有活动。

【信访接待工作】 区侨联把组织和引领侨界人士为建设麒麟经济发挥作用作为侨联主要任务来抓。认真对待归侨侨眷来信、来访问题，坚持遵循“侨胞利益无小事”的原则，按照“及时受理，积极协调、妥善解决，化解调处”等程序及时处理，把问题和矛盾解决在萌芽阶段，年内共接待来访侨务对象5件次。

【依法护侨工作】 按照中国侨联《关于进一步加强侨联维护侨益工作的意见》及《云南省人力资源和保障厅关于退休归侨职工补足退休金有关问题的通知》的要求，5月，对麒麟区现已退休的归侨职工的工资待遇情况进行查档清理，确保退休归侨职工享受100%的待遇问题得到及时落实。

【参政议政工作】 侨界人大代表及政协委员，以高度负责的态度，积极参与政协组织的业务培训及社会调研活动，认真撰写提案，及时反映侨情民意，维护侨胞利益，对社会普遍存在的、群众反映强烈的热点、难点问题，敢于负责、敢于谏言，充分发挥了政协委员参政议政、民主监督的作用。麒麟区市政协委员许岷江被台盟云南省委、云南省台联评为“参政议政先进个人”，2010 年、2011 年连续两年被曲靖市归国华侨联合会表彰为“侨界参政议政先进个人”。

【整合侨力工作】　为拓宽基层侨联组织“与侨联系、为侨服务”的覆盖面和影响力，充分发挥侨联组织履行群众工作的能动性和连续性，市、区两级侨联于 6 月 23 日在曲靖锦怡花园共同举办庆祝中国共产党成立 90 周年暨辛亥革命 100 周年茶话会，麒麟区归侨侨眷用歌声和舞蹈表达了他们对党的热爱和衷心祝愿，展现了广大侨胞爱国爱乡的精神风貌，极大地调动了广大侨胞积极参与的热情。同时，依托地缘、亲情和乡谊，进一步整合侨力资源，发展和涵养好海外侨胞力量。

（冯春兰）

麒麟区工商联合会

【概　述】　2011 年麒麟区工商联认真贯彻《中共中央国务院关于加强和改进新形势下工商联工作的意见》、《中共云南省委云南省人民政府关于加强和改进工商联工作的实施意见》两个文件精神和市、区第四次党代会精神，围绕区委、区政府工作总体部署，发挥工商联的桥梁、纽带和助手作用。在加强思想政治建设、推进非公企业“创先争优”活动、积极参政议政建言献策、优秀社会主义事业建设者评选活动、商会建设和发展会员、引导弘扬光彩精神、积极承担社会责任等方面做了大量工作。年内完成上级下达的 200 名贷免扶补申请对象的资料审查任务，由区农村信用联社发放贷款，申请对象可获得创业贷款资金 1 496 万元，带动就业 800 余人。

【调研民营企业发展情况】　3 月初，深入会员企业调研座谈民营经济发展情况，了解企业生产经营过程中存在的问题，形成专题调研报告上报区政协相关委室。4 月份按照省、市工商联部署对“民间投资 36 条的贯彻落实情况”和非公企业对“贯彻落实民间投资 36 条”评价开展调研，发放问卷调查表 50 份，收集整理意见建议 20 条，及时上报市工商联。5 月份对非公企业党组织建设情况开展调研，形成调研报告 3 篇，其中《优化环境强化措施全力加快非公经济发展》被区委宣传部理论政策科采用。9 月底，曲靖市委常委、统战部部长朱兴友率领市非公经济调研组，实地调研麒麟区非公经济发展情况，并听取部分企业家代表的交流发言。

【民营企业光彩事业统计工作】　4 月下旬，根据省、市工商联的安排部署，组织人员对区工商联执委以上的 27 家民营企业参与光彩事业进行统计调查，掌握了企业的基本信息以及参与光彩事业、履行社会责任等方面的重要贡献，建立了民营企业参与光彩事业数据信息库。

【为非公经济组织搭建政企沟通平台】　麒麟区非公经济占 GDP 的比重达 30%，为非公经济代表人士搭建政企沟通平台将更有利于经济社会的和谐发展，有利于小康社会的建设。在起草区三届四次人代会上的《政府工作报告》时，起草小组专题到工商联，以书面和召集非公经济代表人士座谈的形式征求修改意见；5 月，区委就《区第四次党代会报告》征求意见时，组织部分非公经济代表人士参加座谈会，并将征求意见稿印发非公经济代表人士，书面征求意见。9 月 8 日召开“非公经济代表人士中秋座谈会”，全区各行各业的非公经济代表人士约 90 余人与区委、人大、政府、政协主要领导欢聚一堂，共谋麒麟发展。座谈会上中共曲靖市委常委、麒麟区委书记傅学宾作重要讲话。

【为非公经济组织搭建党建平台】　引导推进非公经济组织“创先争优”活动。活动中做到三结合，一是与企业转型升级，科学发展结合起来；二是与企业文化建设结合，开展好党群共建；三是与提升企业员工整体素质相结合，促进更多员工加强学习，争创先进。4 月，市非公经济组织创先争优活动督查组到麒麟区检查指导工作，深入越州镇众一精细化工股份有限公司，实地查看企业生产运转情况和创先争优活动开展情况，听取众一精细化工股份有限公司创先争优活动开展情况的汇报。督查组对麒麟区非公经济组织开展创先争优活动给予高度肯定。

【为会员企业搭建人才培训平台】　由于经费等因素的制约，工商联单独开展各种培训活动的条件尚不具备，区工商联采取借力的方式创造条件，为非公企业开展培训活动。4 月，组织会员企业负责人参加曲靖市有关部门举办的中小企业高峰论坛；5 月与昆明倍垒职业经理培训学校联合举办“企业人才核心培养技术”讲座，帮助企业建立属于自己的企业人才培养体系，引导企业加强内部管理，促进企业可持续发展。

【为中小企业搭建融资合作平台】　主动与招商银行、农村信用社等金融机构联系，了解针对中小企业贷款产品情况，努力为中小企业会员、个体工商户牵线搭桥缓解资金困难的矛盾，共协助 6 户企业贷款 400 余万元。向省工商联推荐利鑫工贸公司、荣科公司等 6 家中小企业，争取让这些有较好发展前景的企业能够得到信贷扶持贷款。

【为企业搭建劳动用工平台】　5 月，与人力资源和社会保障、教育、总工会等部门联合开展了 2011 年民营企业招聘周活动，在积极主动了解会员企业对员工需求信息的基础上，组织 10 余家会员企业参加现场招聘会，为企业解决用工难问题。招聘周活动期间，民营企业共提供岗位 126 个，达成就业意向 245 人，取得较好效果。

【引导民营企业履行社会责任】　2011 年开展“云南红土情光彩进万家——民营企业感恩行动”，共收集帮扶意向 22 条，总金额 48 万元，先后实施扶贫助学、帮困助老等光彩资助项目 4 个，已实施帮扶 20 余万元。“六一”儿童节前夕，组织部分企业家前往越州镇老吴完小看望慰问留守儿童，送去价值 32 000 元的物资。在 9 月 1 日开学之际，曲靖飞龙房地产公司董事长张伟东又向老吴完小捐赠了100张高低双层铁床，改善学生的住宿条件，帮助学校解决燃眉之急。曲靖建功星有限公司在“重阳节”为沾益大坡乡敬老院送去5 000元慰问金。在2011年度七彩云南助学工作中，从上级工商联争取到1个名额，1名2011年考入大学，家境贫穷、品学兼优的少数民族学生在四年的大学学习中，将获得省光彩会2万元的资助。与团区委、区工商局等部门共同倡议爱心助学活动，发动、协调非公企业捐款20余万元。同时，积极牵线搭桥，3名贫困大学生获得民营企业家彭家英的爱心资助2.2万元。

【非公经济人士综合评价工作】 8月，按照市委统战部的通知要求，认真开展对非公经济代表人士的综合评价工作。提出并上报评价对象85人，包括已做了政治安排的非公经济人士、近几年来发展起来的各个行业有代表性的非公经济人士。10月底，完成对相关资料信息的搜集工作，初步建立起麒麟区非公经济代表人士信息库。

【行业商会建设】 指导麒麟区零售业商会正常开展活动，3月初对零售业商会进行届中领导班子调整。针对麒麟城家政服务行业各自为阵、管理不规范、无序竞争、恶性竞争、市场混乱的状况，深入各家政服务公司了解情况，听取他们对行业发展的意见、建议，引导和协调家政服务企业通过组建行业商会，规范家政服务市场，提升服务质量，抱团经营。组织召开发起人会议，发起人及行业内业主对组建家政服务行业商会达成共识，按照相关程序积极筹备，年内成立麒麟区工商联家政服务行业商会，引领曲靖家政服务行业走上发展新路子。针对麒麟区东山镇经济社会发展较快、非公企业规模较大、行业较广泛的实际，根据一部分东山企业家的自愿发起，12月成立麒麟区工商联东山商会。

【发展会员工作】 2011年发展新会员56个，其中企业会员8个，个人会员47个，团体会员1个，会员总数达683个，分布在能源、冶金、制造、种养殖、商贸流通、建筑建材、服务、医疗、印刷等行业。

（谭　楠）

军　事

麒麟区人民武装部

【概　述】　2011年，麒麟区人民武装部围绕坚定理想信念、忠实履行使命，深入开展培育当代革命军人核心价值观主题教育活动。根据年度理论学习和专题教育整顿计划安排，采取动员部署、学习辅导、对照检查、整改提高、教育总结五个步骤，开展“加强党性修养，锤炼思想作风”专题教育整顿活动。贯彻落实各级关于对倾向性问题专项整治活动的要求，采取总结梳理、分析评估、“回头看”、领导点、自己纠、群众评等方式，深入自查自纠，分析查找存在不足，研究制定整改巩固提高的具体措施，把教育整顿活动引入经常化、常态化、持久化和深入化，确保思想作风建设取得新成效。围绕中心工作和大项任务，做好新闻宣传工作，及时总结宣扬好的经验做法和先进典型，在市级以上新闻媒体上登稿61篇（条），被分区表彰为新闻宣传工作先进单位。坚持依法治军确保安全稳定的思路，扎实工作，狠抓落实，圆满完成各项工作任务，后备力量建设呈现科学发展良好势头。

【党组织建设】　大力加强党委班子建设，深入学习《军队党委工作条例》、《政工条例》和《民主集中制读本》，认真贯彻民主集中制“十六字”原则，严格落实《党委议事规则》，切实做到制度完善、程序规范、民主集中、决策科学，提高了党委班子的决策能力、决策水平和决策质量。围绕贯彻主题主线重大战略思想，以思想作风建设为重点，组织召开党委专题及年度民主生活会，有力增强了党委的原则性战斗性和贯彻力执行力落实力。认真学习军委《廉政规定》和军区《措施》，掌握重点内容、熟知行为规范、把握标准要求，不断强化自律意识，夯实廉洁思想根基。深入开展学习型党组织建设，尊重知识，崇尚科学，刻苦学习氛围浓厚。持续开展创先争优实践活动，探索建立干部、职工岗位目标考核奖惩机制，把“五个好”、“五个带头”要求纳入考核奖惩，科学组织实施“一诺三评”工作，强化全体人员履职尽责，增强责任意识和进取意识，把创先争优活动引向深入。加强队伍建设，结合中心城区人武部“人少事杂摊子大、综合素质要求高、全面建设节奏快、难题协调环节多”的特点，针对干部调整实际，严格落实定期讲评干部骨干、交心谈心制度，注重经常性思想工作常态化；深入开展“三互”活动，加强教育引导，增强责任意识，注重岗位锻炼，提高能力素质，抓作风建设，树立良好形象。贯彻落实中办有关文件精神，密切与地方党委政府的联系协调，确保党管武装工作制度的落实，推进基层武装工作协调发展。

【军事斗争准备工作】　战备工作。落实各项战备制度，加强战备教育、战备值班、战备演练和请示汇报，准确掌握辖区社会动态；结合担负任务修订完善各种预案、方案，做到“召之即来、来之能战、战之能胜”。

军事训练。根据军分区年度军事工作指示，组织干部、职工学习高新技术知识，坚持经常性的共同科目训练，参加分区组织的各种业务培训，官兵职工的军事素质明显提高。3月，以“增强能力素质，推动科学发展”为主题，组织全区132名专武干部和民兵营（连）长封闭式集训，强化素质能力。贯彻《专职人民武装干部条例》，抓好专武干部的考核、选拔、培训及教育

区委议军会议　（傅仕俊　供稿）

管理工作，推进专武干部队伍建设，为基层武装工作和后备力量建设发展奠定坚实的人才保障。按照基层武装部规范化建设标准，提升基层武装部规范化建设质量和水平。东山镇武装部被分区表彰为先进基层武装部。突出应急处突、维稳制乱、抢险救灾、森林灭火、增雨防雹、抗洪抢险等急难险重任务，抓好应急民兵救灾大队专业技能训练，打造一专多能、融合式发展的民兵应急队伍，在“6·08乌蒙使命”野外驻训演练中，取得团体5个第一、1个第三，单项2个第一、1个第二、1个第三的优异成绩。落实市委议军会议精神，圆满完成年度民兵整组工作，加强民兵应急救援专业力量编组，整合基干民兵队伍。组织召开区委议军会议，探索军民融合式发展的新思路新举措新办法，推进国防动员和后备力量建设创新发展。

征兵工作。针对新形势下征兵工作出现的新情况新问题新特点，加强组织领导，搞好宣传动员，改进工作作风，严格依法征兵、廉洁征兵，强化检查督导，全区共有960名初检合格青年进站参加封闭式体检，圆满完成征兵任务。

【安全稳定工作】 落实依法治军、从严治军要求，着眼“三个作为”，突出“六个管好”，严格落实“六项制度”，狠抓“两个经常性”工作落实。持续抓好共同条令的学习贯彻，推进全面建设发展走向制度化、规范化、科学化轨道。学习领会两级军区、分区党委安全形势分析会议精神及指示要求，分析查找安全隐患，研究制定针对性整改措施，确保安全发展。扎实抓好倾向性问题专项整治及“回头看”活动，深入开展“三责”活动，把“三互”活动与“三责”活动有机结合起来，强化保密纪律观念，严格制度规定，从源头上遏制事故案件和有政治性影响问题的发生，被分区表彰为安全稳定工作先进单位。

区领导看望驻训民兵　　（傅仕俊　供稿）

【后勤保障工作】 严格执行《后勤工作条例》和《后勤管理条例》，狠抓制度落实，努力推进后勤建设科学发展。

资产管理。严格落实资产管理规定，认真清查盘点，摸清底数，规范对闲置、报废资产的管理，基本达到优化资产配置，促进科学理财，提高资产管理水平。

财务管理。坚持“党委当家，后勤理财”原则，严格经费审批报销制度、严格执行预算、严格经费支出合理化，年度各项预算经费收支平衡，力求财务管理规范化。

基建营房和卫生防疫工作。根据军区营院管理要求，对所属房地产实施合理利用，对配套设施适时检查维修，投资50余万元先后对训练基地进行局部改造及营房、水电检修。积极采取有效措施，加大宣传教育力度，防疫工作扎实到位，防止了营区内流行疾病的发生，确保官兵的身体健康和部队战斗力。

车辆安全管理。9月份，结合“军车交通安全月”和“驾驶员作风纪律整顿”活动，对车辆认真清理、检查、保养，确保车辆安全。完善车辆派遣制度，严格落实责任制，做到定车定人，逐级签定责任承诺书，纠正和解决少数人法纪观念淡薄、特权思想严重、驾驶作风飘浮等问题，有效增强驾驶人员的安全意识，确保安全无事故。

【参建参治工作】 结合中心城区人武部职能任务，进一步巩固和深化用兵强武“麒麟模式”，在参加“三个文明”建设、构建和谐麒麟等活动中练兵强兵，实现社会效益、经济效益和军事效益的有机结合。

“四位一体”建设。按照军分区党委和区委、政府的要求，进一步巩固和深化用兵强武的“麒麟模式”，用活用好人武力量，积极组织干部、职工和广大民兵预备役人员参建参治，为地方经济建设、为构建和谐麒麟做出应有贡献，得到

麒麟区民兵野外驻训　　（傅仕俊　供稿）

地方党委政府和人民群众的充分肯定。

承担急难险重任务。2011 年，出动民兵 300 余人次，先后扑灭森林火灾 3 起；抽组 33 余名民兵参与增雨防雹工作，共完成作业 186 次，消耗弹药 5 600 余发；组织民兵 1 000人次参与抗旱保春耕生产，为地方挽回经济损失近千万元；先后出动干部、民兵 330 余人次，参加维稳处突、防洪抢险、处理集体上访等；组织应急救灾大队民兵 500 余人次，出动冲锋舟、橡皮艇 8 艘，对南盘江约 20 余千米，近 30 万平方米重点水域污染区进行清理整治，共打捞水污水垢及各类生产生活垃圾 20 余吨。

煤炭行业军事化管理。充分利用“清明节”、“五一节”、“国庆节”等节假日，在煤矿停产整顿期间，对 30 家煤矿的民兵进行军事训练、安全法规知识培训和国防知识宣传，民兵军事素质明显提升，安全生产意识和国防意识明显增强，煤炭企业的管理水平和安全生产能力明显提高，得到省、市有关领导和行业主管部门的充分肯定。

国防教育。7～9 月举办第十五届少年军（警）校两期，共组训 800 余名中小学生；组织麒麟区一中 1 200 名新生及驰宏公司 1 000 名员工进行军事训练、国防法教育，有效强化全体参训人员的国防意识，提高国防观念。广泛开展丰富多彩业余文化活动，开展征兵宣传日大型广场文化活动。

（刘小果）

消　　防

【概　述】　2011 年，麒麟区公安消防大队（以下简称“大队”）以宣贯《云南省消防条例》为主线，以“清剿火患”战役为抓手，全面加强班子和队伍建设，全力开展火灾隐患排查整治和灭火救援工作，有效推动了消防工作和队伍建设的快速发展。2011 年，大队共接警 180 起，出动 173 次（含抢险救援、社会救助），出动消防车 471 辆次，消防官兵 2 755 人次，抢救被困人员 82 人，疏散人员 230 人，抢救财产价值 688.3 万元。与上年相比，接警起数上升 44.4%，出动次数上升 80%，出动车辆数上升 80%，出动消防官兵数上升 94.1%，抢救被困人员数上升 466.67%。全年辖区共发生各类火灾 142 起，死亡 2 人，受伤 0 人，直接财产损失 356.3 万元。与上年相比，火灾起数上升 37.14%，死亡人数上升 200%，受伤人数与上年持平，直接财产损失下降 20.9%，有效预防和遏制了重特大火灾事故尤其是群死群伤恶性火灾事故的发生。2011 年大队被表彰为“全国消防监督执法示范单位”、“消防监督一级大队”，连续两年被表彰为全市全面建设先进大队。

【区委、区政府高度重视消防工作】　区委、区政府高度重视消防工作。各级政府、社会单位、农村社区、公安机关四个层面形成齐抓共管、群防群治的良好局面。年初，区政府消防安全委员会对各地 2010 年落实消防安全责任制情况进行考评验收，对先进单位和个人进行表彰奖励，区政府与各乡（镇）街道、区直有关单位、社会单位签订《2011 年度消防工作目标责任状》，明确各级各部门消防工作的目标任务。区政府先后召开了 2011 年度“今冬明春”消防工作、麒麟区高层民用建筑消防安全专项整治工作会议和 4 次消防联席会。启动编制《麒麟区“十二五”期间消防事业发展规划》。指导社会单位实施消防安全管理标准化模式和“四个能力”建设，落实消防安全主体责任，全区 169 家人员密集场所消防安全重点单位全部达标。区委、区政府、公安机关等领导对消防工作多次听取汇报、作出批示、检查工作、出席会议、慰问官兵，并提出殷切希望，充分体现了区委、区政府对消防工作和部队建设的高度重视，为全区消防部队注入了强大的精神力量。

【消防部队建设更加正规化】　坚持政治建警，全力打造积极、健康的警营文化氛围，努力提高官兵的政治素质和业务素质。深入推进思想政治教育大纲宣贯试点工作，积极探索思想政治教育规范化建设，开展警营文化“创先争优”评比活动，思想政治教育工作成效明显。深入开展学习胡总书记“三句话”总要求、“云岭消防大走访”、“发扬传统、坚定信念、执法为民”等主题教育活动，使全体官兵牢固树立“忠诚于党、热爱人民、报效国家、献身使命、崇尚荣誉”的当代革命军人核心价值观。着重在提升领导班子能力建设、干部队伍素质、构建和谐警民关系、政治工作规范化上下功夫，确保部队高度稳定和集中统一，为各项任务的圆满完成提供了坚强的政治保证。

坚持部队正规化建设，以打造“消防铁军”为契机，打牢基础建设根基。大力开展部队正规化建设

为居民送甘露　　（蒋培彦　供稿）

召开消防工作会议　　　　（蒋培彦　供稿）

和精细化管理工作。积极探索部队管理的新路子，着力在细、实、新上下工夫，处理好抓经常与经常抓的关系。在大队的严格管理和全体官兵的共同努力下，实现了连续3年无任何行政责任事故的工作目标。2011年大队将打造全市消防部队正规化建设精细化管理样板纳入重要议事日程，集思广益抓创新，俯下身子抓落实，深入推进精细化管理工作，取得了显著成效，6月29日，全市消防部队正规化建设精细化管理试点在大队成功打造并在全市推广。

应急救援水平进一步增强。大队把应急救援队伍建设工作提升到衡量政府危机处置水平和保障社会公共安全能力的高度，坚决抓好、抓实。全力打造珠源消防铁军，有针对性地组织开展地震灾害应急救援演练、人员密集场所夜间演练、煤矿坍塌事故综合演练。推动区政府制定下发《曲靖市麒麟区综合应急救援队伍管理办法》，组建全区综合性应急救援队伍，依托派出所消防中队成立9支乡（镇）街道专职消防队，推动“村村有消防队”工程的实施，带动农村志愿消防队建设。进一步完善应急处置预案，强化应急救援演练，成功举行高层建筑火灾扑救综合演练、反恐处突应急救援实战演练，全面检验了应急救援工作成效，综合应急救援的实战能力明显提升。全区派出所消防队伍建设共9支300余人。

【火灾隐患排查整治】　2011年，大队按照“大事、中事不出，小事预知预防、及时处置”的要求，提早谋划，精心组织，健全完善指挥体系，强化预案演练，落实战勤保障，严密现场勤务，全力确保了春节、两会、国庆、圣诞、元旦以及建党90周年等重大活动、重大节日消防安全保卫工作万无一失。全区消防部队深入开展“清剿火患”行动、“云岭平安”系列专项行动、高层建筑消防设施专项治理、建筑消防设施专项治理、易燃易爆场所及中（小）学校专项治理等活动，对党政机关、人员密集场所、易燃易爆化学物品储存经营单位、出租房屋和文物建筑保护单位等重点单位、要害部位进行了“拉网式”排查。在排查整治中，对排查发现的火灾隐患，按照“铁心、铁面、铁腕”原则，坚决依法整治，保持对火灾隐患整治的高压态势，被总队评为“清剿火患”先进大队。全年共检查各类单位5421家，发现火灾隐患13 193处，整改13 120处，提请政府挂牌重大火灾隐患单位26家，临时查封227家，处罚130余起，行政拘留36人。

【消防执法】　2011年，大队进一步规范程序，兑现服务承诺，履行告知义务，落实岗位职责，提供优势服务，本着“高效便民”和“阳光执法”的指导思想，按照单位“一盘棋”的工作思路，投入资金，全面实施“四个一”工程，即“打造一个受理窗口、健全一套执法制度、建立一个执法档案室、配齐一套监督技术装备”，全面提升消防管理和服务水平，推动消防监督执法工作迈上新台阶。坚持执法为民，消防执法公信力明显提升。结合“阳光效能政府四项制度”工作要求，推出服务承诺、限时办结等12项便民措施，推行效率承诺制、超时默许制、两次办结制、一站办结制、预约办理制、首问负责制、延时服务制、跟踪服务制、限时办结制和评议回执制等十项便民新政。年内，共受理消防设计备案30家，验收备案37家，办理开业前检查44家。借“大走访”活动和服务大型企业走访调研，先后为越钢集团、众一集团、雄业水泥厂消防设计改造提供便捷高效的服务。主动深入到人大、政协、政法、困难企业和农村社区走访帮困，全年共走访有关部门、单位500人次，征求意见和建议100余条，进一步密切了警政、警民关系，在区政府监督执法考核中名列前茅。

【消防宣传教育】　2011年，大队重点在提升全民消防安全意识上狠下功夫，在运用传统宣传方法大力普及消防安全知识的同时，创新思路，依托多种载体和形式构建“立体式”消防宣传阵地，社会化消防宣传工作亮点纷呈，取得了显著成效。通过开展“六月安全生产月”、“119消防日”、“警营开放日”等大型宣传活动，邀请党政主要领导、分管领导参与宣传，积极提高各级各部门对消防宣传的重视力度。年初下发《关于进一步加强学校消防安全教育工作的通知》，以“消防安全教育示范学校”创建活动及落实《全民消防安全宣传教育纲要》，深化学校消防宣传教育活动为契机，在校园内增设橱窗、板报、校园电视、广播、网站等阵地经常宣传防火、灭火、疏散逃生等手段，开展防火灭火宣传。深入社会单位开展消防安全“四个能力”培训，大力提升社会单位整体消防安全意识。全年大队深入社会单位开展消防安全知识培训20余场，开展疏散演练20余次，培训员工5 000余人。充分发挥社会各种新闻、电视、电台、报刊媒体为消防宣传的主渠道作用，从贴近群众、贴近生活的角度切入，大力开展典型火灾案例剖析警示教育报道，及时曝光并跟踪报道一些单位和个人忽视消防安全、导致重大火灾隐患的典型事例，使消防宣传走进百姓的真实生活，从而增浓了百姓学习并掌握消防安全常识的意识，增强了消防宣传社会化进程。全年全区共开展志愿者行动8次，发放《消防法》、《云南省消防条例》、《家庭防火常识》、《火灾逃生与自救》等宣传资料10 000余份，《消防法》读本400余份，解答群众咨询近百条，取得了良好的宣传成果和社会效应。

（胡　伟）

人民防空

【概　述】　2011年，区人防办认真贯彻执行《中华人民共和国人民防空法》和《中华人民共和国国防动员法》等法律法规，按照“长期准备、重点建设、平战结合”的人防建设方针，坚持人防建设与经济建设相结合、与城市建设协调发展的原则，以对人防事业高度负责的事业心和责任感，在进一步落实“法制政府”、“责任政府”、“阳光政府”等制度的基础上，积极组织实施“行政绩效管理、行政成本控制、行政行为监督、行政能力提升”等效能政府四项制度，着力推进效能型、节约型、服务型、学习型机关建设，进一步转变和完善职能，提高执行力和公信力，切实提高行政效能和服务水平，以“准军事化”建设为牵引，全面加强政治思想、作风纪律和人防业务建设。认真组织完成人防通信指挥训练任务，提高通信指挥水平和应急保障能力。加强无线通信值班值勤，保持了较好的战备水平。

【应急动员建设】　按照麒麟区国防动员建设发展“十二五”规划和麒麟区人民防空应急准备工作等要求，区人防办建立完善了城市重要经济目标调查、无线电通信和人防警报设备调查统计、人防专业分队建设情况调查统计等综合数据库，制订修改完善城市防空袭预案和人防动员预案、建立健全应急指挥机构和协同机制、落实战备制度、人防工程建设与管理、人防指挥体系建设、人防体制机制衔接等各类数据指标和方案，这些作为人民防空长期的准备工作，做到了情况真实、数据准确、规范完整、材料完善，为人民防空应急工作随时提供组织保障。

【完善人防动员预案】　结合国防动员和城市防空袭方案，区人防办不断完善人民防空动员预案，为战时防空动员和平时抢险救灾应急管理提供了应急方案，制订了衔接机制，有利于实行平战结合，发挥人民防空设备和力量在平时抢险救灾、抗御自然灾害中的积极作用。同时完成了各种专业调查统计任务。

【城市防空警报鸣放】　区人防办对城市防空警报器进行了检查维修和保养，及时组织排除技术故障，保持警报设施设备完好和正常工作状态，确保无线通信指挥顺畅无阻，所有防空警报器都处于中央警报控制中心的正常指挥与控制之中，各接收终端接收通信信号正常。9月18日依法成功组织了防空警报试鸣演练，鸣响率100%，主城区音响覆盖率98%以上。

【“准军事化”建设】　2011年，区人防办“准军事化”建设稳步推进，“三化”目标进一步加强。致力于建设一支政治立场坚定、思想作风过硬，业务技术精湛，团结、务实、勤政、廉洁、高效的学习型、事业型优秀人才队伍。人防“办公信息化、指挥程控化、执行命令规范化”等“三化”建设得到有效推进。“三化”建设目标的规范，提升了人防机关“准军事化”建设水平，推进了人防事业发展，为保护国家和人民生命财产安全创造了有利条件。

【人防知识教育宣传】　2011年，区人防办把防空袭和防灾减灾纳入经济建设和社会事业发展总体规划，加强“三防”知识教育。坚持以“防”为主、“防、抗、救”相结合的方针，制作人民防空教育专题教材和光碟，对城区中小学生和乡镇中学初一年级学生、小学生及区职中学生开展人民防空“三防”知识教育活动，使学生熟悉和掌握一般军事常识和“三防”知识，进一步增强国防观念和防空意识，提高防灾救灾能力。通过开展宣传教育活动，扩大社会影响面，提高公众参与率和支持率，促进人防事业社会化发展。同时，结合落实政府建设“四项制度”、96128政府信息电话查询制度和推进政务中心建设，积极开展电子政务建设，创办人防网页，依法发布人防执法和机关建设有关信息，积极推进人民防空社会化宣传教育，自觉接受社会监督。

（杨亚敏）

法 治

政法工作

【概 述】 2011年，麒麟区政法工作认真贯彻落实中央、省、市社会治安综合治理工作会议及创新社会管理工作会议精神，围绕“三项重点”工作和保障经济社会又好又快发展的要求，不断强化措施，夯实基层基础，落实维护稳定的责任，努力推进政法、综治、维稳各项工作，有力维护了社会和谐稳定，保障了经济社会快速健康发展的良好局面。在2011年度开展的公众问卷调查中，公众对麒麟区社会治安总体评价的满意度达到93.3%，同比上升2.1%，认为安全的达到89.8%，同比上升1.2%。

【强化保障措施】 根据市对区综合考核规定，麒麟区将综治维稳工作的35分按工作的重点作了细化和量化，综合治理8分，维稳10分，社会管理创新5分，平安创建7分，610工作5分，区直各单位综治考核均为50分，进一步加大考评的力度和奖惩的额度，做到目标层层明确，任务层层细化，责任层层分解，措施层层落实，奖惩层层考评。

区委、政府严格按照上级要求，将综治经费由原来按总人口人均1元提高到人均2元，并按新标准将综治工作经费纳入预算，保障了全区各项工作的顺利开展。各乡（镇）街道及相关部门按照要求，结合自身实际也落实了相应的综治维稳工作经费。

麒麟区围绕如何强化社会管理，推进综治、维稳、涉法涉诉信访等工作进行认真探讨，提出了要充分发挥党委领导、党政主抓、社会参与的工作机制；把抓好社会稳定作为社会管理创新工作的出发点、落脚点，最大限度地防止发生极端个体性事件和群体性事件，减少越级上访、闹访和缠访；加强矛盾纠纷排查化解工作，做好社会稳定风险评估；通过开展试点、突出重点、形成亮点的工作思路。

【维护政治稳定和防范处理邪教工作】 政法各部门以做好重点时段、重大活动的安全保卫工作为重点，不断提高发现能力、控制能力和处置能力，坚持不懈强化情报信息网络建设，健全完善处置预案，加强反恐力量建设，为确保社会稳定奠定了坚实的基础。同时，严密防范打击“法轮功”等危及社会政治稳定的违法犯罪活动。按照上级要求，对全区有害气功和其他邪教组织进行详细走访排查，掌握其活动情况，进一步巩固在册“法轮功”人员的教育转化工作。在全区开展创建“反邪教宣传警示教育示范乡（镇）街道”活动，全年共发放宣传单10余万份，广场大型电子显示屏播出反邪教宣传400小时以上，车载电子显示屏滚动宣传2 000余辆次，组织观看展览及影像资料5万余次。年内，全区未发生各类邪教人员滋事或聚集、练功活动。

【维护社会稳定和矛盾纠纷化解工作】 通过拟定实施方案和细则，明确对重大决策、重大建设项目、重大活动，在确定和实施之前，必须进行社会风险评估，从源头上有效预防、减少各种突发事件的诱发因素和重大社会矛盾纠纷的发生。2011年，全区建立健全重大事项维稳信息直报点37个，配备维稳信息直报员37人，对25个重大建设项目、重大决策进行风险评估，其中重大建设项目19个，重大决策6个，编制社会稳定风险评估报告25个，风险评估为4级的16个，3级的7个，2级的2个。

进一步健全完善“五级联动、三调对接”矛盾纠纷大调解工作格局，通过完善各项工作制度，规范痕迹档案，落实好“以案定补、以奖代补”等措施，有效化解各类矛盾纠纷。2011年，全区共排查突出社会“热、难”点矛盾7 186件，已化解6 261件，化解率87.13%，防止民转刑案件63件272人。

区法院、区检察院、区公安分局、区司法局和区涉法涉诉联合接访服务中心在区委政法委的统一组织下，对中央、省交办的涉法涉诉信访案件，采取逐案分析、与上访人面谈、实地调查走访、申请信访救助等方式，有效化解涉法涉诉信访积案，2011年上级交办的33件案件全部结案。制订麒麟区《关于开展集中清理涉法涉诉信访积案活动的实施方案》和《关于开展“案件评查”活动的实施方案》，涉法涉诉接访中心积极协调组织区级政法各部门，认真开展“集中清理涉法涉诉信访积案”活动和“案件评查”活动。全年中心共受理涉法涉诉案件78件，办结62件，办结率80%，涉法涉诉信访积案得到有效化解。

【社会管理创新工作】 南宁街道潇湘社区南园村针对辖区城中村暂

住人口多，治安状况复杂的情况，采取管理服务单位化、管理服务保安化、出租房管理旅店化、光亮工程街面化、配齐流动人口协管员，推行暂住人员办理出入卡登记制、出租房屋信息采集等措施，把流动人口管理责任落到实处。

寥廓街道在旅馆业管理方式上，组织成立旅馆业管理协会，挑选出相对负责的旅馆业主，分片包干管理，建立值日制度，防范处理旅馆内部和街面可能出现的各类事件和苗头，做到及时预警、及时处置、及时化解，减少了黄、赌、毒事件的发生。

白石江街道针对辖区内曲靖市职教园区管理开放、外来人员大量涌入、学生数量多、法制观念不强，防范意识淡薄，自我管理能力差，治安问题突出的现状，抓园区警务室建设、抓各学校治安联动机制、抓保安队伍建设、抓学校内部防控，做到全天候立体设防，有效减少了园区发案数量，取得了较好的防控实效。

巩固和加强西城街道示范小学预防未成年人违法犯罪示范基地建设，实施预防青少年违法犯罪工程。全区各级关工委、团组织、教育、综治等部门开展法制宣传进校园活动，在部分中小学开展模拟法庭等法制教育，保持了预防工作的良好发展势头。

加强消防安全。把防火墙工程建设列为2011年的重点项目，并把社会单位“四个能力”建设列入政府年度消防安全责任制，纳入社会治安综合治理、文明城镇创建内容和社会单位星级评定，形成政府主导、部门合力、齐抓共管的良好局面，全区154家重点单位完成了“四个能力建设”自评和复评，验收合格率达96.8%。

南宁街道瑞东社区，以加强社区党建工作为基点，创新社会管理，建设和谐社区。先后建立楼幢党支部3个、非公有制企业党支部2个，开展发放“居民服务联系卡”、“温馨联系卡”、“老干部服务与志愿援助”服务卡等人性化管理

区政法委领导看望消防队伍　　（钱玉堂　摄）

活动，为社区居民创造文明、安全、和谐的生活环境。南宁街道金牛社区有效整合娱乐场所安保力量，实行联动联防，将这一片区单位、业主和社区的100多名安保、联防人员整合，建立警务岗亭，统一管理、使用这支队伍，做到综治协调、警务牵头、集中整训，持证上岗，严格管理，交叉执勤，统一指挥，改变了过去各自为阵、案件频发的局面。

白石江街道保渡社区在辖区各专业市场、治安复杂路段设立警务亭，配备综治联防人员和装备，配合公安机关接处警，服务居民，维护治安，走出一条社区综治维稳有力量、有保障、有机制、有创新、有成效的新路子。

创新青少年法制教育方式。区法院和区关工委配合，以开展“少年模拟法庭”演出活动、进校园举办法制讲座的形式，加强对青少年法制宣传教育，取得良好效果。

创新综治维稳宣传方式。区综治办与曲靖市博众广告文化传播有限公司协商合作，由广告公司免费设计、制作、安装、维修、更新，在城区5个街道的社区、单位、小区、学校、超市等场所安装电子宣传栏，全天候滚动播放防抢、防盗、防灾、防骗、防毒品、防邪教等警示信息。

抓好社区矫正工作。区司法局与电信公司协调开通“司法e平台”建设工程，通过规范工作程序，健全工作机制，加强对监外执行罪犯和刑释解教人员的监督管理，并严格按程序做好矫正对象的登记、教育、矫正等各项工作，及时落实帮教措施。全年共对556名监外执行罪犯、442名刑释解教人员进行帮教和矫正。

【平安建设工作】　按照中央政法委《“三项重点工作”实施意见》和区委、区政府对平安建设的要求，重点抓好平安乡（镇）街道、平安社区、平安村、平安单位、平安校园、平安小区的巩固、完善和提高。对市委、市政府命名的11个“平安乡（镇）街道”，区委、区政府命名的35个“平安社区”、62个“平安村”，37个“平安单位”、43所“平安校园”、7个“平安小区”实行星级动态管理。2011年，全区11个乡（镇）街道被市委、市政府命名为平安乡镇街道，创建达标率100%；119个村（社）有97个创建达标被命名，达标率81.5%；5条边界线，4条被命名为平安边界，达标率80%。南宁街道、寥廓街道、茨营乡被表彰为全市“先进平安乡（镇）街道”，云南机器三厂、云南模具二厂、区人民政府办公室、区人民法院、区烟草公司被命名为市级“平安单位”，曲靖师范学院、区一中、实验中学、沿江一中、城关小学、麒麟小学通过考评被推荐为市级“平安校园”。东山镇、三宝镇被市委、市政府表彰为综治维稳工作先进单位。

【夯实基层综治维稳基础】　从办公场所、组织机构、职责任务、管

理制度、工作机制、运作流程、人员配置、立卷归档等8个方面加强11个乡（镇）街道综治维稳中心的规范建设。

加强119个村（社）的“综治室、警务室、调解室”建设，基本做到“五有四落实两统一”，即有固定的办公场所、有明确的职责任务、有严格的工作制度、有规范的基础台帐、有必要的装备设施，机构落实、人员落实、工作落实、报酬落实，标识统一、办公桌椅统一。

加强村（社）巡回法庭的建设，为送法下乡、以案释法、就地开庭创造条件。

整合治安防范力量。形成区、乡、村（社）、组、单位五级综治基础管理体系，构建统一领导、集中办公、多位合一、一个窗口对外、人员相互配合、工作整体联动的综治维稳格局。

基层综治维稳队伍进一步壮大。基层综治维稳队伍以防火灾、防盗抢、防事故、防邪教为重点，开展巡防，做到点上严密镇守，线上开展巡逻，面上开展布控。5个街道和东山镇组建不少于100人的综治维稳队伍，其他乡镇也结合各自工作情况、财力情况组建了综治维稳队伍，全区各村（社）、单位共组建治安巡防队156支1718人，充实单位安保组织617个，建110报警点124处，固定治安卡点96个。

【严厉打击刑事犯罪】 全区政法部门始终坚持“严打”方针，保持对刑事犯罪的高压态势。深入开展“打黑除恶”，打击“两抢一盗”等专项行动，开展“防范和打击‘两抢一盗’、聚众斗殴、故意伤害多发性违法犯罪专项行动”、“严厉打击撬砸车窗玻璃盗抢车内物品、盗窃机动车、撬盗保险柜、飞车抢夺及入室盗窃、扫黄打非、打击传销”等专项打击行动。2011年，区公安分局接报刑事警情8 656起，破案2 229件，破案绝对数与上年同比上升31.82%；发现受理治安案件6 749件，查处6 408件，查处率94.9%，查处各类违法人员3 497人。区检察院受理共受理移送审查批捕案件610件1 030人，经审查，决定批准逮捕447件776人；受理移送审查起诉各类刑事案件610件1 030人，依法向区法院提起公诉473件762人，上报市检察院审查起诉54件121人。区法院共受理刑事案件563件，审结543件，结案率为96.45%。

【治安防控体系建设】 2011年，区委、区政府制定《关于深化中心城区社会治安防控体系建设的意见》，成立以区委书记为组长的麒麟区深化社会治安防控体系建设领导小组，召开治安防控体系建设动员大会，对治安防控体系建设进行全面部署，建立以街面防控网、社区防控网、单位内部防控网、视频监控和技术防范网、区域治安协作网、虚拟社会防控网“六网建设”基本框架，进一步健全完善维护社会治安稳定的长效工作机制和保障机制，社会治安防控社会化得到实现。

警务保障。在人员方面，新增400名协警，全部分配到城区派出所、巡特警大队、交警大队和指挥中心；在装备保障方面，每个警务亭配备1辆警车和2辆摩托车、2台350兆集群对讲机，新增30辆巡逻警车（每个岗亭1辆）、60辆警用摩托和60台对讲机；在经费保障方面，新增协警每年600万元的人员经费，其中400万元区政府帮助解决，200万元市政府帮助解决；新增车辆的购置经费，区政府帮助解决200万元，市公安局帮助解决100万元。600件防刺背心、50只二代身份证读卡仪以及对讲机等装备全部配发到派出所。

工作机制。依托街面30个警务亭，以派出所巡逻民警为主，划分为30个警务区，每个警务区配备一定的警力和协勤，将警力和资源前移到警务亭，实行24小时全时勤务，明确以块为主的防控责任。城区30个固定警务亭全部实现外观标识、制度规范、内部设施、警务装备、基础台账“五统一”；按照一把伞（帐篷）、一张桌子、一把椅子、一盏警灯、一套警用装备“五个一”的要求，在街面重点部位、主要路段设置78个流动防控点，做到点上守、线上巡、面上控，把警务亭打造成派出所警务的基本单元、巡逻防范的中坚力量、打击犯罪的第一战场、服务群众的第一窗口。

“三网”布控。1. 街面防控网：通过警务前移，警力下沉、多警联动等措施，街面巡防力量采取步巡、车巡为主，机动巡逻与蹲点守候、公开巡逻与盘查盘问相结合等方式，按照“可疑人员物品一律盘查、非法携带管制刀具一律拘留、吸毒人员一律收戒”的要求，在防范中实现打击，在打击中体现防范，始终坚持对街面违法犯罪严打的高压态势。2. 单位内部防控网：认真贯彻落实《企业事业单位内部治安保卫条例》，按照“属地管

深入基层化解矛盾　　（钱玉堂　摄）

理"、"谁主管、谁负责，谁受益、谁负责"的原则，组织辖区中央、省、市驻区245家重点单位签订责任书，落实内部安全防范主体责任，加强单位内部的保卫组织建设和小区保安队伍建设，强力推行门卫保安化，对591家旅馆业，267家娱乐场所、414家印章刻制、废旧回收、典当寄卖、修理开锁等特种行业、127家网吧、93家非营业性上网场所落实了治安责任，提升内部单位治安防范水平。3. 视频监控网：充分发挥城市报警与监控系统的作用，城区5个派出所视频监控室按照每名协警负责20个监控摄像头的要求，落实专人值守，实现视频监控与街面巡逻防控的有机结合，分局监控中心负责对重点部位的巡查、对重大警情的可视指挥，对派出所监控室进行指导、督促和检查，对社会面进行实时、动态监控，加强对机关、学校、商场、企事业单位以及娱乐场所、居民小区等社会力量建设视频监控系统的指导力度。全区已建成11套6个卡口视频抓拍、12个主要路口闯红灯抓拍监控、10套重点部位监控、城管系统30个视频监控，城区30个固定岗亭、重点部位78个流动防控点，临街商铺、单位内部3 595个技防探头，形成覆盖城区主要路段、地段、治安复杂部位和单位、工厂、小区内部的视频监控网络。通过视频监控系统，发现群体性上访等预警性信息47起，破获各类刑事案件32件，治安案件61件，抓获违法犯罪嫌疑人112名，为震慑犯罪、侦查办案发挥了重要作用。

建立综合协调指挥机制。把指挥中心作为连接社会治安点、线、面的中枢，制作《麒麟区城区治安防控电子地图》，依托110接处警系统、350兆无线通信系统、GPS卫星定位系统、视频监控系统、情报信息系统，达到统一指挥、反应灵敏、协调有序、运转高效的指挥机制。建立信息化预警机制。指挥中心加强对社会面各类警情的汇总、分析、研究和转化，从发案时间、发案区域、发案类型上牢牢抓住规律特点，为准确把握辖区治安局势，及时打击防范措施提供依据。每个警务亭配备1台笔记本电脑、1台二代身份证读卡仪，用于巡逻盘查中采集信息、查询比对，提升了警务效能。建立实战化勤务机制．坚持警力跟着警情走，在警务亭实行"四班三运转"、"三班两运转"、错时工作制等灵活机动、贴近实战的勤务模式，做到疏密有致、重点突出，把有限的警力摆到最需要的地方、最需要的时段。每个防控区制作《警情防控图》，逐项标明重点区域、重点目标和防控力量布局及运作情况。街面30个固定警务亭全部拆除值班床，真正体现了"上班就是上岗、上岗就是实战"。建立一体化运作机制，明确规定各警种、各部门在治安防控工作中的职责任务，落实奖惩措施，实行责任共担、成果共享，推动各个防控环节的有机衔接，完善打、防、管、控一体化运作机制。

【整治突出治安问题】　在全区组织开展社会治安重点地区排查整治，把城区的主要街道、城郊结合部、边界结合部、集贸市场、流动人口聚居地区和出租房屋集中地、治安状况复杂的乡镇、车站、铁路公路沿线、以及重大工程建设周边、企事业单位周边、学校周边等作为排查的重点区域。2011年全区排查出67个治安突出问题，其中抢劫12个，抢夺7个，盗窃31个，传销2个，诈骗3个，流动人口犯罪3个，卖淫嫖娼2个，伤害7个。针对问题的性质和特点，及时制定整治方案，组织人员实施有效的治理整顿。

（钱玉堂）

社会治安综合治理

【概　述】　2011年，麒麟区的社会治安综合治理工作围绕区委提出的"六区三城两中心"建设目标，把社会管理创新、深化平安建设，确保社会稳定作为新时期综治工作的重点，着力排查化解矛盾纠纷，排查整治突出治安问题，落实社会治安防范措施，严厉打击严重刑事犯罪，加强和改进以流动人口为突破的社会管理，推进社会治安防控体系建设，夯实基层基础，为促进全区经济社会平稳较快发展创造了良好的治安环境。

【综合治理目标责任制】　区委、区政府从维护改革发展稳定大局出发，把改进和加强新形势下综治维稳、平安建设作为提升社会管理与公共服务的一项重要工作来抓。将社会管理创新和综治维稳的基层管理和服务体系、矛盾纠纷三调联动体系、规范群众诉求、社会稳定风险评估、正确处理社会矛盾、加大公共安全投人、流动人口管理、完善治安防控体系、加强政法队伍建设、打击犯罪等10项工作列入"十二五"规划。1月14日，区综治委召开2011年第一次全会，对综治维稳和平安建设作全面部署，对2011年社会治安综合治理的18项工作任务、目标、措施作了进一步明确和要求。8月4日，召开全区社会治安综合治理工作会，总结上半年工作，分析社会治安面临的形势和问题，提出强化治安防控，深化平安建设更新、更高的要求，动员全区各级各部门强化组织领导，坚持层层落实领导责任制和目标管理责任制，齐心做好维护社会稳定、社会治安防控体系建设等工作，充分调动各级各部门的力量投身社会治安综合治理和先进平安区建设。

综合治理、维护稳定的领导责任进一步强化。将考核纳入各乡（镇）街道党（工）委、区直各部门工作考核，把安全城市创建和平安和谐麒麟建设纳入区级重点工程的"五定方案"，实行定目标任务、定责任人员、定职责责任、定完成时间、定奖惩措施。

社会治安综合治理工作制度化、规范化建设进一步增强，完善了综治委全会制度，成员单位参与综治维稳，工作联系点制度，综治工作领导责任制度，目标管理责任制度，重大问题查究制度，综治工

区政协委员视察社会治安防控体系建设工作 （李德 摄）

作检查督导制度，治安形势分析和公众安全感调查制度社会治安综合治理工作一票否决制度等9个工作制度，2011年审查各类先进集体443家、先进个人930人，否决单位2个、个人3人。

综治维稳目标进一步细化。根据市委、市政府2011年综治维稳责任制考核的规定，制定麒麟区综治工作考评实施细则，对各项工作作细化和量化，制定对区直各单位综治工作考核的办法和一票否决条件，加大考评的力度和奖惩的额度，做到了目标明确，责任分解，任务细化，措施落实，奖惩考评。

综治工作经费得到进一步保障。按照中央、省、市的要求，综治经费标准按辖区总人口人均2元共140万列入区级财政预算和保障。2011年区财政拨付综治维稳工作经费170.22万元，各乡（镇）街道按照辖区人口1元标准列入预算和保障，确保了综治维稳工作的深入开展。

督促检查进一步加大。为促进各项工作的进一步落实，区人大常委会8月9日组织部分省、市、区人大代表在区人大副主任杨国文的带领下对社会治安综合治理工作进行视察。9月14日，区政协组织城区政协委员对安全城市创建工作进行视察。11月8～15日，区政法委组织政法各部领导分4个检查组对各乡（镇）街道、政法各部门执行综治、维稳、社会管理创新、平安建设、公正司法等责任制情况进行专项督查，促进了各项责任的落实和任务的完成。

【整合综治维稳力量】 把巩固发展平安麒麟、安全城市创建成果作为提升麒麟区形象的品牌工程、发展经济的环境工程、构建和谐社会的基础工程、造福群众的民心工程来抓，筑牢综治维稳工作基础，建立健全综治维稳长效工作机制，继续坚持重心下移，把强基层、稳基础、建队伍作为加强综治基础的根本性任务来抓，健全完善基层维护稳定的组织体系，把村（社）综治室、警务室、调解室和乡（镇）街道综治中心等基层组织作为乡（镇）街道、村（社）党政组织抓综治维稳的重要工作平台，把综治组织网络向最基层延伸，更好地发动社会力量参与社会治安综合治理，形成设施完善、功能齐全、建设规范、制度上墙、台账健全、高效运作的工作环境。一是从办公场所、组织机构、职责任务、管理制度、工作机制、运作流程、人员配置、立卷归档等8个方面加强11个乡（镇）街道综治维稳中心的规范建设。二是加强119个村（社）的“综治室、警务室、调解室”建设，基本做到“五有四落实两统一”。三是加强村（社）巡回法庭的建设，为送法下乡、以案释法、就地开庭创造了条件。四是整合治安防范力量。综治维稳中心和村级“三室”的规范建设，有效整合领导力量、综治维稳力量和群防群治力量及各种资源，形成区、乡、村（社）、组、单位五级综治基础管理体系，构建了统一领导、集中办公、多位合一、一个窗口对外、人员相互配合、工作整体联动的综治维稳格局。五是基层综治维稳队伍进一步壮大。各乡（镇）街道组成综治维稳队伍，由综治维稳中心统一训练、管理、调用，平时在各村、社区综治室工作，遇有情况由综治中心统一调动，组织巡防和处置突发事件。基层综治维稳队伍以防火灾、防盗抢、防事故、防邪教为重点开展巡防，做到点上严密镇守，线上开展巡逻，面上开展布控，依托社区警务室、综治室强化治安管理，加强对出租房屋、暂住人口、旅馆、娱乐场所、洗浴场所、电子游戏室、网吧等行业的管理。各种专职治安巡逻队、治安联防队、单位小区保安等各种形式的群防群治队伍不断壮大，在维护治安和社会稳定中发挥重要的作用。

省护路办常务副主任陈力检查平安铁路示范区创建工作 （李德 摄）

【"严打"整治工作】　完善区域协作、多警种、多手段协作，侦查、起诉、审判密切协作的新型严打工作机制，坚持以打开路、以打促防，打防结合、打防并重的工作思路，采取分专题、分类型、分阶段重点打击，突出"打系列、打团伙、打串案"，以组织开展打击"两抢一盗"、打击突出违法犯罪为主要内容的"双打"专项行动为抓手，打掉一批撬砸汽车玻璃盗窃车内物品、利用电子设备干扰汽车遥控锁实施盗窃、盗抢大货车柴油、盗抢机动车、入室盗窃、街面"两抢"犯罪团伙47个，破获"两抢一盗"案件1 824件。坚持"四禁并举、预防为主、严格执法、综合治理"的工作方针，开展新一轮禁毒人民战争，查破毒品刑事案件43件，收缴毒品7 079.5克（其中海洛因2 533克、冰毒4 546.5克），抓获犯罪嫌疑人43人。根据中央、省、市的统一部署，加大打黑除恶的力度和严厉打击杀人、绑架、爆炸等严重暴力犯罪，注重防范和打击敌对势力各种渗透破坏和非法组党结社活动，注重防范和打击民族分裂和暴力恐怖活动以及传销犯罪活动，着力防范和打击利用人民内部矛盾，利用宗教，利用非政府组织制造事端的活动，坚持打早打小，露头就打，依法严厉打击各种严重刑事犯罪，遏制了严重刑事犯罪的高发势头。全年全区立刑事案件11 686件，破2 441件，破案率20.9%。发现受理治安案件8 604件，查处8 136件，查处率94.9%，查处各类违法人员3 851人。区检察院受理审查批捕案件450件811人，批捕371件647人，受理审查起诉案件489件842人，提起公诉371件580人。区法院受理刑事案件525件，审结463件，审结率88.19%。

为及时有效整治治安混乱区域、部位、场所和突出治安问题，在全区组织开展社会治安重点地区排查整治。全年全区排查出67个治安突出问题。这些问题涉及8个乡（镇）街道47个社区（村）和部分街巷，企业单位、学校周边、医院周边、车站、商业场所、娱乐场所，针对问题的性质和特点，制定整治方案，组织人员实施有效的治理整顿，已解决问题64个，占95.52%，对其余3个问题作限期整改。

麒麟区社会治安综合治理会议　　（李德　摄）

【创新社会管理机制】　麒麟区抓住全市社会管理创新试点县（区）的有利契机，针对群众最关心的社会治安问题，从更好地解决影响社会和谐稳定的源头性、根本性、基础性问题入手，强化综治工作的社会管理创新，按照《麒麟区推进社会管理创新试点工作实施方案》的要求，层层部署抓推进，层层督查抓落实，各级综治组织深入村（社）、单位、场所、小区、校园等分析问题，研究治安管理措施，积极培育典型引路，先后总结了街道社区（村）典型经验10个，推动突出治安问题的解决，创新工作初显成效。

加强矛盾纠纷排化解，注重源头预防。在全区各乡镇街道、各部门推进建立涉及群众切身利益的重大决策和重大项目工程社会稳定风险评估机制，制定评估的程序和办法，进一步明确对重大决策、重大建设项目、重大活动在确定和实施之前，必须进行社会稳定风险评估，全区上下形成"主要领导亲自抓，分管领导重点抓，职能部门具体抓，协调配合共同抓"的工作态势。从源头上有效预防、减少了各种突发事件的诱发因素和重大社会矛盾纠纷的发生。

在南宁街道潇湘社区南园村实行暂住人口"五化"管理，按500∶1加强协管员队伍的建设和责任区划片管理。全区新采集暂住人口信息60 237条，列管暂住人员中的重点人口46人，破获流动人口刑事案件41件，抓获混迹暂住人口中的逃犯16人。

巩固和加强西城街道示范小学预防未成年人违法犯罪示范基地建设，实施预防青少年违法犯罪工程。加强消防安全"防火墙"工程建设，并列为2011年的重点项目。

以南宁瑞东社区社会管理创新"五新五到户"和"五民化"服务为重点，进一步深化平安社区创建，以安民为重点，促进助民、育民、乐民、便民工作的全面开展。

以南城门社区为重点，成立旅馆业管理协会。安装旅馆业治安管理信息系统841家，覆盖率100%；安装二代证读卡器841家，安装率100%。上传数据信息113.54万条，利用系统成功抓获网上逃犯20名，为群众提供查询服务1 000余次。

严格重点人群的管理，按照帮教社会化、就业市场化、管理信息化、工作规范化的要求，对103名帮教对象和422名矫正对象进行一对一的接茬帮教，帮教率100%。将556名监外执行罪犯全部纳入依法监管，12月14日开通e通平台，对15名矫正对象发放e通手机进行试点，对重点人群做到底数清、情况明、全员建档、督查到位、措施到村（社）、责任到人、定期谈访、严格考查、违法收监，无漏管失控，无重新犯罪。

以金牛社区为重点，整合娱乐场所安保力量，实行联动联防。将这一片区单位、业主和社区的100多名安保、联防力量整合，建立警务岗亭，统一管理、使用，做到综治协调、警务牵头、集中整训，持证上岗，严格管理，交叉执勤，统一指挥，改变了过去各自为阵、案件频发的局面，实现了由乱到治、由治到安。

在职教园区开展综治进园区、警务进校园。筹资建立警务室，整合6所学校的保安力量，定期召开警校联席会，互通治安信息，明确防控重点，调整防范思路，采取有力措施，维护了校园安全和稳定。

以保渡社区为重点，推行社区技防监控措施，在辖区各专业市场、治安复杂路段设立警务亭，配备综治联防人员和装备，配合公安机关接处警，服务居民，维护治安，走出了一条社区综治维稳有安保力量、有经费保障、有运行机制、有创新发展、有工作成效的新路子。

【强化源头治理，化解矛盾纠纷】 按照小事不出村（社）、大事不出乡（镇）、矛盾不上交的目标要求，进一步完善矛盾纠纷排查调处机制，健全了区、乡（镇）街道、村（社）、组四级排查调处网络，抽调各单位人员32人，成立处理信访问题联合工作组。在乡（镇）街道整合综治办、派出所、司法所、法庭、信访办的力量，成立联合调解中心和群众工作站，切实解决了过去排查调处矛盾纠纷无固定场所且力量分散的弊端，加强了源头治理，努力把问题解决在基层。

源头预防形成长效。为从源头上预防和减少矛盾纠纷的发生，区委政府要求重点围绕征地拆迁、企业改制等热点问题，对涉及群众利益的重大决策事项进行信访、稳定评估，在出台政策、实施改革措施和行政执法前，都要考虑政策的科学性和严谨性，对社会稳定可能带来的影响和进行政治经济成本和风险评估，建立联席会议、定期通报、挂牌督办、责任追究等制度。全区已建立重大事项维稳信息直报点37个，对13个征地、拆迁、建设项目进行风险评估，评估为4级的6个，3级的7个。

排查调解及时有效。健全完善区乡（镇）街道、村（社）三级矛盾纠纷调处中心（室），深入开展了矛盾纠纷大排查、大调解活动。2011年全区共排查突出的社会“热、难”点矛盾7 186件，已化解6 261件，化解率87.13%，防止民转刑案件63件272人。

案件处理依法依规。麒麟区解决信访问题联合工作组和涉法涉诉接访服务中心成立后，及时组织对涉法涉诉案件、信访案件进行认真、全面的清理和梳理，各项工作有效开展。2011年，共清理和梳理涉法涉诉案件78件，办结62件，办结率80%；区联合工作组督办21件，办结21件。排查涉法涉诉信访积案33件，化解33件，化解率100%。

整治规范信访行为。为畅通群众利益诉求渠道，建立领导接访、包案稳控、信访评议、信访救助、保障机制。集中开展信访秩序整治，规范信访行为，引导群众理性依法依规表达利益诉求。对涉法涉诉的上访老户，逐年制定工作方案，确定包案处理的责任、领导、责任部门和责任人，做到解决一批，终结一批，息诉一批，稳控一批，依法及时合理地调处群众的诉求，带动了信访形势的根本好转。

督查稳控成效明显。按照“谁主管、谁负责”，层层实行领导“包案责任制”的要求，对突出的案件进行督办，各级各部门对越级非正常上访人员落实稳控措施，全区未发生大规模的群体性事件。

【综治宣传活动】 为纪念中共中央、国务院和全国人大常委会《关于加强社会治安综合治理的决定》颁布20周年，根据中央、省、市综治委的要求，3月1日，市、区两级政法委、综治委在珠江源广场举行纪念两个《决定》颁布20周年综治维稳宣传月启动仪式。区政法委、综治办、维稳办、610办和区法院、检察院、公安分局、司法局组织人员，设立宣传展位，结合各自业务工作，向过往群众发放平安建设、见义勇为、防范邪教、诉讼指南、预防职务犯罪、治安防范、普法守法、禁毒防艾、两个《决定》等宣传资料，解答群众咨询，发放宣传资料32 000余份，解答群众咨询47人，展出综治维稳、铁路护路宣传展版28块。

3月2日，区妇联、综治办、公安分局、司法局、南宁街道等单位在珠江源广场开展以维护妇女合法权益为主题的宣传活动，印发宣传资料1万余份。

建宁街道3月2日组织各社区妇女干部250多人，开展综治维稳、

区委常委、政法委书记丁常云率检查组检查社会治安综合治理工作　　（李德　摄）

妇女维权宣传培训，请有关部门人员讲解综治、维稳、禁毒防艾、禁赌、妇女权益保护、铁路护路、预防青少年违法犯罪等知识，展出护路宣传展板 10 块，发放宣传资料 500 份。3 月 28 日、11 月 4 日分别在麻黄小学和小坡小学开展以爱路护路、创建平安铁路为主要内容的综治维稳宣传活动，采用“小手拉大手”的方式组织学生向铁路沿线的村民发放宣传画册和资料 3 780 份。3 月 17 日，区政法委、区综治办将两个《决定》印制成册发到各乡（镇）街道、各村（社）、区属各部门进行宣传学习。宣传月活动中，共张贴标语 3 428 条，开设宣传专栏 213 期，出宣传板报 618 期，制作宣传展板 260 块，发放宣传册 76 260 册，宣传资料 18.61 万份。

【铁路护路工作】 按照省、市护路工作的要求和《曲靖市 2011 年铁路护路联防承包责任书》的规定，针对麒麟区境内护路工作治安复杂、不安全隐患多的实际，重点抓好责任制的落实和督促目标任务的完成。区护路办召开专题会议，将省、市护路工作会议精神及时传达贯彻到护路人员。结合综治宣传月活动的开展，区护路办组织开展一系列护路宣传活动，发放护路宣传画册、铁路安全常识资料等 13 500份、作业本 5 000 册、笔筒 1 000个、水杯 50 个、帽子 350 顶。抓好涉路矛盾纠纷的排查调处，积极主动预防和处置涉路的矛盾纠纷。按照线段逐段定人定责，开展巡防，加强路地配合，有效地预防了路外伤亡。在巩固发展创建平安铁路示范路段的基础上，组织开展创建平安铁路示范区活动，建立组织机构，制定实施创建方案，出台奖惩措施，加强了督促检查和指导，推动了平安铁路示范区创建的正常开展。

【表彰见义勇为，倡导社会正义风尚】 2011 年，对申报到区综治委的 2 名见义勇为的人员进行调查、核实和认定，区政法委、综治委于 3 月 18 日和 7 月 6 日分别在白石江派出所、南宁街道花柯社区召开见义勇为表彰会，对原曲靖运输公司退休职工马文林和原五中初一学生郭珣救落水人员的见义勇为行为进行了表彰奖励。

【省检查组到麒麟区检查综治维稳工作】 2 月 26～27 日，省委政法委稳定处处长、第二检查小组组长冯克非在市政法委副书记罗仕雄，区委常委、政法委书记丁常云等领导的陪同下，深入寥廓街道的综治维稳中心和白石江街道保渡社区、何家屯居民小组、市职教园区及综治办检查综治维稳工作。

检查按照省综合检查考评市再延伸检查麒麟区的工作考核标准和要求，重点检查矛盾纠纷排查调处、领导责任制落实、综治维稳基层基础建设、社会管理服务、综治成员单位参与情况、综治维稳宣传、专项斗争和专项治理、社会治安重点地区排查整治、治安防控体建设、平安建设、公众安全感调查、综治维稳工作创新等 12 大项 51 小项的综治维稳指标。在查阅了区综治办、街道综治维稳中心、社区综治办的各类工作台账和有关文件资料后，检查组认为：麒麟区高度重视综治维稳工作，各项责任、任务落实得好，完成得好，创造的经验全省领先，并推广应用。

【中央综治委督查组检查麒麟区校园安全】 5 月 18 日，中央综治委校园安全督查组以公安部督察专员王建强为组长的督查组一行 5 人，在省、市有关部门领导陪同下，深入麒麟区新生小学、麒麟小学、世纪明珠幼儿园（民办）检查校园安全工作，重点检查校园安保机构的建立、安保人员和器械的配备、制度的健全、应急预案的制定和演练、隐患的整改、监控技防的安装，以及教职工的管理、饮水、食品安全、校园门口交通安全情况，查阅了 3 个校园门卫的出入登记，接人卡使用记录和视频监控使用情况。督查组充分肯定了麒麟区的校园安全工作，认为麒麟区委、区政府对校园安全工作高度重视，出台了一系列规定和要求，各级各部门采取了有效的安全防范措施，工作卓有成效，校园安全及专项整治已成为常态化管理，人防、物防、技防措施到位，有效确保了校园安全。

【部分省、市、区人大代表视察社会治安综合治理工作】 8 月 8～9 日，区人大常委会组织部分省、市、区人大代表 16 名在区人大副主任杨国文的率领下，对麒麟区的社会治安综合治理工作进行视察。视察组深入到东山镇及高家村村委会、南宁街道及潇湘社区南园村，在金牛社区娱乐城观看了保安联动力量 100 人的处突技能表演。白石江街道及保渡社区、何家屯、职教园区进行视察，通过实地走访查看综治、平安建设和社会管理创新工作情况，了解麒麟区的社会治安综合治理工作现状。8 月 9 日下午，视察组在政务厅集中听取了区综治委关于全区社会治安综合治理工作的情况汇报。

区综治办主任李德代表区综治委向视察组汇报了全区社会治安综合治理工作制度化建设，严打整治、突出排查整治治安问题，创新社会管理，治安防控体系建设，开展综治宣传、加强铁路护路联防、巩固平安建设、大力表彰见义勇为、落实综治责任和存在的问题等十个方面的综治工作情况。

视察组通过视察，肯定了麒麟区社会治安综合治理工作取得的成绩，对做好综治工作提出建议。

【举行综治维稳电子宣传启动仪式】 11 月 23 日上午，区政法委、综治委在闽南建材城举行综治维稳电子宣传启动仪式。区委常委、政法委书记、综治委主任丁常云和白石江街道党工委书记李坤为综治维稳电子宣传牌揭幕。李坤介绍了街道社会治安防控体系建设和社会管理创新工作情况，政法委副书记李志敏主持启动仪式，城区 5 个街道分管综治工作的领导、综治办主任和白石江派出所 30 余名干警及白石江街道各社区综治办主任、保渡、丰登、代河的综治联防队员参加了启动仪式。

此次活动是区综治办与曲靖市

博众广告文化传播有限公司为加强综治维稳宣传，由曲靖市博众广告文化传播有限公司免费设计、制作、安装、维修、内容更新并在各街道、社区广泛宣传的一项举措。宣传牌高3.2米、长2.4米，上半部分为社会治安防范的文字、图片，中间为电子屏幕，全天候滚动播放防抢、防盗、防灾、防诈骗、防毒、防邪等警示，下半部分为广告招商。

（李　德）

政府法制工作

【概　述】 2011年，区政府法制办按照建设法治政府的总体目标，认真贯彻落实国务院《全面推进依法行政实施纲要》、《国务院关于加强市县政府依法行政的决定》、《国务院关于加强法治政府建设的意见》，结合工作职责，努力提高政府法制工作的质量和水平，充分发挥参谋、助手和法律顾问作用。

【第5轮行政审批改革工作】 为推进行政管理制度创新，进一步转变政府职能，根据《云南省人民政府关于开展第5轮行政审批制度改革的通知》工作部署，一是制定《曲靖市麒麟区人民政府关于开展第5轮行政审批制度改革的通知》，要求各部门严格按照法律法规规定，结合自身建设工作重点，继续清理和精简行政审批项目，规范行政审批行为。二是依据法律规定，共清理出行政审批事项298项。保留实施行政审批事项146项，占48%。其中属于行政许可事项123项，占41%（市级15项）；非行政许可事项23项，占7%（市级下放4项）。调整行政审批事项152项，占51%，其中改变管理方式117项，占39%（内部审批59项，备案管理23项，暂不审批5项，初审转报20项，监督管理10项）；合并同类事项原为35项，占11%；合并后为15项（行政许可8项，非行政许可9项）。

【参与处理涉法事务】 法制办积极参与重大事项决策、涉法事务处理。2011年法制办共参与处理涉法事务11件，依法完成领导批示、信访复核复查案件3件，依法化解社会矛盾，维护基层社会稳定。

开展行政调解。全年受理5件，均按程序办理结案。调解工作中，法制办依据法律规定，采取行政调解与行政复议相结合的工作方式，依法化解行政矛盾纠纷，提高当事人办事效率。

【第五届人民满意服务部门创评工作】 按照《麒麟区执收执法部门创建“人民满意服务部门”考评暂行办法》规定，2011年开展第5届“人民满意服务部门”创评工作。区依法行政领导小组按照统一考核标准、方法、程序严格对区直42个行政执法部门从制度建设、行政执法、行政服务、政务公开、规范性文件制定、痕迹资料等方面进行综合考核，同时邀请人大代表、政协委员、行风评议员、群众代表等行政政府部门进行测评。经严格考评，区人民政府决定授予区农业局等25家行政执法部门“人民满意服务部门”荣誉称号。

【落实行政执法责任制】 按照区政府与各乡（镇）街道、区直行政执法部门签定的年度行政执法目标责任书，区依法行政领导小组抽调人员对2011年度依法行政工作从行政服务、政务公开、制度建设、案件评查、廉政执法等方面进行细化考核。各单位严格按照全面推进依法行政、建设法治政府的要求，加强组织领导，努力推进依法行政，行政执法队伍的综合素质显著提高，行政执法工作成效显著。区政府对区烟草专卖局等30家先进集体、王飞等20名先进个人给予表彰。

【推行重大决策听证制】 按照《曲靖市麒麟区人民政府工作规则》、《麒麟区人民政府重大事项听证试行办法》规定，2011年区法制办共参与指导重大事项听证会5场。通过听证，既有利于保证不同利益群体通过正式合法的民主途径来表达自己的诉求，又有利于政府在决策过程中权衡取舍、统筹兼顾各个阶层的利益，从而把民意的表达与吸收作为政府科学民主决策不可或缺的重要环节，最终有利于行政决策的顺利实施。

【依法清理规范性文件】 根据《曲靖市人民政府办公室关于开展规范性文件清理工作的通知》精神，区政府决定由法制办牵头、政府办负责督办，开展规范性文件清理工作。在区政府办公室的协助下，法制办全面查阅自1997年建区14年以来所发布的文件，共清理出区人民政府及政府办公室文件2 508件，其中属于规范性文件175件。通过审核，分门别类作出处理：符合法律法规、现行政策规定共154件规范性文件，需继续保留实施；新的规定出台旧的规定未及时公布废止，此次清理后根据有关规定，需要公告废止15件；新的法律法规颁布，原有的调整对象已消失，行政管理已无作用，需要公告废止6件。经政府常务会议决定，以区政府公告向社会进行发布。

【阳光政府建设工作】 为继续贯彻落实好“阳光政府、效能政府”建设，在政府信息公开网上公开发布本单位职能职责、法规制度、办事流程、服务承诺和投诉方式等，公布领导和各股（室）的职能职责和电话号码，开通96128专线查询电话和网络在线查询，确保社会各界和群众对法制工作的知情权、参与权和监督权。2011年共接到中心转接10余次电话，均按规定及时向当事人进行解答和答复。

【组织《行政强制法》培训考试】 《行政强制法》2012年1月1日实施。为做好《行政强制法》的贯彻实施工作，抽调5人参加省政府法制办组织的师资人员培训，11月11日组织全区行政执法部门师资人员培训。充分利用各种宣传舆论工具，采取多种形式，宣传行政强制法。根据省、市政府的统一部署，全区3 000余名行政执法人员于2011年11月25日参加全市举行的《行政强制法》统一考试，取得较好的成绩。

【规范性文件审查工作】　按照《曲靖市麒麟区规范性文件管理办法》规定，2011年，区法制办审查区级规范性文件《曲靖市麒麟区政府采购管理办法》、《麒麟区国有土地使用权出让收支管理办法》《曲靖市麒麟区农民工工资保证金管理》等5件，提出法律意见30余条，报市政府登记备案4件，以区政府公告发布实施。审核区级其他文件50余件，提出法律意见80余条。要求重新拟定2件：《曲靖市麒麟区建筑渣土行业管理实施方案》法律依据不足；《麒麟区村集体资产资金资源管理办法》涉及行政处罚违反法律规定。审核区级合同、协议、公告等13余份，要求重新拟定4件，其中《关于治理超限超载通告》、《麒麟区旅游规划》《麒麟区东面山生态环境综合整治实施方案》均存在引用法律不准确、缺乏可操作性等问题。

【行政复议工作】　区法制办充分发挥行政复议在行政监督、解决行政争议、化解人民内部矛盾和维护社会稳定方面的重要作用，积极探索行政复议审理方式，畅通行政复议受理渠道，正确用好和解、调解手段，把好事实关、法律关，综合运用书面审查、实地调查、听证、和解、调解等手段办案。2011年共受理行政复议案件3件，均为对建设局征收垃圾代运费不理解。通过书面审查、实地勘验后，认真讲解相关法律法规，在当事人自愿的情况下，采取行政调解的方式予以解决。

（王旭帮）

公　安

【概　述】　2011年，麒麟公安分局深入开展“发扬传统、坚定信念、坚持执法为民、树立良好警风”的主题教育实践活动和“大走访”开门评警、“创先争优”、“学习杨善洲”活动，大力倡导“诚实做人、踏实做事、开拓创新”的理念。建立“每日一题、每月一考”学法用法长效机制，组织“基本级执法资格考试”，开展“强作风、守纪律、促规范、树形象”队伍教育整治，推进涉案财物管理和涉案人员非正常死亡治理，实施执法办案场所功能区改造。出台关爱民警具体措施，落实人民警察加班补贴，启动首届“民警子女夏令营”活动，民警维权力度不断加大。加强警务保障建设，公安基础建设和经费保障更加有力。

公安工作和队伍建设取得显著成绩：全市公安工作质量综合考核第一，全市公安机关破案绝对数第一，全市清网行动同类别公安机关第一，全省公安机关主题教育实践活动和社会治安防控体系建设全省率先。全区刑事警情和“两抢”警情同比下降，群众社会治安满意率和安全感同比提升，有2人荣立个人一等功，4人和2个集体分别荣立二等功，59人和8个集体分别荣立三等功，涌现出“全省禁毒防艾先进集体”、“全省政法系统先进基层党组织”、“全省公安机关大走访开门评警先进集体”、全国政法系统优秀党员干警等一大批先进集体和个人。

【维护国家安全和政治稳定】　牢固树立危机意识，严密防范、严厉打击境内外敌对势力煽动的非法聚集活动、“法轮功”等邪教势力的渗透、颠覆和破坏活动。建立多警种、多部门协同作战的联动处置机制和每周应急集结机制，成功举行反恐处突应急救援实战演练，反恐处突应急救援能力全面提升。全年，共收集上报各类情报信息7 479条，排查化解各类矛盾纠纷3 791件。

【惩治违法犯罪】　以“打黑除恶”和“命案侦破”为龙头，以组织开展“双打”专项行动为抓手，严厉打击刑事犯罪、毒品犯罪和经济犯罪。共破获刑事案件2 905起，破案绝对数与上年同比上升40%。打掉“两抢一盗”犯罪团伙47个，破获“两抢一盗”案件1 824起。打掉恶势力团伙2个，抓获犯罪嫌疑人21名。立命案25件，破获24件，破案率96%，破年前积案7件，综合破案率124%。破获毒品案件45起，缴获毒品7 090.5克。破获经济案件67件，挽回经济损失536.75万元。共受理治安案件8 604起，查处8 136起，查处违法人员3 851人。成功侦破省厅特别督办“5.16”特大系列盗窃汽车案等重大案件。

【社会治安防控体系建设】　规范街面巡逻防控运行机制，建立完善警情动态研判机制、每月治安防控会商和每周警情点评制度，巡逻防控效能更加明显。创新城中村单位化管理、行业场所积分管理、职教园区警校联动等管理模式，防范基础不断夯实。加强城市视频监控系统应用维护，着力整合公共安全技术防范资源，技防水平逐步提高。2011年，全区刑事警情同比下降7.37%，“两抢”警情同比下降39.15%。

分局举行发还被盗抢财物仪式暨治安防范宣传活动　（区公安分局　供稿）

麒麟区召开“打四黑除四害”专项行动动员会　（区公安分局　供稿）

【社会管理创新】　加强流动人口协管员队伍建设，居住证发放全面展开，服务管理水平不断提高。深入开展“清剿火患”战役，全区消防安全形势持续稳定。以曲靖中心城区禁止九类车辆入城为重点，在全区集中部署城市交通综合整治百日行动，基础设施不断完善，交通环境明显改善。组织开展打击黄、赌、毒“净土行动”和“专项统一行动”，打掉“四黑四害”场所60家，整治曲靖火车站等群众反映强烈的突出治安问题，有效净化社会环境。加强网上舆情监控、网吧管理和网上侦查，“虚拟社会现实化”管理大力推进。开展“服务标兵”、“流动红旗”创建活动，服务水平不断提升。扎实开展安全隐患排查整治，有效防止了重特大安全事故的发生。

【公安信息化建设】　2011年，麒麟公安分局把信息化建设作为一把手工程，强化信息化建设，加大高清视频监控探头、热点数据采集系统、智能交通指挥系统等重点建设项目投入。加强基础信息采集，推广应用网上查询、比对、串并、布控、追逃、监控等主动作战方式，警务效能明显提升。依托“警综平台”，实现执法办案网上录入、网上管理、网上监督，促进了执法规范化建设。组建“网上作战指挥室”，加强情报信息深度研判。强力推进信息化工作的全警采集、录入、应用，进一步提高全局民警的信息化应用意识、水平和能力，使科技信息化建设在精准打击、动态管控、预警防范、服务群众等方面体现出的工作成效越来越明显。

【打击盗抢机动车犯罪专项行动】

麒麟公安分局于5月24日~8月24日在全区组织开展为期三个月的打击盗抢机动车犯罪专项行动。共抓获盗抢机动车犯罪嫌疑人83名，打掉犯罪团伙12个，破获盗抢机动车案件374起。5月16日分局抓获徐某、丁某等盗窃汽车犯罪嫌疑人，通过工作掌握其犯罪团伙情况，迅速成立专案组，在市公安局的大力帮助支持和富源等友邻公安机关的密切配合下，经过60余天的连续奋战，辗转云南、贵州两省4个州市10余个县市，行程万余千米，先后抓获13名犯罪嫌疑人，破获涉及麒麟区、沾益、富源、昆明及贵州六盘水、盘县、普安等地汽车被盗案件100余件，成功破获这件省公安厅特别督办的“5.16”特大系列盗窃汽车案，打掉这个集盗窃、改色、运赃、销赃一条龙的犯罪团伙，追缴回被盗汽车63辆，摩托车23辆。

【开展“清网行动”】　5月26日全国公安机关网上追逃专项督察“清网行动”开展后，麒麟公安分局成立了由局长赵卫东为组长的“清网行动”专项督察行动领导小组，在警务督察大队设立专项行动办公室，制定下发《麒麟公安分局“清网行动”工作方案》。对本局上网的118名、外省市上网麒麟区籍的20名共138名网上在逃人员全部实行了“一逃一档”建档案工作。对应相关部门落实具体抓逃任务，实行领导包案制度。历经203天，抓获行动前网上在逃人员99名，网上在逃人员下降率83.9%，战果在全市110名逃犯以上公安机关中排列第一，被省公安厅授予“集体二等功”。

【开展“打四黑除四害”专项行动】

9月，公安部部署的“打四黑除四害”（严厉打击整治一批从事制假售假、收赃销赃、涉黄涉赌涉毒等违法犯罪活动的“黑作坊”、“黑工厂”、“黑市场”、“黑窝点”，依法打击惩处一批组织经营“四黑”，严重危害人民群众生命健康、严重危害青少年身心健康、严重危害百姓财产安全、严重危害公共安全和社会诚信的违法犯罪分子）专项行动开展。在第一阶段的战役中，麒麟公安分局因地制宜，全警动员，全力以赴，主动出击，广辟多种渠道摸排线索，强力打击“四黑四

公众开放日学生走进法院近距离接触法院工作　（区公安分局　供稿）

害”违法犯罪，持续开展社会面秩序清理整治，积极协调相关职能部门联勤联动，形成综合治理，齐抓共管的工作格局。共出动警力2 849人次，车辆356辆次，排查社区183次、农村147次，排查重点部位和场所8 724处。打掉“四黑四害”场所60个，其中“黑作坊”1个、“黑市场”6个、“黑窝点”7个，“黑摊点”2个，“黑旅馆”、“黑网吧”各22家；查破“四黑四害”刑事案件58件，刑事拘留39人；查办治安案件138件，治安拘留41人。

【队伍教育整治活动】 为解决队伍中存在的突出问题，进一步加强队伍正规化和执法规范化建设，分局于9～12月在全局范围内开展为期三个月的“强作风、严纪律、促规范、树形象”队伍教育整治活动。教育整治活动分“精心准备，制定方案”、“层层动员，广泛发动”、“对照要求，查摆剖析”、“整改巩固，总结验收”四个阶段进行，全面落实打牢执法为民思想基础、推进公正廉洁规范执法、严明纪律树立良好形象三项工作目标。通过教育整顿，全面加强了分局广大民警的思想政治建设、素质能力建设、纪律作风建设，使广大民警执法为民的理念进一步强化，执法行为进一步规范，执法监督进一步健全，执法公信力进一步提高，队伍形象进一步改善。

（段红枫）

最高人民检察院控告申诉厅到麒麟区人民检察院检查指导“文明接待示范窗口”创建　（阮红章　摄）

检　察

【概　述】 2011年，麒麟区检察院强化法律监督、强化自身监督，强化队伍建设，不断深化社会矛盾化解、社会管理创新、公正廉洁执法。全年共批捕各类刑事犯罪嫌疑人776人，向区法院起诉762人，上报市检察院起诉120人。

【市场环境治理】 积极参加整顿和规范市场经济秩序专项行动，批捕合同诈骗、非法经营、传销等破坏社会主义市场经济秩序的犯罪嫌疑人6人，起诉14人。深入开展“打击侵犯知识产权”、“扫黄打非”等专项行动，净化社会环境，批捕假冒注册商标、赌博等犯罪嫌疑人8人，起诉7人。深入开展重点领域职务犯罪专项工作，查办电煤供应过程中的职务犯罪案件3件。积极参与“七彩云南”保护行动，依法批捕盗伐滥伐林木、污染环境等破坏环境资源的犯罪嫌疑人7人，起诉10人。批捕备受社会关注的“6·12”铬渣污染犯罪嫌疑人5人，起诉7人。对越州镇非法石灰窑造成2人死亡的安全生产事故开展调查，以玩忽职守罪立案查处2件2人，促使有关部门取缔10余家破坏资源、污染环境、无证经营的小企业，促进全区“打非治违”专项行动的深入开展。

共青团云南省委副书记景绚（左五）一行到区检察院进行调研　（阮红章　摄）

【维护群众合法权益】 坚持人民利益至上，不断加强和改进群众工作。创新便民利民工作措施，畅通群众诉求渠道，完善下访巡访、联合接访和检察长接待日等制度，共受理群众来信来访145件213人，受理举报线索25件44人，检察长接待24件41人。延伸法律监督触角，检察工作重心下移，成立派驻越州镇和西城街道检察室，受理群众诉求、查处和预防职务犯罪、化解矛盾纠纷、提供法律服务。依法打击侵害民生民利犯罪。严厉打击盗窃耕牛、盗窃农用物资等坑农害农犯罪，共批捕此类犯罪嫌疑人19人，起诉19人。针对近年来醉酒驾车导致交通事故频发，严重危害公共安全和人民生命财产安全的突出问题，依据刑法修正案的规定，以危险驾驶罪起诉8名“醉驾”人员。积极查办群众反映强烈的涉及农民工工资的案件，查处市劳动力

云南省人大常委会副主任李春林（第一排左四）到麒麟区检察院视察工作 （阮红章 摄）

市场高某贪污农民工工资一案，追回农民工工资8万余元。妥善解决涉及群众利益的信访问题。健全和完善检调对接机制，协调各类赔偿补助资金65万余元，促成5件案件达成和解。引入信访风险评估预警机制，审查涉检涉诉信访评估案件116件，在各个环节防止新的信访问题发生。深入开展信访积案排查化解工作，配合区涉法涉诉联合接访中心妥善处置卢某进京访一案，做到案结事了。积极开展涉法涉诉困难户救助工作，为2名困难户协调解决救助金4.5万元。

【打击严重刑事犯罪】 全面贯彻宽严相济刑事政策，严厉打击严重刑事犯罪，共批捕恶势力、严重暴力、毒品、“两抢一盗”等犯罪嫌疑人641人，起诉569人。批捕、起诉冯某等16人涉嫌聚众斗殴、寻衅滋事、抢劫、故意伤害的恶势力犯罪团伙。配合公安机关积极开展“打四黑除四害”、“清网”等专项行动，批捕、起诉此类案件犯罪嫌疑人45人。坚持对轻微犯罪适用宽缓刑事政策，对初犯、偶犯、老年犯和未成年犯依法从宽处理，对涉嫌犯罪但无逮捕必要的，决定不予批捕95人；对犯罪情节轻微的，决定不起诉19人。探索适应社区矫正特点的监督机制，逐步建立社区矫正信息共享平台，监督公安、司法部门对全区578名社区矫正对象开展矫正工作，有效减少了社区矫正对象再犯罪。完善适合未成年人犯罪特点的案件办理机制，对166名未成年人进行回访帮教。通过开展“检校共建”、“检察开放日”等法制宣传活动，未成年人犯罪大幅下降，批准逮捕未成年犯罪嫌疑人128人，与上年相比下降27.68%。

【建立案件管理新机制】 在全省率先成立案件管理中心，围绕“统一受理、全程管理、动态监督、案后评查、综合考评”五项职能，实行“统一受理案件、统一分流处理、统一开具法律文书、统一出口送达、统一裁判文书接收”的案件集中管理机制，实现办案与监督、管理同步进行，规范了执法行为，提升了办案质量和效率。

【查办和预防职务犯罪】 突出办案重点，集中查办发生在工程建设、征地拆迁、金融、能源、涉农等多发领域的贪污贿赂犯罪，全年共立办职务犯罪案件16件16人，其中贪污贿赂案件13件13人，渎职侵权案件3件3人，查办特大案件1件，大案12件，要案1件，为国家挽回经济损失360余万元。转变执法理念，自觉用制度来规范侦查行为，严格执行询问、讯问全程同步录音录像制度，办案质量、办案安全同步提升。成功查办中石化股份有限公司云南采气厂出纳杨某挪用公款200余万元的案件。工作中坚持法律效果、政治效果和社会效果的有机统一，对重要案件、办案中的重大问题及时向区委、区人大汇报，确保办案工作平稳健康发展。对群众反映强烈的村组干部贪污、受贿案件严肃查办，查办涉及征地拆迁和新农村建设的职务犯罪案件3件3人，涉案资金50余万元。在依法查办职务犯罪的同时，坚持关口前移，积极推进职务犯罪“侦防一体化”机制建设。结合执法办案，开展预防调查，查找体制、机制方面的漏洞和薄弱环节，撰写调研报告26份，犯罪原因分析报告32份，提出检察建议16份，全部得到相关单位的采纳并积极整改。其中10份调研报告和检察建议引起党政领导重视并作出批示，促使有关单位建章立制、强化管理、堵塞漏洞。开展法制宣传及以案释法警示教育49次，受教育人数3 000余人，增强了国家工作人员和农村基层组织干部依法履职的意识。建立职务犯罪预测预警机制，为社会提供行贿犯罪档案查询1232

麒麟区人民检察院参加庆祝建党90周年“红歌嘹亮”文艺汇演 （阮红章 摄）

件次，有力促进了全区市场经济秩序的规范和社会信用体系建设。

【诉讼监督】　全面贯彻落实省人大常委会《关于进一步加强全省各级人民检察院对诉讼活动法律监督的决议》，维护司法公正和法制权威。完善监督机制，健全内部工作联动机制，全面推行起诉意见书、起诉书、判决书“三书会审”制度，审查刑事判决、裁定461份，审查后提出抗诉6件；推行职务犯罪案件一审判决上下两级院同步审查制度，对26件职务犯罪案件判决进行同步审查，审查后提出抗诉2件；健全逮捕必要性审查、量刑建议、检察长列席审委会等监督制约机制，提出量刑建议412条，检察长列席审判委员会6次，发表意见被法院采纳5件。继续推行年轻业务骨干列席检委会制度，全年共61人次列席，提高了检委会的议事能力和工作效率，提升了业务骨干破解难题的能力。检委会工作在全省检委会规范化建设会议上做了经验交流。提升监督效果，依法监督侦查机关立案6人，对侦查活动和审判活动中的违法行为提出书面纠正意见13份，纠正漏捕漏诉30人；对事实不清、证据不足的不予批准逮捕68人，对不构成犯罪的不批准逮捕20人。受理不服人民法院生效民事、行政判决、裁定的申诉32件，经审查，提请和建议提请抗诉10件。加大刑罚执行监督力度，督促纠正减刑、暂予监外执行不当5人，对监管活动中的违法情形提出纠正意见10次，较好地维护了监管场所的稳定与安全。

【强化自身监督】　落实党风廉政建设责任制，实行“一岗双责”，层层签订党风廉政建设责任书，检察长与党组成员，分管领导与分管部门负责人签订责任书。建立廉政风险预警防控机制，签订执行纪律规定的承诺书74份，特别是对铤而走险的“酒驾”不良行为，班子带头承诺坚决杜绝，全年无违纪违法情况发生。全面推行执法业绩档案制度，在全院9个业务科室建立部门和个人执法业绩档案1228份，加强执法流程监督和网上动态监督，促进公正执法。加强执法规范化建设，严格执法程序，明确执法标准，规范执法行为。坚持职务犯罪案件立案报上级院审查备案制度，完善职务犯罪案件不诉、撤案报上级院批准，执行职务犯罪案件审查逮捕报上级院决定。主动接受人大、政协和人民群众的监督。加强和改进与人大代表、政协委员的联络工作，建立院领导分片联系人大代表、政协委员制度。定期或不定期向人大、政协报告工作，邀请人大代表、政协委员视察工作，召开情况通报会，组织代表、委员观摩、评议出庭公诉工作，不断拓宽接受监督的途径。共组织人大代表、政协委员开展评议、座谈、视察等活动8次，认真整改落实代表、委员意见建议36条。全面推行人民监督员制度，规范工作程序，组织人民监督员开展对社会影响较大及疑难复杂案件进行庭审评议，取得了较好的监督效果。

【队伍建设】　坚持以建设高素质检察队伍为目标，以执法能力建设为核心，强化对干警的教育、监督和管理。深入开展“发扬传统、坚定信念、执法为民”主题教育实践活动以及向杨善洲同志学习等教育活动，结合纪念建党90周年、人民检察制度创立80周年，开展“继承先烈遗志、发扬优良传统、争当时代先锋”活动，组织全体干警到沾益播乐中学接受传统教育，引导广大检察人员发扬传统、坚定信念，提升检察人员思想政治素质和职业道德素养。推进队伍专业化建设，大力培养业务型、专家型人才，广泛开展岗位练兵、业务竞赛活动。在侦查监督岗位练兵业务竞赛活动中，1名干警获评全省“优秀侦查监督检察官”、4名干警获评全市侦查监督“十佳检察官”；在公诉业务竞赛活动中，3名干警获评全市“十佳公诉人”、1名干警获评全市“优秀公诉人”。加强检察文化建设，按照文化育检，文化兴检，文化亮检的思路，提炼出“厚德、崇法、求是、创新”的院训，使“励精图治，同心、同德、同努力、同荣辱；公正执法，求实、求精、求创新、求发展”的麒麟检察精神深入人心。丰富和创新检察文化建设的内容和载体，开展“读经典、唱红歌”活动，在麒麟区组织的庆祝中国共产党成立90周年“红歌嘹亮”文艺汇演中，荣获小合唱第二名、小品第三名及优秀组织奖；开展全员读书活动，投资35万元扩建图书室和电子阅览室；用先进检察文化陶冶干警情操、鼓舞士气、凝聚人心，制作检察文化建设专题电视片《文化涵濡育麒检》。加强基层检察院规范化建设。积极开展“创先争优”活动，荣获第二届全国检察机关“文明接待示范窗口”、“全国检察宣传先进单位”荣誉称号；共有4个集体受到省级以上表彰，2个集体受市级表彰；17名个人因成绩突出受市级以上表彰。其中反贪局副局长唐雷获评全省政法系统“优秀共产党员”、全市“十佳政法干警”和麒麟区“十佳青年”荣誉。

（张玉斌）

审　判

【概　述】　2011年，区人民法院坚持“三个至上”工作指导思想，紧紧围绕“为大局服务，为人民司法”工作主题，深化三项重点工作，求真务实、真抓实干，审判理念有新提高，审判工作有新成效，队伍建设有新面貌，继续深入推进创建“学习型”法院活动，引导干警树立善于学习、终身学习的理念；创新法官培训方式，着力提高法官驾驭庭审、诉讼调解、法律适用、裁判说理和化解社会矛盾、做群众工作的能力；鼓励干警参加司法考试和高学历教育，积极组织干警参与论文调研和理论研讨活动；推行新进人员到派出法庭、信访窗口、审判执行一线接受锻炼，培养奖励办案能手，组织全院干警到西南政法大学学习培训，着力提高队伍素质。年内，有5名干警通过司

市区两级法院征求麒麟区辖区省、市、区人大代表意见及建议

（区法院　供稿）

法资格考试取得A证，4名干警取得C证。全年区法院共受理刑事、民事、行政、执行等各类案件4 682件，审（执）结4 466件，结案率95.39%。

【刑事审判】　认真贯彻落实宽严相济刑事政策，能动发挥刑事审判职能作用，依法惩处各类刑事犯罪。共受理刑事案件563件，审结543件，结案率96.45%。重点打击有组织、带黑社会性质的团伙犯罪、流氓恶势力犯罪、故意伤害、抢劫等严重暴力犯罪；加大对经济领域和职务类犯罪的打击力度；依法适用轻刑、缓刑，对具有法定从轻、减轻处罚情节的，依法从宽处理；着眼于化解社会矛盾，加大对刑事自诉案件、其他轻微刑事案件、刑事附带民事诉讼案件的调解力度，减少社会对抗；认真贯彻执行《刑法修正案（八）》，依法审结危险驾驶案11件，对两名适用缓刑的少年犯分别下达了禁止其在缓刑期间进入网吧、禁止与同案犯交往的禁止令，促进其教育矫正，防止再次危害社会。

【民事审判】　充分发挥民事审判职能作用，依法妥善处理与人民群众生产生活密切相关的案件，全力化解社会矛盾纠纷，切实保障群众权益。依法妥善审理民间借贷、损害赔偿以及教育、医疗、住房、征地拆迁、劳动争议等案件；高度重视涉农案件的审理，为农村改革发展创造良好法治环境；认真抓好婚姻、抚养、继承以及家庭财产分割案件的审理。共受理民事案件2 519件，审结2 438件，结案率96.78%。

【行政审判】　着眼于促进社会和谐，积极探索行政诉讼案件协调和解等工作机制，促进行政相对人与行政机关相互理解、彼此沟通，妥善化解行政争议。共受理行政案件14件，审结13件，结案率92.85%。通过加大协调力度，行政相对人与行政机关和解后撤诉案件7件，占53.85%。审查行政非诉执行案件139件。

【执行工作】　认真组织开展反规避执行和无执行积案法院创建活动，采取“穷尽职权、穷尽执行措施、穷尽可供执行的财产”“三穷尽”的执行措施，力破“执行难”顽疾；建立、落实“告知执行风险、告知法律后果、告知强制执行措施、告知执行结果”的“四告知”制度，大力推行“阳光”执行；加大执行和解力度，努力化解执行积案；充分运用法律赋予的职权，敢于碰硬，依法采取强制措施517次，拘留当事人65人；1名被执行人因擅自处置查封财产被依法判处有期徒刑1年零6个月。加大执行救助力度，对49件申请执行人生活陷入困难的涉诉特困群体发放14万余元的救助金。共受理执行案件1 446件，执结1 333件，执结率92.19%，执结标的额4 000余万元。

【司法调解】　积极倡导“和谐诉讼”理念，坚持“调解优先”原则，充分发挥调解在解决矛盾纠纷“案结事了”方面的优势作用。加大“诉调对接”工作力度，完善多元化纠纷解决机制，齐心协力化解社会矛盾，维护社会稳定。共以调撤方式审结各类民事案件1 258件，占结案数的51.66%。基层调解组织参与调解纠纷585件，培训人民调解员2期400余人次。

【综治工作】　区法院在抓好执法办案的同时，不断拓展审判职能，积极参与社会管理创新。通过公开开庭、就地办案、送法进社区、进校园等活动，大力宣传和弘扬法治。共开展法制宣传10余次，发放宣传资料1 000余份，编发法院信息、简报131期，通过电视台、报纸、网络等媒体刊发正面宣传报道300余条。进一步加强少年司法工作，大力推行“庭前调查”、“圆桌法庭”、“特邀监护人”制度，坚持开展庭审帮教、庭后回访、开办“学法守法培训班”等工作，促使未成年犯认罪服法、真心悔改、重新做人。建立完善矛盾纠纷预警工作机制。对案件信访倾向、当事人过激行为、群体性纠纷可能性进行风险评估。对敏感案件、重点案件提前制定处置预案，妥善采取应对措施，及时消除不稳定隐患。进一步加强立案窗口的便民服务功能，积极推出方便当事人诉讼的审判形式，共开展巡回审判492次，审结案件492件；为困难群众上门立案25次，上门送交执行款物46次计200余万元。进一步加强司法救助工作，积极争取刑事被害人救助基金、信访救助基金，保障涉诉困难群众的基本生存需要，为16件案件的23名当事人减、免、缓交诉讼费、执行费2.3万余元，为95件案件的116名被告人指定了辩护人，有效彰显了司法的人文关怀。加强信访工作，努力化解信访积案。坚持院长定期接待、信访件办理、案件督办等制度，努力解决信访当事人的合法合理诉求。坚持一手抓积案化解、努力减少信访“存量”，一手抓源头治理、有效控制信访增量。上半年交办的18件赴省进京信访积案全部在要求期限内化解。10月份交办的13件信访积案亦全部化解。全面清理诉讼积案，对清理出的54件诉讼积案采取定督办领导、定结案时间、定工作要求、定责任追究的“四定方式”进行清理消化，年内全部审结。

【法院改革】　进一步完善民商事案件繁简分流的做法，大力推进小额案件速裁工作。自2011年4月1日开展试点工作，共适用该程序审结案件39件，当日结案率100%，调撤率100%，当事人自动履行率100%，充分发挥了小额速裁在减轻当事人诉累、及时化解社会矛盾方面的积极作用。加强司法公开，推进司法民主，让社会各界更好地了解法院、监督法院，做到阳光司法、透明公开。依托计算机信息技术，完善案件流程管理体系，使审判流程管理日趋科学化、规范化、精细化。积极推行量刑规范化改革，将量刑的各种情节体现在庭审中、体现在量刑的数表中、体现在判决结果中，努力实现量刑的均衡。建立健全干警执法档案，对每一名干警的办案质量、办案效率、办案效果及廉洁自律情况等进行详细记载。信息化建设快速发展，建立案件信息网上录入、案件流程网上管理、案件质量网上考核、远程电子签章的信息化办案新机制，实现对各项工作的全面、动态和实时监控。

（陈　明）

司法行政

【概　述】　2011年，麒麟区的司法行政工作围绕深入推进社会矛盾化解、社会管理创新、公正廉洁执法三项重点工作，以转变观念为先导，以改革创新为动力，全面推进人民调解、法制宣传、法律援助、法律服务、安置帮教和社区矫正等各项工作科学发展，进一步开创司法行政工作新局面，更好地服务麒麟和谐发展、科学发展、跨越发展。

“三八”妇女节维权周法制宣传活动　（周玲　摄）

【人民调解工作】　2011年，区司法局以化解矛盾纠纷为主线，努力构建矛盾纠纷大调解格局，把人民调解与行政调解、司法调解相衔接，形成多元化调解机制。强化矛盾纠纷集中排查调处工作，积极组织人民调解员深入村组社区，侧重排查调处生产经营性矛盾纠纷，抓紧重大会议期间及节假日矛盾纠纷排查调处，最大限度地把矛盾纠纷控制在初始阶段，解决在萌芽状态。进一步完善制定“以案定补”考核办法，健全对基层调解组织调解的案件进行审核的办法。人民调解“以案定补”做到一季度一兑现，抽调人员定期和不定期回访已办结人民调解案件，核实案件质量，防止问题的反弹。全面贯彻《人民调解法》，规范人民调解程序。完成各级人民调解员培训，聘请专业教师到乡（镇）街道巡回讲授《人民调解法》，使人民调解员准确把握《人民调解法》的精神。以《人民调解法》的规定为依据，进一步加强人民调解规范化建设，抓好人民调解协议书的制作、管理，基层人民调解案件基本达到了“一卷一宗、一宗六表”规范化要求。扎实开展“人民调解员送法入户，争当调解能手，化解矛盾促和谐”主题实践活动。围绕提升人民调解效力，凸显人民调解员敬业奉献的本色，积极做到“对工作热心，为民解困尽心，调处纠纷耐心，办起事来细心”，有效地提高人民调解案件成功率，确保矛盾纠纷“小事不出村（居）、大事不出乡（镇）街道，矛盾不上交”。积极开展司法所规范化创建活动，司法所“五室一站”设置齐全，统一制作司法所行政标志和标牌，相关制度上墙明示。2011年共排查调处矛盾纠纷1 880件，兑现“以案定补”资金69 730元，调处率100%，调处成功1 743件，成功率98%；协助基层政府调处社会矛盾纠纷103件；防止群体性上访38件；防止群体性械斗31件；防止民转刑案件115件；防止民间纠纷引起自杀34件，及时消除了大量不稳定因素，有效维护了基层社会稳定。

【法制宣传教育】　按照全区普法依法治理工作的总体要求，2011年法制宣传教育工作稳步开展了“六五”普法规划的启动工作，筹划完成“六五”普法规划的编制和启动，制定切实可行依法治区工作年度计划，及时对各乡（镇）街道、各单位进行“六五”普法规划动员和部署。加强依法治区工作，做好《麒麟区2011～2015年依法治区规划（草案）》的编制，大力开展基层依法治村、治校、治企的创建活动，全面推进“法治麒麟”创建，抓好村（社区）中心户一月一法普法长效机制示范点建设。坚持把宣传教育与法治实践结合起来，坚持把基层和行业依法治理工作引向深入。组织全区2 600余名国家公务员参加全省国家公务员法律知识考试，集中全区603名科级领导干部统一考试，强化了全区各级领导干部学法用法意识。有效开展“四进村 常下乡”活动，深入到茨营乡等地，开展现场法律咨询，为群众发放了生产经营、婚姻家庭等法律宣传小册子及普法宣传画历3 000余份（册）。扎实开展法制宣传教育主题活动。举办综治维稳、妇女维权法制宣传活动，向群众发放宣传专刊及普法宣传画5 000余份并现场为群众进行法律咨询；组织实施“送法进校园”活动，在寥廓街道中学、东山镇三中对近2 000名师生讲授“预防未成年人违法犯罪”为主题的法制讲座。

【法律援助工作】 深入开展“法律援助便民服务”主题活动，进一步降低门槛，简化办案手续，拓展援助范围和事项，把法律援助覆盖到民生问题各领域，为广大困难群众和社会弱势群体提供优质高效的法律服务。法律援助中心提供解答咨询、上门服务、提供诉讼代理等服务方式，政务司法窗口、148法律援助专线积极为人民群众解疑答惑。2011年，共接待来电、来信、来访咨询685人次。法律援助中心审查批准办理民事法律援助案件15件，未成年人涉嫌犯罪法律援助案件89件。

创新法律援助工作，改进服务方式方法。开展“一线工作联动制度”，与区法院建立起民事法律援助工作沟通协调机制，简化民事法律援助受案程序，减轻受援群众负担。优化工作思路，将人民调解引入法律援助工作中，对符合法律援助范围的民事纠纷指派给基层人民调解委员会调处，处理不了的再转为法律援助案件。

规范法律援助行为，严抓指派案件质量。区法律援助中心规范受理、审查、指派、监督程序，认真开展案件评查。强化对指派法律援助案件的验收，对不符合质量要求的，暂时不予发放办案补贴，并限期整改。全年共指派律师办理法律援助案件109件。

【安置帮教和社区矫正工作】 安置帮教工作扎实开展。对新回归的每一位“两劳”释放人员详细登记造册，认真落实，做好衔接管理工作，做到不漏管、不脱管、底数清、情况明。落实社保、安身暖心；提升技能、扶助就业，切实提高刑释解教人员安置率。2011年共接收刑释解教人员103名。

社区矫正工作深入推进。进一步完善各项工作制度和措施，严格按程序做好矫正对象的接收登记、定期谈话、分类教育、法制教育、个案矫正等各项工作。着手组建社区矫正信息员队伍，着力构建司法e通平台，对社区矫正对象实现动态监控。2011年共接收各类社区矫正对象230名，对重点对象进行重点帮教和管控。

【麒麟区“四个统一”落实“以案定补”】 为充分发挥人民调解在化解矛盾纠纷中的基础性作用，创新调解员报酬保障机制，落实好省委、市委的有关要求，麒麟区抓好“四个统一”，把人民调解“以案定补”落到实处，有效促进了人民调解工作的开展。

统一工作目标任务。通过“以案定补”工作的落实，充分调动广大人民调解员的积极性，实现“小事不出乡镇，大事不出村居，矛盾不上交”的目标，把矛盾纠纷化解在基层，解决在萌芽状态。

统一矛盾纠纷划分标准。麒麟区将矛盾纠纷划分为：简易纠纷、一般纠纷、疑难纠纷、特别重大热点难点纠纷。

统一纠纷调解补贴标准。按调解补贴标准兑现“以案定补”经费，解决专职人民调解员报酬偏低和兼职调解员无报酬的问题。

统一人民调解工作制度。建立健全纠纷调处责任制、首问负责制度、督办回访制度、定期排查制度、重大疑难纠纷报告制度等各项工作制度，为落实“以案定补”提供制度保障，确保人民调解工作正常开展。在建好调解室的基础上，规范人民调解组织名称、标识、标牌、卷宗及统计台账，进一步增强人民调解的法律效力和社会公信力。

【规范人民调解工作流程】 为促进人民调解工作规范有序开展，麒麟区司法局细化人民调解工作流程，将人民调解工作流程规范为预防、排查、受理、调解、回访、建档6个环节，增强人民调解工作的可操作性。

预防。通过开展法制宣传、现场调解纠纷等形式，不断增强公民的法律意识、和解意识，提升公民依法办事的能力和水平，引导纠纷当事人通过调解途径解决纠纷。

排查。按照每年上半年农闲和下半年农闲组织开展两次全区民间矛盾纠纷排查调处活动，并在重大节日、重大会议、重大活动等期间根据维护社会稳定的需要，适时组织开展社会矛盾纠纷排查调解活动。

受理。各级人民调解组织设立专门窗口，受理民间矛盾纠纷。

调解。对受理的民间纠纷，按照村（社区）、乡（镇）街道、区自下而上的方式分级负责调解，非本级调处范围的矛盾纠纷，交由下一级或者提请上一级人民调解组织调解。

回访。对调解处理的矛盾纠纷适时进行回访，了解当事人的心理现状和对达成的调解协议的履行情况等，准确掌握未达成调解协议的矛盾纠纷的发展趋势，采取有效方式，引导当事人采取诉讼等方式依法妥善处理矛盾纠纷。

建档。对受理的矛盾纠纷，按照“一件一宗，一宗六表”的要求制作规范的调解卷宗，归档保存。人民调解工作流程的规范化促进了人民调解的有序开展。

【规范刑事指派法律援助】 为实现对刑事指派法律援助案件的规范要求，麒麟区人民法院、麒麟区司法局根据有关规定，联合制定了《关于规范刑事指派法律援助案件的实施意见》，进一步规范刑事指派法律援助工作。区人民法院根据《刑事诉讼法》及相关司法解释确定需要为当事人提供法律援助的，在规定时限内将指定辩护通知书和起诉书副本送交区法律援助中心，

“四进村、常下乡”活动　　（周玲　摄）

由区法律援助中心统一受理并组织实施。真正实现了刑事法律援助案件统一受理、统一审查、统一指派、统一监督检查的“四统一”目标，切实保障刑事指派案件当事人的诉讼权利。

【社区矫正规范化建设】　加强社区矫正机构、队伍建设，做好对社区矫正人员的日常管理。基层司法所作为区级司法行政机关的派出机构，承担社区矫正绝大多数日常工作。规范社区矫正执法程序，进一步提高执法水平。对交付接收、监督管理、处罚收监、解除矫正等社区矫正执法环节进行统一规范。全面落实社区矫正任务，进一步提高教育矫正质量。依法进行监督管理、教育矫正和帮困扶助是社区矫正工作三项基本任务。加强与公检法等部门的协调配合，动员社会力量参与社区矫正。坚持党委、政府统一领导，司法行政机关指导管理、组织实施，相关部门协调配合，社会力量广泛参与的领导体制和工作机制。主动加强与人民法院、人民检察院、公安机关、监狱等部门的沟通联系，密切工作衔接。加强社区矫正信息化建设，麒麟区“司法e通”社区矫正信息化管理平台的开通，是推进社会管理创新的一项重大举措，社区矫正管理工作由“人防”转向“技防”，实现社区矫正对象实时动态监控。由于措施有力，社区矫正工作开展后，矫正对象从未发生过重新犯罪。

律师与公证事务

【概　述】　麒麟区司法局管理曲靖市中皓公证处（原麒麟区公证处）、云南和诚律师事务所。2011年，全区公证律师工作进一步拓展公证处、律师事务所服务领域，突出服务重点，法律服务向基层、农村延伸，努力满足人民群众不断增长的法律需要；大力宣传《公证法》、《律师法》，让广大群众了解我国的公证、律师制度，不断提高群众依法维护自身合法权益的意识和水平；健全完善内部运行机制，改进服务方式方法，强化内部监管，不断提升公证员和律师的服务能力，有效提高办证、办案质量；加强律师和公证员队伍建设和管理，保障律师和公证员依法执业，抓好律师和公证员执业道德和执业纪律建设。公证处、律师事务所认真履行职能职责，为改善民生提供优质高效的法律服务。

【法律服务】　2011年，麒麟区公证处、律师事务所加强法律服务，提高服务质量，为助推麒麟区经济和社会发展提供有力保障。

以新《律师法》贯彻落实活动为契机，进一步整顿法律服务市场，规范律师执法行为，依法保障律师的执法权利，引导和诚律师服务所提高自身素质、服务水平、服务质量。和诚律师事务所共代理诉讼24件，为当事人避免和挽回经济损失30余万元。

落实法律援助办案专款，采用指派刑事法律援助案件的方式，推动律师参与法律援助工作，重点让残疾人、农民工等弱势群体能获得法律援助，维护自身合法权益，促进社会和谐稳定。

中皓公证处强化诚信意识和服务意识，建立诚信为民服务制度、服务承诺制等制度，并将公证收费标准、办理公证质量标准制版上墙，自觉接受社会监督。

中皓公证处积极为全区重点领域、重点工程和重点项目“三项重点”工作提供公证法律服务，参与处置涉及征地、拆迁的小坡物流中心、荷花塘片区改建项目及黄家庄旅游项目诉讼证据保全等工作。2011年共办结国内公证1 810件，办证合格率99%以上，合同履约率97%以上。为当事人避免经济损失1 500余万元，挽回经济损失200多万元。办理经济公证事项涉及金额20亿元。制止不法经济活动4件，涉及金额2 700万元。解答法律咨询600多人次，提供上门服务5件。

【制度建设和质量管理】　2011年，麒麟区司法局与中皓公证处签订《工作目标责任书》，实行目标责任制管理，认真落实公证办证公开制、公证便民服务制、公证质量管理制、公证复查争议投诉处理制、公证执业过错责任追究制等“五项制度”。加强对公证员和律师的教育管理，组织公证员参加公证员公证业务培训，组织律师参加全市的律师业务培训。认真作好案件评查工作。通过阅卷查找和评议的方式，按季度一抽查、半年一检查的制度，认真检查公证处办理的公证、律师事务所办理的案件，对反映出的问题，及时整改，确保办证、办案质量。强化收费环节风险防范，根据有关规定对公证处、律师事务所的收费情况进行核查，经检查，所有的收费均按规定的收费项目和标准收取。规范麒麟区公证档案管理，保管利用好公证档案。中皓公证处把自1983年成立到2010年共立卷归档的国内公证档案

32 752卷，涉外公证档案370卷，做到一案一件，件件档案录入微机管理。抓好公证机构和公证员执业年度考核和做好律师事务所和律师年度执业考核初审工作，在规定时间内严把材料审查关。中皓公证处在全市公证质量考核中连续三年排名第一。

【法律宣传】 为发挥好公证律师工作在构建和谐麒麟、推进“六区、四城、两中心”建设中的作用，不断强化广大公民和法人依法维权、依法办事的意识，麒麟区司法局结合普法考试及各类法制宣传主题实践活动，采取开设专栏、设立咨询点、发放宣传资料、播放录音带、悬挂布标、张贴标语等形式宣传《公证法》、《律师法》以及与公证律师工作相关的法律法规和政策规定，进一步提高《公证法》、《律师法》社会知晓率。让广大群众了解公证的效力、作用，了解律师工作在经济和社会活动中的作用，进一步强化广大群众依法维护自身合法权益的意识。参与宣传人员40余人次，悬挂宣传布标9条，解答法律咨询300余人次，发放宣传资料2 000余份。

（张智荣　苏大男）

工　业

区属工业

【概　述】 麒麟区工业和信息化局为区人民政府工作部门，成立于2011年2月，由麒麟区经济局、麒麟区人民政府信息化工作办公室合并而成。主要职责是贯彻执行国家、省、市、区有关工业和信息化的法律法规及方针政策，制定全区工业和信息化发展规划，对全区节能减排工作进行监督和协调，对区属中小企业和非公经济进行宏观管理和业务指导，负责全区电子政务、电子政务门户网站的建设和维护管理，指导全区各部门的信息化建设，全面推进工业化和信息化的融合。机关内设10个机构：办公室、组织人事科、政策法规科、纪检监察室、经济运行科、中小企业科（加挂区非公经济领导小组办公室牌子）、节约能源科、技术创新科、盐务管理科、信息化推进管理科（无线电监督管理科），局下属1个财政全额拨款事业单位——麒麟区节能监察大队。

2011年，区工业和信息化局以推进新型工业化、建设富强麒麟为目标，进一步强化“工业强区”战略思想，坚持走新型工业化道路，大力实施大企业、大项目带动战略，围绕加快发展、做大总量、形成新的优势产业集群，加大招商引资力度，建成了一批对产业升级和结构调整有突破性带动作用的大项目，使工业发展的速度明显加快，总量进一步扩大，产业结构继续优化，可持续发展能力不断增强，保持了稳定增长的良好态势。2011年，全区完成工业总产值527.1亿元，同比增长16.5%；完成工业增加值199.1亿元，同比增长15.1%。其中规模以上工业企业完成工业总产值470.6亿元，同比增长15.4%；工业增加值完成173.8亿元，同比增长15.1%；实现销售收入455.6亿元，同比增长15.03%；实现利税总额109.2亿元，同比增长12.94%。

【调研规划工作】 完成“十二五”发展规划的起草编制。区工业和信息化局成立专门班子，加强调查研究，认真分析问题，提出对策建议，为区委、区政府科学谋划“十二五”工业经济发展规划纲要和加快推进“工业强区”步伐提供决策参考。通过调研分析，提出各产业“十二五”期间的发展思路、目标、方向、重点和各项保障措施。总结工业和信息化工作发展中的经验，分析研究工业经济和信息化发展中存在的制约因素，有针对性的提出解决问题的对策和措施，形成《麒麟区2011年工业经济和信息化工作意见》，为加快实施“工业强区”战略起到很好的指导推动作用。

各项专题调研工作。深入区域内重点行业、重点企业进行调查研究，对冶金、煤化工、机械制造、烟草加工、有色金属、农产品加工等重点行业及越钢、麒麟煤化工、双友钢铁、盛凯焦化、一汽红塔、恩洪煤矿、雄业水泥等重点企业进行重点调研，及时提出预测报告和分析材料，深刻分析工业经济运行特点，存在的困难和问题，为区委、政府决策提供参考依据。对麒麟区轻工业发展情况做出专题调研，全面、深入的调查了解区域轻工业发展情况，编制麒麟区“十二五”轻工业发展规划。做好“工业经济运行情况及重点企业生产经营情况”、“工业强县发展情况”、“新型工业化专题”、“木材加工及综合利用情况”、“涉及境外非政府组织企业”等调研工作。

【服务协调工作】 对全区规模以上重点企业进行定期监控和跟踪服务，建立健全规模以上企业台账，摸排掌握停产半停产企业情况，及时与区统计部门衔接沟通，准确分析规模以上企业生产状况和存在问题，积极协调解决企业在原料、用工等生产要素的保障和供应方面存在的实际困难，保证重点企业的生产经营，并逐月形成工业经济运行分析报告。

积极帮助中小企业疏通融资渠道，切实加强与金融机构的沟通和协调，引导企业参加银政企洽谈会，为企业和银行架起沟通的桥梁，引导企业探索开展联保、再担保及小额贷款等业务，银企关系更为融洽，有效缓解了企业发展资金不足问题。

落实区级领导帮扶重点企业制度，推行干部职工挂钩联系跟踪服务企业制度，定期深入企业调研，及时向区级领导报告相关企业生产经营情况，反映需要解决的问题，加强协调解决，确保了重点企业的良好运转。

【重点项目建设】 认真落实“五访五帮”，采取“一企一策”，积极谋划，努力克服生产要素保障及原材料上涨等不利因素带来的制约和影响，加强协调，全力推进工业项目建设。按照年初工作目标，积极谋划重大工业项目，协调相关部门、园区、企业，积极谋划对接了一批区级工业重大项目，并取得实质性进展。实行建成项目长期跟踪服务、新建项目定期督促检查的工作运行机制，盯住投资计划，突出解决问题，确保按期建成，并如期达产达标。积极推进工业项目建设，加大向上争取力度，努力缓解项目建设资金不足问题。紧紧抓住国家扩大内需及桥头堡建设机遇，帮助企业搞好项目运作。2011年麒麟区工业固定资产完成投资56亿元，与上年同期的41.7亿元相比增长35%，占市下达任务52亿元的108%，占区下达任务56亿元的100%。其中在建及新开工投资的技术改造项目12个：麒麟煤化有限公司三期年产120万吨焦化及配套年产20万吨氨醇项目，曲靖双友钢铁有限公司镍合金加工项目，曲靖众一精细化工股份有限公司120万吨/年低变质煤深加工及资源综合利用示范项目，云南红云红河烟草集团有限公司曲靖卷烟厂120万箱/年卷烟生产线及配套技改项目，云南东源煤电股份有限公司2×15万千瓦煤矸石发电项目，麒麟区荣恒商贸有限公司120万吨/年重介选煤生产线技术改造项目，曲靖市麒麟气体能源有限公司焦炉煤气制液化天然气项目，曲靖成浩实芯铸造有限公司消失模生产线技术改造项目，曲靖石林瓷业有限责任公司1.6亿件高档日用瓷技术改造项目，大唐新能源有限公司朗目山风力发电一期项目，云南中建博能技术工程有限公司太阳能热水器从6万套/年扩产到10万套/年技改项目，曲靖雄业水泥有限责任公司（原水泥二厂）日产2 500吨水泥熟料生产线技改项目。做前期工作项目2个：曲靖巨利达钢铁有限公司计划投资3.6亿元实施二期60万吨/年锰铁技术改造项目，曲靖双友钢铁有限公司镍合金循环经济项目。

【项目申报】 2011年申报项目30个，其中申报省级重点节能示范项目6个：东山华兴煤矿、祠堂坡煤矿、石林锦达瓷业、越钢集团、石林瓷业、品源瓷业。淘汰落后产能资金申报项目3个：恩洪煤矿电厂、大沟头焦化厂、华福钢铁。成长型中小企业项目4个：荣科机械、寥廓鑫源、品源瓷业、荣恒商贸。中小企业发展专项资金2个：滇东联合食品、雄业水泥。乡镇企业扶持资金1个：品源瓷业。关闭小企业国家财政补助项目7个：西海造纸厂、丰登电镀厂、三宝镇雷家庄红砖厂、大石坎子采石场、三宝镇大石坎子采石场、坦成石材厂、沿江新发半山上采沙场。可再生能源专项发展资金项目1个：长天太阳能。市级非公经济专项扶持资金项目4个：廖廓鑫源、品源瓷业、鼎誉食品、石林瓷业。国家级中小企业技术改造项目2个：品源瓷业、中健太阳能。

【技术创新工作】 2011年麒麟区把技术创新作为推动产业结构优化升级的中心环节，建立以企业为主体，政府推动的技术创新体系和运行机制，鼓励企业采取自主开发、产学研联合攻关和技术引进消化吸收等多种方式开展技术改造。鼓励企业实施专利战略，积极开发自主知识产权的专利，购买关键专利技术。引导企业推进管理创新，推动企业技术创新中心建设。围绕主导产业发展、战略性新兴产业培育和行业共性关键技术需求、技术薄弱环节、产业链缺失等，着力开展关键技术研发攻关，突破一批对产业规模发展和结构优化升级形成严格制约的技术瓶颈，激发释放主导产业和战略性新兴产业发展的内在潜力。对获得云南省名牌产品、省著名商品、省级以上认定的高新技术产品的企业，获得中国名牌产品、国家免检产品、中国驰名商标的企业由区人民政府专题研究给予奖励。年内，麒麟煤化、众一股份分别获得省级技改贴息资金200万元、100万元。获省级认定的高新技术企业达到3个；获省级著名商标企业达到33个。增加规模以上工业企业5户，增加到91户。有1家企业（云南中建博能技术工程有限公司）申报省级企业技术中心认定；有3家企业（曲靖雄业水泥有限公司、曲靖盛凯焦化有限公司、曲靖烟草包装厂）申报市级企业技术中心认定。实现产值100亿元以上企业1户（曲靖卷烟厂）；50亿元以上企业2户（云南电网公司曲靖供电局、云南驰宏锌锗股份有限公司）；10亿元以上企业5户（一汽通用红塔汽车制造有限公司、云南曲靖麒麟焦化有限公司、云南省曲靖双友钢铁有限公司、曲靖市众一精细化工有限公司、曲靖市巨利达钢铁有限公司）。

【节能降耗工作】 2011年，麒麟区推进实施“生态立区、工业强区”战略，加快构建循环经济体系，构建“企业主体、政府推动、市场引导、公众参与”相结合，“企业、园区、社会”三个层次良性互动的循环经济发展格局，深入开展循环经济示范工程，建设资源节约型和环境友好型社会。大力加强资源能源节约，以节水、节电为重点，加强重点用能单位能源监测，提高能源综合利用效率。以节约用地为重点，提高土地利用集约化程度和土地资源开发效益，优化土地资源配置。以废弃资源利用为重点，因地制宜，引导煤化工、冶金、建材等主导产业不断延长产业链，通过聚集式发展，实现集中供气、供热、热电联产、资源和能源综合利用。加大污染整治和环境保护力度，合理控制高耗能产业发展，限制和淘汰浪费资源、污染环境的落后工艺和设备，全面淘汰落后的生产能力。2011年大沟头焦化有限公司70－II型焦炉、越钢集团华福钢铁有限公司306立方米炼铁高炉全部拆除；恩洪煤矿电厂3组共1.2万千瓦发电机组已关停，拆除烟囱、过道等附属设施；对曲靖麒麟区建苍焦化有限公司、曲靖众一精细化工股份有限公司、曲靖荣恒商贸有限公司等能耗异常的重点耗能企业开展了节能监察工作。全年单位GDP能耗同比下降3.5%，开展节能宣传培训350人次，节能知识咨询6 581人次。

【发展非公经济企业】 加大舆论宣传、落实扶持政策、搭建创业平台、优化服务环境，充分调动民间资本投资创业积极性，非公经济总量迅速增加，经营领域不断拓宽，社会贡献逐步增大。全区非公企业发展到37 016户，从业人员达1.06万人，上缴税金1.12亿元，实现增加值114.8亿元，占GDP的比重达31%，成为扩大就业的主要渠道，财税增长的重要源泉和区域经济发展的有生力量。

【工业园区建设】 坚持“集中、集聚、集约”的原则，引导工业向园区（基地）集中，推进园区（基地）特色化发展。按照“经济聚集化、产业支柱化、园区特色化”的原则，做好工业发展平台规划和产业集群专项规划，根据区域比较优势和产业发展潜力，合理引进和布局工业项目。按照“政策最优、体制最顺、机制最活、服务最佳”的要求，进一步修改和完善园区（基地）规划，完善水、电、路、通信、排污等基础设施建设。坚持高质量建设、高效能管理、高效益经营的原则，鼓励科技含量高、占用资源少、产出比率高的企业落户，引导关联企业向专业特色平台聚集，积极做好迁企入园工作，做强做大工业园区（基地）。2011年，越州、麻黄两个工业园区完成工业产值120亿元，引进千万元以上项目6个，完成固定资产投资10.1亿元。

【安全维稳工作】 信访维稳工作。与各企业签订2011年信访目标责任书，切实增强企业主抓信访维稳的责任意识。2011年共收到信访件15件，接待上访、来访人员22批次475人次，都按要求进行调查核实，按政策法规实事求是给予了书面答复。全年申报发放企业军转干部补差资金18.36万元，有效维护了企业军转干部的稳定。对18家改制企业进行跟踪问效，认真协调处理曲塑集团、云南衬衫厂等上访诉求问题；积极完成区解决信访问题联合工作组交办的督办案件8件。

加强食盐市场日常监管，加大政策宣传力度，严厉打击各种违法行为，切实抓好联合执法工作。2011年查处违法运输盐产品案件4起，查获盐产品2.26吨，全区碘盐覆盖率99.65%，碘盐合格率98.6%，合格碘盐食用率98.26%。积极协调处理了3月17日“哄抬食盐”突发事件，帮助盐业公司组织发售食盐4 200吨，牵头与有关部门严查违法商家4户。同时，做好“5·15”碘缺乏病防治宣传工作。

抓好企业安全生产工作。印发《麒麟区工业和信息化局2011年安全隐患排查治理指导意见》，确定全年的目标任务和措施，与系统内直属企业签定《安全生产责任书》。高度重视工业废弃物的处置，认真开展“国庆安全生产大检查大督查”，“安全生产风险评估及预警防控”，“隐患排查治理”、“治大隐患防大事故安全隐患排查治理”、“火患清剿”等专项行动，共出动车辆43辆次，出动检查人员178人次，排查隐患61条。

（李　洁）

煤炭工业

【概　述】 2011年麒麟区煤炭工作按照继续深化“安全生产年”活动要求，结合全区煤炭产业发展实际和年初制定的全局“123456”总体思路，以创建矿井安全质量标准化和有效防范各类事故为目标，加强班组建设和安全文化建设；强化隐患排查、强化“打非治违”、强化瓦斯综合治理、强化各项措施，严格各项目标任务落实，严格标准复产验收，夯实全年安全生产基础，确保全区煤矿持续快速发展。全区地方煤矿有证矿井发生1起较大事故，造成5死2伤，原煤生产百万吨死亡率为1.56人；有煤片区无证非法矿井数为零；完成省一级质量标准化矿井3对，省二级质量标准化矿井20对，所有煤矿通过安全评价达到B类等级以上；累计生产420.19万吨，占年计划420万吨的100.05%，比上年同期增长2.22%；实现产值71.17亿元，占年计划58亿元的122.71%，比上年同期增长26.58%；上缴利税1.11亿元，占年计划1.042亿元的106.53%，比上年同期下降0.95%；完成投资6.85亿元，占年计划6.84亿元的100.07%；完成专用回风井建设4矿，占年计划的100%；完成非木支护井巷工程改造14 435米，占年计划的100%。

【开展“百安”活动】 针对煤炭行业阶段性重点工作，2月20日～5月31日开展了以“推科技、强管理、促发展、保安全”为主题的第一个“百安”活动。在活动期间各煤矿企业未认真组织活动、主题不突出、效果不明显、任务目标不落实、责任不清、奖惩不分明、标准较低的，只要存在以上任何一个问题，一律按照相关法律法规从严惩处。第二个“百安”活动从7月18日到10月26日，以“完善紧急避

全区煤炭工作会议在新村煤管所召开　（亢恒学　摄）

区委书记傅学宾等领导深入珠街煤炭坡煤矿检查煤矿停产整改工作

（亢恒学　摄）

险系统，提高矿井抗灾能力，实现煤炭安全生产”为主题，通过两个“百安”活动促进矿井“六大系统”得到整改完善，进一步夯实安全生产基础。

【六月安全月活动】 为搞好2011年全国安全生产月活动，围绕“安全责任，重在落实”主题，结合全区煤炭行业实际，从区煤炭局到各所、矿均成立了安全生产月领导小组，抽调专人筹备，同时组织煤矿复产验收检查，做到达到安全生产条件一家同意恢复一家；组织宣传车深入矿山、集镇进行巡回宣传，印发4 000份宣传资料分发到各煤矿和群众手中。制作宣传展板到南城门展出。开展安全知识竞赛和安全演讲比赛活动，知识竞赛题包括国家安全知识法规、国务院相关文件、安全规程等，共有9个煤矿代表参赛。演讲比赛共有13人参赛，分别来自煤矿一线员工、煤矿安全生产管理人员、从事煤矿行政人员和局机关和直属企业文秘人员，对获得名次的煤矿代表队和演讲选手分别予以表彰奖励。

【矿井水患治理】 为确保煤矿在雨季期间安全度汛，按照“早布置、早安排、早落实”的要求，4月份成立“雨季三防”工作领导小组，局主要领导和分管领导分别为组长和副组长，各科室负责人为成员，办公室设在安全科，安全科负责人为办公室主任，人员由安全科、信息科工作人员组成，负责汛期安全调度和统计工作。为摸清水情，全区所有改扩建矿井均在勘探地质报告的基础上积极完善矿井设计报告和建井地质总结报告，一方面部分煤矿对煤矿周边老窑测查清楚并在采掘工程平面图上标注，留足了各类防水煤柱，同时也对矿井的水文地质进行分析研究，制定了年度防治水计划及应急救援预案，配备了探水设备。另一方面，加强关闭矿井的监管，辖区废弃关闭的矿井均有闭坑报告，并标注在邻近矿井的采掘工程平面图上，及时指导现有矿井在开拓布局上需重视的安全措施。根据各煤矿井下生产实际，编制了煤矿探放水措施，每个煤矿配备2台以上的探水设备，并始终坚持做到“探三十米掘十米保二十米”，所有探孔均呈扇型布置，探孔数量保证5个以上。按照“雨季三防”的要求，及时召开会议研究布置具体工作，要求所有煤矿掘进工作面必须严格落实麒麟煤炭“有掘必探”和全面实施“防、堵、疏、排、截”综合措施；雨季到来之前，所有煤矿对主、副水仓排水沟进行清理，排除污泥、矸石，保证水沟通畅、井下水仓容量能满足最大涌水量；对主、副水泵、检修泵进行检修维护，确保全部水泵能正常、同时运转。为防患于未然，全区煤矿共计开挖防洪沟303条4 555米，修筑防洪挡墙98条5 724米，修筑防洪堤坝36条1 432米，填堵裂隙452条31 378米，填平并压实采煤塌陷坑121个，探放老窑水2 664.2立方，通过严格落实“防、堵、疏、排、截”的综合治理措施，确保了煤矿安全度汛。

【招考驻矿监督员】 经区政府同意，区煤炭局结合行业监管队伍力量薄弱的实际，从5月31日起，在报纸、电视和网站上发布招聘煤矿驻矿监督员公告，先后有140余名毕业于能源学院、技工学校等专业的大中专毕业生报名。通过按照专业要求进行资格验证、理论考试、实作检验、健康状况检查等层层筛选，招聘工作领导小组决定拟聘65人。为确保聘用后能胜任工作，组织拟聘的65名驻矿监督员，专门请云南能源技术学院教师进行岗前培训。重点培训煤矿安全生产专业知识、专业技能、监管特点、各种隐患的发现、处置等。经过培训考试合格后的73名驻矿监督员全部分到

区纪委书记陈继峰等深入芦柴冲煤矿检查煤矿停产整顿工作

（亢恒学　摄）

各煤矿。

【安全生产投入】　全区煤矿投入资金1 544万元，新增开关1 454台；投入2 679.6万元，新增变压器178台；投入3 707万元，新增电缆123 718米；投入935.3万元，新增水泵252台；投入6 297.8万元，新增皮带机192台，长42 020米；投入2 003.2万元，新增刮板运输机199台，长11 410米；投入426.19万元，新增矿车996台；投入49万元，新增机车8台；投入1 262.4万元，新增绞车61台，投入1 340万元，完成中央变电所5个；投入960.8万元，新增压风机73台；投入2 111.6万元，新增抽放37套；投入1 755.5万元，新增主扇86台；投入467万元，新增猴车12台；投入1 156万元，新增监测监控（瓦斯及其他探头）1 339个；投入547.8万元，新增自救器3 439台；累计投入22 673.59万元，取缔井下木支护54 790立方米，新增工钢支护26 955米，单体支柱28 231套，“U”钢支护23 586套，料石砌碹巷道4505米，锚喷支护12 092米；投入472.1万元，新更换钢丝绳73 924米；投入资金1 344万元，新增轨道1 782.3吨；累计投入1 543.3万元，使用塑料管道49 968米，金属管道36 621米；投入2 886.1万元，新增其它安全生产设备2 053件。全年各煤矿累计投入安全技术改造资金达6.425亿元。通过加大投入改造，安全生产基础进一步夯实。

【隐患治理】　为认真贯彻落实省、市、区煤矿安全生产隐患排查治理和打非治违专项行动安排部署动员会精神，区煤炭局组织开展煤矿安全隐患排查治理和打非治违专项行动，期间一律取消节假日，对煤矿进行全方位安全大检查。严格按照煤矿自查、煤管所复查、煤炭局抽查、区政府督查的方式开展专项行动。根据各煤矿实际，对全区67对矿井制定了“一矿一井一策”措施，本着“存在什么隐患整改什么隐患，存在什么问题解决什么问题，缺什么补什么”的原则，彻底排查存在的隐患，彻底找准存在的问题，集中治理，一次性彻底整改。同时结合实际下发了关于开展煤矿打非治违专项行动方案和开展煤矿安全隐患大排查专项行动的通知等文件，要求各煤矿认真按照标准整改。为突出重点难点，区煤炭局抽调相关人员成立督查组首先对全区3对高突矿井和32对高瓦斯矿井进行全面抽查；各片区只要有两个矿井抽查不合格和同一煤矿两次检查不合格的，一律追究驻矿、挂矿人员及所领导的责任，同时对局挂片人员进行连带责任追究。对存在安全隐患和非法违法生产（建设）的煤矿，及时督促进行整改，对存在问题拒不整改或拖延不办的，一律重处重罚，封停井口直至整改完成，对情节恶劣停而不整或偷着生产的煤矿，一律上报政府实施关闭。按照区政府会议安排部署，各检查组自4月20日，共出动车辆515辆次，参检人数2 162人次，检查煤矿557矿次，查出各类隐患4 058件。其中通风瓦斯1 362件，防排水340件，顶板809件，防尘249件，防灭火171件，机电245件，提升运输224件，其它658件，共处罚款42.5万元，下达执法文书395份，煤矿总治理人数19 407人次。各煤矿累计治理隐患总数1 895件，其中通风瓦斯647件，防排水151件，顶板311件，防尘115件，防灭火28件，机电108件，提升运输97件，其他317件，隐患整改治理率达84%。改扩、检修和非木改造巷道16 354米，投入安全生产设备728台，局所投入工作经费48万元，各煤矿投入整改治理资金4 570.9万元。期间，安排矿山救护中队开展夜间巡查活动，先后巡查煤矿83矿次，按照市、区党委政府要求，各煤矿认识到位，没有出现明停暗采现象。

【安全评价】　为确保验收复产工作顺利进行，充分利用煤矿统一停产整改时间，区煤炭局及时与省煤矿安全评价中心取得联系，邀请省安全评价组到麒麟区开展煤矿安全现状等级评价。4月21日，安全评价组一行按照区煤炭局确定的“经过煤炭局反复检查和煤矿及时整改达到安全生产条件的煤矿入手”的思路，对小窑沟等煤矿进行井下、地面全方位的对照评价标准，逐项逐条进行，全区所有煤矿通过安全等级评价，分值均在800分以上，达B类等级。按照市、区党委政府要求，严格按照“谁整改、谁负责，谁检查、谁负责，谁验收、谁负责，谁批准、谁负责，谁签字、谁负责”的原则，至8月20日，在评价过关的基础上，有60个煤矿恢复生产。

【打非治违】　围绕区政府明确的打非“十个重点”和治违“十个重点”，对全区66矿67对井抽查、核实，针对证照不全、证照过期的煤矿，一律进行停产整改，并要求各煤矿尽快完善各种证照手续；对井证不相符的，一律从井口封停；对超能力、超强度、超定员组织生产

区矿山救护队开展井下救援演练　　（亢恒学　摄）

遮格冲煤矿组织安全知识竞赛和演讲比赛活动　　（亢恒学　摄）

的矿井，进行重点打击整治；对各系统、井口出煤的，且运输距离远、不能形成独立采掘系统的督促煤矿进行限期整改；对已被公告关闭取缔的矿井，进行反督查，以防擅自进行生产、建设；对整合矿井，如资源未整合在采矿许可证矿界范围内的，一律停止生产；对超层越界开采的矿井进行重点打击，整合煤矿退回到矿界范围内，并从超出点进行密闭，严禁在采矿许可证载明的矿界外进行采掘活动。通过持续不断的打击整治，对井口未及时上证的小窑沟、莲花田、沿江煤矿进行封停井口、停产整改治理；对多井口出煤的小窑沟、工庆、椅子窝、柳树青、咱德、东山镇、大玉麦地、杨乔大地煤矿制定了整改实施方案，改造了运输系统；对现开采煤层不在生产许可证上的小窑沟、莲花田、祠堂坡、椅子窝、小露天、三宝、遮格冲停产整改；对技改矿井井筒超出矿界最低水平的鸿福、常地煤矿及时督促办理矿界手续；对专用回风井井口坐标超出矿井边界的大溪沟、小地弯、备则煤矿督促办理矿界手续；对技改工程超建设工期的鸿福煤矿，督促及时办理；对采矿许可证过期的祠堂坡、柳树青、工庆、鸿福煤矿督促及时办理证照手续；对瓦斯抽放系统不正常的椅子窝、撒马必、偏坡煤矿及时整改；对法人未明确和未持证的小龙潭、孙家沟煤矿及时督促煤矿送培。

【培训教育】　为吸取周边县市煤矿事故的教训，进一步提高全区煤矿企业负责人及职工的安全生产管理水平和责任意识，区人民政府从5月5日起，组织开展煤炭行业安全生产万人综合培训活动。按照区政府印发的培训方案，成立以分管副区长为组长的培训领导小组，区煤矿安全生产成员单位，涉煤村委会书记、主任，全区煤矿法人，全行业所有监管干部及从业人员共计10 160余人，分三批次参加培训。第一批280人邀请曲靖煤监局副局长王德品、区检察院检察长太祥红、市供电有限公司党委书记王留和、市检察院公诉处处长李毅中、云南能源学院院长毛加宁和能源学院成教院书记何林，分别就近期4起矿难事故案例分析、检察机关的职能与职责、国家安全生产方针政策、公职人员犯罪表现心理、国务院近期有关安全生产文件精神实质和煤矿安全生产知识等作讲解。第二批1 180人主要是煤矿管理层人员，由区煤炭局安全、技术负责人授课，主讲矿井开拓开采、安全生产防范重点和法律法规。第三批8 700余名煤矿一线员工，由省、市安培中心老师负责授课，主讲职业危害防治、井下应急救援和井下安全检查等知识。在组织万人综合培训的同时，区煤炭局又组织培训从业人员8 625人，请省安培中心对煤矿所有职工进行应急管理和职业危害培训3 500人，送省、市培训各类管理人员、特员38期1 875人，送培安全监管执法人员培训2期80人，组织监管执法人员复训3期40人。

【“9·24”事故】　9月24日15时19分，云南煤化集团云维集团祠堂坡煤矿1 930水平下山残采点镏子机尾处发生较大顶板事故，7人被困井下。16时25分，中队接到电话通知后，于16时50分赶赴事故现场，经过9个多小时的努力，抢救出2名遇险人员和5名遇难人员。为深刻吸取祠堂坡煤矿“9·24”顶板事故教训，落实区政府9月25日会议精神和唐区长关于“突出隐患排查，以铁石心肠严查；突出责任落实，以铁的纪律严管；突出监管执法，以铁的手腕严惩”以及副区长杨国全的讲话要求，区煤炭局结合全区煤矿实际，制定安全专项整治行动方案，成立专项整治领导小组，明确工作重点，从严从重打击十六类非法违法生产建设行为，即：存在无证、证照不全或过期仍从事生产建设的；井口关闭取缔后擅自生产的；停产、整合技改未经验收便擅自组织生产和违反建设项目安全设施“三同时”规定的；假借整合技改逃避关闭、限期内未实施改造、拖延工期未完成改造、在整合技改区域违法生产或只生产不技改的；被兼并重组煤矿未按变更相关证照擅自组织生产的；私挖乱采以及超层越界、超能力、超强度、超定员组织生产的；不执行《防治煤与瓦斯突出规定》、没有采取“四位一体”综合防突措施的；非法用工、无证上岗的；拒不执行安全监管监察指令、抗拒安全执法的；瞒报事故以及存在重大隐患隐瞒不报或不按照规定期限予以整治和今年以来历次检查提出的安全隐患未按“五定”原则整改的；井下通风系统不可靠，瓦斯治理措施不力的；未坚持“有掘必探”探放水原则，探眼深度、数量达不到安全规程规定要求的；安全技术措施及重大作业事项未上报审批的；未制定整改方案限期淘汰国家规定的机电设备的；年初下达的目标任务完成较差的；采掘作业点未经审批擅自开采的；在停产期间擅自启封，明停暗不停，有令不止、政令不畅的。按照工作步骤，区煤炭局各挂片领导和人员，各所、各煤矿严格按照专项整治行动要求分阶段开展工作。按照分组分工安排，从9月26日起，各检查组人员全部深入煤矿开展检查工作。在整治期间，从区煤炭局到各煤矿一律不放假，坚守工作岗位，确保整治工作扎实有效。

【矿山救护】 按照《云南省矿山救护队质量标准化》和《云南省矿山救护指战员个人达标细则》要求，认真制定年、月、周训练计划，加强各项训练和理论学习。全年共组织仪器操作训练115次，闻警出动84次，医疗急救96次，砖间密闭操作112次，综合体能训练158次，万米耐力佩氧行走9次，队列训练38次，高危灭火训练15次，局部安装通风和接风筒72次，组织学习规程及相关业务知识210次（小时）。在个人达标方面，共组织了4次个人达标考核，从原来的"要我学，要我练"转变为"我要学，我要练"，激发了个人的工作积极性。按照救护队规程规定和省救援指挥中心的安排，中队干部参加了全国矿山救护指挥员复训，5名小队长参加了省级复训，技术员参加了全国救援指挥员培训，中队举行了四期队员复训，全部考核合格。加强煤矿67支兼职救护队的培训教育，培训人员940人。为认真贯彻落实国家安监总局《关于认真组织开展应急预案演练的通知》精神和根据《中华人民共和国突发事件应对法》等有关法规要求，依托《曲靖市麒麟区煤矿重特大事矿应急救援预案》，提高矿山救护队抢险救员实战能力，区煤炭局成立应急预案领导小组，以矿井火灾事故为演习科用，检验救护队对应急救援的反应处置能力。按照演练方案步骤，队员们把模拟当实战进行，参演队员做到"严、准、快、稳"。通过近两小时的顽强战斗，整个演习科目全部按要求完成，演习达到了预期的效果。全年共组织夜查10次26队次1 576人次，检查煤矿341矿次，查出各类不安全隐患1 236条，夜查共计处罚26.2万元，有效制止煤矿盲目突击生产。11月10日06时25分左右，师宗县私庄煤矿发生煤与瓦斯突出事故，事故造成43人被困井下，中队于11月10日11时接到事故召请电话，于13时赶赴事故现场，与7支专业矿山救护队协同作战，截止12月1日，共抢救出遇难人员35名。

【流通、经营执法工作】 及时做好煤矿及煤炭经营、加工转化企业对相关法律法规的培训教育；加大行政执法和普法工作力度，做到依法行政、亮证执法、强化管理；对全局人员的行政执法证及执法情况实行动态管理，邀请市法制办对新招聘的驻矿监督员进行行政执法培训，通过考核合格持证上岗。配合各煤管所严查"三停"矿井，狠抓打非治违；加大巡查力度，重点对恩洪大坂、上坡坡、卡基路口、陆东煤矿、狮子山煤矿、恩洪煤矿及独木土桥路口等重点路段进行不定时蹲守和抽查，避免了辖区煤炭规费跑、冒、滴、漏现象，最大限度减少规费流失。开展路检路查1 900余车辆次，完成运输煤炭的车辆车皮抽查、复查1 850车辆次，调整吨位误差80余吨；对东源选煤厂验票86车次，共计1 222.92吨。严格规范管理煤矿煤焦准运卡和调运卡，认真维护称重系统的稳定。在煤炭经营资格证年检过程中，严格按照《云南省煤炭经营监管办法》和云南省工信委2009年第二号公告及省、市行业主管部门相关文件规定和要求，做到依法依规办事，认真细致审查，数据正确无误，现场检查详实。按时完成本年度54户煤炭加工转化企业的煤炭经营资格证年检工作，完成13户煤炭加工转化企业相关变更工作。

【信息监控】 2011年，共监测处理385次报警信息，其中瓦斯报警信息261次；督促指导各煤矿严格按照AQ1029－2007标准安装监控系统，设置安装各类探头（传感器）1 985个；审核、核对安全技术服务中心校验煤矿传感器2 500只及巡查煤矿监控系统1 241次的相关记录，及时联系安全技术服务中心维护人员解决传感器故障，督促煤矿积极送校各类传感器，以保障煤矿监测监控工作有序、稳定运行。

【宣传工作】 围绕全局开展创先争优活动和安全生产监督管理中心工作，深入一线采访报道，对区委、区政府和煤炭局在贯彻落实国家有关煤炭产业发展方针政府的贯彻落实和抓煤矿安全生产工作中的经验做法，及时撰写、拍摄文稿投递。全年先后在《曲靖日报》、《曲靖煤炭》、《麒麟报道》等媒体刊登采用各类新闻稿件130余篇（章）。局内部刊物《麒麟煤炭》图文并茂，信息量大，内容丰富，是全区煤炭行业对外的一张名片，在全省煤炭行业和区内具有良好的口碑。

区委书记傅学宾、区长唐开荣等领导亲临师宗私庄煤矿看望并慰问参加"11·10"事故救援的区煤炭局矿山救护队员　（亢恒学　摄）

共出刊15期，刊登各类文字、图片稿件300余篇（张）。在办好《麒麟煤炭》的同时，专兼职人员撰写的各类信息相继被区委办、政府办、纪委办、区创先争优办等内刊采用，共计30余篇（条）。围绕“安全责任，重在落实”主题，组织宣传车深入矿山、集镇进行巡回宣传，印发4 000份宣传资料分发到各煤矿和群众手中，确保安全意识深入人心。制作宣传展板到南城门展出，全力促进全社会安全意识的提升。为深刻吸取师宗私庄煤矿“11·10”煤与瓦斯突出重特大事故教训，切实提高人人讲安全、自觉防范安全意识，营造良好的安全、和谐发展氛围，12月初，区煤炭局和东山镇利用全区大部分煤矿处于停产整改期间，组织开展安全宣传教育（平安月）活动，印发各类安全法规、安全知识资料1万余份，分发到煤矿员工和群众手中，组织宣传车深入集镇、学校、矿山宣传安全法规；组织各煤矿开展安全知识培训和知识竞赛等活动。

（亢恒学）

曲靖西城工业园区
麻黄片区

【概　述】　2011年，曲靖西城工业园区麻黄片区管委会按照新型工业化的要求和“发展、壮大、集聚、提升”的八字方针，围绕“增投资、扩内需、调结构、转方式”的总体部署，以协作配套型工业为主导，以又好又快发展为目标，以招商引资为核心，以项目建设为重点，在抓协调、引项目、优服务、促发展等各项工作上均取得了新的成效，工业经济实现平稳较快增长。2011年，完成固定资产投资5.07亿元，占全年任务的126.25%；实现工业总产值30.33亿元，占全年任务的101%；实现销售收入27.49亿元，同比增长11.1%；上交税金0.74亿元，同比增长29.82%；实现利润0.62亿元，同比增长14.81%。

【重点项目建设】　2011年，管委会始终按照区委、区政府的安排部署，抓住重点项目建设不放松，全力做好协调服务工作，稳步推进项目建设。一是积极争取有关部门的支持，在政策允许的条件下，加快工作节奏，提高审批的效率，尽快为新项目创造开工条件，争取项目按时或提前开工建设。二是加强调研指导，深入项目现场，了解分析项目开工面临的困难，加大重大项目建设协调服务力度，对项目建设推进过程实行全程跟踪，及时协调处理好项目推进中出现的各种问题。三是积极协调办理待建项目供地手续。2011年共协调办理了汽车配件交易中心及离合器组装基地、磷铁进出口贸易中心、食品现代物流仓储配送中心、江北建筑建材市场、曲靖禄源物流中心、滇东北粮油物流中心等6个项目用地的挂牌出让手续。

【招商引资工作】　2011年招商引资工作围绕产业规划，全力对外进行招商。为确保将精心策划包装的各类项目推介给客商，主动出击，“走出去招”与“请进来谈”相结合，充分借助昆交会、珠洽会等平台，抓住东部产业转移的有利时机，积极开展对接，广泛进行推介，力求让更多的客商了解麻黄工业园区，洽谈投资兴业。注重引进科技含量高、投资规模大、经济效益好、污染程度低、带动作用大的项目。加强对项目投资商的资金实力、信誉度考察摸底工作，坚决杜绝开而不发的“圈地”项目入园，实现了从招商引资向招商选资转变。2011年引进的3个招商引资项目分别是：1. 曲靖市粮食物流中心项目，拟投资3.85亿元，征地127.5亩，建设8万吨储备粮库、日产100吨精米厂、27 000平米粮食批发交易中心、粮油质检、信息系统、辅助设施等，由曲靖市粮油购销有限责任公司投资建设。2. 麒麟综合物流中心项目，由上海凯莱投资有限公司投资建设，计划投资15亿元，征地800亩，建设综合性城市物流配送中心。3. 曲靖双友公司年产120万吨冶炼废渣资源综合利用项目，总投资2 585万元，利用现有高炉矿渣及冶炼、烧结等余热，新建年产120万吨高炉矿渣资源综合利用生产线。

【基础设施建设】　积极主动协调有关职能部门保证在建项目供水、供电、通信、通气的需求。完成规划区内太和山纵一号路建设的各项前期工作，年内做好征地拆迁工作。为进一步解决园区内用水日益递增的需求，2011年初，园区投资开发公司和双友钢铁公司共同投资500余万元启动建设麻黄片区供水站扩建工程，年内该工程基本完工。在2010年完成标准厂房建设2万平米的基础上，2011年麻黄工业园区继续采取企业代建的形式完成建设标准厂房3万平方米。

（齐　蓉）

麒麟区领导到双友检查指导工作　（齐　蓉　摄）

越州工业园区

【概　述】 2011年，越州工业园区产业聚集初步形成，辐射作用逐渐显现，成为云南省首个工业产值超100亿元的非公经济县级工业园区。

越州工业发展基地（园区）自2004年8月成立，根据区委、区政府探索发展的要求，始终坚持发展第一要务，不等不靠，大胆工作。按照新型工业化、工业园区化、循环经济化发展积极主动工作，通过抓调研、抓规划、抓项目，跑协调、强管理、优服务，推进工业园区快速发展，取得了园区发展的阶段性跨越。经过几年的发展，把越州工业园区规划发展定位于麒麟煤炭资源转化加工及其他优势资源充分利用的工业集中区、新型工业化发展的聚集区、工业循环经济示范区、珠江源大城市功能延伸辐射的工业新镇区。实现工业与农业、原料与加工、农村与城市、农民与居民统筹协调发展的工业园区。优化产业布局，加快产业发展，整合提升传统产业，提高综合利用效率，推进曲靖重化工布局南移的形成。2011年，越州工业园区焦化产能达到460万吨/年，成为云南最大的煤焦化基地。初步发展形成煤——焦——冶——材产业链、煤——焦——电——材产业链、焦——气——肥循环产业链的新的工业循环经济发展模式。

年内，越州工业园区区域内规模以上工业企业完成工业总产值106.9亿元，利税7.1亿元，固定资产投资7.3亿元，从业人员13 800人，分别是园区设立前的19.5倍、11.6倍、20.2倍、3.5倍，提前实现越州工业园区工业产值100亿元跨越发展目标。

【园区发展跨入新阶段】 3月9日，抓住曲靖市委、市政府重点项目推进麒麟区现场办公会机遇，积极主动汇报越州工业园区的发展的思路和目标，主动争取发展，得到市委、市政府高度重视和肯定。市委书记赵立雄强调，越州工业园区要按照“集中布局、循环发展、吃干榨尽”以及“先地下、后地上”的原则，尽快完善工业园区规划布局和一批主要的基础设施项目建设，然后集中力量招大商、大招商，把现有企业做强做大，要用实用管用的办法加快发展建设工业园区，从而争取越州工业园区发展的新定位。5月，区政府安排250万元专项经费，由区规划局负责，按市委、市政府麒麟现场会要求对越州工业园区规划进行调整完善，规划面积从原27.89平方千米扩大到43.76平方千米，园区面积扩大约16平方千米。12月，根据《中共曲靖市委、曲靖市人民政府关于进一步加快工业园区发展的决定》，在越州工业园区基础上成立市级麒麟区工业园区，下设园区办公室、招商引资局、规划建设局、投资服务局，同时任命了一室三局的相关人员。

招商引资项目签约仪式　　（莫石云　供稿）

【招商引资】 抓好招商引资，做好昆交会等招商引资推荐会工作，产业招商、项目招商、代办招商、以商招商，同北京卓辉投资公司商谈越州精细化工园一体化项目，同四川成都益邦投资公司、洛代天然气公司商洽越州工业园区清洁能源项目。2011年度昆交会，发放招商引资宣传资料3 000多份，签订入园项目3个：众一精细化投资20 000万元120万吨/年低变质煤深加工及资源综合利用、石林金曲投资15 000万元280万平方米/年高档建筑瓷、万承商贸投资12 000万元高档日用瓷和陶瓷地砖。3个项目计划总投资4.7亿元。商谈项目4个，初步意向引资7.8亿元。

【项目建设】 重点项目：众一精细化工120万吨低变质煤深加工及资源综合利用项目，在曲靖市发改委备案，前期手续基本完成，已报批土地200亩，待挂牌手续完成即可全面开工建设。麒麟气体能源公司焦炉煤气制天然气项目，总投资13 396.13万元，日产天然气8万标立方，项目建设期3年，已完成土建工程和设备安装。麒麟焦化三期年产120万吨焦炭配套20万吨甲醇项目，计划总投资102 842万元，焦炉部分土建工程已基本完成。石林燃化公司项目，项目总投资18 000万元，配套建设电瓷、建筑瓷、高档日用瓷等项目，其中燃化项目完成焦炉主体工程建设和设备安装工作，已投入试生产，向下游企业供气。

其他建成项目：石林瓷业1.6亿件/年高档日用瓷技改项目、锦达瓷业2万吨/年电瓷项目、越利煤业（二期）60万吨/年洗煤项目、能达物资120万吨/年洗煤项目、荣恒商贸120万吨/年洗煤项目二期。

（朱丽萍）

南海子工业园区

【概　述】 南海子工业园区成立于2004年，是云南省30个重点工业园区之一。2008年开发区体制调

众力来福手机配件生产　　（莫石云　供稿）

整后，南海子工业园区并入曲靖经济技术开发区。经过发展，南海子工业园区已成为具有一定规模的新型工业化园区。2011 年，南海子工业园区完成工业总产值 75.1 亿元，规模以上工业增加值 22.53 亿元，实现税金 2.48 亿元（含越州工业园区），完成 1 361.63 亩征用土地附着物清点；上报国土厅审批土地 84.96 公顷，已批准 20.01 公顷，待批 61.95 公顷。建成道路 3 626.54米；新开工建设企业 1 家；完成固定资产投资 39 852.45 万元，其中工业项目固定资产投资 29 352.45 万元，园区基础设施投资 10 500万元，完成南海大道路面工程、污水处理厂、污水处理厂收集管网工程建设，南海新区自来水厂综合楼工程、龙潭大道和新田水库扩容前期工作。招商引资到位资金 91 240 万元。

【抗旱抢险】　2009 年以来曲靖遭遇的百年不遇的干旱导致南海子工业园区入驻企业因停水而停产。为解决燃眉之急，曲靖市政府分别于 2011 年 10 月 8 日、11 月 1 日就园区抗旱供水问题召开紧急会议，会议同意将独木水库作为经开区（含南海子工业园区）的片区用水水源地，利用现有独木水库至三水厂供水管线引水，供开发区工业用水；并提出自两江口污水处理厂引水至南海子高位水池作为生产应急用水，将该引水工程列为抗旱抢险救灾工程。工程总投资 3.8 亿元左右，该工程建成后，可满足开发区片区 10 年的发展用水。南海子管理办积极组织开展抗旱抢险工程建设。

【征地拆迁】　2011 年继续做好征地补偿工作，为开工建设项目招商引资用地拓展新空间。按照年初确定的目标任务，及时与马龙县南海子工业园区征地拆迁办公室、寥廓街道办事处沟通协调，各项征地补偿前期工作基本完成。麒麟区涉及佳源公司租赁土地 1 361.63 亩地上附着物、附属物全部清点丈量完成，待评估公司依法评估予以补偿；500 兆瓦硅片项目完成地上附着物、附属物清点丈量，开发区管委会预拨征地补偿款 2 000 万元到马龙县土地储备中心作为征地补偿经费；一次性征用寥廓街道办事处南海子工业园区辖区范围土地提出初步意见；完成污水处理厂至老 320 国道收集管网涉及土地的拆迁补偿工作；供水管网、污水管网征地补偿、复耕工作全部完成。

【土地报批】　2011 年，上报省国土资源厅报批土地 84.96 公顷，已批准 20.01 公顷，待批 61.95 公顷。三元德隆年产 5 万吨铝型材项目 20.01 公顷用地征转用供手续已经省国土资源厅批准，项目供地完成；500 兆瓦多晶硅、单晶硅片制造项目拟占用土地 61.95 公顷，项目用地预审意见经省国土资源厅批复，随后积极组织土地征转供手续上报工作。

【招商引资】　抓住开发区转型升级成功的重大机遇，充分发挥国家级开发区品牌优势和影响力，以开发区五大招商小组为平台，加大招商引资力度，多形式、多渠道开展园区招商引资活动。年内，完成招商引资到位资金 9.1 亿元。全力开展光电子产业招商，参加“2011 年第五届中国（西安）太阳能利用大会暨展览会”，收集 23 家光电企业资料，对有投资意向的商家正进一步跟进；与 2 家单位建立了长期联系机制；与昆明东进经贸有限公司签订南海新区加油站投资建设协议；完成对多晶硅产品上、下游产业项目的摸底工作，把企业名录收集整理成册。捕捉企业投资信息，以信函、电子邮件、发送视频等方式向企业发出邀请函，邀请企业到开发区投资兴业；继续跟进入驻企业，促进企业增资扩产，扩大规模。编撰《光电子信息参考》6 期，增刊 4 期。

【规划管理】　为切实加快转变建设用地方式，加强耕地保护，促进城镇化科学发展，落实曲靖市“两

年产 3 000 吨多晶硅产业化项目投产仪式　　（莫石云　供稿）

保护、两上山、两集中、两统筹”目标任务，完善园区用地布局，南海办谋划对南海子工业园区总体规划进行修编，同时准备编制园区二期控制性详细规划，并作了园区规划编制方案等前期工作。根据项目用地需要，对原规划进行了局部调整，报市规划局通过；积极与市建设部门、规划部门沟通，完善南海子工业园区市政公用设施用地规划，配合做好开发区片区规划编制工作；配合南方电网做好园区电力线路改造工作；与通讯公司沟通，对涉及项目用地范围内的通信线路进行改迁，并完成迁改路由确定及现场定点工作。

【园区数字化建设】　“数据三维规划管理系统”一期、“数字化大屏幕展示系统”如期投入运行。集“声、光、电”三位一体的数字沙盘，具备“一键浏览”、“重点企业介绍”、“区内基础设施”、“区内交通情况”、“六大产业”等功能，为开发区招商引资工作提供了互动平台。“数据三维规划管理系统”一期工程，具备规划管理、项目管理、土地管理等功能，为园区合理开发建设提供一个科学的决策平台。

（莫石云）

西城工业园区

【概　述】　西城工业园区位于曲靖中心城区西北部，地跨麒麟区西城和建宁2个街道办事处，是云南省确定的32个重点工业园区之一，建设用地规划面积20.37平方千米，其中西片区13.1平方千米，麻黄片区7.27平方千米。分三期建设：全面启动期（2005～2010年）、整体建设期（2011～2015年）、完善提高期（2016～2020年）。规划区主要以外向型、科技型、低能耗、符合环保标准的生产性项目为主，是环保生态型规划区。主要发展有色金属综合利用及深加工、汽车配套及配件、特色轻工业及生物医药等主导产业，辅之以农副产品加工、汽车销售服务、印刷包装、新型建材、物流等产业。西城工业园区高度重视规划建设工作，委托省城乡规划设计研究院于2006年修编完成了《西城工业园区总体规划》并通过专家评审、论证。经过几年的发展建设，2011年开发面积达到5平方千米。

2011年，西城工业园区实现工业总产值78.65亿元，固定资产投资完成22.36亿元，实现销售收入73亿元，实现利润3.1亿元。至2011年底，西城工业园区共实现工业总产值391.1亿元，实现销售收入377.87亿元，实现利润40.22亿元，固定资产投资完成97.86亿元。

【项目建设】　截至2011年底，西城工业园区除农业食品科技园及麻黄基地外入驻企业34家，其中已建成项目22个，总投资30.27亿元；在建项目12个，总投资16.18亿元；拟入驻项目10个，总投资38.69亿元。1. 百万平方米标准厂房一期项目累计完成投资2.6亿元，12.03万平方米的19幢通用厂房已全部完成主体工程建设，并于7月4日顺利通过验收，与厂房相配套的道路、绿化、停车位及雨污水网铺设等基础设施配套建设于2011年底完工；2. 雷神实业项目建设有序推进，累计回填土方量达8万立方米，已对厂房开工建设；3. 曲靖长力春鹰项目顺利投产。一期年产量12 000吨钢板弹簧项目于5月27日正式投入生产，公司产品主要为汽通用红塔公司配套，投产至2011年底生产汽车钢板弹簧1 100吨，销售汽车钢板弹簧892吨，投产后营运良好；4. 曲靖恒邦机械制造有限公司电动车生产线投入生产，全长40米，总投资1 500万元，于7月中旬正式投入生产，正常情况下满负荷运载，日生产量为280辆左右。

【标准厂房建设】　2011年，根据省、市的部署，西城工业园区按照“企业集中、资本集聚、产业集群、土地集约”的原则，在总结往年成功经验的基础上，围绕轻工产业集中、集群发展的思路，力争年内建成30万平方米的标准厂房。西城工业园区标准厂房建设以合作建设、企业自建为主，2011年预计建成标准厂房面积37.01万平方米，其中已建成标准厂房30.51万平方米，包括管委会与省工投合作建设12.03万平方米，企业自建18.48万平方米，在建标准厂房6.5万平方米（曲靖乔治白服装生产项目）。

【招商引资】　西城工业园区以标准厂房建设为切入点，采取规划建设和招商选资同步进行，引进高新技术和支撑能力强的新兴产业项目，为园区增添发展动力。按照招大引强和产业集群发展的思路，围绕五大产业，成立五大产业招商小组，针对标准厂房开展专题招商。先后赴珠三角、长三角、昆明等地开展小分队招商引资，加大对外宣传和招商引资力度，积极挖掘市场资源，快速推进标准厂房（　期）的招商引资工作。通过采取厂房招商、中介招商、专题招商等方式，

园区道路建设高标准快速度推进　　（莫石云　供稿）

重点引进专精特新的轻工企业，形成开发建设一片、项目入驻一批、建成收益一片的发展格局，吸引大批中小企业入驻发展。2011 年新引进项目 14 个。其中已建成项目 5 个：曲靖先锋印刷包装项目、云南众力来福手机配件生产项目、奥迪 4S 店、上海安费诺手机配件生产项目，云南古柏气囊包装生产项目。在建项目 1 个：乔治白服装生产项目。待建项目 8 个：云大 120 项目、年产 1 万台数控机床项目、矿山物联网项目、昆明英继石化加油站、曲靖复烤加工仓储中心项目、卷烟物流中心项目、工业气体充装项目、光学材料基地项目。

【基础设施建设】 2011 年底，西城工业园区基础设施建设累计完成投资 9 亿多元。继续推进和兴街一期工程、和兴街二期工程（三标段）、靖阳路、2 号路及新兴产业示范园区道路等建设，完成投资 8700 万元。新兴产业示范园道路包括三元路、胜峰路、翠和路、迎霞路、富靖北路等道路，5 条道路已完成项目立项、环评、水保等前期工作。教苑路延长线改扩建工程于 9 月 3 日开工建设，完成土方开挖 38 000立方米，风化料回填38 000立方米，钢筋制安 40 吨，混凝土浇筑 570 立方米，完成投资约 300 万元。

（莫石云）

驻区工业

曲靖卷烟厂

【概　述】 2011 年，曲靖卷烟厂按照“卷烟上水平”的总体要求，围绕集团发展战略和“42158”品牌发展目标，持续深入推进文化管理，积极推行精益生产，谋划工作有新思路，推进工作有新举措，各项工作实现了新发展，锤炼“曲烟制造”取得显著成效。

按照集团下达的生产计划，2011 年曲靖卷烟厂累计生产计划卷烟 106.34 万箱，同比增加 4.71 万箱；产品质量市场投诉率继续保持集团各生产厂最好水平；卷包设备有效作业率 92.59%，处于集团领先水平；现场管理被集团评价为“五星级”；主要物耗、能耗指标同比进一步下降，其中单箱综合能耗及单箱耗嘴棒、条盒、商标 4 项指标处于集团领先水平。对照国家局“优秀卷烟工厂”创建工作的要求及 19 项经济技术指标，全厂有 16 项指标同比提升，7 项指标处于集团领先水平，制造水平和基础管理水平持续提升，集团优秀工厂综合考评得分 94.45 分，名列第一。

曲靖卷烟厂积极承担集团主要品牌云烟（软珍品）、云烟（紫）的部分生产任务，全年共生产云烟（软珍品）18.11 万箱，同比增加 16.61 万箱，生产云烟（紫）31.64 万箱，同比增加 16.75 万箱。上半年生产 5 万箱红塔山（软经典 1956），顺利完成云南中烟省内互动生产任务。在产量持续增长的同时，产品结构大幅提升，其中一类烟、三类烟产量比例分别提升到 17.22%、59.19%，重点骨干品牌产量占总产量的比重达 85.80%。

【基础管理】 秉承集团“传承、和谐、创新、超越”的企业精神，深入推进“严、细、实、恒”文化管理，积极推行精益生产，以贯标、对标、创优为抓手，完善“精品店”部门绩效评价，建机制、搭平台、创氛围、促提升，形成持续改进、不断追求卓越的良好工作局面。立足于锤炼“曲烟制造”，积极推行精益生产，完善“精品店”部门绩效评价机制，促进“严、细、实、恒”文化管理进一步扎根于各项工作实践之中。围绕锤炼铸就“曲烟制造”，创新思路，完善制度，抓实贯标、对标、创优工作，广泛开展不同层级的 PDCA 循环，持续改进提升。根据集团下达的管理目标，建立完善涵盖产品质量、工作质量、服务质量、经营性指标在内的多维度厂级管理目标体系。2011 年实施体系管理改进 62 项次，修改完善三级文件 45 个，新制定三级文件 19 个，进一步完善适应工厂发展的体系运行机制。加强全面预算管理，与成本费用控制有机结合，建立项目负责制，实施“项目跟踪单”管理，对预算办、归口部门、执行部门三级管理台账进行全程监控，强化预算的科学性和严肃性，预算执行率显著提。

【质量管理】 精益求精提升质量水平。坚持“我制造、我负责”，以“高标准、精细化、零缺陷”为目标，不断增强主动改善的责任感和紧迫感，精细管理、精益求精，追求卓越。进一步创新质量管控协同机制，建立制丝工艺数据及卷包单项指标管理考核机制，加强对各工序、各品牌工艺质量和烟支各项重点指标的管控，实现质量数据信息的集成和共享，不断提升质量参数管理的标准化、规范化水平。建立物理指标预警、整改、考核与激励机制，促使机台人员主动测量，主动整改，形成良好的闭环改进格局。进一步规范质量行为，组织编制《卷烟在线质量检验规范》及《卷包在线质量控制指南》，统一规范包装及烟支质量检测方法、缺陷判别标准，分析常见质量缺陷产生原因，介绍设备结构原理及质量关键控制点，保证在线质检不漏检、不误判，指导员工提升质量判别和问题分析能力。2011 年，曲靖卷烟厂上级产品质量抽检合格率 100%，市场投诉 7 个缺陷单位，投诉率为 0.066 个缺陷单位/万箱，继续保持集团各生产厂最低水平；在线发现处置不合格品数量同比下降 20.09%；烟支漏气、空头缺陷率明显减少，质量、圆周、长度合格率显著提升。

【设备管理】 精细规范提升设备保障水平。不断探索科学化的预防性维修模式，充分共享在线设备各项数据信息，深入分析研究，努力掌握设备运行规律，将设备维修模式从以前以中修和项修为主、轮保为辅的模式，转向以轮保为主、中修为辅、项修为次的模式，并分类细化轮保内容，建立轮保机组运行质量评价系统，有效改善了设备弱势项目，提升对设备的精度控制水平。强化三级保养，加强周保养，推行维修人员全员开班制度，及时发现并排除设备故障和质量隐患，减少设备停修及异常损耗恢复时间，提高设备生产效率。建立专业点检制度，并在日保养中实行随机检查，对设备运行动态实行量化评价，推进日保养深度和广度。广泛征集操作及维修技巧、方法和经验，总结提炼优秀操作法，并制成视频和手册逐步推广应用，有效规范了员工的操作行为，促进技术技能人才的成长，提高设备对生产、质量、物耗的保障能力。由曲靖卷烟厂厂技术人员编写的优秀操作法囊括集团2011年度设备优秀操作法成果16个奖项中的15个，其中一等奖2项，二等奖5项，三等奖8项。2011年，全厂设备综合效率（OEE）达91.34%，同比提升2.16个百分点；卷包设备有效作业率92.59%，同比提高2.53个百分点；制丝设备故障停机率为0.12%，同比降低0.23个百分点。

【物耗管理】　坚持以精细化的管理要求，从源头抓好关键物耗指标管控工作。将回收辅料由工班分散回收处理的方式转变为由部门集中定点、定机、专人进行处置，进一步提高回收有效率和产品质量控制水平。对废烟、小盒等物耗关键指标，实行晨会通报制，对关键弱势指标进行专人负责跟踪整改，通过预警、整改、考核和激励机制，大幅减少生产过程中的高物耗产生频次，不断降低物耗指标。对设备进行精细调试，深挖降耗潜力，并通过与工艺联动，对设备进行必要的技术改造，降低因辅料差异带来的成本消耗。2011年物耗控制成效显著，集团考核的12项主要物耗指标全部达标，大部分物耗指标同比下降，其中4项指标处于集团领先水平。

【科技创新】　充分发挥企业在自主创新中的主体作用，立足实际，着眼技改后的新工艺、新技术，围绕提质降耗、节能减排等工作，集中力量，重点突破，大力开展科技创新、技术攻关活动，取得一批创新成果和核心专利：梗丝二级膨胀工艺获国家发明专利，滤棒圆周在线自动控制系统获国家新型实用专利，MES系统获云南省科技进步三等奖、曲靖市科技进步一等奖并取得国家著作权保护证书；5 000kg/h制丝线控制系统优化改造、PASSIM卷烟机出烟轮组件研究与应用获曲靖市科技进步二等奖；AGV新型液压钳盘式制动装置、脉冲式自动喷吹清洁装置已获国家专利受理。全年共向云南中烟、集团申报30个科技项目，其中2个项目已获云南中烟批准立项，11个项目通过专家论证拟立项。广泛开展QC活动并取得良好成绩，制造一部9 000kg/h制丝线QC小组的“结块丝松散装置的研制”获得全国烟草行业优秀QC小组成果发布三等奖，动力保障部QC小组以“锅炉辅机冷却水系统设计”获“2011年全国优秀质量管理小组”。

【技改工作】　在全年卷烟生产任务较重的情况下，相关部门密切配合，技改工程各建设项目按计划顺利推进。打叶复烤生产线易地技术改造及新建烟叶仓储设施项目顺利通过集团和云南中烟组织的专家论证，上报国家局进行审批。在抓好各项目建设的同时拟定卷包脱壳改造计划，为下年全面实施脱壳改造做好充分准备。

【人才培养】　瞄准曲烟未来发展需求，预先规划，统筹安排，提前培养、储备各类人才。围绕技改新装备、新技术的需求，大力开展烟机专用设备、自动化物流、电气自动化技术、实用英语等送外专项培训，进口设备的配套技术、装备培训按计划稳步推进，着力提升技术人员对新装备、新技术的应用能力。深入开展卷烟机修理工、卷包电工理论知识培训及竞赛活动，提升理论和实作水平。实行修理人员季度轮换制，集约技术力量对设备疑难故障和质量隐患问题进行探讨分析和解决，通过技术互动、实战作业，打破技术壁垒，整体提升维修水平。以建设电子化交接班信息系统为契机，组织对生产部门进行全员计算机培训并考试取证。围绕生产管理、设备操作维护、在线质量检验等方面制定行为规范，并通过手册、视频示范进行培训，举办行为规范展览，促进相互学习、共同提高，使生产管理和设备的操作维护进一步规范化、精细化。加强内训师队伍建设，外派专家考评员37人次参与烟机设备操作、修理工的职业技能鉴定和行业教材审定工作，承接完成国家局GDX2统编教材项目任务。赴德国豪尼公司参加M5培训的首批学员以良好的文明风尚、团队精神和严谨认真的学习态度赢得德方来函赞誉。

【节能减排工作】　修改完善节能减排管理规定，从定量和定性两方面细化、分解落实节能减排目标，持续改进节能管理，全年烟气烟尘、二氧化硫和化学需氧量排放量进一步下降，单箱综合能耗10.64千克标煤，同比下降10%，保持集团领先水平。

（张　群）

云南曲靖越钢控股集团有限公司

【概　述】　云南曲靖越钢控股集团有限公司始建于1969年11月，是由原曲靖越州钢铁厂通过改革改制成立的民营企业。集团下辖3个直属厂、2个分公司、1个全资公司、10个控股公司，是集冶金、煤化工、建材、发电和房地产开发为一体、工业废弃物充分得到综合利用的循环经济企业。2011年，生产能力可年产生铁105万吨，焦机360万吨、水泥36万吨、新型墙体材料10万立方米，煤气发电装机2.6万KW。职工5 399人，其中冶金、煤焦化、电器、机械、经济管理等各类专业技术人员1 242余人。公司占地3 000余亩，有总资产62.19亿元。2011年实现销售收入58.15亿元，实现税利4.82亿元，其中税金2.65亿元，利润2.17亿元。

【安全管理】　2011年公司从制度建设，人员培训，检查落实着手，抓安全死角，加大对安全隐患的排查力度，以防为主，确保安全生产。与下属15家生产单位、3家煤矿的第一责任人签订安全目标责任书，各生产单位对责任书进行层层分解，签订到个人，签订率100%。做好四级安全教育培训工作，提高新进员工的安全意识，全年集中培训8次，共培训544人。开展各单位负责人及安全管理人员的教育培训工作，对单位负责人196人进行为期二天的安全专题培训，播放相关安全事故影片4部，专题培训20余次，应急器材使用10余次，安全教育影片20余部，受训人数2 000余人。23名取得安全管理人员资格证的人员集中参加曲靖市安全生产协会组织的复训工作，10人取得培训合格证。开展危险岗位人员安全知识培训，180余名危险岗位作业人员参加麒麟区安监局组织的安全培训并取得合格证，培训率100%。各生产单位开展安全检查100余次，查出各类隐患500余条，全部按照“三定”原则进行整改。接受麒麟区安全生产监督管理局安全大检查3次，查出安全隐患80条，按照麒麟区安监局的相关要求，认真完成整改。2011年，投资500余万元对安全隐患进行技改，投资40余万元采购安全防护设施，投资20余万元制作道路交通标识。

（王菊英）

云南省曲靖化学工业有限公司

【概　述】　云南省曲靖化学工业有限公司（以下简称曲化公司）是一个集化工（化肥、煤化工）、冶金为一体，综合利用工业废弃物的循环经济企业。2011年共生产合成氨45 899.22吨（其中碳铵77 222.7吨，液氨27 685.66吨），比上年减产18.26%；生产机焦275 595.21吨，比上年增长12.77%；生产生铁181 072.15吨，比上年增长2.49%；自发电770万千瓦/小时，比上年增长16%。全年实现销售收入92 934万元，实现税金2 281万元，实现利润2319万元，职工人均年收入21 983元，比上年增长15%。在2011年曲靖市辖区内50户重点骨干企业中排名第16位。

【生产平稳有序运行】　2011年，曲化公司在无任何资金来源的情况下实现了生产的平稳有序运行。年初，本着充分利用外部技术、资金和管理优势，最大限度地规避风险，实现双赢，同时又能与承包人有效合作长期发展的原则，及时与丰源铸造炉料有限公司、合成氨厂、洗煤厂、焦化厂等承包单位，对委托管理合同作进一步修定、规范、完善，公司通过授权让受托方对公司所属的资产继续实施全权管理，实行分配权、用工权、管理权自主，最大限度地调动了受托方的积极性、主动性和创造性。公司不仅在收益上每年新增加168万元的服务费，而且在确保其经营过程合法化的前提下，通过协议形式明确要求各生产单位的受托方要做到生产的长、满、优、稳，确保生产的平稳有序运行。

为确保生产经营的连续性和可持续性，2011年焦化厂先后投入108.44万元对一、二、三四车间炉体碳化室的炉墙进行修复，更新了熄焦车、循环槽、风冷塔、锅炉预热器、引风机各一台（套），对粉煤机、化产风机进行了技改和完善，稳定了炼焦工艺，焦碳质量得到了提高。

【安全环保工作】　2011年，曲化公司安全工作实现零死亡、零火灾、零重特大事故、零重大设备事故、零中毒事故。全年仅发生轻伤事故7起，与上年同期相比，下降12.5%。

以签订安全责任书为突破口，全面落实安全生产主体责任和“一岗双责”。与各单位签订《2011年安全生产目标管理责任书》及《2011年安全生产工作承诺书》并交纳安全风险抵押金，建立起安全生产责任体系。认真落实安全生产企业主体责任，明确企业法人代表是安全生产第一责任人，落实“一岗双责”，安全责任层层分解，建立考核机制，明确各自在岗位上所负的安全生产责任，把安全生产管理工作真正做到横到边，纵到底。

抓好“安全生产年”和“安全生产月”两个活动。6月28日，成功组织实施焦化厂煤气泄漏突发事件消防应急救援演练；10月20日，在丰源公司组织开展安全防护器具、消防器材使用实作演练。开展安全生产隐患排查和专项整治治理工作，全年共组织15次检查，参检人员200多人次，查出隐患279条，完成整改278条，另有1条尚在整改中，整改率99%。

筹集资金加大对环境保护的投入，投入120万元建盖烧结料仓大棚；投资460万元对烧结生产线粉尘进行治理；投入100余万元资金对原水渣选场进行搬迁。投资80多万元在生产区砌筑长310米，高5米的挡墙，杜绝固废外泄。投资50万元建设生产废水在线监测系统。投资概算约200余万元的废水处理闭路循环回用项目已签订建设协议。

【技改工作】　1.20万吨/年合成氨技改项目取得明显进展。与越钢集团控股的麒麟煤化工有限公司合作，利用麒麟焦化产生的焦炉煤气（二次能源）与丰源的高炉煤气（二次能源），改造合成氨生产所需的原料气路线，以实现资源的最佳综合利用。为尽快启动这一项目，公司及时成立项目技改领导小组，明确工作职责、任务和要求，已完成该项目可行性研究报告的编制及评审工作，取得省工信委颁布的投资项目备案证。编制完成环评报告及公司的整体规划和合理布局等前期准备工作，待环评审批完成后，该项目即可全面实施。

丰源公司获得铸造用生铁企业资格认定。曲化全资子公司丰源铸造炉料有限公司有240立方米、270立方米炼铁高炉2座。为配套满足20万吨/年合成氨生产装置的需要，在人员基本不增加，又能实现产量翻翻的目标，公司决定投资1.2亿元实施技改。为满足技改后的装置符合国家的产业政策，根据国家工业和信息化部《铸造行业准入条件》的要求开展了曲靖丰源铸造炉料有限公司铸造用生铁企业的申报认定工作，从产品用途、质量、资源综合利用、环境保护、能源消耗、工艺装备、高炉装置建设、土地使用等方面组织了11类近10万字的材料。2011年11月12日2座高炉最终获得国家工业和信息化部公示保留，为高炉的改扩建并持续健康发展打下坚实基础。

（李家德）

农林水利

三农工作

【概　述】　2011年，全区农业农村工作履行“推广新技术、培训新农民、服务新农村”的主要职能，突出“现代农业、农民增收、新农村建设”三大主题，农业产业化建设及结构调整持续推进。全区累计建设优质农产品基地35万亩，观光农业7 500亩，订单农业发展15万亩。先后建成20个科技示范园（场）、20个农业示范基地。新增经济作物1万余亩，占计划的105%；完成各类高产示范样板建设2.95万亩，占计划的100%；经济作物种植25.5万亩，占计划的102%。完成总产量3.27亿千克，总产值59 703万元，分别占计划的105.3%和109%，粮经结构比达36.5∶63.5。

全年农村经济总收入实现66.88亿元，比上年增10.27%；农民人均纯收入实现6 179元，比上年增10.9%。

粮食产业。完成粮播总面积47.16万亩，超计划5%，比上年增0.4万亩，增1%，实现产量18 504万千克，超计划3%，比上年增363万千克，增2%。

蔬菜产业。新增蔬菜基地6 000亩，其中水生蔬菜1 000亩；完成蔬菜种植面积17.2万亩，占计划的104%，其中商品鲜菜7.8万亩，鲜食豆类3.27万亩，大蒜2.43万亩，早洋芋8 500亩，水生蔬菜7 950亩，甜玉米1.06万亩，辣椒8 550亩，魔芋1 100亩，食用菌205亩；完成总产量2.9亿千克，占计划的104%；实现总产值3.8亿元，占计划的106%。

蚕桑产业。完成蚕桑种植面积2.65万亩，占计划的100%；养蚕3.45亿张，占计划的99%（主要是干旱导致桑叶量减少）；产茧130.35万千克，占计划的109%；产值4 814.95万元，占计划的161%；养蚕张数、产茧量、产值分别比上年增6 134张、15.44万千克、820.84万元。

水果产业。新增水果3 046亩，其中葡萄2 046亩，红梨1 000亩；完成水果种植面积50 251亩；完成总产量3 202万千克，占计划的118%；完成总产值8 300万元，占计划的137.8%。

花卉产业。新增花卉1 100亩，其中鲜切花100亩，绿化苗木1 000亩；完成花卉种植面积6 236亩，占计划的100%；实现总产值10 056万元，占计划的100.6%。

水产产业。共完成水产养殖总水面2.86万亩，其中池塘面积13 349亩（精养塘11 009亩），优质鱼推广面积7 230亩；完成商品鱼11 450吨，其中优质鱼3 600吨，改造中低产鱼池500亩，圆满地完成了全年各项工作任务。

龙头企业。共培育扶持农业龙头企业59家，其中省级重点龙头企业6家，市级重点龙头企业21家。资产总额9.87亿元，固定资产5.42亿元，其中资产总额1 000万元以上的龙头企业26家，固定资产1 000万元以上的龙头企业22家，销售收入1 000万元以上的龙头企业10家，交易额1亿元以上的专业市场2家。年底，实现销售收入17亿元，上交税金1 050万元，出口创汇520万美元，实现利润2 430万元，带动农户12万户次，吸收农村剩余劳动力4 200余人，带动基地种植面积15.2万亩，养殖牲畜40万头，养殖禽类70万羽。建设无公害农产品生产基地10.8万亩，获得有机产品认证3个，绿色农产

省、市、区领导陪同农业部部长韩长赋视察麒麟区万亩现代蔬菜基地

（王华芳　摄）

品认证9个，无公害农产品认证55个。全区农业产业化率45%。

【农民专业合作组织】 通过加大《农民专业合作社法》和《农民专业合作社管理登记条例》的宣传，重点培育以蔬菜、花卉、水产、养殖为主的农民专业合作经济组织，并组织辖区内有一定带动作用的农民专业组织开展信息交流、技术培训、新品种新技术引进、示范、推广和建设标准化生产基地等，争取扶持一个，成功一个，带动发展一片。2011年新增农民专业合作组织10个，累计87个，其中农民专业协会13个，农民专业合作社74个，成员8 000余人，带动农户3.5万户。

【现代农业发展】 优化产业布局，加快优势农产品基地建设。种植业围绕“城郊苗果花，坝区稻渔藕，山区烟菜桑，沿路生态园”，畜牧业围绕“城镇加工转化带、坝区养殖聚集带、山区草食开发带”的思路优化产业布局，做到优势产业向优势区域集聚，不断满足城市多样性、优质性、精品性和观赏性的需求。

加大粮经作物科技集成创新。切实加大粮经新品种的更新换代和新技术的示范推广，新技术、新品种覆盖率达90%以上。

强化农业标准化生产。通过实施县级农产品质量安全体系建设项目，加快无公害农产品基地认定和质量认证，标准化生产率达45%以上，上市农产品检测率达35%以上。

提升综合机械化程度。共争取中央财政农机购置补贴资金274.59万元（含农机直补超市销售机具），省级累加补贴资金30万元，市级烟草累加补贴44.54万元，示范带动农民投资800多万元购机，受益农户235户，新购置农机具300台。新增农机动力1 227.78万瓦特，新增各类农机及配套机具1 204台，完成下达任务目标的122.79%；农机从业人员6 539人；完成机耕面积37.6万亩，完成下达任务数的125%；机收2.8万余亩，完成下达任务数的284%；机播1.8万亩，完成下达任务数的180%；机电灌溉17万亩，完成下达任务数的106%；进行机械植保32.76万亩，完成下达任务数的100.8%。春秋耕农用油储备约230吨，保证全天候正常供应。

兴办粮经作物科技示范样板。着力打造粮经作物各类示范样板典型，在上年基础上，继续兴办各级各类科技示范样板，重点是优质稻、甜玉米、出口型叶类蔬菜、丰产桑园、丰产优质梨、鲜切花、名特优水产品池塘精养示范等粮经作物高产示范样板。

【农村劳动力转移培训】 通过健全新型农民培训体系，农村劳务产业发展形势喜人。2011年共培训农村劳动力2.82万人，完成市级全年有序转移输出任务数2 400人的267.41%，全区农村劳动力累计转移输出16.69万人，占全区农村劳动力总数271 885人的61.39%，其中新增转移农村劳动力9 380人。

【农业信息化建设】 通过完善“数字乡村”工程、国家级“三电合一”试点项目、县乡“金农工程”，麒麟农业信息化建设成效显著，被省农业厅表彰为“农业和农村信息化建设先进单位”。在“麒麟区农业信息网”发布各类涉农信息、供求信息7 000余条，上传“中国农业推广网”关于麒麟区的各类信息并录用600余条，上传农业视频120余个，报送电视新闻48条；组成19人专家队伍，在全市率先开通“12316”农业语音服务热线；通过中国移动向26.1万手机用户发送“农信通”手机短信130余条；编发《麒麟农业信息》41期；“麒麟区农业信息网”年访问量88万次。

（张梁　钱涛）

渔　业

【概　述】 2011年，按照中央、省、市渔业工作会议精神要求，以保持渔业可持续发展为主线，增加养鱼农收入为中心，主攻池塘精养和休闲渔业，创新特色渔业发展，狠抓标准化鱼池改造，积极寻求项目支撑，突出发展无公害水产品，强化水产品质量安全管理，着力提高水产品市场竞争能力。加大渔业执法力度，切实贯彻“珠江禁渔期制度”，保障渔业资源可持续利用，促进全区渔业又好又快发展。全年共投放鱼苗2 100万尾，鱼种1 975吨。加强无公害产地和产品认证，已认证无公害产地5个、无公害产品9个。购进光合细菌培养基2.5吨，全年共生产光合细菌10余吨。确定3个测报点共360亩养鱼水面，监测鱼病害发生情况。

【新品种试养】 在珠街、沿江、三宝以彭泽鲫鱼、湘云鲫鱼、青鱼、武昌鱼、西兰鲤等名、特、优新品种养殖为主。在山区、半山区水质较好的乡镇，发展叉尾鮰、加州鲈鱼养殖。在继续加强娃娃鱼的技术指导和管理的基础上，加大“芙蓉鲫、俄罗斯鲤、超级鲤”的养殖推广力度，引进优质新品种“异育银鲫、长丰鲢”各100万尾进行试养。区水产站从宜宾引进“中华胭脂鱼、中华倒刺鲃、白甲鱼、长吻鮠”4个新品种3 000尾进行试养。

【渔政、船检、水产品质量监管】 加强对《渔业法》、《水产苗种管理办法》和《麒麟区水产苗种管理办法》的宣传贯彻。加大对水产种苗、鱼药、鱼饲料销售点的走访和检查，散发资料200余份。规范苗种流通市场，对无证经营户加强整治，杜绝假冒伪劣、过期以及禁用药物产品的使用。加强对电鱼、炸鱼、毒鱼、水域污染死鱼事件的查处力度。对非法电捕鱼进行集中整治3次，对电捕鱼当事人教育警告1起，没收电捕机1台。

船舶登记工作。全区共有非机动小木船160艘，其中铁皮船60艘，木船89艘，玻璃船11艘。已登记非机动渔船27艘，和船主签定安全责任书27份；登记病险船舶28艘，和船主签定严禁使用保证书28份；发放渔船管理制度55份，对已登记的27艘无病险非机动渔船进行了编号、喷字，对病险船舶喷“严禁使用”字样，并对船主进行安全作业宣传。

为确保珠江禁渔期制度的顺利实施，区政府出台禁渔工作方案，发布了禁渔期公告，区财政下拨禁渔专项经费10万元，区渔政渔港监督管理局下属渔政大队向各乡（镇）街道散发通告150余份，宣传资料20 000余份，粉刷长久性标语60条，永久性固定通告牌6块。强化水产品质量监管，对全区养殖场、养殖户开展专项整治，对鱼药、鱼饲料经销店进行定期或不定期检查，加强水产品质量安全的源头监管。配合农业部水产品质量安全抽检活动，进行水产品市场整治4次，出动执法人员40余人次，对批发市场和超市进行水产品抽检4次。

【渔业项目申报及实施】 项目申报。全年共申报6个项目，分别是：《农业部鱼病室项目》、《麒麟区优质水产品基地建设标准化池塘改造项目》、《麒麟区集约化冷流水养殖基地建设项目》、《麒麟区大龙水产良种园休闲观光渔业项目》、《云南水产十强县项目》和《云南水产基地县项目》。

项目实施。1. 在省水产技术推广总站指导下，区水产站落实好“麒麟区国家大宗淡水鱼类产业技术体系建设项目”具体实施工作，做好项目基础信息采集，组织专业技术人员进行大宗淡水鱼类养殖培训520人次，实施低产鱼池标准化改造，全年完成标准化池塘改造500亩。在项目区认真落实“异育银鲫（中科3号）和长丰鲢”的试养工作，并安排专人到项目区进行技术指导。2. 做好“麒麟区水生防疫站”后续项目建设——水产品质量检测设备采购工作，采购经费30万元，全部仪器设备通过政府采购中心采购，共购买仪器设备19台（套），已投入使用。3. 做好基层农技推广体系改革与建设示范县水产产业的各项具体工作，向养殖户发放物化补贴1.5万元。

蚕茧自动收烘设施 （冯吉莲 摄）

【水产发展】 积极创新水产发展投融资体制，鼓励集体（池塘所有者）、池塘承包人和渔业企业投资发展水产产业，充分调动社会各界参与水产发展的积极性。经多方协调，向区政府争取70万元水产产业经费、10万元珠江禁渔工作经费、10万元换渔政制服经费。市农业局2011年安排10万元水产产业经费。争取农业部“水产品质量安全检测仪器和设备购置”项目款30万元、云南省农业厅“麒麟区优质水产品基地建设标准化池塘改造”项目经费20万元。

（张梁 钱涛）

经济作物管理

【概 述】 2011年，麒麟区经济作物管理服务中心以发展现代农业为主线，农业增效、农民增收为目标，全面推进蔬菜、蚕桑、水果、花卉等优势产业发展。全区完成新增经济作物10 146亩，各类高产示范样板建设29 500亩，经济作物种植25.5万亩，完成总产量32 752.3万千克，总产值59 703万元。

【重点项目建设】 中央财政支持现代农业发展蔬菜项目。2010年麒麟区被云南省政府列为中央财政支持现代农业生产发展蔬菜产业项目实施县（区）之一，2011年完成项目建设的各项目标任务，顺利通过省级检查验收。项目共完成投资3 500万元（其中中央财政支持300万元、水利工程投资180万元），完成6 000亩基地基础设施建设，建设道路3 844米，排灌沟渠3 029米，交通桥5座，新建涵管73米，人行桥18道，钢板闸2道。安装喷灌6 000亩，建大棚500亩，育苗大棚10亩。

省财政扶持蚕桑产业发展项目。2010年8月麒麟区被列为省财政扶持发展蚕桑产业项目实施县（区）之一，2011年9月项目通过验收。该项目共投入资金1 459万元（其中省财政扶持200万元），完成品种改良1万亩（其中嫁接改造147万株，缺塘补植58.5万株），1万亩桑园全部施农家肥、翻挖、修剪伐条、病虫害统防统治。改扩建小蚕共育室400间（其中茨营350间、三宝50间）；改造蚕茧烘烤设施3座，选用创艺08系列蚕茧烘干机，分别安装在茨营乡的茨营和团结收购点、三宝镇的农业综合站，春茧烘烤全部投入使用，运行正常，日烘鲜茧30吨，烘烤效率比过去的73型热风灶提高了50%，节约成本30%；改扩建蚕种催青室，从南京引进蚕种智能催青设备一套，建成一间智能蚕种催青室，已安装调试完备，年可催青蚕种5万张，并在茨营乡建设两间蚕种保管室。

基层农技推广体系改革项目。按照麒麟区农业推广体系改革实施方案的工作要求，对蔬菜、蚕桑、水果三个产业开展了科技入户工程，建立科技示范户430户，辐射带动农户8 000多户。通过项目实施，实现了经济作物主推品种覆盖率100%，主推技术进村入户率、到位率95%以上，辐射户85%以上，增产或增效15%以上。

蔬菜生产预警项目。麒麟区被农业部列为全国200个蔬菜生产信息监测示范县之一，2011年确定信息管理员9名，加强蔬菜生产信息监测预警，同时按时完成每月“逢4”的蔬菜生产进度报表。充分利用麒麟区被列为“十二五”国家大宗农产品蔬菜产业体系昆明综合试验站的五个示范县之一的机遇，参与国家、省相关部门组织的蔬菜生产技术试验示范工作，及时掌握省内外的蔬菜产业发展情况，编写好有关蔬菜生产、加工等方面的信息、新闻和专栏，加大对蔬菜产业发展情况的宣传，确保蔬菜生产和供应平衡。

蔬菜标准园创建。麒麟区被列为农业部蔬菜标准园创建实施县，根据云南省农业厅《关于加紧做好蔬菜水果标准园创建项目实施方案的通知》要求，成立标准园创建实施领导小组。项目完成标准园区建设1 350亩，安装振频式杀虫灯和黄板1 200亩，引进蔬菜新品种试验示范种植500亩，完成蔬菜农残检测室和生产档案建设，开展蔬菜标准化生产技术培训等。11月25日，项目通过验收。

【农业科技创新】 新品种引试。2011年与农业科研院所对接，引进试种各种经济作物新品种22个，其中蔬菜11个（水生蔬菜莲藕品种5个，茄子、甜玉米新品种6个）；蚕桑5个（从省农科院蚕桑研究所引进云丰2号、5号、丰田2号、5号和蚕品种云蚕9号）；花卉6个（冷美人、假日公主、维西利亚、雪山、蜜桃雪山、苏醒）。

新技术推广。综合应用作物间套种，大力提高复种指数，推广蔬菜间套种、复种和混作技术，果园套种魔芋、烤烟套种白菜、豌豆等技术，积极倡导秸秆还田，大量使用农家肥，推广测土配方施肥，大力改良土壤结构。在蔬菜生产上大面积推广应用大棚喷滴灌、漂盘育苗、振频式杀虫灯、大中小型微耕机等设施设备，强化配套设施，提高生产力；蚕桑生产主要围绕优质蚕茧基地建设，推广省力化蚕台1 018套，小蚕自动升温补湿器510台，在养蚕生产中推行“四化四统一”（消毒机械化、小蚕商品化、大蚕省力化、上蔟方格化，桑园统一病虫害防治、统一药物、统一计量、统一用药时间）。实现小蚕共育率100%，方格簇上蔟率100%；水果生产上推广露地葡萄双十字“v”型架、简易避雨设施，进行梨品种改良1 300亩；花卉种植上推广高墒有机质栽培技术，扦插蔷薇嫁接月季品种，提高植株根系生长量、抗逆性和产花质量，推广节水灌溉500亩，进行品种改良500亩。

良种繁育。扩繁水生蔬菜莲藕、慈菇刮老乌品种，并试繁两个品种，大蒜采用地膜覆盖繁种6个，全年以种子形式销售蒜头2 000余吨，主要销往河南的洛阳、平顶山，湖南的长沙、衡阳，江西的吉安、景德镇等地。引进法国小粒蚕豆品种种子进行繁种示范种植1 000亩，已精选收购种子10吨。

【科技示范带动】 经济作物高效样板建设。大力推广应用集成技术，加强产业配套服务，发挥示范带动作用。共完成各类高产示范样板建设29 500亩，其中蔬菜完成高效示范样板20 000亩，水果完成优质葡萄高产样板4 000亩，蚕桑完成丰产桑园样板5 000亩，花卉完成优质鲜切花示范样板500亩。

“一村一品”专业村建设。围绕蔬菜、蚕桑、水果、花卉重点生产区域，着力发展一乡一业、一村一品的地方特色专业村，完成城郊型蔬菜一村一品示范种植2 400亩（其中三宝600亩、越州500亩、沿江300亩、寥廓1 000亩）。通过大户带动，专业村建设进一步扩大，已形成4个产业10余个专业村，如：小坝圩小葱村、张家营大葱村茉蓝村、黄旗莲藕村、横大路大蒜村、茨营蚕桑专业村、中所葡萄专业村、大龙花卉专业村等。

科技示范园建设。水生蔬菜示范园相继开展莲藕、慈菇的品比试验和繁种试验，筛选出1个适宜麒麟区种植的莲藕品种00－01，为周边农户提供藕种30多吨。

【农产品质量安全】 加大优势特色品牌培育力度，重点打造速冻蔬菜、供港蔬菜、魔芋、蚕茧、优质梨、优质葡萄、韭菜花、园艺花卉苗木等八大优势农产品，培育优势农产品品牌，搞好无公害、绿色、有机食品和GAP认证及地理标识登记，扩大影响，开拓市场，提高效益。

开展标准化生产，根据国家食品安全生产相关要求，围绕蔬菜外销企业，重点在茨营堂生蔬菜专业合作社开展外销蔬菜标准化生产示范5 000亩，巩固提高3 000亩韭菜花国家级标准化示范区。

加大推进基地及产品认证和商标注册力度，建成无公害农产品生产基地7.9万亩，获得了“云珍牌”速冻蔬菜、“富力牌”魔芋粉、“阿诗玛牌”韭菜花、“麒麟牌”和“勤申牌”蚕茧及丝织品、“红美珠”葡萄和“翠峰山牌”梨等优质农产品商标注册。2011年“阿诗玛牌”韭菜花被省商务厅认定为第一批“云南老字号”品牌。

认真组织实施农产品检验检测制度和监督管理制度，加强经济作物生产、加工及销售标准化管理，切实提高农产品质量、商品率和安全水平。建立产品质量安全和分等分级及生产技术规程标准体系，蔬菜标准园100%推行标准化生产；完善投入品管理、生产档案、产品检测、基地准出、质量追溯等5项全程质量管理制度，形成产品质量安全管理长效机制，提高了农产品质量安全。

【农业产业化经营】 把培育、扶持、发展、壮大农业龙头企业作为提高农业产业化经营水平的一项重要举措，全区已引进培育水果营销大户16户，花卉种植大户22户，蔬菜种植加工企业7家。其中蔬菜种植企业4家，分别是越州勇记农业开发有限公司、曲靖市绿联高新

万亩现代外销蔬菜基地　　　　（王华芳　摄）

有限公司、深圳茂雄公司、麒麟区堂生蔬菜种植专业合作社。通过以上4家龙头企业的进驻，集中流转土地1.5万余亩。加工企业3家，分别是麒麟速冻蔬菜加工厂、曲靖兴曲调味品厂、喻啤红油调味品加工厂；龙头企业科技示范种植1.12万亩，其中蔬菜种植企业越州勇记农业开发有限公司种植外销供港蔬菜3 200亩，茨营绿联、乐颐公司种植外销蔬菜3 000亩，堂生蔬菜种植专业合作社种植外销蔬菜5 000亩；蔬菜加工企业带动订单种植4.4万亩，其中麒麟速冻蔬菜加工厂带动生产速冻小粒蚕豆、豌豆、毛豆3万亩，速冻甜玉米6 500亩；喻啤红油调味品加工厂带动种植辣椒面积2 000亩；曲靖兴曲调味品厂带动种植韭菜花2 000亩、苤蓝500亩、辣椒1 000亩。

（周建所）

中低产田地改造

【概　述】　2011年，麒麟区中低产田地改造工作进一步健全完善中低产田地改造的综合协调机构和联系机制，明确责任，形成有分有合的工作格局。2010～2011年度，全区改造中低产田地4.1万亩（市下达3.3万亩），总投资5 673.93万元，其中农业综合开发项目2个，在珠街改造0.32万亩，投资362万元，在沿江改造0.3万亩，投资378万元；小型农田水利重点县建设项目4个，珠街汪家寺输水工程，改造0.77万亩，投资907.42万元；越州黄泥堡水库渠系配套工程，改造0.55万亩，投资465.79万元；茨营胡家坟水库渠系配套工程，改造0.3万亩，投资618.71万元；珠街红花海子节水工程，改造0.41亩，投资750万元。巩固退耕还林成果基本口粮田建设项目在茨营团结改造0.25万亩，投资159.85万元；土地整治项目3个，在越州潦浒改造0.45万亩，投资885.01万元，在东山转长河改造0.52万亩，投资789.06万元，在寥廓冷家屯改造0.23万亩，投资358.09万元。以上项目2011年6月底全部完工并投入生产使用。

年内争取到3个项目，分别是中央财政现代农业蔬菜项目（300万元）、省级蔬菜产业项目（200万元）、中低产田地改造以奖代补资金项目（160万元）。

【农业综合开发项目】　麒麟区着力把农业综合开发项目打造成中低产田地改造的示范亮点。2010年～2011年，农业综合开发项目在珠街桂花改造优质稻基地0.32万亩，在沿江四圩改造优质稻基地0.3万亩，项目总投资740万元。工程建设内容为：衬砌渠道15.1千米，渠系建筑物950座，机耕路10.25千米，优质稻、测土配方施肥示范推广0.14万亩，进行科技培训7 000人次。项目于2010年11月16日动工，2011年3月底全部竣工。项目实施后，项目区改善灌溉面积0.44万亩，改善除涝面积0.2万亩，新增节水灌溉面积0.44万亩，年节约用水120万立方米，项目区农民收入增加198万元。

【中低产田地改造项目管理】　各项目部门严格按照项目建设程序组织实施项目，区中低产田地改造办公室认真做好督促检查考核等相关工作。工程建设管理严格按照项目建设基本程序组织实施，实行项目合同管理制、公开招投标制及项目监理制，并积极推进项目公示制度，将项目相关情况向群众进行公示，广泛接受群众监督。项目资金管理严格按照相关项目资金管理办法及规定，实行“三专一单列”的财务监督管理制度，并严格按工程承包合同和进度分期拨付项目资金，切实提高资金管理使用的规范性、安全性和有效性，提高资金使用效益。建立中低产田地改造激励机制，制定绩效考核奖惩办法，项目明确到部门，责任落实到单位、落实到人，年底由区中低产田地改造办公室组织相关人员对有改造任务的单位、乡镇进行检查考核。

【越州马坊中低改项目建设】　越州镇马坊村委会、越州社区中低产田地改造项目是云南省财政厅、云南省中低产田地改造协调领导小组办公室2011年下达的中低产田地改造以奖代补资金项目，总投资160万元，改造面积1 600亩，由区中低产田地改造办公室组织实施，建设期限为2011年12月至2012年3月。2011年10月完成工程动工前期准备工作，11月完成前置审计和招标等工作，12月组织开工建设。

工程建设：马坊村委会建机耕道1条，长1 200米，机耕道口4道。建1#单沟路渠道1条，长1 200米；2#C15毛石砼渠道1条，长850米；3#M7.5浆砌石渠道1条，长340米，4#M7.5浆砌石渠道1条，长30米。新建36平方米排涝泵站1座。越州社区建C15毛石砼渠道1条，长1 000米；建机耕道口3道。

农艺措施：推广测土配方施肥技术1 100亩，种植绿肥500亩，秸秆还田1 100亩，推广新型肥料（缓控释肥）500亩。开展项目区农户科技培训500人次。

（邓光阳）

农　机

【概　述】 2011年，全区农机工作抓住国家农机购置补贴政策机遇，进一步创新服务方式，巩固"平安农机"示范区农机安全管理，抓好劳动力转移培训，提高农机手操作水平和服务技能，实现了连续14年无重特大事故和零死亡率的目标。

【机械化作业水平】 2011年新增农机动力1 227.78万瓦特，新增各类农机及配套机具1 204台（其中各型拖拉机167台、配套机具199台、耕整机220台、农用灌溉机械379台、机动喷雾机15台、联合收获机8台、农产品初加工机械153台、农用运输车43台、农田基本建设机械20台），完成下达任务目标的122.79%；农机从业人员6 539人。完成机械耕耙作业面积37.61万亩，完成下达任务数的125%；机收2.84万亩，完成下达任务数的284%；机播1.8万亩，完成下达任务数的180%；机电灌溉17.48万亩，完成下达任务数的106%；进行机械植保32.76万亩，完成下达任务数的100.8%。

【农机劳动力转移培训】 2011年，在区农机学校、东山、越州、珠街、沿江农机站举办大、小拖拉机驾驶员培训班，对理论、场教、路教进行严格培训。共举办培训班8期，新训驾驶员213人，占年计划206人的109%。

【农机年度审验】 2011年末全区拖拉机拥有量4 498台，在册3 478台，其中转入62台，转出8台。全年应检拖拉机2 533台，已检验2 305台，其中新注册122台，检验率91%；拖拉机驾驶人1～10月应申请审验换证299人，已审验换证299人；拖拉机交通强制保险2 305台，达已检数的100%；向驾驶人发放注册登记通知27份、检验通知2 331份、审验换证通知300份；完成拖拉机"一机一档"建档3 096份，驾驶人"一人一档"建档1 136份；报送安全工作信息6条；农机专题总结报告5份。在检验工作中严格按拖拉机检验标准和"三见面、四相符"的原则进行检验，已检验的2 305台拖拉机中，共查出不合格项目292个，当场督促驾驶员修复后进行签证。

【落实购机补贴政策】 2011年，共争取中央财政农机购置补贴资金274.59万元（含农机直补超市销售机具），省级累加补贴资金30万元，市级烟草累加补贴44.54万元，示范带动农民投资800多万元购机，受益农户235户。新购置农机具300台，其中耕整地机械224台、种植施肥机械（马铃薯播种机）1台、田间管理机械1台、动力机械45台、70马力以上大型拖拉机28台；收获机械12台，其中收割机6台，甘蔗装载机6台；收获后处理机械（冷库）14组；畜牧水产养殖机械2台，其中挤奶机1台，冷藏罐1台；农田基本建设机械（农用挖掘机）1台。

【农机安全工作】 巩固"平安农机"示范区创建工作，全区10个乡（镇）街道严格按照"六有"（有领导负责、有共管机制、有必备设施、有人机台账、有安检宣教、有目标考评），30个示范村、社区按照"六有一无"（有领导高度重视、有农机安全管理员、有安全生产措施、有安全宣教活动、有检验合格人机档案、有创建痕迹资料，无重特大农机事故）等创建标准，不断完善档案资料。6月12日，在曲靖南城门开展"农机安全生产月"宣传活动，各乡（镇）街道农机站通过宣传展板、宣传材料，播放警示教育光盘，发手机短信，致机手一封信等方式开展宣传。期间，全区共出动宣传车辆23车次，进行宣传22天，134人参与活动，进入行政村138个，学校18个，企业38个，集贸市场120个，印发各类农机安全学习材料5 270份，悬挂横幅18条，张贴宣传标语182条。

为切实加强对上道路拖拉机路面动态管理，农机与交警、安监等部门联合执法，对上道路拖拉机进行专项整治联合检查，经常性上路开展"拉网式"检查。全年共检查拖拉机2 850台，查处各类违法行为641台次，检查农机修理点23个次，无证经营1个，未发现不安全经营情况。检查农副产品加工站113个，对14个有安全隐患的加工站督促其限期整改和线路更换，增添加工安全防护装置。农机供油点检查36个次，全区有农机油库6座，已全部包出，农机站虽然没有直接经营，但负有监管、督促检查和安全连带责任，区农业局安排专人每月实施定期检查。加强微耕机管理，确保农村地区拖拉机、农耕机违法载客专项整治行动确有成效。从7月中旬开始，由监理站负责组织实施，展开对微耕机的清理调查工作。召开3次全区农机站站长专题会议，对摸底调查的内容及工作开展做全面部署。第一次摸底调查全区有501台微耕机，实际调查完成448台，通过照相并填写"微耕机安全管理信息表"，因市监理所网站建设尚未完善，全部资料还未进行录入和上报。与微耕机机主签定"安全生产责任书"448份，发放各类安全操作手册和资料500多份。在安全管理上采用集中培训和分散教育发放宣传资料为主的办法，在珠街乡集中培训100余人。从9月1日开始，各站分别采取与当地交警中队安检或独立等方式对全区拖拉机、微耕机违法载人情况进行专项整治。全区分9个检查组，主要在集镇、危险路段、乡村便道、山村道路、农耕机作业场所等地开展检查，4天共出动农机监理人员142人次，检查车辆50辆次，检查道路69条，检查行政村82个，检查赶集点20个，拖拉机388台，微耕机178台次。对146台违章进行了现场处罚和批评教育。

（张梁　钱涛）

畜牧业

【概　述】　2011年，麒麟区畜牧兽医工作以“3456”发展思路统筹麒麟畜牧业“十二五”发展，坚持“七化”标准推进畜牧业现代化进程，畜牧业生产和畜牧兽医行政执法稳步推进。

【畜禽养殖小区建设】　2011年计划新建畜禽规模养殖小区25个。至10月底，共45个单位及个人申请建设畜禽养殖小区，已建设完工33个，其中生猪养殖小区6个、肉牛养殖小区8个、肉羊养殖小区12个、养鸡小区5个、商品鸭养殖小区1个、养鸽小区1个，超任务完成8个。完成投资5 100万元，建成畜（禽）舍54 000平方米。

【畜牧兽医】　2011年，全区共实施猪人工授精改配91 438窝，牛改配7 834头（其中冻改3 996头），马匹人工授精改配4 805匹，山羊改配10 024只，绵羊改配2 652只；推广良种禽430万只（其中商品鸡309万只、商品鸭121万只）；推广良种獭兔31万只；推广青贮饲料10.73万吨、氨化饲料52 709吨、工业饲料28 965吨（其中配合饲料18.84万吨、浓缩料9 796吨、添加剂327吨）、大田种草1 500亩。组织技术咨询服务6次，接待咨询3 036人次，发放宣传资料12 478份，制作生猪养殖科教片1部，开展畜牧兽医科技培训89期5 162人次，其中动物防疫培训32期1 324人次、生猪养殖培训1期147人、畜种改良培训2期63人次、青贮氨化技术及熟改生喂46期3 126人次、草食畜养殖技术培训1期119人次、草原生态保护建设业务技术培训1期85人、畜牧兽医行政执法培训3期142人次、兽药GSP认证培训3期156人次。科学技术对畜牧业生产的贡献率86%。

【畜禽产品质量安全监测】　全区共强制免疫牲畜口蹄疫154.92万头（只），高致病性猪蓝耳病142.83万头，高致病性禽流感382.55万只，应免率100%；狂犬病免疫31 888只，免疫密度99%，扑杀野犬4 662只；免疫新城疫371.61万只，免疫密度96%以上；采集动物血清2 075份进行免疫抗体及疫病监测检验，免疫保护率80%以上。全年兽药经营GSP管理认证达标20家，完成兽药质量抽检样品39个批次、饲料质量抽检样品35个批次、牛奶样品5个批次、“兽药残留”抽检样品100批次；开展兽药饲料质量专项整治6次，没收假兽药1 241盒，立案查处违法经营兽药单位7个；加挂生猪标识并录入上传数据13 805头只，实施产地检疫猪27万头、牛18 142头、羊14 200只、禽类68.8万羽，进行屠宰检疫猪14.78万头、牛4 380头、羊3 285头（只），检出病害猪739头、病害羊16只；区内26户奶牛养殖户296头奶牛全部建立个体档案，防疫及用药用料、生鲜乳收购全部纳入监管范围；监督上市肉类10 624吨，无害化处理病害肉4.2吨，立案查处违法案件2起，其中未经审批引种案件1件；办理跨地引种手续3起，引进种公猪32头、种母猪500头；办理《动物防疫合格证》32个，审证1 867个；上传发送畜牧兽医信息169条，被云南省动物卫生监督网刊载2条。

【畜牧重点项目】　生猪调出大县项目。2011年生猪调出大县奖励项目，总投资1 326万元，其中中央补助资金406万元，涉及3个万头猪场建设任务，其中大自然公司养殖基地建设已完成建设内容，越州天源养猪场和三宝青峰猪场正在建设中。3个万头猪场建成后新增猪舍面积33 000平方米、母猪1 800头、肥猪出栏3万头以上。实施方案已上报，待批准后组织实施。

生猪良种补贴项目。按照《麒麟区2011年生猪补贴实施方案》，着力抓好项目技术培训及各项规章制度的建立健全工作和项目监督检查。1～10月引进良种母猪420头，利用良种公猪78头，共使用精液17.41万份，配改母猪79 846窝，受胎数76 972窝，总受胎率96.4%，养殖户受惠170多万元。

草原生态保护补助奖励机制项目。按照省、市关于草原生态保护补助奖励机制工作的相关要求，完成全区草地面积核实、规范草原承包经营、禁牧区域划定、草原载畜量核定、牧户数量核实以及资料搜集整理、电子档案管理系统建立等工作。2011年全区实施禁牧补助面积5.03万亩、草畜平衡面积33.8万亩、牧草良种补贴20 244万亩，发放补贴80.88万元，草原生态保护与草食畜生产供给得到有效统一。

【畜牧重点龙头企业】　区域内有云南滇东联合食品有限公司，为国家级农业产业化龙头企业；曲靖市利民獭兔有限责任公司，为省级农业产业化龙头企业。

云南滇东联合食品有限公司。注册资金1 085万元，于2005年12月14日由云南神农农业产业集团对原曲靖麒麟肉食开发（股份合作）公司实施股权收购后成立的民营企业。公司专门从事牲畜定点屠宰、加工和管理、经营肉类及海水产品，下设1个瘦肉型猪良种繁殖场、1个万头商品猪养殖基地、1个生猪定点屠宰加工厂、1个牛羊定点屠宰厂、1个位于市中心区域的副食品批发交易市场和7个乡镇食品站，有700吨冷库1座。2011年，共生产加工热鲜肉、白条肉、冷冻白条肉、排酸冷鲜分割肉等主要产品1.46万吨，板油、内脏、头、蹄等各种副产品5.6万吨。全面实施农业产业化经营，按照“公司＋基地＋农户”的模式，与养殖专业户签订长期的生猪回收合同，按市场价供应商品仔猪和饲料，按合同价收购商品猪，合同价收购后每头奖励农户5～20元，直接带动农户1万多户，户均增加6 000元以上的经济收入。

曲靖市利民獭兔有限公司。成立于1998年，集种兔培育、标准化兔舍设计、笼具加工、饲料加工、商品兔回收、板皮加工、“麟獭牌”兔肉系列产品加工、餐饮文化于一体。2011年，公司已发展规模獭兔养殖户3 032户，1～10月销售种兔21 720只，收购加工獭兔26.56万只，销售收入3 000多万元；销售养兔专用器材、饲料等其他收入300多万元。4月，在云南畜牧业协会第二届会员代表大会上，公司被评为“云南省畜牧行业优秀企业”，5月，在由中国首届（2011）中国兔业发展大会暨中国畜牧业协会兔业分会第三届会员代表大会上被评为“首届全国养兔行业优秀企业”。公司重点打造的“利民獭兔花果山庄”于8月份正式运营，投资3 500万元的兔肉食品深加工厂正在建设中。

【疫病防控】 2011年实施麒麟区动物防疫体系乡镇兽医站续建项目，总投资45万元，在9个乡镇兽医站各安装1个11立方米的疫苗冷库（共9个），购置配备疫苗冷藏包、动物防疫采样设备、消毒设备、防疫防护用具、电脑、传真机、复印机等设施设备，提高重大动物疫病应急处置能力。落实防疫责任，强化“政府保密度，畜牧部门保质量”的“双保”责任，实行目标管理，区、乡、村、户层层签订责任书，按照“统一组织，集中免疫，整村推进”的要求，抓好重大动物疫病和畜禽常见病、多发病的防疫，从源头提高畜禽健康水平。规范防疫管理，健全动物免疫档案，做到“村有免疫台账、户有免疫户口册、畜有免疫标识”，推动动物疫病追溯工作。健全防疫统筹机制，制定《麒麟区动物防疫整村推进工作实施方案》，防疫工作经费列入同级财政预算，区财政安排必要工作经费，畜禽饲养量较小的街道每年确保投入不少于3～4万元，畜禽饲养量较大的乡镇每年确保投入5～8万元。加强村级防检员队伍管理，定目标、定责任、定考核。从2011年起，村级防检员补助标准从每年1 200元/人提高到每年2 400元/人，列入区财政预算。

【畜牧业行政执法】 强化养殖管理。严格养殖登记备案制度，规范养殖档案，依法核发养殖代码；开展免疫标识佩戴，做好数据录入，

区林业局开展杨善洲纪念林植树活动　　（严青松　摄）

推动疫病追溯体系建设。强化防疫监督，严格动物防疫条件审核，开展畜禽产品产地环境监测评价，从养殖到运输、加工（屠宰）、销售等各个环节必须持有《动物防疫合格证》；加强市场流通监管，禁止未经检疫、检疫不合格的动物及其产品上市。强化兽药饲料监管，实行兽药GSP认证，落实兽药饲料质量承诺和准入制度，依法办理兽药饲料监督管理卡。强化种畜监管，严格执行《云南省种畜禽管理办法》，种畜禽生产经营（或生产商品代仔畜雏禽）单位必须做到“一场一证”，品种引进具备“三证一档一书”。

【畜牧项目扶持】 加大财政投入。区财政投入资金310万元，保证动物疫病防制、行政执法、良种引进等基础性投入和用于能繁母猪保险、生猪产业“三百”工程、畜禽养殖小区建设补助。

促进银行贷款。拓展信用担保机构业务范围，为养殖行业贷款提供信用担保服务，为畜牧业发展提供金融支持。

争取项目支持。利用国家和省、市大力扶持生猪生产及草食畜产业发展的机遇，以项目的申报和实施争取上级资金，拉动畜牧业向规模化、标准化方向发展，提高产业化经营程度。2011年共争取8个国家和省级项目，争取资金2 207.08万元，其中2011年生猪调出奖励项目中央资金414万元，2011年标准化生猪养殖小区建设项目中央资金175万元，獭兔核心场建设项目中央资金150万元，种公猪站建设项目省级资金50万元，万头猪场建设项目省级资金600万元，肉牛冻精站建设省级资金4万元，生猪良种补贴中央资金172万元，能繁母猪保险补贴国家、省、市补助资金共210万元，能繁母猪补贴国家、省、市补助资金共402.08万元，云南省现代农业产业体系省级资金30万元。保证畜牧业用地，结合新农村建设，把畜禽养殖小区建设用地纳入整村推进规划内容，减免相关手续和审批费用，保证畜牧业发展用地。

【农村劳动力培训转移】 通过健全新型农民培训体系，农村劳务产业发展形势喜人。2011年共培训农村劳动力2.82万人，完成市级全年有序转移输出任务数2 400人的267.41%，全区农村劳动力已累计转移输出16.69万人，占全区农村劳动力总数271 885人的61.39%，其中新增转移农村劳动力9 380人。

（张梁　钱涛）

林　业

【概　述】 2011年，全区林业工作以巩固退耕还林专项建设、森林资源保护、中低产林改造和集体林权制度配套改革为重点，全面完成各项目标任务。

年内，全区落实天然林保护区护林人员900余人，签订承包管护

森林面积73.9万亩，天然林得到有效保护。完成人工造林任务1.5万亩，其中种植核桃1万亩，杉木0.5万亩。完成巩固退耕还林成果新建沼气池200口、太阳能100户；开展技术培训600人；退耕地补植补造3 000亩，项目布局于寥廓、珠街、西城、茨营、越州、东山等6个乡（镇）街道。

【义务植树】 6月29日，市、区两级在麒麟区三宝镇何旗居委会亮石碑山举行2011年度党政军领导义务植树活动，纪念全民义务植树运动开展30周年，庆祝中国共产党建党90华诞，以实际行动向杨善洲同志学习。驻区领导及驻曲解放军、武警部队官兵，三宝镇机关干部，市、区林业局干部职工，当地小学部分学生近900人参加活动，全区上下掀起了见空插绿、见缝植绿的热潮。活动中共建杨善洲纪念林15块，植树200万余株。

【森林防火】 2011年，麒麟区认真贯彻落实中央、省、市关于抗旱救灾和森林防火工作的一系列重要指示精神，严格按照区委、区政府的安排部署，全面落实“三线”责任制，全力排查火灾隐患，圆满完成2011年度森林防火工作任务。森林防火期间，全区仅发生森林火灾1起，过火面积6.4公顷，受害森林面积1.8公顷，受害率0.03‰，火灾当日扑灭率100%，火案查处率100%。在全市各县（市）区中，实现了“四个最”：一是森林火灾次数最少（1次）；二是森林火灾过火面积最小（6.4公顷）；三是森林火灾受害森林面积最小（1.8公顷）；四是森林火灾火案查处率最高（100%）。

【林业有害生物防治】 认真贯彻落实“预防为主，科学防控，依法治理，促进健康”的防治方针，狠抓防治基础能力提高和重大林业有害生物防治，积极开展突发灾害应急处置。2011年林业有害生物发生面积3.08万亩，防治面积3.08万亩，其中云南松纵坑切梢小蠹虫轻度危害2.59万亩、中度危害0.06万亩，新发生华山松梢小蠹虫0.43万亩。实施产地检疫种苗35亩，种苗产地检疫率100%。

【林区社会治安】 按照公安部“三基”工程建设和省、市森林公安机关的要求，区林业局加大资金投入，调配购买2辆警用越野车和1辆桑塔纳警务用车。筹集资金5万余元购买电脑、打印机、传真机和办公桌椅，配备头盔、警棍、手铐和强光手电等警用装备。出资4万余元为森林公安设置林区警务室5个。与林权交易大厅和森林防火指挥中心合并建盖的森林公安业务用房（建设规模2 850平方米，总投资380万元）于12月6日投入使用。明确森林公安机关名称为曲靖市森林公安局麒麟分局，加挂曲靖市公安局麒麟分局森林警察大队牌子。分局内设办公室、政工监督室、政策法制室、刑事侦查科4个机构。核定局长职数1名，政委职数1名，副局长职数1名，增编后共有12个森林公安执法编制。森林公安分局有民警11人，其中局长1人，民警10人，全部大专以上文化程度，平均年龄39岁。全年查处林业刑事案件8件，破案率100%。移送起诉10人，提请批准逮捕2人；查处林业行政案件15件，处罚违法人员16人；收缴活树20棵，责令补种树木1 825株，挽回经济损失12.49万元；办结信访件7件，回复率100%。清理整顿木材及木制品加工、经营场所500余家；清理野生动物训养繁殖场所6家；清理非煤矿山90余家。

【林政资源管理】 2011年，麒麟区严格审批征占用林地，保护林地资源，共审核上报林地征占用17宗、1 671亩，其中国家级项目3起、省级项目1起、市级项目8起、区级项目5起；坚持依法办理木材运输证，规范木材经营加工管理和服务，共检审换发木材加工（经营）许可证425户、办理木材运输证219份、办理野生动物经营许可证和驯养繁殖许可证4起；加强采伐管理，规范采伐程序，全区林木采伐申请69件，批准采伐64件，采伐蓄积6 290立方米，材积1 284.2立方米，其中农民自用材2 144.5立方米，烧材4 145.3立方米。未出现超计划采伐现象。

【农村能源建设】 2011年，全区完成“一池三改”沼气池2 000口，占计划的182%。推广农村电磁炉2 000台，推广农村太阳能100套，完成服务网点建设5个，新建农村沼气养殖小区和联户沼气工程2处，占计划任务的100%。

【集体林权制度配套改革】 2011年，按照“建立一个中心、完善五大体系”的目标，已全面启动配套改革相关工作。一是设立林权交易管理服务中心。内设林权登记、林权交易、森林资源资产评估、林权市场管理等4个机构，于12月6日挂牌运行。二是完善林权融资体系。2011年上级下达政府贴息贷款220万元，经协调，曲靖惠民村镇银行、麒麟区农村信用合作联社共发放林权抵押贷款6笔205万元。三是开展政策性森林火灾保险试点业务。全区共实施政策性森林火灾保险面积87.71万亩，其中公益林面积70.77万亩，商品林面积16.94万亩。区级财政投入资金4.93万元。

【中低产林改造】 为彻底改变全区林业“大资源、小产业、低效益”的被动局面，重点解决麒麟区林业发展中存在的树种结构不合理、林分质量差、林地产出率低、经济效益差的问题，区委、区政府出台《关于加快推进中低产林改造的意见》，提出用10年左右时间完成32万亩中低产林改造任务。区政府按照每亩80元的标准安排年度林产业发展专项资金，专项用于中低产林改造发展林产业基地建设种苗补助、林分抚育补助、林业龙头企业扶持。按照“生态建设产业化、产业发展生态化”的发展思路，以补植补造、树种更替、林分抚育、封山育林、综合改造等方式进行改造，主要发展以核桃为重点的木本油料，以柳杉、杉木、桤木、速生桉树为重点的速生丰产林基地，提高森林资源的综合效益。2011年，全区共完成中低产林改造5万亩。

【生态效益补偿】 按照“谁开发谁保护，谁受益谁补偿，谁污染谁付费”的生态补偿原则，足额收缴资源补偿费，用于生态资源的保护、恢复、更新，以保证生态资源的可持续利用。2011 年，全区共区划公益林 52.67 万亩，其中国家级重点公益林 34.67 万亩，省级地方公益林 18 万亩。实施公益林生态补偿 22.97 万亩，其中国家级公益林实施补偿 5 万亩，省级公益林实施补偿 17.97 万亩。兑现补偿资金 117.48 万元，其中省级公益林兑现 85.35 万元，国家级公益林兑现 34.125 万元。

【基础设施建设】 启动王家山木材加工厂棚户区改造建设项目，建设规模 84 户，总建筑面积 5 880 平方米，计划总投资 1 339 万元，其中 2011 年完成投资 400 万元。启动云南省天然林保护工程区曲靖市林业局中心苗圃建设，建设总规模 180 亩，总投资 186 万元，其中中央投资 176 万元，省级投资 10 万元。

（严青松）

水　　利

【概　述】 2011 年，麒麟区水务系统把水利基础设施建设作为全区经济社会发展的战略性基础工程来抓，实施了水源工程建设、农村饮水安全、西河治理、小型农田水利重点县建设、小（二）型水库除险加固等。

年内，建成各类水利工程 550 件，占计划的 106%。完成水利行业投资 3.2 亿元，占计划的 106%，比上年增 1 亿元，增长 45%。投劳 548 万个，完成综合土石方 368 万立方米，新增有效灌溉面积 0.4 万亩，改善灌溉面积 7.64 万亩，新增除涝面积 1 万亩，新增节水灌溉面积 2.76 万亩，年新增节水能力 182.1 万立方米，改造中低产田 1.3 万亩，治理水土流失面积 30 平方千米，解决农村饮水安全人口 14.29 万人。全区供水保证率 90%，水利有效灌溉率 66%，农村自来水普及率 95%。

【防汛抗旱工作】 全区 218 件蓄水工程有 48 个水库、坝塘干涸，其中小（二）型水库 6 座，坝塘 42 座。2011 年入夏以来，麒麟区遭遇严重干旱。1～12 月，全区各地累计降雨量 561 毫米，与历年同期平均值相比偏少 405.9 毫米，减少 42%，与 2010 同期相比偏少 400.9 毫米，为 1974 年有气象记录以来最少值。至 12 月 27 日，麒麟区管辖的 218 件蓄水工程库存蓄水量为 1157 万立方米，比上年同期减少 68.97%，占计划蓄水的 31.21%。其中 11 座小（一）型水库计划蓄水 2 370 万立方米，只蓄 747 万立方米（上西山 109 万立方米、石板河 7 万立方米、面店 61 万立方米、老西山 13 万立方米、石灰窑 36 万立方米、白泥坡 195 万立方米、青峰 60 万立方米、陡山 53 万立方米、胡家坟 100 万立方米、黄泥堡 77 万立方米、磨盘山 36 万立方米），占计划的 29.36%；51 座小（二）型水库计划蓄水 957 万立方米，只蓄 307 万立方米，占计划的 32.07%；156 个小塘坝计划蓄水 380 万立方米，只蓄 103 万立方米，占计划的 27.1%。涉及麒麟区生产生活用水的 5 件市管大中型水库计划蓄水 25 100万立方米，只蓄 9 750 万立方米，占计划蓄水的 38.84%，其中潇湘水库计划蓄水 3 400 万立方米，只蓄 1 008 万立方米，占计划的 29.64%；花山水库计划蓄水 6 070 万立方米，只蓄 2 426 万立方米，占计划的 39.96%；独木水库计划蓄水 8 000 万立方米，只蓄 3 433 万立方米，占计划的 42.91%；水城水库计划蓄水 4 700 万立方米，只蓄 2 482 万立方米，占计划的 52.8%；西河水库计划蓄水 2 930 万立方米，只蓄 401 万立方米，占计划的 13.69%。

面对严重的旱情，水务系统认真贯彻落实区委、政府保民生、保发展、保重点的工作部署，启动抗旱应急预案，加强水资源的调度管理，做好现有水源的调查，摸清和掌握蓄水现状，按照“先生活、后生产，先节水、后调水，先地表、后地下”的原则，对水资源供水量进行测算，弄清水情，算清水账，制定了全区抗旱应急方案，做到一库一策，一村一方案，确保生产生活用水。对人畜饮水困难的村开展逐点逐村调查，逐一制定解决方案，对人畜饮水出现困难的地方，采取组织送水、农户拉水等多种方式，及时解决了 5 164 人、1 141 头大牲畜的饮水问题。全区没有发生人畜断水情况，区域内人心安定、社会稳定、生产生活正常有序。

召开全区防汛抗旱工作会议，明确重点江河、水库防汛责任人，实行防汛抗旱行政首长负责制，签订防汛责任书 26 份。开展拉网式安全大检查，做到不漏一库一坝。下发整改通知书 12 份，提出整改措施 161 条。对 63 件小（二）型以上水库逐库提出度汛措施，下达度汛要

东山集镇水厂　　（张宇　摄）

严重干旱接近死库容的老西山水库
（张宇 摄）

求。结合各地实际，制定完善防汛抗旱预案，构建“横向到边，纵向到底”的防汛抗旱预案体系。在保证防洪仓库储备物资充足的基础上，分乡、村、组三级做好防洪木桩、编织袋、照明器材、土石料等物料的准备。按照“政治素质高、业务能力强、应急反应快、工作作风硬”的要求，区级落实民兵预备役128人，各乡（镇）街道建立了不少于50人的应急队伍，全区组建了2 571人的抢险应急队伍。实现了自1997年以来的第15个防汛安全年。

【水资源管理】 围绕节水型社会建设，全面加强水资源管理。利用“世界水日”、“中国水周”开展宣传活动，向广大市民发放节水常识、水利普查、水法律法规等宣传资料4 000余份。利用“四进村，常下乡”活动，在乡村集镇向广大群众宣传水法、水土保持法等相关水法律、法规，发放宣传资料3 000多份，接待咨询400余人次。加强河库管理，严禁建设项目非法侵占河库水域。强化水政执法日常巡查，对河、库及区域内的用水大户开展巡查，全年出巡109次。加大水资源费和水保两费的征收力度，开展计量收费工作，新办计量取水证12证，更换IC计量器4台。完成水资源费征收121.82万元、水土流失防治费220.38万元、水土保持补偿费85.92万元。

【水土保持】 认真贯彻落实《中华人民共和国水土保持法》，严格执行水土保持“三同时”制度，加大水土保持监督执法力度，提高水土保持方案的报批率和验收率，使水土保持工作进一步规范化、制度化。全年共审批水土保持方案24个，开发建设单位投入水土保持建设资金1.07亿元，完成水土流失治理面积30平方千米。

【农村饮水安全建设】 农村饮水安全工程示范县建设圆满完成并顺利通过省级验收。3年共完成投资10 022万元，建成各类供水工程81件，其中集中供水工程25件，单村供水工程56件。解决了273个村25.89万人的农村饮水安全问题，全区农村自来水普及率达95%以上。

【小（二）型水库除险加固】 投资1 448.3万元，实施唐地冲、马坊、西冲、罗塘、蒿子箐、大水塘6件重点小（二）型水库除险加固工程，一批险情突出、隐患严重的小（二）型水库得到除险加固，达到水库设计库容，增加了蓄水，从根本上消除了安全隐患，改善了水库的灌溉面积，大大缓解了工程下游工业、农业用水问题。

6件重点小（二）型水库除险加固后恢复和新增兴利库容34.72万立方米，恢复和新增防洪库容26.87万立方米；保护耕地增加1.4万亩，保护人口增加1.9万人；恢复和新增年防洪经济效益51万元；恢复和新增灌溉面积1.76万亩；年新增或恢复灌溉经济效益157.95万元。

【小型农田水利重点县建设】 经国家财政部、水利部，省财政厅、水利厅批准，麒麟区被列为国家级小型农田水利建设重点县，计划实施3年，每年国家投资1 600万元。珠街小河湾排涝站、东山撒马依灌区渠系配套工程、发脉水库灌区管网工程共3件工程是实施重点县建设第三年建设项目。工程于2011年11月16日开工建设，计划投资1 958万元，改造三面光支渠2条6.77千米，12条农渠8.75千米，铺设主管1条5 949米，支管9条共6 293米。新建渠系建筑物300座。新建排涝站2站2台套，电机总装机容量165千瓦。工程实施后，项目受益区珠街乡、东山镇3个村委会23个村民小组16 255人受益，受益面积1.63万亩，项目区灌溉水利用系数由0.5提高到0.75，实现年节水357.45万立方米。

【大黑箐水库建设】 大黑箐水库总库容25.07万立方米，属小（二）型水库，工程于2011年11月14日开工建设，计划投资817.96万元，主要建设任务是新建大坝、溢洪道和输水管道。计划完成的主要工程量是：开挖土方13 288立方米，石方开挖12 441立方米，回填风化坝壳料54 282立方米，心墙料10 786立方米，过渡料2 241立方米，反滤1 717立方米，浆砌石方1 065立方米，干砌石方4 316立方米，混凝土浇筑6 699.73立方米，钢筋制安30.8吨，帷幕灌浆1 253米，固结灌浆1 098米。工程实施后，将全面解决东山集镇、高家村、业木德、结米村共1 015户、28个政府机关单位及200户个体工商户，共11 115人、3 505头大牲畜的饮水问题。

【西河治理工程】 西河治理工程完成投资2 310万元，治理河道4.5千米，涵闸改造1座。完成土方开挖82 709立方米，土方回填20.22万立方米，M7.5浆砌石10 839立方米，M5.0浆砌石5 859立方米，C20混凝土浇筑284立方米，干砌块石5 390立方米，土石路面4 158立方米，植草护坡68 144平方米。工程实施后，治理段河道防洪标准由10年一遇提高到30年一遇，对区域内社会经济发展、人民群众的生命财产安全起到积极作用。

【越州小白水水厂建设】 投资4 592万元新建越州小白水水厂，建设取水工程、输水工程、净水工程、配水工程、水厂厂区基础设施五部分。设计供水规模6 701立方米/天，供水水源为小白水及黄泥堡水库联合供水。完成土石方开挖7.03万立方米，土方回填5.4万立方米，M7.5浆砌石0.2万立方米，M5.0砖砌体0.11万立方米，混凝土浇筑0.3万立方米，安装输水管道3.7千米，安装配水管网281千米，安装水表11 527块，钢筋制安109吨。工程于2010年11月20日开工建设，2011年8月30日完工，工程建成后，有效解决越州镇12个村（居）委会70个村（居）民小组55 807人、越州集镇1 650人、越州工业园区5 453人、学校师生11 923人的饮水安全问题。

【水务改革】 进一步深化水价改革。抓住被列为全国农业水价综合改革示范县的机遇，按照“科学、合理、稳妥”的改革原则，建好机构，以村委会（社区）为单位建立用水户协会，并依法登记，每个协会设理事长、副理事长、秘书长3人，由村委会（社区）书记任理事长。建立健全协会各项管理制度，使协会规范运行，资金管理好、使用好，确保工程得维护，效益得发挥。每个协会确定科学、合理的农业终端水价，按照实际灌溉面积造册登记到户，依据发改部门核定的标准收费到户。

深化农村小型水利工程管理体制改革。采取承包管理、委托管理、农户自行管理三种形式，全面完成了5 457件农村小型水利工程管理体制改革，实现以水养水、依水兴水，构建库有其主、管有其人、人有其责、责有其利的管水格局。

深化投融资改革。按照市场化运作，企业化管理的要求，成立了麒麟区水利水电开发建设投资有限公司，下设两个子公司，打破财政一元化投入格局，走出一条建设水利向管理水利和经营水利转变的路子。

【水利普查】 认真开展第一次水利普查工作，全面完成水利普查清查阶段各项工作。全区共完成7个专业，2 158个清查对象，1 723个普查对象，542个取用水台账的调查工作以及1 355个清（普）查对象的空间数据采集、标绘工作，其中水利工程基本情况952个清查对象，599个普查对象，703个空间数据采集、标绘对象；经济社会用水情况399个清查对象，399个普查对象，381个取用水台账，197个空间数据采集、标绘对象；河湖开发治理保护情况483个清查对象，403个普查对象，161个取用水台账，303个空间数据采集、标绘对象；水土保持情况14个水蚀单元调查；水利行业能力建设情况普查78个清查对象，33个普查对象，33个空间数据采集、标绘对象；灌区专项清查对象81个，普查对象157个，73个空间数据采集、标绘对象；地下水取水井专项清查对象165个，普查对象118个，46个空间数据采集、标绘对象。

（孙　林）

烤烟生产

【概　述】 2011年，全区烤烟生产围绕“保总量、提质量、调结构”的工作目标，加快转变烟叶生产发展方式，提高优质烟叶有效供给能力，烟叶收购再创历史新高。累计收购烟叶38.04万担，同比增加0.31万担；实现收购总值3.52亿元，同比增长22.65%；实现上等烟比例67.89%；收购单价18.5元/千克。优化烟叶结构工作取得实质性突破，麒麟分公司被省局（公司）表彰为“优化烟叶结构”先进单位，区政府被市政府表彰为“优化烟叶结构”先进单位。

【烟叶种植措施保障】 面积落实是优化烟叶结构，提高优质烟叶有效供给能力的基础，为确保面积落实到位，区烟草公司充分利用广播电视等新闻媒体，通过发放《告烟农通知书》，召开村民代表大会、烟农户主会，将“烟叶收购价提高12%，重点提高上等烟的收购价格；在确保烟叶等级质量的前提下，上等烟比例要达68%；清扫2片底脚叶和1片顶叶，把工业不需要的烟叶消化在田间生产环节，每亩补助60元”等政策宣传到每位烟农，充分调动烟农积极性。合理安排茬口，调整安排种植绿肥6万亩，早熟大小麦、蚕豆等农作物4.9万亩，轮闲地2.37万亩。严格按照计划组织生产，切实把合同管理贯穿于烟叶生产、收购全过程，以任务定株数，以株数定面积、以面积定烟苗，做到合同面积、种植地块、收购量、种烟农户“四落实、四清楚”。按照用肥和用药计划及时组织物资采购，对各烟叶站点物资采供情况实行动态管理，适时监控物资采供情况，保证了烟用物资及时采购、足量供应。全区共采购供应复合肥6 041.62吨；购进硫酸钾2 307吨，供应2 145吨；购进硝酸钾319.97吨，供应204吨；采购供应地膜578.74吨，购进供应农药3.17吨，充分满足了烤烟生产用肥和用药的需要。狠抓“死守已规划种烟面积，防止种植其他作物；发动烟农每户多种100株烟，增大单户种烟面积；规划新增大田面积，增加新种烟农户；增加田烟种植面积，提高烟叶亩产量”四项措施，确保面积得到有效落实。全区共落实合同种植烤烟面积13.27万亩，覆盖7个栽烟乡镇45个村委会5 030个互助组，每个互助组种烟面积26.4亩，种烟农户26 164户，户均种植5.07亩，连片609片。

【烟叶标准化生产】 做好新品种引进工作。通过全面分析近年来云烟85、云烟87、云烟97在全区的种植现状及存在不足，积极引进云烟100、云烟105、中烟104共3个优良新品种，分别在越州新田、马坊，东山法色进行试验种植，取得了良好效果。

加强壮苗培育。全面实行专业化育苗，商品化供苗。采取管、促、炼、控综合措施，切实抓好以光、温、水、肥和剪叶、炼苗等为主要内容的烟苗分类管理和指导工作，保证在有效时间内把烟苗培育成适龄壮苗，坚持小苗不出池、弱苗不进地、大苗不占盘的分类管理原则，实现了100%拔壮苗移栽。

全区共确定育苗专业户178户，签订育苗协议178份，完成育苗89片33 175池，提供移栽壮苗约1.3亿株。

强化农家肥堆捂和绿肥种植。为改善土壤理化性状，实现烤烟生产可持续发展，全区种植绿肥124片计6万亩，涉及7个乡镇的31个村委会。共7个乡镇45个村委会的279片进行了农家肥堆捂，堆捂农家肥24.65万立方米，能够满足大田面积12.1万亩用肥。

高规格整地理墒。为确保大田整地和移栽质量，全区安排大田机械深耕面积12.2万亩（较上年增加1.68万亩），动用276台（套）604型以上拖拉机和120台微耕机，保证了农闲地3月底翻犁完成，其他地块4月20日前完成，为适时移栽提供了保障。

实现最佳节令移栽。移栽前做好可供烤烟移栽使用的水源摸底排查，对提排灌站、沟路管网等烟水设施进行维护，实行移栽用水统一调度，保证了移栽用水需要。全区4月13日开始烤烟移栽，4月27日完成13.27万亩合同种植面积移栽任务，有效避开8、9月份低温冷害对烤烟后期生长的影响。

加强中耕管理。牢固树立“向管理要产量、向管理要质量、向管理要效益”的思想，把中耕管理作为提高烟叶产、质量的有效途径，扎实做好烤烟移栽后抗旱补水、病虫害统防统治、揭膜提沟培土等工作，确保烤烟大田长势良好。在烤烟抗旱补水工作中，共投入抗旱人员3.86万人，启动泵站134处，动用机动抗旱设备6 362台（套），投入机动运水车辆9 198辆（次），抗旱用电23.41万度，抗旱用油59.87吨，烟草行业投入抗旱资金244.75万元。坚持“预防为主、统一防治”的植保方针和“生物防治为主、化学防治为辅”的策略，在顺利完成10.1万亩烟芽茧蜂防治工作的同时，药物防治病虫害工作开展有序，共组织统防6次，对烟蚜、花叶病、两黑病、炭疽病等进行集中喷药防治，累计使用农药11个品种2.6万千克。

加强烘烤技术培训，提升烟叶烘烤水平。制定《麒麟区2011年烟叶烘烤培训方案》，组织烟农进行烟叶烘烤技术培训，培训内容涵盖烤房维护、成熟采摘、普通烤房烘烤技术、密集烤房烘烤技术等。

加快现代烟草农业建设。全区投入烟草补贴资金613万元，新增拖拉机9台、微耕机100台、装盘播种机4台，新建卧式密集烤房205座，进一步提高了全区机械耕作和烘烤水平。根据现代烟草农业发展要求，按照“两头工场化、中间专业化”的发展规范，高标准建设安徽中烟“黄山”品牌大梨树基地单元，成立了“越州恒宇烤烟生产服务专业合作社”和“烤烟生产技术服务协会”，基地单元烟叶生产工作实现育苗、农机、植保、烘烤、集中运输各生产环节的专业化服务。基地单元覆盖基本烟田面积6万亩，年均种烟2万亩。已建成烟水工程59件，机耕路8条24 070米，建成育苗工场1个，卧式密集烤房39群874座，购置农机具137台（套），建防雹点3个，基础设施全部达到基地单元建设要求。12月16日，中国烟草云南曲靖幸福渠工程启动建设，烟草公司投入资金1.84亿元，主体工程在麒麟区，麒麟段投入资金约1亿元，建成后惠及东山镇卡基、法色、撒玛依、转长河、石头寨5个村委会，34个村民小组，受益土地面积9.51万亩。

【不适用鲜烟叶田间消化工作】严格按照省、市公司有关优化烟叶结构的相关要求，成立麒麟区优化烟叶结构领导小组，制定《麒麟区优化烟叶实施方案》、不适用鲜烟叶处理标准、不适用鲜烟叶处理资金管理办法等相关文件和措施，采取包保责任制办法，从政府和烟草两条线，层层签订《优化烟叶结构消化处理不适用鲜烟叶工作责任状》，烟叶站与各村委会签订了优化烟叶工作协议，进一步明确“优化烟叶等级结构、提高优质烟叶有效供给能力”工作目标、具体措施和奖惩办法，签订责任状14份，不适用鲜烟叶消化处理协议7份，制定“一区一案”1份、“一乡一案”7份、“一村一案”45份。发放告烟农通知书、宣传画册、烟农手册等共计2万余份，组织培训120余场次，培训人数4.3万人。全区共设立不适用鲜烟叶处理点266个，覆盖大田面积13.27万亩，消化处理不适用鲜烟叶1 553.96万千克，顺利完成不适用鲜烟叶田间消化工作。

【烟叶收购工作】严格执行收购流程，认真执行“聚约式烟叶收购模式”，严格按照“入户预检、批量交售、集中运输、验证入点、密码收购”流程组织收购。进一步完善烟叶收购管理办法，加大入户预检工作考核力度，把“三混一大”现象杜绝在烟农家中。建立烟叶收购等级质量工作预警机制，坚守“严格按计划收购、控制等级比例和提高工商交接等级合格率”三条红线，切实提高烟叶收购等级质量。对烟叶等级合格率严重偏低的站（点）负责人及时进行问责和经济处罚。积极协调政府、工商、公安、法院、检察院等执法部门，整合执法力量，利用关卡、流动检查等方式，加大对非法收购、运输烟叶行为和烟贩烟霸的打击力度，维护烟叶收购秩序。公司机关抽调人员组成5个督查组，对全区烟叶收购工作从等级质量、专卖管理、财务盘点、安全管理、纪律检查等五个方面进行巡回检查，确保各收购站（点）平稳收购、规范运行，提升烟叶收购管理水平。

（薛国生）

农业利用外资及生物资源开发创新

【生物资源开发创新项目储备工作】2011年共储备生物资源开发创新项目8个，总投资6 554.45万元，其中自筹5 326.45万元，争取省生物产业办补助1 228万元。项目涉及生物制药、食品加工、新药开发、良种繁育、栽培技术、技术研究等培育项目，达到可行性研究报告深度的项目2个，达到预可行性的项目6个。

【项目申报工作】 2011年共申报生物资源开发创新项目8个：1. 麒麟区“滇”牌熟食猪肉深加工项目，总投资1 100.85万元，其中自筹900.85万元，申请省生物产业办补助奖金200万元。项目总占地10余亩，引进国内先进加工生产线4条。2. 固公果根化学成分与有效部位提取生产工艺的关键技术研究项目，总投资1 386万元，其中项目单位自筹1 186万元，申请省生物产业办补助200万元。该项目可建成年产肠舒片43 000万片的生产线一条，年产800万盒，实现销售收入1.2亿元。3. 麒麟区蚕茧收烘设施环保节能建设项目，总投资120万元，其中自筹62万元，申请省生物产业办补助58万元。项目引进四川南充创艺2008－系列6－10型环保自动烘蚕机2台、茧灶基础设施建设等。4. 麒麟区利用雨红球藻开放式大规模生产天然虾青素基地建设项目，总投资1 500万元，其中自筹1 250万元，申请省生物产业办补助250万元。建设生产水池84座，建设连栋温室4栋及相应配置设备，扩建微藻实验室、无菌操作室、藻源库1 000平方米，购买实验仪器等设备。5. 曲靖珠江良种繁育基地项目，总投资401.60万元，其中自筹361.60万元，申请省生物产业办补助40万元。项目建成种子选育基地50亩，制种基地12 000亩，试验种植基地150亩，种子示范推广基地1 200亩。6. 魔芋胶精深加工扩建项目，总投资350万元，其中自筹310万元，申请省生物产业办补助40万元。项目扩建年产500吨的魔芋胶生产线，使其年产能力提高至800吨。7. 麒麟区珠街中所优质葡萄避雨栽培技术建设项目，总投资396万元，其中自筹156万元，申请省生物产业办补助240万元。项目建设覆盖1 512亩的连栋结构式避雨棚及种植技术培训。8. 龙心素胶囊京、沪、浙、苏、粤五省市市场开发项目，总投资1 300万元，其中自筹1 100万元，申请省生物产业办补助200万元。项目在全国五省市实施目标聚集战略、业务培训、学术推广和宣传。

【项目争取和实施】 2011年共争取项目4个，总投资2 855万元。其中外资项目1个，总投资20万元（省国际合作补助16.7万元，群众集资1.2万元，投工投劳2.1万元），该项目主要是人畜饮水工程。生物资源开发创新项目3个，总投资2 835万元：1. 麒麟区利用雨红球藻开放式大规模生产天然虾青素基地建设项目。2. 龙心素胶囊京、沪、浙、苏、粤五省市市场开发项目。3. 麒麟区红提葡萄保鲜贮藏科研项目，总投资35万元，其中争取市财政生物产业专项补助资金20万元，自筹15万元。项目主要是完成葡萄保鲜贮藏技术攻关，形成科研报告，对全市葡萄储藏保鲜技术培训，使该项目技术覆盖到全市葡萄种植大户或者专业合作协会。以上4个项目正在实施中。

【竣工验收项目】 2010年共争取实施项目4个，总投资7 885.49万元，共争取省财政生物产业专项补助资金70万元，市财政生物产业专项补助资金30万元。1. 云南雄业制约有限公司片剂搽剂制剂生产线GMP工程建设项目，总投资4 975.49万元，自筹资金1 925.49万元，省补助贷款贴息20万元。2. 曲靖开发区利民獭兔开发有限公司，年产40万只獭兔深加工建设项目，总投资1 540万元，省补助资金25万元。3. 曲靖市麒麟区丝制品厂，“麒麟”牌丝制品获云南省著名商标培育项目，总投资1 340万元，其中自筹1 330万元，省补助品牌培育奖励10万元。4. 曲靖富力发展有限公司，“富力”商标获云南省著名品牌培育项目，计划投资30万元，其中自筹20万元，省补助品牌培育奖励10万元。以上4个项目于2011年1月底完工，2011年2月14日经市级验收小组验收为合格工程。

（李玉梅）

扶贫开发

【概　述】 2011年，麒麟区扶贫开发工作围绕全年扶贫开发目标任务和工作责任制，按照区委、区政府关于切实抓好麒麟区2011年区级重点工作（工程）的要求，认真贯彻落实省、市扶贫开发工作会议精神，结合新农村建设，以扶贫开发“一体两翼”战略为导向，坚持整村推进开发式扶贫和政府主导、全社会共同参与的扶贫开发方针，坚持以巩固温饱和脱贫致富为中心，以贫困村和贫困户为对象，以农民增收为目标，以改善贫困地区的生产生活条件为重点，切实加强基础设施建设，大力发展种植、养殖业，扶持龙头企业，着力抓好农村贫困地区劳动力转移输出技能培训，促进贫困地区经济社会全面发

沿江乡大龙花卉种植基地　　（毛　翔　供稿）

展，不断提高农村贫困群众收入水平。

年内，全区计划巩固5 700人贫困人口温饱，实际5 700人贫困人口的温饱得到巩固；计划返贫率控制在5%以内，实际控制在5%以内。2011年实施的跨年度扶贫重点村项目、扶贫信贷项目、产业扶贫项目等已全面完成。固定资产投资年计划4 000万元，完成4 182.5万元（按实际完成5 975万元的70%折算），占年计划的104.56%。

【扶贫重点村项目】 2011年，区扶贫办积极争取上级资金，争取实施10个省级重点村，省级财政资金150万元。同时实施区级重点村项目32个，区级财政资金160万元。当年的跨年度扶贫重点村项目已全部规划实施。在实施的42个扶贫重点村项目中，维修硬化村村和村内道路重点村项目占76.19%，其他重点村项目占23.81%。共维修硬化村村和村内道路71条40.64千米162 546平方米。

【扶贫信贷】 2011年全区累计实施小额信贷10个乡（镇）街道20个村委会80个村民小组，累计组建129个中心组，471个小组，获贷户2 457户。年内主要抓好小额信贷各项工作措施的巩固和完善。累计发放贷款1 828.98万元，收回贷款1 792.4万元，还款率98%。在小额信贷扶贫中，获贷户人均增收250元，充分发挥了小额信贷在扶贫攻坚中的重要作用。区扶贫办向上争取小额信贷2 100万元指标，同时还为16家龙头企业立项申报扶贫贴息贷款6 000万元。

【区直单位部门挂钩联系结对扶贫】 全区各级各部门按照区委、区政府的安排部署，结对扶贫实现单位包村、干部包户。副科级以上干部1人结对贫困农户1户，一般党员干部2人结对贫困农户1户。全区各级党员干部共结对贫困农户2 894户，其中副处级以上干部41人，结对41户；区管实职副科级以上干部、一般党员干部结对2 429户。在结对扶贫中，通过“五定四帮三到位四落实”（定责任、定目标、定时间、定任务、定措施；帮规划、帮协调、帮科技、帮思想；领导到位、资金到位、措施到位；对象落实、责任落实、目标落实、考核办法落实），做到“六个坚持六个结合”，一是坚持结对扶贫与单位部门挂钩联系相结合；二是坚持结对扶贫与党员干部作风教育和“创先争优”活动相结合；三是坚持结对扶贫与科教扶贫相结合；四是坚持结对扶贫与扶智治愚相结合；五是坚持结对扶贫与带村致富相结合；六是坚持结对扶贫与整村推进扶贫项目建设相结合。已帮助贫困村引进项目75个，投入或协调帮扶资金550万元。

【农村贫困地区劳动力转移输出技能培训】 根据2011年省、市扶贫部门下达的农村贫困地区劳动力转移输出培训任务，区扶贫办在抓好区职中、海港职业技术培训学校两个贫困地区劳动力转移输出培训基地建设的同时，要求各乡（镇）街道扶贫办对全区符合劳动力转移输出条件的农村贫困地区剩余劳动力开展技能培训和转移输出务工。上年在培训基地实施跨年度劳动力2200人转移输出培训计划项目，省级财政投资176万元，已完成培训，并经上级检查验收。2011年已向上争取跨年度2 000人培训计划。在实施整村推进重点村等项目中，大力开展农村贫困地区劳动力技能培训，全年全区各乡（镇）街道在贫困地区共举办各类劳动力技能培训班56期，参训群众15 432人。

【贫困村互助资金项目】 为探索和完善区财政扶贫资金使用管理的新机制，增加贫困群众收入，提高贫困村、贫困户自我积累、自我管理、互助互济和持续发展的能力，2010年8月区扶贫办积极向上争取贫困村互助资金试点项目，并得到省级财政互助资金100万元。贫困村互助资金试点项目在沿江乡庄家圩、大龙2个村委会10个村小组284户贫困户中实施。2011年底，10个村小组均已建立管理使用互助资金的扶贫互助社，共有99户贫困户参加。

【产业扶贫项目】 麒麟区产业扶贫项目2010年在越州镇实施省级跨年度优质梨种植项目，共涉及4个社区（村委会），5个居（村）民小组，改造低产老梨园1 000亩，新植优质梨1 000亩，省级财政投资100万元。2011年上半年项目实施完毕并通过上级检查验收。2011年上报了区良种场葡萄苗木基地建设和三宝镇青峰村委会1 000亩雪桃种植产业扶贫项目。

（毛　翔）

新农村建设

【概　述】 2011年，麒麟区抓住被列为“全省统筹城乡发展改革试点区”的机遇，按照“城市资源向农村延伸、公共服务向农村覆盖、城市文明向农村传播”的思路，积极探索以城带乡、以工促农、统筹城乡发展，推进城乡一体化建设的新路子，构建了党委、政府统筹协调，整合资源、集中力量、整村推进的新农村建设新机制。根据各乡（镇）街道经济社会发展、自然地理条件等方面的差异，坚持从实际出发，以新村庄新社区建设、城乡一体化建设和偏远村新农村建设为切入点，梯次推进城乡统筹发展，形成了以统筹规划推动城乡经济发展、以农（居）民小区和基础设施建设改善人居环境、以产业发展带动农民持续增收的新模式，为实现全区城乡统筹发展、推进城乡一体化建设迈出了坚实步伐。

【城乡发展一体化建设试点圆满完成】 2008年10月，按照市委、市政府和省、市发改部门关于“麒麟区要发挥优势、先行先试，大胆探索、辐射带动，全力推进城乡一体化建设，率先在全市乃至全省实现城乡发展一体化，努力当好全市统筹城乡发展的排头兵”的要求，麒麟区召开了区委常委会议和全区副科级以上干部大会，统一思想，形成共识，成立了8个由区级领导牵头的工作领导小组，分别对城乡结合部城乡统筹发展、三大基地建

农村休闲小广场　（潘俊宝　摄）

设和集体土地有偿有序流转试点等6项重点工作进行调研、摸底，形成了调研报告、拟定了工作意见。在反复论证的基础上，制定了《麒麟区开展城乡发展一体化建设试点实施意见》，市委常委会于2009年4月9日审议通过实施方案，并进行了批复。建设试点从2009年10月开始，到2011年10月底基本结束，试点的范围是：东至南盘江边珠街乡、沿江乡的部分社区，南至南宁街道、三宝镇、寥廓街道的部分社区，西至西城街道的王三屯社区，北至建宁街道的小坡社区，共涉及3个乡镇、5个街道的31个涉农社区，涉农居民42 596户、187 449人。具体就是通过开展设施完善、经济繁荣、队伍建设、安全稳定、民主自治、洁净园林、祥和文明、管理数字、便民服务“九项”建设工程，全力推进城乡规划、产业布局、基础设施、政策机制、公共服务、就业社保、社会管理“七个”一体化，率先实现发展一体化、产业现代化、收入多元化、村庄社区化、生活城市化“五化”目标。

按照市委、市政府对麒麟区委、区人民政府《关于〈麒麟区开展城乡发展一体化建设试点实施意见〉的请示》的批复要求，麒麟区坚持抓改革促创新，打基础促发展，兴产业促增收，以城带乡、城乡联动，全力探索和构筑具有麒麟地域特色的城乡一体化发展之路。

自2009年10月试点以来，麒麟区城乡一体化建设亮点频现，省委理论中心组参观指导，被列为“全省统筹城乡发展改革试点区”。31个城乡一体化建设试点于2011年11月底全部通过区级考核验收，合格率100%。打造出三岔、庄家圩、小河湾、保渡、丰登、代河等一系列精品城乡一体化样板。两年来，31个社区共完成投资45.6亿元，主要成效：

一、综合实力稳步提升，产业结构进一步优化。2011年底，试点的31个社区累计招商（创办）企业195个，完成投资7.7亿元；各种产业建设完成投资7.5亿元，占计划数的97.4%；培育特色高效产业52个，特色高效产业占居民收入的比重为27.9%。有33.3%的劳动力从事非农产业，累计转移输出劳动力8 288人，务工工资性收入占居民总收入的66%。沿江乡投入1.85亿元引进曲靖九天水泥制品厂、区传动轴厂、远东塑料袋编制厂等10家企业；西城街道三岔社区大力改善软环境，统一招商引资，积极引进资金、项目入驻，培育专业化市场，将2.8万平方米的多元化商铺建成西片区商贸一体的服务中心；珠街乡按照“一圈、三片、七产业”的产业发展思路，大力发展农家乐、优质稻、花卉苗木、果蔬种植、獭兔养殖、万利达饮品厂等产业；建宁街道发挥独特区位优势，依托城市旱码头和铁路大动脉强力打造日用消费品、钢材交易、粮食交易、大型机械交易、煤炭转运和烟草转运配送6个物流经济圈，带动城郊经济规模发展。通过大力发展二、三产业和高效特色产业，进一步扩大工资性、资产性、营业性、福利性、政策性收入比例，实现了居民收入多元化。

二、城镇化水平不断提高，居民生活向城市化迈进。按照试点建设的总体目标，大力倡导“农民上楼”工程，推行商住分离，助推农村融入城市，构筑农民增收新渠道。试点的31个社区计划投资67.98亿元，建盖113个新型居民住宅小区，2011年底，已建和在建“组团式精品小区”125个，完成投资33.8亿元，占计划数的49.7%，建房19 446套（其中单元房3 859套），农（居）民生活正逐步向城市化、社区化迈进。

三、城乡基础设施建设有序推进，生产生活条件不断改善。通过两年来的强势推进，试点社区的农田水利、道路交通、通信电网、有线电视网络等农村基础设施明显改善。2011年底，试点的31个社区基础设施建设完成投资4.3亿元，占计划数的31.8%。小区内部硬化70.8万平方米，绿化29.7万平方米，安装路灯1 553盏，安装地下管网64.7千米，安装排污管道146.5千米；新安太阳能7 645户，新安自来水17 644户，垃圾处理设施212个，居民生产生活条件明显改善。通过实施绿化、美化、亮化、硬化和规范“三堆”等项目，居民小区道路硬化率达79%，绿化率30%，安全饮水率94.4%，电网改造率98.5%，清洁能源使用率73.7%，加快了城市公共基础设施向农村延伸。

四、民生工程成效显著，居民生活水平明显提高。按照麒麟区初步拟订的《关于开展村（社区）“两委”班子与公司统分运行试点工作的意见》、《曲靖市麒麟区集体建设用地使用权流转管理办法》两个试行文本的要求，城乡发展一体化建设试点的31个社区开展统分运行的公司有15个，同时积极探索节约集约管理使用农村土地新模式，通过迁村并点，旧房拆除的方式，实现集体土地流转2 356.8亩，土地增值幅度在20%左右，按照依法、自愿、有偿原则，允许农民以转包、出租、互换、转让等形式流转土地承包经营权，发展多种形式的适度规模经营。2011年底，试点的31个社区开展就业技术培训153期13 427人次；"十星级"文明户9 617户，占总户数的22.6%；开展文体活动284次，居民综合素质明显提升；学校改扩建3.2万平方米，建文化室1.34万平方米，建体育场地2.1万平方米，建文化活动广场2.9万平方米，广播电视覆盖率100%，社会事业明显加强。参加城镇医疗保险34 261人，新型合作医疗参合率98.3%；特困户做到应保尽保，享受最低生活保障，低保率100%；享受城市社会救助2 788人；城乡居民养老保险覆盖率86.31%。逐步形成了全程、优质、配套、低费、高效的服务体系和社会保障体系。

五、城乡居民收入稳步增加，农村居民生活质量提高。2011年，试点的31个社区居民人均纯收入6 949元，比2010年增长12.5%，比全区农民人均纯收入增3%，农村居民生活质量不断提高。白石江街道代河社区通过节约置换土地引资建成138.5亩的小型工业园区，可实现年产值7 041万元，吸纳当地剩余劳动力655人，集体从中增收50余万元，每户每人年终可分红500元；三岔社区组织富余劳动力到就近企业务工，增加居民务工收入，引导当地居民利用自身优势经商和创办企业，增加居民经营性收入；鸡街居民小组通过商铺出租，每户居民年均增加1.1万元房租收入。

【市级首批"两新"建设】 麒麟区开展的市级首批新村庄新社区建设点共有4个（东山镇独木村委会、东山镇高家村村委会、寥廓街道南城门社区和西城街道三岔社区）。自2010年8月开始建设以来，已取得初步成效。

一、建设工程取得新成果。2011年底，全区4个建设点完成投资3.76亿元，占计划投资5.86亿元的64.2%，完成总工程量的70.5%；建盖农民新居1 091套，占计划1 314套的80.03%，其中西城街道三岔社区硬化主次干道12条2.3万平方米，水、电、太阳能全部安装到位，一期400套单元房全部竣工并分配到户；寥廓街道南城门社区462套单元房已竣工；东山镇独木村水坝沟新区一期50套二层半的联排别墅主体工程已完工，高家村业母德村已完成300套单元房一层主体工程。

二、产业发展突出新优势。4个建设点结合实际，因地制宜，大力发展二、三产业和高效特色产业，重点培育粮食、煤炭、大棚蔬菜、养殖、运输、商饮、天悦数码城、农贸市场等8个产业。南城门社区以服务城市为重点，科学使用预留土地，统规统建临街商业用房，引进餐饮旅店、农贸市场、沐浴休闲、汽车美容等专业市场5个，带动居民通过出租房屋或从事非农产业，大力发展第三产业，实现户年均增收3 000余元，集体经济总收入1 000万元；西城街道三岔社区立足区位优势，培育专业化市场，统一招商引资，将2.8万平方米的多元化商铺建成西片区商贸一体的服务中心。

三、居民收入实现新突破。加快劳动力从农业向第三产业转移步伐，居民工资性、资产性（房屋出租等）、营业性、福利性、政策性收入比例进一步扩大。2011年，建设点累计转移输出富余劳动力3 171人，占建设区域农村劳动力6 261人的50.6%，实现人均务工收入7 175元，居民人均纯收入5 587元，比上年增493元。

四、"两分两换"取得新进展。制定出台一系列政策办法，健全土地流转机制，大力宣传引导以宅基地换住房、承包地换保障工作，4个建设点依法流转承包地1 071亩，占承包地总数3 466亩的30.9%，节约土地812.9亩，比农户原住房节约土地72.5%。

五、户籍制度改革迈出新步伐。严格按照市有关规定要求制定政策、设置门槛，加快农民变市民步伐，4个建设点已有2 192人转为城镇居民。

六、社会保障实现新提升。4个建设点共开展劳动力技能培训39期1 600人（次）；新型合作医疗参合率98%；特困户应保尽保，低保率100%。同时，开展乡联网、村联控、组联防、户联勤和创平安村、平安组、平安户的"四联互创"工程，建设点治安状况良好，社会和谐稳定。

【区级偏远村新农村建设】 2011年，麒麟区按照"逐步完善基础设施，完善服务功能，让人居环境好起来，农村产业强起来，群众生活富起来，逐步缩小城乡差距"的建设目标启动了珠街乡联合、中所，沿江乡新圩、大龙，寥廓街道石灰窑，越州镇上坡，东山镇水井、转长河，茨营乡团结、蔡家共10个区级偏远村的新农村建设。10个村委会计划投入建设资金11 156万元，年底，已完成投资9 955.15万元（其中群众投工投劳4 950个，折资19.8万元），占计划投资的89.2%，于年底顺利通过区级考核验收，合格率100%。主要成效：

一、推进村庄向社区过渡。建居民小区10个，建盖房屋340套，维修和加固525户31 655平方米，拆除旧房48间1 580平方米，农村居住方式进一步转变。

二、推进公共设施向农村延伸。修建村组公路23条31千米；硬化村内道路41条41 682平方米；修建沟渠6.12千米，铺设管引680千米，建水池3个200立方米，建抽水站18座；架设高压输电线路18千米，低压输电线路26.6千米；建公厕29座，建垃圾池18个；新建小广场4个7 844平方米，建活动室3个686平方米；安装路灯204盏，村内绿化6 650平方米；新建村委会办公楼806平方米，农村基础设施得到加强。

三、推进优势产业向园区集中。新招商（创办）企业3个；种植经济林果4 915亩，经济作物26 820亩；发展养殖户196户，养猪6 412头、养牛224头、养羊1 443只、养家禽50 322只；种植业培训23期5 466人次，养殖业培训18期1 777人次，劳务技能培训18期5 514人次，其他培训12期1 660人次；转移输出农村富余劳动力4 076人，农村优势产业逐步优化。

四、推进生活方式向城市转变。建沼气池209口，改节能灶261眼；改卫生厕144个907平方米、卫生厩268个1 260平方米，改厨房223户872平方米；电网改造2 916户，接通闭路电视线路3 473户，安装自来水3 473户，农村生活条件明显改善。

（潘俊宝）

移民开发

【概　述】 大中型水库移民后期扶持政策于2006年7月1日开始实施，为了全面贯彻落实好此项政策，按照省、市两级对移民工作的要求，麒麟区于2008年6月成立移民开发局，全面负责全区移民后期扶持工作。政策实施后，重点采取个人直补和项目扶持两种方式对大中型水库库区和安置区移民人口进行扶持。

2011年，国家十四部委、省十六厅局关于促进库区和移民安置区经济社会发展调研、汇总及上报工作圆满结束。自2011年3月起，寥廓、东山、越州、沿江、白石江等乡（镇）街道移民开发办公室相继挂牌成立，结束了乡（镇）街道移民开发工作无机构、无专人管理的局面。

【移民人口分布情况】 麒麟区境内建有大中型水库4座，其中独木、潇湘、西河3个水库涉及移民搬迁安置人口，水城水库不涉及移民搬迁安置人口；有小型水库55座，不涉及移民搬迁安置人口。

2011年底，全区共有移民人口15 169人。按水库划分，共涉及大中型水库30座，其中辖区内有3座，共有移民人口13 889人，分别为：独木水库移民9 895人、潇湘水库移民3 157人、西河水库移民837人；辖区外有27座，共有移民人口1 280人，分别为：陆良县响水坝水库移民1 079人，沾益县白浪水库移民30人、新屯水库移民24人、花山水库移民4人、偏桥水库移民32人，富源县石坝水库移民25人、洞上水库移民12人、响水河水库移民1人，会泽县以礼河水库移民17人、毛家村水库移民1人，罗平县湾子水库移民2人，宣威市东屯水库移民15人、钱屯水库移民2人，马龙县凤龙湾水库移民6人，师宗县溜子田水库移民1人、东风水库移民1人，玉溪市江川县查尔山水库移民15人、华宁县白龙河水库移民1人，昆明市盘龙区松花坝水库移民1人，寻甸县上游水库移民1人，重庆市合川区狮子滩水库移民1人、长寿区狮子山水库移民1人、三峡水库移民1人，四川省岳池县全民水库移民2人、响水滩水库1人，贵州省乌江渡水库移民1人，福建省古田溪水库移民3人。在辖区外的27座水库移民中，除陆良县响水坝水库1 079名移民人口为修建水库时搬迁至麒麟区的移民人口或移民的后代外，其余26座水库共199名移民均属于外县（市）区婚嫁至麒麟区的移民人口。

按区域划分，全区11个乡（镇）街道92个村委会（社区）438个村（居）民小组都分布有移民人口，分别占全区乡（镇）街道）村委会（社区）、村（居）民小组总数的100%、78.2%和45.1%。其中东山镇涉及移民的村委会14个，村民小组92个，分别占其总数的100%、87.6%，有移民人口9 833人，占全区移民人口的64.8%；越州镇涉及移民的村委会（社区）13个，村民小组（居民小组）37个，分别占其总数的92.86%、41.94%，有移民人口1 087人，占全区移民人口的7.2%；寥廓街道办事处涉及移民的村委会（社区）7个，村民小组（居民小组）37个，分别占其总数的43.75%、20.79%，有移民人口1 971人，占全区移民人口的13%；三宝镇涉及移民的村委会11个，村民小组46个，分别占其总数的91.67%、63.89%，有移民人口474人，占全区移民人口的3.1%；南宁街道办事处涉及移民的社区4个，居民小组31个，分别占其总数的50%、43.06%，有移民人口318人，占全区移民人口的2.1%；白石江街道办事处涉及移民的村委会（社区）5个，村民小组（社区）32个，分别占其总数的55.56%、40%，有移民人口155人，占全区移民人口的1%；沿江乡涉及移民的村委会9个，村民小组46个，分别占其总数的90%、70.77%，有移民人口156人，占全区移民人口的1%；珠街乡涉及移民的村委会11个，村民小组35个，分别占其总数的91.67%、46.53%，有移民人口73人，占全区移民人口的0.5%；建宁街道办事处涉及移民的社区2个，居民小组10个，分别占其总数的33.33%、17.24%，有移民人口25人，占全区移民人口的0.2%；茨营乡涉及移民的村委会8个，村民小组20个，分别占其总数的80%、31.25%，有移民人口31人，占全区移民人口的0.2%；西城街道办事处涉及移民的村委会（社区）8个，村民小组（居民小组）52个，分别占其总数的100%、89.66%，有移民人口1 047人，占全区移民人口的6.9%。

从移民分布情况看，全区移民人口呈现出既分散又相对集中的特点，90%以上集中分布在东山、越州、寥廓和西城4个乡（镇）街道，且多数村寨为革命老区、山区或库区，自然条件比较差，基础设施相对薄弱，土地资源普遍呈现“干、酸、瘦、薄、窄”等特点。受各种因素影响，库区和安置区经济社会发展相对滞后，移民人口与原住居民生产生活水平也有一定差距。

年内，独木库区牙水公路移民补助建设项目、马场大桥移民后期扶持项目、移民新农村整村建设一期工程竣工并通过省、市行业主管部门验收。

2011年，全区以季度为单位，据实开展并圆满完成移民人口死亡登记、上报、核减工作，全年共核减人员63人。

【后扶资金兑付情况】 2011年累计发放移民后期扶持资金915.975万元，其中兑付2010年第四季度移民后期扶持资金223.935万元，兑付2011年一、二、三季度移民后期扶持资金670.62万元。补发东山、三宝、珠街、寥廓等乡（镇）街道102名漏登人员2006年第三季度至2009年第四季度移民后期扶持资金21.42万元。自此惠民政策实施以来，全区已累计发放移民后期扶持个人直补资金4 733.275万元，为改善库区及安置区移民群众生产生活条件起到了积极作用。

【2010年度库区基金项目和2009年应急资金项目竣工验收】 2011年3月，组织完成2010年度第二批大中型水库库区基金项目和2009年应急资金项目实施、监督、管理工作，其中上年度市第二批库区基金项目36个，涉及移民补助资金580万元；2009年应急资金项目4个，涉及移民资金45万元。10月，根据省、市移民开发局对移民项目管理的“六制”要求，经请示区政府同意，牵头组织财政、审计、交通、水务以及第五纪工委等部门，对上述40个项目进行检查验收，其中38个项目顺利通过验收，下余两个项目因地点变更，正在组织施工，待下步另行组织验收。

【申报后扶结余资金项目和库区基金项目获省、市批准】 按照“统筹兼顾、注重效果、点面结合、规模适度、投资合理”的原则，2011年3月组织完成2010年度后期扶持结余资金项目申报工作，共申报东山镇水井村委会村庄道路硬化工程、寥廓街道石灰窑村委会下铁路水库恢复工程和越州镇薛旗村委会村庄道路硬化工程等3个项目，申报资金115万元。10～11月，组成调研组深入库区及安置区调研，并根据各地实际，组织完成2011年度46个1 500万元库区基金项目申报的文本制作、评审和上报等前期准备工作。2010年度后期扶持结余资金项目和2011年度库区基金项目已获省、市行业主管部门批准。其中申报的46个库区基金项目合并为26个项目，补助资金1 500万元。

【潇湘水库库区部分农户房屋搬迁工程结束】 2011年11月初，上年度末争取的后扶结余资金项目——潇湘水库库区部分农户房屋搬迁工程全面结束，共涉及农户38户，投入搬迁补偿资金166万元，其中库区基金55万元。38户农户全部签订拆迁补偿协议，并按要求完成拆迁任务，搬迁后农户思想稳定。

【解决历史信访遗留问题】 春节前期，对寥廓街道遗留的3件信访遗留问题，通过采取专人负责、入户疏导、包案办理和结对帮扶等措施，成功化解上述3件信访案件，一直以来困扰移民工作的频访、缠访、闹访现象基本结束。

【移民后期扶持和基础设施建设两个“十二五”专项规划编制工作】 根据省、市移民开发局的有关要求，结合麒麟区国民经济和社会发展“十二五”规划及其他专项规划，编制完成了《曲靖市麒麟区大中型水库移民后期扶持规划（2011～2015年）》。规划年限为5年，扶持方式为直补到人，移民后期扶持人口15 169人，投资总规模4 550.7万元。其中5年“直补到人”方式累计74 269人次，扶持资金4 456.14万元，占总资金的97.92%；核减结余资金作为项目扶持人数累计1 576人次，项目个数拟定为5个，项目扶持资金补助94.56万元，占总资金的2.08%。另外编制完成《麒麟区大中型水库库区和移民安置区基础设施建设和经济发展规划（2011～2015年）》，每年拟按1 500万元资金额度规划库区基金项目，以此改善全区库区和移民安置区基础设施，改善移民群众生产生活条件，通过五年的建设，使库区和移民安置区群众生产生活水平达到当地平均水平。

【东山独木村委会被确定为云南省移民新农村建设试点村】 通过多次积极争取，邀请省、市两级移民开发局领导班子实地考察，省移民开发局初步确定并报经省政府批准，麒麟区东山镇独木村委会被确定为省级移民新农村建设试点村，配套资金规模1 000万元。除原到位的200万元以外，2011年追加项目资金500万元已到位，总体规划、可研报告已获省、市批准，初设方案已按要求上报，待省局评审后及时组织实施。

【麒麟区被确定为全省水库移民后扶政策实施监测评估试点县区】 麒麟区被确定为全省水库移民后扶政策实施监测评估的3个试点县区之一。2011年12月初，由云南省移民开发局技术服务中心组成的监测评估工作队正式入驻麒麟区，深入东山、越州、寥廓等乡（镇）街道的库区和移民安置区村组，对“十一五”期间移民后期扶持政策实施情况、资金使用管理情况以及政策实施效果进行跟踪监测和系统评估。通过开展监测评估试点工作，为全省探索监测评估工作新技术、新方法、新手段，建立一套符合全省实际的监测评估办法提供工作经验，从而为下步调整、修定大中型水库移民后期扶持政策，保障移民资金使用安全和后期扶持政策顺利实施，进一步维护移民群众合法权益，促进库区和安置区经济发展和社会稳定提供翔实的依据。

（刘致详）

交通 邮政 通信

交通管理

【概　述】 2011年，麒麟区抓住国家由强国转向富民的政策机遇，积极争取项目，多方筹集资金，圆满完成2011年省、市、区下达的各项目标任务，为“十二五”全区交通运输事业的持续、健康发展创造了良好的开端。年底，全区拥有公路215条，总里程1 155千米，公路密度达98千米/百平方千米。已硬化农村公路560余千米，占总里程的48.4%，基本实现每个村委会通水泥路或柏油路的目标。

【公路建设】 2011年，全区共争取中央、省、市及省、市属单位投入2 100万元，协调区内企业投入900万元，拉动麒麟区交通建设完成投资2.4亿元，占市下达投资计划9 000万元的245%，占区年初下达投资计划2亿元的120%，10月份追加投资计划2.4亿元的100%。交通建设投资排列全市第一。

2011年共续建和新建公路建设项目21个，全长247千米。建设水毁桥2座，拆除危桥重建2座，全长170米。年底，完成公路改扩建里程228千米，完成桥梁建设2座。分别完成茨红公路二期改建工程、曲靖市瓷业燃气有限公司进厂专用公路建设、沾潦公路越州段大修工程、150千米83条村庄道路硬化、张三公路、奋整公路、拖古到撒基格公路、小哨到薛旗等17个通行政村硬化项目。完成潇湘文明（湘箐）桥、东山小玉麦则桥2个建设项目。拆除重建岳东园2座危桥。

【公路养护】 在加快农村公路建设步伐的同时，坚持“建养并重、协调发展”的原则，把农村公路的管理养护工作列入重要议事日程，建立和落实“区财政预算安排、乡财力以奖代补、区直单位大力支持、动员社会各界积极捐赠、群众投工投劳、每半年集中管养检查一次”的投入机制和管养模式，层层签订目标责任书，明确管养目标和责任主体，切实开展公路管养工作，使全区公路综合好路率达到70%以上，基本保证了公路的安全畅通。同时，在区地方公路管理段充实人员、完善管理的基础上，11个乡（镇）街道全部成立公路管理站，落实组织机构，配备人员，建立健全管养制度，使农村公路的管理和养护体制日趋完善和规范，初步实现“建一条、成一条、养一条、保一条”的目标。

2011年，按照省、市农村公路管养工作目标责任制的要求和区政府《关于麒麟区2011年农村公路大修及集中管养工作实施方案》精神，明确任务，明确责任，落实经费，加强督促检查，确保养护质量，掀起了全区农村公路大修及管养工作热潮。全年投入公路管养资金1 001万元，启动实施公路大修工程1个、小修养护公路1 100千米，基本实现“有路必养、养必到位”的目标，顺利通过省组织的抽查和市组织的全面检查。

【路政管理】 2011年，麒麟区全面加强治理非法超限超载车辆工作，使辖区内重点路线非法超限超载车辆基本消除，其他路线非法超限超载车辆明显减少。在巩固石恩公路治超的基础上，规范了水寨治超点治超工作。全区治超工作被市政府评为A类治超区（县）。

集中整治在公路路产及公路用地范围乱堆乱放、破坏公路，利用公路用地设置服务区、加油站、违法加水及摆摊设点，区乡公路两侧乱搭乱建，利用公路边坡、路肩种植农作物等违章违法行为。全年共拆除违章搭建12处230米，取缔占道经营摊点14处，清理侵占公路乱堆乱放3 600平方米，有效维护路产路权和公路交通安全、健康、规范、公平、有序的道路运输市场和良好的道路交通秩序，确保本行政辖区内公路设施完好和公路安全畅通。

【道路交通安全】 2011年，全区道路交通安全形势持续平稳。安全生产按照“一岗双责”和思想认识到位、制度措施制定到位、检查验收到位、整改落实到位的要求，通过加强宣传，强化责任，切实加大对公路、桥梁和道路、水路运输及在建工程的专项安全检查整治力度，确保了交通运输安全。

调整充实以局长为组长，各科室负责人为成员的安全生产领导小组，制定年度安全生产管理实施方案，与各公路站和局属各部门签订安全生产目标责任书。结合“安全生产年”、安全生产“三项行动、三项建设”和“四个百分百”活动的要求，进一步健全、建立、落实隐患排查报告、整治等管理制度，及时排查，消除隐患。2011年初，境内南盘江岳东园2座危桥出现险情，及时启动了应急预案，对危桥进行拆除重建。切实加强道路安全隐患的排查整治，全年共排查出道路交通安全隐患12处，其中一般隐患10处，重点隐患2处，整改消除12处，整改率100%，投入整改经费130万元。积极开展安全宣教工作，对在建工程施工企业进行安全教育7次，组织全局干部职工、公路站长学习4次，向群众发放道路安全宣传单300余份，制作宣传展板6块，悬挂喷涂标语18条，参加大型宣传活动1次，媒体报道2次。全年全系统未发生一起重特大安全事故，安全生产各项指标均控制在市下达的指标之内。

【交通维稳工作】 2011年，维稳工作成效显著。全行业通过建立和落实维稳工作下访排查制、信访工作专人负责制、专项维稳承包负责制和人大、政协议提案限时办结制等制度，共成功调处各种矛盾纠纷21起，办理信访件29件，办结率100%；办理人大建议16件、政协提案6件，办结率和满意率100%。

麒麟区公路基本情况一览表（截至2011年底）

项　目	数量（条）	里程（千米）	现　状						
			等　级	路面铺装（千米）			公路绿化（千米）		养护里程（千米）
				油路或水泥路	砂石	未铺装	可绿化里程	已绿化里程	
总计	215	1 155					430.52	97.674	581.623
1. 国道	2	62	高速	62					
2. 省道（省管县道）	5	149	二级 四级	149					
3. 县道	10	149	三级14千米 四级135千米	97.8	68.703		108.3	67.834	127.518
4. 乡道	70	411	全部四级	171	339.091		296.5	19.2	419.613
5. 专用公路	13	34.5	四级25.7千米 等外8.8千米	25.72		8.772	25.72	10.64	23.732
6. 村道	115	349.5	四级300千米 等外49.5千米	55		294			

说明：1. 全区公路密度达98千米/百平方千米；
2. 公路里程指纳入统计范围的公路里程；
3. 省管公路绿化和养护情况未纳入统计范围。

（蔡木冬）

运政管理

【概　述】 2011年，麒麟区辖区内公路运输完成客运量741万人次，旅客周转量57 804万人千米，同比增长54%和13.3%；完成公路货运量2 649万吨，货运周转量233 311万吨千米，同比增长17%和44.9%。以优化运输结构为主线，大力发展先进运输生产力，到年底，辖区共有客运班线80条，客运车辆609辆，客运车辆行政村通达率85%。新增机动车一类维修经营业户1家，机动车二类维修经营业户10家，三类维修企业31家。辖区10家驾培学校，共组织从业资格培训考试13期，考试合格3 150人，其中道路旅客运输386人。审核驾培学员58 525人次，结业21 731人。

【安全管理工作】 2011年，麒麟运政所坚持“安全第一、预防为主、综合治理”的方针，扎实开展安全生产宣传教育、安全生产执法、安全生产治理“三项行动”，全面推进道路运输管理工作标准化、规范化，建立自我约束、不断完善的安全生产长效机制。每月进行一次安全生产检查，查处隐患，及时整改，要求企业进一步建立健全安全生产管理体系，明晰安全管理职责，落实安全生产责任制度，提高安全管理科技含量，建立安全生产长效管理机制。要求企业“一把手”负总责，分管领导亲自抓，经办人员具体抓。要求客运企业从开展安全生产动态考核工作入手，建立完整、规范的安全管理档案，加强源头安全管理责任事故指标控制，有效遏制重特大道路运输事故的发生。辖区全年未发生一起重特大道路运输安全事故。

【节假日运输组织工作】 2011年，麒麟运政所切实抓好“春运”、“五一”、“十一”黄金周及汛期等阶段性道路运输源头安全管理工作。在运力安排上早动员、早宣传、早安排、早部署，把工作的重点放在源头管理上，建立以发挥企业、客运站自身主导作用，行业实施有效监管的安全管理机制。组织专人到客运企业和危险品运输企业督导检查。“春运”、“五一”、“十一”黄金周等节假日期间实行24小时值班制度，及时化解运输市场出现的纠纷，较好维护了辖区内道路运输市场的正常经营秩序。

【燃油补贴兑付工作】 2011年燃油补贴发放工作严格按照中央、省、市、区有关燃油补贴兑付的有关文件精神执行，麒麟所在多次与区交通局、区财政局会商的基础上，制定《2011年燃油补贴兑付实施方案》，严格按照《方案》要求的程序、原则、标准实行直补，共发放补贴2 811.65万元，其中城市出租车补贴2 362.76万元，农村道路客运补贴446.26万元，受益对象1 825个。

【质量信誉考核工作】 2011年底，共审验道路运输经营业户7 856户，审验营运车辆11 507辆，审验合格率100%，对4户客运企业、7户危货运企业进行了质量信誉考核。对机动车维修业进行质量信誉考核，评定出3A级企业25家，2A级企业47家，A级企业216家。对10家机动车驾驶培训（校）站进行质量信誉考核。

【运输市场监管】 麒麟运政所创新行业监管方式，提升运政管理信息化程度，不断加大道路运输市场监管力度，努力达到管理标准化、制度化、责任化、规范化要求，行业监管能力得到显著提升。一改传统设点路查方式，采取对违章多发路段流动巡查、重点稽查的方式，避免证件齐全车辆停车检查，影响合法经营者正常营运，提高检查效率，对违章经营者起到威慑作用，取得较好的执法效果。组织开展春运客运市场秩序整治、机动车驾驶员培训市场秩序整治、汽车维修行业专项检查、农村客运交通安全集中整治、交通运输反恐安全监管等专项稽查，加强未经许可擅自从事道路运输经营以及道路运输相关业务的专项稽查。与公安、交警、城建等有关部门配合，全年共出动稽查人员6 435人次，检查过往营运车辆58 097辆次，其中查处非法运营客运车辆467辆次，一般交通运输违法行为5 100余件。进入一般程序467件，行政处罚案件结案率100%，全年未发生行政复议及行政诉讼案件。

【运政执法】 结合运政执法政策性强、涉及面广、工作量大的特点，麒麟运政所坚持依法行政、文明执法，进一步规范运政执法行为。对审批时限、业户提供资料进行削减，主要办理事项全部调整为即办件。通过违章处理办，对违章案件处罚实行扎口管理，由违章处理办统一负责处理，统一标准尺度，保证对同一类情节违章，尤其是常见违章及重大违章，处罚裁量标准一致，确保行政处罚公平公正。在执法过程中，本着“严格把握初犯与累犯、轻微违章与严重违章、偶尔为之与长期为业”等违法行为的区别，对初犯、轻微违章、偶尔为之等违法行为淡化处理，以教育为主。专题组织讨论初犯认定、严重违章认定、困难家庭界定、弱势群体范围、教育放行操作程序、减轻处罚标准框架范围内进行细化意见等。全面形成从源头管理到执法全过程的信息化管理体系。采用月度自查、季度互查方式，提高执法文书制作水平，以检查促提高。建立健全行政执法人员档案制度。将执法人员基本情况、执法情况、工作情况、奖惩及责任追究情况、考评及考评结果应用情况列入执法人员档案，通过对行政执法的每个环节、整个过程以及行政执法行为的优劣进行考核评估、跟踪管理，全面纳入监督视野，形成系统科学的监督体系，规范行政执法行为。

道路货物运输产值统计表

指　　标	序号	货运量(万吨)	货物周转量(万吨千米)			平均运价	产值	平均运距	备注
		营业性	汽车	营业性	汽车	(元/吨千米)	(万元)	(千米)	
甲	乙	1	2	3	4	5	6	7	
合　　计	1	2 649	2 649	233 311	233 311	0.54	126 858.62	88	
1、煤炭及制品	2	523.7	523.7	70 699.5	70 699.5	0.6	42 419.7	135	
2、石油、天然气及制品	3	44.6	44.6	6 021	6 021	0.65	3 913.65	135	
其中：原油	4	0	0	0	0				
3、金属矿石	5	2.4	2.4	192	192	0.5	96	8	
4、钢铁	6	10.4	10.4	572	572	0.5	286	55	
5、矿物性建筑材料	7	66.2	66.2	3 641	3 641	0.5	1 820.5	55	

续 表

指　标	序号	货运量（万吨）	货物周转量（万吨千米）			平均运价	产值	平均运距	备注
		营业性	汽车	营业性	汽车	（元/吨千米）	（万元）	（千米）	
6、水泥	8	191.7	191.7	9 585	9 585	0.35	3354.75	50	
7、木材	9	2.4	2.4	204	204	0.5	102	85	
8、非金属矿石	10	14.7	14.7	441	441	0.5	220.5	30	
其中：磷矿	11	2.4	2.4	204	204	0.5	102	85	
9、化学肥料及农药	12	23.8	23.8	714	714	0.4	285.6	30	
10、盐	13	17.15	17.15	2 229.5	2 229.5	0.5	1 114.75	130	
11、粮食	14	60.3	60.3	7 839	7 839	0.65	5 095.35	130	
12、机械、设备、电器	15	25.05	25.05	2 254.5	2 254.5	0.6	1 352.7	90	
13、化工原料及制品	16	45	45	1 350	1 350	0.5	675	30	
14、有色金属	17	0	0	0	0				
15、轻工、医药产品	18	44.95	44.95	3 685.9	3 685.9	0.5	1 842.95	82	
其中：日用工业品	19	36.6	36.6	2 928	2 928	0.5	1 464	80	
16、农林牧渔业产品	20	379.2	379.2	34 128	34 128	0.7	23 889.6	90	
其中：棉花	21	0	0	0	0				
烟草	22	76.8	76.8	13 824	13 824	0.5	6 912	180	
糖	23	8.05	8.05	885.5	885.5	0.5	442.75	110	
果蔬	24	266.5	266.5	10 660	10 660	0.6	6 396	40	
花卉	25	3.6	3.6	216	216	0.7	151.2	60	
17、其他	26	1 197.45	1 197.45	89 754.6	89 754.6	0.45	40 389.57	75	

（蔡木冬）

信息产业管理

【概　述】　2011年，区工业和信息化局按照国家、省、市信息化建设工作要求，以电子政务建设为重点，以“政府先行，推进电子政务建设，带动国民经济和社会信息化进程”为目标，进一步加强标准化、制度化、规范化建设。按照“市内领先、省内一流”的发展目标，以强化功能为核心，建设一流的政府网站，科学制定子网站考核办法，切实搞好网站日常维护，努力强化服务功能，全面提高服务水平。加强各类网站建设，全区电子政务门户网站已形成一个以区电子政务门户网站为龙头、乡镇和部门为依托的门户网站群。加强电子政务网的管理维护，对接入单位发生的网络故障及时排除，对出现故障的设备及时与市网管中心联系调换，做好运行维护日志，保障电子政务网正常运行，做好公文交换信息平台维护工作。抓好信息公开网站涉密和敏感信息的清理工作。加大宣传力度，做好系统平台建设，保障各类信息系统平台良好运行，全力推进阳光政府四项制度顺利实施，开展各项培训工作，为云南省政务信息查询网络系统、“96128”政务信息查询专线、政府信息公开网站、重大决策听证、重要事项公示、重点工作通报发布网站的管理运行提供有力保障。

【电子政务基础应用平台和协同办公系统维护】　电子政务基础应用平台和协同办公系统即公文交换信息平台。按照“统一规划、共同建设、分步实施、边建边用”的要求进行实施。从麒麟区经济社会发展的目标要求和现实差距的实际出发，从百姓对服务型政府的要求和着力提升政府行政效能的角度，对电子政务的建设和应用，实行分类指导，分层推进，分步实施，务求实效。2011年，全区公文交换办公系统平台已建成覆盖全区政府部门、直属单位和乡（镇）街道的政务信息化基础平台，为办公和其他应用系统提供基本的技术环境。该平台基于电子政务外网，实现全区统一规划的公文无纸化办理、移动办公，为政府部门的协同运作模式提供技术支持保障，有效提高办公、服务和资金利用效率。同时加快部门内部局域网和无纸化办公系统建设，实现区党政机关主要办公业务和内部事务管理数字化、网络化。加强系统功能建设，创新工作方式，优化业务流程，提高应用服务水平。加强部门间协同业务流程和信息流程梳理工作，依托基础应用平台，建立部门间信息共享机制，为降低信息采集成本，实现协同办公，发挥电子政务综合效益创造条件。麒麟区电子政务平台同样拥有统一的应用功能、业务模式、数据标准、操作规范等，实现区政府内部以及政府与各直属单位的业务流转，当各直属单位需要进行单位内部业务流转时，如果没有特别的个性化需求，只需要在麒麟区电子政务平台上增添本单位的组织结点和用户账号即可使用；如果有特别的个性化需求，也只需要在该直属单位建一套和区级政府相同的平台，再做个性化的二次开发，既能实现单位内部的业务流转，又拥有统一的应用功能、业务模式、数据标准、操作规范，并与麒麟区电子政务平台融为一体。全区于4月开始进行无纸化公文交换工作。

【效能政府阳光政府制度实施】 充分发挥门户网站在信息发布、网上服务、互动交流等方面的作用。2011年，麒麟区电子政务门户网站共发布各类信息1 759条，区政府信息公开网站主站点和各子站点共发布信息1 510条。政务信息查询网站共受理事项31件，限时办结13件，超时办结18件。深入完善政务信息查询网站的各项信息，及时收集各单位“96128”信息查询专线的基础信息，对有更改、变动的单位，在收集资料存档备案的同时及时报送至市工信委，再协调电信业务平台进行更改，确保麒麟区“96128”专线电话接听率稳中有升。全年各部门共接到“96128”来电730次，转接成功491次，转接成功率87%，群众满意481次，群众满意率98%。

（赵石荣）

邮　政

【概　述】 2011年，麒麟区邮政局按照市局“深化改革，理顺机制，优化结构，强化经营”的工作要求，围绕“夯基础、转方式、提能力、舞龙头”的工作思路，充分利用信息流、资金流、实物流“三流合一”及实物网、金融网、信息网“三网合一”平台优势，不断开拓市场，增加业务品种。通过对曲靖市场规模和区局业务结构的认真分析，适时调整经营策略，优化支撑政策，注重经营实效，使麒麟邮政的基础管理逐步理顺，经营成果初显端倪，角色定位逐步清晰。

年内，麒麟邮政三大专业总体实现业务收入4 668.09万元，其中麒麟区邮政局实现业务收入2 242.08万元，增幅27.15%；麒麟区支行实现业务收入1 762万元，增幅58%；麒麟区速递物流公司实现业务收入664.01万元，同比增加90.83万元，增幅61.36%。利用邮政广告设计平台，开办《麒麟邮讯》，并发展2家长期客户作为业务支撑。

【打造精品示范网点】 2011年，省公司将麒麟区局所辖麒麟北路支局列为全省首个精品网点装修改造示范网点。6月16日正式开工建设，改造完毕后，在原有基础上增设2个储蓄台席、1个VIP客户接待室、1个理财专区和1个24小时自助银行区，优化了网点营业大厅的布局。10月21日，该精品网点装修改造顺利通过验收，并在麒麟北路支局召开“全省邮政代理金融精品网点装修标准现场研讨会”，为全省代理金融网点装修标准、功能分区、设备配置、软件提升等方面做出示范。

【代收代付项目】 继2010年启动代付烟叶款后，2011年区邮政局又新增2个代付点（东山镇转长河、越州镇潦浒）和2个流动服务点（西城街道晏官屯，珠街青龙、联合），总计代付资金2.89亿元，拉动余额增长3 681万元，资金沉淀率13.15%。此外，区邮政局代收中石油、中石化加油款，收款线路由2010年的1条增为2条，收款点增加13个，共26个（加油站23个、治超站2个、供电所1个），2011年度为企业创收170多万元。

【代理保险业务】 麒麟北路支局在装修改造后，网点竞争能力得到了显著提升，累计代理保险32.5万元，销售理财产品1 565.7万元。越州支局在余额发展的同时，代理保险也同步发展，全年累计代理保险145.3万元。

【“思乡月”项目】 在总结上年营销经验的基础上，细分市场，突出重围，以曲靖本地品牌月饼为主，辅以利润空间较大的礼篮及自组产品，实现收入82.93万元，圆满完成82万元计划任务的101%。

（方　烨）

电　信

【概　述】 2011年，麒麟区分公司从聚焦宽带业务，强化基本面经营着手，开展千网万纤、宽带提质提速、语音团购三项重点工作，有效实现政企各项业务的规模发展和基本面的良性发展。全年累计发展宽带1.5万户，发展移动业务3万户，发展固定电话1.2万户。完成全业务经营收入1.1亿元，公司收入首次突破亿元。

【营销活动】 细分市场，对宾馆酒店重点进行突破，签约酒店计划包打酒店占曲靖酒店市场的80%以上。成立专业团队，对中小企业进行扫街活动，开展摆摊直销700余场次。开展小区营销，抢占市场份额，在珠江花园、山水清城、机三厂、越州众一煤化等小区取得较好效果。多渠道协同作战，大力支撑电脑渠道业务拓展，与曲靖创想电脑公司合作推出了“存4 299元，送三年电信宽带、得联想电脑”、“存1 999元，送二年电信宽带、得联想平板电脑”促销活动。

以部门（班组）为培训单位，组织开展3G业务体验培训50场次，强化合作渠道3G业务培训，大力推进“终端+应用”的销售模式。在主厅、市中心网格营业厅、部分卖场统一配置体验终端，以行业应用带动移动发展。多渠道协同发力，组织合作渠道、网格厅、乡镇同包点，利用节假日、周末、街天开展路演促销活动近300场次。

建立ITV发展样板小区，探索ITV规模发展模式，前后联动，确实提升网络能力，奠定ITV发展基础。在各网格厅建立ITV体验演示点，迅速扩大业务宣传力度。前端组织力量对目标客户进行信息收集，后端迅速进行网络覆盖，快速形成业务能力。梳理目标，针对性开展业务突破，按新建小区、网络能力达标区域进行分类，在西城街道、荷花塘针对性开展体验式营销。7月底，在越州众一生活区实现FTTH全覆盖，建立麒麟区第一家FTTH样板小区，8月初开展集中式业务营销。

完成市、区两级电子政务专项工程近400个点位的光缆建设任务，成功实现电子公文交换项目的并轨运行，并于10月27日成功组织实施麒麟区电子政务公文交换系统验收工作，顺利通过验收。

减少无资源红线区域，形成快速支撑响应机制。快速启动76个项目建设，建立20户客户需求15天快速支撑机制，组织人员进行扫小区、扫街活动，及时登记客户需求，全部进行业务预受理，形成闭环管控机制。快速实施端口扩容，组织开展宽带端口清理工作。对所有历史光缆资源重新进行梳理，并对所有光缆资源进行入库，同步制定光缆资源管理办法，确保工程建设完成后资源同步更新。自7月14日启动打10000号装宽带，成功率逐月提升，7月20日启动48小时装宽带超时赔付，前后联动，闭环管控，快速支撑响应市场。

【网络维护】 积极推进网络转型，加强机房的标准化整治和机线资源清理。完成麒麟交警监控工程，市区城域网扩容和光交接箱、主干光缆扩容项目，光纤资源JS系统录入工作，250次光纤障碍及时抢修任务，城域网“光缆线路故障修复及时率”指标达到100%。完成因城市建设麒麟南路从4D到96D近五十条光缆共100余千米改道，麒麟东路光交箱的搬迁割接，城市电网改造影响的近20处、30千米的光缆改道。

在强化基础管理、明确岗位职责、提高员工维护技能的同时，麒麟公司进一步加快网络建设，提高网络维护质量。2011年实施城区14个LAN小区的网络改造工程、恩洪办事处接入网机房和新圩机房搬迁工程；组织安排城区及乡镇的EPON扩容、DSLAM部份扩容，共扩容各种设备端口近7 000线。

积极配合开展打击盗窃破坏“三电”设施专项斗争。2011年，麒麟分公司共发生盗窃案件194次，抢修电缆累计长度43 493米，共抓获窃贼8人。全年未发生重大安全生产事故。

【电信网络管理及服务】 4月，成立装维服务中心，对代维公司实施嵌入式管理，按天对各类工单进行管控，切实提升装维能力，有效改善客户感知。实施在途工单预警管控，建立故障预警管控机制。从4月1日开始在城区实施入户安装维护“五个一”服务规范，从7月开始实施夜间延时服务，用户感知度和满意度得到提高。依托综调系统实施新装工单预警管控，把原来48小时的装机时限改为当日工单当日完成。建立故障预警管控机制，装维工作向精细化管理推进，装维中心明确人员分工，梳理工作流程和岗位职责，责任明确到人，以质量分析会的形式将每张工单逐一分析，找出装维工作中存在的问题和短板，及时进行调整和改进，超时工单按张考核到个人；实施夜间延时服务；实行晨会制度，定期召开后端班组和维护片区组长、维护人员会议，理顺流程，明确职责，对在途工单形成长效管控机制。针对薄弱管理环节进行强化，梳理完善装移维流程，强化后端班组对装移维的支撑责任，支撑前端业务发展、运维指标、用户感知等取得明显成效。

（杨之光）

移动通信

中国移动云南公司曲靖分公司

【概　述】 2011年，曲靖移动牢牢把握移动互联网发展带来的机遇，实施可持续发展战略，拓展发展规模，创新发展模式，提升发展质量，切实履行责任，保持稳健增长的发展态势。2011年曲靖移动分公司在网客户236万户，实现运营收入11.575亿元，上缴国家税收2.23亿元。

【曲靖移动全面质量管理小组获佳绩】 3月22日，25支来自云南省各州（市）分公司的QC小组齐聚省公司，开展2011年QC小组优秀成果发表大赛。曲靖分公司“蚂蚁”QC小组“提高集团彩铃业务订购

曲靖市政府携手中国移动云南公司共建无线城市（毕　然　供稿）

率”、贵宾客户中心 QC 小组“提高在网中高端客户合约捆绑率”两项成果在中国移动云南公司 2011 年 QC 小组优秀成果评选中分别荣获一等奖和二等奖。

【第五季“橙人行动”】 7 月 27 日上午，在曲靖分公司全球通大楼五楼举行曲靖移动分公司第五季“橙人行动”启动仪式，曲靖移动分公司杜文劲总经理、共青团曲靖市委书记施兴满及曲靖农校、曲靖技工学校、曲靖财校、云南省工业高级技工学校、云南能源职业技术学院、曲靖市麒麟区职业技术学校、工商职业技术学校等学校的团委负责人出席。“橙人行动——动感地带成长计划”是由中国移动云南公司策划并主办的大学生社会实践公益主题活动，目的是为在校大学生创造接触社会的机会，通过实践释放青春与激情，发挥创新能力，养成自强独立的良好品德，最终能回报社会。

【曲靖市政府与中国移动云南公司共建无线城市】 11 月 4 日，曲靖市人民政府与中国移动云南公司在曲靖官房大酒店举行“无线城市”建设战略合作框架协议签约仪式。中共曲靖市委常委、副市长陈军与中国移动云南公司副总经理高玉芬代表双方签署《曲靖市无线城市建设合作框架协议》，标志着该项目正式启动进入试点阶段。根据战略合作框架协议的要求，曲靖市人民政府将与中国移动云南公司在加快建设无线城市的信息基础设施、无线城市综合应用门户、物联网重大应用三大方面深化战略合作关系。从 2011 年起，中国移动云南公司将在 5 年内投资 10 亿元用于曲靖无线城市建设，其中 2011 年将投资 2 亿元，在 9 个县（市）区新建1 000个 2G + 2.5G（EDGE）+ 3G（TD – SCDMA）+ WLAN（WiFi）热点，新增 2 000 台 AP。到第一个五年滚动规划完成，将配合曲靖市人民政府建设无线城市物联网的重大应用，建成核心商业区、高校、工业园区、旅游景区、交通枢纽、电子贸易等重点高速网络覆盖区域，全面实现市政、医疗、教育、数字城管等应用工程，全面提升城市管理效率。到 2011 年，曲靖市有 2 178 个 2G 基站，381 个 TD 基站，2G 无线网络覆盖全市 100% 的乡镇和行政村，风景区覆盖率达 100%，自然村覆盖率达 94.1%。无线城市建成后，曲靖将实现电子政务、企业信息化、信息兴农、公共信息资源共享，为个人客户提供基于丰富的创新业务和多媒体融合信息化服务，为政企客户提供完善的信息化整体解决方案，助力政府和企业低成本高效运营。

（毕　然）

铁通曲靖分公司

【概　述】 2011 年，铁通曲靖分公司根据铁通云南分公司“自主做精，协同做活，创新发展，效益经营，全力配合移动全业务经营”的工作思路，外协同、内挖潜，以经营发展为中心，改革创新为动力，服务质量为保证，提高效益为目标，积极探索适应分公司生存与发展的新思路。在固话业务萎缩、其他业务增收乏力、经营成本上涨等经营形势艰难、压力巨大的情况下，通过深化协同求发展、资产经营创效益、优化服务强支撑、效益投资促经营、规范管理固内基、强化培训提素质等措施，实现分公司经营工作有序可控、网络运行基本平稳、协同工作逐渐深入、移动代维有序推进、综合管理日趋规范、员工队伍思想稳定、经济效益和社会效益稳步上升的目标。

【通信基础设施建设】 2011 年，铁通曲靖分公司继续坚持整合现有资源、协同共享移动资源、避免重复建设的原则，以市场为导向，以提高投资效益和建设优质工程为目标，安排和实施部分城域网、接入网，互联网等重点工程建设。年内完成新建缆线及设备扩容 127 项，宽带扩容 2176 线，利用 PON 新技术新建 2 442 线，基本满足市场经营发展的需要。在会泽、马龙、农校新校区、炮团新营区等铁通缆线未覆盖区域，积极协同曲靖移动，利用移动资源共同拓展业务。

【网络运行维护管理】 为提高网络运行维护质量，分公司坚持“以人为本，常抓不懈”的原则，认真贯彻“安全第一，预防为主”的方针，加强安全管理制度的落实，形成监督管理与考核奖惩相衔接、事前防范与事后追究相结合的安全考核管理机制。完善各项应急预案，全面提高应急抢险能力，实现安全生产的有序可控。按照资产经营责任制要求全面开展网络资产清查，完善设备基础台账，优化网络结构，盘活既有各局点交换、传输、数据、电源、电缆等资源，为发展数据业务提供保障。针对缆线被盗严重的情况，分公司在采取物防、技防、人防的同时，采取蹲点守候、巡逻、与小区门卫联合等方式进行防盗工作协作，加强与当地公安部门联系，做好联防、群防工作。

【协同发展　业务转型】 2011 年，根据移动集团《关于继续推动全业务市场经营协同发展的通知》，全面

铁通曲靖分公司 WLAN 等转型业务知识培训　　（杨坤清　摄）

落实"统一一个认识、推进两个整合、拓展三项业务、强化四个融合"的协同工作思路，做好公司主营的有线宽带、TD无线固话业务，密切与上市公司沟通协调，在资源协同、产品协同、建设协同、促销协同等方面取得进展。

通过铁通云南分公司与上市公司沟通，4月，上市公司确定云南铁通负责云南移动全省全业务接入网、集团客户专线、WLAN的维护工作。5月，移动代维试点工作在曲靖、昆明拉开帷幕。曲靖分公司坚持自维代维一体化，规范代维管理，提高代维质量。年底，分公司完成9个（曲靖市辖区7县1区1市）维护队的组建工作，并有效组织开展协同代维工作。全年曲靖分公司共接管移动专线137条、WLAN热点49个、AP设备543台、全业务社区1个，代维家庭客户120户，代维XPON设备7套。

【服务工作】 2011年，铁通曲靖分公司把改善服务质量作为维护公司品牌的出发点和落脚点，积极引导干部职工牢固树立全员服务意识，切实转变服务态度。分公司把加强监督检查，强化制约手段，加强用户回访力度，提升电话、宽带、专线装移机用户、投诉用户的综合满意度作为提高服务质量的有效手段，在继续完善故障申告和10050客服热线的基础上，开展100%用户回访、真情回报用户等活动，竭力提升铁通服务，增强市场竞争力。针对互联网业务的迅速增长，分公司集团客户服务部采取回访、上门等方式为用户提供故障处理、系统维护、杀毒软件安装等优质的延伸服务。

【加强大客户管理】 2011年，铁通曲靖分公司认真贯彻省分公司特色发展思路，抓好重点客户发展工作，经过大量的用户回访和市场调查，制定出台一套系统性的《集团客户工作制度》，为做好重要大客户的洽谈、接入实施工作奠定了基础。为保证制度的有效实施，分公司制定了详细的营销工作流程、营销工作计划，设置了集团客户工作小组，定期与移动集团客户部协同沟通，共享资源，共同进行集团客户的营销工作，大客户互联网专线接入业务取得突破性进展，全年共接入100余条互联网专线。

（杨坤清）

建设　环保

城乡建设

【概　述】 2011年，区住房和城乡建设局围绕区委、区政府“六城、四区、两中心”发展战略，全力推进城镇基础设施建设，深入开展城市精细化管理，进一步规范建筑市场秩序，大力推动旧城和城中村改造。中心城区城市基础设施建设完成固定资产投资37.5亿元，占全区固定资产投资的15.5%；房地产开发完成投资55.9亿元，占全区固定资产投资的23.2%。中心城区建成区面积61平方千米。城镇化率67.2%。中心城区城镇垃圾处理率100%，污水处理率87%；市政设施完好率95%以上，城区主干道亮灯率95%以上。新建保洁服务站5座（3座含公厕）、独立公厕2座。

【326国道（麒麟区段）道路改扩建项目】 项目全长1 687米，道路红线宽50米，总投资8 800万元。因涉及市自来水公司主供水管网未纳入年度计划实施，项目建设进度受到影响，2011年完成投资8 000万元，完成总工程量的90%。

【荷花塘片区旧城改造项目】 荷花塘片区旧城改造项目地上附着物已全部安全拆除，回购土地46.56亩，累计完成投资1.9亿元。计划2012年初启动建设。

【西门街片区改造项目】 西门街片区（含西关街片区）旧城改造项目规划用地面积约600亩，拆迁房屋建筑面积76万平方米，涉及拆迁居民户4 589户、53家单位和6个社区，估算总投资70亿元。2011年完成摸底调查、问卷调查、统计等前期工作，通过概念性规划审查，招商引资方案已上报市政府等待批复，草拟了征收补偿安置方案。

【子午路立交桥周边景观改造建设项目】 项目规划总面积约300亩，估算总投资5.1亿元。2011年完成摸底调查和一期工程（景观绿化、基础设施）可研、立项、环评工作，概念性规划及景观设计方案已经市规委会评审通过，项目的开发建设实施方案、招商引资方案政府已批准，招投标工作完成，明确了合作开发主体。计划于2012年初启动建设。

【“两江”治理工程建设项目】 “两江”治理工程概算总投资1.8亿元，2011年全面完成一期工程（南城门到紫云路段）建设，达到预期治理目标。二期工程东起曲胜路交汇处，西至紫云路桥，全长约1.1千米，共计占用土地约108亩，已完成项目的前期摸底、实地测量工作，初步完成修建性规划方案。

【保障性住房建设】 廉租房建设。2011年新建廉租住房26 800平方米、536套，安排在3个点建设，其中越州钢铁公司的15 600平方米、312套，区良种二场的8 000平方米、160套主体工程已竣工；曲靖万承商贸有限责任公司的3 200平方米、64套开工建设。

公租房建设。2011年新建公共租赁住房25 000平方米、500套。其中麒麟区职中搬迁点建设的15 000平方米、300套，曲靖石林锦达瓷业有限公司建设的10 000平方米、200套都已开工建设。

【城乡规划管理】 进一步加快推进规划编制工作。2011年筹措资金200万元，完成金江生态园、城区至珠街组团间的三江大道片区概念性规划、三宝——南片区、越州——水城工业园区规划及控制性详细规划编制。严格执行规划审批制度。大力宣传《城乡规划法》，严格执行“一书两证”制度，未取得

区四班子领导慰问环卫工人　　　　（敖东吉　供稿）

《建设项目选址意见书》，发改部门不予审批项目，未取得《建设用地规划许可证》，国土部门不予办理土地审批手续，用地规划管理等各项工作进一步规范。不断完善审批程序，对所有审批程序进行全面梳理，对原有程序进行完善，对部分程序进行调整，使规划审批更趋合理化和规范化。全年共组织召开2次规委会会议，对29项建设项目的选址、规划调整方案进行审查。出具规划设计条件24份，技术审查项目7个，回复规划线路走向意见10份，建设项目放线19个，验线13个；办理城区的户外广告门头装修审批507起；对辖区内16个公建项目进行审查，办理“一书两证”8件，用地规模92.18万平方米，建筑规模30.26万平方米，所有项目均按承诺的时限范围办理完结。指导集镇基础设施建设，积极配合指导各乡（镇）、街道实施基础设施及农村农房建设，全年共完成新农村建设21个，绿化亮化项目6个，农村农户建房837户，其余的建设项目正在建设中，累计完成投资15亿元。积极协调争取上级部门的支持。东山镇、茨营乡被列为2011年农村危房改造实施乡镇，争取上级补助资金400万元；东山镇被列为2011年全省重点特色小城镇，争取到规划修编经费8万元。

【城市管理】 2011年，区住房和城乡建设局接管城南片区、城东片区、珠江源古镇片区，树立“路修到哪里，树栽到哪里，清扫到哪里，照明到哪里；城市发展到哪里，就管到哪里”的理念，切实抓好城市管理工作，营造整洁、优美、有序、便捷的城市环境。

以《中华人民共和国城乡规划法》、《云南省城市建设管理条例》、《云南省曲靖城市管理条例》等法律法规为依托，采用多种宣传手段，提高宣传效果，提高市民参与城市管理的自觉性。全年共举行4场次广场城市管理法律法规宣传咨询活动，发放宣传资料4万余份，在城区主要路段悬挂宣传标语100余条，出动流动宣传车200余台次，采取网上对话、电视采访、咨询服务等方式进行宣传，让广大市民了解、理解、支持、参与城市管理工作，努力营造一个认真履行职责，积极维护城市秩序的良好氛围。

【城市道路的清扫保洁】 2011年完成5座保洁服务站（4座含公厕）、1座独立式公厕的建设。完成粪便处理厂的招商引资和项目选址工作。购置200只可移动式垃圾桶、350个塑料编织袋发放到主要街道，用于集中收集、临时存放零散垃圾和巡回捡扫果皮、纸屑、塑料袋等，尽可能缩短垃圾在路面的停留时间；增设果皮箱486只，保持城区2 081只果皮箱干净整洁；城区清扫保洁实行定路段、定人员、定职责的管理方式，实行全方位清扫、全天候保洁、精细化管理。加大盲区死角薄弱环节的整治力度，对背街小巷、城中村和区域交叉地带实行从严监管，实现与城区主次干道的“无缝对接”。调整车辆清运线路和垃圾桶点，充分发挥小垃圾收集车走街串巷收集垃圾的作用，增加垃圾清运夜间值班车，确保城市道路、门店前无堆放散乱垃圾，干净整洁。城区每天清运垃圾约480吨，垃圾清运率95%以上。建立清扫保洁员、垃圾收集应急队伍，及时处理突发道路污染事件，全年累计清理道路污染面积20万平方米。积极推进生活垃圾收集清运机械化、密闭化，建立与之相适应的生活垃圾转运系统，避免垃圾清运二次污染。共出动清运人员1 000余人次、车辆130余车次，集中对城郊结合部、城中村的野垃圾进行清理，清除野垃圾1 200余吨。采取提前介入、事先告知的主动管理方式，加大对建筑工地的宣传和管理力度，建立环境卫生责任抵押金制度，督促建设单位主动制定建筑垃圾处置清运计划及污染控制措施，形成建设、施工、承运三方相互监督与环卫执法监管相结合的双重管理体制。把好建筑渣土处置证审批关，实行节假日及重要活动期间渣土管理人员全天候上路巡查。抓好施工场地、车辆运输途中等各个环节和细节的监督管理，力求把污染控制在最低点，有效遏制渣土污染。

区委书记傅学宾（左三）、区长唐开荣（左二）研究城南片区防洪调节库规划 （敖东吉 供稿）

【园林广场绿化管护】 为保证曲靖中心城区园林绿化不因旱灾受到影响，区住建局采取调整灌溉时段、延长修剪周期等一系列抗旱保苗措施，并多渠道筹集资金投入到街道绿化、公园广场抗旱工作中，确保城区街道绿化、公园广场绿化植物长势良好，修剪造型上做到一街一景、一街一型。公园广场筹资1 000余万元对园（场）内绿化、公共设施、道路、景观进行改造提升。绿地养护实行一级养护，坚持景观改造与公园环境相融，与自然景观和人文景观协调，突出层次搭配，植物造型和花卉摆放造型特色化、形象化、立体化，草坪覆盖率达到60%，绿化成型率达到90%。

在公园广场增设、完善无障碍设施。园（场）内卫生实行全天候保洁，垃圾定点堆放，日产日清，无卫生死角，保证公园广场地面、水面、墙面、果皮箱、公厕清洁无污。

【市政设施建设】 筹资7 887万元对中心城区道路、指路牌、污水管网等进行维护改造，确保城区市政设施完好，城市道路安全畅通，路灯照明亮灯率高，城市雨污排水畅通。其中投入资金1 466.67万元，对中心城区破损的市政道路进行维修、设置人行道无障碍通道、设置道路隔离护栏等，市政设施完好率95%以上；投入资金607万元，对城区主要道路及人流密集区域的照明设施进行重点排查，及时处理各种安全隐患，对城区路灯设施进行日常维护维修，全面提升城区亮化档次和市民出行环境，使主干道亮灯率达95%以上，次干道达90%以上；投入资金2 805.96万元，加大防洪设施维护改造力度，全力做好中心城区防洪工作，确保了中心城区汛期安全。

【建筑市场管理】 2011年麒麟区有建筑企业34家。为强化建筑市场管理，确保安全生产，区住建局通过强化建筑企业资质（资格）管理、建设领域招投标管理，加强区属建筑施工项目安全检查力度，确保区属建设项目施工安全总体形势平稳，建筑业规模持续扩大，建筑业在国民经济中的支柱产业地位和作用日益突出。2011年，开展100万元以上房屋建筑工程和市政基础设施工程施工招标41项，计划投资9.2亿元，建筑面积85.59万平方米，拦标价10.68亿元，中标价10.63亿元。通过招标节约国家、社会投资560.83万元，下浮比例0.52%；开展100万元以下房屋建筑工程和市政基础设施工程施工招标23项，计划投资1 719.90万元，建筑面积15 723.04平方米，拦标价2 685.83万元，中标价1 671.53万元。建设项目招标率达到100%，基本达到确保建设工程质量，缩短建设工期，降低工程造价，提高投资效益的目的。

（敖东吉）

开发区建设

曲靖经济技术开发区

【概　述】 2011年，开发区以实现“三年倍增、五年跨越”为奋斗目标，努力打造全市“新型工业的聚集区、高新技术的示范区、改革开放的试验区、珠江源大城市新区”，以调优结构、调强产业、调快增速为重点，招大选优引项目，责任包保抓投资，配套延伸强产业，做优环境树形象，产业聚集得到推进，招商引资取得突破。

年内，开发区实现生产总值（GDP）117.8亿元，按可比价计算，增长30%；工业总产值完成290.34亿元，增长45.02%；工业增加值87.02亿元，增长38.5%；固定资产投资完成80.12亿元，增长31.75%；财政总收入21.76亿元，同比增长10.13%，财政一般预算收入完成7.25亿元，增长14%；社会消费品零售总额9.22亿元，增长22.9%；城镇居民人均可支配收入19 647元，增长16.1%。

【招商引资】 2011年，开发区先后组织2次招商项目集中签约仪式，签约引进曲靖光学材料基地、江之源数控机床、众力来福手机振动器、云大科技农化、古柏气囊包装、工业气体充装、矿山物联网、烟叶复烤中心和卷烟物流配送中心等一批项目，部分项目实现了当年引进、当年建成、当年投产。成功引进并建成安费诺手机配件、家乐福超市2家世界500强企业，提高了区域经济外向度。先后向国内知名企业发出招商函件140多份，吸引了多家企业前来洽谈，确定重点在谈项目16个。2011年，开发区到位国内资金22.5亿元，增长30%；实际利用外资1 082万美元，增长116.4%；新签约工业项目11个，项目总投资达52.4亿元。

【重点项目建设】 2011年，成立6个重点项目包保责任组，采取按月督促检查、定期考核评比、现场协调推进、投资进度包保等方式，大力推行“问事必问人、问人必问责、问责必问效”的项目推进机制，推动项目投资快速增长。

年内，开发区22个省、市重点项目完成投资20多亿元。驰宏公司阴阳极板项目顺利竣工进入设备调试，稀贵金属综合回收项目、有色金属物流中心、北方驰宏光学材料基地等项目的前期工作快速推进，以驰宏公司为龙头的有色金属产业进入了配套延伸、做大做强的快车道；南海子工业园区年产3 000吨多晶硅项目正式投产，500兆瓦硅片制造项目、三元德隆年产5万吨铝型材项目的征地补偿、地勘、场地平整等工作快速推进，以多晶硅为龙头的光伏电子产业初具规模；恒邦电动车、维克达汽车制动器、长力春鹰钢板弹簧、交通集团车辆保养厂、重机公司车架技改扩能等一批汽车装备制造项目全部竣工投产。20万平方米标准厂房及道路、绿化亮化等配套工程全部完工，安费诺手机配件、先锋印刷、卓异矿山救生舱、众力来福等一批好项目快速建成投产，以标准厂房为载体的特色轻工产业聚集效应进一步增强；云南（曲靖）农业食品科技园完成新增投资5.33亿元，园区场馆建设、污水处理厂等项目平稳推进。烟厂生活小区、多晶硅生活小区、老年颐康服务中心等生产、生活配套项目基本建成，开发区以园区带动产业集聚、以配套促进新区建设的后发优势更加明显。

【城乡建设】 启动实施157平方千米的管理范围内的片区总体规划修编工作，严格控规全覆盖，坚持工业化、城市化、城乡一体化“三位一体”，通盘考虑城市规划区、工业聚集区、居民安置区和生态保护区的科学布局，着力实施城乡空间、产业空间、生态空间的统一规划、统筹建设和同步推进，进一步完善新兴产业示范园、南海子一区控制性详规等产业规划，提高加快发展的质量和水平。南海子工业基地南海大道中段、南海一号路顺利竣工验收并投入使用，南海新区污水处理厂、新田水库除险加固工程已接近尾声；西片区胜峰路、教苑小区支路、标准厂房配套工程及三江大道、和兴街绿化亮化等基础配套工程全部竣工。进一步加大与省工投的合作力度，采取统一规划、量身定做、企业自建等方式，建成标准厂房37万平方米，为企业招商入驻提供更大的发展平台。公租房建设、城市电网改造、高压线迁改、宁州路拓宽等工程的前期工作顺利推进。驰宏公司紧急供水管网快速建成，两江口污水厂至南海子供水管线的抢险救灾工程推进迅速。白石江沿岸截污干管及白石江支流上坝河治理工程顺利竣工，白石江水体环境明显改善。成立开发区保障房建设领导小组，并积极组建开发区保障房建设投资公司，加速推进开发区保障房建设。按照“统一规划、拆旧建新、分批建设、集中安置”的原则，采取教育引导、政策激励、资金扶持等方式，快速推进居民拆迁安置工作，先后建成冯家冲、牛街、涝地、鸡街等居民安置小区，安置8个居民小组1 957户、6 392人。鸡街等居民小组率先建成开发区单元房集中安置小区，驰宏公司、轻工业园区、农业科技园等项目周边急需拆迁安置的居民小组，基本完成了老村评估补偿、安置小区的土地报批等工作，驰宏公司西侧史家河3个居民小组的安置小区顺利启动建设，为加快破解征地难、拆迁难、安置难“三难问题”创造了新思路，在全市率先构建了以工促农、以城带乡、城乡一体的和谐发展新格局。

2011年曲靖经济技术开发区经济指标完成情况表

指标名称	单位	2011年	
		实际完成	比上年增长%
生产总值（GDP）	亿元	117.8	30
工业总产值	亿元	290.34	45.02
工业增加值	亿元	87.02	38.5
固定资产投资	亿元	80.12	31.75
社会商品零售总额	亿元	9.22	22.9
财政总收入	亿元	21.76	10.13
地方财政一般预算收入	亿元	7.25	14
城镇居民人均可支配收入	元	19 647	16.1
引进国内资金	亿元	22.5	
西城工业园区工业总产值	亿元	78.65	
西城工业园区固定资产投资	亿元	22.36	
南海子工业园区工业总产值	亿元	85.3	
南海子工业园区固定资产投资	亿元	13.31	

（莫石云）

云南（曲靖）国际农业食品科技园

【概　述】　云南（曲靖）国际农业食品科技园位于曲靖经济技术开发区内，规划建设面积5.3平方千米。是云南省曲靖市人民政府与加拿大天辰国际集团共同规划建设的现代农业示范项目，旨在通过建设，充分发挥科技园农业应用科技孵化、转化交流平台作用，积极引进北美和欧洲在农业生产、加工、管理方面的先进技术和经验，提升曲靖市、云南省农业生产、加工和管理水平，加快推进农业现代化进程，为全国农业现代化提供示范作用。

按照“政府引导、市场机制、企业运作”的原则，实行政府支持下的企业运作模式，力争建成集研发、认证、种养加销一条龙、农工技贸一体化的现代农业示范区，经济高效益、农民大受益、环境友好型的循环经济试验区，面向曲靖、云南和全国的高新农业辐射区，世界著名的农产品、食品、生物产品聚集区。

科技园总投资约50亿元，其中云南省人民政府支持5亿元、曲靖市人民政府自筹10亿元、入园企业投资20亿元，争取国家资金支持15亿元。年底，园区共筹集资金12.46亿元，累计完成投资12.44亿元。

【前期工作】 科技园项目发展规划、可行性研究报告、环境影响评价报告、修建性规划、水土保持方案已获批复；园区内部共17个单体项目，已有16个项目获得项目投资备案证和环评批文，11个需要通过林地审批的项目获得林地使用核准同意书。一期征地主协议及附加协议已签订，地上附着物评估补偿兑付及坟地搬迁工作已完成。麻黄社区洼子地村已拆除，高家屯社区崔家屯村开展了丈量、评估工作。已获批转为国有建设用地3 142.9亩，只征不转2 441.29亩土地报件已上报审批。

【基础设施建设】 园区外围道路和兴街一二标段路面混凝土浇灌和人行道石材铺设除崔家屯村子部份外已经完工，和兴街三标段在进行路基填筑，靖阳路路面及配层已完工，2号路及施工便道完成路基工程；环北路施工图设计已经完成正在进行预算编制，桥梁图纸设计招标工作已经完成。

【园区内部建设】 园区内建设项目自2010年2月24日启动，已有23个项目开工建设，白冲水库清淤扩深、地勘工程、场地整形工程、附属服务用房、员工用房土建部份已完成。2011年园区建设由于国家宏观政策和园区公司体制、机制发生变化，园区工程建设除人工授精中心系列项目在建设外，未完成项目和兴街三标、环北路、靖阳路、规划2号路、高压线搬迁、肉类及植物加工技术馆、土壤科学和质量检验馆、植物栽培及水产养殖馆、水处理厂、园区内部10条道路建设等因资金问题处于停工状态。

【招商引资】 通过加大招商力度，理顺招商机制，招商引资取得一定成效。已有云南（曲靖）朗目畜牧开发有限公司、云南（曲靖）七彩园农业科技服务有限公司、云南（曲靖）艾斯米农业食品测评服务有限公司、云南（曲靖）普朗代克生物科技有限公司、云南·曲靖天虹景观有限公司、云南（曲靖）靖和源农业食品有限公司、云南曲靖荣禾种薯种植有限公司、先马士育种（云南）有限公司等8家中外合资、外商独资公司落户园区，并完成评估、验资、注册登记工作。恒大集团曲靖中熙置业有限公司园区后勤服务中心项目已开工建设，累计完成投资3.24亿元。室内种植与养殖、马铃薯良种研发、泰国正大集团畜牧标准化基地建设等3个项目已签订合同，正在办理相关手续。园区开发公司与正大集团合资组建曲靖正大农牧融资担保公司已进入注册登记阶段。与蒙牛雨润集团洽谈取得积极成果，蒙牛液态奶、冰淇淋、酸奶生产及四个牧场项目有望签约。同时，中加合作西式面包和餐点开发、中加合作薯条生产、疫苗研发生产、生物可降解塑料、肉牛品种改良、分子提纯生产等项目正在深入洽谈。

（莫石云）

城南片区

【概　述】 2011年，城南片区开发建设办公室根据年初制订的工作计划和实施方案，按照“精简高效”原则，统一部署，科学发展，强势推进，有力推动南片区各项工作顺利开展。全年完成基础设施建设投资23 449万元。

【珠江源大道南延线建设】 珠江源大道南延线北起曲胜高速公路，南至横八号路，全长约4 442米，占地面积约367.5亩，双向八车道，设计车速60千米/小时，为城市Ⅰ级主干道，沥青砼路面。项目总投资约32 300万元，其中道路工程建设费约16 000万元，土地费约6 600万元，拆迁费约9 700万元。完成投资24 504万元。

珠江源大道南延线共分五个标段建设，除第四标段因沿江牛街六组的拆迁工作受阻，2011年无法完成外，第一、二、三、五标段全面建成，2011年完成投资16 709万元。

珠江源大道南延线建设拆迁涉及南宁街道办事处花柯社区1组、5组、11组，水寨社区1组、2组，沿江乡牛街6组、牛街国有土地建房18户，白石江街道办事处黄家庄4组，以及烟气管道厂、污水处理厂等多个村（组）、企业和单位，涉及482户1 644人，拆迁面积约12.24万平方米，约需补偿费9 700万元。截至2011年底，完成房屋拆迁10.57万平方米，涉及440户1 524人，已支付拆迁补偿费6 100万元。还有牛街6组、牛街国有土地建房18户，黄家庄4组及部份企业和单位的一些临时建筑没有拆除。为全面推进珠江源大道南延线建设，城南片区开发建设办公室与珠江源大道南延线建设所涉村组签

园区道路建设高标准快速度推进　　（莫石云　供稿）

订了土地统征协议，并及时对地上附着物、坟地进行全面清理和补偿，共支付土地款和地上附着物补偿费约 3 450 万元。

【平安路一标段建成通车】 平安路一标段全长 1 576 米，宽 25 米，于 2007 年 12 月 20 日开工建设。该项目开工以来，云玉路至彩云路段已建成通车，受土地统征、花柯五组房屋拆迁、电力施工等因素影响中途停止施工。为早日打通平安路与曲鸡路的通道，2011 年，城南片区经多方协调，于 2011 年 8 月 18 日复工建设，年内全面建成通车。

【防洪调节库项目建设前期工作】 防洪调节库项目是 2011 年度市、区政府确定的城市重点建设项目之一，城南片区高度重视，其项目建议书、可行性研究报告、初步设计、地质灾害危险性评估报告、水土保持许可、环评等前期手续已办理完毕，建设用地的勘测定界和土地调规工作也已完成，市规划局批准了库区修建性规划。城南片区与相关村组签订了土地统征协议，共征地 520 亩，支付征地费 5 000 万元。由于防洪调节库的开发建设模式暂未明确，2011 年无法启动建设，拟定于 2012 年年初正式启动建设任务。

【雨污水提升泵站建设复工】 城南片区雨污水提升泵站工程于 2009 年 11 月 23 日公开招投标，由云南兴安建筑工程有限公司中标，施工单位于 2010 年 1 月进场施工，由于珠江源大道南延线未修建等因素，导致该项目完成泵站主体，剩余压力管线埋设、设备采购、场地道路等均未能施工，2011 年 6 月暂停施工。随着珠江源大道南延线建成，本项目已具备复工条件，2011 年 11 月初施工单位再次进场施工建设。

（敖东吉）

温泉旅游小镇

【概　述】 2011 年，温泉旅游度假区开发建设办公室从提升片区整体形象、促进项目开发建设入手，进一步完善体制机制，强化动态管理，落实重点项目，全年完成固定资产投资 5 000 万元。第二批次 506.8 亩土地供地方案已获云南省国土资源厅批复；麒麟温泉 SPA 提升改造工程已基本完成，于 2011 年 5 月 1 日顺利投入试运营，精致酒店主体工程于 2011 年 5 月 27 日通过初步验收，并组织开展酒店装修及配套工程；温泉谷一期项目完成立项和方案策划工作，进入搭建规划设计框架阶段；五星级酒店完成方案设计公开招投标工作，进入设计阶段。

在全力推动麒麟温泉项目开发建设进程的同时，从加强管理、提升形象上入手，以规范经营秩序为重点，加大户外广告、临时摊点、环境卫生的规范管理。针对度假区各单位不同的经营内容和场所，按标准核定垃圾代运费，并按季进行足额收缴。以 1700 余亩已征土地为重点，继续加大巡查力度，杜绝乱搭乱建和乱栽乱种现象发生，使开发建设与服务管理齐头并进，片区形象得到大幅提升。

【温泉供水服务保障】 温泉开发办以温泉自来水厂为依托，着力在“保供水，保民生”上下功夫，先后抢修供水管道 40 余次，改造分管 13 处，无偿为 4 个自然村搭口供水，共投入资金 20 余万元，为近 30 000 名群众的生产生活用水提供了有力保障。同时，通过积极协调，自来水厂的供水范围增加至 38 个居民小组，日供水量达 1 000 立方米，源水费用得到大幅优惠，有效降低了生产成本，为自来水厂效益的持续增长奠定了基础。

（敖东吉）

环境保护

【概　述】 2011 年，区环保局坚持改善环境质量、加强生态建设、保护群众健康、保障环境安全的工作方针，积极落实全区环境保护工作各项目标任务，分别被环境保护部授予“麒麟区国家级生态示范区”，被云南省“七彩云南保护行动”领导小组办公室、省环保厅、省文明办、省教育厅、省住房和城乡建设厅、省卫生厅、省妇联表彰为 2011 年云南省“绿色社区”创建工作优秀组织单位，被市委、市政府表彰为曲靖市“整乡推进”扶贫开发挂钩帮扶先进集体，被区委、区政府表彰为 2011 年度先进集体，庆祝建党 90 周年“红歌嘹亮”主题活动暨第五届职工文艺汇演组织奖，被区政府授予 2011 年度安全生产监督管理工作先进集体，2011 年度消防工作先进单位，被区委办、区政府办授予 2011 年度市长热线工作先进集体。

调查处理信访案件 72 起，查处率和结案率均为 100%。处理回复人大、政协议提案 5 件，回复率和满意率均为 100%。

【主要污染物减排】 2011 年初，区政府下发《麒麟区 2011 年环境保护及污染减排工作意见》，区长与区环保局局长签定污染减排目标责任书，明确目标任务和奖惩措施，从区财政专门划拨 15 万元作为区环保局污染减排目标责任兑现奖励资金。同时，区财政预算 50 万元作为 2011 年污染减排工作经费。2011 年《曲靖市环保局关于印发 2011 年主要污染物减排重点项目的通知》确定的 4 个重点减排项目全面完成，分别是：恩洪电厂关停，待国资委评估后拆除，华福钢铁 306 立方米高炉全部拆除，麒麟区大沟头煤焦油有限公司 70－Ⅱ型焦炉停产后并实施全面拆除，两江口污水处理厂实现全年正常运行。对污染减排先进单位麒麟焦化、众一化工、恩洪煤矿、永安制药、珠源瓷业、众合煤业、石林瓷业、创业水务共 8 家企业进行公开表彰。

【大气环境】 2011 年曲靖市中心城区空气环境质量全年达到二级的天数为 361 天，超二级达到三级质量标准的天数全年有 4 天，超标污染物均为可吸入颗粒物，二氧化硫年平均值和日平均值均达到二级标准，二氧化氮年均值为一级，日均值为二级，可吸入颗粒物年均值为二级，空气质量优良率达到

98.9%，与2010年相比多7天，二氧化硫、可吸入颗粒物年均浓度均有不同程度下降，二氧化氮年均浓度小幅度上升，未出现酸雨。

【水环境】　据市环保局2011年度环境质量报告书相关数据显示，南盘江龚家坝、天生桥断面水功能区划分为Ⅴ类，水质状况为“重度污染”，均达不到水功能划分的水功能要求。龚家坝主要污染物生化需氧量、氨氮、总磷。天生桥主要污染物量砷、氨氮、五日生化需氧量。集中式饮用水源地潇湘水库水质较好，除总氮外其余监测项目均能达Ⅱ类标准和集中式生活饮用水地表水源地补充项目标准限值。作为备用水源的独木水库除锰年平均值超集中式生活饮用水地表水源地补充项目标准限值外，其余监测指标均能达Ⅱ类标准，因总氮指标超Ⅱ类标准，两个饮用水源地的水质综合类别均为Ⅳ类。与上年相比，潇湘水库、独木水库水质无明显变化。独木水库锰年平均值比上年有所下降，由上年的0.361mg/L下降为0.299mg/L，超集中式生活饮用水源地补充项目标准限值的2倍。2011年，潇湘水库营养状态为中营养，独木水库为贫营养，与上年比没有明显变化。

【声环境】　曲靖市中心城区功能区的1类、2类、3类、4a类功能区，噪声类区昼间、夜间噪声平均等效声级值均达到GB3096－2008《声环境质量标准》规定的相应标准，各功能区声环境质量总体良好。与往年相比，昼、夜噪声值总体有所下降，居住区声环境继续保持良好水平。曲靖市中心城区道路交通噪声监测路段总长35.39千米，全年年平均值67.4分贝，优于国家标准规定的70分贝。等效声级年平均值67.4分贝，比上年上升1.0分贝；超标路段1.72千米，占监测路段总长的4.9%，比上年减少1.17千米，占监测路段总长的比例减少3.3个百分点；曲靖市中心城区区域环境噪声昼间平均等效声级53.8分贝，比上年上升0.8分贝，夜间平均等效声级44.4分贝，比上年下降0.5分贝，达到GB3096－2008《声环境质量标准》Ⅰ类区标准，区域环境噪声值继续保持在1类区标准以内，城区区域声环境质量总体良好。

【环境风险防控】　2011年，区委办、区政府办下发《关于开展环境综合整治大排查大整治专项行动的通知》，区政府下发《曲靖市麒麟区人民政府关于环境安全综合整治的实施意见》，成立以区委书记任组长的环境安全综合整治领导小组，由区环保局局长任办公室主任，下设6个以区级领导为组长的督查组，对重金属、重点区域、流域、饮用水源地、危废、建设项目环境违法、辐射安全等方面开展督查和整治，明确乡（镇）街道和12个区直部门责任，签定环境安全责任书，建立了环境风险月评估报告制度、季度例会制度和环境安全督查制度，建立重点环境安全隐患企业整改进度和社会公开制度以及环境安全预警机制。每月25日召开部门联系会议，分析排查情况，形成当月环境风险隐患排查报告，报送区四班子主要领导和分管联系领导。完善环保局内部环境风险安全隐患防控制度，区环保局下发《关于进一步加强乡（镇）街道环保所环境风险隐患巡查的通知》、《生态环境安全每月排查工作的通知》、《环境风险每月评估和隐患排查整治工作实施方案》，明确环境风险防控目标、内容、重点企业名单，直接责任人和具体责任人及相关保障措施。出台完善《麒麟区群众举报违法排污企业奖励办法》，针对节假日和夜间监管漏洞，完善《麒麟区环保局夜巡夜查制度》。

【重金属防治】　制定重金属防治方案《曲靖市麒麟区人民政府关于印发麒麟区重金属污染防治工作实施方案的通知》，区政府于2011年9月23日召开全区重金属污染防治专题会议，明确重金属防治指导思想、工作目标、工作重点和七项对策措施。摸清涉重企业产生数量和排放数量，掌握重金属排放工艺和去向。全区涉重企业8家（不含经济技术开发区），产生量4 298.46吨，2011年已关停4家，年底强行取缔占全区产生量76%的麒麟区电镀厂（该企业已作为麒麟区2011年环保专项行动重点挂牌督办企业）。

积极应对和做好6·12铬渣非法倾倒处置工作。事件发生后，区环保局启动应急预案，及时召开相关部门紧急会议，三天内清运铬渣9 300吨。由于处置及时、措施得当，污染事态得到有效控制。同时环境监测站开展了长达半年的动态监测，提供相关监测数据12 000多个。在后续治理中，将全局上下30余名干部职工分成3个片区，负责指导、督促、服务好相关乡镇对受污染的水体、土壤进行全面治理。11月12日以来，共出动人员12 00余人次，机械48台，车辆280车次，铬渣倾倒点共清运沙土6 400多立方米，其中超标的土壤安全堆放2 400立方米，综合利用4 000立方米。至12月16日，麒麟区越钢集团帮助陆良化工有限公司高炉烧结无害化处理铬渣35 633吨。

【危险化学品管理】　区政府发文进一步明确化学品管理责任主体是区安监局和区公安分局。区安监局负责危险化学品生产、贮存、经营企业环境安全管理，严防发生环境安全事故，区公安分局负责管理危化运输，环保局积极配合区安监局、区公安分局做好化学品环境管理工作。区环保局对辖区内109户产生危化的企业进行了全面核查，对19户重点企业实行“一企一卡一档”管理，并将可能造成环境安全隐患的企业情况通报安监局、公安局加强监管和整改。

【核与辐射管理】　辖区内有放射源53枚，工业用射线装置1台，医用射线装置23台，非密封性放射源工作场所丙类3个。2011年5月、9月，积极与省、市放射源管理部门协调后，对雄业水泥和恩洪煤矿共9枚放射源进行安全收贮。同时对涉源单位分管领导和经管人员进行培训，协调成都核研究所对经营放射源场点进行安全评价。

【排污许可证管理】 认真落实《排污许可证》各项管理规定，进一步加强《排污许可证》监督管理。督促相关企业严格按照排污许可证的有关规定加大污染防止力度，切实管好各种污染防治设施，巩固达标排放成果，削减各种污染物排放，充分发挥排污许可证在总量公职中的作用。加大对持证企业的监管力度，2011年完成辖区内28家企业《排污许可证》年度检审工作，共对各企业涉及的上万个约束性指标数据进行重新核算和认定，排污许可证年检率达100%。按时按质上报排污许可证年检台账，年内未出现漏报、迟报排污许可证年检台账的现象。

【排污收费】 认真贯彻国务院颁布实施的《排污费征收使用管理条例》，进一步加大排污费征收力度。2011年征收排污费560万元，超计划数160万元，所征排污费分别按要求及时足额解缴各级环保专户。

【主要污染物排放】 2011年辖区工业SO_2排放量16 246.66吨、烟（粉）尘排放量11 260.31吨、工业固体废弃物产生量192.75万吨，其中综合利用量189.51万吨，综合利用率98.32%，化学需氧量（COD）排放量1894.69吨、氨氮（NH3－N）排放量123.49吨。

【建设项目环境管理】 围绕全区“加快发展、科学发展”这一要务，认真贯彻实施《环评法》，严把建设项目环保准入关，坚决杜绝不符合产业政策，“两高一资”项目，鼓励和服务好循环经济、低碳经济、生态经济等项目的实施，从源头有效控制污染隐患的产生。促成区政府出台《关于进一步加强建设项目环境准入管理有关问题的通知》，进一步明确乡（镇）街道、村委会（社区）和区直有关部门的环境准入主体责任。未经环保部门批准的建设项目，由入驻本行政辖区内的乡（镇）街道组织给予取缔。未经环保部门审核批准的建设项目，区直有关部门不得审批、核准、备案、发放相关证照，凡相关部门审批的，其审批文件、证照无效，由此造成的后果由审批部门负责承担相关责任。严格执行环评和“三同时”制度，全区共审批建设项目67个，其中生产性建设项目9个，非生产性建设项目58个（同意试生产14个，环保竣工验收9个，实施行政处罚项目4个，否决7个），环评和“三同时”执行率均为100%。

【环境监察与执法】 2011年配齐配强环境监察大队领导班子，新增2名副大队长，固定安排3辆环境执法车专门从事环境监察执法业务工作，实行三个片区队长负责制。组织2次由13个部门参加的整治违法排污企业保障群众健康环保专项行动，13个区直部门（环保专项行动成员单位）与区政府签定环保专项行动联合执法责任书，明确各相关部门主体责任。2011年现场环境监察726厂次，检查污染治理设施974台（套），正确运转达标率为96.5%。发现问题32起，下发《环境违法行为限期整改通知书》20份，《环境违法行为改正通知书》12份，行政处罚4件，罚金12万元。报请区政府对曲化责令停产治理，对建苍30万吨焦化厂进行关停，对麒麟电镀厂（涉重金属排放风险）给予强行取缔。全年投资280万元实施第二期远程污染源监控平台建设，对越州工业园区18户重点企业实行电子视频远程监控。截至2011年底，全区实施24小时电子视频远程监控的重点企业达39家。

【重点区域环境污染综合治理】 东山片区（独木水库周边）区域环境治理步伐加快，区环保局制定《曲靖市麒麟区东山片区重点区域环境治理实施方案》，经区政府批准由东山镇人民政府实施。总投资900万元，其中区政府补助240万元，煤炭企业自筹480万元，镇村筹集180万元，重点实施10个污水处理站、10个枯井老洞封堵，篆长河5道拦砂沉淀坝和2 000亩生态恢复共4个项目。

越州工业园区污染治理深入推进。在淘汰落后产能方面，对鹏坤10万吨焦化、越钢3万吨环形烧结、盛凯10万吨焦化全面进行淘汰，将关停建苍30万吨焦化。在水污染治理方面，投入1 400万元建成盛凯生活污水处理站和众一煤化深度污水处理站。在气污染防治方面，协联电厂已停厂半年，支持电厂改生物质发电；瓷厂煤气化技改等一批污染治理设施将于年底建成和投入使用；曲化已报请市、区政府停厂治理。

南盘江沿岸1千米范围内综合大整治。对南盘江两岸历年堆存的不明废弃物（包括生活垃圾）进行大排查、大清理。区委、区政府主要领导3次亲自带队督查，南盘江两岸环境明显改善。

【国家级生态示范区建设】 2009年，麒麟区国家级生态示范区建设试点分别通过市环保局和省环保厅组织专家验收，2010年通过国家环保部审查验收，26项创建指标比较过硬，起点高、规划好、效果显著。2011年国家环保部网站公示并命名麒麟区为“国家级生态示范区。”

【“绿色社区”和“绿色学校”创建】 2011年创建区级“绿色学校”12所，“绿色社区”16个，申报市级“绿色学校”4所、省级2所。通过市级考评“绿色社区”6个，申报省级“绿色社区”2个。

【农村环境保护】 农村环保机构日臻完善。辖区11个乡（镇）街道全部挂牌成立了环保所。印发《曲靖市麒麟区环境保护局关于进一步明确乡（镇）街道环保所人员及主要工作职责的通知》，明确农村环保所11项主要职责和33名环保所工作人员。2011年8月底，11个环保所全部配备环境监察车。开展农村饮用水源地调查工作，全区1 000人以上集中式饮用水源地43个，完成胡家坟等11个小（一）型水库集中水源地保护规划，区政府于2011年3月7日批准实施。开展以农村垃圾为主的农村环境大整治。区政府下发《曲靖市麒麟区人民政府关于麒麟区农村生活垃圾收集处置工作的实施意见》，6个乡镇建有垃圾焚烧场1个、垃圾中转站1个、简易垃圾填埋场12个。沿江乡冯家圩村争取国家环保部对农村环境综合整治"以奖代补"资金70万元，正在组织实施。完成潇湘文明村委会实施国家农村环境综合整治项目申报工作，该项目投资120万元，已通过省级评审，上报国家环保部。东面山环境综合整治取得新突破，至2011年底，已搬迁砂石场43家，生态恢复规划已通过专家评审，试点工作全面实施启动。

【环保宣传】 利用6·5世界环境日等活动，加大对节能减排和重金属污染防治的宣传力度。全年共发放环保宣传单2万余份，悬挂标语60余条，制作展板5块，接待咨询人数3 000余人次，编制《麒麟环境保护》内刊12期。积极协调并联合乡（镇）街道、学校利用广播、宣传栏、板报等形式，采取知识竞赛、环保专题演讲等方式，宣传环保知识，开展环境法制教育，促进群众环保意识普遍提高。

（唐学亮）

旅　　游

旅游管理

【概　述】　2011年，区旅游局抓住云南旅游“二次创业”、滇中城市经济圈发展的机遇，贯彻落实省、市旅游产业发展会议精神和“全面拓展中线”、“大项目带动大发展”的旅游发展战略，整合旅游资源，加快项目建设，提升服务质量，加大沟通协调，狠抓任务落实，全区旅游业继续保持了良好发展态势。全区接待国内游客181.5万人次，实现旅游收入10.31亿元，同比分别增长16%和15%。游客仍以一日游游客为主，各“农家乐”接待游客剧增。接待海外旅游者1 100人，旅游外汇收入20.5万美元，同比分别增长13%和15%。全区旅游重点项目完成投资3.09亿元，占年初投资计划1.9亿元的162.6%，超额完成市政府年初下达的目标任务。

【《麒麟区乡村旅游总体规划》通过评审】　1月14日，由市旅游局主持的《麒麟区乡村旅游总体规划》评审会召开，来自省、市旅游行业管理、旅游规划设计、民族文化、城市规划、政策研究等方面的专家组成评审组，市、区发改、农业、住建、交通、水利、林业等部门的负责人参加评审会。规划组对该《规划》编制背景、编制内容、总体布局及重点支撑项目等进行了详细介绍，专家组在听取规划组的详细汇报和审阅文本、图件成果的基础上，对该《规划》给予充分肯定。麒麟区为曲靖市政府的所在地，曲靖市为云南第二大城市、进出云南的东大门，有较好的客源市场和发展潜力，是发展乡村旅游的较佳之处。《规划》适应了这种发展趋势，其编制具有重要的意义和价值。该《规划》调研深入细致，发展背景和趋势分析透彻，发展目标和指导思想明确，总体布局较为科学合理，重点较为突出，重点项目策划可行，符合麒麟区的实际，对麒麟区乡村旅游发展具有较强的指导性，专家组一致同意该《规划》通过评审。

农家乐培训　　　　　　（区旅游局　供稿）

【曲靖官房大酒店五星级旅游饭店申评成功】　曲靖官房大酒店于2005年10月由云南官房企业集团投资建设，2007年11月正式营业。2009年酒店正式启动五星级旅游饭店创建工作，经过两年多的努力，2011年3月，顺利通过全国旅游星级饭店评定委员会终评检查，正式成为曲靖市首家五星级旅游饭店。曲靖官房大酒店五星级旅游饭店的申评成功，填补了曲靖市五星级旅游饭店空白。

【节假日旅游】　“春节”黄金周旅游。麒麟区“春节”黄金周共接待旅游人数5.46万人次，实现旅游收入2 345.41万元，同比分别增长11%和24%。其中接待一日游游客4.42万人次，同比增长11%；接待过夜游游客1.04万人次，同比增长30%。云南省内的西双版纳、瑞丽、腾冲、弥勒等传统旅游线成为市民休闲旅游的主选产品，自驾车游客、短线游客和散客总量约占40%。期间进入麒麟区的机动车总通行量达3.8万辆次，其中自驾车总通行量达5 160辆次，客源主要是昆明、昭通、四川、贵州、曲靖等地。出境旅游方面，港澳游、台湾游占出境量一半以上，港澳游达4 000余人。国内旅游方面，海南、桂林等传统线路呈现出一定数量的增长。麒麟城区餐饮企业收入同比增长12%。曲靖翠山影视旅游城、沿江朗目山风景区、三宝温泉、南湖山生态度假村等景区7天共接待游客4.42万人次，门票及娱乐收入82.52万元，同比分别增长7%和

22%。其中曲靖翠山影视旅游城接待游客2.82万人次，门票及娱乐收入42.95万元。沿江朗目山风景区接待游客1.01万人次，门票收入20.25万元，同比均保持增长态势。

清明节。4月3～5日，麒麟区三宝温泉、翠山影视旅游城、南湖山、朗目山等景区共接待游客1.64万人次，收入46.58万元，其中麒麟区城郊农家乐接待游客5 000余人，餐饮及娱乐收入20.4万元，同比增长39%和43%。

“五一”劳动节。4月30日～5月2日，麒麟区共接待旅游人数2.44万人次，旅游收入1 299.26万元，同比分别增长46%和40%。自驾车游客增长迅猛，城市周边景区景点、农家乐接待量大幅上升。一日接待游客1.54万人次，同比增长13%。客源主要是昆明、玉溪、昭通、重庆、贵州、曲靖等地。

端午节。端午节3天，麒麟区三宝温泉、翠山影视旅游城、南湖山、朗目山等景区（点）接待游客1.68万人，旅游收入49.5万元。

“十一”国庆节。“十一”黄金周期间，麒麟区共接待旅游人数2.55万人次，实现旅游收入108.81万元，同比分别增长8%和6%。

中秋节。“中秋”小长假期间，麒麟区共接待游客1.9万人次，综合收入76万元。节日期间进入麒麟区车辆总通行量达1.6万辆（次），已通航的麒麟水乡旅游片区吸引大量游客乘船观光旅游，期间接待游客3 000余人。

【乡村旅游从业人员培训】 4月13～14日，区旅游局分别在珠街乡、沿江乡开展乡村旅游从业人员培训。结合省、市、区“安全生产”三项行动的开展，区旅游局邀请区职中及区卫生局的老师从乡村旅游发展、现代服务意识、服务礼仪、规范服务技能及常见食物中毒的预防与控制等内容进行生动讲解。

【区旅游局六月安全生产月活动】

开展行业安全生产大检查，切实抓好隐患排查整治工作。以旅游星级饭店、旅游区（点）等人员密集场所、旅游交通和旅游设施设备安全治理、火灾隐患为重点，会同市旅游局进行检查督导，确保各项安全保障措施到位，严防各类安全事故的发生，对存在重大安全事故隐患的单位，加大督办力度，并会同有关部门责成其限期整改或停业整顿，确保整改到位。

开展安全生产应急演练。6月24日下午，区旅游局召集区属涉旅企业负责人及安保经理50余人参加在石林国际大酒店举行的消防安全应急演练，切实提高全体职工的安全防范意识及自救常识。

举办消防知识培训班。6月25日，麒麟城区100余名企业负责人及安全生产相关工作人员参加由区旅游局组织的消防安全知识培训班。区消防大队的教官就全国典型火灾案例、安全自救常识、宾馆酒店火灾防范常识进行了精彩的讲演。

【参加云南省《旅行社等级划分与评定》等五项地方标准宣贯培训班】 7月9日，区旅游局及区属星级宾馆酒店、旅行社负责人参加了云南省《旅行社等级划分与评定》、《导游服务规范》、《导游服务质量等级划分与评定》、《旅游购物场所等级划分与评定》、《旅游汽车服务质量等级划分与评定》等五项地方标准宣贯培训班。培训班邀请云南省旅游标准化技术委员会专职秘书长李波授课，主要介绍全省开展旅游标准化工作的情况，并对《旅行社等级划分与评定》等五个地方标准的制定背景、结构特点、评定方法和监督管理等进行详细讲解。市旅游局行业管理科就五个地方标准的实施工作进行了安排布置。

【《旅游真好》栏目组到曲靖拍摄】 7月12～16日，《旅游真好》栏目组到曲靖翠山影视文化城、爨宝子碑、珠江源风景区以及师宗、罗平等景点景区进行实地体验拍摄。《旅游真好》是河北电视台与PPS网络电视共同打造的一档展示80、90后现代时尚旅游交友真人秀的节目。通过网络征集、报名，组合来自全国各地不同职业的相亲体验者，以旅游城市、景区为平台，以体验旅游任务为手段，以旅游的形式让彼此认识、了解，从而进行选择。节目融入了故事、外景和情节，有较高的收视率。在西安旅交会上，曲靖的景区景点引起了《旅游真好　我在等你》栏目组的注意。为充分运用省外现有栏目收视率的传播优势，更好地宣传曲靖，曲靖市专门邀请该栏目来曲靖拍摄。

【区旅游行业参加全市旅游饭店管理培训班】 8月11～12日，全市旅游饭店管理培训班在罗平中源酒店举办，区旅游局及区属星级宾馆酒店中高层管理人员、正在申报星级旅游饭店管理人员等10余人参加了培训。培训班邀请昆明市饭店协会秘书长张希贤和云南世博花园酒店董事长胡怀庆授课，分别对星级饭店新老国家标准的差异、新版国家标准的修订背景、导向、特点、主要内容和实施办法以及如何做星级饭店的总经理、提升总经理的管理能力与创新能力、星级饭店产品的开发与营销等进行了讲解。

【麒麟水乡旅游片区建设项目正式通航】 8月25日，麒麟水乡旅游片区建设项目在沿江乡举行通航仪式，区委副书记、区长唐开荣，市旅游局副局长浦真，麒麟区委、区政府四班子领导及市直有关部门领导出席通航仪式。

沿江麒麟水乡建设项目作为市、区级重点乡村旅游项目，以展现沿江水资源和水文化为主题，突出人与水、人与自然和谐共生，集休闲、美食、娱乐、健身、科普为一体，总投资1.5亿元，按“一轴三片五区”旅游发展思路（一轴即以乡村旅游景区主轴为生态轴；三片即水域环境区域、面山环境区域、朗目山草场环境区域；五区分别为原生态农业人工湿地观赏片区、乡村生态休闲开发片区、水上娱乐开发片区、寺庙文化开发片区、万亩草场开发片区），重点打造东以麒麟生态园为主的花卉旅游区，西以餐饮娱乐为主的旅游服务区，北以葡萄种植为主的红酒庄乡村休闲旅游区、南以三木东屿南岸生态园为主的生态农业观光旅游区、中以风情岛为主的水上娱乐、垂钓旅游区。项目自2011年1月启动建设，沿江乡坚持政府主导、部门联动、市场运作、全民参与，围绕“一轴三片五区”的发展布局，集中资金、加大投入，项目建设快速推进，成效明显，经过不到半年的建设，麒麟水乡项目雏形基本形成。已完成投资1 500万元，主航道清淤工作全部完成，开挖人工节点12处；完成景区入口土地征用协议签订、地上附着物补偿及景区入口范围内120座坟地搬迁工作，景区内建设生产桥梁17座，收购鱼塘127个，栽种各类水生植物，配置各种游船。景区内16千米河道开凿完毕并顺利连通。

【四星级旅游饭店复核】 12月13～14日，由云南绿洲大酒店总经理杨宏、昆明学院教授幸岭等组成的省旅游星级饭店评定委员会评定检查组对麒麟区官房大酒店、丽景大酒店和石林国际大酒店进行年度复核，市旅游局副局长唐玉、区旅游局局长李敏陪同。

检查组在听取各星级饭店负责人的工作汇报后，依据《2010版旅游星级饭店的划分与评定》标准及《星级饭店访查规范》，对酒店设施设备的维修保养、清洁卫生、服务项目与质量、服务与管理制度、节能减排、突发事件应急预案等方面进行重点检查，对检查中出现的问题予以现场指出和集中点评。检查组认为，三家酒店整体运营良好，员工服务较为规范，硬件设施设备维护保养良好，细节管理成效明显，达到了相应星级旅游饭店的标准，予以推荐省星评委通过复核。

【旅游项目稳步推进】 引资18亿元的金麟湾生态休闲运动中心，2011年完成投资1.48亿元，占年初计划的185%，超额完成市政府年初下达的目标任务。金麟湾生态休闲运动中心基础施工、钢结构吊装、地上附着物清点及补偿已完成，装饰工程完成80%，正在进行坟地搬迁和体育运动中心装修扫尾等工作，年底将全面竣工并投入使用。

由麒麟区与省旅游投资开发公司共同投资50亿元开发的全省旅游重点建设项目——三宝温泉旅游小镇，2011年完成投资3 100万元，占年初计划的62%。正组织对精致酒店进行装修及配套工程建设，对温泉谷一期、湖滨板块、湿地公园景观及五星级酒店搭建规划设计框架。提升改造后的温泉SPA已投入使用。

总投资5.3亿元，整体布局为“一轴、两带、三心、四区”的省级旅游重点项目——黄家庄旅游小镇项目2011年完成投资6 050万元，占年初计划的101%，圆满完成市政府年初下达的目标任务。已完成土地转征、立项、环评、地灾评估、项目概念规划及3条市政道路规划、设计、招标等项目前期工作，3条市政道路已开工建设，完成路基土方工程量95%。

总投资1.5亿元的沿江“麒麟水乡”旅游片区开发2011年完成投资6 940万元，超额完成市、区政府下达的考核任务。已建成16.8千米、1 500亩的水域主航道，种植莲藕100亩，栽种野茭瓜、芦苇、水葱等水生植物2万余丛，购置游船百余只，引进配套建设项目4个，主河道已于2011年8月25日正式通航。主码头商贸服务中心、旅客服务中心已开工建设。

【乡村旅游蓬勃发展】 麒麟区把发展休闲农业和乡村生态旅游与推动农业产业化、特色化相结合，积极引导民营企业和私营企业投资旅游，着力打造环城旅游休憩带。按照“旅游发展与城镇化相一致、与新农村建设相结合、与文化发展相融合”的原则，编制完成《麒麟区乡村旅游总体规划》，即将出台《关于进一步加快乡村旅游发展的实施意见》和《麒麟区乡村旅游发展奖励办法》，为全区争创全国乡村旅游示范区提供政策支持。结合新农村建设和农业产业结构调整，广泛吸引社会资金和民间资本开发建设乡村旅游产品。2011年，全区“农家乐”共接待游客94.72万人，营业收入3 117.73万元，同比分别增长13%和10%。加快建设省级旅游特色村（乡、镇）和乡村旅游示范点。2011年重点启动“麒麟水乡”旅游片区开发，力争将沿江乡打造成省内较好的乡村生态休闲度假地。同时，白石江黄家庄村委会被批准为第四批省级旅游特色村。继续推进乡村旅游星级评定和复核工作。制定《麒麟区乡村旅游等级评定标准》等政策性文件，积极推进乡村旅游标准化经营建设。

【旅游宣传】 麒麟区把宣传促销、扩大旅游交流作为发展旅游经济的中心环节，发挥旅游节庆活动的龙头效应和平台作用，积极组织参加国内外旅游交易会，支持旅游企业主动与市场对接，有针对性地开展市场营销，为旅游宣传注入新的活力。2011年，麒麟区组织参加中国旅游产业博览会、第21届中国厨师节暨首届滇池·泛亚国际美食节、中国昆明国际旅游交易会及贵州、成都乡村旅游推介会等。通过电视、报刊、网络、旅游画册、宣传片、形象广告、节会活动等全方位宣传麒麟，展现魅力，烘托氛围，凝聚人气，有效提升麒麟区的知名度和美誉度。年内，先后推出温泉旅游、美食旅游、乡村旅游、生态旅游、自驾车旅游等新产品，提升麒麟宜居之城、美食之城和休闲之城的品牌。以“加强联合、资源共享、优势互补、互利互惠”为原则，加强对周边和省内旅游市场的营销力度，推进旅游区域合作立体化。

【旅游安全】 为推动旅游市场健康有序发展，区旅游局把安全工作列为宾馆酒店星级复评考核的重要内容，要求全区各旅游企业、景区景点牢固树立“没有安全就没有旅游”的观念，把旅游安全作为工作的重中之重抓紧抓实。春节、“五一”、“十一”黄金周和汛期等重要时段，先后开展5次旅游安全隐患专项排查。组织城区宾馆酒店安全生产负责人150余人参加麒麟城区涉旅企业消防知识培训，提高从业人员安全意识，强化企业安全生产的“两个主体责任”。抓好民用建筑消防安全整治工作。组织城区涉旅企业安全负责人100余人参加麒麟区高层建筑火灾扑救应急演练，提高旅游企业应急救援队伍的实战和协作能力，增强旅游企业应对自然灾害事故的防范能力。加强对旅游企业相关收费的监管，启动景区环境专项整顿和治理工程，认真做好旅游投诉的受理和立案调查。年内全区未发生一起旅游投诉事件和旅游安全事故。

（杨　倩）

旅游景点

【翠山影视旅游城】 位于麒麟城西11.5千米的翠峰山，一期工程占地2.6万平方米，山海关、明王府、明朝一条街、木鼓寨4个建筑群体及56个建筑单位已投入使用，是云南六大影视拍摄基地之一。

【翠峰山】 位于麒麟城西11.5千米处（曲靖西北，交水西南，各30里，在马龙西40里），占地6 300余亩，海拔2 245米，是云南的佛教圣地之一。

【朗目山风景区】 位于曲靖市麒麟区沿江乡东郊，距麒麟城东10千米，面积16.7平方千米，主峰海拔2 452米，以独特的自然景观——曲靖八景之一“朗目晚照”称奇于世。

【青峰山】 亦名真峰山，距城西南15千米，大约公元753年始在青峰山建盖佛寺，这是目前有记载的这一地区最早建盖的佛寺。

【珠江源古镇】 由曲靖东盛房地产有限公司投资建设，总投资3.5亿元，占地面积260亩，建筑面积12万平方米，2006年7月动工，2008年9月竣工，同年10月23日正式落成。古镇建筑群既体现出传统民居“金生丽水”、“凯旋纳气”、“佛缘内蓄”、“财源广进”的文化内涵，又传递出“江山永固”、“钟鸣鼎食”、“一言九鼎”诚信、和谐、安宁的氛围，既有现代城市风貌，又有“小桥流水人家”田园风情的商居意境。

【河滨景观园】 位于寥廓山东南面，占地243亩，总投资6 100余万元，于2005年10月竣工，是集植物科普、休闲运动、娱乐、观景为一体的全方位开放式公园。

【寥廓公园】 始建于1973年3月，1980年1月建成并对外开放，是曲靖城区最早建成的森林风景区，总面积4 170亩，其中公园景区占地370亩，风景林区占地3 800亩。位于曲靖市西南方，东北方面临曲靖城区和城市西部开发区，南临潇湘水库、昆曲高速公路，是珠江源大城市构建中唯一的一座“绿岛”，也是一座集浏览、娱乐、休憩、教育为一体，以弘扬曲靖和滇东文化为主题的集锦公园。

【龙潭公园】 位于曲靖市城区中心，于2001年1月建成开放，占地面积115亩，其中绿地面积占60%，水面面积占24%，整体布局体现了“以人为本、人与自然和谐统一”的主题，是曲靖市区最具有代表性的公园景观之一，被誉为麒麟城的“花园名片”。

【白石江公园】 位于麒麟城北的建宁街道办事处麻黄社区，东至麒麟北路，南至公园控制线，西接寥廓北路，北至瑞和路，交通便捷。公园总投资7 600万元，占地面积234亩，其中园内道路总面积14.7亩，河道水面32.5亩，绿化总面积占90%。

【三宝温泉度假区】 位于麒麟城南约12千米处，交通便捷，曲陆高等级公路、326国道穿境而过。温泉日出水量约2 400立方米，内含化学元素30余种，对人体具有多种健身和医疗作用。由麒麟区与省旅游投资开发公司共同投资50亿元开发的“三宝温泉旅游小镇”将建成“休闲度假之都、洗浴文化之都、健康旅游基地”。

【南湖山生态度假村】 位于麒麟城南15千米的三宝镇长坡境内，海拔2 100~2 600米，森林面积约80余平方千米，以“春赏山花，夏看绿荫，秋观红叶，冬赏雾松”为特色。有骑马、滑草场、高尔夫练习场、大型卡拉OK、水上运动、竹筏、游船、美国山地摩托车、越野吉普车等项目，可供180人用餐，130人帐篷住宿。

【麒麟敏大体育运动中心】 由曲靖敏大房地产开发有限公司投资建设，占地2 300亩，投资6.88亿元，是集“水寨老镇”民族风情园、游泳商业街、度假式公寓、庭院式温泉SPA、康体健身中心、康体休闲度假五星级（小型）酒店及会议中心、国际标准18洞高尔夫球场、体育运动中心、金麟湾网球中心、山地自行车场、水体景观公园、森林公园等为一体的体育运动中心，是曲靖及滇东地区唯一的高尔夫练习场和高尔夫球场。

【麒麟生态园】 云南省首批乡村旅游特色村，地处曲靖城东南，距曲靖中心城区6千米，位于沿江乡大龙村委会马房村民小组，占地150余亩，以615亩花卉基地为依托，集餐饮娱乐、休闲垂钓、农业生态示范、农事体验、园艺欣赏、商务会所为一体，具有浓郁的江南园林风格。已完成投资650万元，建成占地面积1 500平方米根雕馆1个，1 500平方米奇石馆1个，1 500平方米盆景园1个，休憩亭子7座，可容纳300人就餐的生态餐厅1个，150人议事的商务会堂1个，占地18亩的优质生态休闲垂钓中心及可供100人休息的原始农家小屋。

【靖宁宝塔】 位于寥廓山顶，是曲靖城最高点的地标性建筑。占地9 997平方米（13亩），总投资7 000万元。分为主塔建设和室外环境配套建设两部分。主体建筑面积7 427平方米，建筑立面为明清仿古式楼阁造型，主塔为9层，底层为四边形，二层以上呈八边形布置，每层收分60厘米，塔总高81.6米，塔主体由塔基、塔身、塔刹三部分组成。宝塔配套设施建设包括入口广场、绿化、牌坊、大踏步、挡墙、附属功能用房等。塔身高于曲靖城区海拔100余米，站于塔顶，曲靖城市风景尽收眼底。

【曲靖酒吧一条街】　位于麒麟东路至官坡寺东侧，占地15亩，建筑面积13 000多平方米，总投资2 000余万元。该项目按照地中海式风格进行规划设计，充分体现人文、休闲的理念，在组合上注意空间搭配，形成开放式自由空间。取材于大自然红褐、土黄的浓厚色彩组合，散发出地中海式的古老尊贵和田园气息，是一个集酒吧、水吧、西餐、休闲娱乐为一体的酒吧一条街。配合改造治理后的白石江及其两岸绿树成荫的小道，酒吧一条街极具亲和力的田园风情及别致的建筑、柔和的色调，充分满足了现代都市人追求放松、时尚的需要，形成一个优雅的城市景观带。

【三元宫爱国主义教育基地】　位于曲靖市城西8千米处的西城街道，是红军长征途经云南曲靖时的重要革命遗址。1935年4月27日下午，中央军委纵队设营队在曲靖（麒麟）西山关下村附近（三元宫正对面的村子），截获国民党云南军政首脑龙云派往贵阳给国民党中央军指挥官薛岳送军事地图的专车，俘薛岳副官等人，缴获20多份云南军用地图以及云南白药、宣威火腿、普洱茶等云南名贵特产。毛泽东、周恩来、朱德等中央红军总部首长当晚宿营西山三元宫。在三元宫，朱德向各军团先后发布了《我野战司令部已抵曲靖西宿营》等电文，党中央和中央军委在三元宫召开党中央和中央军委联席会议，作出了抢渡金沙江在川西建立苏区的重要战略决策。

2004年8月4日～2005年4月27日，三元宫在保持原貌的基础上重新修复。新建的三元宫塑有毛泽东、周恩来、朱德3位领导人的雕像。展厅内陈列了一些当年红军遗留下来的珍贵物品和历史资料。宿舍和会议室里的摆设都保持了原貌。三楼会议厅仿建的中央军委总部会议蜡像惟妙惟肖，栩栩如生。三元宫已成为曲靖重要的爱国主义教育基地。

（杨　倩）

旅游服务

【概　述】　2011年，麒麟区共有旅行社12家，持证导游200余人，旅游直接从业人员1.6万人，间接从业人员9万人。有官房、丽景、石林等星级饭店和高档次酒店25家，标准床位5 000余个，普通床位2.3余万个。有福满楼、酒兴园、云南人家等星级餐饮名店16家。有碧水蓝天浴海酒店、帝尊、一品沐歌、麒麟温泉SPA药浴馆等上档次的康体洗浴中心9家。有河滨景观园、寥廓公园、龙潭公园等6个城市主题公园。有锦龙庄、花果山庄、大丰园等星级“农家乐”10家以及曲靖十大品牌餐饮企业、十大品牌菜。

【宾馆酒店】　官房大酒店。是云南官房企业集团按照五星级标准在曲靖投资兴建的商务酒店，位于麒麟区南城门外潇湘河畔及河滨景观园旁，周边风景秀丽，交通发达，出行条件十分便利。酒店占地6万平方米，建筑面积3.9万平方米。主楼共有16层，拥有高级客房251间（套），车位100余个，是曲靖的标志性建筑。一楼西餐厅能容纳200人左右的自助餐，二楼中餐厅设有4个包房，可以摆放6～10桌高档中餐，多功能厅可以同时容纳300人左右的会议或用餐，4个小会议室分别可以接纳30～60人的中小型会议。

锦怡花园酒店。位于曲陆路口，曲靖广电大楼北楼，地理位置优越，交通便捷。有豪华套房、单间、标准间100余间套；中餐厅及豪华包房20余间，餐位1 000余个和多种规格会议室，可容纳30～800人的学术报告、会议等。

信通宾馆。严格按照三星级标准建设和管理的旅游服务企业，庭院式建筑，楼高11层，位于曲靖市开发区翠峰路中段，交通便利。拥有豪华套房、商务套房、标准单人间、标准双人间等不同类型套房90余套，配备宽带100兆光纤接入、中央空调、IPTV高清网络电视和国内国际长途电话等。可一次容纳200余人就餐。有大、中、小会议室，可容纳30～200人的会议。

安厦大酒店。位于曲靖市翠峰西路西苑小区内。酒店共有客房110间，其中豪华套房5间、豪华单间4间。豪华标准间101间，配有中央空调、国际卫星频道、国际国内直拨电话、高速宽带、迷你吧、中央音响系统；品味休闲餐厅、休闲吧、商品部、美容美发室、豪华KTV包房、商务中心；大小会议室、多功能会议室、贵宾休息室等。

同悦花园酒店。位于曲靖城南市子午路，地处昆曲、曲陆、曲胜高速公路交叉处。占地面积30亩，建筑面积2万平方米，主楼有16层，配备中央空调、高速电梯、红外监控、数码e房及国内长途电话24小时免费等服务设施，拥有200余间客房，有200个水景园林式停车位，成都品牌餐饮“水调歌头”

玫瑰仙境休闲驿站　　（区旅游局　供稿）

入住酒店。

丽景大酒店。位于曲靖市子午路（曲陆高速路口），昆曲、曲胜和曲陆高速公路交汇点以南100米处。占地面积25 308平方米，主楼高13层，建筑面积1 200平方米，是严格按四星级标准建设和管理的旅游服务企业。共有64间客房，其中丽景套房1间、行政套房1间、商务套房4间、标准间双人房53间、单人房5间，配备中央空调、背景音乐、数字电视系统、宽带网、冰箱、保险柜等服务。有多个中小型商务会议室和一个可容纳300人的大会议室。可提供中餐、西餐、自助餐、川滇粤风味餐饮。拥有5间豪华包房及1个可供300人同时用餐的豪华餐厅和1个可容纳80人同时就餐的西餐厅。有豪华KTV包房21间，豪华贵宾房4间。

金麟饭店。位于曲靖市中心麒麟花园旁，交通便捷，是严格按照四星级标准建设和管理，集住宿、餐饮、娱乐、会议为一体的涉外商务型饭店。内设中央空调，有200余套各类豪华客房。可一次容纳1 000余人就餐的金色婚宴大厅、宴会厅及11间风格各异的宴会包房。汇集川、滇、粤各系菜式。位于二楼的SPR COFFEE吧是全省首家引进的国际咖啡连锁经营店。配备有高档豪华的KTV、桑拿、美容等服务设施。

石林国际大酒店，位于曲靖城西南，背靠寥廓山森林公园，四星级旅游商务性涉外酒店。主体大楼有21层，拥有套房11间，标准间143间，单人间6间。餐厅可一次容纳1 000余人就餐。有保龄球馆、网球场、游泳池、健身房、夜总会、桑拿浴和美容美发等服务及娱乐项目。

罗曼大酒店。具有欧式古典建筑风格的中外合资曲靖罗曼大酒店位于曲靖市寥廓南路中段183号，内设有大型喷泉广场、罗马皇宫商务会所、个性化花园式客房、金足玺足疗保健中心、老普堂茶文化体验馆、男子健康养生会所、中西餐厅、演艺厅、商务中心、停车场等多种服务项目，是集餐饮、娱乐、住宿、会议为一体的涉外三星级商务、政务会员制酒店。

银利大酒店。三星级旅游商务性涉外酒店，位于曲靖市中心麒麟花园旁。拥有套房、豪华套房、商务套房、标准单人间、标准双人间和三人间等不同类型客房120多套，配备中央空调、卫星电视和国际国内长途电话等设施。餐厅可一次容纳520人就餐。设有大、中、小型会议室，配备国际先进的飞利浦语言系统，可容纳30～220人的会议。有各类KTV包房30多间。

翠峰大酒店。三星级酒店，位于曲靖市经济技术开发区翠峰路5号，有70间客房。“翠峰品茗”大堂吧对客免费提供休闲品茗的交流平台。“故乡缘”宴会宫荟萃中华美食，宴会厅及各式包房可同时接待1 200多人就餐。多功能会议中心配备先进的视听设备和多媒体投影仪，可同时容纳50～250人的各种规格的会议。“翠微春晓”夜总会以K歌为主配备进口音响和高级投影系统。配备桑拿康体中心、商务中心、店内草坪、平面车场等设施。

滇东温泉度假村。位于麒麟区城南13千米处，三星级酒店。占地300余亩，有丰富的地热温泉资源。有不同类型和档次的客房130间、豪华别墅5栋，281个床位；餐厅可一次容纳300余人就餐；有大中小会议室10个。设有游泳池、卡丁车场、药浴馆、娱乐城、网球场、羽毛球场、运动馆等娱乐设施。

银都国际大酒店。位于麒麟城东区政府对面。主楼有15层，有各类客房137间，餐厅可容纳500余人就餐，有9间宴会包房及各类大小不同的多媒体会议室。

路路通酒店。位于市中心前北路16号，有客房37间，其中豪华套房2间，豪华单间13间，豪华标间22间。娱乐会所部有豪华包间21间，水艺保健中心有包房13间。

曲靖宾馆。隶属曲靖市委、市政府接待处的二星级宾馆，位于曲靖市文昌街67号，拥有豪华套房、套房、标准单人间、标准双人间等不同档次的房间100余间共300个床位。商务房间内设高速网络电脑、国际国内直拨电话、数字液晶电视、空调等设备。有能同时容纳600多人就餐的2个中餐厅和1个穆斯林餐厅，有能同时就座20余人的电动旋转桌豪华大包1间，豪华中包3间。有多功能会议厅1间和大小会议室5间。

山水大酒店。位于寥廓北路中段，是曲靖首家集娱乐、客房、餐饮、足浴保健为一体的二星级绿色花园酒店。有占地3 000平方米的园林花园。

颐安酒店。二星级宾馆酒店，位于曲靖市环城南路，昆曲、曲陆、曲胜高速公路旁。酒店有11层，有豪华套房、商务套房、标准间70余套。餐厅可容纳200余人同时就餐。有可容纳100余人的多功能报告厅1个、会议室2个。有豪华KTV包房20余间。

昆曲酒店。位于南宁西路，拥有标间、豪华单间、豪华套房共60余间，餐厅可同时容纳200多人就餐，有10余间风格各异的豪华包间。另设有展厅，可欣赏精美的陶瓷、茶具以及茶艺表演等，有大、中型会议室，可同时容纳200多人的会议。

江滨商务酒店。位于寥廓北路中段江滨花园旁，四星级旅游、商务、涉外型酒店。拥有豪华套房、商务客房、标准双人间、标准单人间共76间，房间内配备ADSL接口、中央空调、数字电视和国内国际长途电话等设施。有帝豪商务会所、高档会员制洗浴中心及茶餐厅。餐厅可同时容纳400人就餐。有大、中、小型会议室3个，可容纳20～300人的会议。

德润大酒店。准四星级综合性酒店，位于龙潭公园旁。设有水艺广场、全进口音响的67间KTV包房和商务会所，56套豪华套房、商务单间、标准客房和德润食府等。

霞光宾馆。位于麒麟城北交通路59号，占地面积1 008.4平方米，总建筑面积7 927.3平方米，有豪华套房、商务单间、豪华标间等107间190个床位。

曲靖晟世仟和酒店。位于翠峰

路181号（交警支队对面），采用中央空调，配备先进的消防系统、省内最先进的排污排烟系统设备。有80余间（套）尊贵客房，25平方米以上的个人空间。商务单间配备双核电脑、传真机、打印机、ADSL宽带接入。餐厅菜品秉承传统中华饮食文化“饮和食德”精髓，汇集中国川、滇、湘、粤四大菜系精华，形成了云南风味宣威特色家常的独特风格。有餐位1 000个，包房49间，停车位约2 800平方米。

政协宾馆。位于玄坛路72号。拥有74间风格各异的标准间，单间和套房，均配备小型中央空调、整体浴室、数字电视、电脑、宽带接口。有小酒吧、美容美发中心、商务中心、平面车场，店内草坪等配套设施。餐厅可同时容纳1 200人就餐。多功能会议中心有2个会议厅（室），配备先进的多媒体设施。

御龙酒店。位于麒麟南片区商业广场旁，昆曲、曲胜、曲陆高速公路交汇处。总投资500万元，层高16层，拥有总统套房及高档客房182间243个床位，有餐厅、茶艺吧、棋牌室、咖啡屋及大、中、小多媒体会议室，有豪华KTV包房24间、桑拿水疗独立包间16间，并设有地面、地下环型停车场，可停放100余辆车，是集住宿、休闲、会务、娱乐、餐饮等多功能为一体的商务酒店。

金利花园酒店。位于麒麟南片区中央公园旁，地处昆曲、曲胜、曲陆高速公路交汇点，交通便利。总投资1 000万元，占地20余亩，有套房、单间、标间118间，193个床位，宴会大厅及豪华包间可供600余人同时就餐，有KTV豪华包房14间、羽毛球训练馆、健身房、篮球场、茶苑、棋牌室及大小会议室等服务设施，是集住宿、餐饮、娱乐、健身等多功能为一体的商务酒店。

【休闲处所】 碧水蓝天浴海酒店。位于麒麟南片区商业广场东南面，总投资8 000万元，以健康养生沐浴功能为主题，欧式设计，是集水疗桑拿、保健按摩、养生SPA、客房、高档商务会所、美体、美容、中西美食、数码影视、棋牌网吧、茶艺、儿童乐园等多功能为一体的大型综合休闲会所。

中杰水艺酒店。位于麒麟城西翠峰西路三元名城，交通便捷。总投资3 000万元，有客房75间，床位99个，是集水疗洗浴、餐饮住宿、休闲娱乐及商务会议为一体的综合性多功能酒店。

一品·沐歌休闲会所。位于麒麟区潇宝路金湘苑，是由吉玛特公司投资千万元打造的集康乐保健、水疗SPA、大型游艺、美容、美体、棋牌游戏、书吧、网吧，儿童乐园、豪华影吧、自助餐厅等一体的星级休闲会所，营业面积5 600平方米。

九福康体浴场。九福公司于2002年在曲靖经济技术开发区西苑小区投资2 000万元兴建的康体浴场，以餐饮、娱乐休闲为一体。浴场占地面积4 800平方米，平均日接待量700～800人。

龙泉浴海。位于南城门滇东饮食文化城内，由曲靖市龙泉实业有限公司投资500多万元建成，营业面积近6 000平方米，有员工300多名，是一个集桑拿洗浴、康体健身、休闲娱乐、茶道餐饮、会议接待为一体的大规模休闲场所。浴场内设有曲靖最大的水力按摩大泡池。

大浪淘沙浴都。位于麒麟区城南的曲靖会堂对面，是集水疗、桑拿、保健、棋牌美容、美体、中西餐、数码电影院、VIP房、健身、网吧、茶吧、大型演艺为一体的超大型娱乐场所，经营面积近8 000平方米，欧陆宫廷设计。

【主要农家乐】 锦龙庄。位于麒麟城东10千米朗目山风景区入口处，占地10余亩，总投资500余万元，采用大理白族建筑风格。

花果山庄。位于曲靖市主城区以北曲靖火车站旁，庭院式建筑风格。有29间独立式的火锅包房，30多间高档中餐包房，可同时容纳800人就餐。

秀峰生态园。位于珠街乡老东山山脚（珠街涌泉汪家寺村），占地面积2 500平方米，拥有龙潭养鱼塘3个、标准间26间、会议室2个、餐厅包间10间以及10桌大包、卡拉OK厅、灯光网球场、室外游泳池等。

桃花源度假村。位于曲靖胜峰小区机三厂旁往西1 500米，建筑风格古色古香，四周遍植桃树、古树、奇花、异草，各色盆景巧夺天工。是集餐饮、住宿、茶饮、垂钓、棋牌娱乐为一体的高品位休闲娱乐场所。

朗目山庄。位于沿江乡朗目山脚，被云南省餐饮与美食行业协会评为二星级美食名店，占地面积2 800平方米，建筑面积1 200平方米，院坝面积600平方米，可容纳300多人同时就餐，是集餐饮、棋牌、会务等为一体的休闲农家山庄。

珠街乡大丰园。位于珠街乡角家龙潭村，占地面积150亩，投资3 000多万元，建筑群面积8 000多平方米，传统四合院面积3 000多平方米，可同时容纳200余人就餐，鱼塘面积50亩，停车场面积2 000多平方米，是集餐饮、棋牌、垂钓、品“云源山泉”等为一体的休闲农家山庄。

珠街福海度假村。位于珠街乡，是集周末旅游度假、餐饮、娱乐、住宿为一体的农家乐生态园，可同时容纳上百人娱乐。

天然居。位于珠街乡大陆家山，距城15千米，占地约600亩，以纯正地道的天然绿色美味为特色，可接纳100余人娱乐就餐。

稼秀生态园。由强源煤业稼秀生态园有限公司投资8 000万元新建，位于麒麟城东500米处的黄家庄旅游小镇内，占地50余亩，是集住宿、餐饮、会议、娱乐、茶艺、休闲度假、体育健身、古典婚宴等为一体的生态休闲园。

麒麟生态园。地处曲靖城东南，距曲靖中心城区6千米，位于沿江乡大龙村委会马房村民小组，总投资2 090万元，占地150余亩，以615亩花卉基地为依托，是集餐饮娱乐、休闲垂钓、奇石盆景和蔬菜瓜果观赏、商务会所为一体的休闲旅游示范点。

（杨　倩）

特色旅游

【概　述】 麒麟区坚持以美食节会活动为突破口，加快餐饮业发展，已成功举办五届（分别是2005年、2006年、2007年、2008年、2010年）曲靖市珠江源美食文化节，打响了“游到云南、吃在曲靖、美食在麒麟”的品牌，把一盘小菜做成推动全区经济发展的大文章。麒麟区已成为云南餐饮业发展的龙头城市，麒麟美食也成为一张重要的城市名片。

10月6日，晟世仟和酒店、福满楼花园餐厅、艺厨云南人家、味道企业、高原吉祥、锦华园等省优餐饮企业在珠江源头圆满完成第21届中国厨师节暨首届滇池·泛亚国际美食节云岭大地薪火采集活动·曲靖珠江源薪火采集点仪式。

8月8日，中央电视台旅游卫视“借我厨房用”节目组到曲靖拍摄“宣威火腿”及曲靖美食。摄制组一行先后到宣威市泰康火腿有限责任公司，麒麟区福满楼、云南人家、仟和酒店及一居民家中实地拍摄曲靖地方菜的制作，全剧约45分钟，主要介绍曲靖的美食文化及蓬勃发展的餐饮业。

【《吃在曲靖》本土方言旅游歌曲受到热捧】 由牧雨、蒋明初作词，万里作曲的本土方言歌曲《吃在曲靖》在曲靖电视台、曲靖电台以及乐途网、云游网等网站播出，得到广大听众一致好评，收看（听）率、点击率一直居高不下。

《吃在曲靖》歌曲MV拍摄制作工作于2011年第七届珠江源美食文化节前夕拍摄完成，该歌曲从作词到演员以及歌手都由曲靖本土演员担纲，歌曲MV融入本土文化元素，诙谐有趣，描写细致，旋律朗朗上口，歌词用曲靖方言分门别类将曲靖的小吃一一罗列，整个歌曲欢快、热闹，营造出一种浓郁的生活气息，极具感染力。对打造、宣传“游到云南　吃在曲靖”旅游美食品牌具有较好的影响力和推动力。

省餐饮评审组到麒麟区进行星级餐饮名店复核评审（区旅游局　供稿）

【参加天津旅交会】 9月13～18日，在第三届中国旅游产业博览会上，以“天成花园　美食曲靖”为主题，以罗平金鸡峰丛为背景并穿插曲靖各县、区景区（点）布置的曲靖展台吸引了众多游客前来咨询洽谈。为期4天的交易会，曲靖市共计发放宣传资料4万份，接待海内外旅行商和社会公众人士2 000余人次。

本次旅交会期间，曲靖市在天津财富豪为大酒店组织了专场旅游推介会，香港卫视、天津数字电视700旅游频道、《北京晨报》、乐途旅游等30余家媒体记者参加。曲靖的爨文化、美食文化、80万亩的油菜花海、壮观的九龙瀑布、神奇的温泉、奇特的彩色沙林、中国最古老杜鹃花自然群落等20余处旅游风景区吸引了各媒体的关注，特别得到了旅程天下国际俱乐部有限责任公司的青睐。当天推介会上，该公司华东片区就与曲靖市签订客源达10万人次的旅游客源互换协议。

【星级餐饮名店复核】 8月5日，省餐饮品牌推进工作评审小组到麒麟区对小芳村喜寿宫、锦华园酒楼、艺厨云南人家餐饮有限公司、志晖园圆子鸡餐厅、文火砂锅羊肉古城店、繁盛园泡椒鸡餐厅、麒麟鸭子王、陈氏洋芋鸡等餐饮企业进行星级餐饮名店的复核及评审。通过复核和评审，艺厨云南人家、锦华园酒楼2家企业荣获“四星级美食名店”称号，文火砂锅羊肉、繁盛园泡椒鸡、麒麟鸭子王3家企业荣获“云南省特色美食名店”称号，志晖园圆子鸡餐厅、小芳村喜寿宫2家企业分别荣获“云南省金牌火锅”、“云南省金牌婚宴”的称号。敖险峰荣获“中国滇菜烹饪大师”称号，杨柏林、林武和、黄伟涛、彭柱祥4人荣获云南省“白金总厨”称号，王培安荣获云南省“金厨”称号，曹玉龙荣获云南省“白金总管”称号。

【“天成花园、美食曲靖”吸引客商】 9月27日，第十二届中国国际旅游交易会在昆明开幕，来自95个国家和地区的近千家参展商参加。中国国际旅游交易会已连续举办12届，是亚太地区规模最大、影响最广泛的综合性旅游展会之一，已成为海内外旅游部门及业界开展交流与合作的重要平台。本次旅交会，麒麟区参加了市旅游局统一组织的宣传促销活动，“天成花园、美食曲靖”主题突出。在为期3天的展销会上，麒麟区共接待各类旅行商及旅客4 000余人，发放宣传资料1万余份，麒麟区的“休闲之旅、美食麒麟”旅游线路吸引了旅行社的眼球，并分别与中唐国旅、保中等旅行社达成了合作协议。

（杨　倩）

财政　金融

财　　政

【概　述】 2011年，财政部门抓住麒麟区经济快速发展的历史机遇，克服国家宏观调控、干旱灾害、财政收支矛盾突出等困难，履行财政职责，发挥财政职能，保增长、调结构、强基础、重民生、促消费，圆满完成区三届人大四次会议确定的财政收支目标任务，实现"十二五"财政与经济的良好开局和良性互动。

【财政收支】 2011年，地方财政收入完成222 594万元，比上年增收96 131万元，增长76%。其中一般预算收入完成128 378万元，比上年增收36 244万元，增长39.3%；基金预算收入完成94 216万元，比上年增收59 887万元，增长174.5%。

地方财政支出完成314 008万元，比上年增支107 154万元，增长51.8%。其中一般预算支出完成223 095万元，比上年增支45 142万元，增长25.4%；基金预算支出完成90 913万元，比上年增支62 012万元，增长214.6%。

【非税资金收支】 2011年纳入专户管理的区级行政事业单位非税收入完成35 647万元，比上年同期34 056万元增长4.6%；预算外非税收入上年结余7 066万元，预算外非税支出29 477万元，比上年同期34 159万元降低13.7%；年终预算外非税收入滚存结余13 236万元。

【组织收入】 税收方面，坚持依法治税，强化纳税评估，堵塞收入漏洞，确保财政收入及时足额收缴入库；非税资金方面，认真清理行政事业性收费，强化矿产资源、国有资本收益等收缴管理，稳步提升非税收入对财政的贡献力度；争取上级支持方面，紧抓中央各项政策机遇，扎实做好项目申报工作，积极争取上级的支持。全年各项收入实现较快增长，主要税种保持高速增长，增值税累计完成22 799万元，增长24.48%；营业税累计完成47 135万元，增长35.27%；企业所得税累计完成5 088万元，增长37.22%；城市维护建设税累计完成6 557万元，增长14.77%；土地增值税累计完成6 946万元，增长27.14%。

【民生为本】 支持教育事业发展。农村义务教育提高公用经费保障资金补助4 120.1万元，农村义务教育阶段贫困家庭寄宿制学生生活补助1 717万元，17 868名贫困学生得到资助。化解农村义务教育债务660万元。多渠道筹措资金18 473万元，支持市职教中心建设，圆满完成市政府有偿划拨给麒麟区的三校（曲靖财校、曲靖技工学校、曲靖工商学校）老校区资产的收购。13所城市学校义务教育阶段学生38 485人享受免除学杂费补助545.2万元。普通高中家庭经济困难学生助学金补助354万元。用于农村义务教育薄弱学校改造资金537万元。校舍安全工程前期费用及增加工程资金851万元，确保2011年中小学校舍安全工程目标任务顺利完成。改善24所农村中、小学办学环境支出303万元。学校校园安全保卫补助资金278万元，专项用于麒麟区所有义务教育阶段学校和幼儿园配置保安、防火器材。

构建公共文化服务体系。积极推进公共文化基础设施建设，投入经费422万元，完成39块小广场、34户农村文化户（文化联合体）、2个文化站及文化信息资源共享工程的建设。

支持政法维稳工作。公共安全支出15 586万元，严格落实政法经费保障标准，深化政法经费保障体制改革，有力地维护全区社会和谐稳定。

支持中心城区建设管理。城乡社区事务支出11 655万元，确保城市事权调整维护建设、城市环卫基础设施建设、城市解堵、"两江"治理等资金需要。

支持保障性安居工程建设。2011年住房保障支出5 827万元，确保536套廉租房、500套公租房和400户农村危房改造建设任务的完成。

淘汰落后产能工作。2011年，麒麟区淘汰落后产能主要涉及焦炭、炼铁、火电3个行业，共3户企业，争取到奖励资金493万元，淘汰落后产能35万吨、1.2万千瓦，大力扶持新兴产业、绿色产业和中小企业发展。

【服务"三农"】 加大支农投入力度，服务农业发展，服务农民致富，服务农村建设。针对全区气候异常，旱情程度深、影响大等困难，及时筹集资金955万元，全力保障抗旱救灾投入。农田水利建设资金支出6 821万元，建成各类水利工程550件，完成6件小（二）型水库除险加固，帮助农村解决

142 900人饮水安全，小型农田水利重点县建设圆满完成，效果明显。落实惠农政策，通过“一折通”兑付良种补贴、农资综合补贴、退耕还林等惠农补贴3 878.7万元，惠及全区99 946户农户。扎实推进现代农业、畜牧业发展。2011年，麒麟区连续三年获得国家现代农业发展示范县补助项目。现代农业生产发展蔬菜产业项目总投资6 007万元，中央生猪调出大县奖励资金建设项目总投资4 406万元。投入资金320万元完成中低产林改造50 000亩。安排重点扶贫村资金310万元，帮助全区42个贫困自然村建设。安排资金600万元，支持“两新”（新农村、新社区）建设。全面推进农村公益事业建设“一事一议”财政奖补工作，全年共实施项目125个，总投资10 241.8万元，财政奖补资金2 104.5万元。积极落实家电“以旧换新”，家电、汽车、摩托车下乡政策。通过家电“以旧换新”政策，全区销售新家电产品13 672台，财政补助439万元。全区家电下乡产品销售38 003台（件），财政补助1 442万元；销售汽车、摩托车下乡各类产品7 008辆，财政补助481万元。

【社会保障】 支持做好社会保障工作。按照保障对象、保障标准、保障资金“三公开”的原则，合理界定最低生活保障范围，城市低保金支出4 146万元、农村低保金支出1 436万元，确保城乡最低生活保障对象基本生活费按时足额发放。民政优抚对象抚恤救济金支出1 544万元，确保优抚对象生活费得到保障。企业离退休人员和企业“先养后退”人员基本养老金支出9 866万元。城镇职工基本医疗保险金支出5 645万元，城镇居民基本医疗保险金支出3 400万元，新型农村合作医疗金支出6 051万元。农村“五保户”供养金支出126.6万元。农村特困户、城市特困群众医疗救助和农村五保对象门诊医疗救助金支出387万元，城乡临时救助资金支出136万元，救灾救济款支出251万元，确保受灾群众口粮、衣被、取暖等基本生活得到保障。对年满80周岁以上的老年人发放高龄及长寿补助352万元，全区9 652人享受补贴，对年满60周岁以上老年人免费乘坐公交车区级财政补助资金674万元，对年满60周岁以上的老年人发放基础养老金补助1 674万元，对年满55周岁以上重度残疾人发放养老补贴8.3万元。支持医药卫生体制改革，三年五项重点工作按期完成，区级对基层医疗卫生体制改革共投入22 529万元，全区共有400 348名农民参加新型农村合作医疗，参合率99.5%，区级配套经费1 522万元，门诊减免比例由35%提高到40%，乡村住院报销比例由75%提高到80%。认真贯彻落实《就业促进法》，完善积极的就业政策，再就业资金支出979万元，确保下岗失业人员补贴资金的兑现发放。推动创业促进就业，2011年对具备创业条件的916人由金融机构发放贷款6 553万元，财政贴息264.9万元。

【财政投融资】 区融资担保公司充分发挥国有融资担保的主渠道作用，支持政府重要基础设施、公益性项目筹资、融资，支持非公经济发展。区融资担保公司注册资本增加到8 530万元。入股组建区土地投资开发公司，积极协调公益事业基础设施建设融资贷款24 130万元，担保中小企业向银行贷款2 680万元，为下岗失业再就业提供担保贷款104万元。加强对民营小贷公司监管，引导民间资金支持中小企业发展。全区挂牌经营小贷公司9户，注册资本56 263万元。2011年发放贷款467笔，贷款金额69 734万元，40%用于农村贷款，60%用于中小企业贷款，适度缓解中小企业贷款难、融资难的问题。

【政府采购】 政府采购以“强基础、抓规范、促效率”为重点，2011年共组织公开招投标61次，支付采购金额7 462万元，公共采购资金比上年增支2 011万元，增长36.9%。通过公开招投标采购，节约资金670万元，节约率8%。

【农业综合开发】 2011年共投入农业综合开发资金1 354万元，实施土地治理项目3个、产业化经营项目3个，农业综合开发力度进一步加大，项目区农业基础设施大幅改善，农业产业化经营步伐明显加快，农业科技成果转化成效显著，农业生态环境建设持续加强，综合示范带动作用效果明显。2011年，麒麟区被评为“云南省‘十一五’农业综合开发先进县”。

【财政改革】 按照公共财政体系建设要求，深入推进各项财政体制改革，不断提升财政管理科学化、精细化、规范化、绩效化水平。深入推进预算管理体制改革，加强对预算执行的管理，提高预算编制质量和预算约束力，部门预算和政府收支分类改革不断深化，逐步规范人员支出管理和专项资金管理，健全财政供养人员信息库；为充分调动乡（镇）街道当家理财的积极性，对乡（镇）街道建立目标管理激励机制，进一步完善区乡财政管理体制。深入推进国库管理制度改革。全面推进财税库银横向联网，推行财政零余额账户管理，国库直接支付和授权支付范围进一步扩大，财政国库集中收付制度框架全面建立；规范财政资金账户管理，严格执行预算单位银行账户财政审批备案年检制度，实现对预算单位银行账户的动态管理；有力推进金财工程“平台一体化”建设。深入推进财政非税收入管理体系改革。加强非税收入的征收管理，规范行政事业收费行为；加强票据管理，实现以票管收；加强对行政事业单位银行账户管理，严禁单位多头开户，取消收入过渡户；加强非税收入的稽查和监督检查，加大对违法行为的处罚力度，确保非税收入依法收缴。

麒麟区2011年地方财政预算收入执行情况表

单位：万元

项目	年初预算数	调整预算数	本月数	累计数	上年同期数	占调整预算数%	占上年同期数%
收入合计	141 640	207 100	19 249	222 594	126 463	107.48	176.02
一般预算收入合计	103 180	118 500	7 763	128 378	92 134	108.34	139.34
税收收入	94 250	106 873	6 645	115 242	84 169	107.83	136.92
增值税	20 510	19 960	1 395	22 799	18 315	114.22	124.48
营业税	39 600	43 848	2 757	47 135	34 845	107.50	135.27
企业所得税	4 150	5 018	69	5 088	3 708	101.39	137.22
个人所得税	1 910	2 360	84	2 456	1 707	104.07	143.88
资源税	1 130	1 280	348	1 567	1 004	122.42	156.08
固定资产投资方向调节税			0	0	0		
城市维护建设税	6 450	6 480	45	6 557	5 713	101.19	114.77
房产税	3 220	3 990	201	4 295	2 853	107.64	150.54
印花税	1 390	1 440	97	1 526	1 236	105.97	123.46
城镇土地使用税	4 250	4 266	16	4 210	3 772	98.69	111.61
土地增值税	3 450	5 430	1 631	6 946	3 058	127.92	227.14
车船税	700	1 320	0	1 271	619	96.29	205.33
车辆购置税			0	0	0		
耕地占用税	210	790	1	765	181	96.84	422.65
契税	1 050	2 680	1	2 616	930	97.61	281.29
烟叶税	6 230	8 011	0	8 011	6 228	100.00	128.63
其他税收收入			0	0	0		
非税收入	8 930	11 627	1 118	13 136	7 965	112.98	164.92
专项收入	4 190	4 266	611	4 988	3 739	116.92	133.40
排污费收入	310	300	0	350	273	116.67	128.21
水资源费收入	60	56	22	73	55	130.36	132.73
教育费附加收入	3 820	3 910	589	4 565	3 411	116.75	133.83
行政事业性收费收入	1 945	2 550	246	2 858	1 736	112.08	164.63
罚没收入	2 564	4 450	144	4 842	2 281	108.81	212.28
国有资本经营收入	1	11	(10)	1	1	9.09	100.00
国有资源（资产）有偿使用收入	230	350	127	447	208	127.71	214.90
其他收入			0	0	0		
政府性基金预算收入合计	38 460	88 600	11 486	94 216	34 329	106.34	274.45
森林植被恢复费	38	30	58	58	30	193.33	193.33
残疾人就业保障金收入	42	30	96	102	36	340.00	283.33
国有土地收益基金收入	410	470	111	545	368	115.96	148.10
农业土地开发资金收入	880	966	233	1 145	791	118.53	144.75
国有土地使用权出让收入	37 090	87 104	10 988	92 366	33 104	106.04	279.02
国有资本经营预算收入合计			0	0	0		
上划中央“两税”	56 197	62 940	4 193	68 486	56 197	108.81	121.87
消费税	1 257	1 410	8	154	1 257	10.92	12.25
增值税	54 940	61 530	4 185	68 332	54 940	111.05	124.38

麒麟区2011年地方财政预算支出执行情况表

单位：万元

项目	调整预算数			本月数	累计数	上年同期数	比上年增加数	占调整预算数%	占上年同期数%
	合计	区级调整预算数	省市专款						
一般公共服务	25 867	25 144	723	4 935	25 867	19 023	6 844	100.00	135.98
国防	320	310	10	5	320	296	24	100.00	108.11
公共安全	15 586	15 091	495	3 170	15 586	12 966	2 620	100.00	120.21
教育	54 128	44 586	9 542	14 621	54 128	44 291	9 837	100.00	122.21
科学技术	1 344	437	907	282	1 344	1 863	-519	100.00	72.14
文化体育与传媒	1 732	1 484	248	556	1 732	1 299	433	100.00	133.33
社会保障和就业	31 110	22 625	8 485	4 895	31 110	22 452	8 658	100.00	138.56
医疗卫生	25 318	16 655	8 663	3 258	25 318	18 603	6 715	100.00	136.10
节能环保	5 246	1 485	3 761	2 370	5 246	3 618	1 628	100.00	145.00
城乡社区事务	11 655	8 499	3 156	1 159	11 655	7 583	4 072	100.00	153.70
农林水事务	27 616	14 101	13 515	7 362	27 616	25 446	2 170	100.00	108.53
交通运输	6 320	1 383	4 937	344	6 320	3 499	2 821	100.00	180.62
资源勘探电力信息等事务	3 065	2 325	740	1 464	3 065	2 728	337	100.00	112.35
商业服务业等事务	3 372	441	2 931	369	3 372	4 080	-708	100.00	82.65
国土资源气象等事务	2 170	269	1 901	1 433	2 170	2 013	157	100.00	107.80
住房保障支出	5 827	307	5 520	1 810	5 827	5 762	65	100.00	101.13
粮油物资管理事务	283	266	17	132	283	291	-8	100.00	97.25
其他支出（类）	3 221	3 219	2	1 459	2 136	2 140	-4	66.31	99.81
政府性基金预算支出合计	102 948	100 065	2 883	15 269	90 913	28 901	62 012	88.31	314.57

（雷东烨）

税　务

国家税务

【概　述】 2011年，全区税收与经济协调发展。区国家税务局共组织税收收入14.65亿元，同比增收2.58亿元，增长21.33%。GDP按可比价计算增长10.16%，税收增长高于经济增长。税收收入连破13亿元、14亿元大关。增值税收入连续2个月超亿元，2011年7月入库增值税1.06亿元，8月入库1.01亿元。煤炭资源优势逐渐凸现，2011年原煤入库增值税4.58亿元，占增值税收入的49.15%。

【税源分析】 增值税完成9.31亿元，同比增收1.83亿元，增长24.4%，其中煤炭开采和洗选业同比增收1.35亿元，增长41.95%。主要增收原因是煤炭价格平均每吨上涨160元左右，税务机关加强征管，平均税负有所提高，由2010年的10.88%提高到2011年的12.84%。

消费税入库154万元，同比减收1 103万元，下降87.75%，主要减收原因一是一汽通用红塔云南汽车制造有限公司2011年查补消费税27万元，同比减少415万元；二是企业生产“自由风”产品受国家实施国4排放标准影响，停止生产国

3车型，产销量减少，以及受出口国条件限制，出口下降；三是应征消费税汽车销售价格同比每辆下降1.17万元。

企业所得税入库1.83亿元，同比增收4 779万元，增长32.4%。主要增收原因一是曲靖市麒麟区农村信用合作联社入库企业所得税4 410万元，同比增收3 961万元，增长882.18%。二是曲靖市商业银行股份有限公司入库企业所得税4 702万元，同比增收2 102万元，增长80.85%。

储蓄存款利息个人所得入库111万元，同比减收104万元，下降48.37%。主要减收原因是从2008年10月9日起暂免征收储蓄存款利息个人所得税。

车辆购置税入库3.48亿元，同比增收4 218万元，增长13.79%。主要增收原因一是从2010年1月1日起取消1.6升排量及以下的乘用车的车辆购置税7.5%税率的税收优惠政策；二是缴纳车辆购置税的计税总价增加，2011年的计税总价为40.35亿元，比上年同期的37.64亿元增加2.71亿元，增长7.2%。

【税收征管】 2011年，麒麟区国税局结合工商交换信息以及组织机构代码信息共享平台，对全区纳税户进行一次全面清理，进一步加强税务登记户籍管理，提高登记率及登记准确率。同时加强对“非正常户”和“失踪户”的跟踪管理，在日常管理过程中，对企业办理税务登记证的工作要求是先调查落实后办理发证，并督促落实到位。通过税收管理员按月上报协同化办公系统的“税收分析评估报告单”和“管户综合情况报告单”，对税收管理员工作情况进行适时监督；对税收管理员下户调查了解管户情况的次数和下户了解税源情况的内容进行明确，要求每年至少一次，下户重点了解纳税人基本情况、生产经营变动情况、财务核算情况以及发现的问题，并予以记录，经企业签字认可，由分局汇总，主要负责人签字，上报区局。加强征收和管理环节的对接，纳税申报前，对其纳税申报数据资料税收管理员先行掌握，便于及时掌握情况，做好事前监控管理。

【发票管理工作】 2011年，麒麟区国税局继续严格执行发票管理办法及有关规定，做好普通发票换版后票种核定、发售及监督管理工作，在完成旧版发票扫尾工作的基础上，进一步加大普通机打发票的推广力度，开展普通机打发票使用情况调研，了解纳税人生产经营状况，保证纳税人生产经营用票量。检查机打发票，采取人工比对方式，找出存在问题，突出“以票控税”和“信息管税”的工作思路。加强专用发票认证管理，对认证异常的发票，建立征收和管理互动机制，大厅发现异常票及时收缴移交税收管理员核实，核实有问题的及时移交稽查查处。结合机打普通发票推广培训情况，采取定期回访、重点辅导等有效方式，进一步加强对纳税人普通发票填开系统相关知识的培训和辅导。

【纳税评估工作】 2011年增值税纳税评估方面，重点对运输费用抵扣进项税企业、收购农产品抵扣进项税企业进行了纳税评估。全年共完成纳税评估220余户，纳税评估补交增值税669.49万元，进项税转出132万元，加收滞纳金26万元，运输费用抵扣进项税同比减少533.74万元。所得税纳税评估方面，上半年对辖区内的曲靖市商业银行和麒麟区农村信用社进行纳税评估，共辅导企业作了纳税调整，增加所得额597万元，补缴税款149万元。下半年对3户煤炭企业进行评估，补缴税款80多万元。

【企业所得税的汇算清缴工作】 2011年全区应参加汇算清缴户数1 094户，实际参加汇算清缴户数1 060户，差额34户，全部为非正常户。企业所得税汇算清缴麒麟区盈利企业605户，与上年同期相比增加248户；盈利面57.08%，与上年相比增加18.89个百分点；亏损企业347户，与上年同期相比增加85户；亏损面32.74%，与上年相比减少17.03个百分点；零申报企业108户，与上年同期相比增加30户；零申报面10.18%，与上年相比减少1个百分点。2011年企业所得税纳税调整增加额59 291万元，纳税调整减少额39 464万元，纳税调整后所得69 761万元，减免所得税额3 144万元，抵免所得税额165万元，实际应纳所得税额15 151万元，预缴所得税12 535万元，应补所得税2 616万元，已全部补缴入库。

【打击涉税违法】 2011年，为维护正常的经济和税收秩序，区国税局严厉打击涉税违法行为。至12月15日，共组织查补收入1 697万元，其中稽查查补收入1 594万元，纳税评估收入103万元。立案查处各类案件14起，有问题案件14户，结案13户。13户企业税款、罚款、滞纳金共入库264万元。在对各类企业组织的自查中，共实现稽查查补收入1 330万元。

【税收服务】 2011年，区国税局围绕“税收　发展　民生”宣传主题，突出宣传重点、突出改善民生政策宣传、突出纳税服务需求调查、突出宣传形式、突出工作创新有力，开展第20个税收宣传月活动。4月，开办培训班6期，培训纳税人1 170户。在开展街头政策咨询宣传活动中，共发放税收宣传单5 000多份，图片展吸引2 000多人驻足观看。

继续加强办税服务厅规范化建设。在征收环节自查办税服务厅的环境硬件设施、标识标牌是否清晰规范，功能区域是否齐全有效，各项服务制度是否落实到位，供纳税人参考的表、证、单、书填写式样是否规范、齐全。结合办税服务厅规范化建设要求，拟订《麒麟区国家税务局办税服务厅应急预案实施办法》。按照“群众第一、便捷高效、限时服务”的原则，做好96128专线和市长热线转办工作，全年共受理并解答46次纳税咨询，其中15次属于96128转接电话。及时协调处理纳税争议17件次，确保所涉事项件件有着落，事事有回音。

2011年，为符合条件的10户福利企业审批退税4 419.27万元。对符合条件可以享受涉农优惠政策的纳税人，按规定及时办理20余户企业、个体工商户的减免税备案工作，20余户企业及个体户申报免税收入2 600万元。

【税收管理信息化建设】　税收征管档案管理工作。根据市局《税收征管档案资料管理暂行办法》，区国税局采取“分类管理、动态收集、按年装订”的方法，对企业纳税户做到一户一档，对个体税户做到分类建档与多户一档相结合，对所装订的档案资料要求完整齐全，并积极探索电子档案与实务档案的衔接。对各分局征管档案建档情况开展检查，将检查结果纳入目标责任制考核，对检查存在的不足及时指出，限期完善，顺利通过市国税局对征管档案管理工作的检查。

所得税信息化建设。进一步落实信息管税，不断提高所得税管理的科学化、专业化、精细化水平。加强综合征管软件、汇总纳税信息平台和数据监控系统的应用。加大网络申报推广力度，4月，对四大银行开户的500多户纳税人进行网络维护及提请省局后台进行网络维护，由纳税人自愿选择申报方式，至5月底共有100多户纳税人选择网络申报。

数据质量管理。关注省国税局信息化变革动向，运用信息化技术手段和方法，夯实全区税收管理基础，加快推动税源分类管理模式转变，提升信息管税能力。加强税收管理员外出痕迹管理，制作《税收管理员下户登记表》，税收管理员外出到纳税户办理涉税事宜时，必须填写登记表，并将该登记表列入征管档案资料管理；充分运用SQL查询语言及数据分发系统，对截至2011年6月份的税收征管数据质量相关指标运行情况进行综合分析，重点对区国税局在主管税务官员为空、行业明细为空、街道（乡镇）为空、征收方式为空、普通发票超3个月未验旧等几项指标进行数据筛查，对及时防范和解决问题起到指导作用。做好征管数据清理工作，从9月份开始，省国税局信息中心每月下发可疑征管数据，区国税局及时清理和上报处理情况，共清理72户纳税人的可疑征管数据。及时将需修改的征管数据和车购税数据上报省国税局，征管数据质量得到进一步提升。

（雷　庄）

地方税务

【概　述】　2011年，麒麟区地方税务局围绕省局党组提出的“内强素质，外树形象，打造阳光地税”的工作总目标以及“依法治税、阳光办税、征管强税、人才兴税、着力培税、服务促税”的工作总要求，抓机遇，抓落实，圆满完成各项工作任务。创全国巾帼文明岗1个，曲靖市三八红旗集体1个，全市地税系统先进集体3个。

全年，麒麟区地方税务局累计入库各项税费收入19.09亿元（含地方教育费附加和文化事业建设费），比上年同期增长47.58%。其中组织税收收入12.8亿元，比上年同期增长44.11%，完成市局下达任务数的116.35%；完成区级一般预算收入9.41亿元，占区政府下达计划数的120.19%；组织规费收入6.05亿元，比上年同期增长54.17%，其中社会保险费入库5.68亿元，矿山生态环境恢复治理保证金入库1 423.09万元，散装水泥专项资金入库28.6万元，工会经费入库2 192.57万元，残疾人就业保障基金入库14.26万元。

【税收征管】　户籍管理。常抓不懈开户、变更、停复业、注销、外出经营报验登记管理等税源控管的基础性环节，至2011年底，麒麟区地方税务局辖区内管户共计27 545户。

重点税源管理。对辖区内的重点税源户实施重点监控，分类建立重点税源台账，巩固和加强大企业税收管理以及国际税收管理，摸清税源分布，掌握税源结构，掌控税源变化，定期分析，做到管细大户、管好中户、管住小户。

纳税评估。对辖区内纳税人实施全方位、全过程监控，及时全面地掌握纳税人生产经营、财务核算情况，对纳税人纳税申报情况进行动态评估。积极探索并实施《麒麟区地方税务局纳税评估考核办法》，从评估程序、评估任务、评估资料归档、评估质量、评估结果等五方面对税收管理员的纳税评估工作进行考核，使评估效能落到实处。

委托代征单位的监管工作。分别与158户具备代征代扣资格的单位签订委托代征协议，依托税收精细化系统，强化委托代征税款管理，完善票证领销使用，保证税款及时足额入库，同时加强对代征单位及其代征人员的业务辅导和日常监督管理，适时开展检查。截至2011年12月底，共委托代征税款

省地税局领导到麒麟区地税局检查工作　　（区地税局　供稿）

4 839万元。

持续全面推行财税库银横向联网工作。至2011年底，与5 562户纳税人签订委托缴税三方协议，通过验证4 945户，累计开具电子税票1.66万份，征收税款7.36亿元。

组织2010年度企业所得税年终汇算清缴工作，自行汇算纳税调整净增加额2.5亿元。提前15天完成市局下达的年所得12万元以上纳税人自行申报任务，共计450人进行自行申报工作，自行申报年所得总额1.5亿元，共开具个人所得税完税证明1.1万份。对31户正在进行房地产开发建售的、达到土地增值税清算条件的企业进行清算，清算项目53个，清算比例94.64%，清算出土地增值税税款4 886万元。对全区13户自开票纳税人进行全面核实清理。

准确落实各项税收优惠政策。2011年，区地方税务局共审批残疾人申请减免个人所得税575人，批准房产税、土地使用税政策性减免3户，减免房产税29.1万元，减免土地使用税178.7万元，上报市局审批困难性减免土地使用税1户，减免土地使用税27.9万元；享受下岗再就业税收优惠的纳税人588户，其中个体工商户578户，企业10户，共吸纳下岗职工再就业639人，免征其地方各税57.76万元；享受城镇退役士兵税收优惠的纳税人3户，免征其地方各税4.08万元。享受2011年企业所得税优惠政策企业61户，共减免其企业所得税2 259万元。

做好税务稽查相关工作，配合市地税局稽查局对区局管辖范围内的225户纳税人进行税务稽查约谈，92户企业自查查补地方税费2 164.09万元。2011年底，市地税局稽查对区局管辖的企业稽查查补地方税、费、滞纳金、罚款9 976.3万元。

【规费征管】 按费种、内外资、行业、规模等多种口径，对缴费人实行分级、分类管理。与政府、劳动保障、财政、银行等部门密切联系，按季召开部门联系协调会，及时解决征费过程中出现的问题。至2011年底，麒麟区局规费管户2.8万余户。有序开展“超龄参保”等四种人员基本养老保险费征缴工作，共为符合补费参保条件的4 407人办理相关补缴手续，累计补费金额1.18亿元。

【依法治税】 认真贯彻执行《依法行政实施纲要》，推进依法行政进程，积极开展法制教育，创造良好的税收法制环境，严格执法程序和权限，抓好税收规范性文件管理工作。持续深入推进税收执法及行政管理责任制考核工作。明确考核工作责任，规范考核流程，加强对执法人员的考核评议，切实解决税收执法过程中存在的“疏于管理、淡化责任”的问题，及时发现和纠正履职过失和执法过错，规范税收执法行为。严格按照服务促税的相关要求，转变工作作风，提升工作效能，提高服务质量，把纳税服务作为税收征管法赋予税务部门的责任，认真做好纳税服务工作，持续以创建“优秀办税服务厅”为载体，全面提升纳税服务水平，建立和谐的税收征纳关系，降低税收成本，树立良好的地税形象。围绕全国第20个税收宣传月活动主题，利用城区人流量较大的公交站台、短信平台等进行税法宣传，营造良好的税收宣传氛围。

（范文婷）

金　融

中国人民银行曲靖市中心支行

【概　述】 2011年，驻区金融机构认真贯彻执行稳健的货币政策及国家有关调控措施，加大对全区经济发展的支持。全年金融运行平稳，呈现出存、贷款双增，金融支持持续加大的良好发展势头。

存款。年末，全区本外币各项存款余额551.18亿元，比上年同期增加68.94亿元，增长14.3%，增速低于全市增速1.83个百分点。其中单位存款余额303.18亿元，同比增加49.02亿元，增长19.29%；个人存款余额228.39亿元，同比增加34.1亿元，增长17.55%；财政性存款余额12.56亿元，同比减少18.95亿元，下降60.15%。

贷款。年末，本外币各项贷款余额334.09亿元，比上年同期增加50.53亿元，增长17.82%，增速高出全市增速1.33个百分点。全年全区新增贷款总数占全市新增贷款总数的48.62%，贷款总量、增量位列全市9县（市、区）之首，新增贷款远比第二位的富源县高出40.17亿元，各项贷款呈现出快速增长的态势。其中短期贷款余额103.27亿元，比上年同期增加22.68亿元，增长28.15%；中长期贷款余额211.7亿元，增加22.92亿元，增长12.14%。

【金融服务】 加大对全区经济发展的支持。全区金融机构围绕区委、区政府的经济发展战略，注重找准执行稳健货币政策与全区经济发展的结合点，加强信贷结构调整，突出重点行业和领域的信贷支持，促进全区经济社会的全面发展。全年全区新增贷款50.53亿元，增长17.82%，贷款增速高出存款增速3.52个百分点，信贷投放依然强劲，为全区经济的快速健康发展提供有力支持。

转变金融服务理念，创新服务手段，提高金融服务水平，继续做好包括中央银行支付清算系统在内的各类业务系统、银行卡工程、财税库银横向联网等系统的推广上线力度，搭建资金流动高速路，方便社会各类经济活动的开展，降低社会资金成本。全区高龄补贴、石油价格补贴、水库移民补贴等政府补贴实现国库直拨，减少资金拨付环节，提高资金使用效率。

积极做好外汇结售汇、征信查询、现金调运、人民币反假等工作，满足社会多样化金融需求；组织开展形式多样的金融知识宣传普及活动，提高全社会金融意识。年内与曲靖电视台牵手联合打造《金融连连看》电视宣传栏目，提高全社会金融意识。

（杨本枝）

中国工商银行曲靖麒麟支行

【概　述】　2011年，中国工商银行曲靖麒麟支行围绕“强行”战略目标，全面落实“四硬”经营理念，坚定“三个没有”发展信念，强化“三个主动”工作方法，按照“不惟计划、不惟基数，只惟市场、只惟占比”的发展要求，抓住地方经济发展机遇，实施主动竞争策略，着力提升服务水平，大力拓展优质市场，不断提高核心竞争力。

全年各项存款197 002万元，较年初增46 418万元，完成年计划32 650万元的142.17%。其中公司存款78 801万元，机构存款26 505万元，同业存款195万元，储蓄存款91 261万元。各项贷款195 003万元，较年初增29 706万元，完成年计划26 962万元的110.18%。其中公司贷款73 358万元，个人贷款108 868万元，票据贴现12 777万元，小企业贷款12 650万元，贸易融资5 980万元。实现中间业务收入1 200万元。全年清收不良贷款3 892万元，不良率由年初的1.69%下降为0.99%。

【存款工作】　成立存款营销组织机构，完善存款考核激励政策，建立增存稳存长效机制，加强对重点客户的维护和营销工作。制定完善支行绩效考核办法，全员营销，严格考核兑现。做好核心客户维护工作，持续增加机构存款。加强账户营销和“扩户”工作，以营销和维护好财政、社保、军队、金融同业等核心客户群为目标，不断深化与核心客户的合作关系，抓住时机有效拓展机构客户，挖掘机构客户潜力，确保机构和同业存款的稳定增长。实行储蓄存款“一把手”负责制，强化储蓄存款工作。密切关注存款市场变化，积极围绕中高端客户维护和市场培育拓宽储蓄存款源头市场。全力拓展财政代发板块、有贷户、关系密切客户代发工资业务，增加储蓄存款的源头。加大国际业务营销力度，全力争取优质客户，实现国际业务新突破。2011年新增2户国际业务优质客户，占全行国际业务结算量6 231万美元的69%，结售汇量3 306万美元，结算量6 231万美元，国际贸易融资539万美元，占全行国际贸易融资617万美元的87%。

【中间业务】　突出资产业务对中间业务的带动作用，积极发展贸易融资和小企业贷款。突出理财产品销售对中间业务的贡献度，提高理财产品的客户渗透率和覆盖率。突出银行卡业务发展，全力增加银行卡业务收入。突出贵金属业务发展，巩固贵金属业务成果。突出个金板块业务发展，提高个人金融业务对中间业务的贡献度。严格中间业务收费管理。从严控制收费减免，规范收入归集，做到应收尽收。2011年实现中间业务收入1 200万元。

【运营风险管理】　结合“提升素质，远离违规”主题教育活动，开展对“六个重要风险点”的专项治理，查找工作中的薄弱环节，做好案件查防的各项工作。针对风险隐患和存在问题，及时排查，认真整改。为扭转运行风险事件多、运行质量下降、系统排名靠后、内控管理时好时坏、存在问题整改不彻底等问题，9月下旬在全行范围内组织开展为期一个季度的运行风险和内控管理专项整治活动，所辖3个网点风险事件大幅下降，风险暴露水平、风险率、风险度压降到全市分行平均水平以下，彻底消灭“三高”网点，无一员工进入“三高”柜员。

（王丽蓉）

中国建设银行曲靖市分行

【概　述】　2011年，中国建设银行曲靖市分行麒麟片区13个网点围绕“发展、管理、改革”工作主线，积极把握上级行经营政策和经营导向，通过转变发展方式，深化结构调整，落实风险管控制度，强化基础管理，加快提升综合竞争力，实现各项业务快速稳健发展。

年初，确立比省行下达计划更高的市分行增存计划，并以“拓宽视野抓存款”为主题对全年存款工作进行部署。市分行党委与各支行、各部门签订负债业务攻坚责任状，并成立由行领导带队的工作组对各支行进行督导、帮扶，及时发现、推广先进行经验，鼓励、鞭策帮助后进支行。大力发展资产业务，制定对公信贷业务发展指导意见。系统梳理对公信贷项目，明确支行和市分行条线部门各自的职责，督促条线和支行按预定计划认真开展项目储备和申报工作。提出大力发展小企业贷款和个人住房贷款的工作要求，在对支行充分调研的基础上，修改完善小企业贷款业务操作流程，择优选择支持重点项目，强化信贷经营部门和信贷审批部门的联动协调机制，实现流程快速化。个贷经营部门主动出击，择优选择营销楼盘，提高调查审批效率，积极争取发放规模。积极发展汽车信用卡分期业务，组建分期业务直销团队，专门负责营销、拓展、办理信用卡分期贷款，信用卡购车分期业务取得突破性发展，分期商户19户，合作品牌22个，覆盖曲靖80%的汽车合作品牌。强化培训，重点突破，积极拓展票据和投行等表外资产业务。加大新业务产品培训力度，发挥部门联动、支行与市分行联动的优势，实现新产品成功营销。调整中间业务考核方式，以新兴产品促增量，以传统产品保存量，调整中间业务挂价考核方式，进一步促进收入结构的调整。大力提高产品运用覆盖率和产品覆盖客户率。大力营销战略性新产品，巩固传统产品地位的同时，以新产品运用促中间业务收入增长。开展9场600余人次参加的电子银行业务宣讲培训，为电子银行业务快速发展打下基础。与省行同步开展2010～2011年岁末年初个人电子银行业务旺季营销活动，开展“建行电子银行，给力时尚生活”、

“增客户、促应用、提能力”、“建行‘e路通’，黄金连环送”、“电子银行团购、秒杀”、电子银行业务专题广告宣传等活动。进一步夯实会计管理基础，狠抓信贷基础管理，扎实推进操作风险基础管理工作。持续着力、强化认识、深层推进、重点治理，打好安全合规基石。以深入推进“平安建行”建设为主线，做好安全保卫和维护稳定工作。

年底，麒麟片区13个网点负债业务持续快速增长，一般性存款余额84.94亿元，新增10.14亿元，增幅13.56%，占全市新增总量25亿元的40.56%。其中对公存款余额48.5亿元，新增4.5亿元，增幅10.22%，占全市新增总量13.6亿元的33.09%；个人存款余额36.43亿元，新增5.63亿元，增幅18.28%，占全市新增总量11.4亿元的49.39%。资产业务平稳发展。贷款余额35.77亿元，较年初减少4 547万元。其中公司类贷款余额25.62亿元，较年初减少2.6亿元；个人类贷款余额10.15亿元，新增2.15亿元，占全市新增总量5.56亿元的38.67%。

（朱艳萍）

广发银行曲靖分行

【概　述】 2011年，广发银行曲靖分行面对持续从紧的货币政策、国内经济增速放缓回落、企业流动资金严重匮乏，以及由此导致的信贷规模受限、存款增长乏力、信用风险上升等异常严峻的经营形势，紧紧围绕总分行的经营思路和战略发展目标，举全行之力保存款、保稳定、促发展，经营效益成绩显著，创利水平继续保持良好态势。全年实现利润5 890万元，实现安全经营无事故。

3月8日，按照广发总行的统一布置和要求，广东发展银行曲靖分行正式更名为广发银行曲靖分行。

【存贷款业务】 2011年，广发银行曲靖分行牢固树立存款立行兴行的责任感、使命感，转观念、调结构、稳存款。负债业务由于受企业资金面及同业竞争加剧的影响，有明显的回落。年末，各项存款余额201 142万元，较上年末减少55 192万元，下降21.53%；日均存款208 841万元，较上年减少16 613万元，下降7.37%。在存款资源存贷比规模居高不下的情况下，继续加大对地方经济的支持力度。年末，储蓄存款41 784万元，全行个人类贷款98亿元，较上年增0.34亿元，增长9.34%。贵宾客户新增数、第三方存管、新增网银开户数、新增手机银行、理财业务都取得较好成绩。年末，各项贷款226 425万元，较上年减少3 039万元，其中一般性贷款余额226 425万元，较上年增7 005万元，增长3.19%；全年发放对公贷款85笔，共121 530万元；个人贷款499笔，共10 243万元，存贷比112.57%，较上年上升23.05%。由于受国家宏观调控、信贷政策持续收紧的影响，长期以来依赖资产业务、贴现业务带动负债业务发展的营销策略丧失政策面的支撑，以资产、贴现业务带动的保证金存款、企业活期存款大幅度下滑。

【业务发展】 2011年，广发银行曲靖分行针对政策、市场环境的多变性、复杂性，结合曲靖市存款资源分布状况以及分行客户结构、存款结构的不稳定性，采取积极主动的应对措施。按月制定存款计划及营销措施，明确存款的营销重点和方向，对重点客户实行名单制管理，逐户制定存款新增目标，指定责任人和责任部门跟踪落实；下达部门、支行各业务条线员工每月新增存款任务指标，并与季度绩效考核挂钩，增强全员营销责任意识；切实转变存款增长方式，加大非授信客户存款、储蓄存款的营销组织力度，充分利用各种资源优势重点营销，逐户落实增加存款；继续做深做精优质核心客户，组织和带领营销团队，以有限的信贷资源和良好的服务，维护和稳定优质的授信客户、贴现客户；切实转变业务营销方式，业务发展重心从资产业务转向负债业务，以提高客户综合贡献度为目标，深挖授信客户存款资源潜力，把结算资金的回流作为继续支持企业授信和新增授信支持的必要条件，促进企业的资金回流进入常态化。

【票据业务】 2011年，广发银行曲靖分行票据贴现规模持续稳定发展，全年累计直贴40.08亿元。通过不断改进服务方式，提高服务效率，夯实业务基础，实现票据业务市场占比的逐步提升，巩固广发行在当地同业的领先地位。通过大户上下游产业链联动，全年新增一大批贴现客户，票据贴现的品牌优势得到巩固和加强。

【个人业务】 2011年，广发银行曲靖分行个人业务取得新成效，零售业务占比明显提高，业务转型及业务结构调整取得新成效。继续坚持公司业务与零售业务并重的原则，一手抓公司业务营销，一手抓储蓄存款、个人消费贷款、个人理财业务、信用卡、网银、手机银行的营销，为加大个人银行业务的营销力度，引导全行员工牢固树立“全员营销、交叉营销、发散营销”意识，提高个人银行业务占比及综合贡献度，充实和调整个人银行客户经理队伍，个人银行部成立营销、个贷、客户维护3个中心，为同城支行配备专职个人客户经理，同时积极筹备成立个人银行业务专职营销团队，通过专业化分层营销积极拓展个人业务营销范围，稳定和扩大中高端个人客户群。分条线下达员工个人业务“交叉营销”任务指标，充分调动各业务条线特别是前台柜员、客户经理营销积极性、主动性，发挥柜台客户资源、对公客户资源优势，通过信用卡、理财、网银、手机银行等个人业务产品营销和拓展综合贡献度较高、忠诚度较好的优质个人客户。持续开展个人业务营销宣传活动，通过短信平台、出租车、电视台等媒体广告，以及户外、网点宣传、客户联谊活动等多种渠道，扩大个人业务的宣传范围及产品渗透力。

【营销服务】　2011年，广发银行曲靖分行大力开展非授信对公存款营销活动，努力调整存款的合理结构，强化对非授信客户的营销力度，并结合网银工具解决客户受物理网点制约的问题。按照“一次抓，反复做”的营销要求，在全行组织开展新产品、新客户和新市场的“三新”营销活动，重点对代发工资、第三方存管、中高端客户和网点周边商户进行营销。一线柜员锁定目标客户，对选定的目标客户，坚持从源头抓好营销，积极抢占市场，扩大新客户群体。积极构建政银企合作交流平台和中小企业营销服务渠道，更好地支持中小企业健康发展。坚持“抓大不放小”的营销思路，结合曲靖当地产业的发展政策，积极开展对各产业龙头企业营销工作，同时深化和加强对中、小企业金融服务重要意义的认识，主动到曲靖市各小企业营销，在业务拓展工作中创新适应中小企业发展特点的信贷管理模式。发展具有潜力的优质中小企业，按照“以中小企业为基础，争取发展优质大客户为目标”的观念，主动对各中小企业进行营销，研究、制定适合中小企业的信贷产品和服务模式，在业务拓展工作中创新适应中小企业发展特点的信贷管理模式，不断创新和推出专为中小企业量身订做的金融服务产品。积极作好全行授信客户的深度营销，通过“1+1”老客户推荐新客户的方式，带动上下游企业到广发行办理各项业务，提升授信客户的综合贡献度。

【内控管理】　2011年，广发银行曲靖分行强化管理，注重内控，严格防范各类案件和风险的发生。内控及各项管理制度落实到位，检查到位，通过“银行业内控和案件防范制度执行年”一系列工作的开展，保持全行全年未出现重大安全隐患和重大业务差错，无大小经济和刑事治安案件发生，实现合规经营，确保平安。以合规经营为主线，坚持业务发展与风险防范并重的原则，贯彻执行“三个办法一个指引”的贷款新规，加大信贷资产全流程管理，按照银监三项重点工作的要求，组织相关部门、支行认真开展受托支付、中长期贷款合同补正、平台贷款整改工作。严格按照信贷管理操作规程和要求组织开展全行信贷项目审查、审批工作。加大信贷资产风险排查、贷后检查、动产抵押物专项检查工作频度和力度，严控系统性信贷风险。千方百计多渠道组织清收新增到逾期贷款，切实提高信贷资产质量，努力把新增不良贷款降至最低。严格按条线管理的要求，加强运营风险、前台业务风险管控。按规范化服务考评标准抓好规范服务工作，强化员工素质，进一步提高营业窗口的整体服务水平，树立对外良好的形象和服务品牌，保持优质文明示范窗口的荣誉称号。以建立有效激励机制为动力，组织制定和完善分行绩效考核办法，营运良好的执行氛围。加大激励和奖惩力度，充分调动员工的工作积极性和主动性。根据不同时期总分行业务发展的重点及合规管理、风险控制的要求，适时调整和修订对部门、二级支行的绩效考核办法，明确业务发展的重点方向。不断总结绩效考核中存在的问题，合理设置考核指标、分值和权重，在内部全力打造公平、公开、透明的分配机制和争先创优的绩效激励机制。

（钱　丽）

交通银行曲靖分行

【概　述】　2011年，交通银行曲靖分行按照“跑赢大市，争先进位”的要求，围绕“抓存款、抓客户、抓中间业务收入”这一主线，积极转变经营理念，创新发展模式，深化内部改革，强化内控管理，突出服务特色，在经营形势极其错综复杂、负债业务发展十分困难的背景下，保持各项业务健康发展。年底，人民币各项存款余额350 895万元，在当地市场占比为4.81%。其中人民币对公存款余额201 740万元，人民币储蓄存款余额146 772万元，存款业务基本实现“跑赢大市”的业务发展要求。人民币各项贷款余额306 802万元，市场占比为6.67%。零贷业务发展加快，零售贷款余额70 708万元，较上年增加18 471万元，增幅35.36%。其中小企业贷款增加13 400万元，较上年增长3.95倍。经营利润稳步增长，全年实现利润9 591万元，继续保持同业人均创利领先水平。

【业务发展】　由于宏观经济环境复杂多变，原材料价格一路走高，加之遭遇50年来连续三年最严重的干旱，曲靖的化工、煤炭、有色金属等支柱产业实体经济受到严重影响。分行的大客户如驰宏公司由于供水紧张，产能只有1/3，较正常减少2/3；云维集团受2011年曲靖连续发生的几起煤炭事故影响，煤炭紧张，储煤资金大幅增加。曲靖分行从提振全行发展信心入手，明确发展目标和思路，积极转变发展方式，实施主动竞争策略，大力拓展优质市场，全面提升全行经营实力和核心竞争力，利用开票、贴现、保函、融资租赁等产品多渠道为客户提供融资服务，全年累计开票78 173万元，国内信用证业务实现零突破，开证17 300万元。

个人金融客户群不断壮大，客户拓展工作持续开展。通过举办“美丽女人　相约永恒”魅力沙龙，“健康永相伴”讲座，“丰沃共享，绿色生活”高尔夫球亲子体验活动，与创维、星际尚品家居生活馆举办客户回馈活动等，增强与客户的紧密度，稳定并扩大客户群。在存量的三方存管客户、基金客户、房贷客户由于资本市场波动、贷款利率上涨提前还款等因素导致客户流失、客户层级逐级下滑的情况下，全行个人客户较上年增长近2 000户。代理销售的“2011版熊猫金币”受到广大贵金属投资爱好者的青睐，在不断满足客户投资、收藏等需求的同时，增加中间业务收入。

电子渠道建设步伐加快。针对分行电子渠道建设相对滞后的实际，加大电子渠道建设力度，2011年新装6个离行自助银行及3台离行ATM机，年末自助机具30台（套）。新装POS机500余户。电子银行分流率从2009年的28%提高到60.46%，POS商户结算量近6亿元，比上年增76%，培养一批稳定的电子银行客户，有效支撑柜台业务的发展。

【风险管理】 从调整信贷结构入手，主动适应信贷政策变化，努力提升分行信贷业务切合实际、适应市场、贴近客户的发展能力。根据监管部门的要求及时成立地方政府融资平台贷款风险处置领导小组，定期召开专题会议，部署平台贷款风险处置工作，按“一户一策”制定有针对性的分类处置方案，推动曲靖市公路投资公司定性为“全覆盖”的公路平台的增信升级工作，并积极协调曲靖市政府有关部门、银监局和各债权银行共同召开专题协调会议，确定整改方案和措施。现金收回存量平台贷款8 000万元，收回存量不良贷款60万元，收回挂账4年的无本欠息户所欠利息14.5万元，年末不良贷款余额713万元，较年初较少6万元。不良资产绝对额和占比继续双降，资产质量持续改善，为经营利润的增长奠定基础。

以“深化内控和案防制度执行年活动”为抓手，组织开展内控管理大检查，强化风险管理，着力提高制度执行力和内部控制实效。9月，交通银行华西审计部对曲靖分行的经营管理及内部控制进行综合检查和评价，总体情况良好。

【客户服务】 强化服务管理，提高服务水平，加强服务工作的监督检查，不断完善服务质量的考核机制。对全行各经营部门从客户意见调查、省分行神秘人检查、分行录像检查、分行现场检查、服务提升工作日常评价五个维度进行严格考评。在日常工作中，由分行组织对网点的服务环境、客户经理的服务态度、员工的服务技能进行定期及不定期抽查，对检查出的问题要求立即整改，检查情况每周通报，对服务水平下降的部门在全行通报批评，督促整改，跟踪落实，并纳入部门季度考核，形成服务工作“时时查、日日改、月月新”的良性工作机制，全行服务水平有较大提升。

（展云尉）

农村信用联社

【概　述】 2011年，麒麟区农村信用联社以现代金融体制机制改革为目标，支持城乡经济发展为己任，认真贯彻稳健货币政策，转变发展方式，提升创新服务，强化规范管理，严控各类风险。年末，全区信用社各项存款余额602 791万元，比年初净增162 204万元，增长36.82%；各项贷款余额389 854万元，比年初净增72 653万元，增长22.90%。贷款结构为：农业贷款198 973万元，农村工商业贷款113 973万元，其他贷款76 908万元。全年共实现各项收入41 250万元，比上年同期增13 372万元。累计支出29 467万元，比上年同期增6 356万元。收支扎差实现利润11 783万元，比上年同期增7 016万元。上缴所得税4 474万元，实现净利润7 309万元。被省联社授予“先进集体”、“改革发展先进集体”荣誉称号。

【存款业务】 2011年，为全面完成全年存款任务和省联社下达的“双突破”任务，区联社抓住区域经济快速发展的优势，广开吸储思路，细分客户市场，深入挖掘储源，资金组织工作成效显著。以全员营销，重点营销为手段，采取上下联动，分级负责的办法，积极维护好存量客户，拓展好增量大户，协调好各级政府，沟通好资金集中部门，形成“时时重视存款，全员共抓存款”的工作格局。加强对存款工作形势的分析和研究，超前谋划存款工作策略，制定存款工作措施，层层分解落实存款工作计划，确保存款组织工作“先人一招，快人一步”，牢牢把握存款工作主动权。各营业网点充分发挥点多面广、资源丰富的优势，对辖内客户采取亲情式的关怀、贴近式的服务，积极抓好农户、个体工商户、行政事业单位和企业的存款组织工作，确保存款稳步增长。联社将全年存款任务、“双突破”任务及时下达到各基层信用社，并把员工存款目标任务完成情况列入个人绩效进行考核，实行营销计价，对超额完成存款任务的按照实际超月平均计划部分进行奖励，在年底对组织存款有特殊贡献的员工进行奖励。在全区以开展“服务创优工程”为载体，进一步规范员工服务行为和服务技能，完善便民服务设施，加大营业环境的改造和升级，全面提升农村信用社的服务水平和档次，增强信用社参与市场竞争的能力。各基层信用社充分抓住各类“三农”资金投入大幅增加，农村基础设施投入加大的有利时机，加强与地方党委、政府、财政、事业单位及资金较为集中部门的交流与沟通，及时掌握储源信息，增强吸储工作主动性，尽最大努力增加存款总量，扩大市场份额。2011年，全区农村信用社净增存款162 204万元，取得超全年任务64 204万元，越“双突破”任务16 155万元的好成绩。

【信贷业务】 2011年，为有效促进全区城乡经济的全面协调发展，按照“巩固农村市场、拓展城市市场”的战略思路，进一步增强营销理念，主动开展信贷营销，积极介入一些规模大、优质、低风险的法人客户信贷项目，大力支持中小企业、民营企业的发展。在贷款品种上，结合实际开办农户小额信用贷款、住房按揭贷款、公职人员贷款、贷免辅补创业贷款、林权抵押贷款、运输车辆按揭贷款和经营性物业抵押贷款等贷款新品种，以满足不同层次的需要。在信贷投向上，对符合国家产业政策和信贷条件的种养殖、农产品加工、物流、环保、节能减排等优质产业积极提供信贷支持，帮助农民、个体工商户、企业解决资金困难，提高经营效益。在信贷投入总量上，按照

“有保有压、调整结构、优化增量、优先支农”的方针，扩大支农贷款比重，并按照农户小额信用贷款管理办法，进一步加快信用村、信用户的创建和授信，全面解决农民贷款难问题。在贷款发放时，全区信用社开设贷款“绿色通道”，采取现场放贷、柜台集中放贷、上门送贷等便民措施，尽量简化贷款手续，缩短贷款审批时间，确保资金及时发放，产生效益。在贷款管理上，按照“一社一品”目标，“审贷分离、横向制约”原则，全面改革贷款管理模式，信贷部集中管理全区所有100万元以上贷款，各城区网点按照网点区域特点细分贷款客户市场，着力打造一社一个贷款产品目标。1～12月末，全区信用社累计发放各项贷款263 960万元，比上年同期增加35 316万元，增长15.45%。实现政府、信用社、企业、农户“四满意”。

【网点建设】 2011年，为实现全区信用社营业网点的合理规划、科学布局、规范管理，树立信用社崭新的现代银行形象，增强金融服务功能和综合竞争力，区联社从年初开始，按照“统一标准、分级管理、突出重点、打造品牌”和“以点带面，整体推进”的原则，对保渡信用社、越州信用社等5个营业网点全面开展精品网点创建工作。为提高精品网点的档次，完善服务功能，区联社选派中层干部到曲靖各商业银行、昆明各信用社网点进行充分调研，在此基础上，联社结合全区网点实际制定创建精品网点的实施方案，成立以理事长任组长的领导小组，全面开展精品网点的规划、宣传、培训、人员配置等基础性工作。为确保把首批改造的网点打造成“一流环境、一流管理、一流服务”的精品网点，区联社将精品网点的外观和功能设计向社会公开招标，择优选用设计新颖的中标方，确保打造的精品网点外观一流、功能完善。为全面提升精品网点员工的服务能力和业务技能，区联社于2011年8月聘请深圳思达培训公司对精品网点的员工全面开展服务礼仪、服务流程、现场管理、服务营销、投诉处理等方面的培训。11月初，首批改造的江滨分社全面完工并投入使用，其他网点正在按计划建设中。

（李国强）

保　险

太平洋财产保险曲靖中心支公司

【概　述】 2011年，太平洋财产保险曲靖中心支公司认真贯彻“转方式，调结构，防风险，促发展”的经营思路，围绕集团公司“可持续增长的价值发展战略”和“以客户需求为导向”的战略转型，努力提高盈利能力，持续优化业务结构，深入推进市场拓展能力、基础管理能力，积极转变发展方式，提升内部管理效率，不断实施创新，推动和实现可持续价值增长。2011年实现签单保费收入7 710万元，已决案件11 795件，已决赔款3 850.95万元，结案率89.83%，简单赔付率52.04%。渠道业务明显增长，车商、交叉、银行、个代业务都有新的进展。在原有政策的基础上，结合各地实际因地制宜，推出销售策略和适销对路的产品。为进一步加强和完善工作考核和分配机制，提升公司人才市场的竞争力，结合公司经营效益、薪酬结构水平以及员工职级和职务等实际，对全体员工进行定员定岗，定岗定薪，使全辖员工的薪酬结构明晰，工资待遇明显提高，人力资源改革落地实施。支公司高度重视渠道业务发展，夯实基础管理工作，重新整合部门及人力资源，实行专（兼）业代理专管人员、相关部门和人员相互配合管理制度，提高渠道队伍综合能力，公司代理机构不断增加，人员素质逐步增强，车商渠道拓展已见成效。全年拓展更多的代理协议签订，代理机构实现零的突破。2011年与公司合作的车商渠道共有17家4S店，银行代理13家，汽修厂和经贸公司13家，专业代理公司2家。

（董　玲）

贸　易

招商引资

【概　述】　根据《曲靖市麒麟区人民政府机构改革实施意见》麒麟区招商引资局职责并入麒麟区商务局，不再保留麒麟区招商引资局。2011年3月，麒麟区招商引资局在职职工4人、离休职工1人、退休职工2人共7人正式并入麒麟区商务局新成立招商引资科，配备3人负责招商引资业务工作。

2011年，麒麟区招商引资工作抓住国家把云南建设成为面向西南开放的“桥头堡”的有利机会，大力实施“引进来”战略，充分发挥中心城区优势，积极承接长江三角、泛珠江三角区域产业转移，引导“外资”流向基础设施建设、传统产业改造和战略新兴产业发展。实施“走出去”战略，加强与发达地区的经济技术交流与合作，紧盯世界500强、国内500强企业和上市公司，重点引进有品牌的企业、有品牌的产品、有品位的老总和自主创新能力强、税收贡献潜力大、社会责任感强的企业集团，在招大商、大招商和招商引资总量上有较大突破，质量和效益显著提升。全年共启动实施招商引资项目22个，实际引进市外国内资金21.3亿元（其中省外资金16.5亿元），同比增25%，完成曲靖市委、市政府下达给麒麟区实际引进市外国内资金20亿元目标任务的106.7%；实际利用外资742.55万美元（外商直接投资数），完成市委、市政府下达给麒麟区实际利用外资300万美元目标任务的247.5%；引进国内500强企业4户，储备区级招商项目20个，超额完成市委、市政府下达的招商项目储备任务。入选云南省重点招商项目1个（是曲靖市唯一入选的省级重点招商项目）。经市招商局综合考核评定，麒麟区2011年招商引资各项目标任务完成情况名列全市第一，被评为云南省招商引资先进集体。

【招商引资目标责任制管理】　为贯彻落实省、市、区2011年招商引资工作的要求，进一步加强招商引资目标责任制管理，完善和理顺招商引资工作体制，确保全区招商引资目标在2010年完成的基数上实际利用外资增长20%、力争达300万美元，实际引进市外国内资金增长20%、达20亿元（其中省外资金16亿元）任务的圆满完成，结合麒麟区实际，制定2011年目标责任制考核实施细则，把全年目标任务分解下达给各乡镇、工业园区、区直主要经济主管部门等30个部门，年终严格考核，奖惩分明。区委、区政府坚持执行招商引资项目最严格的限时办结制度、最严格的首问首办制度、最严格的服务承诺制度、最严格的行政问责制度，严肃查处破坏投资环境的行为。加快建设完备的硬件环境、优越的生态环境、文明的人文环境、高效的服务环境、规范的法制环境和良好的政策环境，把麒麟建成云南要素聚集的“盆地”、产业发展的“高地”、外商投资的“福地”。把招商引资工作绩效列为被考核单位“党政一把手的政绩工程”，要求区直各部门齐心协力，鼎力合作，党政一把手要亲自抓。

【在谈项目促签约】　麒麟区是城市中心区，随着城市的扩容，可供使用的建设用地相对紧张，带来项目落地难，生产型项目环评、水保较其他县（市）难过关。麒麟区商务局积极主动争取上级业务主管部门的支持，克服用地指标紧张等困难，针对项目的引进，向区委汇报，召开区委、人大、政府、政协四班子联系会议集体商议，促进项

2011年昆交会签约仪式　　（区商务局　供稿）

目的“洽谈—签约—开工—达产”，千方百计使符合国家产业政策，有利经济发展的项目在麒麟区“落地生根”，并给予自始至终的扶持和服务。

2011年昆交会后，麒麟区商务局先后接洽香港、澳门、日本、泰国、缅甸、新加坡、马来西亚、德国、美国、加拿大、澳大利亚、上海、北京、湖北、天津及泛珠江三角、长江三角、滇黔经济合作区域、滇中八地州客商共100余人次，经反复多轮磋商，促成2011年昆交会6个项目省级签约，协议引进市外国内资金45.5亿元。

2011年新签署招商引资协议亿元以上项目10个，协议引进市外国内资金额70.8亿元。1. 中国国电集团龙源风力发电有限公司计划投资15亿元人民币在麒麟区开发“风力发电”项目，已经实施，处于测风阶段。2. 上海凯莱投资有限公司计划投资15亿元人民币在麻黄工业园区新建“麒麟综合物流配送中心”项目。6月10日上海投资方与区政府签订正式协议，前期工作正在有序开展。3. 安徽安庆泰盛投资有限公司独资4亿元人民币在麻黄工业园区新建“滇东粮油物流中心”，项目市场规划已获市规划局审批，已动工建设。4. 四川投资商罗国林，一期计划投资2亿元人民币，在越州镇新建“120万吨/年低变质煤深加工及综合利用”项目，项目征地报件已上报省国土厅。5. 贵州籍投资商李玉函独资1.2亿元人民币在越州工业园区新建高档日用瓷、陶瓷地砖生产厂，已开工土建。6. 广东籍投资商聂曼云独资1.5亿元在越州镇新建年产280万平方米高档建筑瓷生产厂，前期相关手续正在办理中。7. 云南远卓投资有限公司计划投资5亿元人民币，配合一汽红塔汽车制造有限责任公司生活区改造，建设面积约9万平方米的“大型商业”项目，已进入前期准备阶段。8. 云南坤石建材有限责任公司计划投资1.76亿元人民币在三宝新建“曲靖泛亚奇石（观赏石）展销市场”项目，已完成会计师事务所验资，市工商局批准注册了“曲靖兴亚奇石经贸有限公司”，注册资金1 000万元人民币，申办了麒麟区地税局《税务登记证》、曲靖市质监局《组织机构代码证》，办理了麒麟区城乡规划局《项目选址意见说明书》、麒麟区三宝国土资源所《土地权属证明书》、麒麟区三宝镇环保所《项目环保初审意见书》，立项备案登记已完成，有关土地、环评、规划等相关报件正逐级上报。9. 曲靖华昌汽车销售有限公司计划投资5.3亿元人民币在金江大道新建金江汽车城，项目占地100.57亩，土地、环评、规划等手续正在办理中。10. 上海亚龙集团计划投资（集团）有限公司计划投资20亿元的体育馆片区旧城改造项目，总建筑面积约20万平方米，其中建设楼层30层、高120米的超五星级酒店约4万平方米，建设主题购物广场、时尚品牌商店、餐饮（包括世界著名品牌专卖店）和多功能体育俱乐部及相关配套设施约16万平方米。该项目已在麒麟区注册了新公司开展前期工作。

【签约项目促开工】　区委、区政府高度重视签约项目的推进工作，每个项目及时成立由区级领导为组长，相关部门主要领导为成员的项目推进领导小组，抽调人员组建对应的工作班子，专门为项目协调服务。区商务局主动为招商引资签约项目领办、带办，积极协调有关部门办理项目相关的前期手续，为争取项目早日开工赢得了时间。

2010年昆交会签约项目当年启动率、履约率100%，项目进展顺利。1. 曲靖敏大房地产开发有限公司（浙江投资商陈敏）独资18.6亿元，新建“金麟湾生态休闲运动中心”项目。已完成工商注册，并已立项，到位前期工作经费8 100万元，土地报件、环评等相关手续已报省级部门审批。2. 上海沪宝轧钢有限公司与曲靖越钢集团有限公司合资5亿元“迁建120万吨热轧特钢生产厂”项目。已完成工商注册，项目已立项，环评手续、土地手续已报省环保局、省国土厅待审批，前期筹备工作正积极进行。3. 广东惠州吕氏蔬菜专业合作社独资5 000万元在茨营乡新建“商品蔬菜种植基地”项目。已完成工商注册，已建成标准化蔬菜种植基地2 000余亩，种植商品蔬菜80余个品种，商品已供应深圳、香港市场，生产经营正常。4. 南京宁钰投资有限公司独资15亿元新建“麒麟区小坡商贸物流中心（曲靖万宇国际商贸城）”项目。已完成工商注册5 000万元，项目一期用地房屋拆迁工作已完成，于11月17日开工奠基，实际到位资金1.3亿元。5. 四川投资商杨承林计划投资5 000万元人民币“改建曲靖数码城”项目。已完成工商注册1 000万元，到位项目建设保证金3 000万元，已开工建设。6. 飞龙集团曲靖公司（浙江投资商张伟东）与曲靖重型机械制造有限公司合资3.5亿元“配套一汽红塔30万辆车架技改生产线”项目。已完成工商注册1 000万元，投入前期工作经费1 000万元，项目前期相关手续正在积极办理中。

区商务局在加强签约项目的前期筹建工作优质服务的同时，注重对在建项目的达产支持，对招商引资项目全程跟踪，全天候服务，掌握项目建设进展情况，及时协调解决投资商在项目建设中遇到的问题和困难，全方位、优质高效“保姆”式地跟踪服务，急事急办，难事巧办，有效地促成在建项目的顺利推进。2010年昆交会至2011年底，共推进促成11个在建项目达产。

【项目储备与甄别】　区商务局高度重视招商项目的储备工作，拟定《招商储备项目的征集通知》报请区政府办以文件下发给各乡（镇）街道、区直主要经济主管部门和项目单位，要求各单位领导高度重视，安排经费，专人负责招商储备项目的填报。项目广泛征集后安排专人认真甄别，筛选一批符合国家产业政策、科技含量高、产业带动强、财税贡献大、实现就业广、用地集约化、产业集群化、利税效益化的环保型项目上报和推出招商。认真完成市下达的项目储备任务的同时，储备一批可研度较深、前期工作扎实、基础条件好、招商吸引力强，容易与投资商碰出“火花”的区级重点招商项目编印成《项目册》，以上网招商、会展招商、外出招商等多形式，收到较好的招商效果。

【沪滇对口帮扶合作】 2011年8月10日，以上海市委书记俞正声为团长的上海市党政代表团赴云南参加“上海云南两省市座谈交流暨对口帮扶合作第十三次联席会议”。会议在昆明海埂宾馆举行，云南省委书记、省人大主任白恩培，省长秦光荣，省委副书记李纪恒，省政协主席王学仁及云南省有关部门领导出席会议。

会议上，麒麟区人民政府区长唐开荣与上海亚龙投资（集团）有限公司董事长张文荣签定《新建曲靖国际品牌连锁酒店商贸服务项目招商引资框架协议书》。该项目计划总投资20亿元，由上海亚龙投资（集团）有限公司全额投资，总建筑面积约20万平方米，其中建设楼层30层，高120米的超五星级酒店约4万平方米，拟引入希尔顿、万豪、威斯丁等世界著名酒店管理机构经营管理；建设主题购物广场、时尚品牌商店、餐饮（包括世界著名品牌专卖店）和多功能体育俱乐部及相关配套设施约16万平方米。项目落成后将成为曲靖中心城区又一标志性建筑，无论建筑设计、内外观造型、结构、装饰装潢、功能配套等均属曲靖之首，是曲靖高档次住宿、娱乐健身、商贸服务中心。

“新建曲靖国际品牌连锁酒店商贸服务中心”是麒麟区继2010年昆交会引进上海凯莱投资有限公司计划投资15亿元，在小坡“新建麒麟综合物流中心”项目后的又一个沪滇合作招商引资项目，充分显现了上海——云南帮扶合作“政府搭台，企业唱戏”的成效。

【曲靖万宇国际商贸城开工奠基】 “麒麟区小坡商贸物流中心（曲靖万宇国际商贸城）项目”于2011年11月17日开工奠基。参加奠基仪式的有云南省工商联、省发改委、省商务局、省招商局、省工商局、省技术监督局、浙江、温州、湖南、安徽、四川云南商会和曲靖商会，以及曲靖市委、市政府领导，市直相关部门，麒麟区委、区政府领导，区直有关部门，区长唐开荣致贺词。

“麒麟区小坡商贸物流中心（曲靖万宇国际商贸城）项目”是2010年昆交会省级签约的招商引资项目，由麒麟区人民政府引进南京宁钰投资有限公司独资15亿元新建，位于麒麟区小坡326国道旁，占地约1 000亩，是集汽车、摩托车、工程机械车及相关配件市场、售后服务为一体的综合物流商贸中心。项目建成后将辐射滇东北地区，对周边经济将起到积极带动作用。

区长唐开荣（右二）在沪滇对口帮扶会议上签署招商引资协议

（区商务局　供稿）

【泛亚观赏石（奇石）展销市场落户三宝镇】 由云南坤石建材有限责任公司计划投资2亿元的“泛亚观赏石（奇石）展销市场”落户三宝镇。该项目占地约120亩，建设期1年，市场融入现代文化和民族文化，具有展示与科普、经营与文化交流功能，销售与金融、物流等售后服务配套。市场以商品观赏石为主，辅以玉石制品，吸引国内及东亚、南亚、东南亚等国外客商入市。拟引进展销商280户，户均展销用房250平方米。分展销区及导购及信息发布厅、包装物流厂房区、市场管理及相关工商、金融、保险等市场服务机构办公综合楼、休闲、餐饮服务厅及道路，停车坪，园林景观、绿化、环保等设施区。其中展销区及导购及信息发布厅10.46万平方米，大型观赏石展销场厅6 934平方米，包装、物流区厂房2 000平方米，市场管理、工商、金融服务搂6 600平方米，休闲、餐饮服务楼5 200平方米，道路7 333平方米，停车坪3 996平方米，园林绿化等3 333平方米，其他1 332平方米。

（李新平）

供销合作

【概　述】 2011年，麒麟区供销社围绕年初工作目标，充分发挥供销社以城带乡的桥梁和纽带作用，提高服务“三农”的能力和水平，不断推进实施完善“四进村”，实现“五个有”，开展组织创新、经营创新、服务创新，引领带动农民合作经济组织和行业协会发展，全面实施巩固、提升、规范“乡村流通工程”建设，全面掀起供销社“二次创业”。年底，麒麟区供销合作社共有12个党支部，196名党员；共有企业17个，其中直属公司9个，基层供销社8个，有员工1 260余人，股东336人，离退休人员696人。

区供销社抓住“二次创业”机遇，充分发挥供销社根在农村、基础在农业，服务“三农”的根本宗旨，全年完成商品经营总额59 888万元，比上年增28%；农副产品购进2 255万元，比上年增25%；销售各种化肥104 216吨，比上年增16%；实现利税1 200万元（含开放办社和两社一会），比增上年25%；化肥淡季储备3.8万吨。超额完成区委、区政府和上级供销社下达的各项经济指标，荣获全市供销系统综合考核特等奖，被区委、区政府表彰为“信访工作先进集体”，被省供销合作社表彰为“发展两社一会先进集体”。

全年累计从生产者购进16 579万元，比上年增50%。商品经营总额59 888万元，比上年增28%。商品销售总额完成56 846万元，比上年增29%，其中消费品零售完成11 536万元，相比上年增27%；生产资料供应16 588万元，比上年增50%。库存商品4 943万元，比上年增5%，其中生产资料库存1 673万元，比增上年2%。化肥总购进105 591吨，其中从生产者购进105 591吨；化肥总销售104 216吨，化肥库存11 213吨，比上年减16%。农药销售430吨，其中杀虫剂占65%，杀菌剂占14%，除草剂占21%，上年增6%；库存51吨，比上年增13%。农膜销售260吨，比上年增10%。

【专项安全生产和春耕备耕农用物资供应检查整治】 为贯彻落实区委常委（扩大）会议和《曲靖市麒麟区人民政府关于开展全区安全生产隐患排查治理专项行动的实施方案》精神，切实抓好区供销社当前安全生产和春耕备耕工作，4月22日区供销社在社属17家企业开展专项安全生产和春耕备耕农用物资供应检查整治工作。成立专项检查整治工作领导小组，对全系统内的安全检查整治工作做全面部署，检查的内容和重点涵盖社属企业的安全生产经营，食品、药品安全，严禁“三无”产品上架；对门店、宾馆、住宿、超市、电梯、起重设备、危险化学品、烟花爆竹、办公场所、化肥仓储服务设施、综合服务社、排洪泄洪、农用物资供应等进行全面检查。明确检查的时限和要求，对社属企业进行“全方位、拉网式、地毯式”检查，不留死角。明确整改要求，对查找出来的问题要求及时完成整改，并在此基础上巩固、提升，建立健全安全生产长效机制。明确责任追究制，落实整改责任人和督办责任人，实行严格的责任追究和严肃的纪律要求，确保安全检查整治活动有效推进。

通过检查，提出整改意见15条，更换充装灭火器30余支，对锅炉、压力表、安全阀送技监部门检测，对操作人员上岗证进行年检，对农用物资的堆码进行规范，确保农用物资供应不脱销不断档，满足全区群众农用物资需求。要求农资部门严把进货渠道，严把质量关，坚决杜绝假冒伪劣产品出现，让群众能够买到放心的农用物资，确保春耕备耕农用物资的供应。

【全国供销合作总社党组书记、理事会主任杨传堂到麒麟区调研】 9月15日，中华全国供销合作总社党组书记、理事会主任杨传堂，党组成员、副主任戴公兴等在云南省副省长孔垂柱，省供销社党组书记、主任和润培，省政府副秘书长李林波及市、区有关领导陪同下先后到麒麟区供销社越州镇横大路综合服务社、三宝镇黄旗综合服务社、禽蛋公司大豆专业合作社和区农资配送中心调研。调研组听取了市委常委、麒麟区委书记傅学宾和有关领导的工作汇报；在调研现场，杨传堂向当地群众、售货员和化肥仓库保管员详细了解供销社改革、发展、服务“三农”工作情况。听取各方面意见后，杨传堂对麒麟区供销社在全区大力推进乡村流通工程建设，特别是在百货、农资配送工作中，确保农用物资市场供应，满足全区农民群众需求，促进农民增收致富奔小康、新增就业岗位、平抑农用物资价格，在服务“三农”工作中作出积极贡献，起到示范带头作用，为当地社会主义新农村建设，经济发展作出重大贡献表示非常满意，充分肯定了麒麟区供销社在改革、发展、服务“三农”工作中取得的显著成绩。

（丁家喜）

麒麟区推进供销系统二次创业工作会议　　（丁家喜　供稿）

粮油购销

【概　述】 2011年，麒麟区粮食系统共有521人，其中在职职工241人（企业234人），离退休人员280人。局机关设办公室、业务科、人事科、计财科、执法大队、项目办6个科室，有工作人员15人，其中参照公务员管理5人，总公司履行行政职能、保留国有企业身份人员10人。

年底，粮食系统粮油库存1 606万千克，比上年增加340万千克，增幅26.9%；各级储备粮2 164万千克；实现营业收入2.23亿元，比上

区领导调研粮食工作　　（区粮食局　供稿）

年减少 1 317 万元，减幅 5.57%；实现利润 164 万元，比上年减少盈利 38 万元，减幅 18.75%，其中国有粮食企业实现盈利 1 万元；缴纳税金 218 万元，比上年增加 63 万元，增幅 40.55%。全区粮食经济平稳较快发展、粮食价格保持基本稳定、市场供求实现动态平衡、项目建设取得重大突破。

年内，军粮供应站被国家粮食局表彰为全国军粮供应管理工作先进单位；麒麟区粮食局被云南省粮食局表彰为 2011 年植物油库存检查先进单位、确定为全省粮食流通监督检查示范点，并被云南省粮食局推荐为农户科学储粮先进单位。

【粮食安全】 保持合理库存。通过建仓库、争储备、抢粮源，最大限度的实现满仓、满容、满贯。2011 年底，全区粮食企业库存约 14.3 万吨。按性质划分，有省级储备粮 0.7 万吨，区级储备粮 0.3 万吨，商品粮约 13.24 万吨。城乡居民消费存粮约 9.3 万吨，全区人均有粮接近国务院、省政府关于“产区保持 3 个月销量、销区保持 6 个月销量、产销平衡区保持 4.5 个月销量”的要求。

供需基本平衡。通过鼓励粮食生产、调节品种余缺和市场调节等手段，全区粮食供需基本平衡，供略大于求。全年粮食产量约 18.5 万吨，粮食产量较上年 17.7 万吨增加 4.5%；流出省外粮食约 0.05 万吨，省外流入粮食约 5.8 万吨；粮食消费总量约 28.4 万吨。

规范市场流通。区域内有不同规模的粮食交易市场（门店）160 多个，粮食经营户 300 多户，其中年收购量 50 吨以上、已经办理粮食收购许可的粮食经营者 24 户，零散、小规模经营者 280 多户，年交易量约 1.4 亿千克；没有发现违反条例规定的行为，没有收到群众举报投诉，没有经营者被行政处罚，粮食市场管而不死、放而不乱、活而有序。

设立平价销售。按照省、市有关文件精神要求，麒麟区粮食局认真组织，积极行动，严把关口，强化监管，在全区设立 13 个粮油平价销售点，略低于市场价挂牌销售，为保供稳价、确保粮油供应奠定了坚实基础。

【粮食行政服务】 建立统计网络。帮助取得粮食收购资格的经营者建立和完善统计台账，按年组织业务培训，按月报送统计报表，随时掌握全区粮食供需总量变化。

实行价格监测。选取 4 个具有一定规模和代表性的粮食经营企业作为价格监测点，每周分品种报告价格并逐级上报，方便党委政府在价格大幅波动时采取调控措施。

开展供需调查。每年均组织开展农户存粮及粮食供需平衡调查，掌握区域内粮食生产、流出、流入、库存及粮食种植结构等信息，引导农户调整种粮结构，指导粮食经营者科学开展粮食购销。

认真办理许可。深入落实阳光政府四项制度，公布粮食收购资格审核管理暂行办法、行政许可流程和相关办理要求，推行首问负责、限时办结和服务承诺，累计核发粮食收购许可证 24 户。

推广科学储粮。继 2010 年试点之后，2011 年在越州镇、东山镇、茨营乡推广农户科学储粮小粮仓 5 000个，5 000 户农民直接受益 180 多万元。

【粮食监督检查】 紧紧抓住收购许可、粮食统计、监督检查和粮食安全四个环节，协调建立粮食行政首长负责制、部门联席会议制度和联合执法体系，形成各级各有关部门齐抓共管的工作格局，粮食行业监管进一步加强，粮食安全保障进一步强化。不定期检查储备粮承储企业执行储备粮管理有关规定的情况，核查储备粮数量、质量、储存安全及轮换执行情况，确保各级储备粮“账实相符，质量良好，储存安全，调动方便”。每到粮食收购季节都委派执法人员深入农村集贸市场及各村庄，监督农村粮食收购市场，防止压级压价、短斤少两等坑农害农事件发生，切实维护粮食生产者的合法权益。建立城区主要集贸市场及粮食交易市场监察制度，对经营者仓储设施是否达标、是否执行质量检验、是否保持合理库存等情况进行不定期监察，确保粮食供需稳定，居民消费安全。在军粮供应、退耕还林粮食供应、水库移民粮食供应、救灾粮食供应等政策性用粮监管上，主动介入，采取责任倒查机制，督促相关企业严格按照质量标准、供应数量和供应时间组织货源，确保了供应及时、保障有力。

【粮食产业】 积极深化粮食企业改革和流通市场改革，努力促进粮食产业化发展，不断壮大粮食经济。鼓励粮食企业跳出粮仓搞经营、跳出粮食求突破、跳出麒麟拓市场。区粮油购销公司、嘉源公司等多家企业已将市场拓展到楚雄、大理、丽江、河南、东北等地，与国内多个粮油交易市场接上头，构建了快速、畅通、高效的粮食流通渠道。按照增加附加值、延长产业链、扩大占有率的理念，鼓励粮食企业加大科技投入，自主研发新产品，积极打造本地粮食产品品牌。杨广面条被评定为云南省知名商标，“吉祥斋”手工鸡蛋面（金丝、银丝）被评定为曲靖市知名商标，“百吉”牌面粉被评为“国家放心面”，麒麟区粮油工贸公司成为曲靖市首家获准使用定量包装商品“C”标志的企业。在保证部队用粮供应的基础上，坚持“以兵为本、为兵服务”的原则，不断拓展服务领域，优化服务手段，搭建服务平台，开展人性化服务，倾情真心为部队排忧解难，取得了较好的社会效益和经济效益，成为全国军供表率。扶持区粮食购销公司按照统一经营，统一配送标识，统一配送品种，统一配送价格，统一服务标准，走集中配送、连锁经营、规模扩张的路子，大力发展放心粮油配送业务，7 个配送店全年配送粮油约 1 500 万千克。扶持和鼓励国有粮食企业按照“主业当家、副业发家”的思路，上项目、搞经营，培育新的经济增长点。区粮油购销公司专门从事食品代理经营的宏远经销部，代理经营产品 10 多个，年销售额 2 000 多万元，实现年利润 20 多万元。

10 万吨粮油仓储设施建设项目上报国家发改委，获建设补助资金 500 万元。市、区联建的西城储备库项目融资 2 000 万元，工程进展顺利。赢城世家房产全部投入使用，年收益 300 多万元。

（李明辉）

卷烟销售

【概　述】 麒麟区烟草专卖局按照“抓市场、提结构、促服务、强网建”的总体要求，以“打造服务品牌，建设满意终端”为主攻目标，围绕建设市场环境、品牌培育、现代流通三大重点，切实打牢卷烟营销市场基础和工作基础，着力转变卷烟营销发展方式，提升卷烟营销水平，实现销售收入、结构、效益同步提升。2011 年累计销售卷烟（不含零售）3.85 万箱，实现含税销售收入 10.34 亿元，分别比上年增加 0.38 万箱、2.44 亿元，增幅为 10.95%、30.89%。销售一、二类烟 0.77 万箱，占销售总量 20%，比上年提升 1.5 个百分点。实现含税单箱销售收入 2.7 万元，比上年增加 0.4 万元，高于全市平均水平 0.5 万元。被省局（公司）表彰为卷烟营销先进单位。

【卷烟销售服务】 2011 年，麒麟区烟草专卖局向全体卷烟零售户印发《卷烟零售客户服务指南》，客户经理走访客户时佩带胸卡，严格按照指南服务客户，接受卷烟零售客户的监督。把“135”工作法与《“七彩服务、情系你我”零售户服务手册》、客户经理论坛、QC 活动相结合，以客户、市场、品牌作为营销人员的思维要素、分析维度和工作要点，形成符合实际、便于操作的营销工作平台。加强对卷烟零售客户的培训，以夜校的形式，按照“分层施教、把握重点、适应需求”的培训原则进行零售客户终端柜台品牌陈列、“新商盟”卷烟订货系统两次全覆盖培训。

按照提高“新品卷烟重点培育品牌”上柜率营销方案的要求，结合辖区实际，通过思想认识再提高、目标任务再明确、工作责任再到位三项措施，扎实做好“新品卷烟重点培育品牌”的上柜宣传推介工作。加强工（工业企业）、商（商业企业）、零（卷烟零售户）之间的协同营销。狠抓婚庆促销工作，充分调动烟叶基层站（点）、卷烟零售户及其他社会资源，拓展和扩大婚庆促销工作宣传面，严格流程和管理办法，圆满完成市局（公司）下达的 2 773 对婚庆促销任务。

现代物流建设稳步推进。成立了物流中转站，负责对配送到户、车辆中转、线路调整、安全管理、满意度调查、卷烟破损（差错）等情况及时进行调查、处理、协调和反馈，提高客户对卷烟物流的满意度。通过对卷烟配送各环节的再优化，全区卷烟物流全部实现了 T+0（当天订货，当天送达）。积极推进卷烟现代物流综合业务管理平台工作，完成了全区卷烟零售客户的经、纬度采集，零售客户法人，柜台，店面的相片采集工作。

【烟草专卖管理】 打击涉烟违法犯罪工作。全年先后开展了“元旦、春节”、“清源治流五号、六号行动”、“昆明地区卷烟市场专项整治”、“3·15 专项检查”、“烟叶收购秩序专项整治”等市场清理整顿专项行动，出动执法车辆 1 400 车次，执法人员 8 380 人次，查获违法经营卷烟案件 1 028 起，涉案卷烟 88.31 箱，总案值 164.3 万元；非法经营烤烟案件 4 起，涉案烟叶 1 838 担，涉案金额 196.54 万元（物价局核定价值）。打处案值 50 万元以上烤烟案件 3 起，查破烤烟网络案件 1 起，案值 300 万元以上，实现麒麟区网络案件查办零的突破。

市场监管终端建设。按照省局、市局的安排部署，启动市场监管终端建设试点工作，创新形成“61464”（6 种渠道收集信息、1 个市场监管服务终端汇总分析、4 个单位协同监管、6 个制度保障运行、4 种分类管理模式）市场监管终端管理服务模式。通过试运行，试点区域实现了对卷烟经营户快速化、全方位、差别化管理，为全面开展市场监管终端建设起到良好的示范作用。

内部监管工作。围绕“规范权利运行，公开透明操作，确保监管到位，打造阳光烟草”的工作目标，以开展“两项工作”为切入点，按照建立健全制度、依法科学民主决策、规范运作、加强监督管理的举措，扎实开展整顿规范工作。切实加强烟叶生产、卷烟营销专卖内部管理监督工作。创新开展“如何强化专销联动机制，规范卷烟经营行为”和“加强行政处罚与证件管理有机结合，降低卷烟市场售假行为的发生率”两个 QC 课题，提升专卖管理工作水平。

证件管理和阳光行政。2011 年

新增办理《烟草专卖零售许可证》424套，延续许可证125套，依法注销许可证24套。全区共有在网卷烟经营户3 490户，总人口持证率5.1‰。把依法行政、文明执法作为专卖管理工作的重点，在每个卷烟经营户的店中显著位置摆放执法监督电话，在办公地点公示《服务承诺制》、《限时办结制》、《办案流程》等工作制度，把专卖执法工作放在阳光下接受人民群众的监督。被区委、区政府评为2011年度“人民满意行政执法单位”。

（薛国生）

对外贸易

【概　述】 2011年，全区对外贸易工作围绕区委、区政府中心工作，立足自身职能，服务发展大局，不断引导转变外贸增长方式，努力提高利用外资水平，全区对外贸易工作连续保持平稳健康较快发展的良好势头。年内，麒麟区人民政府被市政府评为“2011年外贸进出口工作先进单位”，下属6户企业（麒麟区区域内的曲靖联合印染有限公司、曲靖众一精细化工股份有限公司、云南省曲靖市进出口有限责任公司、云南省曲靖申泰矿化有限公司、曲靖市麒麟蔬菜集团有限公司和曲靖富力发展有限责任公司）同时被评为“2011年外贸进出口工作先进企业”。

2011年完成外贸进出口总额3 187万美元，比上年2 826万美元增长12.77%。其中进口总额完成18万美元，比上年24万美元下降25%，完成目标任务100%。实际利用外资742.55万美元，比上年229.5万美元增长223.55%。

【三外工作】 认真落实国家外经、外贸、外资相关政策，坚持立足国内开发与加强国际合作结合，充分利用国内外两个市场，不断增强经济社会发展能力。一是力促外贸总量增长。在实际工作中，不断提高服务水平，建立跟踪服务长效机制，推动外贸出口稳步增长，全年新增1家。二是努力为企业争资争项，全心为企业做好协调服务工作，争取资金23.35万元。三是加强企业调研。分管领导带领相关人员深入13家外贸企业调研，了解发展中存在的问题和困难，及时排忧解难，共处理1件涉外工作，2件出口商品协调工作。四是利用各种会展洽谈。2011年以昆交会为平台，积极组织企业参展，提高企业发展的外向度和知名度，共组织外贸企业13户，外商投资企业13户，国外投资企业5户展洽，准备对外贸易洽谈9单，签约货单15单，金额1 035万美元。五是三外工作如期完成。外贸进出口总额完成3 187万美元，增长12.77%。其中进口总额完成18万美元，比上年24万美元下降25%。外商投资实现收入4 521.7万美元，实现利税1 076.6万美元；国外投资实现655万美元。如期完成市、区目标任务100%，外经外贸呈现出增长有力，发展有序的良好态势。

【进出口商品交易会】 第十九届“中国昆明进出口商品交易会”于2011年6月6～10日在昆明举办。麒麟区共组织落实13户外贸进出口企业、12户生产企业、7家农特产品加工企业参展洽谈，认购展位6个，对外贸易洽谈9单，签约货单15单，金额1 035万美元，共展示特色商品9类，达120种。发放新制作《招商引资项目册》和《招商引资宣传画册》5 000份，组织推荐项目22个，储备项目20个，上报对外招商项目洽谈8单，招商签约项目5个，促成省级签约项目6个，市级成果统计2个，协议引进市外国内资金45.5亿元，新签署招商引资协议项目10个，金额70.8亿元。

（魏　昆）

非公有制经济

【概　述】 2011年，麒麟区共登记个体工商户37 381户，从业人员74 221人，资金数额102 328万元，比上年分别增长13.31%，15.72%，28.32%。共有企业6 523户（含开发区），其中内资企业1 649户，私营企业4 827户，比上年分别增长3.89%，10.84%。

私营企业投资者投资规模进一步扩大，全年个体私营户数增幅突出的前四个行业分别是批发和零售业、制造业、住宿和餐饮业、农林牧渔业。新增个体工商户主要集中于零售业、居民服务业、餐饮业等传统行业。其中又以副食、粮油、农副产品、五金百货、服装、美容美发业居多。全区私营企业在规模上有新突破，规模比较大的企业发展明显，尤其是各工业园区坚持把招商引资质量放在首位的原则，突出产业招商和招商选资，引进企业质量有明显提高，各工业园区经济呈现快速发展态势。此外，大型企业、集团作为曲靖市私营企业发展的龙头，产生了良好的辐射作用，培植和吸引了大量个体工商户和中小私营企业，有利于在当地形成产业聚集群，促进产业升级。全区农民专业合作社主要为种植业和养殖业，其中种植及销售业29户，占50%；养殖及销售业29户，占50%。

个体工商户、私营企业是麒麟区市场主体发展的主力军，所占比例已远远超过国有和集体企业，达到70%以上，第三产业得到迅速发展，虽然第二产业在投资上占主要规模，但经济主体总量上第三产业已占80%以上。第一产业中的农民专业合作社发展迅速。

2011年度非公经济实现增加值86亿元，增长23%，占GDP的比重达33%。年内，表彰2010年度“守合同、重信用”企业203户。

（石　红）

经济管理

计划管理

【概　述】 2011年，根据麒麟区人民政府机构改革实施意见，麒麟区发展和改革局加挂麒麟区粮食局牌子，区发改局设立党委，为区政府工作部门。根据“三定”方案，区发改局主要履行“作规划、搞调节、抓投资、争项目、促改革、稳物价、管粮食”的七大职能。内设16个科室和代管投资公司、咨询中心、粮油总公司3个科级单位，下设重点办、信贷办、军粮站3个股所级事业单位。

【综合经济平稳发展】 2011年，区域内生产总值完成370.1亿元，比上年增长13.2%，完成年计划的106.8%，其中第一产业实现增加值16.5亿元，比上年增长7.3%；第二产业实现增加值230.1亿元，比上年增长15.7%；第三产业实现增加值123.5亿元，比上年增长9.6%，三次产业结构比调整为4.4∶62.2∶33.4。全社会固定资产投资完成241.1亿元，比上年增长25.1%，完成年计划的100%。农业总产值完成29.9亿元，比上年增长14.7%，完成年计划的104.9%。工业总产值完成527.1亿元，比上年增长16.5%，完成年计划的101.8%。社会消费品零售总额完成86亿元，比上年增长20%，完成年计划的101.4%。地方公共财政预算收入完成12.84亿元，比上年增长39.3%，完成年计划的124.4%。城镇居民人均可支配收入19 398元，比上年增长16.1%，完成年计划的108.5%。农民人均纯收入6 747元，比上年增长21.2%，完成年计划的112.2%。全年居民消费价格指数上涨5.2%，物价上涨势头得到有效遏制。

【规划编制】 顺利完成麒麟区“十二五”规划编制工作。组织开展麒麟区推进“桥头堡”建设规划编制工作，建立36类、投资总量2 337亿元的“桥头堡”建设规划项目库。配合市发改委做好“麒沾马”经济区总体规划的编制工作。

【固定资产投资快速增长】 2011年，全区围绕固定资产投资增长25%的目标，加大固定资产投资力度，促进全区固定资产投资持续快速增长，投资对经济增长的贡献率达79.1%，拉动经济增长10.4个百分点。在信贷从紧、地方融资平台尚未清理完毕等不利因素影响下，积极组织项目上报，多层次汇报衔接，全年共上报资金争取项目48个，共争取到上级补助资金项目48个，共计1.11亿元，其中中央预算内资金9 311.62万元，省补助资金1 704.4万元，市补助资金108.95万元。全年共审批（备案）项目178个，总投资135.22亿元，上报审批项目35个，总投资19.55亿元。

【重点项目有序推进】 牢固树立“抓项目就是抓发展”的理念，围绕前期工作、在建工程、竣工投产三个重要环节服务项目。组成4个督查组，每两个月对重点项目和投资情况进行督查。牵头组织召开固定资产投资及重点项目推进会7次，协调解决项目推进中的问题30多个。2011年麒麟区重点建设项目50个，其中续建项目17个，新建项目19个，前期项目14个，项目计划总投资180.2亿元，完成投资30.76亿元，占年初投资计划的70.34%。

【投资公司】 2011年，因国家规范融资平台和控制信贷规模双重政策的出台，直接影响到麒麟区投资公司的生存和发展，在严峻的金融政策环境下，区投资公司克服困难，积极应对，稳定经营，圆满完成年初的计划任务。全年回收贷款2 310万元，对区交通服务公司、市中小企业公司、区土投公司入股参股1 110万元，为投资公司的持续发展打下坚实基础。

【工程咨询】 2011年，区工程咨询中心坚持“突出重点、讲究质量、强化服务”的经营方针，以为项目业主提供优质服务为己任，积极发挥项目前期工作平台作用。

顺利完成工程咨询单位资格认定工作。在中国工程咨询协会组织的2011年工程咨询单位资格认定工作中，麒麟区工程咨询中心坚持量力而行的原则，一方面调整专业领域，主动放弃可以用建筑专业替代的建筑材料、其他（商务粮）专业，以减少运营成本，确保重点专业升级成功；另一方面积极争取资质升级，在原有农业乙级基础上，提请申报建筑、生态建设和环境工程两个专业领域由丙级升乙级。升级工作进展顺利，通过省咨询协会初审，经中国工程咨询协会组织专家委员会会审，国家发展改革委于9月5日发布公告，批准麒麟区工程咨询中心保留农业专业乙级资格，生态建设和环境工程专业由丙级升为乙级，建筑专业和旅游工程继续维持丙级。形成两个丙级、两个乙级的专业资质新格局，为工程咨询业务向深度和广度拓展创造了有利条件。

顺利完成节能咨询服务机构备案申报工作。为适应国家节能减排工作力度不断加大的新形势，贯彻落实国家、省发展改革委员会关于固定资产投资项目节能评估和审查的规定办法，区工程咨询中心组织专人，在做好专家库的扩充和完善工作的同时，严格按照规定的认定程序，准备申报资料，在规定的时限内完成了节能咨询服务机构申报备案工作，为今后麒麟区固定资产投资项目进行节能审查的顺利进行提供了便捷条件，同时可以使区工程咨询中心的项目前期工作平台作用得到更好发挥。

扎实开展咨询服务和评审业务工作。全年共完成可行性研究及项目建议书138件，投资额达到84.4亿元。组织开展5个保障性住房项目专家评审，在政策相关性、建设必要性、工程建设方案、造价控制、环境保护等方面提出修改意见和建议，进一步优化了项目建设方案。

【项目资金争取】 麒麟区发改局积极组织项目资金争取工作，获得云南省2011年第一批省预算内项目资金200万元。分别是：石林锦达瓷业有限公司年产2万吨电磁生产线节能示范项目，总投资4 988万元，获得2011年云南省第一批预算内投资项目补助资金100万元；双友钢铁有限公司15 000千瓦综合煤气（余压利用）发电站节能技术示范项目，总投资5 070万元，获得2011年云南省第一批预算内投资项目补助资金100万元。两个项目的实施有利于麒麟区的固定资产投资和节能降耗工作，具有较好的示范带动作用。

【麒麟区商品房销售备案公示】 根据《云南省物价局转发国家发展改革委关于开展商品房销售明码标价专项检查工作文件的通知》要求，为贯彻落实市发改委5月13日召开的曲靖中心城区“商品房销售明码标价暨规范物业管理收费告诫会”精神，市、区两级发改部门于6月14日~7月10日，组成30人的专项检查组，对区域内的曲靖金江、华银、金正、凯晨等房地产公司商品房销售明码标价进行专项检查。经检查发现，已注册登记的企业有100多家，正在售房的19家房地产开发企业在市发改委办理了备案手续；房地产企业执行了相关政策，商品房销售进行了明码标价，并公示了价格和有关收费；在售房合同中，价格及相关费用也都作了明确。按要求进行备案和公示，增强了商品房销售在价格和有关收费方面的透明度，消费者的知情权得到落实。

【麒麟区6条新农村公路建设获省预算内补助】 根据《曲靖市发展和改革委员会关于转发下达云南省2011年省预算内交通投资计划的通知》，安排麒麟区2011年省预算内交通投资计划165万元。其中路网项目麒麟区越州镇北门村至和平村马金田公路建设100万元；社会主义新农村公路建设补助，麒麟区沿江乡四圩村委会胡家圩至中河桥公路20万元；南宁街道办事处水寨八组至九组公路10万元；麒麟区越州镇横大路至南湖山公路15万元；麒麟区越州镇和平村委会公路10万元；麒麟区越州镇黄泥堡村委会公路10万元。

【麒麟区“禁塑”三年成效显著】 麒麟区自2008年6月1日开始，由麒麟区发改局牵头，在区工信局、环保局、商务局、工商局、质量技术监督局等相关部门的大力协助和配合下，通过宣传动员、强化监管、全面清理，有效堵住了污染源头，环保购物袋的使用率大大提高，“白色污染”程度大大降低。三年来，全区共出动执法人员730人次，出动车辆268台（次），印发“禁塑”宣传材料35 000份，悬挂宣传布标162幅，广场宣传咨询3次，新闻报道15次，检查商场零售场所3 830家，检查经营户12 680户，检查生产企业和场所69个，查处无照经营3户，查处塑料购物袋10.85万个，约217千克，查处案件数3个，货值金额0.2万元，罚没金额1万元，取缔生产塑料购物袋的黑作坊1家，至2011年底没有生产企业。三年来共减少塑料购物袋使用量3.8亿个，减少塑料消耗0.08万吨，节约石油0.08万吨，节约标煤0.12万吨，减少二氧化碳0.31万吨，超市、商场塑料袋使用量减少比例达95%，集贸市场塑料袋使用量减少比例达25%。

【麒麟区中小学校舍安全工程列入中央预算内投资计划】 根据《曲靖市发展和改革委员会、曲靖市教育局关于下达中小学校舍安全工程2011年中央预算内投资计划的通知》，麒麟区沿江一中、东山镇卡基小学校舍安全工程列入2011年中央预算内投资计划。新建沿江一中食堂1 240平方米，东山卡基小学教学楼1 250平方米，估算总投资300万元，全部列为中央预算内投资计划且一次性补助到位。

（孙乔花）

价格管理

【《2011年保障稳定物价和市场供应责任制》落实情况】 2011年，麒麟区政府高度重视保障市场供应和价格稳定工作，多次召开有关会议，研究保民生稳物价，保“米袋子”、“菜篮子”，扩大蔬菜种植规模、加强市场储备供应工作。与市政府签订《2011年稳定物价保障市场供应责任书》后，根据全区稳定物价保障市场供应工作实际进展情况，麒麟区保障市场供应和价格稳定工作联席会议办公室适时将稳定物价和保障市场供应与加快转变经济发展方式、管理通胀预期工作结合起来，实行成员单位重大情况日报告、工作进展情况月报告制度。按照《麒麟区发展和改革局转发市发改委关于进一步促进蔬菜生产保障市场供应和价格基本稳定文件的通知》，成立领导机构，明确各部门职责和工作要求，加强组织协调，细化目标任务。

区发展和改革局认真履行稳定物价保障供应联席会议制度牵头单位职责，按照《2011年稳定物价保障市场供应责任书》各项目标、任务，积极协调联席会议成员单位，围绕“促生产、畅流通、增储备、建机制、保民生”，紧密配合，共同努力，充分发挥部门职能作用，从积极组织货源，增加储备，保障市场供给；认真落实惠农政策，切实改善粮食生产条件，促进粮食、油料、生猪生产发展；妥善解决好低收入群体的生活，维护社会稳定；加强市场监管，维护市场秩序等四个方面，采取有力措施落实稳定物价保障供应各项工作。通过努力，麒麟区稳定消费价格总水平保障群众基本生活工作取得较好成效，全年居民消费价格指数累计上涨5.2%，12月份同比上涨2.6%，比上月低2.4个百分点，环比下跌1.5%，显著回落。《2011年稳定物价保障市场供应责任书》各项目标、任务得到有效落实。

【商品和服务价格管理】 按照相关法律法规和政策，及时贯彻各级政府及价格主管部门下达的价格管理政策、措施和有关商品价格制定、调整方案。积极组织实施国家、省、市价格主管部门出台的医疗卫生机构基本药物集中采购零售价格、药品最高零售价格、石油成品油、民用爆破器材等商品价格和服务价格制定和调整政策；积极与区农业局、水务局和市电力公司麒麟供电局沟通、协调，认真做好农业产业化龙头企业和农村安全饮水工程供水项目的申报工作，及时贯彻落实省、市发展和改革委员会下达的农业产业化龙头企业用电优惠和农村安全饮水工程供水执行农业生产电价的政策。

按照价格管理权限，严格执行《政府制定价格行为规则》，规范调定价程序，严格控制进入价格成本的项目，合理制定和调整价格。在2010年对5个乡（镇）街道办事处的9件农村安全项目的供水运行成本进行调查审核的基础上，完成麒麟区农村安全饮水项目供水价格制定工作，及时完成曲靖市建辉供水有限责任公司自来水供水价格的批复及温泉度假区自来水厂供水价格转正工作。按照区政府积极推进麒麟区农业水价综合改革要求，及时完成农业供水终端水价的批复工作。

【煤焦价格调节基金管理】 2011年，煤焦价格调节基金实际征收入库5 104.59万元，上缴市级基金专户1 200.1万元（扣除电煤返还10.88万元，实际上缴1 189.13万元）。

【行政事业性收费、经营服务性收费管理】 《收费许可证》年度审验。2011年，根据《云南省行政事业性收费许可证年度审验办法》和云南省发展和改革委员会《云南省收费许可证年审管理办法》，共审验收费主管部门28个，《行政事业性收费许可证》正本44套，副本149套，注销《行政事业性收费许可证》4套，《曲靖市经营服务性收费标准年度执行监督审核备案表》备案79份，《曲靖市非学历教育培训收费标准审核备案表》备案18份。

从严审批收费项目。严格按照价格管理权限和审批程序，在开展成本监审（审核）的基础上，对垃圾清运费中的部分收费标准、生猪屠宰服务价格进行调整，进一步明确麒麟区城乡规划管理局城市基础设施配套费的收费范围。积极协调曲靖市发展和改革委员会，对煤炭安全技术服务收费标准进行核定。规范城市道路占用停车收费标准。

【价格成本监审】 严格按照《政府制定价格成本监审办法》和成本监审工作规程，完成沿江旅游开发有限公司门票、停车场收费标准制定，信誉集团汽车客运票价调整成本监审（测算）工作；配合、协助市发改委成本局完成垃圾焚烧发电成本监审工作。按照省物价局11月25日紧急会议要求，及时深入东山镇恩洪、独木、拖古3个主矿区，按时完成14户煤炭生产企业的原煤生产成本调查及数据汇总、电煤生产、供应情况分析工作。

【价格监督检查】 2011年，围绕“以调控保稳定、以服务促发展、以监管惠民生”工作主线，积极发挥价格部门监管职能，净化市场价格环境，切实维护广大人民群众合法价格权益。全年有针对性地开展涉农价格和收费、乡镇自来水、中小学、幼儿园、职业学校、卫生、医疗机构收费等一系列价格和收费专项检查。共受理各类价格咨询投诉201件，办结201件，查处价格违法案件12件，实施经济制裁金额14.56万元，其中责令退还用户750元，没收违法所得9.97万元，罚款4.52万元。上缴区财政14.49万元。

【市场明码标价工作】 2011年元旦、春节、国庆等节日期间，对麒麟城区主要街道的商场、门店开展明码标价专项检查。共检查商场、门店200多户，发放宣传材料150

区发展和改革局党委揭牌授印仪式 （谢金平 摄）

多份，拆除不规范标价用语500多条。“五一”期间，与市发改委联合开展“12358”价格举报电话开通十周年宣传纪念活动，接待群众来访，受理群众投诉，宣传价格政策，解疑答惑，现场接受咨询17起。

【迅速应对食盐抢购、价格上涨突发情况】 2011年3月16日，沿海地区突发的食盐抢购现象以前所未有的速度在全国蔓延，至17日早，麒麟城区出现大面积抢购食盐现象，群众纷纷反映举报食盐涨价和断供问题。麒麟区发展和改革局于17日上午及时召开紧急会议，组织价格主管部门全体人员，分成3个检查组，迅速深入各大、中型超市，进行食盐价格专项检查和督促宣传。检查中，依照《中华人民共和国价格法》及相关法规对4户食盐涨价商进行现场处罚，责成退货退款2人，退款金额1 250元，退还顾客多收价款356.7元，罚款1 165.5元。对参与大量抢购和高价购买食盐的消费者进行批评教育。通过对高价销售食盐的价格违法行为的及时处罚和电视曝光，有效制止了乱涨价行为，至18日上午，市民抢购现象停止，各大超市的食盐供应逐步恢复正常。

【价格监管监测】 2011年，除继续对31个品种的粮油副食品和蔬菜、化肥、民用液化气价格实行周报监管监测外，根据市场价格波动情况，8月份增加蔬菜、玉米、水稻种籽价格，仔猪和农业用水、用电价格等6个品种的周报监管监测，全年上报各种价格监管监测报表120余份。

【价格信息监测】 2011年继续对居民食品、农业生产资料、工业消费品、化工、能源、建材等六大类215个品种、规格的商品和服务价格信息实行定点监测，以周、旬、月报形式，定期向上级价格主管部门报送监测数据和市场走势分析，及时准确反映重要生活必需品的价格动态。为区统计局测算价格指数提供7个监测品种的市场价格。

【农产品成本调查】 2011年，区发展和改革局农产品成本调查人员适时深入三宝、越州、茨营、珠街、潇湘的8个调查点23户定点调查户，认真开展6个专题和7个主要品种农产品成本收益情况调查，及时报送数据报表和成本收益分析报告。年内，麒麟区农产品成本调查工作分别获得国家、市发改委2010～2011调查年度“全国农产品成本调查优秀集体”、“全市农产品成本调查优秀集体”表彰。张学瑛获得云南省发展和改革委员会“2009～2010年度全省农产品成本调查优秀个人”表彰。

露地蔬菜成本调查。根据国家、省、市成本调查监审局安排，自2011年起，麒麟区增设露地蔬菜成本调查项目，具体品种为露地豆角，定点调查户6户。年初完成调查点、调查户的筛选、上报、确定和培训工作，年末开展露地豆角首次常规调查。

主要农产品成本常规调查和直报调查工作。完成2011年大规模生猪、大规模蛋鸡养殖和农户散养生猪、露地豆角、烤烟、粳稻、桑蚕茧等7个品种的成本收益情况调查，认真做好大规模生猪成本收益调查月报工作。完成《2010年度麒麟区农产品成本收益调查基础数据核算资料汇编》和《2010年度麒麟区农产品成本收益资料汇编》编印工作。

专项调查和成本预测工作。完成2011年度农户购买农资情况、农户存粮情况、烤烟竞争性产品成本收益比较调查、烟叶种植补贴情况调查，粳稻、烤烟、玉米生产成本预测和2012年农户种植意向等6个专项调查。

全年得到各级农产品成本调查专项经费、补助资金拨款4.94万元。其中中央、省级成本调查经费17 400元，省级生猪、副食品应急调查补助资金9 000元，市级成本调查经费23 000元。

【价格认证】 2011年，区发展和改革局价格认证中心完成涉案财物价格鉴证案件393件，价格鉴定总金额1 347.5万元，其中刑事案件价格鉴定370件，价格鉴定金额1 086.16万元；涉烟案件23件，价格鉴定金额261.35万元。

（谢金平）

商务管理

【概　述】 2011年，根据中共曲靖市麒麟区委、曲靖市麒麟区人民政府办公室关于《曲靖市麒麟区人民政府机构改革实施意见》的通知，3月18日，麒麟区招商引资局职责并入麒麟区商务局，内设办公室、财务统计科、人事教育科、市场流通科、政策法规科、贸易发展科、外经外贸科（曲靖市麒麟区外事办公室）、招商投资科8个科室。下属全额拨款事业单位1个，即麒麟区商贸服务中心。年末，共有在

市、区领导到超市视察市民生活必需品市场供应情况

（区商务局　供稿）

职干部职工29人。

2011年，区商务局围绕加快转变商贸经济发展方式，引导商业结构调整，优化市场布局，提出“以城兴区、商贸活区、物流强区”发展目标，制定了麒麟区中心城区商业网点规划，开展“六建三创”活动，增强招商引资力度，加速市场建设和有效监管，不断完善工作举措，净化市场环境，全力服务商贸经济发展大局，确保市场供应稳定。

年内，全区社会消费品零售总额完成86亿元，比上年71.8亿元增长20%。其中批发零售业完成75.9亿元，同比增长20%；住宿餐饮业完成10.1亿元，同比增长19.3%，完成目标任务100%。区属五大商贸流通业—商业、粮食、物资、供销、市场服务中心社会商品零售总额完成108 804万元，同比增长22.9%；业务收入完成117 262万元，同比增长19.5%；缴纳税金1 975万元，同比增长0.7%；利润总额完成1 037万元，同比增长44%；商品购进总额完成120 095万元，同比增长15.4%。生猪（牛、羊）定点屠宰完成28.38万头，其中生猪定点屠宰19万头，屠宰量增7.4%；牛、羊定点屠宰9.38万头，屠宰量增8.3%，检疫率99%。

【商贸服务业提档升级】 立足全区资源和区位优势，有效运用招商引资手段，全力引进知名商贸企业入驻，不断培育和壮大商贸主体，推动全区商贸业实现追赶型跨越式发展。

打造商业综合体。引进企业在麒麟南路打造财富广场，签约入驻各类知名商业品牌，形成集居住、购物、餐饮、休闲、娱乐于一体的商业综合体。

打造特色商业街圈。按照功能划分、差异发展、集群打造的总体思路，先后成功打造滇东餐饮一条街、麒麟西路通讯一条街、寥廓南路电脑一条街、珠江商场日用品一条街、文化路时尚休闲一条街。中心城区商圈聚集效应凸现，如阿诗玛商圈、麒麟仙子商圈、南城门商圈、张三口商圈等。培育全国6个、省级7个、市级16个社区商业示范社区。

专业市场迅猛发展。逐渐形成滇东北商品交易中心、代河金麟物资再生资源回收中心、麻黄园再生资源交易集散市场、闽南建材专业市场、大转弯机电市场、张三口建材专业市场、六九医院家具专业市场和南关水果蔬菜批发市场及东禾蔬菜批发市场等商品市场，为下一步推动桥头堡建设打下良好基础。

【酒店餐饮业有序发展】 着眼提升酒店业发展的档次和水平，开展创建“绿色饭店”工作。首批推荐申报的麒麟区凤成金、石林、丽景、安厦、官房、仟和大酒店6家单位，经云南省创建“绿色饭店”工作委员会专家组评审，被评为国家四叶级“绿色饭店”。

住宿服务业：全区有星级及上规模宾馆25家，营业面积16.4万平方米，高档床位5 000个，普通床位2.3万个，资产总额41 008万元，2011年营业收入13 950万元，实现利税730万元。主要分布在麒麟南北路的中心城区。

餐饮服务业：餐饮业经营户3 045户，注册资本7 210万元，从业人员10 816人，大型餐馆（300个餐位以上）占10%，中型餐饮经营户（100～300个餐位）占30%，小型餐饮经营户（100个餐位以下）占60%。2011年实现住宿餐饮收入10.1亿元，同比增长19.3%。全区餐饮服务业经营结构逐步趋向多元化，各类餐饮形式迅速发展起来，根据不同消费需求，麒麟区餐饮业高档化、平民化、特色化等不同餐馆稳步发展，经营风格、经营模式和经营品种贴近市场。随着城乡居民收入的不断增长和个人餐饮消费能力的进一步增加以及居民消费观念的转变，大众消费逐步成为餐饮消费的主流。“农家乐”发展迅速，在城乡结合部及郊区发展起来的各类“农家乐”餐饮经营单位不断增多，农家土菜、环保性、营养性食品等普遍受到消费者的欢迎。

美容美发业服务业：辖区内共有美容美发业经营户269户，包括理发美发、化妆、皮肤护理等。区商务局工作重点是促进美容美发业健康发展，维护消费者权益。

【家政服务业逐步形成】 为促进家政服务业发展，提高档次和服务水平，培育一批有效的家政服务骨干企业，推动家政服务规模化、规范化、连锁化和品牌化运行，申报家政服务网络体系建设1户，大型龙头家政服务网络体系建设3户，中小型家政服务网络体系建设8户，家政服务体系逐步形成。

【消费品市场日趋活跃】 随着全区经济社会的发展，居民消费需求增长，消费市场发展潜力巨大。大型商场、超市主要集中在中心城区，有沃尔玛、家乐福、吉玛特、家家旺、福万家、中天、曲百大、滇东商城等大中型超市，以及国美电器、天美家电、创想电脑、苏宁及新东风电器广场等大型专业店，2011年实现销售收入12.35亿元。2011年重点是优化零售业态，鼓励品牌店、专业店、大型物流、标准化农贸市场等建设发展，适度控制密集集中在一个方位新建的大型超市、购物中心。

全区品牌连锁店、加盟店等各类专卖网点快速发展，特别是各类国内外知名高档服装、鞋帽、家具等专卖店纷纷入驻麒麟，抢占商机。“十二五”以来，全区不仅传统服务业有显著发展，服务领域有所拓宽，一些新兴行业也不断产生和发展，教育事业保持较快发展，城市交通、仓库物流、广电网络、中介、咨询、评估、拍卖、招标、公证、广告、信息中心等已成为服务业的重要产业，美体、健身、美容美发、文体、娱乐等行业已初具规模。

【酒类业备案监管工作】 按照商务部《酒类流通管理办法》规定，为规范市场酒类流通秩序，继续推行生产者、批发、零售、餐饮及娱乐、酒吧等经营户实行酒类备案登记工作。累计共有酒类备案登记经营者2 680户，生产企业2户，批发零售经营者61户，新增酒类备案登记363户。通过审核共查处私自勾兑经营散酒个体经营户2户，假劣散装酒32千克，限期整改163户。全面推进“酒类流通随附单”，并与企业签订食品安全责任书和承诺书。对批发酒类企业推行酒类流通随附单制度，推行溯源管理制、索证索票制、购销台账制，进一步打击制售假劣酒的不法行为，让市民喝上“放心酒”。

【生猪屠宰业溯源监管】 按照现代企业标准，全区城乡全部实现生猪屠宰定点。为加强监管，督促生猪屠宰企业建立生猪产品质量可追溯信息平台，制定质量保障措施，完善制度，并制定定期检查方案，会同相关部门和乡（镇）街道开展严厉打击私屠滥宰和制售注水肉、病害肉等不法行为联合行动，从源头上实施有效监控。年底，全区有生猪屠宰企业8户，实现屠宰量19万头，收入433万元，定点屠宰率达99%。取缔不严格按照《生猪屠宰操作规程》标准进行屠宰加工，设施简陋、不具备卫生条件的手工屠宰点1户。为标准无害化处理屠宰厂争取到国家技改资金124万元，监管无害化处理病害猪2 633头，处罚违法屠宰户3户，让广大人民群众吃上“放心肉”。

【“家电下乡”工作】 “家电下乡”工作自2009年3月启动，进展顺利，有效落实了国家惠农政策，拉动了农村消费升级。2011年，按照商务部提出的“家电下乡”新增品种要求，继续深入推进，覆盖各乡镇。备案登记审核办理家电下乡销售网点68户，对一些规模小、售后服务较差、不按规范办理和骗取财政补贴的网点进行取缔，共取缔35户。年底，共计销售九大类家电下乡产品84 360台（件），销售额20 636万元，兑现财政补贴2 714.91万元，居全市第二。

【家电以旧换新工作】 2011年6月起，继续贯彻落实商务部新提出的“家电以旧换新”工作。通过5个月努力，共审核备案并取得资格的“家电以旧换新”销售、回收双中标企业网点有11家，销售13 672台（件），销售金额60 149万元，财政补贴金439万元。

【“菜篮子”工程落到实处】 常态化监测监管2个蔬菜批发市场，9个超市，12个农贸市场，新建标准农贸市场2个，并争取上级资金150万元支持企业。2011年在中心城区尚未建有农贸市场的小区及街尾规划新建蔬菜便民直销店26个，弥补了城市周边、建设居住新区基础设施配套滞后的不足，方便市民购买新鲜蔬菜，让市民吃上“放心蔬菜”。

【“万村千乡”市场工程】 为加快构建农村现代流通体系，促进社会主义新农村建设，进一步贯彻商务部关于开展“万村千乡”市场工程的有关精神，2011年健全了以城区配送中心为龙头、乡镇连锁经营超市为骨干、村级商贸综合服务点为基础的农村日用消费品、农业生产资料两大骨干网络体系。新增农家店10个，争取省级财政补助资金10万元；新增麒麟区荣鑫商贸有限公司承办企业1户，争取中央、省级财政补助资金72万元。累计已建设农家店、农资店235个，销售总额达33 580万元，解决就业人员510人。配送中心4个，争取中央、省、市、区级财政补助资金374.85万元，覆盖全区行政村总数的97%。

【成品油供应得到保障】 全区共有各类加油站67座，加油站库容总量8 007立方米，加油机数量310台，全年销售总量17.68万吨。为保障成品油供应，区商务局严格按照成品油发展规划，加强加油站行业发展的宏观调控和管理，严格控制总量，合理优化布局，逐步建立起与全区经济发展相适应，与工农业生产、交通运输、小城镇建设相配套，功能完善的现代化加油站销售服务网络体系。针对上半年国际油价波动，积极争取资源，加强监测，加大协调力度，组织机关人员分组分片作为成品油市场供应情况的社会监督员，对全区油站供应情况进行监督，确保重点单位用油，重点确保农业、学校、重点企业生产用油及社会有序供应等，确保全区油品市场供求稳定，切实维护成品油市场经营秩序。

【商业社区规范化创建】 自开展“便利消费进社区，便民服务进家庭”为主题的社区商业“双进”活动以来，区商务局积极组织社区参加评审，6个社区获国家级商业示范社区称号，7个社区获省级商业示范社区称号，16个社区获市级商业示范社区称号。新社区商业服务功能不断完善，老社区商业结构布局不断优化，营造了良好的社区消费环境。

【特许经营业监管工作】 再生资源市场监管：为进一步加强再生资源回收市场管理，规范再生资源回收市场秩序，严厉打击各种非法收购及销赃犯罪行为的发生，2011年集中整治经营户35家，重点是再生资源回收企业、站（点）和社区回收网点及扰民扰校、严重影响道路交通、周边环境的回收站（点）。对138家再生资源回收经营企业进行清理备案登记。全区规划设置111个临时回收站，18个回收中转站，3个集散中心，形成以社区、乡（镇）回收站为基础，收运中转站和集散中心三位一体的再生资源回收网络。

二手车市场监管：进一步规范汽车市场秩序，规范二手车市场管理，办理二手车经营备案登记7户，办理二手车鉴定评估企业备案1户，年检2家报废汽车回收拆解企业。

【节假日促消费活动】 依托全区特色文化、旅游资源，精心主办和协办各种地方节会，组织区内商贸、餐饮企业积极参与，推动全区商贸流通实现新发展。春节、中秋节共组织名特企业400户举办展销活动，接待区内省外游客1 872人次，实现销售收入162万元。

【商业节能减排工作】 全区推行100平方米以上的商厦、宾馆酒店、大型餐饮企业、加油站、超市、商厦、写字楼、公用设施地点使用高效节能灯，共有192家企业使用高效节能灯81 344只，使用率在98%以上，财政补贴中标产品的节能灯

11万只。

【信访维稳工作】 在处理各类信访问题时，采取及时解决问题与理顺公司经营管理相结合，指导各企业严格按照《公司法》和企业章程科学运作，逐步完善法人治理结构，促进改制企业走上健康发展的道路。2011年共妥善处理各类信访件137件、重访件6件、企业涉京上访9人次，上门为重点人员做思想工作143人次。办结市长、区长热线21件，人信82件（其中有23件属重信重访），领导干部“大接访、大下访”活动信访件7件，办结率100%。调解食品公司36人到省越级上访，晟鑫民贸公司退休人员、解除劳动合同人员300多人次，利源商贸公司近100人次的越级上访等聚众上访事件，确保了社会稳定。

（魏 昆）

工商行政管理

【概 述】 2011年，麒麟区工商局共有在职干部职工157人，平均年龄44岁。大专以上学历占86.8%。内设机构13个，派出机构有南宁、寥廓、建宁、白石江、越州、三宝、沿江7个工商分局。

2011年，麒麟区工商局围绕国家工商总局“四个统一”、“四化建设”和省工商局“三个到位”、“六个好”，区委、区政府“六区、四城、两中心”战略目标，以“科学监管促进科学发展”为主题，以开展创先争优活动为契机，结合实际，提出了实施规范管理、打造现代工商，“以更加高远的目光，更加开阔的视野，努力使区局各项工作迈到全省市、县、区局的先进水平，部份工作步入全省前列”的工作目标，实现工作新跨越的目标。

2011年，区工商局被省工商局表彰为全省工商系统法制工作先进集体，被曲靖市妇联评为曲靖市三八红旗集体，被中共麒麟区委评为2010～2011年度先进基层党组织，连续3年被区政府评为行风建设先进单位，连续9年被区纪委监察局评为纪检监察工作先进单位。集体受省、市、区各级表彰21项，受表彰个人48人次。7个工商分局有5个被命名为全市工商系统“五好工商局”，寥廓分局被评为云南省“青年文明号”，南宁分局被曲靖市妇女联合会授予“三八红旗集体”称号，白石江分局被曲靖市“双学双比”、“巾帼建功”活动领导小组授予“巾帼文明岗”称号。

【工商行政执法建设】 2011年，麒麟区工商局以提高执法人员法律素质为保障，全面加强行政执法能力建设，提升执法水平，加强“法治工商”建设。

拟出干部法律培训计划日程，利用周一机关例会，每月中层干部例会，中心组学习机会，进一步健全法制学习组织、学习考勤、学习档案、学习经验交流和学习检查考核等制度，完善了法制培训的各项考核指标体系和考核细则。坚持按岗施训、学用结合原则，通过轮流主持、学法抽讲、摄录回放、培训班、以会代训、专题讲座、以案说法、典型案例分析、集中考试、学习园地等多种学习形式，组织相关人员到福建泉州工商局学习交流行政执法工作，提高干部职工的执法办案水平，全年共开展全局性培训21次，网上培训16次，参加学习人员2 600余人次，轮流讲法286人次，在网上发布学法交流文章80篇。

开展送法下乡活动，增强广大农民群众的消费维权意识。通过送法下乡、组建农村识假辨假小分队进村到田间、地头等形式开展工作，办黑板报7期，播放宣传录像带50余小时，悬挂横幅12条，送法到10个乡镇，举办法律宣讲、咨询30场次，发放法律法规宣传资料10 000余份，听取法律宣讲受教育群众达23 000人次。

建立健全法制工作机制，明确工作职责任务，定期组织召开联系会议，全面贯彻落实行政执法规范化工作机制，促进执法办案规范化建设。制定详细的行政审批行为流程、规范，做到行政审批项目清理及行政审批行为规范。继续大力推行说理式文书，印制《麒麟区工商局行政指导立项审批表》、《麒麟区工商局行政指导有关事项审批表》、《麒麟区工商局行政指导意见书》等统一文书。开展行政指导工作，制定《麒麟区工商行政管理局行政指导程序暂行规定》，指出行政指导的方式和程序，列举行政指导的具体内容，明确各业务机构的任务，排出工作时间表，对全局行政指导工作进行有效指导。建立健全基层法制员工作制度，行政执法案件考评制度，推行执法档案标准化。把好行政执法案件质量关，全年共查办各类案件1 166件（其中一般程序355件，简易案件20件，一般程序简化类791件），没有发生一件行政复议案件。做到件件有

市工商局领导到三宝兴龙村委会检查“一会两站”工作

（石 红 供稿）

登记台账，有审核意见，审核率100%。

【信息化建设工作】 2011年，麒麟区工商局采取切合实际需求的培训方式，有目的性和针对性地开展业务技能和操作技能培训，提高广大干部的计算机基本应用技能和网络信息知识。强化区局、各工商分局对省局综合登记分类监管系统、12315系统、行政执法案件系统、商品市场信用分类管理系统、食品检测系统等软件的运用与操作，实现登记、巡查、办案、投诉、食品监管、信用分类、年检业务的信息化运用。完善“一表一图”绩效管理系统、麒麟区工商局门户网站、内部规范化管理系统，实施网上政务公开，搭建网上工商业务平台，及时发布社会公众需要了解的监管信息与市场监管动态，并可通过内部网络平台发布基层动态以及开展业务经验交流。探索食品安全网上监管，做到信息化技术与工商业务有效结合，为实施规范化管理，打造现代工商奠定坚实基础。

【企业注册登记管理】 2011年，麒麟区工商局强化市场准入服务指导，创新监管方式，提高服务效能，支持各类市场主体健康发展，努力营造良好的经济发展软环境、投资软环境、就业软环境，增强投资者、经营者的信心。通过“四亮四评”主题实践和“六星级”文明窗台创评活动，健全完善服务激励、监督机制，达到了将窗口服务工作做成人民群众满意工程的目的，区工商局机关及7个工商分局服务窗口共收到感谢信22封，锦旗16面。

开展好验照贴花和企业年检工作。应验个体户19 541户，已验照16 450户，验照率97%。年检3 758户企业，年检中认真审查、打击虚假出资、抽逃注资违法行为，查处违规企业31户，有效地规范了公司、企业行为。

严把市场准入关，严格规范审批登记注册程序。全区新登记个体工商户6 788户，从业人员12 880人，资金数额61 542万元，与上年同期相比分别增长9.18%，5.71%，24.25%。全区共登记个体工商户37 381户，从业人员74 221人，资金数额102 328万元，与上年同期相比分别增长13.31%，15.72%和28.32%。

各分局受理登记和变更农民专业合作社22户，全区登记注册农民专业合作社84户。

全区新登记私营企业518户，从业人员2 369人，资金数额18 342万元，与上年同期相比分别增长9.25%，9.24%和17.5%。全区共有企业6 523户（含开发区），其中内资企业1 649户，私营企业4 827户，比上年同期分别增长3.89%，10.84%。

【公平交易】 2011年，麒麟区工商局围绕整顿和规范市场经济秩序这一中心，以工商行政执法服务于社会主义市场经济为立足点，强化“公平执法，有效执法，和谐执法”理念，以打击侵犯知识产权和制售假冒伪劣商品行动、食品安全监管、打击传销和开展各种专项整治为重点，加大公平交易执法力度，积极拓展专项整治成果，全面推进监管职能到位。

1. 以“两明确”、“三强化”开展打击侵犯知识产权和制售假冒伪劣商品专项行动。“两明确”即明确加大执法力度，严查一批商标侵权大案要案，形成打击侵犯知识产权行为的高压态势的工作重点；明确以辖区内电脑耗材、机电产品、服装、手机、名酒等为主要整治内容的工作任务。“三强化”即强化舆论氛围宣传、形成知识产权保护的良好氛围；强化专项行动方案细化、落实责任组织实施，全面推进专项执法行动；强化知识产权保护部门协作机制建立的探索，与生产企业和有关质量检验机构进行联系和合作，有针对性地开展市场检查和查处案件活动，严厉打击“傍名牌”的违法行为。全年共查扣涉嫌侵犯阿迪达斯、背靠背、耐克、鳄鱼等知名品牌衣帽箱包385件套，假冒名酒251瓶、莲花牌味精32袋、长城干红葡萄酒9件、统一鲜橙多632瓶、健尔马足疗保健器7台、壳牌机油160件，捣毁制假售假窝点5个，立案查处知识产权违法案件26件，罚没款32万元。

2. 强化安全生产，确保社会稳定。以参与社会治安综合治理工作为重点，将安全工作贯穿于整顿和规范市场经济秩序之中。集中开展食品、化学危险品经营、黑网吧清查，煤矿生产企业和集贸市场专项整治，切实维护安全的消费环境和生产经营秩序。全面清查食品生产、加工、销售企业563户，联合区消防大队、公安局、文化局在全区范围内开展消防安全检查，检查加油站42户，检查商场、超市、公众聚集场所180家，对6家消防通道不达标的经营户下发了责令整改通知书，要求限期整改。配合地方政府及相关部门开展节能减排淘汰落后产能整治工作，淘汰关闭辖区内14家不符合产能政策的企业，并督促相关企业办理营业执照的注销手续。配合区安监局对麒麟区31家不符合安监条件的非煤矿山采石场收回安全生产许可证和营业执照。

3. 实施“食品放心工程”。积极探索食品安全监管的新途径、新办法，有针对性地建立起事前预警、事中规范与事后查处相结合，企业自律、社会监督与部门监管相结合的食品监管机制。建立完善食品安全动态监管机制，与辖区内2 491户食品经营户签订《责任书》、《承诺书》，认真抓好监管责任的落实。积极开展食品安全法律法规大型宣传活动，认真开展食品流通许可证发放工作，已发证1 992户。开展流通环节食品配送工作。区政府下发《麒麟区流通环节食品配送监管实施方案》，要求各部门按照职责开展流通环节食品配送监督管理工作。成立食品批发行业分会，已有会员36户，组织会员和相关人员到德宏学习食品配送监督管理工作，并召开麒麟区食品配送监管工作推进会。依法开展流通环节食品抽样检验工作，计划每月食品检测项目，建立完善食品检测台账。全年区工商局共出动执法人员1 290

人次、车辆259台次，检查商场、超市、批发市场、集贸市场和食品经营户4 200户，检测各类食品12大类142批次，检测乳制品11个品牌36个批次，查获变质过期食品158千克，没收三无、劣质食品11箱，查获销毁不合格肉类1.2吨，查处流通领域食品安全案件31件，取缔无照经营25户，为消费者挽回经济损失22万元。麒麟区未发生一起流通领域食品安全事故。

4. 打传专项行动。充分利用“12315”举报网络系统，及时发现和掌握案件线索和传销苗头，对举报传销组织的线索迅速组织力量依法进行查处。全年由区工商局牵头开展专项行动10次，出动执法人员3 550人次，执法车辆710台次，检查出租房屋905间，捣毁传销窝点116个，查获并教育劝返传销人员698人，查扣传销学习书籍、笔记和各类传销物品等2 083件，发放各类宣传资料5 000份。3月1日，在区政府组织的“无传销社区”检查验收工作中，白石江街道江南社区、寥廓街道南城门社区、西城街道冯官桥社区、建宁街道小坡社区、南宁街道花柯社区被评定为“无传销社区”。7月18日，国家工商总局直销监管局局长张国华在省工商局刘本军副局长及各级领导的陪同下到麒麟区白石江街道办事处江南社区视察麒麟区打击传销工作，给予了充分好评。

5. 以整治辖区文化市场为重点，开展“扫黄打非”工作。强化日常监管，并协同有关部门集中对辖区158家印刷厂、“影吧”、书摊、报厅、出版物市场、音像市场、游戏厅、歌舞厅、电子游戏厅等娱乐场所进行清查，集中整治大中专院校、中小学、幼儿园周边经营环境，没收非法图书330本，盗版光盘1 200盘。并对检查中发现的违规行为限期予以整改，并定期回访。

与此同时，区工商局先后组织开展烟花爆竹市场、汽车市场监管、粮食市场、卷烟市场、盐业市场、节日旅游市场等各类专项治理活动，有效维护了市场的公平公正，保护消费者合法权益。全年共办理1 166件案件，没有发生一件行政复议案件。

【诚信市场创建】 2011年，全局新培育创建“星级食品安全示范店”6家，麒麟区共创建“食品安全示范店”48户，“星级食品安全示范店”11户，创建“食品配送示范店”3家，培育发展农村经纪人153户，签订农业订单合同2 120份，培育创建“农资示范店”18个。

将得胜家具城、麒麟家俬广场培育创建为5A级“诚信市场”，并已接受考评，闽南建材城已通过5A级“诚信市场”复查；把曲纺培育创建为4A级“诚信市场”已纳入诚信市场建设计划。区工商局被市委宣传部评为“诚信创建先进单位”。

积极推进诚信体系“进街道、进市场、进经营户、进企业、进学校、进村镇”的“六进入”工作。开展“共铸诚信麒麟、服务行业兴区”为主题的文明城区创建活动，在过去“消费者满意街”、“诚信市场”、“诚信企业”创建取得成功经验的基础上，积极组织开展第三届市级“文明诚信经营户”、“文明诚信市场”、“文明诚信企业”创评活动。认真开展“守合同、重信用”企业评比活动，加强商品交易市场信用分类监管工作。对麒麟区48户食品安全示范店、18户农资放心示范店、6个“3A级诚信市场”、5个“4A级诚信市场”进行表彰，命名表彰2010年度“守合同、重信用”企业203户。在文明城区创建中，多渠道、多形式开展诚信教育活动，以“诚信市场”、“诚信企业”、“诚信经营户”、“守合同、重信用”、“六星级文明经营户”创评为主线，以全省唯一的百城万店无假货示范街——麒麟南路的监管为重点，作为深入开展整顿和规范市场经济秩序工作的深化和延伸，全面推进麒麟区信用体系建设，充分发挥工商部门在文明城区创建中的职能作用。

年内，全区共有34个省级“诚信企业”、6个市级“文明诚信企业”、19个区级“文明诚信企业”、1个省级“诚信市场”、2个市级“文明诚信市场”、14个区级“文明诚信市场”、10个“2A级诚信市场”、6个“3A级诚信市场”、5个“4A级诚信市场”、1个“5A级诚信市场”。

【服务新农村建设】 严把“四个关口”强化农资市场监管。一是管住源头，把好农资市场准入关。清理规范农资经营主体资格，坚决取缔无证、无照经营农资行为，从源头上规范农资经营行为。二是采取有效措施把好监管关。组织召开农资市场经营主体培训会，联合厂家对农资商品质量进行抽检，及时向社会公开农资产品的质量监测结果，发布消费警示，将化肥、种子、农药、农膜等农资产品作为重点监管商品，把广大农村农资销售

“创先争优”学习交流　　　　（石　红　供稿）

点作为重点监管区域，进行重点监管，严厉打击制售假劣农资等坑农害农行为，防止假冒伪劣农资流入市场。三是把好消费维权关，积极推进12315进乡村、进集市、进田间地头，为农民群众提供“零距离”的维权服务。四是把好服务关，积极引导和督促辖区167户农资经营者建立“六制三账一书一卡”制度，实现农资商品可追溯管理的同时，引导经营者降低成本，稳定价格，促进放心农资供应。建立农资放心示范店18户。全年共发放《如何识别假冒伪劣农资》等识假辨假资料2 000余份，现场接受群众咨询3 000余人次，解决农资消费投诉22件，组织大型农资专项行动6次，检查农资经营户146户，抽检农资商品21批次，查处商标侵权农资产品6个品种，发出《责令整改通知》10份，立案查处农资案件6件。

经纪活农。全年培育发展农村经纪人153户，麒麟区辖区内有农村经纪人1 227户。加大对农村经纪人的培训力度，促进农产品流通和农民增收，带动16个特色产业，36户龙头企业，农村经纪人业务量达到8 000万元。

合同帮农。开展送法下乡活动，提高农民和涉农企业的合同法律意识和自我保护能力。强化服务，指导帮助农民签订好合同，重点是魔芋、烟叶、蚕桑、粮食等订单，并向蔬菜、水果、经济作物订单拓展。组织开展“四个一”合同帮扶活动，即基层工商所每人联系一个订单农业帮扶对象、促成一件订单农业签订、培育一户农村经纪人典型、参与一次合同法规宣传活动。全年全局建立合同帮农登记台账和合同备案档案2120份，合同备案金额1171万元。加强对合同订单和涉农合同的监管，及时调解合同纠纷，严厉打击利用订单和涉农合同坑农、害农的违法行为。

市场助农。支持地方政府改造、提升现有农副产品批发市场和集贸市场8个，倡导网上交易、农产品拍卖等新型交易方式，改善市场设施和环境，增强、完善市场服务功能，建立市场监管信息定期分析报告制度。

【市场监管】 强化重大节日市场监管。在元旦、春节、“五一”、国庆、中秋等重大节日期间，强化监管，建立重大事项报告制度和坚持值班制度，重大节日期间共出动车辆2 102台次，执法人员693人次，检查市场177个次，检查经营户199户次。各基层工商分局在各农贸市场与市场内经营户签定安全责任书，使安全责任落实到人，市场内安全有保障。

汽车市场监管。规范汽车市场经营主体的主体资格，限期办理营业执照11户，对3户规模较大的无照经营违法行为、1户无照经营4S专卖店的违法行为予以立案查处。调解3件汽车消费纠纷。规范了汽车销售合同和汽车经营户的销售广告。

度量衡器监管。督促各分局、所每月开展度量衡器检查不少于2次。全年全局共出动执法人员1 077人次，执法车辆214台次，检查市场36个，检查经营户2 369户，收缴不合格度量衡器337（杆、台）。

拍卖行业监管。认真学习《拍卖法》，对未办理备案手续的拍卖公司予以整改、补办手续，加强对拍卖行为的监督管理。

旅游市场监管。加大对旅行社的检查和巡查力度，努力营造规范的旅游市场环境。以打击旅游合同欺诈和督促指导旅行社使用规范合同文本为重点，强化对旅游经营企业和个体工商户经营行为的监管。全年共出动执法人员126人次，检查重点旅游景区6个，农家乐32户，宾馆、餐饮经营户42户，取缔无照经营5户，下柜不合格食品30余千克，查获过期奶制品17盒，饮料30瓶，撤消“拉客”广告牌16块。

猪肉市场监管。从源头上入手，严把猪肉市场准入关，进一步加强猪肉经营户准入资格审查，严防不合格猪肉流入市场。组织相关市场开办方和猪肉经营户召开食品安全座谈会，强化宣传力度，积极引导诚信守法经营，督促经营户全面落实自律制度，落实进货查验、索证索票、购销台账等制度，规范市场交易行为，为确保上市猪肉质量提供制度和机制保障。强化与卫生、质监、畜牧等有关部门的协调配合，强化信息交流和沟通，发挥联动机制，形成整治监管合力，积极有效地打击违法经营问题猪肉及猪肉制品行为。充分利用快速食品检测仪的作用，对上市猪肉进行抽检。充分发挥12315申投诉体系和“一会两站”作用，切实维护消费者的合法权益。全年检查市场21个、生猪屠宰点15个、猪肉经营户586户，取缔无证经营猪肉摊点10个，没收销毁不合格猪肉1.2吨。

“限塑”整治专项检查。以农村市场为重点，以创建省文明县城工作为契机，加大“限塑”专项执法检查巡查力度，构建长效监管机制。全年共出动执法人员399人次，检查各类市场106个（次），检查经营户8 085户次，收缴不合格塑料袋约1.2万个。

烟花爆竹市场监管。严把市场准入关，申请从事烟花爆竹批发和零售的企业、个体工商户必须取得安全监督管理部门核发的经营许可证后，才能够核发有相应经营范围的营业执照。对已被取消许可的经营者，根据有关部门的信息通报，及时责令其办理变更登记或注销登记，逾期不办理的，依法吊销其营业执照。各工商分局在辖区范围内认真开展烟花爆竹市场专项检查，重点查处下列行为：无烟花爆竹流向登记制度，无照或超范围经营，销售不符合国家强制性标准的烟花爆竹，销售包装标志不全的烟花爆竹，销售国家明令淘汰并停止销售的烟花爆竹，以假充真、以次充好，假冒或仿冒他人注册商标，擅自使用他人的企业名称，引人误以为是他人的产品。各工商分局重点检查烟花爆竹的进货渠道、进货票证、库存数量、销售去向、商品质量证明等事项，严防不合格烟花爆竹进入流通环节。以集贸市场、城乡结合部等烟花爆竹经营网点为重点，对辖区所有烟花爆竹经营户进行调查摸底，并对进货渠道进行登记。全年共检查烟花爆竹经营户163户次，发放安全经营生产宣传材料500余份，发出整改通知书13份，查处取缔无照经营户7户，引导办照11户，限期整改4户。

【校园周边环境专项整治】 严格落实区域巡查责任制，加大对校园周边食品经营者的巡查频率和巡查密度。检查校园周边的餐饮经营户的前置审批条件，监督食品经营者严格执行进货查验、索证索票等自律制度。

强化对重点食品的监管。以学生奶制品、冷饮、饮料、果冻果脯、饼干、糕点、火腿肠、油炸食品、散装食品、膨化食品等小食品为重点监管对象，严厉查处销售过期、无保质期、标注不明的食品的行为。

重点检查校园四周200米以内从事网吧、“三厅”（录像厅、电子游戏厅、歌舞厅）和其他可能危害社会治安、影响教学和师生身心健康的经营项目。严厉查处校园周边销售封建迷信、淫秽书刊制品等非法出版物行为。对校园周边销售教材、辅导材料、学习用具等经营单位进行清查，重点打击盗版教材和假冒伪劣学习用具等。充分发挥12315投诉举报中心作用，对反映影响校园周边环境的热点问题，力争做到事事有人管、件件有落实。开展“关注食品安全，构建和谐校园”宣传活动。

全年共检查各类超市、商店252家，网吧30家，电子游戏厅、录像厅16家，发出责令整改通知书18份，取缔校外流动食品经营户15户，立案查处无照经营20户，取缔黑网吧5户。没收三无、劣质、过期食品600袋。

【合同监管及动产抵押物登记工作】 认真执行《合同法》、《担保法》、《动产抵押登记办法》，全年办理动产抵押登记32件，抵押物价值180 831.2万元，为企业融资148 768万元。做好市场登记和商品展销会登记工作，办理商品展销会登记2户。

【商标广告监督管理】 2011年，麒麟区工商局认真贯彻市、区政府实施商标战略工作的意见，继续开展商标法宣传，服务万家企业，推动商标注册保护工作行动，积极推动“品牌兴企、品牌兴区”两兴工程。深化品牌战略“富农”，加大宣传力度，强化工作指导，着力提高农民的商标法律意识、品牌意识。全年培育新申请商标注册69件，对2008年到期的18家省著名商标企业进行重新申请，新推荐申报省著名商标5件、市知名商标7件。全区已有商标428件，其中涉农商标56件，云南省著名商标24件，曲靖市知名商标43件。

开展“4·26”世界知识产权日宣传咨询活动，组织42家新取得商标注册证的企业代表召开知识产权保护暨商标注册证集中发放大会。设置商标法律法规宣传咨询服务台4个，发放宣传资料2 000余份，悬挂宣传布标30余条。对全区51户广告经营单位实施年度检查，年检率为100%。共审批户外广告978户。同时加大对商标侵权、仿冒、商业欺诈、“傍名牌”、搭便车等影响恶劣的不正当竞争行为的查处力度，依法保护知识产权。对药品、医疗、保健食品、化妆品、美容服务等广告行为进行重点巡查和监管，对未经登记发布的户外广告进行清理整治。全年开展大型商标广告专项整治12次，查处商标广告违法案件154件。

【消费者权益保护】 抓好基层维权网络向农村、社区、校园、超市、商场、市场和企业延伸的“七进”工作。全区已建立240个基层消费者维权站和12315联络站，遍布全区106个行政村（社区），113所中小学校，16个商场超市及大型集贸市场，建站率达100%。组织600多名“两站”人员进行法律、法规等业务培训。实行局党组成员及股室负责人挂钩联系“一会两站”工作制度，挂钩联系责任人每季度必须有不低于一次到“两站”挂钩点进行帮助指导工作。充分发挥消费维权功能，积极推行12315消费争议和解联系制度，不断前移维权端口，提高消费争议和解率，提升群众满意度。快速解决绿色通道，逐步健全完善消费维权监管执法机制、经营者自律机制和社会监督机制，形成共同维护消费者合法权益的良好局面。定期发布12315数据分析报告和消费预警宣传，加强消费提示和消费引导，共发布消费警示9条。解决消费者投诉时做到百分之百受理，百分之百处理，全年受理消费者申（投）诉举报1 819件，接待消费者咨询282件，为消费者挽回经济损失297.08万元。

2011年消费维权呈现四个特点：1. 商品消费案件所占比例最大，商品消费案件1 272件，服务消费案件521件，各占申诉总数的78.55%和22.45%。2. 质量问题最为突出，质量申诉1 662件，占申诉总数的95.99%。尤其在211件移动电话申诉案件中，质量问题201件，占移动电话申诉案件的98.72%，是历年申诉的热点。3. 个体工商户成为侵权的主体，从违法主体看，个体工商户1 516件，占案件总数的80.08%。4. 大案值案件有所增加，主要是房屋、建材、汽车投诉增加，争议金额多。

【个私协会工作】 2011年，按照党的十七届五中、六中全会精神和国家对促进个私经济发展的政策措施及方向，鼓励支持和引导麒麟区非公有制经济健康快速发展。11月，麒麟区个私协会被省个私协会表彰为全省个私系统先进集体。

个体经营户、企业走访慰问活动。深入曲靖市胜凯焦化、越州钢铁集团、麒麟区月源食品厂等私营、个体户中，了解个私企业的经营现状、愿望和诉求，为个体工商户转型升级出谋划策，解决实际困难，辖区内已转型升级个体户15户。对辖区35户困难会员送去1.2万元慰问金，通过走访调研，撰写《麒麟区非公经济发展分析报告》，为个私企业排忧解难、享受权益、抢抓机遇、做强做大建言献策。

非公有制经济党建工作。经区直机关党委批准，成立麒麟区个私经济协会党总支，下辖10个党支部，对个私企业党员开展大型培训3次。5月19日，进行区协会党总支和各支部的换届选举工作，健全了领导班子，完善了党总支、各支部的各项制度。9月，曲靖麒麟区建功星有限责任公司党支部荣获“全省思想政治工作先进集体”荣誉称号，是全省受此表彰的唯一一家私营企业。

向有关部门推荐68户“贷免扶补”创业申请户，全年共办理“贷免扶补”45户，金额320万元。积极会同区劳动等部门，组织12户企业参加曲靖市“春风送岗位活动”。协助相关职能部门为176名求职者与40户企业达成用工协议。

（石　红）

市场管理

【概　述】　2011年，麒麟区市场服务中心围绕中心确立的“三六三”战略目标，按照“强标准、扩产业、增效益”的工作方针，坚持改造、整合、开发三路并举建设市场的工作思路，进一步提升市场标准化管理，加大市场建设力度，促进全区市场繁荣和稳定。截至12月底，市场服务性收入544.5万元，同比增长13.4%。上缴国家税收529万元（其中市场开发建设上缴国家税收470万元，市场服务性收入上缴国家税收59万元），同比增长20.2%。全区市场行业商品交易额48.45亿元，同比增长18%。通过市场开发建设，全区有形市场发展到96个。一年来，中心先后被省商务厅评为“市场监测先进单位”，被区委、区政府评为“先进基层党组织”和“信访工作先进集体”。

【市场建设】　滇东北交易中心二期建设及一期的运营管理。滇东北商品交易中心二期按照“稳步有序推进，招商建设并举”的原则，着力加快建设进程。通过建设、招商、管理三管齐下的开发办法，引进专业的招商公司，以商招商，全力强化招商效果。加大二期市场建设力度，加强与建设、消防、质检等部门的沟通协调，做好二期工程竣工验收工作。采取灵活多样、富有成效的形式加大宣传力度，成功举办“第一届火把节”、“陶瓷卫浴节”，共投入广告宣传费用400多万元，提高了市场的知晓度和认识度。采取多种措施，加大招商力度，引进大品牌，制定富有人性化，更加优惠的措施，吸引更多商家入驻。通过一年的运营，商户结构不断优化，品牌效益不断提升，大市场作用逐步显现。商品交易中心全年完成投资6 000万元，累计投资2.1亿元，完成建筑面积15万平方米，实现商品销售额5 000万元。

麒麟蔬菜销售便民网点建设。蔬菜销售便民网点建设是区委、区政府高度关注民生、为市民解决“买菜难、买菜贵”的一项便民工程，按照区政府工作报告提出建设25个蔬菜销售便民网点的工作要求，市场服务中心组织人员在城区按照“合理布局，方便生活，完善功能”的原则科学选址，严格按照“外观设计统一，网点标志统一，工作人员服装统一，度量衡统一，价格基本统一”的要求建设和经营，共投资250万元建成26个蔬菜销售便民网点及1个蔬菜配送中心，于2011年11月11日开业，标志着“合理布局、连锁经营、功能完善、方便生活”的蔬菜销售网络在麒麟城区全面营运，“菜篮子”民心工程迈上新台阶。

积极调整锦秀苗木基地的经营方向。按照“基地+市场+休闲观光”一体化的市场经营管理模式，积极调整锦秀苗木基地经营方向。充分利用锦秀苗木基地区位优势，针对市场需求，引进适销对路的苗木，拓宽销售渠道，提高规模效益。改变以往单一基地模式，引用市场机制，引进有影响力的餐饮商家，开发建设娱乐、垂钓、采果、耕种等休闲观光项目，充分发挥苗圃的生态价值，为市民创造更多的休闲好去处，使苗木基地能更好地持续经营。

【市场管理及改造】　2011年，市场服务中心围绕“在服务中体现管理，在管理中强化服务，管理的本质就是服务”的市场经营管理新理念，坚持“高标准、严要求、重实效”的原则，按照“标准更严、层次更高、形象更好、市场更繁荣”的要求，制定和完善《市场管理标准》，并印发各市场。市场组织管理、安全防范、环境卫生、市场秩序、市场繁荣各项标准更严，市场标准化管理得到有效提升，市场规范化程度进一步提高。在云南省文明城区创建工作中获得检查组和上级领导的充分肯定。

珠江商场于1995建设完成并投入使用，随着社会的发展，以前简单的消防设施已经不适应新时期的要求，存在极大的消防安全隐患，

区政府便民工程蔬菜销售网点开业仪式　（市场服务中心　供稿）

按照消防部门的要求，中心决定对商场进行消防设施改造，3月底开始进行前期准备工作，按照严格的图纸设计、工程预算、招标、审计等程序，本着节约、安全、实用的原则，投入140多万元完善消防灭火系统、自动喷洒灭火系统和电子监控系统，提高了商场消防安全智能化管理水平。在改造过程中，拆除私搭乱隔存在消防安全隐患的阁楼35间。经过消防改造，增强了商场“三防”力度。2011年被区政府评为“消防工作先进集体”。

（杨玉峰）

质量技术监督

【概　述】　2011年，麒麟质监分局围绕“两强一堡”建设，以促进加快转变经济发展方式为主线，着力抓质量、保安全、促发展、强质监，全力实施“质量兴区”战略，进一步深化“六为”工作理念和“五局”工作目标。大力实施“名牌战略”，积极引导全区产品质量水平整体升级。充分发挥“国家、省、市”三级名牌培育机制效能，对列入培育计划中的企业在政策及技术方面予以重点扶持，全力打造麒麟地域品牌。年内，麒麟区共有7个产品获云南省名牌产品称号。加大宣传、贯彻《食品安全法》和《特种设备安全监察条例》等法律法规的力度，深入开展落实生产企业安全主体责任意识工作，认真开展食品质量安全及重要工业产品质量风险监测工作，加大特种设备安全隐患排查力度和食品安全专项整治，“两大安全”形势持续稳定，年内没有发生重大食品、特种设备质量安全事件和区域性质量问题，

【食品质量安全监管工作】　2011年，麒麟区共有食品生产获证企业57家共69个取证单元（正常生产），食品小作坊345家，主要产品有糕点、白酒、米线、面条、桶装饮用水等。为确保食品质量安全，区质监分局先后出动160余人次、65辆车次对全区食品生产加工企业进行检查。抽取样品76个，其中不合格10个，合格率87%。在食品质量安全监管中，督促企业落实主体责任，加强行业自律，向57家食品生产加工获证企业发放“落实食品质量安全主体责任自查表”。开展定期监督抽查和后处理工作，针对麒麟区红源老家调味品厂生产的调味料省级监督抽查不合格的情况，及时报告政府，通报工商等相关部门，责令企业召回不合格产品，对该企业负责人、生产管理人员、化验人员进行约谈，并进行了行政处罚。结合麒麟区实际情况，积极向政府汇报，由政府主导对食品加工小作坊进行拉网式排查，重点检查米线等鲜粮食品、白酒和糕点。通过检查，全区食品生产加工获证企业的食品总体质量状况较好，没有发现非法使用或超范围使用食品添加的情况。

【特种设备安全监察】　2011年，全区有在用特种设备2 908台（件），使用单位776户。其中锅炉188台，压力容器708台，电梯898台，起重机械838台，游乐设施62台，厂内机动车辆214辆。有压力管道37.23千米，各类气体充装站3家（其中液化石油气1家，氧气1家，液氨1家），共有气瓶54 000只。全区在用特种设备综合平均定检率92.89%，特种设备作业人员持证上岗率100%。按照市质监局和区政府的工作要求，实行“一岗双责”，认真落实安全目标考核责任制，结合每月安全形势分析对上级的工作安排和本区的工作实际进行专项研究，认真检查落实。节假日、两会期间对重点区域、人员密集场所、重点工程等开展了专项整治工作，及时排除隐患。组织各类特种设备专项检查6次，共出动车辆120台次，人员284人次，检查单位354个，检查设备1 245台。年内辖区内无特种设备安全事故发生。

【执法打假】　认真履行法律赋予的执法打假职责，把打假与源头监管紧密结合，树立一盘棋思想，提高对苗头性、区域性、行业性问题执法打假的针对性。加强对严重质量违法行为的打击，针对热点问题组织集中整治。深入开展“打击侵犯假冒知识产权和制售假冒伪劣商品”、“打击食品非法添加行为”、“打四黑除四害”等专项执法打假行动，加大对食品、农资、建材、家电下乡产品的执法打假。全年共查办案件50件，结案50件。其中标准化案件1件，建材产品案件3件，无证产品案件9件，未经认证产品案件6件，特种设备案件8件，食品案件13件，质量违法案件10件。

【标准化管理】　为进一步加强标准化工作，提高企业产品质量和标准水平，增强企业经济效益和市场竞争能力，2011年以标准登记工作为依托，加大对生产加工企业执行标准的清理、检查力度。全年办理标准登记10家，清理作废、失效标准12个，办理企业标准备案4个。

【计量管理】　加强集贸市场、餐饮业、加油站、定量包装商品、农村农副产品贸易批发市场、农资和农产品购销等计量行为的监管和服务，全年累计对280余台计量器具免费检定。强化对定量包装商品量的计量监督，共抽查定量包装商品140多个批次。

【质量监督】　2011年，全区共有工业产品获证企业26家（不含8家建筑外窗企业），其中验配眼镜10家，农机1家，危化品有机类2家，危化品无机类1家，危化品包装物3家，水工金属结构1家，硫酸1家，水泥2家，复混肥1家，输电线路铁塔1家，液体无水氨1家，钢筋混凝土热轧钢筋2家。区质检分局依据《中华人民共和国产品质量法》和其他相关质量监督法律法规，结合实际，提高产品质量监督的有效性，对区内涉及重点产品的单位进行有效监控，建立完善企业质量档案数据库，调整质量监督工作重点和范围，加大监督抽查力度，对化肥、建筑用钢材、油品、饮用水、白酒、食品、面粉等产（商）品进行抽样送检。认真落实“打假”责任制，扎实推行食品质

量安全市场准入制度。充分发挥企业、协会等积极因素在质量工作中的作用。积极帮助企业申办产品生产许可证。巩固和强化企业质量档案工作，在上年建立更新185家企业质量档案的基础上，新增3家普查建档企业。结合质量兴区工作对麒麟区企业质量状况进行分析总结。加大对产（商）品的监督抽查和食品生产企业现场巡查工作力度。全年共抽查各类产（商）品余216个样，对不符合要求或检验不合格的产品依法进行了查处。认真督促食品生产加工企业落实主体责任制，强化责任，作出承诺。

（彭　晖）

审计监督

【概　述】 麒麟区审计局核定编制为34人，其中领导4人，其他公务员及工勤人员25人，事业编制7人。实有27人，其中公务员23人，机关后勤服务工勤人员2人，固定资产投资审计中心事业人员2人。内设办公室、财政审计科、经贸审计科、行政事业审计科、法制科6个科室。2011年10月，经区政府批准成立曲靖市麒麟区经济责任审计局（副科级），局机关下属全额拨款事业单位麒麟区投资审计中心。

2011年，区审计局共完成审计项目269个，其中固定资产投资前置审计项目134个。除前置审计项目外，全年完成的审计项目占年度计划任务的450%。查处违规金额3 138万元，管理不规范金额8 091万元，已上交财政3 116万元。提出整改意见和建议706条，提交报告和信息6篇（条），向社会公告审计结果13篇。

【财政审计】 预算执行审计，按照“揭露问题、规范管理、促进改革、制约权力、提高效益”的工作思路，重点关注预算管理、预算执行、专项资金、税收管理四个方面，审计了麒麟区财政局、麒麟区地方税务局，并延伸审计（或调查）5个预算执行单位。主要揭示了财税管理中预算约束力不强，集中支付机制不够健全，行政事业单位国有资产管理体制、核算、租赁不规范，资产处置不申报不评估不上缴。在预算执行延伸审计中发现一些部门、单位仍存在违反财经制度规定的问题，主要表现为应缴未缴财政专户资金、应纳未纳入单位法定账户资金、坐收坐支预算外收入和预算内转预算外资金；税收执行存在一些薄弱环节，诸如税务机关财产租赁行业征管不到位、应征税种征收不全、漏征漏管现象突出等问题。2011年完成对麒麟区公办高中债务的审计调查，通过调查，摸清了债务规模情况、分布状况，并对债务形成原因和偿债能力进行了分析，为政府、财政部门决策提供参考，对教育部门提出要多渠道解决办学经费困难的建议。

对麒麟区2007年～2009年度公务车养护费、接待费、会议费、差旅费的审计调查表明，2007～2009年区级行政成本呈逐年递增趋势，行政成本增加的原因主要是缺乏行之有效的行政成本控制制度和监管机制，单位缺乏行政支出的过程监管、效益评估和事前约束，行政支出成本管理中的市场意识、成本意识和效率意识不高，控制成本难以有所作为。机构设置、人员配备未真正体现精简原则、政府职能转变未能根本解决大政府小社会现象等。财政监督体系还不是完整意义上的公共财政监督体系，监督的机制和理念、监督的方式和手段都比较落后，监督中重支出规模和合法性，轻支出的投入与产出效益的现象较为普遍。

在审计发现问题的同时，注重加强分析研究，找出问题根源，提出了严格预算管理、完善各种措施；在收入增长与支出增长之间剪刀差不断扩大的情况下，要坚持“以收定支，量入为出，收支平衡”的原则，树立过“紧日子”的思想，严格控制行政运行成本；财政在预算安排上要严格实施四个“零增长”，确保事关建设、稳定、科教文卫等民生支出；积极采取有效措施提高国有资产使用效益、加强财务管理、改进税收征管工作等建议。受政府委托，向区人大常委会作2011年度区级财政预算执行和其他财政收支的审计工作报告。加强后续审计，督促检查预算执行审计查处问题的整改，向区人大常委会提交各单位整改情况的报告。

【经济责任审计】 坚持逐步扩面、突出关键环节、准确界定相关责任三个重点，建立以领导干部任中审计为主，任中审计与离任审计、财政财务收支审计相结合的经济责任审计运行机制，在方法内容上，做到以财政、财务收支和资产负债为基础，以经济决策为重点，以经济管理为主线的全面监督；在职责职权追究上，使领导干部增强“有权必有责、用权受监督、违法要追究”的意识，促进领导干部廉洁自律，基本实现了对县级以下主要领导干部的经常性监督，为区委、政府领导了解掌握干部情况和组织人事部门考核干部工作提供了可靠依据。

工作中，坚持把“摸清家底、揭露问题、明确责任、促进管理、发挥作用”作为经济责任审计目标，重点关注领导干部任期内决策的民主化、科学化情况，财政财务收支真实、合法情况，个人廉洁自律情况。通过对18个部门单位负责人的经济责任审计，发现部分单位存在挪用专项资金、违规收费、乱发钱物、账外资金、票款分离和收支两条线政策执行不到位、固定资产管理混乱、财务管理工作薄弱等问题，对此提出了加强教育培训、健全完善制度、强化经常性监督、加大处罚和责任追究力度的意见和建议。区审计局为增强经济责任审计效果，将经济责任审计结果写入两个报告，收到较好效果。经济责任审计的开展，有效地发挥了“管干部、正党风、促发展”作用。

【固定资产投资审计】 以促进加强建设项目管理、堵塞漏洞，提高建设资金使用效益为目标，把国家重点建设项目审计当作审计工作的突破口来抓，采取有力措施，加大投入，加强工作机构、队伍建设，强化工作指导。在审计工作中，严把“六道关口”：严把隐蔽工程关、工程计量关、定额关、取费关、差价关、人情关，取得了较好效果。审计中，坚持从项目立项、施工、监理、招投标、决算到物资的采购和供应等进行全过程审计。

2011 年固定资产投资结算审计 81 项，审计总金额 38 371.5 万元，审计认定金额 36 923.7 万元，核减金额 1 447.8 万元，核减率 3.8%。主要发现未按规定办理相关手续、“三超”（规模、标准、资金）项目多、现场施工管理不规范、工程结算高估冒算、基建财务收支比较混乱等问题，对此区审计局及时下达了整改处理审计意见。

【前置审计】 按照规定，针对工程项目进行竣工决算的审计，属事后监督，即使揭露了建设单位招投标方面存在的问题并提出相应的审计建议，也只是建设项目结束后的一个工作，只能提醒建设单位以后严格执行招投标制度。鉴于此种情况，要使招投标制度能够得到严格有效的实行，势必要进行事前审计，即从项目建设之前就进行跟踪审计，把好政府性投资的第一关。根据《曲靖市前置审计实施办法》，2011 年固定资产投资项目前置审计完成项目 134 个，审计拦标价金额 71 502.36 万元，审定金额 6 546.21 万元，核减金额 6 040.16 万元。通过实施前置审计，实现了对政府性投资重点建设工程项目的源头监督，形成了工程预算造价、招投标、合同和竣工决算全过程审计监督，有效地提高国家建设资金管理水平和资金使用效益，为政府性投资把好第一关，有效遏制建设或建筑领域腐败行为的发生。

【行政事业审计】 坚持把有资金分配权、有预算外收入和有罚没收入的部门作为行政事业单位审计的重点，实施部门系统审计。2011 年共完成行政事业单位审计项目 20 个。重点审计预算的编制及执行情况，财务收支合法、合规和真实情况，以及财政资金使用效益情况，一些专项经费没有专款专用等问题。针对以上问题提出进一步加强财务基础核算工作，严格按相关财务制度和会计制度核算。加强专项资金管理，对拨出专项资金要积极跟踪问效，确保资金发挥应有效益。进一步加强部门预算编制，完善收支管理制度等意见和建议。

在对区煤炭工业局 2010 年的非税收入进行抽查中，审计发现存在违规收取安全技术保障费，违反了《云南省行政事业性收费管理条例》的有关规定，对其违规收取金额 3 115.5万元给予依法收缴同级财政的处罚，并针对这情况提出审计建议。区审计局在对行政事业单位的财务收支审计中，严格执行审计规范，努力做到严、细、深、实，深挖细找行政事业单位管理中存在的问题，严格按有关规定进行处理处罚。

【社会保障、农业与资源专项资金审计】 根据省审计厅和市审计局 2011 年审计工作计划，对麒麟区 2010 年新型农村合作医疗基金进行绩效审计。主要审计新型农村合作医疗基金的筹集、管理、使用方面的真实、合法、效益性，以及各级补助资金到位情况及管理。并采取随机分层抽样与调查问卷相结合的形式，对各相关机构核实报账金额，医疗机构的规范管理情况等。抽查中没有发现代垫、代缴参合费套取补助资金的情况；五保户、低保户的参合费用由民政代缴，未发现收取五保户、低保户参合费的情况；参合农户自愿交纳参合费，对新型农村合作医疗的认识大大提高。

2010 年全区参合农户 113 053 户，共计 389 959 人，参合率 98.9%，覆盖率达 100%。全年累计有 1 356 626 人次得到新农合门诊和住院费用减免补偿 5 516.9 万元。通过审计，麒麟区 2010 年新型农村合作医疗基金在筹措、管理和使用上，核算比较规范，专户管理基金，收支分离，管用分开，保证了基金的安全，基金经办机构年末通过结算，结余基金全部退回财政专户，杜绝了基金的流失和挪用。基金经办机构内控制度健全，管理规范，没有发现违反报销程序、减免比例、处方用药等规定的情况。

2011 年共完成对 16 项专项资金的审计，通过审计，不断规范资金管理，预防资金的挤占挪用，提高了资金的使用效率，促进了中央、省、市、区委各项方针政策的落实，为构建和谐麒麟发挥了积极作用。累计对 4.88 亿元专项资金的使用情况进行审计，审计中未发现明显的违规违纪问题。

2011 年通过农业综合开发资金审计，共完成农业综合开发项目实际总投资 1 094.15 万元，完成中地产田地改造 0.64 万亩，衬砌渠道 12.39 千米，新建配套渠道渠系建筑物 950 座，新建机耕路 7.21 千米，基地加农户新增畜禽养殖 0.79 万头。

（凤美艳）

统计管理

【概　述】 2011 年，麒麟区统计局以客观及时反映麒麟经济社会发展状况为核心，努力提高数据质量和统计服务水平，认真履行统计部门咨询和统计监督职责，落实责任，优化服务，有力推动统计工作发展。

整理编印《2011 年麒麟区国民经济和社会发展统计资料》1 200 份提供“两会”使用；编印《2011 年麒麟区国民经济和社会发展统计公报》260 份提供全区各部门使用，实现统计资料共享；编印《统计年鉴》150 册；完成国民经济及社会发展情况的统计调查任务。对 100 户 315 人城镇居民住户进行抽样调查；开展对 71 个调查点，涉及具体商品及服务项目 1 100 余个的物价指数调查；完成 2011 年基本单位名录更新工作；完成对 5 个街道、越州镇 6 个调查小区的劳动力入户抽样调查；全面系统收集整理第一、二、三产业基础数据，认真分析，测算出每季度地区生产总值，努力做到真实反映辖区内国民经济运行趋势，为领导决策提供可靠依据。

【统计调研及优质服务】 把为区委、区政府中心工作服务作为统计工作的重点，进一步深化统计体制、机制、制度的改革，进一步优化统计服务，做到市场经济发展到哪里，统计就反映到哪里，领导决策到哪里，统计就服务到哪里。

完善统计数据发布范围，进一步做精做优“统计简报”、“决策参考”、“统计内部信息”、“农产品信息”、《统计月报》、《统计公报》和《统计年鉴》等统计产品，以社会各方需求为导向，从广度和深度上加大统计数据的开发应用，提高统计产品的实用性，力争满足社会各界对统计资料的需要。围绕麒麟区经济社会发展中心和统计工作重点，创新服务形式，提高服务质量，做到主动服务，超前服务，优质服务。为提高统计数据质量，做好GDP核算工作，为区委、政府进行科学的宏观经济决策提供科学依据，区统计局成立6个数据评估组，围绕工业、农业、畜牧业、服务业等指标，明确职责，做好监测评估，保证统计数据的真实性、准确性，维护了统计数据的严肃性、权威性。认真履行职能，强化对基层统计员能源、房地产投资和村（社）文书业务培训，努力提高企业和基层统计员的实际业务能力，全面系统收集整理第一、二、三产业基础数据，认真分析，努力做到真实反映辖区内国民经济运行趋势。开展畜禽监测、劳动力调查和乡村党政领导班子和领导干部群众公信度调查。开展对71个调查点，涉及具体商品及服务项目1 100余个的物价指数调查。做好城市住户、物价调查，农村住户和农产量调查，全区生猪生产统计调查与检测上报工作。

【统计规范化建设】 围绕“三个提高”，实施“四大工程”建设为目标，先行先试，全面推进乡（镇）街道统计站基层基础建设。以“科学发展在基层、创先争优促和谐”为实践主题，增强做好统计基层基础工作的责任感和压力感，签订目标管理责任制，树立乡镇统计站规范化建设先进典型，以点带面，有力推动全区统计基层基础规范化建设全面提高。根据市统计局关于加强乡镇统计站规范化建设的文件要求，使乡镇统计站实现工作法制化、统计手段现代化、统计管理制度化、统计资料档案化、统计人员专业化的标准，区统计局加强与各乡（镇）街道的沟通协调，争取乡（镇）街道党委、政府对统计站工作的支持，乡（镇）街道依照《统计法》有关规定设置统计机构、明确统计人员，落实办公地点，实现网络连接。建立健全统计站工作职责、统计报表资料管理制度、统计数据管理制度、统计台账管理制度等一系列制度，做到制度上墙，职责明确，程序规范。

为进一步提升规模以上工业企业、具有资质的建筑业和房地产开发企业、限额以上批发零售住宿餐饮企业的统计基础工作，按照“三上”企业统计基础规范化建设要求，要求“三上”企业依照《统计法》的有关规定做到“七有”：有分管领导、有统计机构、有统计人员、有统计工作制度、有质量控制办法、有计算机及网络连接、有统计档案。企业法人代表支持统计工作开展，明确统计工作负责人，有统计从业资格的专（兼）职统计人员从事具体工作，各类报表上报及时，无迟报、瞒报、拒报现象发生。严格执行国家统计报表制度，全面、准确、及时报送各种统计报表。控制数据质量，企业原始记录和统计台账完整、规范。企业根据统计工作需要，配备相应的网上直报统计人员和网络设备条件，实现企业统计数据网上直报，按规定推进统计电子台账或其他信息化建设工作。加强企业统计法律法规的学习贯彻，如实填报统计报表，不得出现虚报、瞒报、拒报等统计行为。

【国情国力的统计调查】 圆满完成人口普查的现场登记和复查任务，2010年第六次全国人口普查主要数据的快速汇总如下：

一、总人口

全区总人口740 747人。

二、人口增长

全区11个乡（镇）街道的人口，同第五次全国人口普查2000年11月1日零时的648 956人相比，10年共增加了91 791人，增长14.14%。平均每年增加9 179人，年平均增长率为1.33%。

三、家庭户人口

全区11个乡（镇）街道共有家庭户225 928户，家庭户人口668 746人，平均每个家庭户人口2.96人，比2000年第五次全国人口普查的3.28人减少0.32人。

四、性别构成

全区11个乡（镇）街道的人口中，男性379 781人，占总人口的51.27%；女性360 966人，占总人口的48.73%。总人口性别比（以女性为100，男性对女性的比例）由2000年第五次全国人口普查的105.9下降为105.2。

五、年龄构成

全区11个乡（镇）街道的人口中，0～14岁的人口142 613人，占总人口的19.25%；15～59岁的人口522 169人，占总人口的70.49%；60岁及以上的人口75 965人，占总人口的10.26%，其中65岁及以上的人口50 622人，占总人口的6.84%。同2000年第五次全国人口普查相比，0～14岁人口的比重下降4.23个百分点，15～59岁人口的比重上升2.92个百分点，60岁及以上人口的比重上升1.31个百分点，其中65岁及以上人口的比重上升1个百分点。

六、民族构成

全区11个乡（镇）街道的人口中，汉族人口704 474人，占总人口的95.1%；各少数民族人口36 273人，占总人口的4.9%。其中彝族人口17 734人，占总人口的2.39%；白族人口2 204人，占总人口的0.3%；哈尼族人口723人，占总人口的0.1%；壮族人口1 247人，占总人口的0.17%；傣族人口

609人，占总人口的0.08%；苗族人口1 670人，占总人口的0.23%；傈僳族人口191人，占总人口的0.03%；回族人口7 306人，占总人口的0.99%。同2000年第五次全国人口普查相比，汉族人口增加81 863人，增长13.15%，占总人口的比重下降0.84个百分点；各少数民族人口增加9 928人，增长37.68%，占总人口比重增加0.84个百分点。

七、各种受教育程度人口

全区11个乡（镇）街道的人口中，具有大学文化（指大专以上）程度的74 273人，具有高中文化（含中专）程度的111 166人，具有初中文化程度的235 377人，具有小学程度的235 918人（以上各种受教育程度的人包括各类学校的毕业生、肄业生和在校生）。

同2000年第五次全国人口普查相比，每10万人中具有大学文化程度的由4 030人上升为10 027人，具有高中文化程度的由12 450人上升为15 007人，具有初中文化程度的由27 960人上升为31 776人，具有小学文化程度的由34 400人下降为31 849人。

全区11个乡（镇）街道的人口中，文盲人口（15岁及以上不识字的人）19 482人，同2000年第五次全国人口普查相比，文盲人口减少42 067人，文盲率由9.48%下降为2.63%，下降6.85个百分点。

八、城乡人口

全区11个乡（镇）街道的人口中，居住在城镇的人口482 782人，占总人口的65.2%；居住在乡村的人口257 965人，占总人口的34.8%。同2000年第五次全国人口普查相比，城镇人口增加171 647人，乡村人口减少79 856人，城镇人口占总人口的比重上升17.26个百分点。

九、分地区常住人口

2010年曲靖市麒麟区第六次全国人口普查快速汇总的常住人口地区分布如下：

地　区	人口数（人）	2000～2010年
增长率（%）		
麒麟区	740 747	14.14
南宁街道办事处	90 975	30.91
建宁街道办事处	80 925	19.75
白石江街道办事处	92 453	29.78
寥廓街道办事处	102 639	17.31
西城街道办事处	46 676	62.16
三宝镇	59 301	2.47
越州镇	71 451	0.23
东山镇	81 489	6.97
珠街乡	45 569	2.02
沿江乡	40 209	1.23
茨营乡	29 060	－16.11

【统计检查】 为贯彻落实省、市关于联合开展统计法和统计违法行为处分规定执行情况大检查的精神，坚决打击统计上的弄虚作假行为，确保统计数据客观、公正、真实，使统计工作能够有效地为宏观经济运行和领导决策提供科学的决策依据，根据省、市统计局的安排部署，区统计局以辖区内截至3月底基本单位名录库中抽取工业企业18家、建筑业10家、餐饮及批发零售业6家共34家“三上”企业，4月19～21日，分4个组对抽中的部分企业进行数据核查，检查组工作人员入驻企业，采取查看统计台账、对比统计报表、分析财务账表等方式，认真细致地查看各企业2010年以来提供报送的各类统计报表，认真地进行全面核查。核查工作重点突出“实”与“准”，强化“对比”与“衔接”，查找企业报表数据方面存在的各项指标“不一致”现象，将核查与统计执法相结合，对检查出的问题及时整改，坚决予以纠正。

【统计宣传】 根据省、市统计局的统一部署，麒麟区以营造依法统计环境、弘扬求真务实精神为主题，采取城乡结合，上下联动的方式，利用各种宣传平台，创新思路，组织开展内容丰富、形式多样、扎实有效的宣传活动，努力营造学法、懂法、用法的社会氛围，积极推进依法统计、阳光统计、科学统计，全面开展《统计法》宣传月活动。召开各乡（镇）街道统计站站长会议，及时安排部署统计法宣传活动。借助麒麟区手机快讯平台，加大对统计普法宣传的力度。区统计局印发新《统计法》及《统计违法违纪行为处分规定》单行本1 500份，送至区委、政府、人大、政协党政领导机关及乡（镇）街道办事处、群团组织和村（社）的统计负责人和统计人员手中。区统计局和各乡（镇）街道在宣传月期间共悬挂统计法宣传标语26条。在麒麟区电子政务网站上全文登载《统计法》、《统计违法违纪行为处分规定》，设置宣传新《统计法》专题栏目，大力宣传统计法律法规。树立执法先进，开展“推进依法统计”为主题继续教育活动，提高全社会统计法律意识。电视台“麒麟报道”节目对规模以上企业宣传贯彻统计法律法规较好的麒麟煤化工有限责任公司进行宣传报道。

认真贯彻执行《中华人民共和国统计法》和国家统计局《统计从业资格认定办法》，继续搞好统计岗位培训工作，积极主动配合开展首次统计从业资格考试。通过文件、网络和新闻媒体及开通咨询热线电话等形式组织统计从业资格及职称考试考前培训工作。2011 年，全区报考统计从业资格 144 人，报考统计专业技术资格初职 14 人、中职 27 人、高职 2 人。

（翟群英）

麒麟国土分局干部职工到富源中安监狱开展警示教育 （颜跃　摄）

国土资源管理

【概　述】 2011 年，面对中心城市对资源的旺盛需求，国家对资源管理的严控政策，麒麟区建设用地占补平衡难和规划调整难的尖锐矛盾，各种利益交汇、错综复杂的矿业权整合等问题，区国土资源分局主动策应“一百万人口，一百万平方千米”珠江源大城市发展战略，充分发挥保护资源和保障发展的双重作用。省人民政府批准同意中心城区西城街道办事处、南宁街道办事处、建宁街道办事处、寥廓街道办事处、白石江街道办事处、三宝镇和沿江乡土地利用总体规划。曲靖市人民政府批准东山镇、越州镇、茨营乡、珠街乡土地利用总体规划。麒麟区第二次全国土地调查（农村部分）县级成果已全部通过云南省第二次全国土地调查领导小组办公室审查验收。6 个乡（镇）土地定级与基准地价测算更新及技术报告的编制工作已完成，正在筹备评审。麒麟区第二轮矿产资源规划已经省国土资源厅批准，并获国土资源部优秀二等奖，区政府正式发布实施。麒麟区核查的上表矿区 12 个，未上表矿区 1 个，矿区储量核查已通过上级验收。办理 55 宗国有土地使用权的登记发证，面积 950.02 亩。办理 13 宗国有土地使用权抵押，面积 841.55 亩。审查集体土地使用登记发证资料 120 宗。办理集体土地所有权登记发证 20 宗，面积 250.13 亩。办理集体建设用地登记发证 23 宗，共 521.75 亩。办理延续非煤矿山采矿证 45 个，审核上报延续煤矿采矿证 36 个，审核上报煤矿变更矿区范围 14 个，审核上报办理煤矿转让 2 个，注销全区实心粘土砖厂采矿许可证 43 个，注销东面山关闭搬迁砂石采矿许可证 18 个，办理东面山技改搬迁矿山企业采矿许可证 16 个。

【“城镇上山”工作】 区国土资源分局始终把“城镇上山”作为当前国土资源工作的首要任务，积极贯彻落实省国土资源厅和市国土资源局作出的保护坝区农田、建设山地城镇、统筹城乡发展的各项决策。区政府于 2011 年 11 月 12 日正式揭牌成立“曲靖市麒麟土地开发投资有限责任公司”，公司以区融资担保公司、区投资开发公司、区城投开发公司为股东，共注入资金 6 700 万元。公司受区政府委托，按照区政府山地开发土地整理方案或其他土地开发整理方案要求，负责筹集土地开发整理、土地征收和拆迁安置资金；组织实施土地开发整理，建设完善城市基础配套，房地产开发建设。公司为独立的国有控投公司，依照《公司法》实行自主经营、自负盈亏、独立核算、照章纳税、自我约束的市场经济运行机制。已编制完成《麒麟区山地综合开发利用专项规划（2010～2020 年）》。调整后的土地利用总体规划，将麒麟区坝区基本农田保护面积由 23.55 万亩上升为 34 万亩。把坝区建设用地和一般耕地调整 10.45 万亩作为永久性基本农田保护，占坝区耕地由原来的 56% 提高到 80%。已启动金麟湾山地片区 2 平方千米的生态文化休闲中心和小坡太和山 0.8 平方千米的工业物流配送中心建设。12 月 28 日，曲靖市委、市政府在麒麟区召开曲靖市保护坝区农田建设山地城镇现场推进会暨麒麟区试点工作启动仪式。省政府刘平副省长、省国土资源厅和自兴厅长出席会议并亲临现场，对麒麟区“城镇上山”的做法给予充分肯定。

【用地保障】 2011 年，国土部门围绕省、市、区重点建设项目，积极争取建设用地计划指标，增大工业用地供应总量，落实耕地“占补平衡”制度。区政府成立麒麟区建设用地报批报件推进工作领导小组，举全区之力，确保国家、省、市、区重点建设项目用地。全年全区共组织建设用地报件 18 件，面积 4 282.7 亩。上报省厅可获批准面积 1 907.7 亩，保障了麒麟职业教育集团建设项目、滇东粮油物流中心建设项目、120 万吨/年低变质煤深加工及资源综合利用项目、年产 5 万

麒麟国土分局开展“四群”教育活动　　　　（颜跃　摄）

吨铝型材生产线等省、市、区重点项目用地。市国土资源局下达麒麟区土地供应计划 1 395 亩，全年供地 29 宗，面积 1 480.75 亩，其中以出让方式供地 17 宗，面积 991.15 亩，成交价款 1.91 亿元；以划拨方式供地 12 宗，面积 489.6 亩。超额完成市国土资源局下达的土地供应计划。

【耕地保护】　4 月 7 日，区政府召开国土资源工作座谈会议，以落实共同责任为重点，全面部署和落实耕地保护工作。切实将新一轮土地利用总体规划确定的耕地和基本农田逐级细化分解落实到图斑、地块和农户，确定责任人员，强化日常管护。并与各乡（镇）街道签订《麒麟区耕地保护目标责任书（2010 年至 2015 年）》，明确区、乡、村、组及区直有关部门保护耕地的共同责任，做到保护耕地这条红线不可逾越。顺利通过省、市两级对麒麟区 2006～2010 耕地保护责任目标履行情况的检查，圆满完成耕地保护责任目标。

【土地整治】　在各乡（镇）街道的通力配合下，土地整治有序推进。越州镇潦浒中低产田地改造项目完工待验收，该项目建设规模 4 477.05 亩，总投资 885.01 万元，新增耕地 161.55 亩，新增耕地率 3.61%。东山镇转长河二调新增耕地土地整治项目完工待验收，该项目建设规模 5 237.4 亩，总投资 789.06 万元，新增耕地 3 398.25 亩，新增耕地率 64.88%。寥廓街道冷家屯村二调新增耕地土地整治项目完工待验收，该项目建设规模 2 304.9 亩，总投资 358.088 万元，新增耕地 1 870.05 亩，新增耕地率 81.13%。茨营乡小河村土地整理项目可行性研究报告通过省国土资源厅组织的专家评审会评审，该项目被列为 2012 年省国土资源厅中低产田地改造备选项目，位于茨营乡小河村委会境内，建设规模面积 7 017.75亩，总投资概算 1 358.28 万元。为储备补充耕地，确保麒麟区新增建设占用耕地占补平衡，根据省国土资源厅核定审查确认入库的麒麟区第二次土地调查新增耕地，在东山镇转长河、越州镇薛旗、寥廓街道潇湘等村境内规划 31 157.88 亩二调新增耕地作为麒麟区 2012 年二调新增耕地土地整治项目，预计投资 6 950 万元，实施后可新增耕地 15 454.18 亩。进入可研阶段。

【地质灾害防治】　2011 年，麒麟区共排查出地质灾害隐患点 55 个，比上年新增隐患点 7 处。涉及 8 个乡（镇）街道，39 个村委会，55 个村小组，威胁人口 10 806 人，威胁财产 52 216 万元。编制完成《曲靖市麒麟区地质灾害防治规划（2011 年～2020 年）》，于 7 月 12 日由市国土资源局组织专家组及市级相关成员单位对防治规划进行评审并通过，上报省国土资源厅审核，由麒麟区人民政府颁布实施。对排查出的地质灾害隐患点建立台账，安排监测人员 43 人，签订《监测责任制》。制定《麒麟区 2011 年地质灾害防治方案》和 21 个地质灾害防治单点应急预案，对 32 个重点地质灾害隐患点安装裂缝报警器，设立警示牌 55 块，购买 46 套雨具和手电，投入人员监测经费 55 200元。与区气象局联合建设地灾气象预警预报系统，通过手机短信等形式发布给分局地质灾害防治工作人员。安排资金 10 万元分别对珠街乡白石岩、倒石岩，三宝镇黄旗小学，越州镇偏坡、大坡、堡子等 6 个隐患点进行治理。

【土地法制宣传】　2011 年，区国土资源分局积极组织开展“4・22”地球日、“6・25”土地日、“8・29”土地测绘日和“12・4”全国法制宣传日活动。在市区街道悬挂横幅 12 幅，在乡镇主要街道和矿区张贴宣传标语 200 余条，发放“全国土地日”特刊 2 000 余份、宣传手册 2 000 余份、预防地质灾害宣传资料 1 000 余份，开展宣传讲座、座谈会 8 场（次），制作宣传专栏、板报 9 期（块），在广场摆放宣传图片、散发传单、进行法律咨询服务。通过“立体式”、“直面式”的宣教活动达到依法行政与社会交流“双向互动、零距离沟通”，进一步提升国土资源管理依法行政的社会认同度。

【土地执法】　2011 年，区国土资源分局巡查 72 次，下发停工通知书 190 份，立案查处土地（矿产）违法案件 52 件（其中矿产违法 15 件），涉及土地面积 1 051.74 亩，应收缴罚没款 810.55 万元，暂扣采矿许可证 25 个。办理来信来访 44 件，做到及时落实，事事有答复，件件有结果。办理提案、议案 4 件，做到件件有走访调查，有面商，有答复。加大对国土资源法律、法规和政策的宣传力度。

2011 年卫片执法检查涉及麒麟区 250 个图斑（含 4 个矿产图斑），涉及土地面积 7 297.4 亩，其中违法用地图斑 25 个，面积 352.7 亩（其中耕地 282 亩），已全部立案查处，正在申请法院强制执行中。卫片执法检查共收缴罚没款 267.737

万元，给予党纪或政纪处分 8 人，通报批评 9 人。卫片执法共投入资金 25 万元，投入人力 1 770 人次。麒麟区违法占用耕地面积占新增建设用地占用耕地总面积的比例为 4.31%，通过了上级部门的检查验收。

【土地“增减挂钩”工作】 《曲靖市麒麟区城乡建设用地增减挂钩试点专项规划（2010～2020 年）》编制成果于 2011 年 11 月 9 日通过麒麟区组织的区属相关部门和市国土资源局的专家评审会评审。专项规划中麒麟区可用于“增减挂钩”拆旧地块面积22 847亩（其中村庄 17 287.68 亩，工矿废弃地 5 559.32 亩），通过“增减挂钩”可提供建设用地周转指标 13 620 亩。该规划成果为麒麟区推进新农村建设、危房改造、矿村共建及工业化、城镇化建设等项目建设用地提供保障，有效缓解麒麟区建设用地指标不足和占补平衡难的问题。

【矿村共建】 编制完成《麒麟区矿村共享资源开发新机制总体规划》。东山独木团庆、禾草必矿村共建新农村整村搬迁涉及 220 户，计划投资 7 800 万元，第一期 40 套住房投资 1 200 万元已建成投入使用；东山高家村业母德村小组整村搬迁涉及 298 户，计划投资 6 980 万元，已完成设计规划、前置审计、工程招投标等工作，完成投资 500 万元。东山新村阿楚克村整村搬迁计划投资 1.2 亿元，已筹集资金 2 750 万元（由周边 5 家煤矿各出资 550 万元），已开工建设。

（*颜　跃*）

安全生产监督管理

【概　述】 2011 年，全区各级各部门认真贯彻落实“安全第一、预防为主、综合治理”的方针，以落实《国务院关于进一步加强企业安全生产工作的通知》和《云南省人民政府关于贯彻国务院关于进一步加强企业安全生产工作的实施意见》为主线，以强化企业安全生产主体责任为重点，继续深入开展“安全生产年”活动，加强基础建设，加强责任落实，加强依法监管，以“三深化”和“三推进”为主要抓手，全面深化“三项行动”和“三项建设”，狠抓重点行业、重点领域的隐患排查治理，全区安全生产实现“十二五”规划的良好开局。

【安全生产指标控制】 2011 年，全区共发生各类安全生产事故 17 起，死亡 25 人，受伤 9 人，直接经济损失 676.3 万元，与上年同期相比，事故起数下降 66%、死亡人数上升 56%、受伤人数上升 125%、直接经济损失上升 390%。各类安全生产事故实际死亡 25 人，占市政府下达控制指标 26 人的 96.2%。亿元 GDP 生产安全事故死亡率、工矿商贸从业人员 10 万人死亡率、煤矿百万吨死亡率和道路交通万车死亡率分别控制在 0.07、0.14、1.5 和 1.07。危险化学品、烟花爆竹、建筑施工、特种设备等重点行业领域继续保持良好态势，未发生安全生产事故。其中煤炭行业发生事故 2 起，死亡 6 人，受伤 2 人，直接经济损失 538.5 万元，与上年同期相比，分别上升 100%；工商企业发生事故 1 起，死亡 2 人，受伤 1 人，直接经济损失 130 万元，与上年同期相比，分别上升 100%；道路交通发生事故 13 起，死亡 15 人，受伤 6 人，直接经济损失 3.6 万元，与上年同期相比，事故起数上升 18.18%、死亡人数上升 7.14%、受伤人数上升 50%、直接经济损失下降 13.33%；消防火灾发生事故 1 起，死亡 2 人，无人员受伤，直接经济损失 4.148 万元，与上年同期相比，事故起数下降 95.65%、死亡人数上升 100%，直接经济损失下降 96.97%。

【安全责任体系建设】 2011 年 3 月 2 日专题召开全区安全生产工作会议，对安全生产工作进行详细安排部署。按照“分块分解、综合下达、分头监控、共同考核、统一奖惩”的安全生产指标控制原则，将安全生产责任层层分解到乡（镇）街道、村（社区）、村（居）民小组及区直部门、企业、车间、班组及人员，形成“横向到边、纵向到底”的安全生产责任体系，实行双重控制，双重考核，形成“网络化”的安全指标控制体系。建立健全责任追究制、事故约谈制、安全生产“双立案、双追责”、安全生产巡视制等机制，调整充实安委会，安委会成员单位从 39 家增加到 45 家，工作合力不断加强。对 2011 年发生事故的 5 家生产经营单位的主要负责人、乡镇主要领导、分管领导、安监站长启动事故约谈。督促 800 余家企业签订安全承诺书，公开承诺，自觉践诺，接受社会监督和舆论监督，有力推动了企业安全生产主体责任的有效落实。

【安全生产执法监察】 进一步采取委托执法、联合检查、专项督查等方式，按照定时间、定人员、定机构、定目标、定措施的“五定”措施，加强安全生产执法监察，实现检查层面 100% 覆盖。2011 年，共对非煤矿山、危险化学品、烟花爆竹、工矿商贸等 800 余家企业开展执法检查，共排查出各类安全隐患 3 823 条，其中现场整改 3 088 条，限期整改 265 条，经济处罚 20 余万元。进一步应用行政、法制手段的强制力、经济政策的引导力、宣传教育的影响力等手段，严厉查处各类违法生产、违法经营、违法建设行为。按照“四不放过”原则，从严、从快、从重查处了“6·22”煤气中毒事故、“8·21”物体打击事故，并严肃追究了事故责任人的责任。

【重点领域专项整治】 稳步推进煤矿、非煤矿山、危险化学品、烟花爆竹、建筑施工、消防火灾等重点领域的专项整治。非煤矿山标准化创建成效明显，108 户非煤矿山企业中深孔爆破率、分台阶开采率、机械铲装作业率达到“三个一百”。52 家企业通过市级标准化企业认定。东面山安全生产强力监管，分批次注销 48 户非煤矿山《安全生产许可证》；危险化学品安全达标建设有序开展，曲靖众一、麒麟焦化、驰宏锌锗等在线监控系统升级改造，13家企业创建为三级标准化企业；烟花爆竹关闭取缔强力推进，从安全距离、安全管理、安全投入等基础环节严格审查，零售总数从253家缩减到172家，精点布局的工作格局初显雏形，5家烟花爆竹批发企业充分整合，成立1家规模大、管理严、安全水平高的云南金立泰烟花爆竹股份有限公司；丘北经验道路交通整治经验持久推广，非法运营、违法载人，客运超载、机动车超速和疲劳驾驶、酒后驾驶等违法行为得到有效整治；建筑施工专项整治扎实有效，重点建设项目、市政工程建设强力监管；高空坠落和物体打击、脚手架和起重机械倒塌、工地坍塌、模板支撑垮落、人员坠落等事故全面防控；消防安全不断深化，“三合一”、“多合一”场所、高层建筑等火灾隐患有效治理，防范能力明显提升。

【安全隐患排查治理】 深入开展“治大隐患、防大事故”的安全隐患排查治理专项行动。五一”、国庆、中秋、元旦、春节、建党九十周年等重点时段的安全生产形势持续稳定。2011年，煤炭部门共出动车辆515辆次，参检人数2 162人次，检查煤矿557矿次，查出各类隐患4 058件，投入整改治理资金4 570.9万元。安监部门共检查108家企业非煤矿山企业，查出各类安全隐患735条，整改率99%；检查103家危险化学品企业，查处各类安全隐患671条，整改率98.1%。住建部门共组织开展各类安全检查285次，专项检查114余次，巡查、检查在建工程项目279个、塔吊39台，受检建筑面积约132.8平方米，共查出各类安全隐患1 077条，对9个建筑工地下发了停工决定书，11个工地进行了限期整改，下发隐患整改意见书68份，现场整改1 057条；对燃气企业开展7次专项检查和180余次日常检查，出动检查人员410人次，查处各类安全隐患103条，下发限期整改通知书19份，现场整改94条；质监部门共开展各类安全检查6次，出动检查车辆16台次，84人，检查单位54个，特种设备245台；公安部门共检查危险物品单位477家，查处各类安全隐患410条，督促整改落实377条，限期整改33条；对9个危险化学品仓库进行安全大检查，查处安全隐患3条，已全面整改；深入开展城市交通秩序综合整治“百日行动”，共出动警力2.5万余人次，警车9 600余辆次，发放宣传资料30.5万份，查处各类交通违法行为59 000余起，查处各类违法停放机动车2 000余辆，教育警告机动车、非机动车和行人违法行为6.4万起，受教育人数突破40万人次；“清剿火患”战役全面打响，共检查单位1 890家，发现火灾隐患600多处，已整改580处，下发各类检查记录470份，提请市人民政府挂牌督办重大火灾隐患单位2家，关停10家，临时查封9家，处罚69起，行政拘留5人。对排查出来的各类安全隐患，严格按照“五落实”的原则，切实强化整改落实。

【安全基础保障建设】 稳步推进“3568”安保双基工程建设，围绕安全生产队伍建设“三有”、装备建设“五有”、支撑体系建设“六有”、制度建设“八有”的工作目标，分类指导、重点突破。认真督促煤炭开采、危险化学品生产、烟花爆竹批发等高危行业企业严格落实“三项经济政策”，强化安全投入。2011年，累计投入安全监管资金300多万元，加大安全监管装备的投入、完善和更新全区11个乡（镇）、街道有固定的办公室场所，配置了相应的办公设备和执法监管车辆，安全监管装备建设“五有”目标全面实现。麒麟区成功申报为云南省安全生产在线监控平台试点县，纳入全省规划建设之中，投资40余万元麒麟区安全生产在线监控平台建设已建成使用，实现了省、市、区、企业四级数据对接。始终坚持把完善应急演练作为增强防御能力、抗拒安全风险的有效手段，在制订完善《麒麟区安全生产总体预案》的基础上，结合全区“十二五”规划纲要，修订完善非煤矿山、危险化学品、烟花爆竹等3个应急子预案，定期组织开展演练，6月18日，在中石化曲靖珠源加油站进行成品油泄露灭火应急预案演练。全区各生产经营单位广泛开展“一企一案一练”，源头防控能力得到夯实。

【宣传教育培训工作】 扎实开展以“安全责任、重在落实”为主题的“六月安全月”活动，深入开展安全知识进农村、进学校、进厂矿、进班组、进机关“五进”活动，营造“人人关注安全、人人关爱生命”的舆论氛围。2011年，全区共粘贴各种安全生产大小标语200余条，发放安全知识宣传资料30 000余份，受益群众50 000余人。强力落实安全生产强制性培训制度，采取“分类施教、上门送教、考教分类”的思路，完善“菜单式”授课模式，着力加强对企业负责人、安全管理人员、特种作业人员、高危作业人员的培训力度。全年共举办各类安全生产知识培训30期，培（复）训各类人员2 470人次，其中新培训从业人员1 867人，复训570人，企业负责人180人，安全管理人员258人，高危行业从业人员1 999人，辖区内从业人员持证上岗率达98%以上。

（赵华利）

食品药品监督管理

【概　述】 2005年7月，在原来曲靖市食品药品监督管理办公室的基础上组建成立麒麟区食品药品监督管理局。2008年5月，麒麟区食品药品监督管理局由省垂直管理划归麒麟区人民政府管理，机关内设办公室（财务科）、食品安全监管科、药品市场监督科3个科室，行政编制14名，工勤编制1名。2011年底，麒麟区共有药品经营企业762家，医疗机构410家。

2011年，区食品药品监督管理局围绕保障公众饮食用药安全这个中心，以创建药品安全示范区为契机，组织开展药品专项整治行动以及打击食品非法添加和滥用食品添加剂专项整治行动，严格依法办理餐饮服务环节行政许可和行政执法委托工作，进一步加强食品综合监管和药械市场监管，有力保障了公众的饮食用药安全，年内辖区没有发生食品药品安全事故。

【药械检查】 执法人员根据上级通报，及时组织对可能流入本局辖区的假劣药械进行清查。查处并销毁"胃痛宁"、"特效风湿关节炎胶囊"、"座骨神经痛丸"等28个批次的假劣药品。对辖区药械市场进行拉网式大检查，共查处违法违规药械案件63件，没收销毁假劣药械89个批次，罚没12.14万元，取缔无证经营药品医疗器械18户，其中无证经营药品8户，无证经营医疗器械10户。抽检药品65个，其中不合格药品23个，靶向率35.3%。

根据国家食品药品监督管理局《药品安全专项整治工作方案》，区食品药品监督管理局组织开展辖区内药品安全专项整治行动，共出动执法人员5 762人次，检查药械零售企业1 263家（次），各类医疗机构735家（次）。立案238起，结案238起，收缴假劣药品517批次，货值4.8万余元。取缔无证经营44户，监督抽检药品159批次，收到不合格药品检验报告32批。10月14日，国务院药品安全专项整治检查组在实地检查后对麒麟区药品专项整治工作予以充分肯定。

按照《药品管理法》的要求，新申报的药品经营企业必须通过《药品经营质量管理规范（GSP）》认证检查，之后每四年再次检查。2011年对127家药品零售企业进行了初次和再次《药品经营质量管理规范（GSP）》认证检查，均通过了检查，进一步规范了药品经营行为。

【食品安全综合监管】 节庆期间食品安全工作。在协调配合相关职能部门做好食品安全日常监管的同时，每年元旦、春节、中秋国庆、中高考等重要时节，区食品药品监督局都以食安委办的名义组织工商、质监、卫生、农业、教育等相关部门开展食品安全专项检查，以确保节庆等重要时节的食品安全。2011年先后5次组织相关职能部门对食品生产加工、种植养殖、流通消费、餐饮服务等环节食品安全进行督促检查，以区食安委的名义要求各成员单位、各乡（镇）、街道高度重视节庆期间食品安全工作，及时消除食品药品安全隐患。

打击食品非法添加和滥用食品添加剂专项整治行动。按照云南省卫生厅等十厅局《关于加强食品添加剂监督管理工作的通知》要求，5月，由区农业局牵头，区食品药品监管、工商、质监、卫生等部门配合，对种植养殖环节进行集中整治；由区工商局牵头，区食品药品监管、农业、质监、卫生等部门配合，对流通消费环节进行集中整治；6月，由区卫生局牵头，区食品药品监管、工商、质监、农业等部门配合，对餐饮环节食品安全进行集中整治；7月，区质监局对47家鲜粮食品加工小作坊进行专项整治，并对获得食品生产许可证的63家生产加工企业使用添加剂情况进行检查；10月，由教育局牵头，相关职能部门配合，对学校及周边食品安全进行集中专项整治。专项整治行动中，全区共出动13 320人次，对3 432家食品企业进行了检查，查获案件6起，取缔非法提炼加工"地沟油"窝点1个，查获非法添加剂59.5千克。通过专项整治，进一步规范了食品添加剂使用行为，有效遏制了食品非法添加和滥用食品添加剂违法行为。

【餐饮服务工作】 根据省食品药品监督管理局等七部门《关于印发云南省餐饮服务食品安全"百千万"示范工程实施方案的通知》，麒麟区积极争创餐饮服务食品安全示范区，以进一步提高麒麟区餐饮服务食品安全保障水平，大力营造安全放心的餐饮消费环境，确保公众饮食安全。为确保餐饮服务环节食品安全，区食品药品监督管理局继续依法委托区卫生局卫生监督局对餐饮服务环节进行监管，并重新签订《行政执法委托书》和《行政许可委托书》，确保餐饮服务环节行政执法和行政许可工作的连续性。全年共办理《餐饮服务许可证》460份。

【依法行政】 2011年，严格依法依规办理行政许可事项，共办结行政许可初审事项67件。作为以公安牵头的"打四黑四害"专项行动成员单位，积极参与"打四黑四害"工作，同公安、卫生等部门一道取缔无证经营使用药品医疗器械单位9户。

年初召开三项监测工作会，对三项监测工作成效明显的10家单位、10名个人进行表彰奖励，印发关于做好三项监测工作的意见，明确任务，加大监测力度。年内收集上报药品不良反应93例。

针对区食品药品监督管理局在乡（镇）、街道无下设机构，农村食品药品安全监管工作薄弱的实际，以区食安委的名义，要求各乡（镇）、街道及时建立健全食品药品安全协管员信息员队伍。按照每个乡（镇）、街道3名兼职协管员、每个行政村（社区）2名兼职协管员、每个村（居）民小组1名兼职信息员的要求，全区已建立起一支总人数1 094人，覆盖所有村（居）民小组的食品药品安全协管员信息员队伍（其中协管员326人，信息员768人），构建起一张"以专业监管队伍为主，食品药品安全协管员信息员队伍为辅，横向到边、纵向到底"的食品药品安全监管网络。

（王旻燕）

教科文卫

教　　育

【概　述】　2011年，全区共有区属公办学校（幼儿园）133所，其中职业技术学校1所，教师进修学校1所，直属中小学18所，直属幼儿园3所，乡（镇）街道中学13所，乡（镇）街道小学97所，在校（园）学生（幼儿）14.58万人，在职教职工6 736人，学校占地242.07万平方米，校舍总面积94.5万平方米。

根据全国和省、市教育工作会议精神，依照《国家中长期教育改革和发展规划纲要（2010－2020年）》和省、市教育事业发展规划，结合全区教育发展实际，认真总结经验，深入调查研究，广泛征询意见，精心组织，初步编制《曲靖市麒麟区教育事业发展“十二五”规划》（讨论稿），明确发展思路、目标任务和保障措施，描绘教育事业改革发展的新蓝图。在整体规划的基础上，针对中心城区中小学“入学难”、学前教育发展、校舍安全工程等问题，展开摸底调查，弄清发展状况，分别编制《曲靖中心城区教育基础设施建设总体布局专项规划》（讨论稿）、《曲靖市麒麟区学前教育发展“十二五”规划》（讨论稿）、《曲靖市麒麟区“十二五”教育基本建设项目总体规划》（讨论稿）等专项规划，对“十二五”时期教育事业发展的重点、难点问题进行专题研究、科学谋划，为区委、区政府提供决策依据，为进一步突破教育发展瓶颈、补齐教育事业短板做好前期性、基础性工作。

继续推进校舍安全工程。共组织实施18个建设项目（包含中心城区中小学新建改扩建“6＋8”工程等建设项目），共排除危房20 782平方米，新建校舍29 510平方米，进一步改善中小学办学条件。

推进中心城区中小学新建改扩建“6＋8”工程。积极启动实施区六中新建教学综合楼建设项目；针对“6＋8”工程实施中存在的困难和问题，积极向上争取协调，由市政府召开专题会议，出台新的政策，促进工程推进。

推进麒麟职教中心建设。预计总投资11亿元，分两期建设占地1 000亩的麒麟职教中心（集团）。一期重点建设科教楼、实训楼、综合办公楼等教学设施；二期重点建设数控、汽修、服装、花卉园艺、机电等实训基地，建成集“科研、教学、生产”于一体、校企结合、“前校后厂”的职教中心（集团）。目前已完成立项、规划选址、总平面规划设计、水土保持方案报批、建设用地报批、环评，办理建设用地规划许可证。部分地勘工作和单体初设已完成，正在进行回填土方，施工图的设计、图审、预算、前置审计、工程招投标等前期工作。

加强师德建设。以“热爱学生、教书育人”为核心，以“学为人师、行为世范”为准则，坚持教育引导和制度约束相结合，绩效考核与师德评价相结合，履职晋级与师德表现相结合，建立和完善教师职业道德教育、评价、考核、奖惩机制，引导广大教师形成以身立教、甘为人梯的崇高师德风尚。

强化师资培训。以教师履职晋级培训为基础，以“国培”计划的实施为抓手，以校本培训为重点，广泛通过远程培训、集中培训、以赛促训、以会代训、以研带训等多种方式，组织开展新教师上岗培训、骨干教师提升培训、教师教育技术能力培训、幼儿教师国家级培训等各类培训7 173人次，全面提升队伍整体素质。

积极推进“科研兴教”工作。坚持科研先行，大力推进“科研兴教”工作，着眼于研究解决教育教学中的实际问题，在课程改革、校本教研、信息技术、心理健康、安全工作、德育工作等方面深入开展课题研究和校本教研，广泛组织开展集体备课、上研究课、示范课、公开课等教研活动，有力促进教育教学质量的全面提升。

均衡优质发展初中教育。在管理指导、经费保障、学校建设、队伍建设、考核评价等方面实行城乡一体化，促进学校建设标准化、办学条件均衡化、办学水平均等化。通过送教下乡、专题调研等方式加大对农村薄弱学校的指导力度，促使全区初中教育均衡优质发展。2011年中考，城乡学校均衡化成效更为突出，农村中学总平均分541.3分，城区中学总平均分528.4分；前200名考生中农村中学有110人，城区中学有90人。在2011年中考中，麒麟区考生仅占全市11.19%的生源，在全市前10名考生中麒麟区有7人，前100名考生中麒麟区有81人。全区650分以上考生有754人，比2010年净增457人，增幅60.6%；600分以上考生有2 600人，比2010年净增1 144人，增幅44%。

提升高中教育质量。在全区高中教育发展进程中，既注重量的扩张，更注重质的提升，促进优先、快速、优质发展，实现“扩容”与“提质”的“双赢”，形成“进口”畅、“出口”旺的良好局面，发展规模、办学效益、教育质量日趋协调，整体发展水平全面提升。区域内2011年高考上线率97.38%、本科上线率70.43%，实现年年上台阶、岁岁结硕果、届届传捷报，为广大考生升学创造良好条件。坚持教育的公益性和普惠性，把维护教育公平作为重点工作抓紧抓好。进一步建立健全义务教育经费保障机制，会同财政部门全面落实“两免一补”（免除义务教育阶段中小学生教科书费、杂费，补助义务教育阶段家庭贫困寄宿生生活费），补助学校公用经费3 645.75万元，为11.4万名义务教育阶段中小学生提供国家免费教科书，补助17 868名义务教育阶段家庭贫困寄宿生生活费1 673.83万元，补助2 754名家庭贫困的普通高中学生生活费354万元，补助11 294名中职学生生活费1 694.1万元，切实体现国家的惠民政策，维护教育公平；全面开展大学生生源地信用助学贷款工作，协助国家开发银行为1 078名家庭贫困大学生发放贷款636.02万元；切实保障进城务工经商人员子女接受义务教育，想方设法安排2 000余名外来青少年儿童入学，充分保障其就学权利。

【加强行风建设】 结合法制政府、责任政府、阳光政府和效能政府四项制度的实施，采取有效措施，推行“信息上网、标牌上墙、承诺公开、岗位公示”，着力加强机关建设，推行阳光政务，在“政府信息公开网”发布重要事项公示11条，在机关政务公开栏公示相关信息28条，接听96128政务信息查询（投诉）电话23个，切实保障人民群众的知情权、表达权和监督权，确保教育管理公开透明运行；变管理为服务、以公开促公正、提效能优服务，充分服务于基层学校和社会各界，打造效能型、阳光型、服务型机关。围绕教育收费、招生考试等人民群众较为关心的热点问题，强化职责，加强监管，在招生考试、教师招聘等方面实行“阳光工程”，对各学校在收费、党风廉政建设、“两免一补”落实、教辅资料订购等方面的工作进行定期和不定期的检查，加大查处力度，共办理信访件58件、“市长热线”9件，及时纠正违规行为，规范办学行为，切实维护广大学生和家长的切身利益，树立教育的良好形象，提升人民群众对教育的满意度。

【平安校园创建】 健全隐患排查机制。各学校进一步建立健全隐患排查机制，组织专门力量，对侵害师生人身和生命财产安全的各类隐患进行全面的排查梳理，对排查出来的安全隐患，实行台帐登记、及时整改、销号管理。同时，积极开展防震减灾、消防安全等应急演练活动，提高师生的防范自救能力。

健全矛盾调解机制。指导各学校建立健全学生心理辅导和矛盾排查调处机制，有针对性地对个别教师和少部分学生进行心理疏导，及时发现和化解校园矛盾和师生矛盾，努力将各种潜在的治安问题和不安定因素化解在基层、化解在内部、化解在萌芽状态，尽可能从源头上堵住漏洞、化解矛盾。

健全警校联动机制。以“平安校园”创建活动为抓手、为载体，结合校园周边环境治理，注重建立健全警校联动机制，主动与公安部门进行协调沟通，对发现的治安突出问题进行有针对性的清理检查和整治，对校园及周边侵害师生人身和财产安全的违法犯罪活动进行坚决打击，确保校园平安、师生安全。城关小学创建为省级“平安校园”，区一中、麒麟小学创建为市级“平安校园”。

【教师节表彰大会】 9月8日，麒麟区庆祝第27个教师节表彰大会在区政府报告厅隆重举行。市委常委、区委书记傅学宾作题为《立足新起点，再创新辉，为建设教育强区而努力奋斗》的重要讲话。会议对20名“先进教育工作者”、80名“优秀教师”、50名“名班主任”、5个“两基”工作先进集体、10名“两基”工作先进个人，5个“校安”工程先进集体、10名“校安”工程先进个人、38名捐资办学先进个人进行了表彰奖励。

【唱红歌、诵经典活动】 5月20日，麒麟区“青少年唱红歌、诵经典”活动在妇女儿童中心隆重举行，全区22所直属学校1 000余名师生参加演出活动，拉开麒麟区庆祝建党90周年系列活动的序幕，营造“红歌满校园、经典进课堂”的良好氛围。区委傅书记等四班子领导出席活动，区委副书记中罗山代表区委、区政府作重要讲话。

【义务教育阶段薄弱学校改造】 按照省、市教育部门的安排部署，组织实施“义务教育阶段薄弱学校改造计划”，为70所中小学配备物理、化学、生物、音乐、体育、美术和图书等教学设备，进一步充实中小学教学设施，为全面实施素质教育提供必备条件。

【麒麟区第一届“园丁杯”教职工运动会】 7月上旬，举办麒麟区第一届“园丁杯”教职工运动会，设立篮球、乒乓球、羽毛球、象棋等四个项目的比赛，全区各学校34个代表团、153个参赛队、850多名运动员参赛。

【麒麟区“十二五”教育科研成果表彰会】 11月9日，麒麟区“十二五”教育科研成果表彰会在沿江乡中心学校隆重举行，对34个市级以上已结题课题、96名市级以上课堂教学竞赛获奖者和5个教研工作先进集体进行表彰奖励，进一步营造“教研促教学，向教研要质量，以质量创品牌”的浓厚氛围。

【区三幼晋升为省一级一等幼儿园】 麒麟区第三幼儿园不断改善办园设施，提高保教质量，提升办园水平，通过省教育厅评估，顺利晋升为云南省一级一等幼儿园。至此，3所区属公办幼儿园均为省一级一等幼园。

（李继宏）

科学技术

【概　述】 2011年，麒麟区科技工作按照“企业主体、产业布局、工程模式、集成推进”的工作思路，全力建设国家可持续发展实验区，致力争创国家可持续发展先进示范区，全区科技创新能力明显增强，麒麟区国家可持续发展先进示范区创建工作稳步推进，科技进步对经济增长的贡献率达57.6%，科技进步与创新有力地支撑经济社会全面协调可持续发展。全区科技进步考核工作被科技部授予“2011年全国县（市）科技进步考核科技进步先进县（市）”荣誉称号，麒麟区被批准为云南省知识产权强县试点区。

【农业科技进步集成体系建设】 党政一把手工程全面实施，每两年一次的乡（镇）街道党政一把手科技进步目标责任制考核顺利实施，优秀率从54.6%提高到100%，科技特派员制度不断深入，选派科技特派员102名，建立示范基地35个，创建专业协会16个，组建公司13个，推广新技术、新品种91个，培训农民2万余人次，吸收农村劳动力2 500人；农业产业化水平不断提高，建成科技示范园（场）20余个、特色农业示范基地20个、特色专业村67个、专业养殖小区134个、农民专业合作组织78个，“三品”认证74个，新技术、新品种覆盖率达90%以上，农业规模化率达55%、标准化率达35%、产业化率达45%。

【工业技术创新集成体系建设】 大力实施工业倍增计划，强力拓园区、聚力扩总量、着力促转型，新型工业化加快推进。企业技术改造明显加快，实施重大技改项目56个，获省级认定高新技术企业5个、著名商标企业10个，拥有省级企业技术创新中心5家，市级企业技术创新中心9家，科技创新体系建设水平位居全市第一；院校科技合作成效显著，企业自主研发的9个新产品被认定为国家级重点新产品，27个被认定为省级新产品，4家高新技术企业的科技成果转化率达80%以上。

【民营科技创业集成体系建设】 民营科技创新行动全面实施，认定13家民营科技企业，设立中小企业科技创新专项资金，安排24万元用于引导和鼓励中小企业进行技术引进、集成整合先进技术创新；项目提升工程成效显著，采取“挖、导、特、推”方式突出抓好一批科技含量高、产业覆盖面大、经济效益好的科技项目，共争取国家、省、市科技计划项目35项1 609万元，帮助企业实施项目28项，引进新技术12项，带动投资2 097万元，实现经济效益超亿元。

【宏观科技管理集成体系建设】 科技创新环境明显改善，先后召开全区科技大会、科学技术奖励大会、科技特派员工作会和季度科技工作联席会，“四进村、常下乡”集中示范活动、科技活动周、知识产权宣传周和科技宣传活动常年开展，全民学科技、用科技意识明显增强；科技成果奖励不断升华，每两年一次的科学技术奖评审按期进行，自主创新、麒麟创造成为科技成果奖励的新亮点，年内，共组织评选科学技术奖3届31项，奖励金额21.5万元；科技成果转化竞相涌现，全区累计申请专利600件，授权专利327件，发放专利激励金和专利转化激励金8.94万元；科技服务体系不断完善，形成技术部门业务指导、龙头企业典型示范、科技群团组织积极参与的点、线、面“三位一体”的科技服务网络体系，全区共有科技志愿者2 510人，科技专业技术人才2.2万人、科技专业技术协会203个。

【清洁能源带动工程】 依托科技进步，研发新项目。在太阳能利用上，与云南师范大学太阳能研究所合作，研制成与建筑结构相适应的太阳能集热器模块，与上海大学、云南中建博能工程技术有限公司联手，研制成“中建”牌空气源热泵热水器、“中建”牌一机三用热泵机组，实现太阳能产品从平板式到真空管式热水器、再到热泵热水器的跨越；在太阳能光伏照明系统项目研究中，成功研发“光伏智能照明控制器”，提高充电效率30%以上；在烟叶烘烤节能技术上，成功研发智能化烤烟设备。以上几项节能产品的应用，每年可节约能源相当于标煤8.47万吨，减排二氧化碳19.06万吨，减排二氧化硫1 270吨。

整合能源技术，延长科技链。对沼气池的池型结构、建池材料、规划设计和沼气配件进行改进创新，研制出强回流沼气池，探索出农村户用太阳能热水器——沼气新型模式，亦称“一池（器）五改”，即通过太阳能热水器、沼气池建设，综合改水、改厕、改厨、改院、改栏，实现粪水自流化、厕所卫生化、饮水洁净化、洗澡就地化，年户均增收节支1 500多元。

加大推广力度，扩大覆盖面。在扶持上，纳入财政预算，对城区和条件较好的乡镇清洁能源使用单位或住户，给予一定比例的补贴；对贫困山区使用清洁能源的农户，每安装一口沼气池财政补助500元，每安装一套太阳能热水器财政补助600元，每安装一套太阳能路灯财政补助总造价的45%。在政策上，对不占用农田、建池面积不超过30平方米的建池户，审批程序从简，允许先用后批，免收土地使用费。在方法上，以点带面，启动寥廓街道潇湘生态园区清洁能源示范村建设试点。年内，全区共建沼气池1.8万口，安装太阳能路灯399盏，太阳能热水器普及率城区98%以上，农村30%以上。

【循环经济驱动工程】 生态企业“小循环”。按照“减量化、再利用、再循环”的原则，重点以钢铁、煤炭、有色金属、化工和建材五大行业为突破口，探索“资源——产品——再生资源——再生产品”的循环经济发展模式。在10家清洁生产和循环经济试点企业中，通过ISO14001环境质量体系认证2家，直接增加产值4亿多元。

生态园区“中循环”。运用循环经济理念，培育壮大烟草、汽车、机械、冶金、建材、煤化工等支柱产业，创新出“煤——焦——化”、“煤——气——化”、“煤——电——矿——磷——化——建 ”、“采——选——冶——工——科”、“煤——电——铝——建”等一大批以大型企业集团为龙头的循环经济发展模式，初步实现园区内资源循环利用和固体废物零排放。越州工业园区被批定为“云南省新型工业化产业示范基地”、“云南煤化工二次资源高效利用高新技术特色产业基地”。

生态产业“大循环”。积极发展生态农业、生态城镇、生态旅游、再生资源回用业等生态循环型和环境友好型产业，构建生态产业网络。全区基本构建“养殖→沼气→种植→加工”为一体的生态农业产业链，生态乡镇建设区域已占全区乡镇、村委会的45%。

【科技综合服务功能不断提升】 按照补齐欠账、适度超前、满足需求、支撑发展的思路，大力实施以大楼修缮、网络服务、园林绿化为主要内容的基础设施建设，着力提升科技综合服务功能，投资800万元，建成全省县级一流的麒麟科技大楼。一是完成科技大楼修缮工程。麒麟科技大楼由办公室、科技培训、科普展览、科技情报、知识产权、信息平台等六个相对独立的区域组成。二是建成可持续发展信息网络服务平台，可实现全区科技系统的电子办公自动化系统及视频会议功能。三是积极推动园林单位建设。麒麟区科技局被云南省住房和城乡建设厅授予“云南省园林单位”称号。

【科技创新环境不断优化】 积极参加全区“四进村、常下乡”集中示范活动。1月16日，在茨营乡举行的麒麟区“四进村、常下乡”集中示范活动启动仪式上，区科技局坚持科技送到田间，致富帮到心间，组织农业科、曲靖滇冠种业有限公司等涉农部门和企业的专家和技术人员进行现场咨询和宣传活动，共捐款5 000元，免费发放种子2 000余袋价值3 000元、科普宣传资料3 000份、接受群众咨询300余人次。

开展以“携手建设创新型国家”为主题的科技活动周活动。5月15日，在西城街道翠峰农贸市场举行以“携手建设创新型国家”为主题的市、区科技活动周启动仪式上，曲靖市科技局、市委宣传部、市科协、麒麟区科技局、区委宣传部、区科协、曲靖师院、市农业局、市林业局和曲靖滇冠种业有限公司等涉农部门和企业，抽调专业技术水平过硬的科技专家，根据农民需求，开展科技服务，解决科技难题。共向群众发放科技小常识、专利申请与保护指南、雷电、冰雹灾害预防等科普系列丛书5 000多本及各种科普宣传资料、科普报纸10 000余份，发放蔬菜新品种20余个10 000余袋，现场解答咨询群众1 500余人次，展出各种科普宣传展板40余块，悬挂布标8条。

【科技项目申报再创新高】 3月9～10日，云南省科学技术发展研究院专家组一行5人到麒麟区考察科技项目申报筹备情况。专家组在科技局有关负责人的陪同下，先后深入越州镇石林瓷业、越钢集团、麒麟焦化、茨营乡无公害蔬菜基地、曲靖市麟珑微藻养殖有限公司和沿江乡丰茂鸭业有限公司等企业查看科技项目申报筹备情况，并就相关项目提出意见建议。推荐上报曲靖市民丰现代农业科技开发有限公司、云南中建博能工程技术有限公司、曲靖市万圣山泉水生产有限公司为2011年非公经济暨中小企业发展（技术创新）项目和曲靖重点聚氨酯产品应用绿色低碳工艺技术改造提升的研究及应用示范项目。连续三年在珠街、沿江两乡十村启动实施万亩水稻高产创建活动，经测产验收，全年水稻平均单产百亩核心区为870.3千克，千亩展示片为799.1千克，万亩示范区为768.5千克，全面完成省科技厅下的水稻高产创建示范任务，示范区平均单产比全区水稻平均单产650千克亩增118.5千克，增幅18.2%。全区共获省科技厅立项支持10项经费675万元。

【科技创新活动稳步推进】 为实施有关低碳城市发展的中日政策对比科研项目，3月7日，北京师范大学地表工程与资源生态国家重点实验室陈晋教授和日本广岛大学的金子慎治教授等一行8人赴麒麟区专题考察低碳城市发展。座谈交流会上，副区长杨忠武首先向考察组介绍麒麟区区情和麒麟区国家可持续发展实验区建设情况，区科技局局长、国家可持续发展实验区协调领导小组办公室主任谭黎作题为《积极推行低碳经济，走可持续发展的生态文明之路——云南省曲靖市麒麟区创建绿色阳光之城的探索与实践》的专题汇报，双方并就有关低碳城市发展问题进行探讨。考察组还实地考察云南中建博能工程技术有限公司的低碳科技楼和双福花园。7月12～21日，麒麟区国家可持续发展实验区协调领导小组办公室与云南省科技厅社会发展科技处共同组织，由麒麟区人民政府领导带队，麒麟区国家可持续发展实验区协调领导小组办公室相关人员、麒麟区推广太阳能较好的社区主任及相关企业负责人共13人赴西藏自治区实地考察西藏可持续发展实验区建设发展情况及清洁能源（特别是太阳能）的推广利用情况。麒麟区国家可持续发展实验区协调领导小组办公室与《云南科技管理》编辑部商定编辑出版《麒麟区国家可持续发展实验区建设成就巡礼》特辑，共出版发行2 000册。计划投资112.89万元在茨营乡、东山镇、三宝镇、建宁街道、南宁街道和西城街道，以农村道路、农村公共活动场所、社区为重点，设计并示范安装123套太阳能路灯照明系统，项目设计每盏太阳能路灯照明系统采用高亮LED作为光源，路灯光源为大功率LED30瓦，采用高效单晶硅太阳电池，阀控式免维护铅酸密封蓄电池，先进可靠的充放电和照明控制设备等，形成一套完整的太阳能照明系统。

【知识产权工作跨越发展】 4月20～26日，认真组织开展以“文化、战略、发展”为主题的“保护知识产权宣传周”活动。活动期间共制作宣传栏30块、悬挂标语12条、发放资料2 000余份，组织辖区内重点企业负责人20多人，参加由云南省和曲靖市联合开展的，打击侵犯知识产权专项行动暨知识产权现场服务会。深入石林瓷业有限责任公司、大丰公司等企业宣传专利申请方法、专利成果引进和专利成果转化等优惠政策。9月1日，组织全区企事业单位主要领导、技术工作的分管领导及从事知识产权工作的人员共200多人参加知识产权培训。特邀云南省知识产权局协调管理处李建宏就知识产权制度的作用及形势、知识产权战略及政策、知识产权基本法律制度概述、企业知识产权管理四个方面作深入讲解。通过培训，增强全区企事业单位工作人员知识产权保护意识，提高工作人员处理知识产权事务的工作能力。专利申请量不断增多，2011年计划完成99件，实际完成134件，超计划数35件，其中发明专利35件。

【培育低碳产业】 麒麟区围绕循环经济和清洁能源两个重点，通过输入端减少碳源，转化端提高能源效率，输出端减少碳消费，全过程增加碳吸收，全社会减少碳排放等五条途径积极推行低碳经济，努力实现黑色经济绿色发展，探索出一条高碳能源城市低碳转型之路。实行资源整合兼并重组，延伸产业链，发展现代煤化工、煤电一体化和煤层气产业，培育新兴产业和发展高新技术产业。2011年底，区域内共完成工业技改投资46亿元，建成高炉焦炉尾气发电、焦炉煤气回收煤焦油、提取粗苯、生产硫酸、硫铵、矿渣提取白银、黄金等稀有金属和高炉矿渣粉煤灰生产水泥及免烧砖等项目29个。大力发展高技术、高效益、低消耗、低污染的“两高两低”产业，积极发展瓦斯发电、太阳能、风能和生物资源能等新型能源。投资1 000万元的小窑沟煤矿2×500KW低浓度瓦斯发电机组已建成并网成功，年节约标准煤1 100万千克，越钢集团、双友钢铁实现高炉煤气发电，年可节约标准煤4 500万千克。

以发展循环经济和园区经济为主攻方向，依托资源消耗清洁化和废物利用产业化途径实现经济组织方式由粗放向集约转变，减少污染物排放，提高经济效益。全区以资源为纽带，以重大项目为依托，加强产业间的协作，实现磷电、煤电、电矿、煤气等资源的多层次转化增值，最大限度地完成中间环节的碳转化，最终实现低碳排放。年内，全区共建成废弃治理设施62套，废水治理设施27套，高污染企业做到全面达标排放。

【宜居城市建设】 立足“绿色阳光”这个重点，大力实施城市亮化、烟尘净化、循环转化、绿色光亮“四大工程”，持续建设宜居城市。对中心城区各主要街道及街道两侧的标志性建筑、高层建筑、宾馆、酒店和重要的商业、娱乐中心、市区公共场所及设施共57处进行多层次、全方位、立体化亮化，亮化灯具全部使用LED节能灯，安装节能灯20万只，节能灯改造城镇使用率达90%以上，农村达60%左右，每年可节电1 400余万度，折合节约400万千克标准煤，减少二氧化碳、二氧化硫排放920万千克和6万千克，节省电费676万元；在中心城区实施禁燃烟煤工程，区域内447家单位的516台（眼）燃烟煤大灶、锅炉、炉窑得到治理和改造，“烟控区”建成区覆盖率100%，区域内饮食业大灶、生活热水锅炉、蒸汽锅炉均采用焦炭、电能、热泵、液化气、太阳能等清洁能源，较之以前燃用烟煤可减排烟尘量72.8万千克/年，二氧化硫55万千克/年，建城区环境空气质量国家Ⅱ级标准，城市燃气普及率达66.79%，城市饮用水水源地水质标率100%，公众对城市环境满意率达78.3%；积极发展生态循环农业、生态城镇、生态旅游、再生资源回用业等生态循环型产业，努力构建生态产业网络。立足全区年平均水平面月太阳辐射总量434MJ/平方米，全年日平均峰值日照小时数约4.78小时的丰富的太阳辐射能资源，启动实施“绿色光亮示范工程”。加大太阳能热水器的推广利用力度，太阳能热水器普及率城镇98%、农村30%。项目全部实施后，每年可节约标准煤5 091万千克，减排二氧化碳12 218.4万千克、二氧化硫118.8万千克。其中太阳能路灯每年可节约用电1 825万度，节约电费1 277.5万元。

通过园林创建、生物消耗、田地改造、生态修复、固废处理“五大行动”，实施天保、绿化工程，全区森林覆盖率42.62%，园林绿地率34.15%，绿化覆盖率38.9%，按每公顷森林每天可吸收1 000千克二氧化碳、释放730千克氧气计算，每年可多吸收二氧化碳244万千克、多释放氧气178.1万千克；从上海引进并在茨营乡筹资2 300万元建成的区级龙头企业——曲靖市麟珑微藻养殖有限公司，每年可消耗二氧化碳23 400千克；投资4.32亿元启动实施中低产田地改造工程，完成坡耕型、缺水型和渍涝型等三种类型为主的中低产田地改造36万亩；在寥廓街道潇湘水库小碌碑村试验人工湿地生物净化污水处理系统，日处理污水150吨，推广后可解决10 266.67公顷林地、2 533.3公顷耕地的修复工作；投资3.3亿元，启动建设日处理生活垃圾80万千克，年处理生活垃圾25 200万千克的曲靖生活垃圾焚烧发电厂。

（颜绍勇）

防震减灾

【概　述】 2011年，区地震局积极开展地震监测预报、震灾预防、紧急救援三大工作体系建设，认真开展防震减灾法律法规知识宣传教育和普及工作，完善群测群防工作机制，加强建设工程抗震设防管理，不断提高全区防震减灾能力。

【召开地震宏观联络员会议】 2010年12月28日，麒麟区召开2011年度地震宏观联络员会议。各乡（镇）街道地震宏观联络员、区地震局全体干部职工等近20人参加会议。会上，区地震局长李天贵全面总结2010年的工作，充分肯定基层地震宏观联络员为麒麟区防震减灾事业所作的贡献，安排布置2011年的工作，并提出四点要求：树立震情第一的观念，增强责任感，密切关注周边地震宏观信息，发现异常及时上报，做到上情下达，下情上报；加强地震科普知识的宣传，提高广大群众的防震减灾意识和抵御地震灾害的能力，为最大限度地减轻地震灾害带来的损失做出贡献；积极投身于抗震设防的管理，对农村建房提供指导，提高建（构）筑物的抗震能力；加强学习，提高业务素质和业务技能。会议采取“以会代训”形式，市地震局高级工程师荀月锐介绍当前的地震形势，对宏观联络员从联络员的主要职能职责、宏观异常的特点及收集、曲靖市的地震活动特征、地震安全性评价的工作内容和步骤等方面进行培训。

【参与农村民居地震安全工程】 为确保民居地震安全工程按质按时完工，3月1～4日，区地震局会同区政研室到廖廓街道、越州镇，对2010年度农村民居地震安全工程进展情况进行检查。检查组严格按照农村民居地震安全工程的内容及程序和《曲靖市农村民居地震安全工程技术导则》，通过深入农户查看了解、听取汇报等形式，对农村民居地震安全工程质量及抗震性能及2010年度农村民居地震安全工程进行全面检查，对工程进度和存在的问题进行督促整改。

根据《曲靖市麒麟区人民政府办公室关于开展农村民居地震安全工程建设竣工验收的通知》要求，分别于5月26日～6月10日、11月9～16日，由区委政研室、区地震局、区财政局、区建设局组成检查组先后到越州镇、茨营乡、寥廓街道的11个村委会检查验收2010年度农村民居地震安全工程。验收采取听、看、查、访、评、改相结合的方式，听取汇报、查看档案及痕迹资料、按照30%的比例，走访抽查850多户农户，对抽查到的每一户农户，检查组都详细询问农户对此工程的态度及资金兑付情况，并实地认真检查工程质量，走访基层干部和建设户，听取群众对农村民居地震安全工程的意见和建议，现场作出验收意见。麒麟区2010年度农村民居地震安全工程建设工作成效明显，较好完成计划任务。

【加强地震监测预报】 区地震局利用计算机网络，及时收集各种数据（地震数据资源共享），参与市局月、季、半年和年度会商，对各种地震观测资料和前兆及其异常及时进行分析，全面掌握地震动态，提出预测意见，全年共撰写12期《震情反映》上报区班子领导，为领导决策提供参考。同时，坚持震情值班，及时了解掌握宏观异常。按要求编写好《2012年度地震活动趋势研究报告》，重点研究由曲靖市延伸到全省未来一年的地震活动强度、地点，力争提出对应较好的年度预报意见。

【地震科普知识宣传教育】 坚持以人为本，把人民群众的生命安全放在首位，坚持预防为主、防御与救助相结合，依靠科技，依靠法制，依靠群众，全面提高地震监测预报、灾害防御、应急救援能力，形成政府主导、军地协调、专群结合、全社会参与的防震减灾工作格局，最大限度减轻地震灾害损失，为经济社会发展创造良好条件。区地震局制定《麒麟区地震局2011年宣传工作意见》，要求各乡（镇）街道按照宣传进机关、学校、社区和农村等的总体要求，广泛开展防震减灾法律法规的宣传教育活动，加强对社会的法制宣传。全年共出《麒麟防震减灾》宣传小报5期，及时更新《麒麟地震信息网》网页，充分利用报刊、广播、电视、网络等各种大众传媒的作用，深入开展地震科普知识宣传教育活动。

【指导城关小学进行防震减灾应急救援演练】 5月12日是全国第二个“防灾减灾日”，区地震局参与组织城关小学防震减灾应急演练活动。为提高防震避震的实战效果，市、区地震、教育部门在演练前加强对学校演练活动的指导。学校门头悬挂“防灾减灾，创建平安校园”、“强化安全意识，提高应急避险能力”、“麒麟区城关小学防灾减灾应急演练”横幅标语，宣传栏、教室走道和教室内防震避震知识挂图和手册琳琅满目。上午10时30分，随着副市长饶卫演练活动开始的一声令下，学校演练发令员向演练师生发出室内避险应急演练指令，各班级老师引导学生用书本护头蹲到课桌下；两分钟后，学校演练发令员发出疏散撤离指令，各班级老师引导学生按《地震应急预案》和《应急演练方案》从教室有序疏散撤离到操场安全地带后，立即清点各班级师生人数并向学校演练总指挥报告避震、疏散撤离情况。市地震局局长太月娥对学校地震应急演练活动进行点评。

【创建曲靖市防震减灾科普示范学校】 根据《曲靖市地震局、曲靖市教育局关于在全市中小学开展防震减灾科普教育暨创建评选防震减灾科普示范学校的通知》精神，麒麟区地震局高度重视，以加强校舍安全建设为基础，以普及防震减灾科学知识、倡导科学防震避震方法、提高应急避险能力为宗旨，以学校科普宣传教育和紧急避震逃生演练为重点，以教育一个孩子，带动一个家庭，影响整个社会，确保一方平安为目标，指导学校健全制度预案、完善宣传设施、深化宣传教育，开展经常性培训宣传和演练工作，学校防震减灾科普意识普遍增强、应急避险能力有显著提高。11月4日，麒麟区第三中学、麒麟区第五中学被曲靖市地震局、曲靖教育局授予“曲靖市防震减灾科普示范学校”的荣誉称号。

【创建地震安全示范社区】 为提高全社会预防、避险、自救、互救能力，营造“大安全”氛围，以

"政府主导、部门支持、街道实施、整体规划、资源共享、长效运作、全员参与"为具体工作思路，努力提高社区居民安全综合素质，预防和减轻地震灾害损失，确保社区安全、文明、和谐、持续发展。麒麟区地震局根据市地震局的要求，在南宁街道瑞东社区率先创建"地震安全示范社区"，制定《曲靖市麒麟区创建防震减灾安全示范社区工作实施意见》。6～11月，区地震局多次到南宁街道瑞东社区安排布置、指导"地震安全示范社区"创建工作，制定《南宁街道瑞东社区"防震减灾"应急预案》、《麒麟区南宁街道瑞东社区防震减灾安全示范社区疏散应急演练方案》、《南宁街道瑞东社区防震减灾安全管理职责》、《关于瑞东社区创建防震减灾安全社区的通知》、《瑞东社区地震应急预案管理体系及演练计划》、《瑞东社区防震减灾实施方案》等一系列创建文件。社区干部和党员分组包片，具体负责所属辖区的减灾的信息反馈、组织实施工作。形成整合资源，各负其责，相互协调，密切配合，齐抓共管，居民群众参与的良好工作机制和创建活动的合力。

【开展"麒麟区2011年地震灾害应急救援演练"】 为检验麒麟区地震应急预案，锻炼应急救援队伍，进一步提高政府及相关部门应对处置突发地震灾害事件的指挥决策、综合协调和联动协作能力，做好地震安全示范社区建设，区委、区政府于11月6日上午在妇女儿童中心广场和东星小区举行"曲靖市麒麟区2011年地震灾害应急救援"演练。假设为2011年11月6日9时40分，麒麟区南宁街道发生5.4级地震，致使部分房屋倒塌，部门人员下落不明，通信中断，社区断水断电，老房子失火，部分地区断电，加油站受损，桥面出现裂痕等灾害，以此为背景开展地震应急救援工作。市人大副主任李桂珍、市政府副市长饶卫、市政协副主席夏传煊、省地震局应急救援处处长郑世远、市地震局局长太月娥、副局长付兴平、麒麟区人民政府区长唐开荣、区政协助理调研员严明华、区人民政府常务副区长林家德出席演练活动，区委和区级国家机关各部委办局、区直各企事业单位、人民团体主要负责人，省、市驻区单位主要领导，各乡（镇）街道党（工）委书记或乡（镇）长、主任观摩演练活动。

【"中国地震科学台阵探测"流动地震观测点建成】 "中国地震科学台阵探测——南北地震带南段"是列入《国家中长期科技发展规划纲要》和《国家地震科学技术发展纲要》优先主题的重要科研项目。通过在南北地震带南段布设密集分布的宽频带大型流动地震台阵，辅以地震测深和重磁电等剖面探测、孕震区主动源重复探测等手段，开展面、线、点相结合的地震与综合地球物理观测，获取该地区地壳与上地幔的精细三维速度结构模型、介质物性模型、介质的应力状态及变形的分布，建立该地区强震深部孕震环境的动力学模型。按照中国地震局和省、市地震局的要求，区地震局及东山镇党委政府协助省、市地震局专家做好选址、工程施工、设备安装调试等工作，2011年10月19日在麒麟区东山镇法色村委会小龙潭村顺利完成设备安装调试工作。

（王朝书）

气象科研

【概　述】 2011年，麒麟区气象局认真履行气象服务职责，以优质气象服务、防灾减灾为宗旨，全面争创一流的工作思路研究和开展各项工作，切实抓好思想政治建设和气象业务建设，进一步加大宣传、贯彻和落实《中华人民共和国气象法》、《防雷减灾管理办法》、《人工影响天气管理条例》、《云南省气象条例》等法律法规的力度，继续开展气象探测、气象预报服务、人工增雨防雹、防雷减灾和乡镇自动气象监测站网应用工作，为服务麒麟经济建设和社会发展做出积极努力。

【气候特点】 2011年麒麟区年降雨量为561.2毫米，年平均温度为15.0℃，年日照时数为2 138.7小时。与历年平均值相比，年降雨量为1974年以来最少值，年平均温度属正常年份，年日照时数属正常稍偏少年份；与2010年相比，年降雨量偏少400.7毫米，年平均温度偏低1.2℃，年日照时数偏少49.5小时。气候特点为：降雨量异常偏少，气温偏高，光照充足，热量条件较好；雨季推迟到6月11日开始，较常年偏晚21天；主汛期降雨量异常偏少，出现自有气象记录以来最为严重的夏旱；冬季气温正常，春季气温偏低，夏季气温偏高，是自1974年以来最高值，水稻抽穗扬花期无低温冷害天气出现；主汛期洪涝、冰雹、大风等气象灾害较常年偏轻。

冬春期（1～4月）：降雨量57.1毫米，较历年同期平均值偏少44%；平均温度11.3℃，较历年同期平均值偏低1.1℃；日照时数759.4小时，较历年同期平均值偏少14%。3月冷空气活动频繁，出现两次强"倒春寒"天气，月平均气温创有气象记录以来同期最低值。

大春作物栽种期（5月）：降雨量仅为27.9毫米，较历年同期平均值偏少73%；雨季于6月11日开始，属明显偏晚年份；平均温度19.2℃，较历年同期平均值偏高0.3℃，属正常。雨季开始前，受前期干旱的影响，初夏干旱非常明显；雨季开始后，降水异常偏少，夏旱加剧。

主汛期（6～8月）：降雨量254.5毫米，较历年同期平均值偏少49%，且分布不均，6月偏少22%，7月偏少49%，8月偏少83%；平均温度20.9℃，较历年同期平均值偏高1.1℃；7～8月，降雨量偏少，气温高，光照强，晴雨相间日数多，有利于喜温的大春作物生长发育，对烤烟生长及品质形成都十分有利；但7、8月的降雨量是自有气象记录以来最少值，汛期干旱严重；在水稻抽穗扬花期间，无低温冷害天气出现。

后汛期（9～10月）：降雨量167.4毫米，较历年同期平均值偏少11%，其中9月雨量正常，10月偏少18%；平均温度17.0℃，较历年同期平均值偏高0.8℃。雨季于9月下旬结束，属偏早年份。9月下旬出现三秋连阴雨天气，对大春作物的收晒有一定的影响。10月的异常降水，使得夏旱日趋严峻，水库蓄水严重不足。

入冬期（11～12月）：降雨量46.2毫米，较历年同期平均值偏少62%，其中11月偏少45%，12月偏多88%；平均温度9.9℃，较历年同期平均值偏高0.2℃。

【主要气候事件及影响】 低温雨雪冰冻。1月中、下旬，影响麒麟区的冷空气强度大，活动频繁，使麒麟区多低温阴雨（雪）天气。11日，出现强降温，最低气温-2.8℃，为1月最低；17～18日冷空气与暖湿气流相配合，全区普降大雪局部暴雪，城区测站雨雪量观测值为13.8毫米，积雪深度7厘米，降雪过程给全区交通带来不便，部分农作物、林木、畜禽受灾，造成较大的经济损失，同时因过程降水量较大，也较为有效地增加农田土壤水分含量，杀死越冬作物病菌和害虫。

倒春寒。3月冷空气活动频繁，气温异常偏低，15～17日，24～27日分别出现两次强“倒春寒”天气，对部分农经作物造成危害，麒麟月平均气温为有气象记录以来同期最低值，较低的气温、较差的光照条件减弱水稻和烤烟秧苗的光合，延缓生长速度，影响壮秧的培育，对“两秧”的生长发育带来不利影响。

雨季开始期偏晚。雨季于6月11日开始。推迟21天，属偏晚年份。由于降水量偏少，初夏干旱严重，对大春和烤烟在最佳节令移栽造成严重影响。

干旱。夏旱是2011年持续时间最长，影响程度最深，受灾程度最为严重的气象灾害，由于雨季开始期明显偏晚，进入雨季后主汛期6～8月降雨量异常偏少，出现自有气象记录以来最为严重的夏旱。严重夏旱有以下特点：

1. 由于2011年雨季于6月上旬末开始，较常年偏晚21天，所以旱情从5月就开始显现。5～8月一直持续高温少雨天气，降水量异常偏少，出现自有气象记录以来最为严重的夏旱。

2. 夏旱发生期间，正值大春作物和烤烟的移栽、生长发育期，从而造成大春作物减产，甚至绝收，烤烟的质量、产量下降。

3. 6～8月是水库蓄水的关键时期，由于此期间降水异常偏少，强降水较历年同期明显偏少，加之秋季降水仍然偏少，造成库塘蓄水严重不足，甚至干枯，部分河道断流。

4. 干旱影响向多元化，长期化发展，除对农经作物影响较大外，因缺水导致发电量不足、供水困难等，对工业、服务业和城乡生活用水也造成严重影响。

【气象服务】 按照气象服务“三满意”的要求（即决策服务让领导满意，公益气象服务让群众满意，专业气象服务和科技服务让用户满意）的要求，全面提升《麒麟气象》的服务质量，更好地为各级党委、政府及有关部门提供气象决策服务。在《麒麟气象》上及时刊载各个时期的天气预测、预报及多篇结合麒麟区农事活动的科普文章，如：《2011全年气候趋势预测》、《2011年2月短期气候预测》、《春播期（3～5月）短期气候预测》、《5月及主汛期短期气候预测》、《麒麟区近期降雨情况分析报告》、《气象情况反映》、《麒麟区2011年1～8月降水实况及预测分析》、《9月及三秋时期气候预测》等多篇服务材料。区气象局主动服务，为元旦、春节及区委、政府两会（党代会、人代会）、全省生育关怀曲靖行公益宣传户外活动及各部门等各类活动的成功举办（召开）及时提供专题预报分析。

面对2011年出现的自有气象记录以来的汛期干旱，麒麟区气象局全体人员严格执行24小时值（守）班制度，密切监测天气变化，及时启动Ⅲ、Ⅱ级抗旱气象服务预案，为区委、政府及相关部门决策抗旱服务提供气象科技依据，为指挥抗旱当好参谋。利用气象综合信息电子显示屏、手机短信和书面材料等提供时实气象监测信息和预报。

【人工增雨防雹工作】 区气象局针对2011年的天气形势，及早开展人工增雨防雹的各项准备工作。3月份，完成全区11门高炮、区人工增雨防雹指挥中心、通讯电台等作业进点前的检查维护保养，物资采购（增雨防雹炮弹、设备补充等）等准备工作；5月5～9日，全区从事人工增雨防雹作业民兵60名培（复）训结束（合格）；10～12日，全区11个人工增雨防雹作业点全部进点完毕，成为全市进点最早的县（区）之一。

气象局干部职工和11个作业点的全体人员，全天候关注天气变化，捕捉时机开展增雨防雹作业。6月6日，实施有效的增雨作业，全区普降中到大雨，最大雨量出现在越州：31.1毫米。这次降雨过程，对降低森林火险气象等级、改善空气湿度、提高土壤墒情、促进烤烟及农（经）作物生长起到积极作用；特别是10日的防雹作业，效果十分明显，东山镇法色村委会的老百姓很高兴，对夺取农业生产大丰收充满信心；7月中旬～8月下旬，相继抓住有利天气时机，实施18次有效的增雨防雹作业。截至9月，全区11个增雨防雹作业点共计作业202次，发射增雨防雹弹5 442发，最大限度地减少防护区内烤烟等农（经）作物的冰雹灾害，圆满地完成区委、政府下达的防护区农经作物冰雹灾害控制在总保护面积5%以内的目标，整个防雹期间无任何责任性安全事故的目标任务。进入10月，面对有气象记录以来出现的严峻旱情，区政府根据气象局提供的增雨抗旱实施意见，及时拨出20万元人工增雨作业专款实施抗旱救灾，区气象局继续组织实施人工增雨抗旱气象服务，增雨抗旱工作持续至12月底。

麒麟区2011年主要气象要素逐月资料

单位：毫米、摄氏度、小时

月　份	1	2	3	4	5	6	7	8	9	10	11	12	年
降雨量	30.8	3.3	17.3	5.7	27.9	145.8	83.0	25.7	109.0	66.5	22.3	23.9	561.2
气　温	5.4	12.2	10.3	17.3	19.2	20.9	21.4	20.5	18.8	15.3	12.5	7.4	15.0
日　照	116.4	238.8	164.9	239.3	220.3	193.1	214.9	227.1	130.9	124.6	185.1	83.3	2 138.7

（吕永灿）

文化体育

【概　述】 麒麟区文化体育局担负着麒麟区辖区内文化体育事业的发展规划、行政管理、文艺宣传等工作职责。2011年区文体局共有在职职工128人，其中具有副高级专业技术职称7人，中级职称35人，初级职称55人，技术工人16人。区文化体育局内设机构有人事秘书科、文化艺术科、文化市场管理科、社会文化管理科、竞训科、新闻出版科六个科室；直属事业单位有文化馆、图书馆、文物管理所、中国书画函授大学曲靖分校、麒麟歌舞团、电影公司、文化市场稽查队、电影管理站、少体校9个事业单位，其中财政全额拨款事业单位7个，差额拨款事业单位1个，自收自支事业单位1个。全系统设基层党支部6个，共有中共正式党员49人。

2011年，区文体局围绕“加强管理、转变作风、依法行政、严肃纪律”的工作思路，以“建基础、强管理、树形象、出实绩”为目标，团结带领文化体育系统广大干部职工，努力进取、开拓创新，解放和发展生产力，不断繁荣文化体育事业。

【文体基础设施建设工作】 麒麟区文化馆、图书馆、文物管理所（简称“两管一所”）主体工程完工，于3月中旬顺利通过验收并投入正常使用；5月全面完成多功能剧场装饰、装修，周边绿化等二期工程建设。

投资6 100万元，占地100亩，观众席位3 000座的金麟湾体育中心建设工程进展顺利，将于2012年春节前投入使用。金麟湾体育运动中心建成后，将改变麒麟区无大型综合体育运动场馆的历史，极大的提升曲靖城市形象，促进和发展曲靖公共体育运动事业。金麟湾生态休闲运动中心开工建设，累计完成投资4.848 9亿元。

积极推进和支持各乡（镇）街道文体广场建设，新建的14个村级小广场已完成前期的各项工作，积极协调省、市有关部门争取资金，购买篮球架61付，乒乓球桌29张，健身器材6套，完善各乡（镇）街道、社区（村委会）的文化体育基础设施建设。

【社会文化工作】 利用“四进村、常下乡”、“2131”工程等工作的实施，开展好送戏、送电影工作。2011年共送戏下乡30余场，送电影下乡1 100余场，真正让党的方针政策惠及群众，落到实处，推动麒麟区新农村建设取得更大成效。

确保“两馆一站”免费开放。根据国家、省、市相关精神，克服各种困难，保证文化馆、图书馆的各类场地对外免费开放，并将9个免费服务项目进行公示。积极组织开展各类群文辅导活动，2011年举办下乡及开展馆内辅导5 000余人次。利用培训、座谈等形式提高基层业务人员的专业技能和服务意识，提高各类文化设施使用效率，全年开展基层文化体育专干和文艺骨干培训8次，共培训800余人，农村文化户从最初的120多户发展到240户。保证乡（镇）街道综合文化站所有设施的对外免费开放，全区122个农家书屋运行正常，日均接待读者2 000余人次。

围绕区委、区政府中心工作，精心组织各类大型文体活动。圆满组织完成春节文体活动、全区第四届职工文艺汇演、纪念中国共产党

搞好群众性体育活动　　　　（区文体局　供稿）

建党90周年庆祝活动、全区第三届职工运动会等重大文体活动。

为发挥文化在服务“三农”中的重要作用，以共享乡村文化站点，推进乡镇文化站、村文化活动室的服务功能，建成文化信息资源共享工程区级支中心1个，农民素质网络培训学校乡（镇）街道站点11个，村（社区）级站点107个。预计将于明年完成全区119个村（社区）级站点建设。完成6个文化惠民示范村的建设申报工作。

群众文化辅导常抓不懈。组织好全区第五届职工文艺汇演，配合做好“文化大篷车、千乡万里行”等大型群文活动，抽调业务骨干，组织全区主要广场舞蹈点领队及业务骨干先后进行“欢乐广场　舞动麒麟”民族民间舞蹈公益性推广普及培训活动和全国广场舞蹈及第八套广播体操的推广培训活动，累计培训辅导万余人次。区文体局9月在珠江源广场参加的全市广场舞蹈大赛中，荣获综合一等奖，自创舞蹈节目《确比》荣获自创节目一等奖，《我的麒麟美》荣获二等奖。

【文化遗产保护工作】 加大对文化遗产保护法律法规的宣传力度，按照省、市统一部署，在2010年完成野外普查的基础上，继续组织实施好全国第三次文物普查中的资料整理和普查报告编撰工作。积极推进罗汉山古墓群申报国家级文物保护单位、横大路古墓群和五联红军标语申报省级文物保护单位工作。挖掘和传承非物质文化遗产。组织专门力量，加大投入，继续对各类非物质文化遗产进行普查和保护，进一步做好4位被省级命名民间艺人的保护和传承，完成省级传承人的档案建立及技艺传承展示的专题片制作。

【文化体育市场管理】 进一步发展9255110的有奖举报的功能，发挥好网吧管理义务监督员的作用。于3月底启动全区“五老”义务监督员的启动仪式，坚持网吧日常管理方面的“五个结合”，通过加强网吧管理，更加有效地防范未成年人进入网吧。加大稽查力度，强化市场监管。全年共出动文化市场执法人员近6 000人次，开展专项整治10余次。有效地维护网吧经营场所的经营秩序，受到广大群众和网吧业主的高度赞扬和充分肯定。查处违规接纳未成年人的电子游戏室6家次，查处接纳未成年人30人次；春节刚过，针对辖区内无证经营的电子游戏行为有所上升苗头，集中力量开展打击无证经营电子游戏室的专项行动，出动1 080人次，检查590家次，取缔无证经营娱乐场所26家。同时要求歌舞娱乐场所按时报送从业人员名簿、营业日志，对个别超时经营的场所进行处罚。以“扫黄打非”为依托，着力整治音像、出版物市场。1～8月，共出动800余人次，检查音像制品经营单位近300家次，收缴盗版、淫秽音像制品1 200余片，电子软件百余片，政治性书刊10余册，淫秽书刊20余册，净化文化市场环境。

加大体育基础设施投入　　（区文体局　供稿）

【艺术工作】 在涌现出舞蹈《要腰》、小品《“猪”联璧合》的基础上，结合麒麟歌舞团自身实际，积极树立精品意识，以艺术精品创作为龙头，打造一批反映麒麟区民族文化特色的优秀精品剧（节）目。舞蹈《确比》在11月结束的云南省第七届少数民族歌舞乐展演上荣获银奖；彝族风情小舞剧《帅姑爷　辣媳妇》在曲靖市新剧（节）目展演上荣获剧目一等奖，小品《至真情怀》荣获创作二等奖。还涌现出歌曲《我的麒麟美》、《麒麟是我家》，小品《焕发之光》、小舞剧《辣操媳妇》等一批精品剧节目。

成功举办2011年麒麟区春节联欢晚会，在春节期间，开展5场广场文艺演出，110场民间文艺演出、11场戏送下乡演出，节目有反映社会主义新农村建设的《模特鸡》、反映人们生活水平提高的《当代节奏》等，节目贴近现实、贴近生活、贴近群众，寓教于乐，深受广大群众的欢迎。

【体育工作】 全民健身计划加快实施。以增强人民群众身体素质、提高健康水平为目标，加大《全民健身计划（2011～2015年）》宣传贯彻力度，积极推进农村体育、街道社区体育、职工体育、学校体育、老年人体育等健康发展；加强社会体育指导员队伍建设，进一步推进全民健身组织建设，切实发挥社会体育指导员作用；圆满举办“东方明珠杯”广场三人篮球赛、“东盛杯”业余网球公开赛、城区中小学生主客场篮球赛等群众性体育赛事，丰富群众文化体育生活；加强对健身气功等站点的管理和指导，指导好行业体育协会和群众体育协会的工作。

竞技体育成绩斐然。精心组织参加云南省第四届传统武术锦标赛，获得8块金牌、9块银牌的优异成绩；在云南省健身气功交流比赛中，麒麟区代表队获得团体二等奖、三等奖各1个，个人第五名1个的优异成绩。在8月参加的云南省第七届城市运动会预赛上，麒麟区举重队、网球队共夺得金牌4枚、银牌5枚、铜牌4枚。男、女举重队分别获得团体第三名；网球队获女子团体第七名，男子团体第十名的好成绩。

【麒麟区第五届职工文艺汇演成功举办】 6月17～18日，麒麟区庆祝建党90周年“红歌嘹亮”主题活动暨麒麟区第五届职工文艺汇演在区文体局多功能厅隆重举行。来自全区34个代表队近5 000人（次）职工带着68个节目角逐大合唱、小合唱、舞蹈、小品、曲艺综合、器乐6个类别的奖项。参演文艺节目，有慷慨激昂的大合唱《怒吼吧！黄河》，有宣传杨善洲先进事迹的小品《光彩》，有赏心悦目的舞蹈《红与黑》，有体现爱岗敬业的曲艺综合节目《城管新风树麒麟》等，以丰富的文艺形式，抒发热爱祖国、热爱人民、热爱中国共产党的赤子情怀，讴歌中国共产党90年来带领中国人民争取民族独立、国家富强、人民幸福、社会和谐的伟大实践，展现麒麟职工爱岗敬业、无私奉献的朴实形象，开拓进取、敢于争先的昂扬斗志。

（毛元圣）

广播电视

【概　述】 2011年麒麟区广电工作围绕转型发展、科学发展、绿色发展、和谐发展这个主题，坚持“三贴近”的原则，围绕中心、服务大局，以宣传为重点，着力推进广电文化建设年和广电规范管理工作年各项工作，以创新促发展，以强化管理为保障，争创一流业绩，为麒麟区改革和经济社会发展提供有力的舆论支撑，促进区域内广播电视事业又好又快发展。

自办节目《麒麟报道》采编播出新闻412组3 024条，比上年增加235条；对外宣传方面，上云南电视台新闻20条；上曲靖电视台120多条。同时还配合麒麟区重大活动，先后拍摄制作专题片和汇报资料片18部，拍摄播出专栏116期。围绕区委、政府的中心工作，精心策划、统筹安排，以政协会、人代会、党代会和庆祝建党90周年宣传活动作为宣传重点进行广泛报道，以专栏节目和系列报道为支撑，以提高报道质量增强宣传效果为目的，全方位、多层次地反映全区中心工作。先后推出《巾帼风采》、《劳动者之歌》、《关爱留守儿童》、《排堵保畅通》、《党旗耀麒麟》等栏目。到11月底，共播出《巾帼风采》栏目10期、《劳动者之歌》10期、《关爱留守儿童》11期、《排堵保畅通》9期、《党旗耀麒麟》18期、《进社区》45期以及积极参与《无车日》等重大活动的摄制播出。其中庆祝建党90周年专栏节目是2011年开办栏目的重中之重，报道内容共分4个部分：一是历史篇，包括走进红色纪念地、历史人物；二是人物篇，重点是先进党支部书记和先进党员；三是先进基层党组织；四是文艺篇，包括各种文艺演出和庆祝活动。从6月6日开办庆祝建党90周年专栏节目《党旗耀麒麟》至6月30日，共播出走进红色纪念地5期、先进党支部书记（党员）10个、革命烈士3个。已播出各种演出和庆祝活动的新闻120余条。本着“重质量、讲效果、不添乱”的原则，采拍制作一批优秀节目送云南台和中央台播出，扩大麒麟区的影响力和知名度。2011年，共有4条新闻获得省级奖励，其中《感动身边的人系列报道》获省级一等奖、《墙壁发电节能环保》、《七上险峰探水源》、《文化涵澹育麒检》均获得省级三等奖。

（邱　波）

老年人体育

【概　述】 2011年，麒麟区老年人体育工作向深度和广度进一步得到发展，为适应人员多，项目广、专业性强的新形势，麒麟区老体协在原有4个专业直属分会的基础上，增设柔力球、舞蹈分会。年内，该分会发展23个站（点）500多个会员。这个分会的成立，使5个直属分会的活动项目更专业、更集中，能更好地发挥直属分会在老年群体中的专业指导作用。

年内，区老体协有分支机构42个，其中直属分会5个，区直单位老体协分会26个，乡（镇）街道老体协分会11个。会员7 813人，其中农村5 798人。有门球场32块，其中农村22块。地掷球场16块，其中农村14块。农村“三个一”建设（即一个活动室，一块活动场地，一支文体队伍）已延伸到居（村）民小组，农村社区（村委会）及居（村）民小组已实现“三个一”378家。珠街乡4个社区、8个村委会随着新农村建设的开展，家家建小广场。随着设施建设扩展，农村文体队伍也蓬勃发展，有425支文体队伍，其中农村356支。社会各界人士也积极捐资建设老年体育设施。沿江乡新圩三组丁连宝捐款10万元建老年活动室。三宝镇黄旗村原村民吴光瑞投资170多万元建老年活动中心。

【积极组织老年人活动】 2011年区老体协组织区级比赛30多次，每年一次的全区农村老年体育运动会及区老干局、老龄办、文体局、老体协四家联办的“庆国庆、迎重阳”运动会已举办第九届。各直属分会年度比赛已形成制度，逐年开展。项目有门球、地掷球、乒乓球、中国象棋、钓鱼、文体展演、扑克、麻将、网球、老年排球、拳、剑、扇等10多个项目。组织参加市级比赛5次，省级比赛4次，全国比赛1次。参加市级比赛，获得乒乓球男子团体赛第二名，女子门球赛第二名，开伦台球男子团体第二名。参加省级比赛，两次获得老年排球女子团体第二名，门球第二名。参加中国门球冠军赛总决赛，获得第十四名，并被评为“体育首德风尚奖”。

全区各乡（镇）街道、区直单位老体协分会共举办各种单项比赛102次，参赛人员1.5万多人次。

区文化馆业务人员深入各社区进行辅导　（区文体局　供稿）

除上述项目外，还有群众喜闻乐见的登山、慢跑、散步、参观等。“庆国庆、迎重阳”各分会的活动都延伸到基层，以单位、社区、村委会组织的活动遍及麒麟。

直属分会采取“请上来，走下去”的培训方法，共培训14期，参训人员1 600多人。各基层分会培训文体骨干36期，参训人员2 300多人。通过对文体骨干的培训，壮大社会文体指导人员队伍，增强老年体育活动的凝聚力，更有利于老年体育活动的开展。

共计组织300多名老年人到省内、省外旅游，让老年人从中感受到祖国各地日新月异的变化，在大自然中陶冶情操，延年益寿。

先后接待石林县和楚雄州老体协代表团。到宣威市考察学习，吸取先进管理经验，进一步扬长避短，充分发挥老年体育资源，更广泛地开展老年体育活动。

【宣传工作】 2011年，区老体协发简报14期，办墙报13期。曲靖日报宣传麒麟老年体育工作报导16篇，曲靖市电视台宣传报导12次，云南电视台报导1次，报送中央台1次，中国老年报报导1次。通过宣传报导，麒麟区老年体育事业得到各级党政领导和社会各界的支持。

【召开2011年老年体育工作会议】

1月5日上午，麒麟区老年体育工作会议在区政府会议厅召开，出席会议的领导有市老体协主席张爱民，副主席兼秘书长田廷秀，麒麟区委常委、组织部长周永江，区人大副主任合子祥，区政府副区长杨忠武，区老体协原老领导杜贵春、周奇。全区各乡（镇）街道及区直单位的分管领导、老体协分会主席，直属分会主席共计70人参加会议。会上区老体协主席对2010年工作做全面总结，对2011年工作做安排。周永江代表区委、区政府做重要讲话。张爱民对麒麟区老年体育协会的工作给予充分肯定，并对2011年的发展方向提出建议和要求。

【麒麟区第九届农村老年人体育运动会】 4月7～8日，麒麟区第九届农村老年人体育运动会在三宝镇兴龙村委会的川龙村和亮子村的门球场、地掷球场进行。11个乡（镇）街道共组织13支门球队，8支地掷球队参加比赛。门球项目：白石江代表队获第一名，越州代表队获第二名，珠街代表队获第三名，沿江代表队获第四名。地掷球项目：沿江代表队获第一名，白石江代表队获第二名，寥廓代表队获第三名。三宝镇获两个项目体育道德风尚奖。曲靖市老体协主席张爱民，副主席兼秘书长田廷秀，区委常委、组织部长周永江，区政府副区长杨忠武参加开幕式。

【接待楚雄州老体协考察团】 5月7日，楚雄州老体协主席王克文率领州老体协人员及全州八县一市老体协主席一行30人，在曲靖市老体协主席张爱民、副主席孟秀华、田廷秀等陪同下到麒麟区参观考察。在区委常委、组织部长周永江，副区长杨忠武，区政府调研员胡勤水，区老体协领导罗家华等人的陪同下参观考察了珠街乡小河湾一组、四组、涌泉六组；三宝镇兴龙村委会川龙村、亮子村、温泉村委会桥头村；白石江街道丰登社区、南宁街道瑞东社区等地。观看了中老年文体队伍的演出，老年体育活动基础设施情况，老年人活动情况及老年体育工作制度建设等。楚雄州老体协考察团对麒麟区老年体育事业发展给予高度肯定。

【首届以社区（村委会）轮办运动会】 7月26日，麒麟区老年人体育工作现场会在沿江乡召开。市老体协常务副主席唐正，副主席田廷秀，区委常委、组织部长周永江，区政府副区长杨忠武，区老体协原老领导及区老体协正副主席，沿江乡党政领导，各村委会代表队及区直单位、各乡（镇）街道、区直属分会老体协主席近百人参加会议。会后沿江乡4个社区、6个村委会代表队到乡老年活动中心进行比赛。此次会议，开创麒麟区农村以社（村）轮办老年体育运动会的新起点。

【组织80岁老翁参加长寿门球赛】

11月24日上午，麒麟区老体协组织12名80岁以上的老寿星在区老年活动中心门球场一场地进行门球比赛。其中离休干部5人、退休人员7人，最大的85岁。比赛结束后，区老体协主席罗家华，副主席吕廷光对前五名分别颁发奖金和奖状，并祝愿老寿星们在老年体育活动中找到快乐，在活动中健康长寿。

【组队参加中国门球冠军赛总决赛】

麒麟区门球代表队经过市级、省级中国门球冠军赛分赛区的层层选拔，于11月13～30日，代表云南省赴深圳参加由中国门球协会主办的第七届“2011年中国门球冠军赛总决赛”。来自全国各省、市、县的106支队伍，1 000多人参加比赛。经过5天的顽强拼搏，荣获第14名的好成绩，并被评为“体育道德风尚奖”，实现球技、球风的双

柔力球舞蹈分会人员培训学员　　（区老体协　供稿）

丰收。

【农民坐小轿车参加联谊赛】 7月12日，东山镇党委用三辆小轿车送东山老年门球队、地掷球队到罗平县富乐镇参加周边三县九乡镇的联谊赛。镇党委领导说，你们出去是代表麒麟区东山镇，不坐小轿车，丢了麒麟区东山镇的脸！体现党政领导对老年体育工作的关心和支持。

【中瑞公司总经理吴关瑞致富感恩】 原三宝镇黄旗村民小组村民吴光瑞，，趁改革开放的春风，创业致富，成为曲靖市中瑞公司总经理。为回报社会，投资170多万元，建黄旗村小组老年活动中心。有小广场、活动室、多功能大厅，年内投入使用。

（刘善林）

卫　　生

【概　述】 2011年全区卫生工作，在改革中快速发展。基本药物制度初见成效，基层医疗卫生服务体系进一步健全，基本公共卫生服务逐步均等化深入推进。1～12月，区属医疗机构门诊诊疗824 508人次，完成住院人次35 345人次，业务收入9 987.4万元。麒麟区卫生局被省委、省政府评为“2008年～2010年云南省防治艾滋病人民战争先进集体”，被市委、市政府评为“老龄工作先进集体”，被市卫生局党委评为“全市卫生系统‘创先争优’活动先进基层党组织”，被区委区政府表彰为“2010年度落实党风廉政建设责任制先进单位”，“2009～2010年度信访工作先进集体”，“2010年对外宣传工作先进集体”，南宁街道社区卫生服务中心被卫生部授予“全国示范社区卫生服务中心”。麒麟区最后一个街道社区卫生服务中心——“建宁街道社区卫生服务中心”挂牌成立。

【新型农村合作医疗制度持续健康发展】 2011年全区参合农户108 330户，参合农民400 348人，参合率达99.51%；乡（镇）和行政村覆盖率均达100%。全区共减免补偿参合农民医疗费用6 051.2万元，1 113 150人次。其中：住院补偿5 108.4万元，39 846人次；门诊减免884.6万元，1 071 600人次；产妇定额补助58.17万元，1 704人次。基金使用情况基本体现了“以大病统筹为主，适当兼顾小病”的原则。

为加强新型农村合作医疗基金管理，确保新农合基金安全、平稳运行，区新型农村合作医疗基金管理办公室严格执行政策，结合实际，制定了“三查八对三相符”的监管督查制度。在抓制度监管的同时，区、乡合管办每月定时将新农合减免补偿进行公示，充分发挥社会监督效能。加强督查管理，严格执行新农合政策规章，及时查处违规问题，保障新农合基金使用、审核与拨付等各个环节规范运行，促进新型农村合作医疗持续健康发展。2011年1～5月查处违规定点医疗机构2家，挽回新农合基金损失45 236.4元。

认真落实定点医疗机构月平均处方值和月平均次均住院费用管理制度，严格执行“村级定点医疗机构月平均处方值不超过25元，乡级定点医疗机构不超过35元；乡级定点医疗机构月平均次均住院费用不超过800元，区级定点医疗机构不超过3 500元，超出部分由医疗机构自行承担，新型农村合作医疗基金不予支付”。促进了医疗机构建立健全因病施治、合理检查、合理治疗、合理用药、合理收费机制，遏制了医药费用不合理增长。新农合制度的实施，使农民群众实实在在得到实惠，不同程度地解决了农民“因病致贫、因病返贫”及“看病难、看病贵”问题。

【深入推进国家基本药物制度的实施】 为深入推进国家基本药物制度的实施，区卫生局根据国家和省、市医改工作中期评估指导意见，印发了《关于进一步加强实施国家基本药物制度的工作意见》和《补充意见》，召开了麒麟区规范实施国家基本药物制度现场会，要求全区各基层医疗机构在2011年6月1日前配备和使用基本药物的品种数必须达到本院（所）、中心（站）配备和使用药物总数的90%以上，基本药物的销售金额必须达到药品销售总额的90%以上。为确保工作落到实处，区实施国家基本药物制度领导小组办公室建立健全约束监管机制，每季度对乡镇卫生院、村卫生所、社区卫生服务中心（站）抽查一次，每次对乡镇卫生院和社区卫生服务中心抽查药品不少于50个品种，对村卫生所和社区卫生服务站抽查药品不少于25个品种，每个乡（镇）街道抽查村卫生所、社区卫生服务站不少于2个。同时，不定期对基层医疗机构的药品购进、零差率销售、首选使用、合理使用、使用比例等指标进行量化、考核、评估，及时发现并解决遇到的问题。通过积极探索和不断实践，麒麟区实施国家基本药物制度工作成效明显，实现了群众、医疗机构、社会三满意。

2011年1～9月，全区区、乡、村医疗机构共计采购药品总金额为3 289.8万元，其中乡、村两级医疗机构采购药品金额1 608.1万元，基本药物采购金额为1 447.3万元，占全部采购金额的90%。乡、村两级医疗机构使用基本药物品种数占使用药品总数的90%。全区区、乡、村医疗机构共计用药总额为3 641.1万元。1～9月，全区乡、村两级医疗机构基本药物零差率销售共让利患者140余万元。麒麟区的做法受到省市的好评，区政府唐区长代表麒麟区在全省医改推进会上作了经验交流。

【稳步推进基本公共卫生服务逐步均等化】 2011年全区公共卫生服务项目人均服务费用25元，服务内容增加了健康教育，工作职责增加了卫生监督协管工作。建立健全了“四级目标责任管理”体系，科学制定实施方案和考核办法，确保基本公共卫生服务工作顺利实施。

一是加强信息化建设。2011年3月份麒麟区招标采购了基本公共卫生服务工作软件，加大对区、乡两级项目单位的培训，严格按规范要求开展居民健康档案管理工作，全区共建档46.29万份，建档率62.48%，电子建档43.51万份，占总人口的58.16%。二是加强健康教育工作。每个乡镇卫生院、街道社区卫生服务中心按要求设立两块宣传专栏，每两月定期更换一次宣传专栏的内容。发放健康教育资料50余种共计179.7万份，举办健康教育讲座129场次，村级共举办711场次；各医疗卫生单位均开展健康教育咨询工作5～12次。三是扎实开展各项公共卫生服务工作。按规范要求对65岁以上老年人每年进行1次健康体检，适时开展健康教育。至10月底，全区共为55 779名老年人建立了健康档案，建档率86.49%。对辖区内原发性高血压患者、Ⅱ糖尿病患者和重性精神病患者进行健康管理，每年进行1次健康体检，至少进行4次面对面随访，指导用药，对其进行健康教育。截止10月底，全区发现重性精神病人1 469例，全部纳入管理；管理高血压病人27 924人，糖尿病人6 989人。

【加强基层医疗卫生服务体系建设】 一是在2010年规范化建设的基础上，制定了严格的检查、考核措施，按照医疗服务评价标准定期不定期组织相关人员对各基层医疗卫生机构行政管理、医疗质量管理、护理管理、院感控制、医技管理、药事管理、中医中药等七个方面进行检查，在全区卫生系统实行“处方点评”、“医疗文书评比”等活动。二是积极争取拉动内需项目。2010年争取到共计3 644万元的6个中央预算内专项投资卫生项目，西城街道社区卫生服务中心扩建项目和建宁街道社区卫生服务中心新建项目已竣工并投入使用；东山卫生院、珠街卫生院、越州卫生院的扩建项目和白石江街道社区卫生服务中心新建项目主体工程已完工进入验收阶段；区医院的项目正在做前期准备工作。争取到总投资360万元的区卫生监督局新建业务楼项目。三是积极添置医疗设备。2011年区人民医院、区妇保院积极争取上级支持，经批准购置高端彩色多普超声仪、高端全自动生化分析仪、电子胃镜、妇科治疗仪等先进医疗设备。区属各乡镇卫生院、街道社区卫生服务中心接受中华慈善总会捐赠价值1 855.33万元的彩超、数字化X光机等医疗设备。

通过规范化管理、拉动内需项目的实施和先进医疗设备的购置，极大地改善了麒麟区医疗卫生机构工作条件，提高了卫生服务能力。

【公立医院改革有突破】 一是开展优质护理示范工程。认真落实护理人员配置标准，健全护理管理规章制度，严格执行护理技术操作规范；提供与患者的病情和生活自理能力相适应的护理服务，确保基础护理与分级护理措施落实到位；注重人文关怀，实行责任制整体护理，分组管理病人，责任到人，为患者提供包括生理、心理、社会、文化及精神等多方面需求的人性化护理服务，继续开展看病有人引、手续有人办、检查有人陪、出院有人送的“四有”服务，减少并逐步取消患者家属陪护；认真听取患者及其家属的意见，不断改进护理工作。优质护理服务的有效开展，提高了护理质量，确保了护理安全，患者满意度明显提高。二是加强抗菌素的使用和管理。为确保合理使用抗菌素，区人民医院专门成立抗菌药物管理工作小组，工作小组根据医院抗菌药物的使用量、使用率、抗菌药物处方比例等进行调查，在此基础上根据《抗菌药物临床应用管理办法》、《抗菌药物临床应用指导原则》、《处方管理办法》等相关规定，结合医院实际，制定了抗菌药物临床应用情况排名、公示和诫勉谈话制度和《麒麟区人民医院抗菌药物临床合理应用考核办法》，对临床科室抗菌药物使用量、使用率进行定期检查、考核，并将考核结果作为科室绩效管理及医务人员晋升、评先评优、职称聘任的重要指标。三是推行多病种临床路径管理。区人民医院结合工作实际在相关科室开展临床路径管理病种18个，入临床路径561次，出临床路径170人次，完成路径391人次。通过推行多病种临床路径管理，进一步规范了医护人员执业行为，保障了医疗安全，提高了医疗质量和卫生资源利用效率，控制和降低临床常见病医药费用，减轻了患者负担。四是加强卫生人才队伍建设。一方面加强人才培养。区医院选派13名中层干部参加清华大学医院管理培训班，邀请清华大学教授和省内知名专家到医院进行全员培训，派出参加各类学术活动和短期学习300余人次。另一方面积极招考和选调优秀专业技术人才。2010～2011年通过事业单位招考和选调等途径增加20名专业技术人员，进一步充实了卫生人才队伍。

【提高突发公共卫生事件应急能力】

认真贯彻落实《突发公共卫生事件应急条例》，加强突发公共卫生事件的报告和处置工作。对突发公共卫生事件信息报告及时率、处置及时率均达100%，无迟报、漏报。一是高度重视狂犬病防治工作。2011年珠街乡、越州镇等地发生犬只伤人事件，区卫生局迅速反应、积极应对，制定下发《曲靖市麒麟区开展狂犬病防制专项整治行动实施方案》，成立狂犬病防制领导小组，认真组织开展狂犬病防治工作。一方面加大资金投入，广泛开展宣传。区卫生部门投入经费46.14万元，制作布标88条，发放宣传资料29.5万份，出黑板报、宣传栏175期，以多种形式进行宣传716次，受教育人数近50万人。另一方面加强疫情的监测，及时掌握疫情，疫情态势得到有效控制。专项防治期间，共对3 954名犬伤患者进行伤口处理和疫苗注射。犬伤人员全程免疫接种率达100%，医疗机构及时、规范处理伤口率达100%。二是加强卫生应急能力建设。为提高麒麟区卫生应急能力，区卫生局成立了应急办公室，抽调精干力量组建卫生应急队伍，配备了相应的卫生应急物资。11月6日，麒麟区卫生应急分队参加了麒麟区举行的地震应急救援演练，演练过程中，卫生应急分队按照职能职责有条不紊、训练有素地展开救援工作，充分展示了卫生应急队伍的应急反应能力。

【妇幼保健工作成效明显】 坚持“以保健为中心，保健与临床相结合，面向基层，面向群体”的工作方针，加强基层队伍建设。完成全区5岁以下儿童及孕产妇死亡漏报调查，完成上级下达的“两个系统管理”各项工作指标。2010年10月至2011年9月，新生儿访视率96.8%，0～3岁儿童系统管理率90.05%，婴儿死亡率控制指标范围内。孕产妇系统管理率93.57%，其中高危孕产妇2 120例，高危产妇住院分娩率100%。孕产妇死亡率控制在指标范围内。1～11月，农村孕产妇住院分娩补助项目补助产妇4 353人，补助率86%，补助金额137.7万元。

【卫生监督执法工作得到加强】 1～11月共发放卫生许可证719户。其中餐饮服务许可证435户，保健食品卫生许可证13户，公共场所卫生许可证267户，生活饮用水卫生许可证4户。监督检查餐饮经营户2 500户次，覆盖率达90%，抽检餐饮店餐具386件，合格355件，合格率为92%。通过日常监督监测、群众举报投诉等途径，加大行政处罚力度，截止11月共对违反《食品安全法》、公共场所采样不合格、非法行医案件、院内感染监测不合格等行为实施卫生行政处罚41起，共罚款45 800元。对辖区内中、小学校及幼儿园食品卫生、传染病防治进行监督检查，共检查中学22家，小学27家，幼儿园3家。开展打击违法添加非食用物质和滥用食品添加剂专项整治行动，共检查超市3家，食品加工店12家，餐饮服务单位5家，食品添加剂销售店4家。为保护劳动者职业健康及其相关权益，按照《职业病防治法》的要求，对辖区范围内煤矿企业开展职业卫生健康体检工作，共有66家煤矿企业，6 444人参加了职业卫生体检，检出疑似尘肺病46人。

【较好完成艾滋病防治各项目标任务】 对各类人群开展检测工作，累计检测13.37万人次；其中完成自愿咨询检测843人，完成指标任务的109.48%；婚姻登记人群检测8 620人，完成指标任务的307.86%；孕产妇检测1.8万人次，完成任务数的240.01%；羁押人员HIV检测827人，完成任务数的118.14%；乙肝检测1.39万人，完成任务数的186.49%；梅毒检测1.32万人，完成任务数的177.24%。区妇女健康中心为1.37万人次娱乐场所服务人员提供高危行为干预服务，免费发放安全套2.8万只、宣传材料1.6万份。美沙酮维持治疗门诊累计接受吸毒者835人，在治262人，超额完成指标任务。麒麟区人民医院抗病毒治疗点免费接受符合治疗条件的艾滋病病人抗病毒治疗累计165例，在治病人76人，指标完成率为84.44%。

【狠抓医疗质量和医疗安全】 麒麟区卫生局结合“三好一满意”、医疗评审评价和处方点评等活动的开展，采取切实有效措施，狠抓医疗质量和医疗安全管理工作。一是切实加强对医疗质量与安全管理工作的领导，建立医疗质量与安全管理例会制度，医疗机构主要领导查房，经常深入临床一线，开展经常性的医疗护理工作检查，定期听取医疗质量与安全管理工作情况汇报，定期开展医疗纠纷与医疗质量缺陷讲评，及时研究和解决医疗质量与安全管理中出现的问题，不断强化质量责任意识、安全意识。二是严格执行医疗质量管理核心制度，各医疗机构既注重规章制度的建设，更狠抓各项制度的落实，尤其是提高医疗核心制度的执行力，督促医务人员严格按章办事，严格规范操作。三是加强对在用医疗仪器、设备安全的安全检查和维护，以及对医疗安全重点部门和重点环节的管理，消除医疗安全检查隐患。四是不断改进医疗服务。各医疗机构始终坚持“以病人为中心”的服务理念，认真落实各项便民服务措施，有效进行医患沟通，扎实开展优质护理服务工程，改善群众看病就医体验，以更加优质的服务赢得社会的理解和支持，赢得广大患者的认同和满意。五是定期对职工开展医疗安全教育，增强依法执业意识和责任心，不断提高医疗护理质量，确保病人就医安全。

【卫生技术品牌建设见成效】 为提升麒麟区医学技术水平，树立卫生品牌和良好形象，麒麟区卫生局鼓励全区各医疗卫生单位加强重点科室建设、实施人才战略，建立和健全人才激励机制，营造良好的医疗卫生技术人才成长环境，重视卫生专业技术人才的培养和使用，促进卫生人才的培养和提高，促进麒麟区卫生事业又快又好发展，为人民群众提供更加优质、安全、便捷的医疗卫生服务。自2008年开始，麒麟区卫生局在全区卫生系统大力实施卫生品牌建设，努力打造卫生技术品牌，以“三名工程”（名医、名科、名院）为载体，全面培养技术人才，积极引进先进技术，积极转化先进技术，全面增强技术竞争力，努力打造一支“医德高尚、医风优良、医技精湛”的医疗卫生队伍。

通过深入实施“三名”工程，全区已评选出名科9个、名医17人。东山卫生院妇产科已成为卫生院的支柱科室，同时也是全区唯一一家能开展剖宫产术的乡镇卫生院。珠街乡卫生院率先在全区乡镇卫生院中开展骨外科手术，珠街乡骨外科病人能就近、及时、便捷地诊治骨伤病患，受到当地群众高度赞誉。南宁社区卫生服务中心美沙酮维持治疗点也成为国家级示范点。区医院的外科、中医科凸显出较强的技术实力，外科开展的“经皮穿刺等离子髓核消融联合臭氧治疗腰椎间盘突出症”疗效明显，深受广大患者好评。2011年8月区人民医院完成的乳腺良性疾病微创入路手术研究项目获曲靖市科技进步奖三等奖。

【麒麟区医学会换届选举大会】 麒麟区医学会第三次代表大会暨换届选举大会于2011年11月4日下午在麒麟区疾病预防控制中心六楼会议室举行，70余位代表出席了会议。上一届理事长、麒麟区卫生局党委书记、局长作了题为《做好学会工作，促进麒麟医学科技创新与发展》工作报告，与会代表审议并通过了工作报告，会议选举产生了20名理事、9名常务理事、理事长、常务副理事长、副理事长、秘书长。麒麟区科协主席对会议做了充分肯定，并对下一步工作提出意见建议。

【珠街乡墩子村委会再次荣获“省级卫生村”荣誉称号】 2011年11月23日省、市爱卫办专家在区爱卫办的陪同下，到珠街乡墩子村委会进行“省级卫生村”的复核验收，通过现场实地查看环境卫生整治、农村改厕、入户调查农户健康知识知晓率，查阅创建痕迹资料，听取工作汇报等，专家组对珠街乡墩子村委会创建巩固“省级卫生村”给予了高度评价和肯定，再次授予珠街乡墩子村委会“省级卫生村”荣誉称号。

【麒麟区两个卫生院被授予“曲靖市医疗服务甲等卫生院”称号】 麒麟区按照国家的相关法律法规，切实加强乡镇卫生院医疗服务管理，努力实现乡镇卫生院“环境优美化、工作标准化、管理规范化、服务人性化”的“四化”目标。经申报、全面检查、评价、验收、市卫生局于2010年12月组织对麒麟区各乡镇卫生院医疗服务评价暨等级卫生院创建工作评价验收。珠街乡中心卫生院、三宝镇卫生院两家被评为“曲靖市医疗服务甲等卫生院”，沿江乡卫生院、茨营乡卫生院两家被评为“曲靖市医疗服务乙等卫生院”，珠街乡中心卫生院还被评为“曲靖市医疗服务优秀卫生院”。

【国家专家督导组对麒麟区医改工作进行中期评估现场督导】 3月19日，由马进（上海交通大学公共卫生学院执行院长）任组长的国家专家督导组共7人对麒麟区医药卫生体制改革的实施进展和效果进行中期评估现场督导。

督导组认为，在深入推进医疗卫生体制改革的过程中，麒麟区党委、政府高度重视，落实国家医改政策动作迅速，突出重点，充分结合当地实际，大胆创新，积极探索，扎实推进重点工作改革，取得了初步成效，为持续推进医改工作积累了经验。麒麟区各有关部门应统一思想，提高对做好医改工作的认识，进一步加强对医改各项工作的督导，创新模式，不断丰富医改工作内涵，积极为全国医疗卫生体制改革提供经验和示范。

【麒麟区卫生系统实现办公自动化】 3月25日，麒麟区卫生局组织开展卫生系统办公自动化系统培训（OA系统），6个乡镇卫生院、5个街道社区卫生服务中心、4个区直医疗卫生单位、机关9个科室40余人参加了培训。OA系统的启用，实现了全区卫生系统办文程序的电子化，节约了成本，提高了工作效率。

【麒麟区举行庆祝国际护士节暨优秀卫生人员表彰大会】 为庆祝第100个国际护士节，由麒麟区委、区政府主办、区卫生局承办的“麒麟区庆祝国际护士节暨优秀卫生人员表彰大会”于5月11日下午在区妇女儿童中心多功能厅召开，会议表彰了10名优秀乡村医生、20名优秀护士、10名优秀医务工作人员，为10名“三十年护龄荣誉护士”颁发了荣誉证书。表彰结束后举行了麒麟区庆祝国际护士节合唱比赛。

（宋　燕）

社　会

人口和计划生育

【概　述】 2011年，麒麟区的人口和计划生育工作以稳定低生育水平、统筹解决人口问题为目标，以创建省级计划生育优质服务先进区、强化流动人口计划生育服务管理、推行诚信计生、实施优生促进工程、开展生育关怀行动、综合治理出生人口性别比偏高、规范依法行政行为等为重点，创新工作思路、强化基层基础、深化优质服务、狠抓落实各项具体工作，全面完成各项目标任务，全区人口和计划生育工作继续保持良好的发展态势。全年全区共出生5 327人，其中一孩出生3 239人，二孩出生2 054人，计划内多孩34人，死亡2 786人。放环2 790例，取环784例，结扎1 737例，补救措施69例，优选节育率91.97%。避孕及时率80%、三术率89.42%、计划生育率98%，人口自然增长率控制在6.5‰以内。优生促进工程全面展开，发放叶酸24 000瓶，叶酸发放知识知晓率和服用率达95%，服用依从率达70%以上，重点人群的实验室筛查率12%（超任务2个百分点）。全区累计领取独生子女证48 008户，其中农村居民领取独生子女证8 215户。

【计划生育工作专题研究会议】 3月3日和3月29日，分别召开2011年计划生育专题工作会议，区政府分管领导在会上安排布置工作。会议进一步确立全年工作目标、理清工作思路、明确要采取的工作措施。进一步明确坚持人口和计划生育工作党政一把手亲自抓，负总责，坚持计划生育“一票否决”、“黄牌”警告、“六不准”制度，坚持将人口和计划生育工作定位为干部政绩考核、选拔奖惩、评先创优、创建文明单位的重要依据。会上区政府与各乡（镇）街道和区直相关部门签订责任书，形成一级抓一级，层层抓落实的工作局面。

【流动人口计划生育服务管理初显成效】 自2011年3月开始，麒麟区在全区范围内开展流动人口动态监测。国家计生委专家通过现场抽样评估，对这项工作给予充分肯定。通过动态监测，一是加强“全国流动人口计划生育工作服务管理平台”的应用，全年共反馈流动人口协查信息2 600余条。流动人口信息交换平台使用率达100%，已婚育龄妇女信息录入率95%，流动人口管理PADIS系统平台上信息协查、反馈率100%。二是加大流动人口计划生育“四二三四”（四：四个为主，中心城区的流动人口管理以市场为主、社区以出租房屋为主、城郊结合部以小区为主、村委会以抓好流出人口管理为主。二：建好两支队伍，区级建立流动人口计划生育服务管理执法监察大队、社区和村委会建立流动人口计划生育服务管理队伍。三：推行三项服务，经常服务、预约服务、上门服务。四：婚姻状况及流动人口做到四个“清”，流动人口基本信息情况清、从业情况避孕节育情况清、以超生躲生为目的的重点人群情况清）服务管理机制的落实。2011年全区共有在册流动人口84 548人，其中流入人口78 070人（流入人口中有已婚育龄妇女12 935人），流出人口6 478人（流出人口中有已婚育龄妇女1 722人）。在落实流动人口市民化待遇方面，为流动人口已婚育龄妇女免费发放避孕药具价值6 900元、落实手术142例。

【出生缺陷干预工程】 4月5日，举办为农村妇女增补叶酸预防神经

2011“生育关怀——彩云之南曲靖行”公益活动

（区计生局　供稿）

管缺陷项目工作培训会。会议指出：为有效控制和减少出生缺陷的发生，必须抓好五项工作：定期开展婚前培训、初婚培训、孕产期教育和育儿期教育；为育龄人群开展婚前、孕前检查；为孕妇提供免费的孕妇营养素补充和必要的免疾接种；对孕妇及胎儿情况进行监测、筛查；及时建立出生婴儿档案并追踪访问，为治疗有出生缺陷的婴儿提供及时、准确的信息和资料。全年服用叶酸人数4 135人，完成实验室筛查554对。

【人口计生宣传教育活动】 2011年，在每个乡（镇）街道都至少建有1个人口文化大院的基础上，又在全区119个村（居）委会分别设立人口计生宣传专栏。同时利用“5·29协会会员日”、“7·11世界人口日”、“12·01艾滋病宣传日”等节日开展大型宣传活动，为群众提供宣传和咨询服务。全年，共开展集中宣传活动20次，参与群众3.8万余人次，发放宣传品3万余份，免费发放避孕药具价值8 800元。报送计划生育工作信息24条，在《中国人口报》等报刊杂志上发表新闻报道19篇，在电视台、电台刊发新闻稿件20篇，人口计生宣传教育的影响力进一步扩大。

【落实计划生育各项惠民政策】 2011年，农村居民办理独生子女父母光荣证279对，完成全年任务的230%。审核录入新增养老生活补助对象59人，累计录入467人；审核录入新增特别扶助对象6人，累计录入139人；申报审批“半边户”对象20人。国家奖励扶助及特别扶助对象资格认定准确率100%。为办理农村居民独生子女父母光荣证的家庭兑现一次性奖励金696.29万元，为25 025人次的中小学生兑现义务教育奖学金465.75万元，为1 053名（其中高考273人，中考780人）农村居民独生子女办理升学加分手续，为2 178人次兑现养老生活补助185.192万元，为483人次兑现特别扶助54.744万元，为农村居民独生子女兑现保健费281.87万元。向各级争取经费194万元，为5 961户独生子女户、11 301户双女户解决新农合个人承担的资金。

【计划生育行政执法】 在计划生育行政执法上重点抓六项工作：一是狠抓“一法一条例”的学习贯彻和加强计生行政执法队伍建设，全区计生系统的41名行政人员都取得行政执法资格。二是在麒麟区政务信息网上公开国家计划生育法律法规及政策、部门职能职责、办事内容、办事程序、办事时限、服务承诺等，主动接受社会监督，增强计生工作的透明度，收到较好效果。三是坚持聘请法律顾问，邀请市、区法制办专业人员帮助规范行政征收和行政处罚程序。四是落实信访工作责任制，做好来信来访登记，对信访案件进行逐一排查。全年共登记来信来访174件；办结率和群众满意率均达95%以上。五是坚持高效便民原则。在审批、办理生育证、独生子女父母光荣证等工作中，严格遵守法定时限，简化办事程序，提高办事效率，热情为育龄群众提供高效、优质的服务。六是在社会抚养费征收工作中，坚持依法征收的原则，同时认真落实“四缓收”原则。即春秋农忙时缓收，逢年过节缓收，家有危重病缓收，家庭特别困难缓收。10月8日，计生局被区第五界人民满意服务部门考核测评组评为“行政执法—人民满意服务部门”。

【召开创优暨计划生育家庭意外伤害保险推进会】 8月26日，麒麟区创建优质服务先进区暨计划生育意外伤害保险现场推进会在三宝镇召开。区政府副区长杨忠武出席会议并讲话。会议总结了全区2011年上半年人口和计划生育及创建优质服务先进区工作，安排部署下半年人口和计划生育工作以及创建省级计划生育优质服务先进区工作，通报了上半年人口与计划生育督查工作情况，对2010年人口和计划生育意外伤害保险先进单位进行表彰，三宝镇、沿江乡在会上就人口与计划生育工作做交流发言。会议强调：“创优”和计划生育意外保险工作是当前人口和计划生育工作的重点，各乡（镇）街道要继续加大宣传力度，采取有效措施确实抓好这两项工作。在开展计划生育意外伤害保险工作上，要按照“政府投一点、保险公司出一点、计划生育家庭自筹一点”的方式，在充分尊重群众意愿的基础上，为他们投保。全年累计投保65 779户，投入保费160余万元。

【区人大评议人口计生工作】 9月6日，区人大在区计生局组织召开评议计划生育工作调查动员会，会上进行民主测评并征求意见。随后深入部分乡、村和计生服务对象中走访调查，征求基层各方面的意见。9月28日，区人大常委会组织25名人大代表对区人口和计划生育工作进行评议，现场统计并公布评议结果：25名人大代表无记名投票表决，计生局得满意票25张，占总票数的100%。工作评议结果为满意。

【“生育关怀——彩云之南在行动”系列宣传活动】 10月中旬，“生育关怀——彩云之南在行动”曲靖行系列公益宣传活动在麒麟区举办。区委、区政府高度重视本次活动，制定实施方案并划拨工作经费，成立领导小组及工作小组，抽调工作人员专门负责活动的筹备和开展。活动围绕三个内容进行：在珠江源广场举行千余人（其中不孕不育家庭代表及计划生育困难户近300人）参加的生育关怀系列公益宣传活动启动仪式；召开计划生育工作座谈会；计划生育生殖健康知识讲座。活动的目的旨在帮助群众解决在实行计划生育中遇到的困难和问题，引导群众自觉实行计划生育。

【创建省级计划生育优质服务先进区】 区委、区政府高度重视创建省级计划生育优质服务先进区工作，先后投入600余万元用于硬件设施的改善和软件设备的添置。在计划生育优质服务工作中，经常性的组织技术服务人员进村入户，开展查环、查病、查孕服务活动。同时，技术服务人员还现场向广大育龄妇女发放计生知识小册子、计生用品、宣传品等，向广大育龄妇女宣传健康文明的生活方式，讲解避孕节育、生殖保健、出生缺陷、妇女常见病的预防和治疗等知识。2011年，共为1 900余名育龄妇女提供免费“三查”服务，发放各类计划生育避孕药具价值8 800余元，接受计划生育、避孕节育咨询4 300余人次，以技术服务为主的创建工作成效明显。7月，区政府向省计生委提交评估验收申请。10月下旬，省创优评估验收组到麒麟区对创建工作进行评估验收。麒麟区顺利通过评估验收，达到省级计划生育优质服务先进区标准。

【集中整治“两非”专项行动】 10月下旬，由计生局牵头，联合区公安分局、区卫生局、区食品药品监督管理局、区妇女联合会在全区范围内开展集中整治“非医学需要的胎儿性别鉴定和选择性别的人工终止妊娠”专项行动。本次专项行动，采用联合发文、制定实施方案、集中整治等措施，达到预期效果。至10月，全区的出生人口男女性别比为115∶100，与往年相比，呈下降趋势。

【业务工作自检自查】 8月3～5日，区政府组织相关人员对全区的人口和计划生育工作进行督查，督促各乡（镇）街道继续采取有效措施，确保全年目标任务的完成。12月28日，计生局抽调局机关各科室、站及各乡（镇）街道计生办主任、统计员组成年终计划生育工作检查组，对全区计划生育工作进行年终检查考核。重点检查各乡（镇）街道计生办在计划统计、优质服务、流动人口管理、行政执法等方面的工作。

（陈坤芬）

就业工作

【概　述】 2011年，麒麟区劳动就业服务中心以就业服务“制度化、专业化、社会化”为标准，把就业再就业工作放在首位，做好失业保险、技能培训、劳务输出、职业介绍、用工登记五大工作为主的就业工作。探索新的工作思路，紧紧围绕“保增长、保民生、保稳定”这一主题，认真落实积极的就业政策，实行扩大就业与稳定就业并举，拓宽就业渠道与落实就业扶持并重，统筹做好高校毕业生、城镇就业困难群体和农民工转移等工作，全区就业再就业工作再上新台阶。

【再就业工作稳步发展】 全区开发就业岗位9 465个，完成全年目标任务6 000人的158%，城镇失业人员实现就业再就业6 175人，完成全年目标任务4 500人的138%，其中，城镇新成长劳动力实现就业3 091人，完成指标2 100人的147%；城镇失业职工实现再就业1 571人，完成指标1 300人的120%；特殊困难群体实现就业1 513人，完成任务1 100人的137%，其中“4050”人员实现就业再就业926人。开发公益性岗位888人，完成指标700的126%；求职登记的大中专技校毕业生实现就业2 315人。认定“零就业”家庭1户，年内安排就业，保持零就业家庭动态为零。办理招用工录用备案手续643家，人数19 745人，审核办理农民工服务手册5 570本。再就业资金共计支出670万元，其中社会保险506.08万元（其中灵活社保补贴348.35万元），公益性岗位补贴160.82万元，培训补贴3.1万元。

【失业保险再创新高】 2011年全区共有参保单位498户，参保人员16 176人，完成全年目标14 900人的108%，其中企业职工9 206人，事业单位6 950人，其他20人；征缴失业保险费858.29万元。累计发放失业保险金2 731人，金额154.91万元；办理失业登记2 376人，其中城镇其他失业人员登记1 937人，失业职工登记439人。创业培训306人，完成指标300人的102%，创业带动就业612人。城镇登记失业率为3.5%，控制在目标任务4.3%以内。

【劳务输出】 农村劳动力转移就业9 139人，完成指标6 000人的152%，其中有序输出3 000人，完成全年目标任务100%。举办城乡劳动力就业招聘会48场（其中大中专毕业生专场招聘会5场，农民工专场招聘会1场，特困就业人员专场招聘会1场），参加招聘会单位2 821家，办理求职登记9 523人，介绍成功7 398人，其中大中专毕业生求职登记2 641人，介绍成功2 032人。

【“贷免扶补”稳步开展】 全区共审核推荐“贷免扶补”811人，贷款金额3 965万元。其中劳动部门81人，个体私协会76人，工商联200人，妇联326人，共青团120人，教育8人。创业带动就业2 421人。审核办理推荐小额担保贷款400人，贷款金额103.5万元，推荐劳动密集型企业小额担保贷款4家，贷款金额700万元。

【民营企业招聘周活动】 5月17至22日，在麒麟区劳动市场举办民营企业招聘周活动，收到明显成效。全区共有294个民营企业参加招聘周活动，提供就业岗位3 164个，其中高校毕业生就业岗位772个；共有1 362人实现就业，其中大学生525人，进城务工农民486人，就业困难人员72人，其他人员279人。麒麟区招聘周活动充分发挥三方职能和各自优势。劳动保障部门积极承担这次招聘周活动的协调组织工作和前期准备工作，各社区工作人员深入到社区居民家中，开展入户调查工作，对每个家庭有什么样的求职人员、需要什么岗位进行登记，及时引导求职者找到适合自己的岗位；总工会以多种形式宣传民营企业在吸纳就业方面的主渠道作用，提高民营企业参与就业再就业工作和参与本次招聘周活动的积极性，并做好现场政策咨询和维权问答工作；各级工商联组织积极与民营企业沟通，掌握民营企业用工信息，开展用人需求情况调查，联系商业服务、加工业、家政服务、房地产等大中小型民营企业，动员各单位积极开发适合失业人员再就业、大中专毕业生就业和农民工转移就业的用工信息，积极参与民营企业招聘周活动。

结合招聘周活动，工商联引导广大非公有制经济人士投身到光彩事业中，发展企业，回报社会。通过“民营企业招聘周”活动引导求职者转变就业观念，只有改变“奔国有、奔机关、奔事业单位”的择业观念，择业的路子才能宽广，才能有更多的就业机会，同时要根据市场需求，提供政策支持服务，逐步使民营企业成为安置就业的重要载体。

（李树友）

社会保险

【概　述】 2011年，麒麟区社会养老、工伤、生育保险和农村养老保险、企业退休人员社会化管理工作，坚持全面深入贯彻落实科学发展观，以构建和谐社会为主线，坚持为民服务、为民解困、为民保障的工作宗旨，全面落实中央、省、市、区人力资源和社会保障政策，着力解决群众最关心、最直接、最现实的利益问题，坚持“服务无止境，满意是标准”的服务理念，不断在强化自身素质，提高业务水平上下功夫，积极开展岗位练兵、技术比武活动，圆满完成全年各项工作任务。确保9 212名企业退休人员9 295万元养老金按时足额发放，无拖欠养老金的现象，社会化发放率为100%。

【退休人员社会化管理】 2011年，居住在麒麟区的中央、省、市、区属企业185家21 689名退休人员，全部移交社区实行社会化管理服务。麒麟区根据社区建设状况和退休人员居住情况，按照就近、方便的原则，在6个乡（镇）和1个街道劳动保障所、16个社区和20个企业，共建立53个企业退休人员社会化管理服务平台。将21 689名退休人员安置在53个企业退休人员服务网点开展管理服务，社会管理服务率100%。聘用73名社会化管理服务工作人员，建立健全工作制度，明确工作职责，规范企业退休人员社会化管理服务工作，提高服务质量，让企业退休人员进入社区后，做到“进得来、管得住、服务好”，为适应社会化管理服务的需要，强化社区社会保障平台建设，完善企业退休人员待遇计发和档案管理，逐步实现社会化管理服务信息化、规范化、制度化。

认真做好移交社区的企业退休人员的慰问工作。春节期间拨付专项资金47万元，组织社区和乡（镇）街道劳动保障所及委托企业退休管理服务所开展对孤寡、残疾、重病、高龄等特困退休人员的慰问，共慰问4 893名退休人员；在“九九”重阳节拨付43.3万元，组织企业退休人员开展各种文化娱乐表演活动40多场，丰富退休人员的文化生活。

【城镇职工养老保险】 2011年，麒麟区城镇职工养老保险工作以“强化服务、提高质量”为主线，始终把社会保险基金征缴当作民生工程的重要内容来抓，坚持以确保发放为中心，以强化征缴为重点，扎实开展扩面征缴和清欠工作。强化申报核定，积极主动配合税务部门做好基本养老保险费征收，坚持开展欠费跟踪管理，强化筹资主渠道；联合地税、劳动监察部门，重点对私营企业开展参保工作，深入宣传政策，主动上门服务，督促各类人员应保尽保。认真贯彻云南省人力资源和和社会保障厅、云南省财政厅《关于印发〈关于解决未参保集体企业退休人员基本养老保障等遗留问题的实施办法〉的通知》精神，在认真做好超龄人员参保的前提下，采取多种方式提高私营企业、个体工商户等非公有制经济从业人员及灵活就业人员的参保热情，提高参保率，年底，全区参加养老保险职工人数38 345人（其中参保职工29 133人，离退休人员9 212人），完成全年计划人数32 412人的118%，征缴基本养老保险金2.6亿元，完成全年目标任务1.04亿元的150%；其中超龄人员参保3 910人，收缴基金1.1亿元。

【职工工伤保险】 2011年，麒麟区参加工伤保险单位430家，参保职工28 791人，（其中高风险企业97家，参保职工17 955人），超额完成曲靖市人力资源和社会保障局下达的任务。全年实收工伤保险基金1 504万元，按时完成计划目标任务。为319名工伤人员支付工伤保险费用603万元（其中高风险农民工182人，支付404万元）。

【职工生育保险】 2011年，麒麟区参加生育保险单位317家，参保职工10 836人，超额完成曲靖市劳动和和社会保障局下达的扩面任务。全年收缴生育基金222万元，按时完成计划目标任务。为103名女职工支付生育保险费用104万元。继续推动生育医疗费用与医疗机构直接结算工作，保障参保职工的待遇。

【农村养老保险】 2011年，麒麟区新参加农村养老保险2 247人并全部纳入计算机管理，超额完成上级下达任务数1 000人的225%。收缴养老金450万元，办理死亡退保28人，付退保费8.6万元，累计实现老农保参保人数23 487人，积累资金2 857万元。为2 530名领保人员发放养老金53.8万元。为12名外地户口解除劳动合同的农民工办理转移手续，转出资金5.6万元，继续做好130名失地农民参保工作，结余基金209万元；支付88人养老金15.3万元，办理退保5人，付退保费5.5万元。

【城乡居民养老保险】 2011年，根据《曲靖市麒麟区人民政府关于麒麟区新型农村和城镇居民社会养老保险试点实施方案的通知》精神，于7月开展城乡居民社会养老保险试点工作。到2011年年底共有255 724人参加城乡居民养老保险，其中城镇居民参加社会养老保险73 359人，农村居民参加新型农村社会养老保险182 365人，综合参保率87.39%，共收缴基金3 996万元。领取养老金人员50 636人，（其中城镇居民参保社会养老保险13 548人，农村居民参保新型农村社会养老保险37 088人）。共发放养老金1 682.37万元。

（李德泽）

新型农村和城镇居民社会养老保险

【概　述】　2011年7月1日，麒麟区被列为第三批新型农村社会养老保险试点区和第一批城镇居民社会养老保险试点区。麒麟区成立由区长任组长，区人力资源和社会保障局、区财政局、区公安局、区残联等13个部门主要领导为成员的城乡居民社会养老保险试点工作领导小组，在区人力资源和社会保障局设办公室，抽调8名工作人员。全区11个乡（镇）街道分别增加1～3名工作人员，以社保中心为依托开展工作。一是出台《曲靖市麒麟区新型农村社会养老保险试点实施方案》、《麒麟区新型农村社会养老保险试点实施细则》、制定《麒麟区新型农村和城镇居民社会养老保险试点工作目标管理考核办法》。二是层层签订责任制。将新型农村和城镇居民社会养老保险工作纳入经济社会发展规划和年度工作目标管理考核体系，实行目标责任考核。并要求各乡（镇）街道将年度目标任务分解到村，实行包保责任制，区领导包乡（镇）街道，乡领导包村，村干部包片，进一步落实工作责任，细化分解工作任务，具体落实到户到人，从整体运行上实现“六有四抓”：即有机构，有专人，有动员，有领导，有方案，有安排，形成主要领导亲自抓，分管领导具体抓，经办干部专门抓，协办人员入户抓，一级抓一级，层层抓落实的运行机制。三是加强督查，严格奖惩。区政府成立督察组，对各乡（镇）街道和相关部门进行定期不定期督查，及时通报工作进展情况，及时发现工作中出现的新情况、新问题并及时解决。

2011年底，全区办理参保205 537人，参保率85.03%，累计收取保费3 996.04万元，共为50 187名符合领取条件的60周岁以上人员发放基础养老金1 656万元，发放率99%；为246名重度残疾人发放养老补贴81 180元，发放率为100%，全区综合参保率87.34%。

【社会养老保险宣传工作】　以“政策进万家、养老人人有”为活动主题，以“三进六到位”为活动载体，组织工作人员“进乡（镇）街道、进村组、进农户”，挨家挨户做工作，做到“宣传到位、政策到位、经办到位、服务到位、参保到位、补贴到位”，实现“打基础、抓确保”的工作目标。全区共悬挂醒目横幅120多条，制作宣传碟片22张，设政策宣传“流动咨询台”11个，发放《麒麟区城乡居民社会养老保险政策宣传资料》22万份。

借助网络媒体进行宣传。在麒麟区有线电视台开辟宣传专栏，每天黄金时段滚动播出，发布有关情况；以手机报的形式，向全区群众及时发布有关政策信息，实现不同群体人员“零距离”接触政策；邀请麒麟报道记者，对有关工作情况进行公开报道3次，在曲靖日报上刊登宣传文章4篇，增加工作透明度，也自觉接受社会各界监督。

编发简报进行宣传。区新型农村和城镇居民社会养老保险试点工作领导小组办公室共编发简报17期（47篇），及时反映工作动态情况。

配发资料进行宣传。为经办干部和村（居）委会协办员配发《云南省新型农村社会养老保险文件汇编》和《云南省新型农村社会养老保险业务经办手册》120多本，以宣传促工作，以工作促宣传。

以发放带宣传促参保。通过举行养老金发放仪式，现场为符合条件的60岁以上老人发放养老金存折，让广大群众身临其境，感受政策带来的实惠，对促进参保起到立竿见影的效果。

【参保和待遇发放工作】　信息采集确保不重不漏。各乡（镇）街道认真做好参保对象的摸底、登记、公示等工作，建立居民信息库，做到村不漏户、户不漏人、人不漏项、一字不错，为工作开展提供可靠依据。

待遇发放不重不漏。在基础养老金发放过程中，着力抓好四个环节，严把“四关”。首先是准确统计应发人数。在规定时间内对辖区内人员进行摸底式调查，并发放《待遇领取通知书》。其次是严格审核人员资格。乡（镇）街道劳动保障所对村（居）委报送的材料进行初步审核，确保材料的完整性、真实性。区经办机构进行复审，对申领资格进行核查，无任何异议后，由本人签订《待遇领取承诺书》后即为其发放基础养老金。再次是规范实现社会化发放。按照相关要求，委托农村信用联社发放基础养老金，由协办员凭领取人员的身份证、户口册统一领取基础养老金存折后发放到个人的手中。然后是定期验证领取人员生存情况。每年搞一次生存认定，其余时间对领取人员的生存状况进行不定期抽查。

参保信息不重不漏。采取“区、乡（镇）街道、村（居）委会三级联动”的工作模式，由乡（镇）街道组织村（居）委会干部对参保人员基础信息，特别是姓名、身份证号码、缴费金额等进行认真清理和校对，对个人账户明细进行核实，并分村进行公示，让村民掌握自己参保信息，发现错误及时纠正。在确保参保人员信息不重、不漏、不错的基础上，由责任人签订承诺书后方可入库。

【社会养老保险档案管理工作】　为切实做到参保人员档案准确、完整和有效利用，实现“记录一生、跟踪一生、服务一生、保障一生”的目标。业务档案实行统一领导、分级管理、集中保存。业务档案、电子档案由区级经办机构统一管理，未满60周岁的参保人员的纸质档案以户为单位，由乡（镇）劳动保障所集中管理，有利于参保人员方便快捷地变更、查询、核实基础信息，做到纸质档案与电子档案的完全一致。参保对象随时随地都可凭身份证在系统查到电子档案和纸质档案。结合参保对象实际情况，对死亡、服刑、参军、参加企业职工养老保险、16周岁以上在校学生等六类特殊人群的系统标识，要求每年通过村干部动态核对一次，不断完善更新，确保新农保信息准确完整。

（毛晓慧）

医疗保险

【概　述】 2011年，麒麟区医疗保险工作以构建和谐社会、维护社会稳定为主线，以扩大医疗、工伤、生育保险覆盖面和城镇居民参保工作为重点，以完善医疗体系为目标，以强化管理为手段，以规范运作为目的，以提高服务质量和工作效率为出发点，围绕推进和完善基本医疗保险制度建设的目标，强化管理、强化服务、规范业务流程、提高管理服务效率，控制不合理费用和确保基金收支平衡为突破口，结合麒麟区经济和社会发展的实际，努力提升医疗保障能力和管理服务水平，确保全区参保职工和居民的基本医疗需求，圆满完成2011年的各项工作任务。年底，全区共有参保单位721家，其中机关50家，事业单位280家，社区、村（居）委会26家，企业365家，分别占参保单位总数的7%、39%、4%和50%，参保职工33 684人，在职职工23 994人，退休职工7 282人，离休、二等乙级革命伤残军人187人，企业先养后退人员281人，灵活就业人员2 221人。分别占职工总数的71%、21%、0.5%、1%和6.5%。参加工伤、生育保险的单位317家，参加工伤、生育职工11 920人，参加公务员医疗补助的单位314家，享受公务员补助的人数15 856人。保险基金安全运行。离休人员、老红军、二等乙级以上革命伤残军人医疗费没有超支。

【城镇居民医疗保险工作】 2011年，曲靖市下达给麒麟区的城镇居民基本医疗保险参保任务17万人。麒麟区各级党委、政府和各有关部门高度重视，把试点工作纳入2011年工作考核目标，建立制度，制定方案，强化错施，明确任务，落实责任，确保任务完成。年底，参保人数17.1万人，其中成年人8万人（含低保0.8万人、重残0.1万人、低收入老年人2.7万人）、中小学生、儿童及未成年人7.4万人（含低保0.26万人、重残0.07万人）、大学生1.7万人，收缴保费2 929万元，工作进展顺利。

【医疗保险基金的收缴、结算、拨付工作】 2011年底，共收缴城镇职工基本医疗保险基金8 779万元，城镇居民医基本医疗保险基金4 189万元，城镇职附加商业保险费658万元，城镇职工工伤保险费50万元，城镇职工生育保险费83万元，离休人员及二等乙级伤残军人保险费528万元。医疗费用结算审核工作量不断扩大，全年共支付城镇职工医疗费用7 552.2万元（其中统筹支付3 375万元，个人账户支付3 136万元，支付离休干部、二等乙级以上革命伤残军人医疗费428万元，公务员补助支付85万元，支付退休干部补助费1.2万元，支付附加商业保险医疗费413万元，支付工伤医疗费56万元，支付生育医疗费56万元）。支付城镇居民医疗费用3 766万元，确保实现“以收定支，收支平衡，略有积累”的目标。

【强化医疗保险管理措施】 5月，召开全区“两定”工作会议，会上对286家“两定”单位作严格要求，签订医疗服务协议，医疗费用实行总量控制，采取积极有效措施，以强化管理为手段，以规范运作为目的，不断健全和完善各项管理制度和措施，做到有章可循。对定点医疗机构、定点零售药店实行协议化管理和履约考核，建立结算、审核定期通报制度、信用等级评定制度。对“两定”的单位开展定期、不定期的稽核，实行考核结果与医疗费用结算标准挂钩，对违规行为和违规费用明确违约责任。全年共扣减各医疗机构、药店不合理的医疗费用26万余元。“两定”单位的管理进一步规范，各种违规行为不断减少，促进医疗保险工作健康发展，为参保职工就医提供可靠的医疗服务保障。

【医保信息系统建设成效明显】 年底，共发放全省统一制作的社会保险IC卡3.5万余张。在286家定点医疗机构、零售药店全面开通医保刷卡业务，全区所有参保职工可持医保IC卡刷卡就医购药。统一制作城镇居民医疗保险IC卡17万余张，发放17万余张，可在44家定点医院刷卡住院，但不建个人账户，卡上没有钱。曲靖市医保信息系统于2008年12月进行整合，自2011年1月起，曲靖市统筹区就医购药实现一卡通。城镇居民基本医疗保险试点工作启动运行后，为减轻参保居民住院医疗费个人垫付压力，方便参保居民就医，麒麟区自2011年8月1日起，在3个三级医院、4个二级医院、37个一级医院开通居民医保联网垫付业务，正式实行联网垫付。

医保信息系统的建成，结束了麒麟区实施医疗保险制改革多年来传统的手工业务操作的历史，为提升医疗保险管理服务水平，打造数字医保，奠定了坚实的基础，同时也极大地方便参保职工就医购药。

【特殊慢性病认定工作】 按照《曲靖市医疗保险统筹基金支付急诊抢救和特殊慢性病门诊费管理办法》，认真组织开展特殊慢性病申报认定工作。2011年，共受理城镇职工特殊慢性病申报资料138份，经专家组审查认定135人享受特殊慢性病待遇；受理城镇居民特殊病申报资料91份，经专家组审查认定享受城镇居民特殊病待遇的82人。为减轻特殊慢性病患者就医购药的垫付压力，方便慢性病患者就医购药，自2010年在部分定点医院和药店实施刷卡消费服务，这一措施的实施从根本上减轻特殊慢性病患者的经济压力，通过两年的运行，大部分患者反映较好。

（叶兴权）

劳动保障监察

【劳动保障执法年审】 一是制定

年审工作方案，明确年审的指导思想、年审对象、年审内容、年审方式时限；分别设立国家机关、事业单位、改制企业年审办公室及私营企业、个体工商户年审办公室。在年审工作中严格审验用人单位与职工签订的劳动合同书、工资花名册、缴纳各项社会保险费的有关凭证等。对没有签订劳动合同的，责令限期订立；对没有缴纳社会保险费的，责令限期缴纳；对未按时支付工资和不到最低工资标准的责令限期支付补足；二是切实转变工作作风，改进服务态度，提高服务质量。对于路程较远、交通不便的部分乡镇，上门服务，对煤矿、非煤矿山等行业，组织专人到企业开展执法年审。共年审用人单位2 094户，其中机关、事业单位110户，区属改制企业64户，私营、个体经济组织1 920户，建立执法年审台账2 094户。督促用人单位与劳动者签订劳动合同1 600余份，补缴社会保险5.6万元，清欠工资7.3万元，清退押金2.1万元，发放宣传材料6 282份。对审验后符合要求的用人单位发放《劳动保障执法年审审验证》，建立执法年审台账。

【劳动保障专项检查】 人力资源秩序专项检查。对全区16家中介机构进行全面检查，采取集中普法培训，专项检查等方式，对全区所有职业介绍和劳务派遣公司进行检查，进一步规范职业介绍中介行为，维护求职者的合法权益。

用人单位遵守劳动用工和社会保险法律法规情况专项检查。在全区范围内对各类用人单位，重点是劳动用工密集型企业、小砖窑、石灰（石料）厂、建筑施工工地等场所进行检查。共检查用人单位408户，涉及用工人数9 981人。督促用人单位与劳动者补签劳动合同705份，印发宣传资料4 525份，开展法律咨询417人次，对7家企业提出整改要求。此次专项行动，人社部门、乡（镇）街道共出动检查人员354人次，出动检查车辆97台次。通过专项检查工作，较好地规范用人单位的劳动用工行为，维护劳动者的合法权益。

黑劳工、黑中介、黑砖窑检查。在全区范围内开展对黑劳工、黑中介、黑砖窑重点检查。检查组按照分工，下到各乡（镇）街道，和当地党委政府成立的专项行动检查组一起对区域内小砖窑、小矿山、小作坊、餐饮服务业、洗车行业等场所开始进行拉网式检查。工作中重点检查上述用人单位依法领取证照的情况，包括工商登记、税务登记及资源许可、生产许可、安全许可及其它相关应具备的证照；劳动用工的基本情况，包括招用人员的数量、来源、招用渠道等；执行劳动保障法律、法规的情况，包括合同签订、工资支付、社会保险、工作时间、生产安全、职业卫生、女职工和未成年工劳动保护等；违法犯罪情况，包括拐骗农民工、使用童工、限制人身自由、强迫劳动、故意伤害等。共检查用人单位325家，涉及用工人数10 427人。督促用人单位与劳动者补签劳动合同816份，对15家企业提出整改要求。在检查过程中，各职能部门协调配合，坚持“边检查、边纠正”的原则，强化执法责任制，做到依法行政，并按照“谁检查、谁签字、谁负责”的原则，检查人员在检查登记表上签字，逐级确认，建立台账，存档备查。此次专项行动，人社、公安、工商、国土、安监、卫生、监察、民政等部门和工会组织、乡（镇）街道共出动检查人员442人次，出动检查车辆260余台次。

【农民工工资保证金工作】 2月和5月，曲靖市和云南省人民政府先后发布《曲靖市农民工工资保证金管理办法》和《云南省农民工工作支付保障规定》，麒麟区按照省、市文件要求，在认真调研和广泛征求意见的基础上，拟定《曲靖市麒麟区农民工工资保证金管理实施办法》，于6月3日公告发布实施。年内，农民工工资保证金专户建立，并收取25户建筑施工企业工资保证金468万元。

【违法案件查处工作】 2011年，麒麟区劳动保障监察大队共接待举报投诉案件278件，涉及人员1 565人。共清欠农民工工资473万元，涉及农民工1 214人。清退押金4.33万元，涉及劳动者156人。共对违反劳动保障法律、法规的用人单位处与罚款8.3万元。

【突发群体性事件处理】 麒麟区劳动监察大队对已经发生的突发性群体事件，坚持做到第一时间到场，迅速调查，及时妥善处理，避免劳资矛盾的进一步升级。年内，共处理突发性群体事件3起，涉及职工342人。督促用人单位补发工资260余万元。

（陈　喜）

民　政

【概　述】 2011年，麒麟区民政工作围绕“三巩固、三争创、两加快、一保障”目标，创新思路，切实保障困难群体、特殊群体和优抚群体的基本权益，全面推进各项工作。11月，麒麟区顺利通过省、市考评，被民政部命名为“全国养老服务示范活动示范单位”。麒麟区民政局被民政部授予“全国婚姻登记规范化建设‘十一·五’贡献突出单位”；社区建设成效显著，基层民主管理不断加强，12月27日，麒麟区成为全省唯一通过省、市考评，首批被民政部命名为“全国农村社区建设实验全覆盖示范单位”的县（市）区。

【城市低保应保尽保】 2011年，全区审批城市低保对象9 589户，19 984人享受低保，发放保障金3 968.25万元（含春节慰问98.63万元，生活补助295.89万元，物价补助177.53万元）。工作中，坚持低保政策、低保对象、低保资金，办事程序公开，自觉接受监督；坚持动态管理原则，每个季度对低保对象重新进行复核、审核、审批，增、减或停保；坚持分类施保原则，对孤老、孤儿、重病、重残人员实行全额保障，其他人员实行差额补助，确保应保尽保。

【农村低保、五保、临时救助工作】 复核审核农村低保对象8 943户、14 100人，发放保障金1 497.25万元（含春节慰问金，生活补助金），委托区农村信用联社实行社会化发放。依据国务院颁发的《农村五保供养工作条例》，对全区符合供养条件的五保户908户、908人进行审核，集中供养142人，分散供养766人，共下拨供养经费154.1万元。

【实施城乡医疗救助】 审核审批439人享受城市大病医疗救助，发放救助金98.4万元；城乡“一站式”医疗救助223人，支出救助金26.36万元；资助新型农村合作医疗13 008人，资助城市低保对象40 117人参保，支出285.9万元；对农村低保户、五保户和重点优抚对象实施医疗救助1 482人次，支出救助资金223.75万元。

【救灾救济】 2011年，全区先后遭受严重的低温冷冻、干旱等自然灾害，受灾人口25.60万人次。粮食作物和经济作物受灾面积为32.219万亩，成灾面积28.731 8万亩，其中绝收面积10.728 3万亩，因旱饮水困难人口1.827 8万人，因旱饮水困难大牲畜6 628头，因灾倒塌房屋70间，损坏房屋30间，直接经济损失18 633.48万元，其中农业直接经济损失17 329.988万元。全区先后发生民房火灾26起，烧毁民房85间，损毁民房26间，受灾农户86户，386人，因灾死亡2人，直接经济损失242.8万元。灾情发生后，区民政局全力以赴，及时查灾、核灾、报灾，严格执行领导带班、工作人员24小时值班和日报告三项制度，分组多次深入乡（镇），配合摸清因灾新增缺粮困难群众的人数及三无人员的基本生产生活情况，对因灾缺粮人员进行入户调查，全部建立电子台账，并上报省、市争取经费支持。及时下拨救灾救济资金251万元。其中购买大米174.3吨，救济棉被115套，衣服1 076套，救助灾民8 230户次，27 753人次。

【优待抚恤工作】 全区在乡复员军人定补526人，残疾军人抚恤457人（在乡92人，在职365人），65岁退伍军人定补566人，带病回乡退伍军人定补98人；三属定抚94人（烈士遗属23人，因公牺牲军人遗属29人，病故军人遗属42人）；参战退役人员1 457人，义务兵家属650人；无军籍退休职工75人。年抚恤补助经费1 386.25万元，及时足额发放兑现。

【双拥工作】 元旦、春节、“八一”期间，慰问各类优抚对象3 062人（次），慰问金85.84万元。其中区委、区政府组织5个慰问团深入到驻区部队、公安、干休所等19家单位走访慰问，慰问金15.6万元；慰问重点优抚对象3 062人（次），慰问金61.24万元。深入做好“爱心献功臣活动”，解决重点优抚对象的生活、医疗、住房难问题。通过调查、核实，对233名在乡老复员军人、在乡残疾军人、在乡带病退伍军人、“三属”及退伍军人发放医疗困难补助费用43.48万元；办理残疾军人死亡丧葬补助费4人，发放残疾军人死亡丧葬补助费1.498 3万元；按政策规定办理一次性抚恤3人，发放抚恤金18.648万元；困难企业残疾军人59人，年生活补助费59.49万元按时落实兑现。

【农村退役士兵老年生活补助摸底调查】 根据省、市通知要求，全区11个乡（镇）街道组织工作小组，经过深入细致摸底和调查核实，2011年8月1日符合享受农村籍退役士兵发放老年生活补助的有1 008人，需经费26.68万元（补发5个月）；2012年1月1日符合享受农村籍退役士兵发放老年生活补助的有127人，需经费8.52万元。

【安置工作】 全区2010年冬季和2011年春季接收退役士兵261人，其中回农村安置181人，符合就业安置的退役士兵80人（四期转业士官1人，三期转业士官21人，二期复员士官9人，一期复员士官19人，义务兵30人）。在符合就业安置的退役士兵80人中，立功受奖73人，其中荣立二等功5人、三等功32人、获优秀士兵（嘉奖）38人；残疾军人6人，其中六级3人、八级1人，九级2人。按计划完成培训，拟定安置方案报批及“双考”工作，6月29日完成公开选岗安置。符合就业安置条件的80人共安置23人（其中区属单位9人，驻区中央、省、市单位14人），占应安置人员的28%，自谋职业安置57人，占应安置人员的72%。年底，兑现51人自谋职业一次性补助金510.6万元；待分配期间生活费57人，共3.898万元。

【“村改居”社区创星工程】 按计划启动2011年“村改居”社区的“九星和谐社区”创建工作，因地制宜拟定创星方案并反复征求各界意见后组织实施，推进城市社区管理理念向农村延伸，城市社区服务方式向农村拓展。2011年按计划完成红庙、代河等8个社区的九星创建工作。

【村居委会办公用房新建工程】 2011年，麒麟区12个无房、危房村委会办公用房新建工程全部竣工，5个村委会办公用房改扩建工程已全面完成；根据中共曲靖市委办公室、曲靖市人民政府办公室《关于解决全市和谐社区建设中几个突出问题的实施意见》精神，启动6个无房社区办公用房建设，总投资1 471万元。年底，5个完工投入使用，1个正在建设。

【社会组织登记管理有声有色】 依照《民办非企业单位登记管理暂行条例》和《社会团体登记管理条例》，依法登记民办非企业单位23个，社会团体10个。对原有42个社会团体和101个民办非企业单位进行年检，认真组织实施社团“小金库”治理工作。

【社会事务管理不断强化】 按照《收养法》依法办理收养登记42个；全面复核并及时兑现六十年代精减退职人员生活补助；救助流浪乞讨人员368人次，说服劝返136人，大病救助3人；救助站搬迁建设已进入规划设计；对全区194名孤残儿童个人信息进行电脑录入，完成孤残儿童福利管理系统更新和完善，并经过省市审核，上报民政部；根据上级有关文体精神，对全区少数民族贫困家庭先天性心脏病儿童实施救助，核查落实共上报5名先天性心脏病儿童救助行动，通过上级部门核查，对2名符合条件的先天性心脏病儿童实行手术治疗；做好“重生行动”工作，为7名贫困家庭的唇腭裂儿童申报免费修复手术，并得到有效治疗；依法办理结婚登记10 863对，离婚登记1 670对，出具婚姻状况证明8 600份。

【福利企业管理不断加强】 按照市民政局《关于开展2010年度社会福利企业年检的工作通知》，对全区18家社会福利企业进行年度检查，通过民政、国税、地税、残联等部门的联合实地检查，有11家福利企业年检合格，7家福利企业年检不合格。

【福彩发行】 2011年，销售电脑福利彩票10 111.2万元，发行销售“刮刮乐”福彩1 200万元，中福在线彩票354万元，时时彩25.4万元，合计销售彩票11 690.6万元，创历史最好水平。

【区划地名工作】 1. 开展县级行政区域界线联检。根据云南省人民政府办公厅《关于开展县级行政区域界线联合检查工作的通知》，牵头与马龙县联合检查麒马线，完成《麒麟区、马龙县边界联合检查实施方案》的起草及联检工作。2. 筹备绘制麒麟区行政区划图。与云南省地图院联系绘制麒麟区行政区划图，形成草图待市中心城区图审批后进一步补充完善。3. 启动中心城市地名规划及居民住宅区命名更名工作。拟报麒麟区中心城市部分道路路名命名更名方案，启动中心城市地名规划及居民住宅区命名更名工作。4. 审核29个居民住宅区的命名申报工作。5. 加强地名数据库的管理与建设，构建地名公共服务平台。数据库有地名信息8类1 783条，其中行政区域16条，群众自治组织119条，居民点608条，路、街、巷118条，单位600条，山峰227条，河流9条，其它86条。并对市政府批复的25个住宅小区进行录入，地名数据库进入曲靖地名网站。

【殡葬改革】 在清明节来临之际，开展以“提倡文明祭祀，保护绿色家园”为主题的殡葬改革宣传活动，成员单位出动宣传车20余辆次，在全区范围内进行巡回宣传，悬挂横幅标语68条，发放宣传资料80 000份。针对殡葬改革的重点和难点问题，采取群众喜闻乐见的形式，宣传破除丧葬陈规陋习，倡导文明祭祀新风尚。利用清明节群众集中进行祭祀的有利时机，引导和鼓励群众采取文明处理骨灰的方式，用水果、鲜花祭祀亲人，大力倡导绿色殡葬，文明殡葬，积极推广网上祭奠，鲜花祭奠，营造安全、文明和谐的良好祭祀氛围。办理部份特殊困难群体火化25人次，兑现补助2.5万元和非火化区火化奖励3人，兑现奖金0.3万元。全年火化遗体1 315具，创历史新高。

【社区服务信息网络建设】 麒麟区社区服务信息网络建设属中央扩大内需投资项目，项目总投资500万元。2011年6月15日，麒麟区固定资产投资及重大项目推进联席会明确项目实施主体为民政局，7月12日，将5个次中心机房、41个网络点的设备向区政府采购中心申报采购。7月28日上午，按程序进入开标，投资80万元完成5个次中心和41个网络点的设备安装准备工作。8月16~19日由分管副区长带领民政局、财政局、工信局、发改局和5个街道分管领导一行19人到贵州省遵义市红花岗区考察社区信息网络化建设项目。10月26日，分管副区长主持召开麒麟区社区服务信息网络建设项目领导小组会议。经会议讨论，同意社区服务信息网络项目的软件采用单一来源采购方式进行采购，并向采购中心递交软件采购申请。12月21日进行招标，按计划完成软件安装、使用培训工作，该项目进入试运行阶段。

【麒麟区荣获全国农村社区建设实验全覆盖示范单位称号】 麒麟区被确定为“全国农村社区建设实验区”后，严格按照《民政部关于开展“农村社区建设实验全覆盖”创建活动的通知》精神，积极探索，大胆实践，不断加快农村社区化建设步伐，实现全区社区建设的领导、规划、设施、服务、管理“五个全覆盖”的目标，全区农村居民受益面达100%。11月26日，由民政部基层政权和社区建设司农村社区建设处副处长贺更行、华中师范大学专家教授组成的“农村社区建设实验全覆盖示范单位”评估组对麒麟区进行实地评估，考评组一致认为，麒麟区在农村社区建设工作中积极探索，大胆实践，努力推进城市社区管理理念向农村延伸，城市社区服务方式向农村拓展，城市社区文明向农村传播，不断创新社会管理，完善服务机制，走出一条具有麒麟特色的农村社区建设发展新路子。12月26日，麒麟区被民政部命名为“全国农村社区建设实验全覆盖示范单位”，为全省唯一。

【麒麟区慈善总会成立】 为促进全区慈善事业的发展，构建和谐麒麟，区民政局积极筹备后向区委、区政府上报《关于成立曲靖市麒麟区慈善总会的请示》，经2011年8月23日区委常委会研究，同意成立曲靖市麒麟区慈善总会，明确区慈善总会属政府主办的独立法人的群团组织，暂时挂靠在区民政局。曲靖市麒麟区慈善总会于2011年12月8日召开第一次会员代表大会，会议审议通过《曲靖市麒麟区慈善总会章程》和《曲靖市麒麟区慈善总会捐善款管理使用办法》。选举产生第一届理事会理事142名、常务理事41名、会长1名、常务副会长1名、副会长21名、秘书长1名、副秘书长2名，聘请名誉会长2名、法律顾问1名。年底，共筹集善款840万元。

【城乡低保提标】 麒麟区自2011年7月1日起，调整城乡低保对象补助水平。城市低保标准由原每人每月208元提高为每人每月243元，实行差额或全额保障；农村低保标准由原每人每年720元提高为每人每年1 400元，按家庭收入实行每月人均82元的差额保障。

【城乡困难群众“零起付线”医疗救助】 城乡困难群众医疗救助原救助病种为恶性肿瘤、慢性肾功能衰竭并尿毒症、再生障碍性贫血、重度精神分裂症，自2011年1月1日起，实施解除救助病种限制，实行零起付线救助。救助起付线由原自付部份5 000元降到“0”。

（钟荣贵）

老龄工作

【概　述】 2011年底，麒麟区有60周岁以上老年人口104 701人，占总人口的14.13%，其中80～89周岁11 133人，90～99周岁1 780人，100周岁及以上7人，属人口老龄化较高的县（区）。麒麟区积极应对人口老龄化快速发展的形势，坚持“党政主导、社会参与、全民关怀”的老龄工作方针，紧扣“六个老有”工作目标，不断强化工作机制，创新工作思路，转变工作作风，改善发展条件，始终把工作重点放在社区、放在基层，大力开展为老服务体系及设施建设，有力地推动全区老龄事业和老龄工作和谐健康发展。2011年10月24日，曲靖市人民政府授予麒麟区人民政府、麒麟区卫生局“老龄工作先进集体”称号；授予白石江街道、东山镇“老龄工作先进乡（镇）街道”称号。经过深入调研、充分论证、广泛征求意见，结合全区老龄人口和老龄事业状况及养老服务需求，完成《麒麟区老龄事业发展“十二五”规划》（草案）的修编工作。

【落实老年人优待政策】 把全面落实老年人优待政策作为民生工程、德政工程抓紧抓实。两次提高高龄津贴标准。年初，经区委区政府决定，自1月1日起将80～89周岁老年人高龄津贴提高到每人每年240元，并把高龄津贴发放工作列入区委、区政府督办的重点工程，加大督察督办力度，发放工作安全有序。10月，报经区委、区政府批准，自2011年1月1日起再次将80～89周岁老年人高龄津贴提高到每人每年360元。全年发放高龄津贴9 653人351.92万元（含80～89周岁老年人上半年人均补发60元），其中80～89周岁8 993人314.84万元；90～99周岁653人36.63万元；100周岁以上7人2.52万元。

做好《老年人优待证》办证服务工作。进驻区政务服务中心开设老龄服务窗口，配强窗口工作人员，简化办证程序，提高办事效率，全年累计免费办理《老年人优待证》8 000余本，热情、方便、快捷的服务赢得广大老年朋友和社会各界的好评，本年度老龄窗口被区政务服务中心评为“优秀党员示范岗”和“优质服务岗”。

加强协调，促进各项优待政策贯彻落实。主动与民政、财政、公交、建设、卫生等部门协调，及时妥善解决老年人免费乘坐公交车、免费进公园、免费入厕、优先就医等运行过程中出现的突出问题，确保26项优待政策落到实处。

新型农村养老保险试点工作稳步实施。全区农村年满60周岁及以上老年人每人每月享受55元的基础养老金实现全覆盖。

提高70周岁老年人门诊减免费标准。2011年起率先施行对参加新型农村合作医疗的70岁以上老年人，每年门诊减免限额从150元提高到200元，取消住院补偿起付线。

【社区居家养老服务】 按照“建设好一个社区居家养老服务中心、制订好一套行之有效的管理服务制度、建立和培训两支服务队伍、开展好六个方面的服务、抓好六个结合”的社区居家养老模式，继续健全和完善胜峰、丰登、麟东社区居家养老服务中心的服务制度，丰富服务内容，拓展服务领域，完成南宁街道瑞东社区、白石江街道江南社区、寥廓街道龙潭社区居家养老服务中心建设项目。争取到国家发改委、民政部确定的社区日间照料中心建设项目，计划总投资200万余元，中央补助资金100万元。

【“敬老先进村（社区）”创建】 严格按照市级“敬老先进村（社区）”创建标准，推行“六上墙、七登记、八个有”模式，扎实工作，狠抓落实。2011年，创建的东山镇水井村、茨营乡杨家村、西城街道白牛社区等3家“敬老先进村（社区）”全部通过市政府验收。年底，全区累计创建市级“敬老先进村（社区）”117个，创建率达98%。

【老龄事业发展促进会成立】 12月26日，麒麟区老龄事业发展促进会成立大会召开，大会选举产生麒麟区老龄事业发展促进会会长、副会长、理事、秘书长、副秘书长等，讨论通过《麒麟区老龄事业发展促进会章程（草案）》，举行授牌、授印仪式。麒麟区老龄事业发展促进会正式挂牌成立。

【老年文体活动】 按照“健康、社会、经济”三大效益协调推进的要求开展老年文体活动。成功举办由三宝镇轮办的全区第九届农村老年人体育运动会、区直部门轮办的老年人体育运动会、“庆国庆、迎重阳”老年人体育运动会、2011年社区老年人文体展演。老体协、老科协、老书协把社团建设和活动延伸到社区（村），实现哪里有老年人，哪里就有老年社团组织、哪里就有老年文体活动。11月26～30日，麒麟区组建的老年人门球队代表云南省参加中国门球协会在深圳举办的第七届“2011年中国门球冠军总决赛”，荣获“第十四名”和“道德风尚奖”嘉奖。

【区级领导走访慰问老年人】 春节、敬老节期间，市委常委、区委书记傅学宾，区委常委、组织部部长周永江，区人民政府副区长、老龄委主任杨忠武等分组带队到越州、珠街、三宝、建宁、茨营等乡（镇）街道慰问百岁老人、特困老人及敬老院孤寡老人。敬老节期间，各乡（镇）街道和区直部门都召开形式多样的座谈会，为老年人发放节日慰问金，听取老同志的意见和建议，登门走访慰问困难老年人。全区累计投入经费900余万元，召开重阳节座谈会300余场次，走访慰问百岁老人8人、敬老院5所、特困老人900余人，累计慰问老年人9万余人。

（董德芳）

关心下一代工作

【深化核心价值体系教育】　清明节期间，区关工委及区教育局指导各学校开展“祭扫烈士陵园缅怀先烈”、宣讲革命故事、重温入队入团誓词等活动。寥廓街道关工委配合中心学校及职能站所组织庆祝“五四”、“六一”文艺演出共18场次，200多个节目，共5 000多名师生参加；南宁街道关工委配合中心学校在花柯小学组织“庆六一、喜迎建党90周年”红歌演唱会。茨营乡关工委配合中心学校组织全乡中小学及幼儿园孩子们举行“红领巾心向党文艺汇演”，区农业局关工委组织职工子女在暑假开展才艺展示、登山比赛、宣讲革命先烈故事等活动。

【读书活动】　4月26日，区关工委启动“中华魂”颂歌献给党主题教育读书活动。省关工委常务副主任莫泰尧、省关工委法律咨询委员会主任王玉俊、市关工委常务副主任陈玉法、市关工委副主任黄文杰亲临启动仪式。启动仪式由区政府调研员胡勤水主持，各乡（镇）街道关工委常务副主任及中心学校校长、区直各学校校长及麒麟小学全体师生共1 450余人参加。启动仪式上，区关工委向各乡（镇）街道中心学校及区直学校赠送3 750本“颂歌献给党”读本。在深化读书活动中，区关工委组织开展麒麟区“颂歌献给党”主题教育活动演讲比赛，选手来自全区各中小学及区职中选出来的20名学生

【贫困学生帮扶】　区关工委经过认真排查，在各乡（镇）街道选取31名家庭贫困并且品学兼优的学生，上报省、市关工委，争取到2.5万元的资金给予帮扶；东山镇关工委创新帮扶机制，开展一名党员帮扶一名贫困学生活动，对贫困学生的帮扶做到及时、务实、长效；春耕期间，珠街乡党委、政府及关工委干部150人帮助50户贫困学生家庭栽种烤烟50亩；越州镇关工委联合镇妇联、中心学校筹集资金8 000多元，对100名较为贫困的留守儿童给予资助；茨营乡党委、政府、关工委向洪海集团募捐10万元，救助贫困学生110名。

【农村青年实用技术培训】　在区关工委组织下，区科协举办农函大培训班64期，涉及27个专业，参训学员7 984名；区工信局举行引导培训5期，参加人数600余人，积极引导广大农村青年用科学技术指导生产实践，走科技致富之路；三宝镇在全镇中小学校开展科普知识图片巡回展14场次，参与师生5 837人次，到农村进行实用科技知识讲座127场次，培训农村青年6 350人次；区农业局“五老”人员李爱洲、周立国在“三农”服务中，深入到越州新田、珠街小河湾为农村青年宣讲杂交玉米新良种、水稻优质高产高效栽培等技能知识；沿江乡以思想道德建设为抓手，以勤劳致富为突破，帮助和引导200余名青年农民学科技用科技走上致富之路；越州镇进行1万多人次的实用技术培训，3 000多人次的外出务工培训，完善镇级科技示范基地8个；茨营乡邀请曲靖海港技能学校的6名老师，对全乡1 000多名农民进行培训，培训内容涉及烤烟种植、蚕桑养殖及外出务工注意事项、维护自身合法权益等知识。

青少年模拟法庭　　（王鸿岗　摄）

【家庭教育工作】　麒麟区关工委从科学发展的角度出发，提高认识，认真组织，精心准备，确实抓好家庭教育工作。区直机关党委关工委充分利用简报、黑板报等宣传载体，依托单位、家庭的联合教育平台，加强单位青年职工和职工子女对社会主义荣辱观的教育，在单位大力开展“五好家庭”、“平安家庭”、“书香家庭”创建活动。西城街道关工委在学校开学之际，召集家长进行专题知识培训，组织家长与子女的班主任、科任教师进行交流座谈，全年共有家长8 900余人次参加培训。南宁街道各社区均已建立家长学校，全年共开办18期家长培训班，对6 902人（次）家长进行培训。珠街乡关工委邀请全国知名心理健康教育专家闫红有针对性地对450名学生家长进行培训。茨营乡关工委、白石江街道关工委分别邀请市关工委副主任、《现代家庭教育的智慧》作者何祥旺对教师骨干、学生家长进行专题培训。

（王鸿岗）

民族　宗教　侨务

【概　述】　麒麟区辖3乡3镇5个街道，2011年底，全区共有44种少数民族，其中世居少数民族有彝、回两种，其他少数民族42种。少数民族户籍总人口31 537人，占

全区户籍总人口705 062人的4.5%，其中彝族17 344人，主要分布在茨营、东山、三宝、珠街、白石江等乡（镇）街道；回族5 872人，主要分布在西城街道桂家屯、石板河两个回族村和麒麟城区，其他少数民族有白、壮、苗、傣、纳西等42种8 321人，主要分布在城区5个街道及驻区厂矿单位。全区行政设置3个民族村委会、14个民族村民小组，有86个自然村散居着少数民族，具有较典型的民族散杂居地区特点。此外，麒麟区还有在册登记的少数民族流动人口3 531人。

全区有佛教、伊斯兰教、基督教三种宗教，有信教群众3万余人。其中佛教信徒2万余人，伊斯兰教信教者5 872人，基督教徒约1 813人。有宗教教职人员47人，其中僧尼42人，伊斯兰教阿訇4人，基督教长老、传道员1人。有经政府批准恢复开放并依法登记的宗教活动场所41个，其中伊斯兰教清真寺3所，基督教聚会点1个，佛教寺院37所，主要分布在越州、三宝、珠街、沿江、茨营、东山、白石江、建宁、寥廓等乡（镇）街道。

麒麟区在加强民族地区物质文明建设的同时，重视加强民族地区的精神文明建设，努力提高少数民族整体素质。按照省、市民委的要求，积极挖掘搜集整理彝族古籍。积极协助配合茨营乡党委、政府举办好“麒麟区第十四届火把节暨民族团结日”活动，同时，指导白石江黄家庄社区雨钵村，西城街道“云南人家”餐饮企业，东山镇恩洪、新村、克依黑村等少数民族较集中的地方，不同规模举行火把节暨民族团结日（周）活动，丰富民族地区群众的文化生活，有效地开展民族团结宣传教育。为保护抢救、弘扬传承民族传统文化，积极争取省民委少数民族传统文化抢救保护专项经费8万元，用于麒麟区彝族“确比”舞传承保护。积极争取市民宗委支持，将麒麟区少体校列为曲靖市民族体育武术训练基地，争取项目经费3万元，改善训练环境，配置训练器材，培养民族体育人才队伍，提高民族体育竞技水平，为参加省、市少数民族传统体育运动会储备人才。

【市民宗委检查验收2010年示范村项目】 3月3～4日，市民宗委主任保明富和经济发展科人员深入到麒麟区东山镇水井村委会白寨古彝族村、茨营乡大麦彝族村委会、三宝镇长坡彝族村委会、珠街乡联合村委会白石岩彝族村、白石江街道黄家庄社区雨钵彝族居民小组等民族地区，检查验收2010年实施的“民族团结示范村”和“散居民族发展示范村”，对示范村创建成效给予高度评价。2011年3月底，麒麟区累计整合资金65.1万余元，全面完成“白寨古散居民族发展示范村”创建工作，其中争取省民委“散居民族发展示范村”专项资金30万元，协调区扶贫办支持4万元，东山镇政府补助15万元，村内自筹及投工投劳折资20.1万元，按计划圆满完成硬化村内道路1.25千米、主干道2条、发展种养殖业、建设文化活动场地。

【省政协副主席白成亮到麒麟区调研】 4月26日，省政协副主席白成亮，省政协民族宗教委员会主任郭秀兰、副主任陈永生、潘光宪，省政协办公厅副巡视员李清毅，省民委巡视员马泽、副巡视员胡忠文等领导到麒麟区调研指导城市民族工作。调研组实地走访查看寥廓街道派出所少数民族流动人口管理服务工作，到伊鸿源清真餐饮企业查看清真食品管理标志牌发放情况，视察白石江街道黄家庄社区“民族团结进步示范社区”暨雨钵“民族团结示范村”创建情况。

调研组在听取区委副书记、区长唐开荣所作的《围绕发展要务　把握团结主题　努力开创麒麟城市民族工作新局面》工作情况汇报后，充分肯定曲靖市、麒麟区党委政府高度重视城市民族工作，职能部门和街道、社区工作到位，少数民族常住人口和流动人口管理服务、建立网络信息平台、完善信息预警机制等方面工作做得很好，城市民族工作走在全省前列，有很多亮点和经验，建议麒麟区进一步摸索做好城市民族工作的方式方法，在《云南省城市民族工作条例》的修改、立法立规方面率先开展研究，提出更好的意见和建议。

【清真食品管理工作】 加强对全区清真饮食经营户的管理，按照《曲靖市清真食品管理办法》有关规定，10月底，为取得工商营业执照、卫生许可证等证照齐全、符合清真饮食生产加工规范的清真饮食经营户发放“清真食品”标志牌113块，充分尊重具有清真饮食习惯的少数民族的饮食习惯，保障具有清真饮食习惯的少数民族吃上放心食品，维护少数民族合法权益。

【民族矛盾纠纷排查调处】 2011年，区民宗侨务局坚持“团结、教育、疏导、化解”的原则，协调市伊斯兰教协会、寥廓派出所，妥善解决4月3日卖烧烤的新疆人打伤顾客事件，把矛盾化解在萌芽状态。7月3日，协调处理茨营乡哈马村委会法克彝族村一女孩死于市第三人民医院，造成家属与院方的纠纷；7月29日至8月上旬，与区城市管理综合执法局、区公安分局、区信访局等多部门联动，邀请市伊斯兰教协会人员参与，积极协调解决新疆籍人员在城区主要街道摆设15个摊点占道经营哈密瓜问题；8月15日，配合建宁街道解决小坡社区寻甸、会泽籍外来务工回族群众因租房问题与社区和泰和居民小组引发的矛盾纠纷，有效地维护民族团结和社会稳定。

【举办2011年宗教政策暨法律法规培训会】 为提高宗教教职人员综合素质，进一步加强对宗教活动场所的管理，麒麟区于6月28日下午举办2011年宗教政策暨法律法规培训会。会上，区民宗侨务局领导就国务院《宗教事务条例》部分章节进行讲解；结合麒麟区实际，如何在管理上有所创新进行分析；并对2010年及2011年上半年工作进行总结，对下步工作进行安排。全区41所宗教活动场所的主持、民主管理委员会主任共52人参加培训会。

【依法取缔水电十四局生活区内非法宗教活动】　7月上旬，区民宗侨务局接群众举报，白石江街道幸福社区水电十四局一出租柴棚内有人公开组织人员进行宗教活动，并打出布标条幅。经明察暗访，确认此举报情况属实。7月13日，区公安分局国保大队、区民宗侨务局按照国务院《宗教事务条例》第四十三之规定，依法取缔该非法宗教活动，对组织者进行教育批评，没收布标条幅，下发取缔决定通知书。

【民族团结示范村、示范社区创建工作】　8月底，在白石江街道"雨钵民族团结示范村"暨"黄家庄民族团结示范社区"创建工作中，区民宗侨务局累计整合资金95万元，其中争取省民委"民族团结示范村"、"民族团结进步示范社区"项目经费50万元，区政府10万元，白石江街道财政"一事一议"财政奖补20万元，区扶贫办支持5万元，区文体局补助10万元，按计划完成长150米宽14米村道硬化、配套污水管300米、自来水管150米、路灯20盏安装，建花台12个、栽植景观树80棵；建长12米宽10米，占地120平方米民族文化活动广场一个，配套文化背景墙高6米宽10米，占地30平方米文艺舞台一个；建民族团结示范村标志牌坊一座。建立起少数民族服务示范平台，包括建立少数民族服务窗口、开通少数民族服务和维权热线、建立少数民族外来务工人员之家、建立少数民族外来务工人员联络员制度、建立少数民族外来务工人员法律援助点、建立影响民族团结矛盾纠纷调处中心、建立民族团结联系卡等。

【民族地区项目申报和实施】　6月3日，全面完成民族地区2011年项目申报工作。向省、市民委争取到项目补助资金共计108.4万元，用于支持民族地区发展，争取中央和省级少数民族发展资金30万元，用于珠街乡联合村委会白石岩"散居民族发展示范村"村庄道路硬化、民族文化体育建设和发展种植业。争取省民委散居民族工作专项经费36万元，8万元用于东山镇转长河村委会砂锅寨彝族村村道硬化、8万元用于三宝镇长坡彝族村委会民族文化活动场所建设经费、茨营乡5万元用于哈马寨村委会法克彝族村村道硬化、10万元用于越州镇竹园村委会杨官田村村道硬化、5万元用于西城街道王三屯社区桂家屯回族居民小组村道硬化。争取省民委2011年城市民族和民族团结进步创建活动专项经费20万元，用于白石江街道"黄家庄城市民族团结进步示范社区"二期创建。争取省、市民委民族专项资金补助11.4万元，5万元用于西城街道白牛社区石板河回族村民族小学建设、5万元用于茨营乡小河村委会小海寨彝族村村道硬化、1.4万元用于民族矛盾纠纷调处中心工作经费。争取省民委少数民族传统文化抢救保护专项经费8万元，用于麒麟区彝族"确比"舞的保护和传承。争取将麒麟区少体校列为曲靖市少数民族传统体育项目武术训练基地，为少体校争取市民委项目资金3万元。更好地改善民族地区基础设施建设，加快民族地区经济社会全面发展。

【召开佛教协会第二次代表大会】
8月16日至18日，麒麟区佛教协会第二次代表大会在麒麟区西城街道三岔观音寺举行，来自全区佛教界的81名代表和10名特邀代表及应邀的区直有关部门负责人参加会议。区委常委、政法委书记、统战部部长丁常云出席开幕式并作讲话。会议审议通过《麒麟区佛教协会一届理事会工作报告》、《麒麟区佛教协会章程》（修正案）。选举产生区佛教协会第二届理事会理事37人，常务理事9人，会长、副会长、秘书长等领导班子成员。

【支持民族地区科教事业】　协调争取区科技局为茨营大麦民族小学、东山大罗白民族村文化广场安装太阳能路灯15盏，共投入资金14.6万元。动员民族用品定点生产企业寥廓鑫源有限责任公司为边远少数民族地区东山镇水井民族小学捐赠价值2万元的课桌80套，切实改善课桌紧张的局面。筹措资金2万元改善茨营乡大麦民族小学、东山镇砂锅寨民族教学点教学条件，支持少数民族地区教育教学。协调、配合有关部门抓好少数民族地区的科普宣传和科技培训工作，发展广播电视、通讯事业，改善医疗卫生条件，提高少数民族群众的健康水平。

【红河州民委到麒麟区考察】　9月26日，红河州民委主任张红文带领副主任李根能和政策法规科、监督检查科相关科室领导一行5人到麒麟区考察城市民族工作。考察组在曲靖市民宗委主任保明富、副主任马加兴和区民宗局局长唐德良等陪同下，到白石江街道黄家庄社区雨钵彝族村实地查看城市民族团结示范社区创建工作。白石江街道副主任尹绍勇、社区党总支书记李政就示范社区村道硬化、民族文化活动小广场建立少数民族服务示范平台作情况介绍。随后，考察组一行到麒麟区清真饮食企业伊鸿源重点考察清真食品管理情况，伊鸿源法人代表张志萍就企业的发展和清真食品规范管理情况作介绍，区民宗局局长唐德良就麒麟区贯彻落实《曲靖市清真食品管理办法》，认真贯彻落实党的民族政策，加强清真食品管理，充分尊重具有清真饮食习惯的少数民族的饮食习惯，维护少数民族合法权益，增进民族团结和构建和谐社会等方面工作作具体汇报。

（严文高）

人民生活

【城乡居民收入水平显著提高】
麒麟区在大力发展经济的同时，十分注重改善人民生活，千方百计提高城乡居民收入水平。2011年城镇居民人均可支配收入19 398元，与上年同期相比增长16.1%。农民人均纯收入6 747元，与上年同期相比增长21.2%。城乡居民收入来源的构成发生很大的变化。城乡居民由单一的工资性收入向多元化方向发展。城镇居民人均工资性收入13 997.3元，与上年同比增长6%，占城镇居民总收入的比重为66.7%；人均经营净收入1 609.6元，与上年同期相比增长71.9%，占总收入的比重为7.7%；人均财产性收入1 144.7元，与上年同期相比增15倍，占家庭总收入的比重为5.5%；人均转移性收入4 242.6元，与上年同期相比下降2.8%，占家庭总收入的比重为20.2%。农村住户人均工资性收入3 072元，与上年同期相比增长12.5%，占总收入的比重为45.5%；农民人均家庭经营性收入2 910元，与上年同期相比增长11.4%，占总收入的比重为43.1%；农民人均财产性纯收入296元，与上年同期相比增长35.8%，占总收入的比重为4.4%；农民人均转移性收入469元，与上年同期相比增长7.3%，所占比重为6.95%。

【居民消费水平提高，消费结构明显变化】 随着全区城乡居民收入的增加，居民消费水平不断提高。2011年，城镇居民人均消费性支出14 746.4元，与上年同期相比增长18.1%；农民人均生活消费现金支出6 268元，与上年同期相比增长18%。

一、食品消费更加注重营养结构的搭配，生活水平显著提高。2011年城镇居民人均食品消费支出4 995.7元，与上年同比增长26.7%，恩格尔系数（食品支出占消费支出的比重）为33.9%，与上年同期相比上升2.4个百分点。在构成食品消费支出的分类中，人均粮油类消费601.8元、肉禽蛋水产品类消费1 198.7元、蔬菜类支出655元、干鲜瓜果类支出410.3元、糕点及奶制品消费319元，与上年同期相比分别增长48.7%、26.2%、56.3%、31%和15.5%；农民人均食品消费支出为2 266元，与上年同期相比增长0.9%，恩格尔系数为36.2%与上年同期相比上升0.5个百分点。

二、衣着消费档次显著提高，个性化消费特征更加明显。城乡居民穿着发生很大的变化。2011年城镇居民人均衣着消费2 064.3元，同比增长63.7%。农民人均衣着消费368元，与上年同期相比增长21.5%。从城市住户衣着单价看，2011年服装平均单价209.8元/每件，与上年同期相比增长31.7%，鞋类平均每双单价187.1元，与上年同期相比增长43.8%。

三、居民耐用消费品的拥有量、档次及其普及程度迅速提高。2011年末，城镇居民家庭平均每百户拥有：彩色电视机117台、洗衣机106台、电冰箱88台、摩托车17辆、家用电脑73台、家用汽车28辆、移动电话235部。农民家庭每百户拥有电视机111台、电冰箱49台、洗衣机79台、家用汽车6辆、摩托车64辆。

四、住房条件得到明显改善，消费观念向追求宽敞、环境好、质量高、舒适型转变。2011年城镇居民居住类支出1 778.8元，同比增长6.8%，人均居住面积33.8平方米。农民居住消费1 980元，与上年同期相比增长66.4%，农民人均居住面积45.02平方米。

【生活环境逐步改善】 居民出行的方便快捷。交通四通八达，通讯网络全区覆盖，城市品位明显提升。飞速发展的交通工具给居民的出行带来很大的方便。大量的家庭轿车已涌入平常百姓家庭，政府及时对道路进行有利于百姓，有利于交通的改扩建，形成国道高速化，省道等级化，通乡公路油路化，村庄道路水泥化的道路交通网络。2011年，全区共续建和启动交通建设项目21个、全长247千米。共有公共汽车555辆、出租汽车1 589辆。生活配套设施逐步增加。城乡电网设施不断改善，实现城乡同网同价。“数字麒麟”建设加快推进，城乡通信、城区数字电视覆盖率均达100%，农村有线电视覆盖率达99.7%。生态建设成效明显，保护不断加强，人们的生活环境得到明显提高。麒麟区以改善人居环境为目标，坚持把建设优美环境、营造优良秩序、提供优质服务作为城市建设管理的核心，强力推进文明城市建设工作。深入开展城乡环境综合治理，节能减排、重金属污染防治成效明显。淘汰落后产能35万吨，万元GDP能耗下降3.5%，节能减排任务全面完成。环境保护和生态建设力度不断加大。关停搬迁东面山采石采砂场18家，关闭取缔粘土砖生产企业43家。人工造林1.5万亩，改造中低产林5万亩，新建“一池三改”沼气池2 000口。市政公用设施建设完成投资33.7亿元，城市建成区面积增加5平方千米，61平方千米，城镇化率67.2%。城市供水综合生产能力17.5万吨/日，供水管道355.5千米，用水普及率100%；生活垃圾无害化处理率100%；建成区绿化覆盖面积2 415公顷，建成区绿化覆盖率为39.59%；城市人均公共绿地面积9.31平方米；液化石油气供气总量8 560吨，城市用燃气普及率81%。民生保障更加完善。坚持政策促、创业带、服务推，城镇就业再就业总量稳步增长。开发就业岗位9 465个，城镇新增就业5 978人。“零就业家庭”继续保持动态为零，城镇登记失业率3.5%。社会保障更加完善，基本养老、基本医疗保险制度全面覆盖，社会保险参保人数56.5万人。全面启动国家级新型农村养老保险和城镇居民养老保险试点工作，为50 187名60周岁以上老年人发放基础养老金1 673万元，发放率99.5%；为246名55岁以上重度残疾人发放养老补贴8.3万元，发放率100%。组织20.5万名适龄人员参加城乡居民社会养老保险，参保率87.3%。保障性住房建设顺利推进，新建廉租房2.68万平方米536套、公租房2.5万平方米500套。改造农村危房400户。保障市场供应，强化市场监管，努力维护市场价格稳定。

【城乡居民精神文化生活丰富多彩】 伴随着全区人民物质生活水平的不断提高，人们的精神文化生活也日益丰富。

一、教育事业均衡发展，“两基”迎国检顺利通过验收。校舍安全工程卓有成效，排除中小学危房2.07万平方米，新建校舍2.95万平方米。实验中学整体搬迁顺利完成，云南麒麟职教中心项目快速推进。辖区内共有各类学校310所，其中高等教育院校3所，在校学生2.3万人；中等教育院校11所，在校学生6.9万人；普通中学31所，在校学生5.9万人；小学109所，在校学生7.6万人；幼儿园154所，在园儿童2.8万人；特殊学校2所，在校学生513人。

二、城乡居民健康状况明显改善，人民身体素质普遍提高。麒麟区医疗卫生事业不断发展，辖区内年末共有卫生机构172个，床位5 918床；综合医院16个，专科医院5个，中医院1个，疗养院1个，社区卫生服务中心（站）5个，卫生院6个，诊所、卫生所、医务室130个，急救中心1个，妇幼保健院2个，疾病预防控制中心2个。设施和医疗条件明显改善，公共卫生服务水平和突发事件应急能力不断增强，全区未出现重大食品药品安全事故。2011年据统计局抽样调查资料反映，人均用于医疗保健支出1 294.3元，与上年同期相比增长53.1%，农民人均用于医疗保健支出422元，与上年同期相比增长28.3%。

三、城乡居民文化生活丰富多彩。随着全区经济社会的飞速发展，广大城乡居民更加注重文化娱乐消费。"两馆一所"、体育运动中心建成投入使用，文体活动广泛开展，成功举办区第三届运动会。群众性精神文明创建深入开展，城乡文明程度进一步提升。全年共送戏下乡30余场，送电影下乡1 100余场；开展各类基层文化体育专干和文艺骨干培训8次共培训800余人。组织开展"欢乐广场、舞动麒麟"大型民族民间舞蹈推广活动。麒麟区在全市"大家乐"广场舞蹈大赛中荣获综合一等奖，编排的自创舞蹈节目《确比》荣获自创节目一等奖，《我的麒麟美》荣获二等奖。以增强人民群众身体素质、提高健康水平为目标，圆满举办"东方明珠杯"广场三人篮球赛、"东盛杯"业余网球公开赛、城区中小学生主客场篮球赛等群众性体育赛事。2011年城镇居民人均用于教育文化娱乐服务支出为1 443元，与上年同期相比增15.5%，农民人均用于文化娱乐服务支出为242元，与上年同期相比下降46.6%。

【社会环境和谐安定】 麒麟区严格落实安全生产责任制，强化重点行业、重点领域安全生产隐患排查和专项整治，深入开展食品和校车安全、"清剿火患"专项整治，安全生产形势总体稳定。"六五"普法启动实施，法律援助范围不断扩大，依法治区深入推进。深入开展"清网"、"打击两抢一盗和突出性违法犯罪"、"打黑除四害"系列专项行动，深化社会治安防控体系建设，社会治安综合治理经验在全省推广，"平安麒麟"创建卓有成效。为城乡居民营造了一个和谐安祥的居住生活环境。

（徐文祥）

乡（镇）街道

南宁街道

【概　况】 南宁街道办事处位于曲靖市麒麟区城区东南部；北起麒麟东路，西至麒麟南路，南与三宝镇交界，东接沿江乡，国土面积13.5平方千米。辖花柯、金牛、向阳、麒麟、瑞东、南宁、潇湘、水寨8个社区69个居民小组。是中共麒麟区委、区人民政府所在地，驻有省、市、区属单位276个。2011年底，辖区总人口11万余人，其中常住人口90 975人、流动人口2万余人。辖区内交通便捷、市场繁荣、人气旺盛，是麒麟城人流、物流、信息流中心，是投资、经商的理想之地。

区域内有工业企业226个，从业人员1 362人，完成营业收入51 510万元，完成增加值17 279万元，上交税金1 550万元。有建筑企业65个，其中有资质等级企业1个。从业人员1 023人，完成产值7 102万元，增加值1 581万元。三次产业结构比为1∶11∶88，第三产业收入为19.1亿元，同比增长16.4 %。交通运输仓储业有企业373个，从业人员578人，完成增加值2 377万元，总产值10 180万元，营业收入10 665万元，上交税金212万元。

按照“大建市场、建大市场”的思路，走出一条“建设市场兴集体、发展产业富居民”的致富路子，辖区内已建成珍珠街小商品批发一条街、滇东北农产品交易市场、兴盛水果批发市场、花柯粮油交易市场、滇东北建材市场、张三口大型建材购物广场等15个集体经济专业市场，成交额8.2亿元，上缴各种税收1 500多万元。

2011年，街道完成GDP21.7亿元，同比增长12.08%；社会固定资产投资完成5.76亿元，超任务数9 600万元，同比增长58.06%；社区集体经济总收入完成7.43亿元，超年初计划数1 400万元，同比增长10.1%；社区居民人均纯收入完成7 625元，超年初计划数89元，同比增长12%。2011年完成地方公共财政预算收入5 293万元。其中营业税3 968万元、房地产税448万元、土地增值税287万元、车船税10万元、契税197万元、印花税113万元、城镇土地使用税246万元。在抓好税源建设，努力培育开发新的税收增长点的同时，坚持开源节流，最大限度地减少消耗性支出，确保行政经费在2010年的基础上实现零增长，全年累计完成地方公共财政预算支出1 483万元，比2010年的1 795万元减少393万元，下降21.04%。各项经济指标均超额完成。

认真落实好“门前三包，门内标”要求，强化管理服务措施，聘请17名清扫人员，对二幼路、麒鸡路、文昌东路、潇湘小区等进行清扫保洁；及时与辖区经营户签订卫生协议书5 000余份；启用2个垃圾中转站；组织1 000余人的清扫人员，对水寨社区1至10组小康新村卫生进行清扫。组织公安、城建、工商等部门200余人，规范整治“九类”车辆，净化城市交通程序，增划停车带2 458条；成立规划效能监察领导小组，查处违法违章建设45起，建筑面积1 856平方米，为净化、亮化、美化麒麟城区，提升南宁形象奠定坚实基础。

教育发展水平明显提升。区域内适龄儿童入学率、巩固率、毕业率、升学率均为100%，幼儿入园率达90%以上。开展成人文化技术培训44期5 005人次，社区教育培训78期40 028人次。投资269.5万元，完成水寨小学危房改造2 291

金牛社区举行社区党委成立暨揭牌仪式　　　（南宁街道　供稿）

平方米，投资44万元，完善相关附属工程，配置计算机62台，新购课桌300套，新增图书15 000册。

科普文化体育全面推进。按照人均不少于0.9元的标准投入科普经费6万余元；开展科普宣传13次，参加区科协组织的论文评选活动4篇获奖；组织开展科学素质教育培训（特别是节约用水、消防安全）13期3 000人次，发放《防灾应急小手册》1 500本，金牛社区被国家减灾委、民政部授予“防灾减灾先进示范社区”；组织各类社区文化小广场文艺演出38场，7 000人次观看；开展各种体育活动87场次，8 822人次参加。

卫生服务体系不断健全。努力完善社区卫生服务体系建设，建立家庭健康档案18 825户54 823人、对140名重度精神病患者进行随访管理、新生儿建卡率100%、发放各类健康宣传资料20多种7.5万份、开展健康教育讲座122次8 024人次听取讲座。为参合居民减免和补偿医药费1 292人次71.5万余元，受到辖区成员单位、居民群众的广泛好评。2011年，街道社区卫生服务中心被国家卫生部表彰为“全国示范社区卫生服务中心”。

坚持以人为本的原则，积极创新社会管理机制。完善潇湘社区南园村“城中村管理单位化、护村队员管理保安化、出租房屋管理旅店化、城中村亮灯工程化”的治安管理“四化”模式和金牛娱乐场所的保安联动模式建设，受到省、市、区领导的充分肯定，并作为经验模式在全市推广，同时，加大对法轮功、非法传销及“四黑四害”等违法犯罪活动的打击力度。2011年，接待群众来信来访89件次，同比下降46%，各类上访案件调处率83%，各类刑事案件及恶性事件发案稳中有降，最大限度地消除各种不稳定、不和谐因素。

积极落实各项惠民政策，共发放救灾救济款4万元、享受城镇低保758户1 653人，金额238.3万余元、享受农村低保225户415人，金额17.1万元、大病医疗救助11万元、优抚金发放35万元，60周岁以上的应领取养老金2 355人，已领取2 346人，完成比例99%。超额完成区级下达的居民医疗保险续保及扩面工作。全年办理廉租住房租赁补贴申报4批57户，廉租住房申报3批46户，获批37户。

积极开展精神文明建设活动，瑞东社区在2011年文明单位创建中，荣获“全国文明单位”荣誉称号，积极开展向沈浩、杨善洲同志学习活动。印发学习书籍104本，组织专题讲座2次2 280人次，举办“杨善洲专题故事会”21场。

充分发挥街道的区位、功能、交通等优势，因地制宜定位发展目标。把水寨社区建设成为全区乃至全市最适宜休闲居住的片区；把花柯社区建设成为全区最具有投资潜力的片区；把金牛社区建设成为全区最适宜经商发展的片区；把潇湘社区建设成为全区最具有商业吸引力的片区；把南宁社区建设成为全区最有商业特色的片区。

年内，主要开展花柯、水寨两个试点社区城乡一体化建设。花柯社区主要进行花柯1组、2组建设，涉及占地220亩，建商住分离房572套，计划总投资2.2亿元，已完成投资8 000万元；水寨社区12组商住分离楼，规划建设774套，用地面积223.44亩，计划投资2.96亿元，现已完成投资4 160万元；3组、14组单元房建设，规划建设216套，用地面积3 362.8平方米，计划投资263.1.2万元，完成投资2 005万元；5组、8组、9组综合楼，占地面积133平方米，建筑面积8 650平方米，计划投资988万元，已完成投资747万元；1组、13组道路建设，新村道路供排水绿化、电改工程，计划投资780万元，已竣工；水寨物流有限公司，租用地25亩，计划投资2 000万余元，已竣工。

【城市管理工作】 南宁街道结合辖区实际，全员行动，有的放矢，不等不靠，以内部力量为主，其他执法部门力量为辅，集中警力、综治、协警共300余人，积极采取措施开展道路交通、市容市貌整治行动。把长期以来乱停乱放成习性的金牛立交桥、沿江路口、张三口、春蕾路、银屯路、潇宝路、麒麟巷及非法营运较为突出的北园巷、国贸大楼附近、南宁南路作为本次整治的重点区域。共查网吧37家，其中当场处罚未进行实名登记上网的网吧8家；检查旅店126家，其中当场处罚未实名登记住宿的旅店4家；检查旧货市场83家；清理乱停乱放、占道经营、非法营运车辆共160辆，无牌无证机动车辆12辆，切实做到市容市貌整治与社会治安防控两不误。

【打击非法传销专项整治】 南宁街道按照区政府安排布署，积极开展打击非法传销统一行动。从水寨、金牛、花柯、潇湘各社区共抽调综治人员15人，南宁派出所抽调干警20人，南宁工商分局抽调工商干警10人，经侦5人，街道领导小组成员5人。共出动500余人次、车辆100余辆次、投入经费20 000余元，集中打击传销专项整治统一行动，共排查260余户，清理传销人员56人，劝返56人。

社区简况

水寨社区

水寨社区地处于麒麟城南面，面积约5平方千米，辖14个居民小组，总户数1 070户，总人口4 360人。有卫生所、完全小学各1所。全年完成经济总收入8 111万元，农民人均纯收入6 657元。2011年水寨社区被曲靖市列为“统筹城乡一体化”示范区。

社区领导：

书　记　梁加喜

主　任　梁加喜

副主任　周建桥

花柯社区

花柯社区地处麒麟城南郊，北至潇湘河，南与水寨社区接壤，西至326国道，东至沿江乡牛街村，辖区面积约3.05平方千米，下设13个居民小组，4个物业小区，1

个大型家俱市场。有总户数1 556户，总人口14 101人，其中直管人口5 298人，社区企业单位1 214人，暂住流动人口7 589人。

社区领导：

书　记　冯占昆

副书记　陈富友

主　任　冯占昆

副主任　刘　敏（女）

金牛社区

金牛社区地处麒麟城区东南片，是曲靖商贸中心区、娱乐中心区、饮食文化中心区之一。辖区面积3平方千米。有10个居民小组，总人口4 881人，户数1 786户，暂住人口5 000余人。省、市、区属单位14家，个体私营企业门店560余户。2011年11月8日社区成立党委，设党总支1个，支部11个，党员129人。2011年，完成经济总收入18 999.42万元，居民人均纯收入7 594元，完成固定资产投资4 000万元。

社区领导：

书　记　吴晓平

副书记　陈留保

主　任　吴晓平

副主任　卢春林

潇湘社区

潇湘社区地处麒麟城东南侧，东至南宁南路以西，南至潇湘河以北，西至南城门以东，北至东门街以南。辖区面积2.01平方千米，社区下属13个居民小组，总户数1 756户，总人口28 276人，其中户籍人口5 621人，流动人口22 655人；社区现有党员156人（男123人，女33人）。社区内有省属、市属、区属行政、事业等27个单位及11个单位的生活区。区域内有个体私营企业商业网点1 745家，建材、家具、批发市场10余个，旅馆84家，形成良好的社区经济发展格局。

社区领导：

书　记　崔建德

副书记　张富国

主　任　张富国

副主任　吕代良

向阳社区

向阳社区位于麒麟城区，辖区面积0.6平方千米，有79家机关、个私、企事业单位，常住户5 367户，14 553人，设5个居民小组，其中1个直管居民小组，另外4个居民小组属纯单位型。社区设党总支1个，总支委员5人，有党员102名，下设4个楼栋党支部。2011年12月8日，社区党总支成立安徽商会“三同型”党组织；认真抓好精神文明建设，创建“十星级文明户”2 210户，“九星级”205户，“文明公开学校”6家。

社区领导：

书　记　邓海兰（女），

副书记　冯　坤

主　任　邓海兰（女）

副主任　李祯玮（女）

麒麟社区

麒麟社区地处麒麟城中心，辖区面积0.47平方千米，辖区内有区委、区人大、区政府、区公安局、中国银行、北关小学等54家机关、企事业单位，21家非公有制企业，680家个体工商户，有常住人口4 055户，12 784人，是麒麟区的政治、经济、文化中心。设党总支部1个，下设3个党支部，有党员151人。2010年2月被曲靖市“双学双比”“巾帼建功”竞赛活动协调领导小组评为“巾帼创业示范基地”、2011年10月被曲靖市人民政府授予“敬老先进社区”荣誉称号。

社区领导：

书　记　蔡春俊

副书记　韩宗蓉（女）

主　任　蔡春俊

副主任　丁云春

瑞东社区

瑞东社区位于南宁街道东部，辖区面积约1平方千米，社区内有机关、企事业单位46个和东星小区、麟瑞小区2个较大生活小区，设6个居民小组，共5 109户，13 699人。社区党总支下设6个党支部，居委会以文明城区创建工作为突破口，不断推进社区建设，社区党建工作有创新，在全市率先建立3个楼幢党支部，并依托楼幢党支部建立全省第一个楼幢团支部，受到省、市、区组织部领导的充分肯定。

社区领导：

书　记　张外生

副书记　陈丽凤（女）

主　任　张外生

代理副主任　彭玲花（女）

南宁社区

南宁社区位于麒麟城东部，北至麒麟南路，南至张三口花园，西至南宁西路，东至南宁南、北路，属混合型社区，面积1.8平方千米。辖区有中央、省、市、区属行政、企事业单位49家，分为7个居民小组，其中直管居民组二个。社区总户数4 500户，11 354人，暂住、流

瑞东社区春节文艺演出　　（南宁街道　供稿）

动人口720人；辖区有三大市场共有商铺399户，从业人员769人，全年销售收入2 000多万元。

社区领导：

书　记　何留昌

副书记　容桂莲（女）

主　任　何留昌

副主任　周凌莹（女）

（孙　荣）

寥廓街道

【概　况】　寥廓街道办事处位于麒麟区西南部，是进入曲靖城的西南门户，国土面积181.35平方千米。辖区内有常住人口118 837人（农业人口25 685人），暂住人口69 994人，男女性别比例为106：100，人口自然增长率4.1‰。辖南城门、天池、文昌、康桥、玄坛、方家园、龙潭、梅园、园林、胜峰、红庙11个社区及冷家屯、石灰窑、文明、潇湘、沙坝5个村委会，设158个居民小组（直管居民小组40个），30个村民小组，是一个集山区农村、城郊结合部和中心城区为一体的综合型街道。辖区内驻有省、市、区属单位321个。区域经济增势强劲。街道立足自身实际，突出统筹城乡发展这一重点，不断深化和拓展"一块一片一线"发展思路，纵深推进"基层党建、城市经济、社区服务、生态建设、以城带乡、社会稳定"六项重点工作。2011年，实现区域内各行业营业总收入增长11.23%，达17.04亿元；社会固定资产投资增长60.56%，达5.78亿元；财税收入增长30%，达6 170万元；招商引资实际到位资金增长35.29%，达1.15亿元；农村经济总收入增长12%，达51 628万元；农民人均纯收入增长12%达7 273元，人均增639元。

围绕提升传统产业、做强支柱产业、培育新兴产业的发展路子，发挥4个种养殖专业合作社的组织、引导作用，与4家龙头企业建立长期的订单种植合作关系，逐步拓展市场。全面提升"粮食、烤烟、林果、养殖、蔬菜、蚕桑"等六大支柱产业，大力培育示范种植基地，发展无公害种养殖业，实现"一村一品"或"一村多品"的产业格局。潇湘、文明、红庙、冷家屯无公害养殖小区养殖水平进一步巩固提升，引进2家投资600余万元的特色养殖户，新建1家仔猪繁育养殖场，壮大养殖大户10余户，实现产值、总收入同比增9%的目标。整合各类建设及抗旱资金1 000余万元，完成水利工程38件、人饮工程3件，抵御50年未遇春夏秋连旱的严峻考验，实现沙坝、石灰窑、文明、冷家屯4个槽子人畜饮水工程全覆盖，确保大旱之年农业稳产、农村稳定，农民增收。协调资金900余万元重建文明、乡箐2座水毁大桥，硬化平坡至石灰窑通村公路，加快潇湘片区公路干线的建设和改造步伐，为构建潇湘片区"四纵"通村公路网打下坚实基础。农村劳动力有序转移，农民增收渠道明显拓展，农民非农收入、劳务经济持续增长。农机道路安全管理和农机安全隐患排查及时，街道被列为市区农机安全管理"三个一"工程示范点。生态建设取得新进展，退耕还林工程稳步推进，潇湘水源保护工程顺利实施，街道区域内环境综合整治人排查人整治专项行动积极开展，潇湘片区生态环境安全得到有效保护。

城乡统筹强势发展。全区3项城乡统筹试点建设集聚寥廓。红庙社区克服土地、规划、老村拆除等难题，采取盘活土地、引进市场、开发项目等形式，共投入资金1.4亿元，历时两年完成全区城乡发展一体化建设试点工作各项目标任务，顺利通过区级验收；南城门社区按照统规统建临街商业用房，解决好失地农民的后续生存和发展问题，利用集体置换出的土地集中建盖小区、单元房，解决好失地农民住的问题，引导城郊失地农民筹资7 000万元，建成单元房462套，成立旅馆业服务中心，逐步由商住混合型转变为商、住分离型，率先在全市高标准、高规格、快速度完成新社区建设任务；石灰窑村委会坚持"先易后难、试点带动、分类推进"的原则，整合各类建设资金876万元，以3个示范小组为突破口，以村容村貌整治、村内道路硬化、房屋危改、移民搬迁、村完小新建、文化广场建设、人畜饮水工程为重点，集中开展垃圾清理、村内绿化亮化等工作，切实改善农村生产生活环境，带动偏远新农村建设连点成线。

社会管理创新取得突破。"四城联创"成果不断巩固，群众性精神文明创建活动深入开展，积极配合市、区做好全省第二批文明城创建测评验收各项工作，涌现出5家市级文明单位、4家区级文明单位。农村"十星级文明户"创评率98%，城市社区99%。红庙"九星和谐"社区创建及农村社区全覆盖工作顺利推进，街道11个社区"九星和谐"社区创建工作全面完成。建立"三级"信访网络，领导干部挂钩联系和包案责任信访工作机制全面落实，三级响应管理模式广泛推行，实现"小事不出社区，大事不出街道，矛盾不上交"的信访目标。成立旅馆服务、视频监控、流动人口服务和联动应急处置四个中心，全力推进"打、防、控、管"一体化建设。健全以街道综治维稳中心为平台，社区（村）为纽带，居（村）小组为单元的"三级防控"网络，构建起街面防控、社区防控、单位内部防控、视频监控、区域治安协作和虚拟社会防控六张打防控网。围绕开展"社会治安综合整治百日会战"、"打四黑除四害"专项行动，着力提高维护稳定、打击预防犯罪、驾驭复杂治安局势的能力，营造和谐稳定的社会环境。平安街道持续巩固，街道连续5年无重大安全事故、无重大刑事案件、无集体越级上访，连续5年被区委、区政府表彰为"创建全国平安建设先进区"工作先进单位，被市委、市政府命名为曲靖市"平安街道"。强化安全生产主体责任，建立高危行业安全管理台账，全面开展非煤矿山、消防、建

潇湘平坡至石灰窑通村公路硬化开工仪式　（寥廓街道　供稿）

筑施工、道路交通、食品安全生产、易燃易爆物品等专项整治，加大对老城区居民安全教育力度，配强配足街道消防队员和消防器材，全年区域内无重大安全事故发生，安全生产伤亡控制指标为零。

社会事业蓬勃发展。中小学校舍安全工程、信息化工程、教师素质工程、内部配套设施工程等建设进展顺利。流动人口计划生育管理措施扎实有效，启动实施“流动人口全员对接”工作，健全流入人口“一卡、两账、两书、双合同”和流出人口“六个一”管理服务，做到流动人口与常住人口同宣传、同服务、同管理，街道流动人口管理接受国家计生委的动态监测，得到肯定和好评。社会保障措施全面实施，城乡低保应保尽保，足额按时发放各类救灾救济资金，各项优抚政策落在实处。充分利用各种宣传媒介加大街道对内对外宣传力度，提高街道的知名度。“大手拉小手，共建文明家园”、爱国主义教育和帮教活动积极开展，有效促进和谐街道建设。丰富多彩的文化体育活动有序开展，街道广场文艺演出经验代表麒麟区在全市进行交流。

自身建设不断完善。注重管理与服务并重、执法与疏导结合，建立健全责任追究和绩效考评制度，提高街道行政工作的执行力和公信力。进一步加大街道机构改革力度，调整设置4个综合办公室、5个中心和1个财政所，推动街道行政职能转变，促进街道工作逐步走向规范化、制度化、法制化轨道。推进“123”惩防体系建设，快速启动社区（村）“三资”管理工作，建立健全信息公开制度，增强工作透明度和公众参与度。严格落实党风廉政建设责任制，全面推行“一委两制三目标”管理制度，落实“四议两公开”工作法。

基层党建全面加强。按照构建区域化党建目标，以创先争优为主线，创建学习型党组织为抓手，深化组织、制度、作风、队伍建设为落脚点，规范“两校”进村、“三级联创”活动，推进“三培养”工程有序开展，顺利完成11个社区“六化”社区创建和5个村委会“双十”工程建设。巩固提升“五延伸”、“五联五同”、“五个百家”、“五个一”和“三亮四进”活动成果。新成立“两新”组织党支部1个、楼栋党小组1个，深入开展“流动党员活动周”、“党员亮身份，树形象”主题实践活动，不断完善无职党员设岗定责定事、党员中心户、党员责任区等制度，积极拓宽党员服务群众渠道，密切党群、干群关系，为街道经济社会发展提供坚强的组织保证。胜峰社区被省委组织部确定为“基层党建示范点”，街道党工委荣获全区先进基层党工委称号。

【重点工程快速推进】 主动参与市、区重点工程建设，全力化解各种引发的热点、难点问题。荷花塘片区拆除工作历时3年之久得以完成。红庙大坝拆迁安置工作取得突破性进展，延续6年之久的大坝村拆迁安置工作圆满完成，签订拆迁协议353份，拆迁房屋353户66 750平方米，兑付拆迁资金4 760多万元，354套安置住房已全面竣工，分房到户353户。

【“信用乡镇”创建通过验收】 围绕优化信用环境、提升信贷支农服务水平、最大限度满足农户生产生活资金需求创建重点，规范农户建档和信用等级评定工作，构建农村信用环境，推动农村信用社转换经营联系方式，不断增强农村基层党组织的凝聚力、战斗力，街道社会经济金融秩序进一步好转，政府诚信度明显提高。6个社区（村）、6个信用村覆盖辖内所有农户，已达到评定条件，“信用村”占行政村总数的50%以上。建档4 837户，授信3 941户，建档、授信面达95.69%和81.48%，贷款金额3 937.6万元。评定“优秀”信用户180户，“较好”信用户2 262户，“一般”信用户1 268户，参评但未授予信用户的231户，分别占4.57%、57.4%、32.17%和5.86%。

【省、市公安部门到寥廓检查指导社会治安防控体系建设工作】 8月10日，省公安厅副厅长董家禄，副市长、市公安局局长早光明一行到寥廓街道检查指导社会治安防控体系建设工作。董家禄副厅长要求：要进一步提高街头见警率；要发展辅警，不断完善“三防”设施建设；要大力加强基层治安组织建设，发展和壮大协管员、保安员、治安积极分子等治保队伍；要严格管理，切实增强公安队伍的战斗力和凝聚力。

社区（行政村）简况

南城门社区

南城门社区位于曲靖城南片区，地处南城门以南，子午路以西，是典型的城郊结合部，区域面积6平方千米，设10个居民小组，常住人口8 456户25 800人，农业人口1 700人，暂住人口9 786人。区域内驻省、市、区单位23个，个私营企业1 766个，从业人员5 786人。社区设党总支部1个，党支部12个，正式党员123名。全年经济总收入38 929万元，居民人均纯收入8 465元，同比增15%。社区被市妇联表彰为全市“优秀妇女之家”。

社区领导：

书　记　李贵文

副书记　陈剑龙

　　　　李路红

主　任　王春鸿

副主任　王琼华（女）

天池社区

天池社区位于曲靖老城区南城门中轴线西侧，区域面积0.6平方千米。设6个居民小组，常住人口1 983户5 306人，暂住人口500人。区域内驻省、市、区单位13个，个私营企业163家，从业人员520人。社区设党总支部1个，下设1个党支部，正式党员33名。全年经济总收入1 300万元，居民人均可支配收入7 700元。2011年，市级文明社区创建工作顺利通过检查验收。

社区领导：

书　记　刘　婷（女）

副书记　王明怀

主　任　常　德

副主任　王粉华（女）

文昌社区

文昌社区位于麒麟南路以西，文昌街以南，西门街以北，寥廓南路以东，区域面积0.35平方千米。设9个居民小组（直管居民小组3个），常住居民2 305户5 253人，暂住人口341人。区域内驻省、市、区机关，企事业单位33个，个私营企业360个，从业人员730人。社区设党总支部1个，正式党员25人。全年经济总收入1 405万元，居民人均可支配收入7 058元，同比增12%。被市政府授予“敬老先进社区”称号。

社区领导：

书　记　魏富云

副书记　森映江

主　任　陈跃进

副主任　王雪梅（女）

康桥社区

康桥社区位于曲靖城中心，东至麒麟南路，南至文昌街，西至寥廓南路、书院路，北至南宁西路，区域面积0.8平方千米。设36个居民小组（直管居民小组1个），常住居民1 895户4 644人，暂住人口265人。区域内驻省、市、区单位37个，个私营企业300个，从业人员770人。社区设党总支部1个，党支部4个，正式党员38人。全年经济总收入8 790万元，居民人均可支配收入15 100元，同比增12%。

社区领导：

书　记　张志忠

副书记　黄宝剑

主　任　张志忠（兼）

副主任　徐会莲（女）

方家园社区

方家园社区南接文昌街，北接南宁西路，东邻寥廓南路，西邻翠峰路，区域面积1.5平方千米。驻省、市、区单位36个，个私营企业285个，从业人员830人。设13个居民小组（直管居民小组2个），常住居民3 150户10 080人，暂住人口3 300人。社区设党总支部1个，党支部4个，正式党员48人。社区成立“两委”与公司统分运行的曲靖市方圆商务有限公司，采取有偿、低偿和无偿相结合的方式，提供安保、市场等各种服务，举办商品展销会，为社区创收10万余元。全年经济总收入8 320万元，居民人均纯收入8 254元，同比增10%。

社区领导：

书　记　（空缺）

副书记　姜德庆

主　任　（空缺）

副主任　胡黎芳（女）

玄坛社区

玄坛社区位于曲靖城中心，沿麒麟花园至阿诗玛花园以西，南至南宁西路，西至寥廓南路，北至麒麟西路，区域面积0.55平方千米。驻省、市、区单位74个，个私营企业2 016个，从业人员5 480人。设15个居民小组（直管居民小组2个），常住居民6 059户23 068人，暂住人口8 956人。社区设党总支部1个，党支部6个，正式党员202人。全年经济总收入4 849万元，居民人均纯收入10 647元，同比增11%。

社区领导：

书　记　杨小华

副书记　周雪峰

主　任　杨小华（兼）

副主任　施嘉祁

龙潭社区

龙潭社区东至寥廓南路，南至南宁西路，西至梅园巷，北至麒麟西路，区域面积0.8平方千米。驻省、市、区单位21个，个私营企业4家，从业人员690人。设5个居民小组，常住居民2 459户5 770人，暂住人口239人。社区设党总支部1个，下设3个党支部，正式党员59人。2011年，被列为曲靖市社区巾帼志愿者服务活动试点单位。

社区领导：

书　记　吴粉菊（女）

主　任　吴粉菊（女，兼）

副主任　彭琴仙（女）

梅园社区

梅园社区位于曲靖经济技术开发区，北至麒麟西路，西至翠峰路，东至梅园巷，区域面积0.8平方千米。驻省、市、区单位36个，个私营企业150家，从业人员464人。设13个居民小组（直管居民小组1个），常住居民3 329户7 789人，暂住人口770人。设党总支部1个，下设5个党支部，正式党员47人。被区委授予“五好”社区党总支称号。

社区领导：

书　记　张庆文

副书记　宋留文

主　任　张庆文（兼）

副主任　魏丽梅（女）

园林社区

园林社区位于曲靖经济技术开发区，东至寥廓南路，西至圆通路，南含寥廓公园，北至文昌街西段翠峰路，区域面积0.86平方千米。驻省、市、区单位25个，个私营企业342个，从业人员1 405人。设22个居民小组（直管居民小组2个），常住居民3 259户7 578人，暂住人口997人。设党总支部1个，下设7个党支部，正式党员101人。全年经济总收入5 259万元，居民人均纯收入6 940元，同比增长14%。

社区领导：

书　记　魏培华

副书记　梅吉庆

主　任　魏培华（兼）

副主任　李鸿瀛

胜峰社区

胜峰社区位于曲靖经济技术开发区，东至翠峰路，西至寥廓山，南至圆通路，北至大花桥，区域面积1.1平方千米，驻省、市、区属单位23个。设21个居民小组（直管居民小组4个），常住居民3 588户9 028人，暂住人口2 800人。全年经济总收入5 785万元，居民人均纯收入8 777元，同比增10%。社区设党总支部1个，下设7个党支部，正式党员120人。社区被市、区确定为“创先争优”工作示范点，被省委组织部定为基层党建工作示范点。

社区领导：

书　记　肖石才

（2011年4月任）

副书记　徐向东

主　任　代留生

副主任　肖梅芳（女）

红庙社区

红庙社区位于曲靖城西郊约3千米处，区域面积11.5平方千米。设9个居民小组，总户数1 500户，总人口5 032人。设党总支部1个，下设11个党支部，正式党员157人。全年经济总收入4 375.3万元，居民人均纯收入6 594元，同比增12%。顺利完成市区重点工程房屋拆迁安置工作，通过“九星和谐社区”验收，被区委、区政府表彰为2011年度“先进社区”。

社区领导：

书　记　来月聪

副书记　路志刚

王学良

（2011年7月任）

路红明

（2011年7月任）

主　任　来月聪（兼）

副主任　王文杰

潇湘村

潇湘村位于曲靖城西南麒小公路9千米处，地处潇湘水库上游，区域面积24平方千米。设村党总支部1个，下设5个党支部，正式党员85人。辖4个村民小组，总户数总806户，人口2 780人，非农业人口263人，拥有劳动力1 668人。有耕地6 805亩，其中水田1 600亩，旱地5 205亩，粮食作物2 300亩，烤烟3 500亩，养殖户6户，粮食总产量2 157.5万千克。全年农村经济总收入2 530.9万元，农民人均纯收入6 492元，同比增10%。

行政村领导：

书　记　蔡树良

副书记　高聪云

主　任　杨　勇

副主任　张家德

文明村

文明村位于曲靖城西南麒小公路14千米处，区域面积21平方千米。设村党总支部1个，下设4个党支部，正式党员86人。辖4个村民小组，总户数400户，总人口1 628人，有劳动力1 150人。有耕地4 200亩，其中水田700亩，旱地3 500亩，粮食作物1 000亩，烤烟3 200亩，养殖户18户，粮食总产量69万千克。全年农村经济总收入1 544.1万元，农民人均纯收入5 995元，同比增长12%。2011年，完成村委会办公用房及文明、乡箐两座大桥建设任务，被区政府表彰为2011年度烤烟生产收购“先进村委会”。

行政村领导：

书　记　赵玉春

副书记　尹国斌

主　任　张家体

副主任　吕二乔

冷家屯村

冷家屯村位于昆曲高速公路9千米处，区域面积27.5平方千米。设村党总支1个，下设4个党支部，正式党员98人。辖4个村民小组，总户数950户，总人口3 689人，其中非农业人口18人，劳动力2 356人。有耕地9 935亩，其中水田1 500亩，旱地8 435亩，粮食作物7 600亩，烤烟1 540亩，粮食总产量248.8万千克。农村经济总收入3 005万元，农民人均纯收入7 247元，同比增长9%。

行政村领导：

书　记　李家才

副书记　方贵富

主　任　方鸭建

副主任　刘　宁

石灰窑村

石灰窑村距曲靖城19千米，区域面积29平方千米。设村党总支部1个，下设11个党支部，正式党员74人。辖11个村民小组，总户数789户，总人口3 107人。有耕地7 400亩，其中水1 400亩，旱地6 000亩，粮食作物4 000亩，烤烟3 686亩，全年粮食总产量234.5万千克。农村经济总收入2 616.7万元，农民人均纯收入5 615元。2011年，整合各类建设资金800余万元，完成偏远新农村建设。

行政村领导：

书　记　高家宝

主　任　冯建平

副主任　齐树平

沙坝村

沙坝村距曲靖城24千米，区域面积42平方千米。设村党总支部1个，下设7个党支部，正式党员

100人。辖7个村民小组，总人口889户3517人，有劳动力2192人。有耕地6413亩，其中水田1360亩，旱地5053亩，粮食作物1413亩，烤烟4100亩，粮食总产量170万千克。农村经济总收入2944.5万元，农民人均纯收入5380元，同比增9%。

行政村领导：

书　记　代绍良

副书记　刘双吉

　　　　朱生贵

主　任　代绍良（兼）

副主任　赵自年

（李培生）

建宁街道

【概　况】　建宁街道办事处位于曲靖城西北片，地处白石江中游，东至麒麟北路，南至麒麟西路，西接西山开发区，北与沾益县交界。国土面积23.22平方千米，辖麻黄、小坡、曲烟、瑞和、平安、古城6个社区，58个居民小组，其中麻黄、小坡、古城为涉农社区。辖区内有人口8万余人，其中，户籍人口25972户69994人，流动人口约2万余人。2011年非公经济完成工业总产值76960万元，同比增长13%；完成增加值17548万元，同比增长15%；完成规模以下工业总产值46370万元，同比增长30%，农产品产值1336万元，同比增长11%。固定资产投资完成3.91亿元，同比增长27.9%；全年财政收入完成3278万元，同比增长40.5%；实现城镇居民可支配收入15024元，同比增长11.5%；农民人均纯收入7415元，同比增长13.1%。完成粮食播种3835亩，总产154.3万千克；完成蔬菜种植445亩，总产值200万元；畜牧业收入实现2091万元，同比增长15%，畜牧业增加值282.9万元，同比增长14.2%。

曲靖西城工业园麻黄片区共引进曲靖市粮食物流中心项目、麒麟综合物流中心项目、曲靖双友公司年产120万吨冶炼废渣资源综合利用项目3个项目。全年完成固定资产投资4.5亿元；实现工业总产值30亿元，实现工业增加值5.62亿元，同比增长52.72%；实现销售收入21.42亿元，同比增长34.80%，上交税金0.62亿元，同比增长54.64%；实现利润0.39亿元，同比增长14.71%。

建宁发挥街道独特的区位优势，依托铁路大动脉，强力打造物流中心，形成辐射广、带动性强的六个物流圈（以沃尔玛商业广场、吉玛特为带动的日用消费品物流圈、以贝尔公司为龙头的320过境线的钢材市场物流圈、以国家粮食储备库、曲靖粮食物流中心为带动的粮食物流圈、以小坡立交桥周边为基地的大型机械、重型工程机械交易物流圈、以铁路货场为平台的煤炭交易物流圈、以烟草物流配送中心为基地的烟草物流圈）。随着“五馆一中心”、小坡物流中心、双友三期、粮油交易中心、后北村商住分离等大批产业项目的实施，建宁辖区内正逐步形成一个辐射广、带动性强的物流经济圈。工业园区建设、商贸服务连片开发、现代物流中心建设等全面推进和突破，整个街道的支柱性产业布局发展已经初现端倪，建宁作为麒麟城商贸经济新区、城市旱码头、现代物流桥头堡和体育文化产业聚集区的优势作用进一步凸现。通过进一步扶持发展投资小、见效快、税收在当地、吸纳劳动力强、基础条件好的餐饮业、服务业、配套加工业、劳务产业、特色市场（特色街）5个产业，带动城郊经济发展。全年财政收入完成3278万元，同比增长40.5%；财政支出1328万元，其中区级财力支出1110万元，街道财力支出121万元。固定资产投资完成较好，投资幅度大幅增长。区下指标3.72亿元，实际完成3.91亿元，比上年增27.9%。

科技科协工作。街道投入科普经费7.5万元，组织科普益民“三化”教育活动，开展三级干部科技讲座3期250人次，下岗职工再就业劳动技能培训200人次，失地少地农民再就业技能培训1000人次。开展“大手拉小手科普进校园，小手拉大手科普进家庭”活动，举办未成年人安全知识讲座500人次，科普观摩活动培训300人次。宣传推行清洁能源太阳能路灯安装，科技推广和科普宣传深入人心。基础教育投入进一步加大。在筹资141万元完成麻黄小学危改工程及1185平米的综合大楼建设的基础上，投入10多万元，协调麻黄、小坡两个社区投入20万元，动员双友等捐资助学20余万元改善办学条件。“两基”迎国检工作全面完成。文体事业健康发展。以庆祝重大纪念活动为契机，组织开展珠江源广场文艺演出、庆祝建党90周年系列活动、“红歌嘹亮”合唱比赛、“重阳节茶话会”、国庆节广场演出、“广场舞”培训推广等丰富多彩的文体活动30场次。申报小广场建设6个，建成文化活动室、图书阅览室和电子阅览室6个，整合社区文化资源，成立腰鼓队、太极扇队、健身气功队、太极拳队、武术舞剑队、老年书法队等专项文体团队。公共卫生服务明显提升。投资564万元完成街道社区卫生服务中心建设，投入8万余元改善麻黄、小坡社区卫生服务站就诊环境。加强社区卫生服务，完善医保制度，新型农村合作医疗参合率100%。强化计生工作，加强流动人口计生管理，计生宣传、咨询、业务培训、孕检、重点人群筛查体检等服务工作扎实推进。出生320人，持证生育率100%，计划生育率100%；出生率5.3‰，人口自然增长率3.1‰。

安全稳定工作。采取有力措施，抓队伍，强机制，不断强化社会治安综合治理，创新社会管理，既保证辖区的安全稳定，又妥善地化解各个重大项目推进中引发的各种矛盾纠纷，确保辖区和谐稳定。为进一步加强社会防控体系建设，街道每年投入综治维稳工作经费100多万元。街道和各社区建成683人的专职治安队伍，设立规范化调解庭7个，矛盾调解室61个，调处各类纠纷118件，调解成功116件，调解成功率98.3%；办理法律援助事务5件，为群众挽回经济损失98.58万余元。加强街道综治联防应急维稳救援直属分队、社区治安联防队等综治队伍建设，形成以警务室为主体，以社区综治维稳中心为平台，以居民小组干部为纽带，以单位内部保卫为基础，以各个群防组织为支点，横向到边、纵向到底的管控网络。严格落实领导包案责任制，做到领导到位、措施到位、调处到位“三到位”，采取包调查、包处理、包疏导教育、包结案、包息诉罢访“五包”工作措施加强信访工作，全年没有出现恶性事件和非正常群体性上访。全面落实领导包保制等各项安全生产责任制，切实加强对非煤矿山、易燃易爆物品、危险化学物品、消防、道路交通、食品药品、宾馆酒店和公共场所的长效安全监管。签订安全承诺书300余份，先后组织各类安全检查39次，组织开展食品药品、学校食堂卫生专项整治，安全资格培训265人次，从业人员98%的持证上岗，有效遏制各类安全事故的发生。

社会保障工作。坚持以改善民生为根本，努力构建社会救助体系，建立以城乡一体化、社会全覆盖为特点，城乡低保为基础，帮困、助学、助医三大救助工程为配套，其他专项救助、临时救助为补充的社会救助体系。社会保障落实到位。办理城市低保1 769户次3 570人次，发放保障金1 343 376元。申报农村低保187户、259人，发放农村低保金254 856元。办理廉租房42户，申报廉租房租赁补贴77户12.7万元。办理困难群众临时救助36户108人，发放救助资金43 000元。大病医疗救助7人，发放救助金50 080元。落实优抚政策，定期兑现各类定补424 802元。完善救残助残机制，完成残疾人“三项调查”，建立个人档案卡和台账，办理第二代残疾人证866名。认真开展残疾人就业康复等工作，举办农村残疾人实用技术培训80人，安置残疾人就业288人。精神病防治筛查195人，白内障患者筛查35名。申办80周岁以上高龄补助184人，敬老节走访慰问老年人764人，发放慰问金27 280元。劳动就业与保障有效提升。农村劳动力转移半年以上4 450人，季节性临时性外出务工3 430人；办理贴息小额贷款初审15人，创业小额贷款11人；城镇居民基本医疗保险手工办理住院347人733 656.5元；农保发放68人，养老金7 220.68元；发放城乡居民60周岁以上基础养老金2 089人，344 685元。群众生活持续改善。实现城镇居民可支配收入15 024元，同比增长11.5%；农民人均纯收入7 415元，同比增长13.1%。人民群众的满意度和幸福感进一步增强。

全面实施“群星文明”工程，认真开展“十星级居民户”、“十星级文明楼院”、“八星级文明小区”、“八星级文明社区”和“八星级文明居民小组”创建活动。以新的《文明城市测评体系》为导向，扎实开展环境卫生、文明交通行为等专项整治，把创优美环境、优良秩序、优质服务作为经常性的工作常抓不懈，确保顺利通过省级文明城测评检查。做好文明单位申报工作，辖区5家单位荣获市级文明单位称号，3个社区重新申报区级文明社区。

牢固树立“在服务项目中拓宽发展空间，搭建发展平台，实现自我发展”的理念，积极支持，主动配合，扎实推进，以项目建设为自身发展搭建坚实平台，依托重点项目高起点规划安置新村，有力地推进城乡一体化进程。小坡一、二组居民小区项目随着“五馆一中心”项目的推进，已完成新区的统一规划和“三通一平”工作；三、四组居民小区为配合小坡物流中心拆迁安置，预留土地613.8亩，项目建设前期准备工作基本就绪；五组312套单体住宅，大部分建设已全面完工，小区道路、绿化、亮化工程基本结束。麻黄王姓居民小组小区280套一层主体和路网等工程已全面完成，并分配到户；张姓居民小组小区基础和一层主体正在建设中；荷花塘居民小组小区启动场地平整；十二组商住分离改造项目居民小高层单元房已启动建设。古城后北山商住分离项目建设有序推进。这些项目的建设，进一步加快城乡统筹步伐，提升了居组发展的承载力。

【春节广场文艺演出】 2月6日下午，建宁街道在珠江源广场举行广场文艺演出，为广大市民献上一道新春的文化大餐。演出在舞蹈《开门红》中拉开序幕。舞蹈《快乐的节日》、《洗衣歌》、《红红的日子红红的火》、《祖国不会忘记》、《彩花榜》、《吉祥颂》、《捧起太阳》、《麒麟赞歌》以及独唱《中国人》、《吉祥如意》等节目赢得现场观众们的阵阵掌声和喝彩声。整台演出真情投入、精彩生动、催人奋进。

【召开建宁街道2011年工作会】 3月25日上午，建宁街道召开街道党工委、办事处2011年工作会议。会议总结回顾2010年街道的全面工作，听取街道党工委负责人代表街道党工委、办事处所作的《立足新起点，开创新局面，全力推进建宁经济社会持续健康快速发展》的工作报告，明确街道“十二五”期间的奋斗目标和2011年街道的工作思路。

【召开安全生产隐患排查治理专项行动动员会】 4月25日上午，建宁街道召开安全生产隐患排查治理专项行动动员会。为汲取2011年3月以来市域内相关县（市）连续发生的5起较大生产安全事故教训，贯彻落实市区有关会议精神，会议传达了近期市、区有关会议精神，安排布置隐患排查治理专项行动。会后，分成两个检查组对辖区内所有生产经营和建筑单位进行安全大检查和隐患排查。工作人员每到一处都深入到各生产车间进行认真检查，现场填写安全生产检查记录、安全生产整改建议书。对存在重大隐患的单位，现场下发安全生产执法强制措施决定书。

【召开迎接全国文明城市考评动员

大会】 6月20日下午，建宁街道召开迎接全国文明城市考评动员大会。会议结合街道创建和迎测重点，对开展专项整治和具体准备测评等作具体的安排部署和动员。会议对各项整治工作提出具体目标、时限要求，对各社区和各单位做具体任务分解，明确责任领导和具体责任人。要求街道班子成员实行双岗双责，既要负责协调组织好各挂点社区迎测的各项工作，又要按照街道党工委、办事处专项整治工作安排全力抓好涉及的各专项整治工作，不折不扣完成迎测各项准备工作。

【庆祝建党90周年职工文艺汇演】 6月30日，建宁街道举办庆祝建党90周年职工文艺汇演。演出在街道机关党总支的一曲合唱《我的麒麟美》的歌声中拉开帷幕，随后，各社区轮番登场，分别演出丰富多彩的文艺节目。整个演出高潮迭起，掌声不断。整台演出从始至终都突出共产党好、社会主义好、改革开放好、伟大祖国好、各族人民好的时代主旋律，党员干部在观看演出的同时，受到一次爱国、爱党的思想教育。

【蒙自市考察团到小坡社区参观考察】 7月7日下午，红河州蒙自市考察团在区委常委、组织部部长周永江和副区长周光芬的陪同下到建宁街道小坡社区就社区建设进行参观考察。考察团一行首先听取小坡社区党总支负责人的情况介绍并参观小坡社区矛盾调处中心、便民服务大厅、党员活动室和多功能室。随后，双方就社区建设进行座谈交流。在座谈会上，副区长周光芬向考察团介绍麒麟区的社区建设情况。考察团在实地查看和听取情况介绍后认为，麒麟区高度重视社区建设，社区基础设施完善，配套功能齐全，便民服务规范，社区建设走在全省前列，社区建设的做法、经验很值得借鉴和学习。

【副区长周光芬到建宁街道检查指导社区建设】 7月8日上午，副区长周光芬带领区民政局领导深入到建宁街道检查指导社区建设。在实地查看平安、古城、瑞和三个社区和听取街道、社区负责人相关情况汇报后，周副区长对建宁街道社区建设工作给予充分肯定，并提出3点要求。

【小坡物流中心项目建设推进会召开】 7月13日下午，麒麟区小坡物流中心项目建设现场推进会在建宁街道小坡社区召开。市委常委、区委书记傅学宾，区委副书记、区长唐开荣，区委副书记罗中山，区人大副主任杨国文以及土地、财政、发改、住建、商务、公安等部门的负责人，建宁街道及小坡社区的负责人等参加推进会。与会人员首先到小坡物流中心建设现场进行现场查看，了解项目建设进展情况。随后，项目建设指挥部负责人杨国文，建宁街道、小坡社区以及有关部门负责人汇报小坡物流中心项目建设进展情况。在实地查看和听取情况汇报后，傅学宾对建设项目提出要求。唐开荣、罗中山分别就项目建设工作进行具体的安排部署。

【建宁街道举行城乡居民社会保险养老金发放仪式】 9月13日，建宁街道办事处隆重举行城乡居民社会养老保险金发放仪式。在发放仪式上，街道党工委负责人要求街道各级各部门一定要采取切实有效的宣形式和手段把相关政策宣传到位，提高广大居民的知晓率和参保率，为养老保险的扩面增容奠定坚实的群众基础。要全面、准确普查应参保对象，为城镇居民社会养老保险扩面增容提供准确、详实的数据。相关工作人员要不断提升业务水平，服务好参保对象，提高群众满意率。来自小坡、麻黄两个社区17个居民小组的60名年满60周岁的老年人代表在发放仪式上高兴地领到2011年7～9月份的养老金。

【建宁街道后北居民新区商住分离项目开工奠基】 10月20日上午，建宁街道城乡一体化建设的重点项目—古城社区后北居民新区商住分离项目正式开工奠基。区委副书记、区长唐开荣，区委副书记罗中山，区政协主席张杰，区人大副主任杨国文，区政协副主席赵军学等出席奠基仪式。在建宁街道领导介绍街道推进城乡一体化建设的工作情况，施工单位负责人作表态发言后，唐开荣宣布项目开工奠基。出席奠基仪式的领导们共同为项目开工奠基培土。

后北居民新区商住分离项目集商业、居住为一体，总投资3亿元，占地90亩，其中62亩用于市场建设，建成后由投资方经营、使用20年，另外28亩由投资方开发建设，无偿为后北村居民提供人均40平方米的商品住宅，工程建成后，将大大改善居民的居住环境，带动片区商贸繁荣和经济发展。

【区委书记傅学宾到建宁调研“两上山”工作】 11月14号上午，市委常委、区委书记傅学宾，区委副书记、区长唐开荣，区委副书记罗中山，副区长缪仑以及相关部门负责人，深入到建宁街道小坡社区调研保护坝区农田、建设山地城镇工作。傅学宾、唐开荣一行首先到太和山，详细了解由上海凯莱投资有限公司投资在太和山开发山地建设麒麟区综合物流配送中心的前期筹备情况，同时听取相关负责人的情况汇报。

按照省、市要求，麒麟区把太和山山顶作为保护坝区农田，建设山地城镇工作的项目选址点之一，并通过招商引资引进曲靖麒麟综合物流配送中心入驻该片区开发建设。曲靖麒麟综合物流配送中心项目总投资不低于8亿元、占地约800亩，此片区建成后，将成为一个集汽车、二手车、汽配等汽车后市场以及工程机械、建材、五金机电、家居和仓储物流的商贸物流新区。

傅学宾、唐开荣一行还深入到小坡物流中心曲靖万宇国际商贸城一期工程开工奠基筹备现场进行查看，并就奠基筹备工作进行现场指导。

社区简况

麻黄社区

麻黄社区位于麒麟城西北郊，东临麒麟北路、南至教场西路、西与西城街道办事处相邻、北接小坡社区。有国土总面积约10.2平方千米，下设15个居民小组（其中7个涉农居民小组、8个城市居民小组），有成员单位56个。总人口7 156户，17 152人，其中农业人口4 291人，非农人口12 861人。

2011年11月2日社区设立党委，12月14日社区卓原房地产公司正式揭牌。年内，社区经济总收入9 300万元，同比增长11%，社区居民人均纯收入7 260元，同比增长9%。社区先后被中共曲靖市麒麟区委、麒麟区人民政府授予“2010年度受国家部委和省委省政府表彰先进单位”、“科普示范社区”、“第六次全国人口普查先进集体”等称号。

社区领导：

书　记　孙留书
副书记　张德佑
　　　　姜来宝
主　任　王学才
副主任　张俊华
　　　　李文怀

小坡社区

小坡社区位于麒麟城最北端，北与沾益交界，南到曲靖卷烟厂生活区，东与沾益县庄家湾村委会相接，有国土面积4.5平方千米。驻有成员单位24个，下设8个居民小组，其中3个单位型居民小组，5个涉农居民小组，辖区现有居民3 420户，其中本地户2 583户，非农户637户，农业户1 946户，有常住人口9 668人。

小坡辖区内涉及基础设施、公共服务、重大产业发展等市、区及社区小组自身建设重大项目约10多个，撬动投资近30亿元。社区积极支持配合曲靖五馆一中心、小坡物流中心、麒麟区综合物流配送中心、326国道改扩建项目、烟厂技改项目、西河治理六大项目建设。曲靖市五馆一中心项目房屋拆迁819户9.5万平方米，小坡物流中心项目房屋拆迁72户1.5万平方米已全面完成。投资250万元实施的三组服务站现已投入使用。投入1 500万元的五组新区道路硬化、绿化、亮化工程已全面竣工。2011年实现农村经济总收入10 363万元，农民人均纯收入6 967元。

社区领导：

书　记　王昆伟
副书记　陈俊宝
主　任　张学忠
副主任　崔国义
　　　　付宝才

古城社区

古城社区位于麒麟城西北部，西至大花桥，东至寥廓北路，北至教场西路，南至麒麟西路，辖区面积1.5平方千米，有中央、省、市、区属单位42家，下设14个居民小组，有居民4 592户，总人口13 927人。

2011年，古城社区后北山“商住分离”项目建设启动，项目一期计划总投资8 000万元，建设落地式房屋188套，项目将以汽车综合服务配套项目为主，打造曲靖中心城区汽车综合产业群，为后北山失地农民提供就业岗位300余个。

社区领导：

书　记　解国琼
副书记　冯丽萍（女）
主　任　解国琼
副主任　解志东

曲烟社区

曲烟社区位于麒麟北路大坡寺，辖区面积1.2平方千米，辖区内有红云红河集团曲靖卷烟厂、麒麟区育红小学、麒麟区第三幼儿园、曲靖市第二人民医院综合科、麒苑小区、九龙苑小区等6家成员单位，下设6个居民小组，总户数2 695户，总人口7 793人，属于典型的“单位型”社区。

社区领导：

书　记　李自文
副书记　王利波
主　任　李自文
副主任　付永生

瑞和社区

瑞和社区位于麒麟城西北部，东至寥廓北路，南至教场西路延长线，西至大花桥，北至水电十四局机械厂，辖区面积0.9平方千米，有18个成员单位，下设7个居民小组，有居民4 296户，总人口9 608人。

2011年，社区继续把关注民生，服务居民，促进和谐作为出发点，整合社区资源，共驻共建，在“两新”组织中成立1个党支部和1个团支部，举办各类文艺活动5场。社区荣获区人民政府“第六次全国人口普查先进集体”、麒麟区科协系统创先争优活动“五星科普协会”荣誉称号。

社区领导：

书　记　郭德生
副书记　崔　琼（女）
主　任　郭德生
副主任　杨惠娴（女）

平安社区

平安社区位于麒麟街心花园西北侧，东至麒麟北路，南至麒麟西路，西至寥廓北路，北至教场西路，辖区面积0.8平方千米。辖区内有27个成员单位，下设10个居民小组，有居民3 813户，总人口11 846人，有私营企业及个体商户1 046家。

2011年，社区先后被区委、区政府授予“科普文明社区”，被街道党工委授予“五好党总支”荣誉称号。

社区领导：

书　记　付秦方
副书记　蒋露梅（女）
主　任　付秦方
副主任　何　花（女）

（杨熙斌）

白石江街道

【概　况】　白石江街道办事处位于麒麟城郊东北部，属城郊结合部。国土面积22.21平方千米。辖保渡、丰登、代河、长河、黄家庄、幸福、麟东、临江、江南9个社区居民委员会，80个居民小组。其中涉农社区5个，涉农居民小组46个，有27个自然村。全街道总户数32 724户，总人口81 656人。其中农业户6 436户，22 472人，非农户26 288户，59 184人，人口出生率4.6‰，人口死亡率3.3‰，人口自然增长率1.3‰。耕地面积4 908.2亩，其中水田4 424.2亩，水浇地484亩，人均占有耕地0.22亩。区域内驻有一汽红塔实业总公司、云南模具三厂、水电十四局曲靖基地等中央、省、市区属单位169个，个体私营商业门店3 518个，从业人员13 397人。

2011年农村经济总收入（以代河、长河、黄家庄、保渡、丰登、幸福6个社区进行统计，其中幸福社区无农业产业）35 495万元，比上年增3 231万元，增长10%；农民人均纯收入7 324元，比上年增1 207元，增长19.7%。在总收入中，农业收入2 910万元，占总收入的8.2%；牧业收入4 613万元，占总收入的13%；渔业收入554万元，占总收入的1.6%；工业收入3 325万元，占总收入的9.4%；建筑业收入3 524万元，占总收入的10%；运输业收入4 282万元，占总收入的12%；餐饮业收入11 334万元，占总收入的32%；服务业收入2 757万元，占总收入的7.7%；其它收入2 196万元，占总收入的6.1%。固定资产投资6.64亿元，比2010年的4.4亿元增2.24亿元，增长51%。完成农作物播种面积10 192亩，其中粮食播种面积6 032亩，粮食总产300万千克；蔬菜播种面积4 160亩，产量1 039.2万千克。年末水果面积1 394亩，水果产量159.8万千克；渔业养殖面积473亩，水产品产量37.8万千克；完成畜牧业畜禽产品产量503.5万千克。

以境内“诸葛亮与孟获”巨型壁雕为平台，以展示黄家庄彝族村民风民俗为重点，大力弘扬民族文化，成功举办第十届彝族“火把节”，接待2万余人次；总投资5.3亿元打造黄家庄旅游小镇精品，2011年完成投资4 700万元，占总投资的8.9%。引资8 000万元建设占地40亩的稼秀生态园，形成集会议、垂钓、食宿、休闲、娱乐为一体的假日经济。

2011年完成工业企业总收入21.452 2亿元，比2010年的18.164 4亿元增3.287 8亿元，增长18.1%。完成总产值12.824 7亿元，其中增加值实现3.374 9亿元，实现利润1.013 4亿元，上交税金3 672万元。

财政收入3 715万元，比2010年的2 691.79万元增1 023.21万元，增长38%，占全年任务数2 439万元的105%，财政支出2 004万元。贯彻落实中央惠民政策、粮食直补、良种补贴、农资综合补贴及时发放，全年共发放农资综合直补4 201户（次），补贴面积7 051.38亩（次），补贴金额667 182.13元；汽车摩托车下乡218辆，销售金额2 049 147元，补贴金额219 715.84元，推动农村消费。

以“五化”为目标，围绕“一镇”（黄家庄旅游小镇）、“二区”（东片区开发、职教园区）、“四型”（企业带动型、项目带动型、市场带动型、产业带动型）、“五点”（黄家庄、长河、代河、丰登、保渡）的建设思路强力推进城镇化建设，投资12.292 1亿元，建成单体套房3 592套，改善居民的生活居住条件，实现村庄社区化。投资1.892亿元改善基础设施建设，完善社区服务功能。投资3 439.79万元完成小区内部硬化289 061平方米，小区绿化126 124平方米，铺设地下管网15 705米，铺设排水管道56 550米，安装路灯709盏，安装自来水4 706户，实现居民家家通自来水，户户通水泥路，实现生活城市化。投资880.5万元建成5个社区综合服务中心和一个老年活动中心；投资880万元，建成7个居民小组文体活动中心；投资3 439.79万元，实施“一事一议”财政奖补公益事业建设项目17个，彻底突破社区基础服务设施滞后“瓶颈”，全面改善服务设施。

街道有完小5所，62个教学班，在校学生2 712人；在职在岗教职工123人。专任教师121人，工人2人。具有中专以上学历的教师121人，学历合格率100%；小学入学率100%，巩固率100%，完学率100%，辍学率为0。有幼儿园12所，在校（园）幼儿2 890人，入园率87.3%；辖区内青壮年非文盲率99.9%，实现“幼教、普教、成教”协调发展。

强力推进和谐社区建设，社区短腿现象得到根本改变。9个社区的综合服务中心已全部建成并投入使用，所有社区办公设施全部得到改善，社区服务短口瓶颈得到解决，村级活动场所、文化小广场建设欣欣向荣。建科普宣传栏223块，核拨科技“三项费”及科普经费48.2万元。2011年8月被区委、区政府评为科普示范街道。投资600万元的街道卫生服务中心及投资200万元的黄家庄卫生服务站即将投入使用。全年共组织卫生服务团队为社区居民进行免费体检52 005人次，新型农村合作医疗参合人数22 002人，参合率100%；减免门诊费37 026人次27.83万元，住院补偿1 874人次，170.3万元；有效控制传染病发病率，孕产妇死亡率为零，婴儿死亡率为8.2‰，社区卫生得到强化。农村劳动力转移就业10 006人，新增转移输出劳动力767人，安置困难对象就业35人，城镇居民医疗保险新参保与续保人数32 791人，办理医药费报销280人84.7万元；12 701名人员参加城乡居民养老保险，收缴保费341.8万元，参保率82.64%；申报城镇居民最低生活保障4 076户9 832人，申请保障金383.5万元；申报获批廉租房63户，年补助租房补贴11.7万元；申报农村低保363户498人，申请保障金41.8万元，做到应保尽保；申报农村大病医疗救助11人7.37万元，全力将贫困人口返贫率控制在3.5%以内。

全面加强基层党组织建设。街道9个社区全部完成300平方米以上的村级组织活动场所建设，按照“八有”标准，完善配套建设。安装党员干部现代远程教育接收站点，明确专人严格按照“四簿一册”管理；各社区利用活动阵地当“舞台”，掀起新农村故事会热潮，累计开展故事会300余场次，30 000余群众参加故事会；坚持街道党工委集体领导下的分工负责制，每月15日、30日为街道党工委中心理论学习日及定期的班子会议；推行周一例会制，建设学习型机关；实行“五卡二会”管理制度，严格发展党员的三个步骤、十五个程序，全年共发展党员14名；9个党委（总支）、77个党支部、1 511名党员参加创先争优活动；认真执行“三会一课”和专题“民主生活会”制度；落实农村党建“三培养”工程，共培养500余名党员致富能手，近100名致富能手培养成村组干部；深入开展挂钩联系帮社区的“三联系”活动。流动党员管理做到底数清楚、台账健全、活动正常、作用发挥。加强大学生村官的管理使用工作。“123”惩防体系夯实反腐倡廉基础。

依托文明公民学校平台，全面推进公民思想道德建设；健全学校、家庭、社会“三位一体”教育网络；以“群星文明”工程为载体，广泛开展群众性精神文明创建活动，新增市级文明社区2个、市级文明单位3个、区级文明单位9个；“十星级文明户”创评率99%，评出十星级户6 243户、十星级文明楼院225个、八星级文明小区15个，圆满完成省级文明城市指标测评任务。

推进社会管理创新。创新组织机构设置，形成大综治维稳工作格局；创新风险考核制度，实行街道领导和社区领导“双包”责任制，缴纳风险金，全面落实工作责任；创新调、防、勤、治、创五联机制，确保各部门整体联动，形成工作合力；创新工作例会制度、重大情况报告制度、矛盾纠纷排查调处制度、治安形势分析制度、调解工作制度、社会稳定风险评估制度等六项工作制度，确保工作取得实效；创新三级、四防、六控工作措施，构筑治安大防控体系。打造社会管理亮点。以“三色预警”为载体，整合内外力量，打造丰登社区平安职教园区；发挥幸福社区禁毒防艾基地作用，形成全街道禁毒防艾攻势；以规范化建设三室和标准化建设流动治安岗亭为依托，构建保渡和谐社区。实行信访调解工作责任制，落实“包保”责任制，成立街道信访联合工作组、群众工作站，接待群众来访206人次，处理市、区转发信访件178件，办理网络信访48件，办理市长热线17件，劝导教育22人，办结重大疑难信访件2件，成功处理信访案件3件。成功处理丰登二组、六组，黄家庄三组、四组，保渡二组、三组、六组群体性上访。排查受理因婚姻、家庭、财产、拆迁、土地补偿引发的矛盾纠纷130件，调解率100%，调成率98%；共立刑事案件1 419件，破365件；受理治安案件1 611件，查处1 314件，查处率为81.56%。制定流动人口工作实施方案，落实流动人口管理责任制。深入开展“打四黑、除四害”专项行动，做好邪教人员的转化工作，全年无邪教人员非法活动，无新增邪教人员，有效筑牢辖区平安基石。

引进项目21个，完成投资2.498 7亿元。占地138.5亩的代河小型工业园区实现年产值7 041万元，集体从中增收50余万元，每人年终分红500元；保渡引进楚天坤茂装饰广场、珠江源花卉工艺市场、机电市场、电器市场、综合市场，协议引资8 180万元，集体创收100万元，带动近2 000户农户开展出租和经营活动，农户增收1 000余万元；丰登社区引进汇龙公司、酒店、机电市场、信息网络、商贸小区等项目，协议引资2 700万元，集体创收40万元；长河社区引进蓝亚实业有限公司、鑫源科贸有限公司、恒盛建筑建材有限公司、鑫源修理厂、麒麟区金益沙发加工厂、凯盛建材仓储物流中心等项目，协议引资2 500万元，集体创收35万元。收入多元化。以盘活土地、建设市场、自办实体、企业带动、配套服务等方式，合理引导居民从事二、三产业，促进居民收入多元化，居民的工资性、资产性、营业性、福利性收入占家庭总收入的80%以上。

【省政法委领导到街道检查指导政法工作】 2月26日，省委政法委维稳处处长冯克非，省委、省政府信访局调研员资兴国一行在市政法委副书记、市综治办主任罗世雄，市综治办副主任朱家早，区委常委、政法委书记丁常云，区综治办主任李德，区信访局局长殷鉴荣等陪同下，到保渡、丰登社区调研社区“三室建设”，警校联合警务室内部防控网建设，对白石江街道开展的政法工作及职教园区社会治安防控体系建设两室多岗（即警务室、调解室、路口岗亭）取得的成效给予充分肯定。

【省、市妇联调研组到街道调研拆迁房安置情况】 4月7日，由省妇联副主席和红梅，市人大副主任、妇联主席李桂珍等相关领导组成的调研组在区委常委、宣传部部长侯文利、区妇联相关领导的陪同下，到丰登社区凤来村调研拆迁房安置工作。调研组认为，白石江街道在工作中积累丰富经验，宣传到位、政策到位、措施到位、领导到位、资金到位，成效明显。

【市委书记赵立雄到代河六组观看杨善洲事迹专场故事会】 4月13日19时，市委书记赵立雄在市委常委、组织部部长李云忠，区委书记傅学宾，区委组织部领导等陪同下，到代河六组观看新农村故事会杨善洲事迹专场。赵立雄对代河六组“小支部大服务，农民增收放首位，支部虽小作用大，件件承诺落实处”的做法给予了充分肯定。

【麒麟区综治维稳电子宣传启动仪式在白石江街道举行】 11月23日，麒麟区综治维稳电子宣传在白石江街道代河社区闽南建材城三期启动。区政法、公安等部门和全区各街道办事处综治维稳负责人参加仪式。综治维稳电子宣传通过在电子屏幕播放形式多样、内容丰富、群众喜闻乐见的宣传教育内容，进一步提高全社会对综治维稳工作的知晓率、参与率和满意率，努力营造“创建平安社区人人参与，构建和谐人人享，维护稳定人人有责”的社会舆论氛围，为推动麒麟新发展创造更加和谐稳定的社会环境。

【“四型”带动城乡一体化建设】 白石江街道实施“四型”带动城乡一体化建设，推动城乡统筹发展。企业带动型：代河社区以非公经济发展为带动，引进闽南建材城融资配套建设农民小区，新兴村投资9 000万元建成住房243套，带动农户租房收入400多万元。项目带动型：丰登社区以职教中心建设为带动，凤来村采取“三换三进”模式，投资1.72亿元建成居民安置房320套，“五通一化”到位，被列为全省城乡一体化建设的样板工程；黄家庄社区以旅游小镇建设为带动，加快农民小区建设，大力培育新兴服务业和现代观光农业。黄家庄旅游小镇被列为全省“三百”工程、全省文化旅游产业项目，完成土地的征、转、用、立项、环评、地质灾害评估、市场策划、概规以及区内基础设施施工图设计和图审，拆迁房屋388户420间4.5万平方米，安置居民614户1 850人，努力打造成城乡一体化建设的精品工程和固定资产投资的重点工程。市场带动型：保渡社区以市场建设为带动，成功引进楚天坤茂装饰广场、珠江源花卉工艺市场等14个专业市场，集体从中增收100万元左右，带动近2 000户农户开展出租和经营活动，农户从中可增加收入1 000余万元。产业带动型：长河社区以产业发展为带动，以小区建设为切入点，2011年底，占地400亩680套新区建设正在进行规划、立项等建设前期工作，让出土地建市场，一手抓招商引资，一手抓小区建设，配套建设大物流。

【完善社区服务功能】 加大社区基础建设。投资704.5万元，新增居委会办公和活动用房4 897平方米，9个社区办公用房全部得以解决，城区6个社区全部“九星”标准。

增强社区造血功能。引导各社区改变“等、靠、要”的思想，树立“经营社区”的理念，拓宽思路“盘活”社区的房产、土地等资源，通过引项目、办实体、搞服务等途径，吸引企业来社区投资兴业，培育社区集体收入稳定财源。保渡社区盘活房产，引进企业建设专业市场14个，每年可为社区增收100余万元；代河社区盘活土地286亩，通过优惠政策、优化环境等措施，引进小型企业46家，每年为社区创收400多万元。

提升社区服务水平。投资73万元，建成9个社区便民服务代办点960余平方米；文体活动室、警务室、综治室、调解室、卫生服务中心（站）、居家养老、社会保障、家政服务等覆盖各社区；开发社区就业岗位36个；在全区成功探索出改制企业离退休人员社会化管理白石江模式，先后接纳重机厂、印染厂等单位5 576名离退休人员。

社区简况

代河社区

代河社区辖区总面积3.229平方千米，辖10个居民小组，4个自然村，总户数1 654户，总人口4 955人。耕地面积858亩，农作物播种面积1 840亩，其中粮食播种面积1 080亩，粮食总产56万千克。农村经济总收入6 494万元，农民人均纯收入7 430元。乡镇企业和个体工商户279个，从业人员1 804人，营业收入3.565亿元，现价总产值3.111亿元，增加值4 848万元，实现利税895万元。有小学和卫生所各1所。2011年，代河社区六组被列为云南省委基层党建工作示范点，代河社区党总支被区委授予“五好”社区党总支荣誉，社区被区政府授予老体先进集体荣誉。

社区领导：

书　记　戴华党

副书记　李吉才

主　任　韩金荣

副主任　戴秀英（女）

主任助理　高　玲

（女，2011年9月免）

长河社区

长河社区辖区总面积3.583 4平方千米，辖9个居民小组，6个自然村，总户数1 304户，总人口4 337人。耕地面积2 430亩，其中水田2 185亩，旱地245亩，农作物播种面积4 626亩，其中粮食播种面积3 206亩，粮食总产159万千克。农村经济总收入4 012万元，农民人均纯收入6 760元。乡镇企业和个体工商户161个，从业人员442人，营业收入5 958万元，现价总产值5 528万元，增加值969万元，实现利税287万元，有小学和卫生所各1所。

社区领导：

书　记　尹吉刚

主　任　刘光荣

副主任　尹吉勇

主任助理　姜　玲（女）

黄家庄社区

黄家庄社区总面积3.869平方千米，辖6个居民小组，4个自然村，总户数1 132户，总人口3 723人。耕地面积843亩，其中水田604亩，旱地239亩，农作物播种面积2 192亩，其中粮食播种面积792亩，粮食总产38万千克。农村经济总收入4 090万元，农民人均纯收入7 087元。乡镇企业和个体工商户133个，从业人员311人，营业收入4 987万元，现价总产值3 691万元，增加值812万元，实现税利116万元。有小学和卫生所各1所。2011年，黄家庄社区党总支被区委授予2010～2011年度“五好”社区党总支荣誉，葡萄种植协会被区委、区政府授予2011～2015“十强”农技协会荣誉。

社区领导：

书　记　李　政

副书记　丁群国

主　任　李　政

代理副主任　吕莲凤

（女，2011年10月任）

主任助理　王　科（女）

保渡社区

保渡社区辖区总面积2.32平方千米。境内有武警机动大队、越钢基地生活区、水城化工厂生活区、区乡镇企业局、东星小区等单位。辖11个居民小组，自然村6个。总户数2 905户8 417人，其中直管总户数849户3 702人，有耕地100亩，全年农作物播种面积100亩，粮食总产量7万千克。农村经济总收入7 420万元，农民人均纯收入8 262元。乡镇企业和个体工商户1 241个，从业人员3 362人，营业收入5.881亿元，现价总产值1.813亿元，增加值7 500万元，实现税利6 571万元。有小学和卫生所各1所。2011年，保渡社区被评为市级文明社区和区级绿色社区，被区委、区政府表彰为关心下一代工作先进集体荣誉，获区第九届农村老年门球比赛第一名。

社区领导：

书　记　陈家普

副书记　尹永刚

主　任　陈家普

副主任　王宝华

李　飞

温玉凤（女）

主任助理　李　蕾

（女，2011年12月免）

丰登社区

丰登社区辖区总面积6.559 8平方千米。境内有市化机厂、市印染厂等单位。辖14个居民小组（其中直管居民小组10个），自然村5个。总户数4 699户，总人口12 660人，其中直管人口户数1 872户6 639人。有耕地677.2亩，其中水田677.2亩；农作物播种面积1 434亩，其中粮食播种面积854亩，粮食总产40万千克。农村经济总收入7 636万元，农民人均纯收入7 106元。乡镇企业和个体工商户408个，从业人员2 467人，营业收入4.510 6亿元，现价总产值3.477亿元，增加值6 979万元，实现税利138万元。有小学和卫生所各1所。2011年，丰登社区被市委、市政府命名为市级文明社区、市级绿色社区。

社区领导：

书　记　蒋四方

副书记　朱　江

主　任　刘莲凤（女）

副主任　李跃金

主任助理　代秀丽（女）

幸福社区

幸福社区是街道办事处所在地，辖区总面积0.453 2平方千米。境内有水电十四局曲靖基地、银利大酒店等单位。辖9个居民小组（其中直管居民小组2个），自然村2个。总户数7 171户，总人口15 254人。经济总收入5 843万元，农民人均纯收入8 226元。企业和个体工商户105个，从业人员373人，营业收入5 175万元，现价总产值2 086万元，增加值943万元，实现税利55万元。2011年，幸福社区被区委、区政府授予区级绿色社区、平安农机示范社区、科普示范社区称号，被区政府表彰为禁燃烟煤工作先进集体、第五次全国人口普查先进集体。

社区领导：

书　记　徐　静

主　任　陈梅丽（女）

副主任　杨鹏斌

主任助理　孙虹燕

（女，2011年9月任）

麟东社区

麟东社区辖区总面积0.426 9平方千米。境内有市区烟草公司、区歌舞团、区体育服务中心等单位。辖6个居民小组，全部由成员单位组成。总户数2 302户，总人口4 847人，企业和个体工商户297个，从业人员890人，营业收入5 960万元，现价总产值3 701万元，增加值1 480万元，实现税利61万元。

社区领导：

书　记　代存凤（女）

主　任　李　玲（女）

副主任　朱丽芳（女）

主任助理　杨　瑞

（女，2011年9月任）

临江社区

临江社区辖区总面积0.815 1平方千米。境内有珠源纺织有限公司、重型机械厂等单位。辖8个居民小组，全部由成员单位组成。总户数5 407户，总人口12 120人，企业和个体工商户351个，从业人员757人，营业收入8 180万元，现价总产值6 708万元，增加值2 554万元，实现税利603万元。2011年，临江社区被市委、市政府评为市级文明社区。

社区领导：

书　记　叶　青

副书记　高红丽（女）

主　任　叶　青

副主任　王花仙（女）

主任助理　李　超

（女，2011年9月任）

江南社区

江南社区辖区总面积0.955 8平方千米。境内有一汽红塔实业公司、省模具三厂等单位。辖7个居民小组，全由成员单位组成。总户数6 151户，总人口15 343人。企业和个体工商户73个，从业人员316人，营业收入2 041万元，现价总产值2 014万元，增加值1 075万元，实现税利140万元。2011年，江南社区获省级绿色社区、省级组“平安家庭”创建活动示范社区称号。

社区领导：

书　记　李关健

主　任　周　琼（女）

副主任　王同邦

主任助理　王玥伟

（2011 年 9 月免）

（刘有花）

西城街道

【概　况】 西城街道地处麒麟城西部，办事处机关所在地距市中心 7.5 千米。有国土面积 106.24 平方千米，耕地 12 900 亩，人均耕地 0.39 亩。辖白牛、冯官桥、湛大屯、西山、王三屯、高家屯、三岔、晏官屯 8 个社区（村），有 58 个居（村）民小组。主产水稻、玉米、马铃薯、小麦、蚕豆等。街道年平均气温 14.5°C。平均海拔1 860 米。国家级经济技术开发区——曲靖经济技术开发区和全省三十个重点工业园区之一的西城工业园均在境内，年内建成城市主干道 10 条，四通八的道路网络已基本形成。冶金、生物制药、建筑建材、餐饮服务、房地产、烤烟、畜牧、经济林果等为境内支柱产业。

2011 年底，辖区内有户籍人口 4.642 1 万人，1.564 7 万户。其中农业户 10 433 户，33 121 人，占总人口的 71.3%；非农业人口 5 214 户，13 300 人，占总人口的 28.7%。人口出生率 8.5‰，死亡率 3.5‰，自然增长率 4.9‰。

区域内工业生产总值 41.35 亿元，同比增长 15%；固定资产投资完成 30.2 亿元，同比增 31%；属西城街道上报的固定资产共完成投资 5.6 亿元，完成全年计划的 121.8%，同比增长 21.8%；其中小康城建设完成投资 43 430 万元，人饮工程及沟渠建设完成 418 万元；沼气池配套工程完成 3 380 万元；辖区居民基础设施建设完成 8 798 万元。实现农村经济总收入 3.636 5 亿元，同比增长 10%。农业总产值 1.514 亿元，同比增长 4%。

辖区内共有乡镇企业 1 620 个，从业人员 9 134 人，比上年增 10.1%；乡镇企业营业收入完成 14.43 亿元，比上年增长 49.9%；总产值 14.83 亿元，比上年增长 53.4%；工业产值完成 3.8 亿元，比上年增长 87.1%；增加值完成 3.77 亿元，比上年增长 57.6%；上缴税金完成 4 820 万元，比上年增长 33%；固定资产投资完成 6 460 万元，比上年增长 65%。

全年完成粮食播种面积 21 043 亩（含复种指数），比上年减少 90 亩，同比减少 0.4%；总产量 1 009.5吨，同比减少 2%，平均亩产 480 千克，农民人均生产粮食 305 千克。其中大春种植面积15 893 亩，产量 862.365 吨；小春种植面积5 150亩，产量 147.1 吨。经济作物播种面积 15 525 亩，产值3 868万元。其中烤烟种植面积4 000亩，实际收购烟叶 51.3 万千克，总产值 940 万元，蔬菜种植 4 000 亩（不含复种指数），蔬菜总产 800 万千克，总产值1 466万元。水果面积 7 525 亩，产量 610 万千克，产值1 462 万元。

完成畜牧业产值 8 552 万元，同比增 12.4%。年末生猪存栏 2.544 万头，牛存栏 1 410 头，羊存栏 3 758 只，家禽存栏 9.411 2 万只。全年猪、牛、羊分别出栏 5.661 4 万头、4 117 头、4 140 只，同比分别增长 7.3%、29.1% 和 31%；家禽出栏 16.516 4 万只，同比增长 24.6%。肉类总产量6 610.2 吨，同比增长 10%，禽蛋总产 412.8 吨，同比增长 0.4%。检疫开展面、动物及动物产品检疫监督面 100%；完成禽流感、猪蓝耳病等重大疫病免疫，辖区内无大的动物疫病发生。

固定资产共完成投资 5.6 亿元，完成全年计划的 121.8%，

完成机耕面积 9 000 亩，完成计划的 112.5%；完成机耙面积 11 500亩，完成计划的 104.5%；完成机收 500 亩，完成计划的 500%。落实中央财政购机补贴资金 5.46 万元，购买各类农机 14 台，完成计划的 357%；拖拉机驾驶员安全责任书签订率 100%，拖拉机年检通知书发放率 100%，无牌无证禁用通知书签订率 100%。

完成林业总产值1200 余万元。完成人工造林 1 000 亩，平均成活率 80%，完成计划的 100%；完成义务植树 11.15 万株，完成计划的 111.5%；天保工程森林管护 4.2 万亩，落实森林管护人员 22 人，均按要求签订管护合同；森林病虫害防治面积为 0.13 万亩，防治率在 95% 以上；查处各类林政案件 2 起，林政案件的综合查处率为 100%。在晏官屯实施泡核桃补植补造 500 亩；实施中低产林改造项目工程 2 200亩。

区域内有渔业养殖面积 78.6 公顷。其中池塘、小坝塘 66.6 公顷。水库 12 公顷。2011 年，完成养殖水面 1 179 亩，水产品总量 220 吨，产值 200 万元，其中优质鱼养殖 250 亩，产量 100 吨；鱼病防治面积 500 亩；稻田养鱼 1 000 亩，调运优质鱼苗 2.1 万尾。各项指标均超额完成年头预定计划任务。水产养殖技术培训 40 人。

年末，有公路 43 条，总长 230.93 千米。其中西片区城市道路 10 条 32 千米；区乡公路 1 条 13.9 千米；乡村公路 9 条 37.08 千米；村村公路 16 条 32.25 千米；机耕道 3 条 8 千米；护林防火公路 2 条 9 千米；汽车专用公路 1 条 2.8 千米；320 国道过境公路 9.3 千米；村内道路 86.6 千米。投资近 600 万元，群众投工 3 万个，抢修区、乡、村公路 76 千米，硬化村内道路 4 千米，完成三岔至翠山公路大修约 4 千米。

年内，街道农村累计用电 1 057 万度；农用薄膜 3.93 万千克；农药使用量 15 万千克，农用各种化肥 106.2 万千克。

辖区有小一型水库 4 件，小二型水库 13 件，塘坝 58 件、拦河蓄水泄洪闸 4 座。去冬今春农田水利建设工程 8 件，共投入资金 133.64 万元。投资 117.91 万元，完成王三屯社区大坡头、史家河和高家屯社区徐家冲农村饮水安全工程以及王三屯、高家屯社区机关饮水安全工程，解决 4 322 人、4 569 头的人畜饮水困难问题。投入抗旱资金 70.6 万元，解决 3 个居民小组 1 441 人的生活饮水困难问题。

深入开展“科普大篷车”进校园活动，对冯官桥小学、白牛小学的1 215名小学生进行科普宣传；在王三屯社区、三岔社区、晏官屯村分别开办烤烟专业、梨树专业、社区服务专业共3个专业4个农函大培训班，200名学员受到培训；投资14.684 8万元，在冯家冲居民小组广场安装太阳能路灯16盏。街道、冯官桥社区、王三屯社区、三岔社区及王三屯经济林果协会分别被区委、区政府命名为2011～2015年区级科普示范街道、科普示范社区、十强农技协。

区域内共有各类学校31所。小学适龄儿童入学率100%，巩固率100%，适龄残疾少年全部入学。投资40万元，完成白牛小学教学楼建设工，筹建多媒体教室4个。投资30余万元改善实验教学装备、增配图书，在西城中学建成一个电子阅览室。2011年中考，有7名学生被曲靖一中录取。西城中学获曲靖市科技创新大赛“优秀组织奖”、麒麟区青少年唱红歌颂经典活动“三等奖”、麒麟区第一届园丁杯职工运动会中学组女子篮球赛“第二名”等多项荣誉。示范小学获区委、区政府“‘两基’工作先进单位”称号及区“8星级文明学校”称号。

有文化体育中心1个，有电影院1个，广播、电视覆盖率为100%。7社区1个村分别有国家、省统一配备的“农家书屋“图书1 000余册，电子图书150余册，电脑1台。组织各社区（村）开展迎新春群众文体系列活动，交流演出24场，数字电影下村放映16场；成功举办春节期间珠江源广场文艺演出；参加区庆祝建党90周年“红歌嘹亮”歌咏比赛获二等奖；在三岔社区举办中青年妇女广场舞培训；组织庆祝建党90周年文艺演出活动；成功举办麒麟区第14届“火把节”西城分会场联谊活动；庆祝第27个教师节表彰暨文艺汇演活动内容丰富；参加区第三届体育运动会，取得男篮冠军、女篮冠军、拔河第二名、总成绩第七名的好成绩。

有卫生机构9个，共完成门诊54 220人次、住院934人次，实现医疗业务收入224万元；学校食堂办证、体检率100%；对6 000余名小学生进行健康检查，体检率99.99%；建立居民健康档案29 530份，建档率63%；产妇住院分娩率99.8%，无孕妇、产妇死亡，新生儿死亡率为5.86‰；疾病控制、妇幼保健、慢性病管理、社区卫生服务等工作有成效，做好甲型H1N1流感、结核病、艾滋病、狂犬病防治工作。

继续保持无计划外多孩生育，计划生育率100%，人口自然增长率为5‰；累计采取各种措施人数8 527人，综合节育率89%，三术率88%，农业人口办理独生子女证50对，巩固率99%；流动人口管理和服务工作进一步加强，流出人口622人，已办证559人，流入人口11 909人，流动人口双合同签订率100%；计划生育村（居）民自治工作全面开展，全员人口信息共采集、录入50 789人，医学监护9 630人，占98%。

农民人均纯收入6 695元，同比增长10%；城镇居民可支配收入19 647元，同比增长16.1%。实现转移就业总收入9 312.13万元，农民人均年工资性收入增加155元。办理汽车摩托车下乡补贴405台（辆），补贴金额23.49万元；完成2011年农村公益事业一事一议财政奖补项目5个，项目总投资531.58万元。

进一步强化“稳定是硬任务，是第一责任”意识，夯实“大基层”基础，健全“大排调”机制，严密“大防控”网络，打造“大综治”平台，巩固平安创建成果。派出所全年共接报警3 286起，立刑事案件875起，同比上升4.9%；破获刑事案件140起，破案率同比上升7.6%；共立治安案件509件，同比上升21.4%，查处470件，查处率为92.3%；打击违法犯罪嫌疑人92人，实现命案必破目标。共接待来信来访来电、收到上级交办信访件124件276人次；直接受理47件121人次，办结116件，稳控5件，排查出热难点76件，化解70件，正在解决6件；街道调处中心共受理人民调解案件39起，调处39起，调处率100%。无1人进京、到省越级上访，到市、到区上访同比下降85.6%。

社区（行政村）简况

白牛社区

白牛社区地处西城街道东北部，辖13个居民小组。年末总户数1 956户，总人口5 828人。其中男2 840人，女2 988人。耕地面积1 553亩，其中水田1 037亩，旱地516亩。人均耕地面积0.27亩。经济总收入3 753万元，人均纯收入5 354元；粮食播种面积1 989亩，总产68.9万千克；年末生猪存栏4 600头，出栏6 300头；森林面积5 127亩。完小1所，卫生所1所。已建成白牛、涝地、尹一、冯家冲4个居民小组居民安置小区，801户农户已喜迁新居。在建居民安置新区的有鲍花、龙潭、尹三、尹二4个居民小组。

社区领导：

书　记　胡吉云
主　任　柳吉财
副主任　荀秀德

冯官桥社区

冯官桥社区位于西城街道北边，距市区2千米。社区辖区面积8.15平方千米，辖冯官桥、东村、白泥坡、窦家冲、钱家坡、张家凹6个居民小组，社区总户数1 790户，总人口5 529人。其中男2 661人，女2 868人。有劳动力3 259人，耕地面积261亩。2011年经济总收入4 516万元，农民人均纯收入6 227元。辖区内有小二型水库2个，坝塘4个，森林面积1 027.1亩；有完小1所，卫生所1所。2011年，社区被授予“区级消防工作先进单位”、“市级平安农机示范村”、“区级科普示范社区、五星科普协会”、“街道关心支持教育工作先进集体”、“云南省实施文明交通行动计划示范社区”、“区级创建无传销社区”等荣誉称号。

社区领导：

书 记 李绍斌

副书记 钱存先

（2011年9月任）

主 任 荀富平

（2011年9月免）

李绍斌

（2011年9月任）

副主任 荀燕芬

湛大屯社区

湛大屯社区地处西城街道南部，辖4个居民小组。年末总户数1 127户，总人3 474人。其中男1 694人，女1 780人。耕地面积2 445亩，其中水田1 970亩，旱地475亩。经济总收入2 596万元，人均纯收入4 860元。粮食播种面积3 880亩（含复种指数），产量1 601吨。有果园1 902亩。森林面积5 851.46亩。有大小水库8个。完小1所，卫生所1所。

社区领导：

书 记 桂镜刚

主 任 沈周元

副主任 窦国华

西山社区

西山社区位于西城街道西部，辖八个居民小组，辖区总面积20 143.01亩、耕地面积1 719.01亩。社区总户数1 453户，总人口4 499人，劳动力2 860人；2011年社区总收入3 581万元，人均总收入4 952元。2011年粮食播种面积3 390亩，产量1 851.5吨，人均有粮411千克；有森林面积3 000亩，其中经济林1 542亩；有大小水库5个，渔塘5个31.8亩。社区内有小学1所社区卫生所1所。年内，社区先后被曲靖市农业局、曲靖市安全监督管理局授予“平安农机示范村”，被麒麟区人民政府授予“2011年度信息富民村创建进步单位”等荣誉称号。

社区领导：

书 记 吕荣金

副书记 张 伟

（2011年9月任）

主 任 胡建昌

副主任 冯雪梅

王三屯社区

王三屯社区地处西城街道西北部，辖10个居民小组。年末有农户1 285户，人口4 277人（其中回族260户830人）。耕地面积3 098亩，其中水田2 065.3亩，旱地1 032.7亩。全年经济总收入3 184万元，人均纯收4 304元。粮食播种面积4 108亩，产量199.4万千克，人均有粮471千克。森林面积14 289亩。年末生猪存栏1 180头，出栏8 300头，牛存栏76头，出栏1 450头。大小水库13个。村完小1所，卫生所1所。

社区领导：

书 记 保德胜（回族）

副书记 钱志刚

陈艳武

（2011年9月任）

主 任 保德胜（回族）

副主任 桂腾云（回族）

高家屯社区

高家屯社区地处西城街道办东北部，辖4个居民小组。年末总户数921户，总人口2 756人。其中男1 317人，女1 439人。耕地面积743亩，其中水田555亩，旱地188亩。全村经济总收入1 797万元，人均纯收入5 205元。粮食播种面积1 569亩，产量60.5万千克。森林面积4 910亩。大小水库11个。有完小1所，卫生所1所。2011年被西城街道评为先进党总支。

社区领导：

书 记 崔小四

副书记 王艳琼

桂腾继

（2011年9月任）

主 任 崔小四

副主任 陈家顺

三岔社区

三岔社区为西城街道办事处驻地，属办事处经济、政治、文化相对集中的地方，距曲靖城区5千米，是古味县遗址，历史悠久。社区辖龙街、牛街、鸡街、马街等4个居民小组。年末总户数1 485户，总人口4 529人。其中男2 173人，女2 356人。社区国土面积1.52平方千米。耕地面积831亩，其中水田746亩，旱地85亩。全社区经济总收入3 516万元，人均纯收入5 988元。粮食播种面积1 090亩，产量48.7万千克；年末生猪存栏1 065头，出栏3 880头；森林面积100亩；有小水库1个；有村办企业2个，从业人员146人，产值200万元；农贸市场一个（翠峰农贸市场）占地面积16 008平方米。有卫生所1所。2011年，社区先后区委、区政府评为“科普文明村（社区）”、“2011～2015年科普示范社区”、2011年度信息富民村创建进步单位”，社区党总支被区委授予“2010～2011年度五好村（社区）党总支”称号，被西城街道党工委评为“2010年度先进党总支”。

社区领导：

书 记 王家斌

副书记 荀富平

（2011年9月任）

主 任 王老石

副主任 胡春林

晏官屯村

晏官屯村地处西城街道办事处西北部，辖8个自然村、9个村民小组。村委会驻地黄家村距办事处13.4千米。2年末总户数661户，总人口2 619人。耕地面积2374亩。粮食播种面积4 650亩，产量276万千克。烤烟种植面积2 760亩，产量50万千克，产值762万元。森林面积17 600亩。年末生猪存栏2 760头，出栏1 520头，羊存栏648只。大小水库20个。有完小1所，卫生所1所。被区政府授予“2011年度烤烟生产收购先进村委会”、“2011年度移动信息富民村”称号。

行政村领导：

书 记 孙凤恩

副书记 张 伟

（2011年9月免）

刘　平

（2011年9月任）

主　任　孙凤恩

副主任　刘　平

（冯伟）

三　宝　镇

【概　况】　三宝镇位于麒麟区中部，北接南宁，西邻寥廓，东邻沿江、茨营两乡，南与越州镇交界，西南与陆良、马龙两县接壤。镇政府驻地距市区中心10千米，是典型的城郊型乡镇。全镇总面积161.5平方千米，辖雷家庄、何旗、雅户、三宝、五联、兴龙、张家营、温泉、青峰、黄旗、鸡汤、长坡12个村（居）民委员会，72个村民小组，85个自然村。有耕地面积38 177亩，其中水田23 694亩，旱地14 483亩，森林覆盖率36%。境内有丰富的热水资源和砂石料资源，有较好的区位优势和投资环境。交通、通信便捷，326国道、曲陆高速公路、沾潦公路、南盘江公路纵穿南北，石富公路、张三公路横贯东西。辖区内有曲靖工人疗养院、滇东温泉度假村、一汽红塔云南汽车制造有限公司、麒麟区蔬菜集团等国有大中型企业和凤成金温泉度假村有限公司、曲靖雄业水泥有限责任公司、昱安建工集团、一汽红塔云南汽车配件有限公司、江东、金江混凝土搅拌站等私营企业。2011年末全镇总户数17 215户，总人口63 412人。其中农业人口15 917户60 389人，非农业人口1 298户3 023人；男性32 590人，女性30 822人；人口出生率10‰，人口自然增长率5‰。

面对特大干旱，镇党委政府积极抗旱自救，广泛推广水稻良种、玉米地膜覆盖、测土配方施肥、高产示范创建等科技措施，实现大旱之年烤烟、水稻等作物的丰产增收。加快结构调整步伐，大力发展甜玉米、无公害叶类蔬菜、水生蔬菜、韭菜花、淡水鱼、生态土鸡、时鲜水果等一批市场前景好、经济效益高的优质农产品。实现粮食总产2 401万千克，粮经结构比调整为30∶60；种植烤烟1.39万亩，产值2 901万元；种植蔬菜2.8万亩，产量5 831万千克，巩固现代蔬菜基地2 000亩，水生蔬菜基地3 000亩；种植经济林果8 315亩，种植绿化苗木4 000亩，种植中药材（三七）2 000亩。畜牧业发展迅速，发展养殖小区5个，累计组建养殖协会12个。出栏肉猪16万头、肉牛5 009头、肉羊1万只、肉禽55万只。完成肉类总产1.82亿、禽蛋总产2 001万千克。畜牧业实现产值2亿元，畜牧业收入占农村经济总收入的15%。核定生态草原补贴6.87万亩，改造桑园1 500亩，桑园面积2 700亩，养蚕5 000张，产茧18万担，实现产值450万元；养鱼4 000亩，实现产量267万千克，产值290万元。动物疫病防控工作扎实开展，生猪口蹄疫、禽流感、狂犬病免疫密度100%。

依托326国道、曲陆高速公路、沾潦公路对周边的辐射带动和珠江源大道南延、曲靖城南片区开发等重大机遇，扶持发展轻型货车装配、农产品加工等行业。工业总产值完成7.5亿元，实现增加值3.4亿元，上缴税金3113万元。

依托辖区内丰富的砂石料资源，做大做强建筑材料及加工业，扩大商品混凝土、免烧砖、小铁件、标准件生产规模，成为全区重要的建设材料供应地。共有采砂采石场32家，引资建起水泥生产企业1家，混凝土生产企业4家，沥青生产企业2家。

劳务经济长足发展，累计转移农村富余劳动力2.21万人次，实现务工经济收入2.3亿元。积极发展假日旅游经济，接待游客10.3万人次，新建农家乐5家。实现旅游业收入1 530万元，餐饮业收入1 410万元。

交通运输业发展迅速，326国道、沾潦公路、温茨公路沿线形成交通运输带，交通运输业年产值1.8亿元。隽旗、雅户村形成专业运输村。

移动通信、数字电视、宽带网覆盖率均为100%，使用率分别为100%、100%、10%，在三宝农业信息网、政务信息公开网、政务信息门户网站发布信息250余条。

326国道沿线成为商贸流通经济带，交通运输、汽车修理、商贸物流、餐饮服务等行业快速发展。新建1个日用品配送中心、12个农村规范化网点。

完成地方财政收入2 387万元（其中烟叶税收入638万元，营业税收入1 749万元）。优化财政支出结构，加强资金监管，提高资金使用效益，完成地方财政支出5 338万元。

农村信用社、农行营业所全年吸收存款4 500万元，发放各种贷款4 500万元，落实82人享受创业“贷免扶补”政策，发放贴息贷款750万元。

森林防火技能培训　（三宝镇　供稿）

固定资产投资完成2.29亿元，同比增长47%。引进农业龙头企业8个，工业企业4个，其中包括1个高新技术企业，引资总额2.25亿元，实际到位资金1.2亿元，其中市外国内资金1.1亿元，实际利用外资同比增15%。储备项目3个。引进长坡小海子休闲旅游项目、红豆杉深加工项目正在洽谈中。

规范矿产资源开发、房屋批建、项目申报、土地使用审批程序，管好、用活土地资源，集约节约用地，处理违章建筑6起。制定集镇综合开发方案，完善农贸市场建设规划。

加快生态三宝、绿色三宝建设步伐，启动“七彩云南”生态环境保护行动，新增造林面积2 400亩，完成低产林改造420亩，抚育间伐1 800亩，森林覆盖率36%。认真做好林木采伐管理、征占用林地管理、林政执法、生态公益林管护、野生动植物保护等工作，完成小蠹虫、扁叶蜂防治3万亩。扎实开展护林防火工作，未发生较大森林火灾事故。妥善处置陆良和平化工有限公司非法倾倒铬碴事件，完成南盘江沿岸及村庄环境综合治理工作，取缔5家非法经营污染企业。完成东面山5家采石场关停搬迁工作。加强地质环境保护和地质灾害防治，完善群测群防体系。

科技措施广泛推广，大力实施科普兴农兴村计划，扎实开展“科普大篷车”进村进校、“三生教育”、科普益民三化教育等活动，完善农技服务体系，成立农技协会14个。教育工作成效明显，中考再创佳绩，曲一中上线30人，总平均分565分，超全区总平均分19个百分点。第27个教师节期间，投入30余万元，对教育工作先进集体、个人进行表彰，为中考取得优异成绩的校长和学生实行重奖，筹集捐资助学基金29万元。发展幼儿园10所，适龄儿童学前教育人园率100%，义务教育控辍保学率100%，普通高中毛入学率92%。文体事业加快发展，切实抓好农村文化“五大工程”建设，不断丰富群众精神文化生活。新建文化小广场22个、文化活动室5间，争取上级补助资金12万元。完成镇级和12个村（社）级农家书屋建设，累计藏书4万册。成功举办全区第九届老年运动会，组织开展建党90周年唱“红歌”等系列活动，积极参加区第三届职工运动会。扶持发展中老年文艺队68支，开展骨干培训14次，全年到各地演出490场次。认真组织开展群众性文体活动，春节、重阳节等传统节日期间组织文体活动48场次。投入资金20万元，完成五联三百户红军标语修缮工作。卫生事业快速推进，完成镇卫生院、村卫生所规范化建设。圆满完成2012年新农合基金收缴工作，群众参合率99.54%。2011年新农合减免17.3万人次，减免医疗费用876万元。开展居民健康体检3.8万人次，建立居民健康档案3.8万份，举办健康教育知识讲座10期。扎实做好辖区内学校、幼儿园等集体食堂的卫生监督管理。公共卫生、重点传染病防治、乡医队伍建设、初级卫生保健、疫苗接种等工作有序开展。

深入开展平安创建工作，启动“打四黑除四害”专项行动，巩固提升“三防”成果，强化“四级联动”措施，着力提高维护稳定、打击预防犯罪、驾驭复杂治安局势能力，实现“发案少、秩序好、社会稳定、群众满意”的目标。调结民事纠纷181起，立行政案件32件，查处31件，接待法律咨询服务55人次，提供法律援助3起，成立13个帮教小组。查处涉黄赌毒案件8起，取缔黑网吧12家。破获“两抢一盗”案件76件，抓获犯罪嫌疑人54名，打掉犯罪团伙8个27人，开展“清网”行动追回逃犯12人，切实维护社会治安稳定。

全镇农村经济总收入11.6亿元，农民人均纯收入6 546元。群众生活水平持续改善，广播、电视、移动电话、宽带网覆盖率均达100%。每百户拥有彩电98台，固定电话46部，手机200部，摩托车23辆，汽车5辆，电脑6台，人均居住面积36平方米，人均受教育年限10年。全镇村庄道路通达率100%，道路硬化率85%，自来水安全饮用率92%。扶贫帮困扎实推进，定期为1 004户群众发放农村低保金172万元，为120户群众发放城镇低保金8.9万元。发放救灾款41万元、大病救助金18万元、临时救灾金4万元。定期组织对五保老人开展思想慰问、生活物资补助。发扬乐善好施的光荣传统，募集慈善基金25万元。城镇居民医疗保险覆盖率100%。残疾人工作有序开展，多渠道转移残疾人就业。筹资23万元，对500余名镇机关、村（社）干部家属、大学生村官、离退休干部及家属、宗教界人士、少数民族干部、困难、高龄党员、军烈属、在乡革命伤残军人、在乡复员军人、带病回乡退伍军人、65

省纪委副书记王艳宁（右二）到麒麟区调研基层党风廉政建设

（三宝镇　供稿）

岁以上退伍军人、院外五保户、残疾人困难户进行走访慰问。

创市级“文明单位”3家，市级“文明村”2家，区级“文明村”4家，区级“文明单位”4家。积极引导群众发扬崇尚科学、移风易俗、破除陋习、保护环境、尊老敬老等优良传统。加强青少年思想道德建设，健全学校、家庭、社会紧密结合的教育网络，做好道德模范评选工作。村、社区红白理事会、道德评议会、文明公民学校活动开展规范有序。

城镇化率比上年提高1个百分点，达52%。多方筹集资金，积极改善村（社）办公条件，完成五联、长坡、何旗办公用房新建或改扩建。建成居民住宅楼558套，建成居民单元房336套，完成居民小区供水、供电、交通等公共配套设施建设。围绕“设施完善、经济繁荣、队伍健全、安全稳定、民主自治、洁净园林、祥和文明、管理数字、便民服务”创建目标，启动6个社区“九星”和谐社区创建，建成规范的“一中心一室一站”和“一会、六站、六栏、十个一”服务体系。

【非公经济活力增强】 群众创业积极性高涨，新登记个体工商户239户，私营企业4家。累计发展个体工商户991户，私营企业41家，集体企业39家，总注册资金1.4亿元，从业人员2 380人。非公经济实现增加值2 980万元，增长10%。

【重点项目进展顺利】 坤城小区、敏大·金麟湾、市妇幼医院分院、客运南站、公交停车场、泛亚奇石市场、珠江源大道南延线、区市场服务中心、物流配送中心等项目建设分别成立领导班子，按照“一套工作班子、一份责任书、一套奖励机制”实行跟踪督察，定期通报进度。完成三宝农村客运站建设；总投资354万元的张（官营）三（宝）公路建设即将竣工。启动集镇综合开发项目，盘活闲置土地资源，解决集镇环境面貌差、农产品销售无场地、镇财力欠债严重等问题。引进亚行贷款、中低产田改造项目正在规划实施。

【基础设施投入加大】 投资1 849万元，建成38件农田水利工程，改善灌溉面积6 000亩。完成隽旗、黄旗、三宝人畜饮水工程建设，解决9 000人5 600头大牲畜饮水困难。完成水利产权制度改革，启动农业综合水价改革工作，成立9个农民用水户协会。完成辖区内142.1千米乡村道路养护。

【各项惠农政策全面落实】 发放综合直补、良种补贴、退耕还林补助、家电下乡补贴等补贴资金357万元。拨付购机补贴28万元，发放“摩托车下乡”补贴53.6万元。惠农补贴兑付率均为100%。争取“一事一议”财政奖补、省级重点村项目资金235万元，完成村庄（村内）道路硬化、活动室建设等工程23件，改卫生厕300口。

【基层组织建设不断完善】 完成12个村、社区办公用房建设，兴龙村委会建成全省基层组织、农村社区示范点。健全党建工作指导员、联络员制度，坚持党建带工会、妇联、共青团等群团建设，完善村干部教育培训、绩效考核、后备干部动态管理和工薪保障等四项机制。完善村（社）干部养老、医疗保险、工伤保险等保障体系建设。围绕“五好五带头”总体要求，把雷家庄社区、雅户社区、兴龙村、黄旗村；四个党总支作为城乡统筹、产业协会、和谐建设、高效农业基层党建工作示范点，昱安党总支、三宝三中党支部作为非公企业、学校党建示范点，在全镇营造“学先进、赶先进、超先进”的浓厚氛围。确定12个集体经济最薄弱的村（居）民小组作为扶持重点，培育壮大集体经济。培养入党积极分子125名，发展党员69名，转正党员72名。落实好“532”工程，2011年共培养72名党员致富能手，在致富能手中发展党员45名，培养村级后备干部36名。

【全市首批“五星级”村级组织活动场所授牌仪式在兴龙举行】 5月19日，全市首批“五星级”村级组织活动场所授牌仪式在兴龙村委会举行，市委常委、组织部长李云忠和区委书记傅学宾为麒麟区第一家市级五星级村级组织活动场所—三宝镇兴龙村“五星级”活动场所揭牌。麒麟区按照“建阵地、强基础、优服务、促发展”的工作思路，通过抓建设促覆盖、抓管理促规范、抓使用促凝聚的“四抓四促”措施，落实责任、加强规划、规范办公标识，发挥“两校进村”、远程教育网络、新农村故事会、农家书屋等多种平台的作用，着力提高村级组织活动场所建、管、用水平，取得显著成效，切实把村级组织活动场所建成为基层党组织凝心聚力的主阵地。

【张三公路竣工通车】 麒麟区三宝镇张官营至三宝县道，位于三宝镇镇中地带，东接沾潦线，西接国道326线，中跨南盘江，全长3.7千米，是三宝镇横跨东西的重要交

“庆祝建党九十周年”唱红歌比赛　　（三宝镇　供稿）

通干线。该段路面2011年8月启动建设，2011年底竣工。

社区（行政村）简况

雷家庄社区

雷家庄社区辖17个居民小组，国土面积11.39平方千米，有耕地3 828亩，其中田3 074亩、地754亩。总户数1 760户，总人口6 520人。农作物种植以蔬菜等经济作物为主，播种面积5 154亩，总产191万千克，其中蔬菜种植1 000亩。辖区内实现公司与农户流转土地1 500亩，主要从事大棚蔬菜种植、绿化苗木培育。农村经济总收入8 590万元，人均纯收入6 839元。境内326国道、曲陆高等级公路南北贯穿全境。辖区内有昱安建工集团标准件厂、南城建材市场等私营企业，正在建设的项目有泛亚奇石市场、坤城小区、金麟湾运动休闲中心等。有完小、中学和卫生所各1所。

社区领导：

书　记　雷双德
副书记　张　华
主　任　雷双德
副主任　道汝俊

何旗社区

何旗社区辖5个居民小组，国土面积13.62平方千米。总户数1 457户，总人口5 617人，有耕地3 473亩，农作物种植以经济作物为主，播种面积7 960亩，总产188.3万千克。农村经济总收入8 640万元，人均纯收入6 044元。辖区内有一汽红塔云南汽车配件有限公司等私营企业，汽车运输、修理业发达。有完小和卫生所各1所。

社区领导：

书　记　曹木兴
主　任　曹木兴
副主任　李　晖

雅户社区

雅户社区辖6个居民小组，国土面积4.26平方千米，有耕地3 324亩，其中田2 187亩，地1 137亩。总户数1 310户，总人口5 115人。农作物种植以蔬菜为主，播种面积5 864亩，总产190.27万千克。农村经济总收入11 093万元，人均纯收入6 485元。辖区内有麒麟区华大包装厂、电渡厂等私营企业，小铁件加工和建材业发展迅速。有完小和卫生所各1所。

社区领导：

书　记　丁德祥
副书记　周绍明
主　任　丁德祥
副主任　周恒利

三宝社区

三宝社区位于三宝镇政府驻地，是三宝镇政治经济文化中心。国土面积5.28平方千米。有耕地2 532亩，其中田2 106亩，地426亩。辖5个居民小组，总户数1 558户，总人口5 829人。农作物播种面积4 680亩，总产155.04万千克，流转土地1 400亩。农村经济总收入8 646万元，人均纯收入6 299元。境内有国有企业一汽红塔云南汽车制造有限公司。有中心完小、中学和卫生所各1所。

社区领导：

书　记　曹润红
副书记　潘春海
主　任　曹润红
副主任　何志林

五联社区

五联社区辖9个居民小组，国土面积11.93平方千米。总户数1 700户，总人口6 768人。有耕地面积4 617亩，其中田2 502亩，地2 115亩。农作物播种面积11 480亩，总产364.33万千克。农村经济总收入11 839万元，人均纯收入6 060元。境内有罗汉山古墓群、老虎山革命烈士陵园和红军过楼等文化遗址。有完小和卫生所各1所。

社区领导：

书　记　王龙华
副书记　王学才
主　任　王龙华
副主任　张习宝

温泉社区

温泉社区辖4个居民小组，境内有工人疗养院、滇东旅游度假村、丰源旅游度假村、凤成金温泉度假村等企业单位。有丰富的热水资源和砂石料资源。326国道、石恩公路经过社区境内。国土面积7.4平方千米。总户数1 285户，总人口5 185人。耕地面积2 799亩，其中田1 823亩，地976亩。农作物播种面积8 150亩，总产204.35万。农村经济总收入12 568万元，人均纯收入6 766元。有完小和卫生所各1所。

社区领导：

书　记　王德华
主　任　张国礼
副主任　王德宝

兴　龙　村

兴龙村辖3个村民小组，国土面积14.98平方千米。辖区内有金江、昱安混凝土搅拌站和沥青拌合厂。耕地面积2 979亩，其中田2 385亩，地594亩。总户数1 620户，总人口6 020人。主要产业为烤烟和酿酒、制种、生猪养殖，有生猪“三百”工程养殖基地2个。农作物播种面积6 800亩，总产139.4万千克。农村经济总收入9 893万元，人均纯收入6 438元。有村完小1所和卫生所1所。该村农村文化繁荣，尊老敬老蔚然成风，是麒麟区乡（镇）唯一的全国“敬老先进村”。

行政村领导：

书　记　邓祖寿
主　任　张小三
副主任　田仕留

张家营村

张家营村辖3个村民小组，境内有雄业水泥曲靖有限责任公司，石恩公路、沾潦公路经过村境内，砂石料资源丰富。国土面积16.5平方千米。总户数1 535户，总人口5 886人。有耕地3 472亩，其中田2 218亩，地1 254亩。经济作物主要有烤烟、韭菜花、蚕桑、蔬菜，农作物播种面积 9 770 亩，总产 304.2 万。农村经济总收入 7 612 万元，人均纯收入 5 605 元。有村完小和卫生所各 1 所。

行政村领导：

书　记　陆国良

主　任　李财安

副主任　熊玉坤

鸡　汤　村

鸡汤村辖 5 个村小组。国土面积 9.8 平方千米。耕地面积 2 894 亩，其中田 2 079 亩，地 815 亩，总户数 998 户，总人口 3 803 人。烤烟、包谷制种、蔬菜、大蒜是该村主要经济作物，农村物播种面积 8 523 亩，总产 218.7 万千克。农村经济总收入 7 660 万元，人均纯收入 6 556 元。有村完小和卫生所各 1 所。

行政村领导：

书　记　张加波

副书记　丁军海

主　任　张加波

副主任　张家坤

黄　旗　村

黄旗村辖 3 个村民小组，国土面积 7.8 平方千米，总户数 1 134 户，总人口 4 310 人。有耕地 3 537 亩，其中田 2 344 亩，地 1 193 亩。经济作物主要是莲藕、烤烟，农作物播种面积 7 900 亩，总产 268.8 万千克。农村经济总收入 8 885 万元，人均纯收入 6 260 元。有村完小和卫生所各 1 所。

行政村领导：

书　记　雷学宝

主　任　黄泽安

副主任　黄家龙

青　峰　村

青峰村有国土面积 6 平方千米。耕地面积 2 288 亩，其中田 817 亩，地 1 471 亩，总户数 962 户，总人口 3 876 人。境内有丰富的黄砂、石英砂和矾矿资源，建有青峰寺等旅游景点。农作物播种面积 9 600 亩，总产 215.6 万千克。农村经济总收入 5 472 万元，人均纯收入 7 074 元。有村完小和卫生所各 1 所。

行政村领导：

书　记　陈红飞

主　任　张春富

副主任　杨国华

长　坡　村

长坡村辖 8 个村民小组，国土面积 24.4 平方千米，总户数 598 户，总人口 2 149 人，彝族 199 户 712 人。有耕地 2 434 亩。农作物播种面积 15 100 亩，总产 427.3 万千克。农村经济总收入 2 018 万元，人均纯收入 5 500 元。该村委会属纯山区，烤烟是主要经济作物，森林面积 2 100 亩，覆盖率为 45%。有村完小和卫生所各 1 所。

行政村领导：

书　记　计金富

主　任　朱培学（彝族）

副主任　刘竹生

（张竹仙）

越　州　镇

【概　况】　越州镇地处麒麟区南部，东邻东山镇，西南与陆良县接壤，北与三宝镇、茨营乡毗邻，海拔 1 845～2 247 米，属半山半坝区。镇政府所在地越州古城距曲靖城市中心 30 千米，位于东经 104°，北纬 25°1′。国土面积 263 平方千米，辖越州、西关、新田、向桂、潦浒等 5 个社区，上坡、马坊、竹园、薛旗、老吴、大梨树、黄泥堡、横大路、和平等 9 个行政村，共有 90 个村（居）民小组，102 个自然村。全镇有总耕地面积 55 045 亩，其中水田 24 547 亩，旱地 30 498 亩，农民人均占有耕地 0.82 亩。2011 年末全镇居民总户数 22 566 户，总人口 77 046 人，其中农业户 18 339 户，农业人口 69 882 人；总人口中男性 40 171 人，占 52.14%，女性 36 875 人，占 47.86%；2011 年内出生人口 745 人，死亡 357 人，迁入 1 916 人，迁出 1 946 人；人口出生率 9.67‰，人口死亡率 4.63‰，人口增长率 5.15‰。总人口中汉族人口 76 387 人，彝族人口 368 人，苗族人口 15 人，回族人口 94 人，白族人口 29 人，哈尼族人口 22 人，壮族人口 33 人，其它民族人口 98 人，人口密度 292.95 人/平方千米。2011 年国内生产总值 14.2 亿元，其中第一产业 4.76 亿元，占 33.5%，第二产业 8.56 亿元，占 60.3%，第三产业 0.88 亿元，占 6.2%。

2011 年，农村经济总收入 7.7 亿元，农民人均纯收入 5 784 元。农业支柱产业烤烟完成收购总量 626.5 万千克，实现产值 1.17 亿元。粮食作物播种总面积 10 178.42 公顷，粮食总产 2 584.4 万千克，其中水稻播种面积 800.4 公顷，产量 600 万千克；玉米播种面积 667 公顷，产量 500 万千克；小麦播种 86.71 公顷，产量 27.3 万千克；饲料大麦播种 1 267.3 公顷，产量 475 万千克。豆类播种 1 367.35 公顷，产量 460.6 万千克；薯类播种 646.99 公顷，折粮 521.5 万千克。蔬菜种植 1 540.77 公顷，产值 6 640 万元；水果 477.67 公顷，产值 2 540 万元；水产养殖水面 1 225 亩，当年捕捞 890 吨，产值 1 190 万元；畜牧业产值 13 081 万元，肉类总产 18 693.24 吨，肥猪出栏 17 1778 头，菜牛出栏 4 083 头，羊出栏 11 268 只，家禽出栏 325 660 羽，禽蛋总产 2 186 吨，肉兔出栏 55 100 只。随着工业经济的发展，农民劳务收入增加，全镇从事非农产业人员 16 955 人，其中从事工业务工 6 153 人，从事建筑业 2 859 人，从事交通运输业 1 336 人，从事商品批发零售业 1 510 人，从事住宿餐饮业 679 人，从事其它行业 4 418 人。农民工资性收入 1.7 亿元。

年末，辖区内注册企业 965 个，其中工业企业 95 个，个体工商户 891 个。工业企业中规模以上企业 34 个，工业总产值 106.93 亿元，工业增加值 32.07 亿元。

全镇有建筑企业 15 个，其中有三级建筑资质企业两家，从业人员 517 人，有红砖厂 22 座，从业人员

中共曲靖市委书记赵立雄（右五）到越州工业园区调研新型工业发展

（王波　摄）

1 980人，其中19家粘土砖厂全部关停转产，转项生产页岩多孔砖。

年末，全镇从事第三产业586户，其中商品批发零售376户，餐馆住宿142户，其它服务及娱乐业68户，从业人员1 627人，营业收入8 350万元。

境内有曲陆高等级公路、326国道、沾潦县级公路、省道黄罗公路、石恩二级公路，村村通公路，交通便捷，运输业发。全镇有大型货车300多辆，仓储运输户310户，从业人员610人，营业收入4 986万元。私人轿车、面包车640多辆，从事农村客运车辆120多辆。

移动通讯网络、固定电话网络覆盖全镇，大多数成年人使用手机，固定电话用户5 000户，因特网终端用户3 700户。

全镇有越州、潦浒、横大路三个农贸市场，从事商品批发零售企业376个，其中较大商业网点42个，从业人员1 028人。

年内，全镇辖区内上缴国税20 893万元，地税5 400万元，全镇地方财政收入4 665万元，比上年增长19.6%，地方财政支出5 473万元，比上年增长2.2%。

随着农村经济的发展，多项惠农政策的落实，农村低保制度的建立，人民群众更多的享受到改革开放和经济社会发展成果，生活水平大幅提高。全镇2011年农民人均纯收入5 784元，比上年增长10%。年末，全镇居民存款余额43 826万元，贷款余额31 006万元。

固定资产投资3.379 2亿元，其中区外资金投资1.93亿元。

筹资50余万元对主街进行绿化和硬化，榕峰大道沿线5宗近150亩土地出让进展顺利，镇政府6 000平方米廉租房通过区级专家组评审终验，“众一家苑”400套廉租房交付使用，越州中心市场扩建、南门广场等一批商业、绿化、停车项目建设工作有序推进。中心城区面积3.8平方千米，城镇人口3.5万人，城镇化率36.3%，比上年增1.2个百分点。筹资1 300万元，修复全长13千米、涉及6个村社、27个小组、3万多群众的沾潦公路越州段道路。投资223万元完成小哨至薛旗、越州北门至和平马金田道路硬化工程，整合资金5 004.17万元，建成以中低产田改造、土地开发整理为主的水利工程57件，改善灌溉面积2.31万亩，水利化程度95%。整合资金266万元，高标准完成上坡偏远新农村建设，建成竹园、马坊2个村级办公用房，完成19件“一事一议”财政奖补项目和示范村建设工程。争取各类项目补助资金400余万元，先后建成国土资源所办公楼、卫生院住院楼等公共办公场所，完成马坊小学危房改造、西关等8个村级文体活动小广场、16个农家书屋等公共服务场所建设工程，公共场所服务能力明显增强。

“科普惠民兴村”计划深入实施，种植业、养殖业大力推广良种、良法，科技对经济增长的贡献率59%。全镇有初级中学2所，60个教学班，在校学生3 834人，教职工263人。有完全小学16所，教学班224个，在校学生7 415人，小学教职工395人，学前班8个，学生536人，民办幼儿园9所，公立幼儿园2所，教学班63个，在园幼儿1 960人。2011年中考成绩突出，曲一中上线录取50人，普高升学率位于全区前列。农村医疗卫生条件进一步改善，疾病防控体系初步建立。2011年，越州中心卫生院门诊43 265人次，住院出院1 663人次，全镇农民参加合作医疗65 552人，参合率99.47%，门诊减免15.13万人次，门诊减免费用116.05万元；大病补偿4 049人次，

沾潦公路越州段大修工程举行开工仪式　（王波　摄）

补偿费用91.04万元。农民看病难，看病贵和因病致贫返贫问题大大缓解。农村文化生活丰富，民间业余文化团体活跃，文化市场秩序良好。

“平安乡镇”创建成果得到进一步巩固，群防群治工作成效显著。疾控免疫率、食品安全普查率、安全生产率均100%。农机事故死亡率为零，非煤矿山、危化企业等安全事故为零。镇村群众工作站（室）机构、人员、经费、车辆、责任落实，接访下访工作力度加大，有效处置“6.12”铬渣污染事故、麒麟煤化三期征地堵门堵路事件、窑湾群体性上访事件，群众反映的急难热点问题得到解决，社会治安环境明显好转。

群众性精神文明创建活动纵深推进，西关、越州、向桂“九星”和谐社区创建成果巩固提升，潦浒、新田“四星”级标准，创建市级文明单位（村）2个，区级文明单位（村）9个。统战、武装、民族宗教、档案保密、气象服务等工作成效明显，妇女儿童、老龄事业得到加强。

【越州镇烤烟收购创历史最高纪录】 2011年烤烟生产中，越州镇紧紧围绕市场、烟农、政府、企业“四满意”的工作思路，以抓好烤烟中后期管理、成熟采摘及科学烘烤工作为基础，以强化入户预检初分定级，提高烟叶纯度为核心，以严肃烤烟收购纪律，打击烟贩烟霸，维护正常收购秩序为重点，扎实抓好烤烟生产工作。截止9月24日，累计收购烟叶12.51万担，实现产值11 655.22万元，均价18.63元，上等烟比例69.93%，完成总任务的101.71%，创历史最高纪录，有力的减轻广大烟农因旱灾造成的损失。

【沾潦公路越州段大修竣工正式通车】 9月29日上午，越州镇隆重举行沾潦公路越州段大修竣工通车仪式。沾潦公路越州段大修工程自2011年7月8日开工，驻越企业、机关站所、学校及相关村（社区）党员干部职工踊跃支持，共捐资230万元支持公路建设。施工单位克服各种困难，加大人力和机械设备投入，多个施工点同时开工，区交通局和越州镇加大协调服务力度，快速高效优质推进沾潦公路大修工程进度。9月28日，历时82天，总投资1 300万元、全长13千米的沾潦公路越州段大修工程提前竣工。

社区（行政村）简况

上 坡 村

上坡村地处南盘江东岸，越州镇北部，北接三宝镇，东邻茨营乡。辖上坡、馒头山、平旗田3个村民小组，6个自然村。农村居民1 472户，人口4 966人，其中男性2 724人，女性2 242人。全村有耕地面积4 029亩，全年农作物播种总面积10 788亩，其中粮食播种面积5 240亩，粮食总产167.91万千克。农村经济总收入4 423万元，农民人均纯收入4 532元。农民经济收入主要来源靠种植烤烟、水果、水产和家庭养殖。

行政村领导：

书　记　曹志清
副书记　杨学才
主　任　曹志清
副主任　杨云宝

马 坊 村

马坊村地处南盘江东岸，越州镇北部。辖大马坊、小马坊、头寨、庄子4个村民小组，4个自然村。农村居民846户，人口3 456人，其中男性1 763人，女性1 693人。全村有耕地面积4 081亩，全年农作物播种面积11 587亩，其中粮食作物5 270亩，粮食总产193.34万千克。农村经济总收入3 200万元，农民人均纯收入4 360元，境内有小（二）型水库一座。农民经济收入主要来源靠种植烤烟、蔬菜和家庭养殖。

行政村领导：

书　记　颜光辉
副书记　何德有
主　任　颜光辉
副主任　杨来友

西关社区

西关社区地处南盘江东岸，境内有越钢集团有限公司。辖朱依山、西关、北关、溜子湾5个居民小组，5个自然村。农村居民1 127户，人口4 576人，其中男性2 278人，女性2 298人。社区有耕地面积3 047亩，全年农作物播种总面积9 625亩，其中粮食播种面积4 380亩，粮食总产169.90万千克。农村经济总收入4 087万元，居民人均纯收入4 936元。农村居民经济收入主要来源靠种植烤烟、家庭养殖、劳务输出。

社区领导：

书　记　代加波
副书记　郭贵才
主　任　代加波
副主任　曹德才

越州社区

越州社区是镇政府的所在地。辖东门、南门、西门、北门4个居民小组，4个自然村。农村居民1 514户，人口5 222人，其中男性2 662人，女性2 560人。社区有耕地面积2 892亩，全年农作物播种总面积10 060亩，其中粮食播种面积4 620亩，粮食总产156.96万千克。农村经济总收入4 428万元，居民人均纯收入5 533元。居民经济收入主要来源靠种植烤烟、家庭养殖、经商和劳务输出。已建成“三村四化”新农村，爨乡古城建设初具规模。

社区领导：

书　记　张昔伦
副书记　张建生
主　任　张昔伦
副主任　李雪松

新田社区

新田社区辖阿土寨、新田、大坡3个村民小组，4个自然村，农村居民740户，总人口2 848人，其中男性1 524人，女性1 324人。社区有耕地面积2 390亩，全年农作物播种总面积9 295亩，其中粮食播种面积 4 150 亩，粮食总产 135.12 万千克。农村经济总收入 2 530万元，居民人均纯收入 5 260 元。农民经济收入主要来源靠种植烤烟、水果、家庭养殖和劳务输出。通过实施“千村扶贫，百村整体推进”“866”工程，已建成社会主义新农村。

社区领导：

书　记　梁宝才

副书记　许乔明

主　任　梁宝才

副主任　谷建所

区检察院派驻越州检察室举行揭牌仪式　　（王波　摄）

向桂社区

向桂社区地处越州镇东部，东与东山镇接壤，北与茨营乡相连。辖水城、桂花树、干冲、土桥、向桂大村、向桂小村 6 个居民小组。境内有曲化有限公司、中泰合资协联电厂、国营海寨林场、众一化工、鹏坤、盛凯、建苍、荣恒等民营煤化企业及库容5 000万立方米的水城水库。农村居民 900 户，总人口 3 458 人。其中男性 1 836 人，女性 1 622 人。社区有耕地面积2 426 亩。全年农作物播种总面积10 655 亩，其中粮食播种面积 5 220 亩，粮食总产 197.99 万千克。农村经济总收入 3 972 万元，居民人均纯收入 5 450 元。

社区领导：

书　记　李东祥

主　任　方成波

副主任　许太睿

　　　　方朝先

竹　园　村

竹园村辖竹园、杨官田、岳南村、岳北村四个村民小组，3 个自然村。农村居民 1 060 户，人口 3 770人。其中男性人口 1 913 人，女性 1 857 人。有耕地面积 4 451 亩，全年农作物播种总面积 11 595 亩，其中粮食作物播种面积 6 160 亩，粮食总产 219.09 万千克。农村经济总收入 3 439 万元，农民人均纯收入4 670元。

行政村领导：

书　记　邓　贤

副书记　刘双生

主　任　邓　贤

副主任　张昔正

潦浒社区

潦浒社区辖 8 个居民小组。境内有石林瓷业有限公司、珠源瓷厂以及 11 个红砖厂，数十只砖瓦窑，3 条土陶窑，是区二中所在地，有集贸市场一个。农村居民2 000户，人口 7 700 人。其中男性 3 959 人，女性 3 741 人。有耕地总面积 4 924 亩，全年农作物播种总面积 10 550 亩，其中粮食作物播种面积 5 640 亩，粮食总产 193.74 万千克。农村经济总收入 8 636 万元，居民人均纯收入 5 270 元。

社区领导：

书　记　许太明

主　任　许太明

副主任　贾小清

　　　　许太顺

薛　旗　村

薛旗村辖黑宝滩、麦地冲、薛旗田、杨旗田 4 个村民小组，4 个自然村。境内有 2 个红砖厂。有小（二）型水库 1 座。有农村居民 1 118户，人口 4 210 人。其中男性 2 105人，女性 2 105 人。有耕地面积3 545亩，全年农作物播种总面积 9 985亩，其中粮食作物播种面积 4 770亩，粮食总产 169.44 万千克。农村经济总收入 2 185 万元，农民人均纯收入 5 191 元。

行政村领导：

书　记　张长寿

主　任　薛小兵

副主任　郭云柱

老　吴　村

老吴村辖龙吟坝上坝、下坝、老吴、石咀、吴官营、华山堡、松林冲、张熊 8 个村民小组 9 个自然村。境内有巨利钢铁有限公司、平板玻璃厂、天银焦化厂。有农村居民 1407 户，人口 5 409 人。其中男性 3 026 人，女性 2 383 人。有耕地面积 4 682 亩，全年农作物播种总面积 9 555 亩，其中粮食作物播种面积 4 940 亩，粮食总产 167.38 万千克。农村经济总收入 3 735 万元，农民人均纯收入 4 045 元。农民经济收入主要来源靠种植烤烟、家庭种植和劳务输出。

行政村领导：

书　记　张东生

主　任　郭光成

副主任　向贵生

大梨树村

大梨树村地处越州镇西南部，辖大烟堆冲、小烟堆冲、唐地冲、大梨树、杨旗营、白旗营、小熊旗田、大熊旗田、三家、中安堡 10 个村民小组，10 个自然村。境内有红砖厂两座，小（二）型水库两座。有农村居民 1 496 户，人口 5 845 人，其中男性 3 058 人，女性 2 787 人。有耕地面积 5 364 亩，全年农作物播种总面积15 135亩，其中粮食作物播种面积6 290亩，粮食总产217.99万千克。农村经济总收入4 915万元，农民人均纯收入4 460元，农民经济收入主要来源靠种植烤烟和家庭养殖。

行政村领导：

书　记　宋景红
副书记　熊石林
主　任　宋景红
副主任　黄来生

黄泥堡村

黄泥堡村辖寨上、周官营、王家园、棕官山、胡家庄、黄泥堡、坡上、下桥、大朝阳村、小朝阳村11个村民小组，11个自然村。境内有小（一）型水库一座，红砖厂1个。有农村居民1 353户，人口5 224人。其中男性2 624人，女性2 600人。有耕地面积4 524亩，全年农作物播种总面积12 305亩，粮食作物播种面积5 520亩，粮食总产204.21万千克。农村经济总收入4 825万元，农民人均纯收入4 358元。

行政村领导：

书　记　王绍金
副书记　张石建
主　任　王绍金
副主任　万树才

横大路村

横大路村辖杨桐寨、大沟后所营、施谢、别家堡、横大路、德庆堡、黄家庄、大野毛村、小野毛村、贺马台子、杨官营、冯家台子、崔肖13个村民小组，18个自然村。境内有区良种场、越利洗煤厂，集贸市场一个。有农村居民1 583户，人口6 308人。其中男性3 280人，女性3 028人。有耕地面积4 085亩，全年农作物播种总面积10 890亩，粮食作物播种面积5 130亩，粮食总产193.25万千克。农村经济总收入5 820万元，农民人均纯收入4 950元。

行政村领导：

书　记　刘光周
副书记　代聪全
主　任　刘光周
副主任　冯雪龙

和　平　村

和平村辖小冲村、佛天村、马军田、李家营、陈官营、张官营、棕树营、舟上8个村民小组12个自然村。境内有华严寺风景名胜、有市种鸡场。有农村居民1 660户，人口6 003人，其中男性3 078人，女性2 925人。有耕地面积4 606亩，全年农作物播种总面积10 575亩，粮食作物播种面积5170亩，粮食总产198.38万千克。农村经济总收入5 408万元，农民人均纯收入4 582元。

行政村领导：

书　记　李云生
副书记　杨汝志
主　任　李云生
副主任　杨汝富

（王　波）

东　山　镇

【概　况】　东山镇地处麒麟区东南部，是全区距城最远、人口最多、面积最广的山区工农业大镇。镇政府所在地（高家村）距曲靖城区62千米，平均海拔1 995米，区域面积420.93平方千米，辖14个村委会105个村民小组113个自然村（彝族聚居村6个，彝汉杂居村35个），总户数24 224户，总人口101 600人，性别比100：107.6，自然增长率为6‰。年降雨量960～1 200mL，森林覆盖率41.5%，已探明C3－C2417个煤种储量11亿吨。2011年，实现生产总值41亿元，同比增10.63%，其中第一产业3.8亿元，第二产业32亿元，第三产业5.2亿元，产业构成比例为9.3：78：12.7。农村经济总收入7.32亿元，比上年增6 659万元，增长10%。

有耕地51 144亩，其中旱地39 043亩，水田12 101亩，人均耕地0.64亩。拥有蓄水1.065亿立方米的云南省第二大水库——独木水库和总蓄水95万立方米的小（二）型水库4个。全年完成粮食播种11.75万亩，总产量3 978.7万千克，超计划3.6%。种植烤烟42 000亩，收购烟叶511.2万，实现产值9 554.5万元，增长39.5%；实现税收1 910.9万元，增长47%；产量、产值、均价、税收均创历年最高水平。高度重视动物疫情防控工作，兴建养殖小区9个，改扩建2个，实现畜牧业产值1.5亿元，畜牧业收入1.26亿元，分别比上年增长12%和13%。

煤矿企业固定资产新增投资6.8亿元，技术改造完成专用回风井建设4矿，完成非木支护井巷工程改造14 435米，创建和谐文明矿山8个，军事化管理全面推行。煤矿安全生产水平不断提高，完成省一级质量标准化矿井3对，省二级质量标准化矿井20对，所有煤矿通过安全评价达B类等级以上。全年生产原煤420万吨，同比增长2%，生产焦煤25万吨。积极引导、扶持、培育新型工业产业，一批节能、环保、低碳的新型产业蓬勃发展，恩洪品源瓷业年产值2 620万元，实现利润总额585万元，吸收当地剩余劳动力就业400余人。全镇工业总产值32亿元，同比增长9.8%。

依托集镇建成区的快速扩张、配套设施的逐步完善和煤炭产业的做大做强，交通运输、商贸物流等第三产业健康快速发展，以镇内煤矿企业为主的务工经济稳步发展，全年务工总人数2.5万人，新增转移输出850人，区外务工2 746人，实现务工收入2.9亿元，同比增16%。全镇消费市场日趋活跃，第三产业实现产值5.2亿元，比上年增长32.7%。

投资1 200余万元，硬化24个村组道路34千米，全镇所有村内骨干道路全部硬化，基本实现“村村通”；投资290万元，建成独木水库玉麦则大桥；投资160万元硬化恩洪必则至大板加油站柏油路1.8千米；投资16.5万元，完成公路大修管护27千米；投资890万元完成

15千米的活普线（拖古—克依黑—水井）改扩建工程；完成10千米玉瓦线（小戈息—转长河）改扩建工程的前期准备工作。形成以石恩公路为轴线，贯通南北、连接东西的县乡、通村公路骨干交通网络，通行质量和效益明显提高。

完成财政收入4 582万元，同比增长37.85%，完成一般预算财政支出7 226万元，同比增长9.1%；信用社存款余额13.61亿元，同比增长16.4%；贷款余额4.84亿元，同比增长19.2%，金融运行平稳。

完成固定资产投资3.2亿元，占区下达任务数的126.5%。其中交通运输业投资3 293万元，集镇建设投资5 995万元，教育投资500万元，水利设施建设投资22 212万元，完成一大批储备项目的规划、设计、论证、立项等前期工作。

全面实施小城镇发展战略，城镇面貌日新月异，累计投入资金5 995万余元。其中，恩洪集镇累计投资225万元，完成人行道建设，过境河道整治，新建公厕2个，垃圾池10个，组建一支10人的环卫队伍加强集镇管理；新村集镇完成投资4 315万元，建成4 000平方米的廉租房和1 200平方米的商铺，商住小区建设快速推进，东源小区主大街建成投入使用；高家村集镇投资1 455万元，完成河滨路上半段绿化及河堤改造工程，结米河交通桥建成使用，财政所搬迁建设工程、敬老院、卫生院改扩建工程顺利完工，派出所、交警中队等站所建设项目完成土地审批等前期工作。城镇管理综合执法对集镇占道经营、乱搭乱建、乱堆乱放及卫生死角进行清理，集镇脏、乱、差局面得到整治。

实施退耕还林、天然林保护、生态能源建设工程。累计投入资金500余万元，围绕公路沿线、煤矿矿区、重点水源地共植香樟、藏柏、华山松等各类树种1 200万余株，建成绿色通道48.5千米，完成泡核桃种植2 585亩，中低产林改造10 000亩，义务植树29万株，绿色通道补植10万株，新建沼气350口。土法炼焦、土法炼锌等污染企业被依法取缔，65个煤矿企业环保技改达标，因采煤导致的生态环境恶化趋势得以好转，私挖滥采造成的遍地疮痍披上绿装。实行环境卫生专业管护，垃圾集中收集处理，实行全覆盖运输，实施矿区环境综合治理，环境污染得到有效控制。生态环境、生活环境进一步好转。

中考成绩取得历史性突破，升入曲一中21人，600分以上199人，优秀率24%，普高录取率53%，中考成绩列全区乡镇前三名；筹集教育管理基金300余万元，实施“爱心助学”工程，一批优秀教师、优秀学生和贫困学生得到奖励和资助。开展新农村群艺会广场文艺演出8场，男声小合唱《彝家汉子》及大型歌舞《红与黑》均获区庆祝建党90周年职工文艺汇演一等奖；拔河、篮球分别获区第三届运动会第一名和第三名；建成村级文化广场14个，村小组活动场所45个；农村电影放映“2131”工程、农家书屋等文化惠民工程深入实施。投资1 500万元完成中心卫生院改扩建工程，村级卫生所规范化建设全部完成。人口与计划生育工作不断加强，“一放二扎”、“奖优免补”等措施全面落实，计划生育率98%，综合节育率95%。新农合参保农户20 421户72 130人，收费347万元，参合率保持98%以上，累计减免费用1 000余万元；3 214人参与城镇居民基本医疗保险。

全面落实安全生产“一岗双责”制度，煤矿、非煤矿山、道路交通、水上船舶、食品药品、危险化学品等各个领域的安全监管不断加强。全面开展大检查大排查大整治，保持高压态势，严厉打击非法采煤。安全顺利拆除27座废弃烟囱，消除重大安全隐患。投资60万元建造5艘新型船只用于独木水库水上客运。加强“打、防、控、管”的治安防控体系建设，建立横向到边、纵向到底的治安防控网络，共破刑事案件122件，打处各类犯罪嫌疑人43人，群众安全感明显增强。高度重视信访工作，建立健全矛盾纠纷预防、排查、调处机制，累计办理群众来访21批279人次，一批热、难点问题得到妥善解决，集体上访、越级上访数量大幅减少。积极探索矿区地质灾害预防处置的新思路，逐步完善《东山镇建立健全矿村共享资源开发成果新机制的实施意见》，为有效解决矿区地质灾害、环境污染等事关群众长期生存发展的重大民生问题建立长效机制。

农民人均纯收入4 638元，比上年增344元，增长8%。“万村千乡”、“家电下乡”、“汽车下乡”等惠农政策得到落实，累计发放粮食直补、农机具补贴、家电下乡等各类惠农补贴587万元，发放支农贷款3 900万元。救助低保户1 558户2 505人，发放低保金210.5万元；发放救灾款223.6万元，解决受灾农户1 460户2 360人的生产生活难题；完成白内障复明手术48例，完成农村改厕项目424户，危房改造200户。推进新型农村养老保险试点工作，参保43 260人，收费499.21万元，参保率90%。建立工伤预防、补偿和康复“三位一体”的保障体系，参保人数稳定在8 000人左右。加大农民工维权力度，严肃查处违法用工行为，为600余位农民工追讨工资共计400余万元。为40名村委会干部办理医疗、养老、工伤保险，全镇初级社会保障体系基本建立。

投资986万元，高质量完成水井、转长河两个重点村建设，全镇新农村建设阶段性目标全面完成。逐步对已建村进行巩固提高，投资350余万元，高标准高起点完成牙易里生态文明村的打造。积极探索资源共享、矿村共建新机制，克服重重困难，全面推动独木团庆、禾草必，高家村业母德，新村阿楚克等“新村庄”建设工程，累计完成投资5 000万余元，为从根本上彻底解决矿区问题，深入推进新农村建设探索新的思路和办法。

行政村简况

恩洪村

恩洪村辖上寨、凹子、老村子、煤炭坡、巴家、曹家、对门、李家坟、大板、云塘、备则11个村民小组，其中备则属彝族聚居村。面积18.2平方千米，耕地2 923亩，其中水田539亩、旱地2 384亩。总户数1021户，总人口4 188人，其中彝族84户，356人。全年种植粮食6 485亩，实现总产量228.3万千克；经济总收入6 208万元，人均纯收入5 536元。

行政村领导：

书　记　巴家国

主　任　曹荣华

副主任　巴永兵

新村

新村地处东山镇北面，距镇政府驻地16千米，辖新村、清水沟、坡头上、坡脚下、朵把寨、东嘎、大村、阿基红、刘家马场、孙家马场、顾家马场11个村民小组，其中，阿基红村属彝族聚居村。区域面积29.9平方千米，耕地3 299亩，其中水田550亩，旱地2 749亩、人均耕地0.36亩。总户数2 476户，总人口9 301人，其中彝族122户，487人。全年种植粮食8 550亩，实现总产量288.2万千克；经济总收入10 696万元，人均纯收入5 153元。

行政村领导：

书　记　牛筑熹

主　任　刘家所

副主任　魏家国

独木村

独木村委会辖洒马必、峨勒、咱得、禾草必、偏坡、小玉麦则、高头坝7个村民小组。面积18.7平方千米，耕地1 313亩，其中水田166亩、旱地1 147亩，人均占有耕地0.3亩。总户数1 285户，总人口4 699人。其中彝族71户，272人。全年种植粮食5 800亩，实现总产量241.6万千克；经济总收入4 899万元，人均纯收入5 126元。

行政村领导：

书　记　熊常稳

副书记　张正刚

主　任　熊常稳

副主任　赵艳华

卡基村

卡基村委会辖卡基上村、卡基下村、石洞上村、石洞下村、店子、阿扎、犀牛塘7个村民小组。区域面积15.8平方千米，耕地4 140亩，其中水田795亩、旱地3 345亩，人均耕地0.8亩。总户数1 041户，总人口4 344人。其中彝族53户，217人。全年种植粮食7 960亩，实现总产量273.7万千克；经济总收入4 095万元，人均纯收入4 479元。

行政村领导：

书　记　赵家苍

副书记　李兴国

主　任　赵家苍

副主任　陈冲华

法色村

法色村委会辖杨白村、戈背、牙易里、嘎纳、旱龙潭、土坡坡、龙马脚、小麦地、法色9个村民小组。区域面积32.8平方千米，耕地9 081亩，其中水田2 290亩、旱地6 791亩，人均耕地1.1亩。总户数2 248户，总人口8 310人。其中彝族66户，250人。全年种植粮食13 710亩，实现总产量443.4万千克；经济总收入6 573万元，人均纯收入4 098元。

行政村领导：

书　记　张永志

副书记　黎有祥

主　任　张永志

副主任　贾有良

撒玛依村

撒玛依村委会辖大戈息、小戈息、旱龙潭、横山、平寨、撒玛依6个村民小组。区域面积38平方千米，耕地6 589亩，其中水田1 930亩、旱地4 659亩，人均耕地1.01亩。总户数1 719户，总人口6 594人。其中彝族13户，51人。全年种植粮食12 955亩，实现总产量421.6万千克；经济总收入5 564万元，人均纯收入4 465元。

行政村领导：

书　记　陈小忠

副书记　邓小文

主　任　陈小忠

副主任　李小苍

转长河村

转长河村辖河东、河西、布其、法白，沙戈寨5个村民小组。其中，沙戈寨属彝族聚居村。区域面积28.3平方千米，耕地4 188亩，其中水田721亩、旱地3 467亩，人均耕地1.07亩。总户数1 053户，总人口3 951人，其中彝族90户，373人。全年种植粮食10 050亩，实现总产量339.3万千克；经济总收入3 006万元，人均纯收入4 075元。

行政村领导：

书　记　赵玉斌

副书记　董小荣

主　任　张小平

副主任　王要所

石头寨村

石头寨村辖法脉、大寨、石头寨、大村、小村、小金山、法得、得勒坡、下法古、上法古10个村民小组。区域面积51.8平方千米，耕地6 024亩，其中水田1 632亩、旱地4 392亩，人均耕地1.05亩。总户数1 465户，总人口5 784人，其中彝族16户，62人。全年种植粮食13 320亩，实现总产量418.6万千克；经济总收入4 578万元，人均纯收入4 039元。

行政村领导：

书　记　陈石荣

副书记　陈建苍

主　任　陈石荣

副主任　陈贵发

撒基格村

撒基格村辖息碑、上以色、下以色、格尼、撒基格、得嘎、戈得克7个村民小组。国土面积14.1平方千米，耕地2 358亩，其中水田597亩、旱地1 761亩，人均耕地0.54亩。总户数1 313户，总人口4 512人，其中彝族人口30户，88人。全年种植粮食6 405亩，实现总产量204.7万千克；经济总收入3 671万元，人均纯收入4 078元。

行政村领导：

书　记　刘余生

副书记　尹谷存

主　任　刘余生

副主任　张德明

拖　古　村

拖古村位于东山镇西南方，距政府驻地3千米，紧靠海寨林场，辖落龙、林边组、拖古、大罗白、小罗白、木龙、来岗7个村民小组，其中，大罗白属纯彝族村民小组。区域面积26.4平方千米，耕地2 240亩，其中水田634亩、旱地1 606亩，人均耕地0.48亩。总户数1 202户，总人口4 740人。其中彝族89户，343人。全年种植粮食7 446亩，实现总产量272.3万千克；经济总收入4 659万元，人均纯收入4 955元。

行政村领导：

书　记　郑稳华

副书记　杨爱国

主　任　郑稳华

副主任　杨　华

克依黑村

克依黑村委会位于东山镇政府驻地正北方3千米处，与国营海寨林场林区相接，辖石板沟、林必茂、树雄、克依黑、上狮子、下狮子6个村民小组。区域面积26.9平方千米，耕地2 939亩，其中水田794亩、旱地2 145亩，人均耕地0.62亩。总户数1 093户，总人口4 778人。其中彝族1户，4人。全年种植粮食6 577亩，实现总产量253.2万千克，人均有粮533千克；经济总收入3 487万元，人均纯收入4 071元。行政村领导：

书　记　张德聪

副书记　张国友

主　任　张德聪

副主任　毛良华

水　井　村

水井村位于东山镇西北方，距政府驻地12千米，与国营海寨林场、茨营乡为邻，辖普嘎、水井、白寨古、石板沟、戈崩、禁草、大海子7个村民小组，其中，白寨古、戈崩均为纯彝族村民小组。区域面积21.9平方千米，耕地1 590亩，其中水田332亩、旱地1 258亩，人均耕地0.33亩。现有总户数1 181户，总人口4 838人，其中彝族212户，861人。全年种植粮食6 153亩，实现总产量224.6万千克；经济总收入3 582万元，人均纯收入4 039元。

行政村领导：

书　记　张小鸭

主　任　刘永祥

副主任　刘小佳

卑　舍　村

卑舍村委会位于东山镇政府驻地东北方3千米处，辖牙必克、塘塘子、余家冲、戈背黑、阿石堵、法古、卑舍、笔墨、马达9个村民小组。区域面积19.4平方千米，耕地2 891亩，其中水田597亩、旱地2 294亩，人均耕地0.62亩。总户数1 160户，总人口4 655人。其中彝族74户，371人。全年种植粮食6 240亩，实现总产量229.4万千克；经济总收入5 039万元，人均纯收入4 800元。

行政村领导：

书　记　刘中友

主　任　李林洗

副主任　施云宁

高　家　村

高家村是东山镇政治、经济、文化、商品集散中心，辖高家村、业母德、结米3个村民小组。区域面积10.2平方千米，耕地1 569亩，其中水田524亩、旱地1 045亩。总户数1 103户，总人口4 366人。全年种植粮食5 340亩，实现总产量187.4万千克；经济总收入3 943万元，人均收入4 692元。

行政村领导：

书　记　陈俊明

副书记　陈小良

主　任　张永平

副主任　陈小良雅

（孟华俊）

珠　街　乡

【概　况】　珠街乡位于麒麟区东部，总面积151平方千米；辖联合、青龙、堡子、三源、珠街、涌泉、中所、墩子8个村委会，西海、小河湾、桂花、庄家屯4个社区居委会；有64个自然村、44个村民小组、32个居民小组；有耕地32 943亩，其中常用耕地31 802亩，水田24 976亩，旱地6 828亩，人均占有耕地0.64亩。2011年末，有总户数13 390户、总人口50 832人；农业户12 032户，农业人口49 149人，占总人口的96.7%；非农户1 411户、非农人口2 492人，占总人口的4.9%。全乡出生481人，人口自然增长率控制在3.6‰以内；人口密度每平方千米340人。

2011年，实现农村经济总收入9.1亿元，增9 204万元，增长11%；农民人均纯收入5871元，增642元，增长12%；财政收入1 680万元，增442万元，增长35.8%；固定资产投资完成1.713亿元，增4 898万元，增长32%。

完成粮食播种面积55 500亩，产量2 579万千克，增长2%；完成烤烟75万千克，产值1 361.28万元，增190.38万元；花椒产量92万千克，产值580余万元；3 000亩葡萄产量320万千克，产值2 560万元；新增经济作物3 000亩，粮经作物结构比调整到39∶61；新培育产值500万元的龙头企业2户，发展专业合作社8个；巩固7个养殖小区，实现畜牧业产值12 686万元，增11%。

大丰、华麟等建筑企业实现年中标价7亿元，创税400余万元，大丰建工集团跻身全省百强非公企业第28位；非煤矿山实现收入

10 100万元。

商饮业产值12 968万元，增长10%；服务业产值2 799万元，增长11%；休闲旅游业产值2 254万元，增294万元，增长15%；珠街集市平均每月市场交易额280万元，增18%。

实现牧业总产值14 121万元，比上年增长11%；其中肉类总产14 775吨，禽蛋总产1 203吨，出栏肉猪13.55万头、肉牛3 207头、肉羊5 113只、肉禽30.1万只、肉兔11.5万只；畜牧业农民人均纯收入比上年增90元。

劳动力转移输出15 682人，户均1.5人，实现收入7 650余万元，完成劳动力培训1 646人，劳务产业已成为农民增收、农村发展的重要渠道。

新发展红提葡萄800亩，累计3 000亩，产量320万千克，产值2 560万元；新植红梨400亩，累计5 000亩；新植西瓜300亩；树拉枝整形4 041亩，技术培训500余人；花卉6亩，产量24万枝，产值8万元；新植苗木300亩，累计1 100亩；发展专业合作社8个。

全年水产品养殖2 358亩，产量1 520吨，产值1 520万元；其中专用池塘养殖面积1 813亩，占养殖水面的77%，优质鱼产量580吨，占总产的38%。举办培训5期，培训渔业从业人员2 000人，完成标准化鱼塘建设120亩，全年为养殖户提供鱼苗1 200万尾；明确专人定期巡查、监管，珠江禁渔工作取得实效。

完成机耕2.1万亩，机耙2万亩，机收500亩，机播800亩，机电灌溉2.13万亩，机械植保3.28万亩，新增动力1 000千瓦特，拖拉机检审率93%，全年农机安全率100%。农机培训21人，驾驶员持证上岗率100%。推广微耕机54台，享受国家财政补助10.77万元。圆满承办全区春耕生产现场会，成功接待全市平安农机现场会，接待国家农业部领导参观调研，工作经验在全省推广，全年未发生农机安全事故。

全面完成水利普查工作任务。投资200万元在全乡10个坝区村（社区）实施水价综合改革试点，组建农民用水户协会。投资3630万元建设水利工程83件。

整乡推进旅游基础设施建设，累计投资1 400余万元建设58个活动室、64个小广场、45块篮球场。全年接待游客16万余人次，实现旅游收入2 254万元，增294万元，增15%；大力发展以农家乐为主的休闲旅游产业，新增投资100万元以上的农家乐2个，50万元以上农家乐4个，累计16个，其中星级农家乐3个。做好旅游发展规划工作，全面发展旅游产业，录制乡村旅游《大开演界》栏目2期，组织旅游从业人员培训2期。

编制《2010～2020年全民科学素质行动计划纲要》，细化工作任务和重点，新建葡萄、蔬菜、养殖、苗木、优质稻、花椒等17个科技示范基地，创建省级科普文明村1个（墩子），市级科普村2个（中所、小河湾）、区级科普村11个、862户科技示范户；组建中所葡萄、西海淡水鱼、青龙珠源花椒、小河湾金禾优质米等8个专业合作社。加强能源建设，节能灶改造400眼，安装太阳能300余户，清洁能源普及率85.3%。

坚持“科教兴乡、人才强乡”发展战略，坚持优先发展教育，认真落实“两免一补”政策，全力开展抗旱保教工作，建立教育奖励基金，2011年中考曲一中上线19人，同比增12人，上线率3.48%，同比提高1.43%；普高上线382人，居全区第二、乡镇第一。

完成造林6 100亩，成活率89%；义务植树20万株，成活18.6万株，成活率80.3%；完成天保林管护6.01万亩；森林覆盖率49.2%；完成森林防火任务。森林资源保护、林木采伐管理、林政执法、生态公益林管理、病虫害防治、野生动植物保护等工作成效明显。

有效开展平安乡、村（社区）、校园创建活动，平安创建成果全面巩固。全年做到无重大刑事治安案件，无重大群体性事件，无重大安全事故，无恶性政治案件。深入开展“清网行动”，加大网上追逃力度，抓获3名辖区在逃人员，全面完成任务。开展禁毒防艾宣传6次、5 000余人次。全面开展“打四黑除四害”专项行动，出动车辆40余辆次、排查人员80余人次，清查出租房50余间，查处收赃黑窝点1个，抓获违法犯罪嫌疑人5人，取得明显成效。

行政村简况

联合村

联合村辖8个自然村，7个村民小组。年末有总户数1 030户，总人口4 141人。其中彝族784人，集中居住在白石岩村。有耕地3 525亩，其中水田501亩，旱地3 024亩，临时性耕地1 141亩。农作物总播种面积10 500亩，其中粮食播种面积5 525亩，产量2 388.5吨；花椒种植面积8 000亩，挂果面积5 000亩，产量80吨，产值48万元；种植烤烟2 850亩，产量3 100吨。全年经济总收入3 114.2万元，人均纯收入3 540元。

行政村领导：

书　记　赵学华

主　任　赵学华

副主任　吕来全

青龙村

青龙村辖3个自然村，3个村民小组。总户数1 141户，总人口5 046人。有耕地4 807亩，其中水田1 324亩，旱地3 483亩。农作物总播种面积13 200亩，其中粮食播种面积8 700亩，产量4 270吨；种植花椒15 000亩，挂果10 500亩，产量420吨，产值336万元。经济总收入3 881.8万元，人均纯收入3 562元。

行政村领导：

书　记　李祝生

副书记　李德来

主　任　李祝生

副主任　何　吉

堡 子 村

堡子村辖6个村民小组。总户数1 056户，总人口4 226人。有耕地2 672亩，其中水田1 767亩，旱地905亩。农作物总播种面积4 671亩，其中粮食播种面积4 403亩，产量1 790.43吨；经济总收入3 248.2万元，人均纯收入4 391元。

行政村领导：

书　记　王怀吉
主　任　孙朝坤
副主任　丁学文

西 海 村

西海村辖4个自然村，4个村民小组。总户数1 520户，总人口5 450人。有耕地3 024亩，其中水田2 940亩，旱地84亩。农作物播种面积6 037亩，其中粮食播种面积5 785亩，产量2 590.8吨；种植蔬菜252亩，产量500吨。经济总收入6 399.7万元，人均纯收入5 370元。

行政村领导：

书　记　李琼芳
主　任　谭永琪
副主任　李忠敏

三 源 村

三源村辖4个自然村，4个村民小组。总户数941户，总人口3 941人。有耕地2 056亩，其中水田1 190亩，旱地866亩。农作物总播种面积3 580亩，其中粮食播种面积3 580亩，产量1 390吨；有果园120亩，实现产量80吨。经济总收入6 526.7万元，人均纯收入4 346元。

行政村领导：

书　记　唐国华
副书记　张润林
主　任　唐国华
副主任　董润彪

珠 街 村

珠街村是乡政府所在地，辖4个自然村，2个村民小组。总户数791户，总人口3 024人。有耕地1 022亩，其中水田979亩，旱地43亩。农作物总播种面积2 244亩，其中粮食播种面积2 004亩，产量1 161.87吨；蔬菜种植240亩，产量485.1吨。经济总收入5 877.3万元，人均纯收入6 035元。

行政村领导：

书　记　赵德华
副书记　赵德红
主　任　赵德华
副主任　孙祥和

涌 泉 村

涌泉村辖6个自然村，7个村民小组。总户数1 125户，总人口3 810人。有耕地1 941亩，其中水田1 528亩，旱地413亩；农作物播种面积3 683亩，其中粮食播种面积3 200亩，产量1 480吨。全村经济总收入8 974.3万元，人均纯收入6 382元。

行政村领导：

主　任　何　坤
副主任　吕怀云

中 所 村

中所村辖6个自然村，8个村民小组。总户数1 379户，总人口5 242人。有耕地3 250亩，其中水田2 430亩，旱地820亩；农作物播种面积4 804亩，其中粮食播种面积4 804亩，产量2 110.04吨。经济总收入17 154万元，人均纯收入5 873元。

行政村领导：

书　记　周云昌
副书记　张洪泽
主　任　周云昌
副主任　张文毅

墩 子 村

墩子村辖6个自然村，7个村民小组。总户数904户，总人口3 372人。有耕地1 797亩，其中水田1 567亩，旱地230亩。农作物播种面积3 541亩，其中粮食播种面积3 268亩，产量1 564吨。经济总收入6 895.1万元，人均纯收入5 550元。

行政村领导：

书　记　翟应水
副书记　韩会芳
主　任　翟应水
副主任　何留亚

小河湾村

小河湾辖7个自然村，7个村民小组。总户数690户，总人口2 763人。有耕地2 337亩，其中水田2 137亩，旱地200亩；农作物播种面积4 241亩，其中粮食播种面积3 986亩，产量1 368吨。经济总收入5 334.8万元，人均纯收入6 100元。

行政村领导：

书　记　刘荣平
主　任　王正朝
副主任　刘　琳

桂 花 村

桂花村辖8个自然村，10个村民小组。总户数1 210户，总人口4 260人。有耕地2 643亩，其中水田2 643亩；农作物播种面积6 063亩，其中粮食播种面积5 163亩，产量2 372吨。经济总收入15 403.3万元，人均纯收入6 088元。

行政村领导：

主　任　邓林飞
副主任　路开礼

庄家屯村

庄家屯村辖4个自然村，11个村民小组。总户数1 169户，总人口4 455人。有耕地2 728亩，其中水田2 660亩；农作物播种面积4 964亩，其中粮食播种面积4 660亩，产量2 340吨；全年种植莲藕100亩，总产100吨。经济总收入4 538.6万元，人均纯收入5 678元。

行政村领导：

书　记　韩树宝
副书记　武仕春
主　任　韩树宝
副主任　韩国飞

（唐德润）

沿 江 乡

【概　况】 沿江乡位于麒麟区东

南，乡政府驻地距曲靖城区5千米，境内有南盘江、潇湘江、白石江、中河、东河，水利条件较为优越，主产优质米、蚕豆、优质仔猪、商品鱼，属典型的农业乡，是麒麟区粮食主产乡之一。辖4个居民委员会，6个村民委员会、65个村（居）民小组、84个自然村。全乡国土面积64平方千米，总耕地面积23 353亩，其中水田20 160亩，旱地2 343亩，农民人均占有耕地0.55亩。

全乡2011年底总人口45 145人，比上年增405人，其中农业总人口44 025人，占97.52%。有农户11 402户，农村劳动力23 583人；有少数民族414人，分属11个民族，占总人口的0.93%。

2011年，全乡农村经济总收入实现57 781万元，同比增长10.2%。农民人均纯收入6 827元，比2010年增932元，同比增长15.8%。完成固定资产投资1.82亿元，完成区委、区政府下达的1.5亿元任务数的121.16%。实现财政收入1320万元，比2010年增346万元，同比增长35.5%。

全乡优质稻种植面积20 500亩，粮食总产20 260吨。新增鲜切花种植面积100亩，花卉种植面积1 545亩，产值1 547万元，成为全省重要的省级花卉出口基地；蔬菜种植面积9 600亩，新植水生蔬菜500亩，产值2 764万元；果园面积2 203亩，产值716.6万元。商品鱼总产4 060吨，其中优质鱼产量1 100吨，渔业科技培训150人次。实现肉类总产13 910吨，禽蛋总产量2 201吨，牛奶总产3 100吨。生猪存栏51 989头，出栏生猪129 926头，出栏商品仔猪156 306头；家禽存栏14.8万羽，出栏101.8万羽，禽流感及牲畜口蹄疫免疫密度100%。

组织实施测土配方施肥40 000亩，完成2 777亩水稻象甲的统防工作，完成肥料“3414”试验和12个小品种对比试验。积极协调引进大中型拖拉机100余台，完成机耕面积2.02万亩，机耙面积1.92万亩，机收500亩，落实农机购置补贴资金14.25万元，农机事故死亡率为零。

累计投资560.4万元，投劳16.01万个工日，完成农田水利建设工程70件，改善灌溉面积3 700亩，除涝面积1 800亩，改造中低产田3 000亩。四圩、小坝圩农业综合开发优质稻基地建设项目和2个新增农资综合补贴动态调整项目均顺利通过省、市、区验收。

社会保障覆盖面进一步扩大，以城镇低保、农村五保、农村低保、特困户救助、救灾救济为主要内容的社会扶助体系初步建立。全年为27名城镇困难居民发放低保金5.5万元，为1 299名农村特困户发放低保补助金124.7万元；发放困难群众医疗救助款15.16万元，发放冬春救灾救济款14万元，发放临时性救助款8.6万元，发放五保、孤儿生活补助25.99万元。组织42名可行手术者实施白内障摘除手术，辅助器具适配35人；开展残疾人技能培训、实用技术培训99人次。通过“一折通”及时兑付农资综合直补177.1万元，兑付粮种补贴37.8万元，兑付退耕还林补贴31.4万元，兑付草原生态补贴3.33万元，兑付汽车、摩托车下乡补贴90.8万元，兑付率100%。集中转移输出农村剩余劳动力213人，城镇新增就业38人，办理城镇居民基本医疗保险2 018人，完成全乡4 737名60周岁以上符合领保农村老人的基础信息采集，符合领保的60周岁以上农村老人养老金存折全部发放完毕，参保率100%；全乡符合参保对象已参保缴费人数20 355人，收缴参保费394.9万元，缴费参保率为91.94%。

实施天然林管护面积9 200亩，退耕还林地管护3 102亩，全乡10 689亩国家公益林、862亩省级公益林全部落实管护责任。

坚持“招大引强，效益环保并重”和项目向园区集中的招商思路，通过积极转变招商方式，为入驻企业提供优质服务，办理用地手续，招商项目实现由粗放型、数量型向质量型、规模型转变。成功引进大唐新能源朗目山风力发电项目、麒麟职教中心、云岭之南核桃乳加工厂、东屿南岸生态园、金岚河葡萄酒庄、哈谷米业、水乡人家等投资上千万元的项目7个，为全乡经济持续健康发展提供强有力的项目支撑。

进一步完善基础设施，加大城乡统筹力度，推进城乡一体化发展。建立领导包抓、部门包扶、项目整合、资金捆绑机制，顺利完成牛街、余家屯、余家圩、庄家圩4个社区居委会城乡一体化建设任务。大龙和新圩村委会省级重点村和偏远山区新农村建设试点工作顺利通过验收，完成农村危房改造工作，人居环境和村容村貌有明显改善。

建立健全科技进步政策措施，编制科技发展规划和年度计划，科技创新、科技推广、科技普及能力

2011年8月25日，沿江乡麒麟水乡正式通航　　（曹金昆　摄）

明显增强。全乡教育以“城乡一体化”为办学理念，通过强化内部管理，协调资金投入，继续推进中小学校舍安全工程，投资1 150万元完成牛街小学选址重建及余家圩小学运动场建设，投资220万元完成区特殊学校主体工程，借“两基”迎国检契机，投资490万元添置电脑、图书和实验等器材；狠抓学校管理，捍卫教育教学质量全区乡镇领先地位，两所中学中考成绩稳居全区乡镇中学前列，小学抽考成绩名列全区第一，优秀率80%。成功迎接区教育局全方位调研，获得“乡镇教育名片”的良好赞誉。幼儿教育规范有序发展，形成独具特色的“校中园”办园模式，成为全省农村幼儿教育的一面旗帜。

积极筹办群众参与面广、影响大、有特色的春节系列文体活动，举办篮球赛20场，拔河64场，参与人数近万人，丰富了广大干部群众的体育生活。对建成的3个文化广场申请经费补助6万元，并为6家文化大户申请音响补助，在全乡各村（居）委会建成文化共享工程。积极组织参加区第三届体育运动会，取得优异成绩。成功举办老年运动会和乡第一届冬季体育运动会。

年内，全乡共出生人口397人，死亡257人，人口自然增长率3.1‰，出生率8.8‰，三术率86.6%，计划生育率100%。已婚育龄妇女及其家庭成员信息录入率100%，准确率80%。建成庄家圩居委会人口文化大院，庄家圩居委会被省政府评为“居民自治示范单位”。

新型农村合作医疗参合率100%，住院补偿3261人次，合计补偿费用494万元。基本药物制度深入实施，全乡公立医疗机构100%使用国基药，所有国基药100%实行零差率销售，群众就诊药品费用平均降幅15%。为全乡居民建立健康档案36 204份，其中非农居民建档500份，居民建档率84%。

完成乡村旅游总体规划和全乡所有村民小组新农村规划编制工作。2011年城镇化率38.97%，比2010年提高1个百分点。

认真落实安全生产责任制，层层签订安全生产责任书，坚持每月召开一次安全例会，专题研究部署安全生产工作，解决安全生产工作中的困难和问题。建立完善乡、村、组三级事故应急救援预案，加强和创新社会管理，增加12个流动治安岗亭，在案件高发区域、高发时段做好巡逻堵卡工作；成立一支17人的综治维稳应急分队，在各村（居）委会成立10人左右的综治人员队伍；督促各村（居）委会和重点单位强化技防措施，切实加强治安防控基础建设。加大矛盾纠纷和热难点问题排查调处力度，信访总量、非正常上访和重要信访案件同比明显下降，重大活动期间实现“零上访”。

提高村级活动场所建管用水平。深入开展村级活动场所“星级标”活动，年内有三星级村级活动场所4个，全乡10个村（社区）党总支、50个村（社区）党支部都建成规范化的党员活动室，开展“新农村故事会”135场次，累计到场12 500多人次，讲故事400多个，有故事员365人，评选出优秀故事10个，累计开展“杨善洲专场故事会”10场次。积极把活动场所向村民小组延伸，党员在10人以上的党支部活动室按60平方米的标准建设，造价控制在每平方米750元以内，保证活动场所建设的顺利进行。抓好党员干部现代远程教育建、管、学、用工作，健全“四薄一册”，提高党员活动阵地的利用率。

全乡有党总支13个，党支部92个，有党员1 563人，农村党员1 210名，其中女党员243名，占15%，高中以上文化程度594人，占38%，60岁以上老党员347人，占22%。2011年发展新党员42名，培训入党积极分子1 250人。在创建基层党建工作示范点活动过程中，针对当前形势下农村党员教育管理难的问题，探索建立党员“积分制”管理办法，按照“二三四五”的思路加强党员日常管理，3个示范点的332名党员参与党员积分管理，年底，评出160名先锋型党员、150名带头型党员、22名本色型党员，激发党建工作新活力，促进党员先锋模范作用的发挥。

【“麒麟水乡”旅游开发项目开工】 1月20日上午，沿江乡“麒麟水乡”旅游开发项目开工仪式在沿江乡新圩村隆重举行。沿江乡坚持“政府主导、市场运作、突出特色、持续发展”的方针，成功编制《麒麟区沿江乡乡村旅游总体规划》。项目总投资15 100万元，分三期进行建设，“麒麟水乡”项目为一期工程。“麒麟水乡”旅游开发项目位于沿江乡石喇大圩，建设河道全长16千米，以原生态农业人工湿地景观区、自然休闲垂钓区、星级农家乐建设、农事休闲旅游、葡萄园采摘体验、大型花卉基地体验区等建设为主。该项目的开工，标志着沿江的旅游业迈出坚实的一步，从而掀起沿江乡乡村旅游项目全面开发的高潮。

【沿江乡“三资”委托代理服务中心挂牌成立】 4月21日，曲靖市第一家农村“三资”管理机构——沿江乡农村集体“三资”管理服务中心正式挂牌成立。“三资”委托代理服务中心的成立，标志着沿江农村“三资”委托代理服务正式开始。根据服务中心与各村（社区）签订的农村集体“三资”委托代理服务协议，今后将由乡“三资”服务中心按照“一村一账”方式对农村集体资金、资产、资源进行分户核算管理，建立统一的行政村集体“三资”台账，对各行政村（社区）“三资”进行代理服务，科学、合理地规范农村经济事务管理。通过规范管理，将集体资产资源效益发挥到最大，使村（居）收入更透明、审批更严格、支出更合理、财务更阳光，以促进农村经济持续健康发展，农村社会更加和谐稳定。

【沿江乡设置“预警雷达”】 沿江乡以防控岗位风险、业务流程风险、单位风险为突破口，通过风险查找、风险预防、风险控制，将廉政风险预警防范融入党风廉政工作全过程。采取“自己找、相互帮、领导提、集中评、组织审”的方式，以廉政风险查准、查全、查深为目标，全面查找岗位职责风险、业务流程风险和制度机制风险。全乡广大党员干部共排查出易发生风险点97个，部门工作中易于发生不廉洁行为的关键环节66处。以防止风险发生为出发点，建立廉政风险分析制度，对可能发生廉政风险的业务和岗位进行常态定期化分析。建立廉政风险预警防控模式，在全面梳理单位职责权限、业务流程和规章制度的基础上，设计和建立针对性强、可操作性好的防控模式。根据廉政风险发生几率，制定防范措施56条，并按职级和业务类型进行造册登记。以控制风险危害为着力点，建立风险控制监督机制。实行跟踪督查制度，乡纪委对各单位进行廉政风险跟踪检查和考核，建立动态监督和及时挽救的控制机制，从而最大限度地减轻或消除风险危害。

【沿江乡全面加强治安防控体系建设】 沿江乡党委围绕“抓平安、保稳定、促发展”的总体思路，在创先争优活动中，广泛开展“一带一”（一人带一户，一户带一片，一片带一村）宣传教育活动，让安全防范意识进入每一个村民心中。积极探索研究，协调相关部门，主动出击，变“上访”为“下访”，以解决问题的态度面对群众，妥善处置每一起事件。同时，多方筹资21余万元，购买13顶帐篷式治安流动岗亭，分发到各村（社区），配合原有的10个主要路口固定治安岗亭共同使用；为80多名综治人员配备相应的服装、头盔、防刺背心、齐眉棍等防护品，并在各村（社区）治保组织内配备相应的装备器材，协助派出所民警完成每天学校周边的治安秩序维护、夜晚的巡逻堵卡、重大活动的安全保卫等工作，对全乡的治安防控实行群防群治，形成白天有人管，夜晚有人守的治安防控体系。

【农家书屋读书活动】 沿江乡四结合开展“农家书屋”读书活动，使其逐步成为开展技术培训、宣传农村政策法规、丰富农村文化生活的重要场所。一是与村组活动相结合。把“农家书屋”的读书活动与农村党员议事会、开展组织生活有机结合起来，使农村党员学习内容更加丰富，素质得到进一步提升，有力推进基层党组织建设。二是与远程教育相结合。将“农家书屋”内种养技术指导类书籍与生动的远程教育电视相结合，实现理论与实际的有机结合，使“农家书屋”真正成为农民朋友学文化、学技术的好帮手。三是与平安创建相结合。通过“农家书屋”这一平台，积极引导和组织群众开展学法用法活动，使之成为“普法堂”，有力配合平安创建工作。四是与新农村建设相结合。各村（社区）组织群众开展经常性读书学习活动，逐步培养视野开阔，文化知识广、道德修养高的新型农民，以适应发展需要，加快新农村建设步伐。

【农民技术培训】 培训内容与农民需要相结合。坚持把农民技术培训与农民增产增收的实际需要紧密相联。根据本乡实际，突出水稻栽培、农业机械使用与维护、畜禽生产与疾病防治、农村经济综合管理、果蔬花卉生产技术等8个专业的实用技术培训。培训形式与农村实际相结合。在培训中，根据农民的年龄、文化水平和科技意识，坚持“三多三少”的原则，即多分散辅导少集中辅导，多农闲培训少农忙培训，多实用技术传授少理论灌输培训。已成功举办短期务工技能培训26期（2 176人次）。理论辅导与实地操作相结合。紧紧围绕培训“有文化、懂技术、会经营”新型农民的要求，为农民订购一批通俗易懂的技术报刊充实到“农家书屋”，并利用逢集时间，发放实用技术宣传单6 000份。同时，多次邀请市、区农技专家深入到田间地头，针对农业生产中出现的普遍性问题进行专项辅导，有效推动农业增产、农民增收。

【麒麟水乡通航】 8月25日上午10时，随着一声“开航千米”的哨声，6条装饰一新的游舫载着第一批客人从主码头出发，驶进沿江乡“麒麟水乡”宽阔的水道。“麒麟水乡”于2011年1月20日开工建设，年底完成16千米1 200亩水域主航道清淤工作，并种植莲藕100亩，栽种野茭瓜、芦苇、水葱等水生植物2万余丛，人工开挖节点5处，建设生产桥梁17座，引进配套建设项目4个。主码头建设、引进项目、招商引资等各项工作正在进行之中。“麒麟水乡”为曲靖增添一道靓丽的风景，为市民提供一个休闲娱乐的好去处。

社区（行政村）简况

牛街社区

牛街社区辖6个居民小组。总耕地面积1 764亩，其中水田1577亩，旱地187亩，人均耕地0.33亩。有农户1 390户，总人口5 399人，有全半劳动力2 527人。全年粮食总产量1 974吨，单产514千克，人均生产粮食366千克；全年经济总收入7 263万元，农民人均经济纯收入6 353元。

社区领导：

书　记　金发明
主　任　段宝华
副主任　钱祥方

余家屯社区

余家屯社区辖8个居民小组，总耕地面积2 666亩，其中水田2 432亩，旱地234亩，人均占有耕地0.61亩。有农户1 307户，总人口4 381人，拥有全半劳动力2 662人。全年粮食总产2 618吨，单产554千克，人均生产粮食598千克，全年经济总收入5 572万元，农民人均纯收入6 690元。

社区领导：

书　记　丁竹生
主　任　张贵林
副主任　潘厚文

余家圩社区

余家圩社区辖6个居民小组。全居委会总耕地面积2 185亩，其中水田2 160亩，旱地25亩，人均占有耕地0.55亩。有农户1 017户，总人口3 953人，拥有全半劳动力1 973人。全年粮食总产量2 145吨，单产567千克，人均生产粮食543千克。全年经济总收入5 267万元，农民人均纯收入6 296元。

社区领导：

书　记　陈建开

副书记　许华明

副主任　董忆萱（女）

四　圩　村

四圩村委会辖8个村民小组。有耕地2 171亩，其中水田1 890亩，旱地281亩，人均占有耕地0.53亩。有农户966户，总人口4 093人，其中有全半劳动力2 368人。全年粮食总产1 963吨，平均单产513千克，人均生产粮食480千克。全村经济总收入4 445万元，农民人均纯收入5 602元。

行政村领导：

书　记　陈家林

副书记　程德有

主　任　陈家林

副主任　程朴有

小坝圩村

小坝圩村委会辖11个村民小组。全村委会有耕地1 889亩，其中水田1 680亩，旱地209亩，人均占有耕地0.48亩。有农户952户，总人口3 966人，其中有全半劳动力1 771人。全年粮食总产1 651吨，单产493千克，人均生产粮食416千克。全年经济总收入4 873万元，农民人均纯收入5 419元。

行政村领导：

书　记　晏　荣

（2011年10月免）

主　任　龚元华

副主任　史学生

新　发　村

新发村委会辖5个村民小组。总耕地面积1 870亩，均为水田，人均占有耕地0.37亩。有农户1 201户，总人口5 004人，其中有全半劳动力3 156人。全年粮食总产量1 779吨，单产507千克，人均生产粮食356千克。全年经济总收入5 958万元，农民人均纯收入5 304元。

行政村领导：

书　记　雷振宇

副书记　袁老五

主　任　雷振宇

副主任　荀贵富

鸡　街　村

鸡街村委会辖2个村民小组。总耕地面积2 945亩，其中水田2 504亩，旱地441亩，人均占有耕地0.6亩。有农户1 330户，总人口4 927人，其中有全半劳动力2 421人。全年粮食总产2 693吨，单产486千克，人均生产粮食547千克。全年经济总收入7 669万元，农民人均纯收入6 509元。

行政村领导：

书　记　李保国

主　任　叶国刚

副主任　王泽会

大　龙　村

大龙村委会辖2个村民小组。总耕地面积1633亩，其中水田918亩，旱地715亩，人均占有耕地0.58亩。其中花卉种植迅猛发展，面积已发展至805亩。有农户737户，总人口2 806人，其中全半劳动力1 406人。全年粮食总产863吨，单产495千克，人均生产粮食308千克。全年经济总收入3 776万元，农民人均纯收入6 315元。

行政村领导：

书　记　张志忠

主　任　解祖佑

副主任　万家荣

新　圩　村

新圩村委会辖9个村民小组。有耕地3 094亩，其中水田3 054亩，旱地40亩，人均占有耕地0.63亩。总户数1 290户，总人口4 914人，其中有全半劳动力2 663个。全年生产粮食2 185吨，单产524千克，人均有粮445千克。全年经济总收入6 570万元，农民人均纯收入6 136元。

行政村领导：

书　记　代学云

副书记　陈　茂

主　任　代学云

副主任　丁连波

庄家圩社区

庄家圩社区辖8个居民小组。有耕地3 136亩，其中水田2 293亩，旱地843亩，人均占有耕地0.68亩。有农户1 182户，总人口4 582人，其中有全半劳动力2 636人。全年粮食总产2 389吨，单产531千克，人均生产粮食521千克。全年经济收入6 388万元，农民人均经济纯收入6 711元。

社区领导：

书　记　冯家保

副书记　代剑斌

主　任　冯家保

副主任　曹燕宏

（曹金昆）

茨　营　乡

【概　况】　茨营乡位于麒麟区东南部，乡政府驻地茨营村距麒麟城区25千米，全乡总面积193.5平方千米。辖10个村民委员会，下设64个村民小组。全乡总户数9 766户，总人口37 379人，其中：男19 578人，占52%，女17 801人，占48%；非农人口1 009人，占2.7%；少数民族579户2 459人，占6.58%。人口出生率7‰，人口死亡率6.8‰，人口自然增长率2.5‰。2011年农村经济总收入37 756万元，其中第一产业收入30 000万元，占79.5%，第二、三产业收入7 756万元，占总收入的20.5%。财政收入实现2 186万元，比上年增645万元，增长41.3%。固定资产投资总额完成1.2亿元，比上年增2 000万元，增长20%。

2011年粮食种植面积683 86亩，总产2 232.2万吨，同比增长2%，人均有粮597.7千克；种植烤烟16 300亩，收购烟叶225万担，均价18.25元，实现产值4 300万元；推行省力化简易蚕台1 400套、自动升温补湿器62套，完成8 000亩低产桑园改造。养蚕2.8万张，产鲜茧100万千克，实现产值3 700万元；种植加工型蔬菜2万亩，供港蔬菜1万亩，生产商品蔬菜8 500万千克，实现综合产值1.7亿元；肉猪出栏13.9万头，肉牛出栏4 030头，肉羊出栏11 420只，肉禽出栏21.3万羽，畜牧业实现总产值1.2亿元；养殖鲟鱼、娃娃鱼等品种，养殖面积27亩，产量180吨，产值540万元，填补全区特种鱼和藻类养殖的空白，开辟新的经济增长点。

投资1 000万元实施农村危房改造项目200户，帮助798户农户修缮房屋。投资28万元完成小河村委会办公用房改扩建工程。投资3 800万元完成茨红公路建设，投资460万元完成红小路建设，投资290万元启动奋整公路建设。投资40万元对小河农贸市场进行搬迁建设，硬化街道5 040平方米，新建摊位90个，改善群众经商贸易环境。投资100万元完成团结、大麦省级重点村建设项目；投资1 100万元完成团结、蔡家区级社会主义新农村建设项目；财政“一事一议”奖补政策进一步落实，实施项目17个，投入资金1 000万元；道路硬化工程全面推进，全乡已有63个村小组完成村内道路硬化，硬化率98%。

主抓有序转移输出和有序培训两大环节，积极引导农村劳动力转移，开展各种培训班46场（次），技能培训1.1万人（次），输出、转移劳动力1.6万人（次），实现户均1.5人常年在外打工的目标，农民工资性收入显著增长。

建立“引、留、壮、带”的招商引资工作机制，实现企业发财，茨营发展的“双赢”局面。进驻茨营乡的企业已有12家，为茨营乡剩余劳动力提供就近就业平台，促进经济发展。

继续巩固“云南省生态乡”创建成果，完成人工造林2 300亩，义务植树24万株，完成中低产林改造5 100亩；退耕还林2 268亩，建设沼气池150口。聘用林业管护人员55人，设立固定管护点54处，加强对7.53万亩天然林及5.07亩公益林管护工作，有效管理好现有森林资源。

深入开展“两校进村”、“科普惠农兴乡兴村”活动，开办各种技术培训班32期，培养农民技术骨干400名，培训农民11 055人次，发放各种资料6 000余份，科技创新、科技推广、科技普及能力明显增强。继续巩固“两基”成果，进一步整合教育资源，教育得到优先发展，办学条件明显改善，教育质量不断提升。文体事业繁荣活跃，全民健身运动广泛开展。新建文化小广场9个，文化活动室9个，办好第十四届“火把节”，组织入村放映电影120场，开展农村文艺队义务演出10场、新农村故事会126场，组队参加麒麟区第四届职工文艺汇演和第三届区运会。加大农村文体设施投入力度，乡文化站服务点配置投影设备1套，配置电脑16台、各村服务点配置1台，完成省文化信息共享工程网络服务点建设。加强流动人口管理，稳定低生育水平，提高出生人口素质，计生服务水平进一步提高。计划生育率99.6%，人口自然增长率控制在6‰以内，流入人口计划生育查验率95%。

牢固树立“平安就是效益”的思想，强化安全生产意识，落实安全生产责任，市级“平安乡”、“无毒乡”得到进一步巩固提升。认真贯彻信访条例，落实信访领导责任制，层层建立信访工作责任制，采取疏堵结合的办法，定期排查信访热点，及时发现处置各种问题，做到小事不出村，大事不出乡，避免群体性越级上访和群体性事件的发生。受理信访案件39件，全部办理完结；受理各类民事纠纷222件，调解成功216件；排查纠纷95次，预防纠纷97件，防止群体性上访和群体性械斗2起。组织开展“打四黑、除四害”活动，取缔非法无证行医点1个，办理“三无”食品案件6件，清除黑网吧1个，社会治安综合治理工作成效明显。健全群防群治网络，有效地遏制刑事案件的发生；切实加强对民族团结稳定的领导，依法加强对宗教事务的管理。

发放良种补贴、农资综合直补、农村教育“两免一补”、家电下乡等资金96.3万元。农村合作医疗就医门诊68 408人次，减免费用54.2万元，住院1 281人次，住院补偿159.7万元；兑现农户各种补助资金23万元，发放救灾救济款13万元，口粮救济款10万元，解决1 207户3 178人困难群众生活问题。切实做好城乡低保对象、五保对象及特殊困难群众的救助工作，发放农村低保户1 131户1 483人救助金135.2万元，发放城市低保户30户39人救助金9万元，供养五保老人105人，发放生活费10万余元，发放重点优抚优待对象救济和生活补助231人66.25万元；全乡农民工参加工伤保险“平安计划”642人，参加农村养老保险14 698人，筹资193.87万元，参加城镇居民医疗保险2 220人，发放农村养老金4 377人144.4万元，发放重度残疾养老补贴18人5 940元。开展农民工技能培训49期9 820人次，调解各类劳务矛盾和劳资纠纷1 953人次，涉及金额160万元。全面推行新型农村合作医疗，全乡参合农民34 316人，共筹集基金93.6万元。

紧扣和谐主题，宣传“八荣八耻”，大力弘扬中华民族“一方有难、八方支援”的友爱精神。巩固市级“文明小城镇”，广泛开展“文明单位”、“六星级文明站(所)”的创建；以蔡家为示范点，开展科普宣传教育；以捐资助学为载体，增强关爱贫困学生、关注教育发展的意识；以蔡家村委会为试点，关爱留守儿童，关注未成年人成长。共创市级文明单位2个，市级科普文明村1个，区级文明单位3个，科普文明村1个。

【茨营乡第三届人代会第四次会议召开】 3月21日，茨营乡第三届人民代表大会第四次会议召开，共168人参会。与会代表们认真听取和审议政府工作报告、人大主席团工作报告、财政预决算报告，决议、议案、建议、批评和意见审查处理情况的报告和十二五规划纲要。会议审议并通过五个报告的决议：大会在总结前五年工作的基础上，提出茨营乡今后五年的奋斗目标及今年的主要任务。未来五年，农村经济总收入年均增长12%，农民人均纯收入年均增长10%，地方财政收入年均增长12%，固定资产投资年均增长20%以上，森林覆盖率42%，科技对经济增长的贡献率65%以上，人口自然增长率控制在6‰以内，九年义务教育巩固率99.9%，城镇基本医疗保险参合率99%，新型农村合作医疗参合率100%，农村医疗保险覆盖率100%，农村最低生活保障覆盖率3.5%，广播电视覆盖率100%。

【茨营乡2011年中低产桑园改造进展顺利】 茨营乡共有8000亩中低产桑园需要进行改造，乡人民政府积极争取省级蚕桑产业扶持资金115万元，仅用于中低产桑园改造项目的资金就80万元，对涉及桑园改造的四个村委会，实行包村、包户、包地块，将培训课堂搬到田间地块，手把手地向蚕农传授修剪伐条、缺塘补植、嫁接改良、病虫害防治等技术。年内，中低产桑园改造进展顺利，为春蚕丰收奠定坚实的基础。

【茨营乡举行森林火灾扑救应急演练】 茨营乡举行扑救森林火灾应急预案演练，区森林防火指挥部、区应急救灾大队及茨营乡领导到现场观摩演练。扑火队分成调度组、联络组、扑救组、预案组、交通组、医疗救护组等6个组，携带扑火工具，调集车辆迅速到现场，在乡森林防火指挥部的统一指挥下，采用灭火扫把、灭火弹、风力灭火机、高压水枪等多种灭火工具扑救火灾，在短短30分钟内排除险情。此次演练，严格按照扑灭明火、清理余火，火场撤离、集结队伍五个科目依次进行，充分检验茨营乡专业队伍扑救森林火灾的技能。演练的成功举行，对进一步提高茨营乡森林消防队伍的整体作战能力，推动森林防火工作各项措施的进一步落实，保障森林资源安全发挥了重要作用。

【省农业厅厅长到茨营乡视察现代蔬菜产业】 5月20日，云南省农业厅厅长张玉明率相关部门负责人在区委书记傅学宾，区委副书记、区长唐开荣的陪同下深入茨营乡实地视察现代农业产业建设情况。通过实地查看，张玉明一行对茨营乡以发展壮大龙头企业和培育支柱产业为依托，以助农增收为根本，采取多种措施促进农业产业化发展的做法给予肯定，认为茨营乡现代农业产业基地建设起点高、模式好，财政投入资金力度大，整合项目力度大，土地流转机制新，专合组织带动农民发展的机制新，值得同类企业借鉴，同时建议茨营乡要在抓住机遇，认真宣传，发挥优势的同时抓好产业品牌建设；企业要对市场动向有透彻、准确的分析，加强内部管理，完善企业运作模式；在企业盈利的基础上，要充分发挥龙头企业的示范作用，引领农民群众加入到农业产业化大生产中来，实现农民增收和农业增效的双重目标。

【农业部部长韩长赋到茨营乡考察现代农业发展】 5月21日，农业部部长韩长赋带领农业部办公厅、市场与经济信息司、发展计划司、财务司、种植业管理司、畜牧业司等部门领导到麒麟区茨营乡考察现代农业发展情况。在副省长孔垂柱和市、区领导赵立雄、岳跃生、朱德光、宁德刚、傅学宾、唐开荣、林家德以及省、市、区农业部门负责人的陪同下，韩长赋一行到茨营乡万亩供港蔬菜基地，听取麒麟区发展现代农业的情况汇报，实地察看蔬菜长势，询问当地菜农在土地流转后收入的增长情况以及对发展现代农业的看法。通过听汇报和现场查看，韩长赋对麒麟区在发展现代农业中所采取的措施和取得的成效给予好评。

【茨营乡500名党员干部全力营建"杨善洲纪念林"】 在中国共产党成立90周年之际，茨营乡启动营建"杨善洲纪念林"暨义务植树活动。全乡近500名党员干部纷纷在横幅上签上自己的名字，投入到义务植树活动中。植下1.6万株柳杉、1.6万株藏柏和8000株川滇桦木，营建杨善洲纪念林616亩。

【茨红公路二期工程竣工通车】 8月12日，麒麟区举行茨红公路二期工程竣工通车仪式，茨红公路二期工程正式竣工投入使用。茨红公路二期工程为茨营村委会至大麦村委会朝阳村段，全长11.7千米，宽6米的沥青混泥土路面。区委书记傅学宾，区委副书记、区长唐开荣，区委常委、副区长杨国全参加竣工通车仪式。在通车仪式上，唐开荣指出，茨红公路二期工程竣工通车，不仅极大改善公路沿线群众生产生活条件，还将进一步带动和促进片区经济社会发展，也将进一步改善通向越州工业园区的道路基础设施条件，有效破解片区工农业生产和交通运输瓶颈，降低生产经营成本，提高企业经济效益。

【茨营乡新型标准化小粮仓通过省、市、区粮食局验收】 8月29日，省粮食局副局长许建平、市粮食局局长王继龙、区粮食局领导和有关人员一同到茨营乡验收小粮仓试点工作。验收组一行对茨营乡小粮仓建设工作给予充分肯定和高度评价。茨营乡小粮仓建设工作，在茨营乡各级各部门的高度重视下，组织有序，措施得力，效果良好。真正做到群众满意，基层满意，上级满意，切实将这项民心工程落到实处。

【茨营乡开展"打四黑除四害"专项行动】 9月28日茨营乡开展"打四黑除四害"专项整治行动。

在整治行动中，相关人员走街串巷、进村入户，深入各收购站点及重点行业场所，全面进行“地毯式”排查，保持对“四黑四害”现象的高压严打态势。通过悬挂横幅、张贴标语等形式，贯彻“打四黑 除四害”会议精神，牢固树立“群众利益无小事”理念，把“打四黑 除四害”作为为党和政府分忧、为人民除害的民心工程来抓，积极发动广大群众对“四黑四害”现象进行举报。此次行动，先后张贴标语20张，悬挂横幅6条，走访群众165人次，检查各类场所部位32个，发放各类宣传材料3 000多份，受到辖区群众的好评。

【茨营乡召开农村集体“三资”管理暨“三务”公开动员大会】 11月14日，茨营乡召开农村集体“三资”规范化管理暨“三务”公开工作动员大会，安排部署茨营乡集体资金、资产、资源的管理工作。出席会议的有相关职能部门负责人、各村干部及村小组长100多人。会议要求，各驻村干部和村两委班子领导要高度重视，把农村集体三资管理工作作为当前农村工作的重点来抓，各村要成立三资清查领导小组，领导和组织实施好本村的集体三资清查与上报工作，确保集体三资能够得到有效的管控，为今后农村集体经济建设提供强有力的保障。动员会结束后，还对乡专项工作组及村委会人员进行培训，具体讲授农村集体“三资”规范化管理工作的相关业务知识，为推进农村财务管理规范化奠定坚实基础。

行政村简况

大 麦 村

大麦村辖上大麦、下大麦、香冲、法浪4个村民小组，属彝族村委会。总户数226户，总人口839人。有耕地800亩，人均有耕地面积1亩。粮食总产131万千克，人均有粮1 560千克。2011年经济总收入772万元，人均纯收入4 779元。

行政村领导：

书 记 徐章华
副书记 张来苍
主 任 徐章华
副主任 徐犁权

哈马寨村

哈马寨村辖哈马、法克2个村民小组。总户数347户，总人口1 438人。有耕地936亩，人均有耕地0.7亩。粮食总产152万千克，人均有粮1 060千克。2011年经济总收入1 076万元，人均纯收入4 330元。

行政村领导：

书 记 李建恒
副书记 程贵平
主 任 李建恒
副主任 黄金龙

杨 家 村

杨家村辖瓦窑、格浪、杨家、钵上、练三坡5个村民小组。总户数1 383户，总人口5 122人。有耕地面积3 648亩，人均有耕地0.7亩。粮食总产277万千克，人均有粮540千克。2011年经济总收入3 898万元，人均纯收入2 850元。

行政村领导：

书 记 林乔方
主 任 刘洪昌
副主任 余瑞德

整 寨 村

整寨村位于乡政府驻地北面，辖海草坝、整寨、油房、红石岩、胡家坟、斜坡6个村民小组。总户数947户，总人口3 649人。有耕地2 650亩，人均有耕地0.7亩。粮食总产219万千克，人均有粮600千克。2011年经济总收入2 683万元，人均纯收入4 585元。

行政村领导：

书 记 （空缺）
副书记 王云省
主 任 代波飞
副主任 赵柏良

蔡 家 村

蔡家村辖蔡家一村、蔡家二村、蔡家三村、老阳坡、火石坡、大麦塘6个村民小组。总户数1 136户，总人口4 823人。有耕地3 106亩，人均有耕地0.6亩。粮食总产274万千克，人均有粮600千克。2011年经济总收入2 095万元，人均纯收入4 204元。

行政村领导：

书 记 蔡水良
主 任 蔡小剑
副主任 蔡富宝

吴 官 村

吴官村辖吴官一村、吴官二村、吴官三村、水沟一村、水沟二村、畲山、小黑田7个村民小组。总户数885户，总人口3 455人。有耕地2379亩，人均有耕地0.7亩。粮食总产213万千克，人均有粮600千克。2011年经济总收入3 286万元，人均纯收入4 744元。

行政村领导：

书 记 刘绍建
主 任 刘新良
副主任 孙东彪

茨 营 村

茨营村是乡政府驻地，辖茨营一村、茨营二村、关旗营、新庄、老庄、小街子、徐家庄、顾家庄、上贾家营、下贾家营、海三口11个村民小组。总户数1 392户，总人口5 508人。有耕地4 651亩，人均有耕0.8亩。粮食总产254万千克，人均有粮500千克。2011年经济总收入6 287万元，人均纯收入5 942元。

行政村领导：

书 记 王新良
副书记 贾二牙
主 任 唐晓武
副主任 王树生

团 结 村

团结村辖袁家营、吴家营、万旗营、江家营、王家营、小石桥、小阿逸、海三凹8个村民小组。总户数1 402户，总人口4 778人。有耕地4 442亩，人均有耕地0.9亩，粮食总产258万千克，人均有粮

540千克。农村经济总收入5 353万元，农民人均纯收入6 019元。

行政村领导：

书　记　陈八斤

主　任　王永飞

副主任　刘云川

小　河　村

小河村位于乡政府驻地东面，辖宋一村、宋二村、小河小一村、小河小二村、小河小村、大海寨、小海寨、太平桥、金家桥、孙家营、何家庄11个村民小组。总户数1 285户，总人口5 068人。有耕地4 974亩，人均有耕地1亩。粮食总产294万千克，人均有粮600千克。农村经济总收入6 606万元，农民人均纯收入5 981元。

行政村领导：

书　记　刘荣飞

主　任　段学苍

副书记　周红岗

副主任　刘汝荣

红土墙村

红土墙村属彝族村委会，辖新发、红土墙、箐口、石官4个村民小组。总户数496户，总人口1 702人。有耕地1 896亩，人均有耕地1.1亩。粮食总产160万千克，人均有粮940千克。农村经济总收入460万元，农民人均纯收入3 720元。

行政村领导：

书　记　雷正许

主　任　唐建所

副主任　何雄伟

（尹红兵）

荣誉 人物

2011年度受国家、省部级表彰的先进集体

区科协被人社部、中国科协表彰为全国科协系统先进集体标兵、全国科协系统先进集体，被中国科协、中组部、中宣部、科技部等表彰为《全民科学素质行动计划纲要》实施工作先进集体

区民政局被国家民政部表彰为全国养老服务示范活动示范单位、全国婚姻登记规范化建设“十一五”贡献突出单位

区环保局麒麟区被国家环保部表彰为第七批国家级生态示范区

区科技局麒麟区被国家科技部表彰为全国县（市）科技进步考核科技进步先进县（市）

区计生局麒麟区被国家计划生育协会表彰为全国计划生育协会先进单位

区残联麒麟区被国务院残工委表彰为全国残疾人工作先进单位

区统计局被第二次全国科学研究与实验发展资源清查领导小组办公室表彰为第二次全国科学研究与实验发展资源清查先进集体

区委组织部麒麟区被省委表彰为全省基层党组织建设先进县（市、区）

区卫生局被省委、省政府表彰为防治艾滋病人民战争先进集体

区水务局麒麟区被财政部、水利部表彰为全国农业水价综合改革示范县

区公安消防大队被国家公安部消防局表彰为全国消防监督执法示范单位

区禁毒办被省委、省政府表彰为禁毒和防治艾滋病人民战争先进集体

区军粮供应站被国家粮食局、财政部、总后勤部表彰为全国军粮供应管理工作先进单位

三宝供销社被全国供销总社表彰为利润百强基层社

珠街乡计划生育协会被国家计划生育协会表彰为全国计划生育协会先进单位

南宁街道社区卫生服务中心被国家卫生部表彰为全国示范社区卫生服务中心

南宁街道瑞东社区被中央文明委表彰为第三批全国文明单位

南宁街道金牛社区被国家减灾委、民政部表彰为全国综合减灾示范社区

西城派出所被国家公安部表彰为全国一级公安派出所

（李顺兵）

市厅级及市直部门表彰的先进集体

区公安分局被省公安厅评为“全省政法系统先进基层党组织”、“全省公安机关大走访开门评警先进集体”，授予“集体二等功”

区消防大队被市消防大队表彰为全市“全面建设先进大队”

区工商局被省工商局表彰为全省工商系统法制工作先进集体，区工商局、南宁分局被曲靖市妇联评为曲靖市三八红旗集体。

区国税局办税服务厅被省妇联、省国税局评为“巾帼文明岗”

区粮食局被云南省粮食局表彰为2011年植物油库存检查先进单位、确定为全省粮食流通监督检查示范点，并被云南省粮食局推荐为农户科学储粮先进单位。

区烟草公司（专卖局）被省局（公司）表彰为“卷烟营销先进单位”、“优化烟叶结构先进单位”。

区直机关党委被曲靖市直机关工委表彰为先进基层党组织

东山镇、三宝镇被市委、市政府表彰为综治维稳工作先进单位。

区信访局被市政府表彰为曲靖市保密工作暨“五五”保密法制宣传教育先进集体。

区武装部被市军分区表彰为安全稳定工作先进单位。

区农村信用联被省联社授予先进集体、改革发展先进集体。

区环保局被市委、市政府表彰为曲靖市“整乡推进”扶贫开发挂钩帮扶先进集体。

区市场中心被省商务厅评为市场监测先进单位。

区招商局被省招商局评为招商引资先进集体。

区农业局被省农业厅表彰为农业和农村信息化建设先进单位。

区保密被市委、市政府表彰为曲靖市保密工作暨“五五”保密法制宣传教育“先进集体”。

区卫生局被曲靖市人民政府授予老龄工作先进集体。

白石江街道、东山镇被曲靖市人民政府授予老龄工作先进乡（镇）街道。

麒麟社区、文昌社区被曲靖市人民政府授予敬老先进社区

麒麟区纪委监察局被市纪委监察局表彰为2011年度吸收群众代表参与查办信访案件先进集体

南城门社区被市妇联表彰为全市优秀妇女之家

（邓永平）

区级表彰的先进集体

区委或区委、区政府联合表彰的先进集体

一、2011年度先进乡镇（街道）

东山镇　寥廓街道

珠街乡　越州镇

二、2011年度先进集体

区水务局　区交通运输局

区住建局　区农业局

区环保局　区卫生局

三、2011年度先进村（社区）

东山镇独木村委会

越州镇越州社区

三宝镇兴龙村委会

茨营乡团结村委会

沿江乡新圩村委会

珠街乡西海社区

南宁街道金牛社区

寥廓街道红庙社区

白石江街道黄家庄社区

建宁街道小坡社区

西城街道冯官桥社区

四、麒麟区2010年度办理政协委员提案先进单位

区委办公室　区政府办公室

区政协提案委　区人事局

区交通局　区教育局

区林业局　区水务局

区公安分局　区粮食局

五、麒麟区2010年度人大工作先进集体和办理议案建议先进集体

（一）人大工作先进集体

东山镇人大主席团

沿江乡人大主席团

寥廓街道人大工委

建宁街道人大工委

茨营乡人大代表小组

珠街乡人大代表小组

（二）办理议案建议先进集体

区交通局　区教育局

区水务局

六、麒麟区2010年度新农村建设工作队及指导员工作先进集体

（一）新农村建设工作队及指导员工作先进派出单位

区公安分局　区煤炭局

区商务局　区畜牧局

珠街乡党委

（二）新农村建设工作队及指导员工作先进乡镇（街道）

寥廓街道　东山镇

沿江乡

七、麒麟区2009年度落实党风廉政建设责任制先进单位、党风廉政建设牵头先进单位

（一）落实党风廉政建设责任制先进单位

东山镇　茨营乡

珠街乡　寥廓街道

白石江街道　建宁街道

区公安分局　区检察院

区建设局　区水务局

区卫生局　区直机关党委

（二）党风廉政建设牵头先进单位

区政府办公室

区委组织部

区发展和改革局

区农业局　区交通局

区财政局　区审计局

区民政局　区环保局

八、麒麟区第三次民族团结进步模范集体

东山镇　三宝镇

白石江街道　区民宗侨务局

区交通运输局　区文体局

区扶贫办

茨营乡大麦村委会

东山镇拖古村

大落白彝族村民小组

西城街道王三屯社区桂家屯回族居民小组

九、麒麟区2009～2010年度信访工作先进集体

茨营乡　珠街乡

南宁街道　寥廓街道

区纪委监察局　区委政法委

区解决信访问题联合工作组

区法院

区公安分局

区信访局

区国土分局

区住房和城乡建设局

区农业局

区卫生局

区煤炭局

区烟草专卖局

十、2010年区级文明单位、文明村、文明社区、科普文明村（社区）

（一）文明单位

1. 省、市驻区单位

曲靖市旅游局

云南省曲靖监狱

国营云南包装厂曲靖生活区

云南省有色地质局三一七队

曲靖市商业银行文昌街支行

中国水利水电第十四工程局有限公司曲靖分公司

2. 企业

曲靖市安厦物业瑞和分公司

云南省曲靖双友钢铁有限公司

云南省曲靖市吉玛特百货有限公司

曲靖立得物业管理有限责任公司江滨花园小区

曲靖市盛凯焦化有限责任公司

曲靖曲陆物业管理有限公司

曲靖市曲陆交通科贸发展有限公司

麒麟区凤成金有限责任公司

3. 区属单位

区国税局

曲靖妇女儿童中心

沿江乡卫生院

麒麟区农村信用合作联社环城农村信用社

越州镇农业综合站

中国农业银行股份有限公司曲靖越州支行

白石江街道长河小学

东山镇第二中学

东山镇恩洪小学

越州镇大梨树小学

越州镇新田小学

越州镇越钢小学

茨营乡整寨小学

茨营乡哈马寨小学

茨营乡红土墙小学

三宝镇雷家庄小学
三宝镇第一中学
珠街乡第二中学
珠街乡小河湾小学
珠街乡中所小学
珠街乡青龙小学
（二）文明村
越州镇横大路村委会
越州镇薛旗村委会
三宝镇鸡汤村委会
沿江乡鸡街村委会
（三）文明社区
越州镇越州社区
三宝镇温泉社区
（四）科普文明村（社区）
东山镇卡基村委会
茨营乡哈马寨村委会
三宝镇张家营村委会
三宝镇五联社区
南宁街道水寨社区
寥廓街道文昌社区
建宁街道平安社区
西城街道白牛社区
西城街道三岔社区

十一、麒麟区先进基层党组织

（一）“五好”乡镇（街道）党（工）委
东山镇党委
寥廓街道党工委
茨营乡党委
珠街乡党委
白石江街道党工委
（二）先进区直部门党委
区直机关党委
区农业局党委
区卫生局党委
区教育局党委
区林业局党委
区住建局党委
（三）“五好”村（社区）党组织
东山镇新村村党总支
东山镇克以黑村党总支
东山镇拖古村党总支
越州镇老吴村党总支
越州镇上坡村党总支
越州镇竹园村党总支
三宝镇五联社区党总支
茨营乡团结村党总支
茨营乡大麦村党总支
沿江乡余家屯社区党总支
沿江乡新圩村党总支
珠街乡中所村党总支
南宁街道金牛社区党总支
寥廓街道梅园社区党总支
寥廓街道红庙社区党总支
寥廓街道潇湘村党总支
白石江街道黄家庄社区党总支
白石江街道代河社区党总支
建宁街道小坡社区党总支
西城街道三岔社区党总支
（四）“五好”“两新”党组织
曲靖育才学校党支部
浙江商会党支部
福建商会党支部
双友钢铁有限公司党支部
吉玛特百货有限公司党支部
冯官桥社区劳务服务有限公司党支部
大山煤矿党支部
昱安建工集团党总支
余家圩社区装卸队党支部
华麟建工集团有限公司党支部
（五）先进基层党组织
区委老干局党总支
区直机关党委机关党支部
区审计局党支部
区交通运输局党总支
区财政局党总支
区工商局机关党委
区地税局党总支
区城市综合行政执法局党总支
区法院党总支
区妇联党支部
区人社局机关党支部
区军粮供应站党支部
区救助管理站党支部
区环卫处党支部
区畜牧局党总支
区林业局机关党支部
区水务局建设党支部
区烟草公司潇湘烟叶站党支部
曲靖市石林瓷业有限责任公司党委
麒麟海绵有限责任公司党支部
区煤炭局独木煤管所党支部
市场服务中心党支部
曲靖果品有限责任公司党支部
区一幼党支部
区职业技术学校党委
北关小学党总支
区歌舞团党支部
区妇幼保健院党支部
区公安分局纪委督察党支部

十二、麒麟区2011～2015年科普示范乡镇（街道）、科普示范村（社区）、科普示范学校和“十强”农技协

（一）科普示范街道
南宁街道　寥廓街道
白石江街道　建宁街道
西城街道
（二）科普示范乡镇
东山镇　越州镇
三宝镇　茨营乡
沿江乡　珠街乡
（三）科普示范社区
南宁街道南宁社区
南宁街道水寨社区
南宁街道金牛社区
寥廓街道园林社区
寥廓街道南城门社区
寥廓街道方家园社区
白石江街道代河社区
白石江街道黄家庄社区
白石江街道丰登社区
建宁街道麻黄社区
建宁街道古城社区
建宁街道小坡社区
西城街道三岔社区
西城街道王三屯社区
西城街道冯官桥社区
越州镇越州社区
三宝镇雅户社区
沿江乡余家屯社区
珠街乡小河湾社区
（四）科普示范村
寥廓街道潇湘村委会
寥廓街道沙坝村委会
东山镇新村村委会
东山镇拖古村委会
东山镇卡基村委会
越州镇黄泥堡村委会
越州镇大梨树村委会
越州镇竹园村委会
三宝镇兴龙村委会
三宝镇张家营村委会
茨营乡吴官村委会
茨营乡大麦村委会
茨营乡哈马寨村委会

沿江乡四圩村委会
沿江乡大龙村委会
珠街乡墩子村委会
珠街乡中所村委会
（五）科普示范学校
区职校 区七中
育红小学 北关小学
麒麟小学 东关小学
越州一中 珠街一中
沿江乡示范小学
（六）“十强”农技协会
珠街乡葡萄种植协会
沿江乡大龙花卉协会
三宝镇兴龙华夏生猪养殖协会
三宝镇黄旗莲藕种植协会
曲靖现代农夫火鸡养殖协会
越州镇横大路大蒜种植协会
越州镇新田水果协会
麒麟区茨营农产品管理协会
白石江街道黄家庄葡萄种植技术协会
西城街道王三屯经济林果协会

十三、麒麟区“两基”工作和“校安”工程先进集体

（一）“两基”工作先进单位
寥廓街道中心学校
越州镇中心学校
西城街道示范小学
南宁街道花柯社区
沿江乡庄家圩社区
（二）中小学校舍安全工程建设先进集体
东山镇石头寨村委会
东山镇克依黑村委会
寥廓街道石灰窑村委会
沿江乡牛街社区
三宝镇雷家庄社区

十四、麒麟区2010～2011学年度捐资办学先进集体

云南雄业集团有限公司
南宁街道花柯社区

十五、麒麟区2008～2011年关心下一代工作先进集体

区关心下一代工作委员会
东山镇关工委
茨营乡关工委
白石江街道关工委
西城街道关工委
区教育局关工委
区煤炭局关工委
区住建局关工委
市委机关关教小组
市委党校关教小组
越州镇大梨树村关工委
三宝镇机关关教小组
寥廓街道文昌社区关工委
区法院少年庭
区检察院未成年人刑事检察科
寥廓派出所关教小组
曲靖昱安建工集团有限公司
曲靖市福建商会
白石江街道保渡社区
东山镇遮格冲煤矿

（李顺兵）

区政府表彰的先进集体

一、麒麟区2010年度依法行政先进集体名单

区水务局 区地税局
区农业局 区文化局
区教育局 区药监局
区建设局 麒麟公安分局
区城市管理行政执法局
区交警大队 区民政局
区煤炭局 区财政局
区人事局 区信访局
区运政所 区劳动局
区科技局 麒麟国土分局
区国税局 区审计局
区农机局 区商务局
区烟草专卖局 森林公安分局
区计生局 区安监局

二、曲靖市麒麟区2010年度安全生产工作先进集体

（一）安全生产工作先进集体
曲靖市大山矿业有限责任公司
曲靖市麒麟区龙潭田煤矿
曲靖市大丰建筑工程集团有限公司
曲靖众一精细化工股份有限公司
昆明乐维物资供销中心曲靖油库
曲靖市麒麟区恒茂商店
曲靖交通集团客运分公司
曲靖官房大酒店
麒麟区越州镇大山头绿荫塘联合采石场
麒麟区转转地采石场
（二）安全生产监督管理工作先进集体
东山镇人民政府
三宝镇人民政府
西城街道办事处
区安监局 区煤炭局
区教育局 麒麟公安分局
区交通局 区建设局
麒麟国土分局

三、曲靖市麒麟区2010年度煤炭工作先进集体

（一）煤炭安全生产工作先进单位
东山镇人民政府
东山镇新村村委会
麒麟区煤炭局独木煤管所
麒麟区矿山救护中队
麒麟区龙潭田煤矿
麒麟区振兴煤矿2号井
麒麟区大山煤矿
麒麟区小龙潭煤矿
麒麟区东山镇煤矿
麒麟区小窑沟煤矿
麒麟区扶贫煤矿麒麟区撒马必煤矿
（二）创建和谐文明矿山先进单位
麒麟区龙潭田煤矿
麒麟区常地煤矿
麒麟区巴家沟煤矿
麒麟区三宝镇煤矿
麒麟区小露天煤矿
麒麟区莲花田煤矿
麒麟区咱嘎煤矿
麒麟区咱德煤矿
（三）煤矿科技推广应用先进单位
麒麟区祠堂坡煤矿
麒麟区小窑沟煤矿
麒麟区克依黑岔沟煤矿
（四）2010年度电煤工作先进单位
麒麟区鸿发煤矿
麒麟区芦柴冲煤矿
麒麟区秧田冲煤矿
麒麟区冬瓜林煤矿
麒麟区孙家沟煤矿
麒麟区叠水煤矿
麒麟区工庆煤矿
麒麟区柳树青煤矿

四、麒麟区第二次全国经济普查先进集体

越州镇人民政府
沿江乡人民政府
茨营乡人民政府
珠街乡人民政府
区财政局　区民政局
区地税局　区工商局
麒麟质监分局

五、获得2009年度云南省著名商标和曲靖市知名商标企业及单位名单

（一）获得2009年云南省著名商标企业及单位名单

云南省曲靖越钢集团有限公司
曲靖市麒麟区丝制品厂
曲靖市麒麟区禽蛋副食品有限公司
云南曲靖交通集团有限公司

（二）获得2009年曲靖市知名商标企业及单位名单

曲靖市石林瓷业有限责任公司
曲靖市云健体育用品有限责任公司
曲靖市麒麟区禽蛋副食品有限公司
曲靖市麒麟区鸿一饼屋
云南曲靖交通集团精工达汽车技贸有限公司
云南曲靖交通集团有限公司

六、麒麟区2010年度消防工作先进单位

（一）先进乡镇

沿江乡人民政府
东山镇人民政府

（二）先进街道

南宁街道办事处
西城街道办事处

（三）先进部门

麒麟公安分局
区财政局
麒麟国土分局
区发展和改革局
区住建局　区工商局
区教育局　区文体局
曲靖经济技术开发区财政局
曲靖经济技术开发区建设局

（四）先进消防安保单位

麒麟区消防一中队
麒麟区消防二中队
东山派出所消防中队
越州派出所消防中队
南宁派出所消防中队
西城派出所消防中队
曲靖越钢集团有限公司专职消防队

（五）先进村（居）委会

沿江乡庄家圩社区居委会
白石江街道江南社区居委会
三宝镇雅户村委会
珠街乡墩子村委会
南宁街道瑞东社区居委会
西城街道冯官桥社区居委会

（六）先进消防重点单位

曲靖官房大酒店有限公司
曲靖同悦花园酒店有限公司
曲靖银利大酒店有限公司
曲靖市第一人民医院
曲靖妇女儿童中心
曲靖金麟饭店有限公司
曲靖市烟草公司麒麟分公司
曲靖市银都国际大酒店有限公司
南宁街道花柯小学
一汽通用红塔云南汽车制造有限公司
云南省烟草公司曲靖市公司
曲靖市闽南商贸有限公司
曲靖市麒麟区邮政局
曲靖市第一中学
曲靖众一精细化工股份有限公司
云南驰宏锌锗股份有限责任公司
曲靖市机动车驾驶学校
曲靖安厦房地产集团有限责任公司
中央储备粮曲靖直属库
曲靖交通房地产开发有限公司
云南沃尔玛百货有限公司曲靖交通路分店

七、麒麟区2011年度移动信息富民工程工作先进单位

（一）移动信息化乡（镇）创建奖先进单位

东山镇　越州镇
三宝镇　沿江乡
珠街乡　寥廓街道
西城街道

（二）移动信息富民示范村创建奖先进单位

恩洪村委会　温泉居委会
雅户居委会　黄泥堡村委会
越州居委会　庄家屯居委会
西海居委会　珠街村委会
墩子村委会

（三）移动信息富民村创建奖先进单位

老吴村委会　上坡村委会
横大路村委会　潦浒居委会
和平村委会　马坊村委会
薛旗村委会　大梨树村委会
竹园村委会　西关居委会
红土墙村委会　大麦村委会
水井村委会　撒马依村委会
法色村委会　转长河村委会
新村村委会　石头寨村委会
拖古村委会　潇湘村委会
沙坝村委会　石灰窑村委会
冷家屯村委会　雷家庄居委会
兴龙村委会　黄旗村委会
五联居委会　长坡村委会
鸡汤村委会　张家营村委会
青峰村委会　三宝居委会
何旗居委会　晏官屯村委会
三岔居委会　高家屯居委会
西山居委会　鸡街村委会
四圩村委会　余家圩居委会
余家屯居委会　牛街居委会
大龙村委会　小河湾居委会
涌泉村委会　中所村委会
三源村委会　青龙村委会
堡子村委会　联合村委会
桂花居委会

八、麒麟区第六次全国人口普查先进集体

区民政局
区人口和计划生育局
麒麟公安分局
区财政局
区农业局
区教育局
东山镇人民政府
东山镇高家村村委会
东山镇法色村委会
越州镇西关社区
越州镇向桂社区
三宝镇兴龙村委会
三宝镇青峰村委会
沿江乡人民政府
沿江乡余家屯社区
珠街乡人民政府
珠街乡珠街村委会

茨营乡人民政府
茨营乡茨营村委会
南宁街道南宁社区
南宁街道潇湘社区
寥廓街道玄坛社区
寥廓街道南城门社区
建宁街道办事处
建宁街道瑞和社区
建宁街道麻黄社区
白石江街道丰登社区
白石江街道保渡社区
西城街道白牛社区
西城街道冯官桥社区

九、麒麟区2010年政府系统信息工作先进单位

一等奖：寥廓街道
　　　　麒麟公安分局
二等奖：南宁街道　珠街乡
　　　　区水务局　区财政局
　　　　区农业局
三等奖：西城街道
　　　　白石江街道
　　　　三宝镇
　　　　区卫生局
　　　　区发展和改革局
　　　　区畜牧兽医局
　　　　区工商局
　　　　区教育局

（顾红星　李　睿　李晓阳　严　杨）

区政协表彰的先进集体

一、先进政协工作组

茨营工作组　越州工作组
寥廓工作组　白石江工作组
教育工作组　经贸工作组

二、政协机关先进集体

办公室
联络学习委
文史资料委

（毕文荣）

2011年新任区级领导

李金林

李金林，男，彝族，1975年10月出生，麒麟西山人，党校研究生学历（云南省委党校经济管理专业），1996年6月加入中国共产党，

1995年8月参加工作。

1995年8月～1996年3月原县级曲靖市公安局西山派出所工作；1996年3月～1998年6月原县级曲靖市西山乡团委书记；1998年6月～2001年11月共青团麒麟区委副书记；2001年11月～2002年11月麒麟区三宝镇党委副书记兼纪委书记；2002年11月～2005年3月中共麒麟区委组织部部务委员、副部长；2005年3月～2007年10月麒麟区人民政府党组成员、办公室主任；2007年10月～2011年6月麒麟区寥廓街道党工委书记；2011年6月～2011年9月任区委常委、寥廓街道党工委书记。2011年9月任区委常委、区委办公室主任。

李　涛

李涛，男，苗族，1974年11月出生，贵州务川人，大学学历（石家庄陆军指挥学院军事高技术应用与管理专业），1995年8月加入中国共产党，参加工作。

1992年12月～1997年2月步兵第149师445团三营九连战士；1997年2～11月步兵第149师445团政治处宣传股正排职干事；1997年11月～1999年3月步兵第149师政治部组织科正排职干事；1999年3月～2000年8月步兵第149师高炮团双37高炮营三连副政治指导员；2000年8月～2001年8月步兵第149师高炮团双37高炮营三连政治指导员；2001年8月～2003年3月步兵第149师政治部组织科正连职干事；2003年3月～2004年8月步兵第149师446团政治处组织股股长；2004年～11月步兵第149师446团一营政治教导员；2004年11月～2006年12月成都军区住房制度改革领导小组办公室正营职助理员；2006年12月～2009年12月成都军区住房制度改革领导小组办公室副团职助理员；2009年12月～2011年3月成都军区住房制度改革领导小组办公室正团职助理员；2011年3～5月曲靖市麒麟区人民武装部政治委员；2011年5月起任中共麒麟区委常委、人民武装部政治委员。

缪　仑

缪仑，男，汉族，1962年11月出生，贵州水城人，大学学历（中央党校函授学院经济管理专业），1988年4月加入中国共产党，1982年7月参加工作。

1982年7月～1985年8月原县级曲靖市三宝中学任教；1985年8月～1992年6月在原县级曲靖市第一职业中学任教；1992年6月～1998年6月在原县级曲靖市、麒麟区就业服务中心工作；1998年7～9月任麒麟区医保结算中心主任；1998年9～11月任麒麟区社保中心副主任；1998年11月～2001年4月任麒麟区西山乡副乡长；2001年4月～2002年7月任麒麟区乡镇企业局副局长；2002年7月～2006年1月任麒麟区发展计划局局长（期间，2004年8月兼投资开发公司总经理、外资办主任）；2006年1月～2009年4月任麒麟区发展和改革局局长兼投资开发公司总经理、外资办主任。2009年4月～2010年4月任麒麟区发展和改革局局长兼投资开发公司总经理；2010年4月～2011年3月任麒麟区建设局党委书记、局长，城市管理行政执法局局长；2011年3月～4月任麒麟区住房和城乡建设局党委书记、局长；2011年4月～5月任麒麟区政府副区长、住房和城乡建设局党委书记、局长；2011年5月～9月任麒麟区政府党组成员、副区长，住房和城乡建设局党委书记、局长；2011年9月任麒麟区政府党组成员、副区长。

赵卫东

赵卫东，男，汉族，1969年4月出生，云南宣威人，大学学历（西南政法大学成人教育学院法学专业），1996年12月加入中国共党，1990年7月参加工作。

1987年9月～1990年7月在云南公安高等专科学校读书；1990年7月～1992年8月在曲靖行署公安处刑警大队当民警；1992年8月～1998年7月在曲靖行署公安处刑警大队任科员；1998年7月～2001年6月任曲靖市公安局刑警支队二大队副大队长；2001年6月～2002年9月任曲靖市公安局刑警支队二大队大队长；2002年9月～2005年12月任曲靖市公安局经济犯罪侦查支队副支队长；2005年12月～2006年7月任沾益县公安局党委委员、政委；2006年7月～2007年11月任曲靖市沾益县公安局党委副书记、政委；2007年11月～2011年5月任曲靖市沾益县人民政府副县长、公安局党委书记、局长；2011年5月任麒麟区人民政府党组成员、副区长、区公安分局党委书记、局长。

（吴俊亭）

先进人物简介

龙　力

龙力，男，现年43岁，大学文化，中共党员，二级警督，现任曲靖市公安局麒麟分局党委委员、副局长、刑侦大队大队长。

2011年“清网行动”开展以来，龙力既是麒麟公安分局“清网行动”的指挥员，又是战斗员，龙力率先垂范，层层发动，多措并举，加强组织，细化措施，强力攻坚，在全局形成上下一体的追逃工作格局。至2011年12月15日，抓获行动前网上在逃人员99名，网上在逃人员下降率为83.9%，战果在全市110名逃犯以上的公安机关中排列第一；龙力亲自带领追逃小组民警抓捕潜逃10年以上命案逃犯8名，被公安部记为一等功。

李玉龙

李玉龙，男，彝族，1962年10月27日出生，中共党员，二级警督，1981年10月27日参加工作，1984年11月29日参加公安工作，生前在麒麟区看守所从事监所监控巡查工作。

2011年3月3日20时30分，李玉龙到看守所值夜班，22时10分左右，李玉龙在巡视道上巡查时出现头晕现象，被同班民警搀扶至巡查值班室休息，随后李玉龙出现呕吐现象并昏迷。急救中心将李玉龙送至曲靖市第一人民医院救治，经医院检查，确诊为脑部大面积淤血，李玉龙于3月4日凌晨4时因抢救无效死亡。被公安部记为一等功。

（段红枫）

市厅级及市直部门表彰的先进个人名录

一、被省国税局、省妇女联合会评为2011年云南省“帼国建功标兵”

曾洁琼　区国税局

二、被云南省发展和改革委员会表彰为2009～2010年度全省农产品成本调查优秀个人

张学瑛　区物价局

三、被省检察院表彰为全省侦查监督优秀检察官

郑严凯　区检察院

四、被市委、市政府表彰为曲靖市“十佳政法干警”

唐　雷　区检察院

五、被市纪委监察局表彰为查办案件先进个人

阿　华　区纪委监察局
李俊燕　区纪委监察局
张云东　区纪委监察局

六、被市纪委监察局表彰的全市纪检监察信息工作先进个人

李秀丽　区纪委监察局

七、被市委政法委表彰为化解涉法涉诉信访专项工作先进个人

赵文韬　区检察院

八、曲靖市人民检察院政治部表彰的全市侦查监督十佳检察官

杨梦羽　区检察院
罗　洁　区检察院
郑严凯　区检察院
苏卓然　区检察院

九、市公安局表彰的“三等功”民警

聂吉友　龙　力　王剑波
施亦农　张志磊　吴燕昆
张　鉴　姚卓廷　代　琳
王忠平　刘海峰　金　宁
郭兴华　姜明武　车柏刚
杨若榕　俞　媛　丁志新
张云平　姜　权　段成飞
李廷峰　喻权富　吕靠芳
程昱霖　曹　勇　聂已程
吕大江　陶所江　沙林洪
赵燕波　李　能　李红林
杨竣茗

（邓永平）

区级表彰的先进个人

区委或区委、区政府联合表彰的先进个人

一、2011年度优秀领导干部

（一）优秀乡镇（街道）党（工）委书记

许韶发　东山镇党委书记
朱开云　寥廓街道党工委书记
饶　丹　珠街乡党委书记

（二）优秀乡镇长（办事处主任）

田周剑　东山镇人民政府镇长
崔吉友　寥廓街道办事处主任

（三）优秀区直部门领导

冯明祥　区交通运输局局长
周绍芳　区水务局局长
李　昆　区住建局局长
何齐成　区环保局局长
吕宝坤　区农业局局长
何琼芬　区人社局局长

二、2011 年度优秀村（社区）书记（主任）

熊常稳 东山镇独木村党总支书记、主任
代华党 白石江街道代河社区党委书记
王昆伟 建宁街道小坡社区党委书记
王新良 茨营乡茨营村党总支书记

三、2011 年度先进工作者

曹 维 东山镇党委副书记、政法副书记
肖 宁 东山镇中心学校校长
徐 荣 越州镇人民政府副镇长
袁华平 越州镇水务所所长
顾建聪 茨营乡人民政府副乡长
刘柱良 茨营乡人口和计划生育办公室主任
田 耘 三宝镇纪委书记
唐月香 三宝镇农业综合服务站站长
张金松 沿江乡人民政府副乡长
王贵永 沿江乡村镇建设管理所所长
周开明 珠街乡人民政府副乡长
工家华 珠街乡林业站站长
盛 岗 南宁街道办事处副主任
陈春荣 南宁街道党政办负责人
张友凤 寥廓街道人大工委主任
董振雄 寥廓街道党政办主任
姜 灿 白石江街道党工委副书记
袁石华 白石江街道城市管理服务中心主任
汤华波 建宁街道党工委副书记、纪工委书记
崔柏林 建宁街道党政办主任、林业站站长
刘建荣 西城街道人大工委主任
杜世和 西城街道劳动和社会保障所所长
秦庆逵 原区烟草公司经理
沈燕玲 区工信局党委副书记、副局长
陈国鸿 区住建局副局长、区城投公司总经理
任 红 区农业局纪委书记
李学飞 区水务局副局长
张春云 区文体局副局长
晏祥和 区法院刑庭庭长
王 斌 区检察院侦查监督科科长
孙保国 区公安分局东山派出所民警
严青松 区林业局办公室主任
李贵喜 区煤炭局安全科科长
张光宝 区供销社组织人事科科长
孙乔花 区发改局综合科科长
陈和北 区商务局组织科副科长
张立新 区卫生局白石江街道卫生服务中心主任
徐琼荣 区民政局主任科员
袁光舜 沿江乡中心学校校长
顾汝彪 区人社局社保中心主任
王石明 区政协社会法制委主任
彭志新 区委宣传部副部长、区记者站站长
彭 琳 区总工会常务副主席
李长波 区委办公室副主任
杨汝华 区科技局副局长
卢少非 区环保局副局长
王 炜 区广电分局副局长
孙志强 区科协副主席
吴吉芳 区工商局党委副书记、副局长
李俊燕 区纪委纪检监察室主任
刘武强 区人大常委会党总支组织委员
符仕康 区政府办公室机关事务管理科科长
魏然琴 区委组织部人才科科长、组织科副科长
张旺东 区直机关党委办公室主任
李春丽 妇儿中心综合科科长
马丽亚 区审计局固定资产投资审计科科长
刘宝妹 区妇联城乡部部长
王少青 区委老干局综合科科长
邹晓红 区城市综合行政执法局综合科科长
颜兴梅 区地税局人事教育科负责人

四、麒麟区 2010 年度办理政协委员提案先进个人

周绍芳 区水务局局长
段建平 区财政局局长
冯明祥 区交通局局长
曹水春 区卫生局局长
何琼芬 区人事局局长
吕宝坤 区林业局局长
张家福 区粮食局局长
余志柏 区劳动和社会保障局局长
王石明 区政协社会法制委主任
赵瑞芬 区委督查室副主任
张 宏 区政府办公室副主任
高荣笋 区公安分局副局长
李 萍 区教育局副局长
王 炜 区广电分局副局长
颜玉魁 区政府办公室督办科科长
姚永民 区建设局办公室主任

五、麒麟区 2010 年度人大工作先进个人

（一）优秀人大代表

顾宝祥 三宝镇党委书记
李德金 区民政局局长
王国华 越州镇人民政府镇长
赵聪仙 区人大选联委主任
柳兴怀 沿江乡人大主席
张 毅 曲靖军分区干休所副所长
张华光 西城街道拆迁办
曹荣华 东山镇恩洪村委会主任
杨爱国 东山镇拖古村党总支副书记
邓 闲 越州镇竹园村党总支书记、主任
雷双德 三宝镇雷家庄社区党总支书记、主任
王永飞 茨营乡团结村委会主任

周红岗　茨营乡小河村党总支副书记
代剑斌　沿江乡庄家圩社区党总支副书记
周云昌　珠街乡中所村党总支书记、主任
卢德波　珠街乡珠街村委会
冯占坤　南宁街道花柯社区党总支书记、主任
李贵文　寥廓街道南城门社区党总支书记
刘　婷　寥廓街道天池社区党总支书记
韩金荣　白石江街道代河社区居委会主任
周　琼　白石江街道江南社区居委会主任
解国琼　建宁街道古城社区党总支书记、主任
李绍斌　西城街道冯官桥社区党总支书记、主任

（二）人大工作先进个人

陈毓智　区人大农工委主任
沙荣发　区人大教科文卫委主任
刘朝开　区人大法工委主任
王鸿岗　区关工委办公室主任
刘武强　区人大办公室
王　蓉　建宁街道人大工委办公室主任
秦智敏　越州镇人大办公室主任
王叔良　南宁街道人大工委办公室主任
叶祖寿　沿江乡人大办公室主任

（三）优秀议案建议领衔代表

施丛芳　沿江乡劳动和社会保障所所长
熊长稳　东山镇独木村党总支书记、主任
何　坤　珠街乡涌泉村委会主任
冯雪龙　越州镇横大路村委会副主任
宋留文　寥廓街道梅园社区居委会副主任

（四）办理议案建议先进个人

杨　东　区民政局副局长
颜玉魁　区政府办督办科科长
伏跃敏　区建设局法规科

六、麒麟区2010年度新农村建设工作队及指导员工作先进个人

（一）新农村建设工作队及指导员工作优秀工作队长

唐甫先　市纪委

（二）新农村建设工作队及指导员工作优秀指导员

邹尔曼　云南省高级人民法院
戴宝仓　市文化局
刘爱国　市公安局
谢福明　区公安分局
华　杰　区教育局
袁春艳　区妇联
赵洪波　东山镇
贾绍良　茨营乡
张自兴　珠街乡
施从波　寥廓街道

七、麒麟区第三次民族团结进步模范个人

桂竟程（回族）　区委组织部副部长

马存英（回族，女）　区民宗侨务局副局长

桂希辉（回族，女）　区科技局副局长

柳庭飞　西城街道党工委副书记

阮玉才　区文体局

李聪德（彝族）　茨营乡民族宗教助理员

王石柱　寥廓鑫源工贸有限责任公司总经理

刘　辉　曲靖石林瓷业有限责任公司董事长、总经理

张李发（彝族）　东山镇转长河村沙戈寨彝族村民小组组长

赵喜旺（彝族）　东山镇新村村阿基红彝族村民小组组长

张吉花（彝族，女）　东山镇拖古村大落白彝族村民小组

朱培学（彝族）　三宝镇长坡村委会主任

李谷英（彝族，女）　三宝镇长坡村大长坡村民小组妇女信息员

唐洪波（彝族）　茨营乡红土墙村红土墙彝族村民小组组长

刘乔明（彝族）　茨营乡大麦村下大麦村民小组党支部书记

孙文昌（彝族）　珠街乡联合村委会主任

潘石荣（彝族）　珠街乡联合村白石岩彝族村民小组组长

合连波（回族）　寥廓街道西门街清真寺住寺阿訇

桂小琴（回族，女）　寥廓街道西门街清真寺寺管会副主任

李学良（彝族）　白石江街道黄家庄社区第一居民小组组长

马宇锋（回族）　白石江街道水电十四局清真寺寺管会主任

马云安（回族）　西城街道王三屯社区桂家屯清真寺阿訇

白云江（回族）　西城街道白牛社区石板河回族居民小组组长

马米凤（回族，女）　西城街道白牛社区石板河回族居民小组妇代组长

八、麒麟区2009～2010年度信访工作先进个人

李为民　区人大助理调研员、区解决信访问题联合工作组常务副组长
段亚明　区纪委副书记、区监察局局长
饶　丹　珠街乡党委书记
董保才　南宁街道党工委书记
李　坤　白石江街道党工委书记
何琼芬　区人力资源和社会保障局局长
代云良　区教育局局长
张　琼　区委老干局局长
刘朝开　区人大法工委主任
刘　云　区政府法制办主任
陈小方　区残联理事长
耿忠义　区公安分局副局长
颜叶艳　区委办公室副主任
孔令德　区委组织部副部长
任　洪　区农业局纪委书记
王丁聪　区信访局副局长
陈建军　区城市综合行政执法局副局长
毕福琼　区委政法委政治部副主任
卢志强　区公安分局禁毒大队副大队长、区解决非公商住楼遗留问题工作组成员

熊立斌 茨营乡纪委书记
王永明 东山镇副镇长、派出所所长
吴洪彬 建宁街道办事处副主任
王玲芬 西城街道办事处副主任
顾红星 区政府办公室综合一科科长
李永新 区人力资源和社会保障局劳动监察大队大队长
刘春丽 区信访局办公室副主任
胥石全 三宝镇信访办主任
王荣华 寥廓街道信访办主任

九、麒麟区第五届“十佳青年”和“十佳青年提名奖”

（一）曲靖市麒麟区第五届“十佳青年”

丁良春 曲靖宏达经贸有限公司党支部书记
王　扬 区农业局水产站站长
刘　杰 曲靖云南人家餐饮有限公司董事长
张利昆 曲靖市麒麟区艾维克酒店有限公司董事长
张琼波 珠街乡中心卫生院院长
柳东波 白石江街道代河社区第六居民组副组长、团支部书记
胥胜江 区住建局环卫处清运中心副主任
袁华平 越州水务所所长
唐　雷 区检察院反贪局副局长
韩俊梅（女） 沿江乡中心学校团委书记

（二）曲靖市麒麟区第五届“十佳青年提名奖”

王小雁（女） 区国税局团总支书记
孙　武 曲靖市天奕有限责任公司总经理
冯海亮 区水务局东关闸管理所所长
刘　锋 区工商局办公室副主任
李红林 区公安分局三宝派出所副所长
陈　明 区法院政治处副主任、办公室副主任
武红学 区住建局园林绿化处团支部书记
林侑旺 曲靖市现代农夫生态种养殖专业合作社理事长

十、麒麟区卫生工作先进个人

（一）优秀乡村医生

刘　涛 东山镇新村卫生所
彭小梅 越州镇新田卫生所
李兴红 茨营乡吴官卫生所
陆顺安 三宝镇张家营卫生所
李小东 沿江乡鸡街卫生所
夏艳梅 珠街乡墩子卫生所
缪洪华 寥廓街道沙坝卫生所
郭文彦 南宁街道花柯社区卫生服务站
张平娥 西城街道西山社区卫生服务站
谢　涛 白石江街道保渡社区卫生服务站

（二）优秀护士

雷吉凤 区医院
李艳红 区医院
张金仙 区医院
王玉芬 区医院
徐红妹 区医院
李成敏 区医院
张古分 区医院
刘宝凤 区医院
杨荣琼 区妇幼保健院
田丽梅 东山镇中心卫生院
袁　梅 茨营乡卫生院
吕东琼 越州镇中心卫生院
吴平芬 三宝镇卫生院
王冬梅 沿江乡卫生院
张若冰 珠街乡中心卫生院
代莉花 南宁街道社区卫生服务中心
李　虹 寥廓街道社区卫生服务中心
保丽华 西城街道社区卫生服务中心
包振波 白石江街道社区卫生服务中心
张琳钰 建宁街道社区卫生服务中心

（三）优秀医务工作者

丁世美 区医院
李玉华 区医院
姚所良 东山镇中心卫生院
刘乔莲 越州镇中心卫生院
潘智高 茨营乡卫生院
张文仓 三宝镇卫生院
隽会英 沿江乡卫生院
张琼波 珠街乡中心卫生院
李秀婷 南宁街道社区卫生服务中心
沈定红 西城街道社区卫生服务中心

（四）30年护龄荣誉护士

许凤仙 区医院
董艳香 区医院
张凤萍 区医院
李小玲 区医院
余忠琼 区医院
张　兰 区妇幼保健院
罗俊芳 珠街乡中心卫生院
陈爱玲 南宁街道社区卫生服务中心
蒲　涛 南宁街道社区卫生服务中心
付桂芝 西城街道社区卫生服务中心

十一、麒麟区优秀基层党组织书记、优秀共产党员和优秀党务工作者

（一）优秀基层党组织书记

1. 优秀乡镇（街道）党（工）委书记

许韶发 东山镇党委书记
饶　丹 珠街乡党委书记
董保才 南宁街道党工委书记

2. 优秀村（社区）党总支书记

郑稳华 东山镇拖古村党总支书记
梁宝才 越州镇新田社区党总支书记
雷双德 三宝镇雷家庄社区党总支书记
陈八斤 茨营乡团结村党总支书记
冯家保 沿江乡庄家圩社区党总支书记
李琼芳 珠街乡西海社区党总支书记
张外生 南宁街道瑞东社区党总支书记、主任

李贵文　寥廓街道南城门社区党总支书记
代华党　白石江街道代河社区党总支书记
解国琼　建宁街道古城社区党总支书记
吕荣军　西城街道西山社区党总支书记
（二）优秀共产党员
徐凤平　区人大常委会办公室主任
毕文荣　区政协办公室副主任
杨金荣　区信访局副局长
何　亮　区派出第七纪工委副书记、监察分局局长
杜秀红　区委办公室行政科科长
刘新齐　区委组织部秘书科科长
巴永飞　区委宣传部干部科科长
白传学　区总工会办公室主任
王周武　区人社局基金监督科科长
周凤瑜　区人社局医保中心计核科科长
陈　浩　区发改局办公室主任
蒋梅芬　区民政局低保科科长
郑德玲　珠江源广场管理处
陈　鹏　区农业局信息中心联合党支部书记
叶　刚　区林业局农村能源站站长
孙　林　区水务局党政办公室副主任
韩家宝　区烟草公司越州烟叶站站长
吕文启　曲靖雄业水泥有限责任公司总经理
刘　辉　曲靖市石林瓷业有限责任公司董事长
李贵喜　区煤炭局新村煤管所副所长
任娅琳　市场服务中心
赵昆成　曲靖果品有限责任公司董事长
潘兴富　麒麟高中党委书记、校长
龚学标　区一中
缪忠和　区二中副校长
余　多　麒麟小学大队辅导员
田雨金　区电影公司党总支书记
薛　红　区卫生局法制与监督科科长
王　春　区公安分局寥廓派出所副所长
张朴所　区公安分局交警大队
刘贵荣　东山镇人大主席
姚所良　东山镇中心卫生院院长
李柱权　东山镇中心学校校长
陈晓华　东山镇村镇建设管理所
陈小忠　东山镇撒马依村党总支书记
曹荣华　东山镇恩洪村村委会主任
杨爱国　东山镇拖古村党总支副书记
龙　娟　东山镇高家村村委会主任助理
岳卫桃　越州镇党委委员、武装部部长
保洪鹏　越州镇党政办公室主任
冯家宝　越州镇农业综合站站长
杨建龙　越州镇第一中学校长
张昔伦　越州镇越州社区党总支书记、主任
刘光周　越州镇横大路村党总支书记
颜光辉　越州镇马坊村党总支书记、主任
贾小清　越州镇潦浒社区党总支副书记、副主任
曹小德　越州纤维板厂厂长
唐月香　三宝镇农业综合站站长
何德荣　三宝镇产业办主任、劳动保障所所长
王富文　三宝镇中心学校
王德华　三宝镇温泉社区党总支书记
赵　晶　三宝镇鸡汤村委会妇女委员
晏玉祥　三宝镇雅户社区晏上居民小组党支部书记
董压保　三宝镇长坡村小长坡村民小组党支部书记
曹木兴　三宝镇何旗社区党总支书记
丁木利　茨营乡水务所所长
杨国相　茨营乡公路站站长
王永飞　茨营乡团结村党总支副书记、主任
徐章华　茨营乡大麦村委会
张金松　沿江乡副乡长
万明贤　沿江乡政府
何　波　沿江乡党政办公室副主任
王贵永　沿江乡村镇建设管理所所长
袁光喜　沿江乡人口和计划生育办公室主任
张麟德　沿江乡经营管理站站长
陈家林　沿江乡四圩村党总支书记
唐德润　珠街乡党委委员、党政办公室副主任
王家华　珠街乡林业站站长
李祝生　珠街乡青龙村党总支书记、主任
何　坤　珠街乡涌泉村村委会主任
赵德红　珠街乡珠街村党总支副书记
赵学华　珠街乡联合村党总支书记、主任
韩树宝　珠街乡庄家屯社区党总支书记、主任
施有恒　南宁街道党工委委员
李家文　南宁街道国土资源所
冯占昆　南宁街道花柯社区党总支书记、主任
吴晓平　南宁街道金牛社区党总支书记、主任
梁加喜　南宁街道水寨社区党总支书记、主任
张友凤　寥廓街道人大工委主任
孙淑元　寥廓街道计生卫生服务中心副主任
高家宝　寥廓街道石灰窑村党总支书记
魏培华　寥廓街道园林社区党总支书记
刘　婷　寥廓街道天池社区党

总支书记

肖石才 寥廓街道胜峰社区党总支书记

陈昆华 寥廓街道南城门社区第七居民小组党支部书记、组长

张华昌 白石江街道办事处副主任

刘似玉 白石江街道统计站站长

张桂芬 白石江街道文化站

陈家普 白石江街道保渡社区党委书记

蒋四方 白石江街道丰登社区党总支书记

周 琼 白石江街道江南社区居委会主任

杨云全 建宁街道党工委委员、办事处副主任

姚燕芬 建宁街道组织人事干事

王昆伟 建宁街道小坡社区党总支书记

付秦方 建宁街道平安社区党总支书记、主任

郭小荣 西城街道党政办公室副主任

李绍斌 西城街道冯官桥社区党总支书记

王琼花 西城街道白牛社区党总支委员

张凤鸣 西城街道三岔社区鸡街居民小组党支部书记、组长

冯建文 西城街道白牛社区河湾居民小组党支部书记、组长

（三）优秀党务工作者

周绍芳 区水务局党委书记、局长

李 昆 区政府办公室党总支书记、主任

冯明祥 区交通运输局党组书记、局长

吕元平 区林业局党委书记、局长

房福军 区商务局党委书记、局长

何齐成 区环保局党支部书记、局长

张家福 区发改局党委书记、副局长、区粮食局局长

陈 鹏 区供销社党委书记、主任

李旭东 区人社局党委书记

刘祥华 区民政局党委书记

缪东胜 区文体局党委书记

杨 倩 区住建局党委副书记、纪委书记

任 洪 区农业局党委委员、纪委书记

李宏祥 区公安分局党委委员、政工监督室主任

唐宗华 区烟草公司党委副书记、纪委书记

王富祥 区煤炭局党委副书记、纪委书记

吴吉芳 区工商局副局长、机关党委副书记

张自成 区教育局机关党总支书记

徐俊先 东山镇党委副书记

李晓德 三宝镇党委副书记

李 坤 茨营乡党委副书记

张宝学 珠街乡党委副书记

刘德常 南宁街道党工委副书记

姜 灿 白石江街道党工委副书记

张祖安 建宁街道党工委副书记

柳廷飞 西城街道党工委副书记

冯招华 寥廓街道党工委委员

姜粉艳 沿江乡党委委员

十二、麒麟区有突出贡献优秀人才

文 英 区人社局社保中心财务科副科长

夏 琼 区住建局基本建设管理处

陶云川 区环保局自然保护科科长

何 琼 珠街乡农业综合站站长

邓自贵 区林业局天保退耕办主任

黄利民 区水务局质监站站长

刘利民 区烟草公司生产科副科长

兰明祥 曲靖众一精细化工有限公司总经理助理

朱祯祥 区煤炭局副局长

方山普 区交通运输局

葛 钢 区一中副校长

张渊明 区三中副校长

高志平 区文体局竞训科科长

王智琼 区疾控中心副主任

祝国华 区医院外二科主任

何燕波 区公安分局刑侦大队刑事科学技术室

十三、麒麟区名班主任、先进教育工作者、优秀教师及“两基”工作、“校安”工程先进个人

（一）麒麟区名班主任

张文艺 区七中

潘渝琨 区七中

杜 珺 区七中

陈永德 区一中

张柱成 区一中

邓仕喜 区二中

谭存法 区三中

何克香 区三中

窦学芳 区四中

包会竹 区五中

杨存莲 区五中

鲍存娥 区六中

张永丽 区六中

夏成达 区八中

张丽玲 区八中

张发杨 麒麟高中

陈 君 麒麟高中

严海花 区职校

周世华 区职校

张永平 西城中学

李玉香 北关小学

何白礼 麒麟小学

孙淑华 新生小学

金莲桃 城关小学

张丽琼 西关学校

刘华丽 东关小学

杨 艳 育红小学

潘月桃 阳光小学

陈丽琼 区一幼

杨艳红 区二幼

王亚萍 区三幼

段旭东 东山一中

陈永正 东山三中

资俊波 越州一中

陈付学　越州一中
代　妍　越州二中
李龙刚　茨营中学
李晓燕　茨营中学
张凤珍　三宝一中
许　波　三宝三中
何炳灿　珠街一中
叶国有　珠街二中
陈小芬　沿江一中
刘文奇　沿江二中
李菊花　寥廓街道中学
赵自鹏　寥廓街道沙坝小学
林　珍　南宁街道花柯小学
陈秀芬　白石江街道保渡小学
徐志静　建宁街道小坡小学
荀琼凤　西城街道示范小学

（二）先进教育工作者

刘亚乔　麒麟职业技术学校校长
潘兴富　麒麟高中校长
黄青云　区一中校长
吴寿德　区一幼园长
李彦平　区二幼园长
李金德　东山镇卡基小学校长
杨定国　东山镇法色小学校长
聂桂仙　越州一中
董丁柱　越州镇示范小学
邢来德　三宝一中校长
代绍能　茨营乡哈马寨小学校长
杜福统　沿江一中
丁路才　沿江二中
李红卫　珠街乡西海小学
姚家盛　南宁街道中心学校
张露建　寥廓街道文明小学校长
张绍学　白石江街道代河小学校长
刘家伟　建宁街道小坡小学校长
李岳华　西城街道冯官桥小学校长
杨所苍　区教育局

（三）优秀教师

崔庆典　区一中
杨　兴　区一中
金友淑　区一中
张自斌　区一中
刘文建　区二中
何金华　区二中
刘秋莲　区三中
甘　涛　区三中
晏聪珍　区三中
陈继祥　区四中
黄云飞　区四中
龚志萍　区四中
杨惠敏　区五中
梅晓冬　区五中
朱彦鑫　区五中
李金华　区六中
赵长艳　区六中
顾柱玲　区六中
赵建勤　区七中
万　波　区七中
倪荣琼　区七中
陈　萍　区七中
冯利军　区八中
王丽波　区八中
张忠挺　麒麟高中
高云春　麒麟高中
郭玲荣　麒麟高中
潘曲芬　区职校
段春华　区职校
张学华　区职校
王晓东　区职校
王　浩　区职校
李永东　西城中学
周建琼　西城中学
徐　波　北关小学
喻小燕　北关小学
赵文会　麒麟小学
董玉东　麒麟小学
张耀娟　城关小学
周建波　城关小学
张鹤龄　新生小学
王　华　新生小学
袁彩仙　东关小学
刘代军　东关小学
黄仕林　西关学校
周江波　西关学校
刘小兵　育红小学
杨凤美　阳光小学
潘秀芬　区一幼
张丽艳　区一幼
周　丽　区二幼
关　艺　区三幼
张绍东　教师进修学校
张小云　东山一中
刘国庆　东山三中
余周全　东山镇示范小学
陈　敏　越州一中
聂贵友　越州二中
孟　丽　越州镇越钢小学
刘永德　三宝一中
夏志鹏　三宝三中
邓中有　三宝三中
王书帮　茨营中学
余德仓　茨营中学
关小江　茨营乡示范小学
汤贵宝　沿江乡四圩小学
张凤仙　沿江乡示范小学
赵慧敏　沿江乡鸡街小学
庄建林　珠街一中
王慧花　珠街二中
唐彩娥　珠街乡庄家屯小学
张石所　寥廓街道中心学校
张红英　寥廓街道中学
李正开　寥廓街道冷家屯小学
冯秀英　白石江街道丰登小学
何艳萍　白石江街道黄家庄小学
王职政　建宁街道麻黄小学
周　勇　南宁街道水寨小学
张志刚　西城街道晏官屯小学
柳　艳　西城街道白牛小学

（四）“两基”工作先进个人

张金松　沿江乡副乡长
杨云全　建宁街道办事处副主任
李继宏　区教育局办公室副主任
陈发昌　麒麟小学校长
刘恩波　珠街一中校长
杨建勋　越州镇中心学校副校长
王祝才　寥廓街道冷家屯小学校长
杨永寿　白石江街道丰登小学校长
熊招兵　东山二中教务主任
王富文　三宝镇中心学校办公室主任

（五）中小学校舍安全工程建设先进个人

朱　倩　区地震局副局长
马杰英　区五中校长
丁绍旭　东关小学校长
董学东　珠街二中校长
赵小郭　东山二中校长
张长玉　沿江乡牛街小学校长

刘乔定　东山镇石头寨小学校长
曹正刚　区教育局校安办
赵林勇　区住房和城乡建设局房屋安全鉴定办公室主任
胥文华　区审计局投资审计中心副主任

十四、麒麟区2010～2011学年度捐资办学先进个人

雷根国　麒麟区众合煤业有限公司
熊加强　麒麟区东山镇强源煤业有限公司
何光得　麒麟区孙家沟煤矿有限公司
罗发国　麒麟区嘉发煤业有限公司叠水煤矿
张成彬　麒麟区大坡煤矿大坡井
赵光德　麒麟区鸿福煤炭有限责任公司
曹小柱　麒麟区柱发煤业有限公司
巴二聪　麒麟区东山镇巴家沟煤矿
刘小稳　麒麟区东山镇祠堂坡煤矿
熊冲开　麒麟区清和矿业有限公司秧田冲煤矿
陈培开　麒麟区大沟头煤焦有限责任公司
陈春发　麒麟区东山镇小露天煤矿
张来富　麒麟区东山镇牙比克煤矿
熊老稳　麒麟区东山镇杨养大地煤矿
贾策胜　麒麟区东山镇小卑舍煤矿
顾超玉　麒麟区东山镇小黑箐煤矿
赵桥所　麒麟区东山镇阿楚克煤矿
姚健康　麒麟区东山镇发兴煤矿
孙国荣　麒麟区荣盛实业有限公司何家小箐煤矿
张石学　麒麟区东山镇以劳养武煤矿
张乔明　麒麟区博宇煤业有限公司
熊　彬　麒麟区东山镇莲花田煤矿
刘树华　麒麟区发嘎煤矿继发井
顾恒玉　云南利多坤矿业有限公司
赵吉寿　麒麟区盛德煤业有限公司
陈正林　曲靖市正鑫焦化有限公司
赵成兵　曲靖市鑫海商务管理有限公司
刘　杰　云南人家餐饮有限公司

十五、麒麟区2008～2011年关心下一代工作先进个人

（一）关心下一代工作先进个人

罗家华　区老体协主席、区关工委委员
刘其林　区延安精神研究会会长、区关工委委员
颜宏昌　区老书协会长、区关工委委员
杨正章　区老科协会长、区关工委委员
段建平　区财政局局长、区关工委委员
张　琼　区委老干局局长、区关工委委员
李旭东　区人社局党委书记、区关工委委员
李二保　区老龄办主任、区关工委委员
李　德　区综治办主任、区关工委委员
方　玲　区委办公室副主任、区关工委委员
郭丽芳　区直机关党委副书记、纪委书记
赵洪波　区林业局党委副书记、纪委书记
陆群付　区文体局副局长
向　晖　区法院少年庭庭长、区关工委委员
王鸿岗　区关工委办公室主任、区关工委委员
徐俊先　东山镇党委副书记
张陆荣　东山镇关工委常务副主任
张　彦　越州镇关工委常务副主任
何忠学　三宝镇关工委常务副主任
王朝华　茨营乡关工委常务副主任
钟本礼　珠街乡关工委常务副主任
赵志德　寥廓街道关工委常务副主任
李宝明　白石江街道关工委常务副主任
叶朝祥　西城街道关工委常务副主任
赵清生　区民政局关工委常务副主任
余老常　区商务局关工委常务副主任
钱　韬　区工商局关工委常务副主任
杨宝山　区公安分局关工委常务副主任
顾存甲　区供销社关工委常务副主任
段佑生　区农业局关工委常务副主任
顾正义　区工信局关工委常务副主任
李　睿　区政府办公室综合一科副科长
周　玲　区司法局宣教科科长
张　玲　团区委办公室主任
王瑞丽　区妇联办公室主任
刘秀芬　区老龄办综合科科长
朱绍雄　区记者站综合科科长
丁冬萍　区科协办公室
陆金花　区总工会女工部部长
穆玉林　区水务局办公室主任、关工委主任
王留平　区教育局关工委办公室主任
邱　波　区广电分局办公室主任
程云洲　区粮食局关工委委员
杨梦羽　区检察院未成年人刑事检察科科长
刘玉花　区关工委办公室
张焕生　越州镇中心学校校长

周绍明　三宝镇雅户社区党总支副书记、关教小组副组长
韩德华　茨营乡示范小学校长
张长玉　沿江乡牛街小学校长
张宝寿　沿江乡成人文化技术学校校长
李琼芳　珠街乡西海社区党总支书记
庄建国　珠街乡中心学校关工委办公室主任
孙荣华　南宁街道中心学校关工委常务副主任
吴晓平　南宁街道金牛社区党总支书记
王兴友　寥廓街道文昌社区关工委常务副主任
范光瑞　白石江街道保渡小学校长
杨　芳　建宁街道瑞和社区
荀春剑　西城街道中心学校副校长

（二）关心下一代工作突出贡献先进个人

杨　铎　区关工委顾问、离休干部
李志邦　区关工委副主任
杨天生　曲靖军分区干休所离休干部
谢　楚　希望学校校长、区关工委顾问
毛玉枢　区关工委顾问、离休干部
赵光伟　区关工委顾问、退休干部
郭华玲　区关工委副主任兼秘书长
唐君平　区委宣传部离休干部
周廷俊　区公安分局老干党支部书记
何云焕　茨营乡小河村委会

（三）支持关心下一代工作先进个人

何齐成　区环保局局长
曹水春　区卫生局局长
刘祥华　区民政局党委书记
张云安　区煤炭局原局长
许韶发　东山镇党委书记
朱开云　茨营乡党委书记
饶　丹　珠街乡党委书记
董保才　南宁街道党工委书记
魏建平　建宁街道党工委书记
刘　清　越州镇党委副书记
姜　灿　白石江街道党工委副书记
柳廷飞　西城街道党工委副书记

（李顺兵）

区政府表彰的先进个人

一、麒麟区 2010 年度依法行政先进个人

周绍芳　区水务局局长
王　飞　区文化局局长
张云安　区煤炭局局长
李德金　区民政局局长
殷鉴荣　区信访局局长
房福军　区商务局局长
史建国　区烟草专卖局局长
代云良　区教育局局长
张莉华　区档案局局长
郑家祥　区经济局局长
世　勇　区工商局局长
曹水春　区卫生局局长
李庆红　区气象局局长
李　敏　区旅游局局长
张家福　区粮食局局长
丁红明　区司法局局长
蔡生权　区财政局副局长
朱春灵　区质监局副局长
朱　倩　区地震局副局长
夏缪华　区林业局副局长
卢少非　区环保局副局长
陈益龙　麒麟公安分局法规科科长
贾叶华　区农业局农业综合行政执法大队大队长
张永翔　区人事局政策法规科科长
李永新　区劳动局监察大队大队长
夏　萍　区老龄委组织联络科科长
恭来宝　区畜牧局动物卫生监督所所长
翟群英　区统计局办公室主任
孙福俊　区发改局物价监督检查所所长
王旭帮　区法制办综合科科长

二、麒麟区 2010 年度安全生产工作先进个人

（一）安全生产工作先进工作者

赵小贵　麒麟区小凹子煤矿矿长
赵华清　麒麟区东山镇煤矿矿长
徐纯明　曲靖市麒麟区嘉兴煤业有限公司董事长
董小华　曲靖市麒麟建工集团有限公司项目经理
赵五生　曲靖万丰建筑工程有限公司副经理
沈亚玲　曲靖仁昌畅远燃气有限公司经理
徐　瑞　中石化云南曲靖分公司城区片区副经理
何　平　云南省曲靖市化学工业有限公司董事长
曹新梅　曲靖市麒麟区新丰经营部负责人
姚珍能　曲靖市麒麟区太阳商店负责人
刘贤伟　曲靖同悦花园酒店有限公司副总经理
肖自仁　云南省曲靖双友钢铁有限公司安全技术部副部长
孙学礼　麒麟区物资公司经理
李正国　曲靖市瑞泰煤业有限责任公司董事长
杨晓东　曲靖市盛凯焦化有限责任公司副总经理
贾策胜　曲靖信誉集团经理
李贵方　三宝镇张家营大尖山采石场矿长
何　平　珠街乡何平采石场矿长
张云文　麒麟区东山镇玉水采石场矿长
李建军　曲靖众一化工股份有限公司安全环保监察部部长

（二）安全生产监督管理工作先进工作者

董保才　南宁街道党（工）委书记
王国华　越州镇人民政府镇长
章志强　珠街乡人民政府乡长
樊克强　区经济局副局长
李培勇　区劳动和社会保障局

副局长
李学飞　区水务局副局长
吕　超　区政府办综合二科副科长
徐留德　寥廓街道安监站站长
车林高　白石江街道安监站站长
张文龙　东山镇安监站站长

三、麒麟区2010年度煤炭工作先进个人

（一）先进工作者
沈中伟　东山镇人民政府副镇长
高云富　麒麟区煤炭局安全科副科长
孙泽广　麒麟区煤炭局办公室副主任
吕　毅　麒麟区煤炭局发展规划科副科长
卢欣荣　麒麟区煤炭局政策法规科科长
方南翠　麒麟区煤炭局财务稽查科工作人员
叶国正　麒麟区煤炭局高家村煤管所副所长
李贵喜　麒麟区煤炭局新村煤管所副所长
刘立荣　麒麟区煤炭局独木煤管所副所长
张再冲　麒麟区煤炭局桂花树验祟站副站长

（二）优秀矿长
赵小贵　麒麟区小凹子煤矿矿长
杨小安　麒麟区龙潭田煤矿矿长
赵晓抛　麒麟区克依黑岔沟煤矿矿长
曹有志　麒麟区大山煤矿矿长
曹贵良　麒麟区恩洪岔沟煤矿矿长
曹小柱　麒麟区莲花冲煤矿矿长
赵华清　麒麟区东山镇煤矿矿长
徐纯明　麒麟区小窑沟煤矿矿长
刘小稳　麒麟区祠堂坡煤矿矿长
赵文周　麒麟区华兴煤矿矿长

四、麒麟区第二次全国经济普查先进个人

陈和芬　区编办副主任
程　伟　区教育局副局长
樊　林　区统计局副局长
刘家稳　东山镇人民政府经济普查办公室工作人员
赵艳华　东山镇独木村委会经济普查员
杨爱国　东山镇拖古村委会经济普查员
施云宁　东山镇卑舍村委会经济普查员
胡良平　越州镇人民政府经济普查办公室工作人员
曹德才　越州镇西关社区居委会副主任
方朝先　越州镇向桂社区居委会副主任
向贵生　越州镇老吴村委会副主任
黄小荣　三宝镇人民政府经济普查办公室工作人员
姚叶波　三宝镇民政所所长
田仕留　三宝镇兴龙村委会副主任
道汝俊　三宝镇雷家庄社区居委会副主任
张金松　沿江乡人民政府副乡长
刘映宝　沿江乡人民政府经济普查办公室工作人员
代剑斌　沿江乡庄家圩社区经济普查指导员
蔡　辉　茨营乡人民政府经济普查领导小组副组长
王树生　茨营乡茨营村委会副主任
余瑞德　茨营乡杨家村委会副主任
李竹生　珠街乡青龙村委会经济普查指导员
赵德华　珠街乡珠街村委会主任
饶　丹　珠街乡人民政府经济普查领导小组组长
陈学俊　南宁街道办事处经济普查办公室主任
郑丽娟　南宁街道办事处经济普查办公室工作人员
何留昌　南宁街道办事处经济普查办公室工作人员
吴晓平　南宁街道办事处南宁社区居委会主任
梁加喜　南宁街道办事处水寨社区居委会主任
王春鸿　寥廓街道办事处南城门社区居委会主任
刘　婷　寥廓街道办事处天池社区经济普查指导员
施嘉祁　寥廓街道办事处玄坛社区居委会副主任
赵自年　寥廓街道办事处沙坝村委会副主任
李聪梅　寥廓街道办事处农财办副主任
刘惠芬　寥廓街道办事处经济普查办公室工作人员
吴正华　白石江街道办事处保渡社区企业办主任
耿琪星　白石江街道办事处临江社区经济普查指导员
李　玲　白石江街道办事处麟东社区经济普查员
李月花　白石江街道办事处经济普查指导员
李留书　白石江街道办事处丰登社区企业办主任
彭嘉鑫　西城街道办事处主任
荀燕芬　西城街道办事处冯官桥社区居委会副主任
胡春林　西城街道办事处三岔社区经济普查指导员
荀秀德　西城街道办事处白牛社区经济普查指导员
冯雪梅　西城街道办事处西山社区居委会副主任
代路安　建宁街道办事处经济普查办公室副主任
杨惠娴　建宁街道瑞和社区居委会副主任
何　花　建宁街道平安社区居委会副主任
蔡　群　建宁街道办事处经济普查办公室工作人员
周丽存　建宁街道办事处经济普查办公室工作人员
李文怀　建宁街道麻黄社区经济普查指导员

高连仙　区政府办公室工作人员
普素芳　区经济普查办公室工作人员
高远光　区经济普查办公室工作人员
徐文祥　区经济普查办公室工作人员
赵浩然　区经济普查办公室工作人员

五、麒麟区2010年度消防工作先进个人

章志强　珠街乡人民政府乡长
杨荣平　沿江乡人民政府副乡长
王正宇　白石江街道办事处主任
吴洪斌　建宁街道办事处副主任
李　德　区委政法委副书记
赵小见　区委办副主任
隽加宏　区政府办副主任
田子仟　共青团麒麟区委书记
袁建华　曲靖经济技术开发区财政局局长
杨稳清　曲靖经济技术开发区建设局局长
王莉琼　麒麟区邮政局副局长
陆群付　区文体局副局长
张　燕　区发展和改革局副局长
吴　辉　麒麟烟草专卖局副局长
钱　韬　区工商局南宁分局局长
郭建良　麒麟区城南片区开发建设办公室副主任
杨　丽　区财政局行财科科长
孙来方　区城乡规划管理局副局长
李兴才　区教育局保卫科科长
雷怀鸣　区政府办机关事务管理科科长
王永明　东山派出所所长
陆　波　寥廓派出所所长
王忠平　白石江派出所所长
宋　晔　南宁派出所教导员
卢绍波　建宁派出所所长
张　鉴　茨营派出所所长
董仲华　潇湘派出所所长
陶　欣　珠街派出所副所长
李红林　三宝派出所副所长
林　峰　沿江派出所副所长
杨贵红　南宁派出所副所长
宁显辉　越州派出所副所长
徐　丹　曲靖市公安局交警支队民警
龚　云　麒麟公安分局指挥中心民警
吕振南　西城派出所民警
陈　欢　曲靖市广电局记者
蔡利兵　曲靖日报社记者
冯家保　沿江乡庄家圩社区党总支书记
周　琼　白石江街道江南社区居委会主任
徐　兵　白石江街道江南社区综治办主任
黄思衡　白石江街道麟东社区综治办主任
吴永华　白石江街道保渡社区综治办主任
李绍斌　西城街道冯官桥社区党总支书记
李　仲　曲靖市第一人民医院保卫处处长
帅坤方　曲靖市官房大酒店有限公司安保部经理
杨　宏　曲靖同悦花园酒店有限公司消防主管
赵建平　云南曲靖越钢集团有限公司保卫部部长
罗国林　曲靖众一精细化工股份有限公司董事长
张承华　曲靖银利大酒店有限公司保安部经理
赛　波　一汽通用红塔云南汽车制造有限公司保卫部副部长
胡湘滇　曲靖新百大有限责任公司保安部经理
洪文德　曲靖市闽南商贸有限公司副董事长
顾　馨　昆明骏神房屋拆迁公司经理
徐　伟　曲靖安厦房地产集团有限责任公司副总经理
马志健　云南驰宏锌锗股份有限责任公司曲靖分公司书记
符世莹　中央储备粮曲靖直属库副总经理
肖自仁　曲靖双友钢铁有限责任公司安环部部长
高　红　曲靖市机动车驾驶学校总教练
余慧玲　云南雄业制药有限公司总经理
魏洪波　红云集团曲靖卷烟厂保卫部副主任
关　华　云南烟叶复烤有限责任公司麒麟复烤厂副总经理
黄　磊　曲靖品客KTV量贩总经理
李亚辉　曲靖市吉玛特百货有限公司（交通店）副总经理
尹　明　曲靖医学高等专科学校副校长
刘建华　昆明赛诺联行物业服务有限公司曲靖分公司总经理

六、麒麟区2011年度移动信息富民工程工作先进个人

（一）移动信息化工程先进个人

李　昆　颜叶艳　杨春菊
高连仙

（二）移动信息富民村创建先进工作者

李淑风　彭嘉鑫　赵　坤
李文龙　韩光飞　田　耘
张　臻　付玉荣　杨荣平
李金林　崔吉友　杨春华
齐树平　朱开云　翟连科
马　龙　王新良　王国华
赵华邦　刘　清　崔庆宏
保洪鹏　许韶发　田周剑
沈中伟　饶　丹　章志强
张申红

七、麒麟区第六次全国人口普查优秀组织者和先进个人名单

（一）优秀组织者

李松波　区煤炭局党委书记
巴永兵　东山镇恩洪村委会副主任
牛筑喜　东山镇新村村委会书记

冯雪龙 越州镇横大路村委会副主任
贾小清 越州镇潦浒居委会副主任
黄小荣 三宝镇党政办副主任
张金松 沿江乡人民政府副乡长
杨学琼 珠街乡统计站站长
熊立斌 茨营乡纪委书记
冯占昆 南宁街道花柯社区书记
陈春荣 南宁街道办事处党政办主任
王正宇 白石江街道办事处主任
李洪斌 白石江街道办事处副主任
张庆文 寥廓街道梅园社区书记
荀江薇 寥廓街道办事处党政办副主任
刘光辉 建宁街道办事处人大工委主任
彭嘉鑫 西城街道办事处主任
赵　坤 西城街道办事处副主任

（二）先进个人

高朝良 区统计局工作人员
李云波 区人民政府法制办副主任
李恒斌 曲靖市广电局保卫科科长
邱　波 麒麟广电分局办公室副主任
苏大男 区司法局工作人员
陈江媛 区统计局工作人员
陈新华 区统计局工作人员
姜德科 区农业局植保站工作人员
姚乔喜 越州二中教师
冯　春 麒麟公安分局治安大队民警
窦俊伟 区委宣传部工作人员
高连仙 区人民政府办公室综合三科副科长
王方琼 区人力资源和社会保障局办公室副主任
武密凤 区农业局农机直属一站工作人员
刘云美 南宁街道水务所工作人员
刘莲英 东山镇恩洪村委会妇女主任
魏家国 东山镇新村村委会副主任
贾有良 东山镇法色村委会副主任
方保贵 东山镇撒马依村委会主任助理（大学生村官）
王耀所 东山镇转长河村委会副主任
陈贵发 东山镇石头寨村委会副主任
张德民 东山镇撒基格村委会副主任
杨爱国 东山镇拖古村委会副主任
毛良华 东山镇克以黑村委会副主任
刘小佳 东山镇水井村委会副主任
施云宁 东山镇卑舍村委会副主任
陈小良 东山镇高家村村委会副主任
吴灿华 越州镇农经站工作人员
陈桃箐 越州镇农业综合站工作人员
黄黎明 越州镇林业站工作人员
符新荷 越钢集团保卫部办公室主任
杨云保 越州镇上坡村委会副主任
杨来友 越州镇马坊村委会副主任
李雪松 越州镇越州居委会副主任
谷建所 越州镇新田居委会副主任
张昔正 越州镇竹园村委会副主任
郭云柱 越州镇薛旗村委会副主任
向贵生 越州镇老吴村委会副主任
熊石林 越州镇大梨树村委会副书记
万树才 越州镇黄泥堡村委会副主任
杨汝富 越州镇和平村委会副主任
黄家良 三宝镇人民政府工作人员
巴家贵 三宝镇企业办工作人员
王德宝 三宝镇温泉居委会副主任
张家顺 三宝镇五联居委会农科员
颜保华 三宝镇鸡汤村委会会计
熊玉坤 三宝镇张家营村委会副主任
周恒利 三宝镇雅户居委会副主任
李　晖 三宝镇何旗居委会副主任
丁贵富 三宝镇农业综合站工作人员
道汝俊 三宝镇雷家庄居委会副主任
刘竹生 三宝镇长坡村委会副主任
黄家隆 三宝镇黄旗村委会副主任
余开春 沿江乡林业站工作人员
程朴有 沿江乡四圩村委会副主任
史学生 沿江乡小坝圩村委会副主任
万家荣 沿江乡大龙村委会副主任
董忆萱 沿江乡余家圩居委会副主任
苟贵富 沿江乡新发村委会副主任
王泽会 沿江乡鸡街村委会副主任
曹燕宏 沿江乡庄家圩居委会副主任
钱祥方 沿江乡牛街居委会副主任
潘厚文 沿江乡余家屯居委会副主任
吕来全 珠街乡联合村委会副主任

何　吉　珠街乡青龙村委会副主任
丁学文　珠街乡堡子村委会副主任
李忠敏　珠街乡西海居委会副主任
董润彪　珠街乡三源村委会副主任
孙祥和　珠街乡珠街村委会副主任
吕怀云　珠街乡涌泉村委会副主任
张文毅　珠街乡中所村委会副主任
何留亚　珠街乡墩子村委会副主任
刘　琳　珠街乡小河湾居委会副书记
路开礼　珠街乡桂花居委会副主任
韩国飞　珠街乡庄家屯居委会副主任
黄金龙　茨营乡哈马寨村委会副主任
蔡付保　茨营乡蔡家村委会副主任
孙东彪　茨营乡吴官村委会副主任
刘云川　茨营乡团结村委会副主任
何雄伟　茨营乡红土墙村委会副主任
李晓座　茨营中心学校教师
张凤斌　茨营乡人民政府工作人员
关四文　茨营乡农业综合站工作人员
顾丽娟　茨营乡农业综合站工作人员
袁国栋　茨营派出所民警
刘　敏　南宁街道花柯居委会副主任
周建桥　南宁街道水寨居委会副主任
韩宗蓉　南宁街道麒麟居委会副书记
卢春林　南宁街道金牛居委会副主任
李祯玮　南宁街道向阳居委会副主任
周凌莹　南宁街道南宁居委会副主任
李家文　南宁街道国土资源所工作人员
翟立芳　南宁街道潇湘社区工作人员
陈丽凤　南宁街道瑞东社区副书记
王同邦　白石江街道江南居委会副主任
代明宏　白石江街道代河社区工作人员
胡　钰　白石江街道民政所所长
李　会　白石江街道黄家庄社区工作人员
陈敏华　白石江街道幸福社区工作人员
朱丽芳　白石江街道麟东居委会副主任
王花仙　白石江街道临江居委会副主任
陈艳玲　白石江街道临江社区工作人员
尹吉勇　白石江街道长河居委会副主任
贾兴会　白石江街道计生办主任
李月花　白石江街道计生办工作人员
尹梅花　寥廓街道计生办工作人员
陈红娟　寥廓街道党政办工作人员
李聪梅　寥廓街道集管办副主任
王粉华　寥廓街道天池居委会副主任
胡黎芳　寥廓街道方家园居委会副主任
肖梅芳　寥廓街道胜峰居委会副主任
魏丽梅　寥廓街道梅园居委会副主任
郑雪敏　寥廓街道园林社区工作人员
殷　鹏　寥廓街道天池社区工作人员
王雪梅　寥廓街道文昌居委会副主任
徐会莲　寥廓街道康桥居委会副主任
王文杰　寥廓街道红庙居委会副主任
张家德　寥廓街道潇湘村委会副主任
吕二乔　寥廓街道文明村委会副主任
赵自年　寥廓街道沙坝村委会副主任
齐树平　寥廓街道石灰窑村委会副主任
刘　宁　寥廓街道冷家屯村委会副主任
王学才　建宁街道麻黄居委会主任
余石富　建宁街道古城社区工作人员
付永生　建宁街道曲烟居委会副主任
付秦方　建宁街道平安社区书记
丁进春　建宁街道小坡社区工作人员
代路安　建宁街道统计站站长
杨惠娴　建宁街道瑞和居委会副主任
孙丽芬　西城中学教师
陈　婧　西城街道示范小学教师
刘　平　西城街道晏官屯村委会副主任
胡春林　西城街道三岔居委会副主任
陈家顺　西城街道高家屯居委会副主任
桂腾云　西城街道王三屯居委会副主任
冯雪梅　西城街道西山居委会副主任
徐贵方　西城中学教师
龙　飞　西城街道农经站工作人员

八、麒麟区2010年政府系统信息工作先进个人

区政府办：吕　超　曹乾葆　胡峻峰
寥廓街道：李培生　代石全
南宁街道：孙　荣
珠街乡：唐德润

西城街道：鲍晓富
白石江街道：刘有花
三宝镇：俞云聪
麒麟公安分局：周　昊
　　　　　　　尹亚彬
区水务局：孙　林
区财政局：徐　敏
区农业局：冯仁炳
区卫生局：薛　梅
区发展和改革局：孙乔花
区畜牧兽医局：董兴武
区工商局：石　红
区教育局：李继宏

（顾红星　李　睿　李晓阳　严　杨）

区政协表彰的先进个人

一、优秀政协工作组长

罗湘萍　李　萍　王玲芬
李又新　刘　清　吴炳元

二、优秀政协委员

李凤龙　王石柱　傅奕学
王　林　吴寿德　钟　玲
杨文龙　高吉琼　许岷江
张云虎　罗国林　杨仕荣
罗柳英　王石娥　谢志华
李永发　梅黎明　吴梅芳
张留聪　冯立新

三、政协机关先进工作者

孙家华　黄耀东　崔　萍
史春贤　徐志根

（毕文荣）

2011年获高级职称人员

单位名称	姓名	性别	出生年月	民族	参工时间	党派	毕业院校	所学专业	最高学历	现从事专业	专业技术资格
麒麟职业技术学校	雷聪娥	女	1967年2月	汉	1987年7月		云师大	汉语言文学	大学本科	职高语文	中学高级教师
麒麟职业技术学校	赵武清	男	1974年3月	汉	1995年7月	中共党员	云师大	汉语言文学	大学本科	职高语文	中学高级教师
麒麟职业技术学校	周成花	女	1974年8月	汉	1997年7月		云师大	数学与应用数学	大学本科	职高数学	中学高级教师
麒麟专业技术学校	唐静	女	1975年7月	白族	1997年7月	中共党员	云师大	化学	大学本科	职高化学	中学高级教师
麒麟职业技术学校	车玉芬	女	1966年9月	汉	1989年7月		云师大	数学与应用数学	大学本科	职高数学	中学高级教师
麒麟职业技术学校	王佳玲	女	1971年5月	汉	1993年7月	中共党员	云师大	汉语言文学	大学本科	职高语文	中学高级教师
麒麟职业技术学校	唐梅芬	女	1974年5月	汉	1998年7月	中共党员	云农大	农产品加工	大学本科	职高园艺	中学高级教师
麒麟职业技术学校	韩静	女	1969年1月	汉	1991年7年1		华东师大	汉语言文学	大学本科	职高语文	中学高级教师
麒麟职业技术学校	黄冬梅	女	1969年12月	汉	1992年7月		曲靖师院	数学	大学本科	职高数学	中学高级教师
麒麟职业技术学校	李艳萍	女	1972年12月	汉	1994年7月		云师大	生物	大学本科	职高生物	中学高级教师
麒麟职业技术学校	刘芳	女	1971年1月	汉	1991年7月		云南教院	化学教育	大学本科	职高化学	中学高级教师
麒麟职业技术学校	龚慧仙	女	1972年2月	汉	1991年7月		云师大	汉语言文学	大学本科	职高语文	中学高级教师
麒麟职业技术学校	谢燕	女	1971年3月	汉	1991年7月		云师大	计算机科学与技术	大学本科	职高财会	中学高级教师
麒麟职业技术学校	陈雷生	男	1971年9月	汉	1991年7月		云师大	汉语言文学	大学本科	职高语文	中学高级教师
麒麟职业技术学校	赵恒	男	1973年11月	汉	1995年7月		云师大	体育	大学本科	职高体育	中学高级教师
麒麟职业技术学校	刘忠琴	女	1969年7月	汉	1992年7月		曲靖师院	英语	大学本科	职高英语	中学高级教师
麒麟职业技术学校	徐志刚	男	1970年11月	汉	1992年7月	中共党员	云师大	政治与思想教育	大学本科	职高政治	中学高级教师
麒麟职业技术学校	李定花	女	1968年10月	彝族	1988年7月	中共党员	云师大	汉语言文学	大学本科	职高语文	中学高级教师

续 表

单位名称	姓名	性别	出生年月	民族	参工时间	党派	毕业院校	所学专业	最高学历	现从事专业	专业技术资格
麒麟职业技术学校	朱荔	女	1971年6月	白族	1993年8月		云师大	音乐教育	大学本科	职高音乐	中学高级教师
麒麟职业技术学校	王振宏	男	1966年5月	汉	1985年7月		云师大	汉语言文学	大学本科	职高语文	中学高级教师
麒麟职业技术学校	施志香	女	1960年8月	汉	1980年7月		云师大	汉语言文学	大学本科	职高语文	中学高级教师
麒麟职业技术学校	冯静华	女	1973年4月	汉	1966年1月	中共党员	月云师大	汉语言文学	大学本科	职高语文	中学高级教师
麒麟职业技术学校	卢梅芳	女	1971年7月	汉	1993年7月		云师大	汉语言文学	大学本科	职高语文	中学高级教师
麒麟职业技术学校	潘丽娟	女	1971年5月	汉	1995年9月		云师大	政治与思想品德	大学本科	职高政治	中学高级教师
麒麟职业技术学校	李 琳	女	1971年1月	汉	1994年7月		云师大	政治与思想品德	大学本科	职高政治	中学高级教师
麒麟职业技术学校	杨琼芬	女	1970年2月	汉	1991年9月		云师大	生物	大学本科	职高生物	中学高级教师
麒麟职业技术学校	高 琳	女	1974年10月	汉	1997年8月		浙丝工学院	服装艺术设计	大学本科	职高服装设计	中学高级教师
麒麟职业技术学校	韩粉仙	女	1974年8月	汉	2000年8月	中共党员	云师大	英语教育	研究生	职高英语	中学高级教师
麒麟区第一中学	刘金华	男	1972年1月	汉	1995年7月	中共党员	云南师范大学	物理教育	大学本科	高中物理	中学高级教师
麒麟区第一中学	杨绕林	男	1969年2月	汉	1992年7月	中共党员	曲靖师院	化学教育	大学本科	高中化学	中学高级教师
麒麟区第一中学	李 斌	男	1971年7月	汉	1994年7月	民进会员	云南师范大学	数学教育	大学本科	高中数学	中学高级教师
麒麟区第一中学	李 萍	女	1971年5月	汉	1995年7月		云南师范大学	英语教育	大学本科	高中英语	中学高级教师
麒麟区第一中学	杨思勇	男	1971年1月	汉	1992年7月		云南师范大学	地理教育	大学本科	高中地理	中学高级教师
麒麟区第一中学	黄赛松	女	1965年3月	汉	1989年7月		师范大学数学	数学教育	大学本科	高中数学	中学高级教师
麒麟区第一中学	杨文斌	男	1971年3月	汉	1993年8月		云南师范大学	物理教育	大学本科	高中物理	中学高级教师
麒麟区第一中学	代燕秀	女	1975年4月	汉	1996年7月		云南师范大学	历史教育	大学本科	高中语文	中学高级教师
麒麟区第一中学	庄凤美	女	1968年5月	汉	1990年7月		中央广播电视大学	英语教育	大学本科	高中英语	中学高级教师
麒麟区第一中学	姜 红	女	1971年7月	汉	1991年7月		云师大	地理教育	大学本科	高中地理	中学高级教师
麒麟区第一中学	孙丽华	女	1970年9月	汉	1993年7月		云南师范大学	思想政治	大学本科	高中政治	中学高级教师
麒麟区第一中学	罗 欣	女	1969年8月	汉	1991年7月		云南师范大学	中文	大学本科	高中语文	中学高级教师
麒麟区第一中学	吴莉萍	女	1969年10月	汉	1992年7月		云南师范大学	思想政治	大学本科	高中政治	中学高级教师
麒麟区第一中学	李 玲	女	1973年3月	汉	1995年7月		云南师范大学	英语	大学本科	高中英语	中学高级教师
麒麟区第一中学	徐 宏	男	1966年9月	汉	1985年7月	中共党员	云南教育学院	思想政治	大学本科	高中政治	中学高级教师

续 表

单位名称	姓名	性别	出生年月	民族	参工时间	党派	毕业院校	所学专业	最高学历	现从事专业	专业技术资格
麒麟区第一中学	杨 震	男	1974年5月	汉	1996年7月		云南师范大学	历史教育	大学本科	高中历史	中学高级教师
麒麟区第一中学	刘馥莲	女	1969年5月	汉	1991年7月		云南师范大学	历史教育	大学本科	高中历史	中学高级教师
麒麟区第一中学	李 茜	女	1966年11月	汉	1987年7月		云南师范大学	物理教育	大学本科	高中物理	中学高级教师
麒麟区第一中学	丁瑞宏	男	1970年7月	汉	1992年7月		云南教育学院	英语教育	大学本科	高中英语	中学高级教师
麒麟区第二中学	黄云凤	女	1974年1月	汉	1997年7月		云南师范大学	历史教育	大学本科	高中历史	中学高级教师
麒麟区第二中学	何 伟	男	1974年10月	汉	1995年7月		曲靖师范学院	体育	大学本科	高中体育	中学高级教师
麒麟区第二中学	李桂连	女	1970年5月	汉	1989年7月		曲靖地区师范	汉语言文学	大学本科	初中语文	中学高级教师
麒麟区第三中学	高乔惠	男	1970年10月	汉	1993年10月		云师大	体育	大学本科	初中体育	中学高级教师
麒麟区第三中学	李丽英	女	1972年10月	白族	1992年7月		曲靖师院	美术	大学本科	初中美术	中学高级教师
麒麟区第三中学	陈卫平	男	1960年3月	汉	1980年7月		贵州毕节师专	数学	大学专科	初中数学	中学高级教师
麒麟区第三中学	李源明	男	1962年10月	汉	1983年7月		云师大	体育	大学专科	初中体育	中学高级教师
麒麟区第三中学	罗 彬	女	1959年12月	汉	1977年7月		曲靖师院	物理	大学专科	初中物理	中学高级教师
麒麟区第三中学	李榕红	女	1968年4月	汉	1989年7月		云师大	中文	大学本科	初中语文	中学高级教师
麒麟区第三中学	谭存法	男	1966年9月	汉	1989年7月		云师大	中文	大学本科	初中语文	中学高级教师
麒麟区第三中学	田志文	男	1962年11月	汉	1986年7月		云教学院	中文	大学专科	初中语文	中学高级教师
麒麟区第三中学	周志祥	男	1967年7月	汉	1989年6月		云南大学	中文	大学本科	初中语文	中学高级教师
麒麟区第三中学	雷长梅	女	1971年8月	汉	1994年7月		云大师	政治	大学本科	初中政治	中学高级教师
麒麟区第五中学	杨四贵	男	1970年4月	汉	1989年7月	中共党员	云师大	汉语言文学	大学本科	初中语文	中学高级教师
麒麟区第五中学	文桂美	女	1968年9月	汉	1991年7月		云南师范大学	汉语言文学	大学本科	初中语文	中学高级教师
麒麟区第五中学	车玉凤	女	1967年4月	汉	1989年7月	中共党员	云南师范大学	汉语言文学	大学本科	初中语文	中学高级教师
麒麟区第五中学	施中元	男	1971年7月	汉	1989年7月		云南师范大学	数学	大学本科	初中数学	中学高级教师
麒麟区第五中学	张富惠	女	1967年12月	汉	1989年7月	中共党员	云南师范大学	英语	大学本科	初中英语	中学高级教师
麒麟区第五中学	梅晓冬	男	1968年12月	汉	1991年7月	中共党员	云南师范大学	化学	大学本科	初中化学	中学高级教师
麒麟区第五中学	张秀珍	女	1966年3月	汉	1987年7月		曲靖师专	化学	大学专科	初中化学	中学高级教师
麒麟区第六中学	关绍丽	女	1969年11月	汉	1992年7月	民进会员	云南大学	自然地理	大学本科	初中地理	中学高级教师

续 表

单位名称	姓名	性别	出生年月	民族	参工时间	党派	毕业院校	所学专业	最高学历	现从事专业	专业技术资格
麒麟区第六中学	张国华	男	1968年8月	汉	1988年7月	中共党员	中央广播电视大学	数学	大学本科	初中数学	中学高级教师
麒麟区第六中学	顾柱玲	女	1966年1月	汉	1983年7月		中央党校	物理	大学本科	初中物理	中学高级教师
麒麟区第六中学	董向东	女	1969年3月	汉	1992年7月	中共党员	云南师范大学	汉语言文学	大学本科	初中英语	中学高级教师
麒麟区第六中学	代红梅	女	1968年10月	汉	1989年7月		云南师范大学	中文	大学本科	初中语文	中学高级教师
麒麟区第六中学	茹家学	男	1962年5月	汉	1983年7月	中共党员	云南教育学院	政教	大学本科	初中政治	中学高级教师
麒麟区第七中学	潘瑜琨	女	1968年9月	汉	1990年6月	中共党员	云南师范大学	数学	大学本科	初中数学	中学高级教师
麒麟区第七中学	姚云安	男	1969年9月	汉	1993年6月	中共党员	云南师范大学	应用化学	大学本科	初中化学	中学高级教师
麒麟区第七中学	岳　磊	男	1967年5月	汉	1988年6月		云南艺术学院	美术	大学本科	初中美术	中学高级教师
麒麟区第七中学	杨晶宇	男	1967年5月	汉	1987年6月	中共党员	西南师范大学	中文	大学本科	初中语文	中学高级教师
麒麟区第七中学	荀　丽	女	1968年8月	汉	1988年6月		云南师范大学	生物	大学本科	初中生物	中学高级教师
麒麟区第七中学	李本举	男	1973年12月	汉	1991年6月	中共党员	云南师范大学	中文	大学本科	初中语文	中学高级教师
麒麟区第七中学	叶宝玉	男	1963年7月	汉	1984年6月	中共党员	云师大	管理	大学专科	初中数学	中学高级教师
麒麟区第七中学	王丽瑶	女	1970年5月	汉	1991年6月	中共党员	云南师范大学	数学	大学本科	初中数学	中学高级教师
麒麟区第八中学	杨万锦	女	1970年10月	汉	1990年7月		曲靖师专	英语	大学本科	初中英语	中学高级教师
麒麟区第八中学	李加雷	男	1974年7月	汉	1997年7月		曲靖师专	物理	大学本科	初中物理	中学高级教师
麒麟区第八中学	邱光阅	男	1967年3月	汉	1986年7月		曲靖师范	物理	大学本科	初中物理	中学高级教师
麒麟区第八中学	耿彧	女	1974年8月	汉	1996年7月	中共党员	曲靖师专	物理	大学本科	高中物理	中学高级教师
麒麟高级中学	孔雯姬	女	1973年12月	汉	1996年7月	中共党员	云师大	英语教育	大学本科	高中英语	中学高级教师
麒麟高级中学	王　瑛	女	1969年6月	汉	1990年7月	民进会员	云师大	汉语言文学	大学本科	高中语文	中学高级教师
麒麟高级中学	熊祥云	女	1972年12月	汉	1993年7月		云师大	体育教育	大学专科	高中体育	中学高级教师
麒麟高级中学	车保勇	男	1975年11月	汉	1997年7月		云师大	数学教育	大学本科	高中数学	中学高级教师
麒麟高级中学	李春霞	女	1977年4月	汉	1998年9月	中共党员	云师大	数学与年应用数学	大学本科	高中数学	中学高级教师
麒麟高级中学	桂俊妹	女	1969年9月	回族	1994年8月		云师大	英语教育	大学本科	高中英语	中学高级教师
麒麟高级中学	汤泽荣	男	1973年12月	汉	1996年7月		云师大	生物教育	大学本科	高中生物	中学高级教师
麒麟高级中学	平如梅	女	1975年5月	汉	1995年8月		中央广播电视大学	英语教育	大学本科	高中英语	中学高级教师

续 表

单位名称	姓名	性别	出生年月	民族	参工时间	党派	毕业院校	所学专业	最高学历	现从事专业	专业技术资格
麒麟区东山镇第一中学	郑忠陆	男	1974年4月	汉	1993年7月	中共党员	曲师院	思想政治教育	大学本科	初中政治	中学高级教师
麒麟区东山镇第一中学	杨来稳	男	1974年9月	汉	1994年7月		中央电大	中文	大学本科	初中语文	中学高级教师
麒麟区东山镇第一中学	刘华平	男	1973年5月	汉	1997年7月		云师大	中文	大学本科	初中语文	中学高级教师
麒麟区东山第二中学	余小学	男	1971年12月	汉	1997年7月		云南师范大学	数学	大学本科	初中数学	中学高级教师
麒麟区东山第二中学	熊小吉	男	1972年4月	汉	1992年7月	中共党员	云南师范大学	汉语言文学	大学本科	初中语文	中学高级教师
麒麟区东山第二中学	曹稳良	男	1973年7月	汉	1993年7月		云南师范大学	汉语言文学	大学本科	初中语文	中学高级教师
麒麟区东山第二中学	曹晓斌	男	1973年12月	汉	1993年7月		曲靖师范学院	汉语言文学	大学本科	初中语文	中学高级教师
麒麟区东山第二中学	余长权	男	1972年9月	汉	1993年7月		曲靖师范学院	汉语言文学	大学本科	初中数学	中学高级教师
麒麟区东山第二中学	巴国华	男	1974年2月	汉	1993年7月		曲靖师专	体育	大学专科	初中体育	中学高级教师
麒麟区东山第二中学	刘圳高	男	1977年3月	汉	1995年7月		曲靖师范学院	汉语言文学	大学本科	初中语文	中学高级教师
麒麟区东山第二中学	邓开竹	女	1968年5月	汉	1991年7月		云南师范大学	汉语言文学	大学本科	初中语文	中学高级教师
麒麟区东山第二中学	郭荣昆	男	1960年10月	汉	1982年7月		曲靖师范专科	数学	大学专科	初中数学	中学高级教师
麒麟区东山镇第三中学	邓所苍	男	1974年9月	汉	1994年7月	中共党员	西南师大	汉语言文学	大学本科	初中语文	中学高级教师
麒麟区茨营中学	蔡金莲	女	1976年6月	汉	1995年7月		云南师范大学	数学	大学本科	初中数学	中学高级教师
麒麟区茨营中学	汪支方	男	1975年7月	汉	1996年7月	中共党员	云南师范大学	物理	研究生	初中物理	中学高级教师
麒麟区茨营中学	代爱全	男	1972年6月	汉	1996年7月		云南师范大学	英语	大学本科	初中英语	中学高级教师
麒麟区茨营中学	张鸭苍	男	1973年9月	汉	1996年7月		云南师范大学	思想政治教育	大学本科	初中政治	中学高级教师
麒麟区三宝镇第一中学	徐海平	男	1966年7月	汉	1985年7月		曲靖师范学院	汉语言文学	大学本科	初中语文	中学高级教师
麒麟区三宝镇第一中学	雷德才	男	1973年2月	汉	1997年3月		云南师范大学	体育	大学本科	初中体育	中学高级教师
麒麟区三宝镇第一中学	李　梅	女	1974年12月	汉	1997年7月	中共党员	曲靖师范学院	物理	大学本科	初中物理	中学高级教师
麒麟区三宝镇第三中学	张德清	女	1974年2月	汉	1997年7月		云南师范大学	地理	大学本科	初中地理	中学高级教师
麒麟区三宝镇第三中学	龙素华	女	1972年11月	汉	1995年7月		曲靖师范学院	化学	大学本科	初中化学	中学高级教师
麒麟区三宝镇第三中学	李立宝	男	1967年10月	汉	1990年7月		云南大学	数学	大学本科	初中数学	中学高级教师
麒麟区三宝镇第三中学	和　芳	女	1963年7月	纳西族	1982年7月		云师大	英语	大学本科	初中英语	中学高级教师
麒麟区三宝镇第三中学	王发富	男	1954年11月	汉	1975年7月		云南电视师专	英语	大学专科	初中英语	中学高级教师

续 表

单位名称	姓名	性别	出生年月	民族	参工时间	党派	毕业院校	所学专业	最高学历	现从事专业	专业技术资格
麒麟区三宝镇第三中学	尹海仙	女	1974年9月	汉	1996年7月		云南师范大学	语文	大学本科	初中语文	中学高级教师
麒麟区三宝镇第三中学	田　野	女	1972年12月	汉	1994年7月		云南师范大学	政治	大学本科	初中政治	中学高级教师
麒麟区沿江乡第一中学	李　玫	女	1973年10月	汉	1995年7月		云南师范大学	语文	大学本科	初中语文	中学高级教师
麒麟区沿江乡第二中学	李丽琼	女	1974年6月	汉	1997年7月		云南师范大学	地理科学专业	大学本科	初中地理	中学高级教师
麒麟区沿江乡第二中学	刘木清	男	1972年3月	汉	1992年7月		曲靖教育学院	数理专业	大学专科	初中数学	中学高级教师
麒麟区沿江乡第二中学	晏德成	男	1970年11月	汉	1988年7月		云南师范大学	中文	大学本科	初中语文	中学高级教师
麒麟区沿江乡第二中学	段志林	男	1972年3月	汉	1997年7月	中共党员	云南师范大学	函授政教	大学本科	初中政治	中学高级教师
麒麟区沿江乡第二中学	孙凡增	男	1967年7月	汉	1988年7月		云南师范大学	函授政教	大学本科	初中政治	中学高级教师
麒麟区珠街第一中学	丁　洪	男	1973年10月	汉	1995年7月	中共党员	曲靖师院	数学	大学本科	初中数学	中学高级教师
麒麟区珠街第一中学	马光福	男	1974年7月	回族	1997年7月		曲靖师院	化学	大学本科	初中化学	中学高级教师
麒麟区珠街乡第二中学	武仕赋	男	1972年3月	汉	1991年7月		曲靖教育学院	中文	大学专科	初中语文	中学高级教师
麒麟区珠街乡第二中学	张锡春	男	1971年9月	汉	1991年7月		曲靖师院	数学与应用数学	大学本科	初中数学	中学高级教师
麒麟区越州第一中学	聂桂仙	女	1973年3月	汉	1996年7月		云师大	中文	大学本科	初中语文	中学高级教师
麒麟区越州第一中学	何序汝	男	1972年10月	汉	1996年7月		云师大	中文	大学本科	初中语文	中学高级教师
麒麟区越州第一中学	高进勇	男	1972年11月	汉	1995年9月		曲靖师院	数学	大学本科	初中数学	中学高级教师
麒麟区越州第一中学	陈晓轩	男	1977年9月	汉	1997年7月		曲靖师专	数学	大学本科	初中数学	中学高级教师
麒麟区越州第一中学	杨树旗	男	1979年3月	汉	1999年7月	中共党员	云师大	物理	大学本科	初中物理	中学高级教师
麒麟区越州第一中学	徐玉芬	女	1974年12月	汉	1996年7月		曲靖师院	物理	大学本科	初中物理	中学高级教师
麒麟区越州镇第二中学	聂贵友	男	1971年9月	汉	1996年7月	中共党员	云南大学	地理学	大学本科	初中数学	中学高级教师
麒麟区西城中学	孙金凤	女	1964年2月	汉	1987年7月		云南教育学院	汉语言文学	大学专科	初中政治	中学高级教师
麒麟区西城中学	蒋仙琼	女	1974年7月	汉	1996年7月		云南师范大学	英语	大学本科	初中英语	中学高级教师
麒麟区西城中学	陆欣	女	1970年11月	汉	1991年7月		云南师范大学	音乐教育	大学本科	初中音乐	中学高级教师
麒麟区西城中学	刘正兴	女	1969年7月	汉	1989年7月	中共党员	云南大学	生物	大学本科	初中生物	中学高级教师
麒麟区西城中学	李凤武	男	1969年7月	汉	1990年7月		云南师范大学	汉语言文学	大学本科	初中语文	中学高级教师
麒麟区西城中学	何顺锟	男	1965年7月	汉	1985年7月	中共党员	云南师范大学	汉语言文学	大学本科	初中语文	中学高级教师

续　表

单位名称	姓名	性别	出生年月	民族	参工时间	党派	毕业院校	所学专业	最高学历	现从事专业	专业技术资格
麒麟区西城中学	王永刚	男	1974年10月	汉	1995年7月		云南师范大学	汉语言文学	大学本科	初中语文	中学高级教师
麒麟区寥廓中学	王荣华	男	1960年6月	汉	1978年7月	中共党员	曲靖师专	汉语言文学	大学本科	初中政治	中学高级教师
麒麟区经济作物管理服务中心蚕桑站	刘琼花	女	1964年2月	汉	1984年7月	中共党员	中国农业大学	农村区域发展	大专	蚕桑	高级农艺师
麒麟区三宝镇农业综合站	李林东	男	1973年5月	汉	1998年9月	中共党员	华南热带农业大学	热带作物	本科	园艺	高级农艺师
麒麟区农业行政综合执法大队	贾叶华	女	1971年2月	汉	1991年7月	中共党员	云南农业大学	植保	大专	农推	高级农艺师
麒麟区农产品质量安全中心	晏丽惠	女	1968年11月	汉	1989年7月		中国农业大学	农村区域发展	本科	农产品安检	高级农艺师
麒麟区农机综合管理服务二站	任聪花	女	1974年3月	汉	1998年9月	中共党员	云南农业大学	机械设计与制造	本科	农机	高级工程师
麒麟区动物检疫所	张重丽	女	1965年4月	汉	1987年8月	中共党员	曲靖农校	畜牧兽医	专科	畜牧兽医	高级兽医师
麒麟区珠街乡畜牧兽医站	张　翔	汉	1973年2月	汉	1997年8月	中共党员	云南农业大学	畜牧兽医	本科	畜牧兽医	高级兽医师
麒麟区沿江乡畜牧兽医站	张朴芬	女	1972年3月	汉	1996年8月		云南农业大学	畜牧兽医	本科	畜牧兽医	高级兽医师
麒麟区动物检疫所	朱应开	男	1952年11月	汉	1977年12月		曲靖农校	畜牧	中专	畜牧兽医	高级畜牧师
麒麟区区园林绿化管理处	肖明秋	女	26115	汉族	1994年8月	中共党员	西南林学院	园林	本科	园林规划	园林绿化高级工程师
麒麟区寥廓公园管理处	代刘芳	女	1977月1年	汉族	1999年9月	中共党员	华南热带农业大学	观赏园艺	本科	园林绿化	园林绿化高级工程师
麒麟区房管处	黎　玲	女	1975年9月	汉族	1996年1月	中共党员	云南行政学院	经济管理	本科	房地产管理	高级经济师
麒麟区区规划局	那益玮	女	1977年12月	白族	1998年8月	民盟	市委党校	公共事业管理	大学	城乡规划	施工管理高级工程师
麒麟区人民医院	丁世美	女	1966年5月	回族	1989年7月	无	昆明医学院	临床医学	本科	外科	主任医师
麒麟区人民医院	袁应双	男	1971年5月	汉族	1996年7月	中共党员民盟	昆明医学院	临床医学	本科	神经内科	副主任医师
麒麟区人民医院	苏　勤	女	1970年6月	汉族	1995年8月	无	祁州医学院	临床医学	本科	妇产科	副主任医师
麒麟区越州镇卫生院	刘乔莲	女	1962年6月	汉族	1981年8月	中共党员	昆明医学院	临床医学	专科	妇产科	副主任医师
麒麟区越州镇卫生院	陈加林	男	1976年3月	汉族	1999年11月	中共党员	云南中医学院	中医	本科	中医	副主任医师
麒麟区文化局	余晓靖	男	1970年10月	汉族	1971年9月	中共党员	曲靖师范	美术	本科	文博	副研究馆员
麒麟区交通局	周　俊	男	1969年7月	汉族	1989年8月	中共党员	长沙交通学院	交通工程	大专	交通工程	高级工程师
麒麟区水务局	黄利民	男	1969年7月	汉	1991年8月	中共党员	云南农业大学	水电工程	本科	水电工程	副高级工程师

（张永翔）

2011年逝世人物

顾　学

顾学，男，汉族，1928年7月27日出生，河南省宁陵县人，1949年5月参加革命，1952年7月加入中国共产党。

1949年5月～1950年3月在南京二野军大学习；1950年4月～1951年2月在沾益县盘江区任财粮助理和支教助理；1951年3月～1952年9月在沾益县城关区任副区长和土改大队副队长；1952年10月～1953年10月任沾益县城关区区长；1953年11月～1954年11月任沾益县粮食局副局长；1954年12月～1958年3月在沾益县粮食局任局长；1958年4月～1962年1月在沾益县煤矿劳动；1962年2月～1983年11月先后任曲靖县革委会财办副主任、曲靖县财委副主任；1983年12月～1990年2月为原县级曲靖市供销社调查员；1990年2月离休。

2011年2月19日在曲靖病逝，享年83岁。生前享受副处级政治、生活待遇。

毛保甲

毛保甲，男，汉族，1931年8月20日出生，云南省沾益县人，1949年3月参加革命，1950年2月加入中国共产党。

1949年3～8月在沾益支队任战士；1949年8月～1950年11月在边纵六支队三十二团七连任班长；1950年12月～1951年3月在云南昭通公安警备区基干六团七连任班长；1951年3月～1953年3月在云南昭通公安独立第一团七连任班长；1953年～1959年在镇雄人武部罗坎茶木区任副部长；1960～1964年在镇雄人武部任参谋；1964年在大关县人武部任参谋；1972～1973年在大关县人武部任政工科长；1974～1978年在大关县人武部任副政委；1978～1981年在巧家县人武部任副政委；1982～1983年在沾益县外贸局任党支部书记、局长；1983年11月～1992年2月在原县级曲靖市供销社任工会主席；1992年2月离休。

2011年3月19日在曲靖病逝，享年80岁。生前享受副处级政治、生活待遇。

韩　峰

韩峰，男，汉族，1930年1月出生，云南省泸西县人，1947年7月参加革命工作，1949年3月加入中国共产党。

1947年7月在泸西参加地下活动，并参加边纵在泸西城子村办的训练班学习。历任泸西县三区区委委员、区委副书记，罗平县老厂区土改工作队长，罗平县板桥、富乐区委副书记、书记，阿岗公社党委书记，县委宣传部副部长、部长，县委常委、县委副书记、书记处书记，原曲靖地区林业局营林科长，林业工作站副站长、站长、党组成员，地区林产品经销公司经理，1986年1月离休。

2011年4月在曲靖病逝，享年81岁。生前享受正处级政治、生活待遇。

苏天培

苏天培，男，汉族，1923年9月出生，云南省石屏县人，1949年7月参加革命工作。

1949年7～12月在昆明县银行任出纳员、股长；1949年12月～1950年4月在中国人民银行云南省分行训练班学习；1950年4月～1956年1月在中国人民银行曲靖中心分行任科长；1956年1月～1962年5月在曲靖专署轻工业局手工业管理局任副局长；1962年5月～1967年1月在中国人民银行曲靖中心支行任副行长；1967年1月～1970年12月在中国人民银行曲靖中心支行工作；1970年12月～1971年2月在曲靖地区被服厂工作；1971年2月～1973年3月在曲靖地区三电厂负责生产组工作；1973年3月～1986年9月在曲靖地区无线电厂任副厂长；1986年9月离休。

2011年4月在昆明病逝，享年88岁。生前享受副处级政治、生活待遇。

陈书培

陈书培，男，汉族，1947年7月20日出生，云南省曲靖人，1964年12月参加工作，1966年9月加入中国共产党。

1964年12月应征入伍，在中国人民解放军（滇云）澜沧115团服役，曾任115团二营五连班长，二营五连排长，二营五连连长，二营营长、营党支部副书记、书记，115团党委副书记等职；1979年2月参加自卫反击战，战斗中既当战斗员，又当指挥员，作战勇敢，荣立三等功；1983年1月～1983年5月转业安置到原曲靖县土产公司工作；1983年5月～1993年6月在原曲靖县纪律检查委员会工作，任信访室主任；1993年6月～1998年6月在原县级曲靖市信访科任科长；1998年6月～2002年8月任麒麟区老年活动中心副主任；2002年8月退休。

2011年10月29日在曲靖病逝，生前享受单项副处级待遇。

孙绍武

孙绍武，男，汉族，1928年12月9日出生，云南省曲靖人，1949年4月参加革命，同年加入中国共产党。

1949年4月～1953年参加云南省首批土改工作；1953年～1955年任一区（三岔）区委书记；1955年～1957年调曲靖县委合作部任合作组、秘书组组长；1957年～1963年调沿江乡任乡长，后又调三岔乡任乡长；1963年～1965年任环城区副区长；1965年～1978年调曲靖县政府农水科任副科长；1978年～1980年任曲靖县水利局副局长兼防洪办公室主任；1980年～1981年任曲靖县农业局局长；1981年～1984年任曲靖县农委副主任；1984年1月～1986年5月任县级曲靖市农业区划办公室主任；1986年5月～1990年5月任县级曲靖市科协常务副主席；1990年5月离休。

2011年12月11日在曲靖病逝，享年84岁。生前享受副处级政治、生活待遇。

（曹俊峰）

文件选编

中共曲靖市麒麟区委办公室
曲靖市麒麟区人民政府办公室
关于印发《麒麟区推进社会管理创新试点工作实施方案》的通知

各乡（镇）党委、人民政府，街道党工委、办事处，区委和区级国家机关各部委办局、企事业单位、人民团体：

《麒麟区推进社会管理创新试点工作实施方案》已经区委、区政府同意，现印发你们，请按照实施方案要求认真抓好落实，推进全区社会管理创新试点工作深入开展。

2011 年 1 月 13 日

麒麟区推进社会管理创新试点工作实施方案

为切实做好全区社会管理创新试点工作，根据《区委、区政府关于深入推进社会管理创新试点工作的意见》要求，特制定本实施方案。

一、指导思想

以邓小平理论和“三个代表”重要思想为指导，深入贯彻落实科学发展观，坚持以人为本、服务为先的理念，围绕“社会建设如何推进、社会组织如何管理、部门职责如何发挥、管理机制如何健全、社会问题如何解决、矛盾纠纷如何调处、社会治安如何防范、公共服务如何提升”八个环节，着力建立与社会主义市场经济体制相适应的社会管理体系，有效解决影响全区社会和谐稳定的源头性、根本性、基础性问题，形成党委领导、政府负责、部门落实、社会协同、公众参与的社会管理创新格局，切实维护和促进全区社会和谐稳定。

二、目标任务

通过社会管理各项措施的逐步落实，健全社会管理五大体系、完善五项机制，全面落实社会管理与服务八大功能，形成政府组织、社会组织、企业组织共同管理社会的三大组织支柱，及时改善各类民生难题，切实增强社会保障，群众对社会管理的满意度达 90% 以上；治安秩序更加良好，可防性案（事）件得到有效控制；公众对治安的满意度达 90% 以上，社会关系更加和谐，来信来访发生率下降 3%，安全事故死伤人数下降 2%；社会管理科学高效，矛盾纠纷调处成功率达 98% 以上，公众安全感提高，稳态社会结构有序形成。

三、方法步骤

综合试点工作分准备、实施、巩固提升和检查验收四个阶段。

（一）准备阶段（2010 年 10 月 1 日至 2010 年 10 月 31 日）。区委、区政府按照开展综合试点工作的要求，及时成立领导小组，设立专门办公室，从相关部门抽调业务骨干，全面开展调研，拟定工作意见和实施方案，做好各项工作准备，层层动员，全面部署。

（二）实施阶段（2010 年 11 月 1 日至 2012 年 4 月 30 日）。按照《深入推进社会管理创新试点工作的意见》要求，认真落实社会建设、管理、服务各项措施，确保各项重点工作顺利开展。

（三）巩固提升阶段（2012 年 5 月 1 日至 2012 年 5 月 31 日）。对试点工作进行全面总结，查找工作中存在的薄弱环节，制定有效措施进行改进完善。

（四）检查验收阶段（2012 年 6 月）。对各级各部门、各乡镇（街道）进行检查验收，总结推广先进典型，对社会管理创新工作进一步完善提高，迎接省、市的检查验收。

四、工作措施

为推动社会管理创新发展，全面实施社会管理创新工作模式。以完善五大体系、健全五项机制为基础，实现八项社会管理功能的全面释放。

（一）健全社会管理五大体系，推进社会建设

1、大力发展社会事业，健全公共服务体系

（1）完善城乡居民收入稳步增长机制，提高农村居民收入，确保低收入者基本生活保障。

牵头领导：林家德（区委常委、区政府副区长）

牵头单位：区农业局

责任单位：区农业局、区政府办公室、区畜牧局、区劳动和社会保障局、区发展和改革局、各乡镇（街道）。

（2）全面推进素质教育，优化中小学布局，加快发展农村教育和职业教育，推动各级各类教育全面协调发展。

牵头领导：杨忠武（区政府副区长）

牵头单位：区教育局

责任单位：区教育局、区财政局、区发展和改革局、各乡镇（街道）。

（3）实施积极的就业政策，大力开发就业岗位，加强劳务市场整顿，以创业促就业。

牵头领导：汤跃宏（区政府副区长）

牵头单位：区劳动和社会保障局

责任单位：区劳动和社会保障局、区商务局、区经济局、区工商局、区建设局、区公安分局、各乡镇（街道）。

（4）完善覆盖城乡的公共卫生服务、医疗服务、医疗保障和药品供应保障体系，推进公共卫生服务均等化。着力改善农村卫生基础设施条件，建立区乡两级医疗机构双向转诊制度，提高常见病、多发病诊治水平和危重急诊初救水平。按照“十统一”要求，开展村级卫生所标准化建设，至2011年底全区119个村（社区）卫生所全部建设达标。

牵头领导：杨忠武（区政府副区长）

牵头单位：区卫生局

责任单位：区卫生局、区药监局、区安监局、区财政局、区发展和改革局、区建设局、区国土分局、各乡镇（街道）。

（5）按照“高端有市场、中端有支持、低端有保障”的原则，建立适应多层次需求的住房保障体系。

牵头领导：杨国全（区政府副区长）

牵头单位：区建设局

责任单位：区建设局、区国土分局。

（6）完善城区路网和农村路网，打造现代交通网络。

牵头领导：杨国全（区政府副区长）

牵头单位：区交通局

责任单位：区交通局、区建设局、区国土分局、区财政局、区发展和改革局、各乡镇（街道）。

（7）大力推进生态环境建设和保护，加快园林城市建设。

牵头领导：杨国全（区政府副区长）

牵头单位：区建设局

责任单位：区建设局、区环保局、区卫生局、区林业局、区国土分局、区财政局、各乡镇（街道）。

（8）加快提升城市文化软实力，争创国家级文明城。

牵头领导：侯文利（区委常委、区委宣传部部长）

牵头单位：区委宣传部

责任单位：区委宣传部、区文化局、区文明办、区文产办、区广电分局、区信息工作办公室、区建设局。

（9）加强社会公共服务网络建设。把政务服务、公益服务和便民服务有机结合起来，加大公共服务项目建设和公共服务财政投入，通过政策导向，支持鼓励各类社会组织和机构承接公共服务项目，鼓励民间资本和社会力量向公共服务领域投资，不断扩大公共服务供给，逐步实现公共服务社会化、专业化、市场化。抓好区乡两级行政服务大厅建设，大力推行“一站式”服务。

牵头领导：林家德（区委常委、区政府副区长）

牵头单位：区政务服务中心

责任单位：区政务服务中心各成员单位。

（10）加强村（社区）活动场所建设。需新建的，列入规划审批内容。已建成但无预留空间的，通过新建、改建、购买、资产置换或协调企业资源共享等方式，依据相关标准解决。

牵头领导：周永江（区委常委、区委组织部部长）
周光芬（区政府副区长）

牵头单位：区委组织部、区民政局

责任单位：区委组织部、区民政局、区建设局、区国土分局、区财政局、区发展和改革局、各乡镇（街道）。

（11）加强村民自治组织建设。全面规范“四个民主”制度和“村务公开”实施办法、操作规程，健全以村委会、村民会议、村民代表会议、村务公开监督小组、村民理财小组为主体的村民自治组织体系，有效发挥基层自治组织协调利益、化解矛盾、服务群众的作用。

牵头领导：周光芬（区政府副区长）

牵头单位：区民政局

责任单位：区民政局、区纪委监察局、区委组织部、区人大法工委、区政府法制办、区政协社会法制委、区农业局、各乡镇（街道）。

（12）完善城镇社区居民自治功能。按照“权随责走，费随事转”的要求，健全社区党组织和社区群众自治组织、居民会议、社区协商议事等制度，培育各类社区民间组织、志愿者组织，进一步完善社区居民自治功能。积极开展和谐社区、文明社区、文明楼院等创建活动，搭建社区居民服务综合平台，积极营建和谐共处、方便舒适的社区环境。

牵头领导：周光芬（区政府副区长）

牵头单位：区民政局

责任单位：区民政局、区人大法工委、区政府法制

办、区政协社会法制委、各乡镇（街道）。

（13）强化依法治区。深入推进依法治村工作，规范村级组织党务、村务、财务管理和公开。将农村党员活动中心户和普法活动中心户合二为一，由司法行政部门根据各村实际，将相关法律法规和国家的大政方针编印成册，印发各村（社区）、中小学和中心户，建立村级组织、中小学一周一法、中心户一月一法普法长效机制，提高广大群众学法用法守法的自觉性。

牵头领导：汤跃宏（区政府副区长）

牵头单位：区司法局

责任单位：区司法局、区法院、区检察院、区公安分局、区人大法工委、区政府法制办、区政协社会法制委、各乡镇（街道）。

（14）强化职务犯罪预防工作。针对当前职务犯罪规律特点，与有关行业、部门、单位积极建立行之有效的预防工作机制，形成覆盖面广、信息沟通快、合力强、运行效果好的预防职务犯罪网络，抓好综合预防工作。坚持“三挂”制度，深入推进职务犯罪预防工作，积极参与基层管理。

牵头领导：丁常云（区委常委、区委政法委书记）

牵头单位：区检察院

责任单位：区检察院、区纪委监察局、区委政法委、区法院、区公安分局、区司法局、区审计局、区农业局。

2、培育发展社会组织，健全社会组织管理体系

（15）强化社会组织功能。推进社会组织与行政部门脱钩，实现管办分离、政社分开，逐步将事务性、服务性工作和部分社会管理工作委托给社会组织承担，将决策咨询、标准制定、行业规范、资格认证等职能向行业协会转移，实现政府从管理社会向处理公共关系的转变。

牵头领导：杨国全（区政府副区长）

牵头单位：区发展和改革局

责任单位：区发展和改革局、区政府办公室、区委组织部、区民政局、区政府法制办、区人事局、区工商联、各乡镇（街道）。

（16）加强社会组织管理。健全社会组织归口管理、双重负责、分级管理体制，建立社会组织重大活动报告和管理、综合评估机制，切实加强各类社会组织的协调服务和自治体系建设。

牵头领导：周光芬（区政府副区长）

牵头单位：区民政局

责任单位：区民政局、区总工会、团区委、区妇联、区科协、区工商联、区残联，各乡镇（街道）。

（17）大力培育和扶持社会组织。重点培育一批影响力大、公信力强、有社会责任感的新型行业协会，积极发展慈善类公益组织、志愿服务组织和社区群众组织，支持农民专业合作组织的发展。积极鼓励社会力量在教育、科技、文化、卫生、体育、社会福利等领域创办非公企业单位，满足人民群众多元化需求。

牵头领导：周光芬（区政府副区长）

牵头单位：区民政局

责任单位：区民政局、区经济局、区商务局、区教育局、区科技局、区文化局、区卫生局、区体育局、区农业局。

（18）提升社会领域党建工作的有效性。健全社会领域党建工作责任体系，完善社会领域党建联系点、联席会议等制度，以“两新组织”党建工作为重点，采取单独建、联合建、挂靠建、分片建和挂靠管理、属地管理等方式，提高社会组织党组织的组建率，扩大党组织工作的覆盖面，逐步形成党委统一领导、组织部门宏观指导、社会工作机构具体负责、有关部门密切配合的分类管理与分级负责相结合的社会领域党建“网格化”管理体系。

牵头领导：周永江（区委常委、区委组织部部长）

牵头单位：区委组织部

责任单位：区委组织部、区民政局、区总工会、团区委、区妇联、区科协、区工商联、区残联、各乡镇（街道）。

3、加快建设城乡一体化社保体系

（19）加强社会保险体系建设。确立城乡社会保险统筹发展思路，统筹建立农村社会养老保险体系，提高城乡低保水平。

牵头领导：汤跃宏（区政府副区长）

牵头单位：区劳动和社会保障局

责任单位：区劳动和社会保障局、区财政局、区民政局、区总工会、各乡镇（街道）。

（20）设立信访救助基金，对上访事项中涉及合法利益的困难群体进行救助。

牵头领导：汤跃宏（区政府副区长）

牵头单位：区信访局

责任单位：区信访局、区财政局、区民政局。

（21）设立刑事被害人救助基金，对刑事案件中已通过诉讼又无法获得赔偿、生产生活极度困难的刑事被害人家庭进行救助。

牵头领导：丁常云（区委常委、区委政法委书记）

牵头单位：区委政法委

责任单位：区委政法委、区法院、区检察院、区公安分局、区司法局、区财政局、区民政局、区劳动和社会保障局、区卫生局。

（22）设立涉诉特困群体救助基金，对涉诉案件中因执行难造成生活严重困难的特困群体进行救助。

牵头领导：丁常云（区委常委、区委政法委书记）

牵头单位：区委政法委

责任单位：区委政法委、区法院、区财政局、区民政局、区劳动和社会保障局、区卫生局。

（23）推进“大执行”工作格局建设。加大执行工作宣传力度，调动社会积极力量全面开展执行积案集中清理工作。建立完善党委领导、人大监督、政府支持、法院主办、各相关部门积极配合的“大执行”工作格

局，合力破解执行难题。

牵头领导：丁常云（区委常委、区委政法委书记）

牵头单位：区法院

责任单位：区法院、区委政法委、区检察院、区公安分局、区综治办、区司法局。

4、健全社会治安防控体系

（24）完善严打工作机制，提升打击犯罪能力。加大严打力度，认真落实破案攻坚责任制，全面完善治安形势分析评估预测、工作决策部署、快速反应、协作配合和经费保障等经常性工作机制，严厉打击严重暴力犯罪，涉黑涉恶犯罪，抢劫、抢夺、盗窃等多发性、可防性犯罪及各类严重危害社会秩序和市场经济秩序的犯罪活动。

牵头领导：汤跃宏（区政府副区长）

牵头单位：区公安分局

责任单位：区公安分局、区法院、区检察院、区司法局。

（25）强化社会治安技防建设。实现辖区金融、商贸等重点单位和“窗口”部门、重点部位、企事业单位内部监控网络与公安派出所的报警联网，形成规模效应和技防强势，实现区公安分局指挥室（中心）与各派出所监控平台的联网运行。完善各乡镇集镇地区、道路治安卡口、重点单位、公共复杂场所、居民居住区等技防工程建设，实现录相监控探头及电子巡更点遍及所有乡镇集镇、区内交通要道重要路口。

牵头领导：汤跃宏（区政府副区长）

牵头单位：区公安分局

责任单位：区公安分局、区财政局、区电信分公司、各乡镇（街道）。

（26）推进乡村一体化巡防网络建设。全面规范公安派出所巡防工作运行机制，扎实开展社会面治安巡防，增强公安派出所对社会治安的控制能力。在各村（社区）组建村（社区）专（兼）职治安巡防队伍，分时段、分部位开展治安巡防，构建与分户联防、派出所巡防相对应的治安防范网络。进一步完善“邻里守望、校园守望、商业守望、单位守望、小区楼幢守望、邻里协防”等群防群治模式，加强公益性岗位人员、低保人员、离退休人员、老干部老党员等义务巡逻队建设，全面开展群防群治工作。

牵头领导：丁常云（区委常委、区委政法委书记）

牵头单位：区综治办

责任单位：区综治办、区公安分局、各乡镇（街道）。

5、健全安全工作管理体系。

（27）加强食品药品安全管理。建立进货验收、购销台帐、质量承诺、协议准入、经营者质量责任、食品添加剂备案、食品安全承诺和不合格食品退市等制度，以重点区域、重点时段、重点场所为主，加强日常巡查和监管，全面实施食品放心工程，加强食品安全分析预警系统信息网络平台建设，着力构建食品安全信息监测体系，确保食品安全。

牵头领导：杨忠武（区政府副区长）

牵头单位：区药监局

责任单位：区药监局、区卫生局、区安监局、区工商局、区商务局、区质监分局、区地税局、区国税局。

（28）强化危险物品安全监管。按照“集约化”管理工作思路，将危险物品从业人员管理纳入公司化运作，严格落实危险物品生产、运输、保管、使用各个环节的工作责任，最大限度地减少公共安全隐患。

牵头领导：汤跃宏（区政府副区长）

牵头单位：区公安分局

责任单位：区公安分局、区安监局、区经济局、区卫生局。

（29）强化道路交通安全管理。围绕“保安全、保畅通、降事故”的目标，健全119个村（社区）驻村交通协管员队伍，整合责任单位工作力量，大力发展农村客运交通，全力解决群众出行难等问题。层层分解工作责任，加强城区交通秩序、区乡公路、乡村公路安全隐患整治，强化境内交通干线路检路查，全面开展“平安出行”创建活动。

牵头领导：汤跃宏（区政府副区长）

牵头单位：区公安分局

责任单位：区公安分局、区交通局、区运政管理所、区农机局、各乡镇（街道）。

（30）强化消防安全管理。组建派出所消防队，成立公共灾害事故综合应急救援大队。建立村（社区）志愿消防队，切实增强乡村抗灾御灾能力。

牵头领导：汤跃宏（区政府副区长）

牵头单位：区消防大队

责任单位：区消防安全工作委员会成员单位、各乡镇（街道）。

（31）全面开展农资打假，保护农民权益。积极开展以种子、农药、肥料、兽药、饲料和饲料添加剂、农机具及零配件等为重点的农资打假护农专项治理，严厉打击各种制售假劣农资产品的违法行为。

牵头领导：周光芬（区政府副区长）

牵头单位：区工商局

责任单位：区工商局、区公安分局、区农业局、区农机局、区质监分局。

（32）严厉打击非法传销。加强虚假广告、商标侵权的查处力度，从重打击各种非法传销活动。采取定点服务和定期巡查的办法，加强对流动交易活动的服务管理力度，严厉打击欺行霸市、强买强卖、欺诈消费者的违法行为。

牵头领导：周光芬（区政府副区长）

牵头单位：区工商局

责任单位：区工商局、区法院、区检察院、区公安分局、区司法局、区商务局、区经济局、各乡镇（街道）。

（33）不断深化平安创建。按照平安单位“十无”

和平安和谐家庭创建标准，将各企事业单位、道路交通、各类场所、旅游景区、各类市场、建筑工地、金融网点、铁路护路、禁毒防邪等纳入创建范畴，最大限度压降可防性案件、矛盾纠纷和各类安全事故。

牵头领导：丁常云（区委常委、区委政法委书记）

牵头单位：区综治办

责任单位：区综治办、区平安创建工作领导小组成员单位。

（二）畅通渠道，完善社会管理五项机制

(34) 建立健全社会管理运行监督机制。依法对现有非行政许可审批项目进行彻底清理，依法规范行政部门和行政人员岗位职责，完善重大决策监管程序，将重大决策引入权威机构论证评估轨道，形成社会事务社会管、社会建设社会建的良好格局。

牵头领导：林家德（区委常委、区政府副区长）

牵头单位：区政府法制办

责任单位：区政府法制办、区政务服务中心各成员单位。

(35) 建立健全社会稳定风险评估机制。进一步完善《麒麟区重大事项社会稳定风险评估制度》，对与人民群众利益密切相关的重大政策、重大改革措施、重大项目建设在正式出台之前进行社会风险评估，权衡各方利益，深入分析可能产生影响稳定的因素，制定相应的对策和预案，积极引导社会公众心理预期，切实从源头上减少社会矛盾的产生。

牵头领导：丁常云（区委常委、区委政法委书记）

牵头单位：区维稳办

责任单位：区维稳工作领导小组成员单位、各乡镇（街道）。

(36) 建立健全信息社会化采集机制。在全区各部门、各乡镇（街道）、各村（社区）、各村（居）民小组设立信息员，明确其职责任务和奖惩要求，强化对社会管理基础信息的采集。在各乡镇（街道）、各执法部门成立信息研判工作机构，及时对采集到的各类信息进行研判和反馈，推进社会管理信息数据的跨部门、跨地区共享和综合利用，形成社会信息动态采集和部门共享共用机制。

牵头领导：汤跃宏（区政府副区长）

牵头单位：区公安分局

责任单位：区政法各部门、区信访局，各乡镇（街道）。

(37) 建立健全公共危机应急机制。设立区乡村突发事件应急救援指挥部，围绕可能发生的公共危机、突发事件，制定相关应急预案，做好应急物资储备，形成党委领导、政府负责、部门协同、社会联动的应急救援工作机制，构建统一指挥、分级负责、条块结合、专群结合、协同应对、全民参与的工作体系，实现社会预警、社会动员、快速反应、应急处置的整体联动。

牵头领导：林家德（区委常委、区政府副区长）

牵头单位：区政府办公室

责任单位：区政府办公室、区应急办各成员单位、各乡镇（街道）。

(38) 建立健全执法监督机制。以“和谐、法治”为主题，建立完善对执法活动的法律监督机制，依法监督纠正执法中存在的问题，维护社会公平、正义。

牵头领导：杨国文（区人大常委会副主任）

牵头单位：区人大法工委

责任单位：区人大法工委、区委政法委、区纪委、区委组织部、区政协社会法制委、区法院、区检察院、区公安分局、区司法局。

（三）整合力量，强化社会管理八大功能

(39) 强化企业服务社会管理的联建功能。遵循企业社会责任价值规律，实施“以企带村”计划，将区域内具有一定实力的企业分挂到各村（社区），全面开展“致富项目、农业基础建设、公益事业建设”三进村活动，帮扶带动农村经济发展，实现企业发展与社会建设和管理的互利共赢。

牵头领导：杨国全（区政府副区长）

牵头单位：区经济局

责任单位：区经济局、区政府办公室、区发展和改革局、区总工会、区工商联、各乡镇（街道）。

(40) 强化流动人口、暂住人口联控功能。建立出租房屋门牌许可制度，认真落实出租房屋户主、用工单位责任，强化治安问责手段。推行暂住人口 IC 卡试点工作，保障暂住人口合法权益，积极探索暂住人口管理新途径。

牵头领导：汤跃宏（区政府副区长）

牵头单位：区公安分局

责任单位：区公安分局、区综治办、区劳动和社会保障局、区计生局、区财政局、区建设局、区工商局、区教育局、区卫生局、区国税局、区地税局、各乡镇（街道）。

(41) 强化特殊人群联帮功能。以特殊群体管理服务中心为平台，建立特殊人群信息库，落实相关责任人和监护人治安责任，强化监管措施，积极开展法制教育、心理矫正、技能培训、劳务输出等救治帮扶措施。

牵头领导：汤跃宏（区政府副区长）

牵头单位：区司法局

责任单位：区司法局、区综治办、区法院、区检察院、区公安分局、区财政局、区民政局、区人事局、区教育局、区工商局、区总工会、团区委、区妇联，各乡镇（街道）。

(42) 强化虚拟社会联管功能。构建网上综合处置平台，提高事前防范、事中监督和为实战服务的能力。建立安全员和网站管理员网上处置联动工作机制，快速发现网上有害信息，严厉打击虚拟社会违法犯罪活动。完善舆情控制工作预案，针对热点问题和敏感事件，密切关注事态发展，有效制止各种网上炒作及群体性事件的发生。认真落实网吧上网实名制，提高对网吧的防控能力。

牵头领导：汤跃宏（区政府副区长）

牵头单位：区公安分局

责任单位：区公安分局、区委宣传部、区信息化工作办公室、区广电分局、区法院、区检察院、区文化局、区发展和改革局、区电信分公司、区司法局。

(43) 强化矛盾纠纷联调功能。深入开展爱民走访实践活动。健全区、乡、村、组四级矛盾纠纷排查调处网络，强化区解决信访问题联合工作组和涉法涉诉接访中心建设，按照“属地管理”、“归口调处、分级负责”的原则，全面排查调处影响社会稳定的突出隐患，促进民间调解、治安调解、信访接待调解、诉讼调解等的有机对接，建立“四级联动三调对接”的矛盾纠纷大调解体系，最大限度地消除各类不稳定因素。

牵头领导：丁常云（区委常委、区委政法委书记）

牵头单位：区维稳办

责任单位：区维稳领导小组各成员单位、区解决信访问题联合工作组、区涉法涉诉接访中心、各乡镇（街道）。

(44) 强化校园安全管理联防功能。校园及周边环境专项整治工作领导小组组长、副组长挂乡镇（街道）、领导小组成员挂校园，每所学校、幼儿园派驻校园警长和法制副校长，实行校园安全动态管理。

牵头领导：杨忠武（区政府副区长）

牵头单位：区教育局

责任单位：区校园及周边环境专项整治工作领导小组各成员单位，各乡镇（街道）。

(45) 强化安全生产领域的联勤功能。从整治安全隐患入手，整合安全管理力量，健全和完善安全管理制度，落实相关部门安全管理工作职责，加强安全管理联勤协作机制建设，加强安全文化建设，抓实制度“硬管理”和文化“软管理”的有机结合，实现安全生产制度化、规范化和人性化。

牵头领导：杨国全（区政府副区长）

牵头单位：区安监局

责任单位：区安监局、区公安分局、区经济局、区煤炭局、区建设局、区国土分局、区林业局、区水务局、区交通局、区消防大队、各乡镇（街道）。

(46) 强化突出治安问题联治功能。坚持关注民生、维护民利、保障民安的原则，按照“打现行、除隐患、调纠纷、整秩序”的总体要求，不断强化组织领导和指挥协调，定期开展“两项排查”工作，对排查发现的突出治安问题和治安重点地区，由区综治委组织相关职能部门联合整治。

牵头领导：丁常云（区委常委、区委政法委书记）

牵头单位：区综治办

责任单位：区综治委成员单位、各乡镇（街道）。

四、组织领导

推进社会管理创新，是贯彻落实科学发展观的重要内容，是构建社会主义和谐社会的必然要求，是促进经济社会又好又快发展的重要保障。全区各级各部门要以与时俱进的精神和科学的态度，转变社会管理理念，整合社会管理资源，科学制定落实措施，层层宣传发动，切实维护和促进社会和谐稳定。

（一）强化领导抓保障。区委、区政府成立以区委书记、区长为组长的社会管理创新工作领导小组，实行区级领导挂乡镇（街道）、区直各部门领导挂村工作制，负责督促各乡镇（街道）社会管理创新工作措施的落实。各乡镇（街道）、各部门要成立相应的领导机构，明确职责任务，形成主要领导亲自抓、分管领导直接抓、业务人员具体抓的工作格局，切实为社会管理创新工作的扎实推进提供强有力的组织保障。

（二）强化措施抓落实。全区各级各部门要对职责范围内的工作进行细化分解，层层落实责任，大胆改革实践，提出阶段性工作目标，研究制定具体实施方案，明确责任部门和责任领导，精心组织抓好落实。同时，加大宣传力度，层层动员，形成各级各部门齐抓共管、社会各界和广大群众共同参与的良好社会氛围。

（三）强化责任抓督查。全区各级党政主要领导是社会管理创新工作第一责任人，对本乡镇（街道）、本部门的社会管理创新工作负主要责任。根据工作需要，将社会管理创新工作纳入贯彻落实科学发展观综合考核内容。要加强对各级各单位社会管理创新工作的督促检查，确保取得实效。

曲靖市麒麟区人民政府贯彻落实国务院关于进一步加强企业安全生产工作通知的实施意见

各乡（镇）人民政府、街道办事处，区直各办、局、中心：

为认真贯彻落实《国务院关于进一步加强企业安全生产工作的通知》（以下简称《通知》）和《云南省人民政府贯彻落实国务院关于进一步加强企业安全生产工作通知的实施意见》（以下简称《实施意见》）精神，进一步强化企业安全生产管理，全面提高全区安全生产水平，结合麒麟区实际，提出如下实施意见：

一、统一思想、提高认识，充分认识《通知》和《实施意见》的重大意义

《通知》是国务院在深入贯彻落实科学发展观，加快转变经济发展方式，建设和谐社会和实践安全发展理念，调整产业结构，推进经济平稳较快发展的重要时期，对安全生产工作作出的重大决策部署，是继2004年出台《国务院关于进一步加强安全生产工作的决定》后的又一纲领性文件，充分体现了党中央、国务院对安全生产工作的高度重视，体现了以人为本、安全发展的执政理念。《实施意见》是省委、省政府贯彻《通知》的重要举措，是加强企业安全生产工作的深化，进一步明确了现阶段全省安全生产工作的总体要求和目标任务，提出了新形势下加强安全生产工作的一系列政策措施，着重在落实企业安全生产主体责任方面提出了具体措施。各级各部门要站在深入贯彻落实科学发展观的高度，认真学习、深刻领会《通知》和《实施意见》精神，切实增强抓好企业安全生产工作的紧迫感、责任感和使命感，把思想和行动统一到《通知》和《实施意见》精神上来，采取有力措施，扎实抓好各项政策措施贯彻落实，确保企业安全生产主体责任得到全面落实，努力推动全区安全生产形势持续稳定好转。

二、落实责任、齐抓共管，全面落实各级政府的监管责任

各级各部门要围绕煤矿、非煤矿山、危险化学品、烟花爆竹、消防火灾、道路交通、铁路运输、建筑施工、民用爆炸物品、冶金等10个重点行业和领域，认真落实企业的安全生产主体责任和行业监管责任，努力促使各项安全生产措施落到实处。

（一）强化属地管理。各乡（镇）、街道、安全生产监督管理部门、负有安全生产监管职责的有关部门和行业管理部门要结合法律法规和职责分工，按照“分级负责、属地管理”的原则，对本行政区域内的企业，包括中央、省、市属企业依法实施严格的监督检查和管理。中央、省、市属企业要积极配合各级政府及有关部门的安全管理，不得设置安全检查障碍。

（二）强化责任落实。一是全区各级领导干部要严格按照《云南省人民政府关于推行安全生产“一岗双责”进一步强化安全生产责任制的意见》要求，全面落实“一岗双责”制度。二是区安委会各成员单位要严格按照《曲靖市麒麟区安全生产委员会工作规则》要求，认真履职，切实抓好本部门所管行业领域的安全生产工作。三是要建立安全生产“季通报”制度，区安委办按月发布全区安全生产信息，每季度召开一次安全生产工作例会，定期通报各行业安全生产信息，分析各行业安全生产形势，采取有力措施，解决安全生产中的突出问题。

（三）严格安全准入条件。负有行政审批的部门要把符合安全生产标准作为企业准入的前置条件，实行严格的安全准入制度。严格建设项目安全审批，凡未经安全审查批准的项目，有关部门不得办理项目审批、核准、登记、备案手续。严格安全“三同时”制度，所在建设项目的安全设施必须与主体工程同时设计、同时施工、同时投入生产和使用，安全设施与建设项目主体工程未做到同时设计的一律不予审批，未做到同时施工的责令立即停止施工，未同时投入使用的不得颁发安全生产许可证。严格建设项目周期管理，实行试生产（运行）备案制度，项目建成后，建设单位必须报有关部门备案，方能进行试生产（运行），试生产（运行）期限原则上不得超过6个月，建设单位试生产（运行）结束后，要及时向安全生产监管部门或有关部门提出安全设施竣工验收申请，经验收合格后，方可投入生产（运行）。凡未申请或者未经同意组织试生产（运行）的，责令停产整顿，造成事故的依法从严从重查处。

（四）严格责任追究。一是严格目标考核。凡与区人民政府签订安全生产责任状的乡（镇）人民政府、街道办事处、区直有关部门和企业，年度内发生较大以上生产安全责任事故或考核不合格的，单位及其主要负责人当年不得评先评优。二是严厉责任追究。煤矿发生重特大事故、采石场发生较大事故的，依法予以关闭；对发生重特大生产安全责任事故的企业主要负责人、实际控制人依法从重处罚，其主要负责人终身不得担任本行业的矿长（厂长、经理）。对非法违法生产、经营、建设而造成事故的，要依法从重处罚。要严厉查处事故背后的失职渎职的有关责任人员的责任。三是加大对“打非治违”不力的责任追究力度。在本行政区域内，对群众举报、上级督办、日常检查发现的非法违法生产、经营、建设行为没有采取有效措施予以查处，致使非法违法生产、经营、建设现象严重的，根据情节轻重，对乡（镇）人民政府、街道办事处负责人以及有关单位责任人，给予降级、撤职或者开除公职的行政处分；涉嫌犯罪的，依法追究刑事责任。

三、完善制度、依法生产，全面落实企业安全生产主体责任

（一）严格落实企业安全生产主体责任制度。企业主要负责人要积极组织制定本单位学习安全生产法律法规和标准规范制度并亲自组织抓好落实。要加强学习考核，做好学习记录，建立学习档案，做到全员知法懂法，明确安全生产法定义务。企业法定代表人作为企业安全生产的第一责任人要依法确保安全投入、安全管理、安全装备、安全教育培训等措施落实到位，确保企业具备安全生产基本条件；企业及其下属单位要建立安全生产管理机构并按标准配齐专（兼）职安全生产管理人员；逐级建立企业管理人员、职能部门、车间班组和各工种的岗位安全生产责任制，形成涵盖全员、全过程、全方位的责任体系，做到责任无盲区、管理无死角。

（二）建立健全和严格执行各项安全生产规章制度。企业必须严格执行安全生产法律法规，健全完善并严格执行安全生产目标管理、企业领导现场带班、安全例会、安全检查、安全教育培训、生产技术管理、机电设备管理、劳动管理、安全费用提取与使用、重大危险源监控、安全生产隐患排查治理、安全技术措施审批、安全防护用品管理、职业危害预防、生产安全事故报告和应急管理、安全生产奖惩、安全生产档案管理等各项安全生产规章制度及各类安全技术规程，规范生产经营建设行为，坚持不安全不生产。加强劳动组织管理和现场安全管理，严格查处违章指挥、违规作业、违反劳动纪律的“三违”行为。不准超能力、超强度、超定员组织生产，一经发现立即责令停产停工整顿，直至停止生产经营活动，并对企业和企业主要负责人及其相关责任人依法给予规定上限的经济处罚。

（三）严格落实安全生产岗位责任制度。企业必须建立健全本单位安全生产责任制度、安全生产目标管理制度，将安全生产责任目标分解落实到领导班子每个成员、所有内设机构和所有管理人员、全体操作岗位，严格进行考核。

（四）严格执行领导干部轮流现场带班制度。企业主要负责人、领导班子成员和生产经营管理人员要轮流现场带班，主要负责人每月现场带班不得少于5天。煤矿要有矿领导带班并与工人一同下井、升井。现场带班领导要立足现场安全管理，加强对重点部位、关键环节的检查巡视，及时发现和解决问题，并据实做好交接。对无企业负责人带班下井或该带班而未带班的，对有关责任人按擅离职守处理，同时给予规定上限的经济处罚。发生事故而没有领导现场带班的，对企业给予规定上限的经济处罚，并依法从严从重追究企业主要负责人的责任。

（五）严格执行企业安全生产风险分析、预警制度和紧急撤人避险制度。企业要建立完善安全生产动态监控及预警预报体系，每月进行一次本单位安全生产全面风险分析，重要生产经营活动环节、敏感时段和区域要进行专项风险分析，无安全可靠保障措施不准开展任何生产经营活动，发现事故征兆要立即发布预警信息，落实防范和应急处置措施，严格执行现场紧急撤人避险制度。企业要严格检查处置各系统、各部位、各作业地点存在的各种安全隐患，严格查处违章指挥、违规作业、违反劳动纪律的“三违”行为。企业生产现场带班人员、班组长和调度人员有在遇到险情第一时间下达停产撤人命令的直接决策权和指挥权。

（六）严格执行企业隐患排查治理制度。企业是安全生产隐患排查治理的主体，要建立安全生产隐患全员排查、登记报告、分级治理、动态分析、整改销号制度，开展经常性的安全隐患排查，凡是与实现安全目的的有关要求不相符合的状态都应视为安全隐患，对排查出的隐患逐一落实整改方案、责任人员、整改资金、整改期限和应急预案，切实做到整改措施、责任、资金、时限和预案“五到位”。企业要实行重大安全隐患挂牌督办制度，并及时将重大隐患现状、可能造成的危害、消除隐患的治理方案报告企业所在地政府有关部门。对政府有关部门挂牌督办的重大隐患，企业要按要求报告治理进展、治理结果等情况，要建立以安全生产专业人员为主导的隐患整改效果评价制度，确保整改到位。

（七）严格执行企业安全生产专项投入制度。企业要按规定提取安全专项费用，在制定财务预算中必须确定必要的安全投入，安全费用必须专项用于安全生产技术改造、安全防护设备设施、应急救援器材装备、安全生产检查评价、安全事故隐患评估整改和监控、宣传教育、技能培训和应急演练等与安全生产直接相关的投入。新建、改建、扩建工程项目的安全设施投资必须纳入项目建设概算，安全设施与建设项目主体工程同时设计、同时施工、同时投入生产和使用。根据高危行业（领域）特点，推广企业内部全员安全风险抵押金制度，加大奖惩兑现力度，充分调动全体员工安全生产的积极性和主动性。

（八）严格执行企业安全生产标准化达标制度。企业要严格执行安全生产法律法规和行业规程标准，加大安全生产标准化建设投入，积极组织开展岗位达标、专业达标和企业达标的建设活动，并持续巩固达标成果，实现全面达标、本质达标和动态达标。煤矿企业在2013年底前达到安全质量标准化要求；露天矿山、地下矿山和三等以上尾矿库要在2011年底前达到安全标准化最低等级；2013年底前，所有金属非金属矿山和尾矿库要达到安全标准化最低等级；危险化学品生产经营单位和烟花爆竹生产经营单位必须在2012年达到安全标准化最低等级。在规定时间内未达到安全标准化最低等级的，要依法暂扣生产许可证和安全生产许可证，责令企业限期整顿；对整顿逾期未达标的，依法予以关闭。

（九）严格执行企业生产技术管理和设备安全管理制度。强化企业技术管理机构的安全职能，按规定配备安全技术人员，切实落实企业负责人安全生产技术管理负责制，强化企业主要技术负责人技术决策和指挥权。鼓励员工进行技术革新，大力推广应用先进适用的新技术、新工艺、新装备和新材料，提高企业本质安全水平。分行业、分专业、分工艺制定安全技术操作规程，并当生产条件发生变化时及时重新组织审查或修订。对实施作业许可证管理的动火作业、受限空间作业、爆破作业、临时用电作业、高空作业等危险性作业，要制定专项安全技术措施，并严格审批监督。企业员工应当熟知并严格执行安全技术操作规程。要加强地下矿山设备安全管理，矿井必须建立完善的机械通风系统，矿井输电线路通过易燃可燃材料部位时，必须有安全可靠的防护装置。凡是发现设备安全管理不到位，检查、维护、更新不及时的，要立即责令停产整顿。

（十）严格执行先进技术装备强制推行制度。企业要推广应用先进适用工艺设备，利用先进适用的管理技术和手段，加强对生产经营活动过程的监测监控。地下矿山要安装完成监测监控系统、压风自救系统、供水施救系统和通信联络系统；要完成紧急避险系统的建设完善工作。适合采用中深孔爆破、机械铲装、机械二次破碎技术和装备的露天矿山，要全部采用，因特殊原因不能采用的，要形成书面报告报安全监管部门备案。

（十一）严格执行从业人员安全培训制度。企业主要负责人和安全生产管理人员、特种作业人员必须经过严格培训考核，按国家有关规定持职业资格证书上岗。职工必须全部经过培训合格并能熟练掌握和应用本岗位的应知应会知识和技能后，方可上岗。新员工上岗前、转岗员工换岗前要进行岗位操作技能培训，保证其具有本岗位安全操作、应急处置等知识和技能。企业要定期开展安全生产技术方法、事故案例及安全警示教育，普及安全生产基本知识和风险防范知识，提高员工安全风险辨析与防范能力。

（十二）严格执行企业应急管理和重大危险源监控预警制度。企业要针对重大危险源和可能突发的生产安全事故，制定相应的应急组织、应急队伍、应急预案、应急资源、应急培训教育、应急演练、应急救援等方案和应急管理办法，并注重与政府和社会应急组织体系相衔接。企业要建立完善安全生产动态监控及预警预报体系，每月开展1次安全生产风险分析，积极利用先进的技术和方法建立安全生产监测监控系统，进行有效的实时动态预警。每年汛期前，所有煤矿和地下非煤矿山要组织开展1次停产撤人演练活动，其他高危企业、高层建筑、地下商场、学校、医院等人员密集场所每年都要开展1次应急救援演练。企业应建立重大危险源辨识登记、安全评估、报告备案、监控整改、应急救援等工作机制和管理办法；要设立重大危险源警示标志，并将本单位重大危险源及有关管理措施、应急预案等信息报告有关部门，并向相关单位、人员和周边群众公告。遇重大危险源失控或重大安全隐患出现事故苗头时，企业要立即预警预报，组织撤离人员、停止运行、加强监控，防止事故发生和事故损失扩大。

（十三）严格执行作业场所职业健康管理制度。企业要积极开展职业健康安全管理体系认证，依照国家有关法律法规及规章标准，完善现场职业安全健康设施、设备和手段；按规定为员工配备职业安全卫生健康防护用品，督促员工正确佩戴和使用，并对接触有毒有害物质的作业人员进行定期的健康检查。

（十四）严格执行安全生产承诺制度。企业就遵守安全生产法律法规、执行安全生产规章制度、保证安全生产投入、持续具备安全生产条件等签订安全生产承诺书，向企业员工及社会作出公开承诺，自觉接受监督。同时，全体员工要就履行岗位安全责任向企业作出承诺。

四、全面动员、广泛宣传，营造全社会共同关心支持安全生产的良好氛围

各级各部门和单位要认真组织学习《通知》和《实施意见》精神，切实领会其精神实质。要加强宣传教育，把《通知》和《实施意见》精神宣传到最基层，宣传到每一位员工。各级安全生产监管机构和负有安全生产监管职责的部门以及各类生产经营单位的主要负责人和班子成员要率先学习好、领会好《通知》和《实施意见》精神，把握好核心内容，为本部门、本单位、本系统干部职工的学习做好宣讲辅导，努力把学习贯彻《通知》和《实施意见》精神转化为完善工作思路、强化工作措施的自觉行动。各级各相关部门要通过报纸、电视、广播等新闻媒介，多种形式宣传《通知》和《实施意见》精神，形成全社会关心、关注和监督安全生产的良好氛围。

2011年2月15日

中共曲靖市麒麟区委关于制定国民经济和社会发展第十二个五年规划的建议（2010年12月30日中国共产党曲靖市麒麟区第三届委员会第九次全体会议通过）

“十二五”时期（2011年~2015年），是麒麟区经济社会发展的重大战略机遇期和转型期。全面贯彻落实党的十七大和十七届五中全会精神，科学编制和有效实施“十二五”规划，对于适应新形势、完成新使命、实现新跨越，促进经济长期平稳较快发展，夺取全面建设小康社会新胜利，具有十分重要的意义。根据中央和省委、市委《关于制定国民经济和社会发展第十二个五年规划的建议》精神，结合麒麟实际，提出如下建议。

一、立足实际，走富有麒麟特色的发展道路

（1）“十一五”时期经济社会发展取得巨大成就。“十一五”以来的五年，是极不平凡的五年，是全区人民团结奋进、经济社会发展取得辉煌成就的五年。五年来，区委团结带领全区各族人民，以邓小平理论和“三个代表”重要思想为指导，以科学发展观统领全局，认真贯彻落实党的十六届五中全会以来的路线方针政策，大力推进新型工业化、现代城市化、农业产业化、社会信息化、经济市场化进程，较好地实现了率先发展、科学发展、安全发展、和谐发展，超额完成“十一五”规划确定的各项目标任务。预计“十一五”末，全年实现区域内生产总值315亿元，年均增13.7%，完成“十一五”规划的151.4%；固定资产投资191亿元，年均增32.4%，完成“十一五”规划的163.7%；地方财政收入12.6亿元，其中，地方财政一般预算收入9.2亿元，年均增22.3%，完成“十一五”规划的149%；

区域内工业总产值453亿元，年均增19.7%，完成“十一五”规划的107.2%；其中，规模以上工业实现产值409亿元，年均增19.4%；社会消费品零售总额64亿元，年均增20.9%，完成“十一五”规划的146.5%；城镇居民人均可支配收入16 308元，年均增12.3%，完成“十一五”规划的127.5%；农民人均纯收入5 500元，年均增11.4%，完成“十一五”规划的116.7%。城镇化率达66.2%，超“十一五”规划6.2个百分点。科技对经济增长的贡献率达56.6%，超“十一五”规划3.7个百分点。城镇登记失业率、人口自然增长率均控制在“十一五”规划目标以内。“十一五”期间，全区经济社会持续快速健康协调发展，麒麟中心城市的地位进一步巩固，人民群众生活水平得到较大改善和提高，社会面貌发生了巨大变化，经济、政治、文化、社会、生态文明和党的建设取得了巨大成就，麒麟区在全市乃至全省的战略地位不断提升。

过去的五年，是全区加快发展、活力增强、发展方式重大转型的五年，是城市面貌日新月异、服务功能日益增强的五年，是各项社会事业全面发展、民主法制建设不断取得新进步的五年，也是社会走向和谐、群众得到实惠较多的五年。回顾过去五年的奋斗历程，我们遇到的困难超乎想象，付出的艰辛非比寻常，取得的成绩来之不易，积累的经验弥足珍贵，得到的启示要倍加珍惜。

（2）“十二五”时期经济社会发展的国内外环境。当前和今后一个时期，麒麟区仍处于可以大有作为的重要战略机遇期，既面临难得的历史机遇，也面对诸多可以预见和难以预见的风险挑战。

世界多极化、经济全球化深入发展，我国工业化、信息化、城镇化、市场化、国际化步入新阶段，扩大内需战略和西部大开发战略深入实施，培育滇中经济圈作为发展引擎，乌蒙山区作为扶贫开发投资重点，云南建设面向西南开放的“桥头堡”，滇中城市经济群加快形成，曲靖经济技术开区升级为国家级开发区，将作为承接产业转移的示范区，这些政策和机遇为我们加快发展搭建了平台、拓展了空间、开辟了新天地。尤其是麒麟区经过多年的积累与发展，基础设施日臻完善、产业发达、城市优势突出，综合保障能力显著增强，为未来五年加快发展打下了坚实基础，提供了强有力的保障。

同时，我们还必须清醒地看到，麒麟区经济社会发展依然面临诸多严峻挑战。国际金融危机影响深远，世界经济增长速度减缓，我国经济发展中不平衡、不协调、不可持续问题突出，全国经济重心加速东移，全省经济重心加速向昆明集中，而重点领域和关键环节的改革又进入攻坚阶段，调整经济结构、转变发展方式也进入了倒逼期。加之麒麟区区域经济竞争能力不强，城市发展水平不高，农村经济发展不快，可用财力不足，社会保障能力不强，行政效率不高等问题存在，未来五年我们加快发展的形势不容乐观。这些问题必须引起高度重视，采取更加有力的政策措施，在发展中切实加以解决。

二、加快转变经济发展方式，开创麒麟科学发展新局面

（3）制定“十二五”规划的指导思想。制定“十二五”规划，必须高举中国特色社会主义伟大旗帜，以邓小平理论和“三个代表”重要思想为指导，深入贯彻落实科学发展观，准确把握国际、国内形势新变化，立足麒麟区情，以科学发展为主题，以转变经济发展方式为主线，以保障和改善民生为落脚点，以加快新型工业化、现代城市化、农业产业化进程为重点，全面推进经济、政治、文化、社会、生态文明和党的建设，为麒麟率先全面建成小康社会奠定坚实基础。

（4）“十二五”时期经济社会发展主要目标。就是努力把麒麟建设成为“六区、四城、两中心”：

——“六区”，一是县域经济强区。价格总水平保持基本稳定；主要经济指标保持两位数增长，区域内生产总值翻一番；全社会固定资产投资年均增15%以上；地方财政一般预算收入年均增12%以上。经济总量在全省十强县中争先进位，位居西部地区前列，争取迈入全国百强县（区）行列。二是新型工业大区。坚定不移地走“科技含量高、经济效益好、资源消耗低、环境污染少、人力资源充分发挥、市场关联度高”的工业化道路，保持年均增15%以上的发展速度，工业产值突破900亿元，全省新型工业化排头兵的地位更加巩固。三是城乡统筹示范区。建立以工促农、以城带乡的长效机制，农民生活更加富足，居住、交通、教育、文体、卫生等方面的条件有较大改善，现代农业强区的地位初步显现。城镇居民人均可支配收入年均增7%以上，农民人均纯收入年均增8%以上。四是商贸服务中心区。坚持点式布局、成片开发，推动服务业总量逐年扩大，结构更加优化，业态更加丰富，居民消费更加方便。社会消费品零售总额年均增18%以上。五是可持续发展示范区。资源综合利用率显著提高，万元GDP能耗下降15%。生态环境更加优化，宜居环境更加改善，全民科学素质明显提升，科技进步对经济增长的贡献率年均提高1个百分点。改革开放更有活力，外贸进出口总额年均增10%以上，利用内外资年均增20%以上。六是民生幸福宜居区。民主法制更加健全，社会事业全面发展，保障体系更加完善，社会就业更加充分，公共服务更加有效，社会更加和谐稳定，人民群众幸福指数较高。文化事业和文化产业加快发展。城镇登记失业率控制在4%以内；人口自然增长率控制在6.5‰以内。

——“四城”，就是进一步推进文明城、安全城、卫生城和园林城“四城联创”战略。通过3～5年努力，基本建成全国文明城市、国家园林城市和国家级卫生城市，提升全国最安全城市位次。

——“两中心”，一是“滇中城市群”产业聚集中心。城镇建设快速推进，基础设施全面加强，三次产业更加协调，中心城市的地位和作用更加突出，成为“经济景气指数高、文化特色浓、人居环境好、投资氛围

佳、产业特色明、社会安定和谐”的区域性现代化大城市。二是“桥头堡”的区域性物流中心。大力发展商贸物流业，推进物流配送中心建设，加快构筑滇中城市群物流核心圈，初步形成“带动曲靖、辐射全省、引领滇东北乃至黔西南地区”的现代物流中心格局。

实现上述奋斗目标，必须坚持以下原则：一是坚持科学发展。更加注重以人为本、更加注重全面协调可持续发展、更加注重统筹兼顾、更加注重保障和改善民生，提高发展的全面性、协调性和可持续性。二是坚持协调发展。正确处理好速度质量效益、城镇化与新型工业化和农业现代化、经济发展与改善民生和社会事业协调发展、人口资源环境等关系，促进区域良性互动、协调发展。三是坚持创新发展。深入实施科教兴区和人才强区战略，提高教育现代化水平，增强自主创新能力，壮大创新人才队伍，推动发展向主要依靠科技进步、劳动者素质提高、管理创新转变。四是坚持共享发展。把保障和改善民生作为加快转变经济发展方式的根本出发点和落脚点，加快发展各项社会事业，推进基本公共服务均等化，加大收入分配调节力度，使发展成果惠及全区人民。五是坚持绿色发展。把建设资源节约型、环境友好型社会作为加快转变经济发展方式的重要着力点，实施节能减排，发展循环经济，推广低碳技术，倡导绿色消费，走可持续发展道路。六是坚持和谐发展。正确处理改革、发展与稳定的关系，把改革的力度、发展的速度和社会的可承受度结合起来，努力营造政通人和、安定团结的社会环境，实现经济发展与社会和谐的有机统一。

三、坚持扩大内需战略，促进经济平稳较快发展

(5) 加强宏观经济管理。处理好保持经济平稳较快发展与调整经济结构和管理通胀预期的关系，及时发现和准确把握经济运行中出现的新情况、新问题，做到内外统筹、远近结合、点面兼顾，提高决策的预见性、前瞻性、科学性、针对性和有效性，确保全区经济平稳较快发展。

(6) 努力扩大消费需求。坚持扩大内需特别是消费需求战略，充分挖掘内需的巨大潜力，把扩大消费需求作为扩大内需的战略重点，进一步释放城乡居民消费潜力。把推进城镇化作为扩大内需的重要抓手，大力发展服务业和中小企业，增加就业创业机会。完善收入分配制度，提高城乡中低收入居民收入，增强居民消费能力。扩大社会保障制度覆盖面，逐步完善基本公共服务体系，形成良好的消费预期。发展新型消费业态，拓展新兴服务消费，完善鼓励消费的政策，改善消费环境，合理引导消费行为，积极促进消费结构升级。

(7) 调整优化投资结构。发挥投资对扩大内需的重要作用，完善投资体制机制，保持投资合理增长，提高投资质量和效益。把握国家产业政策和投资导向，引导投资向民生和社会事业、农业农村、科技创新 生态环保、资源节约等领域倾斜。严格执行投资项目用地、节能、环保、安全等准入标准，有效遏制盲目扩张和重复建设。加强和规范政府融资平台管理，防范投资风险。大力发展非公经济，鼓励扩大民间投资，放宽市场准入，支持民间资本进入基础产业、基础设施、市政公用事业、社会事业、金融服务等领域。

四、加大结构调整力度，建立现代产业体系

(8) 增强创新能力。加快建立以企业为主体、市场为导向、产学研相结合的创新体系，加大科技交流、合作、引进、转化力度。积极鼓励支持引进先进实用技术、高新技术，对现有企业、产业进行技术改造。突出重点产业创新，大力推进信息技术在工业生产中的广泛应用，在城乡广泛建立技术信息服务体系，实现科技成果向现实生产力的转化。

(9) 发展现代农业。突出城郊型现代农业发展，推进农业机械化，加强农产品基地建设，大力培育农业龙头企业，扶持发展农民专业合作组织，加强农业科技推广应用，推进农业集约化、规模化、标准化、产业化经营，建设“两重点、五片区、六产业”的现代农业产业体系。形成种植业“城郊苗果花、坝区稻渔藕、山区烟菜桑、沿路生态园”，畜牧业“城镇加工转化带、坝区养殖聚集带、山区草食开发带”的特色产业布局。

(10) 推进新型工业化。坚持实施“工业强区”战略，实施好“园区带动、支柱培育、优化升级、技术创新、全民创业”五大工程，全力提升工业经济的综合实力。巩固提升传统支柱产业，培育发展新兴产业，把培育和引进大企业作为战略主攻点，强化工业的规模发展、集中发展、承接发展、创新发展。建设好西城、麻黄、越州三个工业园区，重点发展建筑建材、农产品加工、烟草加工、汽车机械制造、金属冶炼与压延、煤化工六大支柱产业，培育发展光电子、新型建材和生物制药三大新兴产业，加速推进新型工业化进程。

(11) 发展现代服务业。坚持生产性服务业和生活性服务业并举、传统服务业和现代服务业共同发展，大力发展商贸、物流、金融、信息咨询、科技服务等面向生产的服务业，积极发展教育医疗卫生、文化休闲、旅游健身、房产餐饮、居民服务等面向民生的服务业。以麒麟城为中心，交通沿线为纽带，小城镇为连接点，构建服务业发展平台，重点打造“一圈、五中心、七大主导产业”，构建传统服务业和现代服务业相融合的城市经济集群。从而形成“工业品、农产品、消费品”三大市场网络体系中心，辐射全市乃至滇东北、黔西南地区。

五、促进城乡协调发展，积极稳妥推进城镇化

(12) 优化城乡布局。建设现代珠江源大城市中心区，加快小城镇和新农村建设步伐，形成“一区、三组团、十集镇、百中心村”的辐射状发展格局。中心城区要提升整体实力，增强在滇中城市群中的竞争力，发挥好在城乡发展中的龙头作用；中心集镇要强化城镇基础设施和市场建设，提高居住和就业发展能力，发挥城乡之间的桥梁作用；中心村（集中居住小区）要完善基础设施，发挥好居住的集中作用。

“一区”是核心，涵盖寥廓、建宁、南宁、白石江、西城五个街道办事处。作为珠江源大城市建设的中心区域，按照“东扩、西进、南拓、北延、中提升”的发展思路，继续抓好城市道路、给排水系统、通信系统及各种城市功能基础设施建设，增强城市辐射带动功能，大力发展以现代服务业为主的城市经济，增强中心城区辐射带动能力。

“三组团”是珠街（沿江）组团、温泉（三宝）组团和越州组团，是珠江源大城市的重要组成部分，是城市发展、城市功能向农村辐射的连接板块，是城市经济的聚集群，重点布局以城市向外扩张及城市经济发展相配套的产业。越州组团以金属冶炼及压延业、煤化工为主，珠街（沿江）组团、温泉（三宝）组团以加工、仓储、物流、休闲、旅游业为主，通过构建城市高速、快速通道，把“三个组团”建设成环绕中心城区的综合服务型经济平台。

“十集镇”是新村、高家村、越州、潦浒、茨营、三宝、温泉、珠街、沿江、潇湘10个集镇。作为连接中心城区和农村的重要中心小城镇，布局高效现代生态旅游观光农业，与优势农产品深加工相配套的服务业、商贸业等。

“百中心村（小区）”是以村委会、社区为单元，推进100个中心村（集中居住小区）建设，促进村庄集聚、人口集中、土地集约。

（13）统筹城乡经济社会发展。抓好麒麟区作为“全省城乡统筹发展改革试点区”的机遇，加快建立城乡一体的管理体制和工作机制，推进城乡规划一体化、产业布局一体化、基础设施一体化、政策机制一体化、公共服务一体化、就业保障一体化、社会管理一体化。建立健全城乡之间的综合调控和区域协调机制，对城市、城镇、农村进行科学功能定位和产业布局，使城市城镇建设、农田保护、产业聚集、村落分布、生态涵养等空间布局合理，城乡产业发展得到互补，城乡基础设施建设和公共服务逐步统一。积极推进农民市民化，推进城乡一体的教育、医疗、住房、就业、社会保障等制度改革，逐步消除城镇发展和农民进城的体制性障碍，建立促进城乡人口合理流动的有效机制。

（14）加快城乡基础设施建设。一是农村基础设施建设。以水利为重点，推进小型病险水库除险加固，加快大中型灌区配套改造，搞好抗旱水源工程建设，完善农村小微型水利设施，全面加强农田水利建设。切实加强农村饮水安全工程建设，继续改造农村危房，实施农村清洁工程，开展农村环境综合整治。二是城市基础设施建设。以城市道路、市政公用设施、环卫城管基础设施、旧城改造为重点，全面提升城市建设管理水平，不断增强与城市地位相适应的载体功能、服务功能和综合保障功能，努力提升城市的功能和品位。三是交通能源基础设施建设。按照城市道路、区乡公路和乡村公路等级化的要求，建成快捷、便利、安全、通达度较高的公路交通网络。大力提升传统能源，支持发展新能源，加大煤矿技术改造力度，加大电网改造力度，完善输变电基础设施。四是信息基础设施建设。加快信息通信管道、基础通信网络、有线电视网改造、电子政务基础网络平台建设，逐步实现电信网、互联网和广播电视网“三网融合”。

（15）优化国土空间开发。进一步优化土地利用结构和布局，规范开发秩序，控制开发强度，形成高效、协调、可持续的国土空间开发格局。强化土地利用总体规划的编制和实施，对耕地保有量、基本农田保护面积和建设用地规模实行总量控制。坚持最严格的耕地保护制度，严格土地用途管制，切实保护耕地尤其是基本农田。坚持“用地指标保重点，一般项目靠挖潜”的原则，保障全区“十二五”期间国家和省、市重点以及大中型非农业建设项目的建设用地需求。大力开展土地整治复垦，适度进行土地开发，挖掘现有土地资源的潜力。

六、建设资源节约型、环境友好型社会，推进可持续发展

（16）推进节能减排。抓好工业、建筑、交通运输等重点领域节能。推广先进节能技术和产品，合理控制能源消费总量，抑制高耗能产业过快增长，提高能源利用效率。加强重点行业大气污染源治理，实施主要污染物排放削减计划，严格控制氮氧化物排放，有效削减二氧化碳排放总量，保证空气环境质量安全。树立绿色、低碳发展理念，探索发展低碳经济的有效途径，推动全社会生产生活方式和消费观念向低碳化转变，发展新能源及可再生能源，加快构建资源节约、环境友好的生产方式和消费模式，增强可持续发展能力。

（17）大力发展循环经济。以提高资源产出效率为目标，推进生产、流通、消费各环节循环发展。鼓励产业废物循环利用，完善再生资源回收体系和垃圾分类回收制度，推进资源再生利用产业化。开发应用源头减量、循环利用、再制造、零排放和产业链接技术，推广循环经济典型模式。推进企业清洁生产，实现能源、资源利用的最大化和废物产生的最小化、资源化、无害化和减量化。

（18）加强资源节约和管理。全面实行资源利用总量控制、供需双向调节、差别化管理，加强能源和矿产资源的地质勘查、保护、合理开发，完善土地管理制度，强化规划和年度计划管控，加强用地节地责任和考核。高度重视水安全，强化水资源管理和有偿使用，建设节水型社会。完善生态环境与资源补偿管理机制，探索多样化的补偿方式，力求做到受补平衡。保护生态环境和资源，推进社会公平与和谐发展。

（19）加大环境保护力度。以解决饮用水不安全和空气、土壤污染及林木绿地破坏等损害群众健康的突出环境问题为重点，加强综合治理，明显改善环境质量。按照“谁污染、谁治理、谁投资、谁受益”的原则，促使企业开展污染治理、生态恢复和环境保护。加快环保设施建设和发展环保产业，加强生态保护和防灾减灾体

系建设，强化环境保护执法和监督。

七、着力保障和改善民生，加强社会建设

（20）优先发展教育。按照优先发展、育人为本、改革创新、促进公平、提高质量的要求，创新教育理念，建立科学、高效的教育管理体制和运行机制，全面推进素质教育，积极发展学前教育，巩固提高义务教育，加快提升高中阶段教育，做大做强职业教育，加快发展继续教育，支持发展特殊教育，合理配置公共教育资源，加快缩小城乡教育差距，促进城乡义务教育全面均衡发展，义务教育与非义务教育协调发展。

（21）建设人才强区。坚持党管人才原则，加强各类人才队伍建设，建立健全政府宏观管理、市场有效配置、单位自主用人、人才自主择业的体制机制。进一步优化人才发展环境，建立推动人才创新、创业的激励机制，调整人才的分布结构，加快人才引进步伐，推进人力资源市场建设，营造尊重人才的社会环境，建立健全平等公开、竞争择优的制度环境，促进优秀人才脱颖而出。

（22）提升文化软实力。充分发挥文化引导社会、教育人民、推动发展的功能，建设社会主义核心价值体系，提高人民的文明素质，培育和形成良好社会心态、社会氛围和社会风气。进一步深化文化体制改革，加强文化遗产保护，扶持公益性文化事业，发展经营性文化产业，努力发展新型文化业态，推进文化创新，大力推动文化创意与艺术原创工程，加强文化交流与合作，推动文化产业快速发展。加大对城乡文化市场的监管力度，努力净化文化市场环境。大力开展全民健身运动，增强人民体质，提高竞技运动水平。

（23）全面做好人口工作。坚持计划生育基本国策，遵循人口发展规律，控制人口规模，改善人口结构，优化人口布局、保障人口安全，提高人口综合素质，促进人口长期均衡发展。坚持男女平等，切实保障妇女合法权益，加强未成年人保护，发展妇女儿童事业。积极应对人口老龄化，注重发挥家庭和社区功能，优先发展社会养老服务，培育壮大老龄服务事业和产业。支持残疾人事业发展，健全残疾人服务体系。

（24）推进劳动就业和社会保障。多渠道开发就业岗位，鼓励自主创业，健全统一规范灵活的人力资源市场，加强职业培训和择业观念教育，提高劳动者就业能力，促进充分就业。完善劳动争议处理机制，改善劳动条件，保障劳动者权益，发挥政府、工会和企业作用，努力形成企业和职工利益共享机制，建立和谐劳动关系。完善城镇企业职工基本养老保险金统筹制度，实现新型农村社会养老保险制度、城乡社会救助全覆盖，建立健全农民工参加养老保险的相关配套措施。继续扩大城镇居民基本医疗保险范围，逐步提高城乡最低生活保障标准、扩大农村低保覆盖范围，进一步完善农村“五保”人员的供养及灾害救助制度。大力发展社会福利和慈善事业，切实保障弱势群体的合法权益。

（25）提高城乡居民健康水平。深化医药卫生体制改革，加强公共卫生服务体系建设，健全覆盖城乡的基本医疗卫生服务体系，优先满足城乡居民多层次的医疗卫生需求。以农村为重点，进一步建立健全三级医疗服务网络，努力缩小城乡医疗卫生服务差距，建立与经济社会发展需求相适应的疾病预防控制、妇幼保健、卫生执法监督体系。支持中医药事业发展，大力开展爱国卫生运动，全面普及健康知识，有效预防控制重大疾病及其危险因素，进一步提高突发重大公共卫生事件应急反应和处置能力。鼓励社会资本以多种形式举办医疗机构，加强监管，提高服务质量和效率，满足群众多样化医疗卫生需求。

（26）促进民族地区协调发展。高度重视民族团结、稳定，加大对民族地区基础设施、产业发展等扶持力度，改善民族地区生产生活环境，提高少数民族生活质量，增强民族自我发展能力，发展民族地区教育、科技、文化、体育、卫生等社会事业，尊重少数民族习俗，抓好民族宗教工作，促进民族地区经济社会和谐发展。

（27）加强和创新社会管理。健全基层管理和服务体系，提高城乡社区自治和服务功能。完善人民调解、行政调解、司法调解联动的工作体系，整合各方力量，建立调处化解矛盾纠纷综合平台。畅通和规范群众诉求表达、利益协调、权益保障渠道，建立重大工程项目建设和重大政策制定的社会稳定风险评估机制，正确处理各种社会矛盾，把各种不稳定因素化解在基层和萌芽状态。加大公共安全投入，加强安全生产，健全对事故灾难、公共卫生事件、食品安全事件、社会安全事件的预防预警和应急处置体系。做好流动人口服务管理，加强特殊人群帮教管理和服务工作，加大社会管理薄弱环节整治力度。完善社会治安防控体系，加强城乡社区警务、群防群治等基层基础建设，加强政法队伍建设，严格公正廉洁执法，增强公共安全和社会治安保障能力。严密防范、依法打击各种违法犯罪活动，切实保障人民生命财产安全。

（28）加强国防和后备力量建设。坚持走军民融合式发展路子，进一步完善国民经济动员、人民防空动员、战备交通动员和军队保障体系。深化全民国防教育，加强后备力量建设，密切军政军民关系，建设一支听党指挥、服务人民、英勇善战、维护社会稳定、支持地方经济社会发展的高素质预备役队伍。

八、加快改革攻坚步伐，进一步提高对外开放水平

（29）深化行政管理体制改革。减少和规范行政审批，努力为各类市场主体创造公平的发展环境，健全覆盖城乡的公共服务体系，全面提高基本公共服务能力。严格依法行政，建立健全决策、执行、监督相互制约又相互协调的行政运行机制。

（30）深化社会事业体制改革。积极稳妥推进科技、教育、文化、卫生、体育等事业单位分类改革。培育和依法管理社会组织，支持、引导其参与社会管理和服务。改革基本公共服务提供方式，引入竞争机制，扩大

购买服务，实现提供主体和提供方式多元化。推进非基本公共服务市场化改革，增强多层次供给能力，满足群众多样化需求。

（31）深化农村综合改革。稳妥推进农村社会保障体系改革，稳步推进农村管理体制改革。建立政府债务清偿长效机制，逐步化解乡、村、组债务。推进统筹城乡发展改革试点工作，力争在城乡互动发展、城乡生活同质化等领域取得重大突破。

（32）深化资源要素价格改革。理顺资源价格体系，建立和完善反映市场化供求关系、资源稀缺程度、环境损害成本的生产要素和资源价格形成机制，培育建立资本、土地、技术、人才等要素市场，促进要素资源的优化配置，逐步建立健全现代市场体系。

（33）深化财税体制改革。优化财政支出结构，加大对公共服务和社会事业等重点领域投入力度。深化预算制度改革，建立健全预算编制、执行、监督相互协调、相互制衡的绩效预算管理体制，加强对财政支出效果的管理和预算支出的约束。加快完善支持农村建设的财政专项转移支付制度，加强税收征管和非税收入管理，建立健全区乡财政良性运行机制，提高财政资金使用效益。

（34）深化投融资体制改革。健全公共投资决策机制，逐步建立和完善决策责任追究制度，约束投资决策中的机构利益行为。加快建立多元化、多层次的投融资体系，进一步激发民间投资活力，鼓励和吸引社会资金投向基础性、公益性项目。

（35）努力扩大开放。紧紧抓住国家把云南建设成为面向西南开放的“桥头堡”有利时机，大力实施“引进来”战略，充分发挥区位优势，积极承接珠三角产业转移，鼓励外资流向基础设施建设、传统产业改造和战略新兴产业发展。大力实施“走出去”战略，加强与发达地区的经济技术交流与合作，扩大对外投资，发展对外工程承包和劳务输出。

九、加强党的领导，为实现“十二五”规划而奋斗

（36）充分发挥党的领导核心作用。党的领导是实现“十二五”时期经济社会发展目标的根本保证，必须加强党的执政能力建设和先进性建设，不断提高党领导经济社会发展的水平。全区各级党组织必须准确把握经济社会发展趋势，科学谋划发展蓝图，努力创新发展模式，加强对发展的统筹协调，切实提高发展的质量。推进学习型党组织建设，加强和改进干部教育培训，注重实践锻炼，增强领导班子和领导干部推动科学发展、促进社会和谐的能力。深化干部人事制度改革，创新和完善干部选拔任用机制，健全领导班子和领导干部考核评价制度，形成有利于科学发展的用人导向。

（37）加强政治文明建设。坚持和完善人民代表大会制度、政治协商制度、基层群众自治制度，积极支持人大、政府、政协、法院、检察院依法依章履职，全力支持工青妇等群团组织开展工作。发展基层民主，保障人民群众依法进行民主选举、民主决策、民主管理和民主监督。全面落实依法治区方略，把依法执政、依法行政贯穿于决策、执行、监督全过程。强化司法监督，实行司法公开，保证司法公正。加强基层政权建设，完善政务公开、村务公开等制度，实现政府行政管理与基层群众自治有效衔接和良性互动。完善以职工代表大会为基本形式的企事业单位民主管理制度，支持职工参与管理，维护职工合法权益。发挥社会组织在扩大群众参与、反映群众诉求方面的积极作用，增强社会自治功能。

（38）加强精神文明建设。建设社会主义核心价值体系，加强人民群众的理想信念和社会公德、职业道德、家庭美德、个人品德教育，广泛开展群众性精神文明创建活动，形成良好的道德行为规范，培育奋发进取、理性平和、开放包容的社会心态，创造我为人人、人人为我的社会氛围，形成扶正祛邪、惩恶扬善的社会风气。

（39）充分发挥广大党员干部的先锋模范作用。切实加强党的基层组织建设，深入开展创先争优活动，教育和引导广大党员干部用科学发展观武装头脑，树立正确的政绩观，积极落实加快转变经济发展方式的部署和要求，带头落实促进发展的各项政策和措施，推动经济社会又好又快发展。严明党的政治纪律，加强对重大决策和重要工作部署的监督检查，确保政令畅通。加强反腐倡廉建设，推进反腐倡廉制度创新，严格执行党风廉政建设责任制，深化党性党风党纪教育，加强领导干部廉洁自律和严格管理，严格权力运行制约和监督，加大查办违纪违法案件工作力度。

站在新的历史起点上，全区各族人民要高举中国特色社会主义伟大旗帜，全面贯彻落实科学发展观，解放思想、实事求是、与时俱进、开拓创新，开创科学发展新局面，为实现“十二五”规划和全面建设小康社会宏伟目标而努力奋斗！

曲靖市麒麟区人民政府办公室关于做好2011年农民负担监督管理工作的意见

各乡（镇）人民政府、街道办事处，区直各办、局、中心：

为切实抓好2011年农民负担监督管理工作，维护好农民的合法权益，防止农民负担反弹，促进社会稳定和谐发展，经区人民政府同意，现就做好2011年农民负担监督管理工作提出如下意见。

一、指导思想

以党的十七大和十七届五中全会精神为指导，深入贯彻落实科学发展观，按照中央农村工作的总体部署，以维护农民合法权益为重点，针对当前存在的突出问题，深入开展专项治理，狠抓减负和强农惠农政策落实，建立健全农民负担监督管理机制，扎实推进农村综合改革，切实防止农民负担反弹。

二、主要任务

（一）加强教育，提高干部队伍素质。

各级农民负担监督管理部门要围绕统筹城乡发展、建设社会主义新农村的主题，加强对乡村基层干部的教育，牢固树立大局意识和宗旨意识，严格履行职责，加强监督管理，深入贯彻落实科学发展观，做到自觉守法、正确执法，确保各项减负和强农惠农政策落到实处。

（二）狠抓涉农收费专项治理。

1. 治理农民建房多收乱罚问题。对农民利用集体土地新建、翻建自用住房除按规定收取证照工本费外，不得收取其他行政事业性费用，不得强制或变相强制农民接受服务并收取费用。国土、建设部门要对农民建房收费加强监督管理，做好自检自查工作，促进农村建房收费规范有序。

2. 治理农村中小学乱收费。学校只能按规定收取作业本费、寄宿生住宿费，严禁向学生收取其他任何费用。

3. 治理向农民专业合作社乱收费。办理农民专业合作社登记不得收费，严禁借办理证照搭车或变相收取其他费用，农民专业合作社也不得向成员乱收费。

（三）完善村民一事一议筹资筹劳制度，推进村级公益事业建设一事一议财政奖补试点工作。

1. 完善一事一议筹资筹劳实施方案。根据《国务院办公厅关于转发农业部村民一事一议筹资筹劳管理办法的通知》（国办发〔2007〕4号）和省、市有关文件要求，结合本地实际，抓紧完善一事一议筹资筹劳实施方案，积极引导农民在自愿基础上出资出劳建设村内道路、农田水利等公益事业，严防将一事一议变成加重农民负担的口子。禁止以自愿捐款等名义变相强制农民出资出劳，禁止向村集体摊派集资或变相摊派集资。

2. 切实解决修建通村公路向农民摊派集资问题。按照《村民一事一议筹资筹劳管理办法》的规定，筹资筹劳的适用范围不包括修建通村公路。要划清修建通村公路与村内道路投资的界限，明确通村公路投入应由各级政府分别负责。修建通村公路要坚持量力而行原则，根据地方财力安排建设，禁止向农民或村集体摊派集资或变相摊派集资。对修建通村、通乡公路向农民或村集体摊派集资等违规违纪行为要严厉查处。

3. 积极组织实施一事一议筹资筹劳财政奖补试点。要按照《曲靖市麒麟区人民政府办公室关于开展村级公益事业建设一事一议财政奖补试点工作的通知》（麒区政办〔2008〕64号）等文件要求，积累经验，逐步推进，探索建立以政府补助资金为引导、筹补结合的村级公益事业建设投入新机制。

4. 坚持村级公益事业建设一事一议筹资筹劳审批制度。各乡（镇）、街道减负办要严格把关，按规定审批，并报区减负办备案。对未经审批就进行筹资筹劳或乱收费的，要严肃查处。

（四）坚持农村集体共同性生产费用预结算制和申报审核制。

农村集体共同性生产费用按照“谁受益谁负担，受益大的多负担，受益小的少负担，不受益的不负担”的原则和“以支定收”的要求实行预结算制，各乡（镇）、街道减负办要严格审批，加强监督管理。

（五）认真落实各项强农惠农政策，加大财政转移支付资金监管力度。

中央、省、市强农惠农的各种补贴补助政策必须坚决贯彻，通过“一折通”落实到农户，不得截留、挪用，也不得抵顶各种税费；各级各部门要严格按照农村税费改革转移支付资金的管理和使用要求，将资金足额及时拨付到位，专户储存，专账管理，严禁截留、平调、挤占、挪用，确保专款专用，保证村级组织正常运转。

（六）建立健全农民负担监管长效机制。

重点健全和完善“五项制度”：

一是涉及农民负担收费文件“审核制”。区政府法制办、发改局要定期对涉及农民负担的收费文件进行清理，梳理和规范向农民的收费项目、范围、标准等。

二是涉农价格和收费“公示制”。要创新公示形式，适时更新公示内容，确保公示效果。区发改局要根据清理后的涉农收费文件和项目，组织制定新的涉农价格和收费公示牌进行公示。

三是农村公费订阅报刊“限额制”。乡（镇）、街道、村级组织和农村中小学校公费订阅报刊，必须坚持自愿订阅原则，严禁摊派发行，不得超出或变相超出限额标准。

四是农民负担“监督卡制”。创新农民负担监督卡制度，将农民负担监督卡作为涉农收费的明白卡，凡涉农收费必须要有政策依据，并以书面通知形式通知到农户，让群众明白收费政策、应交资金和应出劳务的用途和使用情况。

五是涉及农民负担案（事）件“责任追究制”。对涉及农民负担的违规违纪行为，要严格按照有关规定，对负有领导责任的人员和直接责任人员进行责任追究。坚持涉及农民负担案（事）件通报制度。

（七）加大农民负担监督检查力度。

一是要强化涉农收费票据的监督检查。凡向农民收费都必须开据正式票据，村集体收取“一事一议”筹资、筹劳折资、共同性生产费、上级部门拨付的各种补助及专项款项、土地征用补偿费等非涉税收入开《云南省农村集体经济专用收款收据》；农村新农合收费、建房收费、农村保险、水电收费、计划生育收费等，开相应专项票据。严禁白条收费、不开票收费。各乡（镇）、街道和区财政局、发改局、农业局等部门要加强涉农收费票据的监督检查，发现问题及时处理。

二是要强化对农民反复上访、长期难以解决的重点问题的督办。2011年要重点督办查处修路强行向农民摊派集资、变换形式向农民乱收费和平调、挪用农民补贴补偿款和侵占农民土地承包经营权等4类问题。各级各有关部门要畅通信访渠道，做到受理及时、督办得力、处理到位。

三是要健全和完善农民负担年度检查制度。各乡（镇）、街道和相关部门要坚持每半年开展一次农民负担监督检查的制度，并将检查情况及时通报。检查要以暗访为主，直接深入乡村和农民群众了解情况，提高检查质量，并采取多种方式督促整改，推动减轻农民负担各项政策的落实。

四、加强对农民负担监督管理工作的组织领导

各级各有关部门要认真总结减负工作的经验和教训，深刻认识减轻农民负担工作的重要性、艰巨性和长期性，澄清和消除对农民负担的模糊认识，始终绷紧防止农民负担反弹的弦，坚持不懈抓好减轻农民负担工作。要继续坚持地方党政主要领导亲自抓、负总责的工作制度，坚持谁主管、谁负责的专项治理部门责任制，强化分工协作、齐抓共管的工作机制，确保防止农民负担反弹的整体合力不减弱；坚持减轻农民负担工作考核制度，将减轻农民负担纳入政府工作目标考核，确保减负工作的领导责任、部门责任不缺位；稳定和加强各级减负机构队伍，确保减负工作机构监管职能不削弱。区政府纠风办、法制办、农业局、财政局、公安局、发改局、建设局、教育局、国土分局、民政局、卫生局、计生局、林业局、水务局、供销社等区减轻农民负担领导小组主要成员单位要在领导小组的统一领导下，协调一致，紧密配合，确保全区农民负担监督管理工作扎实有效开展。

五、建立健全农民负担监督管理工作长效机制

各级要层层落实责任制，把农民负担监督管理工作列入重要议事日程，定期召开会议，安排部署减轻农民负担工作，并定期检查督导。要加强对农民群众来信来访情况的考核与通报，认真落实“一票否决”的考核制度。要建立农民负担监督预警机制，切实加强农民负担情况的动态监测，及时掌握农民负担情况，发现和解决存在的问题，防患于未然。为切实做好农民负担监督管理工作，区财政每年安排必要的专项资金，各乡（镇）、街道也要安排相应经费，确保农民负担监督检查工作顺利开展。

2011年2月25日

中共曲靖市麒麟区委关于加强和改进新形势下党史工作的意见

为认真贯彻全市党史工作会议精神，进一步加强和改进新形势下的党史工作，提高党史工作围绕中心、服务大局的水平，发挥党史工作在全区改革开放和现代化建设事业中的重要作用，为推动麒麟科学发展、率先发展、安全发展、和谐发展作出积极贡献，根据《中共中央关于加强和改进新形势下党史工作的意见》《中共云南省委贯彻〈中共中央关于加强和改进新形势下党史工作的意见〉的实施意见》和《中共曲靖市委关于贯彻〈中共云南省委贯彻〈中共中央关于加强和改进新形势下党史工作的意见〉的实施意见〉的实施意见》等文件精神，结合全区实际，提出如下实施意见。

一、提高对党史工作重要性的认识，增强做好新形势下党史工作的责任感和紧迫感

党史是中国共产党和中华民族的宝贵精神财富，是推进党的建设新的伟大工程和中国特色社会主义伟大事业的重要力量源泉。党史工作是党的事业的重要组成部分，在党和国家工作大局中具有不可替代的重要地位和作用。做好新形势下党史工作，对运用党的历史经验和总结党的新鲜经验、提高治国理政水平，全面推进经济建设、政治建设、文化建设、社会建设以及生态文明建设都具有极其重要的意义。

区委历来高度重视党史工作，注重从党的历史经验中汲取开拓前进的智慧和力量，麒麟区的党史工作取得了显著成绩，党史机构逐步建立健全，党史资料体系逐步建立完善，党史研究取得较大成绩，党史宣传教育成效显著，党史工作科学化水平有了较大提高，党史干部队伍建设有了明显加强。同时，我们也要清醒的看到，党史工作还存在一些与新形势新任务不相适应的方面。一些单位对党史工作认识不足，重视不够；党史工作机构设置、队伍建设、经费投入、工作机制创新等方面还需要改进，党史研究的精品力作较少；一些领域存在着忽视党史教育的情况。

在新形势下，全区党史工作发展面临新的历史机遇和挑战。各级党委要站在巩固党的执政地位和执政基础的高度，进一步加强和改进党史工作，以史为鉴，继往开来，提高党的执政能力、完成党的执政使命。各级党委和党史工作者必须进一步提高党史工作服务改革发展稳定大局的水平，以强烈的责任感、使命感、紧迫感做好全区党史工作，深化党史研究和准确记载党的历史、引导全区广大干部群众正确认识和对待党的历史，增强党史宣传教育的吸引力、传播力、感染力。

二、党史工作的指导思想和基本要求

（一）指导思想

以马克思列宁主义、毛泽东思想、邓小平理论和“三个代表”重要思想为指导，深入贯彻落实科学发展观，紧紧围绕全区工作大局，把以史鉴今、资政育人作为根本任务，加强和改进党史工作，进一步提高党史工作科学化水平，使党史工作在实现建设“六区、四城、两中心”战略目标中发挥更大的积极作用。

（二）基本要求

坚持正确的政治方向。坚持走中国特色社会主义道路，坚持用中国特色社会主义理论体系指导党史工作，加强对全区经济社会发展中的重大理论和现实问题的探索和回答，深化对中国共产党执政规律、社会主义建设规律、人类社会发展规律的认识，使党史工作的职能优势得到更科学、更有效的发挥。

坚持党的思想路线。坚持一切从实际出发，解放思想、实事求是、与时俱进。进一步探索新形势下党史工作的特点和规律，立足现实，面向未来，使麒麟区党史工作更好地体现时代性、把握规律性、富于创造性。

坚持为发展大局服务。紧紧围绕全区“十二五”规划和“六区、四城、两中心”建设总目标，大力实施“农业稳区、工业强区、三产活区、科技兴区、生态立区、依法治区”战略，按照“科学发展、率先发展、安全发展、和谐发展”的总体要求，创造性地开展党史工作，为各级党委、政府解决新问题、总结新经验、迎接新挑战提供历史借鉴和历史智慧，充分发挥党史对理论创新的推动作用及宏观决策的资政作用、凝聚人心的教育作用。

坚持党性原则和科学精神相统一。坚持党史信党的原则，坚持对党负责和对人民负责的一致性，牢固树立党的意识、执政意识、大局意识、科学意识、责任意识，牢牢把握党史工作的正确方向；严格遵守党的政治纪律和宣传纪律，旗帜鲜明地与各种歪曲党的历史、丑化党的形象的错误倾向作斗争。正确处理政治和学术、历史与现实、研究与宣传的关系，发扬学术民主，鼓励科学探索，营造健康向上、生动活泼的党史研究环境。

三、做好麒麟区党史工作的主要任务

（一）抓紧党史资料征编，妥善保存党的历史财富

党史资料征编工作，要与党史研究、党史宣传教育等各项工作协调发展；要与时代同步，重视征编党和人民群众关注的重大党史问题的资料；要进一步拓宽资料征集范围、扩展征集渠道。

切实做好党史资料搜集整理工作。继续抢救新民主主义革命时期党史资料，集中征集社会主义革命和建设时期党史资料，逐步开展改革开放和社会主义现代化建设新时期党史资料征集工作。组织撰写反映党史的回忆录，注意征集口述史资料。严格对个人回忆录进行政治、史实把关，杜绝歪曲历史、自我标榜等错误倾向的发生。

加强党史资料保护利用工作。精心保管、认真整理和妥善开发利用各种党史资料。抓紧改善党史资料保管、利用、展示条件，适时建设集征集、保管、展示、利用为一体的中共麒麟区党史资料信息库，提高党史资料工作电子化、网络化水平，创办特色鲜明的党史信息服务平台。按照有关规定，既做好保密工作，又适应社会需要，加大开放力度，更好地利用党史档案资源。

（二）深化党史研究，准确记载和反映党的历史

深化对新民主主义革命时期党史的研究，加强对社会主义革命和建设时期、改革开放和社会主义现代化建设新时期党史的研究，有计划地研究重大党史问题，正确把握党史发展的主题和主线、主流和本质，正确对待党在前进道路上经历的失误和曲折，警惕历史虚无主义的影响，科学总结党的历史经验和教训。把编写出版中共麒麟区地方史作为首要的任务，抓紧完成。《中共麒麟区地方史》第二卷编写出版任务力争2011年底全面完成。积极启动地方党史第三卷的编征工作。

深化对服务大局、贴近现实的资政专题研究。善于把历史与现实相结合，总结和运用历史经验和新鲜经验，为各级党委提供决策咨询服务。区委党史研究室要积极参与同级党群系统决策科学研究项目，要从区委区政府中心工作和长远战略目标中选题，从对全局工作最具指导意义的新情况、新问题中选题，从领导关注并亟待解决的问题中选题，从广大人民群众最关心、反映最突出的问题中选题，深化党史资政研究，着力提高资政水平。

深化对党的执政能力建设的研究。区委党史研究室要积极组织编写出版《中共麒麟区委执政纪要》等相

关著作，准确记载和反映党在麒麟区的执政实践，总结执政经验，深化执政规律认识，为提高各级领导干部的执政能力和领导水平，推进党的建设新的伟大工程服务。

深化对革命老区和红色旅游相关问题的研究。麒麟区东山镇被确定为革命老区，党史研究室要充分发挥党史资源优势促进革命老区建设，参与对革命老区开展调查研究、制定扶持政策、确定扶持对象和开展宣传教育等工作。要发挥职能，加强协调沟通，主动参与对红色旅游工作的指导，在制定红色旅游发展规划、建设红色旅游场馆，进一步提高红色旅游质量和水平等方面发挥积极作用。

深化对党史事件和人物的研究。深入挖掘和大力弘扬党在麒麟不同历史时期形成的革命精神和奉献精神，为推进党史学习宣传教育、发扬党的光荣传统和优良作风提供素材。

（三）突出教育重点，组织开展党史学习

必须高度重视党史学习教育，把党史学习教育同建设学习型党组织结合起来，把党史学习列入党员干部素质教育的重要内容。加强党史学习教育，要以各级党员领导干部为重点；同时，着力抓好对广大青少年的教育。党史部门要会同组织、宣传、党校、共青团、教育等有关部门统一规划，明确要求，创新方式，有效推动党史学习教育深入持久开展。

要把党史学习和教育作为干部教育培训的必修课，把一些重大党史课题作为理论学习中心组的重要学习内容，把全面了解和正确认识党的历史作为对党员领导干部的一项基本要求。区委党校要把党史作为重要课程纳入教学体系。全区各级各类学校要把党史作为思想政治课的重要内容，对青少年进行党史教育，组织青少年学生瞻仰革命遗址，参观红色旅游景点和党史革命史纪念场馆，学习革命英烈事迹。把党史列为党员、团员和干部学习、培训、教育的基本素材，组织广大党员特别是青年党员学习党的历史，加深对党章、党的理论和路线方针政策的理解，提高为党和人民事业奋斗终身的自觉性和坚定性，使党的光荣传统和优良作风代代相传。对入党积极分子进行党史的教育培训，使他们掌握基本党史知识。

（四）扩大党史宣传，普及党史知识

宣传部门要统筹组织多种形式的党史宣传工作。报刊、广播、电视等新闻媒体要加强党史宣传，普及党史知识。文化、广电部门要鼓励创作党史题材的文艺作品，将党史知识融入群众性文化活动之中，努力提供更多更好人民群众喜闻乐见的优秀党史文化产品。重视互联网在党史宣传中的重要作用，建设党史网站，加强党史宣传普及教育。

运用报告会、座谈会、知识竞赛、宣讲活动、巡回展览、赠送党史书刊、开展读书活动等多种形式，推动党史宣传进学校、进社区、进企业、进机关、进军营、进农村，营造关心党史、学习党史、宣传党史的社会氛围。

增强党史宣传的科学性、严肃性、权威性、实效性，正确区别和处理文艺创作和历史真实的关系，防止片面性和庸俗化，坚决制止歪曲党的历史的错误倾向，有力驳斥敌对势力对党的历史的污蔑和攻击。

（五）加强党史遗址保护利用，搞好党史纪念活动

组织开展党史遗址普查，重点摸清党史遗址底数，同时，注重调查党史方面的非物质文化遗产。切实保护好重要党史遗址和革命烈士纪念设施，针对存在问题采取有效抢救措施。加强党史遗址和革命文物保护工作，按照《中华人民共和国文物保护法》依法保护，严防在城市改造、基础设施建设、村镇建设等过程中毁坏党史遗址和革命文物。对党史方面的非物质文化遗产，要运用现代手段妥善留存、整理和开发、利用、传播。党史部门要编辑出版党史遗址读物，提出保护利用的建议、意见，配合相关部门制定党史遗址的保护规划。

宣传部门要统筹组织媒体宣传党史遗址，让更多的干部群众了解党史遗址的价值，自觉参与保护党史遗址。党史研究室要做好与文体、旅游、城建、规划等部门的沟通协调工作，把党史遗址保护利用和革命老区建设、红色旅游开发结合起来，相互促进。

建立健全党史纪念活动制度和规定。党史研究室要统筹协调、突出重点，分级负责、加强管理，切实做好重要节庆日、纪念日及重大党史事件和重要党史人物纪念工作，激发各级党组织和全社会为党和人民事业不断开拓奋进的决心和信心。

（六）强化党史部门的管理职能，维护党史管理的规范性和严肃性

党史研究室要遵循党管党史、政治把关和史实把关、分级管理、重点管理和从严管理的原则，进一步履行好管理职能。涉及全区性的地方党史工作，特别重大的事项，由区委常委会议集体讨论决定；重要事项，由区委党史研究室管理。

严把政治关和史实关，使地方党史的研究编撰、出版发行、宣传教育工作坚持正确的政治方向，做到实事求是，重大史实准确，符合历史实际，经得起历史检验。

调动各方面的积极性，实行党委分级管理。涉及全党、全国、全军、全省、全市有重大影响的事件、人物的事项，要严格按照中央、省委和市委有关规定，向中央、省委和市委有关部门报告请示；涉及地方党史中有重大影响的事件、人物，以及涉及到全区政治性、政策性、全局性以及关系干部团结、民族团结、社会稳定的党史事件、人物等事项，属应重点管好的党史工作重要事项，均应从严管理，严格进行史实审查和政治把关，严格宣传纪律。各乡镇（街道）、区直有关部门、企业事业单位要明确界定本级党委（党组）管理的党史工作重要事项。

维护党史重要事项管理的严肃性和规范性。有关党史工作重要事项的管理，统一由党史研究室负责。编

写、出版全区性的地方党史著述，举办全区性的地方党史宣传、展览、学术讨论，拍摄全区性的地方党史影视片等，应有区委党史研究室参与。党史、哲学社会科学、文学艺术、新闻出版、广播影视等领域，在从事关于党史和党史人物的研究、写作、编辑、出版、制作时，要严格遵守党的纪律和国家法律法规。按照党史重要事项管理规定，有关党史题材作品必须报经党史部门对史实进行审查。

四、加强领导，提高党史工作科学化水平

（一）健全和落实党委领导党史工作制度

加强对党史工作的领导是各级党委的重要职责。各级党委要站在全局高度，增强抓好党史工作的自觉性和责任感，推动麒麟区党史工作再上新台阶。区委拟5年召开1次全区党史工作会议，总结部署全区党史工作，对党史工作先进集体、先进个人及重视党史工作的好领导进行表彰。区委常委会每年至少研究1次党史工作，听取党史研究室的工作汇报，切实加强对党史工作的领导。安排一位常委分管党史工作，切实帮助党史研究室解决工作中的困难和问题。要把党史工作列为党建工作目标责任制考核的内容，加强检查考核。各职能部门要积极配合、支持党史工作。各乡镇（街道）设立一名党史工作联络员，可以由乡镇（街道）党（工）委组织委员、宣传委员或党政办公室主任兼任，使党史工作真正落实到基层。

（二）增强党史工作的合力

党史研究室要全面履行基本职能，在承担和组织党史研究、党史学习教育、党史宣传、党史纪念活动、党史资料征编、党史咨询、党史遗址保护和场馆建设、红色旅游、党史题材作品编审出版、党史业务指导等方面的工作中积极发挥作用。组织和指导开展党史重要课题和人物研究；开展有关党史重大事件、重要人物纪念活动，审核、审查涉及党史的重要纪念活动；组织编写重要党史书刊，审读拟公开发表或出版的涉及党史重大题材及重要人物工作和生活情况的图书、文章等；审查涉及党史重大题材的展览、影视作品等。要对与党史有关的纪念场馆、设施建设及其内容提出审查意见；加强同有关部门及有关方面的沟通和协调，整合力量，推动全区党史工作不断开创新局面。

整合党史研究各方面力量，共同做好党史工作。要采取措施，协调党史研究室与党校、高等院校、社会科学、地方志、档案、博物馆等系统党史工作者形成合力，发挥整体优势。档案部门要对党史部门利用档案资料给予积极支持和配合。重视发挥离退休老同志关心和参与党史工作的积极性。探索进行党史信息员、特邀研究员队伍和党史宣讲团建设。各有关部门要完整记载本部门党的工作，认真整理保存党史资料。注意总结党领导本部门工作的实践经验，把成功经验作为推动科学发展、破解工作难题的宝贵资源，作为教育干部职工把握工作方向、认识工作规律的重要途径，作为继承光荣传统、激发工作热情的精神动力。

（三）加强党史工作队伍建设

加强党史队伍思想政治建设。不断提高党史工作者政治素质和业务水平，大力倡导团结敬业、求实创新的精神，建设一支政治强、业务精、作风正、结构合理、富有开拓精神的党史工作队伍。

重视党史工作人才队伍建设。按照中央“健全机构、稳定队伍、充实力量、提高素质”的要求，稳定和加强现有党史研究和教学队伍，大力培养优秀党史工作人才特别是青年人才，抓紧培养学科带头人，积极改善党史工作人才成长环境。加大党史部门领导班子和干部队伍建设力度，选好配强领导班子，注重把年富力强、党性强、业务能力和组织领导能力强的干部选派到党史部门的领导岗位。切实关心党史干部成长，加大党史干部培养、选拔、使用、交流力度。有计划选调党史干部到党校、行政学院、干部学院学习，抓紧培养一批具有较高素质、有志于党史工作的后备人才。加强党史干部业务素质培训，逐步形成一支业务骨干梯次队伍，整体推动党史工作业务水平的提高。

（四）强化保障，确保党史工作顺利开展

切实保障并积极改善党史部门工作条件，确保党史工作正常开展。稳定保障党史工作经费，党史工作经费列入区级财政预算，并视财力状况逐年增加。财政部门对党史业务经费予以保障，根据工作任务和财力情况，合理安排专题研究、资料征编、宣传教育、学习培训等专项经费；根据党史工作需要，合理安排党史书籍出版发行、征集抢救重要党史资料、重大党史课题研究等所需资金；支持党史部门加强基础设施和图书资料、档案建设，配备必要工作设备、器材和车辆，尽快实现办公信息化、自动化，提高党史工作规范化、科学化水平。

2011年3月11日

中共曲靖市麒麟区委办公室 曲靖市麒麟区人民政府办公室 关于印发《麒麟区2011年区级重点工作（工程）“五定”方案》的通知

各乡（镇）党委、人民政府，街道党工委、办事处，区委和区级国家机关各部委办局、企事业单位、人民团体：

《麒麟区2011年区级重点工作（工程）“五定”方案》已经区委、区政府同意，现印发你们，请结合实际认真贯彻落实。

2011年3月22日

麒麟区2011年区级重点工作（工程）“五定”方案

2011年是“十二五”规划的开局之年。认真做好2011年各项工作，对于全面推进麒麟经济、政治、文化、社会、生态文明建设和党的建设以及未来五年麒麟率先全面建成小康社会，实现“六区、四城、两中心”奋斗目标具有十分重要的意义。为此，为深入贯彻落实科学发展观和党的十七届四中、五中全会，中央经济工作会议和省、市委全会精神，确保区委三届九次全会，区人大、区政协三届四次会议确定的各项目标任务圆满完成，经区委、区政府研究，决定对在2011年全区经济社会发展中起重要支撑和带动作用的重点工作（工程）继续实行“五定”目标责任管理，以此推动麒麟经济持续快速增长，实现富民强区新跨越。

一、经济建设

（一）目标任务

区域内生产总值增10%以上，达346.5亿元；固定资产投资增25%以上，达241亿元；地方财政收入增12%以上，达14.1亿元；地方财政一般预算收入增12%以上，达10.3亿元；社会消费品零售总额增18%以上，达84.7亿元；城镇居民人均可支配收入增7%以上，达17 882元；农民人均纯收入增8%以上，达6 015元。力争引进亿元以上项目4个，实际利用市外国内资金增20%以上，外贸进出口总额增10%以上。

1、工业经济。突破土地、融资、环评等制约“瓶颈”，加强企业对接，做好指导服务，确保全年完成工业总产值520亿元，增15%。其中，区属工业产值144亿元，增20%。着力提高产业、企业、产品竞争力，力争1家以上企业上市，培育产值上10亿元的企业5家、上50亿元的企业2家、上100亿元的企业1家。越州工业园区力争引进千万元以上项目3个以上，完成固定资产投资5亿元，实现工业总产值80亿元。麻黄工业基地力争引进千万元以上项目3个以上，完成固定资产投资4亿元，实现工业总产值30亿元。全力促成麒麟焦化三期、双友钢铁三期、众一化工120万吨低变质煤深加工及资源综合利用等一批重大项目早日竣工投产；加强各方协调，积极支持雄业水泥日产2 500吨干法旋窑水泥二期技改、石林瓷业年产280万平方米高档陶瓷地板砖、众一化工5万吨蒽油加氢制洁净燃料油等一批项目做好前期工作。完善重大项目建设推进机制，确保粮油仓储基础设施建设、中心城区燃气工程等一批续建项目竣工，朗目山风力发电一期、云南麒麟职业技术学校等一批新建项目开工建设，越钢集团年产120万吨特钢、恩洪矿区煤矸石综合利用等项目尽快完成前期工作。抓好企业技改和产学研联合体、技术研发中心建设，力争企业技术中心省级认定1个、市级3个。加大煤矿技改力度，提高单井生产能力，生产原煤420万吨、焦炭268万吨，实现产值58亿元。

2、“三农”工作。粮食播种面积45万亩，实现粮食产量1.8亿千克。种植烤烟12.1万亩，收购烟叶35万担。新增经济作物1万亩，粮经结构比调整为36.5:63.5。新培育年产值千万元以上农业龙头企业1个以上、农民专业合作组织10个，新增“三品”认证3个。新建畜禽专业养殖小区20个，畜牧业产值增10%以上达15.22亿元。加大农村劳动力转移培训力度，培训2万人次，新增转移输出6 000人，劳务产业收入增10%以上。推进城乡统筹发展，加快推进城乡一体化建设试点和矿村共建试点，完成6个中心村总体规划。全面完成东山镇独木、高家村和寥廓街道南城门社区、西城街道三岔社区“两新”建设试点。抓好10个区级偏远村委会新农村、10个社会主义新农村省级重点村、55个“整村推进”扶贫开发重点村建设，完成2 700户农村抗震安全房修缮和拆除重建。启动20个“村改居”社区“九星”和谐社区创建，新建、改扩建17个村（居）委会办公用房。

3、提升城镇品位。全面完成珠江源大道南延线、326国道（麒麟区段）道路改扩建等项目建设。加快推进西门街、农校、荷花塘片区旧城改造、子午路立交桥周边景观改造、“两江”治理二期工程等项目，加大保障性住房建设力度，新建廉租房536套2.68万平方米。积极配合市直有关部门，做好炮团片区、农校片区、火车站片区旧城改造。加大城南片区、东片区、小坡片区和珠街（沿江）组团、温泉（三宝）组团、越州组团以及小集镇建设力度，完善给排水、道路、供电、通信等基础设施，力争在拓展城市规模、扩大城市总量、提升城市品位上有新突破。加强城市道路交通管理，加大违法整治力度，逐步缓解城区时段性交通拥堵和停车难问题。规范农贸市场秩序，加强市容环境综合整治，加大园林城创建力度，努力创造环境优美、秩序井然的城市新形象。加快推进万宇国际商贸城、麒麟综合物流中心、滇东北农产品交易市场、荣鑫商贸有限公司物流基地等项目建设。争取实施中心城区农贸市场和农产品批发市场改造，建设25个蔬菜直销点。认真落实“汽车摩托车下乡”、“家电以旧换新”和“双百市场工程”等政策，继续抓好乡村流通工程、供销系统“二次创业”、专业合作社创建，进一步活跃城乡消费市场。第三产业增加值占GDP的比重达35.4%。完成《麒麟区旅游土地利用专项规划》和《麒麟区乡村旅游总体规划》编制。加快推进温泉旅游小镇、黄家庄旅游小镇、金麟湾生态休闲运动中心等重大在建项目，启动沿江乡“麒麟水乡”旅游项目开发。力争接待国内外游客180万人次，实现旅游收入9.6亿元。

4、基础设施建设。投资1.1亿元，建设农田水利工程526件，解决12.5万人的饮水困难。改造中低产田地3.3万亩，治理水土流失面积30平方千米。加快推进全国农村饮水安全示范县、国家级小型农田水利重点县在建项目和发脉水库新建、西河综合治理、越州水厂建设等重点工程。加强乡村道路建设管养，完成50千米以上村庄主干道硬化。力争启动1条乡村公路改扩建。加大市政设施建设投入，市政设施完好率达95%以上，城区主干道亮灯率达95%以上。新建保洁服务站5座、公厕5座，逐步缓解市民入厕难问题。改造清淤防洪管沟2.5万米，提高城市防洪能力。加大公园、广场改造和管理力度，提高城市绿化管护水平，新增绿地2万平方米，绿化覆盖率提高到38%。启动区应急指挥中心信息平台建设，建立统一指挥、反应灵敏、协调有序、运转高效的应急指挥和管理机制，不断提高预防和处置突发公共事件能力。

（二）完成时间

2011年12月底以前。

（三）责任人员

第一责任人孙杨维、曾建明、林家德、祝继和、杨国全，责任人林家德、汤跃宏、周光芬、杨忠武、杨国全、杨俊青、赵军学、郭湘、李祥栩、顾晓富、杨世双、王石海、李为民、卢开书、严明华，直接责任人代云增、顾宝祥、张家福、段建平、房福军、吕宝坤、郑家祥、杨成、魏学禹、代云良、张云安、秦庆奎、刘常友、孙亚富、黄国强、缪仑、杨曲琳、朱志宏、李德金、刘祥华、李敏、吴斌元、周绍芳、叶仲立、冯明祥、杨波、陈鹏、何齐成、谭黎、崔庆伟、吕元平、曹水春、世勇、陈定兴、姜云、高建所、张宏、各乡镇（街道）党（工）委书记、乡镇长（办事处主任）。

（四）职责责任

第一责任人负责总体实施方案的拟定、实施和协调，责任人协助配合第一责任人开展工作，直接责任人按照各自职责，主动工作，相互配合，认真抓好落实。

（五）奖惩办法

按照责任制考核，实行责任风险抵押。

二、政治建设

（一）目标任务

稳步推进政府机构改革，加快形成权责一致、分工合理、决策科学、执行顺畅、监督有力的行政管理体制。进一步加强政府信息公开，推进电子政务建设，提高政府工作透明度。不断完善区、乡、村三级政务服务体系建设。圆满完成第六次全国人口普查。深化农村综合配套改革，积极做好农村土地流转。加快推进林改后续配套工作，完成林权交易大厅、森林防火指挥中心建设。优化财政支出结构，提高财政资金使用效益，严格执行财政预算，从严控制各类支出，确保公务用车购车、会议经费、公务接待费、出国出境经费“四个零增长”。

（二）完成时间

2011年12月底以前。

（三）责任人员

第一责任人张杰、区委办主任、周光芬，责任人林家德、周光芬、杨俊青、王石海，直接责任人李旭东、何琼芬、代云增、吕宝坤、崔庆伟、吕元平、段建平、李昆、段亚明、高建所、张莉、各乡镇（街道）党（工）委书记、乡镇长（办事处主任）。

（四）职责责任

第一责任人负责总体实施方案的拟定、实施和协调，责任人协助配合第一责任人开展工作，直接责任人按照各自职责，主动工作，相互配合，认真抓好落实。

（五）奖惩办法

按照责任制考核，实行责任风险抵押。

三、社会建设

（一）目标任务

1、共享发展成果。全面落实创业优惠政策，保持“零就业”家庭动态为“零”。切实做好“4050”人员、零就业家庭、大中专毕业生、下岗失业人员等群体的就业再就业工作，组织技能培训6 000人，新增就业岗位4 500个，实现再就业1 300人。城镇登记失业率控制在3.5%以内；提高高龄（长寿）补助发放标准，积极推进新型农村养老保险，建成社区居家养老服务中心2个。

2、关注民计民生。深入实施“科教兴区”战略，推进“国家可持续发展先进示范区”创建。继续抓好中心城区中小学新建改扩建“6+8”工程，完成北关小学、实验中学整体搬迁，力争启动区九中和北苑小学建设。稳定低生育水平，提高出生人口素质，人口自然增长率控制在6.5‰以内。

3、维护社会稳定。抓好社会管理创新工作，健全综治维稳防控体系，严密防范和打击各类违法犯罪。高度重视信访工作，争创全省信访和综治维稳工作先进。进一步加强安全生产管理，严格落实“两个主体责任”和“一岗双责”制度，继续深化“3568”安保双基工程，确保事故总量、死亡人数、受伤人数、直接经济损失“零增长”。

（二）完成时间

2011年12月底以前。

（三）责任人员

第一责任人丁常云、汤跃宏，责任人合子祥、汤跃宏、杨忠武、杨国全、杨俊青、叶爱国，直接责任人李旭东、何琼芬、李二保、谭黎、代云良、杨建宇、李志敏、谢哨兵、梁晓佳、彭泽、李德、张永才、雷文、杨曲琳、骆建才、太祥红、殷鉴荣、董德学、周世平、顾宝祥、张家福、段建平、崔庆伟、高建所、丁红明、各乡镇（街道）党（工）委书记、乡镇长（办事处主任）。

（四）职责责任

第一责任人负责总体实施方案的拟定、实施和协调，责任人协助配合第一责任人开展工作，直接责任人按照各自职责，主动工作，相互配合，认真抓好落实。

（五）奖惩办法

按照责任制考核，实行责任风险抵押。

四、文化建设

（一）目标任务

深入推进全国文明城市创建活动，扎实开展文明单位、文明村镇、文明家庭、文明社区等创评工作。继续开展道德模范评选表彰活动。加快推进城乡公共文体基础设施建设，新建农村文体小广场50个，完成区体育训练中心建设。举办好麒麟区第三届运动会。深化文化体制改革，大力发展文化事业和文化产业，加快推进重点文化产业项目建设。深入开展群众性文体活动，不断提升广场文化、企业文化、社区文化和校园文化水平，丰富活跃大众文化。

（二）完成时间

2011年12月底以前。

（三）责任人员

第一责任人侯文利、杨忠武，责任人合子祥、杨忠武、赵军学、马爱民，直接责任人彭志新、李能、孙金德、缪东胜、王飞、代云良、杨波、徐凤平、丁连高、各乡镇（街道）党（工）委书记、乡镇长（办事处主任）。

（四）职责责任

第一责任人负责总体实施方案的拟定、实施和协调，责任人协助配合第一责任人开展工作，直接责任人按照各自职责，主动工作，相互配合，认真抓好落实。

（五）奖惩办法

按照责任制考核，实行责任风险抵押。

五、生态文明建设

（一）目标任务

坚持经济、社会、生态建设统筹协调发展，加强生态环境保护，建设生态麒麟。深化生态创建活动，争创“全国生态示范区”。继续深化集体林权制度配套改革，改造中低产林3万亩，新建沼气池2000口。有序推进农村垃圾集中处理。强力推进麒麟城东面山非煤矿山关停搬迁，抓好环境综合治理。严格建设项目环保准入，严控高耗能、高污染源头。对现有企业落实节能减排计划，管住增量、腾出容量、控制总量、降低排量。严格落实问责制、“一票否决”制和重奖激励机制，全面完成节能减排约束性目标，确保万元GDP能耗下降3%以上。

（二）完成时间

2011年12月底以前。

（三）责任人员

第一责任人林家德、杨国全，责任人林家德、丁美仙、杨国文、杨国全、杨俊青、胡勤水，直接责任人何齐成、吕元平、崔庆伟、郑家祥、顾宝祥、张家福、段建平、各乡镇（街道）党（工）委书记、乡镇长（办事处主任）。

（四）职责责任

第一责任人负责总体实施方案的拟定、实施和协调，责任人协助配合第一责任人开展工作，直接责任人按照各自职责，主动工作，相互配合，认真抓好落实。

（五）奖惩办法

按照责任制考核，实行责任风险抵押。

六、党的建设

（一）目标任务

1、组织建设。以区、乡两级党委换届为契机，以选好配强乡镇（街道）党（工）委书记为重点，进一步优化各级领导班子的知识、专业和能力结构，真正把那些“政治上靠得住、作风上过得硬、人民群众信得过、工作上有本事”的优秀干部选拔到各级领导岗位上来。健全完善民主集中制，进一步深化干部人事制度改革，加大竞争性选拔干部工作力度；积极探索干部推荐署名制，继续推行副职“一把手”提名负责制，继续加大村党组织队伍建设力度，每年至少提拔2名优秀的村（居）委会书记（主任），担任乡（镇）党政副职，严格执行领导干部职务任期制、聘任制和领导职数配备规定，坚持和完善区乡村领导班子、领导干部社会满意度和公信度测评制度，并切实强化结果运用，健全区级领导联乡、区直部门联村、机关党员联户的“三联互动”工作机制，完善机关党建“一岗双责”工作机制，严格落实“双目标考核”责任制。进一步拓展党建工作领域，推进社区党建区域化。抓好村（社区）“两委”与公司统分运行试点工作，完成村级办公场所建设任务，加强村级组织规范化建设。逐步在10名以上党员的村民小组，建设党组织活动场所。加强对老党员、生活困难党员的关怀帮助，建立“基薪+浮动薪”的村干部绩效工资制，逐步完善村干部的医疗、养老保险、离职补助等保障机制。

2、反腐倡廉建设。坚持“标本兼治、综合治理、惩防并举、注重预防”的方针，不断加强党风廉政建设。认真履行“一岗双责”，认真执行《中国共产党党内监督条例（试行）》、《中国共产党纪律处分条例》和《中国共产党领导干部廉洁从政若干准则》，切实加强对领导干部的监督，在基层推进“123”惩防体系和廉政风险预警防范点建设。加大查案执纪力度，严厉惩处腐败分子。

（二）完成时间

2011年12月底以前。

（三）责任人员

第一责任人罗中山、陈继峰、周永江，责任人陈继峰、周永江，直接责任人许泰聪、段亚明、徐万科、桂竟成、颜增奎、孔令德、各乡镇（街道）党（工）委书记、乡镇长（办事处主任）。

（四）职责责任

第一责任人负责总体实施方案的拟定、实施和协调，责任人协助配合第一责任人开展工作，直接责任人按照各自职责，主动工作，相互配合，认真抓好落实。

（五）奖惩办法

按照责任制考核，实行责任风险抵押。

2011年的区级重点工作（工程）的督查由区级重点工作（工程）督查领导小组负责组织开展，制定督查目标风险责任制并进行考核。

曲靖市麒麟区人民政府办公室关于印发麒麟区及行政机关开展工作目标倒逼管理实施意见和麒麟区行政机关推行“一线工作法”实施意见的通知

各乡（镇）人民政府、街道办事处，区直各办、局、中心：

经区人民政府同意，现将《麒麟区行政机关开展工作目标倒逼管理实施意见》和《麒麟区行政机关推行“一线工作法”实施意见》印发给你们，请结合实际，认真贯彻落实。

2011年3月24日

麒麟区行政机关开展工作目标倒逼管理实施意见

为推进政府管理创新，提升政府执行力和公信力，推动我区经济社会又好又快发展，根据《云南省人民政府关于在全省县级以上行政机关推行效能政府四项制度的决定》和《曲靖市麒麟区人民政府关于印发曲靖市麒麟区推行效能政府四项制度实施方案的通知》、《曲靖市麒麟区人民政府办公室关于印发曲靖市麒麟区行政机关推行效能政府四项制度实施办法的通知》，现就麒麟区行政机关开展工作目标倒逼管理提出如下实施意见。

一、指导思想

以邓小平理论和“三个代表”重要思想为指导，深入贯彻落实科学发展观，按照区委、政府关于经济社会发展的战略部署，着眼于重大项目和重要工作的落实，通过目标倒逼进度、时间倒逼程序、任务倒逼责任人、督查倒逼落实和社会倒逼部门，充分调动全区各行政机关的主观能动性，推动各项工作的开展，确保目标任务的完成。

二、实施范围

开展工作目标倒逼管理的范围为全区各行政机关的年度重大项目和重要工作（以下简称年度重点工作），尤其是区政府当年确定的重大建设项目和重要工作（以下简称政府重点工作）。开展工作目标倒逼管理的重点为全区各行政机关年度重点工作的工作目标、工作进度、工作质量和工作结果。

三、实施方法

（一）制定方案

1. 全区各行政机关要在区人代会结束后，政府工作报告下发10个工作日内，确定本单位年度重点工作，并按要求填制《曲靖市麒麟区行政机关年度重点工作统计表》（附件1）。

2. 全区各行政机关要对年度重点工作实施目标倒逼管理，在区人代会结束后，政府工作报告下发20个工作日内，制定每项年度重点工作的目标倒逼管理实施方案。实施方案的要素包括重点工作名称、内容、目标、分管领导、开始时间、完成时间、责任部门、阶段目标等。制定实施方案时应倒推目标任务的序时进度，确定的阶段目标必须细化至每个季度，尽可能细化至每月乃至每旬。

（二）选报工作

1. 全区各行政机关要从本单位年度重点工作中确定1项－2项工作，按照要求填制《曲靖市麒麟区行政机关目标倒逼管理重点工作选报表》（附件2），接受区政府督查室、区监察局、区人力资源和社会保障局共同监督。其中承担政府重点工作的单位必须从本单位承担的政府重点工作中选报，没有承担政府重点工作的单位选报本单位可量化的年度重点工作。

2. 全区各行政机关要在区人代会结束后，政府工作报告下发25个工作日内，将《曲靖市麒麟区行政机关年度重点工作统计表》和《曲靖市麒麟区行政机关目标倒逼管理重点工作选报表》报区政府督查室、区监察局、区人力资源和社会保障局。

（三）审核工作

1. 区政府督查室、区监察局、区人力资源和社会保障局共同对全区各行政机关报送的重点工作进行审核；通过审核的重点工作由区人力资源和社会保障局报区政府实施四项制度联席会议审定。

2. 区人力资源和社会保障局将政府实施四项制度联席会议审定结果告知目标责任单位，并将通过审定的重点工作在15个工作日内通过媒体公示，各目标责任单位同时将通过审定的重点工作在本部门网站及时进行公示。

选报重点工作未通过审核、审定的，目标责任单位要在收到通知后于5个工作日内进行重新申报，由区人力资源和社会保障局按照程序重新组织审核、审定及公示。

3. 实施目标倒逼管理的重点工作一经确认，原则上不得调整；确需调整的，需履行以下程序。

（1）由目标责任单位提出书面申请；

（2）区人力资源和社会保障局在收到申请后5个工作日内启动审核程序，提请区政府实施四项制度联席会议审定；

（3）经获准调整的事项由区人力资源和社会保障局在5个工作日内进行公示，目标责任单位同时将获准调整的重点工作在本部门网站公示。

（四）组织实施

1. 全区各行政机关依据各项年度重点工作的实施方案，通过以月促季、以季促年的目标管理控制体系，促进重点工作目标的全面完成。

2. 全区各行政机关要严格按照年度重点工作的目标和时限要求，科学合理地制定最大限度地简化、优化工作程序，确保用时间进度倒逼本单位各部门，使其优质、高效的完成各项工作任务。

3. 全区各行政机关根据年度重点工作目标管理的细化分解方案，以目标倒逼责任部门及责任人，共同推进年度重点工作目标的达成。

4. 全区各行政机关每月进行目标倒逼管理自查，对年度重点工作的工作目标执行情况进行分析，掌握目标进度，推动工作目标的顺利执行。各目标责任单位要对选报的重点工作形成季度工作进展情况报告、半年和年终自查情况报告。季度、半年、年终的情况报告要分别在每季末、6月30日前和12月1日前报送区人力资源和社会保障局。未能完成季度及半年目标任务的行政机关应查清原因，提出整改措施，以确保年度目标任务的完成。

（五）监督检查

1. 区政府督查室、区监察局要对全区各行政机关重点工作的目标进度实施动态监督，区政府督查室、区监察局、区人力资源和社会保障局每年12月选取50%的行政机关进行选报重点工作目标倒逼管理的年度抽查。

2. 区人力资源和社会保障局应在年度抽查结束后20个工作日内综合抽查及各单位自查情况，形成区级行政机关重点工作目标倒逼管理情况报告，报区政府实施四项制度联席会议审定后进行通报。

四、工作要求

（一）加强组织领导。全区各行政机关要高度重视，认真组织好本单位重点工作目标倒逼管理；各行政机关主要负责人为本单位年度重点工作全面实施目标倒逼管理的第一责任人，分管领导为各项重点工作主要责任人，具体负责组织分解和落实各项重点工作目标任务，积极协调解决工作推进中遇到的困难和问题，全力以赴推进工作落实。

（二）搞好协同配合。政府重点工作的推进及管理涉及工作责任主体、协作单位及区政府督查室、区监察局、区人力资源和社会保障局等多部门、多单位，涉及部门之间及部门内部的协调配合。因此，各部门要切实树立“一盘棋”思想，加强联系，通力协作，齐抓共管，形成整体合力，共同推进政府重点工作的落实。

（三）强化效率意识。全区各行政机关要增强效率意识，紧紧围绕各项重点工作的目标任务和时间进度，强力推进工作目标倒逼，加快工作节奏，提升工作效率，确保各项工作目标的全面完成。

（四）严肃责任追究。区监察局要加强对监督检查结果的运用，对推进工作不力，未能按照进度要求完成任务的单位和个人要依照行政问责规定进行问责，切实为工作目标倒逼管理的实施提供强有力的纪律保证。

麒麟区行政机关推行“一线工作法”实施意见

为推进效能政府建设，促进行政机关干部转变工作作风，提升行政能力，提高服务水平，建设人民满意政府，根据《云南省人民政府关于在全省县级以上行政机关推行效能政府四项制度的决定》和《曲靖市麒麟区人民政府关于印发曲靖市麒麟区推行效能政府四项制度实施方案的通知》、《曲靖市麒麟区人民政府办公室关于印发曲靖市麒麟区行政机关推行效能政府四项制度实施办法的通知》，现就麒麟区各行政机关推行“一线工作法”提出如下实施意见。

一、指导思想

以邓小平理论和“三个代表”重要思想为指导，认真贯彻落实科学发展观，围绕区委、政府重大决策和工作部署，通过落实一线工作联系、一线工作联动、社情民意沟通和责任倒查追究制度，促进全区各行政机关及其领导干部做到决策在一线制定，工作在一线落实，问题在一线解决，创新在一线体现，促进全区经济社会又好又快发展。

二、实施范围

“一线”是指行政机关及其领导干部进行调查研究、解决问题、协调工作、服务群众、化解矛盾的工作现场或基层。全区各行政机关及其领导干部要在以下工作中大力推行“一线工作法”。

（一）落实区委、政府决策和部署的工作；

（二）涉及经济社会发展和民生问题的敏感事项；

（三）群众关注的急、难、愁问题；

（四）各类突发事件；

（五）其他需要在一线解决的问题和推进的工作。

三、实施内容

（一）推行一线工作联系制度

要深入一线推动工作。紧紧围绕区委、政府确定的重大项目、重要工作和本部门的年度重点工作，制定工作方案，明确工作目标、工作要求，由领导干部实施一线管理、一线监督、催办督办，及时协调解决推进工作中的困难和问题，促进工作落实。

要深入一线为民服务。结合工作职能，每年推出3件~5件惠民实事，按照首问责任制和限时办结制要求，明确责任人、经办人、办结时限、办结效果，通过领导干部领衔主办、挂牌督办、现场办公等形式，深入一线狠抓落实，务求实效。

要深入一线解决问题。针对当前社会转型期各种矛盾复杂、突发性事件较多、各种自然灾害频发的实际，建立和落实一把手负责制，坚持领导第一时间抵达现场，指挥协调解决问题，把矛盾化解在一线，把问题解决在一线。

要深入一线定点帮扶。全区各行政机关及其领导干部要继续坚持和完善对基层的定点挂钩帮扶制度，通过重心下移，靠前指挥协调，确实帮助基层解决实际问题。

（二）完善一线工作联动制度

要实现窗口联动。麒麟区政务服务中心和各部门服务窗口作为一线服务平台，要切实发挥联动作用，按照“应进必进”的原则，要求各部门所有行政许可及服务事项能进驻的都要进驻，有关工作人员进行整合，成建制进驻设立窗口集中受理和办理，真正实现“一个窗口对外”服务，提高一线服务水平。

要推广联审联办。按照审批的项目设立窗口，对需要多部门协同办理的事项，实行“一家受理、抄告相关、并联审批、限时办结”的工作制度，缩短工作时限，提高工作效率。

要推行网上联审。依托在建的电子政务平台，逐步实现州（市）、县（市、区）两级服务中心之间、中心与窗口之间、窗口与窗口之间、窗口与本部门之间的互联互通、数据共享，推行“网上收件、限时办结、在线监督”的网络化审批模式，实现行政审批“一表通、一网审、一次结”。

要做到来访联接。通过政务服务中心集中受理群众来访，对反映急、难、愁问题即时分转职能部门，形成集问题收集、梳理、分发、处置、督办、反馈等环节在内的联动工作机制，通过部门互相联动，在一线办理群众反映的各种问题。

（三）落实社情民意沟通制度

要坚持问计于民。全区各行政机关要就涉及经济社会发展和民生重大决策出台、重大项目及敏感事项实施，依托政府信息公开网、“96128”专线等平台，通过公示、听证等形式，广泛听取群众意见，提高政府决策、制定政策和推动工作的针对性、科学性、有效性。

要坚持领导接访。通过信访接待日、领导热线、网络交流等形式，坚持领导干部一线接访，现场解答，协调解决群众反映的各种急、难、愁问题，及时化解矛盾，促进社会稳定。

要加强信息沟通。结合工作职能，围绕经济建设重点、工作推进难点和群众关注的焦点，深入基层调查研究，捕捉第一线信息，掌握第一手材料，及时向上级政府报送有观点、有分析、有建议的要情专报。

（四）坚持责任倒查追究制度

要进行一线工作公示。在政府信息公开网开辟“一线工作法”公示栏，由各部门每季度公示需要深入一线解决的问题、上季度已解决的问题，以及责任部门、任务分解、完成时限等情况，并对与民生有关的重大实事项目、重点工作、群众诉求问题处理结果等进行通报，接受社会监督。

要搞好一线工作自查。各行政机关每季度对实施一线工作情况进行1次自查，落实工作措施，确保工作落实。年终形成年度自查报告于12月1日前报送区人力资源和社会保障局。

要坚持一线工作督查。区政府督查室、区监察局、区人力资源和社会保障局对区级行政机关推行“一线工作法”情况每半年不少于1次明查暗访，每年12月选取50%的行政机关进行一线工作情况年度抽查；区人力资源和社会保障局要于年度抽查结束后20个工作日内，综合一线工作情况抽查报告及各单位自查报告，形成区级行政机关推行“一线工作法”情况报告，报区政府实施四项制度联席会议审定后进行通报。

要严肃工作过错追究。区监察局要加大督查问责力度，对推进工作不力，造成不良影响和后果的单位，要依照行政问责规定对有关责任人进行问责。

四、工作要求

（一）加强组织领导。“一线工作法”是推进政府效能建设的重要载体，是密切党群干群关系的重要举措。各责任单位要把推行“一线工作法”摆上重要议事日程，主要领导要担当第一责任人，身体力行，精心组织，周密部署，狠抓落实，确保推行“一线工作法”落到实处。

（二）健全工作制度。各责任单位要结合工作实际，把推行“一线工作法”与完成全年工作目标任务结合起来，落实工作责任，细化推行“一线工作法”具体措施，形成在一线了解情况、解决问题、落实工作的制度和流程，确保推行“一线工作法”取得实效。

（三）完善一线记录。各责任单位要建立一线登记，详细记录一线工作事项名称、标准、时限、要求、责任人和责任部门、实施现场、实施时间、实施情况、实施效果，形成一线工作记实。

（四）推广创新成果。各责任单位要注意及时掌握“一线工作法”有关情况，及时发现、总结和推广“一线工作法”的创新经验和做法，扩大工作成果，使“一线工作法”成为推动各项工作深入开展的有效载体。

中共曲靖市麒麟区委　曲靖市麒麟区人民政府关于2011年全面推进麒麟区城乡统筹发展工作的意见

为深入贯彻党的十七届三中、四中、五中全会精神，认真落实市委、市政府的部署要求，推动城乡统筹发展，努力消除城乡二元结构，经区委、区政府研究，决定2011年在城乡结合部的31个社区继续开展城乡发展一体化建设试点，在乡（镇）集镇周边启动4个新村庄、新社区建设，在远离城镇区域的10个偏远村委会开展社会主义新农村建设。现就全面推进麒麟区城乡统筹发展提出如下意见：

一、指导思想

以邓小平理论、“三个代表”重要思想为指导，以科学发展观为统领，按照工业反哺农业、城市支持农村和多予少取放活的方针，以城乡统筹发展为主线，以“两新”工程建设、城乡发展一体化建设和偏远村委会新农村建设为载体，加快农（居）民居住小区建设，完善新村建设规划，加快农村基础设施建设，全面改善群众生产生活条件，夯实城乡发展一体化建设基础；以实现农民持续增收为核心，致力提高农（居）民素质、培育新型农（居）民，促进城乡经济社会发展相融合，实现城乡发展一体化，使全区的城乡统筹发展工作在全市乃至全省处于领先地位。

二、总体要求和目标任务

（一）总体要求：坚持规划先行、先试点后推开、先易后难、先近后远和财政可承受、农民可接受、发展可持续的原则，以城郊结合部和小城镇周边为重点，以土地“增减挂钩”、“矿村结合”和深化户籍制度改革为抓手，以“三集中、两分两换”为切入点和突破口，整合资源，合力攻坚，集中打造，逐步完善基础设施，完善服务功能，让人居环境好起来、农村产业强起来、群众生活富起来，逐步缩小城乡差距，实现城乡发展一体化。

（二）目标任务：通过3~5年的努力，新村庄要按照布局合理、集中居住、基础设施配套、环境宜居、生活富裕、管理民主、社会和谐的要求，逐步实现农房改造聚集、基础设施配套、公共服务到位、社会保障制度健全、富民产业兴旺、宜居生态、环境优美，成为农村经济、文化和生活服务的中心。新社区要按照统筹城乡发展的要求，借鉴城市建设和管理理念进行规划，建设成为村庄实体化、村民职工化、居住社区化、收入多元化、保障规范化、生活城市化的新型农村居民集中居住区。城乡结合部的31个社区城乡发展一体化试点工作2011年11月底结束。全区每年分别建设2个以上新村庄、新社区，力争2020年建设新村庄新社区达40个以上。2011年，“两新”建设试点于2011年5月底前完成建设任务；10个偏远村委会新农村建设于2011年12月底前完成建设任务。

三、建设范围

（一）城乡发展一体化建设试点范围

寥廓街道：红庙社区；

南宁街道：花柯社区、水寨社区；

白石江街道：保渡社区、丰登社区、代河社区、长河社区、黄家庄社区；

建宁街道：小坡社区、麻黄社区；

西城街道：白牛社区、三岔社区、冯官桥社区、高家屯社区、湛大屯社区、西山社区、王三屯社区；

沿江乡：庄家圩社区、余家屯社区、牛街社区、余家圩社区；

珠街乡：桂花社区、庄家屯社区、西海社区、小河湾社区；

三宝镇：雷家庄社区、雅户社区、何旗社区、三宝社区、五联社区、温泉社区。

（二）“两新”工程建设范围

寥廓街道：南城门社区（新社区）；

西城街道：三岔社区（新社区）；

东山镇：独木村委会、高家村村委会（新村庄）。

（三）偏远村委会新农村建设范围

寥廓街道：石灰窑村委会；

越州镇：上坡村委会；

东山镇：水井村委会、转长河村委会；

沿江乡：大龙村委会、新圩村委会；

珠街乡：中所村委会、联合村委会；

茨营乡：团结村委会、蔡家村委会。

四、主要措施

（一）紧紧围绕统筹城乡发展，科学制定建设规划。各建设点要围绕城乡统筹发展目标，坚持立足当前、着眼长远，分步实施、整体推进，因地制宜、结合实际的原则，制定科学合理的建设规划。城乡结合部31个社区城乡发展一体化建设严格按照区党发〔2009〕24号文件的要求组织实施；新村庄建设以“四通”、“四化”、“三配套”为主要建设内容，即通水、通路、通电、通网络，村内道路硬化、绿化、亮化、美化，配套建有一个设施相对完善、服务功能相对集中的包含行政办公、文体活动、医疗卫生服务、幼托教育、商业服务等多功能综合服务中心，配套建设垃圾集中处理设施，配套建设污水集中处理设施；新社区建设以“十有”为主要建设内容，即有完善的建设规划、有支撑带动能力强的特色产业、有规模大档次高的集中居住区、有运转高效的便民服务中心、有垃圾中转站、有污水集中处理设施、有较大面积的游园绿地、有发达的商贸服务设施、有完善的教育文体科技医疗设施、有健全的养老就业等社会保障体系；偏远村委会新农村建设要以农民新居建盖、基础设施建设为主要内容，规划要力求达到有高度、有深度、有广度和有力度。

（二）全面加强农村基础设施建设，切实改善农民生产生活条件。按照新村建设规划，指导农民建盖新型住房，加强农村水、电、路、能源等基础设施建设，大力开展村容村貌整治，在硬化、净化、绿化、亮化和美化等方面下功夫，全面实施改水、改厩、建公厕、建垃圾池等工程，规范“三堆”，治理“三乱”，推行农村垃圾日产日清，努力实现农村清洁能源使用普及化、农村水利设施现代化、乡村公路通达化、村内道路硬亮化、农村信息数字化、村容村貌整洁化，使农民生产生活条件得到明显改善。

（三）发展农村新兴产业，拓宽农民增收渠道。大力发展现代农业，积极发展劳务经济和二、三产业，夯实农民增收致富的产业基础，促进农村集体经济和农民收入持续增长。积极引导农民转变思想观念，以加快“三个转变”为重点，增加农民非农收入。一要加快农村城镇化步伐，实现农村向城市转变；二要加快农村工业化步伐，实现务农向务工转变；三要加快农村劳动力向二、三产业转移步伐，促进农民向市民转变。

（四）强化社会管理，确保农村社会和谐稳定。全面实施村（社区）“四联互创”工程，确保公众对社会治安满意率达95%以上；深入开展“十星级”文明户创评活动；大力实施素质提升工程，依托“两校进村”抓好农民培训工作，使更多农民成为有文化、懂技术、善经营、会管理的新型农民；切实加强农村基层党组织建设，提高农村基层党组织的创造力、凝聚力和战斗力；大力推进农村科技、教育、文化、卫生、社会保障等各项事业的发展。

（五）整合资源，多渠道筹措建设资金。一是要加大投入。除市、区两级财政每年安排的建设资金外，各乡镇（街道）也要安排必要的建设资金，确保各项工程建设顺利推进。二是通过土地“增减挂钩”和“矿村结合”筹资。要用足用活土地“增减挂钩”相关政策，总结“矿村结合”的经验，充分调动企业的积极性，支持新村庄建设，实现共建共享。三是整合项目资金。要加大各类项目资金整合力度，确保各级各部门的项目资金优先整合、优先投入到统筹城乡发展中来。四是加大农民房产抵押贷款力度。要加大力度在全区推行农民房产抵押贷款工作。鼓励农民对土地承包经营权、集体建设用地使用权、林权等实行资本化运作，鼓励建设村通过“一事一议”方式筹措建设资金。五是积极鼓励有条件的企业、银行发展农村投融资担保公司和村镇银行，为农民融资提供服务。六是积极鼓励社会各界投资参与建设。

（六）严格考核验收，确保建设工作取得明显成效。区委、区政府将城乡发展一体化试点、“两新”工程建设和偏远村委会新农村建设纳入区级重点工程，实行目标责任制管理。乡、村两级要成立专门的领导机构，由党政“一把手”负总责，几班子领导齐抓共管。区直各部门要按照各自职能，结合实际，积极参与。区城乡一体化建设领导小组办公室要按照实施方案，将每一阶段的目标任务进行分解细化，切实做到任务到人，责任到人；建立完善科学、合理、有效的考核办法，严格考核奖惩；要总结经验，推广典型，不断把全区城乡统筹发展工作引向深入。

五、组织保障

（一）强化组织领导。按照曲发〔2010〕13号及区党发〔2009〕24号文件要求，把城乡统筹发展作为全区各级党政“一把手”工程，切实加强领导。区委、区政府成立城乡统筹发展工作领导小组，负责全区城乡统筹发展的规划、协调、指导和督促检查，区城乡发展一体化建设领导小组办公室具体负责统筹城乡发展业务工作。区直各部门要密切配合，各司其职，各尽其责，形成党委领导、政府主导、群众主体、部门协同、社会参与的工作格局。

（二）加大资金投入。区城乡发展一体化建设试点社区资金补助按照区党发〔2009〕24号文件规定执行；“两新”工程建设的每个村（社区）力争筹集400万元用于建设，其中：区财政补助100万元（西城街道三岔社区由开发区财政补助），力争市财政补助100万元，村（社区）自筹200万元以上；2011年确定的10个偏远村委会新农村建设点，每个建设点区财政补助20万元，各乡镇（街道）配套资金不少于10万元，项目资金使用按照“渠道不变、捆绑使用、各记其功”的原则，集中整合移民开发、扶贫、民居地震安全工程、财政“一事一议”奖补等项目资金，同时积极发动群众投资投劳共同参与建设。

（三）给予政策支持。在农业产业化发展中，企业或养殖大户兴办规模化畜禽养殖所需用地，按照《关于促进规模化畜禽养殖有关用地政策的通知》的规定办理相关用地手续。麒麟区范围内的集体建设用地，按照《麒麟区集体建设用地使用权流转管理办法（试行）》的有关规定办理相关用地手续。

2011年4月29日

曲靖市麒麟区人民政府
关于印发《麒麟区实施质量兴区战略的意见》
《麒麟区实施标准化发展战略的意见》
《麒麟区区长质量奖管理办法》的通知

各乡（镇）人民政府、街道办事处，区直各办、局、中心：

《麒麟区实施质量兴区战略的意见》、《麒麟区实施标准化发展战略的意见》、《麒麟区区长质量奖管理办法》经区人民政府第三届第三十五次常务会议研究同意，现印发给你们，请认真贯彻执行。

2011年5月23日

麒麟区实施质量兴区战略的意见

为深入落实科学发展观，加快经济发展方式转变，全面提升质量总体水平，坚持以质取胜，促进麒麟经济社会又好又快发展，根据《曲靖市人民政府关于实施质量兴市战略的意见》有关精神，现就我区实施“质量兴区”战略提出以下意见：

一、实施质量兴区战略的重要意义

质量是一个国家和地区经济、科技、文化和整体实力的综合反映，随着经济全球化的深入发展，质量问题已成为经济社会发展的一个战略问题。实施质量振兴纲要，走质量效益型发展道路，对推动麒麟经济社会科学发展具有深远意义。实施质量兴区战略，是调整经济结构、转变发展方式的强大动力；是增强全区综合实力，提高核心竞争力的必然要求；是应对国际贸易壁垒，支撑我国面向西南开放重要桥头堡建设的迫切需要；是保障质量安全，维护人民群众切身利益的根本要求。

近年来，区政府高度重视质量工作，抓住机遇，加快发展，质量总体水平显著提高，经济发展方式明显转变，经济总量迅速扩大，综合实力显著增强，但仍存在社会质量意识不强、产品质量总体水平不高、产品核心竞争力不足、监管体制机制不健全等问题。面临当前严峻的国际、国内经济形势，在“保增长、保民生、保稳定”的关键时期，实施质量兴区战略，是调整经济结构、转变经济发展方式，推动全区经济社会又好又快发展的必然选择；是增强我区综合实力、提高核心竞争力，有效应对当前国际金融危机的重大举措；是发展生态文明、建设资源节约型和环境友好型社会和珠江源大城市的重要保障；是提高生活质量、保障人民群众健康安全的根本要求。各级各部门要从战略和全局的高度充分认识加强质量工作的重要性和紧迫性，把实现经济增长的目标建立在提高质量、优化结构、增加效益、降低消耗、保护环境的基础之上，转变发展观念，创新发展模式，提高发展质量，促进全区经济社会的持续协调健康发展。

二、实施质量兴区战略的指导思想和目标任务

（一）指导思想

坚持以邓小平理论和“三个代表”重要思想为指导，以科学发展观为统领，以推动经济发展为目标，以开展“质量兴区”、“质量兴业”、“质量兴企”、“质量兴品”为载体，按照宏观经济发展质量与微观产品质量兼顾、政府引导与市场主体作用互补、质量管理与科技创新并举、源头治理与事后监管结合的工作原则，构建“政府推动、部门协作、企业为主、社会参与”的大质量工作机制，全面提高我区总体质量水平，切实发挥质量工作在转变发展方式、实现生态文明、维护社会和谐稳定中的重要作用，促进全区经济社会又好又快发展。

（二）目标任务

力争到“十二五”末，全区质量工作在经济增长过程中的贡献率逐步提升，社会质量意识显著增强，发展观念明显转变，发展模式不断创新，发展质量有效提高。全区宏观质量管理体系、质量基础保障体系和社会质量信用体系基本建立完善，广大人民群众多层次的质量需求基本满足。

1. 产品质量稳步提高

到2012年，主要工业产品、农产品、食品、药品、饲料质量安全水平显著提高，制造业质量竞争力指数处于全市先进水平。

——工业产品：全区主要工业产品采用国际标准和国外先进标准达到全市平均水平，产品标准覆盖率持续稳定在95%以上，产品质量监督抽查合格率达90%以上，主要工业产品生产企业的质量信用档案80%以上实现动态管理。

——食品：食品生产获证企业质量监督抽查合格率达90%以上，食品经销信息市场反馈满意度达90%以上。

——出口商品：检验合格率居全市前列。

——通过有机产品、绿色产品和无公害产品认证数达到60个，积极争报中国驰名商标1个以上、云南省著名商标7个以上，积极争报地理标志保护产品、云南名牌产品7个以上。

到“十二五”末，主要工业产品、农产品、食品、药品等产品质量合格率持续上升，制造业质量竞争力指数达到全省平均水平。

——工业产品：主要工业产品采用国际标准和国外先进标准位于市内前列，产品标准覆盖率持续稳定在98%以上，产品质量监督抽查合格率稳定在95%以上，主要工业产品生产企业质量信用档案100%实现动态管理。

——食品：食品生产获证企业质量监督抽查合格率达到92%以上。

——出口商品：检验合格率居全省前列。

——通过有机产品、绿色产品和无公害产品认证的产品数突破70个；中国驰名商标1个以上、云南省著名商标9个以上、地理标志保护产品1个以上、云南名牌产品10个以上。

2. 工程质量全面提高

到2012年，全区工程建设质量管理体系健全有效，新技术、新工艺、新材料得到广泛应用，勘察、设计、施工质量明显提高。工程质量安全抗震设防得到有效保证，建筑节能减排全面达标，工程竣工验收合格率达100%；发展绿色建筑，推行绿色施工，改善住宅性能，优良工程、优质工程、精品工程比率逐年提高。

到“十二五”末，新技术、新工艺、新材料应用取得显著成效，普遍采用绿色施工，竣工建筑、道路、水利工程质量和安全、卫生指标100%达标，新开工建设工程100%执行节能环保标准，施工企业综合诚信评价体系建设全面完成，优良工程、优质工程、精品工程比率达到全市领先水平。

3. 服务质量显著提高

到2012年，全区服务业领域进一步拓宽，服务功能有所增强，服务业结构进一步优化，服务业标准化示范和试点建设工作初见成效，服务业社会满意度普遍提升。

到“十二五”末，全区服务业标准化示范和试点建设成效明显，面向生产、面向民生、面向农村的新兴服务业基本形成规模，能较好地满足经济发展和人民群众生活需要，服务业整体社会满意度显著提高。

4. 环境质量明显提高

到2012年，全区污染减排达到国家考核要求，大部分地区生态环境质量良好。城区空气质量全年优良天数达95%以上，南盘江水环境功能达标率80%，城镇集中式饮用水源水质达标率90%。

到“十二五”末，全区生态经济、低碳经济和环保产业比重明显增加，节能减排取得显著效果。城镇集中式饮用水源水质达标率100%。节能减排、能源再生、生态保护标准体系建设初见成效，经济社会与环境协调发展。

三、实施质量兴区战略的工作重点

（一）政府推动，广泛开展“质量兴区”工作

各乡（镇）、街道办事处要充分发挥政府宏观管理职能，对本辖区内质量工作负总责。要以提高质量、振兴经济、促进发展为核心，结合当地资源优势、产业布局，突出重点，合理规划，建立绩效考核、奖惩和监督管理制度，完善宏观质量分析和质量发展社会评价机制，全面提升区域整体质量水平，促进区域经济的健康快速发展，为质量兴区奠定坚实基础。

1. 全面启动。各乡（镇）人民政府、街道办事处要结合实际，全面开展“质量兴镇（乡）”工作，把质量工作纳入政府经济社会发展规划和目标管理，发挥体制机制新优势。抓紧制定当地质量发展工作规划和切实可行的工作方案，突出工作重点，细化工作措施，落实工作责任，广泛宣传动员，营造良好氛围，努力推进质量工作的全面实施。

2. 典型带动。各乡（镇）人民政府、街道办事处要坚持“因地制宜、分类指导”的工作原则，重点建立一批质量工作示范行业和示范企业，充分发挥典型示范带动作用。工业基础较好、产业集中度较高、同类企业众多的城区五个街道办事处和越州、东山镇要以巩固发展主导产品为重点，通过技术改造和科技创新，提高标准制（修）订水平，提升产品质量和竞争力，积极打造特色产业示范点。自然资源丰富、种（养）植（殖）规模较大的三宝镇、珠街乡、茨营乡、沿江乡要围绕优势农产品资源，加快农业标准化、产业化、现代化进程，积极打造农业经济示范点。

3. 监管推动。各乡（镇）人民政府、街道办事处要坚守质量安全底线，强化质量安全监管工作，抓好各项质量工作。要把保护人民群众生命和财产安全、推进“质量兴区”战略顺利实施作为监管工作的根本目的。要加强重大危险源的监控，确保区域性资源开采、工程建设、食品、药品、工业产品、危险化学品、特种设备等重点行业、领域的质量安全。

（二）部门推进，整体推进“质量兴业”工作

各行业主管部门对本行业质量发展负主责，要充分发挥行业优势，坚持从源头抓质量，综合运用法律、经济、行政和科学技术等手段，促进产品、产业结构的优化升级，实现行业振兴。

1. 制定行业质量发展规划。要坚持统筹兼顾、协调发展的原则，围绕全区经济发展目标，突出建材、烟草、装备制造、商贸流通等优势支柱产业和能源、煤化工、有色金属等战略性新兴产业，结合产业特点，以“政策支持、标准制定、品牌培育、人才培养、能力提升”为重点，制定行业发展规划，建立行业质量发展状况分析和评价制度，努力推动行业质量工作发展。

2. 加强行业质量安全监督。要充分运用生产许可、认证认可、注册备案等手段，构建以“准入、追溯、召回、退出”为核心的质量管理制度，建立健全行政管理、行业自律和中介服务相结合的质量安全监管机制，切实防范系统性、行业性质量安全突发事件，确保行业质量安全。

3. 提升行业质量整体水平。要以“质量提升、品牌创建、服务改善”为工作要点，以提高行业整体素质和竞争力为核心，加强技术创新和体制创新，树立工艺控制、技术研发、节能减排、生产管理等行业标杆，加快产业结构调整和优化升级，努力培育大企业、大集团，全面提高行业整体发展实力和发展质量，推动行业加快发展，使各个行业成为质量兴区的重要力量。

（三）企业为主，深入开展“质量兴企”工作

企业是质量安全的主体，要对所生产经营的产品质量安全负责。

1. 树立科学质量观。要正确处理质量与速度、效益、发展之间的关系，牢固树立“质量第一”、“质量是提高经济效益和竞争力的根本之策”的观念，把保证质量安全、提高质量水平作为首要任务，严格执行国家法律、法规和强制性标准，确保出厂产品批批合格，切实保障产品质量安全，实现企业科学发展。

2. 严格标准生产。要坚持“有标贯标、无标制标、低标升标”，逐步建立完善企业标准体系，实现标准化生产，杜绝无标生产，积极推进生产的程序化、规范化和标准化。积极采用国际标准和国外先进标准，制定具有竞争力、高于国家现行标准的企业内控标准。凡生产涉及人体健康、财产安全产品的企业，必须严格执行国家强制性标准。

3. 提高管理水平。积极采用国内外先进的质量管理方法和技术，探索采用卓越绩效管理、六西格玛管理等标准化管理体系，积极开展质量、环境、职业健康安全等管理体系认证，建立标准化、计量、质量管理控制示范点，提升企业形象和核心竞争力。

4. 增强自主创新能力。要积极培养和引进优秀科技人才，加强与高校、科研机构的技术合作，开发具有核心竞争力、高附加值和自主知识产权的新产品，加快新产品开发和科研成果的转化；引进先进生产技术、引进先进检测手段，围绕提高产品质量，不断增加资金和技术投入，保证产品技术性能和档次的持续提高。

5. 努力培育企业质量文化。要加强精神文明建设，把职业道德、敬业精神作为培育企业文化的重要内容，注重企业质量信誉的形象建设，增强企业质量文化底蕴，形成生产经销优质产品光荣，生产经销不合格产品耻辱的良好风气。

（四）社会参与，大力推进“质量兴品”工作

强化市场观念，增强产品质量意识，加强产品设计、生产、制造、营销、服务等全过程质量管理，全面提升产品的质量水平，不断提高产品的市场占有率和顾客满意度。加大品牌的培育、引进、推介、保护和奖励力度，建立和完善以消费者认可和市场评价为基础的品牌产生机制，与产品开发、技术改造、管理创新紧密结合，运用自主创新、品牌经营、商标注册、专利申请等手段，加快品牌建设，在争创中国驰名商标、地理标志保护产品、云南名牌、云南著名商标等方面有新突破，形成一批自主创新能力强、科技含量高，在核心技术和关键技术上拥有自主知识产权的知名品牌和优势产品，提升产品市场竞争力，引领特色优势产业健康发展。

（五）强基固本，夯实质量发展基础工作

各乡（镇）、街道办事处、各部门和广大企业要重视和加强质量发展的基础性工作，建立和完善适应经济社会发展需要的标准体系、检验检测体系、质量信用体系和人才培养机制，为质量工作稳步发展打下坚实基础。

1. 实施标准化发展战略，深入推进标准体系建设。先进的技术标准是提升科学发展质量的基础，是经济社会快速发展的核心技术保护。各乡（镇）人民政府、街道办事处、各部门要以促进自主创新、节能减排、环境保护和农产品、食品药品安全为重点，建立健全我区先进的企业技术、农业、环境保护、食品、服务业的标准体系。引导和鼓励企业积极参与国际、国家标准的制（修）订工作，开展“标准化良好行为”创建活动，将具有自主知识产权的技术和专利及时转化为标准，努力实施“技术专利化——专利标准化——标准产业化”。及时跟踪和掌握国内外先进标准情况，鼓励各行各业参与国内外标准化活动。建立适应经济建设和技术发展需要的技术标准推进模式和运行机制，形成以“政府宏观政策为导向，以企业为主体，以高等院校和科研院所为依托，以中介服务机构为桥梁的技术标准研究、制定、推广、实施体系。

2. 加强检测能力提升建设，打造公共安全服务平台。坚持科学规划、合理布局、加大投入、整合资源的原则，以市质检中心为依托，加快企业、高等院校、社会科研机构参与的公共检验检测技术服务平台建设，有效提升检验检测手段和能力，形成与全区产业经济发展紧密相关的技术支撑平台，为企业和社会提供科学、准确、高效的检测及技术服务，为有效应对技术性贸易壁垒提供技术保障。鼓励重点骨干企业争建国家实验室、

科研中心，争取国际互认，提升产品研发、质量检测、技术创新能力。

3. 积极推动质量信用体系建设，营造和谐消费环境。按照国家建设社会信用体系的要求，把质量作为衡量企业信用等级的重要指标，大力推进质量诚信体系建设。坚持“政府推动、企业主动、统筹规划、分步实施”的工作办法，加快社会信用体系建设步伐，建立健全体系完整、责任明确、运行高效、监管有力的质量信用体系管理机制。加强质监、工商、税务、公安、安监、银行等部门合作，资源整合，信息共享，共同推进全区各行业的质量信用信息交流平台建设，建立企业质量信用信息数据库，完善质量信用记录发布制度和质量违法违规企业“黑名单”制度，定期发布质量诚信信息，加大守信激励、失信惩戒力度；完善社会监督约束机制，强化新闻媒体和社会中介组织的监督作用，营造诚实守信的社会经济环境。

4. 拓宽人才队伍建设渠道，培养质量专业人才。制定我区吸引质量管理优秀人才的措施和办法，把质量教育作为提高全民素质和劳动者技能的重要内容，着力提高质量管理人员和质量从业人员的整体素质，加快全区质量专业人才培养工作。积极开展与国内外质量领域研究机构的交流合作，做好各行业标准化、计量、质量工程技术人员职称评定工作，重点培养和引进高层次、高技能、满足不同需求的质量专业人才，为全区质量振兴提供人才保障。

四、实施质量兴区战略的组织保障

（一）加强组织领导，明确质量责任

各乡（镇）人民政府、街道办事处、各行业主管部门要进一步加强对质量工作的领导和管理，把质量兴区工作纳入工作绩效目标考核，确保各项工作的开展。区人民政府成立由主要领导担任组长的实施质量兴区战略工作领导小组，统筹协调解决实施质量兴区工作中的重大问题，统一部署有关重大行动。领导小组下设办公室和六个工作组。办公室设在区质量技术监督局，承担日常工作。工信部门设立工业产品质量工作组、药监部门设立药品质量工作组、农业部门设立农产品质量工作组、住建部门设立工程质量工作组、商务部门设立服务质量工作组、环保部门设立环境质量工作组，分别负责质量兴区战略各项主体工作的方案制定、组织实施和检查考核。各有关部门要加强协调联动，密切协作配合，形成齐抓共管的强大合力。各乡（镇）人民政府、街道办事处、各行业主管部门主管部门要层层落实目标责任，严格绩效考核，对推进质量兴区工作不力的单位和个人实施行政问责。

（二）加大经费投入，制定奖励制度

各级各部门要加大对质量工作的投入力度，安排必要的经费支持开展“质量兴区”工作，重点保证技术标准体系建设、产品及食品质量监督抽查、公共检验检测服务平台建设、品牌战略推进、质量奖励、质量管理基础研究等专项经费投入。对新建的质检中心，在资金等方面，区财政给予重点支持。金融部门要加大对名优产品生产经营企业扶持力度。企业要加大对产品质量改进、新产品研发和技术进步的资金投入。

区政府设立“麒麟区区长质量奖”，对在全区质量振兴和事业发展中作出突出贡献的单位和个人，给予表彰和奖励，鼓励引导企业改进质量、优化管理、研制先进标准、追求卓越绩效，走质量效益型道路。各行业主管部门要制定鼓励和扶持企业优化管理、科技创新、技术改进等方面的政策措施，帮助重点企业争创省、市质量管理奖。

（三）广泛宣传教育，营造良好氛围

各乡（镇）人民政府、街道办事处及行业主管部门将质量法律法规纳入全民普法教育规划，开展全民质量法制教育，着力增强全社会的质量法制意识，营建良好质量发展法制环境。要畅通公众质量投诉和维权渠道，建立“统一、科学、权威、高效”的质量信息发布制度，积极宣传和推广先进的质量管理理论和方法，引导企业开展全员质量知识和劳动技能培训，切实树立“质量第一”、“以质取胜”的理念，培育“以人为本、诚实守信、精益求精”的质量文化。充分发挥新闻媒体的舆论导向和社会监督作用，利用电视、广播、报刊、网络等媒体资源，开辟专刊、专栏、专题，集中宣传质量兴区战略，大力表彰实施质量兴区战略先进单位和个人，加强对制假售假和不合格企业的舆论监督、曝光，营造良好舆论环境。深入开展“质量月”、“3·15保护消费者权益”等群众性质量活动，普及质量知识，提高全民质量意识，在全社会形成人人关心质量、人人重视质量、人人参与质量、人人创造质量、人人监督质量、人人享受质量的良好社会氛围。

麒麟区实施标准化发展战略的意见

为深入落实科学发展观，全面推进全区各行业的标准化工作，增强自主创新能力，提升全区产品和产业综合竞争力，推动经济社会又好又快发展，根据《曲靖市人民政府关于实施标准化发展战略的意见》，结合全区实际，提出如下实施意见。

一、实施标准化发展战略的重要意义

标准化是国民经济和社会发展的重要技术基础。随着我国市场经济体制机制的不断完善，地区经济与国际经济不断融合，标准化在规范市场秩序、促进技术合作、推动产业发展，以及扩大对外贸易方面，发挥着越来越重要的作用。实施标准化发展战略，有利于助推我区各行业通过对标准的有效利用，跻身国内、国际市场竞争，并取得竞争的主动权；有利于优化调整产业结构，提高产品质量和安全水平，提升我区优势特色产业的核心竞争力；有利于合理有效地利用我区的资源，加大依托我区优势资源的产业链建设，提高资源的附加值；有利于加快建立资源节约型和环境友好型社会，促进我区经济又好又快的发展。

经过多年努力，我区标准化工作取得了长足进步，在促进全区经济社会发展方面的作用日趋凸现。但必须清醒地认识到，我区标准化工作在实际运行中仍然存在诸多困难和问题：全社会对标准化工作的重要性认识不足，相当一部分企业的标准化主体意识还不强，技术标准创新能力较弱，科技创新与技术标准的结合不够紧密，标准化长远规划和保障机制尚不健全，现有标准化工作的体制机制还不适应经济社会发展的需要。为此，各级各部门要从深入贯彻落实科学发展观、促进全区经济社会整体实力提升的高度，切实提高对标准化工作重要性的认识，把加强和推进标准化工作作为推动经济社会发展的重要基础性工作抓实做好。

二、实施标准化发展战略的工作思路、基本原则和工作目标

（一）工作思路

深入推进农业标准化，强力推进工业标准化，加快推进服务业标准化工作，建立健全适应市场需要的技术标准体系。广泛采用先进技术标准，促进知识产权和科技创新与技术标准紧密结合，引导企业积极参与地方标准、行业标准、国家标准、国际标准的制（修）订，获得竞争的主动权，引领重点和优势产业强势发展；加快标准化技术组织建设，努力营造有利于实施标准化发展战略的环境，提升麒麟区标准化工作的总体水平，为麒麟区经济全面协调可持续发展提供有力支撑。

（二）基本原则

加强我区标准化工作应坚持以下基本原则：

——政府推动、政策引导原则。实施标准化战略是一项全局性、战略性的工作，必须加强政府的宏观指导和政策协调，大力推动标准化发展战略的实施。

——市场导向、企业为主原则。以市场需求为导向，不断提高标准的适应性，切实发挥好企业在实施标准化发展战略中的主体作用，通过对先进技术标准的有效利用和技术标准创新，提高我区产品的质量水平和技术含量，提升企业的核心竞争力。

——全面推进、重点突破原则。在全区一、二、三产业全面实施标准化发展战略，固牢发展基础；以技术创新为重点，建立一批具有核心技术和专利技术的产品标准，在具有比较优势的产业和领域，更多地参与或主导地方标准、行业标准、国家标准乃至国际标准的制（修）订，支撑我区优势产业做大做强。

（三）工作目标

通过实施标准化发展战略，建立适应麒麟区经济社会发展需要的标准化工作机制和体制；提升重点和优势产业实质性参与地方、行业、国家标准化活动的能力；促进科技创新成果向技术标准转化；构建一套面向市场、重点突出、结构合理的技术标准体系；培育一批以技术标准获得领先的竞争型企业；培养一支高素质的标准化人才队伍。

到2012年，农业标准化工作取得新突破；着力夯实工业标准化的工作基础，初步构建优势工业产业的技术标准体系，工业标准化工作达到曲靖中上水平；在宾馆、餐饮等领域努力推行标准化，服务业标准化工作取得突破。

到2015年，农业标准化工作总体进入全市先进行列，工业标准化工作总体达到全市中上水平，服务业标准化工作取得重大进展，并力争使有色金属新材料、煤化工、汽车制造等优势产业的标准化工作进入全省先进行列，标准化在全区经济社会发展中的技术支撑作用明显增强。

三、深入推进农业标准化工作

（一）制（修）订农业地方标准和规范，健全农业地方标准体系

以农业标准化示范区（基地）建设为基础平台，以规模化和集约化生产为目标，建立和完善烟草、茨营蔬菜、三宝韭菜花等重点产业为主体的，包括农业产地环境，种子种苗和种畜种禽、农用生产资料，生产技术规程、农产品质量等级及设施的农业标准体系。到2012年，制定1项以上曲靖市地方农业规范；完成麒麟韭菜花曲靖市地方农业规范的修订和完善工作。到2015年，制（修）订曲靖市农业规范2项以上，初步建立起农业支柱产业的技术标准体系。

（二）普及农业标准化知识，推行农业标准化生产

结合“科普惠农”兴村计划，向广大农户普及农业标准化知识，采取“公司+基地+农户+标准”的模式，发挥龙头企业的示范带动作用，进一步加快国家和省级农业标准化生产综合试验示范区的建设，促进农业产业现代化。到2012年，全区国家级农业标准化生产示范区达到1个；到2015年，全区国家级农业标准化生产示范区达到2个。农业部门要围绕全区优势产业，结合生产条件，以无公害为基本要求，加快食用农产品生产技术规程和技术标准的制定、发布和推广工作。

（三）推进“三品一标”认证，提高农产品的质量安全水平

开展“良好农业规范（GAP）”示范，实施国际生产标准，推进无公害农产品、绿色食品、有机食品和地理标志农产品“三品一标”产品的认定认证工作。2012年~2015年，全区实施“良好农业规范（GAP）”示范取得突破，力争认定认证“三品一标”产品达到20个以上。

四、强力推进工业标准化工作

（一）构建重点行业的技术标准体系

全区重点规划发展的煤化工、冶金、汽车制造、建材等行业，应围绕推进深加工、延伸产业链、提高附加

值的要求，加快分类构建技术标准体系。其中，煤化工和冶金行业，应力争在相关国家标准或行业标准的制（修）订中取得主导地位，并力争实质性参与地方标准、行业标准、国家标准乃至国际标准的制（修）订；建材、汽车制造业参与制（修）订国家标准和行业标准取得突破。

到2012年力争在煤化工、烟草、冶金、建材、轻型载货汽车等产业取得实质性参与标准化活动的新突破。主导或参与1项以上国家标准、行业标准、地方标准制（修）订；到2015年，主导或参与3项以上国家标准、行业标准、地方标准制（修）订。

（二）提升优势产业技术标准创新能力

结合“重点产业创新工程”的实施，依托煤化工、有色金属新材料等行业的创新成果，探索“技术专利化——专利标准化——标准产业化”和标准国际化的发展路径取得成效。列入科技计划支持开发的高新技术产业、支柱产业和重点产业开发的关键技术和核心技术、新产品和新工艺等，均应快速形成技术标准。

（三）全面夯实企业标准化工作的基础

发挥企业的标准化主体作用，完善企业标准化工作机制，建立健全企业技术标准体系，严格按标准组织产品生产，杜绝无标准生产。到2012年，全区产品标准覆盖率持续稳定在90%以上。

鼓励和支持有条件的企业，采用国际标准和国外先进标准，提高科学管理和参与国际竞争的能力。到2012年，规模以上企业的重要产品，全面采用国际标准和国外先进标准；到2015年，出口产品中涉及健康、安全等方面的产品，采标率达到100%。

引导企业积极开展创建“标准化良好行业企业”活动，建立以技术标准为主，包括管理标准和工作标准的科学、有效地企业标准体系，提高标准化管理水平，夯实持续、健康发展的基础。到2012年，全区10户重点企业均应建立较为完善的企业标准体系。

五、加快推进服务业标准化工作

（一）开展餐饮业服务标准化示范活动

结合我区餐饮业的特点，组织制定餐饮业服务地方标准，鼓励有条件的餐饮企业，尤其是特色餐饮企业，参照国际餐饮业先进的服务标准，制定餐饮服务企业标准，开展服务标准化示范活动。到2012年，参与餐饮业服务标准化示范活动的企业达到1户；到2015年，力争在餐饮企业推广实施餐饮业服务标准化。

（二）促进现代服务业标准体系建设

结合“乡村流通工程”建设，以农资、日用消费品、农副产品购销为重点，引导物流相关企业推行物流有关国家标准、国际标准的实施，制定麒麟区物流特征、物流环境条件的地方标准。到2015年，力争建成与国际物流标准化体系相统一、适合国际大通道现代物流网络运作的包含物流设施标准、物流作业标准、物流信息标准的物流标准体系，在商贸、邮政、医药、化工、冶金、花卉、建材等行业，培育物流标准化示范企业。

按照《全国服务业标准2009年～2013年发展规划》提供的标准体系框架，建立与我区经济社会关联度较高的服务业标准体系。到2015年，环境管理、电子政务、医疗服务、减灾救灾、社区管理等服务标准体系建设取得新突破；探索建立公共交通、社会保障、家政服务、房地产业等服务标准体系；在各级行政管理机关探索建立行政服务标准化的工作模式。

六、抓紧完善节能环保、安全生产标准体系

在煤炭、冶金、化工、电力、建材等五大耗能、耗水行业，围绕企业节能管理、节能产品评价、能源平衡测试、合理用能评价、能源指标监测和考核，清洁生产和工业循环经济等工作，根据有关法规和国家标准，力争研制有关技术标准并取得突破。

结合当地煤矿地质条件、危险化学品生产特性，推行标准化矿井建设，建立标准化安全生产评价体系并取得进展。

七、实施标准化发展战略的保障措施

（一）加强领导

各级各部门要进一步加强对实施标准化发展战略的领导和管理，切实把实施标准化发展战略纳入当地国民经济和社会发展规划。区人民政府成立由主要领导担任组长，质监、工商、工信、财政、安监、税务、住建、环保、发改、统计、卫生、科技、教育、国土、交通运输、粮食、农业、林业、水务等相关部门为成员的领导小组，领导小组下设办公室在麒麟质监分局，负责协调及日常工作。

建立技术标准通报制度和信息沟通制度，定期研究标准化战略有关工作，聚集各方力量，真正形成“统一管理、依托各方、各司其职、合力推进”的标准化创新工作局面，充分调动政府、企业和中介机构等社会各方的积极性，形成合力，推动标准战略的实施。

（二）加强标准化人才培养

实施标准化人才培育工程，加快标准化人才队伍建设。以企业为主体，以科研院所、高等院校为骨干，用5年左右的时间，着力培养高层次复合型标准化专业技术人才，在全区形成一支具有各类专业组成的标准化人才队伍，为实施标准化发展战略提供智力支持。

（三）加大经费投入力度

加大对实施标准化发展战略的资金投入，逐步形成以“政府投入为引导、企业投入为主体、社会资金投入”为补充的多渠道、多元化的投入机制。财政部门要建立对标准化工作的固定投入机制，并根据经济社会发展的需要，逐步加大资金投入，用于全区标准化基础管理工作、国内外各类标准的采集和标准化基础研究等。各行业主管部门应将标准化工作经费纳入部门预算，在下达重大技术专项（含技术改造专项）时，明确标准化相关工作要求和与之配套的投入比例，对本行业的标准化相关工作提供经费保障。鼓励和引导社会各界，特别是有条件的企业建立标准化工作经费保障机制，积极出资制（修）订各级各类标准，国有及国有控股企业、创新型企业和高新技术企业，对技术标准研发的投入应不低于研发投入的10%。

（四）加快标准化专业技术组织和国家级检测机构建设

鼓励和扶持我区大型企业、科研院所、大专院校积极申报组建全国专业标准化技术委员会（TC）、分技术委员会（SC）和工作组（WG），支持我区工程技术人员、科研研究人员参加各级各类标准化组织的活动。

（五）加快标准化技术服务体系和标准信息服务平台建设

进一步加强标准化专业技术机构的基础建设，培育一批从事标准研究、咨询、评估、服务的中介机构。到2012年，初步建成以标准化专业技术机构为主体、以全区各级学会、协会和有关中介组织为补充、以各行业和重点企业的标准化工作机构为依托的标准化技术推广和服务体系。

持续提高标准化信息服务能力。广泛收集与我区经济社会发展关联度较高的各级各类标准、技术法规、技术性贸易措施等相关信息，建立满足全区经济社会发展需要的标准数据库，为全区各行业提供方便、快捷、高效的标准化信息查询和服务平台。

（六）建立健全激励机制

强化政策导向，建立和完善相应的激励机制，加大引导、扶持和政策倾斜力度，促进技术标准战略的实施。区政府每年安排专项资金，用于技术标准的奖励和推进工作。重点支持科研机构和高新技术企业通过原创性自主知识产权形成的国际标准或国家标准的项目；对企事业单位组建全国专业标准化技术委员会，参与国际标准、国家标准、地方标准制（修）订予以资助；对标准化工作获得认可的企业予以奖励。

（七）营造社会氛围

充分利用电视、广播、报刊、网络等各种媒体和“质量月”、“世界标准日”等活动，广泛宣传标准化知识，增进公众对标准化工作的了解、理解和支持，使标准化理念深入人心；加大对各部门、各行业和企业管理者的教育培训力度，提高社会各界对标准化工作的认识，营造全社会高度关注、积极参与标准化工作的良好氛围。

麒麟区区长质量奖管理办法

第一条 为贯彻落实科学发展观，大力实施质量兴区战略，不断提高全社会质量意识，引导、激励全区各行各业不断追求卓越绩效，提高质量总体水平，增强我区经济综合竞争力，促进我区经济又好又快的发展，根据《中华人民共和国产品质量法》、《曲靖市人民政府关于质量兴市战略的实施意见》的相关规定，结合我区实际，制定本办法。

第二条 本办法设立的麒麟区区长质量奖（以下简称区长质量奖）主要表彰在麒麟区登记注册、有广泛的社会知名度与影响力、实施卓越绩效管理模式、质量管理水平和自主创新能力在省内同行业处于领先地位、取得显著经济效益和社会效益的单位和个人。

第三条 区长质量奖的评审遵循科学、公正、公平、公开的原则，坚持高标准、严要求、好中选优，坚持自愿申请、不向申报企业或组织收费、不增加企业或组织负担、不搞终身制。

第四条 麒麟区区长质量奖的评审以促进企业取得显著经济效益和社会效益为宗旨，以“专家评议、社会公示、政府决策”为科学程序，以“政府积极推动、引导、监督”为保证，不断推进全区经济增长方式的转变和经济综合竞争力的提升。

第五条 区长质量奖每两年评审一次，授奖总数单位不超过5个，个人不超过10个。

第六条 为确保区长质量奖评审过程及结果的公正性和科学性，区人民政府授权区质量兴区工作领导小组设立“麒麟区区长质量奖评审委员会”（以下简称“评委会”），日常工作由区质量兴区工作领导小组办公室（以下简称“办公室”）负责。

第七条 评委会由区政府、区级有关部门、重点骨干企业、行业协会的有关领导和质量管理专家组成。评委会主任由区长担任，副主任委员由分管副区长担任。其他成员由办公室提出建议名单，报区政府批准后公布。评委会实行任期制，具体办法另行规定。

第八条 评委会的主要职责：

（一）组织、指导、监督区长质量奖评审活动的开展，决定区长质量奖评审过程中出现的重大事项；

（二）审定区长质量奖评审实施细则等重要工作规范；

（三）审查区长质量奖评审结果，确保评审工作的公开、公正和公平，审议表决拟奖企业，提请区政府批准拟奖企业；

（四）涉及重大问题和重要事项时，区监察部门参与区长质量奖评审的监督工作。

第九条 办公室的主要职责

（一）组织制（修）订区长质量奖评定标准、实施指南、申报企业行业分类标准、工作程序、管理制度等；

（二）组织制（修）订评审员资质标准及管理制度，建立评审员库；

（三）编制区长质量奖工作计划，组织开展国内外质量奖评审标准和评审工作的跟踪研究；

（四）负责受理区长质量奖的申报、组织评审以及典型经验和成果的总结、宣传、推广工作；

（五）组织评审组对符合申报条件的企业进行评审，考核、监督评审员履行职责情况；

（六）向评委会报告区长质量奖的评审结果，提请审议候选授奖企业名单；

（七）负责社会各界反映问题的调查核实工作；

（八）监督获奖企业持续实施卓越绩效管理，规范使用获奖荣誉。

第十条 各乡（镇）人民政府、街道办事处、有关主管部门分别负责本系统和本地区申报企业的培育、发动和推荐工作；协助推荐专业人员担任专家评委会委员。

第十一条 企业申报区长质量奖，必须同时具备下列基本条件：

（一）在麒麟区行政区域内登记注册，具有法人资格，连续正常生产经营 3 年以上；

（二）质量管理体系健全，实施先进的质量管理，具有杰出的经营业绩或社会贡献，从事生产、经营活动的，其经营规模、实现利税、总资产贡献率居区内同行业前列，最近三年未发生经营性亏损；

（三）具有良好的诚信记录和社会声誉；

（四）获得区、乡级有关主管部门推荐。

第十二条 凡有下列情况之一者，不得申报区长质量奖：

（一）不符合产业、环保、质量政策；

（二）国家规定应取得相关证照而未取得；

（三）近三年来有下列不良记录；

1. 发生重大质量、安全、公共卫生、环境责任事故（按行业规定）及服务质量、劳动保障等重大有效投诉；

2. 省、市和区监督抽查产品不合格，或存在严重服务质量问题；

3. 参加各级质量奖评定活动存在弄虚作假等违规行为；

4. 有其他违反法律法规不良记录的。

第十三条 申报区长质量奖的个人，应该具备下列基本条件：

（一）从事生产、经营活动的，质量管理工作的企业负责人，专职质量管理人员、质量工作人员，实施先进的质量管理标准，具有杰出的经营业绩或社会贡献，熟悉有关质量的法律、法规规范和标准，并能很好地贯彻落实；

（二）严格遵守质量工作的法律、法规规范和质量标准，认真履行职责，在抓质量、创优质工程或优质服务、创优质产品方面成绩显著；

（三）未发生重大事故或被主管部门通报批评的；

（四）工作中坚持原则，认真贯彻执行质量标准，实事求是，秉公办事，全心全意为人民服务；

（五）热爱本职工作，爱岗敬业，勤于学习，遵章守纪，注重不断提高综合业务素质的。

第十四条 申报资料要求

（一）申报资料内容必须实事求是、真实可靠；

（二）申报材料：

1.《麒麟区区长质量奖先进单位、个人申报表》；

2. 先进事迹材料；

3. 申报麒麟区区长质量奖励先进个人的，所在单位应该附对该同志的评价材料。

第十五条 麒麟区区长质量奖评审标准主要依据《卓越绩效评价准则》（GB/T19580）和《卓越绩效评价准则实施指南》（GB/Z19579）国家标准制订。评审标准内容包括领导，战略，顾客与市场，资源，过程管理，测量、分析与改进，经营结果等。

第十六条 为保证区长质量奖评审标准的有效实施和在不同行业评审工作中的一致性，在同一标准要求下，可按行业类别分别制订评审标准实施细则。实施细则将根据本行业的特点，重点在经营规模、质量管理、科技进步、市场占有率、诚信记录和社会贡献等方面拟定推荐标准，以保证区长质量奖的代表性和权威性。

第十七条 麒麟区区长质量奖的评审主要包括申报企业资格审核、材料评审、现场评审和专家评委会审议，材料评审和现场评审均须依据评审标准逐条评分后进行综合评价。

第十八条 区长质量奖评定标准根据质量管理理论及其实践的发展，可适时进行修订。

第十九条 区长质量奖评审前，由办公室在官方网站及媒体上公布区长质量奖的申报公告。

第二十条 企业在自愿的基础上在规定时间内提交《麒麟区区长质量奖申报表》和企业自评报告，同时提供有关证实性材料，经主管部门签署推荐意见后，在规定时限内报办公室受理。办公室对申报企业是否符合申报条件、申报材料是否齐全进行审查，初步确认符合申报条件的企业名单。

第二十一条 办公室负责组建区长质量奖评审组，各评审组必须由 3 名以上的评审员（其中含行业专家）组成，评审组实行组长负责制。

第二十二条 办公室组织评审组对企业提交的申报材料进行初评，对照评定标准逐条评分，形成初评报告，并据此提出现场评审名单。

第二十三条 通过申报材料初评后确定的企业，由评审组按评定标准组织现场评审，形成现场评审报告。

第二十四条 办公室根据初评报告、现场评审报告，按实际得分排序，提出区长质量奖获奖企业入围候选名单，提交评委会会议审议表决后确定拟奖名单。

第二十五条 拟奖名单经征求区质量兴区工作领导小组有关成员单位意见后，向社会公示。

第二十六条 经公示通过的获奖名单，经区政府审定批准后，以区人民政府名义进行表彰奖励。

第二十七条 区人民政府对获得“区长质量奖”荣誉称号的单位和个人分颁发奖牌、证书和奖金。

第二十八条 区长质量奖奖金和评审经费，由区财政纳入预算，专款专用。

第二十九条 对弄虚作假，采取不正当手段骗取麒麟区区长质量奖荣誉的企业，办公室可提请区政府撤销其区长质量奖称号，收回奖牌、证书，追缴奖金，并予以曝光。

第三十条 承担麒麟区区长质量奖评审任务的机构和人员要依法保守企业的商业秘密，严于律己，公正廉洁，严格按照有关规定、程序进行评审。

办公室会同区监察部门切实加强对评审工作的监督，对在评审过程中滥用职权、玩忽职守、徇私舞弊、造成不良后果的机构或个人，有权取消其评审工作资格，并提请其主管部门或所在工作单位给予纪律处分；构成犯罪的，依法追究刑事责任。

第三十一条 建立获奖企业的定期巡访及动态管理制度。有关部门应及时了解获奖企业的生产经营和质量管理等情况，督促其保持荣誉，不断提升改进绩效。

第三十二条 获奖企业有义务宣传、交流其质量管理的成功经验，发挥模范带动作用，促进全区质量管理整体水平的提高。

第三十三条 获奖企业对外宣传时应注明获奖年度。获奖企业再次申请并获奖的，授予奖牌和证书，不授予奖金，不占当年授奖名额。

第三十四条 区长质量奖奖牌、证书由麒麟区人民政府授予，任何单位和个人不得伪造、冒用麒麟区区长质量奖奖牌和证书，违者依法追究其责任。

第三十五条 本办法由质量兴区工作领导小组办公室负责解释。

第三十六条 本办法自印发之日起施行。

中共曲靖市麒麟区委办公室
曲靖市麒麟区人民政府办公室
关于在全区各类企业推进工资集体协商的实施意见

按照《中华人民共和国劳动法》和《工资集体协商试行办法》（劳动社会保障部第9号令）等法律、法规，根据省政府办公厅转发“省总工会、省人力资源社会保障厅、省企业联合会、省企业家协会”联合提出的《进一步推进企业工资集体协商工作的实施意见》文件精神，结合麒麟区实际，现就全区各类企业推进工资集体协商提出如下实施意见：

一、推进各类企业工资集体协商工作的重要意义

工资收入是职工劳动经济权益的核心。工资是民生之源，是职工最关心、最直接、最现实的利益问题，是劳动关系的核心，也是社会广泛关注的焦点热点。近年来，由于经济成分多元化，劳动关系呈现多样性、复杂化发展态势，尤其在劳动工资方面暴露的问题较多，解决好这些问题，事关依法维护劳动者合法权益，事关改革发展稳定大局。在各类企业推行工资集体协商制度最根本的就是要在工资等涉及职工根本利益的问题上，使职工权益问题由劳动关系双方协商确定成为一种制度安排，理性地找到双方利益的平衡点，实现互利共赢。推进工资集体协商工作，有利于规范劳动力市场主体权利和义务，有利于调动职工劳动积极性和创造性，有利于保障职工增加收入，有利于促进企业劳动关系和谐稳定和自身发展，对促进全区经济健康发展和构建和谐麒麟将发挥积极作用。

二、推进各类企业工资集体协商工作的目标要求

麒麟区推进各类企业工资集体协商工作的目标要求是：按照“稳步推进、重点突破、重在建制、逐步规范”的工作思路，充分发挥协调劳动关系三方联席会议职能作用，积极营造“党委领导、政府主抓、工会力推、各方协同、劳资互动”的企业工资集体协商工作新格局。通过开展工资集体协商工作，着力构建和完善三个机制。一是工资分配共决机制，即工会代表职工与企业定期就工资制度、工资分配形式、工资水平、工资支付及调整办法等进行协商。二是工资增长机制，使职工工资收入随企业效益增长而调整，与企业劳动生产率、政府工资指导线和城镇居民消费价格指数调整变化相适应。三是保障工资分配监督机制，即企业工资分配、支付和工资专项集体合同履行情况等应通过职代会、厂务公开栏等渠道定期公开，接受职工监督。推进各类企业工资集体协商工作的总体目标是：2011年达到60%，2012年达到70%，到2013年达到80%以上。

三、推进各类企业工资集体协商的工作重点

企业工资集体协商重点内容包括：（一）企业工资水平、工资分配制度、工资标准和分配形式；（二）工资调整幅度及调整办法；（三）工资支付办法；（四）加班、加点及津贴、补贴标准和奖金分配办法；（五）试用期及病、事假期间的工资待遇；（六）特殊情况下职工工资（生活费）支付办法；（七）工资专项集体合同期限、变更和解除程序，工资专项集体合同终止条件和违约责任；（八）主体双方认为需要协商与工资待遇有关其他事项。

开展各类企业工资集体协商重点领域是非公企业、改制企业和国有控股企业，尤其要突出解决部分企业存在拖欠、克扣职工工资问题。生产经营正常、效益较好的企业，侧重协商建立正常工资增长机制；生产经营较困难的企业，可以结合实际，就一项或几项内容进行重点协商，侧重建立工资支付保障机制；改制企业重点是理顺内部分配关系；实行岗位工资和计时、计件工资制的企业，重点是合理确定岗位工资、计时工资、劳动定额和计件工价，推动职工在收入分配中重点、难点和突出问题的解决。

四、推进各类企业工资集体协商的程序

企业工会代表企业职工一方与企业方进行工资集体协商，尚未建立工会的企业，由上级工会指导企业职工推举代表与企业进行工资集体协商。工资集体协商按照以下程序进行：

（一）企业与企业工会均有权以书面形式提出工资集体协商要求，另一方应在收到要求之日起20日内以书面形式予以回应，无正当理由不得拒绝或者拖延。

（二）集体协商双方协商代表人数应当对等，每方至少3名，各确定1名首席协商代表。协商代表任期由被代表方确定。

（三）集体协商采取协商会议形式，协商会议由双方首席协商代表轮流召集和主持。

（四）企业与企业工会应在协商会议开始5日前如实向对方提供所需情况和资料。

（五）协商达成一致的，应当形成工资专项集体合同草案，由双方首席代表签字。

（六）工资专项集体合同草案应当提交职工代表大会（职工大会）讨论，经全体职工代表（职工）半数以上同意，方获通过。

（七）工资专项集体合同经职工代表大会或者职工大会通过，双方首席代表签字后10日内，由企业方将合同文本（1式3份）报送人力资源和社会保障部门；人力资源和社会保障部门自收到工资专项集体合同文本15日内未提出异议的，工资专项集体合同即行生效。

（八）企业应当自工资专项集体合同生效之日起10日内向全体职工公布合同文本。

五、加强领导，落实责任

为加强对工资集体协商工作的领导，成立麒麟区各类企业推进工资集体协商工作领导小组。

组　长：唐开荣　区政府区长
副组长：丁美仙　区人大常委会副主任、区总工会主席
　　　　杨忠武　区政府副区长
　　　　杨国全　区政府副区长
成　员：彭　琳　区总工会常务副主席
　　　　何琼芬　区人力资源和社会保障局局长
　　　　段建平　区财政局局长
　　　　姜　云　区地税局局长
　　　　郑定祥　区国税局局长
　　　　世　勇　区工商局局长
　　　　崔庆一　区工商联主席
　　　　沈艳玲　区工信局党委副书记、副局长
　　　　张　宏　区政府办公室副主任
　　　　李光海　区总工会维权部部长

领导小组下设办公室，办公室主任由彭琳兼任，办公室设在区总工会维权部，具体负责制定切实可行的工作计划和进度安排，分解任务，落实责任，提出奖惩措施并组织协调、督促检查协商签订工作。

各乡镇（街道）和主管部门要加强对各类企业工资集体协商工作的领导，把推进各类企业工资集体协商制度纳入考核目标，进一步支持工会组织开展工资集体协商工作。区人力资源和社会保障部门要切实履行职责，强化对企业工资分配的宏观监控，及时发布工资指导线、劳动力市场工资指导价位，指导和督促企业开展工资集体协商工作。财政、工商、税务等有关部门要切实负起督查企业依法协商的责任，完善企业工资总额税前列支办法。各类企业要积极响应，尊重职工、尊重工会、遵守法律、认真协商。各级工会要依法主动大力推进企业工资集体协商工作，及时提出工资集体协商要约，加强对工资集体协议履行情况民主监督，促进企业建立公平合理的分配制度。要在条件成熟的区域积极推进行业性、区域性工资集体协商，扩大协商的覆盖面。工信局、工商联要着力提高经营者对工资集体协商工作重要性的认识，督促企业履行社会责任，加强对企业履行工资专项集体合同情况监督，促进企业开展诚信制度建设。劳动关系三方及工商联在全面推进企业工资集体协商工作中，要及时发现和解决问题，总结推广经验，以典型引路，努力扩大工作效果，确保工资集体协商工作取得实效。

六、强化对各类企业工资集体协商工作的监督

各乡镇（街道）和主管部门要加强对各类企业开展工资集体协商的督查，层层落实工作责任，对推动工作不力或不作为的，要实行行政问责。要充分发挥协调劳动关系三方机制作用，将开展工资集体协商工作列为创建和谐劳动关系重要内容，实行一票否决。对不开展工资集体协商的企业，不得评为各级劳动关系和谐企业，企业经营者不得评为劳动模范、优秀企业家。人力资源和社会保障部门要将工资集体协商纳入企业执法年检，对推进工资集体协商进行定期与不定期检查，对无正当理由拒绝工资集体协商、违反工资协议的企业，要按照有关法律、法规进行处理。

2011年6月3日

曲靖市麒麟区人民政府
关于开展现代农业示范区建设促进优势
特色产业发展的意见

各乡（镇）人民政府、街道办事处，区直有关单位：

为开展现代农业示范区建设，促进优势特色产业发展，根据《曲靖市人民政府关于开展现代农业示范区建设促进优势特色产业发展的意见》精神，结合麒麟区实际，现提出以下意见：

一、建设现代农业示范区的重要意义

（一）建设现代农业示范区是麒麟区优势特色产业提质增效的必然要求。区委、区政府历来高度重视粮食产业和优势特色产业发展。多年来在建基地、舞龙头、抓服务、兴科技上下功夫，着力打造高效农业、特色农业、生态农业和现代农业，培育了一批产业化优势区域，形成了一批优势农产品生产基地，创建了一批优势品牌，设施农业、节水农业、科技农业、高效农业和特色农业为一体的现代农业初具规模，有力地促进了全区农业农村经济的发展，为农民增收致富奠定了坚实基础，为社会主义新农村建设提供了有力的产业支撑。当前，全区正处在由传统农业向现代农业转型的关键时期，已初步具备了现代农业发展的基础和条件，迫切需要在现有基础上统筹兼顾、重点突破，以建设现代农业示范区为切入点，突出产业优势、提升产业品质、明晰产业区域，使全区现代农业朝着产业化、规模化、区域化、标准化的方向稳步发展，进一步带动全区农业农村经济实现提质增效。

（二）建设现代农业示范区是加快转变农业发展方式的重要举措。麒麟区优势特色产业发展初具规模，潜力巨大，但总体上基础设施薄弱、产业规模不大、产业聚集度和产业化水平不高、创新能力和支撑能力不强，增长方式依然较为粗放。建设现代农业示范区是贯彻落实科学发展观，加快转变农业发展方式的重要举措。要通过开展现代农业示范区建设，改善农业基础设施，提高农业物质技术装备水平，增强农民文化素质和生产经营能力，提高农业综合生产能力，走出一条发展麒麟优势特色农业、实现农业现代化的道路，为社会主义新农村建设奠定坚实的物质基础。

（三）建设现代农业示范区是实现农业科学发展的有效途径。一是有利于农业经济与环境相协调。以现代农业示范区为载体的优势特色产业，以可再生生物资源为原料，能源消耗低，环境污染小，对有效保护生态环境，建设资源节约型和环境友好型社会具有重要意义。二是有利于优化产业结构。现代农业示范区可将优势特色产业从种植、养殖延伸到加工销售，有效改造提升传统农产品加工业、拓展销售流通等新兴服务产业，对优化三次产业结构，促进全区经济协调发展具有积极作用。三是有利于城乡统筹发展。现代农业示范区建设可覆盖农村和城市，吸纳大批农村劳动力就业，促进农业人口向第二、三产业转移，推动形成工农结合、城乡互融的良性发展机制，对实现城乡统筹发展具有重要意义。

二、指导思想、基本原则和建设目标

（一）指导思想

以邓小平理论和“三个代表”重要思想为指导，深入贯彻落实科学发展观，结合特色产业基地建设、生猪“三百”工程、“两新”建设等一系列农业农村重大工程的实施，按照“高产、优质、高效、集约、生态、安全”的总体要求，以建立健全现代物质装备体系、产业化经营体系、质量安全体系、科技支撑体系、现代物流体系、社会化服务体系为重点，以提高农业综合生产能力和增加农民收入为目标，建设区域布局合理、基础设施完善、农业装备先进、产业优势突出、生态环境优良、科技应用领先、服务体系健全、运行机制灵活的现代农业示范区，促进全区现代农业发展和农民增收。

（二）基本原则

择优布局，分类指导。根据产业发展水平和农民整体素质，因地制宜，分类施策，着力开展现代农业示范区建设，尽快形成优势突出和特色鲜明的产业带，带动农业农村经济发展。

市场导向，龙头带动。坚持以市场为导向，以效益为中心，充分发挥龙头企业对基地建设和农户参与的带动作用，形成产前、产中、产后一体化以及贸工农和种养加一体化的产业格局，实现经济效益与社会效益同步增长。

发挥优势，各展特色。因地制宜，扬长避短，充分发挥比较优势，以现代农业示范区为载体加快发展优势特色产业，将资源优势尽快转化为竞争优势和经济优势，形成独具特色的产品和产业体系。

科技先导，创新机制。在综合运用现代农业科技成果、现代农业生产手段、现代经营管理方式的同时，大胆探索创新建设管理服务机制，增强发展活力，充分发挥示范区在体制、机制、科技和产业发展等方面的引领和带动作用。

（三）建设目标

紧紧围绕稻谷、玉米、马铃薯、麦类、小杂粮、水果、蚕桑、花卉、蔬菜、渔业、生猪、肉牛肉羊、奶牛等13类产业，在条件适宜、发展基础好的重点乡镇开展现代农业示范区建设，加快建设优势特色农产品标准化生产基地、农业科技集成应用示范区、优质高效农业样板区、创新农业发展机制试验区。2011 年至 2015 年每年重点建设 3～5 个示范区，最终达到 20 个以上，使示范区成为重要的农产品生产基地、现代农业高新技术示范推广样板、农业质量标准化建设展示基地、农业产业化经营及农村科技实用人才培训基地。

三、建设 13 类优势特色产业示范区

（一）水稻优质高产示范区

加强优质稻生产基地建设，积极开展无公害优质生产技术的试验、示范，推广高产高效新品种和测土配方施肥、精确定量栽培等技术措施。重点在珠街、沿江、三宝、越州、东山、茨营等 6 个乡镇开展水稻优质高产示范区建设。2012 年示范区水稻种植面积达 8 万亩，计划单产 615 千克/亩，产量 4 920 万千克，产值 1.28 亿元，带动全区发展水稻种植面积 10 万亩，产量 6 150 万千克，产值 1.6 亿元。2015 年示范区水稻种植面积达 8 万亩，计划单产 625 千克/亩，产量 5 000 万千克，产值 1.3 亿元，带动全区发展水稻种植面积 10 万亩，产量 6 250万千克，产值 1.63 亿元。2020 年全区水稻种植面积稳定在 10 万亩，计划单产 645 千克/亩，总产 6450 万千克，产值 1.68 亿元。

（二）玉米优质高产示范区

稳步增加大春玉米播种面积，积极推广间套作、地膜覆盖、集成技术示范等措施，提高产量和品质。重点在东山、越州、茨营、三宝、珠街、寥廓 6 个乡（镇）、街道开展玉米优质高产示范区建设。2012 年示范区玉米种植面积达 5 万亩，计划单产 651 千克/亩，产量 3 255万千克，产值 7 812 万元，带动全区发展玉米种植面积 8.5 万亩，产量 5 533.5 万千克，产值 1.33 亿元。2015 年示范区玉米种植面积达 5.5 万亩，计划单产 657 千克/亩，产量 3 613 万千克，产值 8 672 万元，带动全区发展玉米种植面积 9 万亩，产量 5 913 万千克，产值 1.42 亿元。2020 年全区玉米种植面积稳定在 10 万亩，计划单产 665 千克/亩，总产 6 650 万千克，产值 1.6 亿元。

（三）麦类优质高产示范区

推广优质、高产、多抗、专用麦类新品种，综合集成技术应用，提高麦类产量和优质率。重点在东山、越州、茨营、寥廓、三宝等 5 个乡（镇）、街道开展麦类优质高产示范区建设。2012 年示范区麦类种植面积达 5.5 万亩，计划单产 245 千克/亩，产量 1 347 万千克，产值 3 368 万元，带动全区发展麦类种植面积 7.5 万亩，产量 1 837.5 万千克，产值 4 593 万元。2015 年示范区麦类种植面积达 6 万亩，计划单产 255 千克/亩，产量 1 530万千克，产值 3 825 万元，带动全区发展麦类种植面积 8.5 万亩，产量 2 167.5 万千克，产值 5 418 万元。2020 年全区麦类种植面积稳定在 10 万亩，计划单产 270 千克/亩，总产 2 700 万千克，产值6 750万元。

（四）马铃薯优质高产示范区

稳定大春马铃薯种植面积，积极发展晚秋、冬早马铃薯种植；主攻专用型品种，稳步发展菜用型品种，兼顾加工型品种。重点在东山、茨营、越州、三宝、寥廓等 5 个乡（镇）、街道开展马铃薯优质高产示范区建设。2012 年示范区马铃薯种植面积达 2.5 万亩，计划单产 300 千克/亩（折粮），产量 750 万千克，产值 3375 万元，带动全区发展马铃薯种植面积 5 万亩，产量 1 500 万千克，产值 6 750 万元。2015 年示范区马铃薯种植面积达 3 万亩，计划单产 320 千克/亩（折粮），产量 960 万千克，产值 4 320 万元，带动全区发展马铃薯种植面积 6 万亩，产量 1 920 万千克，产值 8 640 万元。2020 年全区马铃薯种植面积稳定在 7 万亩，计划单产 400 千克/亩（折粮），总产 2 800 万千克，产值 1.26 亿元。

（五）小杂粮高产示范区

积极发展优质高效小杂粮，通过间套种或净种等多种模式，形成不同种类的优质小杂粮生产带。引进、培育小杂粮加工营销企业，做大做强小杂粮产业。在越州、沿江、珠街、茨营、寥廓等 5 个乡（镇）、街道开展小杂粮高产示范区建设。其中越州、沿江、珠街为蚕豆生产示范区，茨营、寥廓为大豆生产示范区。2012 年示范区小杂粮种植面积达 5.5 万亩，计划单产 220 千克/亩，产量 1210 万千克，产值 3630 万元，带动全区发展小杂粮种植面积 10 万亩，产量 2 200 万千克，产值 6 600 万元。2015 年示范区小杂粮种植面积达 6 万亩，计划单产 230 千克/亩，产量 1 380 万千克，产值 4 140 万元，带动全区发展小杂粮种植面积 11 万亩，产量 2 530 万千克，产值 7 590 万元。2020 年全区小杂粮种植面积稳定在 12 万亩，产量 2 820 万千克，产值 8 460 万元。

（六）蔬菜外销生产示范区

发挥麒麟区立体气候和生态环境优势，加快反季节蔬菜、无公害外销蔬菜基地建设。重点在越州、茨营、三宝、珠街、沿江等 5 个乡镇开展以时鲜蔬菜、韭菜花、水生蔬菜为主的外销蔬菜高产示范区建设。2012 年示范区蔬菜种植面积达 4 万亩，计划单产 2975 千克/亩，产量 1.19 亿千克，产值 1.82 亿元，带动全区发展蔬菜种植面积 17.43 万亩，产量 2.74 亿千克，产值 3.91 亿元。2015 年示范区蔬菜种植面积达 10 万亩，计划单产 2 970 千克/亩，产量 2.97 亿千克，产值 4.54 亿元，带动全区发展蔬菜种植面积 21.54 万亩，产量 3.35 亿千克，产值 4.92 亿元。2020 年全区蔬菜种植面积稳定在 22 万亩，计划单产 1 556 千克/亩，总产 3.42 亿千克，产值 5.24 亿元。

（七）优质水果高产示范区

积极发展优质品种，加快水果生产标准化、规模化基地建设，重点在珠街、越州、西城、沿江、三宝、寥廓等 6 个乡（镇）、街道开展以优质梨、优质葡萄、樱桃、杏等时鲜小宗水果为主的 3 个水果优质高产示范区建设。2012 年示范区水果种植面积达 2 万亩，计划单产 1 500 千克/亩，产量 3 000 万千克，产值 4 500 万元，带动全区发展水果种植面积5万亩，产量5 100万千克，产值7 650万元。2015年示范区水果种植面积达4万亩，计划单产1 900千克/亩，产量7 600万千克，产值1.14亿元，带动全区发展水果种植面积6万亩，产量9 000万千克，产值1.35亿元。2020年全区水果种植面积稳定在7万亩，计划单产2 000千克/亩，总产1.4亿千克，产值2.1亿元。

（八）花卉产业示范区

建立以鲜切花为主，园林观赏苗木为补充的花卉产业格局，重点在沿江、珠街、越州、三宝等4个乡镇开展以鲜切花、绿化苗木为主的2个花卉优质高产示范区建设。2012年示范区花卉种植面积达1万亩，其中：鲜切花0.32万亩、绿化苗木0.68万亩，计划单产3.9万枝/亩、0.6万株/亩，产值1亿元。2015年示范区花卉种植面积达3万亩，其中：鲜切花1万亩、绿化苗木2万亩，计划单产3.9万枝/亩、0.6万株/亩，产值3亿元。2020年全区花卉种植面积稳定在4万亩，单产4.2万枝/亩、0.6万株/亩，产值4亿元。

（九）蚕桑生产加工示范区

以"建基地、抓质量、树品牌、强链条"为重点，依靠科技，加强中低产桑园改造，建设优质蚕茧生产基地，做强龙头企业，加快推进蚕桑产业化经营。重点在茨营、三宝2个乡镇开展蚕桑生产高产示范区建设。2012年示范区蚕桑面积达1万亩，计划单产100千克/亩，产量100万千克，产值2700万元，带动全区发展蚕桑种植面积3万亩，产量250万千克，产值5 000万元。2015年示范区蚕桑种植面积达2万亩，计划单产120千克/亩，产量240万千克，产值6 480万元，带动全区发展蚕桑种植面积3.5万亩，产量350万千克，产值1.05亿元。2020年全区蚕桑种植面积稳定在5万亩，单产100千克/亩，总产500万千克，产值1.35亿元。

（十）优质水产品生产示范区

以推广优质无公害、标准化水产养殖和流水养殖为重点，促进全区渔业朝着优质、高产、生态、高效方向发展。重点在沿江、三宝、珠街、茨营等4个乡镇开展优质大宗淡水水产品示范区建设，在茨营乡开展集约化冷流水养殖示范区建设。2012年优质大宗淡水水产品示范区养殖面积达5 000亩，计划单产650千克/亩，产量3 250吨，产值3 250万元，辐射带动全区发展优质大宗淡水水产品养殖2.85万亩，产量1.05万吨，产值1.05亿元；集约化冷流水养殖示范区面积50亩，计划单产8 000千克/亩，产量400吨，产值2 000万元。2015年优质大宗淡水水产品示范区养殖面积达7 000亩，计划单产700千克/亩，产量4 900吨，产值4 900万元，带动全区发展优质大宗淡水水产品示范养殖2.85万亩，总产1.18万吨，产值1.18亿元；集约化冷流水养殖示范区面积100亩，计划单产1万千克/亩，产量1 000吨，产值5 000万元。2020年全区优质大宗淡水水产品示范区养殖面积稳定在7 500亩，计划单产800千克/亩，总产6 000吨，产值6 000万元；集约化冷流水养殖示范区面积稳定在100亩，计划单产1万千克/亩，总产1 000吨，产值5 000万元。

（十一）生猪标准化养殖示范区

突出良种繁育、动物防疫、标准化生产、产品加工四个重点，强化标准化厩舍改造、粪污处理、先进设备购置、良种引进和科技推广等，加大规模化、标准化发展力度，进一步提升生猪产业的市场竞争力和综合效益，有效增加农民收入。把东山镇、越州镇、三宝镇、茨营乡、沿江乡、珠街乡建成生猪标准化养殖示范区，重点扶持年出栏肉猪1万头以上的行政村或猪场45个。2012年全区存栏生猪58万头，出栏肥猪110万头。其中示范区出栏肥猪104万头，占全区出栏数的95%，出栏率达190%；100头以上规模养殖场出栏数占示范区出栏数的30%，比2010年全区平均水平高15个百分点。2015年全区存栏生猪62万头，出栏肥猪120万头。其中示范区出栏肥猪115万头，占全区出栏数的97%，出栏率达192%；100头以上规模养殖场出栏数占示范区出栏数的40%，比2012年全区平均水平高10个百分点，带动全区50%的农户进行标准化养殖。2020年全区存栏生猪77万头，出栏肥猪150万头。其中示范区出栏肥猪145万头，占全区出栏数的97%，出栏率达195%；100头以上规模养殖场出栏数占示范区出栏数的50%，比2015年全区平均水平高10个百分点。

（十二）肉牛肉羊养殖示范区

加大饲草饲料资源的开发力度，积极引进和推广优质肉牛（羊）良种，加大以冻改为主的肉牛杂交改良和肉羊品种选育，大力推广人工草地建设、农闲（田）种草、牛羊舍饲半舍饲养殖技术和农作物秸秆青贮氨化养殖配套技术，积极发展适度规模养殖，建设一批标准高、示范带动能力强的商品牛（羊）养殖小区，不断提高肉牛（羊）养殖水平和效益。把东山镇、越州镇、茨营乡、沿江乡建成年出栏肉牛1万头以上的肉牛标准化养殖示范区。重点扶持年出栏肉牛1 000头以上的行政村20个和出栏肉牛500头以上的肉牛养殖场（小区）15个。2012年示范区肉牛存栏达5万头，出栏2.25万头，出栏率达45%；2015年示范区肉牛存栏达6.91万头，出栏3.25万头，出栏率达47%；2020年示范区肉牛存栏达8万头，出栏4万头，出栏率达50%。把东山镇、越州镇、茨营乡、三宝镇、珠街乡、寥廓街道建成年出栏肉羊2万只以上的标准化肉羊养殖示范区。重点扶持年出栏肉羊3 000只以上的行政村20个和出栏肉羊1000只以上的肉羊养殖场（小区）15个。2012年示范区肉羊存栏达11万只，出栏7.5万只，出栏率达70%；2015年示范区肉羊存栏达15万只，出栏11.25万只，出栏率达75%；2020年示范区肉羊存栏达18.75万只，出栏15万只，出栏率达80%。

（十三）奶牛标准化养殖示范区

按照布局合理、规模适度、相对集中、管理规范的要求，大力开展良种推广和饲草种植，扩大奶牛生产性能测定范围，推进奶牛标准化饲养，加大粪污无害化处理和卫生防疫等配套设施建设力度。把沿江乡建成奶牛养殖标准化示范区，扶持建设奶牛存栏500头以上的标准化奶牛养殖小区4个。2012年，奶牛存栏达1 000头，产奶量4 000吨，头均单产4吨；2015年，奶牛存栏达1 500头，产奶量6 750吨，头均单产4.5吨；2020年，奶牛存栏达2 000头，产奶量1万吨，头均单产5吨。

四、建立健全现代农业产业体系

（一）建立现代农业装备体系

加强示范区农业基础设施建设，提高农业生产水平。一是将示范区纳入中低产田地改造范围，积极开展土地平整、水利配套、土壤改良、地力培肥等中低产田地改造工作。二是加强农机装备建设，大力提高种植、养殖、加工、储藏、运输等各环节的机械化水平，积极推广机耕、机耙、机种、机收、机防，力争到2012年全区农机总动力达3.1亿瓦，机械耕耙作业面积达82%，病虫害机械统防统治达75%；到2015年全区农机总动力达3.59亿瓦，机械耕耙作业面积达85%，病虫害机械统防统治达80%。三是以蔬菜、花卉、水果等园艺作物为重点，抓好优势品种“标准园”建设，建设品种引育圃和组培脱毒、穴盘育苗、变温库等良种引育设施，推广地膜覆盖、塑料大棚、日光温室、滴灌喷灌、遮阳网覆盖等生产设施，不断提高园艺作物设施化生产水平。四是以水产和蚕种为重点，加强种场改造和扩建，完善基础设施，加快技术更新，提高技术装备水平，增强制种供种能力。

（二）建立现代产业经营体系

围绕13类优势特色产业和重点特色产品，着力培育壮大规模大、实力强、产业链长、带动面广、竞争力强的农产品加工龙头企业和市场开拓力度大、辐射面广的农产品营销龙头企业。到2015年，培育年销售收入超1亿元的龙头企业1个、年销售收入超5 000万元的龙头企业3个、年销售收入超1 000万元的龙头企业20个。引导企业积极参与示范区建设，鼓励企业在示范区建立原料生产基地，按照自主自愿、利益共享、风险共担的原则，通过订单农业、保护价收购、入股分红、利润返还等形式与农民建立紧密的利益联结机制。按照“简化手续、优先组建、逐步规范”的原则，积极发展农民专业合作组织。到2015年培育发展农民专业合作社和专业协会130个。加大对农民专业合作组织的扶持力度，探索以农民专业合作社作为支农项目实施主体的扶持方式。加强对土地流转的引导、管理、服务，促进规模化、集约化经营。培育现代农业经营主体，开展多种形式的农民培训，着力提高农户应用科技、使用机械和开拓市场的能力，重点培养种养大户和营销大户，发挥其示范带动作用。积极发展一批集观光、休闲、科普、体验于一体的农业休闲旅游项目，努力拓展农业示范区功能。

（三）建立农产品质量标准体系

按照高产、优质、高效、生态、安全的要求，推进标准化生产。加快推进“三品一标”认证工作，到2015年全区有机食品认证达1个，绿色食品认证达15个，无公害食品认证达70个。建立健全农业标准、农产品质量检验检测和认证服务体系，加快推进无公害农产品生产基地认定和出口备案基地建设，逐步建立农产品质量可追溯制度；严格农资市场监管，禁止销售使用违禁农业投入品；严格农产品质量安全监管，实现示范区产地环境优良化、投入品使用安全化、生产过程规范化、产品质量优质化。示范区建成后，农产品生产标准化率达到100%，优质（专用）率达到80%以上，示范区农产品品牌化率达到100%。

（四）建立现代农业科技支撑体系

围绕13类优势特色产业，建设适应产业发展需要的研发、引进、推广应用各环节紧密衔接的现代农业科技支撑体系。建立区域性技术创新与应用试验站和技术创新团队，引导龙头企业、推广单位及农业科技人员以多种形式参与示范区建设。完善基层农技推广体系，逐步改善区、乡（镇）、村三级农技推广机构的装备条件，稳定和壮大农业科技人才队伍，进一步提高服务能力。鼓励、支持农业龙头企业建立研发机构，与省内外大学和科研院所合作，在高产优质新品种选育、农产品精深加工技术等方面开展合作攻关。支持农民专业合作组织引进优良品种，推广使用先进适用技术，开展技术培训。结合新型农民培训、农业科技入户工程、阳光工程、绿色证书培训等，加大农民培训力度，提高农民科技素质和生产经营能力。在示范区大力推广测土配方施肥、地膜覆盖、间套种、病虫害综合防治等先进适用技术，坚持良种、良法、良制配套，通过高产创建等措施提高先进适用技术的配套率和覆盖率，示范区先进适用技术入户率达到100%。

（五）建立现代物流体系

加强鲜活农产品的冷链系统、物流配送系统和快速检测系统建设，提高农产品流通效率。在优势特色产业集中发展区建设功能齐全、设施先进、辐射能力强的专业批发市场，培育农产品流通龙头企业。到2015年，建成1个以上省级重点农产品交易市场。促进超市、龙头企业和示范区的有效对接，支持示范区龙头企业和农民专业合作组织在超市设立产品专销区（柜），参加各类展示、展销会。加强鲜活农产品运输“绿色通道”建设。加强农产品市场服务体系建设，积极发展网上销售、直销配送、连锁经营等现代流通方式，促进新型农村电子商务发展。加快建立健全农资市场体系，确保优良种子（种苗）和合格肥料、农药、农膜、柴油、农机具等农资供应。

（六）建立现代农业社会化服务体系

建立以公共服务机构为依托、合作组织为基础、龙头企业为骨干、其他社会力量为补充，公益性服务和经营性服务相结合、专项服务和综合服务相协调的新型农业社会化服务体系。发挥“数字乡村”、“金农”、“三电合一”工程的作用，为示范区提供农村信息服务。优先将示范区主导产业农产品纳入农业保险范围，探索财政引导，龙头企业、农民专业合作组织和农户参与的抗风险机制。加快农作物有害生物预警控制体系和农作物病虫信息网络建设。

五、加强组织领导和政策扶持

（一）强化组织领导

各乡（镇）、街道要加强对现代农业示范区建设的领导，明确职责、分解任务，完善措施、落实责任，精心组织、周密部署，形成统一规划、综合协调、分头落实、分步实施的工作格局，确保现代农业示范区建设顺利推进。各有关部门要各司其职、通力合作，共同抓好现代农业示范区建设。要围绕现代农业示范区建设的目标任务，创新工作机制，实行“一个产业，一个布局规划、一套扶持政策、一个工作班子、一笔发展经费、一套考核奖惩办法”。农业、林业等部门要牵头组织实施各产业现代农业示范区建设。

（二）多渠道增加投入

区发改、财政、农业、林业、科技等部门，要围绕现代农业示范区建设，科学合理编制项目实施计划，加强沟通协调，积极争取国家和省、市对全区现代农业示范区建设的支持。区农业、林业、烟草、科技、商务、质监、农业综合开发等部门要按照“统一规划、集中使用、渠道不乱、用途不变、各负其责、各记其功”的原则，加强部门资金安排的统筹协调，加大资金整合力度，增加对现代农业示范区建设的投入。要改善投资环境，多渠道吸引民间资本、工商资本、外商资本等社会资金投向现代农业示范区建设。金融机构要根据现代农业示范区建设的需要，创新信贷品种，改进金融服务，对符合条件的发展项目，采取小额贷款、直贷、银团贷款等多种贷款方式，加大有效信贷投入。区政府对示范区建设实行以奖代补政策，每认定一个示范区，以奖代补20万元。对示范区的认定，每年年末由区委农办、区发改、财政、农业、科技等部门组织专家进行考核认定。

（三）落实税收优惠政策

各级各有关部门要认真落实现行税收优惠政策，加大对现代农业示范区建设的扶持力度。对在现代农业示范区内的国家和省级重点农业龙头企业及其所属直接控股比例超过50%（不含50%）的子公司，从事种植业、养殖业和农林产品初加工所得，并与其他业务分别核算的，暂免征收企业所得税；对农村为农业生产提供产前、产中、产后服务的行业，其提供的技术服务或劳务所取得的收入，以及城镇其他各类事业单位提供上述技术服务的收入或劳务收入，暂免征收企业所得税；省级以上重点农业龙头企业技术开发的有关费用，可在所得税税前据实扣除；从事种植业、养殖业、林业、水产业的农业生产单位和个人生产的初级农产品免征增值税。

（四）加大用地保障力度

对市级以上重点农业龙头企业在现代农业示范区内所需的非农建设用地，要纳入当地土地利用总体规划，优先安排，优先审批，保证建设用地指标。农用地转用、土地征收（用）各项补偿标准和有关规费可参照国家重点建设项目用地办理。龙头企业直接为农业和农民服务的非农建设用地，可以依法采用入股、联营、租赁等方式使用集体建设用地。各类农业产业化经营组织及农户种植养殖等用地，可视为农业用地。坚持农民“自愿、有偿、有序、规范”的原则，在不改变农用地性质的前提下，允许农户在土地承包期限内依法向农业产业化组织转让或出租土地承包经营权，或以土地使用权入股参与农业产业化经营，但不得把土地使用权用于抵押、拍卖或偿还债务。农村集体经济组织使用本集体所有的土地创办农产品加工企业，符合乡镇土地利用总体规划的，只办理农用地转批手续，不办理土地征用手续。在现代农业示范区内新建农产品加工项目需临时使用土地的，按有关规定办理临时用地手续。

（五）做好规划编制

区农业、林业等部门要按照示范区建设的总体目标要求，加快编制全区现代农业示范区分项建设规划，制定工作方案，进一步细化目标任务、建设内容和工作措施。各乡（镇）、街道要按照本《意见》提出的区域布局和主攻方向，结合当地资源特点和产业优势，编制现代农业示范区建设详细规划。

（六）建立健全激励约束机制

要将现代农业示范区建设纳入区人民政府对各乡（镇）、街道和区直有关部门的目标责任制考核。区、乡两级要建立现代农业示范区建设目标责任制，逐级分解任务，严格检查考核。检查考核办法由区委农办牵头制定。各乡（镇）、街道和区直有关部门每年要把现代农业示范区建设情况送区委农办汇总报区人民政府。对任务完成好、建设质量高、效果明显、成绩突出的乡（镇）、街道和区直有关部门给予表彰奖励；对重视不够、投入不力、措施不落实、建设质量不达标、示范带动不明显，未完成目标任务的地方，要调减项目和扶持资金，或退出示范区建设。要积极创新农业技术推广体系的管理机制，充分调动广大农科人员的积极性，引导和鼓励科技人员投身农业产业化生产第一线，允许科技人员带薪到龙头企业参与科技项目承包，领办创办农业产业化经营实体和农民专业合作经济组织，选拔一批懂经营、会管理的中青年科技干部到农业产业化经营组织中挂钩帮扶，对成绩突出的给予重奖。

2011年6月20日

曲靖市麒麟区人民政府关于印发麒麟区新型农村和城镇居民社会养老保险试点实施方案的通知

各乡（镇）人民政府、街道办事处，区直各办、局、中心：

经省新型农村和城镇居民社会养老保险试点工作领导小组同意，现将《曲靖市麒麟区新型农村和城镇居民社会养老保险试点实施方案》现印发你们，认真贯彻执行。

2011年8月29日

曲靖市麒麟区新型农村和城镇居民社会养老保险试点实施方案

为进一步完善社会保障体系，推进城乡统筹协调发展，促进和谐麒麟建设，根据《国务院关于开展新型农村社会养老保险试点的指导意见》、《国务院关于开展城镇居民社会养老保险试点的指导意见》、《云南省人民政府关于印发云南省新型农村社会养老保险试点实施办法（试行）的通知》、《云南省人民政府关于印发云南省城镇居民社会养老保险试点实施办法（试行）的通知》及《曲靖市新型农村和城镇居民社会养老保险试点实施细则（试行）》精神，结合麒麟区实际，制定本实施方案。

一、指导思想和基本原则

（一）指导思想

高举中国特色社会主义伟大旗帜，以邓小平理论和“三个代表”重要思想为指导，深入贯彻落实科学发展观，加快建立覆盖城乡居民的社会保障体系步伐，着力保障和改善民生，努力构建和谐麒麟，真正实现好、维护好、发展好广大城乡居民的切身利益，逐步实现城乡居民老有所养的目标。

（二）基本原则

新型农村和城镇居民社会养老保险试点的基本原则是“保基本、广覆盖、有弹性、可持续”。具体包括以下内容：

1. 坚持从麒麟区实际出发，低水平起步，筹资标准和待遇标准与经济发展及各方面承受能力相适应。

2. 坚持个人（家庭）、集体、政府合理分担责任，权利与义务相对应。

3. 坚持政府主导和城乡居民自愿相结合，引导城乡居民普遍参保。

4. 坚持社会统筹与个人账户相结合。

5. 坚持属地管理，试点期间基金管理实行区级统筹。

二、目标任务

试点工作坚持在基本制度的框架下，因地制宜，稳步推进，确保2011年农村居民参保率达80%以上、城镇居民参保率达60%以上。

三、参保范围

具有麒麟区户籍、年满16周岁（不含在校生），按照下列条件可以在户籍所在地的乡（镇）、街道申请参保：

1. 未参加城镇职工基本养老保险的农村居民（以下简称参保人），可以自愿参加新型农村社会养老保险（以下简称新农保）。

2. 不符合职工基本养老保险参保条件的城镇非从业居民（以下简称参保人），可以自愿参加城镇居民社会养老保险（以下简称城镇居民养老保险）。

四、缴费政策

（一）未满60周岁的参保人，按年自主选择缴费档次，多缴多得。参保人可将养老保险费一次性存入个人《养老保险缴费存折》。

新农保缴费标准为每年100元、200元、300元、400元、500元5个档次。

城镇居民养老保险缴费标准为每年100元、200元、300元、400元、500元、600元、700元、800元、900元、1000元10个档次。

（二）新农保和城镇居民养老保险制度实施时，距领取年龄超过15年（即45周岁以下）的参保人，应按年缴费，累计缴费年限不少于15年。鼓励其在累计缴费年限满15年后继续按年缴费，多缴多得。参保人在缴费期间未实现连续缴费的，可从中断缴费的次年继续缴费，其中断前后的缴费年限累计计算。

（三）新农保和城镇居民养老保险制度实施时，距领取待遇年龄不足15年（即45周岁以上）的参保人，应按年缴费，对其在年满45周岁到新农保和城镇居民养老保险制度实施时之间的未缴费年限，可在其年满59周岁当年一次性补缴相应年限的养老保险费，并同时享受政府的缴费补贴，但累计缴费年限不超过15年。

（四）有条件的集体经济组织应当对参保人缴费给予补助，补助标准由集体经济组织召开居民大会或居民代表大会民主确定。鼓励社会经济组织、其他社会团体、社会公益组织、个人为参保人缴费提供资助。

五、政府补贴

（一）中央财政补贴以基础养老金的形式体现。参保人符合领取养老金条件时，中央财政全额支付每人每月 55 元的基础养老金。在此基础上，区财政根据经济社会发展情况适当提高基础养老金标准。

（二）省财政给予参保缴费人每人每年 30 元的缴费补贴。

（三）市、区财政的补助政策是鼓励参保人选择较高档次缴费，对选择二档以上缴费档次的参保人，分别给予每人每年 10 元、20 元、30 元、40 元的缴费补贴。具体标准如下：

缴费档次	个人缴费（元/年）	省财政补贴（元/年）	市财政补贴（元/年）		区财政补贴（元/年）	
			新农保	城镇居民养老保险	新农保	城镇居民养老保险
一档	100	30	0	0	0	0
二档	200	30	10	10	10	10
三档	300	30	20	20	20	20
四档	400	30	30	30	30	30
五档	500	30	40	40	40	40
六档	600	30		40		40
七档	700	30		40		40
八档	800	30		40		40
九档	900	30		40		40
十档	1000	30		40		40

（四）重度残疾人由省财政按最低 100 元缴费档次标准，逐年全额代缴养老保险费。

（五）参保人在领取待遇期间死亡的，自死亡之日起 1 个月内办理养老保险终止、户籍注销等有关手续后，其法定继承人或指定受益人可一次性领取丧葬补助费 600 元。

（六）参保人当年未按时足额缴费，不能享受当年的各级财政补贴。

（七）区财政根据经济社会发展情况适时提高缴费补贴标准。

六、个人账户

（一）区居民养老保险管理经办机构为缴费的参保人建立养老保险个人账户，包括以下内容：

1. 个人缴纳的养老保险费总额及其利息；

2. 省、市、区人民政府给予每人每年的缴费补贴及其利息；

3. 其他经济组织、社会团体和个人、集体为参保人缴费提供的资助及其利息；

参保人个人养老保险存折中的养老保险费，按照参保人选择的缴费档次，逐年划入其个人账户。

个人账户储存额，目前每年按照中国人民银行公布的信用联社人民币 1 年期存款利率计息。

（二）参保人跨县（市）区转移养老保险关系时，可将其个人账户储存额全部转入新参保地，按照新参保地有关规定继续参保缴费，并享受相应待遇；转入地尚未开展新农保和城镇居民养老保险工作的，可将其个人账户储存额暂存于原参保地，待条件具备时转移。

（三）参保人死亡，其个人账户资金余额，除政府缴费补贴（本息）外，一次性支付给其法定继承人或指定受益人；政府缴费补贴（本息）用于继续支付其他参保人的养老金。

七、养老待遇

（一）年满 60 周岁时，未享受城镇职工基本养老保险待遇以及国家规定的其他养老保险待遇，符合领保条件的参保人，可以按月领取养老金。

新农保和城镇居民养老保险制度实施时，已年满 60 周岁、未享受城镇职工基本养老保险待遇的，不用缴费，可按月领取基础养老金，但其符合新农保参保条件的子女应当参保缴费。

（二）参保人领取的养老金由个人账户养老金和基础养老金两部分组成，支付终身。

1. 基础养老金：中央财政全额支付的每人每月 55 元的基础养老金，以及区财政增发的基础养老金。

为鼓励参保人长期缴费，多缴多得，对缴费年限超过 15 年的参保人，从第 16 年开始，缴费每增加一年，增发 1 元的基础养老金。

缴费年限	区财政增发基础养老金	备　注
16 年	1 元	
17 年	2 元	
18 年	3 元	
18 年以上以此类推		

2. 个人账户养老金：个人账户全部储存额除以个人账户养老金计发月数，即：个人账户养老金月领取标准＝个人账户全部储存额/139（与现行职工基本养老保险养老金计发系数相同）。

（三）新农保和城镇居民养老保险制度实施后，已年满55周岁未满60周岁、未享受职工基本养老保险待遇以及国家规定的其他养老保险待遇的重度残疾人，可按月领取55元养老补助。但在未满60周岁前应按年继续缴费，年满60周岁时按规定享受相应的养老保险待遇，不再享受养老补助。

八、政策衔接

（一）已参加新农保的农村居民，其户籍性质转变为城镇居民的，按照以下方式进行政策衔接：

1. 户籍转变时，未达到新农保领取年龄的，终止新农保关系，同时建立城镇居民养老保险关系，新农保个人账户资金全部划入城镇居民养老保险个人账户，并按照城镇居民养老保险规定继续参保缴费，享受相应的政府补贴，缴费年限累计计算，届时享受城镇居民养老保险待遇。

2. 户籍转变时，已达到新农保领取年龄的，继续享受新农保个人账户养老金待遇，同时享受城镇居民基础养老金待遇，不再享受新农保基础养老金待遇。

（二）已参加原农村社会养老保险（以下简称老农保）的农村居民，其户籍性质转变为城镇居民的，按照以下方式进行政策衔接：

1. 户籍转变时，未满60周岁且尚未领取老农保养老金的参保人，终止老农保关系，同时建立城镇居民养老保险关系，老农保个人账户资金全部并入城镇居民养老保险个人账户，并按照城镇居民养老保险规定继续参保缴费，享受相应的政府补贴，届时享受城镇居民养老保险待遇。

2. 户籍转变时，已年满60周岁且已领取老农保养老金的参保人，继续享受老农保养老金待遇，同时享受城镇居民基础养老金待遇。

（三）已参加老农保的农村居民，按照以下方式进行政策衔接：

1. 新农保制度实施时，已参加老农保、年满60周岁并已领取老农保养老金的参保人，直接并入新农保，继续按原标准领取老农保个人账户养老金，并同时享受新农保基础养老金。

2. 新农保制度实施时，已参加老农保、未满60周岁且未领取养老金的参保人，终止老农保关系，同时建立新农保关系，老农保个人账户资金全部并入新农保个人账户，并按照新农保规定继续参保缴费，享受相应的政府补贴，届时享受新农保待遇。

（四）新农保制度与城镇职工基本养老保险、被征地农民社会保障、水库移民后期扶持政策、农村计划生育家庭奖励扶助政策、农村五保供养、社会优抚、农村最低生活保障制度等政策制度的配套衔接办法，按照国家有关规定执行。

（五）城镇居民养老保险制度与职工基本养老保险、城市居民最低生活保障、社会优抚等政策制度的配套衔接办法，按照国家有关规定执行。

九、基金管理

（一）新农保和城镇居民养老保险基金纳入社会保障基金财政专户，实行收支两条线管理，单独记账、核算。新农保和城镇居民养老保险基金暂实行区级管理。

（二）区人力资源和社会保障部门、财政部门要切实履行新农保和城镇居民养老保险基金的监管责任，严格执行业务管理规章制度，规范业务程序，建立健全内部控制和基金稽核制度，对基金的筹集、上解、划拨、发放进行监控和定期检查，严禁挤占挪用，确保基金安全，监察、审计部门按各自职责实施监督。

（三）新农保和城镇居民养老保险经办机构要建立健全基金的财务、会计、统计、内控、稽核、信息披露等制度，按年度编制基金收支预决算。新农保和城镇居民养老保险基金核算和管理按照《新型农村社会养老保险基金财务管理暂行办法》和《新型农村社会养老保险基金会计管理暂行办法》执行。区经办机构、村（居）委会和村（居）民小组应及时对参保人员缴费和待遇领取资格进行公示，接受社会监督。

（四）财政部门、经办机构、信用联社应建立三方定期对账制度，确保基金收支存储安全运行。

十、实施步骤

（一）制定方案。按照国务院、省、市的要求，结合麒麟区实际，制定《曲靖市麒麟区新型农村和城镇居民社会养老保险试点实施方案》，规范业务操作流程，稳步推进试点工作。

（二）宣传动员。召开全区新型农村和城镇居民社会养老保险试点工作动员大会，举行养老金和养老补助发放仪式。各级各部门也要运用各种形式广泛宣传动员。

（三）分级培训。区试点工作领导小组办公室负责对各乡（镇）街道试点工作人员进行政策业务培训，乡（镇）街道负责对村（居）委会、村（居）民小组工作人员进行政策业务培训。全体试点工作人员要加强学习、掌握政策、精通业务，确保试点工作顺利进行。

（四）调查摸底。各乡（镇）街道要组织力量，进村入户，开展调查摸底，按户登记造册，建立台账，做到村不漏户、户不漏人。并与当地公安派出所进行信息核对，确保不出现差错。

（五）组织参保。符合参保规定的，本人申请，填写参保登记表，选择缴费档次，按时足额缴纳社会保险费。

（六）建立信息库。各乡（镇）街道劳动保障所对参保人员按业务流程建立台账，录入信息，报区级经办机构汇总审核。

（七）审核发放。符合领取养老保险待遇和养老补助的人员，按政策规定办齐手续，及时发放。

（八）规范管理。区人力资源和社会保障局、各乡

（镇）街道要及时总结试点工作经验，分析问题，规范经办程序，完善配套措施，严格考核。

十一、组织保障

（一）成立试点工作领导小组

区成立新型农村和城镇居民社会养老保险试点工作领导小组，由区人民政府区长任组长，区人力资源和社会保障局、区委宣传部、区公安分局、区监察局、区财政局、区发展和改革局、区民政局、区农业局、区审计局、区统计局、区广电分局、区残疾人联合会、区工商联合会、区农村信用联社等部门主要领导为成员。

领导小组办公室设在区人力资源和社会保障局，负责日常工作，由区人力资源和社会保障局局长任办公室主任。

各乡（镇）人民政府、街道办事处要切实加强领导，成立试点工作领导小组，指导村（居）民委员会有序开展城乡居民社会养老保险试点工作。

（二）组建经办机构

新组建的"麒麟区城乡居民社会养老保险局"，隶属麒麟区人力资源和社会保障局管理的全额拨款事业单位，拟定编制20名，已到位8人。设管理、稽核、会计、出纳、信息统计等工作岗位。主要职责是：负责新农保和城镇居民养老保险的参保登记、保险费收缴、基金划拨、基金管理、个人账户建立与管理、待遇核定与支付、保险关系转移接续、档案管理、制发卡证、统计管理、受理咨询、查询和举报等工作，负责对乡（镇）街道劳动保障所的业务经办情况进行指导和监督考核。

各乡（镇）街道劳动保障所在原有人员的基础上增加1~3人，确保有人办事。各乡（镇）街道劳动保障所主要职责是：对参保人的参保资格、基本信息、缴费信息、待遇领取资格及关系转移资格等进行初审，录入有关信息，负责受理咨询、查询和举报、政策宣传、情况公示等工作。

各村（居）委会确定一名协办员，主要职责是：新农保和城镇居民养老保险参保登记、缴费档次选定、待遇领取、关系转移接续等业务环节所需材料的收集与上报，负责向参保人员发放有关材料，提醒参保人员按时缴费，通知参保人员办理待遇领取手续，并协助做好政策宣传与解释、待遇领取资格认证、摸底调查、城乡居民基本信息采集情况公示等工作。

十二、经费保障

为保证城乡居民社会养老保险试点工作顺利进行，区财政投入260万元，其中：67万列入年度预算，主要用于网络连接、维护、协办员岗位补贴；一次性投入193万元，主要用于区、乡（镇）街道办事处试点工作启动经费、网络建设、会议、培训、宣传、工作表格印制。

区经办机构工作经费，按实际参保人数每人每年3元安排，由区财政据实列支。

各乡（镇）街道也要建立经费保障机制，确保有钱办事。

十三、工作要求

新型农村和城镇居民社会养老保险试点工作是一项重大民生工程，涉及到全区城乡居民的切身利益，工作任务重，时间要求紧，各乡（镇）街道和区直相关部门要高度重视，统筹兼顾，通力协作，狠抓落实，确保试点工作任务的圆满完成。

（一）切实加强领导。各乡（镇）街道、区直相关部门要将此项工作摆上重要议事日程，主要领导负总责、亲自抓，分管领导具体抓，抽调力量，细化任务，分片包干，抓好落实，确保新型农村和城镇居民社会养老保险试点工作稳步推进，取得实效。

（二）密切协作配合。领导小组各成员单位要充分发挥各自职能，加强相互协调，密切配合，确保试点工作的顺利推进。领导小组办公室要加强对城乡推行此项工作的业务指导，深入基层，掌握动态，及时发现工作中存在的问题，确保新型农村和城镇居民社会养老保险政策的落实，把好事办好，促进社会和谐发展。

（三）广泛宣传动员。各级各部门要充分利用电视、网络、板报、横幅、标语、宣传册等多种行之有效的宣传载体，加大对新型农村和城镇居民社会养老保险试点工作的宣传力度，做到家喻户晓，使广大群众都能了解掌握新型农村和城镇居民社会养老保险的基本政策、优惠条件和享受待遇，充分调动广大城乡居民参保的积极性和主动性。

（四）强化资金监管。新型农村和城镇居民社会养老保险基金管理，应把基金安全完整放在第一位。无论是个人缴费、集体补助资金，还是政府补贴资金，都必须纳入社保基金财政专户，严格实行收支两条线管理，封闭运行，独立核算。各乡（镇）街道在参保人办完参保手续后，督促参保人将保险金存入参保人开立在信用联社的缴费存折上，信用联社及时将款划入区城乡居民社会养老保险局的收入户，区城乡居民社会养老保险局每月末将款划入财政专户。养老金的发放要严格登记造册，严禁私吞、挤占、挪用保险金和出现冒领养老金现象。区监察、审计、财政等部门要切实履行职责，加强监管，严防挤占挪用。

十四、本方案经区人民政府常务会议讨论通过，自2011年7月1日起施行。

十五、本方案由区人力资源和社会保障局负责解释。

曲靖市麒麟区人民政府办公室关于印发《曲靖市麒麟区农村社区建设标准》的通知

各乡（镇）人民政府、街道办事处，区直有关单位：

为进一步加快农村社区建设步伐，提高农村社区建设的规范性、实效性，经区人民政府同意，现将《曲靖市麒麟区农村社区建设标准》印发给你们，请认真遵照执行。

2011年9月5日

曲靖市麒麟区农村社区建设标准

按照“地域相近、规模适度、群众自愿”的原则，以村为依托，合理设置农村社区，原则上以现有村委会为基本单位，一个村委会即划定为一个农村社区，农村社区在村党组织、村委会的领导下开展工作。整合社区资源，强化社区功能，把政府的公共服务和管理向农村基层延伸，能切实解决农民群众关心的难点、热点问题，提升农村社区文明程度，能更好地健全自我管理、自我教育、自我服务、自我监督的村民自治机制，能有利于促进各项支农惠农政策落到实处，让农民群众共享改革发展的成果更好地促进农村经济发展和社会事业全面进步，实现城乡社会协调发展。

一、总体目标

把农村社区建设成为村民自治、管理有序、服务完善、治安良好、环境优美、文明祥和的新型农村社区。

二、量化考核

在2008年至2010年先行试点的基础上，2011年在全区农村普遍推广，并由区社区建设工作领导小组办公室组织实施和考核。

三、建设标准

（一）群众自治化

各项民主制度健全完善，决策、议事、监督组织机构健全，运行规范。涉及全体村民利益的重大问题，按照民主决策程序提交村民会议讨论决定，并按程序公开。每年至少召开2次村民会议和4次村民代表会议，村务、财务每季度公布一次，重大事项随时公开。村委会负责日常事务的管理，落实村民会议（村民代表会议）决策事项，组织村民开展自我管理、自我教育、自我服务、自我监督的群众性自治活动，向村民会议或村民代表会议负责并报告工作。落实民主评议制度，每年组织村民对村委会成员及村上的工作进行民主评议。建立民主议事日，设立群众意见箱，村民反应正当诉求渠道畅通，村民能以理性、合法的形式表达意见和利益诉求。

（二）管理有序化

建立健全村党组织和党小组，社区内的新型经济组织、民间组织等符合条件的按要求建立党组织，退休职工、流动人口、新型组织中的党员纳入村党组织管理。党组织在村级组织中发挥领导核心作用，支持和保障村民委员会依法自治，履行职责。民主评议党员制度、党建协调机构工作制度、党员联系户等制度健全，党员教育活动有效开展。积极开展创先争优活动，党员先锋模范带头作用发挥突出，按党建目标责任制的要求，对社区党组织以及党员进行评议考核，对党组织工作的满意率达90%以上，党员合格率达95%以上。按期完成村委会换届选举，按规定选举产生村民代表、村民小组长，村委会成员达到法定人数。成立调解、治保、公共卫生、计划生育工作委员会，村民会议、村民代表会议、村务公开监督小组、民主理财小组、社区民主协商议事会等机构健全。对村委会成员和社区服务站工作人员实行规范化管理，考评和奖励办法健全。村委会成员按规定参加培训，带头学习法律法规、党的方针政策、科学文化知识。社区办公经费、开展公益性活动经费高于区财政配套水平，“一事一议”筹资筹劳制度落实。社区事务管理联席会每季度至少召开一次会议。村民积极参加社区活动，参与率达到80%以上；社区内各单位、组织积极参与社区共建事项的讨论和决定，并认真履行其社区共建的义务。社区档案管理规范，各项活动分类记录，保存完整。

（三）设施配套化

每个农村社区都要建设一所面积不少于600平方米的综合服务站，其中办公室不少于80平方米，一站式服务窗口不少于60平方米。服务机构要有“一会、六站、六栏、十个一”：“一会”，就是建立社区单位全部参与和部分群众代表参与的社区事务管理联席会；“六站”，就是建立社区党员管理服务站、社区医疗卫生服务站、社区社会事务服务站、社区文体活动联络站、社区建设规划服务站、社区经济发展服务站；“六栏”，就是居务公开栏、便民服务栏、科普宣传栏、法制宣传栏、计生宣传栏、卫生宣传栏；“十个一”，就是有一个农资配送中心、一个爱心超市、一个信息服务中心、一个社区图书室、一个社区警务室、一个社区调解庭、一个群众意见箱、一所社区党校、一个电教服务中心、一条居民服务热线。所有村委会都要统一加挂“XX村委会农村社区服务站”牌匾。加强村庄规划、广场建设、道路硬化、村庄绿化、路灯亮化、卫生洁化、河道净化、中低产田改造等工作，改善农村生产生活条件。

（四）服务完善化

在农村社区服务站内分设党员管理服务站、医疗卫生服务站、社会事务服务站、文体活动联络站、建设规划服务站、经济发展服务站等，实行“一站式”办公，“一体化”管理，“一条龙”服务。社区服务站由村委会副主任担任站长，并聘用热心为村民服务、有一技之长的人担任工作人员。服务站制度完善，责任明确，有针对性的开展服务活动。开展村民事务服务工作，积极为村民提供生活服务、文化服务、政府服务，对村民申办事项实行全程免费代理服务。注重培育发展公益性、服务性社区民间组织，为社区居民提供各种形式的服务，有条件的社区成立各类协会组织。开展“生育关怀行动”，帮助实行计划生育家庭及育龄群众解决生产生活困难，计划生育特殊困难家庭帮扶面达100%。建立失业人员和新增劳动力的动态管理机制，加强劳动力转移培训工作，及时提供就业指导和信息服务。积极为村民、流动人口提供生活服务、文化服务、教育服务、医疗服务和生殖健康服务，积极指导村民参加新型农村合作医疗，参保率达95%以上。村民对社区服务的项目和质量满意率达90%以上。

（五）环境优美化

农村社区内绿化、垃圾分类、污水处理、能源利用等符合环保要求，村民普遍具有较强的公德意识、环保意识，人人养成节约、环保、卫生的良好习惯。社区内无违章建筑和“三大堆”，垃圾实行分类收集和集中处理。商业网点管理有序，各种垃圾处理符合环保和卫生管理要求，无卫生死角。公共环卫设施齐全完好。社区绿化达到规划要求，维护抚育率100%。村民通行顺畅，主要干道实现硬化、绿化、亮化，无“三大堆”现象。

（六）社会和谐化

社区学习氛围浓厚，文化生活丰富，文化特色鲜明，村民有读书、阅报、娱乐、交流场所，文体设施和场地作用发挥好，适时开展文体、联欢等寓教于乐活动。社区内尊老爱幼、互谦互让、互帮互助蔚然成风。普遍树立社会主义荣誉观，组织开展思想道德、家庭美德、社会公德教育和“五好家庭”、“文明户”、“学习型家庭”等群众性创建活动。建立健全治保、帮教、调解、法律服务等群众组织，加强矛盾排查、处理工作，引导村民以正当方式表达利益要求，做好社区矫正、禁毒、消防、留守子女和刑事解教人员安置帮扶等工作，落实流动人口登记管理、教育服务等各项措施。社区内无重大安全灾害事故，无重大刑事案件，无重大安全生产事故，村民对社区治安满意率达到85%以上。开展普法宣传法制教育，形成学法、守法、懂法、用法的良好风尚，村民既能够依法维护自己的正当利益，又能够依法按章履行义务。为村民提供法律咨询服务，为困难村民提供法律援助。维护老年人，妇女儿童的合法权益，无家庭暴力投诉，无虐待、不赡养老人案件发生。

曲靖市麒麟区人民政府
关于印发麒麟区重金属污染防治工作实施方案的通知

各乡（镇）人民政府、街道办事处，区直各办、局、中心：

经区人民政府同意，现将《麒麟区重金属污染防治工作实施方案》印发给你们，请认真贯彻执行。

2011年9月16日

麒麟区重金属污染防治工作实施方案

为进一步加强我区重金属污染防治工作，保障人民群众健康，维护社会和谐稳定，让广大人民群众在良好的生态环境中生产生活，根据《中华人民共和国环境保护法》和《曲靖市人民政府关于印发曲靖市重金属污染防治工作实施方案的通知》精神，结合我区实际，特制定本方案。由于曲靖经济技术开发区具备相应的各监管职能部门，故本方案的实施范围不包括西城工业片区。

一、指导思想

以邓小平理论和“三个代表”重要思想为指导，深入贯彻落实科学发展观，加快云南桥头堡建设进程，全面贯彻实施七彩云南曲靖保护行动，坚持以防为主、防治结合的方针，加大产业结构调整力度，强化行政执法监管，扎实做好重金属污染防治工作，维护好人民群众的根本利益。

二、工作目标

全面排查重金属污染物排放企业（以下简称“重金属排放企业”）及周边区域环境隐患，摸清重金属污染情况，建立监管台帐，确定重点防控行业和企业，集中解决危害群众健康和生态环境的突出问题。到2015年，建立完善的重金属防治体系、事故应急体系，落实国家环境与健康风险评估体系，使重金属污染得到有效控制。到2015年，重点区域重点重金属污染排放量比2007年减少.15%，环境质量有所好转；非重点区域重点重金属污染排放量不超过2007年水平，重金属污染得到有效控制。

三、工作重点

重点防控的重金属污染物是铅、汞、镉、铬和类金属砷，同时兼顾锌、锰、铜等其他重金属污染物；重点防控流域是南盘江及其支流，重点防控区域是越州工业片区，重点防控的企业是具有潜在环境危害风险的涉重企业，重要防控的行业是有色金属矿（含伴生矿）采选业、有色金属冶炼及压延加工业、化学原料及化学制品制造业等。

四、污染防治对策和措施

（一）调整和优化产业结构

1. 坚决淘汰落后产能。严格执行国家产业政策和有色金属及相关行业调整规划。区工信局要会同有关部门每年向社会公告应当限期淘汰落后产能的企业名单，对没有按期完成淘汰落后产能任务的企业要依法予以关停，禁止将落后产能和重污染企业向其它地方转移。对主动淘汰落后产能的重金属排放企业，有关部门要积极帮助企业争取中央、省、市财政资金补助。

责任单位：区工信局牵头，各乡镇人民政府、街道办事处实施，区发改局、区财政局及其他有关部门配合。

2. 落实政策措施，促进产业结构调整。要严格控制新增重金属排放的建设项目。建立新开工项目管理的部门联动机制和项目审批问责制，严格执行项目开工建设“六项必要条件”（必须符合产业政策和市场准入标准、项目审批核准或备案程序、用地预审、环境影响评价审批、节能评估审查、职业卫生生产以及信贷、安全和城市规划等规定和要求）。制定结合我区实际的涉重金属行业的产业发展意见，根据行业不同情况，进一步提高节能、环保、技术、安全、土地使用等方面的准入标准。建立重金属排放新上项目与淘汰落后产能相结合的机制。

责任单位：由区发改局牵头，区工信局、区环保局、麒麟国土分局等部门配合。

3. 推动产业技术进步。鼓励发展产污强度低、能耗小、清洁生产水平先进的工艺，鼓励现有重点防控企业采用新技术改造升级。大力发展循环经济，推动含重金属废弃物的减量化和循环利用。

责任单位：由区工信局牵头，区发改局、区科技局等有关部门配合。

（二）强化环境管理

1. 严格执行环境影响评价制度。区环保局要将环境与健康风

险评价作为建设项目环境影响评价的重要内容。实行建设项目环评前置审批，未通过审批的，一律不准开工建设，投资主管部门不得批准项目可行性研究报告、核准企业投资项目。未经环评审批的在建项目或者未经环保“三同时”（建设项目的环保设施与主体工程同时设计、同时施工、同时投产使用）验收的项目，要一律停止建设和生产，对达不到环保要求的项目，由区人民政府予以关闭。

责任单位：由区环保局牵头，区发改局、区工商局、麒麟国土分局等有关部门配合。

2. 依法实施清洁生产审核。制定完善辖区清洁生产审核规划、计划，依法对涉重金属企业开展强制性清洁生产审核，稳步推进辖区企业的清洁生产审核工作。依据有关规定，对其清洁生产实施情况开展评估验收，将通过评估验收作为企业申请污染治理补助资金的前提条件，未通过评估验收的要限期整改，对拒不改正的企业加大处罚力度。同时，加大发展循环经济的政策扶持力度，倡导含重金属废弃物的减量化、资源化。鼓励重金属污染企业主动淘汰落后产能，实施清洁生产。

责任单位：由区环保局、工信局牵头实施。

（三）加强重金属污染治理

1. 实施重金属污染环境修复示范工程。明确重金属污染责任主体，进行污染评估，分区、分类有针对性地采用经济高效的修复技术，组织开展受污染土壤、场地、水体和底泥等污染治理与修复试点示范工程。

责任单位：由区环保局牵头，麒麟国土分局、区工信局、区发改局、区农业局、区水务局、区财政局等部门配合。

2. 继续深入开展重金属违法专项检查行动。对全区重金属排放企业及周边区域环境隐患进行全面检查，摸清重金属污染情况，建立监管台帐，对检查中发现污染治理设施不能稳定达标或超总量排污的重金属污染企业，依法责令整改直至关闭。对不符合产业政策的重污染企业依法实施关停，坚决取缔无经营许可证企业从事危险废物利用处置经营活动。区环保局将重金属排放企业检查作为每年“整治违法排污企业保障群众健康环保专项行动”的重要内容，联合区发改、工信、工商、住建、综合行政执法、水务、安监、煤炭以及供电部门开展专项检查，并将检查结果上报区人民政府。

责任单位：区环保局牵头，区直有关部门参与。

3. 加大污染源治理力度。加强重金属污染治理设施建设，抓好工艺技术、技术装备、运行管理等关键环节，鼓励企业在达标排放的基础上进行深度处理，降低环境风险。

责任单位：区环保局牵头，区工信局等有关部门参与。

（四）强化执法监管

1. 严格环境执法。建立对重金属排放企业的巡查制度，定期对重金属排放企业排污口水质及厂界无组织排放情况进行监管，严防超标排放；扎实做好饮用水水源安全风险隐患排查工作，对饮用水水源保护区内排污口整治成果进行回头看，形成制度常抓不懈，对违法行为立即依法查处，确保饮水安全；将整治重金属违法排污企业，作为整治违法排污企业保障群众健康环保专项

行动的重点；继续做好污水处理厂的专项检查，防止二次污染；不断加大对违法行为的处罚力度，提高违法成本，维护社会公平。

责任单位：区环保局牵头，各乡镇人民政府、街道办事处实施，区直有关部门配合。

2. 加强环境监测和应急体系建设。区环保局要制定重点防控区域监控技术方案（主要包括地表水、地下水、空气质量、土壤、底泥等监控因子的监控点位、监测项目和监测频次）上报市环保局，并进一步加强对重点防控行业和企业的监督管理；各乡（镇）、街道和各重金属排放企业要建立和完善重金属污染突发事件应急预案，要建立健全应对重金属污染事件的快速反应机制，组织相关应急培训和演练，储备必要的应急药剂和活性炭等物料，特别要加强饮用水备用水源建设，确保饮用水安全。区环保局、区卫生局要进一步加强重金属污染监测和应急能力建设，提高应对突发事件的能力和技术水平。

责任单位：区环保局牵头，各乡镇人民政府、街道办事处、区财政局、区水务局配合，农村居民饮用水安全由区卫生局负责监管。

（五）建立和完善重金属健康诊疗和监测制度

1. 加强对重金属污染排放情况的监测。进一步完善监测网络，加强对河流和土壤中重金属指标的监测，加强对铜、锌、镍、砷、汞、镉、六价铬、铅等重金属项目和类金属砷项目的监测力度，依照上级环境监测计划要求，有针对性制定本辖区环境监测计划，按监测规范要求，提高监测频次和覆盖范围。

责任单位：区环保局。

2. 建立和健全环境污染健康危害事件应急保障体系。各乡（镇）、街道要建立和健全环境污染健康危害事件应急预案，建立技术、物资（诊疗器械与药品）和人员保障系统，落实值班、报告、处理制度。环境污染健康危害事件发生后，要立即启动应急预案，排查污染源，优先保证食品和饮用水安全，组织做好污染事件的有关善后处理工作。

责任单位：各乡镇人民政府、街道办事处、区卫生局、区环保局、企业。

（六）加大资金和政策支持力度

制定实施有利于污染防治的支持政策。对重金属污染防治重点项目，实施“以奖促治”，对历史遗留重金属污染问题的治理，区财政予以资金支持。研究制定重金属排放企业污染责任保证金制度，开展重点防控企业污染保险工作试点。建立和完善重金属污染损害赔偿机制。对重金属排放企业周边土地开展环境风险评估，确定风险等级。对污染严重，短期内又难以治理的土地，不得种植食用农作物，并根据重金属污染防治有关规划和土地利用总体规划，按土地变更调查有关标准和规定，经法定程序调整土地用途。

责任单位：区财政局、区发改局、区环保局、麒麟国土分局、区农业局、各乡镇人民政府、街道办事处。

（七）严格落实责任

1. 落实责任。区人民政府对重金属污染防治制定相应的考核机制，对重金属污染防治工作不力的部门进行行政问责。由于对重金属排放项目违规立项、审批、验收、生产或对重金属排放企业监管不到位，导致重特大环境污染事故的，对有关部门负责人实施问责，对构成犯罪的，依法移交司法机关处理。

2. 明确有关部门责任。区直有关部门要切实履行职责，加强重金属污染防治工作。区发改局要研究制定重金属污染防治有关经济政策，大力发展循环经济；区工信局要加大淘汰落后产能工作力度，查处违反国家产业政策的行为；区工信局、区科技局要加大重金属污染防治技术的开发、示范和推广；区监察局要加强对各部门履职情况的检查，加大责任追究力度，严肃查处重金属污染违纪违法案件；区财政局要整合、设立专项资金，支持开展重金属污染防治工作，并加强专项资金使用的监督管理；麒麟国土分局要加快重点防控区域土地用途调整；区环保局要加强对全区重金属污染防治工作的指导，组织编制全区重金属污染防治工作方案，推进重金属污染治理，强化环境执法；区农业局要加强重点防控区域农业管理，科学调整农业生产布局和产业结构，确保农产品安全；区卫生局要加强重金属污染地区和行业的职业健康管理，逐步建立完善我区健康风险评估体系；区工商局对未经环保、卫生、节能等审批的重金属排放项目不得办理营业执照，严肃查处重金属排放企业违反注册登记法规的行为；区安监局要强化重金属类危险化学品管理工作，加强对重金属排放企业的安全生产检查；电力监管部门要对列入淘汰落后产能的企业采取限电、停电、断电等措施。各有关部门要各司其职，认真履行职责，加强协调配合，督促和指导本系统工作开展，同时，按照本方案要求，结合部门实际制定具体工作方案。

3. 建立重金属污染防治综合协调机制。建立由区环保局牵头，区发改局、区工信局、区监察局、区财政局、麒麟国土分局、区农业局、区水务局、区人社局、区商务局、区卫生局、区科技局、区工商局、区安监局、曲靖供电局麒麟分公司为成员的重金属污染防治联席会议制度，协调解决重金属污染防治工作中的重大问题。各有关部门和单位要按照职能分工，认真履行职责，加强协调配合，督促和指导各乡镇、街道、有关部门开展工作。

4. 加强宣传教育。通过广播、电视、报纸、互联网等新闻媒介，宣传重金属危害、预防、控制、治疗和愈后防护等方面的知识。积极引导广大群众了解重金属污染防治有关知识，增强自我防护意识，组织媒体宣传重金属污染防治先进典型，揭露和曝光严重污染环境的反面典型。把握好舆论导向，维护社会稳定。

曲靖市麒麟区人民政府办公室
关于印发麒麟区安全生产风险评估制度（试行）的通知

各乡（镇）人民政府、街道办事处，区直各办、局、中心：

现将《麒麟区安全生产风险评估制度（试行）》印发给你们，请认真遵照执行。

2011年9月16日

麒麟区安全生产风险评估制度（试行）

第一章　总　则

第一条　为认真贯彻落实“安全第一、预防为主、综合治理”的安全生产方针，加强对安全生产风险的预防和化解工作，从源头上预防、减少和消除安全生产隐患，提高安全生产监管水平，根据上级有关文件精神，结合麒麟区安全生产工作实际，制定本制度。

第二条　开展安全生产风险评估和预警防控工作是提高政府监管能力和增强企业安全生产保障能力的重要途径；是强化以人为本，预测、预防、遏制事故发生的有效手段；也是贯彻落实《国务院关于进一步加强企业安全生产工作的通知》的具体体现；对深入查找剖析安全隐患，寻找各类事故发生的客观规律，构建科学的安全生产监管体系具有十分重要的意义。

第三条　开展安全生产风险评估和进行预警防控时，应遵循“合法性、系统性、综合性、科学性、适用性”的原则，按照规范的程序，对生产系统、设施或作业场所中可能出现的安全隐患进行全面、客观、细致、合理地分析评估，做到提前预警、科学防控、有效整改，及时消除事故隐患，从源头上预防和减少事故发生，促进安全生产。

第二章　风险评估的依据、范围和内容

第四条　风险评估的标准依据

《中华人民共和国安全生产法》、《安全生产事故隐患排查治理暂行规定》（国家安全生产监督管理总局第16号令）、《企业安全生产标准化基本规范》（AQ/T9006－2010）等安全生产相关法律、法规、规章、标准。

第五条　风险评估的范围

按照“分级负责、属地管理”的原则，各级各有关部门根据工作职责制定科学、可行、切合实际的安全风险评估工作方案，并按照方案对各自管辖权范围内的生产经营单位定期进行风险评估。

第六条　风险评估的内容

（一）各级人民政府挂牌督办的安全生产重大隐患；

（二）各级各部门在开展检查、督查、视察、调研等活动时，发现的有可能引发生产安全事故的各类隐患；

（三）企业安全生产管理机构设置、安全生产投入以及各岗位履职情况；

（四）涉及生产、经营和新、改、扩建项目的各行业企业，包括生产系统、设施或作业场所的安全状况；

（五）企业规章制度、操作规程制定实施情况以及文件档案管理情况；

（六）企业安全生产教育培训和安全文化建设情况；

（七）企业设备管理、使用情况；

（八）企业生产现场管理和工艺系统控制情况；

（九）企业重大危险源辨识、评估、监控情况；

（十）企业隐患排查治理情况；

（十一）企业职业危害管理、预防情况；

（十二）企业应急救援队伍、装备情况；

（十三）其他需要纳入风险评估的事项。

第三章　风险评估的方法和步骤

第七条　认真分析和排查安全隐患。各乡（镇）、街道、区直有关部门要认真分析本地区、本行业安全生产形势，认真分析企业在生产、经营和新、改、扩建项目过程中存在的安全隐患，认真组织开展隐患排查。对排查出的安全隐患，每月组织开展一次安全风险评估，认真分析、评估安全隐患的风险程序和可控程度，并制定预警防控措施。

第八条　认真做好风险预警前的准备工作。安全生产风险评估及预警防控是一项必须长期坚持开展并不断总结完善的预防和控制事故发生的重要工作。在进行风险预警前，各乡（镇）、街道、区直有关部门要结合安全工作实际，制定详尽的实施方案，明确风险预警防控的目的、意义、对象、范围、内容及方式，并认真抓好贯彻落实。努力形成长效机制。

第九条　深入辨识危险源和危险危害因素。安全生产风险评估和预警防控是在深入排查安全隐患的基础上

来采取的针对性措施。要深入安全生产、经营和建设一线认真开展安全隐患排查工作，从生产条件以及现有的技术、工艺、材料和设备的设计、安装、工作状态等技术方面，以及安全管理制度、规程措施贯彻执行情况和施工人员的安全知识、操作技能、安全意识、风险辨识能力等方面，对存在的可能导致生产安全事故的危险因素进行全面辨识，掌握大量第一手资料，力求使辨识和预警防控工作客观、准确、全面。

第十条 正确对安全风险进行预警。对不同的生产安全风险，要科学分析其成为安全隐患、导致事故的影响因素，准确评价可能影响的程度和防控级别，从政策、技术、管理等层面，采取召开会议、现场点评、交流探讨等不同的预防控制方法进行分析评估，确保预控措施的针对性、实效性和目的性。

第十一条 提出可靠性安全对策措施。把风险点找准、找全，把原因分析到位、把防控措施制定落实。根据风险评估确定的技术、管理、人员等方面存在可能导致事故的危害因素，提出相应的消除或弱化危险有害因素的安全技术和管理措施，组织编制具有针对性、可操作性的规程措施和预警督办方案，指导生产、经营和建设实践活动。对专业性较强、危害程度大、一时难以解决的风险评估事项，要按照有关法律法规的要求组织相关专家进行论证。

第十二条 抓好安全防控措施的贯彻落实。各乡（镇）、街道、区直有关部门要及时制定安全生产风险评估机制、具体措施，加强对安全隐患整改的督促检查和工作指导；要及时将存在的安全风险、采取的防范控制措施传达到每个企业和有关从业人员，并确保在生产现场得到严格落实；各企业要按照上级管理部门的要求，明确目标，细化责任，切实抓好整改落实，及时消除事故隐患。

第十三条 加强对整改措施的督促检查。对经安全风险评估后组织实施的防控措施，各乡（镇）、街道、区直有关部门要加强管理、监督、考核工作，形成预警、评估、落实、考核闭全管理，同时将预警督办事项的整改落实情况报上级政府、安委办和行业管理部门备案。

第四章 评估结果的分级管理

第十四条 评估等级原则。各乡（镇）、街道、区直有关部门要依据安全法律法规、标准、企业安全管理水平和企业安全监管的绩优、绩劣信息，对本行政区域内的所有企业进行设立评估等级。

第十五条 评估等级标准。各级各部门要根据有关法律法规和标准要求，结合本单位实际，制定相应的评估等级量化考评标准，将评估等级分为A、B、C、D等4类。

A类：安全生产条件和安全管理优良，安全风险低，量化考核评分在总分的90%以上（含90%）。

B类：安全生产条件和安全生产状况合格，安全风险较低，量化考核评分在总分的80%～90%以内（含80%，不含90%）。

C类：安全生产条件和安全生产状况基本合格，安全风险高，量化考核评分在总分的60%～80%以内（含60%，不含80%）。

D类：不具备安全生产条件，安全生产状况不合格，安全风较高，量化考核评分在总分的60%以下。

第十六条 分类监管

（一）对于评估等级为A、B类的企业，实施一般监管，要求企业不断巩固和提高安全生产水平。对于评估等级为C、D类的企业，实施重点监管，采取相应措施确保安全生产。

（二）对于评估等级为C类的企业，由相关部门责令限期整改，在限期内未整改或整改不符合要求的，按照安全生产相关法律法规的规定给予行政处罚。

（三）对于评估等级为D类的企业，由相关部门责令停产停业整顿，未停产停业整顿或整顿后评估仍为D类等级的企业，则提请区人民政府予以关闭，并按照安全生产相关法律法规的规定给予行政处罚。

（四）对不配合相关部门进行风险评估或者未委托有资质评价机构进行安全风险评价的企业，由相关部门依照安全生产及相关法律法规的规定，责令立即或限期改正，并给予行政处罚。

第五章 风险评估的工作要求

第十七条 开展安全生产风险评估和预警防控工作，各乡（镇）、街道、区直有关部门要认真分析本部门本地区的安全生产形势，全面排查企业在生产经营和新、改、建项目过程中存在的安全隐患，对安全隐患进行风险辨识，对排查的安全隐患，每月要组织开展一次安全风险评估，分析评估安全隐患的风险程度和可控范围，分级分类制定切实可行的预警防控措施。

第十八条 各乡（镇）、街道、区直有关部门要成立安全生产风险评估领导小组，严格落实“一岗双责”制度，各单位主要领导是安全生产风险评估及预警防控的第一责任人，要将风险预警防控工作纳入年度工作目标管理，制定考核奖惩措施，细化目标任务，分解落实责任。

第十九条 在开展评估预警工作中，要坚决杜绝不作为、慢作为、乱作为，在评估工作中搞形式主义、弄虚作假，造成工作失误，引发事故发生的单位和个人，要严格按照相关法律法规追究责任，涉及触犯法律的，依法移交司法机关处理。

第二十条 要充分发挥电视、报刊、网络等媒体，做好宣传工作，在全社会形成推行安全生产风险评估预警的良好氛围。各乡（镇）、街道、区直有关部门要于每月2日前将上月安全生产风险评估情况及预警防控情况报区安全生产委员会办公室，区安全生产委员会办公室要将各行各业开展安全生产风险辨识评估的情况及时汇总、分析、总结，将当月安全生产风险评估工作情况及时向区人民政府和上级安监部门报告。

第二十一条 根据安全生产监管重点，各乡（镇）、街道及区安监局、区煤炭工业局、麒麟公安分局、区住房和城乡建设局、区食品药品监督管理局、区工业和信息化局、麒麟质监分局、麻黄工业基地、越州工业园区、区交通运输局、区农业局、区水务局、区教育局等重点行业必须制定相应的安全生产风险评估工作方案。

第二十二条 各乡（镇）、街道、区直有关部门的安全生产风险评估工作方案必须于2011年9月30日前上报区安委办，并从2011年9月起开展安全生产风险评估工作。

第六章 附 则

第二十三条 本制度实施后，如与新颁布的法律、法规和政策规定不相符的，按新的规定执行。

第二十四条 本制度由区安全生产委员会办公室负责解释。

第二十五条 本制度自2011年10月1日起实施。

中共曲靖市麒麟区委
关于坚持以人为本执政为民进一步
加强新形势下群众工作的意见

为认真贯彻落实《中共云南省委关于坚持以人为本执政为民进一步加强新形势下群众工作的意见》和《中共曲靖市委关于加强和创新社会管理进一步做好群众工作的意见》文件精神，认真贯彻落实党的十七届五中全会和中央、省委领导同志关于把新时期群众工作落到实处的重要指示精神，进一步做好联系群众、宣传群众、组织群众、服务群众、团结群众的工作，凝聚全区各族群众的力量，为实现“十二五”时期经济社会发展规划目标，努力促进和推动全区经济平稳较快发展与社会和谐稳定，结合我区实际现提出如下意见。

一、始终牢固树立起群众观点

（一）*坚决站稳群众立场*。全区各级领导干部要深刻认识群众路线是实现党的思想路线、政治路线、组织路线的根本工作路线，做好群众工作是巩固党的执政地位、完成党的历史使命、实现党和国家长治久安的根本保证，树立正确的政绩观，切实把以人为本、执政为民贯穿于全部工作中，始终站在最广大人民群众的立场上说话办事，把实现好维护好发展好最广大人民的根本利益作为决策部署、开展工作的出发点和落脚点，做到思路上向惠民富民汇集，工作上向为民利民凝聚，作风上向亲民爱民转变，实实在在帮助基层和群众解决生产困难、打开工作局面。各级党组织要把马克思主义群众观点和党的群众路线的再教育，列入领导班子理论学习的重要内容，与建设学习型党组织和开展创先争优活动结合起来，与开展向杨善洲同志学习活动结合起来，教育广大党员干部特别是党员领导自觉加强党性修养，践行党的宗旨，做人民满意的好党员、好干部。区委党校要把群众工作作为干部教育的必修课程，引导和帮助党员干部不断增强群众观点，提高群众工作本领。

（二）*切实保障和改善民生*。要坚持把保障和改善民生作为群众工作的切入点，认真贯彻落实党中央、国务院，省委、省政府和市委、市政府各项惠民政策，以及“十二五”期间改善民生的各项重大措施，坚持紧抓民生之本、解决民生之急、排除民生之忧，下大力气解决好群众关心的教育、就业、收入分配、社会保障、医疗、住房、食品安全以及环境等方面的突出问题。坚持从具体事情抓起，每年集中人力财力物力为群众办一批实事好事，让群众感受到实实在在的利益。

二、不断建立健全群众工作制度

（三）*健全服务群众制度*。完善公共服务制度，按照建设服务型政府的要求，健全政府职责体系，进一步减少审批事项，规范、简化、公开办事程序，为群众提供更多更好的公共服务。完善便民利民服务制度，制定服务标准，加强服务平台建设。进一步拓展区政务服务中心职能，整合相关职能部门力量资源，实行“一站式受理、一条龙服务、一揽子解决”，提高办事效率。进一步拓展乡镇（街道）为民服务中心、村（社区）代办点功能，规范办事流程，提高服务质量，真正做到服务于民、方便群众，树立基层良好形象。完善群团组织和社会组织的服务群众制度，充分发挥工会、共青团、妇联、科协、残联、老年协会等群团组织服务群众的作用，大力培育乡镇生活服务类、社会事务类、志愿互助类、文体活动类、专业经济类等社会组织。

（四）*健全联系群众制度*。建立健全民情责任区制度，全区以乡镇（街道）、村（社区）为单位划分为两级民情责任区，区级领导挂钩负责乡镇（街道）；乡镇（街道）、区直部门领导挂钩负责村（社区），实现民情责任全区覆盖。各级领导干部要深入责任区，及时掌握民情、化解民怨、解决民困，每年至少提交一篇民情报告、帮助解决一个实际问题。建立健全民情巡视制度，由区人大、政协、纪检监察、政法部门组成民情巡视组，定期不定期开展巡视工作，了解民情动态，检查民情责任区落实情况。建立健全区党代表、人大代表和政协委员村（社区）接待日制度，及时了解社情民意，引导村（居）民理性表达诉求，积极主动地做好群众工作。坚持领导干部工作联系点制度，区级领导和区直部门领导干部要经常深入扶贫联系点和基层单位，了解情况、帮助工作、解决问题。

（五）健全群众工作统揽信访工作制度。坚持把群众工作理念贯穿于信访工作全过程，用群众工作统揽信访工作。按照统一领导、部门协调，统筹兼顾、标本兼治，各负其责、齐抓共管的要求，拓展信访工作职能，把事前防范、事中疏导、事后解决问题融为一体，充分发挥信访工作联系人民群众重要渠道的作用。拓宽社情民意表达渠道，畅通群众来信绿色邮政、专线服务电话、书记区长信箱、网上信访等多种渠道，引导群众更多地以书信、电话、传真、电子邮件等形式表达诉求。完善政府门户网站，加快信访信息系统建设，为群众反映问题、提出意见和建议、查询办理情况提供便利条件。完善领导干部接访约访下访和包案制度，及时解决群众反映的突出问题。完善人民建议征集制度，积极开展人民建议专题征集活动，切实抓好人民建议的办理和落实工作。

（六）健全群众工作考核奖惩制度。把群众工作纳入年度综合检查考评的指标体系，以群众满意不满意为基本标准，考核结果实行备案管理，与领导班子评价和干部奖惩任用挂钩。对群众工作成效突出的单位和个人给予表彰奖励。对违反群众工作原则，损害群众利益的行为，对相关领导和人员严格问责；因群众工作不力酿成重大群体性事件、造成严重后果的，实行年度综合检查考评“一票否决”。并对相关领导和直接责任人依纪依法严肃处理。

三、进一步完善群众工作机制

（七）完善党和政府主导的维护群众权益机制。各级党政组织要充分发挥在调节社会利益关系中的主导作用，定政策、作决策、上项目、抓工作要保障群众利益，尊重群众意愿，统筹协调各方面利益关系，公正合理、及时有效地解决好群众的利益诉求。人大、政协和法院、检察院，以及工会、共青团、妇联等人民团体要在党委统一领导下，进一步建立健全维护群众权益机制。区直部门要建立群众、职工权益状况定期分析和报告制度，切实推进党务、政务、厂务、村（居）务公开，保障群众对重大事务的知情权、参与权、表达权和监督权，维护好群众、职工的经济利益和民主权利。健全覆盖城乡的社会救助体系，加强对困难特殊群体的帮扶救助工作。

（八）完善社会矛盾纠纷排查化解机制。按照统一领导、分级负责，集中梳理、归口办理，责任明确、措施到位的要求，建立完善区、乡镇（街道）、村（社区）、组“四级联动”，人民调解、行政调解、司法调解相互衔接，仲裁调解、行业调解、民间调解等为补充的大调解工作体系。加快发展行业性、专业性、区域性人民调解组织。推广“以奖代补”、“以案定补”等激励方式，切实调动村级调解组织的积极性。政法部门要健全涉法涉诉联合化解机制，各部门要综合运用各种有效手段，做到矛盾纠纷排查常态化管理，努力把矛盾化解在基层，解决在萌芽状态，实现小事不出村（社区）、大事不出乡镇（街道），矛盾不上交。

（九）完善重大决策社会稳定风险评估机制。要坚持“谁主管、谁负责，谁决策、谁负责，谁审批、谁负责”的原则，在研究决定涉及群众利益、容易引发社会矛盾突出问题的重要政策、重大改革举措、重点工程建设项目事项前，必须把社会稳定风险评估作为必经程序，做到应评尽评，不评估不决策、不审批、不实施。凡是违反法律政策的损害群众利益的、影响党群干群关系的、多数群众不理解不支持的、可能引发重大群体性事件的事项一律不得出台，并实行重大决策社会稳定风险责任终身追究制，努力从源头上预防和减少社会矛盾。

（十）完善处置突发事件和群体性事件群众工作机制。建立健全统一指挥、反应灵敏、协调有序、运转高效的应急处置工作机制和工作预案，一旦发生突发事件和重大群体性事件，各单位主要负责人要靠前指挥，全面掌握事态发展状况。准确把握群众心理和情绪，做好疏导和化解工作。加强部门之间的协调联动，建立有关信息通报制度，有针对性地采取处置措施，最大限度减少对社会稳定的冲击，保持正常的社会秩序，完善突发公共事件新闻报道应急机制，完善新闻发言人制度，第一时间发布权威信息，让群众了解真相，了解政府的态度和决心，赢得群众的理解和支持。

四、创新群众工作方式方法

（十一）坚持行之有效的方式方法。坚持深入群众、面对面开展工作的方法，做到串百家门、听百家言、知百家情、解百家难、拉近与群众的距离，增进干群互信，增强群众工作的亲和力和感染力。坚持一线工作方法，做到机关工作重心下移、基层干部坚守一线、领导干部深入基层，真心实意在一线办实事、解难题、抓落实、促发展。坚持依靠群众自身力量做群众工作的方法，积极稳妥地推进基层民主建设，尊重和维护人民群众的民主权利，做到决策时诚恳咨询请教，部署任务时解疑释惑，落实工作时认真倾听意见，检验成效时主动接受评判，充分调动人民群众的积极性、主动性、创造性。坚持深入细致的思想工作方法，面对群众处理矛盾和问题时，要做到以理服人、循循善诱，关怀体贴、以情感人，引导群众正确理解党和国家的方针政策，正确对待深化改革中的利益调整，把说服教育、沟通思想的工作做在前、做到位。

（十二）与时俱进不断创新方式方法。深入研究和正确把握新时期群众工作的特点和规律，综合运用法律、政策、经济、行政等手段和教育、协商、疏导等方法做好群众工作。把群众工作寓于社会管理创新中，融入城乡社区管理、企业管理、学校管理、网络管理和整个社会管理的方方面面。把群众工作寓于群众喜闻乐见的方式中，有的放矢地开展群众工作，促进群众自我教育、自我管理、自我服务。把群众工作寓于依法办事中，越是群众关心、越是事情重要、越是矛盾突出的问题、越要依法办事、越要正确引导群众树立法治观念，依法理性表达诉求和维护权益，妥善解决一些群众“信访不信法”的问题。

（十三）掌握运用各种新技术新手段。深入研究网络舆论引导的特点和规律，掌握网络技能，积极探索利用网络了解和掌握舆情，疏导群众情绪，做好群众工作的新方式。办好网络信访、网络专题、专栏，建立壮大网络评论员队伍，有效引导网络舆论，增强网络群众工作的主动权。加强与网民的网络互动，用群众听得明、看得懂、信得过的语言回答群众关切。加强互联网管理，密切关注网络舆情热点，加强分析研判，及时准确地掌握全局性、苗头性、倾向性问题，增强群众工作的预见性、针对性和主动性。

五、切实加强群众工作机构建设

（十四）建立群众工作领导小组。区委成立群众工作领导小组，由区委副书记任组长，有关部门领导为成员（领导小组组成人员名单附后），负责全区群众工作的组织领导。各乡镇（街道）、区直重点部门也要成立群众工作领导小组，领导小组组长由主要领导担任。领导小组的主要职责是：统筹协调、组织指导、安排部署群众工作，推动群众工作制度化、规范化、常态化建设。

（十五）建立健全群众工作机构。成立中共曲靖市麒麟区委、区人民政府群众工作局，作为区委、区政府管理的正科级机构，挂靠在信访局。区人大助理调研员李为民兼任区群众工作局局长，区信访局局长殷鉴荣、区维稳办主任雷文兼任群众工作局副局长。

区委、区政府群众工作局主要职责是：贯彻落实党的群众路线，指导协调和推动开展群众工作；督促检查群众工作政策的执行情况，调查、转办和交办工作中的有关事项，提出相应的处理建议；集中反映社情民意，及时提出维护群众权益和改进群众工作的意见建议；总结推广群众工作先进经验和典型，对损害群众利益和违反群众工作纪律的有关人员提出责任追究建议；对群众工作热难点问题进行指导协调、应急调度和督办、查办以及通报，对区委、区政府有关群众工作的政策进行决策前评估。

区委、区政府群众工作局下设综合科，内部调剂核定行政编制1～2名，负责指导协调开展群众工作和收集社情民意，开展调查研究并提出完善政策和改进工作的意见建议，承担区委群众工作领导小组办公室（群众工作局）的日常工作。

全区各乡镇（街道）要整合信访、综治、司法、民政等力量，增加群众工作人员。在乡镇（街道）综治维稳中心，加挂群众工作站牌子，在村（社区）综治维稳室加挂群众工作室牌子，在村（居）民小组设立群众工作联络员，联络员由乡镇（街道）负责聘用、考核和管理。在企事业单位，依托党组织或工会组织设立群众工作室，配备群众工作员，协助企事业负责人做好群众工作。

六、强化群众工作组织保障

（十六）大力加强基层组织建设。筑牢群众工作组织基础，重点抓好以党组织为核心的村级组织和社区组织配套建设，加快城乡结合部、城中村、新建住宅区、流动人口聚居地，以及农民专业合作社、农业产业协会和产业链上的党组织建设，加强非公有制经济组织、新社会组织中的党组织建设，努力实现党组织全覆盖。加强基层干部队伍建设，突出重视基层的用人导向，注重培养使用有基层工作经验、有实绩的优秀基层干部；注重从优秀农民中发展党员、选拔干部。加大选聘优秀大学生到村（社区）工作力度，加大从机关、事业单位选派年轻干部到群众工作局挂职力度，工作业绩突出的给予优先提拔重用。

（十七）夯实群众宣传教育工作。广泛开展社会主义核心价值体系宣传教育，增强主流思想价值观对群众的感召力和渗透力。加强国情、省情、市情、区情以及乡镇（街道）情况的形势政策和民主法制的宣传教育，引导广大群众正确看待社会生活中的现象和问题，提高认识水平和判断能力，不断增强法制观念，自觉履行法定义务，依法维护合法权益。加强先进典型的宣传教育，用身边的事和身边的人影响教育群众，增强先进典型的引领示范带动作用。深入开展精神文明创建活动，弘扬中华民族美德、良好社会风尚，加强人文关怀，注重心理疏导，培育奋发进取、开放包容的社会心态，提倡修身律己、尊老爱幼、勤勉做事、平实做人、推动形成我为人人、人人为我的社会氛围。

（十八）加大群众工作投入。将群众工作经费列入财政预算，健全完善财政转移支付制度，形成农村基层组织建设，群众工作站、室建设，村（居）民小组工作活动场所建设，以及村（社区）干部养老保险，村（居）民小组干部及群众工作联络员补贴，群众工作培训及奖励资金的保障机制。大力发展村级集体经济，逐步解决村级组织无钱办事的问题。

（十九）形成群众工作合力。各级各部门要把群众工作作为基础性、经常性、根本性工作列入重要议事日程，每年听取一次以上专题汇报，每年召开一次群众工作会议，研究部署群众工作。各级群众工作领导小组要加强对群众工作的指导协调和督促检查，适时召开群众工作联席会议，研究协调解决群众工作中的重点、热点、难点问题；领导小组各成员单位要认真履行职责，定期不定期向领导小组报告工作。人大、政协以及工会、共青团、妇联等人民团体，要高度重视和主动开展群众工作。积极支持统一战线各界人士、城乡基层群众性自治组织、企事业单位等共同做好群众工作，提高群众工作的系统性、协调性和可持续性，形成党委领导、政府负责、社会协同、公众参与的群众工作大格局。

2011 年 9 月 27 日

曲靖市麒麟区人民政府关于环境安全综合整治的实施意见

各乡（镇）人民政府、街道办事处，区直各办、局、中心：

为认真贯彻落实2011年8月31日全市环境污染综合整治专项工作视频会议精神，进一步加强环境监督管理，坚决遏制各类环境事故的发生，确保环境安全形势稳定，保障人民群众生命财产安全，促进经济社会可持续发展，根据《云南省人民政府办公厅关于在全省开展危险废物环境风险大排查专项行动的通知》及《曲靖市人民政府关于环境安全综合整治的实施意见》要求，结合我区实际，现就开展环境安全综合整治提出如下实施意见：

一、指导思想

坚持以科学发展观为指导，加快经济发展方式转变，切实维护人民群众环境权益，坚持“属地管理”、“谁污染、谁治理”的原则，通过开展环境安全排查整治，严厉打击违法排污行为，不断加大污染防治和环境保护的工作力度，全面整治环境安全隐患，切实改善环境质量，努力构建环境安全动态管理与长效管理机制，为实现绿色发展、循环发展、和谐发展提供良好的环境保障。

二、工作目标

进一步落实环境保护“一岗双责”制度，健全环境保护行政一把手负总责、分管领导具体抓、其他领导分头抓的齐抓共管的环境保护责任制度，全面落实各级各有关部门、生产经营单位的环境保护责任。通过深入排查整改，各级、各有关部门要建立并完善环境安全管理台账，完善环境安全工作机制、管理体制、责任体系。建立重污染行业、企业信息管理系统和污染企业信用制度，企业安全责任意识和诚信意识显著增强。进一步优化产业结构，强化环保准入管理和安全监管水平，使环境安全控制水平显著提高，环境污染防治能力全面增强，环境违法行为得到坚决遏制，突出环境污染问题得以有效解决，环境质量有明显改善，环境安全得到切实保障。

三、工作重点

（一）全面开展环境安全大检查。各乡（镇）、街道、区直有关部门要迅速开展环境安全大检查，及时消除环境安全隐患，加强重点区域、行业和涉污企业的环境安全排查整治。重点开展对南盘江流域和水源地区域环境安全排查整治；以化工（主要包括煤化工、磷化工、基础化工原料生产）、冶炼（主要包括黑色金属、有色金属）、采选、造纸、水泥、煤炭开采及加工、电力等重点污染行业的环境安全排查整治；以越州工业片区、麻黄工业片区、独木水库保护区和工业企业周边等为重点的环境安全排查整治。

（二）重点做好重金属污染排查防治。全面开展重金属污染物排放企业及其周边区域的环境隐患排查，摸清重金属污染现状，确定重点防控区域、行业、企业和高风险人群，集中解决一批危害群众健康和生态环境的突出问题。建立较为完善的重金属污染防治体系、事故应急体系。认真贯彻落实国家环境与健康行动计划，定期开展环境风险评估，减少环境污染及其健康危害风险，提高处置与服务的能力和水平。在对麒麟区重金属污染企业专项排查的基础上，全面摸清情况，建立管理档案，加大监测力度，结合《曲靖市麒麟区人民政府关于印发麒麟区重金属污染防治工作实施方案的通知》，使重金属污染得到有效控制，有效防范突发事件发生。

（三）抓好重点区域、重点流域污染排查防治。结合工业园区规划、南盘江水污染防治规划和“十二五”环保规划，以污染物总量控制为抓手，进一步加快产业结构调整，通过限期治理一批、集中控制一批、关停转产一批等措施，削减流域、区域内的污染物排放总量，确保区域环境质量得到改善。按照水、气环境功能区划的要求，严格核定各排污单位的污染物排放量。对现有环境功能区不达标的区域，按照“先整治、后审批，先控制、后发展”的原则，严格控制新建、扩建各类重污染项目。对污染治理设施不正常运转、长期超标排放的企业一律停产治理，对存在重大环境安全隐患的企业一律停产整改，对整改不到位的企业坚决予以关闭。

（四）加强饮用水源地排查防治。严格排查独木水库、潇湘水库、西河水库等饮用水源地一、二级保护区周边项目，禁止新建、扩建向水体排放污染物的建设项目。组织对饮用水源地保护区全面排查整治，现有排污口不符合有关法律、法规要求的，坚决予以取缔。将饮用水水源保护区管理工作制度化、长效化。进一步加快城镇生活污水厂及管网建设，确保达标运行。建立健全饮用水源安全预警制度，定期发布饮用水源地水质监测信息。

（五）强化危险废物排查整治。加强重化工行业、重金属污染企业的危险废物管理和隐患排查，明确各职能部门的监管责任，落实企业的主体责任，发现问题必须及时整改，妥善处置。按照“减量化、资源化、无害化”的原则，通过排查整治，建立健全危险废物信息管理系统，全面掌握危险废物产生、处置、利用情况，完善危险废物排污申报登记、转移联单、经营许可、现场监管检查等制度，危险废物严格按照国家要求做到安全处置，积极配合市直有关部门加快推进曲靖危险废物集中处置项目建设，确保按时限要求建成投运。

（六）加大建设项目环境违法问题查处。对2003年《环境影响评价法》实施以来的化工、冶炼、采选、造纸、焦化、电力等重点行业的建设项目，要进行重点检查。对未经环保部门行政许可和审批的违法开工建设项目，要依法查处。对逾期未申报环保“三同时”验收及以试生产为由拖延“三同时”验收的企业，一律停产整顿，未经验收合格而擅自恢复生产的，一律关闭，坚决遏制新的环境污染和生态破坏。

（七）强化辐射安全监管。开展放射源安全使用和电磁辐射污染检查，加快辐射安全防护应急装备及监测装备建设，加强对放射源的监督管理，开展全区放射源及射线装置检查。

四、工作要求

（一）提高认识，加强领导。区人民政府成立环境安全综合整治工作领导小组，由区人民政府主要领导任组长、分管领导任副组长，环保、水务、工信、监察、发改、公安、卫生、住建、安监、工商、区政府督察室、供电等部门领导为成员。领导小组下设办公室在区环保局，负责环境安全综合整治日常工作。

（二）明确职责，协同配合。各有关部门要切实履行职责，合力开展环境安全综合整治工作。区环保局要强化环境监管，依法对各类环境违法行为进行查处；区水务局要加强河道治理，完善防控措施；区工信局要督促和指导各乡（镇）、街道加大淘汰落后产能工作力度，按照国家有关法律法规和产业政策，加速淘汰落后产能，强化清洁生产审核工作；区监察局要加强对各有关部门履职情况的检查，加大责任追究力度；区发改局要加大结构调整力度，抑制产能过剩和重复建设；麒麟公安分局根据有关法律法规，加大环境安全违法案件的查处力度，依法严厉打击；区卫生局要加强对污染地区和行业的职业卫生和健康管理，建立完善健康风险评估体系；区住建局要指导各乡（镇）、街道做好垃圾的收集、处理工作；区安监局要督促危险化学品生产、经营企业加强安全管理，恪守安全规范，严防事故发生，对存在重大安全隐患的尾矿库企业责令停产整改；区工商局要配合执行对违法企业的取缔关闭决定，依法注销和吊销其营业执照，对无照经营的违法经营者依法查处；区人民政府督察室要加大对各乡（镇）、街道环境安全综合整治情况的督查力度；曲靖供电局麒麟分公司要严格执行国家制定的节能环保电价政策，对依法关闭的企业采取限电、停电、断电等有效措施。

五、工作要求

（一）落实责任，全面排查。各乡（镇）、街道、区直有关部门要高标准、严要求，不走过场，不放过任何一个角落，不放过任何一个细节，进一步摸清工业污染企业的数量、分布，准确掌握工业污染企业底数，建立详实档案。对检查出的问题和隐患，要及时整改，对不能及时整改的，要制定整改计划，采取防范措施，限期解决。

（二）完善机制，长效监督。各乡（镇）、街道每月要组织开展1次环境风险评估，并将评估情况报区环境安全综合整治工作领导小组。领导小组办公室要定期开展环境安全综合整治工作检查，建立环境安全月评估报告制度和季度例会制度，定期研究和部署环境安全整治工作，检查任务落实情况，建立完善环境安全整治工作督查机制，实行重点区域、流域内重大环境安全问题的挂牌督办制度，落实环境安全整治长效机制、园区责任包干等制度。建立和完善环境信息公开机制，将重点环境安全隐患企业整治进度等情况及时向社会公布。修订和完善环境污染事故应急预案，建立健全环境安全预警机制，健全一般污染事故应急处置机制，确保处置方案落到实处。

（三）依法查处，确保实效。加大对违反环保法规和违反国家产业政策企业的查处力度，着重解决群众反应强烈的环保问题。妥善处理好整治工作中出现的各种矛盾和问题，保证各项工作积极稳妥地推进。对环境违法行为，除要追究违法企业法人责任外，还要追究企业负责人和监管责任人的责任。对漏查违法企业、故意瞒报污染源的，一经查实，一律追究相关责任人责任，因漏查、瞒报造成重大污染事件、造成严重影响的，一律从重处罚。

（四）广泛宣传，营造氛围。要利用广播、电视、报刊、墙报、标语等各种形式大力宣传，广泛动员，营造开展环境安全专项整治工作的良好氛围。组织开展环境安全科普宣传活动，组织媒体深入企业、农村、社区跟踪采访，宣传环境保护和环境安全的重大意义，做好宣传报道，大力宣传环境安全整治的措施和成效，创造良好的舆论环境。

2011年9月30日

曲靖市麒麟区人民政府办公室
关于印发麒麟区环境安全风险评估制度（试行）
的通知

各乡（镇）人民政府、街道办事处，区直各办、局、中心：

现将《麒麟区环境安全风险评估制度（试行）》印发给你们，请认真贯彻落实。

2011年10月28日

麒麟区环境安全风险评估制度（试行）

第一章 总 则

第一条 为认真贯彻落实《中华人民共和国环境保护法》，加强对环境安全风险的预防和化解工作，从源头上预防、减少和消除环境安全隐患，提高环境安全监管水平，根据上级有关文件精神，结合麒麟区环境保护工作实际，制定本制度。

第二条 开展环境安全风险评估的预警防控工作是提高政府监管能力和增强企业安全生产保障能力的重要途径；是强化以人为本，预测、预防、遏制环境安全事故发生的有效手段；也是贯彻落实《国务院关于落实科学发展观加强环境保护的决定》的具体体现；对深入查找剖析环境安全隐患，寻找各类环境安全事故发生的客观规律，构建科学的环境安全监管体系具有十分重要的意义。

第三条 开展环境安全风险评估和进行预警防控时，应遵循“合法性、系统性、综合性、科学性、适用性”的原则，按照规范的程序，对生产流程、污染治理设施或排污系统中可能出现的环境安全隐患进行全面、客观、细致、合理地分析评估，做到提前预警、科学防控、有效整改，及时消除环境事故隐患，从源头上预防和减少环境事故发生，促进环境安全。

第二章 风险评估的依据、范围和内容

第四条 风险评估的标准依据

《中华人民共和环境保护法》（中华人民共和国主席令第22号）、《中华人民共和国环境影响评价法》（国务院令第77号）、《建设项目环境保护管理条例》（国务院令第253号）等环境保护相关法律、法规、规章、标准。

第五条 风险评估的范围

按照“分级负责、属地管理”的原则，各级各有关部门根据工作职责制定科学、可行、切合实际的安全风险评估工作方案，并按照方案对各自管辖权范围内的生产经营单位定期进行风险评估。

第六条 风险评估的内容

（一）乡（镇）、街道挂牌督办的有环境安全隐患的企业；

（二）各级各部门在开展检查、督查、视察、调研等活动时，发现的有可能引发环境安全事故的各类隐患；

（三）企业环保管理机构设置、污染治理设施投入和运行以及岗位履职情况；

（四）涉及生产、经营和新、改、扩建项目的各行业企业，包括生产工艺流程、污染治理设施或排污系统等方面的安全状况；

（五）企业环保规章制度、操作规程制定实施情况以及各环节台账的建立和文件档案管理情况；

（六）企业环境安全教育培训和环境安全文化建设情况；

（七）企业污染治理设备、设施管理、使用情况；

（八）企业排污系统管理和污染控制情况；

（九）企业重大危险源辨识、评估、监控情况；

（十）企业环境安全隐患排查治理情况；

（十一）企业危险废物管理、预防情况；

（十二）企业环境安全应急救援队伍、装备情况；

（十三）其他需要纳入风险评估的事项。

第三章 风险评估的方法和步骤

第七条 认真分析和排查环境安全隐患。各乡（镇）、街道、区直有关部门要认真分析本地区、本行业环境安全形势，认真分析企业在生产、经营和新、改、扩建项目过程中存在的环境安全隐患，认真组织开展隐患排查。对排查出的环境安全隐患，每月组织开展一次环境安全风险评估，认真分析、评估环境安全隐患的风险程序和可控程度，并制定预警防控措施。

第八条 认真做好风险预警前的准备工作。环境安

全风险评估及预警防控是一项必须长期坚持开展并不断总结完善的预防和控制事故发生的重要工作。在进行风险预警前，各乡（镇）、街道、区直有关部门要结合环境安全工作实际，制定实施方案，明确风险预警防控的目的、意义、对象、范围、内容及方式，并认真抓好贯彻落实，努力形成长效机制。

第九条 排查和辨识环境危险源和危险危害因素。环境安全风险评估和预警防控是在深入排查环境安全隐患的基础上采取的针对性措施。要深入企业生产、经营和建设一线认真开展环境安全隐患排查工作，从污染治理设施以及现有的生产经营技术、工艺、流程和排污设备的设计、安装、工作状态等技术方面，以及环境安全管理制度、规程措施贯彻执行情况和环保岗位人员的环保知识、操作技能、环保意识、风险辨识能力等方面，对存在的可能导致环境安全事故的危险因素进行全面辨识，掌握第一手资料，力求使辨识和预警防控工作客观、准确、全面。

第十条 正确对环境安全风险进行预警。对不同的环境安全风险要科学分析其环境安全隐患导致事故的影响因素，准确评价可能影响的程度和防控级别，从政策、技术、管理等层面，采取召开会议、现场点评、交流探讨等不同的预防控制方法进行分析评估，确保预控措施的针对性、实效性和目的性。

第十一条 提出可靠性环境安全对策措施。把风险点找准、找全，把原因分析到位、把防控措施制定落实到位。根据风险评估确定的技术、管理、人员等方面存在可能导致事故的危害因素，提出相应的消除或弱化危险有害因素的环境安全技术和管理措施，组织编制具有针对性、可操作性的规程措施和预警督办方案，指导生产、经营和建设实践活动。对专业性较强、危害程度大、一时难以解决的环境风险评估事项，要按照有关法律法规的要求组织相关专家进行论证。

第十二条 抓好环境安全防控措施的贯彻落实。各乡（镇）、街道、区直有关部门要及时制定环境安全风险评估机制、具体措施，加强对环境安全隐患整改的督促检查和工作指导；要及时将存在的环境安全风险、采取的防范控制措施传达到每个企业和有关从业人员，并严格落实；各企业要按照上级管理部门的要求，明确目标，细化责任，切实抓好整改落实，及时消除事故隐患。

第十三条 加强对整改措施的督促检查。对经环境安全风险评估后组织实施的防控措施，各乡（镇）、街道、区直有关部门要加强管理、监督、考核工作，形成预警、评估、落实、考核全过程管理，同进将预警督办事项的整改落实情况报区人民政府并抄送区环保局备案。

第四章 评估结果的分级管理

第十四条 评估等级原则。各乡（镇）、街道、区直有关部门要按照环境保护法律法规、标准，对本行政区域内的所有企业进行评估。

第十五条 评估等级标准。各级各有关部门要根据有关法律法规和标准要求，结合本单位实际，制定相应的评估等级量化考评标准，将评估等级分为一般环境安全风险和重大环境安全风险两类。

一般环境安全风险：环境安全生产条件和环境安全管理优良，环境安全风险低。

重大环境安全风险：不具备环境安全生产条件，污染治理设施状况不合格，环境安全风险高。

第十六条 分类监管

（一）对于评估等级为一般环境安全风险的企业，实施一般监管，要求企业不断巩固和提高环境安全水平。

（二）对于评估等级为重大环境安全风险的企业，由相关部门责令停产停业整顿，未停产停业整顿或整顿后评估仍达不到要求的企业，提请区人民政府予以关闭，并按照环境保护相关法律法规的规定给予行政处罚。

（三）对不配合相关部门进行风险评估或者未委托有资质评价机构进行安全风险评估的企业，由相关部门依照环境保护相关法律法规的规定，责令立即或限期改正，并给予行政处罚。

第五章 风险评估的工作要求

第十七条 开展环境安全风险评估和预警防控工作，各乡（镇）、街道、区直有关部门要认真分析本部门本地区的环境安全形势，全面排查企业在生产经营和新、改、建项目过程中存在的环境安全隐患，对环境安全隐患进行风险辨识，对排查的环境安全隐患，每月要组织1次环境安全风险评估，分析评估环境安全隐患的风险程度和可控范围，分级分类制定切实可行的预警防控措施。

第十八条 各乡（镇）、街道、区直有关部门要成立环境安全风险评估领导小组，严格落实“一岗双责”制度，各单位主要领导是环境安全风险评估及预警防控的第一责任人，要将风险预警防控工作纳入年度工作目标管理，制定考核奖惩措施，细化目标任务，分解落实责任。

第十九条 在开展评估预警工作中，要坚持杜绝不作为、慢作为、乱作为，在评估工作中搞形式主义、弄虚作假，造成工作失误，引发环境事故发生的单位和个人，要严格按照相关法律法规追究责任，涉及触犯法律的，依法移交司法机关处理。

第二十条 要充分发挥电视、报刊、网络等媒体，做好宣传工作，在全社会形成推行环境安全风险评估预警的良好氛围。各乡（镇）、街道、区直有关部门要于每月10日前将上月环境安全风险评估情况及预警防控情况报区环保局，区环保局要将各行各业开展环境安全风险辨识评估的情况及时汇总、分析、总结，将当月环境安全风险评估工作情况及时向区人民政府和上级环保部门报告。

第二十一条 根据环境安全监管重点，各乡（镇）、街道及区环保局、区煤炭工业局、区住房和城乡建设局、区工业和信息化局、麻黄工业基地、越州工业园区、区交通运输局、区农业局、区水务局等重点行业必须制定相应的环境安全风险评估工作方案。

第二十二条 各乡（镇）、街道、区直有关部门的环境安全生产风险评估工作方案必须于2011年10月31日前上报区政府办，并从2011年11月起开展环境安全风险评估工作。

第六章 附 则

第二十三条 本制度实施后，如与新颁布的法律、法规和政策规定不相符的，按新的规定执行。

第二十四条 本制度由区环保局负责解释。

第二十五条 本制度自2011年11月1日起实施。

中共曲靖市麒麟区委办公室
关于创建基层党建工作示范点的通知

各乡镇（街道）党（工）委，区直各党委：

为巩固提升我区“全省党的基层组织建设先进区建设”成果，发挥先进典型的示范带动作用，推动党的基层组织建设整体上台阶，经区委同意，决定在全区全面开展党建工作示范点创建，现将有关事项通知如下：

一、创建目标

创建示范点要高起点定位，高标准要求，按照“典型带动、规范提高、分类指导、整体推进”的思路，每个乡镇（街道）分别创建3个示范点，区直各党委分别创建1个示范点，区直机关党委选择条件成熟的党委（党组）、总支（支部）创建3~5个示范点。

二、总体要求和基本内容

（一）总体要求

1、示范点党组织要率先做到“五个好”

（1）领导班子好。领导班子能深入学习实践科学发展观，认真贯彻党的路线方针政策，自觉践行“个人形象一面旗、工作热情一团火、谋事布局一盘棋”的要求，民主作风好，领导科学发展能力强，能团结带领干部群众圆满完成各项任务，成为本地本单位的坚强领导核心；领导班子成员个体素质高，敬业精神强，工作作风务实，善于团结同志，领导班子连续3年考核在称职以上，班子成员没有违法乱纪现象，没有年度考核不合格人员。

（2）党员队伍好。党员队伍结构合理，素质优良；党员党性意识强、理想信念坚定、宗旨观念牢固，能在各自岗位和学习、生活中充分发挥先锋模范作用，体现党员先进性，有80%以上党员达到优秀共产党员标准。

（3）工作机制好。示范点各项规章制度健全，有完善的工作运行机制和配套措施，有完整的党员教育管理监督机制，有科学的议事决策机制，有党员活动场所，党组织生活正常，远程教育站（点）、便民服务站（点）、农家书屋等教育、服务平台建设规范，能按制度办事、按机制落实，工作运行顺畅有序。

（4）工作业绩好。示范点在推动科学发展、促进社会和谐、维护民族团结、服务人民群众、加强基层组织等方面走在各自领域的前列。基层党组织凝聚力、战斗力强，社会和谐稳定，能够做到党建工作与其他各项工作统筹兼顾，有机结合，相互促进。

（5）群众反映好。示范点工作充分体现群众意愿，宣传群众、组织群众和服务群众富有成效，能产生辐射效应，具有代表性、典型性和先进性，对各自领域的基层党建工作产生重要影响，推动全局工作效果显著，群众满意率在90%以上。

2、示范点党员要模范做到“五带头”

（1）带头学习提高。党员能认真学习实践科学发展观，学习科学文化知识，学习业务知识，农村党员带头学习致富本领，成为本地本单位业务骨干和致富带头人，成为本职工作的行家里手。

（2）带头争创佳绩。党员具有强烈的事业心和责任感，爱岗敬业、埋头苦干、开拓创新、无私奉献，带头完成各项工作任务，在重大困难和危急关头能主动冲在第一线，在本职岗位上取得显著成绩。

（3）带头服务群众。党员宗旨意识强，践行党员承诺制，充分发挥先锋模范作用，主动关心群众、联系群众、服务群众，每年帮助贫困群众或困难职工解决1~2个实际问题，能自觉维护群众正当利益。

（4）带头遵纪守法。党员自觉遵守党的纪律，坚决执行党的路线方针政策，维护党的权威，模范遵守国家法律法规和单位各项规章制度，没有发生违纪违法现象，家庭成员没有违纪违法行为。

（5）带头弘扬正气。党员能自觉遵守社会公德、职业道德、家庭美德，发扬社会主义新风尚，敢于同不良风气、违纪违法行为作斗争，廉洁自律，抵制腐败。

（二）基本内容

1、农村党建示范点创建的基本内容

（1）村“两委”班子机构健全，结构合理，关系协调，工作运行规范，服务优质高效，在群众中有较高的威信。

（2）结合实际创新加强党员教育、培养、管理的方式方法，党员干部在带头发展主导产业、带领群众共同致富过程中发挥先锋模范作用。

（3）建好、管好、用好村级组织活动场所，阵地建设达到四星级以上标准，教育、凝聚、服务功能充分发挥。

（4）党建工作制度健全，议事、决策、管理、监督等各项制度完善，建立健全村规民约和集体资金、资产和资源管理制度，党务、村务、财务公开，设有公开栏。

（5）有明晰的发展思路，有可靠的产业保障，村级年集体经济收入在3万元以上。

（6）档案和痕迹管理规范，有专人负责。

2、社区党建示范点创建的基本内容

（1）党组织领导班子结构合理，团结协作，共青团、妇联等组织作用充分发挥，较好地发挥社区管理、服务、凝聚和维稳功能。

（2）按照便于活动组织、便于日常管理的原则，合理设置社区党组织；党员队伍建设有力，党员管理服务工作到位，流动党员管理服务工作落实，党员发展稳定有序。

（3）社区活动场所和办公用房设施齐全、功能完备，达到四星级以上标准。

（4）认真落实社区党建联席会等制度，条件成熟的探索建立大党委，实现资源共享，共驻共建。

（5）志愿者队伍建设有力，志愿服务体系完备，志愿服务群众活动有序开展。

（6）档案和痕迹管理规范，有专人负责。

3、非公经济和社会组织党建示范点创建的基本内容

（1）党组织领导班子健全、结构合理、责任落实、运转规范，政治核心作用得到充分体现。

（2）党员自觉履行党员义务和行使党员权利。党员数量相对稳定，积极培养入党积极分子和纳新党员。

（3）党组织各项管理和工作制度健全，建立党员联系服务群众的工作机制，党员的教育管理形成常态，工作和活动经费、场地有保障。

（4）通过党组织的大力推动，非公经济组织和社会组织年度主要经济或业务增长指标在本行业领先，在产业升级和承接劳动力就业方面有较好成绩，员工收入随整体效益提高协调增长，社会保障政策落实较好。

（5）党组织积极协调各方利益，及时化解矛盾纠纷，促企业增效、为职员解难；促进企业和社会组织积极承担社会责任，踊跃参与社会公益活动。

（6）档案和痕迹管理规范，有专人负责。

4、机关党建工作示范点创建的基本内容

（1）党组织领导班子坚强团结，认真落实“一岗双责”责任制，党建工作领导体制和工作机制健全规范。

（2）党员队伍建设成效明显，党员先锋模范作用突出。党员发展工作稳定有序。

（3）党建工作特色鲜明、富有创新，影响力、辐射力强，能够代表机关事业单位党建工作先进水平。

（4）党建带团建、党建带工建、党建带妇建成效显著，群团组织作用发挥好，精神文明建设工作取得显著成效。

（5）党组织活动室各项设施完善、制度配套，设有较为完备的党建书屋，组织活动经常有序，结合实际创新党建工作活动载体，党建工作有特色、有亮点。

（6）档案和痕迹管理规范，有专人负责。

三、实施步骤

创建工作分4个阶段进行：

第一阶段：科学选点（2011年10月22日～11月5日）。各党（工）委要结合自身特点，分类别、分行业从不同领域确定一批影响较大、带动示范能力较强、富有感召力的党组织作为创建对象；区委组织部要加强工作调研和现场指导，着重以公路交通沿线、新农村建设示范村、城乡一体化建设村（社区）等重点项目、重点区域进行布点。

第二阶段：制定方案（2011年10月26日～11月10日）。各党（工）委要在深入研究、综合分析的基础上，根据不同类型基层组织党建工作的特点和要求，研究制定本地、本单位实施方案，细化创建工作的主要内容、标准条件和方法步骤，及时启动创建工作，鼓励辖区党组织积极参与创建示范点活动。

第三阶段：组织实施（2011年11月10日～11月25日）。各创建单位要建立完善的工作制度，创新活动载体，开展多种形式的主题实践活动，充分调动党员群众的积极性和创造性，全面开展示范点创建工作。区委组织部分领域细化创建标准，深入各示范点创建单位开展调研，听取示范点创建单位情况汇报，实地查看创建工作进展情况，推动创建工作深入开展。

第四阶段：考核评定（2011年12月20日～12月30日）。由区委组织部牵头，组织召开示范点现场考评会，采取党（工）委书记口头述职、现场观摩示范点的方式，互点互评、互学互议，交流各地各单位的工作经验、特色做法等。对考评合格的，授予“麒麟区党的基层组织建设示范单位”称号。示范点创建工作实行动态管理，一年一评，对创建成效明显的，递增为创建示范点，对创建工作不力，达不到示范点要求的，取消示范点资格。

四、组织领导

（一）明确责任，加强领导。党（工）委书记要切实履行第一责任人的职责，切实加强领导，分门别类，精心指导，根据不同层次，不同类别示范点的不同情况采取有针对性的创建措施，积极抓好本地、本单位的示范点创建工作。

（二）加大投入，提供保障。各乡镇（街道）党

（工）委、区直各党委要将创建示范点纳入项目管理，为创建示范点提供必要的人力、物力、财力支持，帮助解决实际问题，激励示范单位创特色、出经验、求实效。

（三）注重宣传，营造氛围。各乡镇（街道）党（工）委、区直各党委要通过各种形式，有计划、有步骤地把创建示范点工作中好的经验做法及时宣传推广到面上，发挥示范点的辐射带动作用，努力在全区营造学先进、赶先进、超先进的浓厚氛围。

2011 年 10 月 31 日

中共曲靖市麒麟区委
曲靖市麒麟区人民政府
关于加强村集体资金资产资源管理工作的意见

为深入贯彻落实党的十七大和十七届三中、四中、五中、六中全会精神，稳定和完善农村基本经营制度，切实维护村集体经济组织和农民群众的合法权益，加强农村基层党风廉政建设，按照《农业部关于进一步加强村集体资金资产资源管理指导的意见》和省市有关文件精神，结合全区实际，现就加强村集体资金资产资源（以下简称“三资”）管理提出如下意见。

一、充分认识加强村集体“三资”管理的重要意义

村集体“三资”属于村（组）集体经济组织全体成员所有，是发展村集体经济和实现农民共同富裕的重要物质基础。加强村集体“三资”管理，是稳定和完善农村基本经营制度，维护集体经济组织和农民群众合法权益的重要载体；是健全民主决策、民主管理、民主监督机制，加强农村党风廉政建设，密切党群干群关系的重要手段；是盘活村集体存量资产，壮大村集体经济实力，增强集体经济组织为农户服务功能，增加农民财产性收入的有效途径。随着我区统筹城乡发展力度加大，新农村建设步伐加快，村组集体公益性基础设施建设范围不断扩大，村集体“三资”存量逐年增长，群众的关注度不断提高，管理的难度和深度随之增加。村集体“三资”管理虽经过多年努力，但仍存在一些管理不规范和松懈的地方，有的资产资源底数不清，有的管理措施不到位，难于有效防止资产资源流失等问题。这些问题如得不到有效解决，将会严重损害村集体经济组织和人民群众的根本利益。为此，全区各级各部门要从维护农村社会稳定，推进源头治腐，构建和谐社会，促进社会主义新农村建设的高度，充分认识加强村集体“三资”管理的重要性和紧迫性，将村集体“三资”管理工作摆上重要议事日程，采取有效措施，强化监督管理，切实把这项工作抓紧抓好。

二、加强村集体“三资”管理的基本原则、工作目标和主要内容

（一）基本原则

民主管理的原则。村集体“三资”管理要充分尊重农民意愿，切实保障农民群众对集体“三资”占有、使用、收益和分配的知情权、决策权、管理权、监督权。

公开透明的原则。村集体“三资”的使用和收益应当向全体成员公开，资产和资源的承包、租赁、出让应实行招标投标或公开竞价，集体物资购置应实行公开集中采购，工程项目建设应实行公开招投标。

规范运作的原则。要建立健全村集体“三资”监管工作流程和各项规章制度，把村集体“三资”管理置于规范的操作程序之中，真正做到依法依规办事，从而实现村集体“三资”规范化管理、高效化营运、全程化监督。

成员受益的原则。遵循村集体“三资”管理的规律和特点，采取不同的经营模式和管理方式，提高经营管理水平，确保集体资金资产资源的安全高效和保值增值，让农民群众随着村集体经济的不断壮大得到更多的方便和实惠。

委托代理的原则。村集体“三资”管理实行委托代理制度，即村（居）委会的“三资”由乡镇（街道）“三资”委托代理服务中心监督管理，村（居）民小组的“三资”由村（居）委会监督管理。委托管理时应按程序签订委托代理协议。

（二）工作目标

通过健全制度、规范管理、强化监督、加强服务，逐步形成产权明晰、权责明确、经营高效、管理民主、监督到位、农民受益的村集体“三资”管理体制和运行机制。

（三）主要内容

1、明确村集体“三资”的概念：村集体“三资”中的资金是指村集体经济组织所有的现金、存款和有价证券等货币资金；资产是指村集体经济组织所有的房屋和其他建筑物、机械设备、农田水利设施、道路、文体设施、工具器具、库存物资、应收款项等；资源是指依法属于村集体经济组织所有的土地、果园、森林、山地、荒地、滩涂、河道、水面等自然资源。

2、村集体“三资”管理的主要内容：是在村集体资金、资产、资源管理中实行“五统一”，即统一制度、统一审核、统一核算、统一公开、统一归档。统一制度。各乡镇（街道）制定统一的村集体财务预决算、货币资金管理、开支审批等管理制度，特别是对村干部报酬、公务支出等相关内容做出明确规定，保证村集体财务使用得当，收支有序，资产、资源安全及有效使用。

统一审核。代理服务中心对各村的原始收支凭证进行严格审核，并实行谁审核谁负责的岗位责任制。对不符合财务核算和民主管理规定的票据凭证，退回重新补办手续；对违反财务管理制度的不予入账，并迅速纠正。

统一核算。代理服务中心对所服务的村（社区）进行统一的会计核算，并统一编制会计报表和财务公开表。村报账员负责村日常收支活动，并按照财务制度及时到代理服务中心结算。各村必须将所有的财务收支纳入代理服务中心核算，做到应收尽收，严格执行“收支两条线”，严禁坐收坐支和私设“小金库”。

统一公开。各村（社区）的财务公开内容由代理服务中心统一提供，逐笔逐项每月公开。村每季度在村务公开栏向村民公布，公开栏旁设置意见箱。代理服务中心和村（社区）要及时解决群众反映的问题。

统一归档。村（社区）移交的“三资”档案由代理服务中心统一建档管理，统一配套档案室，分村（组）设立档案柜。凡群众要求查账的，须经代理服务中心主任批准，派群众代表和民主理财小组人员一起查询。

三、工作方法和步骤

（一）动员部署阶段（2011年11月）

成立麒麟区村集体“三资”管理领导小组，制定具体实施意见，召开动员部署会，对工作进行安排部署。乡镇（街道）成立相应机构，对清产核资作出具体安排部署。

（二）清产核资阶段（2011年12月至2012年4月）

1、“三资”清查。各乡镇（街道）组织对村组集体所有的“三资”进行全面盘点，逐项清查、逐一核实，全面摸清“三资”的存量、种类和分布。同时对历年来的经济合同进行清理登记，查清合同承包期、承包量、合同履行主要内容等情况，建立合同管理档案。

2、界定产权。乡镇（街道）对村（组）集体清查填报的各种资产资源的所有权归属关系进行确认核实。

3、价值核实。对界定产权后的村（组）集体所有的各种资产资源，依照国家有关规定进行核实，确定合理价值。

4、公开公示。将经产权界定、价值核实后的各种资产资源登记制表，分别在本区域内通过召开群众会、户主会，并张贴的方式进行公布，公示期不得少于7天，主动接受群众监督。群众有疑问的应进行重新核实，并答复群众，确保准确无误。

5、建立台账。各村（社区）要指定专人负责“三资”登记、建档管理，按村、组分别建立明细台账，详细录入经清查核实后的各种资产资源数据，并按规定调整会计账目。同时，由乡镇（街道）统一组织填制汇总清产核资报表；并形成综合工作报告上报区领导小组办公室。

（三）完善机制阶段（2012年5月至6月）

各乡镇（街道）要结合实际，在原有管理制度的基础上查缺补漏，形成一套行之有效的“三资”管理制度，建立起信息真实、结构完整、功能齐全、操作简便，融信息采集处理、实时传递、查询汇总、统计和监督管理、网络预警于一体，区、乡镇（街道）、村、组四级共享的村集体“三资”监管平台。逐步探索全区实行统一软件标准，设资金管理、资产管理、资源管理、经济合同管理、“三资”公开、“三资”预警以及报表管理和领导查询监管等八个模块的网络管理体系。有条件的地方，要积极探索集体资产股份制管理。

（四）检查验收阶段（2012年7月）

区领导小组对各乡镇（街道）村集体“三资”管理工作情况开展专项检查和验收，对存在的问题限期整改，并将检查验收情况纳入年度综合考核内容，实行责任追究。

四、工作措施和要求

（一）加强组织领导。区委、区政府决定成立村集体“三资”管理领导小组，由区委专职副书记任领导小组组长，区政府分管领导、区纪委书记任副组长，区直有关部门为成员单位，负责统筹协调全区村集体“三资”管理工作。

（二）明确责任分工。区纪检监察部门要切实加强对村集体“三资”管理工作的监督检查，加大对违纪案件的查处力度；区财政局、区审计局、区农业局、区林业局、区水务局、区住建局要切实加强村集体“三资”管理指导工作，对政策落实不到位、制度执行不严格、造成工作严重失误的，要及时调查处理；区国土分局要加强对村集体土地、矿产等资源的管理与协调；区民政局负责指导村级组织完善民主议事程序，落实民主决策、民主管理、民主监督等工作；区司法局要对村集体资产资源的合同签订及纠纷提供法律服务。

（三）完善管理制度。按照村集体财务管理规范化建设要求，进一步规范完善村组集体财务收支预决算制度、现金银行存款管理制度、非生产性开支控制制度、财务开支审批制度、财务公开制度、民主理财制度、债权债务管理制度，以及村干部经济责任、离任和重大项目审计等各项制度。结合当前实际，针对薄弱环节，还应重点健全完善以下管理制度。

1、民主管理制度。凡关系村（组）集体经济组织成员切身利益的事项和重大经济活动，包括本集体经济组织财务收支预决算、产权制度改革、收益分配、资产处置以及其他涉及成员切身利益的重大事项必须按“四议两公开”的要求，履行民主程序，接受群众监督。

2、票据管理制度。村集体经济组织各项业务收入活动必须使用《云南省村集体经济专用收款收据》，做到应收尽收，杜绝“小金库”，确保核算的真实性。

3、资产台账管理制度。结合村集体“三资”清查，全面建立村集体资产台账，如实记载和反映本集体经济组织所有资产现状、价值、收益和变动情况等。资产台账登记区分经营性资产、非经营性资产和资源性资产，并实行动态管理。定期开展清产核资工作，做到账实、账证、账账相符。

4、招投标制度。集体资产的承包、租赁和转让以及集体公益事业建设，特别是数额较大的工程项目建设，要按照公开、公正、公平的原则，采取公开招标投标方式进行。

5、经济合同管理制度。集体资产的承包、租赁和转让以及集体公益事业建设等必须签订书面合同，并严格履行合同。经济合同及相关资料报乡镇（街道）“三资”委托代理中心备案。

6、收益分配制度。村集体“三资”收益归集体经济组织所有，收益分配要实行收支统一管理和申报审核制，主动接受上级部门的监管。

（四）强化村集体“三资”管理信息化建设。要努力构建区、乡、村三级集体“三资”管理网络平台，全面推行“三资”触摸屏查询系统，促进村集体“三资”管理的科技化、信息化。建立完善监管网络，进一步拓展现有农村财务监管网络系统的功能，建立村组集体“三资”管理信息化平台，逐步实现区、乡镇（街道）、村（社区）三级联网。加强村组集体“三资”网络数据库建设，将村级财务收支的原始凭证、村级资产资源的实物图片、承包租赁合同、招投标文件等原始资料，通过扫描或图片上传的方式录入管理系统。有条件的乡镇（街道）、村（社区）可设置查询终端，便于群众随时查询村组集体“三资”状况。各乡镇（街道）要将村组集体“三资”监管网络系统建设列入信息化建设项目，给予资金保障。区级财政对各乡镇（街道）建成的村组集体“三资”监管网络给予一定的资金补助。

（五）积极推进农村集体产权股份制改革。在农村集体经济实力比较雄厚，有集体企业的地方，把推进农村集体产权股份制改革作为当前和今后一个时期深化农村产权制度改革的重要任务，以清查核实资产、明晰产权主体、规范经营行为为主要内容，积极推进村组集体经营性资产、公益性资产和资源性资产全额折股量化，通过以集体资产所有权置换股份合作社股权，加快农村土地承包经营权流转，加快农村劳动力转移输出步伐。在改革模式上，根据各地实际情况，建立资金、资产、资源“三合一”的综合性股份经济合作社，或根据资产性质建立土地股份和社区股份等合作社；在股权享受上，遵循依据法律、尊重历史、照顾现实、公平公正的原则，有效解决农村各类特殊人群的权益享受问题，避免因农村集体经济组织股权享受对象自主界定不规范造成对各类特殊人群利益的损害；在股权管理上，股份经济合作社要及时向农民颁发股权证，发生依法继承、赠与或转让等股权流转的，及时变更股权证，确保农民实际股权份额与股权证书记载相一致。

（六）搭建村集体产权交易平台。积极探索建立村集体资产产权综合交易指导管理机制，乡镇（街道）依托村集体“三资”委托代理服务中心开展交易服务业务。逐步拓展农村产权交易服务的内容，按照“先易后难、由点到面、先试后推、循序渐进”的原则，积极引导农村各类产权（资源）利用农村产权交易平台流转，通过协议转让、拍卖、招投标、网络竞价等方式，提升产权资源价值，降低交易成本。机构成立后，各乡镇（街道）村组集体产权资源依法采取转让、出租、入股或其他方式流转的，原则上都要进入农村产权交易平台进行公开、公平交易，以进一步规范农村产权交易行为，实现权力阳光运行。

（七）严肃工作纪律。区村集体“三资”管理统筹协调领导小组要切实加强监督检查指导，对可能出现的一些倾向性、苗头性问题要早打招呼，早敲警钟，防微杜渐，及时纠正。要严肃工作纪律，对侵占挪用集体财物、违反规定擅自处置资产资源、监管人员失职失管等行为，要根据有关规定严肃追究相关责任人的责任。

（八）强化审计和监督检查。一是强化村集体资金管理。对额度较大的资金使用、大宗物品采购和建设工程实行集中、公开采购和招投标方式，对预算、决算、招投标、价格、质量等重要环节严格审验，对上级各项支农惠农政策、现金和物资补贴兑现，优抚、救灾、救济款物发放，征地补偿费分配，集体资源发包收益，集体建设用地收益等进行重点审计。二是强化村集体资产管理。村集体资产有下列情形之一的，应当进行资产审定评估：集体资产拍卖、转让；集体所属企业兼并、出售、联营、破产清算；集体经济组织资产实行股份合作制；依照国家有关规定，需要进行评估的其他情况。进行集体资产评估必须委托经管部门或具有合法资格的其他社会中介组织办理，评估结果要提交村民代表会议审定。三是强化村集体资源管理。农村家庭承包经营的土地、林地等集体资源的发包经营必须严格按照《农村土地承包法》等相关法规的规定进行，承包关系确立后应及时向承包者颁发《农村土地承包经营权证》或《林权证》，在承包期内不得随意调整或变更。要强化对村组集体所有的机动地、建设用地、林地、草地、荒地、滩涂的管理，实行开发、承包经营竞价制，签订正式书面合同，报乡镇（街道）“三资”委托代理中心登记审核备案。四是实现网络监督。要加快农村“三资”管理系统网络平台建设，推进农村“三资”管理科技化、信息化，实现监管范围从单一的财务监管向农村“三资”监管延伸，充分发挥网络平台的实时查询、实时分析、实时监管功能，提升农村“三资”监管水平。五是强化督办制度。区纪委要加强对各乡镇（街道）的监督检查，将村集体“三资”管理工作纳入农村党风廉政建设的重要内容，实行责任包干制，由区纪委统一负责，由派出纪工委挂到乡镇（街道）进行监督检查，具体是：第一纪工委挂东山镇、第二纪工委挂越州镇、第三纪工委挂茨营乡、第四纪工委挂三宝镇、第五纪工委挂沿江乡、第六纪工委挂珠街乡和白石江街道、第七纪工委挂南宁街道和寥廓街道、第八纪工委挂西城街道和建宁街道。村集体“三资”管理领导小组成员单位要高度重视，加强领导，选派精兵强将，挂钩联系乡镇（街道），为推进村集体“三资”管理提供相关资料、技术支持和业务指导。

（九）规范账务处理。各乡镇（街道）“三资”管理工作机构要严格执行《村集体经济组织会计制度》的有关规定，做到先理财、后审批、再入账。发生各项财务收支时，必须取得或填制有效的原始凭证，由经手人和证明人签字并注明用途，按规定程序审批后，由代理会计及时规范地进行账务处理。

（十）保障经费落实。为确保圆满完成村集体“三资”清查工作，建立健全村集体“三资”管理长效机制，区政府2011年安排40万元作为全区“三资”管理工作先期启动经费，用于建立健全村集体“三资”管理台账、区级网络平台建设及设备购置、实行动态监测等。各乡镇（街道）要结合本辖区实际，预算必要经费，保障工作落到实处。

（十一）健全考核机制。各乡镇（街道）要把村集体“三资”管理工作纳入对各村（社区）的年度工作考核内容。要建立健全对村集体“三资”委托代理服务中心和村级班子的考核制度，考核结果要与工作报酬相挂钩，切实增强村集体“三资”管理工作人员的责任心，把村集体“三资”管理各项工作落到实处。

2011年11月3日

中共曲靖市麒麟区委　曲靖市麒麟区人民政府
关于加快水利改革发展的决定

为认真贯彻落实《中共中央、国务院关于加快水利改革发展的决定》、《省委、省政府关于加快实施“兴水强滇”战略的决定》、《市委、市政府关于全面实施“兴水强市”战略的决定》精神，推动全区水利改革发展实现新跨越，结合麒麟区实际，现就加快水利改革发展作出如下决定。

一、加快水利改革发展的重要意义

（一）水利改革发展取得巨大成就。建国以来，在中央、省、市各级各有关部门的大力关心、支持和帮助下，全区水利改革发展取得了长足的发展。建成各类水利工程5 671件，特别是“十一五”期间，全面完成了7件小（一）型水库除险加固任务，抓住被列为全国农村饮水安全工程示范县建设机遇，投资8 722万元，解决了25.81万人的农村饮水安全问题，抓住被列为国家小型农田水利重点县建设机遇，全面实施了渠系配套节水改造和灌区节水工程。大力兴建水利基础设施，对提高全区农业生产综合能力和改善群众生产生活条件，促进经济社会又好又快发展发挥了极其重要的作用。

（二）水利设施薄弱的问题仍然突出。全区的水利事业虽然得到了长足发展，但水资源短缺、水利基础设施相对薄弱的状况与全区经济社会快速发展的要求，水利发展的步伐与全区改革发展的形势，治水观念和水利管理体制与社会主义市场经济体制仍不相适应，水利的基础性、全局性、战略性作用还未得到充分发挥。随着工业化、城镇化深入发展和全球气候变化影响加大，尤其是2010年遭遇的百年一遇特大干旱，充分暴露出全区抗御干旱和洪涝灾害的能力仍然较弱，资源性、工程性、水质性缺水现象仍较普遍。全区人均占有水资源量为455立方米，处于全市最低水平，仅为全国人均占有水资源量2 100立方米的16.4%，全市人均占有水资源量1 581立方米的28.8%。水污染和水土流失问题依然突出，存在水利建设资金筹措难、水利工程安全隐患消除难、水行政执法难、水利管理体制机制滞后、水资源保护形势严峻等问题。加快水利改革发展的重要性和必要性日愈迫切，增强防灾减灾能力要求越来越突出，解决城乡供需水矛盾越来越紧要，加快扭转农业主要“靠天吃饭”局面任务越来越艰巨，强化水资源节约保护工作越来越繁重，水利对经济社会发展的影响越来越突显。

（三）加快水利改革发展的重要性和紧迫性。水是生命之源、生产之要、生态之基、生活之首，富民强区、必先兴水。党中央、国务院高度重视水利建设，作出了关于加快水利改革发展的决定，把水利工作摆上党和国家事业发展更加突出的位置。我们一定要紧紧抓住这一重大历史机遇，把加快水利改革发展提高到事关全区经济社会发展全局的战略高度，狠下决心，集中全区财力、物力、人力，在广泛、深入、持久地掀起兴水利、治水害、保水土建设高潮的基础上，加快水利改革发展。这是解决全区资源性、水质性缺水的治本之策，是转变经济发展方式的重要举措，是维系粮食安全、经济安全、生态安全、社会安全的重要保障，对全面建设小康社会起着决定性作用。各级各部门要充分认识加快水利改革发展的重要性、紧迫性，增强大局意识和历史责任感，以更新的举措、更加务实的作风，着力加快水利改革发展，切实增强水利支撑保障能力，实现水资源可持续利用，为实现“六区、四城、两中心”战略目标，构建和谐麒麟作出新的贡献。

二、加快水利改革发展的指导思想、目标任务和总体要求

（一）指导思想。以邓小平理论和“三个代表”重要思想为指导，深入贯彻落实科学发展观，按照中央水利工作会议和省、市、区的部署，把水利建设作为全区基础设施建设的优先领域，把农田水利建设作为农村基础设施建设的重点任务，把严格水资源管理作为加快经济发展方式转变的战略举措，千方百计加大对水利基础设施建设的投入，注重科学治水、依法治水，突出加强薄弱环节建设，大力发展民生水利，不断深化水利改革，加快建设节水型社会，促进水利可持续发展，为推进“六区、四城、两中心”建设提供坚实的水利保障。

（二）目标任务。通过加快水利改革发展，从根本上扭转水利制约全区经济社会发展的状况。到2020年，初步建成城乡供水、防洪抗旱减灾、水环境保护、水资源保护、水资源配置、水利投入保障“六大体系”。到2015年“兴水强区”战略的主要目标是：围绕中小河流治理，完成37千米干支流河道治理；围绕水库除险加固，完成43件小（二）型水库除险加固；围绕灌区配套工程，完成干渠渠系配套工程100千米；围绕渠系（管网）节水，完成渠系（管网）工程500千米，改善灌溉面积5.41万亩；围绕水土流失治理，做好潇湘江流域100平方千米水土流失治理。力争通过5年时间，使全区供水保证率提高到95%以上、有效灌溉率提高到75%以上、农村自来水普及率提高到95%以上。

（三）总体要求。坚持政府主导、民生优先、统筹兼顾、人水和谐、改革创新的基本原则，围绕兴农田水利强农业基础、治理中小河流防水旱灾害、优水源配置保供水安全、严管理制度促合理利用等工作重点，强化投入保障机制、科技支撑能力、水利队伍建设等支撑保障体系建设，加强领导、精心组织、分类指导、明确责任，举全区之力掀起水利建设热潮，从根本上提高抗御洪旱灾害能力和水利基础保障水平，推动全区水利实现跨越式发展。

三、建立水利投入保障机制

（一）加大财政预算对水利的投入。按照中央、省、市加大水利投入的重大决策，充分发挥政府在水利建设中的主导作用，将水利作为公共财政投入的重点领域，积极调整财政预算支出结构，大幅度增加各级财政对水利的投入，进一步提高固定资产投资中水利基本建设的比重。在积极争取中央、省、市支持的同时，建立健全财政对水利投入稳定增长的长效机制，做到财政预算对水利的投入增长与财政收入增长同步，确保今后10年区财政水利年平均投入比2010年高出一倍。

（二）足额提取征收财政专项水利资金。根据《省委、省政府关于加快实施“兴水强滇”战略的决定》，决定按土地出让总收入的5%计提专项水利资金，确保从土地出让收入中提取的专项水利资金不低于土地出让收益的10%。该项资金由区级统筹用于水利建设，具体办法由区财政局、区水务局会同有关部门提出意见报区政府审定。从征收的城市建设维护税中划出15%的资金专项用于城市防洪和水源工程建设。合理调整水资源费征收标准，扩大征收范围，财政分成的水资源费全部用于水资源节约、保护、管理。进一步加强水土保持补偿费等水利行政事业性收费管理，做到应收尽收。

（三）创新水利投融资机制。建立以政府投入为主导、企业投入和社会融资为补充的水利投融资体制。采取转让、承包、租赁、股份合作等形式盘活变现国有水利资产，吸引社会资本，促进水利国有资本滚动发展。通过政府注入资本金，提高投融资能力，建立现代企业制度，实行市场化运作，企业化管理，做大麒麟区水利水电开发建设投资有限公司。建立多元化、多渠道、多层次的水利投融资机制，吸纳社会资金、企业投资水利建设。鼓励农民群众自力更生、艰苦奋斗，在统一规划基础上，按照多筹多补、多干多补原则，加大“一事一议”财政奖补力度，充分调动农民群众兴修农田水利的积极性。

四、加快推进水利发展五大工程

（一）加快推进水源工程。做好胡家坟引水工程的前期工作，新建发脉小（一）型水库，大黑箐、弯子冲、石板沟等3件小（二）型水库，解决全区资源性缺水问题。

（二）加快推进农村水利建设工程。加快大中型灌区续建配套和节水改造，加快珠街、沿江、三宝中河和内圩河等大型灌区配套建设，完成灌区渠系配套30千米。围绕渠系（管网）节水，完成渠系（管网）工程500千米。加快“五小”建设，建设“五小”水利工程538件，进一步提高农业综合生产能力，增强抗御水旱灾害的能力。

（三）加快推进病险水利设施除险加固工程。巩固“十一五”期间小（一）型水库除险加固成果，到2013年完成全区43座小（二）型水库、6座水闸的除险加固。

（四）加快推进防洪抗旱减灾能力提升工程。抓好中小河流治理工作，重点对南盘江、潇湘江、白石江、龙潭河4条中小河流37千米进行治理，进一步增强抗御洪水的能力。加强干旱易发区、粮食主产区抗旱应急备用水源建设，建立应对特大干旱和突发水安全事件水源储备制度。

（五）加快推进水土保持工程。新增水土流失综合治理面积100平方千米。控制主要入河污染物，加快制定全区水功能区的划分，并加大治理力度；提高城市污水处理达标率及城市污水再生利用率，建立入河污染物排限总量控制制度和水功能区监督管理制度，使全区重点河流水质恶化趋势得到有效控制。

五、实行最严格水资源管理三条红线制度

（一）实行用水总量控制红线制度。确立水资源开发利用控制红线，加快制定区域水量分配方案，建立区级行政区域取水许可总量控制指标体系，实行行政区取用水总量控制。严格执行建设项目水资源论证制度。国民经济和社会发展规划以及城市总体规划的编制、重大建设项目的布局等，要进行水资源论证和洪水影响评价。严格取水许可审批管理，对擅自建设取水工程的，一律责令停止；对取用水总量已达到或超过控制指标的地区，暂停审批新增取水；对取用水总量接近控制指标的地区，限制审批新增取水。严格地下水管理和保护，核定并公布地下水超采区，明确禁采和限采范围，基本建立地下水监测网络系统。强化水资源统一调度，协调好生活、生产和生态环境用水，完善水资源调度方案、应急调度预案和调度计划。建立和完善水权制度，充分运用市场机制优化配置水资源。

（二）实行用水效率控制红线制度。确立用水效率控制红线，把节水工作贯穿于国民经济发展和群众生产生活全过程，强力推进全国农业水价综合改革示范县建设，建设节水型社会。加快制定区域、行业和用水产品的用水效率指标体系，加强用水定额和计划管理。对取用水达到一定规模的用水户实行重点监控。严格限制水资源不足地区建设高耗水型工业项目。落实建设项目的节水设施与主体工程同时设计、同时施工、同时投产制度。加快实施节水技术改造，全面加强企业节水管理，建设节水示范工程，大力推广农业高效节水技术。

（三）实行水功能区限制纳污红线制度。确立水功能区限制纳污红线，严格控制入江河排污总量。对入河排污口严格监督管理，对排污量已超出水功能区限制排污总量的地区限制或禁止审批新增取水和入河排污口。建立水功能区水质达标评价体系，完善监测预警监督管理制度。加强水源地保护，依法划定并严格管理饮用水水源保护区，强化饮用水水源应急管理，保障饮用水水源安全。

六、不断创新水利发展体制机制

（一）加快水资源管理体制改革。加快从供水管理向需水管理、从开发利用优先向开发节约保护并重、从事后治理向事前预防、从无序开发向有序开发、从粗放利用向高效利用、从单项管理向综合管理转变。强化城乡水资源统一管理，对城乡供水、水资源综合利用、水环境治理和防洪排涝等实行统一规划，完善水资源保护和水污染防治协调机制，促进水资源优化配置。

（二）继续深化水价改革。充分发挥水价的杠杆调节作用，兼顾效益和公平，大力促进节约用水和产业结构调整。工业和服务业用水要逐步实行超额累进加价制度，拉开高耗水行业与其他行业的水价差价。合理调整居民生活用水价格，稳步推行阶梯式水价制度。逐步提高水利工程供水价格，非农业用水价格要调整到补偿成本、合理盈利的水平。按照促进节约用水、降低农民群众水费支出、保障灌排工程良性运行的原则，加强末级渠系改造。加强农业综合水价改革，完善农业用水收费机制，提高水费征收率。

（三）深化水利管理体制改革

1、加强基层水务所建设。强化基层水务管理与服务，充分发挥基层水务所的职能作用，水务所实行以区水务局管理为主，乡镇（街道）管理为辅的管理体制。

2、加强水费征收管理。水利工程水费是供水经营者从事供水生产取得的经营收入，是水管单位正常运行的基本资金保障。其管理和使用，按财政部《关于印发〈水利工程管理单位财务制度〉（暂行）和〈水利工程管理单位会计制度〉（暂行）的通知》和国务院水行政主管部门的有关规定执行。

3、明确水利工程管理主体。区水行政主管部门对各类水利工程负有行业监管责任，负责监督检查水利工程的管理养护和安全运行。水利工程实行分级管理，其原则是：小（一）型以上水利工程由区水务局管理；小（二）型及以下水利工程由所属乡镇（街道）管理。根据区人民政府办公室《关于印发曲靖市麒麟区水利工程管理体制改革实施方案的通知》，公益性水管单位人员经费由区财政承担；准公益性水管单位人员经费由区财政承担70%。根据水利部《水利工程维修养护定额标准》，全区15件区管工程的维修养护经费每年测算核定为269万元，纳入区财政年度预算，按照逐步到位的原则，从2012年起区财政每年每件补助维养经费6万元，确保水利工程管理良性运行。小（二）型以下的水利工程，按照区人民政府办公室《关于印发麒麟区小型农村水利工程管理体制改革实施方案的通知》执行。

七、加强水务能力建设

（一）全面推进依法治水。全面推进水利综合执法，依法查处违反取用水管理、水资源保护、水土保持、河道管理、水工程管理等领域的违法行为。严格执行水资源论证、取水许可、水工程建设规划同意书、洪水影响评价、水土保持方案等制度，强化水利规划对涉水活动的管理和约束作用。加强江河（水库）管理，严禁建设项目非法侵占江河（水库）水域。加强防汛抗旱工作制度化建设，完善应急预案。深化水行政许可审批制度改革。推进水利政务公开。

（二）不断强化水利科技支撑。健全水利科技创新体系，强化基础建设。增加水利科技投入，区财政每年从水资源费、水土保持补偿费中安排50万元用于水利科技投入，加快以工程技术、节水技术为重点的水利科技成果转化，加大水利新技术、新工艺、新产品、新材料推广应用力度，提高水利技术装备水平。推进水利信息化建设，加快防汛抗旱指挥、水资源管理信息、水土保持监测信息、山洪灾害易发区监测预警等系统建设，提高水资源调控、水利管理和工程运行的信息化水平。

（三）大力加强水利队伍建设。高度重视水务系统干部职工队伍建设，全面提升水利干部职工队伍素质，建设一支与水利改革发展相适应的水利管理人才和技术人才队伍。对水利急需专业人才，采取招考、选调等方式选拔专业人才。加大事业单位人事制度改革力度，加强教育培训工作，不断提高水利干部职工业务能力和技术水平。完善绩效评价激励机制，鼓励广大水利专业技术人员服务于水利改革发展。教育水利干部职工要弘扬“献身、负责、求实”的水利行业精神，更加贴近民生，更多服务基层，更好服务经济社会发展全局。

八、加强对水利工作的领导

（一）强化组织领导。各级各部门要切实加强对水利工作的领导，主要领导要亲自抓，深入研究重大问题，集中解决突出矛盾。在机构设置、干部配备、经费投入、政策支持上，要给予优先安排，重点保障，明显倾斜，确保各项政策措施落到实处。在防汛抗旱、饮水安全保障、水资源管理、水库安全管理上，实行行政首长负责制。在绩效考核、责任落实、激励约束上，要把加快水利改革发展纳入各级党委、政府年度目标考核和领导干部政绩考核的重要内容。

（二）明确工作职责。各乡镇（街道）、区直有关部门要尽快制定完善各项配套措施和办法，合力推进水利改革发展。区水务局要切实履行起水行政主管部门职责，加强行业管理，做好规划落实和各项任务的实施工作。区发展和改革局要加强规划协调，推动水利建设项目的落实。区财政局要落实财政资金支持措施，加强资金的监督管理。区国土分局要做好水利工程管理范围和保护范围土地的界定工作，优先保障重点水利工程项目用地，对农村公益性水利建设项目用地要给予保障。区林业局要优先办理林地审核手续。区环保局要加强对水资源和水源地的保护。区农业局要加快推进节水农业建设，推广节水农业技术。区烟草公司要结合基本烟田建设加大对水利基础设施的投入。区审计局要加强对水利资金的监管和审计。曲靖供电公司麒麟分公司对农业生产和城乡居民生活的取水、提水用电要给予电价优惠。区委督查室、区政府督查室要加大对水利改革发展重点工作的督办力度。

（三）强化规划和项目前期工作。“十二五”期间，围绕中小河流治理、水库除险加固、灌区配套工程、围绕渠系（管网）节水、农业水价综合改革示范县建设、水土流失治理项目，切实加大前期工作力度，为项目储备、列项、争取上级资金支持奠定基础，做到开工一批，推进一批，论证一批，储备一批。加大前期工作经费投入，区政府对前期工作实行绩效考核，每年按争取国家项目实际到位资金的5%安排前期工作经费，纳入区财政当年预算。

（四）加强水利资金监督管理。加强对水利建设资金拨付使用全过程的稽查、审计和监督，严格资金管理，切实管好、用好水利建设资金。建立水利资金落实责任和督查制度，区财政局要对水利资金落实情况负总责，每年对征收水利专项资金、水利资金收支预算情况向区人大常委会专题报告。

（五）营造关心支持加快水利改革发展的良好氛围。各级各部门要把水情作为各级领导干部和公务员教育培训的重要内容，加大对区情水情的培训教育力度，提高干部群众的水患意识、节水意识、水资源保护意识。广泛宣传加快水利改革发展的重要意义，积极动员各方力量参与水利改革发展。宣传部门和各类媒体要加大宣传力度，使加快水利改革发展各项举措家喻户晓、深入人心，形成全社会关心、支持水利改革发展的良好氛围。

2011年11月23日

中共曲靖市麒麟区委办公室
曲靖市麒麟区人民政府办公室
印发《麒麟区关于深化政务公开加强
政务服务的实施意见》的通知

各乡（镇）党委、人民政府，街道党工委、办事处，区委和区级国家机关各部委办局、企事业单位、人民团体：

《麒麟区关于深化政务公开加强政务服务的实施意见》已经区委、区政府同意，现印发给你们，请结合实际抓好贯彻落实。

2011年12月13日

麒麟区关于深化政务公开加强政务服务的实施意见

为认真贯彻落实《省委办公厅、省政府办公厅印发<关于深化政务公开加强政务服务的实施意见>的通知》和《市政府办公室贯彻落实省委办公厅、省政府办公厅关于深化政务公开加强政务服务实施意见的通知》精神，进一步加强政府自身建设，提高政务公开和政务服务水平，结合麒麟区实际，提出如下实施意见。

一、提高认识，增强深化政务公开加强政务服务的责任感和紧迫感

（一）深化政务公开加强政务服务的重要性。深化政务公开、加强政务服务，是深入贯彻落实科学发展观，坚持以人为本、执政为民的必然要求，对于推进行政体制改革、加强对行政权力监督制约、从源头上防治腐败、提供高效便民服务，都具有重要意义。各级党委、政府要紧紧围绕改革发展稳定大局，结合自身建设实际，明确任务、细化措施，加强指导、扎实工作，严格责任、强化监督，进一步巩固提高、拓展创新政务公开和政务服务工作。

（二）巩固深化政务公开加强政务服务的成果。近几年来，全区始终把政务公开和政务服务作为加强政府自身建设、构建惩防体系的重要内容，先后制定实施法治政府、责任政府、阳光政府和效能政府各项制度，政务公开和政务服务工作取得了显著成效。行政审批更加精简高效，政务服务体系更加完善，政府行政行为更加公开透明，政府与群众的沟通联系更加密切，对行政权力的约束更加有力，为进一步深化政务公开、加强政务服务奠定了良好基础。面对新形势新任务，要继续坚持以制度建设为突破口，不断推进政务公开和政务服务规范化；继续坚持以服务民生为核心，始终把涉及群众切身利益和群众普遍关心的热点难点问题作为公开重点；继续坚持以拓展创新为着力点，建立和完善政务公开平台，全面推进政务服务体系建设；继续坚持以跟踪问效为抓手，强化对各级各部门关键岗位、重点环节行政权力的监督和制约，努力在推进全区政务公开和政务服务工作中取得新成效。

（三）把握深化政务公开加强政务服务的总体要求。当前和今后一个时期，全区进一步深化政务公开、加强政务服务要以邓小平理论和“三个代表”重要思想为指导，深入贯彻落实科学发展观，坚持以人为本、执政为民，坚持围绕中心、服务大局，坚持巩固提高、改革创新，按照深化行政管理体制改革、转变政府职能的要求，深入推进法治政府、责任政府、阳光政府和效能政府建设，进一步推进行政权力运行程序化和公开透明，全面提升政务公开和政务服务水平；进一步拓展政务公开的广度和深度，以群众普遍关心、涉及群众切身利益的热点难点问题为重点，着力提高政务公开的及时性、准确性、全面性和有效性；进一步改进政务服务，加快建设和完善区、乡镇（街道）、村（社区）三级政务服务体系，提升标准化、规范化服务水平。通过坚持不懈的努力，使全区政务公开和政务服务水平不断提高，行政行为更加规范，行政权力运行更加透明，行政监督更加有力，为全区经济社会又好又快发展营造良好的政务环境，加快和谐麒麟建设进程。

二、开拓创新，扎实推进全区政务公开和政务服务工作

（一）不断强化政府信息公开。各级各部门要加大政府信息公开力度，及时、准确公开重大建设项目批准和实施、社会公益事业建设、保障和改善民生等热点重点领域的政府信息。建立健全重大突发事件和社会热点问题的公开机制，客观公布事件进展、政府举措、公众防范措施和调查处理结果，及时回应社会关切，正确引导社会舆论。进一步规范重点工作通报、政务信息查询的内容和方式，定期公布重大民生项目和重点工作推进情况。进一步完善政府信息依申请公开、保密审查和监督保障等措施，加强涉及政府信息公开的举报投诉、行政复议、行政应诉等工作。切实做好政府信息公开工作的年度报告。

（二）大力推进行政权力公开透明运行。各级各部门要加大对行政执法主体清理规范力度，严格执行行政执法主体资格和行政执法人员执法资格制度，并向社会公布。进一步做好行政执法程序的细化工作，健全行政执法调查取证制度，实行行政执法案卷评查，开展规范行政执法行为活动；严格规范行政处罚自由裁量权，严格执行在区政府法制部门备案的行政处罚自由裁量权基准制度。各部门要进一步细化和明确行政处罚裁量基准，尽快完善自由裁量权基准制度，并做好审查备案工作，规范行政处罚行为；进一步公开行政机构在执法活动中的履行职责情况，建立健全执法投诉和执法结果公开制度；进一步加大对行政行为的监督力度，各部门要在已查找的关键岗位、廉政风险点和制定防范措施的基础上，加大工作力度，健全风险防控长效机制，确保防范措施落实到位。

（三）积极推动行政决策公开。各级各部门要继续严格执行重大决策听证、重要事项公示制度，创新工作方式，进一步扩大听证、公示范围，切实提高听证、公示成效。凡涉及群众切身利益的重要改革方案、重大政策措施、重点工程项目，在决策前都要严格进行听证、公示，广泛征求群众意见，并以适当方式反馈或公布意见采纳情况。推进行政决策过程和结果公开，建立健全政府重大决策风险评估和事前审查机制，完善重大行政决策程序，降低行政决策风险。要将公众参与、专家论证、风险评估、合法性审查和集体讨论决定作为重大行政决策的必经程序，增强公共政策制定的透明度。

（四）加大行政审批公开力度。各级各部门要继续清理和精简各级行政审批事项、下放行政审批权限、规范行政审批行为，凡国务院和省、市、区政府决定取消的行政审批事项，必须做到100%取消；对确需保留的行政审批事项，要进一步简化审批流程，压缩审批时限，落实限时办结制度。加强对重大行政审批行为的管理，严格落实国有资产的处置、重大资源开发利用项目、重大投资项目和财政追加预算支出项目审批等制度，规范各部门行政审批行为。深入推进行政审批项目集中和并联并行审批，依法将非涉密的行政审批项目纳入政务（为民）服务中心、部门服务大厅（窗口）集中办理，进一步完善决策、执行、监督相互协调又相互制约的行政审批运行机制。建立健全各部门的行政审批和行政服务目录体系，经政府法制部门审查的行政审批项目目录要及时向社会公布，实行行政审批事项动态管理，加大对行政审批公开的监督检查力度。

（五）加强机关内部重要事务公开。各部门要继续加大干部选拔任用、机关财务预决算、政府采购、基建工程、资产状况等行政机关内部重要事务的公开力度，提高行政机关内部事务透明度。逐步向社会公开出国（境）、出差、公务接待、公务用车、会议等经费支出情况，继续严格控制出国（境）、出省考察、公务用车购置、会议、庆典和论坛经费。

（六）切实深化基层政务公开。乡镇（街道）、村（社区）要深入推进政务公开，及时公开涉及城乡居民切身利益以及城乡居民普遍关心的热点难点问题；要进一步健全农村集体资金、资产、资源管理制度，深入推进村务公开；有关部门要切实承担起对公共企事业单位办事公开的组织协调、监督指导职责，继续抓好责任政府服务承诺制、首问责任制、限时办结制、行政问责制4项制度在医院、学校、公交等公共企事业单位的延伸推进，进一步健全公共企事业单位办事公开制度；要完善办事公开目录，重点公开岗位职责、服务承诺、收费项目、工作规范、办事纪律、监督渠道等，并主动接受社会监督。

（七）拓展政务公开载体功能。各部门要始终坚持方便群众知情、便于群众监督的原则，进一步完善公开载体、拓宽公开领域、丰富查询方式。在充分运用政务公开栏、公开指南等传统载体的基础上，进一步健全完善档案馆、图书馆等场所的政府信息查询平台功能；切实加强政府网站的建设和管理，及时更新政府门户网站信息，增强政府网站的咨询、投诉、建议和办事功能；深入落实政务信息查询制度，进一步拓展96128专线的咨询、办事和服务功能，形成优势互补、功能完备的政务公开平台。

（八）完善政务服务体系。要将政务服务中心作为政务服务体系建设的主要内容，完善相关政策措施，整合各类政务服务资源，健全服务平台，促进政务服务均等化、规范化、高效化。要进一步巩固和完善集中办理、一个窗口对外服务的模式；政务服务中心要着力提高规范化、标准化水平。要结合乡镇机构改革，大力推进乡镇（街道）为民服务中心建设；要在村（社区）设立为民服务站，在村组设立代办点，建立免费代办制度。2012年底前，要全面建成覆盖城乡、上下联动的区、乡镇（街道）、村（社区）三级政务服务中心体系。

（九）发挥政务服务中心的作用。政务服务中心是实施政务公开、提供政务服务的重要平台。要进一步整合资源、规范管理、完善功能，严格实行“一个窗口受理、一站式办结、一条龙服务、一个窗口收费”的运行模式，切实发挥政务服务中心行政审批、政务服务、政务公开、政务查询、行政投诉5大功能。坚持应进必进，凡与人民群众密切相关的行政管理事项，包括行政许可、非行政许可审批和公共服务事项，必须全部纳入中心集中办理。因涉密、场地限制等特殊情况不进入服务中心办理的，必须报经区政府批准；要坚持进必授权，进驻中心的政府部门对其服务窗口办理事项必须授权到位，对不需要现场勘察、集体讨论、专家论证、公开听证的一般性审批事项，必须在窗口受理后直接办结。对同一个行政审批事项涉及两个以上部门的，逐步实行联合办理或并联审批；要坚持阳光操作，凡进驻中心办理的事项必须公开办理依据、办理条件、办理程序、办理时限、办理结果、收费依据、收费标准和监督渠道；要坚持规范运行，加快推进全区各级服务中心在名称、场所标识、进驻部门、办理事项、办事制度、运行模式、服务设施等方面的标准化建设和管理，着力提升政务服务中心的运行水平和服务质量。区级部门要进一步完善政务服务大厅或集中办理窗口的功能，切实提高办事效率。乡镇（街道）、村（社区）为民服务机构要体现基层政府职能和社会自治组织开展为民服务的特点，将劳动就业、社会保险、社会救助、社会福利、计划生育、农用地审批、流动人口管理服务、涉农补贴等社会管理服务事项纳入为民服务中心公开规范办理。

（十）强化政务信息化建设。各级各部门要充分依托现有的信息网络资源，大力推进电子政务建设，提高政务服务信息化水平。要把政务服务中心的信息化建设纳入电子政务建设总体规划，按照统一规范的技术标准，建立区、乡、村（社区）行政审批和公共服务的统一网络平台，实现部门业务专网与全省信息平台的办理过程全流程同步对接，互联互通、信息共享和业务协同，逐步实现网上办理审批、缴费、咨询、办证、监督以及联网核查。继续完善电子监察系统，2012年底前，完成区、乡镇（街道）、村（社区）三级行政审批管理系统的监察数据联网，实现电子监察系统三级联动。

三、落实责任，确保全区政务公开和政务服务取得新成效

（一）加强组织领导。各级各部门要切实加强对政务公开和政务服务的领导，定期听取工作汇报，及时研究和解决存在问题。主要领导要切实担负起第一责任人的责任，分管领导要亲自抓督促，抓协调，抓落实，把加强政务服务中心的硬件和软件建设作为一项重要任务来抓，进一步规范管理体制，加强财政、编制等支持保障。区政务公开工作领导机构要切实发挥职能作用，指导政务公开和政务服务的各项工作。各成员单位要认真履行职责，加强协调配合，结合各自职能，切实抓好部门和行业的政务公开和政务服务建设。

（二）健全完善制度。各级各部门要加快制定相关配套措施，推动工作全面落实。要及时总结有效做法和成功经验，健全和完善规范行政执法行为、加强廉政风险防控、规范政务服务中心建设运行、评议政务服务质量、加强监督考核、绩效考评等制度。要建立健全机关单位内部公开制度，积极推进党务公开、政务公开、司法公开、厂务公开、村务公开和公共企事业单位办事公开有机结合的制度规范，为深化政务公开、推进政务服务提供制度保障。

（三）强化监督考核。各级各部门要进一步强化责任，细化措施，加强对政务公开和政务服务的检查指导，及时跟踪工作推进情况，督促整改存在的问题。纪检监察机关、督查部门、政府法制部门和相关监督机关要切实承担起监督检查的职责，创新监督的方式方法，切实提高监督实效。要把政务公开和政务服务工作纳入党风廉政建设责任制考核、行政机关绩效考核和社会评价范围，建立健全激励和问责机制，对工作落实到位、群众满意度高的部门要予以奖励；对工作落实不力，损害群众合法权益、造成严重后果的，要严肃追究责任，坚决避免政务公开和政务服务流于形式，确保各项工作落到实处。

（四）加强宣传教育。各级各部门要充分运用政务公开平台和各种媒体，加强对政务公开和政务服务工作的宣传教育，深入宣传中央和省、市、区关于深化政务公开、加强政务服务的部署和要求，通过举办培训班、专题讲座、组织学习交流等形式，加大培训力度，提升政务公开、政务服务工作的水平和质量。要深入宣传政务公开和政务服务体系建设取得的成效，总结推广经验和做法，充分发挥社会舆论对政务公开和政务服务的监督和促进作用，为进一步深化政务公开、加强政务服务工作营造良好社会氛围。

中共曲靖市麒麟区委关于开展“四群”教育实行干部直接联系群众制度的实施意见

为认真贯彻落实胡锦涛总书记“七一”讲话精神和全国做好新形势下群众工作经验交流会、省第九次党代会和市、区第四次党代会精神，进一步密切联系群众，加强新形势下群众工作，根据省委、市委要求，结合实际，现就在全区开展群众观点、群众路线、群众利益和群众工作教育（以下简称“四群”教育），实行干部直接联系群众制度，提出如下实施意见。

一、总体要求

开展“四群”教育，实行干部直接联系群众制度，要以邓小平理论和“三个代表”重要思想为指导，深入贯彻落实科学发展观，以加快建立党员干部直接联系群众制度为突破口，以开展“四群”教育为抓手，组织广大干部深入实际、深入基层、深入群众，践行以人为本、执政为民理念，拓展干部联系群众的途径，丰富干部服务群众的内容，畅通群众表达意愿的渠道，把帮扶困难群众作为重点，努力解决群众生产、生活中的实际困难和问题，听取群众合理诉求，化解社会矛盾，维护社会稳定，达到干部受教育、作风有改进、发展上水平、群众得实惠、社会更和谐的目标，为推动麒麟科学发展、和谐发展、跨越发展、安全发展，建设“六区、四城、两中心”获取最广泛最可靠最牢固的群众基础和力量源泉。

二、开展“四群”教育的形式和要求

（一）开展“四群”教育的形式

今冬明春，要集中一段时间，认真开展“学、查、改”，采取集中学习、党课辅导、警示教育、专题讨论、体验教育等灵活多样的形式，全面展开“四群”教育，在全区上下形成大讲特讲的良好氛围，开好局、起好步。重点是抓好四个关键：一是集中学习。要组织干部认真学习《论党的群众工作——主要论述摘编》和《云南省“四群”教育学习读本》，开展“群众观点、群众路线、群众利益、群众工作”4个专题培训。二是民情体验。组织干部开展民情恳谈，进行民情体验，面对面听取群众意见，查找思想、工作、作风等方面存在的差距；2012年在全区干部中广泛开展“干部作风转变年”、“为民服务年”、“安全生产年”活动，加强实践教育。三是专题学习生活会。在集中学习和民情体验基础上，各级领导班子要召开一次“四群”教育专题学习生活会。四是撰写分析检查报告。每位领导干部要撰写“四群”教育分析检查报告，谈认识、找差距、查原因、抓整改。乡镇（街道）和区直党委领导班子整改方案和副科级以上党员领导干部整改措施要报区委组织部备案。把“四群”教育纳入干部培训必修课，开展以党带团、以党带工、以党带妇等形式多样的党群共建活动，逐步形成“四群”教育长效机制。

（二）开展“四群”教育的要求

1、加强群众观点教育，切实解决好认识问题。加强群众观点教育，必须查找群众观念、群众立场、群众感情等方面的差距，切实解决好相信谁、依靠谁、为了谁等思想认识问题，教育广大党员干部要始终牢记权力来自人民、权力就是责任、干部就是公仆、领导就是服务，进一步牢固树立马克思主义群众观，始终做到与人民群众同呼吸、共命运、心连心。

2、加强群众路线教育，切实解决好实践问题。加强群众路线教育，必须查找深入实际、深入基层、深入群众等方面的差距，切实解决好调查研究不深透、工作浮于表面、决策脱离实际等问题，坚持从群众中来、到群众中去的工作路线，倾听群众呼声，反映群众意愿，集中群众智慧，坚持问政于民、问需于民、问计于民，推进决策科学化、民主化，创新发展思路，使制定的各项政策措施更好地体现人民群众意愿，更好地促进人民群众增收致富。

3、加强群众利益教育，切实解决好事关群众切身利益的现实问题。加强群众利益教育，必须查找贯彻落实科学发展观，践行宗旨等方面的差距，切实解决政策不落实、执行打折扣、与民争利等现实存在问题，认真维护好、发展好、实现好群众利益，努力把解决人民群众最关心、最直接、最现实的利益问题作为工作的核心任务，让发展成果惠及广大群众，实现社会稳定和谐。

4、加强群众工作教育，切实解决好方式方法问题。加强群众工作教育，必须查找工作思路、工作措施、工作机制、工作方法等方面的差距，切实解决好不会干、不能干、干不好等能力水平问题，改进和创新群众工作的方式方法，综合运用法律、政策、经济、行政等手段和教育、协商、疏导等办法，创新服务方式、拓宽服务领域，强化窗口服务、便民服务功能，构建联系和服务群众工作体系，不断提高服务水平。

三、人员范围和联系服务对象

（一）联系人：区、乡两级党政部门的公务员和参公管理的事业单位人员，全额拨款事业单位人员（学校和医院的领导班子成员），村（社区）“两委”班子成员，驻区的垂直管理单位人员，行业隶属关系或党组织隶属关系在麒麟区的企业领导班子成员。

（二）联系服务对象：农村群众、社区居民、企业职工，重点联系困难群众、企业困难职工、孤寡鳏独、残疾人、留守儿童及老年人等弱势群体和失业、无业、待业人员。联系对象不交叉重复，为确保重点，联系方式可采取条块结合，遵循行业“对口”、工作“对路”、职能“对称”的原则，结合区委、区政府挂钩联系和新农村建设指导员选派等工作安排，科学确定联系关系。区级领导“包乡联户”，区直单位原则上按挂钩联系安排“挂村包组”，区直单位领导“包村联户”。各单位所联系区域为各自责任区，乡镇（街道）、村（社区）所辖区域为各自责任区，企业原则上按责任区属地化联系，实现村、社、企全覆盖。

党政部门的干部重点联系脱贫致富难点村（社区），政法部门的干部重点联系治安状况复杂的村（社区），经济部门的干部重点联系经济发展滞后的村（社区），企业领导联系本单位班、组和困难职工。直接联系群众实行动态管理，不能全覆盖时再作调整。联系人和被联系服务对象名单造册登记，动态跟踪管理。

四、职责任务

各级干部特别是领导干部要紧紧围绕访民情、抓落实、办实事、强组织、谋发展、促和谐六项任务，深入实际，深入基层，深入群众，全面实行干部直接联系群众制度，向群众宣传党的路线、方针、政策，倾听群众呼声，解决群众困难和合理诉求，疏导和化解社会矛盾，确保联系群众无刑事犯罪，不上访，不参与群体性事件，实现民富、村美、人和谐。

（一）维护群众的合法权益。维护好法律赋予人民群众的每项权利，执行好党和政府惠及群众的各项政策、维护群众的正当权益，及时纠正侵害群众合法权益的行为。

（二）听取和反映群众的意见。定期深入群众，了解群众情绪，倾听群众呼声，反映群众的意愿和要求，针对群众的意见，提出解决问题的意见和建议。

（三）帮助群众解决实际困难。关心群众疾苦，迎难而上，为群众做好事、办实事、解难事，解决群众生产生活中最迫切的困难和问题。挂钩联系单位每年至少为联系责任区办1件实事好事。区、乡两级党委、政府在广泛征求群众意见的基础上确定每年为群众办10件实事好事。

（四）做好群众的思想政治工作。向群众宣传解释党的路线方针政策和国家的法律法规，实行干部大下访、大接访，在基层听取群众诉求，完善区乡村综治维稳体系，进一步整合各部门的资源，集中办公、联合办事、联合预防、联合解决群众的合理诉求，调处邻里纠纷，化解社会矛盾，凝聚群众力量。

五、联系办法

（一）建立责任区。分三级建立责任区：在村（社区）设置群众工作室，由总支书记任主任；在村（居）民小组设群众工作区，由村（居）民小组长任管理员；每10户为一个群众工作点，由村（居）民推选1名代表为联络员。根据联系单位干部情况划分责任区，原则上实行集中联系，一个单位负责一个或若干个责任区，或若干个部门共同负责一个责任区。由联系单位领导担任所联系责任区的组长，每个单位明确一名干部为民情联络员。科级以上领导干部直接联系5户群众，一般干部直接联系3户群众。

（二）实行“五个一”的服务方式。即：一名民情联络员、一张民情联系卡、一个联系服务意见箱、一个联系服务电话、一个联系服务邮箱，每名干部一年至少入户联系服务3次以上，认真听取群众对工作的意见建议，建立民情台账，记好民情日记。

（三）选派驻村工作队。从2012年开始，用5年时间，每年从区、乡两级党政机关和企事业单位选派五分之一的干部组成新农村建设工作队，工作队与新农村指导员合二为一，驻村入户帮助工作，一年一轮换。重点从党政机关选派，企事业单位根据单位性质和工作需要适当选派，优先选派领导干部（含非领导职务）、后备干部、年轻干部、无基层工作经历干部和新录用公务员。按照省委的要求，区工作队总队长由副厅级党员领导或后备干部担任，并挂任区委副书记；乡镇工作队队长由处级党员领导或后备干部担任，并挂任乡镇党委副书记，原则上每村1名工作队员，集中力量重点派驻贫困村、重点村、难点村。工作队员既要直接联系群众，同时作为挂钩单位的民情联络员，负责做好单位的结对联系工作。

（四）与群众实行“三同”。各级干部每年都要抽出一定时间与群众同吃、同住、同劳动，体验生活，出点子、想办法、为群众寻求脱困和致富之路。区级领导干部和区直单位科级领导干部每年住村10天以上，乡镇干部每年住村60天以上，其他干部每年住村5天以上。公安分局、检察院、法院的干部住村时间由本单位根据工作情况研究制定，报区委“四群”教育领导小组审批执行。

（五）下访恳谈。干部要主动找群众谈心、交流思想，利用夜晚、休息时间到群众家中进行下访，随时掌握群众思想状况、家庭生活情况，及时帮助群众解决困难和问题。领导干部蹲点，要住村直接联系群众，每次走访2至3个村民小组，30户以上群众。采取集中访谈和个别访谈相结合的方式，每年至少1次个别访谈。区级领导干部每年深入基层调研不少于3个月，区直单位领导干部每年深入基层调研不少于4个月，乡镇（街道）领导干部每年深入基层调研不少于6个月。各级干部要把直接联系群众和工作调研结合起来，撰写有情况、有分析、有建议的蹲点调研报告，年终要有一篇工作总结，工作总结按干管权限交组织部门或本单位党委，由区、乡分2级每年评比表彰。

（六）做好接待群众工作。干部特别是党员领导干部要根据各自岗位职责，定期接待群众，认真听取群众的意见和建议。对群众反映的问题，能够解决的要及时解决，自己不能解决的，要向群众做好答疑解惑工作，并如实向有关部门和领导反映。

六、组织领导

（一）加强领导，精心组织

区委成立开展“四群”教育实行干部直接联系群众制度工作领导小组，由区委书记和区委副书记、区长任组长，相关部门为成员单位，负责领导全区干部直接联系群众工作。领导小组下设办公室在区委组织部，整合区群众工作和社会管理创新办成员单位及区纪委、区委宣传部、区委政研室等相关责任部门的人力资源，集中办公，负责日常工作，做到常抓不懈。区委、区政府每年安排30万元专项工作经费，保证办公室正常开展工作。各级各单位要把做好干部直接联系群众工作作为当前最紧迫、最重要的工作，成立相应领导机构和工作机构，落实工作经费，抽调工作人员，具体负责这项工作，抓好工作落实。全区在2011年12月31日前确定挂钩联户人员名单，2012年1月全面展开。

（二）明确责任，分类指导。要紧密结合实际，区别不同层级、不同行业特点，分别提出不同要求，加强分类指导，增强开展“四群”教育、实行干部直接联系群众制度的针对性和实效性。区直机关党委、区教育局党委、区卫生局党委、区工信局党委等要根据行业和单位特点，分类制定中等职业学校、中小学校和区属企事业单位的“四群教育”实施意见；区直单位要根据职能，对本系统、本部门、本单位干部分别提出具体要求；乡镇（街道）要对干部提出要求。各级各单位的实施方案，报上一级领导小组办公室备案。各级党委（党组）要抓一批“四群”教育和干部直接联系群众的示范点。

（三）围绕中心，强化统筹。开展“四群”教育、实行干部直接联系群众制度，要处理好与中心工作的关系，引导干部群众积极参与推动科学发展和谐发展跨越发展安全发展、加快建设“六区四城两中心”；处理好与开展创先争优、向杨善洲同志学习活动的关系，相互促进，共同推进；处理好与挂钩联系、挂钩扶贫、社会主义新农村建设工作队等工作的关系，整体推进，形成合力；处理好与推进部门工作的关系，科学谋划，统筹兼顾，既要干部直接联系群众工作落到实处，又要保证本单位各项工作正常运转、有序推进，切实做到“两不误、两促进”。

（四）严格要求，严肃纪律。开展“四群”教育、实行干部直接联系群众制度，必须严格工作要求，注重求真务实。各级干部要轻车简从、不打招呼、直接到村，不层层陪同，坚决防止和克服形式主义，切实转变工作作风，树立良好形象；要严格自律，不奢侈浪费，不收受礼品，住村要自付伙食费，不增加基层和群众负担。

（五）强化宣传，营造氛围。各级各部门要高度重视，切实加强开展“四群”教育、实行干部直接联系群众制度的舆论宣传，充分运用报刊、广播、电视、网络等媒体，大力宣传开展“四群”教育和实行干部直接联系群众制度的重大意义、基本要求和工作成效，及时总结、宣传、推广好的做法和经验。要加大宣传力度，加强正面引导，切实把“四群”教育和干部直接联系群众工作引向深入，营造良好的社会舆论氛围。要把解决群众思想问题与推进文化大发展、大繁荣结合起来，与加强社会主义核心价值体系教育结合起来，多反映群众的利益需求，多报道群众的生活状况，切实提高媒体的群众亲和力和服务群众水平。

七、考核奖惩

（一）督查反馈

由区纪委负责牵头制定干部直接联系群众工作的督查制度，各级党组织和督查工作部门要进行专项督查，对干部直接联系群众工作进行跟踪督查问效和考核。督查考核的结果进行双向反馈：一是对联系对象反馈联系工作、办理各项事务、解决各种问题的情况，二是对联系单位和联系人反馈督查考核情况和结果。

（二）考核奖惩

要把开展“四群教育”、实行干部直接联系群众工作纳入科学发展观年度考核的内容，建立考评奖惩制度，由区纪委、区委组织部负责组织群众满意度测评、考核，重点考核深入基层、住村蹲点、直接联系和帮助群众解决实际问题的情况，考评结果与干部的政绩、奖惩、评优、任用挂钩。

2011年12月30日

统计资料

2011年麒麟区国民经济综合统计表

项目	单位	年份		增（+-）减	
		2010年	2011年	绝对值	%
一、土地					
1、土地面积	平方千米	1 552.83	1 552.83	-	-
2、森林面积	万公顷	6.11	4.8	-	-21.4%
3、森林覆盖率	%	43.5	43.7	-	0.5%
二、人口					
1、年末总人口数	万人	74.1	75.02	0.92	1.2%
其中：户籍人口	万人	69.7	70.5	0.8	1.1%
少数民族人口数	万人	3.1	3.2	0.1	3.2%
城镇人口	万人	48.3	50.41	2.11	4.4%
乡村人口	万人	25.8	24.61	-1.19	-4.6%
2、出生率	‰	11.5	11	-0.5	-4.3%
3、死亡率	‰	4.4	4	-0.4	-9.1%
4、自然增长率	‰	7.4	7	-0.4	-5.4%
5、人口密度	人/平方千米	447	483	6	1.3%
6、城镇化率	%	65.2	67.2	2	3.1%
三、劳动力					
1、全社会从业人员（年末数）	万人	38.1	38.6	0.5	1.3%
2、全部在岗职工人数	万人	6.9	7.1	0.2	2.9%
国有单位	万人	5.3	5.45	0.15	2.8%
3、登记失业率	%	3.15	3.5	0.35	11.1%
四、地区生产总值（当年价）	万元	3 090 022	3 701 120	611 098	13.2%
1、第一产业	万元	137 233	164 870	27 637	7.3%
2、第二产业	万元	1 879 164	2 301 378	422 214	15.7%

注：地区生产总值增长速度按可比价格计算。

续 表

项　　　目	单　位	年　份		增（+-）减	
		2010年	2011年	绝对值	%
工业	万元	1 633 966	1 991 234	357 268	15.1%
其中：规模以上工业	万元	1 348 766	1 737 669	388 903	15.5%
建筑业	万元	245 198	310 144	64 946	19.3%
3、第三产业	万元	1 073 625	1 234 872	161 247	9.6%
交通运输、仓储及邮政业	万元	75 451	89 188	13 737	12.9%
批发和零售业	万元	40 779	452 483	45 704	5.8%
住宿和餐饮业	万元	37 112	43 200	6 088	7.6%
金融业	万元	159 893	178 920	19 027	6.8%
房地产业	万元	36 818	41 931	5 113	10.0%
营利性服务业	万元	225 758	278 379	52 621	17.5%
五、农业生产					
1、农林牧渔业总产值（当年价）	万元	249 589	297 968	48 379	19.4%
农林牧渔总产值指数（各年以上年为100）	%	112.5	117.9	5.4	4.8%
2、主要农产品产量					
粮食	吨	181 418	185 049	3 631	2.0%
油料	吨	954	1 070	116	12.2%
烤烟	吨	18 863	19 022	159	0.8%
水果	吨	27 364	32 527	5 163	19%
肉类	吨	112 234	126 304	14 070	12.5%
猪、牛羊肉	吨	10 3373	116 292	12 919	12.5%
水产品	吨	10 037	11 488	1 451	14.5%
六、工业生产					
1、全部工业企业单位数	个	3 180	3 013	-167	-5.3%
全部国有及规模以上非国有工业企业单位数	个	118	91	-27	-22.9%
大中型工业企业单位数	个	14	16	2	14.3%
2、全部工业总产值（当年价）	万元	4 501 963	5 270 793	768 830	17.1%
其中：区属工业总产值	万元	1 445 365	1 817 728	372 363	25.8%
全部国有及规模以上非国有工业总产值	万元	4 027 936	4 706 208	678 272	16.8%

续 表

项　　目	单　位	年　份		增（+-）减	
		2010 年	2011 年	绝对值	%
大中型工业总产值	万元	2 880 331	3 238 302	357 971	12.4%
（1）全部轻工业产值	万元	1 185 948	1 373 858	187 910	15.8%
（2）全部重工业产值	万元	3 316 015	3 896 935	580 920	17.5%
3、全部国有及规模以上非国有工业总产值指数	%	108.%	104.7	-3.8	-3.5%
4、主要工业产品产量					
卷烟	亿支	373.9	381.7	7.8	2.1%
原煤	万吨	526.7	527.6	0.9	0.2%
焦煤	万吨	336	341.9	5.9	1.8%
生铁	万吨	49.7	114.9	65.2	131.2%
铅	吨	103 071	90 247	-12 824	-12.4%
锌	吨	193 742	139 740	-54 002	-27.9%
七、交通运输					
1、年末公路通车里程	千米	1 155	1 155		
2、货运周转量					
公路	万吨千米	161 047	233 311	72 264	44.9%
3、客运周转量					
公路	万人千米	51 015	57 804	6 789	13.3%
4、货运量					
公路	万吨	2 264.6	2 649	384.4	17.0%
5、客运量					
公路	万人	480.6	741	260.4	54.2%
八、固定资产投资					
1、全社会固定资产投资	万元	1 928 315	2 411 360	483 045	25.1%
按经济类型分					
（1）国有经济	万元	693 677	742 143	48 466	7.0%
（2）集体经济	万元	146 537	393 745	247 208	168.7%
（3）个体私营经济	万元	82 630	84 692	2 062	2.5%
（4）其它经济	万元	1 005 471	1 190 780	185 309	18.4%

续 表

项　　目	单　位	年　份		增（+－）减	
		2010 年	2011 年	绝对值	%
外商投资	万元	0	0	－	－
按管理渠道分：					
（1）城镇投资	万元	1 230 989	1 536 986	305 997	24.9%
（2）房地产开发投资	万元	492 836	558 621	65 785	13.3%
（3）农村投资	万元	204 490	315 753	111 263	54.4%
按国民经济行业划分					
（1）农林牧渔业	万元	106 971	106 536	－435	－0.4%
（2）工业投资	万元	461 180	585 612	124 432	27.0%
其中：采矿业	万元	65 793	100 252	34 459	52.4%
制造业	万元	337 447	444 129	106 682	31.6%
（3）交通运输邮电业投资	万元	39 480	26 821	－12 659	－32.1%
交通运输业	万元	39 480	26 401	－13 079	33.1%
（4）教育投资	万元	36 950	35 262	－1 688	－4.6%
2、全社会竣工住宅面积	万平方米	158	164	6	3.8%
城镇竣工住宅面积	万平方米	117	127	10	8.5%
3、商品房屋销售情况：					
商品房屋销售面积	平方米	2 085 808	2 496 437	410 629	19.7%
商品房屋销售额	万元	535 884	824 147	288 263	53.8%
十、建筑业					
1、年末职工人数	人	26 433	28 341	1 908	7.2%
2、建筑业总产值（当年价）	万元	514 325	593 728	79 403	15.4%
3、全员劳动生产率	元/人	29 370	27 566	－1 804	6.1%
十一、国内贸易					
社会消费品零售总额	万元	717 626	859 752	142 126	19.8%
其中：城镇社会消费品零售总额	万元	627 931	752 604	124 673	19.9%
农村社会消费品零售总额	万元	89 694	107 148	17 454	19.5%
十二、财政					
1、地方财政收入	万元	126 463	222 594	96 131	76.0%

续　表

项　　目	单　位	年　份		增（+－）减	
		2010 年	2011 年	绝对值	%
人均地方财政收入	元	1 707	2 985	1 278	74.9%
2、地方财政支出	万元	206 854	314 008	107 154	51.8%
按功能分类					
一般公共服务支出	万元	19 023	25 867	6 844	36.0%
国防支出	万元	296	320	24	9.1%
公共安全支出	万元	12 966	15 586	2 620	20.2%
教育支出	万元	44 291	54 128	9 837	22.2%
科学技术支出	万元	1 863	1 344	－519	－27.9%
文化体育与传媒支出	万元	1 299	1 732	433	33.3%
社会保障和就业支出	万元	22 452	31 110	8 658	38.6%
医疗卫生支出	万元	80 603	25 318	6 725	36.1%
节能环保支出	万元	3 618	5 246	1 628	45.0%
农林水事务支出	万元	25 446	27 616	2 170	8.5%
城乡社区事务支出	万元	7 583	11 655	4072	53.7%
交通运输支出	万元	3 499	6 320	2 821	80.6%
资源勘探电力信息等事务支出	万元	2 728	3 065	337	12.4%
商业服务业等事物支出	万元	4 080	3 372	－708	－17.4%
国土资源气象等事物支出	万元	2 013	2 170	157	7.8%
住房保障支出	万元	5 762	5 827	65	1.1%
粮油物资储备等管理事务支出	万元	291	283	－8	－2.7%
其他支出	万元	2 140	2136	－4	－0.2%
政府性基金支出	万元	28 901	90 913	62 012	214.6%
十三、金融、保险					
1、国家银行各项存款余额	万元	4 822 369	5 511 770	689 401	14.3%
单位存款	万元	2 541 632	3 031 823	490 191	19.29%
2、国家银行各项贷款余额	万元	2 835 616	3 340 903	505 287	17.82%
3、城乡居民储蓄存款余额	万元	1 942 918	2 283 879	340 961	17.55%
十四、职工工资					

续　表

项　　　目	单　位	年　份		增（+－）减	
		2010年	2011年	绝对值	%
1、职工工资总额	万元	257 427	302 148	44 721	17.4%
国有单位	万元	220 153	254 837	34 684	15.8%
2、职工年平均货币工资	元	38 594	45 823	7 229	18.7%
国有单位	元	42 322	49 951	7 629	18.0%
十五、城乡人民生活					
城镇居民人均可支配收入	元	16 712	19 398	2 686	16.1%
农民人均纯收人	元	5 569	6 747	1 178	21.2%
十六、科技					
县及县以上独立自然科研单位					
机构数	个	3	3	－	－
从员数	人	56	56	－	－
科技人员	人	27	27	－	－
科研经费支出	万元	1 340	2 800	1 460	109%
十七、教育					
1、普通高等学校在校学生数	人	21 462	23 200	1 738	8.1%
2、中等专业学校在校学生数	人	64 781	69 112	4 331	6.7%
3、普通中学在校学生数	人	58 042	58 884	842	1.5%
初中	人	37 430	37 975	545	1.5%
4、职业中学在校学生数	人	24 949	22 360	－2 589	－10.4%
5、小学在校学生数	人	76 612	76 410	－202	－0.3%
6、在园幼儿数	人	23 378	27 892	4514	19.3%
7、学龄儿童人学率	%	100	100	－	－
8、普通高等学校专任教师	人	1 022	1037	15	1.5%
9、中等专业学校专任教师	人	1 050	1 054	4	0.4%
10、普通中学专任教师	人	3 144	3 297	153	4.9%
11、职业中学专任教师	人	558	465	－93	－16.7%
12、小学专任教师	人	3 347	3 216	－131	－3.9%
十八、文化广播					

续 表

项　　目	单　位	年　份		增（+-）减	
		2010年	2011年	绝对值	%
1、艺术表演团体	个	2	2	-	-
2、电影映出单位数	个	3	3	-	-
3、公共图书馆	个	3	3	-	-
4、广播电台	个	1	4	-	-
5、电视台	个	2	2	-	-
6、广播人口覆盖率	%	100	100	-	-
7、电视人口覆盖率	%	100	100		
十九、卫生					
1、卫生机构数	个	173	173	-1	-0.6%
2、卫生机构床位数	张	5 016	5 918	902	18.0%
医院床位数	张	4 440	5 292	852	19.2%
3、每千人口拥有医院床位数	张	6.77	7.1	0.33	4.9%
4、专业卫生技术人员	人	3 922	4 120	198	5.0%
医生	人	1 628	1 685	57	3.5%
5、每千人口拥有卫生技术人员	人	5.29	5.5	0.21	4.0%
二十、社会治安					
1、人民警察数	人	837	842	5	0.6%
2、交通事故起数	起	2 056	5 137	3 081	149.9%
3、交通事故死亡人数	人	15	15	-	-
4、火灾事故起数	起	74	142	68	91.9%
5、火灾损失额	万元	131.5	356.3	224.8	171.0%
二十一、城市建设					
建成区面积	平方千米	56	61	5	8.9%
城市道路	千米	202	281	79	39.1%
公共绿地面积	公顷	590	638	48	8.1%
公共汽车	辆	572	555	-17	-3%

2011 年麒麟区社会消费品零售总额

单位：万元

指标名称	本年		上年同期	
	12 月	1～12 月	12 月	1～12 月
社会消费品零售总额	139 124	859 752. 6	123 226. 3	717 625. 7
一、按销售单位所在地分				
1. 城镇				
其中：城区	118 256. 8	752 604. 4	102 742. 8	627 931. 3
2. 乡城	101 517. 1	676 270. 4	89 031. 6	562 413. 7
二、按行业分				
1. 批发业	29 361. 9	211 867	10 557. 4	135 469. 8
限额以上	25 339. 5	186 738. 2	2 660	103 346. 5
其中：个体经营户	0	0	0	0
限额以下	4 022. 4	25 128. 8	7 897. 4	32 123. 3
2. 零售业	98 934	546 624	104 390. 1	497 245. 2
限额以上	92 873. 7	413 874. 7	94 933. 1	367 416. 5
其中：个体经营户	4 113. 6	9 600. 3	1 415. 1	4 230. 5
限额以下	6 060. 3	132 749. 3	7 457	129 828. 7
3. 住宿业	4 836. 7	29 864. 5	4 363. 2	25 527. 4
限额以上	841. 3	7 003. 3	731	5 896. 8
其中：个体经营户	171. 1	723. 4	172. 8	596
限额以下	3 995. 4	22 761. 2	3 632. 2	19 630. 6
4. 餐饮业	5 991. 4	71 497. 1	3 915. 6	59 383. 3
限额以上	3 077. 5	21 018. 8	1 266. 6	13 866. 3
其中：个体经营户	1 377	6 261	435	4 312. 4
限额以下	2 913. 9	50 478. 3	2 649	45 517
三、按经济成份分				
1. 公有经济	41 737. 8	261 180. 3	36 967. 8	218 168. 2
其中：国有经济	25 142. 6	188 941. 9	22 180. 6	156 014. 8
2. 非公有经济	97 386. 2	598 572. 3	86 258. 5	499 457. 5
其中：私有经济	87 647. 6	509 649	77 632. 6	427 786. 5
港澳台经济				

2011 年麒麟区地区生产总值完成情况表

单位：亿元

指　标	现价生产总值	同比增长%
地区生产总值	370. 1	13. 2
第一产业	16. 5	7. 3
第二产业	230 上	15. 7
工业	199. 1	15. 1
其中：规模以上工业	173. 8	15. 1
建筑业	31	19. 3
第三产业	123. 5	9. 6
交通运输、仓储及邮政业	8. 9	12. 9
住宿和餐饮业	4. 3	7. 6
金融业	17. 9	6. 8
房地产业	4. 2	10
其他服务业	43	14. 7

2011 年麒麟区固定资产投资情况

项　目	单位	投资完成额	比上年增减（%）
全部固定资产投资	亿元	241. 1	25. 1
其中：城镇投资	亿元	153. 1	24. 4
农村投资	亿元	32. 1	57. 1
房地产投资	亿元	55. 9	13. 4
施工项目	个	536	28. 3
本年新开项目	个	405	24. 5
其中：区属新开工项目	个	317	25. 2
区属完成投资总额	亿元	103. 5	26. 5

2011年麒麟区社会消费品零售总额主要分类情况

项　目	单位	完成情况	比上年增减（%）
社会消费品零售总额	亿元	80	20
一、按单位所在地分组			
1、县	亿元	75.3	20
2、县以下	亿元	10.7	19.5
二、按行业分组			
1、批发和零售业	亿元	75.9	20
限额以上企业	亿元	60.1	27.6
限额以下企业及个体户	亿元	15.8	-2.5
2、住宿和餐饮业	亿元	10.1	19.3
限额以上企业	亿元	2.8	41.8
限额以下企业和个体户	亿元	7.3	12.4

2011年麒麟区主要工业产品产量

产品名称	单位	产量	比上年增减（%）
原煤	万吨	527.6	-4.3
其中：区属	万吨	405	-6.3
焦炭	万吨	341.9	2.6
其中：区属	万吨	385.7	2.9
水泥	万吨	106.6	158.4
发电	万千瓦/小时	46 580.7	-30
化肥	吨	13 282	-20.8
汽车	辆	39 173	-25.9
卷烟	亿支	381.7	2.1
铅	吨	90 247	-12.4
锌	吨	139 740	-27.9
生铁	万吨	114.9	131.4

2011 年麒麟区主要农产品产量

产品名称	单位	产量	比上年增减（%）
粮食	万千克	18 505	2
其中：水稻	万千克	6 308	-15.8
包谷	万千克	4 470	-16.9
烤烟	万千克	1 902	0.8
蚕茧	万千克	88	37.5
水果	万千克	3 286	20.1
蔬菜	万千克	17 471	2.6
油菜籽	万千克	99	221

2011 年麒麟区主要林产品产量

产品名称	单位	产量	比上年增减（%）
棕片	百千克	297	11.2
核桃	百千克	7 696	88.7
板栗	百千克	2 133	89.4
花椒	百千克	14 192	35.1
蚕茧	万千克	88	37.5
水果	万千克	3 286	20.1
蔬菜	万千克	17 471	2.6
油菜籽	万千克	99	221

2011 年麒麟区主要畜产品和牲畜存栏数

产品名称	单位	产量	比上年增减（%）
肉类	吨	126 304	12.5
其中：猪肉	吨	111 141	11.6
牛羊肉	吨	5 204	38.1
禽类	吨	9 959	12.4
牛奶	吨	3 100	10.7
蛋类	吨	13 374	27.7
猪年末存栏数	万头	52.2	5.7
羊年末存栏数	万只	6.84	20.4

2011 年麒麟区城市建设情况

指　　标	单　位	2010 年	2011 年
市政公用设施建设完成投资	万元	511 198	336 697
城区人口密度	人/平方千米	9 591	11 230
城市建成区面积	平方千米	56	61
城市建成区绿化覆盖面积	公顷	2 180	2 415
城市公共绿化地面积	公顷	590	632
城市建成区绿化覆盖率	%	38.92	39.59
城市人均日生活用水量	升	104.35	99.85
城市用水普及率	%	100	100
城市人均道路面积	平方米	10.98	11.18
城市人均公共绿地面积	平方米	9.29	9.31
城市公共汽车辆数	辆	572	555
城市出租汽车辆数	辆	1 589	1 589
城市燃气普及率	%	80.9	81

2011年麒麟区重点工业企业“三废”排放及处理情况

指标名称	计量单位	本年实际
一、废水排放总量	万吨	3 496. 39
其中：工业废水排放量	万吨	533. 14
工业废水点总量比重	%	15. 25
其中：生活污水排放量	万吨	2 963. 25
生活污水占总量比重	%	84. 75
二、COD 排放总量	吨	12 115. 69
其中：工业 COD 排放量	吨	1 889. 70
工业 COD 占总量比重	%	15. 6
其中：生活 COD 排放量	吨	10 225. 99
生活 COD 占总量比重	%	84. 4
三、煤炭消费总量	万吨	577. 63
其中：工业煤炭消费量	万吨	280. 32
工业煤灰占总量比重	%	48. 53
其中：生活及其他煤炭消费量	万吨	297. 31
生活煤炭占总量比重	%	51. 47
四、二氧化硫排放总量	吨	18 556. 81
其中：工业二氧化硫排放量	吨	16 246. 66
工业二氧化硫占总量比重	%	87. 55
其中：生活二氧化硫排放量	吨	2 310. 15
生活二氧化硫占总量比重	%	12. 45
五、烟尘排放总量	吨	11 600. 04
其中：工业烟尘排放量	吨	11 260. 31
工业烟尘占总量比重	%	97. 07
其中：生活烟尘排放量	吨	339. 73
生活烟尘占总量比重	%	2. 93
六、工业固体废物产生量	万吨	192. 75
其中：综合利用量	万吨	189. 51
七、工业固体废物综合利用率	%	98. 32
八、氨氮排放量	吨	123. 49

索　引

说　明

一、本索引采用主题分析方法，索引范围包括类目、分目、条目等，大事记、广告、图片等均未作索引。

二、本索引按汉语拼音音序排列，同音字按声调排列，同声同调按笔画排列，第一字相同，按第二字排列，依次类推。

三、类目、分目用黑体字标明。标引词后的数字表示该索引内容所在页码，页码后的 a、b、c 分别表示左、中、右栏。

四、“附见”条目缩后一格放在相关类目、分目或条目下面。条目后的第二个页码或两个以上页码，表示该条目“参见”内容所在位置，其次序按文中出现的先后顺序排列。条目需作补充说明的，则括注于标引词之后。

D

M

N

R

S

图书在版编目（CIP）数据

麒麟区年鉴（2012）/麒麟区地方志办公室编. －潞西：德宏民族出版社，2012.8

ISBN 978－7－80750－716－1

Ⅰ.①麒… Ⅱ.①麒… Ⅲ.①区（城市）－曲靖市－2012－年鉴 Ⅳ.①Z527.43

中国版本图书馆 CIP 数据核字（2012）第183309号

书　名	麒麟区年鉴（2012）	地　址	云南省曲靖市南宁西路28号
主　办	中共曲靖市麒麟区委 曲靖市麒麟区人民政府	邮　编	655000
编　者	曲靖市麒麟区人民政府地方志办公室	电　话	0874－6174068　6174208

出版·发行	德宏民族出版社	责任编辑	方　萍
社　址	云南省德宏州芒市勇罕街1号	责任校对	赵洪亮
邮　编	678400	印　刷	昆明市五华区教委印刷厂
电　话	0692－2124877　2112886	装　订	云南轻工科技印刷厂
网　址	www.dmpress.cn		
开　本	大16开	版　次	2012年8月第1版
印　张	29.5	印　次	2012年8月第1次
字　数	1160千字	印　数	1～1000
书　号	ISBN 978－7－80750－716－1/Z·196	定　价	180.00元